Gonglu Gaikuojian Jishu
公路改扩建技术

吴华金 张林洪 编著

人民交通出版社股份有限公司
China Communications Press Co.,Ltd.

内 容 提 要

本书主要论述公路改扩建工程设计、施工的理论和技术方法,具体内容包括拟改扩建公路工程的社会经济评价、交通量预测方法、既有公路结构设施的技术性能检测与评价理论方法、道路安全性评价理论、既有公路测量方法和改扩建工程设计的要求、公路改扩建技术标准确定、路线方案选择及线形设计理论、改扩建中地基、路基、路面、桥梁、立交、涵洞、通道、隧道及其沿线设施可能存在的问题及处置对策、公路改扩建对生态环境的影响及其评价与保护理论方法、公路改扩建中的施工交通组织设计理论方法等,并提供了与以上理论、技术相对应的工程实例。

本书可作为公路、桥梁等工程行业技术人员、管理人员的技术资料,以及相关专业大中专学生、研究生的学习用书。

图书在版编目(CIP)数据

公路改扩建技术 / 吴华金,张林洪编著. —北京:
人民交通出版社股份有限公司,2019.8
ISBN 978-7-114-15545-1

Ⅰ.①公… Ⅱ.①吴…②张… Ⅲ.①公路—改建 ②公路—扩建 Ⅳ.①U418.8

中国版本图书馆 CIP 数据核字(2019)第 096486 号

书　　名：	公路改扩建技术
著 作 者：	吴华金　张林洪
责任编辑：	刘永芬
责任校对：	张　贺　宋佳时　龙　雪
责任印制：	张　凯
出版发行：	人民交通出版社股份有限公司
地　　址：	(100011)北京市朝阳区安定门外外馆斜街 3 号
网　　址：	http://www.ccpress.com.cn
销售电话：	(010)59757973
总 经 销：	人民交通出版社股份有限公司发行部
经　　销：	各地新华书店
印　　刷：	北京市宇星舟科技印刷有限责任公司
开　　本：	787×1092　1/16
印　　张：	51.5
字　　数：	1213 千
版　　次：	2019 年 8 月　第 1 版
印　　次：	2019 年 8 月　第 1 次印刷
书　　号：	ISBN 978-7-114-15545-1
定　　价：	198.00 元

(有印刷、装订质量问题的图书由本公司负责调换)

前　言

公路存在于自然,生存于社会。

解决问题最有效、最佳的办法是发展。

"改"首先是变更、更换,其次是纠正和修改;"扩"是放大、伸张和推广;改扩建项目是指在已有基础上,对既有设施进行扩充性建设或完善性改造,因而增加设施的生产能力或经济效益。公路改扩建是指在原有公路的基础上,修改、纠正原有公路的错误或不足,并进行交通通行能力和服务水平的提升,进而提高公路工程项目的经济效益和社会效益。

公路改扩建工程需要考虑既有公路的利用,且受到既有公路的约束和限制。公路改扩建工程需要对公路所在区域的交通量、车辆类型及其车型组成进行调查和预测,因此应评估拟改扩建公路工程对社会、经济和生态环境的影响,以确定开展公路改扩建的必要性和应采取的措施;需要对既有公路的交通能力、线路、结构及设施等的安全性、可靠性进行评价,以判定既有道路、或某些路段、或某些结构和设施是否可以利用,或者是进行加固处理以后是否可以利用,以及确定应采取的加固处理对策和措施。在公路改扩建工程设计和实施过程中,应保证工程的施工安全、施工质量、施工工期以及降低对既有公路交通运输的影响,需要进行改扩建工程的施工交通组织设计,并在工程改扩建实施中进行必要合理的施工交通组织调整。

本书论述了公路改扩建积累的理论和技术方法,总结了作者参与的一些改扩建公路工程的设计和施工体会。主要内容包括既有公路的评价理论和方法,拟改扩建公路工程的技术要求和社会、经济、环境影响评价,公路改扩建技术标准确定、路线方案选择及线形设计理论,改扩建中地基、路基、路面、桥梁、立交、涵洞、通道、隧道及其沿线设施可能存在的问题及处置对策,公路改扩建对生态环境的影响及其评价与保护理论方法,公路改扩建中的施工交通组织设计理论和方法等,并提供了与以上技术和理论相对应的工程实例。

本书在撰写过程中得到了云南省交通运输厅、昆明理工大学、云南省交通规划设计研究院、云南省公路开发投资有限责任公司、云南交通咨询有限公司、西石高速公路建设指挥部、昭会高速公路建设指挥部、小磨高速公路建设指挥部等单位的支持和帮助,得到了云南省交通运输厅科技项目——公路改扩建工程综合技术集成(云交科教〔2014〕246号)的资助,在此表示衷心感谢!本书参考了一些作者的论著,在此一并感谢。

该书由吴华金、张林洪编著,王珏、李志厚、陈加洪、彭赛恒、苏子新、张国辉、李春晓、段翔、姚勇、李大茂、刘剑涛、彭邵勇、李健、王甦达、吴坤霞、魏业清、柯剑、彭海鹰、于国荣、李冰、朱江林、胡乐文、刘鹏飞、丁磊、靳娟娟、代彦芹、李文波、张洪波、张艳奇、陈德加、郭彪、赵庆宝、牟希言、徐瑾、张驰等同事和同学参与了部分内容的编写。

随着公路改扩建工程的增多,与其相应的技术理论也在不断积累,还会出现新的理论和方法,希望广大读者提出有益的建议。由于作者所经历的工程有限,本书定会有些不足和缺陷,希望广大读者批评指正。

作 者

2019年4月

目 录

绪论 .... (1)
第1章 改扩建公路的预测评估及既有公路的评价 .... (4)
 1.1 公路改扩建的情况调查 .... (4)
 1.2 拟建项目的交通量预测方法 .... (5)
 1.3 公路通行能力及服务水平分析 .... (9)
 1.4 拟改扩建公路项目的社会经济评价 .... (27)
 1.5 改造前路基路面的结构评价 .... (43)
 1.6 改造前桥涵的检测与评价 .... (74)
 1.7 改造前隧道的技术状况评价 .... (86)
 1.8 改造前公路安全评价 .... (93)
 1.9 改造前的道路测量 .... (111)
 1.10 公路改扩建工程的政策与落实 .... (118)
 1.11 公路改扩建工程设计的一些要求 .... (120)
第2章 公路改扩建工程技术标准确定、路线方案选择及线形设计 ..... (122)
 2.1 公路改扩建工程设计原则 .... (123)
 2.2 改扩建公路技术标准的确定 .... (125)
 2.3 公路改扩建方案确定 .... (133)
 2.4 改扩建公路路线设计特点、步骤、原则及思路 .... (147)
 2.5 干线公路等级配置优化 .... (151)
 2.6 公路改建工程路线及线形设计 .... (151)
第3章 公路改扩建工程中地基问题与处置对策 .... (192)
 3.1 公路改扩建工程中地基可能引发的问题 .... (192)
 3.2 公路改扩建工程地基可能引发问题的对策 .... (192)
 3.3 我国改扩建公路地基处理方法概况及实例 .... (201)
第4章 路基拼宽问题及处置对策 .... (211)
 4.1 新旧路基加宽问题及分析 .... (211)
 4.2 路基加宽的主要处置措施 .... (224)
 4.3 路基处置标准 .... (253)
 4.4 特殊路段路基处置 .... (258)
 4.5 山区拓宽公路的一些形式及其存在问题和适用条件 .... (260)
 4.6 路基拓宽处理的一些工程实例 .... (267)

第5章 路面改扩建问题及处置对策 (284)
- 5.1 路面拓宽存在的问题 (284)
- 5.2 路面拓宽设计 (284)
- 5.3 沥青路面补强处置措施 (313)
- 5.4 水泥混凝土路面上加铺沥青路面 (324)
- 5.5 旧沥青混凝土路面材料的再生技术 (334)
- 5.6 旧水泥混凝土路面材料的再生技术 (356)
- 5.7 双向行驶车道变为单向行驶车道的路拱处置 (358)
- 5.8 路面改扩建工程实例 (361)

第6章 桥梁改扩建问题及处置对策 (385)
- 6.1 桥梁改扩建工程中存在的问题 (385)
- 6.2 桥梁拓宽的原则 (386)
- 6.3 改扩建工程中桥梁的设计 (388)
- 6.4 改扩建工程中桥梁的施工 (424)
- 6.5 桥梁移位及抬升施工 (431)
- 6.6 新增下穿桥梁施工 (434)
- 6.7 跨线桥拆除施工 (436)
- 6.8 公路桥梁病害及对策 (439)
- 6.9 发泡聚苯乙烯(EPS)在公路改扩建工程桥头台背中的应用 (450)
- 6.10 国内外部分桥梁拓宽改造情况 (452)

第7章 互通立交改扩建问题及处置对策 (474)
- 7.1 互通式立交的基本结构 (474)
- 7.2 互通式立交的种类 (475)
- 7.3 互通式立交改扩建存在的问题 (477)
- 7.4 互通式立交改扩建设计原则 (478)
- 7.5 立交改扩建的影响因素 (480)
- 7.6 改扩建前的互通立交桥的调查与分析 (481)
- 7.7 立交改扩建原则性技术方案确定 (485)
- 7.8 立交改扩建设计 (494)
- 7.9 立交改扩建工程实例 (516)

第8章 涵洞、通道改扩建问题及处置对策 (526)
- 8.1 涵洞(通道)改扩建设计 (526)
- 8.2 涵洞(通道)工程实例 (531)

第9章 隧道改扩建问题及处置对策 (535)
- 9.1 隧洞扩建方案比选 (535)
- 9.2 新建隧洞与原隧洞扩建方案的比较 (536)

9.3　原隧洞扩建的施工方法 ……………………………………………………（536）
　9.4　小近距隧道的设计与施工 …………………………………………………（537）
第10章　沿线设施改扩建问题及处置对策 ………………………………………（540）
　10.1　收费站改扩建 ………………………………………………………………（540）
　10.2　分合道路安全设施设计 ……………………………………………………（547）
　10.3　服务区改扩建 ………………………………………………………………（548）
　10.4　机电工程改扩建 ……………………………………………………………（556）
　10.5　既有公路防撞波形梁护栏的利用 …………………………………………（556）
第11章　公路改扩建中的生态环境保护 …………………………………………（565）
　11.1　生态环境保护原则 …………………………………………………………（565）
　11.2　生态环境保护措施 …………………………………………………………（565）
　11.3　废旧材料在改扩建公路工程的应用 ………………………………………（575）
　11.4　公路改扩建工程对冻土环境的影响 ………………………………………（576）
　11.5　高原草甸地区的生态保护 …………………………………………………（577）
　11.6　生态环境影响评价 …………………………………………………………（578）
　11.7　公路改建工程生态环境保护实例 …………………………………………（599）
第12章　公路改扩建施工期交通组织 ……………………………………………（605）
　12.1　公路改扩建施工期交通组织的重要性 ……………………………………（605）
　12.2　改扩建公路交通组织的原则 ………………………………………………（606）
　12.3　公路改扩建施工交通组织设计的基础条件和内容 ………………………（608）
　12.4　改扩建公路施工交通组织设计 ……………………………………………（609）
　12.5　交通流量预测及通行能力分析 ……………………………………………（630）
　12.6　交通仿真 ……………………………………………………………………（635）
　12.7　路基施工方法及交通组织 …………………………………………………（649）
　12.8　路面边施工边通车的施工组织 ……………………………………………（650）
　12.9　立交改扩建的交通组织 ……………………………………………………（657）
　12.10　公路改扩建施工期间存在的安全问题及对策 …………………………（667）
　12.11　施工交通组织案例 ………………………………………………………（671）
第13章　公路改建为城市道路的设计方法 ………………………………………（772）
第14章　公路改扩建工程的项目管理 ……………………………………………（774）
附录　与公路改扩建有关的法律、条例及规范 …………………………………（777）
参考文献 ……………………………………………………………………………（810）

绪 论

公路改扩建工程是指在既有公路的基础上,为提高公路的等级和荷载强度而进行的改扩建工程。其包括三方面的含义:一是因既有公路及其附属设施不适应交通量需求而提高公路技术等级,即对公路几何线形的改扩建工程;二是因交通流轴载需求而进行的公路结构强度的改扩建工程;三是因为部分路段、个别结构设施或整条道路的安全状况不能满足现有或将来交通要求而进行的改建或改造。公路改扩建工程存在以改为主或者以扩为主两种思路、方法。随着社会经济的发展,公路改扩建工程是必然的,从设计到施工,其工程方案抉择需考虑的因素与新建工程有着原则性的区别,如既有工程的利用、废弃和拆除重建,施工保通与场地条件等。

我国早期建成投入使用的公路中,受建设时期社会经济水平、技术水平和思想观念的制约,普遍存在着建设标准和抗灾防灾能力偏低,缺陷、病害和运营疲劳损伤等问题,有相当一部分公路已不能适应当前交通量迅速增长的需求,不能满足现在和将来社会、经济的发展要求。

公路改扩建的原因主要有:①路网布局、交通需求和经济发展的需要,交通量的增长导致车速的降低,在某些路段上出现阻车现象,严重影响交通运输质量;②地质病害、车辆的运行、交通量增加及气候环境的变化等引起路基的破坏变形和路面、桥梁及构造物破损严重,沿线互通立交、交通工程及沿线设施规模及现状均不能满足交通量日益增长的需求,服务水平低,交通事故增多,需要绕避或治理;③线形不良、行车环境差、交通安全性差,需要改善行车现状的路线设计;④城镇有了新规划,避免路线从城市中穿过,必须将道路引出城镇;或是在已规划区域内又出现新建筑物,必须将道路引出既有地区;⑤消除与铁路或其他公路的平交;交通流中出现大件运输车辆,等等。在"普及与提高相结合,以提高为主"的公路建设方针的指导下,将面临越来越多的公路改扩建问题。因此,从长远的经济社会发展角度来看,公路改扩建工程将是我国今后一段时间公路建设的重要内容。

经过多年的经验积累和理论研究,对新建公路形成了一套较为完善的设计、施工体系,设计、施工技术已较为完善,国家出台的相关技术标准、规范也较为齐全。而对于公路的改扩建工程,虽然国内一些已完成公路改扩建的项目也积累了一定的经验和教训,但是无论从方案的分析论证、建设规模的确定,还是设计方案抉择的要素权重、施工组织计划统筹的因素等,尚没有一套完整、成熟的理论和技术体系,因此,对公路改扩建的设计、施工理论及技术进行深入研究和总结,具有非常重要的学术价值和现实意义。

公路改扩建的必要性主要体现在以下几个方面:

(1)通过公路改扩建工程改善其使用性能和服务水平。公路在使用过程中,由于行车荷载和环境因素的持续作用会使其使用性能逐渐降低。车辆行驶的舒适性和行车成本与公路使用状况的好坏密切相关。车辆在公路上的运营费、燃油、车辆损耗以及行程时间等会随着公路使用性能的降低而增加,造成资源的巨大浪费且阻碍经济效益的增长。在公路运营使用期间,还需投入大量的人力和资金进行养护,以保证其维持正常的服务水平和使用性能,达到适应和促进经济发展的目的。

(2) 公路改扩建工程可通过有限的资金投入创造更多的经济效益。通过公路工程的改扩建,使既有路网保持合理的服务水平,充分挖掘其潜能,减少资源的消耗。

(3) 某些公路改扩建与其在路网中所起的作用密切相关。充分发挥公路在区域路网中的作用需要其能够承载足够的交通量。因此,通过公路改扩建是使既有公路充分体现其功能的必要手段。

(4) 既有公路所处的走廊带是不可再生的资源。随着区域经济的发展和交通量的增长,在既有公路基础上进行改扩建是十分必要的。

公路改扩建工程不同于新建公路工程,公路改建设计涉及平面线形的布设、纵断面设计、改建路面结构的选用与计算、路基路面排水设计、老桥及老隧道改建设计、平面交叉口的设计及改善、交通工程设计等,这些设计与新建公路设计存在着较大的差别,有着其自身的特殊性,需根据具体情况分别对待。公路改扩建既要满足现行的技术标准,又要最大限度地利用既有道路及其设施、结构,因此具有如下特点:

(1) 由于交通与社会经济发展之间复杂的相互作用,交通量的预测具有较高的难度,部分路段建成几年后就出现交通量超饱和现象。经济社会发展对公路交通运输提出了更高要求,一些地区重要交通走廊面临新的拥挤,通过公路改扩建的有序实施,防止出现新的"瓶颈"。

(2) 在路基、路面、桥梁、隧道等施工时要保证车辆的正常通行和安全。加宽改建的公路通常交通量非常大,如何保证公路通畅并同时使加宽施工正常进行是一个很棘手的问题。

(3) 要进行加宽改建的公路一般多为早期修建的公路,由于当时的历史条件所限,存在设计技术标准偏低、施工质量有缺陷等问题。特别是在《公路法》出台前,有些城镇地区早期修建的公路对红线内的地下、地上建筑物控制不严,造成需改扩建的公路地下管网密集、地上构造物复杂,拆迁工程量非常巨大。

(4) 由于既有公路改扩建本身的特点,使新加宽的路基、桥梁、隧道和已有公路的路基、桥梁、隧道间,纵横向不易衔接,容易产生许多病害。

(5) 公路改扩建(特别是高速公路改扩建)在我国尚处于起步阶段,近年完成了一些项目的改扩建,在建设过程中,引进和借鉴了一些国外的先进经验,并结合我国的国情,在设计和施工中总结和积累了一些经验,在技术上也有了较大进步,取得了一些创新和发展。但公路改扩建的约束条件多,用新建工程的思路和设计方法不能解决改扩建工程的问题。与新建公路工程相比,既有公路改扩建工程具有施工难度大、施工工艺复杂、质量要求高等特点。

(6) 施工条件复杂,受限因素多。与新建一条公路相比,在既有公路路基边坡上拼宽(扩建),除了要使用桥梁、路基、隧道拼接等技术外,还要考虑施工期的交通分流、施工组织等问题,存在技术难度。

(7) 公路扩建节约资源,交通能力强。与新建复线相比,它能节约土地一半以上。既有公路拼宽工程规模相对较小,占地少,有利于后期交通管理和养护。从理论上讲,一条八车道高速公路的通行能力,大于两条四车道高速公路的容量和。从经济方面来说,既有公路的存在已经对沿线经济发展和布局等产生了较大影响，选择在既有公路拼接扩建更加符合现实需求。所以，现阶段我国公路改扩建工程大多采用在既有道路上的拼接方案。当然新建一条复线能够辐射更"广阔"的区域，促进经济产业发展与布局的优化、调整。

（8）既有公路改扩建时，因其建设时所采用和执行的技术标准、规范与现行的技术标准、规范有一定的差异，不能简单采用加宽拓建。如何既充分利用已有工程，又能很好地与现行标准、规范衔接也是必须考虑的问题，特别是山区公路线形指标方面的差异，走廊资源和走廊"瓶颈"的限制，以及桥梁、隧道结构之间的衔接等。

（9）随着经济建设的快速发展，公路建设日新月异，各公路在路网中的地位和作用也发生了很大变化，其功能定位决定了改扩建的工程规模和方式，需要重新确定公路改扩建项目的功能定位。

（10）有很多技术问题需要解决。例如，对于既有路基路况采用何种评价方法和评定标准；路基土压实度及变形规律、路基土强度与稳定性的评价方法和评定标准；既有路基病害调查方法与整治措施；既有软土地基固结度、固结系数、压缩变形发展规律和抗剪强度增长规律的评价方法；路基拓宽后的附加应力对既有路基变形影响的分析方法；既能保证拓宽路基的稳定，又能消减对既有路基路面变形影响的路基拓宽设计方法和综合处理技术；如何从桥梁拓宽角度进行旧桥状况调查分析、评价和拼接设计；既有设施如何最大限度地利用交通流组织的变化、如何更好地满足路网出入功能的要求；隧道改扩建须弄清楚与原隧道影响关系，更复杂的是原位扩建时须解决原构造及空间利用、净空尺寸拟定、受力分析、施工程序及工艺设计等新问题；公路改扩建施工有全封闭和边建设边维持交通两种主要形式，后一种形式在设计时如何考虑诸多影响因素，较好地维持现状交通也是比较棘手的问题；等等。

综上所述，对既有公路进行改扩建，是社会经济发展的必然需要，是建设集约化的需要。研究和积累公路改扩建的相关理论及技术，不但可以指导实现公路等级的升级改造，降低公路改扩建工程的费用，加快公路改扩建工程进程，节约资源，保护环境，增加和增强社会和谐的因素及力量，也为今后公路工程及其他交通工程的升级改造积累理论知识和经验技术，促进交通运输事业的发展。

第1章 改扩建公路的预测评估及既有公路的评价

既有公路的调查与评价的目的在于全面掌握公路改扩建前既有公路目前的交通运营现状、交通量、车型组成、路桥隧结构功能和强度现状、运营安全状况、防排水能力状况等,为公路改扩建总体方案研究与论证提供支撑。即在公路改扩建之前,应对既有公路进行系统的调查和评价,并对拟改扩建公路的交通量、服务水平、经济社会效益进行预测评估,特别是制约和影响其服务水平和通行能力的"瓶颈"区段,工程损伤、自然灾害和抗灾防灾情况。公路改扩建肩负着纠正和修改既有公路存在问题的责任。

1.1 公路改扩建的情况调查

公路改扩建的目的主要是通过提高公路等级来解决和缓和交通运输紧张矛盾及减少公路交通事故,提高抗灾防灾能力。另外,公路改扩建工程的规模大小与该公路在全国运输网中所处的地位有关。根据远景交通量发展要求,除新修公路外,最好的办法就是对既有公路进行改造,使该公路能在路网中发挥应有的作用。

公路在使用过程中由于交通轴载及地形、地质、水文、气候等自然因素的作用,会出现不同程度的破坏,对拟提高技术等级的既有公路进行深入系统的调查是十分必要的。

改扩建公路设计前应调查目前交通运营现状、交通量、车型组成等情况,既有公路的几何线形、路基高度、构造物(检测)的结构强度等。尤其重视对既有公路交通安全问题隐患、事故多发位置和集中路段的综合调查,调查明确事故形态和致因。

公路改扩建调查内容主要包括:经济社会状况、交通量、路线、路基、路基附属工程、路面、桥涵、隧道、水文地质条件、筑路材料、征地拆迁调查和材料价格调查等。其中,对既有公路路基、路面、桥梁、隧道的结构强度、整体性与稳定性的调查是最重要的。需根据实际情况分段进行调查,利用科学合理的方法进行路基路面结构强度的评定,同时详细调查路基的干湿类型、路基病害的形式、规模及产生的原因。路面、桥梁、隧道的外观,路面、桥梁、隧道的类型、材料、基本尺寸,路面、桥梁、隧道病害的基本形式、规模、形成原因等,为工程改扩建设计提供全面细致的设计依据。

新建公路工程项目在大控制点确定的情况下,可以较灵活地进行平面线形的布设,在纵断面、路面、桥梁等设计方面也有较大的灵活性,而既有公路改建工程就应在平面线形上充分利用既有公路,以减少征地、拆迁、路基土石方等工程数量,达到降低工程造价的目的。因此,公路改扩建最大的特点是既能在平面上尽可能地利用既有公路,又可使既有公路改建的平面线形满足现行有关规范。为此,改扩建工程除包含新建工程的全部勘测内容外,还需要增加对既有公路几何设计数据的采集,如既有公路平、纵、横面数据,各类构造物的三维数据采集等。既有公路测量应分左右幅进行,纵向根据曲线半径确定,同时需对既有公路构造物及重大工点进行精确测量。

既有公路改扩建的要求主要来自两个方面:一是公路项目立项初期,在制定工程规模和既有公路工程技术标准时,一般是按满足工程完成后 20 年内的预测交通量要求来确定的,但是由于交通量发展的不确定因素较多,偏差往往很大,尤其在经济热点地区和经济高速发展时期的交通量增长估计不足;二是由于交通量的迅速增长,重车超载以及路面设计、施工方面存在的缺陷,致使一些公路路面在未达到设计使用年限时就提前破坏了。交通量调查就是通过对调查区域过去及现在的交通状况的分析研究,了解和掌握项目区域内路网交通量的变化趋势,交通流的组成、分布、运行特征等情况,为预测改扩建项目远景交通量提供基础资料,并为确定经济评价的某些参数提供依据。

对既有公路进行深入细致的调查和测设是做好既有公路改扩建设计的关键。既有公路调查重点注意以下几方面内容。

(1)对既有既有公路的平、纵面线形现状进行调查,应着重调查急弯陡坡路段,分析事故频发路段的线形状况,在改建设计中进行重点优化。

(2)既有公路路面可能历经多次大修,破损严重,应重点调查既有公路路基沉陷情况,同时对既有路面的破损情况及路表回弹弯沉值进行调查,设计时尽量利用既有公路路基。

(3)对既有路基、沿河挡墙防护的水毁情况进行调查,同时调查上边坡的滑塌、冲刷情况,设计时采用合理的措施加以改善。

(4)对路基边沟、排水沟、涵洞的现状进行调查,分析其淤埋、损坏的原因,以便下一步对排水系统进行合理设计。

(5)收集旧桥梁的勘察设计、竣工及维修加固等资料,同时调查梁体、墩台的裂缝情况,并进行强度测定,以便对桥梁的使用状况进行评估。

(6)对旧涵洞的使用状况进行调查,主要调查洞身盖板的裂缝情况、洞口沉陷及裂缝等破损情况、涵洞淤埋情况等。

1.2 拟建项目的交通量预测方法

1.2.1 交通量预测的重要性

交通量是单位时间内通过公路某一断面的交通流量,即单位时间通过公路某断面的车辆数目。设计交通量是拟建公路到达远景设计年限时能达到的年平均日交通量(pcu/d),它是公路几何线形、路基横断面、路面结构和安全设施设计时最基本的数据。

交通量预测是公路改扩建设计的一项重要内容,预测结果是建设项目必要性和可行性论证的主要依据,是确定项目建设规模、等级标准和实施计划以及国民经济评价和财务评价的基础。精确的交通量预测有利于提高改扩建公路设计的经济合理性和公路的实际使用寿命。

1.2.2 交通量预测方法

经济发展是公路改扩建的最关键因素,因为经济的发展,必然要求社会分工更加细化,物资的流通量将会更大;而且随着经济的发展,人们对非物质生活,如旅游、教育、卫生等方面的需求也会不断加大,这些发展都是建立在经济发展的基础之上,而这些发展又都离不开交通的发展。所以公路改扩建设计的交通量预测可通过经济发展与时间的关系、客货运输与经济发展的关系,建立运输量与国民经济发展的时间关系来预测交通量,这也是一种简单有效的方法。

对于公路改扩建交通量预测而言,目前常用的方法主要有以下几种:

1) OD 调查法

OD 调查法即交通起止点调查(又被称为 OD 交通量调查),是指调查起终点间交通出行量。OD 调查法很多,在我国,客流调查方法多采用家访,货流调查方法多采用发收表调查。

优缺点:①调查方法数据可靠,而且还可同时获得出行者的个人属性及社会特征资料。②更直接反映交通发生源间交通量空间分布,作为交通数据的补充。③OD 调查法弥补了交通数据预测不足。④可使小区经济与交通情况挂钩,进而分析现状和预测未来运输发展趋势。⑤OD 调查抽样率及准确率难以保证。

2) 四阶段法

四阶段法是进行改扩建公路交通量预测时最普遍采用的理论方法,并以此评估项目的可行性,但是四阶段法需要做 OD 调查。

采用四阶段模型(出行生成、出行分布、出行方式划分及交通量分配)是一种根据分区资料建立起来的集计模型。它通过现状交通调查,搞清楚交通空间分布,即 OD 分布,然后模拟驾驶员出行路径选择进行路网交通量分配,并用现状路段交通量检验路径选择模型是否合理,再将已通过检验的模型向将来年类推,以预测未来交通状况。

远景年预测交通量总体上由趋势交通量、诱增交通量和转移交通量三种形式的交通量构成。

①趋势交通量

地区的经济发展是引发公路交通量产生与增长的基础,而公路交通量又是社会经济发展对公路交通需求的反映,其发生和发展与公路沿线的社会经济状况密切相关。

②诱增交通量

由于公路项目的建成,改善了交通条件,缩短了区域之间的时间距离,将诱发出新的交通量,即诱增交通量。对诱增交通量的预测,考虑的主要因素是区域间的运行时间,按照"有无比较法"的原则进行预测。

③转移交通量

由于公路项目的建成,将可能与区域内其他运输方式之间产生转移交通量。进行转移交通量预测时,通过深入分析各种运输方式现状特征及未来的发展规划,采用定性与定量相结合的方法进行预测。

远景年交通量组成如图 1.2-1 所示。

图 1.2-1 项目远景年预测交通量

交通量预测方法如下:预测项目影响区经济增长速度;分析经济指标和交通运输指标的相关性,对各 OD 小区进行交通发生、吸引量预测;预测分布交通量;在未来特征年公路网上进行交通量分配。

(1) 研究区域路网交通流量特征分析

①选取该区域历史年路网交通量观测资料进行分析,研究区域路网交通量的发展趋势、分布特征和车种组成等。

②为反映研究区域内公路交通量的现状及历史变化趋势,在区域内主要公路上选取有代表性的常年交通量观测站资料、高速公路采集收费站的交通量调查资料[调整到 AADT (年平均日交通量)],作为分析路网交通量变化的基础。

③根据区域路网近年年交通量观测资料,整理得到路网的车种组成,并绘制成车种组成变化趋势图,如图 1.2-2 所示。

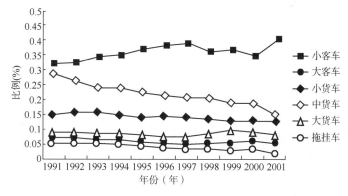

图 1.2-2　某路网 1991—2001 年车种组成变化趋势图

(2) OD 调查与分析

①交通小区划分

按照与拟改扩建项目的关系以及沿线地区社会经济分布特点,确定直接影响区,并将其细分为若干个交通小区;确定间接影响区,并将其划分为若干个交通小区。

②OD 扩样

在研究区域进行一些拟改扩建公路项目的前期工作、主要道路的 OD 调查,这些资料应基本覆盖整个项目区域。通过这些前期工作能够掌握本项目区域的主要交通特点,如相邻公路或拟改扩建项目路段的 OD 资料,并进行 OD 扩样。

③整理拟改扩建公路项目的车辆出行特征

包括拟改扩建公路近年的出行总量、对外交通所占比例、内部出行交通量、过境交通量等及其比例、各路段交通量及其比例。

(3) 分配路网的建立

参照区域公路网规划和其他运输交通规划、其他等级公路网规划以及直接影响区各地域公路网规划,并结合目前在建的公路工程项目,在基年路网的基础上建立起各预测特征年的分配路网。

通过交通分配,得到拟改扩建公路项目各预测特征年路段交通量预测结果和互通立交转向交通量预测结果。

在我国,交通需求分析基年 OD 调查资料收集困难,由于 OD 调查耗费大量的人力、物力、财力,年年进行这样的调查在我国不大可能实现。在我国的公路工程可行性研究中,几乎所有的项目在进行交通分析时,只能依据某一年某一月某一日的 OD 调查数据,但是,这一天的调查数据不管怎样修正都无法确切代表 365 天的基年 OD 数据。交通行为受到天气、环境、驾驶员心理状态、政策、收入水平等多种因素的影响,公路可行性研究中依据某一天的 OD 调查数据得到的基年 OD,其精度非常有限,而基年 OD 是未来 OD 分布预测的基础,基年 OD 的误差将使分阶段法交通需求预测中各阶段存在误差,误差积累并逐步扩大。

"四阶段预测法"工作的具体步骤如下:

步骤一,收集全区社会经济、交通运输资料,分析区域社会经济与交通运输之间的相关关系,或采用国内生产总值和道路交通量的相关关系,对未来社会经济发展趋势进行预测。

步骤二,预测区域交通总需求,即运用弹性系数法得到未来年的交通量增长率,或定性分析因家用小车、产业结构调整、道路收费等因素的影响对新建道路和既有公路远景汽车交通量的影响;然后进行趋势型交通集中、发生总量的预测。

步骤三,预测区域发生、集中总量在区域间的分布,并考虑诱增及转移的交通量。

步骤四,把区域间的交通量分配到公路网具体路线上,从而预测拟改扩建公路的未来交通量。

四阶段法的优缺点:①四阶段法的交通分配模型的建立条件与实际的道路交通并不一定完全符合。②对交通量的近似假定中都以假定为前提条件,即 OD 间的 OD 交通量都是稳定不变的,而实际的 OD 交通量都在变化,因此实际的交通量都是动态的,在动态交通流量下,前面以静态为前提条件的分配方法都是"无能为力"的。③出行者路径选择方法的确定都会选择以起点到终点的最短路径,但现实中不一定是这样,因此有必要进一步考虑路径选择问题,将路径选择与交通量分配研究很好地结合起来。④交通网络具有局限性,使用的交通网络是经简化后的网络形式;在分配中总是将道路网规划分成若干个区域,每一个区域作为交通量发生和吸引的出发地和目的地。⑤"四阶段"法以机动车 OD 调查为基础,需要采集大量的基础数据,交通量 OD 调查需要花费大量的人力、物力和财力。而目前我国大部分中小城市的道路和桥梁工程项目受时间和财力所限,无法组织进行大规模的交通量 OD 调查。

3)生长曲线模型

交通量随时间的发展变化,可用生长曲线模型预测远景交通量。针对模型参数的拟合,提出一种基于相关系数最优的参数拟合方法。将生长曲线方程化为线性方程,通过线性相关系数取极值求出饱和量,再由线性最小二乘拟合求取另外两个参数。

方法一:按年平均增长率累计计算确定。

$$N_d = N_0 (1+r)^{n-1} \tag{1.2-1}$$

式中:N_d——远景设计年平均日交通量(pcu/d);

N_0——起始年平均日交通量(pcu/d),包括既有交通量和公路建成后从其他道路吸引过来的交通量;

r——年平均增长率(%);

n——远景设计年限。

小时交通量(pcu/h)是以小时为计算时段的交通量,是确定公路车道数或评价公路服务水平的依据。经相当多的公路交通量统计分析,取"交通量频率曲线第30位小时交通量"作为设计小时交通量,也可根据当地公路小时交通量的变化特征,采用第20位~第40位小时之间最为经济合理时位的交通量。

主要方向设计小时交通量按式(1.2-2)计算:

$$N_h = N_d \times K \times D \tag{1.2-2}$$

式中:N_h——主要方向高峰小时交通量(pcu/h);

N_d——设计年限平均日交通量(pcu/d);

D——方向分布不均匀系数,即高峰小时期间主要方向交通量与两个方向总交通量之比,一般采用0.5~0.6,也可根据当地交通量观测资料确定;

K——高峰小时交通量系数。

方法二:公路改扩建引起的诱增交通量具有滞后性和有限性,同时其发展要经历聚集形成、快速增长和逐渐稳定三个阶段。考虑到诱增交通量的影响,可以利用图1.2-3所示的生长曲线来刻画改扩建前后的交通量变化规律。生长曲线的数学模型为:

$$Y = \frac{k}{1 + ae^{bt}} \tag{1.2-3}$$

式中:Y——交通量预测值;

t——时间变量;

k——交通量上限值;

a、b——模型参数。

在图1.2-3的曲线中,拐点表明了诱增交通量的滞后性,上限值表明了诱增交通量的有限性,区域性则表现为不同地区诱增交通量计算模型的拐点位置和上限值的不同。

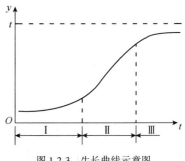

图1.2-3 生长曲线示意图

4)灰色残差GM(1,1)模型

灰色残差GM(1,1)模型的优缺点:在利用已有道路交通量预测其未来道路累计交通量时,一个有效的方法是,将已有的交通量数据作为一时间序列,利用灰色预测方法建立GM(1,1)模型,进而实现道路累计交通量的预测。但是在预测过程中经常会遇到预测结果精度很低,使得预测结果与实际数据很不相符的现象。

在累计日交通量的预测中,灰色GM(1,1)模型是一种有效的方法,但是当预测结果误差较大时,可以考虑应用残差GM(1,1)模型对既有的预测值进行修正。但是建立残差GM(1,1)模型有一个先决条件:只有当此残差满足一定的条件时才可建立残差GM(1,1)模型。

1.3 公路通行能力及服务水平分析

1.3.1 公路的通行能力分析

公路交通设施的通行能力定义:在一定时段和通常的道路、交通与控制条件,以及规定的服务质量要求下,能合理期望车辆通过车道或道路的一点或均匀断面上的最大小时流率。

理想通行能力的定义:在理想的道路、交通、控制和环境条件下,一条车道的均匀路段或典型横断面上,道路在特定时段内(通常为 15min)所能通过的最大标准车辆小时流率,也称为基本通行能力。

实际通行能力的定义:已知的公路设施在实际或预计的道路、交通及控制条件下,该组成部分的某车道或条件基本一致的横断面上,道路在特定时段内(通常为 15min)所能通过的最大车辆小时流率。在混合交通的公路上,通行能力以辆/h 作为计量单位。

设计通行能力的定义为:在预计的道路、交通和管制条件下,有代表性的一条车道均匀路段或典型横断面上,在所选用的设计服务水平下,设计道路在特定时段内(通常为 15min)所能通过的最大车辆小时流率。在混合交通的公路上,通行能力以标准车折算数,即 pcu/h 作为计量单位。

(1)各汽车代表车型和车辆折算系数

根据《公路工程技术标准》(JTG B01—2014),交通量换算采用小客车为标准车型,各汽车代表车型和车辆折算系数规定如表 1.3-1 所示。

各汽车代表车型和车辆折算系数　　　　　　表 1.3-1

汽车代表车型	车辆折算系数	说　　明
小客车	1.0	座位≤19 座的客车和载质量≤2t 的货车
中型车	1.5	座位>19 座的客车和 2t<载质量≤7t 的货车
大型车	2.5	7t<载质量≤20t 的货车
汽车列车	4.0	载质量>20t 的货车

(2)基本通行能力

基本通行能力又被称为理论通行能力,是指在规定的道路交通条件下,一条车道的一个断面单位小时能够通过的最大车辆数。

按车头时距计算,其计算公式为:

$$C_B = \frac{3600}{t} \quad (1.3\text{-}1)$$

式中:C_B——一条车道的基本通行能力(pcu/h);

　　t——最小安全车头时距(s)。

(3)理想条件下每车道最大服务流率

$$MSF_i = C_{Bj}\left(\frac{V}{C}\right)_i \quad (1.3\text{-}2)$$

式中:MSF_i——理想条件下,i 级服务水平相应的每车道最大服务流率[pcu/(h·ln)];

　　$(V/C)_i$——与 i 级服务水平相应的流率与通行能力之比的最大值;

　　C_{Bj}——理想条件下,设计车速为 j 的公路路段的通行能力(基本通行能力),设计速度为 120km/h、100km/h、80km/h 和 60km/h 的高速公路基本路段的 C_B 分别为 2000pcu/(h·ln)、2000pcu/(h·ln)、1900pcu/(h·ln) 和 1800pcu/(h·ln)。

(4)单向服务流率

$$\mathrm{SF}_i = \mathrm{MSF}_i N f_w f_{HV} f_P \quad (1.3\text{-}3)$$

式中：SF_i——在当前道路和交通条件下，i 级服务水平单向 N 车道的服务流率(veh/h)；

MSF_i——在当前道路和交通条件下，i 级服务水平情况下每车道的最大服务交通量(veh/h)；

N——单向车道数；

f_w——受限车道宽度和侧向净空影响修正系数；

f_{HV}——重型车辆修正系数；

f_P——驾驶员总体特征影响修正系数。

单向服务流率又可以写成：

$$\mathrm{SF}_i = C_{Bj} \left(\frac{V}{C}\right)_i N f_w f_{HV} f_P \quad (1.3\text{-}4)$$

① 车道宽及侧向净宽修正系数 f_w

f_w 是根据车道宽度、至障碍物的最近距离、车道数以及单侧还是两侧都有障碍物而确定的。若高速公路路段的车道宽度不足 3.75m，以及路边或中央分隔带上障碍物距路面边缘不足 1.75m，则应对最大服务流率进行修正。表 1.3-2 列出了不同道路条件下的车道宽及侧向净宽修正系数 f_w。

不同道路条件下的车道宽及侧向净宽修正系数 f_w　　　　表 1.3-2

侧向净宽(m)	行车道一边有障碍物				行车道两边有障碍物			
	车道宽度(m)				车道宽度(m)			
	3.75		3.5		3.75		3.5	
	四车道	六或八车道	四车道	六或八车道	四车道	六或八车道	四车道	六或八车道
≥1.75	1.00	1.00	0.97	0.96	1.00	1.00	0.97	0.96
1.60	0.99	0.99	0.96	0.95	0.99	0.99	0.96	0.95
1.20	0.99	0.99	0.96	0.95	0.98	0.98	0.95	0.94
0.90	0.98	0.98	0.95	0.94	0.96	0.97	0.93	0.93
0.60	0.97	0.97	0.94	0.93	0.94	0.96	0.91	0.92
0.30	0.93	0.95	0.90	0.92	0.87	0.93	0.85	0.89
0	0.90	0.94	0.87	0.91	0.81	0.91	0.79	0.87

注：1. 不影响车辆行驶的某些设施，如中央分隔带上的高护栏等不会造成对交通流的不利影响，可不当作障碍物。
2. 路边障碍物与至中央分隔带上障碍物距离不相等时，取侧向净宽的平均值。
3. 本表引自《道路通行能力分析》，作者陈宽民、严宝杰，由人民交通出版社于 2003 年出版。

② 大中型车修正系数 f_{HV}

在高速公路上，由于交通流中大中型车辆的动力性能不如小型车，故应对大中型车进行通行能力影响修正。大中型车修正系数 f_{HV} 采用式(1.3-5)计算：

$$f_{HV} = \frac{1}{1 + P_{LHV}(\mathrm{PCE}_{LHV} - 1) + P_{TC}(\mathrm{PCE}_{TC} - 1)} \quad (1.3\text{-}5)$$

式中：P_{LHV}——大中型车交通量占总交通量的百分比；

P_{TC}——特大型车交通量占总交通量的百分比；

PCE_{LHV}——大中型车折算系数；

PCE_{TC}——特大型车折算系数。

③特定纵坡上坡路段车辆折算系数

特定纵坡上坡路段车辆折算系数见表1.3-3。

特定纵坡上坡路段车辆折算系数表 表1.3-3

坡度(%)	坡长(m)	四车道高速公路		坡长(m)	六车道或八车道高速公路	
		122kg/kW重型车	177kg/kW重型车		122kg/kW重型车	177kg/kW重型车
2	≥1000	3	3	400~1200	3	3
				≥1200	4	4
3	400~1200	3	3	400~1200	4	4
	≥1200	4	4	800~1200	5	4
				≥1200	6	5

④驾驶员条件修正系数 f_P

驾驶员总体特征的影响可通过驾驶员条件修正系数 f_P 来反映。根据驾驶员的技术熟练程度、遵守交通法规的程度、在高速公路上尤其是在与所指高速公路相似的路段上的行驶经验以及驾驶员的健康状况，f_P 一般在 0.90~1.00 范围内取值。

（5）匝道的通行能力

①匝道的理论通行能力

匝道的理论通行能力计算建立在最小车头时距的基础上，计算公式如下：

$$C = \frac{3600}{h_{min}} \quad (1.3-6)$$

式中：C——理论通行能力（pcu/h）；

h_{min}——达到通行能力时相应的最小平均车头时距，可按下列公式计算：

$$h_{min} = t + 3.6 \times \frac{S + L_0 + L_{vel}}{v} \quad (1.3-7)$$

式中：t——驾驶员的最小反应时间；

v——匝道设计车速（km/h）；

L_0——安全距离（m）；

L_{vel}——车身长度（m），一般取 5~10m；

S——制动距离，可按公式（1.3-8）计算。

$$S = \frac{v_1^2}{254 \times (\phi + \Psi)} \quad (1.3-8)$$

式中：v_1——制动初速度（km/h）；

ϕ——路面与轮胎之间的附着系数；

Ψ——道路阻力系数，$\Psi = f \pm i$，f 为路面滚动阻力系数，i 为道路纵坡。

根据公式（1.3-6）计算的不同速度和纵坡的匝道基本通行能力见表1.3-4。

不同速度和纵坡下的匝道基本通行能力(pcu/h)　　　表1.3-4

速度(km/h)	纵坡度(%)						
	+9	+6	+3	0	-3	-6	-9
0	720	719	717	716	714	712	710
15	923	920	917	913	909	905	900
20	1059	1054	1048	1041	1034	1027	1018
25	1147	1139	1130	1120	1110	1100	1087
30	1200	1189	1179	1166	1154	1140	1124
35	1230	1217	1203	1188	1165	1156	1138
40	1242	1227	1211	1194	1176	1157	1136
45	1242	1225	1208	1188	1168	1147	1124

②匝道的实际通行能力

影响基本路段通行能力的主要因素有:道路状况、车辆性能、交通条件、交通管制、驾驶员素质、环境和气候等。但就匝道而言,其长度较短,绝大多数均为单向单车道,车流运行状况较为单一,交通流量比高速公路主线要小得多。因此,对自由流速度有较大影响的匝道纵坡在车速较低的条件下,其影响已不大,并且在求算基本通行能力时考虑了车道宽度、纵坡等的影响,故在计算实际通行能力时影响匝道通行能力的主要因素只有大车混入率。匝道的实际通行能力计算公式如下:

$$C_{实际} = C_{理论} \times f_{HV} \quad (1.3-9)$$

式中:$C_{实际}$——匝道单车道实际通行能力;

$C_{理论}$——匝道一条车道理论通行能力;

f_{HV}——大车混入率修正系数,按公式(1.3-10)计算。

$$f_{HV} = \frac{1}{1 + \sum P_i(E_i - 1)} \quad (1.3-10)$$

式中:P_i——车型i的交通量占总交通量的百分比;

E_i——为车型i的车辆折算系数。

大型车对匝道通行能力的修正系数f_{HV}见表1.3-5。

大型车对匝道通行能力的修正系数f_{HV}　　　表1.3-5

大型车混入率(%)	10	20	30	40	50	60	70	80
f_{HV}	0.88	0.81	0.77	0.74	0.72	0.71	0.704	0.70

(6)公路交织区通行能力

交织是指行驶方向大致相同而不完全一致的两股或多股车流,沿着一定长度的路段,不借助于交通控制与指挥设备,自主进行合流而后又实现分流的运行方式。交织区类型如图1.3-1所示。

①交织区长度L

交织区入口处三角端宽度为6m处到出口处三角端宽度为3.6m处之间的距离称为交织

区长度 L。经国内外研究认为，交织区长度不应小于 50m 也不应大于 600m，太短则操作困难，速度降低太大，太长则费用太高，且进出口之间的交织运行与操作过于分散，紧迫性不明显，车流不具备交织特点。

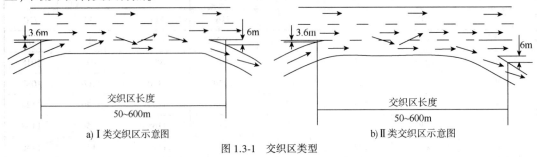

图 1.3-1　交织区类型

②交织区宽度 B 和交织区车道数 N

交织区宽度是交织区结构设计的另一个重要参数，一般用交织区内的车道数 N 表示。由于交织区内车道数的多少粗略地代表着交织区所承担交通负荷能力，所以车道数的确定方法也是交织区运行分析的重要内容。

③交织流量比 $\dfrac{Q_w}{Q}$ 和总交通量 Q

交织流量比为交织交通量 Q_w 和总交通量 Q 的比值；交织比是交织交通量中较小的交通量 Q_{w1} 和交织交通量 Q_w 的比值。

④交织流形式的确定

在确定一交织区是约束运行还是非约束运行时，可对 N_w 和 $N_{w(\max)}$ 进行比较。当 $N_w \leqslant N_{w(\max)}$ 时是非约束运行，当 $N_w > N_{w(\max)}$ 时为约束运行。其中，N_w 为交织车辆达到平衡（或非约束）运行所必须使用的车道数（不一定为整数）；$N_{w(\max)}$ 是指对于一指定的交织构造形式，可被交织车辆使用的最大车道数（不一定为整数）。$N_w \leqslant N_{w(\max)}$ 的计算确定与交织区的构造形式有关。

A 型：
$$\begin{cases} N_w = 1.21 N \times \left(\dfrac{Q_w}{Q}\right)^{0.571} \times \dfrac{L^{0.234}}{v_w^{0.438}} \\ N_{w(\max)} = 1.4 \end{cases} \tag{1.3-11}$$

B 型：
$$\begin{cases} N_w = N \times \left[0.085 + 0.703\left(\dfrac{Q_w}{Q}\right) + \left(\dfrac{71.57}{L}\right) - 0.011(v_{nw} - v_w)\right] \\ N_{w(\max)} = 3.5 \end{cases} \tag{1.3-12}$$

C 型：
$$\begin{cases} N_w = N \times \left[0.761 - 0.00036L - 0.0031(v_{nw} - v_w) + 0.047\left(\dfrac{Q_w}{Q}\right)\right] \\ N_{w(\max)} = 3.0 \end{cases} \tag{1.3-13}$$

上述式中，交织车辆运行速度 v_w 和非交织车辆运行速度 v_{nw} 由式（1.3-14）计算：

$$v_w = 24.1 + \dfrac{1}{1 + a\,(0.3048)^b \left(\dfrac{1+Q_w}{Q}\right)^d \left(\dfrac{Q}{N}\right)^c / L^d} \tag{1.3-14}$$

式中：a、b、c、d——均为常数，其值见表 1.3-6。

交织车速和非交织车速常数 a、b、c、d 值　　　　表1.3-6

构造形式		交织车速 v_w 的常数值				非交织车速 v_{nw} 的常数值			
		a	b	c	d	a	b	c	d
A型	约束	0.280	2.2	1.00	0.90	0.020	4.0	0.88	0.60
	非约束	0.226	2.2	1.00	0.90	0.020	4.0	1.30	1.00
B型	约束	0.160	1.2	0.77	0.50	0.015	2.0	1.30	1.00
	非约束	0.100	2.0	0.85	0.50	0.020	2.0	1.30	0.90
C型	约束	0.100	1.8	0.85	0.50	0.013	1.6	1.00	0.50
	非约束	0.100	1.8	0.85	0.50	0.015	1.8	1.10	0.50

(7)收费站通行能力

高速公路收费站通行能力与收费广场车道数、收费类型、收费方法、收费流程、交通流车型分布比例等因素有关。

①每一条收费车道在单位时间内能够通过的最大交通量的计算公式如下：

$$C_b = \frac{3600}{T_s + T_g} \tag{1.3-15}$$

式中：C_b——收费车道的基本通行能力(pcu/h)；

T_s——标准车服务时间(s)；

T_g——标准车离开时间(s)。

②在收费站具有多通道的情况下，选择M/G/K排队模型可较好地描述收费站的实际运行状态，选取参数时考虑平均排队时间、平均逗留时间、平均排队长度。

③计重收费情况下收费站通行能力，仍采用M/G/K排队模型进行分析。由于计重系统的运行、驾驶员对称重结果的质疑及对超载车辆的惩罚等均是造成收费时间延长的原因，车辆平均逗留时间和方差明显增大。其计算公式如下：

$$W_q = \frac{D(V) + [E(V)]^2}{2E(V)[k - \lambda E(V)]} \left[1 + \sum_{i=0}^{K-1} \frac{(K-1)! \, [k - \lambda E(V)]}{i! \, [\lambda E(V)]^{K-i}} \right]^{-1} \tag{1.3-16}$$

$$W = E(V) + W_q \tag{1.3-17}$$

$$L_q = \frac{\lambda D(V) + \lambda [E(V)]^2}{2E(V)[k - \lambda E(V)]} \left[1 + \sum_{i=0}^{K-1} \frac{(K-1)! \, [k - \lambda E(V)]}{i! \, [\lambda E(V)]^{K-i}} \right]^{-1} \tag{1.3-18}$$

式中：W_q——平均等待时间；

K——收费车道数；

W——平均逗留时间；

$E(V)$——平均收费时间；

L_q——平均排队长度；

$D(V)$——收费时间方差；

λ——收费站车辆平均到达率。

(8)"技术标准"中高速公路的通行能力

根据《公路工程技术标准》(JTG B01—2014)中关于高速公路通行能力的阐述，参照

2000年8月河南省交通科学研究院完成的专题研究报告《中原腹地公路通行能力研究公路通行能力指南》中的公式及参数,拟建高速公路的适应交通量采用的通行能力计算公式为：

$$C_B = C_0 \times f_{CW} \times f_{SW} \times f_{HV} \tag{1.3-19}$$

式中：C_B——实际条件下的通行能力[pcu/(h·ln)]；

　　　C_0——基本通行能力[pcu/(h·ln)]；

　　　f_{CW}——行车道宽度对通行能力的修正系数；

　　　f_{SW}——左侧路肩宽度对通行能力的修正系数；

　　　f_{HV}——交通组成对通行能力的修正系数。

设计小时交通量公式：

$$DDHV = AADT \times D \times K \tag{1.3-20}$$

式中：AADT——年平均日交通量；

　　　D——方向不均匀系数；

　　　K——设计小时交通量系数。

高速公路路段的实际通行能力按公式(1.3-21)计算：

$$C_r = C_d \times f_{HV} \times f_N \times f_P \tag{1.3-21}$$

式中：C_r——高速公路路段的实际通行能力[pcu/(h·ln)]；

　　　C_d——与实际行驶速度相对应的高速公路路段通行能力[pcu/(h·ln)]；

　　　f_{HV}——交通组成修正系数；

　　　f_N——六车道及其以上高速公路的车道数修正系数,取0.98~0.99；

　　　f_P——驾驶者总体特征修正系数,通常在0.95~1.00之间。

按照《公路路线设计规范》(JTG D20—2017)的规定,高速公路在不同服务水平、不同设计速度状态下,一条车道的最大服务交通量见表1.3-7。

高速公路一条车道的设计通行能力　　　表1.3-7

设计速度(km/h)	120	100	80
二级服务水平的最大服务交通量[pcu/(h·ln)]	1200	1150	1100
三级服务水平的最大服务交通量[pcu/(h·ln)]	1650	1600	1500

处于二级服务水平下且车辆组成相同的条件下,一条八车道高速公路的实际通行能力要比两条四车道高速公路的实际通行能力增加4.21%。

1.3.2　高速公路服务水平

高速公路服务水平规定为交通流内的运行条件及其对驾驶员与乘客感受的一种质量标准。用下述因素描述服务水平概念中的条件：速度、行驶时间、驾驶自由度、交通间断、舒适和方便。

高速公路服务水平为相应的最大交通量 V 与通行能力 C 比,即 V/C。

$$\frac{V}{C} = \frac{MSF_d}{C_R}$$

式中：MSF_d——实际道路条件和交通条件每车道的最大服务交通量[pcu(h·ln)]；

C_R——实际设计速度 V_R 对应的通行能力值 $[pcu(h \cdot ln)]$。

(1) 最大服务交通量

实际道路条件和交通条件每车道的最大服务交通量 MSF_d 的计算：

$$MSF_d = \frac{SF}{f_{HV} \times f_P \times N} \quad (1.3\text{-}22)$$

式中：SF——实际道路和交通条件下，单方向 N 条车道的服务交通量（pcu/h）；

f_{HV}——交通组成影响对流率的修正系数；

f_P——驾驶员总体特性修正系数；

N——道路单向车道数。

(2) 服务交通量 SF 的计算

SF 的计算：

$$SF = \frac{DDHV}{PHF_{15}} \quad (1.3\text{-}23)$$

$$DDHV = AADT \times K \times D \quad (1.3\text{-}24)$$

式中：DDHV——单方向小时交通量（pcu/h）；

AADT——年平均日交通量（pcu/h）；

K——设计小时交通量系数，见表 1.3-8；

D——方向不均匀系数，通常取 0.5，即按两个方向交通量无明显差异进行处理；

PHF_{15}——15min 高峰小时系数，见表 1.3-9。

设计小时交通量系数 K（%）　　　　　　　　　　　表 1.3-8

公路位置	华北	华东	东北	西北	西南	中南
近郊高速公路	8.0	8.5	9.5	9.5	9.0	8.5
城间高速公路	12.0	12.5	13.5	13.5	13.0	12.5

15min 高峰小时系数 PHF_{15}　　　　　　　　　　表 1.3-9

地形条件	东部地区	中部地区	西部地区	全国平均
平原微丘	0.935	0.926	0.928	0.927
山岭重丘	0.901	0.987	0.846	0.874

(3) 实际设计速度 V_R 对应的通行能力值 C_R 的计算

根据实际条件下的设计速度 v_R，查表 1.3-10，通过内插法计算实际设计速度 v_R 对应的实际通行能力 C_R；或者查图 1.3-2，通过作图法计算实际设计速度对应的实际通行能力 C_R。

理想条件下的通行能力参数　　　　　　　　　　　表 1.3-10

设计速度（km/h）	120	100	80	60
通行能力 [pcu/(h·ln)]	2200	2100	2000	1800

(4) 实际设计速度 v_R 的确定

按照下式计算实际道路条件对理想设计速度的修正：

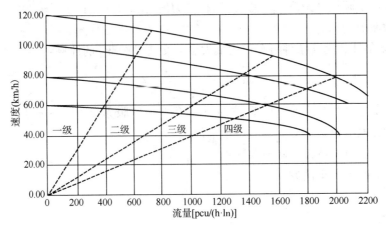

图 1.3-2　理想条件下速度-流量图的服务水平分级

$$v_R = v_0 + \Delta v_W + \Delta v_N \tag{1.3-25}$$

式中：v_R——实际道路条件下的设计速度(km/h)；

v_0——理想条件下的设计速度(km/h)；

Δv_W——车道宽度和路侧净空对设计速度的修正值(km/h)，见表 1.3-11；

Δv_N——车道数对设计速度的修正值(km/h)，见表 1.3-12。

车道宽度和侧向净空对设计速度的修正值 Δv_W　　　　表 1.3-11

道路条件	宽度(m)	设计速度的修正值 Δv_W (km/h)			
		120	100	80	60
车道宽度	3.5	-2.0	—	—	—
	3.75	0.0	—	—	—
左侧路缘带	0.25	-3.0	—	—	—
	0.5	-1.0	—	—	—
	0.75	0.0	—	—	—
右侧路肩	1.0	-3.0	—	—	—
	1.5	-1.0	—	—	—
	≥2.0	0.0	—	—	—

车道数对设计速度的修正值 Δv_N　　　　表 1.3-12

车道数(单向)	设计速度的修正值 Δv_N (km/h)	车道数(单向)	设计速度的修正值 Δv_N (km/h)
≥4	0	2	-5.0
3	-3.0		

(5)衡量高速公路服务水平的指标

对于高速公路宜选用车流密度或车道占有率(密度的另一种表示方式)、平均运行速度和交通流状态比(V/C)作为衡量高速公路服务水平的主要指标。需要指出的是，因交通安全程度与众多因素有关，故高速公路服务水平并没有考虑安全因素。根据美国 HCM 服务水平分级(六级)标准,并结合我国公路服务水平分级(四级)标准,参照高速公路理想条件下交通流各参数之间的关系,推荐采用在纯小客车流理想条件下平原微丘区地形以小客车为标准,设计车速分别为120km/h、100km/h、80km/h的公路服务水平分级指标,具体见表1.3-13。

高速公路、一级公路服务水平分级表　　　　　　　　　　　　　　表1.3-13

服务水平等级	密度[pcu/(km·ln)]	设计速度 120(km/h)			设计速度 100(km/h)			设计速度 80(km/h)		
		速度(km/h)	V/C	最大服务交通量[pcu/(h·ln)]	速度(km/h)	V/C	最大服务交通量[pcu/(h·ln)]	速度(km/h)	V/C	最大服务交通量[pcu/(h·ln)]
一	≤7	≥109	0.34	750	≥92	0.30	650	≥74	0.25	500
二	≤18	≥90	0.74	1600	≥79	0.64	1400	≥66	0.58	1150
三	≤25	≥78	0.88	1950	≥71	0.82	1800	≥60	0.75	1500
四	≤42	≥53	1.00	2200	≥52	1.00	2200	≥48	1.00	2000
	>42	<53			<52			<48		

注:V/C 是在理想条件下,最大服务交通量与基本通行能力之比,基本通行能力是四级服务水平上半部的最大交通量。

实际上,任何一条高速公路或一级公路都不可能出现理想条件下的单一小客车流,所以,对于具体某一条高速公路或一级公路,应根据实际的交通构成比例等条件,将理想条件下的小客车车流密度转换成实际条件下相应的混合车流密度。

表1.3-14给出了大、中型车混入率分别为10%、15%、20%和25%时,高速公路混合车流的服务水平分级指标。

高速公路混合车流的服务水平分级指标　　　　　　　　　　　　表1.3-14

服务水平等级	10%混入率		15%混入率		20%混入率		25%混入率	
	密度	速度	密度	速度	密度	速度	密度	速度
一	≤8	112	≤8	106	≤8	100	≤8	94
SFL	900		850		800		750	
二	≤18	75	≤18	72	≤18	70	≤18	67
SFL	1350		1300		1250		1200	
三	≤28	60	≤28	57	≤28	55	≤28	54
SFL	1700		1600		1550		1500	
四	≤39	48	≤38	46	≤36	48	≤35	47
SFL	1850		1750		1700		1650	

注:密度单位为 veh/(km·ln);速度单位为 km/h;SFL 表示每车道服务流率,其单位为 veh/h。

道路服务水平主要反映了道路服务质量或服务对象的满意程度。美国将道路服务水平分为六级,即服务水平分为 A~F。

服务水平 A:交通量很小,交通为自由流。

服务水平 B:交通量比之前有所增加,交通处在稳定流范围内的较好部分。

服务水平 C:交通量大于服务水平 B,交通处在稳定流范围的中间部分。

服务水平 D:交通量再增大,交通处在稳定交通流范围的较差部分。

服务水平 E:交通不稳定流范围。车速低且均匀,舒适和便利程度也非常低。此服务水平下限时的最大交通量即为基本通行能力(理想条件下)或可能通行能力。

服务水平 F:交通处于强制流状态,车辆经常排成队,跟着前面的车辆停停走走,极不稳定。在此服务水平下,交通量与速度同时由大变小,直到零为止,而交通密度随交通量的减少而增大。

我国公路服务水平分为四级,四级服务水平的定性规定见表1.3-15,一级相当于美国的A、B两级;二级相当于美国的C级;三级相当于美国的D级;四级相当于美国的E、F两级。每级服务水平有其服务质量的范围。一级、二级、三级及四级上半段的服务水平都有对应于该级服务水平最差时的服务交通量,该服务交通量在该级服务水平中是最大的,故称为最大服务交通量。

我国四级服务水平的定性规定 表1.3-15

等级	交通流状况
一级	交通流处于自由流状态。交通量小,速度高,行车密度小,驾驶员能自由或较自由地按照自己的意愿选择所需的速度,行驶车辆不受或基本不受交通流中其他车辆的影响。超车需求远小于超车能力,被动延误少。在交通流内驾驶的自由度大,为驾驶员、乘客或行人提供非常优越的舒适度和方便性
二级	交通流处于稳定流的中间范围。驾驶员基本上按照自己的意愿选择行驶速度,但是要注意到交通流内有其他使用者,并可能影响行驶速度的选择。相对于一级服务水平而言,交通流中驾驶的自由度略有下降。因为交通流中其他使用者的存在,开始影响部分操作,交通设施所提供的舒适和方便程度已经下降
三级	交通流处于稳定流范围下限,车辆运行明显地受到交通流内其他车辆的影响,速度和驾驶的自由度受到明显限制。在交通流中驾驶,要求驾驶员切实提高警惕。总的舒适度和方便性明显下降
四级	分为上下两部分。其中,上半部分的运行条件等于或接近通行能力值。所有车辆的速度都降到很低,但运行速度相对一致,交通流中驾驶的自由度极少,为了适应这种驾驶特点,一般需要行人或车辆让路。舒适度和方便性极差,驾驶员和行人受到的限制一般都很大。在这个水平上运行通常不稳定,因为交通流中流量稍有增大或微小的波动,都会引起交通阻塞。下半部分是通常意义上的强制流或阻塞流。这一服务水平下,交通设施的交通需求超过其容许的通过量,车流排队行驶,队列中的车辆出现停停走走现象,运行状态不稳定,可能在不同交通流状态间发生突变

当交通流处于一级服务水平时,车辆的驾驶自由度高,平均车头时距比较大,但是车道利用率较低;如果道路是交通干道,并且长期处于这个水平,从近期状况来讲,道路等级是偏高的。处于二级服务水平的交通流还比较稳定,如果不发生意外的交通事故,一般不会出现阻塞现象,车道利用率对应道路所能承受最大交通的中等水平,并且车辆被动延误是驾驶员还可以忍受的;如果交通流长期处于该水平,说明道路等级是比较适当的。处于三级服务水平下的交通流已经显得很拥挤,且不稳定,当流率未超过道路通行能力时,尽管车道利用率很高,但制动频繁度、停车次数及被动延误均超过道路使用者所能忍受的程度;若交通长期处于该水平,需要加强交通管理,防止发生交通事故,同时从长远角度出发,需要改造并提高道路等级,以提高疏导交通的能力。处于四级服务水平下的交通流基本处于阻塞断流状态,必须采取果断措施对既有道路进行改造,提高道路通行能力,以满足交通正常运行的要求。

综上所述,利用上述四级服务水平体系,可以方便评价道路交通的运行质量。高速公路服务水平研究不仅用来描述交通运营状况,而且也是联系高速公路通行能力相应的设计、规

第1章 改扩建公路的预测评估及既有公路的评价

划和运营分析的桥梁和纽带。

（6）高速公路匝道服务水平及等级划分

从评价指标数据获得难易程度和可操作性角度出发，选取饱和度作为高速公路匝道服务水平分级评价指标最为合适。根据匝道车流量的饱和度指标来确定高速公路匝道服务水平等级，具体见表1.3-16。

确定高速公路匝道服务水平等级的车流量的饱和度指标　　表1.3-16

服 务 水 平	等级饱和度（DS）	服 务 水 平	等级饱和度（DS）
一级	<0.2	三级	0.5~0.8
二级	0.2~0.5	四级	>0.8

饱和度是指实际流量和通行能力的比值。它是确定路段运行状况的重要参数，也是检验路段是否会发生交通拥挤的衡量标准，是评价路段服务水平最主要的标志之一，计算公式如下：

$$DS = \frac{Q}{C} \quad (1.3\text{-}26)$$

式中：DS——饱和度；

Q——实际流量（换算为标准车）；

C——通行能力。

高速公路匝道交通流的服务水平分为四级，定性描述见表1.3-17。

高速公路匝道交通流的服务水平的定性描述　　表1.3-17

等级	交 通 流 状 况
一级	车流密度很小，车辆自由行驶，不存在相互干扰，车流状态为自由畅通，车辆以近于自由流速的速度行驶
二级	交通流中出现车队，车辆之间出现干扰，由于头车原因出现少量排队现象，但排队率很小，车辆行驶速度仍然很快
三级	车流已经出现不稳定现象，车队长度增加，已接近匝道通行能力，车队中加减速频繁，车流状态为连续不断，车辆行驶速度明显下降
四级	交通流非常不稳定，常常出现停车现象，非常小的流量变化将严重影响整个匝道的运行质量，相互间车头时距处于连续流的临界值，车流状态为饱和

（7）高速公路交织区服务水平及等级划分

①服务水平标准

衡量交织区服务水平及划分服务水平级别的关键性参数是交织区车辆的平均行驶速度和非交织区车辆的平均行驶速度，其服务水平标准见表1.3-18。

交织区服务水平标准　　表1.3-18

服务水平等级	交织区平均行驶速度（km/h）	非交织区平均行驶速度（km/h）	服务水平等级	交织区平均行驶速度（km/h）	非交织区平均行驶速度（km/h）
一	80	86	三	64	67
二	72	77	四	56[a b]	56

注：1.四级服务水平下半部处于强制流状态，车速很不稳定，在0~56km/h之间变化。

2.56km/h在计算时使用，与实测值相比有一些差别。

②设计采用的服务水平

设计采用二级服务水平,当需要采取改进措施而有困难,不得已时可降低一级采用三级服务水平。当交织流和非交织流中有一个或两者均低于设计采用的服务水平等级时,就需采取改进措施,如改进交织构造形式等。

③交织区运行分析计算

交织区运行分析计算的目的是求得已有的或计划或设计中的交织区段的可能的服务水平。简单交织区段设计通行能力和服务水平分析的计算方法和步骤如下:

a.确定道路和交通条件,包括交织长度、构造形式、车道数、车道宽度、地形或纵坡、交织区和非交织区交通量以及交通组成。

b.根据所采用的服务水平级别,从表1.3-18中查出交织区平均行驶速度v_w和非交织区平均行驶速度v_{nw}。

c.从表1.3-6中查出非约束运行所需的常数a、b、c、d值,分别计算出对应于v_w及v_{nw}的Q值,取两个值中的较小者。

d.计算相应于已给定构造形式的N_w,并与该形式的$N_{w(max)}$相比较,确定运行条件是约束还是非约束。如果是非约束运行,则上述第3步所得的Q值即为交织区的设计通行能力;若是约束运行,则取$N_w = N_{w(max)}$;对于构造形式A,将第2步计算值v_w代入式(1.3-14),反算出Q值,并与第3步所得的Q值相比较,取其小者作为设计通行能力。对于构造形式B或C,则用第2步的v_w值,计算v_{nw}值,再将此v_{nw}值代入式(1.3-14),并用表1.3-6中相应的非约束运行的a、b、c、d诸常数算出Q值,此Q值即为交织区设计通行能力。

e.检查交织区段各限制值,确保所有参数都不超过表1.3-18中的限制值。

f.确定服务水平。根据计算出来的交织速度和非交织速度与表1.3-18中的服务水平标准作比较,分别确定交织区交通流和非交织区交通流的服务水平等级。

(8)高速公路交通流特性评价参数的采集

高速公路交通流特性是通过对高速公路交通量、车速、交通密度、车头时距、通行能力等交通参数来描述的,这些参数之间的定性和定量的数据关系反映了车流运行的特性。对实际的交通流运行特性进行分析,同时还需要对涉及的交通流基本特性的参数,如车辆跟车安全距离、换车道位置、车辆期望车速等,进行明确的界定,才能使交通流的定量分析成为可能。为了实现这一目的,最直接有效的方法,就是实地观测。

①数据采集的目的

a.用于对高速公路交通特性的分析,揭示高速公路改扩建前交通流运行规律。

b.为高速公路改扩建工程施工区交通仿真提供输入参数特征值,用来标定高速公路改扩建工程交通仿真模型。

c.为制定或完善高速公路改扩建工程施工区保通及应急方案提供科学的依据。

②道路交通流特性调查方法

目前常用的道路交通流特性调查方法主要有4种,具体如下。

a.人工记数法:在公路上设立交通量调查站,利用人工进行交通量调查统计,记数方法采用人工记数和设备辅助记数。

b.浮动车法:利用调查车辆,在调查路段上往返运行调查交通量、行驶时间和行驶车速,主要用于调查车辆的行驶速度。

c.机械记数法:主要分为便携式记数法和永久性记数法两种。便携式记数法主要利用传感器(如气压管等)和记录设备,进行交通量调查,如交通部公路科学技术研究所研制的交通量调查仪等。永久性记数法所用机械设备主要有光电检测器、雷达检测器、磁性检测器、感应线圈检测器、超声波检测器、红外线检测器、电容式检测器等。

d.录像法:利用录像机作为记录设备,主要用于科学研究使用,目前正在研究开发的是图像识别技术。

③地点车速的调查方法

a.人工测量法:人工测量法一般是采用秒表测速法,即在调查的地点,测量一小段距离L,观测员用秒表测定各种类型车辆经过路段L两端的时间,记录员在标准记录表上记录距离、车型、通过两段的时间,经整理计算,得到各类车辆的地点车速。距离L一般在30~50m之间。

b.仪器测量法:主要是指雷达测速法,这种方法是目前最常使用的一种方法。雷达测速法常用的仪器有雷达测速仪和雷达枪,在测量时,只要用雷达测速仪瞄准前方被测车辆,即能读出该车辆的瞬时速度。

c.监测器测量法:将车辆的检测器在一条车道上一定的距离连续设置两个,车辆通过前后两监测器时,发出信号,并传送给记录仪,记录仪记录车辆通过前后两监测器的时间,从而计算出车速。

④交通密度的调查方法

a.出入流量法:在实施中出入流量法又分为试验车法和车牌照法。

b.摄影法:利用摄影的办法获得道路上车辆数资料,从而测定密度。摄影法分为地面高处摄影测量法、航空摄影测量法。

交通流三参数之间的基本关系式为:

$$Q = \bar{V}_s \cdot K \quad (1.3\text{-}27)$$

式中:Q——平均交通量(pcu/h);

$\bar{V}_s$——区间平均速度(km/h);

K——平均密度(pcu/km)。

(9)高速公路基本路段车辆行驶特征

①自由行驶。当车辆处于头车位置或与同车道前导车的距离大于跟驰距离界限时,认为跟随车在行驶中不受其他车的干扰,以驾驶员的期望速度行驶,此时车辆处于自由行驶状态。

②跟驰。当前后两车的车头时距处于最小车头时距附近,跟随车期望以高于前车车速行驶,但是受道路条件限制或其他车辆(主要是相邻车道的车流)的干扰,不能进行超车时,不得不以低于驾驶员期望的速度行驶,此时跟随车处于跟驰状态。

③紧急跟驰。当车头间距小于紧急跟驰的界限时,车辆状态处于紧急跟驰。此刻驾驶员的注意力相当集中,精神状态相对紧张。驾驶员为避免长期处于紧张状态,会在紧急跟驰状态中一直采取减速措施,直到车辆恢复到一般的跟驰状态。

④超车。当道路条件允许,且车辆不受相邻车道车流干扰或干扰解除后,跟随车期望超车而又有足够的超车间距时,跟随车进行超车。由于车辆分向行驶,车辆换车道后不会占用对向车道,所以高速公路中的超车行为已经转变为换车道行为。

⑤减速停车。随着交通需求的增大,车辆为保持一般的跟驰状态,会不断减速。当速度减小至车辆的最小运行速度时,车辆进入减速停车状态。

⑥重新启动。随着车队的疏散,停止车辆与前车的距离逐渐增大,当车头间距大于重新启动的界限时,车辆则开始进入加速启动状态。

1.3.3 一般公路服务水平——通行能力计算

(1)通行能力计算方法之一

基本通行能力是指在"理想条件"或"基准条件"下所能通行的最大小时交通量,基本通行能力用 $C_{基}$ 表示。

可能通行能力是指在实际或预计的道路、交通、控制及环境条件下,某已知公路的一个组成部分(一条车道或一车行道)在上述诸条件有代表性的均匀段上或一横断面上,不论服务水平如何,1h 所能通过的车辆最大数目,用 $C_{可}$ 表示。由于实际的道路和交通等条件与理想条件有差距,因此必须以基本通行能力为基础,从道路条件和交通条件方面去确定合理的修正系数 k_i。

$$C_{可} = C_{基} \cdot k_1 \cdot k_2 \cdot k_3 \cdot k_4 \cdot k_5 \quad (1.3\text{-}28)$$

式中:k_1——车道宽度修正系数;
k_2——侧向净宽修正系数;
k_3——纵坡修正系数;
k_4——视距修正系数;
k_5——沿途条件修正系数。

设计通行能力是指设计某道路设施时,根据对交通运行的质量要求,即在一定服务水平要求下,公路设施所能通行的最大小时交通量,用 $C_{设}$ 表示。

$$C_{设} = C_{可}\left(\frac{V}{C}\right) \quad (1.3\text{-}29)$$

V/C 是在理想条件下该公路服务水平相应的最大服务交通量与基本通行能力的比。它的值小,说明最大服务交通量小,车流运行条件好,可以理解成服务水平高;反之它的值大,服务交通量也大,车流运行条件差,服务水平也低。当设计小时交通量超过设计通行能力时,意味着公路将会发生堵塞。

(2)通行能力计算方法之二

根据交通量预测结果,参照《交通工程手册》和《公路工程技术标准》(JTG B01—2014)计算基本路段通行能力及服务水平。

①可能小时通行能力

每个车道的可能通行能力 SF:

$$SF = C_b \times f_p \times f_w \times f_{HV} \quad (1.3\text{-}30)$$

式中:C_b——每个车道理想条件下的通行能力,即基本通行能力,根据规范取 2000pcu/(h·ln);

f_p——驾驶员的条件系数,取 1;

f_w——车道宽度及侧向净宽不足折减系数,侧向净宽足够时,取 1;

f_{HV}——大型车影响修正系数,根据工程的纵坡及大型车的混入率进行修正。

$$f_{HV} = 1[1 + P_t(E_t - 1)] \tag{1.3-31}$$

式中:E_t——大型车换算成小客车的换算系数,取 1.7;

P_t——大型车的混入率。

②可能日通行能力

考虑高峰小时率和高峰小时方向率,将小时通行能力换算成日通行能力:

$$C_i = \frac{SF}{2K \times D} \tag{1.3-32}$$

式中:C_i——单车道可能通行能力;

K——高峰小时占全日的比例;

D——高峰小时交通方向率,取 0.6。

③设计通行能力

$$C_d = C_i\left(\frac{V}{C}\right) \tag{1.3-33}$$

式中:C_d——每个车道日通行能力;

$\dfrac{V}{C}$——以服务水平为标准折减系数,对设计车速 100km/h 的高速公路,一级服务水平为 0.51,二级服务水平为 0.71,三级服务水平为 0.85,四级服务水平为 1。

(3)特征年改造方案服务水平

根据拟改造公路交通预测结果,对特征年分别以不同车道数计算公路的服务水平,计算公式如下:

$$\frac{V}{C} = \frac{AADT}{C_i \times N} \tag{1.3-34}$$

式中:AADT——预测年均日交通量;

N——双向车道数。

根据拟改造道路的标准,拟改造路段的服务水平应保持在二级或二级以上。

(4)不同年份交通能力判断及改扩建建议

分别计算道路的不同年份的设计小时交通量,并考虑车道分布的折减系数,折减系数取值如下:靠近中心线为第一车道,折减系数取 1.0,第二车道折减系数取 0.85,第三车道取 0.7。计算结果:如果车道数为 6,则折减系数为 5.1。由计算结果可评价设计年限内是否满足通行能力的要求。

公路改扩建一般是根据交通量调查结果,如果交通量较大而公路无法满足其需求则进行改扩建。而交通量的大小与路面的宽度,路面损坏情况密不可分,如有些车辆宁愿多绕一些路程而不愿走那些崎岖不平的近路。但仅凭某条路上既有的交通量大小量而不考虑经济发展,决定其是否应当改扩建难免有失偏颇,如某些新建公路在未达到设计使用年限、路面结构完好的情况之下,出现了无法满足交通量需求的状况,形成了交通瓶颈,从而不得不重新加宽改造。

1.3.4 公路路网等级水平评价

可以采用以下指标对区域的公路路网等级水平进行评价。

(1) 公路网密度

$$\delta_A = \frac{L}{A} \tag{1.3-35}$$

$$\delta_P = \frac{L}{P} \tag{1.3-36}$$

$$\delta = \frac{L}{\sqrt{P \cdot A}} \tag{1.3-37}$$

式中：δ_A——公路网面积密度；

δ_P——公路网人口密度；

δ——公路网综合密度；

L——公路总里程(km)；

A——公路网所属区域的土地面积(km²)；

P——公路网所属区域的人口总数(万人)。

(2) 公路网通达度

公路网通达度(D_N)为规划区域内各节点间依靠公路交通相互连通的强度。公路网连通度可以从整体上表达公路网中各节点连通和通达状况，通过考察各节点的连通状况，从公路网布局方面反映其结构特点。其计算公式为：

$$D_N = \frac{L}{\xi \cdot \sqrt{A \cdot N}} \tag{1.3-38}$$

式中：D_N——公路网通达度；

L——区域内的公路网总里程；

N——规划区域应连通的节点数；

A——规划区域面积(km²)；

ξ——非直线系数。

当 D_N 值接近 1.0 时，路网布局为树状，为不完善路网；当 D_N 值为 2.0 时，路网布局为方格网状，路网布局结构比较完善；当 D_N 值为 3.0 时，路网布局呈三角网状，路网布局结构完善。

(3) 公路网等级水平指数

公路网等级水平指数是指区域内各路段修正技术等级的加权平均值，公路等级的高低直接影响公路交通运行状况，该指数计算见公式(1.3-39)。

$$J = \frac{\sum L_i \cdot J_i}{\sum L_i} \tag{1.3-39}$$

式中：J——规划区域内公路网等级水平指数；

L_i——第 i 级公路的里程(km)；

J_i——第 i 公路的等级换算系数,对应高速公路、一级、二级、三级、四级、等外公路分别取 5、4、3、2、1、0。

根据以上计算得出地区公路网现状等级水平指数,从而评价该地区公路的建设重点应该是提级改造还是新建。

(4)公路网铺装水平指数

公路网铺装状况与公路的通行能力和服务水平密切相关。它一方面直接影响到行车质量,如行车的全天候、舒适性等;另一方面又直接影响着公路运输经济效益。因此,公路网铺装水平指数也是反映公路网性能和质量的重要指标,其定义为区域内各路段路面铺装等级的加权平均值,计算公式为:

$$P = \frac{\sum L_i \cdot P_i}{\sum L_i} \tag{1.3-40}$$

式中:P——公路网铺装水平指数,$1 < P < 4$;

L_i——区域各路段公路里程(km);

P_i——区域各路段的路面等级,对应高级路面、次高级路面、中级及以下路面,P_i 分别取值 3、2、1。

采用以上指标与全国或世界平均水平相比较,可以看出公路交通水平和经济水平的高低,以确定是否有必要增加路网密度或提高铺装水平。

1.4 拟改扩建公路项目的社会经济评价

拟改扩建公路项目的社会经济评价分为社会经济发展评价、经济评价,具体评价内容如下。

1.4.1 社会经济发展评价内容

1)社会经济评价的内容

拟改扩建公路的社会经济发展评价内容可从以下几个方面进行:

(1)区域经济的发展。主要评价公路项目所在地区及其影响区的经济现状和发展趋势,以适应区域经济的快速发展、提高通行能力,论证公路进行改扩建的必要性。

(2)城镇的发展。随着沿线区域城镇化水平的提高,中心城市规模不断扩大,中小城镇的城市化水平提高速度也很快,城镇人口不断增加,必然导致区域交通线上的交通量上升,城镇化水平的提高也对公路提出了改扩建的要求。

(3)区域人民生活水平的提高。随着区域内人民生活水平的提高,人们对出行时的舒适性、时效性要求日益增加,提高道路服务水平才能满足人民生活水平的要求。

(4)巩固公路路网地位。项目影响区域内未来都市圈发展各有侧重,区域间互补性的交流日益频繁,对拟改扩建公路的依赖会逐渐增强,而既有公路既有通行状况已不能适应未来都市圈公路交通的要求,公路改扩建势在必行。

(5)随着我国经济大开发的推进,拟改扩建公路承担着沟通落后地区与发达地区间联系的重要使命,将会有大量长途交通通过拟改扩建公路到达沿线各中心城市,而现状公路将难以承受这部分交通的持续增长,因此既有公路改扩建势在必行。

(6)适应地方规划的需要。

①都市圈规划的需要。沿线区域未来的发展要求拟改扩建公路运输走廊有相应的发展。

②地方规划的需要。从城市规划的要求来看,拟改扩建公路运输走廊既是沿线城镇主要交通通道,又是沿线城市产业带、城镇发展的主轴,其重要性是显而易见的。

③发挥通道资源优势的需要。拟改扩建运输通道由各级公路、铁路、水运等多种运输方式共同构成。拟改扩建公路通道已逐渐取代了其他运输的主导地位,成为区域内主要的运输通道。未来拟改扩建公路运输通道要继续保持优势地位,必须采取相应对策。

(7)恢复公路使用性能的需要。

随着交通量的增加,拟改扩建公路路面病害已日渐明显,公路使用性能正在逐年下降,为提升拟改扩建公路的整体服务水平,亟须进行改扩建。通过公路改扩建与必要的既有公路面翻修,彻底恢复公路的使用性能。

(8)提高拟改扩建公路通行能力的需要。

按照拟改扩建公路既有的技术标准,有些路段或全部路段车流量都将达到饱和,服务水平需要恢复正常。拟改扩建公路对其通行能力的提高是十分必要的。

(9)公路改扩建的必要性和紧迫性。

①所在公路走廊交通需求增幅不断加大,尤其是某些路段,交通量已接近饱和,迫切需要提高通行能力。

②现阶段流量虽然很大,但通过合理组织,还是能保证拟改扩建工程顺利展开的,特别是某些路段,迫切需要利用这一时机进行改造,减少以后改扩建施工的组织难度。

③所在走廊的交通紧张局面已引起沿线地方和各级主管部门的高度关注,抓住这一大好时机,可以促进工程的顺利开展。

④拟改扩建公路的路面大修已提上议事日程,与扩建同步进行大修是较好的选择,把公路路面大修与改扩建施工合并,可以减小浪费。

2)经济评价的内容及方法

经济评价是公路改扩建科学决策的主要依据,合理的经济评价结果可以防止盲目投资和低水平重复建设,并对公路改扩建实施模式的选择也有着直接的影响。

公路改扩建项目的经济评价分为财务评价和国民经济评价。公路改扩建项目的财务评价是在国家现行的财税制度和现行市场价格体系下,分析测算改扩建项目的效益费用,从财务角度考察项目的获利能力和借款偿还能力等财务状况,对项目财务可行性进行评价。国民经济评价是按合理配置资源的原则,从国家整体的角度来研究公路改扩建项目需要国家付出的代价和对国家的贡献,以评价项目的经济合理性。

公路改扩建项目经济评价可能涉及以下五个状态下的数据。

(1)现状数据:反映公路改扩建项目实施前的效益以及费用现状。

(2)"无项目"数据:是指在不实施改扩建的情况下,在现状的基础上考虑规定计算期内效益和费用的变化趋势,通过某种预测方法,经合理预测得出的数值序列。

(3)"有项目"数据:是指在改扩建项目实施的情况下,计算期内各年的总量效益和费用数据,也是预测得出的数值序列。

(4)新增数据:是"有项目"情况相对"现状"情况下的变化额,即"有项目"效益和费用数据与"现状"效益和费用数据的差额。

(5)增量数据:是"有项目"情况下效益和费用数据与"无项目"情况下效益和费用数据的差额,即通常所说的"有无对比"法得出的数据。

1.4.2 公路改扩建项目的经济评价特点

与新建公路项目相比,公路改扩建项目多为在既有公路的基础上进行的拓宽改造,因此,改扩建项目的经济评价具有如下特点:

(1)既有公路已在运营,若不实行改扩建,既有状况也会发生一定的变化,因此项目效益与费用的识别和计算比新建公路项目更复杂。公路改扩建的效益应该是指新增加的投资所产生的增量效益,其计算方法与新建公路有所不同。因此,其产生的增量效益计算通常是将"有项目情况"下产生的总效益减去"无项目情况"下产生的总效益,而不是仅仅减去现状效益。

(2)公路改扩建项目的费用多样,不仅包括新增投资和新增运营费用,还应包括由于公路改扩建工程带来的既有公路停止运营或运营车辆减少引起的损失以及部分既有公路资产沉没的费用等。

(3)改扩建的公路在既有公路的基础上建设,不同程度地利用了既有公路的基础和部分工程,包括既有路基、桥梁、涵洞、隧道等结构物,使得新增加的项目投资与既有项目投资共同发挥效益,以较小的新增投入取得相对大的经济收益。

(4)在经营性公路改扩建施工期间,部分公路根据自身情况,为保证交通继续通行,采取了不中断交通的施工方式继续通行运营。因此,在建设期内部分经营性公路可以建设与运营同步进行,但必须在保证既有公路畅通运营的同时保证改扩建项目的建设进度,当然这也将产生较大的施工运营保通费用。

1.4.3 公路改扩建项目经济评价的原则和要求

1)公路改扩建项目经济评价的原则

(1)费用、效益计算范围需对应一致的原则。

《公路建设项目经济评价方法与参数》中明确要求:公路改扩建项目的经济评价应按照费用与效益计算范围对应一致的原则进行计算。公路改扩建项目为国民经济所做出的贡献全部作为该项目所产生的效益,在评价时仅计算项目的直接效益。在经营性公路改扩建项目中,这种效益表现为:有此项目相对于无此项目使得车速明显加快,形成的运输成本的节约和客、货运输在途时间的节约;另外,有此项目相对于无此项目所形成的交通事故减少、安全性增强等。

(2)经营性公路改扩建项目的经济评价应采用"有""无"的对比原则。

所谓"有""无"对比是指拟实施改扩建的经营性公路项目所需要的费用和产生的效益与假设该项目不进行所产生的费用和效益进行分析比较,通过比较确定计划是否实施。通过采用这种方法可以准确计算出该项目的净收益。公路改扩建项目采用有无对比法,通过对比有无这个项目,分析说明有这个项目增加了怎样的效益,是否为在既有效益基础上的增量。新建项目和改扩建项目是有一定不同之处的,主要表现在以下三方面:①新建项目无存量资产,而改扩建项目有存量资产;②对于新建项目,企业范围与项目范围相同,而改扩建项目的企业范围与项目范围不一定相同;③新建项目都是先建设后生产,而改扩建项目往往是项目建设与生产同时进行。

(3)公路改扩建项目经济评价在计算期需采用同一价格的原则。

根据国家发展改革委颁布的《建设项目经济评价方法》中的相关规定:各项目的经济评价,在计算期内各年使用同一价格,即财务评价使用现行价格,国民经济评价使用影子价格。在计算期采用同一价格,并不意味着项目在计算期内的投入物和产出物的价格是固定不变的,只是由于影响物价变化的因素太多、太复杂,难于预测。况且,在多数情况下,既有导致费用提高的因素,也有导致效益增多的因素,两者有交叉作用或相互作用,为便于各行业、各部门做项目比较,因此不再考虑物价上涨因素。进行项目经济评价时,应以项目建设第一年的市场价格和影子价格为基准,经济评价和财务分析期间的价格不变。由于物价变化的因素很难预测,在多数情况下,为便于项目比较,不再考虑物价上涨因素,而在计算期内采用同一价格。如果有的项目物价上涨非常剧烈或者项目要利用外资,为了便于作贷款偿还能力的分析,可将物价上涨因素作为影响项目评价的重要因素之一,进行敏感性分析。

(4)公路改扩建项目经济评价计算年限统一的原则。

公路改扩建项目经济评价计算年限等于建设的年限加上通车运营后的预测年限,通车运营使用的预测年限原则上为20年。

(5)公路改扩建项目经济评价整体评价的原则。

由于公路是作为一个有机整体来进行项目经营赢利的,公路改扩建的目标就是其项目的整体目标,因此进行经济评价时应按项目整体进行考虑。

2)公路改扩建项目经济评价的要求

从经济评价的角度来看,公路建设应满足:

(1)区域经济建设的方针政策;

(2)区域社会经济发展规划、国土开发利用规划、综合运输网规划及其他有关行业发展规划;

(3)区域人口、资源开发、环境保护等方面的运输政策;

(4)公路工程等级标准、规划、定额、指标及基本建设的政策法规等;

(5)应少破坏或不破坏工业、农业、交通、水利水电、电力、通信、旅游、民房等基础设施和民用设施;

(6)应少占用或不占用土地资源、矿产资源、水资源、生物资源、气候资源、电力资源、旅游资源等。

国民经济评价和财务评价结论均可行的项目,从经济角度来看应予以通过,否则予以否定。国民经济评价结论不可行的项目,一般应予以否定。对某些具有重大政治、经济、国防、交通意义的公路项目,若国民经济评价结论可行,但财务评价不可行,可重新考虑方案,或提出相应优惠措施的建议,使项目在财务上具有生存能力,必要时进一步说明建设的必要性,不再考虑财务评价结果。

3) 社会经济和公路交通状况调查的基本原则

对社会经济和公路交通状况调查应遵循以下基本原则:实事求是原则、全面系统原则、可比性原则、重点与一般相结合的原则。社会经济和公路交通状况调查要从政策方针、社会经济、资源环境、交通运输、交通基础设施、建设资金等方面对公路网络规划和公路项目可行性研究涉及的区域做出全面、系统、客观的调查。

1.4.4 拟改扩建公路项目的国民经济评价

1.4.4.1 经济评价总则

公路建设项目经济评价,应遵循费用与效益计算范围对应一致的原则。国民经济评价只计算项目直接效益和直接费用,同时对项目外部效果进行定性分析和描述。财务评价除计算项目的直接收益和直接费用外,还应计算与项目有关联的服务、开发等经营性设施所发生的间接收益和间接费用。

公路建设项目国民经济评价采用"有项目情况"与"无项目情况"(作为"基准情况")对比的方法。当既有相关公路拥挤度大于1.0时,宜用"无项目情况"作为"基准情况"。"做最少情况"是指用最少的投资来改造既有相关公路,使其能在最低服务水平下维持车辆运行的路网情况。

公路建设项目经济评价采用动态计算方法,项目计算期包括建设期和运营期。公路建设项目国民经济评价的运营期按20年计算。财务评价的运营期应根据项目特点或投资协议而定。对于内资项目和利用国家政策性贷款的财务评价运营期取项目要求的贷款偿还期;其他运营性项目运营期不应超过30年。对利用国外政府贷款或国际金融组织的公路建设项目,其运营期可取项目要求贷款偿还期;中外合资(合作)项目的运营期取合资(合作)期;BOT项目运营期取项目的特许经营期;在投资协议尚未签订时,可按政府或项目发起人的计划,根据可能的资金来源,预先假定运营期,但不应超过30年。

公路建设项目国民经济评价使用影子价格,计算期内各年均采用基年(开工前一年)价格,不考虑物价上涨因素。财务评价使用财务价格,对于价格变动因素,在进行项目财务盈利能力和清偿能力分析时,宜作不同处理。进行财务盈利能力分析时,计算期各年均采用基年价格,只考虑相对价格的变化,不考虑物价总水平的上涨因素;进行清偿能力分析时,计算期内各年采用预测价格,除考虑相对价格的变化外,还要考虑物价总水平上涨因素。物价总水平上涨因素一般只考虑到建设期末。

国民经济评价所采用的社会折现率、影子价格、贸易费用率等通用参数,应以国家最新发布值为准。

在进行国民经济效益分析时,高速公路或收费公路建设项目应分车型计算,高速公路建设项目同时还应分时段(如:白昼高峰期、白昼非高峰期、夜间)计算效益。收费公路的财务收费收入必须分车型计算。

交通量是公路建设项目经济评价的主要数据之一。在经济评价之前应注意做好如下预测数据的准备工作:

①"基准情况"与"有项目情况"下的路段正常交通量;

②"有项目情况"下的总交通量(包括正常、诱增和转移三部分);
③分车型交通量(拟建项目为高等级公路或为收费公路时);
④分时段平均小时交通量(拟建项目为高速公路或利用外资项目时)。

对于有多条路线方案的同一公路建设项目,应根据交通量及建设费用的变化进行相应经济评价,以作为项目多方案比较选择的依据。

1.4.4.2 国民经济评价

1)国民经济评价的一些基本概念

(1)社会折现率

社会折现率是国民经济评价中计算经济净现值时的折现率,并作为经济内部收益率的基准值,是项目经济可行性的判断依据。社会折现率表征社会对资金时间价值的估量,适当的社会折现率有助于合理分配建设资金,引导资金投向对国民经济贡献大的项目,调节资金供需关系,促进资金在短期和长期项目间的合理配置。我国社会折现率定为12%。

(2)影子价格

影子价格是计算项目的投入物和产出物所使用的价格,它反映了资源或货物真实价格的度量。影子价格常以直接值和换算系数两种形式给出。直接值指的是选用某一适宜的财务价格作为影子价格;而换算系数是指货物的影子价格是由财务价格乘以换算系数而得到的,换算系数法适用于规格繁杂的货物。货物影子价格一般不含长途运输费用和贸易费用。

(3)影子汇率

影子汇率是外汇与人民币之间换算的比率。它代表外汇的影子价格,反映外汇对国家的真实价值,它的取值高低将会影响公路项目经济评价中的进出口抉择。影子汇率换算系数是影子汇率与国家外汇牌价的比值。在项目评价中,常采用国家外汇牌价乘以影子汇率换算系数得到影子汇率。

(4)影子工资

影子工资是指建设项目使用劳动力时国家和社会为此而付出的代价。它由两部分组成:一是由于项目使用劳动力而导致别处被迫放弃的既有净效益;二是劳动力的受业或转移所增加的社会资源消耗。在国民经济评价中,影子工资作为劳务费用计入经营成本。为方便起见,可将财务评价中的工资及提取的职工福利基金(合称为名义工资)乘以影子工资换算系数求得影子工资。

(5)贸易费用率

贸易费用率是指物资系统、各级商业批发站和外贸公司等商贸部门花费在生产资料流通过程中长途运输费用以外影子价格计算的费用。它在国民经济评价中用于计量货物的贸易费用。贸易费用率是反映这部分费用的一个综合比率。若无特殊情况,贸易费用率一般为6%。

(6)交通运输影子价格系数

铁路货运影子价格换算系数为1.84,与其对应的基础价格是1992年调整发布的铁路货运价格。公路货运影子价格换算系数为1.26,与其对应的基础价格是1992年公路货运价格。沿海货运影子价格换算系数为1.73,内河货运影子价格换算系数为2.00,与其对应的基础价格是1992年调整发布的沿海、内河货运价格。

(7) 残值

评价期末项目的残存价值,公路项目一般取建设费用的50%,以负值计入费用。

(8) 影子价格的使用条件

在进行国民经济评价时,必须对在项目效益和费用中占比重较大或价格明显不合理的产品(服务)、劳动力和土地使用影子价格。公路建设项目国民经济评价中只涉及投入物的影子价格,以下三类投入物必须使用影子价格:①公路建设及养护所涉及的主要投入物,包括钢材、木材、水泥、沥青等一般投入物和劳动力及土地两种特殊投入物等;②维持车辆营运的投入物,即车辆营运成本的构成要素,如司乘人员人工、燃料、轮胎、保修人工及零配件、折旧等;③对于公路交通涉及的货物(含车辆)损失。

2) 公路大修、养护费用及收费站管理费用

公路大修、养护费用,按公路建设费用中建筑安装构成费的影子价格换算系数调整确定。小修养护费用可通过项目所在地区公路养护情况的调查获得,高等级公路一般小修养护费用为5万元/(年·km),考虑交通量逐年增长,公路的破损程度也将逐年加大,因此,公路每年所需的小修养护费用亦将同时增加,预计年增长速度为3%。高等级公路大修费用一般为120万元/(年·km),大修间隔为10年。

根据公路项目所需的收费站数量,核算收费站的年管理费,并考虑一定比率的逐年增长。

3) 汽车运输成本调整

汽车运输成本是公路效益计算的主要参数,公路建设项目的效益主要以汽车运输成本的降低来反映。调整后的汽车运输成本主要包括以下几部分:与距离有关的燃油消耗、润滑油更换、轮胎更换和维修费;与时间有关的折旧、利息、工资、福利、奖金、保险费和运营管理费等。

车速-交通量模型:

① 不同车型的车速-交通量模型。

高速公路、一级公路:$S = a \times e^{b(V/C)^2}$ 当 $V/C \leq 0.8$

高速公路、一级公路:$S = a_1 \times e^{b_1(V/C)^2}$ 当 $V/C \geq 0.8$

二级以下公路:$S = a \times e^{(V/C)^2}$ 当 $V/C \leq 0.75$

二级以下公路:$S = a_1 \times e^{b_1(V/C)^2}$ 当 $V/C > 0.75$

式中:S——车速(km/h);

V——标准小时交通量(pcu/h);

C——实际小时通行交通能力(pcu/h);

a、a_1、b、b_1 为回归系数,见表1.4-1。

车速-交通量模型 表1.4-1

公路等级	车型	a	b	a_1	b_1
高速公路、一级公路	小客车	96.55	-0.35	86.04	-0.65
	大客车	79.08	-0.15	78.71	-0.56
	小货车	73.67	-0.16	71.93	-0.47
	中货车	68.31	-0.06	70.96	-0.46
	大货车	65	-0.15	62.38	-0.33
	拖挂车	61.43	-0.11	60.23	-0.29

续上表

公路等级	车型	a	b	a_1	b_1
二级公路	小客车	80	-0.147		
	大客车	53.9	-0.77		
	小货车	60.5	-0.97	80	-60
	中货车	56.7	-0.86		
	大货车	58.4	-0.96		
	拖挂车	50	-0.63		
三级公路	小客车	60	-1.56		
	大客车	46.9	-1.01		
	小货车	50	-1.15	60.2	-45.2
	中货车	47.6	-1.04		
	大货车	45.5	-0.94		
	拖挂车	41.5	-0.73		

②车速-运输成本模型：

$$VOC = AS^2 + BS + D \qquad (1.4\text{-}1)$$

式中：VOC——车辆运输成本[元/(百车·km)]；

A、B、D——回归系数，见表1.4-2。

车速-运输成本模型　　　　　　　表1.4-2

公路等级	系数	小客车	大客车	小货车	中货车	大货车	拖挂车
高速公路	A	0.01	0.03	0.01	0.02	0.03	0.04
	B	-2.74	-5.06	-2.26	-3.07	-4.71	-4.62
	D	217.55	368.80	188.41	247.88	362.20	419.35
一级公路	A	0.04	-0.01	0.05	0.06	0.01	0.07
	B	-5.17	-1.08	-5.88	-7.42	-1.86	-8.68
	D	284.40	266.14	279.33	352.66	284.63	465.89
二级公路	A	0.06	0.14	0.08	0.10	0.12	0.14
	B	-7.77	-15.86	-8.48	-11.68	-14.00	-14.60
	D	366.37	628.65	345.23	465.13	529.66	651.62

4）国民经济评价的效益和费用计算原则

公路建设项目的效益是指项目对国民经济所作的贡献，分为直接效益和间接效益，一般只计算直接效益，并通过"有无比较法"来确定。直接效益（B）是指公路使用者的费用节约，主要由拟建项目和既有相关公路的降低营运成本效益（B_1）、旅客在途时间节约效益（B_2）和拟建项目减少交通事故效益（B_3）组成。

公路建设项目所支出的费用，分为两部分：一部分是指建设期经济费用，应计入承诺费、报告编制年至开工前一年的物价上涨费用；另一部分是指运营期经济费用，包括日常养护费用、管理费用、大修费用、国外贷款利息等。

5）效益计算方法

（1）降低营运成本效益（B_1）

$$B_1 = B_{11} + B_{12} \tag{1.4-2}$$

式中：B_{11}——拟建项目降低营运成本的效益（元）；

B_{12}——既有相关公路降低营运成本的效益（元）。

$$B_{11} = (T_{1P} \text{VOC}'_{1b} \times L' - T_{2P} \text{VOC}_{2P} \times L) \times 365 \tag{1.4-3}$$

或 $B_{11} = 0.5 \times (T_{1P} + T_{2P}) \left(\dfrac{2T_{1P}}{T_{1P} + T_{2P}} \text{VOC}'_{1b} \times L' - \dfrac{2T_{2P}}{T_{1P} + T_{2P}} \text{VOC}_{2P} \times L \right) \times 365$

式中：T_{1P}——"有项目情况"下，拟建项目的正常交通量（veh/d），为自然数；

T_{2P}——"有项目情况"下，拟建项目的总交通量（veh/d），为自然数；

VOC'_{1b}——"基准情况"下，在正常交通量条件下，既有相关公路上各种车型车辆加权平均单位营运成本[元/(veh·km)]；

VOC_{2P}——"有项目情况"下，在总交通量条件下，拟建项目上各种车型车辆加权平均单位营运成本[元/(veh·km)]；

L'——既有相关公路的路段里程（km）；

L——拟建项目的路段里程（km）。

$$B_{12} = 0.5 \times L' \times (T'_{1P} + T'_{2P})(\text{VOC}'_{1b} - \text{VOC}'_{2P}) \times 365 \tag{1.4-4}$$

式中：T'_{1P}——"有项目情况"下，既有相关公路正常交通量（veh/d），为自然数；

T'_{2P}——"有项目情况"下，既有相关公路总交通量（veh/d），为自然数；

VOC'_{2P}——"有项目情况"下，既有相关公路在总交通量条件下各种车型车辆加权平均单位营运成本[元/(veh·km)]。

各种车型车辆的加权平均单位营运成本（VOC）和平均运行速度（S）（以高速公路为例，其他等级的公路可适当简化），在给定路段上某种车型（V）车辆的单位营运成本（VOC_V）和行驶速度（S_V）分别为：

$$\text{VOC}_V = \dfrac{\sum\limits_{g=1}^{n}(h_g \times \text{VOC}_{Vg})}{24} \tag{1.4-5}$$

$$S_V = \dfrac{\sum\limits_{g=1}^{n}(h_g \times S_{Vg})}{24} \tag{1.4-6}$$

式中：g——时段或流量组个数，$g = 1, 2, \cdots, n$；

h_g——第 g 组小时数，$\sum\limits_{g=1}^{n} h_g = 24$；

S_V——第 g 组，车型 V 的行驶速度（km/h）；

VOC_V——第 g 组，车型 V 的单位营运成本[元/(veh·km)]。

（2）旅客时间节约效益（B_2）

$$B_2 = B_{21} + B_{22} \tag{1.4-7}$$

式中：B_{21}——拟建项目旅客节约时间效益（元），为

$$B_{21} = 0.5 \times W \times E \times (T_{1PP} + T_{2PP})(L'/S'_{1b} - L/S_{2P}) \times 365 \qquad (1.4-8)$$

B_{22}——既有相关公路旅客节约时间效益（元）为

$$B_{22} = 0.5 \times W \times E \times L'(T'_{1PP} + T'_{2PP})(1/S'_{1b} - 1/S'_{2P}) \times 365 \qquad (1.4-9)$$

W——旅客单位时间价值[元/(人·h)]；

E——客车平均载运系数（人/veh）；

L'——既有相关公路的路段里程（km）；

L——拟建项目的路段里程（km）；

S'_{1b}——"基准情况"下既有相关公路在正常交通量条件下的各种车型客车加权平均行驶速度（km/h）；

S_{2P}——"有项目情况"下，拟建项目在总交通量条件下的各种车型客车加权平均行驶速度（km/h）；

T_{1PP}——"有项目情况"下，拟建项目客车正常交通量（veh/d），为自然数；

T_{2PP}——"有项目情况"下，拟建项目客车总交通量（veh/d），为自然数；

S'_{2P}——"有项目情况"下，既有相关公路在总交通量条件下的各种车型客车的平均行驶速度（km/h）；

T'_{1PP}——"有项目情况"下，既有相关公路客车正常交通量（veh/d），为自然数；

T'_{2PP}——"有项目情况"下，既有相关公路客车总交通量（veh/d），为自然数。

（3）拟建项目减少交通事故效益（B_3）

$$B_3 = B_{31} + B_{32} \qquad (1.4-10)$$

式中：B_{31}——拟建项目减少交通事故效益（元）；

B_{32}——既有相关公路减少交通事故效益（元）。

$$B_{31} = 0.5 \times (T'_{1P} + T'_{2P})(r'_{1b} \times L' \times C'_b - r_{2P} \times L \times C_P) \times 365 \times 10^{-8} \qquad (1.4-11)$$

$$B_{32} = 0.5 \times (T'_{1P} + T'_{2P})(r'_{1b} \times C'_b - r'_{2P} \times C'_P) \times 365 \times 10^{-8} \times L' \qquad (1.4-12)$$

式中：C'_b——"基准情况"下，既有相关公路单位事故平均经济损失费（元/次）；

C_P——"有项目情况"下，拟建项目单位事故平均经济损失费（元/次）；

r'_{1b}——"基准情况"下，既有相关公路在正常交通量条件下的事故率[次/(亿车·km)]；

r_{2P}——"有项目情况"下，拟建项目在总交通量条件下的事故率[次/(亿车·km)]；

C'_b——"有项目情况"下，既有相关公路单位事故平均经济损失费（元/次）；

r'_{2P}——"有项目情况"下，既有相关公路在总交通量条件下的事故率[次/(亿车·km)]。

事故经济损失费应由直接费和间接费两部分组成。

（4）独立工程项目的效益

跨越江（河、海）的独立项目（如大桥、隧道等）所产生的效益可分为两部分：一部分是"无项目情况"下，为满足日益增长的过江交通需求，需对既有过江设施进行改造和维护所需的投资和费用，而在"有项目情况"下，这些投资和费用则可以节约，即作为拟建项目所产生的效益，具体包括渡轮和装卸作业区营运维护费用的节约以及养河费的节约；另一部分是原来绕行的过江交通在"有项目情况"下，节约车辆营运成本和旅客在途时间所产生的效益。

①轮渡和装卸作业区购置、建造费用的节约。这类费用包括:轮渡购置费,泊位(两岸)包括码头工程、附属构造物的投资,如两端的引道进行改造或新建的投资。

②渡轮及装卸作业区营运、维护费用的节约效益。这类费用包括:渡轮营运费用、码头维护费用。

③养河费的节约效益。

④过江车辆营运成本节约的效益(B_4)。拟建项目建成后,将吸引部分原来邻近桥梁(隧道)、渡口的交通,从而缩短了运输距离,节约营运成本;与此同时,由于交通条件的改善,将产生诱增交通量。B_4的具体计算公式同B_{11},在计算过江交通的营运成本和时间节约效益时,必须注意:

一是,确定L和L'的值时,应分别根据"有项目情况"和"基准情况"下主要相同起讫点间最有可能选择或习惯线路的距离,计算其平均值。

二是,VOC'_{1b}、VOC_{2P}、S'_{1b}和S_{2P}的差别主要由于交通量水平的不同引起,而非道路条件的不同所致。确定其值时,应分别先根据"基准情况"下和"有项目情况"下主要相同起讫点间同等道路条件下、不同交通量水平进行计算,然后以各条线路的行驶量(辆·km)为权值,确定其加权平均值。

6)国民经济分析

公路建设项目的国民经济盈利能力主要用经济内部收益率、经济净现值等项指标来衡量。

(1)经济内部收益率(EIRR)

经济内部收益率是反映公路项目对国民经济净贡献的相对指标,它是项目在计算期内各年经济净现金流量累计现值等于零时的折现率。计算方法为:

$$\sum_{t=1}^{n}(B-C)_t \times (1+\text{EIRR})^{-t} = 0 \tag{1.4-13}$$

式中: B——效益流入量;

C——费用流出量;

$(B-C)_t$——第t年的净效益流量;

n——计算期。

经济内部收益率大于或等于社会折现率表明项目可以接受。

(2)经济净现值(ENPV)

经济净现值是反应项目对国民经济净贡献的绝对指标,是指用社会折现率将项目计算期内各年的净效益流量折算到开工前一年年末的现值之和。计算方法为:

$$\text{ENPV} = \sum_{t=1}^{n}(B-C)_t \times (1-I_S)^{-t} \tag{1.4-14}$$

式中:ENPV——经济净现值;

I_S——社会折现率。

经济净现值大于或等于零表明项目是可以接受的。

(3)经济效益费用比(EBCR)

经济效益费用比应以项目效益现值与项目费用现值之比表示,表达式为:

$$EBCR = \frac{\sum_{t=1}^{n} B_t (1 + i_s)^{-t}}{\sum_{t=1}^{n} C_t (1 + i_s)^{-t}} \tag{1.4-15}$$

式中:B_t——第 t 年的效益(万元);

C_t——第 t 年的费用(万元)。

当经济效益费用比大于或等于1.0时,该项目在经济上是合理的。

(4)国民经济评价表

国民经济评价的基本报表分为全部投资、国内投资的国民经济效益费用流量表。前者以全部投资作为计算的基础,用以计算全部投资经济内部收益率、经济净现值等相应的评价指标;后者以国内投资作为计算的基础,将国外借款利息和本金的偿付作为费用流出,用以计算国内投资的评价指标。

(5)投资时机分析

可采用第一年收益率(FYRR)法,确定拟建项目最佳投资时机。其计算方法为:

$$FYRR = \frac{B_{m+1}}{\sum_{t=1}^{m} C_t \times (1 + I_s)^{m-t}} \tag{1.4-16}$$

式中:B_{m+1}——拟建项目通车后第一年的国民经济效益(万元);

t——拟建期年序数($t=0$ 为基准年),$t=1,2,\cdots,m$;

C_t——第 t 年的建设费用(万元)。

若 FYRR 大于社会折现率,表明项目投资时机成熟,应立即投资;若 FYRR 小于社会折现率,则应推迟投资时间,需进一步计算 FYRR,直到最佳投资时机确定为止。

(6)不确定性分析

公路建设项目国民经济评价所采用的数据,大部分来自预测和估算。为分析不确定性因素对公路项目评价指标的影响,需进行敏感性分析,以估算项目可能承担的风险,确定项目在经济上的可靠性。

国民经济评价时,原则上应选取建设投资、交通量等可能发生变化的因素,重点测算这些因素变化对内部收益率的影响。

1.4.5 拟改扩建公路项目的财务评价

1)财务分析的一些基本概念

财务评价包括分析和计算项目直接发生的财务收益和费用,编制财务报表,计算评价指标,考察项目的盈利能力和清偿能力等财务状况,据以评判项目的财务可行性;利用外资进行公路建设的项目,财务评价还应遵循国家涉外经济法规,考察各方的财务状况及盈利水平。

项目评价的基准年为项目开工前一年。财务评价计算期包括建设期和运营期。对利用国外政府或国际金融组织贷款的公路建设项目,其运营期可取项目要求贷款偿还期;中外合资(合作)项目的运营期取合资(合作)期;BOT 项目运营期取项目的特许经营期;在投资协议尚未签订时,可按政府或项目发起人的计划,根据可能的资金来源,预先假定运营期,但不应超过 30 年。

公路建设项目财务盈利能力分析,计算期内应采用基年价,不考虑物价上涨因素。清偿能力分析原则上采用计算期内的预测时价,考虑物价总水平的上涨因素,但物价总水平上涨因素一般只考虑到建设期末。

公路项目的财务评价通过项目的财务支出(费用)与财务收益的比较,遵行收益与费用计算口径对应一致的原则。公路项目的财务支出(费用)分为建设期财务支出和运营期财务支出。其中,建设期财务支出主要包括固定资产投资、固定资产投资方向调节税、建设期借款利息;运营期财务支出主要包括经营成本(主要由运营管理费、养护费和大修费构成)、运营期利息支出和税金。公路项目收入一般是指公路使用者收取的通行费,即收费收入。此外,对政府给予政策性补偿的项目,应将其政策性补偿转为以货币计量的收入,并计入项目收入。

收费年收入(R)的测算公式为:

$$R = \sum_{V=1}^{n} (T_V \times \mathrm{TR}_V \times L) \times 365 \qquad (1.4\text{-}17)$$

式中:T_V——车型 V 的年平均日交通量(veh/d),为自然数;

TR_V——车型 V 的收费标准[元/(veh·km)]。

拟建公路项目附带的服务、开发等经营性项目,应将其财务收支分别计入公路项目的收益与支出,一并计算拟建项目的赢利能力及清偿能力。

收费标准的确定,应在考虑公路建设项目总投资费用、按期偿还借款本息、项目投资利率、公路使用者收益程度、使用者负担程度、收费标准对交通量的影响、不同车型车辆(使用者)所获得效益的大小及对公路的损坏程度等因素的基础上,根据项目特点,采用相应方法首先计算基年价分车型收费标准,然后考虑物价总水平上涨等因素测算实际收费标准。

2)改扩建项目财务评价的相关计算

(1)公路改扩建项目投资的确定

在进行财务评价时,应对既有公路未收回的投资予以考虑。因此,在"有项目"时,项目的总投资应为项目建设投资加上既有公路未收回的投资。而在"无项目"时,投资则应为既有公路未收回的投资。因此,增量投资="有项目"投资-"无项目"投资=公路改扩建项目净投资。

(2)公路改扩建项目收入的确定

公路改扩建项目收费收入的改变有两方面的原因:一是交通量的改变;二是收费标准的改变。因此公路改扩建项目的增量收入应为:

公路改扩建项目收入="有项目"交通量×"有项目"收费标准-"无项目"交通量×"无项目"收费标准

(3) 公路改扩建项目债务的识别

在进行财务评价时,应对既有公路未偿还的债务予以考虑。因此,在进行偿债能力分析时"有项目"和"无项目"的评价期初借款均应考虑既有公路在该时点未偿还的债务余额。

3) 财务分析

公路项目财务评价的盈利能力分析应采用财务内部收益率、财务净现值、财务投资回收期等主要评价指标。

(1) 财务内部收益率(FIRR)

财务内部收益率是指公路项目在整个计算期内,各年净现金流量累计现值等于零时的折现率。其计算方法为:

$$\sum_{t=1}^{n}(CI-CO)_t \times (1+FIRR)^{-t} = 0 \qquad (1.4\text{-}18)$$

式中: CI——现金流入量(财务收益);

CO——现金流出量(财务支出);

$(CI-CO)_t$——第 t 年的净现金流量;

n——计算期。

财务内部收益率是根据财务现金流量表中净现金流量用试错法求得。在财务评价中,财务内部受益率 FIRR 必须与设定的财务基准折现率(回报率) I_c 相比较,当 FIRR $\geq I_c$ 时,则认为项目在财务上被接受。

对于国内合资或联营项目或利用外资项目,可根据需要计算投资各方的财务内部收益率,以考虑投资各方的利益,并满足投资各方的最低要求后,表明项目在财务上是可以接受的。

(2) 财务净现值(FNPV)

财务净现值是指按财务基准折现率,将项目计算期内各年的净现金流量折现到评价基准年(开工前一年年末)的现值之和,它是考察公路项目在计算期内盈利能力的动态评价指标。计算方法为:

$$ENPV = \sum_{t=1}^{n}(CI-CO)_t \times (1-I_c)^{-t} = 0 \qquad (1.4\text{-}19)$$

式中:I_c——财务基准折现率。

财务净现值可根据财务现金流量求得,财务净现值等于或大于零时,项目可以考虑被接受。

(3) 财务投资回收期(P_t)

财务投资回收期是指项目净收益抵偿全部建设所需要的时间,是反映项目在投资回收能力的重要指标。公路项目投资回收期一般从项目投入运营年算起,其计算方法为:

$$P_t = 累计财务净收益开始出现正值年份 - 项目投入运营年份 + \frac{上年累计净收入的绝对值}{当年净收益}$$

(4) 公路项目清偿能力分析

公路项目清偿能力分析主要是考察计算期内各年的财务状况及偿债能力,主要用以下

几个计算指标表示:

①资产负债率是反映项目各年所面临的财务风险及偿债能力的指标。

$$资产负债率 = \frac{负债合计}{资产合计} \times 100\%$$

②国内借款偿还期,是指在国家财政规定及项目具体财务条件下,用项目建成投入运营后可用于还款的资金偿还国内借款本金和利息所需要的时间。其计算方法为:

$$I_d = \sum_{t=1}^{n} R_t \tag{1.4-20}$$

$$P_d = 借款偿还后开始出现盈余年份 - 开始借款年份 + \frac{当年应偿还借款额}{当年可用于还款的资金额}$$

式中:I_d——国内借款本金(含建设期利息);

P_d——国内借款偿还期(从借款开始年算起);

R_t——第 t 年可用于还款的资金(收费收入)。

当借款偿还期满足贷款机构的要求期限时,即可认为项目具有偿还能力。

(5)财务评价基本报表

①现金流量表

反映项目计算期内各年的现金收入(现金流入和流出),用以计算各项动态评价指标,以考察项目投资的盈利能力。

②损益表

该表反映项目计算期内的利润(亏损)的实现情况。

③资金来源及应用表

该表反映项目计算期内各年的资金盈余或短缺情况,用于选择资金筹措方案,制订适宜的借款及偿还计划,并为编制资产负债表提供依据。

④资产负债表

该表反映综合反映项目计算期内各年末的资产、负债和所有者权益的增减变化及对应关系,以考察项目资产、负债、所有者权益的结构是否合理;用以计算资产负债率等指标,进行清偿能力分析。

(6)不确定分析

为分析不确定性因素对公路项目评价指标的影响,需进行敏感性分析,以估计项目可能承担的风险,确定项目在经济上的可靠性。可选取建设投资、交通量、收费标准、物价总水平上涨率等因素,重点测算这些因素变化对财务内部收益率、必要时对借款偿还期的影响。

4)方案的经济比选

方案的经济比选可按各个方案所含的全部因素(相同因素和不同因素)计算各方案的全部经济效益和费用,进行全面对比,要特别注意各个方案间的可比性,效益与费用计算口径对应一致。

方案的经济比选应注意在某些情况下不同指标导致相反结论的可能性,根据方案的实际情况(计算期是否相同,资金有无约束条件等)选用适当的比较方法和指标。

方案的经济比选方法:

(1)净现值法

将分别计算所得的各比较方案经济净现值进行比较,以净现值较大的方案为优。

(2)净现值率法

净现值率(NPVR)是净现值与投资现值之比。其计算方法:

$$\text{NPVR} = \frac{\text{ENPV}}{C_{\text{cp}}} \tag{1.4-21}$$

式中:C_{cp}——方案的全部投资。

净现值率说明该方案单位投资所获得的超额净效益。用净现值率进行方案比较时,以净现值率较大的方案为优。

(3)最小费用法

效益相同或效益基本相同,但难以具体估算的方案进行比较时,为简化计算,可采用最小费用法,即费用现值比较法。通过计算各比较方案的费用现值(PC)并进行对比,以费用现值较低的方案为优。其计算公式为:

$$\text{PC} = \sum_{t=1}^{n} (C_{\text{C}} + C_{\text{O}} - R_{\text{V}})_t \times (P/F, I_{\text{S}}, t) \tag{1.4-22}$$

式中:C_{C}——建设期费用;

C_{O}——营运期各种费用;

R_{V}——回收资产余值;

$P/F、I_{\text{S}}、t$——现值系数。

5)公路改扩建项目财务评价算例

某里程为30km的高速公路由四车道扩建为六车道。该扩建工程建设期为2年,2008年开工,2010年扩建完工,既有公路的批准经营期到2020年止。由于是整条高速公路扩建,因此,财务评价的项目范围确定为整条高速公路。

(1)财务评价基础数据选取

该项目的评价期取22年(含建设期2年),即从2008年到2029年。由于既有公路的批准经营期至2020年止,因此"无项目"时2020年后的成本及收入视为0处理。而在考虑项目投资及债务时,应注意到公路工程建设费用、既有公路未收回投资、未收回资本金及未偿还债务等因素。

(2)收费收入

由于该扩建项目在扩建期间车辆收费仍按原标准进行,扩建通车后提高收费标准;无项目时,按原收费标准收费,原批准收费标准为0.45元/(pcu·km),调整后收费标准为0.60元/(pcu·km)。

(3)财务总成本计算

财务总成本计算应考虑公路扩建前后各项成本的改变。

(4)主要财务评价报表

财务盈利能力分析的主要报表有:①"有项目"及"无项目"的损益和利润分配表;②项目增量财务现金流量表;③项目资本金增量财务现金流量表(表1.4-3);④"有项目""无项目"及增量借贷偿还能力分析表。

第1章 改扩建公路的预测评估及既有公路的评价

项目资本金增量现金流量表(万元)　　　　　　表 1.4-3

序号	年　份	2008	2009	2010	…	2020	2021	…	2028	2029
1	增量现金流入	10000	10300	23870		32080	55070		67729	69761
1.1	增量收费收入	10000	10300	23870		32080	55070		67729	69761
1.2	增量回收固定资产余值									
1.3	增量回收流动资金									
1.4	其他现金流入									
2	增量现金流出	105330	105490	6092		22445	24580		30230	31137
2.1	增量建设费用	100000	100000							
2.2	增量流动资金									
2.3	增量经验成本	5000	5150	5305		21386	22762		27995	28835
2.4	增量营业税及附加	330	340	788		1059	1817		2235	2302
2.5	其他现金流出									
3	增量净现金流量	−95330	−95190	17778		9635	30490		37499	38624
4	累计增量净现金流量	−95330	−190520	−172742		13712	44202		279051	317676
5	增量净现值	−91119	−86966	15525		5355	16198		14521	14296
6	累计增量净现值	−91119	−178085	−162560		−31053	−14854		89372	103668
	财务评价指标									
	财务内部收益率					9.85%				
	财务净现值					103667.64				

从表 1.4-3 中可以看出,本项目增量财务内部收益率大于设定的财务基准收益率,增量财务净现值大于零,说明该扩建项目在财务上是可行的。

1.5　改造前路基路面的结构评价

对于改扩建工程来说,着重关心的是既有公路结构的剩余寿命,即既有公路在改扩建时的结构性能。既有公路路基、路面结构性能评价是路基、路面改扩建设计的前提和基础工作,旧公路改扩建方案要充分利用既有路基、路面结构。为了解在公路改扩建时公路结构的性能状况,以决定哪些路段需要采取处置措施、采取什么样的处置措施,以及采取什么样的改扩建设计方案,需要对既有公路的结构性能进行全面而准确的评价。这是公路改扩建中一项必不可少的工作,对于合理选择既有路基、路面处置措施和改扩建设计方案、节省工程投资都具有十分重要的意义。

当公路改建路段的平面维持不变时,应对既有公路路基、路面的结构和强度进行检验,看能否承担将来的交通量。通常情况下,既有公路在改造前已经过几次大修,要充分了解既有公路路面各结构层的材料组成及厚度,以确定既有公路路面材料能否作为将来改建公路路面的底基层或基层结构。在得到肯定的回答后,还应检测既有公路路面结构的强度,用以计算改建公路路面结构层厚度,从而确定改建公路纵断面设计高程。

1.5.1 沥青混凝土路面评价

评价路面的前提是必须进行既有路面结构性能的检测,既有路面结构检测主要包括路面调查、强度评价、承载板试验检测(沥青路面)、摩擦抗滑评价、钻芯取样试验检测与排水系统调查几大方面内容。其中,路面调查包括路面破损状况、路面结构强度、路面平整度及路面抗滑能力、排水情况及排水设施的损坏情况等多项内容。

1)路面的检测内容

对既有公路的调查分析,目前常按照《公路沥青路面养护技术规范》(JTJ 073.2—2001)进行既有使用质量评价,主要包括平整度、路面破损状况、强度、抗滑性四个方面,见表1.5-1,并最终按路面综合评价指标 PQI,将路面分为优、良、中、次、差五个等级,见表1.5-2。

沥青路面评价指标体系　　　　　　　　　　　　　　　表1.5-1

指　标	平整度	路面破损状况	强　度	抗滑性
调查内容	IRI	DR	L0	SFC 或 BPN
评价指标	RQI	PCI	(P)SSI	SFC 或 BPN
综合指标	PQI			

路面综合评价标准　　　　　　　　　　　　　　　　　表1.5-2

	优	良	中	次	差
PQI	≥85	85>PQI≥70	70>PQI≥55	55>PQI≥40	<40

《公路沥青路面养护技术规范》(JTJ 073.2—2001)给出的沥青路面评价方法可从路面的使用性能和结构强度两大方面评价既有公路的状况。为提高服务水平,应检测以下内容,并将其作为公路改扩建的影响因素。

(1)承载能力(剩余寿命)。表征路面整体刚度的大小指标主要是路面结构的强度和路面设计弯沉值。公路在运行的过程中路面的结构承载能力就会逐渐下降,这就可以反映在弯沉值变化上。随着时间的增加,路段的代表弯沉值也逐渐增长。弯沉值的增长,致使路面出现裂缝、车辙变形等损坏。除测量代表弯沉值外,还可通过路面损坏状况、路面的结构类型或调查测定路面已承受的标准轴载作用次数等方式来判断既有路面结构的承载能力。

(2)路面平整度。路面的基本功能是为了车辆提供快速、安全、舒适和经济的行驶表面。路面平整度可定义为路面表面使行驶车辆出现振动的高程变化。路面不平整所引起的车辆振动,会对车辆磨损、燃油消耗、行驶舒适、行车速度、路面损坏和交通安全等多方面产生直接影响。因此,平整度是度量路面行驶质量的重要指标。

(3)抗滑能力。抗滑能力是车辆轮胎在受到制动时,沿路表面滑移所产生的阻力。抗滑能力是路表面特性的重要反映。

(4)路面物理力学性质。可以通过路面钻孔取芯测量物理和力学性能。测试的物理性能包括:空隙率、厚度、密度;力学性能包括:劈裂强度、马歇尔稳定度。抗水损害能力的测定采用浸水马歇尔试验。

(5)路面厚度检测。路面厚度是承载能力的基本指标。

(6) 路面破损状况。路面损坏（病害）状况是路面结构的物理状况和承载能力的外观反映，路面质量的好坏直接影响道路的服务水平。状况良好的路面能保证交通运输的效率，给司乘人员的感觉良好；状况差的路面不但影响交通运输的效率，而且容易造成交通事故等不利影响。各种路面损坏都有产生和发展两个过程。不同程度的路面损坏，对于路面使用性能有不同程度的影响。如裂缝初现时，缝隙细微，边缘处材料完整，因而对行车舒适性的影响极小，缝隙间也尚有较高的传荷能力；发展到后期，缝隙变得很宽，边缘处严重碎裂，行车出现较大颠簸，而裂缝间已几乎没有传荷能力。可以通过路面损坏状况等方式来判断既有路面结构的承载能力。通过路面损坏（病害）状况调查，可以判断路面结构对行车的适应程度，鉴别需进行维修和改建的路段，在制订修复方案时，路面破损状况是必不可少的依据。

2) 弯沉值（强度）检测

沥青路面的承载能力通过量测路面结构的弯沉加以分析。调查设备可采用贝克曼梁、落锤式弯沉仪或自动弯沉仪。当用自动弯沉仪、落锤式弯沉仪法时，应建立与贝克曼梁测定结果的对比关系，路面温度可采用高精度激光温度枪测定。

(1) 检测方法

路面结构强度宜采用自动检测设备检测。自动检测时，宜采用具有可靠数据标定关系的自动化检测设备，检测结果应能换算成我国相关技术规范规定的回弹弯沉值。自动检测设备每年至少标定一次，标定的相关系数不得小于0.95。

采用贝克曼梁检测时，检测数量应不小于20点/(km·车道)；自动检测时，按左、右半幅在行车道、超车道上每间隔100m测一点；每一公里测一次路表温度，通过有关地区气象台了解检测前5天至检测结束期间的日平均气温，并对实测弯沉值进行修正。

(2) 路面强度评价

以弯沉为指标的沥青路面结构承载能力采用强度系数（SSI）作为评定指标。路面强度评价标准见表1.5-3。

$$\text{SSI} = \frac{L_{20}}{L_R} \tag{1.5-1}$$

式中：L_{20}——路面实测计算弯沉值（0.01m）；

L_R——路面容许弯沉值（设计弯沉值）。

路面强度评价标准 表1.5-3

评价指标	优		良		中		次		差	
公路等级	高速一级	其他等级	高速一级	其他等级	高速一级	其他等级	高速一级	其他等级	高速一级	其他等级
等级强度	≥1.0	≥0.83	<1.0, ≥0.83	<0.83, ≥0.66	<0.83, ≥0.66	<0.66, ≥0.5	<0.66, ≥0.5	<0.5, ≥0.3	<0.5	<0.3

以回弹弯沉值评价路面承载能力，可用路面强度指数PSSI评价，路面强度指数PSSI评定标准见表1.5-4。

$$\text{PSSI} = \frac{100}{1 + a_0 e^{a_1 \text{SSI}}} \tag{1.5-2}$$

式中:a_0——模型参数,采用15.71;

a_1——模型参数,采用-5.19。

路面强度指数 PSSI 评定标准 表 1.5-4

评定等级	优	良	中	次	差
PSSI	PSSI≥90	80≤PSSI<90	70≤PSSI<80	60≤PSSI<70	PSSI<60

3)路面平整度(含车辙)检测

路面平整度测量方法包括反应类平整度测量和断面类平整度测量。反应类平整度测定系统主要是在拖车或主车上安装有显示器和传感器组成的仪器,车辆和传感器以一定速度行驶在不平整的路表时测量竖向位移量。断面类平整度测定的是直接沿行驶车辆轮迹量测路面表面高程,继而得到路表纵断面,通过数学分析,最后采用综合统计量来作为其平整度指标。

断面类平整度测定方法主要有:水准测量、梁式断面仪、惯性断面仪。该类测量法的主要优点是:可直接得到轮迹带路表面的实际断面,依据它可以对路面平整度的特性进行分析;主要缺点:对于前两种测定方法来说,测定速度太慢,不宜用于大范围的平整度数据采集。

反应类平整度测定系统是对路面平整度的一个间接度量,其测定结果同测试车辆的动态反应状况有关,即随测试车辆机械系统的振动特性和车辆行驶的速度而变化。因而,存在三个主要缺点:时间稳定性差、转化性差、不能给出路表的纵断面。

路面平整度宜采用快速检测设备,可结合路面损坏和车辙一并检测,单独检测路面平整度时,宜采用高精度的断面检测设备,断面检测设备每年至少标定一次,标定的相关系数应大于0.95。

车载激光断面仪的测试和计算方法如下:

(1)车载激光断面仪测试。测试频率以100m作为一个测试单元,得到每100m的平整度测量值的测试数据,计算得到每100m国际平整度指数IRI,根据计算的每100m国际平整度指数IRI求取每公里的平均国际平整度指数IRI,依据每公里的国际平整度指数IRI求取每公里的平均路面行驶质量指数RQI。

(2)测试结果计算。路面平整度采用行驶质量指数(RQI)作为指标。

$$RQI = 11.5 - 0.75 IRI \tag{1.5-3}$$

式中:RQI——行驶质量指数,数值范围为0~10,如出现负值,则RQI值取0;如计算结果大于10,RQI值取10;

IRI——国际平整度指数,按下式计算:

$$IRI = \frac{\bar{\sigma}}{0.6} \tag{1.5-4}$$

$$\bar{\sigma} = \frac{\sum \sigma_i}{n} \tag{1.5-5}$$

σ_i——各计算区间的标准差;

n——一个评定路段内的计算区间数。

路面平整度评价标准见表1.5-5。

路面平整度评价标准　　表1.5-5

评价指标	优	良	中	次	差
行驶质量指数RQI	≥8.5	7.0~8.5	5.5~7.0	4.0~5.5	<4.0

RQI也可通过式(1.5-6)计算路面行驶质量指数：

$$\mathrm{RQI} = \frac{100}{1 + a_0 e^{a_1 \mathrm{IRI}}} \quad (1.5\text{-}6)$$

式中：IRI——国际平整度指数(m/km)；

a_0——多数高速公路和一级公路采用0.026，其他等级公路采用0.0185；

a_1——多数高速公路和一级公路采用0.65，其他等级公路采用0.58。

根据规范，路面平整度人工评定标准见表1.5-6。

路面平整度人工评定标准　　表1.5-6

技术等级	优	良	中	次	差
RQI	≥90	≥80,<90	≥70,<80	≥60,<70	<60
3m直尺(mm)	≤10	>10,≤12	>12,≤15	>15,≤18	>18
颠簸程度	无颠簸,行车平稳	有轻微颠簸,行车尚平稳	有明显颠簸,行车不平稳	严重颠簸,行车很不平稳	非常颠簸,行车非常不平稳

(3)路面车辙评价。路面车辙用路面车辙深度指数(RDI)评价，其计算公式如下：

$$\mathrm{RDI} = \begin{cases} 100 - a_0 \mathrm{RD} & (\mathrm{RD} \leqslant \mathrm{RD}_a) \\ 60 - a_1(\mathrm{RD} - \mathrm{RD}_a) & (\mathrm{RD}_a \leqslant \mathrm{RD} \leqslant \mathrm{RD}_b) \\ 0 & (\mathrm{RD} \geqslant \mathrm{RD}_b) \end{cases} \quad (1.5\text{-}7)$$

式中：RD——车辙深度(mm)；

RD_a——车辙深度参数(mm)，采用20mm；

RD_b——车辙深度限制参数(mm)，采用35mm；

a_0——模型参数，采用2.0；

a_1——模型参数，采用4.0。

4)抗滑能力检测

路面抗滑性能宜采用基于横向力系数的路面抗滑性能检测设备或其他具有可靠数据标定关系的自动化检测设备进行检测，检测设备必须进行标定，每年至少标定一次。

影响路面抗滑性能的主要因素有路表面特性(细构造和粗构造)、路面潮湿程度和行车速度。抗滑性能可采用4种方法测定：制动距离法、锁轮拖车法、偏转轮拖车法、摆式仪法。高速公路和一级公路，宜采用横向力系数测定仪。路面抗滑能力用摆值(BPN)或横向力系数(SFC)表示。抗滑能力是路表面特性的反映，可定义为：

$$f = \frac{F}{W} \quad (1.5\text{-}8)$$

式中：f——摩阻系数；
　　F——作用于路表面的摩阻力；
　　W——垂直于路表面的荷载。
　　采用摆式仪测试和计算的方法如下：

(1)摆式仪测试方法。沿左、右幅行车道右轮迹带进行检测，每3000m 选 100m 作为代表路段，每隔 20m 在轮迹处布置测点，共 5 个测点，分别检测其摆值(BPN)。每个测点测定5 次，取 5 次测定值的平均值作为一个测点的抗滑摆值。

(2)数据处理。以公里桩为界，每公里为一个评定段。对每公里所测 5 个测点的摆值进行统计，得到 F_{BT}、S 和 C_V 值。

规范规定的摆值为标准温度(20℃)下的摆值 F_{B20}，为了便于比较、评价，必须将路面温度为 T(℃)时测得的摆值 F_{BT} 换算为标准温度(20℃)下的摆值 F_{B20}：

$$F_{B20} = F_{BT} + \Delta F \tag{1.5-9}$$

式中：F_{BT}——路面温度 T(℃)时测得的摆值(BPN)；
　　T——测点处路表潮湿状态下的温度(℃)；
　　ΔF——温度修正值，取值见表 1.5-7；
　　F_{B20}——换算成标准温度(20℃)时的摆值(BPN)。

摆值温度修正值见表 1.5-7。

摆值温度修正值　　　　　　　　　　　　　　表 1.5-7

温度 T(20℃)	0	5	10	15	20	25	30	35	40
温度修正值 ΔF	-6	-4	-3	-1	0	+2	+3	+5	+7

(3)路面抗滑能力评价。路面抗滑能力用温度修正后的摆值 F_{B20}(BPN)表示。依据《公路养护技术规范》(JTJ 073.2—2001)，评价标准见表 1.5-8。

路面抗滑能力评价标准　　　　　　　　　　　表 1.5-8

评价指标	优	良	中	次	差
摆值 F_{B20}	≥42	37~42	32~37	27~32	<27

路面抗滑性能也可用路面抗滑性能指数(SRI)评价，计算公式如下：

$$SRI = \frac{100 - SRI_{min}}{1 + a_0 e^{a_1 SFC}} + SRI_{min} \tag{1.5-10}$$

式中：SFC——横向力系数；
　　SRI_{min}——标定参数，采用 35.0；
　　a_0——模型参数，采用 28.6；
　　a_1——模型参数，采用 -0.105。

5)路面物理力学性质检测

通过在路面上钻芯取样，试样取回后进行如下测定：
　　(1)物理性能：厚度、密度、空隙率；
　　(2)力学性能：马歇尔稳定度、劈裂强度；

(3)抗水损害能力:浸水马歇尔试验。

6)路面厚度检测

路面钻芯取样和路面挖坑可用于测量各路段的底基层、基层和面层厚度。每个车道都检测其中心一条线的厚度,并以中心线上点的厚度来代表该断面的车道厚度。每个点上都可检测面层、底基层和基层这三个厚度值。

也可专用雷达确定各路段的底基层、基层和面层厚度。每个车道检测其中心一条线的厚度,以中心线上点的厚度代表该断面车道的厚度。每个点上检测底基层、基层和面层三个厚度值。为了保证检测精度,车速控制在40km/h左右稳速行驶。

7)路面破损状况检测

路面损坏状况的调查是运用各种仪器设备或人工方法,宜采用自动化的快速检测方法,条件不具备时,可用人工检测。

采用快速检测设备检测路面损坏时,应纵向连续检测,横向检测宽度不得小于车道宽度的70%。检测设备应能分辨1mm以上的路面裂缝,检测结果宜采用计算机自动识别,识别率应达到90%以上。采用人工法调查时,调查范围应包括所有行车道。

损坏状况调查,应提供以下信息。

破损类型:鉴别路面存在的各种损坏,损坏应按发生的原因分类。

破损严重程度:指出每一种损坏的严重程度,以评定其恶化程度。

破损量:说明各种损坏和严重程度的相对面积。

根据《公路技术状况评定标准》(JTG 5210—2018),把沥青路面损坏分11类21项,标准如下。

①龟裂:损坏应按面积计算,损坏程度应按以下标准判断。

轻度应为主要裂缝块度在0.2~0.5mm之间,平均裂缝宽度小于或等于2mm;

中度应为主要裂缝块度小于0.2m,平均裂缝宽度在2~5mm之间;

重度应为主要裂缝块度小于0.2m,平均裂缝宽度大于5mm。

②块状裂缝:损坏应按面积计算,损坏程度应按以下标准判断。

轻度应为主要裂缝块度大于1.0m,平均裂缝宽度在1~2mm之间;

重度应为主要裂缝块度在0.5~1.0m之间,平均裂缝宽度大于或等于2mm。

③纵向裂缝:与行车方向基本平行的裂缝,应按长度(m)计算。检测结果要用影响宽度(0.2m)换算成损坏面积。损坏程度应按以下标准判断:

轻度应为主要裂缝宽度小于或等于3mm;

重度应为主要裂缝宽度大于3mm。

④横向裂缝:与行车方向基本垂直的裂缝,应按长度(m)计算。检测结果要用影响宽度(0.2m)换算成损坏面积。损坏程度应按以下标准判断:

轻度应为主要裂缝宽度小于或等于3mm;

重度应为主要裂缝宽度大于3mm。

⑤沉陷:应为路面的局部下沉,应按面积计算。损坏程度应按以下标准判断:

轻度应为沉陷深度在10~25mm之间,行车无明显颠簸感;

重度应为沉陷深度大于25mm,行车有明显颠簸感。

⑥车辙:应按按长度(m)计算,检测结果应用影响宽度(0.4m)换算成面积。损坏程度应按以下标准判断:

轻度应为车辙深度在10~15mm之间;

重度应为车辙深度等于或大于15mm。

⑦波浪拥包:应按面积计算,损坏程度应按以下标准判断。

轻度应为波峰波谷高差在10~25mm之间;

重度应为波峰波谷高差大于25mm。

⑧坑槽:应按面积计算,损坏程度应按以下标准判断。

轻度应为有效坑槽深度小于25mm,或面积小于$0.1m^2$;

重度应为有效坑槽深度等于或大于25mm,或有效坑槽面积等于或大于$0.1m^2$。

⑨松散:应按面积计算,损坏程度应按以下标准判断。

轻度应为路面表面细集料散失、脱皮、麻面等;

重度应为路面表面细集料散失、脱皮、麻面、露骨、表面剥落。

⑩泛油:应为沥青路面表面出现薄油层,损坏应按面积计算。

⑪修补:应为裂缝、坑槽、松散、沉陷、车辙等损坏的修复。块状修补应按面积计算,条状修补应按长度计算乘以0.2m影响宽度计算。长度大于5m的整条车道修复不计为路面修补损坏。修补范围内再次发生的损坏应按新的损坏类型计算。

龟裂、坑槽、松散、沉陷、车辙等的修补按破坏面积和修补影响面积进行(裂缝修补按长度计算,影响宽度为0.2m)。

为了区别同一种损坏对路面使用性能的不同影响程度,按其影响的严重程度将各种损坏划分为几个等级。路况调查时,由调查人员沿路面仔细观察路面各类破损情况,按病害类型及其严重程度,详细测量记录。严格按照规范规定的路面病害分类进行,按100m分段进行详细调查记录。

沥青路面损坏状况按表1.5-9规定的损坏类型进行实地调查。调查及汇总表的样式见表1.5-10。有条件的地区,可借助便携式路况数据采集仪进行现场调查、汇总、计算与评定。紧急停车带路面损坏状况调查按路肩进行处理。

沥青路面损坏类型及权重　　　　　　　　　　　　　　　　表1.5-9

类型i	损坏名称	损坏程度	权重w_i	计量单位
1	龟裂	轻	0.6	面积单位m^2
2		中	0.8	
3		重	1.0	
4	块状裂缝	轻	0.6	面积单位m^2
5		重	0.8	
6	纵向裂缝	轻	0.6	长度单位m(影响宽度:0.2m)
7		重	1.0	
8	横向裂缝	轻	0.6	长度单位m(影响宽度:0.2m)
9		重	1.0	

续上表

类型 i	损坏名称	损坏程度	权重 w_i	计 量 单 位
10	坑槽	轻	0.8	面积单位 m^2
11		重	1.0	
12	松散	轻	0.6	面积单位 m^2
13		重	1.0	
14	沉陷	轻	0.6	面积单位 m^2
15		重	1.0	
16	车辙	轻	0.6	长度单位 m（影响宽度:0.4m）
17		重	1.0	
18	波浪拥包	轻	0.6	面积单位 m^2
19		重	1.0	
20	泛油		0.2	面积单位 m^2
21	修补		0.1	面积单位 m^2

沥青路面损坏调查表 表 1.5-10

路线名称：		调查方向：		调查时间：			调查人员：					
调查内容	程度	权重 w_i	单位	起点桩号： 路段长度：				终点桩号： 路面宽度：				累计损坏
				1	2	3	4	5	6	7	8	9	10	
龟裂	轻	0.6	m^2											
	中	0.8												
	重	1.0												
块状裂缝	轻	0.6	m^2											
	重	0.8												
纵向裂缝	轻	0.6	m											
	重	1.0												
横向裂缝	轻	0.6	m											
	重	1.0												
坑槽	轻	0.8	m^2											
	重	1.0												
松散	轻	0.6	m^2											
	重	1.0												
沉陷	轻	0.6	m^2											
	重	1.0												
车辙	轻	0.6	m											
	重	1.0												

续上表

路线名称:		调查方向:		调查时间:				调查人员:				
调查内容	程度	权重 w_i	单位	起点桩号: 路段长度:				终点桩号: 路面宽度:				累计损坏
				1	2	3	4	5	6	7	8	9	10	
波浪拥包	轻	0.6	m²											
	重	1.0	m²											
泛油		0.2	m²											
修补		0.1	m²											
评定结果: DR= % PCI=				计算方法:$PCI = 100 - a_0 DR^{a_1}$, $DR = 100 \times \dfrac{\sum_{i=1}^{i_0} w_i A_i}{A}$ $a_0 = 15.00, a_1 = 0.412$									

有些路面的病害特征,可以通过调查加以掌握,而存在隐患的地方,是直接观察不到的,传统的检测方法采取钻芯取样和路面开挖来检测,按照《公路路基路面现场测试规程》(JTG E60—2008)《路面取样方法》(T 0901—2008)的有关规定,利用钻孔取芯机(钻头直径为100mm 或150mm)在左、右幅行车道上,每3000m 取一个样,必要时根据路面破坏类型钻取代表性试样。

路面损坏情况以一公里为一个评定路段,计算出每一个评定路段的各种病害面积及该路段的综合破损率,最后根据整个路段的综合破损率计算出路面状况指数 PCI,用于路面总体质量等级的评价,并按车道(左右幅,行车道、超车道等)分别进行评价。

路面状况指数 PCI 的数值范围是 0~100,其值越大,路况越好。PCI 的计算公式为:

$$PCI = 100 - 15DR^{0.412} \quad (1.5\text{-}11)$$

$$DR = 100 \times \frac{\sum_{i=1}^{i_0} w_i A_i}{A} \quad (1.5\text{-}12)$$

式中:w_i——路面损害类型 i 的权重;

A_i——路面损害类型 i 的破坏面积;

DR——路面破损率;

A——检查路面的总面积。

沥青路面 PCI 评定标准见表 1.5-11,按段落对各路面进行评定。

沥青路面 PCI 评定标准   表 1.5-11

评定等级	优	良	中	次	差
PCI	PCI≥90	80≤PCI<90	70≤PCI<80	60≤PCI<70	PCI<60

根据《公路沥青路面养护技术规范》(JTJ 073.2—2001)路面破损状况评价标准:55≤PCI<70,为中;40≤PCI<55,为次。

8) 沥青路面病害轻重划分标准的几个实例

(1) 沪宁路既有公路路面病害轻重划分标准

出现以下任一种病害程度均为严重,而未出现任一种者病害程度为轻微:

①既有公路面出现坑槽、沉陷、龟裂、疲劳裂缝等病害的路段;

②路面破损严重,100m 范围内修补面积超过 15%时的路段;

③路面横向裂缝连续、间距小于 15m 的路段;

④路面出现松散、麻面,细集料剥离严重的路段。

(2) 安新路既有公路路面病害轻重划分标准

出现以下任一种病害者病害程度均为严重,而未出现任一种者病害程度为轻微:

①100m 范围路面修补面积超过 15%;

②100m 范围病害面积超过 15%,或病害超过 5 处(不含横缝路段);

③路面横向裂缝连续不断,间距小于 15m;

④对于行车道,罩面层和原沥青路面每 100m 出现大于 30m 的脱层路段。

以上 2 条路对病害轻重划分标准存在两个共同点:

①100m 范围路面修补面积超过 15%;

②100m 横向裂缝连续、间距小于 15m。

(3) 连霍高速公路郑洛段既有公路路面病害轻重划分标准

确定以重度横向裂缝每 100m 不少于 15 条作为划分标准。

9) 病害分析

为了更好地指导公路改扩建设计,对既有公路面的病害应进行详细分析,一般可从以下几个方面进行:

(1) 设计原因

实际交通量大于设计交通量,原设计标准较低。在既有公路面设计时,采用的设计规范标准可能按现在的标准来说较低,沥青路面薄,材料强度、稳定性等标准低。而现在的当量交通量大、重载车多、行车速度快等因素的影响时,必然导致较大的路面损坏。

(2) 水损害

既有公路面结构设计的空隙率可能偏大,路面渗水率很高,渗透到路面内部的雨水很难排除,路面结构在多雨季节就容易积水甚至饱和,在车辆荷载反复作用下容易导致沥青剥落,从而导致沥青路面水损坏。

(3) 超载重载对路面的影响

目前公路运输车辆日趋大型化,超载现象非常突出,使沥青路面加速破坏,大大缩短了沥青路面的使用寿命。

(4) 车况对沥青路面的破坏分析

既有公路车辆类型不一,车速变换频繁,加剧路面车辙的形成与发展;此外运营车辆车况差,车辆漏油严重,而所漏柴油会降低沥青胶结料与集料的黏附性。以上因素是导致路面产生坑槽、麻面、泛油和松散等病害的重要原因。

(5) 压实度标准低

既有公路建设期路面施工压实度采用老标准进行控制,压实度要求偏低,同时对路面的平整度要求过高。为了满足平整度的要求,有时牺牲压实度,造成路面压实度不足,为沥青路面的早期破坏留下了隐患。

(6)养护技术不科学

养护技术不科学体现在养护时机的选择不合适、选用材料不当、养护方法和工序不规范等方面。

(7)罩面前病害修补不彻底

沥青路面典型病害有:拥包、车辙、坑槽、唧浆、横向裂缝。其中坑槽、唧浆、横向裂缝多伴随着基层的完整性丧失。拥包和车辙基本上发生在沥青面层内,基层整体性尚好。表面病害多,沥青混凝土的刚度就低,而没有或很少有表面病害的路段,沥青混凝土的完整性较好,刚度就高。

基层完整性不好,刚度就低,无论是表面病害严重的路段,还是相对较好的路段,现在或将来会大量出现唧浆、坑槽、龟裂病害。

底基层和路基整体情况较好,沿线刚度分布均质,路基问题引起的路面病害就会少。

由于地区经济差异,一条公路两侧的交通量及车辆荷载一般情况下不对等。

10)路面使用性能评价

沥青路面使用性能评价包括路面损坏、平整度、车辙、抗滑性能和结构强度五项技术内容。其中,路面结构强度为抽样评定指标,单独计算与评定。

路面使用性能指数(PQI):

$$PQI = w_{PCI}PCI + w_{RQI}RQI + w_{RDI}RDI + w_{SRI}SRI \quad (1.5\text{-}13)$$

式中:w_{PCI}——PCI 在 PQI 中的权重,见表 1.5-12;

w_{RQI}——RQI 在 PQI 中的权重,见表 1.5-12;

w_{RDI}——RDI 在 PQI 中的权重,见表 1.5-12;

w_{SRI}——SRI 在 PQI 中的权重,见表 1.5-12。

沥青路面 PQI 分项指标权重 表 1.5-12

权重	高速、一级公路	二、三、四级公路
w_{PCI}	0.35	0.60
w_{RQI}	0.40	0.40
w_{RDI}	0.15	—
w_{SRI}	0.10	—

据《公路沥青路面养护技术规范》(JTJ 073.2—2001),路面综合评价可采用 PQI 作为评价指标,如果路面要进行维修补强,可以不考虑路面功能性指标,即路面行驶质量指数(RQI)及路面抗滑性能指标(SRI)不参与评价计算。

$$RCQI = PCI \times P_1 + SSI \times P_2 \quad (1.5\text{-}14)$$

式中:PCI——既有公路路面破损状况指数,由 DR(沥青路面破损率)计算得到。PCI = 100 - 15DR$^{0.412}$,PCI 以分值表示,其值越大表明路况越好;DR = $D_{沉陷} \times K_{沉陷}$ + $D_{网裂} \times K_{网裂}$ + $D_{横裂} \times K_{横裂}$,根据不同病害对既有公路面损害程度的不同,对沉陷、网裂、横裂的权值取值可以为:

$$K_{沉陷}=0.5, DK_{网裂}=0.3, K_{横裂}=0.2$$

SSI——沥青路面强度评价指数,SSI = 路面设计弯沉值/路段代表弯沉值,其值越大表明路面强度越好。

沪宁高速公路改扩建工程选取 PCI、SSI 的权重值:$P_1=0.3, P_2=0.7$。沪宁高速公路改扩建工程评价指标见表 1.5-13。

沪宁高速公路改扩建工程评价指标　　　　表 1.5-13

评价指标	优	良	中1	中2	次	差
路面质量指数 RCQR(R)	$R \geqslant 90$	$75 \leqslant R < 90$	$55 \leqslant R < 75$ 且 SSI$\geqslant 0.83$	SSI<0.83 $55 \leqslant R < 75$	$40 \leqslant R < 55$	$R \leqslant 40$

美国 AASHO 道路试验建立了路面服务性能指数 PSI 综合评价模型。其评价方法是将评分人员按背景的不同分组,分别乘坐选定的车辆,以选定的速度行驶在选定路段上进行评分,给出每个实验段的个人评分值 IPSR(Individual Present Serviceability Rating),从而得到该路段的专家总体评价值 PSR(Present Serviceability Rating);与此同时,道路检测人员对路面进行检测,得到路面状况的数据资料;最后,对数据进行分析、检验、整理,用多元回归的方法建立这些路面路况指标与各路段 PSR 值之间的关系,得到路面服务能力指数 PSI。对于沥青路面:

$$PSI = 5.03 - 1.91\lg(1+SV) - 1.38RD^2 - 0.01(C+P)^{0.5} \quad (1.5\text{-}15)$$

式中:SV——轮迹处纵向平整度离散度;

C——裂度(%);

P——修补度(%);

RD——车辙深度(cm)。

日本在 1981 年参考 AASHO 的 PSI 模型基础上开发了养护管理指数 MCI(Maintenance Control Index)和供用性指数 PRI(Pavement Rehabilitation Index):

$$MCI = 10 - 0.47\sigma^{0.2} - 1.48C^{0.3} - 0.174D^2 \quad (1.5\text{-}16)$$

$$PRI = 4.53 - 0.5181\lg\sigma - 0.371C^{0.5} - 0.174D \quad (1.5\text{-}17)$$

式中:σ——路面平整度均方差指标(mm);

C——路面裂缝病害率(%);

D——路面车辙深度均值(mm)。

1.5.2 水泥混凝土路面评价

1.5.2.1 路面的检测内容

旧水泥混凝土路面结构性能评价分为两个部分:一是路面结构完整性评价;二是路面结构参数评定。路面结构完整性包括三个方面:路面结构性破损状况、接缝传荷性能状况、板底脱空状况。根据《公路水泥混凝土路面养护技术规范》(JTJ 073.1—2001)的规定,水泥混凝土路面状况的调查内容主要为四个方面:破损状况、结构承载力、平整度、抗滑能力。

水泥混凝土路面损坏可以分为结构性损坏和非结构性损坏。对于非结构性损坏,当路面加铺完成之后,这些病害自然就消失了;对于结构性损坏如果不进行处置,路面加铺完成后,这些损坏之处仍然是路面结构的薄弱环节。在《公路水泥混凝土路面设计规范》(JTG D40—2011)中规定为加铺改建而进行的路面破损状况调查的指标为断板率和错台量,即只对裂缝类病害和错台类病害进行统计分析。

只有对路面结构承载力有一定的检测数据基础,才能综合考虑既有路面不同路段结构性能差异的影响,在公路改扩建设计中应区别对待。因此,为公路改扩建设计而进行的结构承载力调查,须测定各结构层的厚度、模量或强度、接缝的传荷能力、板底脱空状况。调查可以采用无破损测定方法,或者无破损测定法和破损测定法相结合的方法进行。无破损测定法,可采用落锤式弯沉仪测定路面表面的弯沉曲线、接缝传荷能力、板底脱空状况、反算结构层的模量以及雷达测定结构层的厚度;另外可采用贝克曼梁(长杆)或承载板法测定板面弯沉值。破损测定法则为钻取各结构层的试样,进行厚度以及室内劈裂强度和模量的测定。通常,采用无破损测定法与破损测定法相结合的方法,可以得到较好的分析和评定结果。

旧水泥混凝土路面的结构参数评定是既有公路评价的内容之一,它为公路改扩建设计提供直接的设计参数。路面结构参数评定可包括以下内容:水泥混凝土路面结构厚度、路面结构强度、基层结构强度、土基顶面回弹模量。

1.5.2.2 弯沉值检测

弯沉值测定是一项无破损试验,对路面结构损害小,对交通的干扰小,因而被广泛应用于路面结构性能的评定,用以反算路面结构层模量参数,评定接缝传荷能力,检查板底脱空状况,并进而对路面结构承载力作出评价。弯沉检测一般有以下几种方法:

(1)贝克曼梁法。它是传统的弯沉测试方法,测试速度慢,但技术比较成熟,属于静态类的固定采样,是目前标准的弯沉测试方法,所用仪器为贝克曼梁弯沉仪,这类设备使用时间最早,范围最广,技术要求最简单,但测试准确程度受人为影响较大,工作效率低。

(2)自动弯沉仪法。自动弯沉仪的基本测试原理是模仿贝克曼梁的工作方式,只是用位移传感器替换百分表进行自动测量,同时改变了前后测臂的长度比例,通过标定程序,将所测定弯沉直接自动记录下来。它属于静态测试范畴,利用贝克曼梁原理快速连续测试,但测定的是总弯沉,因此使用时应用贝克曼梁进行标定换算。自动弯沉仪采样频率及自动化程度高,可对路面进行高密度集中的强度测试,可极大地减轻操作人员的劳动强度,同时测试数据结果与贝克曼梁测试结果有较好的线性关系。但是,这类设备的机械和电控系统比较复杂,对操作人员的技术素质要求较高,而且其价格昂贵,推广应用受到限制。

(3)落锤式弯沉仪法。利用自由落下的重锤瞬间产生的冲击荷载来测定弯沉值,属于动态弯沉值,并能反算路面的回弹模量,使用时应用贝克曼梁法进行标定换算。其工作原理是由一定重量的落锤的自由下落产生相应的当量荷载,这种加载方式所产生的弯沉与行驶车辆对地面的作用非常相似,能够得到动态弯沉盆数据,尤其适合既有公路改造前评定的弯沉测试。在开放交通的公路上进行工作时,由于需要经常定点停车而很难保证人员设备的安全,在不封闭交通的公路的路段测试具有局限性。

以上几种弯沉测试方法的选择,应结合经济条件、实际测试长度、交通条件以及人员配备条件等综合考虑。

1.5.2.3 接缝传荷检测

接缝传荷能力是反映刚性路面结构完整性的重要参数。接缝是水泥混凝土路面结构最薄弱的环节,绝大多数路面破坏都发生在接缝附近。因此,接缝传荷性能评价成为旧水泥混凝土结构性能评价的重点内容之一。接缝传荷能力评价方法有多种,其常用的评价指标有:接缝两侧弯沉差、挠度传递系数、应力传递系数、荷载传递系数。

采用接缝两侧弯沉差作为评价指标时,弯沉差越大,接缝传荷性能状况越差;反之,接缝传荷性能状况就越好。美国沥青协会(AI)以接缝或裂缝处的板边弯沉差作为旧水泥混凝土路面沥青加铺层设计的控制指标之一时,要求加铺前必须保证弯沉差低于0.05mm。根据关于交通荷载作用下沥青加铺层反射裂缝的疲劳断裂力学分析,此值对应为不使沥青加铺层疲劳寿命发生急剧衰减的临界值。由于美国沥青协会(AI)以80kN为标准轴载,而我国以100kN为标准轴载,因此我国采用弯沉差为0.06mm的控制值。这里的弯沉差控制标准是以落锤式弯沉仪(FWD)测试为基础,它的含义是受荷载边弯沉与未受荷载边弯沉之差。

还可以量测接缝两侧板边缘的荷载、应力或挠度,得到相应的数值后,用不同的传递系数表征接缝的传荷能力。具体公式如下:

(1)以挠度表示的传递系数 L_w

$$L_w = \frac{W_U}{W_L} \times 100\%$$

或

$$L_w = 2\frac{W_U}{W_L + W_U} \times 100\% \qquad (1.5\text{-}18)$$

(2)以应力表示的传递系数 L_σ

$$L_\sigma = \frac{\sigma_U}{\sigma_L} \times 100\%$$

或

$$L_\sigma = \frac{\sigma_{fe} - \sigma_L}{\sigma_{fe} - \sigma_t} \times 100\% \qquad (1.5\text{-}19)$$

(3)以荷载表示的传递系数 L_P

$$L_P = \frac{P_U}{P_L} \times 100\% \qquad (1.5\text{-}20)$$

以上式中:W_L、σ_L、P_L——承受荷载板边缘的挠度、应力和总荷载;

W_U、σ_U、P_U——分别为未承受荷载板边缘的挠度、应力和总荷载;

σ_{fe}——荷载作用于板自由边边缘时的应力;

σ_t——荷载作用于板中时的应力。

1.5.2.4 抗滑能力检测

抗滑能力测试可参考沥青混凝土路面的测试方法。

1.5.2.5 路面平整度检测

路面平整度测试可参考沥青混凝土路面的测试方法。

1.5.2.6 路面厚度及物理力学性质检测

为了确定旧水泥混凝土路面板结构厚度及强度参数,并对现状道路的病害进行辅助分析,需要开展钻芯调查工作。通过钻孔取芯可查明取样点位置的结构层厚度、板底脱空状况、面层和基层强度。钻芯调查时,可根据车道情况进行不同密度的检测,每个车道钻孔的布置间距约为1km,并对路面病害严重路段进行局部加密。试验和计算可按照《公路水泥混凝土路面设计规范》(JTG D40—2011)中规定的有关试验方法和计算方法进行。

(1)土基回弹模量

承载板法是通过承载板对土基逐渐加载、卸载的方法,测出每级荷载下相应的土基回弹变形值,经过计算求得土基回弹模量。

(2)面层强度

旧水泥混凝土路面面层强度采用抗压强度标准值来表征,根据钻孔芯样的抗压强度测试结果按式(1.5-21)计算:

$$f_e = \bar{f}_e - 1.04 S_f \tag{1.5-21}$$

式中:f_e——旧混凝土面层芯样抗压强度标准值(MPa);

$\bar{f}_e$——旧混凝土面层芯样抗压强度均值(MPa);

S_f——旧混凝土面层芯样抗压强度标准差(MPa)。

(3)基层强度

旧水泥混凝土路面基层强度采用抗压强度标准值来表征,根据钻孔芯样的抗压强度测试结果按式(1.5-22)计算:

$$f'_e = \bar{f}'_e - 1.04 S'_f \tag{1.5-22}$$

式中:f'_e——旧混凝土基层芯样抗压强度标准值(MPa);

$\bar{f}'_e$——旧混凝土基层芯样抗压强度均值(MPa);

S'_f——旧混凝土基层芯样抗压强度标准差(MPa)。

(4)土基顶面回弹模量

旧水泥混凝土路面土基顶面回弹模量的代表值,根据钻孔芯样的回弹模量测试结果按式(1.5-23)计算:

$$E = \bar{E} - 1.04 S_e \tag{1.5-23}$$

式中:E——旧混凝土基层芯样回弹模量代表值(MPa);

$\bar{E}$——旧混凝土面基层芯样回弹模量均值(MPa);

S_e——旧混凝土基层芯样回弹模量标准差(MPa)。

1.5.2.7 路面厚度检测

根据《公路水泥混凝土路面设计规范》(JTG D40—2011),旧水泥混凝土面层厚度标准值可根据钻孔芯样的量测高度按下式计算:

$$h_e = \bar{h}_e - 1.04 S_h \tag{1.5-24}$$

式中：h_e——旧混凝土面层测量厚度的标准值(cm)；

$\bar{h}_e$——旧混凝土面层量测厚度的均值(cm)；

S_h——旧混凝土面层高度量测值标准差(cm)。

上面几个强度和厚度计算公式是假定整个路段的路面结构强度和厚度服从正态分布，1.04 为与保证率有关的系数，保证率为 85%，即 85% 的路段结构强度和厚度超过标准值，用该值作为公路改扩建设计参数，结构厚度和强度的可靠度为 85%。

1.5.2.8 路面破损状况检测

路面损坏状况以病害类型、轻重程度、出现的范围和密度三项属性来表征；各种病害和轻重程度出现的范围和密度，以调查路段内出现该种病害和轻重程度等级的混凝土板块占该路段板块总数的百分率计。通过全线逐板调查，依照路面损坏状况分级标准，按《公路水泥混凝土路面养护技术规范》(JTJ 073.1—2001)5.2.2 中的计算方法，对上行、下行方向的不同车道进行计算、汇总，得出本路段各个车道路面损坏状况的百分比。

(1)路面破损类型及原因

纵向裂缝特别是纵向连续裂缝一般出现在路基横向有不均匀沉降的路段，路基的不均匀沉降导致基层开裂，使水泥混凝土板底应力集中导致板面开裂。横向或斜向裂缝，通常由于重载的反复作用、温度或湿度梯度产生的翘曲应力或者干缩应力等因素单独或综合作用所引起。而在开放交通前出现的横向或斜向裂缝，则主要是施工期间锯切缝的时间安排不当所造成。板角断裂通常由表面水侵入，地基承载力降低，接缝处出现唧泥，板底形成脱空，接缝传荷能力差，重载反复作用等综合作用所引起。有裂缝板在基层和路基浸水软化及重载反复作用进一步断裂，便形成交叉裂缝和破碎板。裂缝的发展有一个过程：开始时出现头发丝状短裂缝，随后裂缝长度逐渐扩展到全板长(或宽)，缝隙逐渐张开，裂缝边缘混凝土逐步出现碎裂，裂缝的传荷能力不断下降到完全丧失。错台属于面层接缝类病害，由于雨水渗入接缝不能及时排出，滞留在板底，在行车荷载作用下，对基层材料产生冲刷，于是驶离板基层材料流向驶近板下，板缝两侧便产生错台现象。水泥混凝土板的修补损坏主要是由于原来的病害原因没有得到根除，在荷载的作用下很容易形成新的破坏。

(2)结构性破坏的危害

结构性破坏的危害主要表现在以下几个方面：

①使用性能降低。裂缝类及错台病害会降低路面的平整度。

②加剧路面结构的破坏。在裂缝形成初期，由于裂缝宽度较小，深度不大，板体仍然保持了一定的完整性，对使用性能影响不大，但是一旦裂缝发展到一定程度，由于行车荷载在裂缝处对混凝土板的冲击力增大，裂缝扩展速度会急剧增大，使用性能也会急剧降低。

③对于路面加铺层来说，既有公路面裂缝的存在会使新铺路面产生反射裂缝。一般认为，反射裂缝的产生和发展是旧水泥路面板的移动和变形造成的，而这些移动和变形主要来源于温度变化、行驶车辆及两者的综合作用。由温度变化引起的反射裂缝常常称之为温度型反射裂缝；相应地由行车荷载引起的反射裂缝称之为荷载型反射裂缝。外部环境对混凝土路面温度的影响可以按日变化温度和年变化温度来考虑。在年变化温度作用下，由于作

用周期较长,沥青加铺层的顶面与底面温度较接近。在寒冷的季节,旧混凝土板产生收缩变形,在沥青加铺层内产生拉应力;在炎热的夏季,旧混凝土板膨胀,在沥青罩面层中产生压应力。在日变化温度作用下,沥青加铺层顶面温度变化较大,底面温度变化较小,使沥青加铺层出现翘曲变形。随着温度的下降,在加铺层顶面产生拉应力,底面产生压应力。温度变化越大、越快,产生的应力越大,加铺层越容易开裂。当汽车荷载驶经裂缝,轴载位于裂缝一侧时,裂缝两侧产生较大的相对位移,在加铺层中造成较大的剪切应力;轴载位于裂缝顶面时,两板无相对位移或相对位移较小,加铺层主要承受弯拉应力作用;轴载驶离裂缝时,在加铺层内产生与第一次方向相反的剪切应力,在整个过程中加铺层受到两次剪切一次弯曲,而且是连续的,因此,裂缝状况越严重,对加铺层的影响越大。

(3)路面破损评价参数的计算

对于破损状况的评价,采用《公路水泥混凝土路面养护技术规范》(JTJ 073.1—2001)中的断板率 DBL 指标的计算方法。依据路段破损状况调查得到的断裂类病害的板块数,按断裂缝种类和严重程度的不同,采用不同的权系数进行修正后,由式(1.5-25)确定该路段的断板率(DBL),以百分数表示。

$$DBL = \frac{\sum_{i=1}^{n}\sum_{j=1}^{m}DB_{ij}W_{ij}}{BS} \quad (1.5\text{-}25)$$

式中:DB_{ij}——i 种裂缝病害 j 种轻重程度的板块数;

W_{ij}——i 种裂缝病害 j 种轻重程度的修正权系数(按表1.5-14确定);

BS——评定路段内的板块总数。

计算断板率的权系数 W_{ij} 表 1.5-14

裂缝类型	交叉裂缝			板角断裂			纵、横、斜向裂缝及修补损坏		
轻重程度	轻	中	重	轻	中	重	轻	中	重
权系数 W'_{ij}	0.60	1.00	1.50	0.20	0.70	1.00	0.20	0.60	1.00

(4)水泥混凝土路面破损状况调查

路面损坏状况的调查是运用各种仪器设备或人工方法,宜采用自动化的快速检测方法,条件不具备时,可用人工检测。

采用快速检测设备检测路面损坏时,应纵向连续检测,横向检测宽度不得小于车道宽度的 70%。检测设备应能分辨 1mm 以上的路面裂缝,检测结果宜采用计算机自动识别,识别率应达到 90%以上。采用人工法调查时,调查范围应包括所有行车道。

根据《公路技术状况评定规范》(JTG 5210—2018),水泥混凝土路面损坏划分类型和标准如下:

①破碎板应按板块面积计算,损坏程度应按以下标准判断:

a.轻度应为板块被裂缝分为 3 块及以上,破碎板块未发生松动和沉陷。

b.重度应为板块被裂缝分为 3 块及以上,破碎板有松动、沉陷、唧泥等现象。

②裂缝应为板块上只有一条裂缝的情况,应按长度(m)计算,检测结果应用影响宽度

(1.0m)换算成损坏面积,损坏程度按以下标准判断:

a.轻度应为裂缝宽度小于3mm,一般为未贯通裂缝。

b.中度应为裂缝宽度在3~10mm之间。

c.重度应为裂缝宽度大于10mm。

③板角断裂应为裂缝与纵横接缝相交,且交点距板角小于或等于板边长度一半的损坏,应按断裂板角的面积计算,损坏程度应按以下标准判断:

a.轻度应为裂缝宽度小于3mm。

b.中度应为裂缝宽度在3~10mm之间。

c.重度应为裂缝宽度在大于10mm。

④错台应为接缝两边出现的高度,应按长度(m)计算。检测结果应用影响宽度(1.0m)换算成损坏面积,损坏程度应按以下标准判断:

a.轻度应为接缝两侧高差在5~10mm之间。

b.重度应为接缝两侧高差大于或等于10mm。

⑤拱起应为横缝两侧板体高度大于10mm的抬高,损坏应按拱起涉及板块的面积计算。

⑥边角剥落应为沿接缝方向板边上出现的碎裂和脱落,裂缝面与板面成一定角度,应按长度(m)计算。检测结果应用影响宽度(1.0m)换算成损坏面积。损坏程度应按以下标准判断:

a.轻度应为板边上的碎裂和脱落。

b.中度应为板边上的碎裂和脱落,接缝附近水泥混凝土有开裂。

c.重度应为板边上的碎裂和脱落,接缝附近水泥混凝土多处开裂,开裂深度超过接缝槽底部。

⑦填缝料损坏应按长度(m)计算、检测结果应用影响宽度(1.0m)换算成损坏面积。损坏程度应按以下标准判断:

a.轻度应为填料老化,不密水,尚未剥落脱空,未被砂、石、土等填塞。

b.重度应为三分之一以上接缝出现空缝或被砂、石、土填塞。

⑧坑洞应为板面出现直径大于30mm、深度大于10mm的坑槽,损坏应按坑洞或坑洞群的包络面积计算。

⑨唧泥应为板块接缝处有基层浆涌出,损坏应按长度(m)计算。检测结果应用影响宽度(1.0m)换算成损坏面积。

⑩露骨应为板块表面细集料散失、粗集料暴露或表层松疏剥落,损坏应按面积计算。

⑪修补应为裂缝、板角断裂、边角剥落和坑洞等损坏的修复。块状修补应按面积计算,裂缝类的条状修补应按长度(m)乘以0.2m影响宽度计算;长度大于5m的整车道修复不计为路面修补损坏;修补范围内再次发生的损坏,应按新的损坏类型计算。

水泥混凝土路面损坏状况按表1.5-15规定的损坏类型进行实地调查。调查及汇总表的样式见表1.5-16。有条件的地区,可借助便携式路况数据采集仪进行现场调查、汇总、计算与评定。紧急停车带路面损坏状况调查按路肩处理。

水泥混凝土路面损坏类型及权重　　　　　　　　表1.5-15

类型 i	损坏名称	损坏程度	权重 w_i	计量单位
1	破碎板	轻	0.8	面积单位 m²
2		重	1.0	
3	裂缝	轻	0.6	长度单位 m（影响宽度:1.0m）
4		中	0.8	
5		重	1.0	
6	板角断裂	轻	0.6	面积单位 m²
7		中	0.8	
8		重	1.0	
9	错台	轻	0.6	长度单位 m（影响宽度:1.0m）
10		重	1.0	
11	唧泥		1.0	长度单位 m（影响宽度:1.0m）
12	边角剥落	轻	0.6	长度单位 m（影响宽度:1.0m）
13		中	0.8	
14		重	1.0	
15	接缝料损坏	轻	0.4	长度单位 m（影响宽度:1.0m）
16		重	0.6	
17	坑洞		1.0	面积单位 m²
18	拱起		1.0	面积单位 m²
19	露骨		0.3	面积单位 m²
20	修补		0.1	面积单位 m²

水泥混凝土路面损坏调查表　　　　　　　　表1.5-16

路线名称：			调查方向：	调查时间：				调查人员：					
调查内容	程度	权重 w_i	单位	起点桩号： 路段长度：				终点桩号： 路面宽度：					累计损坏
				1	2	3	4	5	6	7	8	9	10	
破碎板	轻	0.8	m²											
	重	1.0												
裂缝	轻	0.6	m											
	中	0.8												
	重	1.0												
板角断裂	轻	0.6	m²											
	中	0.8												
	重	1.0												

续上表

路线名称：	调查方向：		调查时间：			调查人员：							
调查内容	程度	权重 w_i	单位	起点桩号： 路段长度：				终点桩号： 路面宽度：					累计损坏
				1	2	3	4	5	6	7	8	9	10	
错台	轻	0.6	m											
	重	1.0												
唧泥		1.0	m											
边角剥落	轻	0.6	m											
	中	0.8												
	重	1.0												
接缝料损坏	轻	0.4	m											
	重	0.6												
坑洞		1.0	m²											
拱起		1.0	m²											
露骨		0.3	m²											
修补		0.1	m²											
评定结果： DR＝　　％ PCI＝				计算方法：$\text{PCI} = 100 - a_0 \text{DR}^{a_1}$ $\text{DR} = 100 \times \dfrac{\sum\limits_{i=1}^{i_0} w_i A_i}{A}$ $\quad a_0 = 10.66, a_1 = 0.461$										

路面损坏用路面损坏指数(PCI)评价，相关计算公式如下：

$$\text{PCI} = 100 - a_0 \text{DR}^{a_1} \tag{1.5-26}$$

其中，$\text{DR} = 100 \times \dfrac{\sum\limits_{i=1}^{i_0} w_i A_i}{A}$，$a_0 = 10.66$，$a_1 = 0.461$。

1.5.2.9 综合评价

1）综合评价的原则

在建立评价指标体系时应该遵循的一些原则：

(1)系统性原则。指标体系应能全面反映评价对象的本质特征和整体性能；指标体系的整体评价功能大于各分项指标的简单总和。应注意使指标体系层次清楚、结构合理、相互关联、协调一致。要抓住主要因素，保证评价的全面性和可信度。

(2)一致性原则。评价指标体系应与评价目标一致，从而充分体现评价活动的意图。所选的指标既能反映直接效果，又要反映间接效果，不能将与评价对象、评价内容无关的指标选择进来。

(3)独立性原则。同层次上的评价指标不应具有包含关系，保证指标能从不同方面反映系统的实际情况。

(4)可测性原则。指标能够被测定或度量,尽可能用数字说话。评价指标含义要明确,数据要规范,口径要一致,资料收集要简便。指标设计必须符合国家和地方的方针、政策、法规。

(5)科学性原则。以科学的理论为指导,以客观系统内部要素以及本质联系为依据,定性与定量分析相结合,正确反映系统整体和局部相互关系的数量特征。

(6)可比性原则。系统评价的指标体系可比性越强,评价结果的可信度就越大。评价指标和评价标准的制定要客观实际,便于比较。指标标准化处理要保持同趋势化,以保证指标之间的可比性。

2)路面破损状况评价

旧水泥混凝土路面结构性能评价的目的是为了查明旧水泥混凝土路面的结构性能状况。旧水泥混凝土路面结构性能体现在两个方面:一是路面结构的完整性;二是路面结构参数的大小。路面结构的完整性用路面结构性破损状况、接缝传荷能力和板底脱空状况三个指标来表征。路面结构参数有:水泥混凝土板厚度、水泥混凝土板强度、基层强度以及土基顶面回弹模量等。旧水泥混凝土路面结构性能评价体系可参考图1.5-1所示进行。

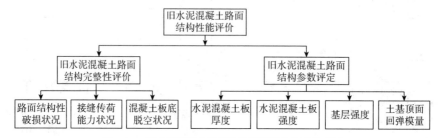

图1.5-1 旧水泥混凝土路面结构性能评价体系示意图

(1)路面破损状况评价

路面破损状况分为5个等级,各个等级的路面破损状况等级和断板率的评定标准见表1.5-17。

路面破损状况等级评定标准　　　　表1.5-17

评定等级指标	优	良	中	次	差
断板率	<1	2~5	6~10	11~20	>20

(2)接缝传荷能力评价

单个接缝的传荷能力评价标准见表1.5-18。

单个接缝传荷能力评价标准　　　　表1.5-18

等级	优良	中	次	差
接缝传荷系数 $L(\%)$	>80	56~80	31~56	<31

(3)板底脱空状况评价

路段脱空状况的评定用脱空百分率表示,不同脱空等级板底脱空折算系数如表1.5-19所示,对于出现交叉裂缝与断裂板病害板块,不进行板底脱空判定。路段的板底脱空状况评定标准见表1.5-20。

第1章 改扩建公路的预测评估及既有公路的评价

不同脱空等级板底脱空折算系数　　　　　　　　　　　　　　　表1.5-19

脱空等级	无	中	重
计入系数	0	0.5	1

路段板底脱空状况评价标准　　　　　　　　　　　　　　　　　表1.5-20

等级	优良	中	次	差
脱空率(%)	≤5	5~10	10~20	>20

3) 路面服务性能

美国AASHO道路试验建立了路面服务性能指数PSI综合评价模型。其评价方法是将评分人员按背景的不同分组,分别乘坐选定的车辆,以选定的速度行驶在选定路段上进行评分,给出每个实验段的个人评分值IPSR(Individual Present Serviceability Rating),从而得到该路段的专家总体评价值PSR(Present Serviceability Rating);与此同时,道路检测人员对路面进行检测,得到路面状况的数据资料;最后,对数据进行分析、检验、整理,用多元回归的方法建立这些路面路况指标与各路段PSR值之间的关系,得到路面服务能力指数PSI,对于水泥混凝土路面:

$$PSI = 5.41 - 1.80\lg(1 + SV) - 0.09(C + P)^{0.5} \quad (1.5-27)$$

式中:SV——轮迹处纵向平整度离散度;

C——裂度(%);

P——修补度(%)。

《公路技术状况评定标准》(JTG 5210—2018)中规定:水泥混凝土路面使用性能评价包括路面损坏、平整度和抗滑性能三项技术内容。路面使用性能指数(PQI):

$$PQI = w_{PCI}PCI + w_{RQI}RQI + w_{SRI}SRI \quad (1.5-28)$$

式中:w_{PCI}——PCI在PQI中的权重,见表1.5-21;

w_{RQI}——RQI在PQI中的权重,见表1.5-21;

w_{SRI}——SRI在PQI中的权重,见表1.5-21。

水泥混凝土路面PQI分项指标权重　　　　　　　　　　　　　　表1.5-21

权　重	高速、一级公路	二、三、四级公路
w_{PCI}	0.50	0.60
w_{RQI}	0.40	0.40
w_{SRI}	0.10	—

4) 综合评价方法

我国对路面性能的综合评价大多采用系统分析法,以层次分析法和模糊数学法为代表。基于系统分析思想的综合评价方法有:线性加权法、模糊综合法、灰色聚类综合法及距离综合法,等等。这些综合评价方法一般包括以下几个方面的内容:各评价指标确定、评价指标的标准化、指标权重的确定和综合函数的确定。

(1) 线性加权平均法

线性加权平均法是使用最普遍的一种综合评价方法。这个方法的实质是赋予每个分项评价指标权重后,对评价目标求各个分项评价指标的加权和。

该方法具体步骤如下：

① 各评价指标的标准化

在综合评价系统中,一般各个指标值的单位和量级是不同的,这样,各指标之间存在着不可公度性,给系统综合评价带来了不便。为了尽可能反映实际情况,排除分项指标单位不同和数量级之间的悬殊差别带来的影响,避免发生不合理的现象,必须对评价指标进行标准化处理。对评价指标进行标准化处理包括对指标一致化处理和无量纲化处理。所谓一致化处理就是将评价指标类型加以统一;所谓无量纲化,也称为指标的规范化,是通过数学变换来消除原始指标单位及其数值数量级影响的过程,这是指标综合的前提。因此,指标就有指标的实际值和指标的评价值之分。一般将无量纲化的值称为指标的评价值,无量纲化过程就是将指标实际值转化为指标评价值的过程。

对评价指标进行标准化,就是采用相应的函数对不同类型的指标进行处理。常用线性函数和非线性函数作为标准化的数学变换函数。

a. 线性函数法

指标评价值和实际值之间呈线性关系,即直线型标准化方法,常用有阈值法和统计标准化方法。阈值法也称为临界法,是衡量事物发展变化的一些特殊指标值,如极大值、极小值、满意值和不允许值等。阈值法是用指标实际值与阈值相比以得到指标评价值的无量纲化方法,各种线性标准化函数见表 1.5-22。

各种线性标准化函数汇总 表 1.5-22

序号	公式	影响评价值的因素	评价值范围	特点
1	$y_i = \dfrac{x_i}{\max x_i}$	$x_i, \max x_i$	$\left[\dfrac{\min x_i}{\max x_i}, 1\right]$	单调递增函数
2	$y_i = \dfrac{\max x_i + \min x_i - x_i}{\max x_i}$	$x_i, \max x_i, \min x_i$	$\left[\dfrac{\min x_i}{\max x_i}, 1\right]$	单调递减函数
3	$y_i = \dfrac{\max x_i - x_i}{\max x_i - \min x_i}$	$x_i, \max x_i, \min x_i$	$[0,1]$	单调递减函数
4	$y_i = \dfrac{x_i - \max x_i}{\max x_i - \min x_i}$	$x_i, \max x_i, \min x_i$	$[0,1]$	单调递增函数
5	$y_i = \dfrac{x_i - \min x_i}{\max x_i - \min x_i} k + q$	$x_i, \max x_i, \min x_i$	$[k, k+q]$	单调递增函数

统计标准化方法是指按统计学原理对实际指标进行标准化的方法,公式为：

$$y_i = \frac{x_i - \bar{x}}{s} \quad (1.5\text{-}29)$$

式中：y_i ——指标评价值;

$\bar{x}$——指标实际值的平均值,$\bar{x} = \frac{1}{m}\sum_{i=1}^{m} x_i$;

x_i——实际指标值;

s——指标实际值的均方差,$s = \sqrt{\frac{1}{m-1}\sum_{i=1}^{m}(x_i - \bar{x})^2}$。

b.非线性函数法

(a)折线型标准化函数。折线型标准化函数适用于事物发展呈现阶段性的对象,指标值在不同阶段的变化对事物总体水平影响是不同的。设折点的坐标值为(x_m, y_m),x轴表示指标的实际值,y轴表示指标的评价值,则折线型变换函数的一般形式为:

$$y_i = \begin{cases} \frac{x_i}{x_m} y_m, 0 \leqslant x_i \leqslant x_m \\ y_m + \frac{x_i - x_m}{\max x_i - x_m}(1 - y_m), x_i > x_m \end{cases} \tag{1.5-30}$$

(b)曲线型标准化函数。有些事物的发展阶段性的分界点不是很明显,而前中后期发展阶段又截然不同,指标的变化对事物总体水平的影响是逐渐变化的。这种情况下就必须采用曲线型标准化函数。

非线性标准化函数常用的有正态函数和抛物线函数,它们的函数公式如下。

正态函数:

$$y = \begin{cases} 0, 0 \leqslant x \leqslant a \\ 1 - e^{-k(x-a)^2}, x > a \end{cases} \tag{1.5-31}$$

抛物线函数:

$$y = \begin{cases} 0, x < a \\ \left(\frac{x-a}{\max x_i - a}\right)^k, a \leqslant x \end{cases} \tag{1.5-32}$$

我国的有关规范都采用线性加权法进行综合评价,如《公路沥青路面养护技术规范》(JTJ 073.2—2001)和《高速公路养护质量检评方法(试行)》。其评价指标的标准化采用折线型函数进行变换,换算采用百分制;对各个指标评价区间采用线性内插的方法,将其变换成评价值。

对于路面破损状况评价指标之一——断板率DBL,有四个等级:优良、中、次、差,用百分制表示这四个等级的分界点分别为80、60、40,即80分以上为优良、60~80分为中、40~60分为次、40分以下为差。各区间的线性变换公式如下:

$$y_1 = \begin{cases} 100 - 3x_1, 0 < x_1 \leqslant 5 \\ 110 - 5x_1, 5 < x_1 \leqslant 10 \\ 80 - 2x_1, 10 < x_1 \leqslant 20 \\ 50 - \frac{x_1}{2}, x_1 > 20 \end{cases} \tag{1.5-33}$$

板底脱空状况指标——脱空率的评价标准与断板率相同,它们的变换公式也相同。接缝传荷能力状况指标——平均传荷系数的变换公式为：

$$y_1 = \begin{cases} 40x_2/31, x_2 \leq 31 \\ 40 + 20(x_2 - 31)/25, 31 < x_2 \leq 56 \\ 60 + 20(x_2 - 56)/24, 56 < x_2 \leq 80 \\ x_2, x_2 > 80 \end{cases} \quad (1.5\text{-}34)$$

②权重系数的确定

三个分项评价指标(断板率、平均传荷系数、脱空率)对于旧水泥混凝土路面来说都很重要，因此，取三个指标的权重均为1/3。

③综合函数

综合函数可以用以下公式表示：

$$I = a_1 I_1 + a_2 I_2 + a_3 I_3 \quad (1.5\text{-}35)$$

式中：I——路面结构完整性综合评价指标；

I_1、I_2、I_3——分项评价指标，分别为路面破损状况指标断板率(DBL)、接缝传荷能力指标平均传荷系数以及板底脱空状况指标脱空率，以百分制表示；

a_1、a_2、a_3——分项评价指标权系数，$a_1 = a_2 = a_3 = 1/3$。

(2)模糊综合法

模糊综合法认为事物的分项评价指标的等级属性是模糊不确定的，它采用隶属度函数的方法量化这种模糊属性，最后采用最大隶属度原则确定综合评价结论。

基于模糊理论的综合评价方法步骤如下：

①确定评判对象的因素论域 U：$U = (u_1, u_2, \cdots, u_n)$，即 $U = ($路面破损状况，接缝传荷能力状况，板底脱空状况$)$。

②确定评语等级论域 V：$V = (v_1, v_2, \cdots, v_n)$，即 $V = ($优良，中，次，差$)$。

③进行单因素评判，建立模糊隶属度矩阵。

首先建立分项评价指标在各个等级的隶属度函数 A_{ij}，它表示第 i 个评价指标属于第 j 个等级的隶属度。隶属度函数一般有两种形式，即线性函数和非线性函数。

然后将实际检测数据算出的分项指标值代入隶属度函数，求得隶属度矩阵 $\boldsymbol{R}_{ij}$。

$$\boldsymbol{R}_{ij} = \begin{bmatrix} r_{11} & r_{12} & r_{13} & r_{14} \\ r_{21} & r_{22} & r_{23} & r_{24} \\ r_{31} & r_{32} & r_{33} & r_{34} \end{bmatrix}$$

式中：r_{ij}——第 i 个指标属于第 j 个等级的隶属度。

在矩阵中，行表示评价指标，从上到下依次为：路面破损状况、接缝传荷状况、板底脱空状况；列表示评价等级，从左到右依次为：优良、中、次、差。

④确定模糊权向量：$\boldsymbol{W} = (w_1, w_2, w_3) = (1/3, 1/3, 1/3)$。

⑤由下式求出综合评价指标的隶属度。

$$\boldsymbol{B} = \boldsymbol{W} \cdot \boldsymbol{R} \quad (1.5\text{-}36)$$

式中：$\boldsymbol{B}$——综合评价指标的隶属度矩阵；

$\boldsymbol{W}$——权函数矩阵。

(3) 灰色聚类法

灰色系统是指部分信息已知、部分信息未知的系统。灰色系统理论是用数学方法解决信息不完全所引起的不确定性的理论。在既有公路评价中,路面中不少信息是不完全清楚的,也不可能在了解了路面的全部信息后再对路面状况进行评价。通过对已知部分信息的采集、处理、定性和定量,以灰数的白化函数生成为基础,将收集的聚类对象按照灰类进行归纳,判断聚类对象所属的灰类来实现路面结构性能的评估。步骤如下:

① 建立样本矩阵。记 $i=1,2,\cdots,n$,为聚类对象;$j=1,2,\cdots,m$,为聚类指标;$k=1,2,\cdots,l$,为灰类;d_{ij} 为第 i 个聚类对象对于第 j 个聚类指标的样本值。以 d_{ij} 为元素的样本矩阵 D 为:

$$D = (d_{ij})_{n \times m} = \begin{pmatrix} d_{11} & d_{12} & \cdots & d_{1m} \\ d_{21} & d_{22} & \cdots & d_{2m} \\ \vdots & \vdots & \ddots & \vdots \\ d_{n1} & d_{n2} & \cdots & d_{nm} \end{pmatrix} \quad (1.5\text{-}37)$$

② 确定白化函数。设 f_{jk} 为第 j 个聚类指标属于 k 灰类的白化函数,$f \in [0,1]$ 常用的白化函数如图 1.5-2 所示。

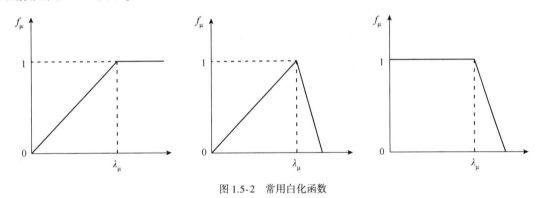

图 1.5-2 常用白化函数

根据路面结构性能指标的分级标准,将道路使用性能分为 4 个灰类($k=1,2,3,4$),利用不同指标的分级标准值,确定各灰类白化函数的阈值 λ_{jk},并构造第 j 指标的白化函数。路面破损状况指标与板底脱空状况指标的白化函数相同,为:

$$f_{11} = \begin{cases} 1, x \leq 5 \\ (10-x)/5, 5 < x \leq 10 \\ 0, x > 10 \end{cases} \quad f_{12} = \begin{cases} 0, x \leq 5 \\ (x-5)/2.5, 5 < x \leq 7.5 \\ (10-x)/5, 7.5 < x \leq 10 \\ 0, x > 10 \end{cases} \quad (1.5\text{-}38)$$

$$f_{12} = \begin{cases} 0, x \leq 10 \\ (x-10)/5, 10 < x \leq 15 \\ (20-x)/5, 15 < x \leq 20 \\ 0, x > 20 \end{cases} \quad f_{11} = \begin{cases} 0, x \leq 10 \\ (10-x)/10, 10 < x \leq 20 \\ 1, x > 20 \end{cases}$$

接缝传荷性能状况的白化函数为:

$$f_{11} = \begin{cases} 0, x \leq 56 \\ (x-56)/24, 56 < x \leq 80 \\ 1, x > 80 \end{cases} \quad f_{12} = \begin{cases} 0, x \leq 56 \\ (x-56)/12, 56 < x \leq 68 \\ (80-x)/12, 68 < x \leq 80 \\ 0, x > 80 \end{cases} \quad (1.5\text{-}39)$$

$$f_{12} = \begin{cases} 0, x \leq 31 \\ (x-31)/12.5, 31 < x \leq 43.5 \\ (56-x)/12.5, 43.5 < x \leq 56 \\ 0, x > 56 \end{cases} \quad f_{11} = \begin{cases} 1, x \leq 31 \\ (56-x)/25, 31 < x \leq 56 \\ 0, x > 56 \end{cases}$$

③计算各灰类的权值。记 η_{jk} 为灰类聚类权,表示第 j 种指标属于第 k 灰类的权重,当聚类指标的量纲相同时,则:

$$\lambda_{jk} = \frac{\lambda_{jk}}{\sum_{j=1}^{m} \lambda_{jk}} \quad (1.5\text{-}40)$$

若聚类指标量纲不同,且不同指标的样本值数量相差很大时,可按式(1.5-41)先作无量纲处理。

$$r_{jk} = \frac{S_{jk}}{S_j} \quad (1.5\text{-}41)$$

式中:S_{jk}——第 j 种指标的第 k 个灰数(标准值,或取白化函数的阈值 k_{jk});

S_j——第 j 种指标的参照标准,在道路结构性能评价中,可视评价路况的等级目标确定,然后计算灰色聚类权值,即:

$$\lambda_{jk} = \frac{r_{ij}}{\sum_{j=1}^{m} r_{ik}} \quad (1.5\text{-}42)$$

④求灰色聚类系数及灰色聚类矩阵 S。记 σ_{ik} 为灰色聚类系数,表示第 i 个聚类对象隶属于第 k 灰类的程度,即:

$$\sigma_{ik} = \sum_{j=1}^{m} f_{jk}(d_{ij}) \lambda_{jk} \quad (1.5\text{-}43)$$

式中:$f_{jk}(d_{ij})$——由样本值 d_{ij} 求得的白化函数,为灰色聚类权值。建立的灰色聚类决策矩阵为:

$$\sum = (\sigma_{ik})_{n \times k} = \begin{pmatrix} \sigma_{11} & \sigma_{12} & \cdots & \sigma_{1k} \\ \sigma_{21} & \sigma_{22} & \cdots & \sigma_{2k} \\ \cdots & \cdots & \ddots & \cdots \\ \sigma_{n1} & \sigma_{n2} & \cdots & \sigma_{nk} \end{pmatrix} \quad (1.5\text{-}44)$$

若有 σ_{ij} 满足:$\sigma_{ij} = \max\{\sigma_{ij}\} = \max\{\sigma_{i1}, \sigma_{i2}, \cdots, \sigma_{il}\}$,(式中,$i = 1, 2, \cdots, n; k = 1, 2, \cdots, l$),则称聚类对象 i 属于 k 灰类,即在聚类行向量 $\boldsymbol{\sigma}_i = (\sigma_{i1}, \sigma_{i2}, \cdots, \sigma_{il})$ 中,找出最大聚类系数 σ_{ik},它所对应的灰 k 即是该聚类对象 i 所属的灰类。

(4)几种评价模型的分析

在进行原始数据标准化时,线性加权法一般采用线性函数进行数据变换,这是因为线性加权法本身就是一种简单、明了的方法,变换函数越简单越好;在模糊综合法中,用隶属度函数求对象的隶属度就是数据变换的过程,一般的数据变换是将一个数据变为另外一个数据,而模糊综合法中是将一个数据变换为一个隶属度向量;在灰色聚类综合法中,白化函数作为数据变换函数,同样,也是将一个数据变换为一个向量。模糊综合法采用隶属度函数进行变换,概念明确,最能反映客观事物的规律,但计算起来较为复杂;灰色综合评价中的白化权函数方法与模糊理论中隶属度函数的内涵相同,但在确定方法上,没有归一化的要求,得出的结论偏差较大。在权重的确定上,线性加权法、模糊综合法都是根据分项评价指标本身的性质来确定的,灰色综合法采用分项指标分级阈值所占的比重作为各指标各等级的权重,该方法概念不明确。

1.5.3 路基评价

既有公路路基加宽改造,首先要对既有公路路基的使用和损坏等病害情况进行调查和评价,然后对既有公基的病害进行处理,在此基础上,才能更好地对路基进行加宽改造。

既有公路路基调查需对路基本身及路肩、边坡、挡墙、排水沟等进行详细的调查,并调查沿线路基土质、填挖高度、地面排水、地下水水位情况,以确定路基土组、干湿类型以及损坏情况。调查内容包括分析路基病害的种类、规模、状态、原因等,并在施工前或施工期间,对路基不同类型的病害进行彻底处理。在公路加宽改造后,既有公基必须保持密实,排水性能良好。

既有公路路基调查可采用人工调查的方法,即人工徒步实地调查,将路基及边坡上的明显病害类型、数量、特征等一一记录。路基及边坡病害类型及其严重程度定义见《公路技术状况评定标准》(JTG 5210—2018)相关规定。分段统计时将公路划分成100m长的小段,调查结果按1000m路段汇总,以整公里桩号为起讫点。

(1)路基损坏调查

①所有损坏均应按面积计算,累计面积不足 $1m^2$ 应按 $1m^2$ 计算。

②边坡坍塌应为路堤、路堑边坡表面松散及破碎引起的边坡坡面局部坍塌,按处计算。损坏程度应按以下标准判断:

a.轻度应为边坡坍塌长度小于或等于5m。

b.中度应为边坡坍塌长度在5~10m之间。

c.重度应为边坡坍塌长度大于10m。

③水毁冲沟应为雨水冲刷形成的冲沟,按处计算。损坏程度应按以下标准判断:

a.轻度应为冲沟深度小于或等于20cm。

b.中度应为冲沟深度在20~50cm之间。

c.重度应为冲沟深度大于50cm。

④路基构造物损坏应为挡墙等圬工体出现的表面、局部和结构等损坏,按处计算。损坏程度应按以下标准判断:

a.轻度应为勾缝损坏、沉降缝损坏、表面破损、钢筋外露和锈蚀等,每10m计1处,不足10m按1处计算。

b.中度应为局部基础掏空、墙体脱空、轻度裂缝、鼓肚、下沉等,每 10m 计 1 处,不足 10m 按 1 处计算。

c.重度应为整体开裂、倾斜、滑移、倒塌等。

⑤路缘石缺损应为路缘石缺失或损坏,按长度(m)计算。

⑥路基沉降应为深度大于 30mm 的沉降,按处计算。损坏程度应按以下标准判断:

a.轻度应为路基沉降长度小于或等于 5m。

d.中度应为路基沉降长度在 5~10m 之间。

e.重度应为路基沉降长度大于 10m。

⑦排水不畅应为路基边沟、排水沟、截水沟等排水系统淤塞,按处计算。损坏程度应按以下标准判断:

a.轻度应为边沟、排水沟、截水沟等排水系统存在杂物、垃圾,每 10m 计 1 处,不足 10m 按 1 处计算。

b.中度应为边沟、排水沟和截水沟等排水系统全截面堵塞,出现衬砌剥落、破损、圬工体破裂、管道损坏等,每 10m 计 1 处,不足 10m 按 1 处计算。

c.重度应为路基排水系统与外部排水系统不连通。

《公路技术状况评定规范》(JTG 5210—2018)的路基损坏扣分标准见表 1.5-23,路基损坏类型按表 1.5-23 进行实地调查,调查汇总见表 1.5-24。

路基损坏扣分标准   表 1.5-23

类型 i	损坏名称	损坏程度	计量单位	单位扣分	权重 w_i	备注
1	路肩损坏	轻	m²	1	0.10	
		重		2		
2	边坡坍塌	轻	处	20	0.25	边坡坍塌为重度且影响交通安全时,该评定单元的 MQI 值应取 0
		中		50		
		重		100		
3	水毁冲沟	轻	处	20	0.15	
		中		30		
		重		50		
4	路基构造物损坏	轻	处	20	0.10	路基构造物损坏为重度时,该评定单元的 SCI 值应取 0
		中		50		
		重		100		
5	路缘石缺损		m	4	0.05	
6	路基沉降	轻	处	20	0.25	
		中		30		
		重		50		
7	排水不畅	轻	处	20	0.10	
		中		50		
		重		100		

路基损坏类型调查表　　　　　　　　　　表 1.5-24

路线名称：		调查方向：			调查时间：				调查人员：					
调查内容	程度	单位扣分	权重 w_i	计量单位	起点桩号： 路段长度：				终点桩号： 路面宽度：					累计扣分
					1	2	3	4	5	6	7	8	9	10	
路肩损坏	轻	1	0.10	m²											
	重	2													
边坡坍塌	轻	20	0.25	处											
	中	50													
	重	100													
水毁冲沟	轻	20	0.15	处											
	中	30													
	重	50													
路基构造物损坏	轻	20	0.10	处											
	中	50													
	重	100													
路缘石缺损		4	0.05	m											
路基沉降	轻	20	0.25	处											
	中	30													
	重	50													
排水不畅	轻	20	0.10	处											
	中	50													
	重	100													

路基技术状况用路基技术状况指数（SCI）评价，计算公式如下：

$$\text{SCI} = \sum_{i=1}^{i_0} w_i (100 - \text{GD}_{i\text{SCI}}) \qquad (1.5\text{-}45)$$

式中：$\text{GD}_{i\text{SCI}}$——第 i 类路基损坏的累计扣分，最高分值为 100，按表 1.5-23 的规定计算；

　　　w_i——第 i 类路基损坏的权重，按表 1.5-23 的规定取值；

　　　i——路基损坏类型；

　　　i_0——路基损坏类型总数，取 7。

（2）其他检测及调查内容

拟改扩建公路工程还应检测的路基项目：填筑材料、土基回弹模量、压实度、CBR 值、天然含水率、塑限、液限及稠度计算、标准贯入击数检测。

（3）路基技术状况等级评定标准

路基技术状况等级评定标准见表 1.5-25。

路基技术状况等级评定标准 表1.5-25

评定等级	优	良	中	次	差
SCI	SCI≥90	80≤SCI<90	70≤SCI<80	60≤SCI<70	SCI<60

1.6 改造前桥涵的检测与评价

旧桥加宽前期的准备工作主要有:旧桥的测量和检测,对全线桥涵构造物进行全面调查,对桥涵构造物进行桥位环境调查、桥面系构造调查、上部结构主要承重构件调查、下部结构调查、构造物调查。其他还有地形测量、地质钻探、水文调查等项目,主要准备工作包括以下几个方面:

1)旧桥的位置及其结构的调查和资料收集

(1)测量桥面的各控制点坐标和高程,在桥梁墩台处沿着伸缩缝的位置按2m一个点进行测量,沿着内外侧护栏座边缘按5m一个点进行测量,为新旧桥面和伸缩缝的相接提供准确的信息。

(2)测出墩台各边缘点的高程、坐标和旧桥上下部的结构尺寸,旧桥一般构造的平面位置和高程要能在图中能准确反映出来。对桥梁的总体尺寸(如跨径、桥宽、矢跨比、墩台尺寸、高程等)、各部分构件的截面尺寸、钢筋直径及布置、支座位置等进行详细的量测、记录。

(3)为了能够了解现场调查不到的旧桥的设计标准、配筋模式等,需要收集旧桥的设计、施工图及旧桥的竣工文件,为评价构造物在新的荷载体系下的承载能力提供依据。

(4)调查桥头通信管线和电缆,对其埋置的具体情况掌握清楚。

2)检测并评价旧桥的受力性能

旧桥在运营多年以后,由于车辆荷载和环境因素对其影响很大,在拓宽改造之前需要对旧桥的外观、强度、刚度、稳定性、耐久性进行评价,在能够满足使用性能的前提下才可以进行拓宽,若不能够满足继续使用的性能,需要对旧桥进行加固处理后才能拓宽改造。既有桥梁使用性能的评价一般包括两个方面:桥梁外观检测和桥梁荷载试验。

(1)桥梁外观检测

为了客观评价桥梁的技术状况,全面了解桥梁使用性能,必须对桥梁的技术状况及其缺陷进行全面而细致的现场检查,并及时维修养护,使其经常处于完好的技术状态,保证或延长桥梁的使用年限。桥梁的现场检查一般包括下列主要内容:

①常规检查

a.对材料的性能(如钢筋混凝土桥的混凝土和钢筋的强度、弹性模量,圬工拱桥的石料标号、砂浆标号等)进行测定和了解。通常采用回弹仪或超声波仪器现场测定,或取样进行实验室分析。

b.对桥梁运营状况,特别是桥梁存在的缺陷和病害进行现场观测、检查和了解。检查桥梁结构是否产生了异常的变形,混凝土施工是否满足质量要求,结构表面风化、剥落情况以及局部损伤、裂缝宽度、深度、分布情况及其发展趋势;检测钢筋锈蚀情况以及支座、伸缩缝、排水装置、桥面铺装等附属设施的功能等。

②重点部位检查

受人力、仪器和其他条件的限制,在桥梁检查时,应根据结构的受力特性进行重点检查。重点检查的部位一般包括:应力集中处、截面突变的部位、构件的薄弱部位、结构的控制截面或控制构件等。桥梁上述部位的缺陷,对桥梁的安全及耐久性起着关键的作用,容易产生裂缝和导致其他缺陷的产生。这些部位的缺陷往往会发展为结构的重大缺陷,进而危及整座桥梁的安全和耐久性。

桥梁外观检查内容简图如图1.6-1所示。

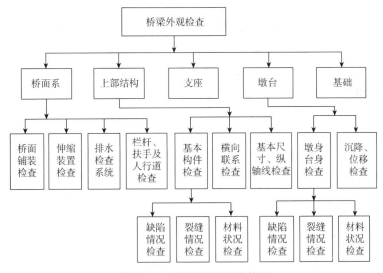

图1.6-1 桥梁外观检查内容简图

(2)桥梁荷载试验

桥梁荷载试验是对桥梁结构工作状态进行直接测试的一种手段。对于既有桥梁,特别是修建时间较长、已无法查找到原设计、施工和竣工资料的桥梁,通过桥梁荷载试验,可以评估其使用性能和承载能力,为既有桥梁的安全使用、养护、加固、改建或限载提供可靠的技术资料。其核心内容是:通过测试在荷载直接作用下的桥梁各结构部位以及整体的响应参数,从而反映和揭示桥梁的实际承载能力和使用状况。桥梁荷载试验包括静荷载试验和动荷载试验。

桥梁静荷载试验是将静止的荷载作用在桥梁上的指定位置,然后对桥梁结构的静力位移、静力应变、裂缝等参量进行测试,从而对桥梁结构在荷载作用下的工作性能作出评价。

桥梁动荷载试验是利用某种激振方法激起桥梁结构的振动,然后测定其固有频率、阻尼比、振型、动力冲击系数、行车响应等参量,从而判断桥梁结构的整体刚度、行车性能。其主要包括两方面的内容:一是测量移动荷载作用下桥梁指定断面上的动应变或指定点的动挠度;二是测量桥梁结构的自振特性和动力响应。

一般情况下,桥梁病害检测内容有:外观检测、混凝土强度检测、混凝土碳化状况检测、保护层厚度检测、混凝土电阻率检测、动静载试验。

(3)公路改扩建工程中的桥梁技术标准采用的原则

①既有桥梁采用如下标准:"旧桥部分新标准",即正常使用极限状态、构造要求及耐久

性按原规范控制,承载能力极限状态按新规范控制;若考虑原规范温度作用的局限性,温度作用按新规范取用。

②新建及拼宽部分桥梁采用新规范控制,特殊桥梁单独研究确定。

1.6.1 桥梁的检测与评价

1)检测范围

(1)桥面系:桥面铺装、桥头搭板、伸缩装置、排水系统、人行道、防撞护栏、栏杆、地袱等。

(2)上部结构:主梁、横向联系、主节点、联结件等。

(3)下部结构:支座、盖梁、墩身、台帽、台身、翼墙、锥坡、抗震设置等。

2)检测内容

根据《公路桥涵养护规范》(JTG H11—2004),桥梁结构检测应包含以下内容:

(1)桥面系构造的检查

①桥面铺装层纵、横坡是否顺适,有无严重的裂缝(龟裂、纵横裂缝)、坑槽、波浪、桥头跳车、防水层漏水。

②伸缩缝是否有异常变形、破损、脱落、漏水,是否造成明显的跳车。

③人行道构件、栏杆、护栏有无撞坏、断裂、错位、缺件、剥落、锈蚀等。

④桥面排水是否顺畅,泄水管是否完好、畅通、桥头排水沟功能是否完好,锥坡有无冲蚀、塌陷。

⑤桥上避雷装置是否完善,避雷系统性能是否良好。

⑥桥上的路用通信、供电线路及设备是否完好。

(2)钢筋混凝土和预应力混凝土桥梁的检查

①梁端头、底面是否损坏,箱型梁内是否有积水,通风是否良好。

②混凝土有无裂缝、渗水、表面风化、剥落、露筋和钢筋锈蚀,有无碱集料反应引起的整体龟裂现象,混凝土表面有无严重碳化。

③预应力钢束锚固区段混凝土有无开裂、沿预应力筋的混凝土表面有无纵向裂缝。

④梁(板)结构的跨中、支点及变截面处,悬臂端牛腿或中间铰部位,刚构的固结处和桁架节点部位,混凝土是否开裂、缺损和出现钢筋锈蚀。

⑤装配式桥梁应注意联结部位的缺损状况:组合梁的桥面板与梁的结合部位及预制桥面板之间的接头处混凝土有无开裂、渗水;横向联结构建是否开裂,连接钢板的焊缝有无锈蚀、断裂,边梁有无横移或外向倾斜。

(3)拱桥的检查

①主拱圈的拱板或拱肋是否开裂。钢筋混凝土拱有无露筋。圬工拱桥砌块有无压碎、局部掉块,砌缝有无脱离或脱落、渗水,表面有无苔藓、草木滋生,拱铰工作是否正常。空腹拱的小拱有无较大变形、开裂、错位,立墙或立柱有无倾斜、开裂。

②拱上立柱(或立墙)上下端、盖梁和横系梁的混凝土有无开裂、剥落和锈蚀。中、下承拱桥的吊杆上下锚固区的混凝土有无开裂、渗水,吊杆锚头附近有无锈蚀现象,外罩是否有裂纹,锚头夹片、楔块是否发生滑移,吊杆钢索有无断丝。采用型钢或钢管混凝土芯的劲性骨架拱桥,混凝土是否沿骨架出现纵向或横向裂缝。

③拱的侧墙与主拱圈间有无滑落,侧墙有无鼓突变形开裂,实腹拱上填料有无沉陷。肋拱桥的肋间横向联结是否开裂、表面剥落,钢筋外露、锈蚀等。

④双曲拱拱肋间横向联结拉杆是否松动或断裂,拱波与拱肋结合处是否开裂、脱开,拱波之间砂浆有无松散脱落,拱波顶是否开裂、渗水等。

⑤薄壳拱桥壳体纵向、横向及斜向是否出现裂缝及系杆是否开裂。

⑥系杆拱的系杆是否开裂,混凝土包裹的系杆是否锈蚀。

钢管混凝土拱桥裸露部分的钢管及构件检查参考钢桥检查有关内容,同时还应检查管内混凝土是否填充密实。

(4)钢桥的检查

①构件(特别是受压构件)是否扭曲变形、局部损伤。

②铆钉和螺栓有无松动、脱落或断裂,节点是否滑动、错裂。

③焊缝边缘(热影响区)有无裂纹或脱开。

④油漆层有无裂缝、起皮、脱落,构件有无锈蚀。

⑤钢箱梁封闭环境中的湿度是否符合要求,除湿设施是否工作正常。

(5)通道、跨线桥与高架桥的检查

通道、跨线桥与高架桥的结构检查同其他一般公路桥梁。通道结构检查时还应检查通道内有无积水、机械排水的泵站是否完好、排水系统是否畅通。跨线桥、高架桥结构检查时还应检查防抛网、隔音墙是否完好,通道、跨线桥与高架桥下的道面是否完好,有无非法占用情况等。

(6)悬索桥和斜拉桥检查

①检查索塔高程、塔柱的倾斜度、桥面高程及梁体纵向位移,注意是否有异常变位。

②检查索体振动频率、索力有无异常变化。

③主梁或加劲梁的检查,应按预应力混凝土及钢结构的相应要求进行。

④悬索桥的锚碇及锚杆有无异常的拔动;锚头、散索鞍有无锈蚀、破损;锚室(锚洞)有无开裂、变形、积水,温湿度是否符合要求。

⑤主缆、吊杆及斜拉索的表面封闭、防护是否完好,有无破损、老化。

⑥悬索桥的索鞍是否有异常的错位、卡死、辊轴歪斜,构件是否有锈蚀、破损,主缆索跨过索鞍部分是否有挤扁现象。

⑦悬索桥吊杆上端与主缆索的索夹是否有松动、移位和破损,下端与梁连接的螺栓有无松动。

⑧逐束检测索体是否开裂、鼓胀及变形,必要时可剥开护套检查索内干湿情况和钢索的锈蚀情况。检查后应做好保护套剥开处的防护处理工作。

⑨逐个检查锚具及周围混凝土的情况,检查锚具是否渗水、锈蚀,是否有锈水流出的痕迹,周围混凝土是否开裂。必要时可打开锚具后盖检查锚杯内是否积水、潮湿,防锈油是否结块、乳化失效,锚杯是否锈蚀。

⑩逐个检查索端出索处钢护筒,以及钢管及索套连接处的外观情况。检查钢护筒是否松动脱落、锈蚀、渗水,检查连接处钢护筒内防水垫圈是否老化失效,筒内是否潮湿积水。

(7)支座的检查

①支座组件是否完好、清洁,有无断裂、错位、脱空。

②活动支座是否灵活,实际位移量是否正常,固定支座的锚销是否完好。

③支座垫石是否有裂缝。

④简易支座的油毡是否老化、破裂或失效。

⑤橡胶支座是否老化、开裂,有无过大的剪切变形或压缩变形,各夹层钢板之间的橡胶层外凸是否均匀。

⑥四氟滑板支座是否脏污、老化,四氟乙烯板是否完好,橡胶块是否滑出钢板。

⑦盆式橡胶支座的固定螺栓是否剪断,螺母是否松动,钢盆外露部分是否锈蚀,防尘罩是否完好。

⑧组合式钢支座是否干涩、锈蚀,固定支座的锚栓是否紧固,销板或销钉是否完好。

⑨摆柱支座各组件相对位置是否准确,受力是否均匀。

⑩辊轴支座的辊轴是否出现不允许的爬动、歪斜。

⑪摆轴支座是否倾斜。

⑫钢筋混凝土摆柱支座的柱体有无混凝土脱皮、开裂、露筋,钢筋及钢板有无锈蚀。

(8)墩台与基础的检查

①墩台与基础有无滑动、倾斜、下沉或冻拔。

②台背填土有无沉降或挤压隆起。

③混凝土墩台及帽梁有无冻胀、风化、开裂、剥落、露筋等。

④石砌墩台有无砌块断裂、通缝脱开、变形,砌体泄水孔是否堵塞,防水层是否损坏。

⑤墩台顶面是否清洁,伸缩缝处是否漏水。

⑥基础下是否发生不允许的冲刷或掏空现象,扩大基础的地基有无侵蚀。桩基顶段在水位涨落、干湿交替变化处有无冲刷磨损、颈缩、露筋,有无环状冻裂,是否受到污水、咸水或生物的腐蚀。必要时对大桥、特大桥的渗水基础应派潜水员潜水检查。

(9)调治构造物的检查

调治构造物是否完好,功能是否适用,桥位段河床是否有明显的冲淤或漂浮物堵塞现象。

根据以上检测内容要求,公路改扩建前桥梁的具体检测内容如下:

①桥梁各部位外观变异及缺损情况(裂缝、剥落、析白、腐蚀、露筋等);

②桥梁构件混凝土强度;

③钢筋保护层厚度;

④混凝土碳化深度;

⑤钢筋锈蚀情况;

⑥动静载试验;

⑦混凝土电阻率检测。

3)检测时的工作方法及注意事项

①查阅历次检测报告和常规定期检测中提出的建议。

②根据常规定期检测中桥梁状况评定结果,进行结构构件检测。

③通过材料取样试验确认材料特性、退化的程度和退化的性质。

④分析确定退化的原因及对结构性能和耐久性的影响。

⑤对可能影响结构正常工作的构件,评价其在下一次检查之前的退化情况。

⑥检查桥梁的淤积、冲刷等现象,以及水位记录。

⑦必要时进行荷载试验和分析评估,桥梁的荷载试验和分析评估应按有关标准进行。

⑧通过综合检测评定,确定具有潜在退化可能的桥梁构件,提出相应的养护措施。

4)技术状况评定

根据以上检测内容,对桥梁整体状况进行评估,确定桥梁的完好状态等级,提出桥梁养护或加固建议。桥梁评定分为一般评定和适应性评定。

(1)一般评定

全桥的总体技术状况等级评定,宜采用考虑桥梁各部件权重的综合评定方法,也可按重要部件最差的缺损状况评定,或对照桥梁技术状况评定标准进行评定。

①桥梁各部件技术状况的评定方法如下:

a.根据缺损程度(大小、多少或轻重)、缺损对结构使用性能的影响程度(无、小、大)和缺损发展变化状况(趋向稳定、发展缓慢、发展较快)等三个方面,用累加评分方法对各部件缺损状况作出等级评定,评定方法见表1.6-1。

b.重要部件(如墩台与基础、上部承重构件、支座)以其中缺损最严重的构件评分;其他构件,根据多数构件缺损状况评分。

c.推荐的各部件权重见表1.6-2,各地区也可以根据本地区的环境条件和养护要求,采用专家评估法修订各部件的权重。

②桥梁技术状况评定等级分为一类~五类。桥梁总体及部件技术状况评定标准见表1.6-3。

桥梁部件缺损状况评定方法　　　　表1.6-1

缺损状况及标度			组合评定标准					
缺损程度及标度		程度	小→大 少→多 轻度→重度					
		标度	0	1	2			
缺损对结构使用功能的影响程度	无、不重要	0		0	1	2		
	小、次要	+1		1	2	3		
	大、重要	+2		2	3			
以上两项评定组合标度			0	1	2	3	4	
缺损发展变化状况的修正	趋向稳定	-1		0	1	2	3	
	发展缓慢	0		1	2	3	4	
	发展较快	+1	1	2	3	4	5	
最终评定结果			0	1	2	3	4	5
桥梁技术状况及分类			完好	良好	较好	较差	差的	危险
			一类	二类	三类	四类	五类	

注:1."0"表示完好状态,或表示没有设置的构造部件,当缺损程度标度为"0"时不再叠加。

2."5"表示危险状态,或表示原未设置,而调查表明需要补设的构件。

推荐的桥梁各部件权重及综合评定方法 表 1.6-2

部件	部件名称	权重 w_i	桥梁技术状况评定方法
1	翼墙、耳墙	1	1.综合评定采用下列公式： $$D_r = 100 - \sum_{i=1}^{n} \frac{R_i W_i}{5}$$ 式中：R_i—按表 1.6.1.2 方法对各部件确定的评定标度(0~5)； W_i—各部件权重，$\sum_{i=1}^{n} W_i = 100$； D_r—全桥结构技术状况评分(0~100)，评分高表示结构状况好，缺损少。 2.评定分类采用下列界限： $D_r \geq 88$，一类； $88 > D_r \geq 60$，二类； $60 > D_r \geq 40$，三类； $40 > D_r$，四类、五类； $D_r \geq 60$ 的桥梁，并不排除其中有评定标度 $R_i \geq 3$ 的部件，仍有维修的需要
2	锥坡、护坡	1	
3	桥台及基础	23	
4	桥墩及基础	24	
5	地基冲刷	8	
6	支座	3	
7	上部主要承重构件	20	
8	上部一般承重构件	5	
9	桥面铺装	1	
10	桥头与路堤连接部	3	
11	伸缩缝	3	
12	人行道	1	
13	栏杆、护栏	1	
14	灯具、标志	1	
15	排水设施	1	
16	调治构造物	3	
17	其他	1	

桥梁技术状况评定标准 表 1.6-3

等级	一类	二类	三类	四类	五类
总体评定	完好、良好状态 1.重要部件功能与材料均良好； 2.次要部件功能良好，材料有少量(3%以内)轻度缺损或污染； 3.承载能力和桥面行车条件符合设计指标	较好状态 1.重要部件功能良好，材料有局部(3%以内)轻度缺损或污染，裂缝宽小于限值； 2.次要部件有较多(10%以内)中等缺损或污染； 3.承载能力和桥面行车条件达到设计指标	较差状态 1.重要部件材料有较多(10%以内)中等缺损，裂缝宽超限值，或出现轻度功能性病害，但发展缓慢，尚能维持正常使用功能； 2.次要部件有较大量(10%~20%)严重缺损，功能降低，进一步恶化将不利于重要部件和影响正常交通； 3.承载能力比设计降低10%以内，桥面行车不舒适	差的状态 1.重要部件材料有大量(10%~20%)严重缺损，裂缝宽超出限值，风化、剥落、露筋、锈蚀严重，或出现轻度功能性病害，且发展较快，结构变形小于或等于规范值，功能明显降低； 2.次要部件有20%以上的严重缺损，失去应有功能； 3.承载能力比设计降低10%~25%	危险状态 1.重要部件出现严重的功能性病害，且有继续扩张现象，关键部位的部分材料达到承载极限，出现部分钢筋断裂、混凝土压碎或杆件失稳变形的破损现象，变形大于规范值，结构的强度、刚度、稳定性和动力响应不能达到平时交通安全通行的要求； 2.承载能力比设计降低25%以上

第1章 改扩建公路的预测评估及既有公路的评价

续上表

等级	一类	二类	三类	四类	五类
墩台与基础	1.桥台各部分完好；2.基础及地基状况良好	1.桥台基本完好；2.3%以内的表面有风化、麻面、短细裂缝，缝宽小于限值，砌体灰缝脱落；3.表面有青苔、杂草；4.基础无冲蚀现象	1.墩台3%～10%的表面有各种缺陷，裂缝宽超出限值，有风化、剥落、露筋、锈蚀现象，砌体灰缝脱落，局部变形等；2.出现轻微的下沉、倾斜、滑动等现象，发展缓慢或趋向稳定；3.基础有局部冲蚀现象，桩基顶段被磨损	1.墩台10%～20%的表面有各种缺陷，裂缝宽而密，剥落、露筋、锈蚀严重，砌体大面积松动、变形。2.墩台出现下沉、倾斜、滑动、冻拔现象，变形小于或等于规范值。台背土有沉降裂缝或挤压隆起，变形发展较快。3.基础冲刷深度大于设计值，基础冲空面积在10%～20%以内。桩基础顶段被侵蚀、缩颈，或有环状冻裂，木桩腐蚀、蛀蚀严重	1.墩台不稳定，下沉、倾斜、滑动、冻拔现象严重，变形大于规范值，造成上部结构和桥面变形过大，不能正常行车；2.墩台、桩基出现结构性裂缝，裂缝宽度超过限值；3.基底冲刷深度大于设计值，冲空面积达20%以上，地基承载力降低，桥台岸坡滑移
支座	1.各部件清洁完好，位置正确；2.支座工作状态正常	1.支座有尘土堆积，略有腐蚀；2.支座滑动面干涩	1.钢支座固定螺栓松动，锈蚀严重；2.橡胶支座开始老化；3.混凝土支座有剥落、露筋、锈蚀现象	1.钢支座的组件出现断裂；2.橡胶支座老化开裂；3.混凝土支座碎裂；4.活动支座坏死，不能活动；5.支座上下错位过大，有倾斜脱落的危险	支座错位、变形、破损严重，已失去正常支承功能，使上下部结构受到异常约束，造成支承部位的缺损和桥面的不平顺
砖、石、混凝土上部结构	1.结构完好，无渗水、无污染；2.次要部位有少量短细裂纹，裂纹宽度小于限值	1.结构基本完好；2.3%以内的表面有风化、麻面、短细裂缝，缝宽小于限值，砌体灰缝脱落；3.上下游侧表面有水迹污染，砌体滋生杂草	1.结构3%～10%的表面有各种缺损，缝宽超限值。有风化、剥落、露筋、锈蚀、桥面板裂缝渗水。2.石砌拱桥砌体灰缝脱落，局部松动、外鼓。3.横向联结件断裂、脱焊或松动，边梁或边拱肋有横移或外倾迹象	1.结构10%～20%的表面有各种缺损，重点部位出现接近全截面的开裂，裂缝宽超限值顺主筋方向有纵向裂缝，钢筋锈蚀和混凝土剥落严重，桥面开裂渗水严重砌体有较大松动、变形。2.结构存在明显的永久变形，变形小于或等于规范值，桥面竖向呈波形	1.结构永久变形大于规范值；2.重点部位出现大截面开裂，裂缝宽度超过限值，部分钢筋屈服或断裂，混凝土压碎，主拱圈出现四铰，成不稳定结构；3.承载能力比设计降低25%以上

— 81 —

续上表

等级	一类	二类	三类	四类	五类
钢结构	1.各部件及焊缝均完好; 2.各节点铆钉、螺栓无松动; 3.各部分油漆均匀、完整、色泽鲜明	1.各部件完好,焊缝无开焊; 2.少数节点有个别铆钉、螺栓松动变形; 3.油漆变色、起泡剥落、面积在10%以内	1.个别次要构件有局部变形,焊缝有裂纹; 2.联结铆钉、螺栓损坏在10%以内; 3.油漆失效面积在10%~20%之间	1.个别主要构件有扭曲变形、损伤裂纹、开裂、严重锈蚀; 2.联结铆钉、螺栓损坏在10%~20%之间; 3.油漆失效面积在20%以上	1.主要构件有严重扭曲变形、开焊、锈蚀虚弱面10%以上,钢材变质、强度性能恶化,油漆失效面积在50%以上; 2.节点板及联结铆钉、螺栓损坏在20%以上; 3.结构永久变形大于规范值; 4.结构振动或摆动过大,行车和行人有不安全感
人行栏杆	完整清洁、无松动、少数构件局部有细裂纹、麻面	个别构件破损、脱落,3%以内构件有松动、开裂、剥落和污染	10%以内构件有松动、开裂、剥落露筋、锈蚀、破损、脱落	10%~20%构件严重损坏、错位、变形、脱落、残缺	
桥面铺装、伸缩缝	1.铺装层完好、平整、清洁、或有个别细裂缝; 2.防水层完好、泄水管完好、清洁; 3.伸缩缝完好、清洁; 4.桥头平顺,无跳车现象	1.铺装层10%以内的表面有纵横裂缝、浅坑槽、波浪; 2.防水层基本完好、泄水管堵塞、周围渗水; 3.伸缩缝局部破损; 4.桥头轻度跳车,台背路面下沉在2cm以内	1.铺装层10%~20%的表面有严重的龟裂、深坑槽、波浪; 2.桥面板接缝处防水层断裂渗水,泄水管破损、脱落; 3.伸缩缝普遍缺损; 4.桥头跳车明显,台背路面下沉在2~5cm	1.铺装层20%以上表面有严重的破损,桥面普遍坑洼不平、积水; 2.防水层老化失效、普遍断裂、渗水,泄水管脱落、泄水孔堵塞; 3.伸缩缝严重破损、失效,难以修补; 4.桥头跳车严重,台背路面下沉大于5cm	
调治构造	1.构造物设置合理、功能正常; 2.构造物完好	1.构造物功能基本正常; 2.构造物局部断裂,砌体松动、变形	1.构造物本身抗洪能力不足,基础局部冲蚀; 2.构造物20%以内出现下沉、倾斜、局部坍塌	1.构造物本身抗洪能力太低,基础冲蚀严重; 2.构造物20%以上被破坏,局部丧失功能或功能下降	

续上表

等级	一类	二类	三类	四类	五类
翼(耳)墙、锥(护)坡	1.翼(耳)墙完好无损，清洁；2.锥(护)坡完好，无垃圾堆积，无草木滋生；3.桥头排水沟和行人台阶完好	1.翼(耳)墙出现个别裂缝，缝宽小于限值，局部剥落，面积在10%以内；2.锥(护)坡局部塌陷，铺砌缺损，垃圾堆积，草木丛生；3.桥头排水沟堵塞不畅通，行人台阶局部塌落	1.翼墙断裂与桥台前墙脱开，但无明显外倾、下沉、砌体灰缝脱落，局部松动外鼓，面积小于20%；2.锥(护)坡出现大面积塌陷，铺砌缺损，形成冲沟或积水坑，坡脚有局部冲蚀；3.桥头排水沟和行人台阶损坏，功能降低	1.翼墙断裂、下沉、外倾失稳，砌体变形，部分严重倒塌；2.锥(护)坡体和坡脚冲蚀严重，有滑移、坍塌，坡顶下降较大，作用明显减小；3.桥头排水沟和行人台阶全部损坏，几乎消失	
照明、标志、附属设施	完好无缺，布置合理	照明灯泡坏，灯柱锈蚀，标志不正、脱落，附属设施基本完好	灯柱歪斜不正，灯具损坏，标志倾斜损坏，附属设施需保养维修	照明线老化、断裂或短路，灯柱、灯具残缺不齐，标志损失严重，附属设施需维修与更换	

③梁、拱、墩台裂缝限值规定见表1.6-4。裂缝超过此表所列数值时应进行修补或加固，以保证结构的耐久性。

梁、拱、墩台裂缝限值　　　　表1.6-4

结构类型	裂缝种类	允许最大缝宽（mm）	其他要求
钢筋混凝土梁	主筋附近竖向裂缝	0.25	
	腹板斜向裂缝	0.30	
	组合梁结合面	0.50	不允许贯通结合面
	横隔板与梁体端部	0.30	
	支座垫石	0.50	
预应力混凝土梁	梁体竖向裂缝	不允许	
	梁体纵向裂缝	0.20	
砖、石、混凝土拱	拱圈横向	0.30	裂缝高度小于截面高度一半
	拱圈纵向	0.50	裂缝长度小于跨径的1/8
	拱波与拱肋结合处	0.20	

续上表

结构类型	裂缝种类		允许最大缝宽（mm）	其他要求
墩台	墩台帽		0.30	不允许贯通墩身截面一半
	墩台身	经常受浸蚀性水影响 有筋	0.20	
		经常受浸蚀性水影响 无筋	0.30	
		常年有水，但无浸蚀性水影响 有筋	0.25	
		常年有水，但无浸蚀性水影响 无筋	0.35	
	干沟或季节性有水河流		0.40	
	有冻结作用部分		0.20	

注：表中缩裂除特指外适用于一般条件。对于潮湿环境和空气中含有较强腐蚀性气体条件下的缝宽限制应要求严格一些。预应力混凝土梁属于部分预应力 A 类结构。

(2) 桥梁的适应性评定

①对桥梁承载能力、通行能力评定一般采用现行荷载标准及交通量，也可以考虑使用预期交通量，具体评定方法见《公路桥梁承载能力检测评定规程》(JTG/T J21—2011)。

②防洪能力评定的具体要求。桥梁的抗洪能力评定根据桥长及孔径大小、桥(孔)位置、桥下净空、基础埋深、墩台病害等情况，将公路桥梁的抗洪能力划分为强、可、弱、差四个等级。现场检查和测量后，按公路桥梁既有的技术等级进行验算评定，其标准见表 1.6-5。

桥梁抗洪能力评定标准   表 1.6-5

等级	评定标准
强	1.桥下实际过水面积满足设计要求，桥下净空符合规定。 2.桥(孔)位置合适，调治结构物设置合理、齐全，河床稳定。 3.基础埋深足够，基底埋深安全值满足要求，浅基础已做防护，防护周边的冲刷深度小于设计冲刷深度。 4.墩台无明显冲蚀、剥落
可	1.桥下实际过水面积基本满足设计要求，河道压缩小于 10%；上部结构底面高程与设计水位相同。 2.桥(孔)位置略有偏置，设置了调治构造物，调治构造物有局部缺损，河床基本稳定。 3.基础埋深基本满足要求，基底埋深安全值满足规定的 60%；浅基础防护基本完好。 4.墩台有冲蚀、剥落，面积小于规定的 10%
弱	1.桥下实际过水面积大于设计的 80%，不满足设计要求或河道压缩小于 20%；上部结构底面高程基本与设计水位相同。 2.桥(孔)位置略有偏置，调治构造物不齐或有较大损坏。 3.基础埋深安全值较低，在规定的 30%~60% 以内；浅基础防护有破损。 4.墩台冲蚀、剥落的面积超过规定的 10%，有露筋及钢筋锈蚀
差	1.桥下实际过水面积小于设计的 80%，或河道压缩超过 20%；上部结构底面高程低于设计水位。 2.桥(孔)偏置，应设而未设调治构造物，或调治构造物有严重损坏。 3.基础埋深不够，基底埋深安全值在规定的 30% 以下；浅基础未做防护或防护被冲面积在 20% 以上。 4.墩台冲蚀、剥落严重，面积超过规定的 20%，桩顶外露或有缩颈，墩台砌体松动、脱落或变形，露筋及钢筋锈蚀严重

应向当地水文部门收集洪水等水文资料,或向沿河居民进行调查,了解水文状况和河流对桥梁的危害。防洪能力评定及水文观测资料作为桥梁改扩建方案确定的依据。

5)检测方法

(1)结构外观变异状况及缺损

现场检测以目测为主,并配备照相机、裂缝观测仪、探察工具及现场辅助器材等必要的测量仪器。对于主要的受力结构,查明混凝土表面是否有蜂窝、麻面、白斑,混凝土保护层是否胀裂、剥落,主筋有无外露、锈蚀等情况,综合描绘出桥梁的外观。重点检查桥梁上、下部结构混凝土裂缝分布及开展情况。查明裂缝的分布位置、宽度、深度、裂缝方向等。

外观检查还包括对桥面系铺装、栏杆、防撞护栏、地袱、伸缩缝、排水管、支座、抗震设施等桥梁附属构筑物的破损、使用功能的逐一检查。

(2)混凝土强度

依据《回弹法检测混凝土抗压强度技术规程》(JGJ/T 23—2011)进行回弹法检测。根据统一测强曲线求出混凝土强度,并进行判定。

(3)钢筋位置及保护层厚度

钢筋位置和混凝土保护层厚度检测采用电磁检测的无损检测方法,利用钢筋定位仪实测主要承重构件或主要受力部位的钢筋位置及混凝土保护层厚度。

(4)混凝土碳化深度

混凝土碳化深度检测采用酚酞试剂滴定法。

(5)钢筋锈蚀程度

钢筋锈蚀程度的检测可采用电化学检测方法:通过钢筋锈蚀区的电位变化,用半电池法进行检测。

6)技术状况评估

技术状况评估方法采用先部位后综合的方法。技术状况评估内容包括桥面系、上部结构、下部结构和全桥的评估。根据桥梁状况指数、桥梁结构混凝土强度、钢筋锈蚀情况、碳化深度、保护层厚度,最终确定桥梁安全等级。

1.6.2 涵洞的检测与评价

根据《公路桥涵养护规范》(JTG H11—2004),涵洞主要检查内容包括:

①检查涵洞的过水能力,包括涵洞的位置是否适当,孔径是否足够,涵底纵坡是否合适。若过水能力明显不足,经常造成内涝及路基损毁的应考虑进行改造。

②进水口铺砌、翼墙、护坡、挡水墙、沉砂井等是否完整,洞口连接是否平整、顺适。

③出水口铺砌、翼墙、护坡、挡水墙等是否完整,排水是否顺畅。

④涵体侧墙是否渗漏水、开裂、变形或倾斜,墙身砌体砂浆是否脱落,石块是否松动,基础是否被冲刷掏空。

⑤涵身顶部盖板或拱顶是否开裂、漏水、变形下挠,拱顶砌块是否松动、脱落。

⑥涵底是否淤塞阻水,涵底铺砌是否完整。

⑦洞口附近填土是否有渗水、冲刷、空洞,填土是否稳定。

⑧涵洞顶路面是否开裂、下沉,行车是否安全。

1.7 改造前隧道的技术状况评价

1)公路隧道技术状况评定内容和程序

公路隧道技术状况评定内容包括隧道土建结构、机电设施、其他工程设施和总体评定。公路隧道技术状态评定采用综合评定与5类隧道单向控制指标相结合的方法,先对隧道各检测项目进行评定,然后对隧道土建结构、机电设施、其他工程设施分别进行评定,最后进行隧道总体技术状态评定,评定指标如图1.7-1所示。

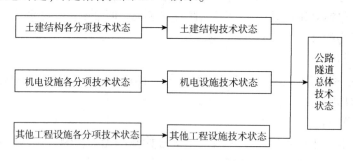

图1.7-1 公路隧道技术状况评定指标

2)公路隧道技术状况评定等级

(1)公路隧道总体技术状况评定等级分为1~5类,见表1.7-1。

公路隧道总体技术状况评定等级 表1.7-1

评定等级	隧道总体技术状况描述
1类	优良状态。无异常情况,或虽有异常情况,但非常轻微
2类	轻微破坏状态。存在轻微破坏,现阶段趋于稳定,总体对交通安全不会产生影响,但应进行必要的监测或观测
3类	一般状态。存在破坏,发展缓慢,可能会危及行人、行车安全,应准备采取措施
4类	严重破损。存在较严重破坏,发展较快,将会危及行人、行车安全,应尽早采取措施
5类	危险状态。存在严重破坏,发展迅速,已危及行人、行车安全,必须立即采取紧急措施,及时关闭交通

(2)隧道总体技术状况评分,按式(1.7-1)计算。

$$CI = (JGCI \times W_{JG} + JDCI \times W_{JD} + QTCI \times W_{QT}) / \sum W \qquad (1.7\text{-}1)$$

式中:CI——隧道总体技术状况评分,值域为0~100分;

JGCI——隧道结构技术状况评分,值域为0~100分;

JDCI——机电设施技术状况评分,值域为0~100分;

QTCI——其他设施技术状况评分,值域为0~100分;

W_{JG}——隧道土建结构在总体中的权重,按表1.7-2取值;

W_{JD}——机电设施在总体中的权重,按表1.7-2取值;

W_{QT}——其他工程设施在总体中的权重,按表1.7-2取值。

第1章 改扩建公路的预测评估及既有公路的评价

隧道各分项权重值 表1.7-2

分 项	权 重	分 项	权 重
土建结构	13	其他工程设施	2
机电设施	5		

（3）隧道技术状况等级界限值按表1.7-3规定执行。

隧道技术状况等级界限值 表1.7-3

技术状况评分	隧道技术状况等级				
	1类	2类	3类	4类	5类
CI	≥90	≥80，<90	≥70，<80	≥60，<70	<60

注：1. 总体技术状况评定时，当主要项目的评分达到4类或5类时，可按照主要项目最差的技术状态评定。

2. 在公路隧道技术状况评价中，有下列情况之一时，整座隧道应评为5类隧道：
①隧道洞口边仰坡不稳定，出现严重的边坡滑动、落石等现象；
②隧道洞门结构大范围开裂、砌体断裂、脱落现象严重；
③隧道衬砌结构大范围开裂，深度大于衬砌混凝土厚度，或地下水大规模涌流、喷射；
④隧道衬砌结构发生明显的永久变形；
⑤隧道路面发生严重隆起，路面板严重错台、断裂，出现涌泥砂等现象；
⑥隧道洞顶预埋件严重锈蚀、断裂，各种桥架和挂件出现严重变形、脱落。

3）检查项目

检查宜采用隧道安全监测、日常检查、定期检查、技术资料和档案资料，并结合改扩建前的检查情况进行。改扩建前的检查宜采用步行目视方式和专项测试，配备必要的检查工具或设备进行。检查时，尽量靠近结构，依次检查各个结构部位，注意发现异常情况和既有异常情况的发展变化。目视检查的内容见表1.7-4，专项测试的检查项目见表1.7-5。

目视检查的内容 表1.7-4

项目名称	目视检查内容
洞口	山体有无滑坡、岩石有无崩塌的征兆；边坡、碎落台、护坡道等有无缺口、冲沟、潜流涌水、沉陷、塌落等
	护坡、挡土墙有无裂缝、断裂、倾斜、鼓肚、滑动、下沉或表面风化、泄水孔堵塞、墙后积水、周围地基错台、空隙等
洞门	墙身有无开裂、裂缝
	结构有无倾斜、沉陷、断裂
	洞门与洞身连接处有无明显的环向裂缝、有无外倾趋势
	混凝土有无起层、剥落，钢筋有无外露、锈蚀
衬砌	衬砌有无裂隙、剥落
	衬砌表层有无起层、剥落
	墙身施工缝有无开裂、错位
	洞顶有无渗漏水、挂冰
路面	路面有无塌（散）落、油污、滞水、结冰或堆冰等；路面有无拱起、沉陷、错台、开裂、溜滑
检修道	道路有无毁坏、盖板有无缺损；栏杆有无变形、锈蚀、破损等

续上表

项目名称	目视检查内容
排水系统	结构有无破损,中央窨井盖、边沟盖板等是否完好,沟管有无开裂、漏水;排水沟(管)、积水井等有无淤积堵塞、沉沙、滞水、结冰等
吊顶	吊顶板有无变形、破损;吊杆是否完好等;有无漏水(挂冰)
内装	表面有无脏污、缺损,装饰板有无变形、破损等
交通标志、标线	交通标志、标线是否完好,表面有无脏污

专项测试的检查项目　　　　　　　　　　　　　　　　　　　　表1.7-5

检查项目		专项测试检查内容
结构变形检查	道路线形、高程	道路中线位置、路面高度、缘石高度及纵、横坡度等测量
	隧道横断面	隧道横断面测量,周围内壁位移测量(与相邻或完好断面比较)
	净空变化	隧道内壁间距测量(自身变化比较)
裂缝检查	裂缝调查	裂缝的位置、宽度、长度、开展范围或程度等
	裂缝监测	裂缝的发展变化趋势及其速度;裂缝的方向及深度等
漏水检查	漏水调查	漏水的位置、水量、浑浊、冻结及既有排水系统的状态等
	漏水检测	水温、pH值检查、电导度检测、水质化学分析
	排水系统	涌堵、破损情况
材质检查	衬砌强度	强度简易测定,进行钻孔取芯,各种强度试验等
	衬砌表面病害	起层、剥落、蜂窝、麻面、孔洞、露筋等
	混凝土碳化深度	采用酚酞液检查混凝土的碳化深度
衬砌及围岩状况检查	无损检查	无损检测衬砌厚度、空洞、裂缝和渗漏水等,以及钢筋、钢拱架、衬砌配筋位置和保护层厚度、围岩状况、仰拱充填密实及其岩溶发育情况
	钻孔检查	钻孔测定衬砌厚度等,内窥镜观测衬砌及围岩内部状况
荷载状况检查	衬砌应力及拱背压力	衬砌不同部位的应力及其变化、拱背压力的分布及其变化
	水压力	地下水丰富的隧道水压力检查,检查衬砌背后水压力大小、分布及变化规律

4)结构技术状态评定标准

隧道土建结构技术状况评分计算方法,在对破损程度、破损发展趋势、对行人车辆及结构安全影响四方面的检查结果基础上,通过分项和结构综合评分计算,利用评分结果评价隧道结构状态,宜按表1.7-6的规定,分5类评定。

隧道土建结构技术状况评定标准　　　　　　　　　　　　　　　　表1.7-6

评定标度	检查结论
1类	结构完好,无异常,或虽有异常情况,但非常轻微
2类	结构存在轻微破坏状态,现阶段对行人、行车安全不会有影响,但应进行必要的监测或观测
3类	结构存在破坏,可能会危及行人、行车安全,应准备采取措施

续上表

评定标度	检查结论
4类	结构存在较严重破损,将会危及行人、行车安全,应尽早采取措施
5类	结构存在严重破坏,已危及行人、行车安全,必须立即采取紧急措施,及时关闭交通

(1)结构技术状况评分计算公式:

$$JGCI = \frac{\sum_{i=1}^{n} JGCI_i \times w_i}{\sum_{i=1}^{n} w_i} \tag{1.7-2}$$

式中:w_i——分项检查权重;
$JGCI_i$——分项检查结果评分,值域0~100分。

(2)分项检查结果评分计算公式:

$$JGCI_i = 100 - \max(JGCI_{ij}) \tag{1.7-3}$$

式中:$JGCI_{ij}$——各分项检查段落检测标度的扣分值;
j——检查段落号,按实际分段数量取值;分项检测标度扣分值按照表1.7-7规定取值。

分项检测标度扣分值　　表1.7-7

标度值	1	2	3	4	5
扣分值	0	10	20	40	60

(3)隧道结构各分项权重按表1.7-8取值,也可以根据本隧道的环境条件和养护要求,采用专家评估法修订各项权重值。

隧道结构各分项权重值　　表1.7-8

项目	分项	分项权重 w_i	项目	分项	分项权重 w_i
洞口	边仰坡稳定	3	路面	路面	8
洞口	支护结构	3	附属设施	检修道	2
洞口	排水设施	3	附属设施	排水设施	3
洞门	洞门结构	3	附属设施	内装	1
衬砌	衬砌破损	10	附属设施	吊顶	1
衬砌	材料劣化	8	附属设施	交通标志、标线	1
衬砌	渗漏水	8			

(4)隧道技术状况等级界限值宜按表1.7-9规定执行。

隧道技术状况等级界限值　　表1.7-9

技术状况评分	隧道技术状况等级				
	1类	2类	3类	4类	5类
JGCI	≥90	≥80,<90	≥70,<80	≥60,<70	<60

（5）隧道口边仰坡、洞口支挡结构、洞口排水设施、洞门、衬砌结构断裂、衬砌结构材料劣化、衬砌渗漏水、路面、检修道、排水设施、吊顶、内装、交通标志标线标准应按表 1.7-10～表 1.7-22 的规定执行。

隧道口边仰坡技术状况评定标准　　表 1.7-10

标度	评定标准
1	完好，无破坏现象
2	地表有小裂缝产生，坡面潮湿
3	坡面树木或电线杆轻微倾斜；地表裂缝发育，存在落石、积水、积雪隐患
4	坡面树木或电线杆倾斜；地表产生张裂缝；土石零星掉落；坡面渗水
5	坡面树木或电线杆倾斜；地表张裂缝贯穿坡面；地表滑移；土石崩落；坡面流水

隧道洞口支挡结构技术状况评定标准　　表 1.7-11

标度	评定标准	定量描述
1	支挡结构完好	
2	锚杆锚固端轻微开裂剥落；坡面喷浆或混凝土格梁轻微开裂；挡土墙或卵（块）石护坡轻微外凸，墙角和坡面有少量土石	
3	锚杆锚固端松脱，锚杆外露、锈蚀；坡面喷浆或混凝土格梁轻微开裂明显；挡土墙或卵（块）石护坡开裂外凸，墙角和坡面有土石堆积	挡墙倾斜、鼓胀、移位、下沉小于20mm，开裂小于10mm
4	锚杆松脱，锈蚀严重；坡面喷浆或混凝土格梁严重开裂、剥落；挡土墙或卵（块）石护坡开裂错动	挡墙倾斜、鼓胀、移位、下沉大于20mm，开裂大于10mm
5	锚杆完全失效；坡面喷浆或混凝土格梁大面积剥落；挡土墙或卵（块）石护坡倾倒	

隧道洞口排水设施评定标准　　表 1.7-12

标度	评定标准
1	排水设施（明渠、截水沟、排水孔等）完好，功能正常
2	洞口排水设施存在轻微破坏，坡面潮湿
3	洞口排水工程存在一定程度裂损，部分淤塞
4	排水工程堵塞、破坏，排水功能基本失效
5	排水工程完全淤塞，失去功能

隧道洞门结构评定标准　　表 1.7-13

标度	评定标准
1	完好
2	结构轻微开裂、起层
3	结构局部开裂、轻微倾斜、沉陷、错台，侧墙出现起层、剥落；尚未妨碍交通
4	结构开裂、倾斜、沉陷、错台、起层、剥落，壁面渗水（挂冰）；将会妨碍交通
5	拱部及其附近部位出现掉落；结构倾倒、垮塌；存在喷水或大面积挂冰等，已妨碍交通

衬砌结构裂损评定标准

表 1.7-14

标度	评定标准	定量描述
1	结构无裂损、变形和衬砌背后空洞	
2	出现变形和裂缝,但无发展或已停止发展	裂缝宽度发展速率 $v<1$mm/a,且 $l_s\leq3$, $b_s\leq5$;$l_n<10$, $b_n<3$;结构变形量小于5mm
3	出现变形和裂缝,裂缝宽度发展缓慢,衬砌背后存在空洞	裂缝宽度发展速率 3mm/a$\leq v<10$mm/a,且 $l_s\leq3$, $b_s\leq10$;$l_n<10$, $b_n<10$;衬砌背后空洞宽度小于1m,深度小于1m;结构变形量超过1cm
4	出现变形,裂缝密集,侧墙衬砌压裂导致起层、剥落,拱部背后存在大空洞,上部有落石可能,或衬砌结构侵入原结构内轮廓界限	裂缝宽度发展速率 3mm/a$\leq v<10$mm/a,且 $l_s\leq3$, $b_s\leq10$;$l_n<10$, $b_n<10$;衬砌背后空洞宽度大于1m,或深度大于2m;结构变形量超过2cm
5	出现变形,裂缝密集,出现剪切性裂缝;拱顶开裂导致掉块,拱部背后围岩已失稳、落石,且衬砌厚度不足,衬砌结构侵入建筑界限	裂缝宽度发展较快或发展速率 $v\geq10$mm/a,且 $l_s>10$, $b_s>3$;$l_n>10$, $b_n>5$;衬砌背后空洞宽度大于1m,空洞宽度大于2m,或深度大于1.5m;结构变形量超过5cm

注:确定裂缝发展时,则裂缝长度 l_s(m)、裂缝宽度 b_s(mm);不确定裂缝发展时,则裂缝长度 l_n(m)、裂缝宽度 b_n(mm)。

衬砌结构材料劣化评定标准

表 1.7-15

标度	评定标准	定量描述
1	无劣化	
2	存在材料劣化,钢筋表面局部锈蚀,但衬砌无起层、剥落可能性,对断面强度几乎无影响	侧墙衬砌劣化程度大于2/3,或满足90%以上测区混凝土检测强度不小于衬砌结构混凝土设计强度,且最低值不得低于设计强度的80%
3	存在劣化明显化,钢筋表面全部生锈、腐蚀,断面强度有所下降	侧墙衬砌劣化程度介于1/2~2/3,拱部衬砌劣化程度大于2/3,或满足80%以上测区混凝土检测强度不小于衬砌结构混凝土设计强度,且最低值不得低于设计强度的70%
4	材料劣化严重,钢筋断面因锈蚀而明显减小,断面强度有相当程度的下降;侧墙混凝土起层、剥落、掉块	侧墙衬砌劣化程度(等效厚度)小于1/2,拱部衬砌劣化程度(等效厚度)大于1/2~2/3,或满足75%以上测区混凝土检测强度不小于衬砌结构混凝土设计强度,且最低值不得低于设计强度的70%
5	材料劣化非常严重,断面强度明显下降;拱部混凝土起层、剥落、掉块	拱部衬砌劣化程度(等效厚度)小于1/2~2/3,或满足70%以上测区混凝土检测强度不小于衬砌结构混凝土设计强度,且最低值不得低于设计强度的60%

衬砌渗漏水评定标准

表 1.7-16

标度	评定标准	定量描述
1	无渗漏水	
2	衬砌表面有浸渗,对行车无影响	单位出水量<0.1L/(min·m)

续上表

标度	评定标准	定量描述
3	衬砌表面有滴漏,侧墙有涌流,路面可能积水,不久可能影响行车安全	单位出水量 0.1~1L/(min·m)
4	拱部有涌流、侧墙有喷射水流,路面积水,砂土流出,衬砌挂冰,影响行车安全	单位出水量 0.1~1L/(min·m)
5	衬砌拱部有喷射水流,路面积水严重,伴有严重的沙土流出和衬砌挂冰,严重影响行车安全	单位出水量>10L/(min·m)或水压>0.1MPa

隧道路面评定标准　　　　　　　　　　　　　　　　　　表 1.7-17

标度	评定标准	定量描述
1	路面完好	
2	路面有浸湿、轻微裂缝、落物等,尚未引起使用者不舒适感	
3	路面有微小沉陷、隆起、积水,引起使用者轻微不舒适感,可能会影响行车安全	路面变形量>2cm,路面有少量积水
4	路面沉陷或隆起、积水严重,引起使用者明显的不舒适感,影响行车安全	路面变形量>5cm,积水面积>50m²或积水深度>5cm
5	路面明显的沉陷或隆起、积水严重,路肩变形,严重影响交通安全,可能导致交通意外事故	路面变形量>10cm,积水面积>100m²或积水深度>10cm

检修道评定标准　　　　　　　　　　　　　　　　　　表 1.7-18

标度	评定标准	定量描述
1	护栏、路缘石及检修道面板均完好	
2	护栏变形,路缘石或检修道面板少量缺角、缺损,金属有局部锈蚀,尚未影响其使用性能	
3	护栏变形损坏、螺栓松动、扭曲,金属表面锈蚀,部分路缘石或检修道面板缺损、开裂,可能会影响交通安全	护栏、面板、路缘石缺失率>10%
4	护栏扭曲明显,金属锈蚀严重,路缘石或检修道面板缺损、开裂或缺失较为普遍,部分功能丧失,影响行车安全	护栏、面板、路缘石缺失率>30%
5	护栏倒伏、严重损坏、侵入限界,路缘石或检修道面板缺损、开裂或缺失严重,既有功能丧失,严重影响行车安全	护栏、面板、路缘石缺失率>50%

排水设施评定标准　　　　　　　　　　　　　　　　　　表 1.7-19

标度	评定标准
1	排水设施完好,排水功能正常
2	排水设施有淤积,但排水功能正常
3	排水设施部分淤积,结构有轻微破损,但排水仍具有功能,可能会影响交通安全
4	排水设施阻塞严重,路面出现溢水、结冰,结构有破损,会影响行车安全
5	排水设施完全堵塞,路面积水漫流,结冰严重,结构破损严重,严重影响行车安全

第1章 改扩建公路的预测评估及既有公路的评价

吊顶评定标准 表1.7-20

标度	评 定 标 准
1	吊顶完好
2	存在轻微破损、浸水,尚未妨碍交通
3	部分吊顶破损、开裂、滴水,可能会影响交通安全
4	部分吊顶破损、开裂、线状漏水(挂冰),会影响交通安全
5	吊顶破损、开裂甚至掉落,严重漏水、挂冰,严重影响交通安全

内装评定标准 表1.7-21

标度	评 定 标 准	定 量 描 述
1	内装完好	
2	存在轻微破损、脏污,尚未妨碍交通	
3	部分装饰板或瓷砖破损、开裂,可能会影响交通安全	超过检查段落的10%
4	部分装饰板或瓷砖脱落,影响交通安全	超过检查段落的20%
5	大规模内装板变形、破损和脱落,严重影响交通安全	超过检查段落的30%

交通标志、标线评定标准 表1.7-22

标度	评 定 标 准	定 量 描 述
1	完好	
2	存在脏污、不完整,尚未妨碍交通	
3	存在脏污、部分缺失,可能会影响交通安全	超过检查段落的10%
4	大部分存在脏污、缺失,影响交通安全	超过检查段落的20%
5	基本缺失,严重影响交通安全	超过检查段落的30%

注:当变形呈加速趋势时,宜将判定结果升高一级。

5)评价报告内容

检查评审完后,应提出检查评价报告,内容包括:

①检查的时间、主要内容、过程、检查项目、检查方法;

②对各结构的技术状况和功能状态的评价,破损原因、范围和程度;

③对隧道在公路改扩建中利用的可能性和可行性;

④如果利用旧隧道,是否应进行处理,以及处理的方法和措施。

1.8 改造前公路安全评价

公路存在安全问题是一些公路项目进行改扩建的原因,或者是某些路段进行改扩建的原因。为此,在公路改扩建前对既有公路进行安全性评估是公路改扩建的一项主要工作。

对既有公路进行安全性评价主要评价内容为:既有公路线形设计指标的符合性评价、事故多发路段分析评价、运行速度检验评价等。既有公路线形设计指标的符合性评价重点检验其平面半径、超高设置、纵坡、竖曲线、视距设置、平、纵组合等技术指标是否满足公路扩建后的技术标准;事故多发路段分析评价主要是通过数理统计方法,评价既有公路的运营安全，分析事故多发原因，提出对策、措施；运行速度检验评价则主要检验设计速度与采用的技术指标的协调性和适应性。

对于影响路线行车安全的线形不良路段（包括平、纵面以及平、纵面线形组合等），应严格控制，彻底改善，并采用货车停车视距对特殊困难路段进行检验。

对于有连续长、大坡的路段，公路改扩建时应进行运行速度检验，尽量提高其运营的安全性。方案设计时可考虑利用既有公路作为上行线，另新建半幅作为下行线，对爬坡车道、应急避险车道的设置进行研究，并进行多方案比选。

传统的宏观道路安全评价方法可归纳为相对事故率法、时间序列法、回归分析法、综合事故率法、综合评价法；传统的路网及路段交通安全评价方法可归纳为绝对值法、矩阵法、预测法、TCT法等。

国内外关于道路条件与交通安全的研究方法大致可以归纳划分为两类：直接分析类、间接分析类。直接分析类所采用的研究方法主要包括专家经验法、事故率系数法、多元回归法；间接分析类主要采用速度中介法等。

对公路安全影响分析的方法主要分为事前型和事后型。事后型主要针对建成通车的公路进行安全考察及评价工作，累计统计一定时段内发生的事故数据，鉴定事故多发点，挖掘事故发生的原因，采取相应的改善和整治措施。事前型是从道路的规划、设计和建设时期开始对公路的交通安全特性进行研究，防患于未然，不是简单地根据事故累计数据来确定安全水平，而是从深层次的安全机理方面找原因，属于事前预测型。

1.8.1 美国交互式道路安全设计模型介绍

1.8.1.1 IHSDM 系统

美国联邦公路局在 2000 年提出了交互式道路安全设计模型 IHSDM（Interactive Highway Safety Design Model）的构想，旨在将人、车、路等对道路安全的影响建立不同的子模块，主要包括设计一致性模块、事故预测模块、政策法规模块、交叉口模块、人/车辆模块与交通流分析模块（图 1.8-1）。IHSDM 具体进行两方面评价，即直接按相关设计规范做复核以及采用一致性等指标对安全性进行评估。IHSDM 模块的功能介绍如下：

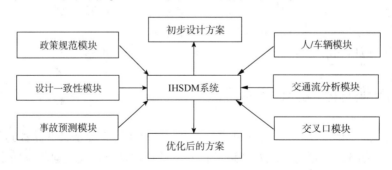

图 1.8-1 IHSDM 基本框图

（1）政策法规模块

政策法规模型中集成了各级政府有关的交通政策、法规、通令、地方性行政措施等信息

第1章 改扩建公路的预测评估及既有公路的评价

库,职能是对公路设计方案进行上述各方面的评估,确认设计方案中是否包含有悖于政策法规的内容,并且帮助设计者进一步确认其中有关安全性能方面的内容,以便有针对性地进行改造,使设计方案与政策法规相适应。

(2) 事故分析模块

该模块中共有三个模型,模型1统计路线区段上的事故数目与严重程度指标,并加以分析处理;模型2针对公路方案的路侧设计,进行安全效益与消耗成本的对比分析;模型3是一个专家系统,进行交叉口的安全性能分析,勘定路线几何设计中的安全缺陷,并针对特定的安全缺陷提供改进措施。

(3) 设计一致性模块

该模块是度量公路线形设计整体协调性的模型。设计一致性,解释为公路实际特征与驾车者的期望相适应的特性一致。当实际出现的公路特征与驾车者的期望特征有偏差时,驾车人就可能会犯错误。驾车者的期望是有惯性的,所以公路设计特征也应有可期望的惯性特征。

(4) 交通流分析模块

该模块以公路项目的预测交通量(公路改建工程则用统计交通量)为基准指标,利用既有的交通流微观仿真模型,模拟在公路设计方案所表征的交通环境下,交通流的运营状况,据此评估设计方案的安全性能。

(5) 交叉口模块

该模块是对与交叉口安全性相关的设计参数进行系统的诊断性评价模型。该模型通过对交叉口设计情况的全面审查,来达到对设计规范进行调整和补充的目的。该模型侧重于对几何设计参数组合性能的评价,找出潜在的安全隐患。

(6) 人/车辆模块

该模块是由一个公路使用者的驾驶行为模型及与之相链接的车辆动态模型共同构成。IHSDM 的使用者可以通过这两个模型去模拟在特定的公路条件下,某种类型驾车者,驾驶某类型车辆的行驶状态变化规律,从中对公路条件进行评估,判断公路要素是否存在可以导致车辆失控的设计缺陷。

1.8.1.2 相关模块的功能及计算原理

(1) 政策评价

政策评价的基本功能是以相关的设计规范文件为依据,检验公路设计几何参数。该模块包含电子版本的设计规范及设计值与规范值的比较过程两部分。分析结果以评价报告的形式给出,每项评估结果由单个或多个表格组成。对于停车视距与超车视距的检验,模型还给出了相应的图形输出结果,用户可根据需要自行选择评价结果的输出方式。

政策评价模评价项目主要分为横断面、平曲线、竖曲线和视距四部分,具体如下。

①横断面评价元素:道路宽度、辅道宽度、路肩宽度、路肩类型、横坡、路肩坡度、曲线段侧翻横坡、净区边坡、边沟设计、桥梁宽度。

②平曲线评价元素:平曲线半径、超高、超高过渡段、平曲线长度、复合曲线比率。

③竖曲线评价元素:竖曲线坡度、曲率。

④视距:停车视距、超车视距、反应视距。

(2)设计一致性

设计一致性是指道路设计与驾驶员期望之间的协调性,它是道路设计的目标。

设计一致性通过建立对道路沿线85百分点速度、自由流车速和客车车速的速度分析模型,来评价运行速度的一致性。该分析模型结合曲线段(平曲线段、竖曲线段及平、纵组合段)85百分点速度、长坡路段期望车速、进出曲线的加减速率和竖曲线速度评价算法等相关参数进行评价。

设计一致性模块的评估方法有两部分:85百分点速度与设计车速之间的差值,85百分点速度在纵坡段与相邻竖曲线之间的变化。

设计速度与运行速度之差分为以下几种情况:

① $(V_{85}-V_{desig}) \leqslant 10km/h$;

② $10km/h<(V_{85}-V_{desig}) \leqslant 20km/h$;

③ $20km/h<(V_{85}-V_{desig})$。

通常认为,差值小于10km/h时,设计一致性良好;差值在10~20km/h时,属于可接受范围;差值大于20km/h时,设计一致性较差。

相邻两曲线间速度变化[如纵坡段($V_{85Tangent}$)与相邻曲线段($V_{85Curve}$)间速度变化]情况分为以下几种情况:

① $(V_{85Tangent}-V_{85Curve}) \leqslant 10km/h$;

② $10km/h<(V_{85Tangent}-V_{85Curve}) \leqslant 20km/h$;

③ $20km/h<(V_{85Tangent}-V_{85Curve})$。

速度差超过20km/h的地点危险性最大,其次是速度差介于10~20km/h的地点,速度差不超过10km/h的地点危险性最小。

(3)事故预测

事故预测通过预测某一类型路段上可能的事故发生频率和严重性来评价检验道路的安全性。通过统计技术建立的事故基本模型包括路段模型和三类平面交叉口(支路有停车管制的三路交叉、支路有停车管制的四路交叉和信号控制四路交叉)模型,这些模型可以预测在一定几何和交通条件下的某一时段内路段和交叉口的总事故数。

①数据需求

a.事故预测需要的数据包括:几何与交通管制数据、交通量数据及事故历史数据。

b.几何与交通管制数据包括:车道宽度(左、右)、路肩宽度(左、右)、路肩类型(左、右)、车辆密度(DD)、路侧危险等级(RHR)、平曲线数据(起始桩号、终点桩号、半径、超高、设计车速、是否存在缓和曲线、缓和曲线起终桩号)、坡度、超车道(左、右)等。其中,一些几何特性数值可能会因为行驶方向不同而有所变化(如车道宽度、路肩宽度、路肩类型以及超车道等)。车辆密度(DD)与路侧危险分级(RHR)与车辆行驶方向无关。在事故预测算法中,将爬坡车道当作超车道来对待。

c.交叉口几何与交通管制数据包括:支数、交通控制方式、入口类型(主要道路或者次要道路)、交叉口交角(左、右)、主路的专用左转车道数、主路的专用右转车道数、停车视距不足的象限数。

d.事故历史数据包括:年份、严重程度、位置、与交叉口的关系、交叉口位置。

e.交通流数据包括:道路交通流数据及交叉口交通流数据。在没有历史事故数据时,需要用到评价年份交通量数据;有历史事故数据时,需要用到历史事故数据年份以及评价年份的交通数据;如果部分年份的数据缺失,根据算法进行内插。没有历史事故数据时,需要用到评价年份交通量数据;有历史事故数据时,需要用到历史事故数据年份以及评价年份的交通量数据。

②事故预测方法

事故预测方法主要过程为:路段划分→基础模型→AMFs→校正因子→贝叶斯经验公式(有事故数据时)。使用该方法时分下列两种情况:

a.不具备现场事故历史数据的安全预测。

b.具备现场事故历史数据的安全预测。

事故预测方法具体流程见图1.8-2,工作内容如下:

步骤1

阐述评估项目的内容(评价时段及评价区域)。

步骤2

将项目划分为若干独立的同类分析路段(路段以及交叉口)。同类路段是指几何、交通量和交通控制相同的路段。路段的最小长度为1m,没有最大值限定。划分路段后,CPM对每一路段分别进行预测,总的事故数为各个路段事故数的和。

交叉口前后250英尺(76.2m)的距离为交叉口范围。如果两个交叉口的间距小于500英尺(152.4m),新的路段起点为两个交叉口的终点。路段在下列值变化时也应重新划分:平均日交通量、车道宽、路肩宽、路肩类型、车流密度、路侧危险等级、坡度。

为避免不必要的分段,应使用ADT极限值相同的位置,而ADT极限值通常都会出现在交叉口。同时,新的路段起点也会在以下地点出现:平曲线的起终点,任意方向超车道的起终点、或短距离四车道的起终点、双向左转车道起终点。

①未提供现场事故历史数据时,分段过程仅用于新建路段(评价时段后)。

②提供现场事故历史数据时,分段过程可用于改扩建道路(评价时段前)与新建路段(评价时段后),每个分隔点都被用作新的路段起点。

步骤3

确定每个分析段上的几何数据与交通管制特性。

①未提供现场事故历史数据时,使用IHSDM道路文件中的几何与交通管制数据表,该表包含的所有变量在不同路段中都有唯一值与之对应。

②提供现场事故历史数据时,与不提供事故历史数据的情况相似,但除了一种情况之外,即同时创建了两个表格时,一个表格对应于评价时段前(已有路段),一个表格对应于评价时段后(新建路段)。

步骤4

确定评价时段中每一年的路段ADT值与交叉口主要道路与次要道路的ADT值。

①未提供现场事故历史数据时,就不存在评价时段前的ADT数据,同时也可能不存在所有评价时段内每年的ADT数据。

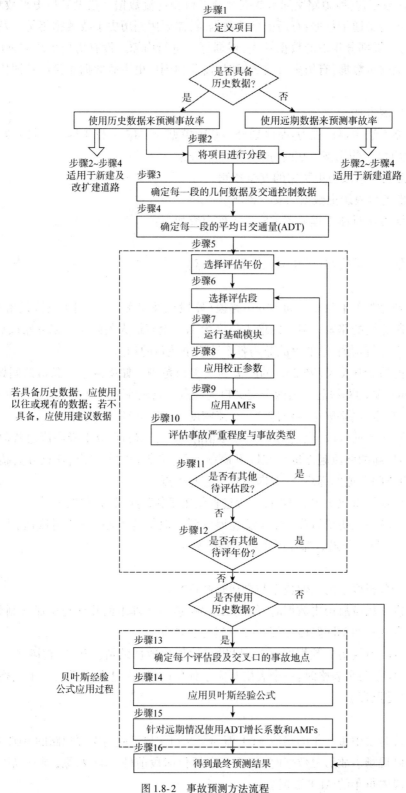

图 1.8-2 事故预测方法流程

在这种情况下,事故预测模块使用下列方法来推算 ADT 值:

a.如果只是缺少单独一年的 ADT 数据,就可假设这一年的数据与评价时段内其他年限的数据相同;

b.如果提供了两年或两年以上的 ADT 数据,评估时就可将其作为评价时段数据来使用;

c.评价时段第一年前的 ADT 数据可假设与第一年的 ADT 数据相等;

d.评价时段最后一年以后的 ADT 数据可假设与最后一年的数据相等。

值得注意的是,任何 ADT 数据的推算都是在 CPM 之外进行的,而推算数据也不存在于事故预测模块中。

②提供现场事故历史数据时,应确定评价时段之前每个路段以及每个交叉口支路的 ADT。

ADT 数据表格创建过程与不具备现场事故历史数据的情况相似,但除了一种情况之外,即同时创建两个表格时(一个对应于评价时段之前,一个对应于评价时段之后),此时 ADT 推算过程与不具备现场事故历史数据的情况相同。

步骤 5

在分析段中选择评价时段内的某一年份进行研究。

评价时段内的每个年份都应逐个分析,这样做是因为步骤 9 中的 AMF 值都是根据平均日交通量 ADT 来计算得出的,而 ADT 会根据年份的不同而发生变化。在逐个分析每个年份时,步骤 6~步骤 11 应重复进行。

步骤 6

选择一个路段或交叉口进行评估分析。

路段与交叉口应逐个评估,在进行评估时重复步骤 7~步骤 9。

步骤 7~步骤 9

对每个评估段使用事故预测算法,执行这些步骤。

在应用事故修正系数时,CPM 考虑了以下几种路段及交叉口分析类型:

一是,路段;

二是,次要道路有停车管制的三路交叉口;

三是,次要道路有停车管制的四路交叉口;

四是,四路信号控制交叉口。

此外,次要道路有让行管制的三路交叉口可作为次要道路有停车管制的三路交叉口来处理;次要道路有让行管制的四路交叉口可作为次要道路有停车管制的四路交叉口来处理。

CPM 不考虑三路信控交叉口与多路(大于四路)交叉口的评估。

①路段的事故预测

路段内任意给定年份的事故预测频率(N_{rs})可由下式计算得出:

$$N_{rs} = N_{br} C_r \text{AMF}_1 \text{AMF}_2 \text{AMF}_3 \text{AMF}_4 \text{AMF}_5 \text{AMF}_6 \text{AMF}_7 \text{AMF}_8 \text{AMF}_9 \quad (1.8\text{-}1)$$

$$N_{br} = \text{ADT}_n \times L \times 365 \times 10^{-6} \times \exp(-0.4865) \quad (1.8\text{-}2)$$

式中:　N_{rs}——路段每年预测事故总数;

　　　　N_{br}——路段在特定条件或基本条件下每年预测事故总数;

　　　　C_r——路段校准系数;

$\text{AMF}_1 \sim \text{AMF}_9$——路段事故修正系数;

ADT_n——第 n 年的平均日交通量(veh/d);

L——路段长度(m)。

公式(1.8-1)、公式(1.8-2)中的参数值可由以下方法获得:

a.校准系数(C_r)的确定:几何设计因素和交通量不需要校正。

事故预测模型中需要校正的因素包括气候、动物种群、驾驶员分布和出行目的、法律规定的事故报告及事故调查等。校正因子包括:路段校正因子、有支路停车管制的三路交叉口的校正因子、有支路停车管制的四路交叉口的校正因子及有信号管制的四路交叉口的校正因子。

b.AMF的确定:几何设计和交通管制会带来一定的影响,为协调预期基础事故频率与这种影响之间的关系,使用修正系数 AMF 来达到目的。每个 AMF 都由公式计算得出,基本条件下的 AMF 值为1.00,较高事故率条件下的 AMF 值将大于1.00,较低事故率条件下的 AMF 值将小于1.00。

c.给定年份的平均日交通量值(ADT_n)可参考路段交通流数据。

d.路段长度为分析路段起终点桩号之差的绝对值。

②交叉口的事故预测

交叉口内任意给定年份的事故预测频率(N_i)可由下式计算得出:

$$N_i = N_{bi} C_{in} AMF_{11} AMF_{12} AMF_{13} AMF_{14} \tag{1.8-3}$$

式中: N_i——交叉口每年预测事故总数;

N_{bi}——交叉口在特定条件或基本条件下每年预测事故总数;

C_{in}——交叉口校准系数;

$AMF_{11} \sim AMF_{14}$——交叉口事故修正系数。

对于次要道路有停车管制的三路交叉口:

$$N_{bi} = \exp(-10.9 + 0.79\ln ADT_{1n} + 0.49\ln ADT_{2n}) \tag{1.8-4}$$

式中:ADT_{1n}——主要道路上第 n 年平均日交通量(veh/d);

ADT_{2n}——次要道路上第 n 年平均日交通量(veh/d)。

对于次要道路有停车管制的四路交叉口:

$$N_{bi} = \exp(-9.34 + 0.60\ln ADT_{1n} + 0.61\ln ADT_{2n}) \tag{1.8-5}$$

对于四路信控交叉口:

$$N_{bi} = \exp(-10.9 + 0.79\ln ADT_{1n} + 0.49\ln ADT_{2n}) \tag{1.8-6}$$

公式(1.8-3)~公式(1.8-6)中的参数值可由以下方法获得:

a.校准系数值(C_{in})与 AMF 值同路段中参数确定方法相同。

b.交叉口平均日交通量(ADT_{1n}和ADT_{2n})的确定:

(a) ADT_{1n}为交叉口主要道路平均日交通量的平均值;

(b) ADT_{2n}为次要道路左右方向平均日交通量的平均值。

步骤10

评估事故严重级别与事故类型,通过事故严重级别与事故类型确定的预测事故率由各路段与交叉口的默认值来评估。

第1章 改扩建公路的预测评估及既有公路的评价

步骤 11

这个步骤建立了从步骤 7~步骤 10 的循环体系。如在选定年份内还有其他的路段或交叉口需要评估,则返回步骤 6 重复操作;否则,进行步骤 12 的操作。

步骤 12

这个步骤建立了步骤 6~步骤 11 的循环体系。如有另外的年份需要评估,则返回步骤 5 重复操作,否则,直接进入步骤 16(不具备现场事故历史数据时)或步骤 13(具备现场事故历史数据)进行操作。

步骤 13~步骤 15

阐述了在具备现场事故历史数据条件下,贝叶斯经验公式将预测事故率与观测事故率结合起来的过程。

开始一项评估时,评估人员可以选择在事故预测算法中使用事故历史数据,也可不使用事故历史数据。当评估人员使用事故历史数据时,算法结合贝叶斯经验公式来使用现场事故历史数据。应用贝叶斯经验公式的基本前提为,道路情况在评价时段之前的时段内没有变化,此时的事故历史数据与这个时段相对应。

评价时段之前的观测事故历史数据的来源有三个:①IHSDM 中评价时段前(当前)的数据组;②IHSDM 中提供的事故数据文件;③输入的事故数据。如果从①或②中取得事故数据,在使用过程中操作人员可对这些数据进行编辑修改。

与交叉口有关或无关的事故应由 CPM 进行如下分析:与交叉口有关的事故发生在距离交叉口中心 76m 范围内;如果两个交叉口间距小于 152m,则事故应归于较近的那个交叉口范围;发生在距交叉口中心 76m 范围外的事故,则归于与交叉口相接的路段范围。

应用贝叶斯经验公式计算预测事故率:

$$E_p = w(N_p) + (1-w)O \tag{1.8-7}$$

式中:E_p——基于 N_p 与 O 加权平均值的预测事故率;

N_p——通过步骤 5~步骤 12 对相似路段与交叉口的研究得出的原始预测事故率;

w——事故预测算法预测出的事故率的权重;

O——某一时段内的事故观测数。

预测事故率权重 w 算法:

$$w = \frac{1}{1 + k(N_p/L)} \tag{1.8-8}$$

式中:k——事故预测算法中相关基础模型的不均匀分布参数(表 1.8-1);

L——路段长度(公路数),对于交叉口则为 1。

基础模型的不均匀分布参数表 表 1.8-1

几何元素	不均匀分布参数 k	几何元素	不均匀分布参数 k
路段	0.236	次要道路有停车管制的四路交叉口	0.24
次要道路有停车管制的三路交叉口	0.54	四路信号控制交叉口	0.11

此步骤既可用于总事故率的预测,也可用于由事故严重级别确定的事故率的预测。因

为这些计算都是独立的,所以由事故严重级别确定的预测事故率之和与总事故率不一定相等。于是为使两者相等,模型给出如下修正方法:

$$E_{fi/corr} = \frac{E_{tot}E_{fi}}{E_{fi} + E_{pdo}} \quad (1.8\text{-}9)$$

$$E_{pdo/corr} = \frac{E_{tot}E_{pdo}}{E_{fi} + E_{pdo}} \quad (1.8\text{-}10)$$

式中:$E_{fi/corr}$——人员伤亡预测事故率(修正值);

$E_{pdo/corr}$——财产损失预测事故率(修正值);

E_{tot}——根据公式(1.8-7)与公式(1.8-8)得出的总预测事故率;

E_{fi}——根据公式(1.8-7)与公式(1.8-8)得出的人员伤亡预测事故率;

E_{pdo}——根据公式(1.8-7)与公式(1.8-8)得出的财产损失预测事故率。

此步骤中的 E_p 给出路段或交叉口在评价时段之前的预测事故率。为获取未来某时段(评价时段之后)的预测事故率,则需通过以下评估手段进行较正:①评价时段前后时段的任何差别;②评价时段前后时段内 ADT 的变化;③评价时段前后时段内任何几何设计或交通管制的变化(这会影响路段或交叉口的 AMF 值)。

评价时段之后的预测事故率可由下式进行评估:

$$E_f = E_p(N_{bf}/N_{bp})(AMF_{1f}/AMF_{1P})(AMF_{2f}/AMF_{2P})\cdots(AMF_{nf}/AMF_{nP}) \quad (1.8\text{-}11)$$

式中:E_f——未来时段预测事故率;

E_p——具备事故历史数据的评价时段前的预测事故率;

N_{bf}——根据使用未来 ADT 数据、特定几何参数以及分析段实际长度的基础模型预测得到的事故数;

N_{bp}——根据使用过去 ADT 数据、特定几何参数以及分析段实际长度的基础模型预测得到的事故数;

AMF_{nf}——未来几何设计条件下的 AMF 值;

AMF_{np}——过去几何设计条件下的 AMF 值。

公式(1.8-11)用于计算总事故率。根据事故严重级别来预测未来事故率值,是将评价时段前的每个级别按照各自比例确定的事故率相乘:

$$E_{f(total)}/E_{p(total)} \text{ 或 } E_{f(severity\text{-}level\text{-}n)} = E_{p(severity\text{-}level\text{-}n)}E_{f(total)}/E_{p(total)} \quad (1.8\text{-}12)$$

在路线稍作调整的情况下,评价时段前后的分析段长度可能发生变化。此时,原始长度用以确定 N_{bp},而调整后的长度用以确定 N_{bf}。这暗示了一种假定,即分析段的长度发生了变化,其基本事故率(每百万车公里)保持不变,因此,事故率是根据分析段长度而变化的。

当然,在分析段长度变化时,AMF 值也会出现变化。

使用贝叶斯公式注意事项:

a.根据基础模型与 AMF 得到的评估事故频率要优于根据在许多具有相似几何特征与交通特征的地点长期观测得到的评价事故频率。但这样的评估并不能表明每个地点预期事故频率相对于所有类似场地而变化的所有因素。使用贝叶斯经验公式的优点就是能够保证对实际事故历史影响每个现场的评估的准确度。

b.尽管事故历史数据对道路安全性至关重要,但其高易变性也无可避免地成为其一大缺点。鉴于事故历史数据的高易变性,很难使用通常提供的近年事故数据来评估远期事故率;事故历史数据的易变性对于事故很少以及许多地点几年内都没有事故历史的双车道乡村公路也是很大的问题。如果一个地点在过去几年内都没有事故发生,当然也不能确定以后不会发生事故。

理论上,若提供了足够年份的事故历史数据,如能将基础模型与现场事故历史的 AMF 两者适当结合,评估效果将会优于单独结合基础评估或现场事故历史。贝叶斯经验公式确定了基础模型、AMF 以及现场事故历史数据的权重。

步骤 16
总结并给出预测结果。
CPM 评估报告包含了最后的总结及详细的预测细节。

1.8.2 国内公路安全评价

我国公路设计的安全评价系统大体如图 1.8-3 所示,各评价内容如下。

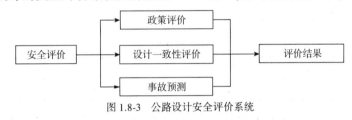

图 1.8-3 公路设计安全评价系统

1.8.2.1 政策评价模型

政策评价模型主要包括以下三个部分参数内容的检验评价:

平面参数:直线、圆曲线半径、超高、超高过渡、圆曲线长度、平曲线长度及缓和曲线长度等;

纵断面参数:纵坡度、纵坡长、爬坡车道的设置情况及竖曲线半径等;

横断面参数:行车道宽度、辅助车道宽度、路肩宽度、中间带宽度及路拱等。

1)平面参数检验

(1)平曲线

平曲线半径对行车安全的影响很大。汽车在平曲线上行驶,将产生离心力(其值与车速的平方呈正比,与曲线半径呈反比),由于离心力的作用,汽车将产生横向倾覆或侧向滑移,也会造成驾驶员心慌,引起操作失误,危及行车安全。离心力的大小与曲线的曲率有关系。在同一车速条件下,曲率越大,即曲线半径越小,离心力越大。因此,为保证人身安全,对曲线最小半径有如下规定,见式(1.8-13)。

$$R = \frac{V^2}{127(\mu \pm i_h)} \tag{1.8-13}$$

式中:R——曲线最小半径(m);
V——设计速度(km/h);
i_h——最大超高横坡;
μ——横向力系数。

横向力系数 μ 的大小影响驾驶员和乘客的情绪(紧张或舒适),具体见表 1.8-2,如果 μ 值过大,驾驶员为减少离心力往往采用大回转,这样容易离开车道,增大了发生事故的可能性。

μ 与驾驶员的感觉　　　　　　　　　　　　表 1.8-2

μ	驶过曲线时的感觉	皮肤电流相应相对值
0.01	感觉不到有曲线,驾驶员不紧张	1.00
0.15	稍感到有曲线,驾驶员不太紧张,没有不舒服感	1.05~1.10
0.20	感到通过曲线,感到明显紧张,稍有不稳定	1.10~1.25
0.25	40%人感到不舒适,驾驶员相当紧张	1.25~1.40
0.30	所以通过曲线的人都感到不舒适	1.50
0.35	非常不舒适,很紧张,有侧滑危险,不稳定	1.70
0.40	站不住,欲倒,车有倾覆之险	>1.70

美国公路部门的研究指出 $\mu = 0.11 \sim 0.16$，μ 为舒适界限。综合行车安全、经济、舒适各方面的要求,参考试验数据,可按表 1.8-3 取用 μ 值。

建议采用 μ 值表　　　　　　　　　　　　表 1.8-3

设计速度(km/h)	120	100	80	60	40	30
μ	0.10	0.12	0.12	0.14	0.14	0.15

《公路路线设计规范》(JTG D20—2017)对各级公路最小曲线半径做出了规定,为使汽车行驶平稳,在条件允许时应尽可能选用较大的平曲线半径。

《公路工程技术标准》(JTG B01—2014)对圆曲线最小半径做出了规定。一般情况下应尽量采用大于或等于一般最小半径。

在对路段进行安全评价时,还应检查缓和曲线和超高的设置。

横向摩阻系数 f 值的大小直接影响乘车人的舒适感,它是根据实测的路面与轮胎之间摩阻系数极限范围和乘车人所能适应的横向加速度大小,经综合平衡后确定的。结果认为:乘客舒适时其值为 0.1 以下,大于 0.15 则感到不适,大于 2.0 则行车不平稳,有不安全感。在计算极限最小半径时取 0.10~0.16,计算一般最小半径时取 0.05~0.06;随着车速增高,其值减小。

(2)直线

据国外资料介绍,驾驶员在直线上正常行驶超过 70s 后就会感到单调。如果不需要超车,试验表明 4.8km(即在时速 97km/h 下行驶 3min 的行程)的直线行驶就会使驾驶员感到烦躁,甚至打瞌睡,带来灾难性的后果。因此,直线不宜过长。

关于直线的最大长度,现在主要根据驾驶员的视觉反应及心理承受能力来确定。据国外资料介绍,对于设计速度大于或等于 60km/h 的公路,以汽车按 70s 左右的距离或设计速度 v(km/h)的 20 倍(m)控制。

此外,直线过短也不利于行车安全。最小直线长度为:当设计速度大于或等于 60km/h 时,同向曲线间最小直线长度(以 m 计)以不小于行车速度(以 km/h 计)的 6 倍为宜;反向曲线间最小直线长度(以 m 计)以不小于行车速度(以 km/h 计)的 2 倍为宜。

S形的两个反向回旋线以径向衔接为宜,当受地形等条件限制,必须插入短直线或当两圆曲线的回旋线相互重合时,短直线或重合段的长度应符合下式规定:

$$L \leq (A_1 + A_2)/40 \tag{1.8-14}$$

式中:L——反向回旋线间短直线或重合段的长度(m);

A_1、A_2——回旋线参数。

根据《公路路线设计规范》(D20—2017),对于圆曲线间以直线径相连接时,直线的长度不宜过短,应符合下列规定:①设计速度大于或等于60km/h时,同向圆曲线间最小直线长度(以m计)以不小于设计速度(以km/h计)的6倍为宜;反向圆曲线间的最小直线长度(以m计)以不小于设计速度(以km/h计)的2倍为宜。②设计速度小于或等于40km/h时,可参照上述规定执行。

2)纵断面参数检验

(1)纵坡

大的纵坡对载重汽车行驶很不利,上坡会使车速减慢,妨碍高速行驶,使超车增多、安全性降低;长的下坡会使制动器过热、制动失灵、跳挡失控,也容易发生事故。

《公路路线设计规范》(JTG D20—2017)中对纵坡进行了规定,在采用极限纵坡或较大纵坡时,则需严格限制坡长。各级公路的最大坡长应符合表1.8-4的规定。

不同纵坡的最大坡长(m) 表1.8-4

设计速度(km/h)		120	100	80	60	40	30	20
纵坡坡度(%)	3	900	1000	1100	1200	—	—	—
	4	700	800	900	1000	1100	1100	1200
	5	—	600	700	800	900	900	1000
	6	—	—	500	600	700	700	800
	7	—	—	—	—	500	500	600
	8	—	—	—	—	300	300	400
	9	—	—	—	—	—	200	300
	10	—	—	—	—	—	—	200

高速公路、一级公路连续长、陡下坡路段的平均坡度与连续坡长不宜超过表1.8-5的规定;超过时,应进行交通安全性评价,提出路段速度控制和通行管理方案,完善交通工程和安全设施,并论证增设货车强制停车区。

连续长、陡下坡的平均坡度与连续坡长 表1.8-5

平均坡度(%)	<2.5	2.5	3.0	3.5	4.0	4.5	5.0	5.5	6.0
连续坡长(km)	不限	20.0	14.8	9.3	6.8	5.4	4.4	3.8	3.3
相对高差(m)	不限	500	450	330	270	240	220	210	200

(2)爬坡车道

在检验纵坡长度受限制的路段时,应对载重汽车上坡行驶速度的降低值和设计通行能力进行验算,以确定可否不设爬坡车道。

根据《公路路线设计规范》(JGT D20—2017),当爬坡路段符合以下情况时,宜设置爬坡车道:

四车道高速公路、四车道一级公路以及二级公路连续上坡路段,符合下列情况之一时,宜在上坡方向行车道右侧设置爬坡车道。

①沿连续上坡方向载重汽车的运行速度降低到表1.8-6的容许最低速度以下。

上坡方向容许最低速度　　　　　　　　　　　　　　　表1.8-6

设计速度(km/h)	120	100	80	60	40
容许最低速度(km/h)	60	55	50	40	25

②单一纵坡坡度超过表1.8-4的规定或上坡路段的设计通行能力小于设计小时交通量。

③经设置爬坡车道与改善主线纵坡不设爬坡车道技术经济比较论证,设置爬坡车道的效益费用比、行车安全性较优。

爬坡车道的各项指标要求如下:

①爬坡车道的超高坡度规定见表1.8-7,超高横坡的旋转轴为爬坡车道内侧边缘线。

爬坡车道的超高坡度值(%)　　　　　　　　　　　　　表1.8-7

主线的超高坡度	10	9	8	7	6	5	4	3	2
爬坡车道的超高坡度	5				4			3	2

②爬坡车道的曲线加宽按一个车道曲线加宽规定执行。

③高速公路、一级公路爬坡车道长度大于500m时,应按规定在其右侧设置紧急停车带。

④爬坡车道的起、终点与长度规定如下:

a.爬坡车道的起点,应设于陡坡路段上载重汽车运行速度降低至表1.8-6中"容许最低速度"处。

b.爬坡车道的终点,应设于载重汽车爬经陡坡路段后恢复至"容许最低速度"处,或陡坡路段后延伸的附加长度的端部。该陡坡路段后延伸的附加长度规定见表1.8-8。

陡坡路段后延伸的附加长度　　　　　　　　　　　　　表1.8-8

附加路段的纵坡(%)	下坡	平坡	上坡			
			0.5	1.0	1.5	2.0
附加长度(m)	100	150	200	250	300	350

c.相邻两爬坡车道相距较近时,宜将两爬坡车道直接相连。

d.爬坡车道起点、终点处应设置车流分流、汇流渐变段,其长度规定见表1.8-9。

爬坡车道分流、汇流渐变段长度(m)　　　　　　　　　表1.8-9

公 路 等 级	分流渐变段长度	汇流渐变段长度
高速公路、一级公路	100	150~200
二级公路	50	90

第1章 改扩建公路的预测评估及既有公路的评价

(3) 竖曲线

竖曲线参数检验主要是检验竖曲线半径。

竖曲线的最小半径和长度在《公路路线设计规范》(JTG D20—2017)中规定。公路纵坡变更处应设置竖曲线,竖曲线可采用圆曲线或抛物线,其竖曲线最小半径与竖曲线长度应符合表1.8-10的规定。通常应采用大于或等于表列一般最小值,当地形条件及其他特殊情况限制时方可采用极限最小值。

竖曲线最小半径与竖曲线长度　　　　　　　　表 1.8-10

设计速度(km/h)		120	100	80	60	40	30	20
凸形竖曲线半径(m)	一般值	17000	10000	4500	2000	700	400	200
	极限值	11000	6500	3000	1400	450	250	100
凹形竖曲线半径(m)	一般值	6000	4500	3000	1500	700	400	200
	极限值	4000	3000	2000	1000	450	250	100
竖曲线长度(m)	一般值	250	210	170	120	90	60	50
	极限值	100	85	70	50	35	25	20

注:表中所说"一般值"为正常情况下的采用值;"极限值"为条件受限时,经技术经济论证后的采用值。

3) 横断面参数检验

(1) 车道宽度与设计车速的关系

行车道宽度与道路事故率之间有着紧密联系。研究结果显示,随着行车道宽度的增加,交通事故率明显降低。行车道宽度的有效利用,对提升公路交通安全性起着重要的作用。根据《公路路线设计规范》(JTG D20—2017)车道宽度与设计车速之间的对应关系见表1.8-11。八车道及以上公路内侧车道(内侧1、2车道)仅限小客车通行时,其车道宽度可采用3.5m;以通行中、小型客运车辆为主且设计速度为80km/h及以上的公路,经论证车道宽度可采用3.5m。

车道宽度与设计车速之间的关系　　　　　　　　表 1.8-11

设计速度(km/h)	120	100	80	60	40	30	20
车道宽度(m)	3.75	3.75	3.75	3.50	3.50	3.25	3.00(单车道时为3.50)

(2) 车道数

《公路路线设计规范》(JTG D20—2017)规定各级公路的基本车道数应符合表1.8-12的规定。高速公路和一级公路各路段车道数应根据设计交通量、设计通行能力确定,且应不小于四车道;当车道数量增加时,应按双数、两侧对称增加。二级公路、三级公路应为双车道。四级公路一般路段应采用双车道,交通量小或工程特别艰巨时可采用单车道。

各级公路的基本车道数　　　　　　　　表 1.8-12

公路技术等级	高级公路、一级公路	二级公路	三级公路	四级公路
车道数(条)	2~4	2	2	2(1)

(3) 路肩

路肩除了保护行车道等主要结构的稳定外,还用于提供发生故障的车辆临时停车、行人和自行车通行、设置路上设施养护操作场地、提供侧向余宽的功能。路肩宽度对交通事故率有一定影响,一般说来,路肩宽度与交通事故率呈反比关系,路肩宽则较安全。这主要是因为较宽路肩给驾驶员以较大的操作空间,增加安全感,同时又给故障车辆有停靠的地方,不致阻碍车道,因此事故必然减少。此外,路肩的结构对行车安全也极为重要,以往大多采用土质路肩,但这样的设计不利于行车安全,一旦车辆离开路面走到这种路肩上,因为路面与路肩结构差异太大,车辆容易下陷甚至摔出路外。

考虑到我国土地利用情况和路肩的功能,在满足路肩功能最低需要的条件下,原则上尽量采用较窄的路肩。但需要注意一些实际情况,如交通量及其组成、沿线居民点分布、气候等因素,一般不窄于标准规定的一般值(表 1.8-13)。

路肩宽度　　　　表 1.8-13

设计车速(km/h)		高速公路、一级公路				二级公路、三级公路、四级公路				
		120	100	80	60	80	60	40	30	20
右侧硬路肩宽度(m)	一般值	3.00 或 3.50	3.00	2.50	2.50	1.50	0.75	—	—	—
	最小值	3.00	2.50	1.50	1.50	0.75	0.25			
土路肩宽度(m)	一般值	0.75	0.75	0.75	0.50	0.75	0.75	0.75	0.75	0.25(双车道) 0.50(单车道)
	最小值	0.75	0.75	0.50	0.50	0.50	0.50			

在评价公路横断面安全性的过程中,应对其路拱横坡进行检测。正确合理地设置公路的路拱横坡坡度值及其坡向,能够迅速排除路面积水,以利于行车安全和防止下渗影响路基路面的强度和稳定性。对于曲线路段,还要与超高相适应。高速公路、一级公路整体式路基道路路拱宜采用双向路拱坡度,由路中央向两侧倾斜;分离式路基的路拱,宜采用单向横坡,并向路基外侧倾斜,也可采用双向路拱坡度。积雪冰冻地区宜采用双向路拱坡度。

二级公路、三级公路、四级公路的路拱应采用双向路拱坡度,由路中央向两侧倾斜。路拱横坡应根据路面类型和当地自然条件确定,但其坡度不应小于 1.5%。

1.8.2.2 运行速度对安全的影响

国内外的统计表明,在所有的交通事故中与车速相关的事故约占事故总数的 1/3,在所有事故成因中排在第 2 位,仅次于驾驶员人为因素。事故的严重程度也与行车速度紧密相关,速度越高,事故发生过程中速度变化就越大,能量转化也就越多,事故后果就越严重,造成伤亡的可能性也就越大。车辆运行车速与平均速度的差值越大,发生事故的可能性也就越大。

道路相邻平曲线段的运行速度落差大,则该路段的安全记录就差。

运行车速模型主要包括一维模型,是指仅考虑平面线形或者纵断面线形的模型;或者二维模型,是指同时考虑平、纵面线形或者平面和横断面的模型。

(1)一维模型

各国基本上都采用"半径-运行速度"模型反映不同平曲线半径与运行速度之间的对应关系。公式(1.8-15)为幂函数形式表达的运行速度测算模型。

$$V_{85} = aR^b \tag{1.8-15}$$

式中：V_{85}——运行速度（km/h）；

　　R——平曲线半径（m）；

　　a、b——模型参数。

1994年，Krammes等人采集自由流状态下分布于美国5个州（纽约、俄勒冈、宾西法尼亚、得克萨斯州、华盛顿）共138个平曲线上车辆运行速度的数据，推荐的模型为：

$$V_{85} = 102.45 - 1.57D + 0.0037L - 0.10I \quad (R^2 = 0.82) \quad (1.8\text{-}16)$$

式中：D——曲率；

　　L——曲线长度；

　　I——偏角。

该模型考虑了曲率、曲线长度和曲线偏角，比幂函数模型更加合理，可用于平曲线和缓和曲线上的速度预测。

一维模型还有其他许多公式。

(2) 二维模型——美国联邦公路管理局FHWA研究成果

FHWA开发的IHSDM，其中的设计线形一致性模块DCM（Design Consistency Model），是用于事前型分析的模块，其核心内容是预测设计元素上的运行车速（V_{85}），根据运行速度的变化或与设计速度之差来判定设计结果是否连续，进而判定道路安全性，IHSDM运行速度预测模型见表1.8-14。

IHSDM运行速度预测模型　　　　　　　　　　　表1.8-14

线形条件	回归模型	N	R^2	MSE
平曲线和竖直线 $0 \leqslant G \leqslant 4\%$	$V_{85} = 106.3 + 3595.29/R$	28	0.92	2.84
平曲线和竖直线 $4\% \leqslant G \leqslant 9\%$	$V_{85} = 94.46 + 2744.49/R$	14	0.56	6.86
平曲线和竖直线 $-9\% \leqslant G \leqslant 0$	$V_{85} = 100.87 + 2720.78/R$	22	0.59	6.38
平直线和竖凹曲线	$V_{85} = 100.19 + 126.07/R$	5	0.68	3.51
平曲线和竖凹曲线	$V_{85} = 106.3 + 3595.29/R$	28	0.92	2.84
平直线和限制视距竖凸曲线 $K \leqslant 43$	$V_{85} = 111.07 + 175.98/R$	6	0.54	3.51
平曲线和限制视距竖凸曲线 $K \leqslant 43$	$V_{85} = 101.90 + 3283.01/R$	16	0.78	3.95

注：G为竖曲线坡度；K为曲度，是指路线累计偏角（路线平曲线任一时刻累计偏角的绝对值除以路线长度），用公式表示为：$K = \sum |\alpha_i|/L$，其中，K为曲度，单位为(°)/km；α_i为任一时刻曲线的偏角，单位为(°)；L为路线长度，单位为km。

DCM在速度预测时没有考虑缓和曲线的作用、地域及其他环境的影响，而且在不同的线形组合条件下，其速度的预测值和实际观测值之间存在较大的差异。

(3) 二维模型——《公路项目安全性评价规范》（JTG B05—2015）中运行速度的计算模型

《公路项目安全性评价规范》（JTG B05—2015）中，推荐了运行速度的计算模型和运行速度图，尽管给出比较详细的运行速度的计算模型，但还是存在片面考虑线形元素影响的问题，而且由于模型分段、分类比较繁杂，也没有说明缓和曲线如何处理，在具体执行中存在困难。在具体运用中发现，对线形指标较好的道路运行速度进行预测，结果运行速度几乎保持不变,和实际情况不符。模型的选用还比较模糊,比如在 $R = 1000\text{m}$ 时,选用不同的模型,预测结果相差很大。《公路项目安全性评价》(JTG B05—2015)中运行速度测算流程如图 1.8-4 所示。

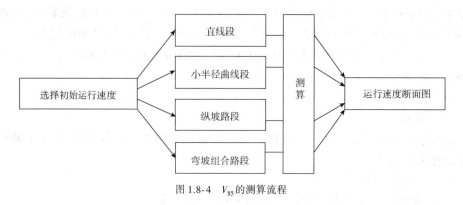

图 1.8-4 V_{85} 的测算流程

既有国内外方法在获得运行速度的途径上仍然采用已建路段上实测或大量调查,经回归分析后得到。在考虑线形要素上多数是建立运行速度与平曲线半径的预测模型,或运行速度与曲度(或偏转角)的预测模型,或运行速度与曲率、平曲线长度、转角的预测模型,或运行速度与平面、纵断面的预测模型,等等。

对运行速度的预测还有很多。而事实上,车辆运行速度是受道路条件、驾驶员因素、车辆性能、路侧景观和周围环境以及气候条件等因素综合作用下的实际行驶速度。由于运行速度的影响因素繁多,预测模型在建立过程中对这些因素的考虑一般都较理想化,而仅考虑主要因素,且模型的建立受样本特殊性的影响,所以预测的运行速度势必与实际车速存在误差。

1.8.2.3 事故预测模型研究

事故预测模型从本质上来说属于统计模型,要回归分析出统计模型的自变量系数,应遵循一定的方法,选择适当的函数形式。回归分析得到模型以后,应进行必要的检验,说明模型的不足和优点,事故预测模型的建立流程如图 1.8-5 所示。

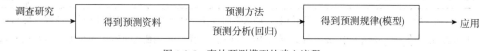

图 1.8-5 事故预测模型的建立流程

事故模型包括平均事故率模型、基于回归分析的预测模型、事前事后对比分析模型(BA法)、专家判别法模型等。这些模型在一定程度上反映了事故发生的趋势,但由于受事故本身的离散性、随机性、回归趋于均值等特性的影响,模型的预测结果都不甚理想。基于交通事故的小概率事件,其特性可用概率统计模型来描述。

公路交通系统是一个由人、车、路、环境等多因素组成的系统,公路交通事故的发生是这个系统各因素配合失调的结果。事故预测模型是直接研究公路要素、交通要素、气候等与事故之间规律关系的定量化微观模型,在建模时考虑尽可能多的因素是十分必要的,而各种因素特征只能通过数据(在模型中称之为变量)来表现。因此,各相关数据是进行预测模型研究的基础。

（1）数据资料总述

基于对安全影响要素的分析，影响安全的相关数据有事故数据、公路主体信息数据、交通管理信息数据、气候信息数据，其中公路主体数据又包括平曲线数据、竖曲线数据等。

（2）模型变量初选

虽然公路交通事故发生呈现很大的离散性，但是通过回归分析可以得出在一定范围内可信的规律，得到由一个因变量和多个自变量组成的回归方程，所以，变量选择是否合理决定了回归方程解释规律的精确性和效率。

由于不同变量对不同等级的公路影响大小是不同的，比如，对于地形限制地区的公路，公路的"平、纵、横"因素对于事故的影响较大；而对于相同等级的既有公路，则可能是其他因素（如环境交通因素）对事故影响较大；此外，公路交叉口事故影响因素与路段也是不同的，所以，在建立模型时，应同时分不同等级路段与交叉口考虑。

综合以上，模型变量可分为以下两类：

一类是路段（高速公路、一级公路、二级公路）变量。因变量：各事故数。自变量：道路因素（平曲线、竖曲线、车道宽、路肩宽、路侧安全等级）、交通流因素（交通量、大小车比例、大小车速度差）。

另一类是交叉口变量。因变量：各事故数。自变量：道路因素（路口视距、车道宽度、交叉口坡度）、交通流因素（交通量、大小车非机动车比例、大小车速度差）、交通控制因素（信号控制等级）。

1.9 改造前的道路测量

既有公路平、纵面线形测量是改扩建公路路线设计的基础，其翔实度及精度直接影响设计成果。由于既有公路经过多年的运营，在车辆荷载及自然条件作用下多产生不均匀沉降，其平、纵面线形组合现状与竣工图资料均有一定差异。为此，在公路改扩建前需进行拟改扩建公路的测量。

1.9.1 拟改扩建公路的测量方法

在初步设计阶段主要目标为拟合出既有公路平、纵面线形，可沿拟改扩建公路两侧边线或中线，直线地段每 50～100m，曲线地段 20～50m 测量一组数据即可，路面高程使用 GPS 高程精度测量可满足要求。施工图阶段需要对既有路进行详细测量，对沿线桥梁、涵洞、挡墙及曲线段拟改扩建路边线及中线应加密测量，精确测出桥涵构造物各点平面位置。高程测量宜采用水准测量，测出拟改扩建公路两侧边线及中线路面高程。对于初步设计与施工图设计间隔较短的项目，可按施工图深度对拟改扩建公路一次测量到位，但对于初步设计与施工图设计间隔较长的项目，由于拟改扩建公路可能出现沉降及养护施工，路面高程可能出现较大变化，应按不同深度分别测量。

在公路改扩建工程的控制测量中，可利用既有导线点和水准点，但必须复测其精确度，要与国家点或高一级的导线点或水准点相闭合，不可利用既有导线点和水准点的资料。因为多次使用及路基沉降等原因，会导致原既有公路边的导线点和水准点（尤其是水准点）的坐标和高程发生变化。

为保证加宽部分与既有公路路基的衔接,在施工图测量时把原施工放线点作为加强点重新布设导线点,并将放线时点位与既有公路中线的距离作为检验导线点精确与否的主要依据,这样基本可满足内业设计和施工要求,但存在着明显的缺陷:按原线位放线时不可避免地与原施工路线出现偏差,桥涵构造物经加宽处理,仍存在浪费问题。

在平面取样测量时,路基和桥涵构造物按地物测量处理。一般在直线段每 100~200m 取一个点;桥涵构造物两端分别取点。在内业设计阶段进行拟合,调整线位。

平面拟合完成后,一般按常规方法放线。为在立体上更好反映既有公路,对每一个桩都应用水平仪测其高程和既有公路上的横断面。在桥头和软基及其与一般地基的结合部,在放线时加密。然后在设计阶段对纵面进行拟合设计。

选出初步比较线路后,在线形吻合情况相对较差的路段进行实测采点工作。检测点平面测量采用 GPS-RTK 测量,高程采用水准仪进行四等水准测量。采点方式:如为高速公路沿公路纵向中央分隔带路缘石边缘和硬路肩边缘四条轴线,并分别用 A、B、C、D 表示,如图 1.9-1 所示;如没有中央分隔带,沿路边线及中线进行测量,纵向点距不大于 25m。

图 1.9-1　公路测量放点位置

1.9.2　数字化测绘技术在公路改扩建中的应用

采用上述测量取样方法会给测量和设计增加不少工作量,减少对已有资料,包括竣工资料的利用率,但能为以后的设计提供准确、翔实的资料,提高设计精度和水平。因采用一般测量方法费时费钱,可利用数字化测绘技术节约既有公路测量的费用及时间。

数字化测绘的主要方式分为三种:①航测数字成图。其在一种高空作业完成的摄影成图,然后在室内分析图像进行纠正;也可以通过模型上对须采集的地形地貌的数据进行绘制,然后进行实地考察,不断改进绘制的图形,最终调绘出准确的数字化图形。可以将大量的户外测量工作集中在室内完成,减轻了人力、物力、财力的消耗,具有成图的快速性、精准性、可靠性等特点,而且很少受到外界因素的影响。②图纸矢量化。其将以前测好的地籍图或者土地的样图利用扫描仪形成影像图,然后使用计算机矢量化软件,对影像图存在的问题进行纠正,可以制作成数字化成果图。这种方式有明显的缺陷就是原图形的精度会影响数字图的精准度,而且在数字化过程中存在误差,所以形成的数字图精度会与原图形有一定的出入。③地面数字测图。这种测绘方式在各种测绘单位使用比较普及,是一种外业工作形式,其通过全站仪采集地貌地形的数据,然后在室内通过专业的计算机编辑软件绘制成数字化成果图,这种方式测量出的图形精度高,可以满足测量对精度的高标准要求。

数字化测绘技术具有几个突出的特点：①精准度高。数字化测绘技术在实际应用中用高水准的测量手段减少了误差。一般在300m以内测量定物点的误差非常小(±2mm左右)，高度差一般在15mm左右。②自动化程度高。数字化测绘技术就是利用计算机软件来自动处理图形，在识别、连接等全方位实现自动操纵，使数字地形图规范、美观。③图形属性强。再利用计算机数字测图时，对于各种信息都要掌握，定位信息、属性信息以及连接信息等，通过对信息的采集可以利于检索。④图形易于编辑。由于用计算机软件做成的成果图不受图面负载量的影响，都是分层存放的，所以在图形加工的时候可以很容易处理，只要将有关信息输入到计算机，经过处理，就能不断更新、修改成果图。

数字化测绘在公路扩改建中的实际应用如下。

(1)路面优化设计

路面优化设计在公路扩改建中起到重要作用，一般在优化设计中有两种方法，即方案比选和迭代寻优。在进行路面的优化设计时，设计人员可以通过计算机建立高程的数字模型，利用模型可为可行方案提供横断面地面线等数据，然后计算机可以根据平面线形自动生成纵断面地面线，给路面的优化提供很大便捷，设计人员不用通过测量工作就可以在数字高程模型上进行定线，从自动生成的地形数据找出最佳的路面优化方案。公路测量一般采取GPS动态测量技术，如高级公路就是在沿线的每个碎部上通过仪器的接受停留几秒钟，然后输入特征编码，将采集的信息通过测图软件分析处理。这种方法在精度的准确率方面，有很大的进步，而且可以独立作业，不需要太多人员，点与点之间不需要通视，操作简单易行，很大程度上节约了不必要的资源浪费。对于公路的纵、横断面的测量仅需要确定公路的中线，然后利用中线桩的坐标，通过计算机绘图软件的处理分析，就可以绘制出各断面的样点，减轻了外业作业的压力。

(2)既有公路改建的横、纵断面设计

在公路改扩建中既有公路的改建是重点工程，一般需要改建既有公路纵断面的情况包括以下几种：路段太低不易排水、降低陡坡加强通行条件、路面起伏高度不一等。在进行既有公路纵断面设计时需要注意两点：①满足设计规范指标，对于最短坡长、最大纵坡等要根据纵断面所规定的标准设计；②计算既有公路补强厚度，可以降低工程的经济投入，提高施工的效率。

路线横断面设计根据所在地区的各种外界因素(包括地质、水文、气候等)对设计所需的尺寸、参数加以确定。目前使用最广泛的横断面设计方法包括：利用数字化仪进行户外的实际测量；利用数字高程模型，通过平面设计提供参数数据，使横断面上测点坐标恢复到原点，然后采用内插法得到横断面地面线数据，进一步计算出设计线与地面线的交点坐标。在数字化测绘技术中对于路线纵断面的设计主要是根据公路等级的不同以及沿线的因素影响，来确定高程、纵坡坡度、坡长等数据。建立数字高程的模型是实现纵断面地面线获取高程的主要手段，通过计算机可以得到横、纵地面线的数据，可以根据数据在地面图上确定边坡高和高程，实现纵断面设计。目前的纵断面设计方法有两种：一种为传统的设计方法，通过计算机与手工结合的方式来完成纵断面设计，在计算机输入纵断面地面线的数据后，自动生成纵断面图，然后打印出来进行手工拉坡，最后将纵坡设计的数据输入到计算机中，通过计算与输出可以完成纵断面的设计工作；另一种可以在纵断面图上使用交互设备实现交互拉坡，这种方式体现了设计人员的综合水平,对纵断面图的"平、纵、横"都能够协调,而且能很好地把握土石方数量等因素,从而实现纵断面设计的最佳方案。

(3)进行路线的三维可视化设计

路线的三维可视化设计是一种计算机辅助设计,通过CAD软件来实现路线的可视化,即通过对道路设计的数据转换为三维图形或者设计成三维动画。在这种技术下可以呈现仿真的场景,对于公路的扩改建的实施有着很大的帮助。路线的三维可视化设计主要原理:利用数字高程模型生成三维的地表面图形,然后通过计算机辅助软件生成相应的路线三维空间模型,最后将两个图形进行处理,通过消隐、着色、渲染等技术手段,生成整个线路的三维实体仿真图形。这种三维可视技术将设计理念更直观地表达出来,能够直接呈现方案的优缺点,所以这种设计手段对于道路建设以及评估都有很大的作用。

(4)高精度GPS-RTK技术的应用

若改扩建公路沿线是路基沉降和地面沉降的重灾区,必须精密测量路基的位移与沉降的范围、规模、程度和发展规律,且两侧拼宽方式和保持线形标准对测量精度提出了更高的要求,路面误差要求小于3cm。受摄影测量自身的约束,航测数据,尤其是路基路面数据的高程精度还不足以满足既有公路路面拼接的施工图设计要求,因此,需要有高精度的地面测量数据予以保证。但常规测量通常是平面测量和高程测量分别实施,不但存在着视线不畅、车流影响、定向定位不准、水准高程测量困难、工作强度大、工作效率低等问题,而且在沿既有公路进行测量时还有其特殊的难题,如不中断交通的工作组织、测量人员的安全保障、道路构造物的影响等,致使常规测量的数据可靠性和精度都难以有效保证,严重影响施工图设计的质量。

对于这些问题,GPS-RTK三维测量技术提供了可行的解决方案。GPS测量的平面精度已被广泛认可,并已广泛应用于公路设计的各种基础控制测量中,需要研究解决的是GPS高程精度控制问题,即解决由于地球重力场不均匀变化导致的大地水准面非规则起伏,而使GPS测量的大地高程转化为工程需要的几何高程时存在的转换误差。可运用RTK技术与精密水准仪相结合的作业方法,并实时进行成果检测。一整套GPS-RTK三维地面数据采集技术方案,能真正实现一次测量、三维定位,从而大大减少,甚至取代烦琐、困难、精度难以保证的常规地面测量作业。

(5)数字道路模型

一个公路工程项目可包括路基、桥梁、隧道、涵洞、通道、立交、平交、交通安全设施(标志、标线、护栏等)以及其他附属设施等多项工程实体,各项工程实体又是由多种形状各异的构造物组合而成。数字道路模型就是在计算机中建立这些工程实体的三维模型,制作出具有真实感的效果图和三维动画等多种视觉模型,以便人们在计算机上看到其全面情景,从而可对多种方案进行可视化分析和比选。

(6)数字化勘测应用于既有公路改扩建DTM的具体步骤

将数字化勘测设计应用于既有公路改扩建DTM的具体步骤:①首先以测量数据建立设计范围内的广域数字地面模型用于初步设计;②以高精度路基数据构建精密数字路基模型;③将路基模型与测量模型叠加,替换路基范围内的原测量模型,改善并提高整体数字模型的精度,使之既具有路基设计范围内的高精度优势,又具有方案设计所需的宽域比选范围优势。

1.9.3 航测数模技术在公路改扩建中的应用

航空摄影测量(以下简称为"航测")是以空中摄影获取的像片为基础,根据所获航片上的构像信息,从几何和物理方面加以分析研究,从而获取所摄对象信息的一门学科。由于摄影获取的信息量大,反映物体细致、客观,真实和详尽地记录了摄影瞬间的地表形态,具有良好的量测精度和判读性能,能方便地获得被摄地区的大比例地形资料。

与传统的公路勘测设计手段相比,航测把繁重的外业工作大部分变为室内工作,节省了人力、物力,不但大幅度降低劳动强度、提高工效,而且可以保证地形图成图精确,特别是对人烟稀少、气候恶劣和地形困难的地区,效果尤为明显;由于利用航测像片可以获得大面积与实地相似的立体模型和地形图,有利于在大区域内进行路线多方案比选,不遗漏优秀方案;可充分利用航片所反映的地面信息和各种地表现象,根据影像特征进行判释,并配合立体观察,获得测区地貌、地质、水文等各种资料,为多方案比选提供依据;借助数字摄影测量,可直接产生被摄地区的地形三维数据,为公路测设自动化系统提供原始地形数据。

公路航测的作业过程可分为准备工作、摄影工作、外业工作和内业工作四个阶段。由于既有公路改扩建的特殊性,每一阶段的具体工作较一般的航测工作要求更高,具体工作如下。

(1)准备工作

准备工作主要包括接受任务、收集资料、进行路线方案研究、航带设计、完成航摄技术计算、编制领航图等。

(2)航测范围的确定

由于既有公路改扩建工程较多利用既有道路进行改扩建,很少重新开辟新的走廊带,因而航测范围基本是确定的。在局部路段可能会有分线,也可能需要采用新的路线方案,因此需要结合实际情况,对这些地段左右加宽200m、甚至更大,以保证不漏测,为多方案比选创造条件。

(3)航测仪、摄影比例尺与航高的确定

公路航空摄影(航摄)应结合路线沿线的地形起伏情况和成图精度要求,合理选择镜头焦距。航摄比例尺应根据表1.9-1选用,对地形图精度要求高的工程宜选择较大值。

航 摄 比 例 尺　　　　表1.9-1

成图比例尺	航摄比例尺	成图比例尺	航摄比例尺
1:500	1:2000~1:3000	1:2000	1:8000~1:12000
1:1000	1:4000~1:6000	1:5000	1:20000~1:30000

航摄范围横向每侧应覆盖成图区域以外一个航带20%以上的宽度,纵向各向外延伸2~3条摄影基线。进行航带设计时,宜采用1:50000地形图。

飞行质量应符合下列要求:

①像片重叠度应符合表 1.9-2 的规定。

像 片 重 叠 度　　　　　　表 1.9-2

方　　　向	个别最小值(%)	一般值(%)	个别最大值(%)
同一航带航向重叠	56	60~65	75
相邻航带旁向重叠	15	30~35	—

②像片倾角应小于 2°,个别最大可为 4°。
③旋偏角应符合表 1.9-3 的规定。

旋 偏 角　　　　　　表 1.9-3

航摄比例尺 M	一般值(°)	个别最大值(°)
$M \leq 1/8000$	≤6	≤8
$1/8000 < M \leq 1/4000$	≤8	≤10
$1/4000 \leq M$	≤10	≤12

注:同一摄影分区内,达到或接近最大旋偏角的像片不得连续超过 3 片。

④同一航带上相邻像片的航高差应小于 20m,同一航带上最大航高与最小航高之差应小于 30m。

⑤航线的弯曲度应小于 3%。

⑥航迹线偏移应小于像幅的 10%。

⑦沿路线走廊的纵向覆盖,航带两端应各超出分区范围 1 条基线以上。

⑧漏洞补摄时,应根据原设计要求及时进行,宜采用与原摄影相同类型的航摄仪,纵向覆盖范围应超出漏洞外 1 条基线以上。

摄影质量应符合下列要求:

①应根据路线所经地域的地理纬度、气候条件以及太阳高度角对地形、地物照射产生的阴影影响,选择航摄季节和航摄时间,最大限度地减少阴影的影响。

②底片的灰雾密度应小于 0.2;底片最大密度应在 1.4~1.8 之间;极个别的可为 2.0,底片最小密度至少应比灰雾密度大 0.2;底片的密度差宜为 1.0 左右;最大密度差应小于 1.4,最小密度差应大于 0.6。

③飞机低速产生的最大像点位移在底片上应小于 0.06mm。

④底片上的框标及其他各类注记标志应清晰、齐全、完整,底片不得有划痕、斑痕、折伤、脱胶等缺陷。

(4)航带设计

航测是沿着路线方向进行的,但是路线并不是一条直线,所以为了保证航线的直线性,需要将路线分成若干个测段,每一测段再分成若干条航带。一般而言,公路航测采用单航带摄影,但既有公路改扩建中,会遇到需要加大摄影宽度的路段(如大桥、特大桥、互通、多方案等),则需要布设多航带摄影,此时应精细设计航带,使其满足实际生产的需要。

测段和航带一旦确定,就可以根据摄影比例尺及航向、旁向重叠度的要求,确定摄影基线和航线间隔,最后得到可用于摄影工作的一系列资料。

(5) 摄影工作

对于既有公路改扩建而言,摄影工作没有特殊要求,只要满足相关规范要求即可,最后得到的成果是航片。

(6) 外业工作

外业工作主要是指像片的调绘和野外控制测量,这里主要介绍野外控制测量。野外控制测量的任务是根据已知的控制点测定外控点的坐标和高程。随着测量技术的不断进步,在既有公路改扩建的勘测中完全可以使用 GPS 及 RTK 技术提供平面和高程的三维控制,这样将大幅度减少野外作业,提高工作效率。

(7) 内业工作

常规的内业工作主要包括解析空中三角测量、立体测图、地形图生成等。考虑既有公路改扩建项目的实际需要,一般要求提供可以由计算机自动识别和处理的地形数据资料,这就需要采用相关的技术,使得在测图的同时自动记录地形量测数据。在数字摄影测量系统中,需要针对既有公路改扩建的实际需要,进行要素编码,区分各种构造物、空间交叉和其他设施,以保证数字地面模型的准确性和地物空间关系的合理性。

(8) 高精度构网数据的获取

由于航空摄影测量技术自身的限制,航测数据中路面部分的高程精度往往难以达到设计要求的精度,这就需要采取必要的补测措施,获取高精度的路面三维坐标数据。GPS-RTK 结合电子水准仪三维测量技术为此提供了一套可行的解决方案。

RTK 要求一台基准站和至少一台流动站及相配套的数据通信链。基准站实时地把测站信息和所有观测值通过数据链传递给流动站,流动站用先进的处理技术来瞬时求出流动站的三维坐标。利用 GPS-RTK 可以使用较少的人力、物力,高效地获取三维坐标数据,且其平面精度可以满足设计的需要,但高程精度则不能,因而需要采取有效的方法来弥补这一缺陷。

GPS 测量资料与水准测量资料相结合,来确定区域性大地水准面的高程,进而得到该范围内某一点的高程,是一种有效的方法。这种方法要求 GPS 观测点具有水准测量资料且密度适当,分布比较均匀。利用高精度 GPS 定位技术精密确定观测点的大地高程差,并根据建立的适当大地水准面数学模型,内插出计算点的高程异常或异常差,从而得出特定点的正常高。

(9) 数字地面模型和数字路基模型

数字地面模型(Digital Terrain Model,简称 DTM 或数模)是一个表征地形特征、空间分布、有规则的数字阵列,也就是将地形表面用密集的三维坐标表示的一种数学表达式。根据数模中已知数据点的分布形式并考虑数据输出格式及数据处理方式,可将数字地面模型大致分为规则数模、半规则数模和不规则数模三大类,现在公路 CAD 系统中经常使用的是不规则三角网数模,多数的公路 CAD 系统都能够高效、准确地构建不规则三角网数模。

针对既有公路改扩建工程,数模的应用又具有特殊性。首先,要以航测数据建立大范围的数字地面模型;然后利用高精度路基三维坐标数据构建数字路基模型,为了真实再现既有道路的真实几何面貌,需要采用考虑约束条件的构网技术;最后,将数字地面模型和数字路基模型进行叠加,得到可用于公路设计各个阶段的高精度整体数字模型。

1.10 公路改扩建工程的政策与落实

政策是公路改扩建工程的保障,政策制定科学与否,直接关系公路事业的发展和广大人民群众的切身利益。政府在公路建设过程中发挥主导作用主要也是通过政策来实现的。

对于不同的公路改扩建实施模式而言,对交通流会产生不同的影响,征地拆迁的难度也有所不同,因此在研究公路改扩建项目的相关政策时,要结合不同公路改扩建工程实施模式的优缺点,考虑既有的交通流组织情况和拆迁政策的影响,合理解决公路改扩建过程中的各项问题。

1)交通流组织

在公路改扩建工程中,必须遵循以下两个原则:一是,实现安全保障和影响最小。一些改扩建公路工程要求在施工期间不中断主线的交通,保证各个时段主线的通行。对于部分施工过程需要中断主线交通的宜进行集中安排,分区段实施。二是,要将主线交通的影响程度减少到最小。要在施工期给拟改扩建公路提供尽可能大的通行能力,减少影响路段的长度和影响时间。

要实现安全保障和影响最小,就需要分析影响公路改扩建期间的交通流组织的多方面因素,从而制定出合理有效的交通流疏导措施,最大限度地保证公路改扩建期间的交通安全和畅通。公路改扩建期间交通流组织受诸多因素的影响,包括内部因素和外部因素,其中起决定作用的是内部因素,起制约作用的则是外部因素。不同因素对交通组织影响的时间、阶段和程度等各不相同,对其影响的作用也有强弱之分。

2)征地拆迁

征地拆迁是公路改扩建工程区别于新建项目的又一个特点,也是公路改扩建工程的难点之一,为此,公路改扩建建设征地拆迁常被称作"建设第一难"。征地拆迁工作难,难就难在一方面要完成征地拆迁任务,保证公路改扩建项目的及时用地,推动经济又好又快发展;另一方面又要依法保护被征地群众的合法利益,维护社会的和谐稳定。

公路改扩建项目征地拆迁具有如下特点:

(1)极强的政策性

公路改扩建的征地拆迁工作涉及的部门、单位较多,而各个行政管理部门都有相应的法律、法规及政策规定。征地拆迁工作涉及的法律规定有:《土地法》《森林法》《公路法》《环境保护法》《草原法》《水法》《水土保持法》《军事设施保护法》《电力法》《矿产资源法》等,征地拆迁工作必须在这些法律允许的范围内进行,做到有法可依。

同时,征地拆迁工作涉及多方的利益,如国家、集体、个人三者的利益,全局与局部的利益等,要妥善处理好这些关系,调节其冲突。

(2)严格的时限性

征地拆迁工作是公路改扩建工程建设的重要前提条件,是一项十分重要的前期准备工作,必须在公路改扩建工程开工前完成,不允许滞后,否则会给公路改扩建工程带来巨大的损失和影响。同时,公路改扩建工程往往会对既有交通产生一定的影响,这是新建公路工程所不存在的问题。为了减小损失,征地拆迁工作应在较短的时间内完成。

(3) 工作的艰巨性

公路改扩建工程征地拆迁工作的艰巨性主要体现在拆迁量大和占地难度大两个方面。公路改扩建工程征地拆迁工作的艰巨性首先表现在拆迁量大,这一点和新建公路工程有很大的区别。既有公路的升级改造,最主要的技术指标就是增加行车道,即路面的拓宽。长期以来,由于许多地方政府管理力度不够,任由沿线老百姓随意建筑,公路两侧的建筑布置处于无序状态,使我国目前公路街道化的现象很严重,带来的后果是引起公路升级改造时拆迁量增大,工程造价升高,工作难度加大,有时还会造成工程技术标准降低,甚至工程流产。另外,改扩建公路经常会选择拼接模式,这种模式在很多情况下,需要拆除既有公路路基防护、路侧护栏、交通标志、隔离栅等,有的还需要拆除或局部改造一些不满足净宽要求的跨桥或匝道等,这些在新建道路工程中是无需考虑的。

除了拆迁量大,征地拆迁工作的艰巨性还主要表现在占地难度大上。20世纪90年代以后,为了更好解决公路占地问题,国家下发了有关修建公路占用土地的政策和补偿办法,对公路的发展起到了很大的促进作用。但随着国家总体改革的深入和公路建设职能的变化,公路占地价格在逐渐向商用土地转化,使得占地价格翻了几番,同时征地难度也相应增大,这也在不同程度上影响了公路改扩建工程的进程。

改革开放以来,我国立法工作明显加快,国家颁布了许多法律、法规来规范国家的社会生活和经济活动。同时,用于规范公路建设行为的法律、法规也越来越多。

首先,公路改扩建工程相对于其他工程而言,征地拆迁工作涉及部门、单位较多,而各个行政管理部门都有相应的法律、法规及政策规定。征地拆迁工作中涉及的法律主要有:《土地法》《森林法》《公路法》《环境保护法》《草原法》《水法》《水土保持法》《军事设施保护法》《电力法》以及《矿产资源法》等诸多法律法规。征地拆迁工作必须在法律规范允许的范围内进行,做到有法必依。

其次,经过多年的普法教育,人们的法律意识、法律知识得到空前的普及。人们都会自觉地拿起法律武器保护自身合法权益。而公路改扩建工程的征地拆迁工作必然涉及各方面的利益,即国家、集体、个人三者之间的利益,整体与部门之间的利益、全局与局部之间的利益、长远与眼前之间的利益等,关系复杂,利益群体之间的冲突不可避免。为调节这些利益关系和冲突,妥善处理好各种关系,就只有依靠国家的法律、法规、各项规章和政策,这是调节社会生活中诸多矛盾的基本依据。公路改扩建工程的征地拆迁工作要紧紧围绕国家的法律、法规、政策开展,尽可能调节各种利益冲突,缓解各方面的矛盾,保证公路改扩建任务的顺利完成。

3) 征地拆迁应遵循的原则

在公路改扩建工程中,要做好征地拆迁工作,就必须把科学发展观融入工作实践中,遵循以下原则和方法:

(1) 政府主导、国土部门组织、部门联动的原则。随着形势的发展,征地拆迁工作越来越重要,工作的难度越来越大,需要政府主导,多部门参与并积极配合,各级发展改革委、土地管理部门、规划部门、参建各单位进行对接,及时会商,现场解决问题。

(2) 分级负责的原则。公路改扩建工程,属于大项目,对于此类项目,特别是前期征地拆迁工作,要分级分工负责,层层签订协议,并按协议完成任务。

(3)公正、公平、公开的原则。对人民群众的拆迁补偿,要按照国家有关规定进行,要公告,要听证,要产权人签字,要将补偿资金兑付到位。

(4)按政策规定办事的原则。在具体工作中,应严格按国家和有关规定执行,保证国家的有关政策法规落实到基层,落实到农村,落实到人民群众身上,使科学发展观落到实处。

(5)原则性与灵活性相结合的原则。国家有很多政策,这些政策就是原则,但是,在正常处理问题的时候,也要做到灵活处理,在不违背国家政策规定的大前提下,协调处理多方的利益,对各利益方提出的合理要求一定要考虑,妥善处理,必须具体问题具体解决。

(6)紧紧依靠当地政府的原则。大型重点项目用地拆迁,必须紧紧依靠当地政府。公路改扩建工程用地线路长,跨越区域较多,情况复杂,对复杂的问题,要及时向当地政府反映,协商解决。

坚持相关原则,让征地拆迁工作科学、规范、有序地顺利进行,在有效保护耕地的前提下,解决好征地拆迁工作中的各种问题。

1.11 公路改扩建工程设计的一些要求

对拟建工程的各种技术方案、建设方案和运营的经济效果进行分析、计算和评价是公路基本建设工程前期工作的重要组成部分,是建设项目立项、决策的主要依据。其任务是在充分调查研究和必要的勘察工作及科学实验的基础上,对工程新建或改建、扩建的必要性、技术的可行性、经济的合理性和建设规模,提出综合研究论证,并提出是否建设和怎样建设的意见。

1)可行性研究

目前我国可行性研究分为预可行性研究和工程可行性研究两个阶段。大、中型及重点工程项目或技术上复杂程度较高的项目按两阶段进行工作;小型工程和技术较成熟的项目,经主管部门认可后,可简化可行性研究工作程序,但研究深度应达到工程可行性研究的要求。进行可行性研究一般采用动态分析方法,即必须考虑资金的时间价值。在这些方法中,采用最广泛的是贴现法(DCF法)和净现值法(NPV法)。

公路工程项目可行性研究是指,根据现场外业调查和对公路及其综合管网的近、远期规划的调研资料,对公路总体布置及路线、路基、路面、桥梁、互通立交、隧道、交通工程、环境保护、水土保持、道路美学等方案和经济评价等进行研究、论证,对编制工程可行性研究报告进行相关的研究。可行性研究的主要工作内容如下:

(1)项目建设的必要性;
(2)项目所在区域的社会经济状况;
(3)公路概况及存在问题;
(4)交通量的发展和预测;
(5)建设条件、技术标准与方案选择;
(6)建设规模及项目实施方案;
(7)投资估算及资金筹措;
(8)经济评价及问题建议。

2) 公路改扩建设计

公路改扩建设计技术包括各分项工程扩建,即路线、路基、路基填筑技术、软基处理、新建路面、既有公路面改建、临时路面、桥涵[涵洞、通道接长、分离式立交桥(含互通内桥梁)]、隧道、交通工程等的改建和扩建。对公路改扩建工程的具体要求如下:

(1)公路改扩建工程包括多种形式,其中有两侧分离、单侧分离、单侧拼接、两侧拼接等形式。一般"两侧拼接,局部分离"的改扩建方案适用于平原丘地区的公路改扩建工程,可是因为其受到施工组织和保通措施及高填深挖路基安全性的影响,一般采用"单侧加宽"扩建方案。分离式路基一般适用于山区公路的改扩建。

(2)公路的综合有效使用是建立在既有工程设计和既有公路的建设条件相统一的情况下,所以在对公路进行改扩建的过程中要对以往的工程设计有一定的了解和分析,以便于进行综合使用,进而达到公路路线全局设计合理有效的目的。

(3)公路改扩建的原因之一是增强公路的安全性,这就要求在实施公路改扩建之前对整个工程的安全性进行评估,进而制定出相对应的改扩建策略,使工程的有效性有一定的保障。

(4)由于社会经济发展的日新月异,既有的城镇规划不足以满足当前的城镇建设布局,所以要对既有的工程建设及周围环境进行分析研究,制定出合理的建设规划,以达到与城镇整体规划的相互协调和可持续发展的目的。

(5)对于不同路段的环境要采取不同的公路改扩建模式,要根据路段整体情况需要施行符合路段要求的公路改扩建方案。

3) 公路改扩建的动态设计与施工

公路改扩建工程与新建公路工程不同,既要考虑既有公路的利用与交通干扰问题,又要保证改扩建工程的顺利施工,所以施工难度较大。公路改扩建工程施工过程中应根据既有公路开挖后的实际情况,及时调整设计方案,确保公路改扩建工程的质量。新拼接路段和新建路段可以完全按照有关规范执行,对新建或扩建部分公路与既有公路接茬位置、病害处置位置施工等得需采取动态设计方法,不同的路况采取不同的施工方法和处理措施。

4) 改扩建公路的质量要求

(1)缺陷责任期内力争缺陷全修复,修复费确保控制在合同总价的0.5%以内,实现"三年无小修、七年无中修、十年无大修"。

(2)路基工程密实稳定、桥涵工程内实外美、路面工程舒适耐久、美化绿化自然和谐、交通工程安全协调。

(3)杜绝发生重大质量事故和一级一般质量事故,有效防止发生二级、三级一般事故,尽可能少发生质量问题。

(4)消除质量通病,如路基下沉开裂、软土地基沉陷、桥梁伸缩缝和桥头跳车、沥青路面早期破损、预应力结构孔道压浆不实等。

第 2 章 公路改扩建工程技术标准确定、路线方案选择及线形设计

既有公路改扩建路线设计比新建公路自由度较小,而细部设计较为繁多,设计过程应围绕合理利用既有公路的原则,将既有公路改建设计成平、纵、横断面都满足要求的公路。

从不同的角度划分,公路改扩建工程有不同的形式。

(1) 按交通量划分

公路改扩建工程的形式有:路基加宽、提高公路等级、调整路基断面形式、消除局部交通瓶颈路段、修建立交、加强交通安全措施,等等。

(2) 按公路功能划分

为了满足区域路网布局需要、经济需要、国防及政治需要和将来交通发展的需要,公路改扩建工程一般采用提高公路等级和路基加宽两种改扩建形式。

(3) 按公路线形改造划分

新建、部分新建公路工程部分利用既有公路、完全利用既有路线。

(4) 按设计速度划分

公路改扩建工程的形式有:提高设计速度、保持既有设计速度、降低设计速度。

提高设计速度:当既有公路线形指标较高,能满足提高设计速度要求或改造工程量不大时,公路改扩建可采用提速改造形式。

保持既有设计速度:这种改造形式应用广泛,能减少工程量和节省造价。

降低设计速度:这种改造形式较少采用,主要从交通安全角度,经过实际运行速度检验应降低设计速度、保障行车安全时采用。

(5) 按安全性划分

一般公路改扩建工程都采取增加交通安全措施和加强交通管理的措施,采用封闭和立交措施,最为突出的和最具代表性的是一级公路升级改造为高速公路、二级公路改造为一级公路,即"一改高"和"二改一"。

(6) 按路基改造划分

公路改扩建工程的形式有加固加宽路基,对于路基宽度不能满足需求时要拓宽或调整路基断面形式。应用最多的是高速公路和旅游风景区慢游系统加宽,如四车道高速公路改为六车道或八车道高速公路。

(7) 按路面改造划分

公路改扩建工程的形式有路面整修、路面修复和路面加铺、新建。

在实际公路改扩建设计中,可以考虑以上改扩建形式的组合,如不提速不加宽改造、提速不加宽改造、不提速加宽改造、提速加宽改造、部分改线部分不改线、分离式路基与整体式

第2章　公路改扩建工程技术标准确定、路线方案选择及线形设计

路基结合,等等。

总而言之,纵观国内外公路改扩建工程的经验,根据公路改扩建工程技术标准的不同,基于既有公路的线形几何条件和桥梁隧道构筑物工程规模,公路改扩建工程的形式为:二级公路及以下公路改扩建工程,平原微丘区总体上是拼宽+局部改建;山区基本上是调整平纵面线形、指标+局部路段新建;二级以上公路改扩建工程,平原微丘区公路改扩建总体上是拼宽+个别路段改建,山区基本上是平面分离式、纵面分台式+局部路段拼宽+局部路段新建。

各种形式的公路改扩建工程均应根据现行标准和规范,进行灵活设计。

2.1　公路改扩建工程设计原则

公路改扩建工程设计应遵循以下原则:

(1)实事求是、因地制宜

公路改扩建工程是在一定的自然地理、水文地质环境和社会环境条件下,受既有公路的影响和限制情况下进行的。公路改扩建工程应根据改扩建公路的实际功能需求、工程的难点和特点,结合拟改扩建路段的路网结构、沿线大型构造物、互通式立交布局以及沿线地形地质条件、人文环境、生态环境等,理论与实际相结合,统筹标准规范的执行与技术指标的灵活应用进行设计,为此,应结合实际,遵循实事求是、因地制宜的设计原则。

(2)采纳利用已有公路改扩建工程的理论、技术和经验

应充分吸收国内外公路改扩建工程建设的成功经验和先进理念,吸取已有公路改扩建工程中的经验教训,认真做好公路改扩建工程结构和设施方案的比选工作。

(3)"以人为本"的原则,合理选择方案,减少对既有公路交通和沿线社会的影响

公路改扩建工程的建设或多或少会影响既有公路的交通。很多改扩建公路是国家或地方公路网中的干线公路,交通量大,一般来说,沿线所经过的地方是经济比较发达和村屯密集区,改扩建工程应尽量减少对沿线居民的生产和生活影响,尽量保证既有公路的通行,尽量把对他们的出行影响降到最低。路线、路基、路面、桥梁、隧道、互通等各专业的方案拟订应针对公路保通的特点,设计中应尽量与施工期的施工组织、交通组织紧密结合,方案抉择统筹施工保通因素的权重。

(4)可持续发展原则

一般来说,沿线经济较发达,经济和社会发展较快,交通量增长也较为迅速,公路改扩建工程应尽量考虑改扩建公路所在区域的路网规划,在可能的情况下适度超前,使拟改扩建项目能充分适应未来一定时间内的经济和社会的快速发展。在积极建设、完善路网时,既要考虑交通量发展的需要,也要结合路网规划的实际情况,合理确定公路改扩建工程规模,方便工程实施,有利于项目的可持续发展。节约土地资源、减少占地、保护耕地。大部分公路两侧是耕地,我国土地资源稀缺可贵,节约土地、减少征地拆迁数量是方案选择的前提条件之一。互通式立交的拓宽改建,应充分考虑路网的规划和发展,同时要尽量减少公路改扩建对地方道路交通的影响。

(5)安全性原则

公路改扩建工程应从建设期的施工安全和建成后的运营安全两方面综合考虑。在设计

公路改扩建技术

方案的实施过程中,要重视设计阶段的施工组织设计,全面分析实施全过程对既有道路的安全影响。要保持既有路基、防护、桥梁结构物等的稳定,避免大挖大填,护栏、指示标志的拆除应把握恰当的时机,同时应做好安全防护工作。公路改扩建工程施工期间,要提前准备充分,认真分析施工时段,除按时完成工程和保证工程质量外,还必须保障营运车辆的行驶安全。同时,也必须保障施工车辆和施工人员的安全。为尽可能地减小施工对既有道路正常运营的影响,要考虑施工机具、设备的适用性,构造物等的加宽施工要以简便、安全、可靠为原则。

(6)不降低既有公路的技术标准

公路改扩建工程应满足路网结构、功能和预测交通量的要求,方案设计以不降低既有技术标准为基准,有利于优化交通组织,提高道路的服务水平,兼顾地形、环境、占地、规划、收费管理等方面,本着规模适当、功能明确、投资节省、适度超前的原则来确定。山区公路改扩建工程还要根据车辆上下坡性能和效能,遵循"新旧有别",充分发挥既有公路的价值原则。

(7)畅通原则

一般改扩建公路都位于主要经济干线走廊带内,交通运输繁忙,交通量较大,一旦中断交通,将会给沿线的路网带来巨大的交通压力,甚至导致交通瘫痪,给社会效益和经济效益带来巨大的负面影响。因此,保持既有公路的畅通是公路改扩建工程建设的必要条件,也是设计中必须考虑的基本原则。

(8)效益最佳原则

公路改扩建工程作为一项经济活动,合理利润的追求必然要求其在达到工程质量、时间等各项要求的基础上,付出最小的经济代价,获得较好的经济效益。因此,在公路改扩建工程中对各项设施的要求是在保证工程质量要求下方案最经济。在保证设计标准的前提下,要尽可能地有效利用既有公路及构造物,尽量减少土地的征用和建筑物的拆迁,以达到节省投资、减小影响的目的。

(9)方便维护与管理原则

公路改扩建方案要充分考虑工程完工后的道路养护、交通事故处理时交通组织的需要,要有利于公路的维护和交通管理。

(10)确保施工进度原则

公路改扩建工程是在既有公路的基础上进行的,其施工必然影响既有公路和周边公路的交通,也会造成既有公路的运营损失。因此,确保施工进度,尽量减短施工工期。

(11)最大限度地利用既有工程和对废旧料的再生利用

公路改扩建工程方案应充分利用既有工程,并挖掘其潜能,以降低工程造价。既有公路的平、纵面线形标准较高,且完全满足现行规范的要求,可以充分加以利用;在公路扩建中充分利用既有工程、废旧料,特别是对既有公路路面材料的再生利用,既可降低造价,又符合发展循环经济的可持续要求。

(12)充分吸取既有公路建设的经验和教训

拟改扩建公路工程可能会存在一些病害,公路改扩建设计前必须认真调查拟改扩建公路工程的状况,吸取既有公路建设中的经验和教训,采取措施处理已有的病害,采用可靠的方案进行公路的改扩建,确保工程质量。

第2章 公路改扩建工程技术标准确定、路线方案选择及线形设计

（13）注重环境保护和美学设计

公路改扩建设计应注重环境保护和美学设计，使改扩建公路线形、桥梁、隧道、立交和沿线设施等与自然美景相协调，桥梁、上跨分离式立交的改建应追求优美的结构形式和高质量的环境景观。考虑人与自然相和谐，尊重自然，保护环境。

（14）合理采用新技术、新结构、新材料和新工艺

公路改扩建工程设计难度大、科技含量高，但并不是所有的技术创新、措施都能适用。要处理好创新与适用、理论与实践、运营与安全的相互协调关系。

（15）合理利用当地材料和技术

路基、路面设计应结合当地的自然条件，尽量利用当地材料和施工经验、使用效果等，充分利用本地植物进行绿化，进行多方案的比较和运用。

2.2 改扩建公路技术标准的确定

改扩建公路等级的选用应结合工程项目所在地区的综合运输体系、路网结构、远景发展等，根据公路功能、路网规划、交通量等，结合工程项目在所在区域公路网中的地位和作用、使用任务和性质以及远景交通规模等多种因素来综合分析确定改扩建公路的技术标准。在论证建设标准时，突出"项目在路网中的功能和定位"，适度弱化"交通量"的控制性作用，还应考虑公路所在地区的建设条件。如很多西部地区由于地区自然条件和城镇分布等特点，尽管公路运输距离长，但是交通量却相对较小，如果以交通量作为论证公路建设标准的唯一刚性指标，显然难以适应西部很多地区的实际建设需要。公路改扩建勘察设计中遵循"安全、环保、舒适、和谐"的设计理念，灵活运用技术指标，不片面追求高标准。

1）设计速度的选用

（1）各级公路设计速度应根据公路的功能定位、路网结构、等级、交通量，并结合沿线地形、地质等状况，经论证确定。

（2）特殊困难的局部路段，且因新建工程可能诱发工程地质病害和对自然环境产生较大影响时，经论证并报主管部门批准，设计速度可适当降低，但距离不宜太长，或仅限于相邻两互通式立体交叉或交叉口之间的路段，且相邻路段的设计速度差不应过大，线形指标应顺适过渡。

（3）一级公路作为干线公路，且纵、横向干扰小时，设计速度宜采用100km/h或80km/h。一级公路作为集散公路时，根据混合交通量、平面交叉间距等因素，设计速度宜采用60km/h或80km/h。

（4）二级公路作为干线公路时，设计速度宜采用80km/h。二级公路作为集散公路时，混合交通量较大、平面交叉间距较小的路段，设计速度宜采用60km/h。二级公路位于地形、地质等自然条件复杂的山区，经论证该路段的设计速度可采用40km/h，并经论证路基宽度宜宽则宽，以确保其通行能力。

在分析论证设计速度选择时，要清楚地认识到标准规范规定的技术指标是不可突破的下限值，是满足通行能力和服务水平最基本的底线，而不是根据地形地质等条件灵活应用把握的上限值，技术指标底线以上的指标应用是设计人员灵活性、把控能力及水平、理性、智慧

的体现。因此,设计阶段的运行速度的协调性评价远远比设计速度与运行速度的一致性评价更为重要,运行速度的协调性评价只是对公路几何线形指标均衡性和线形连续性的检查,从而进行局部的调整。

设计速度的选用应基于地形条件和既有公路几何线形指标和路段特征区别对待,即因地制宜:一是平原区、山区风景名胜区、生态脆弱区、自然灾害频发区"扩建"公路设计速度宜维持。设计速度直接与主要几何指标相对应,设计速度的提高,必然引起几何线形指标的较大变化,进而必然引起大范围、路段的路线线位的调整和影响既有工程利用率、经济性等问题。特别是风景名胜区、生态脆弱区、自然灾害频发区公路改扩建工程,宜采取"拓宽为主,局部改建为辅"的原则,以避免较大开挖引起的自然环境破坏和诱发地质灾害,用通俗的语言表达就是"路可以弯一点、坡可以陡一点,但要宽一点,行程可以慢一点,但停靠、玩耍的点要多一点",即"等级低一点的弯,高一点的宽,景区的站"。二是城镇密集区"改扩建",设计速度也宜维持。城镇密集区公路沿线路网密集,交通流复杂,高等级公路实际上承载着城市快速干线的功能和特点,频繁的交通流转换是必需的,如对于高速公路,原来80~100km/h的速度同样可满足大交通量、快速通行的需要,不一定要完全提高到120km/h。三是对于"升级改建公路",在既有几何线形条件分析的基础上,宜分段论证确定,特别是山区"升级改建公路"。对于在既有一级公路基础上改建为高速公路的升级改建项目,则应首先在对既有公路全线几何线形测量、拟合、分析的基础上,从整体功能、定位、工程规模、辅道工程等角度综合论证确定。对于既有路线运营状态良好、无安全问题的路段,拟维持原设计速度;对于存在线形不良等问题的路段,宜分路段提升设计速度,提出新线方案。总而言之,新建公路设计速度的选择皆遵循因地制宜的原则,公路改扩建工程更应该充分体现和彰显,适宜是最好的。

2)运行速度设计方法与几何指标的确定

(1)运行速度设计方法的本质:一是设计速度设计+运行速度检验;二是按运行速度检查视距、设置超高、完善设施;三是参考运行速度进行限速管理。

(2)检验的主要内容:一是运行速度的协调性、设计速度与运行速度的一致性;二是反映在项目设计标准选用的合理性、指标选用的协调性、适宜性等;三是运行速度协调性评价指标,即相邻路段的运行速度(节点的运行速度)差小于20km/h,或者运行速度变化梯度小于10km/h/100m。运行速度协调性决定和影响运营的舒适性、安全性和行程的节奏。运行速度协调性本质上就是线形几何指标的均衡性和线形的连续性。设计速度可以通过相邻平曲线超高差值简单而直观的判断其指标均衡性,超高差值越小,均衡性越好。

(3)设计方法的关键点。

根据沿线自然地理环境条件分段选用设计速度。运行速度与几何指标有着密切的对应关系,见表2.2-1。

与运行速度适应的平曲线半径(高速公路、一级公路)　　表2.2-1

运行速度(km/h)	驶入速度区间(km/h)	半径推荐范围(m)
60	60~70	235~310
70	60~80	235~450

第2章 公路改扩建工程技术标准确定、路线方案选择及线形设计

续上表

运行速度(km/h)	驶入速度区间(km/h)	半径推荐范围(m)
80	70~90	310~650
90	80~100	450~1000
100	90~110	650~1400
110	100~120	1000~2000
120	110~120	1400~2000

运行速度设计方法与几何指标取用设计方法:"检验→优化"的多次循环。基于运行速度设计的公路改扩建设计流程如图 2.2-1 所示。

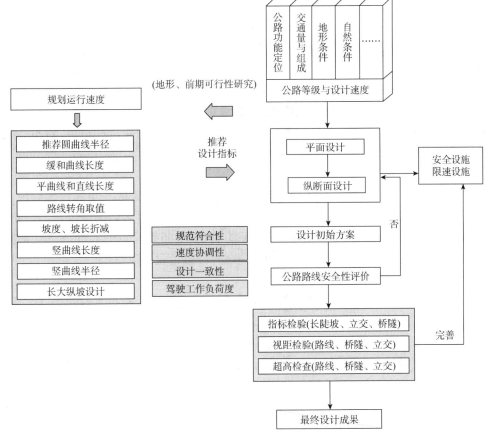

图 2.2-1 基于运行速度设计的公路改扩建设计流程

注:本图中深色铺网处为基于运行速度的公路路线设计相对常规设计流程中增加的环节。

在公路改扩建路线总体方案设计与论证中,应首先考虑消除既有公路的安全隐患问题。比如:对于几何线形指标过低、纵坡大、影响行车安全的路段,应首先将其作为线位调整的重点路段。

局部改线还是利用旧线位,应基于对既有线路的安全性评价进行选择,评价既有公路技术指标与拟采用标准所对应指标的符合性和安全性。

3）车行道数的确定

无论是"扩容扩建",还是"升级改造",扩容是其核心目标之一。因此,在标准选用和横断面布置方面均应围绕这一核心目标,主要采用增加车道数来适应更大交通量的需要。车行道数的确定可按式(2.2-1)计算。

$$N = \frac{N_\mathrm{h}}{C_{\text{基}} \left(\dfrac{V}{C}\right)_i f_1 f_2 f_3} \qquad (2.2\text{-}1)$$

式中：N——单向所需车道数(条)；

N_h——主要方向高峰小时交通量(pcu/h)；

$C_{\text{基}}$——基本路段设计通行能力(pcu/h)；

$\left(\dfrac{V}{C}\right)_i$——第 i 级服务水平最大服务交通量与基本通行能力的比值；

f_1——车道宽度和侧向净宽影响的修正系数；

f_2——大型车辆对通行能力影响的修正系数,$f_2 = 1/[1 + P_{\mathrm{HV}}(E_{\mathrm{HV}} - 1)]$,$P_{\mathrm{HV}}$ 为大型车辆交通量占总交通量的百分比,E_{HV} 为大型车辆换成小客车的车辆折算系数；

f_3——驾驶员对通行能力影响的修正系数。

验算总的设计通行能力是否与高峰小时交通量、实际行车的要求相适应,若不适应,则重新考虑车道数的增减。

4）桥涵构造物利用

对于既有桥涵构造物,建议采用原设计标准进行检测,或者采取一定的加固措施,使其达到原设计标准荷载的要求,避免野蛮拆除。山区公路应关注桥涵防洪泄洪能力。新旧荷载标准有变化,若完全按照新标准要求,显然无法满足,全部拆除丧失了"改扩建"的意义。对于新建的桥涵构造物,应完全按照现行新的荷载标准进行设计建设。

5）考虑设计洪水频率的路基利用

特殊地区高速公路项目设计洪水频率可取 1/50。《公路工程技术标准》(JTG B01—2014)规定:高速公路和一级公路路基设计的洪水频率为 1/100,二级公路路基设计的洪水频率为 1/50,三级公路路基设计的洪水频率为 1/25。对利用二级公路改建高速公路的项目,路基设计洪水频率取 1/100,导致大部分路基无法利用。特殊地区具有降雨量小、地形和河流形态平缓,导致 1/100 和 1/50 的洪水频率对应的路基实际高度差异很小。经研究和调查,区别对待特殊地区(戈壁、沙漠、草原等),特殊地区在利用二级公路改建高速公路时,设计洪水频率可采用 1/50。

6）横断面设计

横断面布置与形式应把握地形横坡,以及城市化发展的特点和需求。断面布置形式应灵活多样,因地制宜。有条件时,采用整体式断面;条件受限时,也可灵活采用平面分离、纵向分台、单向车道分离等断面形式。既避免完全按照新建公路的标准断面形式和填筑开挖较大,又能与既有路基有效衔接,减少工程规模和环境影响,同时,为施工交通组织保通和路网衔接等创造条件。

现行规范与老规范相比,路基宽度与设计速度从一一对应修改为根据交通流特征和交通组织,逐一分析论证,确保中央分隔带、车道、路肩等各组成单元宽度;路基宽度"由双控改为单控"方式,即取消原对不同设计速度各自对应的路基总宽度要求,只根据横断面各部分功能,提出其影响安全的最小值和一般值。具体项目采用时,分析论证各部分宽度后累加确定总宽度。目的在于消除以往既有各部分宽度,又有总宽度引起的一些问题。规范的修订为路基断面形式的布置和组合留出了更多的空间和灵活性,更容易因地制宜。

7) 中央分隔带宽度的确定

中央分隔带宽度根据公路等级、设计速度和中分带功能,以及所需要的防护设施(护栏)的宽度来确定,可以宽、可以窄。对于设计速度80km/h以下的一级公路,中央分隔带是根据分隔设施(不要求防撞功能的)宽度确定的。保证与行车安全条件密切相关的车道宽度、左侧路缘带宽度、右侧路肩宽度等的一致性之后,没有必要保证路基整体宽度的一致性。在公路改扩建项目中,中央分隔带频繁出现宽度变化的情况是比较多的。高速公路中央分隔带宽度不宜频繁变化,中央分隔带宽度频繁变化会影响左侧车道轨迹的频繁变化,进而影响行车安全。

8) 纵坡设计

山区连续长陡纵坡路段多,解决连续长陡纵坡是公路改扩建工程面临的实际问题。据测算,纵坡每放缓1%,建设里程将增加15%~20%,造价增加非常显著,由此产生长期的运营里程和运营成本的增加更为巨大;另外纵坡从4%降到3%,显然坡更长了,但并不能代表行车更安全,长缓坡只是连续纵坡的一个表现形式,从车辆下坡方向的能量积蓄来说,并没有改变事情的本质,从事故统计来看,近76%的交通事故发生在道路条件相对较好的路段。郭腾峰等进行的长纵坡事故调查结论如下。

(1) 事故形态:大车失控追尾、侧翻、撞路侧设施、冲出路外等。

(2) 主要致因:首要原因是超速,次要原因有超载、违章驾驶、车辆改装、车辆故障。

(3) 道路因素:直接导致事故发生的比例极低(公安部资料为0.2%,调研结论为1%)。

(4) 国内外指标对比:我国高速公路连续纵坡指标与国外发达国家相比,基本一致,甚至是偏于安全的。

郭腾峰等进行的长纵坡事故分析结论如下。

(1) 我国大型货运车辆的综合性能与国外存在较大的差距,总体质量功率比小、安全装备配置低下、安全装备技术显著落后、总体价格低廉;尤其是缺少应用于连续长陡纵坡的安全辅助制动装备。

(2) 长陡纵坡路段受到自然地形条件等制约,对车辆非法、非标性问题的安全冗余少,间接成为检验大型货车是否超载、超速等非合法驾驶行为的敏感路段。

(3) 货车的持续制动性能依靠发动机和辅助制动系统(方式),不在于克服制动毂的温度控制问题。制动毂温控模型及研究成果,可用于一定时期内的道路安全问题检验,发现大货车可能出现失控问题的具体位置、路段,以利于采取必要的安全防治措施。

郭腾峰等提出连续纵坡事故的预防必须依靠综合治理措施:①提高车辆生产制造标准;②改变驾驶行为习惯、提高安全意识;③强化交通安全与运营管理;④合理进行纵坡设计;⑤系统采取安全防治措施(标志、标线、护栏、避险车道等);⑥其他措施。

过缓的连续纵坡从某种角度来说,只是长大纵坡的另一种表现形式。从货车下坡安全性的基本原理上来说,势能并未发生本质性变化。不应一味采取减缓纵坡、无限制拉长公路运营里程的思路。

对于上下行分离的公路建设项目,下坡方向不再建议设置"缓和坡段"。相关研究表明,连续长陡纵坡中间设置短的缓和坡段,对于车辆减速没有实际作用,反倒会造成驾驶员错觉(进入了上坡路段),即在下坡的连续长陡纵坡中间设置缓和坡段对安全无直接作用。

运行速度检验是运行速度设计方法的一个重要环节,是路线优化、相关设施完善的依据。路线总体设计完成后,应给出公路建设项目不同路段的总体性限速和速度控制建议,应关注不同限速路段之间的过渡设计。

山区公路连续长陡纵坡路段多,由于受经济、自然环境条件和认识的影响,既有公路连续长陡纵坡路段的纵坡往往较大,甚至略超过现行规范的规定值,而这些路段往往又是工程相对艰巨、桥梁隧道工程较为集中、地形横坡较陡的路段,叠加自然地理空间资源紧缺等多种不利因素,成为山区公路改扩建的重点和难点。公路改扩建工程宜根据车辆上下坡的汽车动力性能和下坡向事故明显多于上坡向的统计规律进行设计。山区高速公路改扩建工程宜将技术指标相对较低的既有公路作为上坡幅,按现行规范规定新建下坡幅的分离式路基,不仅有利于运营安全,充分利用既有工程,节省工程投资,而且有利于施工保通,见图2.2-2。

图 2.2-2　云南昭会高速公路改扩建工程
注:上台为新建下坡幅路基,下台为既有公路上坡幅路基。

9) 技术标准分段设计

首先,一条公路可分段选用不同的公路等级或同一公路等级不同的设计速度、路基宽度,但不同公路等级、设计速度、路基宽度间的衔接要协调、过渡应顺适。其次,不同技术等级、设计速度路段相互衔接的地点,应选在交通量发生变化处,或用路者能够明显判断前方需要改变行车速度处。高速公路、一级公路宜设在互通式立体交叉或平面交叉处;二级、三级、四级公路宜设在交叉路口、桥梁、隧道、村镇附近或地形明显变化处。最后,不同设计路段相互衔接前后一定范围内,应结合地形,使其路线线形、几何指标也随之逐渐过渡,避免突变。设计速度分段一般与既有公路分段相统一。

10) 主要技术指标的控制

对于S形曲线,两圆曲线半径之比尽可能控制在1/2之内,使相邻路段的线形连续、指标均衡变化,避免相邻路段间运行速度出现较大差异。对于多重S形曲线,线形更需要连

第2章 公路改扩建工程技术标准确定、路线方案选择及线形设计

续、指标更加均衡,不应出现曲线长度较短或相邻曲线长短差异较大、对安全不利的多重S形曲线。设计时可以建立曲线超高图和线形比图(以最短缓和曲线为基数,直线、缓和曲线、圆曲线与其之比),看其曲线超高图和线形比图的曲线是否圆顺,圆顺则多重S形曲线线形连续、指标均衡;另外,指标均衡与否可以通过相邻曲线超高差值控制在不超过两个百分点来实现,相邻路段路线线形连续、指标均衡是设计追求的目标,是运营安全的基本保障。

既有公路改建路段平纵面线形指标一般整体相对较低,改扩建公路新建路段的平纵面线形指标相对较高,既有公路利用路段与新建路段之间的衔接过渡必须连续圆顺、指标必须逐渐均衡过渡,以避免发生交通事故。公路改建路段纵面宜填勿挖,尽可能充分利用既有公路路基,以利于施工保通。

公路改扩建工程采用分离式路段应加强分线设计,确保左右幅分线自然、得体,以避免和消除驾驶员视觉上的"茫然"和"疑问",影响交通安全。山区高速公路改扩建工程连续长大纵坡路段往往受地形条件的限制,多采用分离式路基,将线形几何指标相对较低的既有公路作为上坡幅,新建技术指标相对较高的作为下坡幅。左右幅分线是必然的,还可能由于左右幅分线的纵坡指标不一,出现相互交叉的"辫子"布局,产生对向车辆行驶于右侧的"疑惑"。因此,左右幅分线位置、形式必须自然,一般采用以下几种方式较适宜:一是尽可能选择曲线路段,采用转向相反的"人"字形分线或者转向一致的分线,采用位置适当推迟、较大半径分线方式;二是选择在曲线内侧、转向相反,上跨或者下穿既有公路的立体交叉分线方式;三是选择在直线路段适当位置设置曲线自然分线方式。云南昭会高速公路改扩建工程分离式路基分线图如图2.2-3所示。

a)立体交叉分线　　　　　　　　　　b)人字形分线

图 2.2-3　云南昭会高速公路改扩建工程分离式路基分线图

山区公路改扩建过程中,将指标相对较低的路段作为公路改扩建工程的上坡幅,虽然该路段纵坡可能略超出规范规定值,但根据汽车动力学、运营轨迹特征,以及交通事故统计规律,作为上坡幅首先不存在安全隐患,经分析计算通行能力和服务水平后,可以通过设置爬坡车道的方式来保证通行能力和服务水平。在四车道高速公路改六车道高速公路时,将道路线形几何指标相对较低的既有道路作为上坡幅,利用既有中央分隔带渠化交通组织,将大小车辆分离,避免快慢车辆的相互干扰和影响,以利于运营安全,提高通行能力和服务水平,同时有利于施工保通,节省工程投资。

总而言之,平原微丘区公路改扩建工程,鉴于既有公路平纵面线形指标相对较高,地形平坦,桥梁隧道工程小,路域交通路网发达,施工保通压力小,分流组织简便,为充分利用既

有工程,减少国土空间资源的占用,宜遵循"能合则合,不能合才分"的集约化原则。而山区公路改扩建工程面临走廊资源紧缺,既有道路连续升降坡路段多,线形几何指标相对偏低,桥梁隧道工程艰巨等现状,为缓解施工保通压力、保障运营安全、环境景观等,宜遵循"能分则分,不能分才合"的灵活性集约化原则,把握"分合"路段范围和相互的地理空间关系,以及"分合"位置、形式的灵活性,云南小磨高速公路改扩建工程如图2.2-4所示。

图2.2-4 云南小磨高速公路改扩建工程
注:左为既有公路,右为新建设幅(下坡)。

对于设置较宽硬路肩的高速公路,考虑载重车临时紧急停靠在较大超高地段易横向失稳的问题,当曲线超高大于5%时,曲线段硬路肩超高横坡坡度均设置为5%;当曲线超高不大于5%时,超高路段的硬路肩横坡坡度与行车道保持一致,以便于施工。对于爬坡车道横坡,按规范要求设置,最大坡度不超过5%。另外,采用较窄硬路肩时,对于曲线内侧为挖方+小半径曲线的情况,为防止挖方边坡妨碍行车视线,以及设置较宽硬路肩时,应考虑车辆停靠对行车视线的影响,核查行车视距,采取针对性措施,保证停车视距。

山区公路改扩建工程中"四改三""四改二""三改二"是公路改扩建工程的主战场,由于既有公路等级相对较低、路基较窄、构筑物工程少,主体上以土方工程为主,过去受观念和认识的影响,或者说重视和关注程度的问题,很少考虑将"外包内绕"地段路线进一步"外包内绕",以及"截弯取直"产生的废弃路段的利用。其实局部废弃或余宽工程是天然的紧急停靠带、港湾式停靠区、观景台、线外带状停车区,是为驾乘人员提供沿线服务的天然设施,是建立和构筑"快进慢游"系统的重要组成部分,是公路改扩建工程的附加值。因此,设计应给与关注、重视与统筹,应尽可能充分利用,调整"废弃"部分的功能,挖掘其资源的潜力和潜能,根据其"废弃"部分的规模,通过"简单"的修整和渠化,设计成为不同规模、不同形式的紧急停靠带、港湾式停靠区、观景台、线外带状停车区等;根据规模和需求,适当配置必要的设施服务于运营,提高既有工程的利用率(图2.2-5)。

图2.2-5 云南省某干线公路改扩建工程

11)技术标准论证时应满足的条件

在进行公路改扩建工程论证比较时,应满足的条件如下:①满足交通量增长的需要;②提高拟改扩建公路的服务水平;③节约投资;④保证工程质量。因此,公路改扩建技术标准的比选内容为:功能与作用,通行能力与交通安全,占用土地和工程投资,实施难度与质量保证,等等。

2.3 公路改扩建方案确定

2.3.1 公路改扩建方案分析论证的原则

公路改扩建方案分析论证的基本原则:

(1)一般改扩建公路都位于主要干道经济走廊带内,交通运输繁忙,所以应合理选择公路改扩建方案,减少对既有公路交通的影响是改扩建方案的重点,即加强对施工保通和工期控制要素的考量。

(2)既有公路路域土地资源稀缺可贵,两侧多为耕地,节约土地资源、减少征地拆迁数量是方案选择的前提条件之一。

(3)在路网建设时,既要考虑交通量发展需要,也要结合路网规划的实际情况,合理确定公路改扩建工程规模,以利于项目的可持续发展。

(4)公路改扩建方案要充分考虑道路养护、交通事故处理的需要,有利于道路的维护和交通管理。

(5)公路改扩建方案应充分利用既有工程,挖掘潜能,降低工程造价。

2.3.2 公路改扩建方案的类型及其优缺点

公路改扩建方案分为路网加密(复线)、近距离新建和既有公路加宽3种。又可将既有公路加宽的具体方式分为完全拼接式、不完全拼接式和分离式3种,其中完全拼接式又分为两侧加宽和单侧加宽。

1)路网加密方案(多路径扩容方案)

路网加密方案能调整和优化路网结构,增加公路交通节点,加大公路网密度,提高通行能力和服务水平,解决交通拥挤问题。通过路网加密,使长距离行驶车辆选择不同的路线走廊,即多路径。路网加密方案也可被认作大范围、"面"的改扩建方案,国家规定两者相距60km以内的公路称为复线或者并行线(沿既有公路改扩建方案可认为是"线"的方案),即交通通道多路径扩容。路网加密方案的优点主要有:

(1)有利于加密方案所在沿线交通条件的改善,覆盖和影响更大的范围,提高路网密度,完善路网布局,促进区域经济的均衡发展。

(2)施工对已建公路的交通不产生干扰。

(3)已建公路能全部利用,不产生废弃工程等。

路网加密方案的缺点主要有:

(1)工程投资规模大。

(2)需占用大量的农田土地,规划的很多公路沿线人口稠密,重新规划道路需拆迁安置大量建筑,实际操作难度较大。

(3)对已建公路交通吸引有限,特别是加密公路建设规模较小时,对长距离交通吸引甚微等。

受公路投资体制的影响及地方利益的驱动,各地对线位方案,都要求尽可能多地采用新线位,以获得尽可能多的公路里程长度,线位方案某种程度上成为政治问题。

2)近距离新建方案(多车道扩容方案)

近距离新建方案是在既有公路两侧或一侧适当位置新建两条单向公路或一条双向公路,与分离式加宽有相近之处,与既有公路一起组成多车道同通道的公路,即同一交通通道多车道扩容,以期达到公路扩建目的。近距离新建方案的优点主要有:

(1)近距离新建方案避免了对既有公路通行的影响,避免了路基、路面、桥涵等构造物的拼接,具有路线布设"自由"灵活,能够较好地适应地理环境,结构物设置和路基高度很容易满足沿线既有道路、水利等设施状况和规划要求等优点。

(2)施工期对既有交通干扰小,可基本维持既有公路的功能。

(3)已建公路能全部利用,不产生废弃工程,社会影响小等。

(4)有利于形成快速、集散的交通组织方式,提高交通走廊通道道路的整体通行能力和服务水平。

(5)施工质量、工期相对易于控制和保证,技术风险小。

(6)能较好地解决构筑物直接拼接所引起的桥跨净高、净宽等问题。

近距离新建方案的缺点主要有:

(1)一定程度上受地理空间的限制,工程规模和拆迁大、新增占用土地面积多,个别局部地段可能产生土地的分割和分隔,影响土地开发价值。

(2)工程直接投资相对较高,工程造价高。

(3)建设里程较短时,吸引交通量有限,投资效益不佳。

(4)新建公路与既有公路之间车辆转换的灵活性受到一定限制。一般情况下,分离方式总断面的通行能力不如直接拼接模式总断面的通行能力强。

(5)路网布局不均,不如加密方案合理;近距离新建方案设计(尤其是主要节点的线位选择)、施工及运营管理,一定程度上受到已有公路的制约;将对区域土地利用、城市建设、地方路网等产生影响。

(6)对环境影响较大,路基间边沟排水系统性和协调性要求更高。

(7)服务设施改动大,互通式立交改造和设置较困难。

(8)新、旧公路对土地的分隔将直接影响农田水利基本建设、土地耕种以及土地综合开发利用,限制了后期的发展。

两侧分离加宽方案是在既有路基的两侧新建一条或两条公路,平、纵面线形不限于既有公路同时分离的方案。两侧分离加宽方案适用条件:扩建范围内基本上都是在技术上难以直接拼接的大型构造物,或者即使能够采用直接拼接,但经济上极不合理的地方,如城镇拆迁规模较大等。另外,平面重叠、纵面叠加是分离加宽的一种特殊方式,在自然地理空间严重受限的特殊咽喉瓶颈路段,可以采用如图 2.3-1 所示的方案,在既有公路平面用地范围内,新建高架桥叠加实现分离加宽扩容的目的。该方案多用于城市周边和山区特殊路段。

图 2.3-1　平面重叠、纵面叠加的双层多车道扩容方案

3) 既有公路拓宽方案

通过既有公路拼宽扩建方式,在既有公路(桥)两侧或一侧拼接出所需的宽度。既有公路拓宽方案一般有单侧加宽、双侧加宽、混合加宽、中间带减宽等方式。单侧和双侧加宽均包含分离和拼接加宽,分离和拼接加宽又包含高架桥方案和路基方案,高架桥方案包含内侧高架、外侧高架方案,见图 2.3-2。

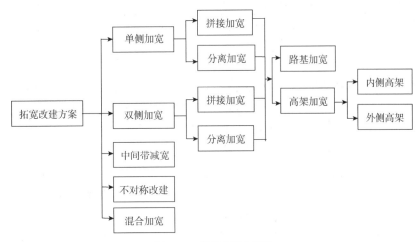

图 2.3-2　拓宽改建方案图

既有公路加宽方案的优点主要有:一是通过对既有公路拓宽改造能够拉动沿线经济发展,使沿线经济效益大幅增长;二是既有公路改造主要是沿既有公路进行布线,因此能够大量节约耕地,充分利用既有路基和桥涵构造物以减少投资;三是减少对农田基本规划和农田水利设施的影响;四是不改变已有的管理养护模式,且规模变化较小等;五是将原来的二级、三级公路改建成一、二级公路,路面质量将有很大提高,沿线的环境状况将有明显的改观,减轻了噪声、粉尘、废气等污染。

因此,拓宽既有道路提高既有线路的等级成为缓解交通运输紧张的重要手段。但也存在以下主要缺点:一是施工对已有公路交通产生干扰,且交通量越大,干扰越大,可能使施工期延长;二是部分工程,如互通式立交的排水防护几乎全部废弃重建,社会影响不好;三是新旧路基、桥涵结构物衔接困难(尤其是软基路段);四是交叉工程可能会存在净空不足,引起其他工程变化;五是单向车道数增加较多后,将降低单车道通行能力;六是与新建一条公路相比,可能会在施工期产生交通分流、施工组织等问题。

一般情况下,平原微丘区公路(既有公路)加宽方案的设计、施工等相对简单。山岭重丘区的公路加宽,由于受到高边坡、隧道、特大桥等的制约,往往施工难度很大。

无论采用何种路基加宽方法,都要保证新旧路基能很好地结合,重点处理好新旧填方路基差异沉降和构筑物结构受力的问题。如结合不好,路基的新填部分就有可能产生下沉、滑移或结构损伤,导致路面变形或结构开裂。

公路的拓宽扩建方式有:单侧加宽、双侧加宽、中间带减宽、不对称改建、混合加宽等。

(1)单侧加宽

单侧加宽针对既有公路一侧受建筑物或地形限制的情况,从另一侧对既有公路拼接,见图2.3-3。

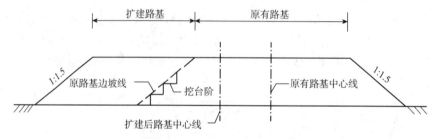

图2.3-3　公路单侧加宽方式

单侧加宽的优点主要有:一是路基不加宽侧的防护、排水沟、防撞护栏、隔离栅等设施可继续使用;二是施工对公路上的交通影响较小,既有的公路可继续维持交通;三是只有一侧施工作业,且施工作业面宽,有利于大型机械开展工作;四是施工期间临时工程少,临时占地较少,施工便道、预制场仅沿加宽侧布设即可满足需要;五是新旧路基只有一条拼接缝,有利于减少工后不均匀沉降,有利于路基稳定;六是充分利用既有地形,减小拆迁量。

单侧加宽的缺点主要有:一是路基中心线因发生偏移,平面线形需重新拟合;二是处理既有公路路面路拱坡度和既有中央分隔带的投资增大;三是既有的中央分隔带用作行车道,其中央分隔带和加宽一侧既有的设施(如排水、通信管道、防撞护栏、隔离栅等设施)不能利用,须拆除重建,新中央分隔带内的相关设施须重建,路基加宽侧的防护、防撞护栏、隔离栅等设施不能利用,也须拆除重建;四是上跨桥梁因主线平面线位向一侧偏移,导致桥梁净空(净宽和净高)不足,须拆除重建,造成工程浪费,如原主线桥梁分两幅设置,合并为一幅技术难度大、施工困难且对既有公路造成交通干扰,加宽侧互通匝道线形调整较大;五是新、既有公路幅横断面不能有效组合,会同时导致路拱横坡出现两次转折,路拱不规则,路面排水复杂;六是会导致加宽一侧路面结构加铺层厚度增加,造成加宽一侧路面厚度不均匀,受力复杂,设计与施工难度增大;七是设置中央分隔带时甚至会导致雨水无法排出,必要时需增加路面排水设施。

单侧拼接加宽或分离加宽方案适用条件:扩建范围内大型构造物少,填挖小,用地不紧张的地方等。

（2）双侧加宽

双侧加宽是在既有公路的路基两侧直接拼接，基本保持既有公路的几何线形，既有的中心线可留作加宽后公路的中心线，见图 2.3-4。这种加宽方式为高速公路拓宽最常用的手段，适用于既有公路两侧不受建筑物限制的情况。

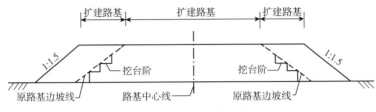

图 2.3-4　双侧加宽方式

双侧加宽的优点主要有：一是基本保持了既有公路的几何线形，既有道路的中心线可留作加宽后公路的中心线；避免了因行车道的重新划分而引起的对主线桥梁、通道等中央分隔带、防撞护栏的拆除。二是为改扩建方案的实施提供了有利条件，即使在两侧建筑物密集区，双侧加宽也可使路线按既有平面、纵面线形顺利通过，将大大减少征地和拆迁费用。适合于通过城镇地区公路的低路堤和受居民房屋、建筑物、电力通信线所约束的路段。三是中央分隔带及内部的排水、通信管道、防撞护栏等设施可充分利用。四是新既有公路幅横断面能有效组合，路拱规则，可继续使用，路面排水简单。五是部分上跨桥梁净空（净高和净宽）影响不大，主线桥拼宽难度较小，施工也较方便。六是能有效提高断面通行能力。七是公路互通式立交大多为单喇叭形和苜蓿叶形，大部分立交均可通过调整匝道半径，利用匝道拟合来完成改建，改动量较小。八是避免了同一行车方向上车道的不同横坡（非超高段）和车道的零横坡（超高路段）。九是工程直接投资相对较少。十是能有效提高断面通行能力。

双侧加宽的缺点主要有：一是路基两侧的防护、排水沟、防撞护栏等设施须拆除重建。二是新旧路基之间的差异沉降难以控制，特别是新旧路基和新老桥之间的不均匀沉降问题难以解决，增加了设计、施工技术难度，施工质量较难控制。三是施工期间临时工程量相对较大，占地较多，施工便道、预制场须沿公路两侧布设；拆迁量相对较大。四是施工对交通影响较大（两侧干扰），必须做好施工期间的交通组织和安全工作，有可能要临时中断交通或封闭部分车道。五是施工工作面小，不利于大型机械开展工作；如果是高路堤，而且加宽值又不大，则难以保证新老填土之间的紧密结合，位于既有公路两侧会产生两个加宽部分的较大沉降，影响路基的整体稳定性，易受雨水的影响等。六是既有公路拓宽后，沿线所有不满足净宽要求的支线上跨桥、互通匝道上跨桥及与主线相连的匝道必须拆除重建或局部改造，废弃工程量较大。七是对于有净空要求的跨河、跨路主线桥梁，拓宽改造后受既有公路横坡影响，容易导致桥下净高不足。八是施工过程中不可预见的因素较多，费用较高，工期相对较长。九是总车道数达十车道及十车道以上时，直接拼接的整体式断面行车组织困难，车辆交织频繁，断面通行能力会相对下降。

双侧加宽方案的适用条件：扩建范围地质条件较好，基本上没有难以直接拼接的大型构造物，或用地紧张、拆迁较少的公路改扩建工程。

总体而言，双侧加宽比单侧加宽的工程规模小，可利用的工程项目多。若施工条件允许且道路较宽敞,宜采用双侧加宽;若道路宽度较窄,并且施工条件不允许,宜采用单侧加宽。

(3)分离加宽

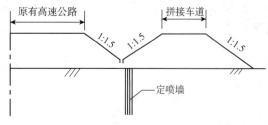

图2.3-5 分离式路基断面形式

分离加宽方式通过在既有公路的两侧或一侧适当位置新建两条单向或一条双向公路,与既有公路一起组成多车道公路,以期达到扩建目的。这种加宽方式适用于重丘山岭地区和公路沿线复杂的互通立交路段。分离式路基断面形式见图2.3-5。也可在新旧路基之间设置分隔带或将新建部分与既有公路拉开一定的距离,与近距离新建公路方案有相近之处,使平面和纵面同时分离,纵、横向处理空间相对较为自由。

分离加宽的优点主要有:一是施工期对既有交通干扰小,可基本维持既有公路的功能;二是施工质量相对易于控制和保证,技术风险小;三是新路部分可采用以桥代路,适应性较强;四是支线上跨桥梁可最大限度地得到利用,减少废弃工程量;五是能较好解决直接拼接所引起的主线桥桥下净高不足的问题;六是有利于形成快速+集散的交通组织方式,提高整条道路的通行能力。

分离加宽的缺点主要有:用地较多;工程投资相对较高;总车道数不超过双向八车道,分离加宽方式总的断面通行能力不如直接拼接方式总的断面通行能力;快速车道与集散车道之间车辆转换的灵活性受到一定的限制。

单纯从降低工程拼接难度、降低交通组织难度的需求出发,采用分离加宽方式具备优势。但任何事物皆存在两面性,方案抉择必须统筹各方面的因素和各种因素,因为矛盾和矛盾的两方面存在主次之分,任何事物皆存在一分为二的两方面。总之,把握核心、统筹全局、综合各方才是科学辩证的,整体大于部分之和。

采用分离式加宽路基方案可以消除既有公路几何线形的"瓶颈"路段。在山区局部施工困难的特殊路段,同时还可以经比选论证,在保证行车安全和通行能力的前提下,如图2.2-2、图2.2-4所示,适当降低个别路线平、纵面线形指标,适度改造利用既有公路作为一幅路,采用相对较高标准新建另一幅路。

分离方案结合交通组织和"集散+快速"的思路还可以分出多个细节方案:一是内侧既有公路作为"集散"道路,满足短途交通的需求,外侧新建车道作为直达车道(只与部分互通连接,如铁路快车的间隔停靠)满足快速通行的需求,即直达快车道(专线);二是内外侧车道都与互通相接,内侧行驶小汽车、外侧行驶其余车辆,为小汽车提供快速服务,即快慢车道渠化;三是外侧车道与互通相接,封闭既有公路上部分既有互通的出口,实现内侧车道的直达通行,将外侧车道作为"集散"道路使用;四是在山区采用不等高的分离式路基或半路半桥,可使线形设计因地制宜、安全经济、造型美观、顺应自然且与环境美景相协调。

(4)高架桥加宽

高架桥加宽:由于受加宽带的限制,可以向既有公路的上下拓展空间,在既有公路的一侧或两侧、中分带位置设置立柱,把加宽部分高架于既有公路之上或者一侧或两侧,以最大限度地减少占地或者缓解地形、地物等限制,增加车道数和通行能力,一般多用于城市周边公路改扩建工程。

如张罗公路 K1+000~K2+060 为临河傍山公路,既有路基宽约 12m,改建为双向四车道,右侧(北)4~13m 衡重式挡墙下方约 20m 为澧水河道,右侧拓宽,必然侵占河道,破坏自然环境。左侧(南)山体陡峭,上邻焦柳铁路,不能开挖拓宽。综合该段"左右为难"的空间因素,决定采用如图 2.3-6 所示新建半桥,与既有公路组合成为半路半桥断面的方案。方案设计中保留了既有公路挡墙,既有挡墙上安装预制挑板设置人行道,合理利用和挖掘了既有空间资源,缓解了施工保通压力。

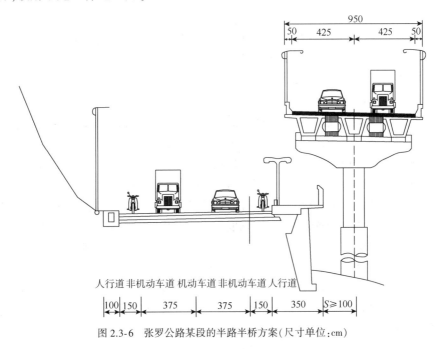

图 2.3-6　张罗公路某段的半路半桥方案(尺寸单位:cm)

(5)利用中间带加宽

在高速公路修建时预留较宽的中间带,一次性控制公路红线,以便于将来在中间带位置采用拓宽道路的方式实现公路改扩建,见图 2.3-7。

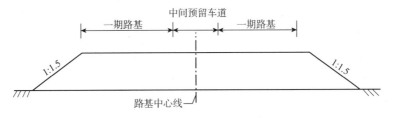

图 2.3-7　高速公路中间预留带的拓宽方式

(6)不对称改建

有时在一条公路上由于往返交通量、运输载运量的不对称性,可能一侧运输量或交通量远大于另一侧的运输量或交通量,导致交通服务水平需求不一,在公路改扩建时可以采取不对称的改扩建模式,在路面结构、车道数等方面有所差异。

例如,云南团结乡一级公路,主要承担建筑材料运输,往城区为重车,往沙场为空车,往返向路面设计采用不同的厚度。又如在龙(游)丽(水)龙(泉)一级公路改高速公路工程中,由于货物运输方向的不对称性,货物运输主要集中在右幅。为充分发挥投资效益,采用了往返向不等厚的结构,即在通行重车、车辙严重的一幅采用铣刨2cm,再加铺6+4改性沥青混凝土结构,使路面总结构厚度达到20cm,并在坡度大于2%的上坡路段外掺0.5%PRPLAST抗车辙剂;另一幅重车流量较少,仅对既有公路路表进行简单拉毛后,加铺4cm改性沥青混凝土,总厚度为16cm。

(7)混合加宽

混合加宽方式是以上几种加宽方式中的两种或两种以上的组合形式。混合加宽方式由于几何线形发生扭曲,平面线形须重新拟合。

对某条具体公路而言,不可能从头到尾采用一种加宽方式,具体采用哪种方案,应结合每条公路各路段所在地区的规划、交通状况、既有公路现状、地形地质条件、沿线土地利用、自然生态环境条件等,综合比较论证,择优选取。各种公路加宽扩建方式均有各自的优点与不足。对改扩建公路来说,由于沿线地形地貌条件、构造物的结构与规模、地质条件等均在不同段落存在着差异,因此全线采用单一的公路加宽扩建方式是不一定合适的,应根据不同段落的具体特点灵活选择。下面分析公路改扩建中常用的3种混合式加宽方案。

一是双侧直接拼接为主、局部分离为辅的混合式加宽方案。其优点:既包含双侧加宽的全部优点,又可以结合既有公路在拼接有难度(存在技术难度或工程难度)的路段选择局部分离来化解矛盾。其缺点:增加了路线分、合的段落,交通运行安全性降低,需要增设交通工程设施,工程费用稍有增加。

该方案既要考虑既有公路改建的特点,又要保证新建与既有公路路面的拼接质量,纵面的调整、改建方案、路面拼接等方面必须有机结合,路面设计宜采取动态设计的方法,充分利用既有公路面的强度,并根据现场反馈信息不断调整、优化设计方案。

该方案适用于沿线地形和地质条件较好、特殊结构形式的构造物较少、互通式立交分布间距较大、改建成总车道数为双向八车道及以下规模的高速公路。可在大部分路段进行两侧拼接,仅在一些不能直接拼接的特殊桥梁、互通式立交、隧道等地段采用分离式断面。

二是双侧分离式改建为主、直接拼接为辅的混合式加宽方案。该方案主要适用于山区既有公路沿线地形和地质条件较差、大型结构物分布密集、路段交通量大的改建工程,同时可结合改建工程对交通实施有效的组织与管理,提高改扩建期间的公路通行能力。

三是总体单侧分离、局部双侧分离或直接拼接的混合式加宽方案。该方案为组合方案,即在既有公路一侧新建一条公路。新建的公路位置选择在建设条件相对较好、拆迁少、限制条件少的一侧,而且应尽量靠近既有公路以减少占地,并统筹处理好两者之间的关系,避免"夹心地",影响农田耕作和土地开发。

对于无出入口要求、但必须采用分离的路段,如特大型桥梁、蒸发池、取土坑、地基处理极为困难而导致新建道路与既有公路基无法直接拼接的路段,可采用双侧分离扩建方式;对于地形和地质条件好、构造物拼接容易、由于功能性需要(如互通式立交最大间距限制等)必须直接拼接的局部路段,宜采用直接拼接式断面。

拼接与分离相结合的模式:根据不同路段的具体情况,在某些路段选择沿既有公路直接拼宽,而另一些路段则在既有公路两侧适当位置新建两条或一条双向公路。拼接与分离相结合模式兼具这两种实施模式的优点,与单独采用拼接或者分离模式比较,这种结合模式的拆迁量、占地相对较少,工程投资也相对较小,断面通行能力也得到有效提高,同时,在施工期对既有交通干扰较小,施工质量能得到较好保证,新路的适应性也相对较强。

4)公路改扩建模式的相对性

公路改扩建的平面设计:一种是对既有公路进行加宽改造,以缓解目前较大的交通压力;另一种通过公路改扩建,以消除陡坡急弯和行车视距不满足要求的"瓶颈"路段,避免有沿线城镇街道化居民点的过境线,改造与河流、其他公路、铁路的交叉方式和交通组织形式,适当调整或平、纵面线形几何指标,如平曲线半径,以整体提高既有公路等级或既有公路的服务水平和通行能力。

无论是既有公路加宽改造,还是公路改扩建,无论是单侧整体式加宽、双侧加宽整体式路基,还是分离式、"辫子"左右换岸交叉的改扩建方式,皆应加强对沿线几何指标"瓶颈"、城镇过境、生态环境脆弱路段,以及地质灾害频繁区域、交通事故集中路段和自然环境景观优美区域,以及地形地质复杂、工程艰巨路段的和交通咽喉路段的研究和分析,应围绕着公路运输的核心功能,遵循"畅、安"是"舒、美"的前提和基础的原则,本着根治地质灾害,提高公路抗灾防灾能力,消除安全隐患,保护生态环境,避免诱发次生灾害为指导思想,采用"宜曲则曲、能宽宜宽"和"宜合则拼、宜分则分"的方式,因地制宜地确定局部路段道路等级,灵活应用技术指标,合理把握公路改扩建方案。公路不同拼宽、改扩建的方式各具特色,各有千秋,皆不是绝对的,是相对的。与新建公路项目相比,方案抉择考虑的要素基本相同,不同的是要素的权重考量不一,既有工程的利用与施工保通、国土资源,以及与既有道路的连接和有机组合是方案抉择的考量要素。公路拼宽、改扩建的方式的针对性和可操作性至关重要。

2.3.3 公路改扩建方案比选论证

1)既有公路扩建与新建的比较

公路新建包含同一走廊内另行新建半幅或者新建部分车道或者另外新建一条公路,以及另选走廊新建一条公路的几种方式。根据国家指导意见,两走廊相隔60km以内的称为复线,既有公路扩建与新建相比,主要优点(表2.3-1)有:

(1)扩建能最好地适应交通发展的需要。一般公路贴近交通发生源,既有公路扩建能最大限度地满足沿线交通发展的需求。

(2)沿既有公路扩建能很好地适应既有交通流的需求,充分发挥国道主干线公路的作用。

(3)沿既有公路扩建为以后的发展留下更多的选择余地,为路网合理布局提供条件,减少了未来规划的矛盾。

(4)新增占地较少,有利于环境保护,且改扩建成本较小。

主要缺点(表2.3-1)有:

(1)路基、路面、桥涵、互通式立交的拼接施工较复杂,且在改扩建施工中的交通组织难度相对较大。

既有公路改扩建方案与新建方案比较　　　　表 2.3-1

序号	比较内容	新建方案	既有公路改扩建
1	社会效益	形成新的经济带,增加辐射面,公路走廊资源浪费,社会效益较差	充分发挥廊道占用效益,提高通道潜在运输能力,社会效益较好
2	路网布局与结构	增加路网密度,提高运输能力,路网布局有可能不尽合理,影响区有可能重复叠加	提高路网结构达到提高通行能力,路网布局较为合理,避免重复建设
3	通行能力与交通安全	总通行能力较小,大小车辆混杂行驶,行车、超车受到较大干扰,平均行驶速度明显降低,对行车安全不利	总的通行能力较大,可按车型、车速分道行驶,相互干扰小,平均行驶速度高,对行车安全及顺畅通行有利
4	对沿线城市的发展	缓解城市交通压力,影响产业布局及城市规划	保持现状连接和城市规划,有利于长远发展
5	占用土地及环保	新增占地较多,拆迁、移民量大,对环境影响较大	新增占地较少,有利于环境保护
6	技术方案、实施难易程度	不存在技术难点,设计、施工、质量保证措施相对简单,不影响既有交通	存在路基、路面、桥涵、互通式立交的改造问题,施工中的交通组织等方面难度相对较大
7	对既有交通的影响	在施工中,基本可避免对既有公路交通的影响	在施工中,容易对既有路段的质量、既有公路及桥涵的拼接造成明显影响,对既有公路通行有影响
8	经济评价指标	指标相对较低,国民经济和财务效益相对较差	指标相对较高,国民经济和财务效益相对较好

(2)新路基引起既有公路路基的附加沉降,且新旧公路路基之间容易产生差异沉降,从而在新旧公路路面交接处容易出现纵向裂缝等病害。

与新建方案相比,在既有公路路基边坡上拼接(扩建)虽然存在拼接、交通分流、施工组织等技术难题,但最大限度地利用了既有资源,与新建复线相比,可节约近一半以上的土地。从理论上讲,一条八车道高速公路的通行能力大于两条四车道高速公路的容量总和。从经济学角度来说,需要统筹两方面的影响:一是路网规划和布局;二是交通的适应性。一般来说,既有公路对沿线经济发展产生了深远影响,但山区公路桥梁隧道等构筑物较多,填挖边坡高,路网稀疏,无论是一侧加宽,还是双侧拼宽,工程拼接结构、施工保通等问题较多,因此,平原微丘区,宜"能拼则拼、不能拼则分、路网结构和产业布局需要则复",山区宜"综合统筹,分合灵活,宜近不宜远",分离式路基有近距离复线分离或相邻分离、小距离分离等形式。

2)单侧加宽与双侧加宽的比较

一是双侧加宽可以降低新旧路基的差异沉降。单侧加宽由于新加宽路基宽度较大,新旧路基差异变形也较大,而双侧加宽由于每侧加宽宽度较小,新旧路基差异变形相对较小,从控制路基变形、保证工程质量方面考虑宜采用双侧加宽改扩建方案。

二是双侧加宽有利于减少拆迁数量,保护环境。公路用地边线距路肩边缘有一定的宽度,为改扩建方案的实施提供了有利的条件,采用双侧加宽可大大减少拆迁。而单侧加宽由于加宽宽度大,拆迁量必然较大,有可能会影响公路的平、纵面线形。

第2章 公路改扩建工程技术标准确定、路线方案选择及线形设计

三是双侧加宽有利于施工及保证质量。双侧加宽可按既有公路横坡顺接。单侧加宽需调整既有公路基路面、桥梁横坡,施工复杂,单侧加宽可减少一条纵向接缝。

从施工方便程度和施工质量方面来看,单侧加宽与双侧加宽相比,有如下特点:

(1)单侧加宽方式路基只需一侧加宽,便于施工和保通。

(2)单侧加宽路基加宽值较双侧加宽要大,施工场地较宽,路基压实度容易保证,且基底处理一系列施工工序都集中在一侧进行,施工进度较快。

(3)单侧加宽可以减少新旧路基接触面,而且既有公路在一侧加宽可以少占用良田,降低路基基底处理难度。

(4)高速公路单侧加宽时,中央分隔带需要移位,对既有中央分隔带绿化、通信管缆设施、路面等进行处理。

改扩建工程"宜早不宜迟"。一般以既有公路的服务水平降至其基本的服务水平之前为宜。

无论采用哪种路基加宽方法,都要保证新旧路基能很好结合,使新旧路基共同受力。不同的建设方案,影响区域的经济发展,牵涉路网布局,并与环保、工程投资、交通组织及社会和自然环境等密切相关。采用何种方案,应结合每条公路的自然地理环境和区域经济社会环境条件,综合比较论证(表2.3-2),择优选取。公路改扩建工程一般采用对既有公路进行拓宽改造的方式,其主要原因是:

各方案综合比较表 表2.3-2

方案	优 点	缺 点
双侧加宽方案	1.行车安全性较高。可按车型、车速划分车道,规范行驶,降低了车辆因超车而变线的频率。 2.新增占地数量少。 3.可以利用既有的路面横坡,在既有路面上加铺补强路面,路面处理厚度较均匀,施工方便。 4.工程投资少	1.需严格控制差异沉降,以减少路面纵向裂缝。 2.行车干扰大。施工期间对既有道路的交通干扰较大。 3.施工组织复杂。改扩建施工对交通的影响主要是施工占道对交通的影响、交通转移对影响区相关道路的影响、施工范围内拆迁交通工程设施对交通的影响及施工方法对交通的影响等。施工期间必须对路基、路面、桥涵、互通式立交、分离式立交、天桥、通道、服务设施、管理设施、养护设施、收费设施等进行详细的施工组织设计,发布公路施工及施工期间交通组织方案的相关信息,制定相关的应急预案与安保措施
新建方案	1.增加路网密度。新建一条公路较原来增加了路网密度,更加方便了沿线居民的出行。 2.施工期间行车干扰小,对既有道路的车辆行驶没有干扰。 3.施工组织设计相对较简单。 4.为沿线城镇增加了出口	1.通行能力相对较低。如八车道高速公路的实际通行能力比两条四车道高速公路的实际通行能力增加4.21%。 2.从交通安全的角度来看,四车道高速公路仅有单向两个车道行车、超车,受大型车辆干扰,其余车辆为达到较高的行驶速度而超车,从而会造成频繁的车辆变线,增大了行车危险性。 3.新增占地数量较多。 4.新线所经市、县与既有公路区别不大,并未形成新的经济带,对拉动区域经济发展贡献不大

续上表

方案	优 点	缺 点
单侧加宽方案	1.行车干扰小。除实施上跨构造物时对既有公路行车有一定干扰外，其余均无干扰。 2.施工组织设计相对较简单。 3.对既有既有公路一侧路基的排水和防护利用较好。 4.对于四车道高速公路改为八车道高速公路而言，新中央分隔带边缘与原硬路肩外边缘对齐，实施时将原土路肩作为新中央分隔带的一部分，既有路面结构没有破坏，可以正常进行修复改造；新加宽的半幅路基、路面为新建工程，沉降均匀，路基路面受力好，施工方便，施工质量可以得到保证	1.需要调整路面横坡，造成路面加铺的厚度不均匀，受力不好； 2.施工较复杂，费用较高； 3.路基宽度增加，占地及工程量增加较多； 4.原中央分隔带位于新路面的中间车道处，必须对其进行处理和补强； 5.对于四车道高速公路改为八车道高速公路而言，新的中央分隔带移至加宽侧既有公路路面中间车道和硬路肩处，需将既有路面结构挖除，以满足植树绿化和埋设通信管线的要求； 6.造价较高
近距离新建公路方案	1.行车干扰小。除实施上跨构造物时对既有公路行车有一定干扰外，其余均无干扰。 2.既有路面结构没有破坏，可以正常进行修复改造；新建路基沉降均匀，路基路面受力好，施工方便，施工质量可以得到保证。 3.施工组织设计相对简单	1.新增占地、拆迁数量较多，对沿线居民生产生活影响较大。新路与既有公路间土地需全部占用，造成一定的浪费。 2.造价高

一是既有公路占用了走廊通道内的黄金资源，沿线经济依托既有公路进行发展，如另辟新线，将占用较多的土地资源、距离交通发生源较远。

二是投资方面考虑，与既有公路拓宽方案相比，新建复线不仅占用较多的土地，并且施工的周期也比较长。大多数情况下，既有公路拓宽与新建复线相比，能节约将近一半的土地资源，降低工程造价。既有公路拓宽的方式在大修和拓宽的同时节约资源，并且可以对既有公路存在的道路和桥梁问题集中进行处理。

三是从管理和养护方面来看，拓宽旧线更有利于后期的交通管理和维护，可以节约大量的人力和物力。

四是从社会和环境方面来看，既有旧线两侧经过多年的发展，已经形成一个经济发达的产业带，新修复线短期内很难吸引旧线上的交通量，分流作用不会太明显，同时还会给人们的出行带来路线选择的难题和困惑。另外，拓宽旧线对环境造成的影响较小，既有公路改造废弃的路面材料往往可以作为新拓宽部分的底基层或者基层，不仅节约投资，而且减少对环境的不利影响。

五是从技术上看，无论是路基路面、桥梁及立交的拓宽拼接，还是施工期间的交通组织，既有公路工程技术基本可以满足要求。

2.3.4 公路改扩建方案选择应考虑的因素

公路改扩建项目采用哪种改扩建模式，应从经济、社会、环境多方面来研究，具体考虑的影响因素见图2.3-8。

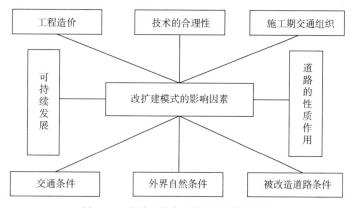

图 2.3-8 公路改扩建方案选择的影响因素

(1)工程造价因素。公路拼接在公路改扩建工程造价方面具有明显的优势,它占地少,可以最大限度地利用既有公路,工程直接投资相对较少;而分离方案则用地较多,公路改扩建工程的直接投资相对较高。

(2)技术的合理性因素。公路分离模式施工质量相对拼接模式,易于施工工序和施工质量控制。

(3)施工期间的交通组织因素。对公路的改建而言,如何最大程度上安全有效地保证在施工期间的交通组织也是值得重视的问题。拼接模式对既有的交通干扰较大,有可能临时中断交通或封闭部分车道;而分离模式有利于形成快速、集散的交通组织方式,在交通组织方面则有明显的优越性,能有效提高整条道路的通行能力。

(4)道路路网结构功能因素。公路在路网中的地位直接影响着公路改扩建实施模式的选择,尤其是一些处于中心地位的主干线公路,由于其在路网中的特殊地位,在实施模式选择时要充分考虑该路网的密度、布局的合理性,避免出现公路影响区的叠加。同时,要根据产业布局及城市规划的方向,结合道路在路网中的地位,选择适合经济发展的模式。

(5)交通条件因素。交通条件主要包括拟改扩建公路项目的预测交通量、项目所在的公路路网规划情况等多项指标。

(6)路域自然环境条件因素。项目所在地的外界自然环境条件同样在很大程度上限制了公路改扩建模式的选择,自然环境条件主要包括地形、地质条件及气候条件等自然属性。

(7)既有道路自身条件因素。很明显,拼接模式常常必须适应既有的路线,在既有道路设计指标比较高的情况下,拼接模式比较可行。分离模式基本不受既有公路既有条件的限制,在既有公路线形指标差、交通安全不够好的路段,采用分离模式或局部改建的方式较好。

(8)可持续发展影响因素。在实施模式选择时既要减少对自然环境的影响与破坏,保证沿线地区社会经济的可持续发展,还要考虑达到远景年公路再次扩容的要求,这些因素均影响着公路改扩建实施模式的选择。

2.3.5 我国主要高速公路改扩建工程概况及实例

我国主要高速公路改扩建工程概况见表 2.3-3。

我国主要高速公路改扩建工程概况　　　　表 2.3-3

项目	广佛高速公路	沪甬高速公路	沈大高速公路	海南环岛高速公路东线	沪宁高速公路	南京绕城高速公路	杭宁高速公路二期
既有车道数	双向四车道						
扩建方案	双向八车道+双向六车道	双向六车道	双向八车道	扩建左幅双向四车道	双向八车道	双向六车道	预留六车道
加宽方式	双侧加宽	双侧加宽	双侧加宽	单侧加宽	双侧加宽,局部分离	双侧加宽	中间带预留加宽

公路改扩建是公路建设的方式之一。下面以洛三灵高速公路改扩建工程为例,阐述拼宽改建工程的总体设计思路和方案抉择原则,以及保通措施。

实例:洛三灵高速公路改扩建拼宽抉择思路

(1)起点至新安段一侧加宽

一是此段为该项目起点,加宽方式与郑洛高速公路改扩建项目终点南侧整体式加宽方式一致。二是紧邻项目起点向西为长 959.76m 的金水河大桥,K11+400~K14+500 段现连霍高速公路南侧为连续长陡下坡路段,也是该项目的事故黑点之一,采用南侧拼宽方案可局部调整新拼宽半幅纵坡,改善事故黑点段行车状况。三是 K14+500~K20+847 段地势南高北低,既有公路北侧存在几段填高大于 10m 的高填路段,若在北侧加宽,新建路基边坡过高,需增加桥梁方案;南侧加宽与北侧加宽相比,增加了挖方及边坡防护拆除工程量,但减少了桥梁布设。四是在新安县五头乡 K18+500 处既有公路北侧紧贴路基边坡坡顶有一棵当地人称为凤凰树的古树,既有高速公路建设时为保护此树,收缩了挖方坡率。如采取北侧加宽,在此段需采用分离式路基,必然增加占用较多土地,不利于土地资源节约利用。五是从既有公路线形考虑,在 K20+847 处利用既有公路左偏 41°、半径 2000m 的平曲线进行由南侧向北侧的过渡,线形顺畅,且有利于改善视距。

总之,考虑与相邻项目平顺衔接、改善事故黑点、保留古树、既有公路路线线形等因素,LK10+597~LK20+847 段采用南侧整体式加宽方案。

(2)渑池服务区—义马互通段分离式路基

一是该段既有公路为连续大填大挖路段,中线处最大路基填高 34m,最大挖深 53m。二是地质情况为泥质砂岩及泥岩,若采用整体式路基加宽方式,需开挖既有石质高边坡,工程量大且影响既有公路施工期运营安全。三是既有公路在该段 K48+500~K49+300、K50+100~K52+000 分布有两处 800m(坡度 4%)、900m(坡度 4%)的长大纵坡路段,其中一处已经超出现行规范要求。根据交警、路政部门事故统计资料,该段既有公路南侧为事故高发路段,存在事故黑点。采用分离式路基加宽方案,可以对新路采用更灵活的平、纵面线形指标,消除行车不利因素。四是连霍高速公路既有公路许沟特大桥桥高 63m,桥跨布置为(9×20+220+4×20)m,其中主跨 220m 为上下行分离的钢筋混凝土箱形拱。

总之,为改善新建路基纵面线形,消除事故黑点,避免大规模拆除既有公路边坡,减少对环境的破坏,考虑施工期既有公路保通要求,此段路线采用南侧分离式路基加宽。

(3)终点过渡双侧加宽

该路段沿线既有公路两侧地形相差很小,考虑该项目终点连接在建连霍高速公路潼关至西安段改扩建工程,采用两侧整体式加宽方案。

2.4 改扩建公路路线设计特点、步骤、原则及思路

2.4.1 改扩建公路路线设计特点

公路改扩建工程路线设计方面,从宏观上看与新建公路一样,都要按照现行规范进行设计,但是从具体工作的内容和特点、权重要素考量来看,公路改扩建路线设计与新建公路路线设计有着很大的区别,主要体现在以下几个方面:

(1)改扩建公路平、纵面线形设计特点

公路改扩建工程设计的平、纵面线形设计是在既有公路路线的前提下进行的,其设计原则是在满足相关设计规范的前提下,充分利用既有公路工程,以减少征地、路基土方及结构工程数量,路线平面设计的关键是与既有道路路线的符合性和衔接的有效性,空间的"自由度"很小。因此,改扩建公路首先要对既有公路路线几何线形、指标,工程与沿线地形、地质耦合及工程规模、性能等进行全面的调查、评估、评判;其次,考虑改扩建新建部分和既有工程间衔接的紧密性、有效性和结构的安全性等问题。这与新建公路有着本质的不同,从而增加了细部处理的技术难度。

(2)公路几何线形组合不当和瓶颈咽喉路段的设计调整

在公路改扩建工程实际实施时,要做到统筹兼顾,全面调查分析运营状况,围绕消除既有公路几何线形组合不当的"瓶颈"、局地气候环境不利交通之"咽喉"、运营事故的集中点及地质灾害点等,必要时通过改变平、纵面几何线形和线位,甚至废弃部分路段,以消除局部路段的"瓶颈",提高公路各路段通行能力和服务水平的均衡性。

2.4.2 既有公路改扩建路线设计步骤

既有公路改扩建路线设计的一般步骤:

(1)全面布局。全面布局是解决路线基本走向的全局性工作,就是在起讫点及中间必须通过的节点间寻找可能通行的"路线带",并确定一些大的控制点,连接起来即形成路线的基本走向。全面布局是通过路线视察,经过多方案比较来实现的。

(2)逐段安排。在路线基本走向已经确定的基础上,进一步加控制点是路线局部方案的工作,即在大控制点之间,结合地形、地质、水文、气候、桥隧等条件加以解决。逐段安排是通过踏勘测量或详测前的勘查路线来实现的。

(3)具体定线。在逐段安排的小控制点间,根据技术标准,结合自然条件,综合平、纵、横三方面因素,反复穿线插点,具体定出路线的控制要素。通过实测道路中心线,初步拟合出既有公路中心线的平面现状。

2.4.3 公路改扩建设计控制的原则

(1)在改扩建中需对公路的安全性予以优先考虑,进行公路改扩建安全性评价和对策研

究,确保交通安全。重点研究公路几何线形、地质灾害、局地气候。

(2)合理选择控制点。尽量利用既有公路,以平面为主安排路线。纵面线形应综合考虑桥涵、隧道、通道、交叉等建筑物的要求,合理确定路基、桥隧设计高程。注意避免纵坡起伏过于频繁,但也不应过于平缓而导致排水不良,同时纵面设计应充分体现因地制宜和灵活性,或穿或跨、或高或低或平,特别是山区高速公路改扩建。

(3)正确掌握和运用技术标准。在工程数量增加不大时,应尽量采用较高的技术标准。不要轻易采用较小指标或极限指标,也不应不顾工程经济性,片面追求高指标,即"适宜、顺应地形,前后路段匹配是最好的"。路线布设应在保证行车安全、舒适、快速的前提下,做到工程数量小,造价低,运营费用少,效益好,并有利于施工和养护。

(4)注意资源保护。做到少占耕地,并尽量不占高产田、经济作物田或穿过经济林园(如茶林、果园、菜园),少占或不占矿产资源、旅游资源等,并注意与修路造田、农田水利灌溉、土地规划等相结合,考虑工程数量及造价、运营费用等方面的因素,综合分析比较确定。

(5)重视水文、地质问题。不良地质和地貌对公路的安全稳定影响极大,公路设计时应对工程地质和水文地质进行深入勘测调查,弄清它们对公路的影响。

(6)重视生态环境保护。设计时加强环保工作,重视生态平衡。应注意保护既有自然状态,并注意与周围环境、美景相协调。充分考虑对可能破坏和影响的自然美景、资源和污染的环境的防治措施,减少公路对自然美景与资源可能产生的影响。

(7)处理好公路与城镇的关系。公路沿线可能有较多的城镇、村庄、工业区及其他公用设施,路线布设应正确处理好服务与干扰、穿越与绕避、拆迁与保留的关系。

(8)综合考虑路与桥隧的关系。在设计中,个别特殊大桥的桥位、较长隧道进出口一般作为路线总方向的控制点;大中桥位、较长隧道进出口原则上应服从路线的总方向,一般作为路线走向的主要控制点;小桥涵、短隧道位置应服从路线走向。

(9)统筹权衡施工保通影响和施工、运营安全等相关事项。

2.4.4 公路改扩建设计的总体思路

(1)路线平、纵面线形原来不满足现行技术标准的应予以改建,既有技术指标不宜降低。
(2)节约土地,减少拆迁量。
(3)统筹施工保通,充分利用既有工程,降低工程造价。
(4)合理运用规范,灵活掌握技术指标。

2.4.5 路线设计的一些要求及其辩证关系

(1)充分考虑环境和投资

路线设计施行前最重要的步骤是路线选择,优秀的路线选择方案是实现线路改建的先决条件。其中重要的是,要对将实施工程环境有详细的了解,包括地域分布类型、经济发展程度、人均消费水平等,从而获取合理的线路方案信息。还要综合考虑投资成本以及施工进程中的一切事宜,做到全面准备,再配以合理、优秀的路线规划设计。

合理选择路线,以公路建设和运营对当地居民的生产、生活影响减到最小为目标,使公路真正成为拉动地方经济增长的纽带。

第2章 公路改扩建工程技术标准确定、路线方案选择及线形设计

以"不破坏就是最大的保护"为基本原则,通过合理选择路线,以避免大规模开挖破坏既有地貌和植被。

(2) 充分利用既有公路工程,同时满足现有技术标准和规范,改善行车条件

在既有公路改建过程中既要充分利用既有公路,减少工程量,节省工程造价,又要符合技术标准,改善行车条件,以线形设计为中心,结合实际,合理运用平、纵、横主要技术指标进行路线综合设计。

若既有公路平、纵面线形技术指标较高,平面顺直,纵面平缓。除个别路段需裁弯取直外,大部分既有公路可以利用。这种公路设计的主要任务就是路基加宽,现场测设时,根据路基宽度和路面厚度,直接确定路基坡角及位置,再反推公路中心线,减少测绘人员工作量,降低外出成本,缩短设计周期。

当既有公路技术指标过低,无法满足技术标准的要求时,这时要以既有公路为依托,重新布线。平面线形宜多次穿插既有公路,进行拉直,利用既有公路的用地范围,减少占地面积。除个别路段因地势较高或路面与两侧农田高差相对较大、路基需下挖外,一般公路纵面设计宜高出既有公路,以利于路基的施工。

若既有公路平、纵面线形好坏各半。当既有公路平面线形较好,而纵面线形起伏频繁或过大时,需适当削坡和降坡。但在穿越村庄或既有公路沿线民房较多的地方,纵面线形设计应慎重,老百姓盖房不易,尽可能避让,达到既方便群众出行和生活,又不受行车干扰的目的。若不结合实际,盲目追求线形的平顺,容易产生大填或大挖的情况,不仅影响建筑物的安全,而且也给居民生活生产带来诸多不便。在一些山区公路中,既有公路往往随着山势弯曲,存在随弯就弯的问题,纵面线形受洪水位和山势的影响,高程一般控制在某一范围之内,起伏不大。这种公路的改建多采用挖脊填沟的方法,路线设计时应及时与地质人员及防护设计人员沟通,充分了解地质状况,合理切割山嘴,确保山体的稳定,同时充分考虑挡土墙的设置要求,保证防护工程的安全和稳定,合理设置纵坡,避免在挖方路段出现反坡的凹形曲线,给公路排水带来困难。

合理考虑平、纵组合。随着公路的发展,行车速度逐步提高,路线设计时应做好平、纵面线形组合,以利于诱导驾驶员的视线,明确路线走向,保持视觉的连续性。但在既有公路改建中,要充分考虑既有公路实际情况,不应硬性强调平、纵组合,否则易造成大填大挖或过多拆迁的情况,对既有公路及周围环境破坏较大,影响环境保护。灵活掌握,灵活运用,一样可以达到较好的设计效果。

在满足水位及安全的要求下,合理布设桥梁高度,尽量降低路堤高度,以减少土石方和占地数量;对于大桥、特大桥、隧道、枢纽互通等大型构造物所处的路段,路线扩建方案服从于该类大型构造物的扩建方式。对于隧道路段,一般采用局部分离扩建模式。

路线设计尽可能舒适、直捷,以缩短里程,提高运营效益。

路线平、纵面线形在注重相邻平、纵指标连续的同时,尽量选择适当的平、纵指标与地形、地物相协调;构造物设置注意与河流相融会,与当地水利设施及排灌系统的相互协调。

有些既有公路改造项目并不要求拓宽既有公路,而只是要求恢复路面功能,像这种情况一般不要作平面调整,只需要根据不同路段的路面状况作出加铺层设计即可。

平面线形技术指标必须与选用的设计速度标准相适应;一般路段路中心线不变;受房

屋、铁路、河流或其他大型构造物限制的路段,主线向不受限制或受限制较少的一段加宽;互通路段主线向匝道改建工程量小的一侧偏移。

山区公路改扩建工程往往存在既有公路路线几何线形指标较低的情况,在处理好既有公路工程与现行规范矛盾的基础上,首先应考虑山区公路走廊空间资源的有限性和桥隧工程拼接技术难题,以及"唯一"通道施工保通的压力和困难;其次应根据汽车动力学原理、对向行驶干扰及交通事故统计,分析事故规律;最后综合统筹公路通行能力和服务水平影响如云南 G320 绿丰—平浪路段,在既有公路——平浪河谷对岸新建 6.5m 宽四级公路,以河谷为对向交通分隔带,与既有公路组合成为对向交通分离的"四车道"改扩建三级公路,其"四车道"改扩建三级公路的通行能力和服务水平远远高于拼宽的 8.5m 两车道三级公路,其既有公路指标"低"、施工保通难,充分利用既有工程等使相关问题迎刃而解。又如云南江底—召夸"一改高"改扩建工程,雄碧附近一平曲线半径是全线唯一的不满足现行规范要求的曲线,按高速公路改扩建对应的要求,曲线半径相差不是较大,该曲线距离坡顶隧道较近,曲线以数孔 T 梁桥跨越箐沟,消除该局部路段路线平面几何线形指标瓶颈,提高道路通行能力,保障运营安全是前提,是公路改扩建的宗旨,但由于距坡顶隧道较近,受隧道(四车道)轴线的限制,改善该平曲线必须拆除该桥梁,若新建放弃该平曲线,则坡顶隧道也需要废弃,废弃路段达 5km,不仅既有公路废弃较多,改扩建成本高、工期长,而施工保通也成为难题。因此,通过连续升坡路段坡顶运营速度分析,该曲线路段大型车运营速度已降到 57km/h,既有一级公路为对向分离的四车道,最终根据汽车动力学原理,将该平曲线路段作为上坡幅,新建平面半径较大的两车道分离式下坡幅,组合成为高速公路,并保留既有分隔带,将大、小型车辆进行分隔渠化,既充分利用了既有工程,节省了投资,提高了道路的通行能力和服务水平,又消除了运营安全瓶颈,解决了施工保通问题,一举五得。

总而言之,用与弃、改与建等之间的关系是辩证的,应处理好"一分为二"的辩证关系,因地制宜地解决具体问题,工程技术问题的答案并非唯一,设计的关键和核心是从非唯一中寻找"必然"。

(3)把握远近期及不同行业的关系

合理利用地形,准确把握技术标准,灵活应用技术指标,妥善处理政治与经济、整体与局部、远期与近期、公路建设与工业、农田、城镇等基本建设的关系。注意与其他道路、水利、管线工程的配合,并结合地形、地物、水文、地质、建筑材料等自然条件,通过全面调查,进行综合研究分析。认真进行多方案比选,灵活设计,确保线形顺适、连续及指标的均衡。

通过对各路线方案的建设条件、控制点、重要构造物、技术指标、公路用地、环境影响、工程数量、造价、运营效益、施工保通的比较,结合地区社会经济发展、城镇规划、路网结构的论证和政府有关部门对路线的意见,推荐路线方案。

对于既有公路绕行距离较长、标准较低、地质灾害频发、抗灾防灾能力弱、气候环境特殊、局部冰冻严重、与地方城市发展规划冲突较大、交通事故多发段落,高填深挖路基段,受电站、水坝、水库等影响大的路段,需对另辟新线(或局部分离新线)与既有公路原位改建方案进行论证评选,择优选用。

公路设计的关键有两点:一是确定路线走廊带;二是确定合理的技术标准。做好上述工作才能达到理想的技术指标,因此设计人员在项目建设前期积极参与,做好对既有公路沿线的经济状况、乡镇及居民点等的系统全面调查、分析,找准项目的特点和工程建设的难点,分清主要矛盾和次要矛盾,以问题为导向,围绕问题和难点,采用辩证思维方法,对症下药,权衡利弊,按"利择其重,弊择其轻"的原则,按"万无一失"的思路组织方案研究,按"一切皆有可能"组织施工保通和应急预案的实施,采取针对性的措施。

2.5 干线公路等级配置优化

公路网规划方法传统上是以公路网布局为重点,侧重路网交通需求分析及预测,但路网等级配置布局优化理论薄弱并存在很多问题。公路网布局虽然仍在应用,但应用较多的是路网布局规划而不是等级配置优化,使得路网规划不能全面、客观地反映公路建设者和使用者的要求。盲目的公路新建、改扩建工程会造成公路路资源、公路路设施的严重浪费。

公路投资大多为政府投资,政府财力的本质是社会全体成员的共同财富,应用于公路网建设时必须兼顾公平、效益和效率。干线公路等级配置优化,应遵循以下主要原则:

(1)干线公路等级配置优化工作:包括新建给定技术等级的公路或把既有公路改扩建到一个更高技术等级的公路。

(2)同时考虑可达性最大、公平性最好、网络最可靠稳定、能源消耗最少和路网技术等级最大等目标,综合选取最优的目标。

(3)在环境敏感地区的路线(包括将建造的公路),环境问题可能会限制干线公路技术等级水平的提高。

(4)交通需求随着干线公路路网结构的改变而改变。

2.6 公路改建工程路线及线形设计

2.6.1 路线设计工作及其原则

公路改扩建工程设计包括公路改(选)线、定线等在内的公路路线设计,应切实做好以下各个方面的工作。

1)调查、收集各种资料

路线设计是一个充分调查、详细论证比选的过程,设计人员接到任务后须收集有关资料,调查、收集各方面的有用信息和资料。其主要包括既有公路的建设年代,既有公路结构组成,既有公路养护和维修档案、路面排水情况、地下水水位情况、水毁情况,养护部门的意见和沿线居民的建议;既有公路的现状弯沉值、既有公路的表面状况;在路线纵断图上分段标出哪些是新建地段,哪些是补强地段,标出控制点高程;既有公路的横坡坡度和超高值;既有公路的车流量、流向及交通特征;事故多发路段;既有路基的使用状况以及其他包括水文、地质、地形等方面的资料。

由于既有公路形成的时间比较长,在逐步形成和改造的过程中,未严格按规范进行设计和施工,存在着较多平、纵组合不当的路段。为此,应对平、纵组合不当,即线形连续性和指标均衡性不足的路段进行重点调查。

由于多年运营,既有公路超高值多小于设计值,超高设计时应考虑弯道段桥梁构造,加大超高值往往会增加桥面铺装厚度,增加桥梁荷载,因此应测量并计算既有公路超高值及超高渐变率。

既有公路在其形成和发展过程中,沿线桥梁已进行不同程度的维修和改造,桥梁的结构形式往往有多种,荷载等级也各不相同。对沿线桥梁调查的目的就是要确定桥梁构造物的可利用性,以及对老桥采用何种拓宽方式较为简便和经济。

2)公路选线

在认真分析已有资料基础上,由点到面、由面到带确定一条最佳的路线方案的主要控制点位置,结合其所在区域其他运输布局及沿线自然地理条件,先进行纸上定线比选,筛选出一条初步勘测方案,然后组织专业人员听取有关部门意见,经调整后进行现场勘察。

3)改扩建公路平面线形设计

既有公路改扩建设计过程中,要切实按照运营安全、节约资源的基本要求,充分体现"以人为本""安全第一"的原则,同时最大限度地利用既有道路,尽最大可能减少新的用地。公路改扩建设计的目的,是为了使汽车的行驶变得更平稳、更舒适、更经济。因此,平面线形的改善应更加直捷、连续、圆顺、均衡,并与地形、地物相适应,与周围环境相协调。

路线与地形地物相适应,公路也就更加美观,同时也更加合理经济,实现了生态环境的保护。各种线形的合理选用和组合也应该与地形和地物(既有公路就是最紧密和关键的地物)紧密配合,而不能过分强调以某单一线形为主。高速公路改扩建时,由于拟改扩建高速公路的线形以及组合基本被既有高速公路所固定,因此,关键是直线、曲线和缓和曲线的科学合理搭配,从而保证线路的通畅、圆顺。直线特别是长直线的使用应慎重,直线往往与地形最不易配合、最呆板。如果确实需要采用长直线,应该注意以下内容:首先,纵坡坡度不宜过大;其次,最好与大半径圆曲线组合;再次,当两侧地形过于空旷时,宜采取种植不同树木或设置一定建筑物等措施;最后,对于长直线或长直线尽头的平曲线,应预测分析运营速度,按运营速度选择尽头曲线半径、超高、视距等,不能简单地按设计速度来选择,同时设置相应的标志,增加路面抗滑能力等安全措施。本书作者倡导公路宜尽可能采用曲线,少用或不用直线,按相邻曲线超高差尽可能控制在正负两个百分点以内,布设选择曲线半径。

4)改扩建公路纵面设计

既有公路改扩建中的纵断面设计相对比较复杂。在设计过程中,为充分利用既有公路资源,需要根据汽车动力性能,公路的性质、等级和交通组成,结合当地的气候、水文、地质、地形、土质等条件,全面均衡综合考虑,一般采用少填少挖的原则。由于纵断面设计影响行车的安全和速度、工程造价、运营费用和乘客的舒适程度,因此必须做好其设计。通常改扩建公路的纵断面设计应该处理好两条线(既有公路设计线和公路改扩建设计线)的关系:既有公路设计线是根据既有公路中线上的各个点的高程而点绘出的一条线;公路改扩建设计线,要根据汽车爬坡性能、运输与工程经济、地形条件、路基临界高度以及视觉方面的要求确定。

不同公路及地形条件的纵坡点设计,应注意以下几个环节:

(1)公路纵断面的最大纵坡值与纵坡限制长度不宜轻易采用,尽可能平、缓,但最小纵坡坡度不应小于0.3%。

(2)平原、微丘地区的纵坡应均匀、平缓;丘陵地区的纵坡应避免过分迁就地形而起伏过大;山岭、重丘地区的沿河线,应尽量采用平缓的纵坡,坡长不宜超过规定的限值。

(3)竖曲线应选用较大的半径,当条件受到限制时,可采用技术标准中的一般最小值,特殊困难不得已时方可采用极限最小值。

(4)山岭区连续纵坡路段长、高差大,纵坡设计往往决定既有工程利用比例,应该根据汽车动力学和上下坡交通事故统计的结果,关注大型车辆下坡制动衰减引起的安全性和上坡爬坡速度降低引起的通行能力降低的问题,纵坡指标均衡,尽可能避免陡缓交替。

(5)山岭区连续纵坡路段,无论是新建还是改扩建项目,连续长纵坡路段除考虑相邻路段有关指标的均衡外,应更加关注平、纵组合总体的均衡性,总体布局宜遵循平面"上曲下直",即从坡顶往坡脚平面指标逐步提高,纵面"上陡下缓"。

5)平、纵面线形组合设计

平、纵面线形组合设计,是在平面线形和纵面线形初步确定的前提下,使平、纵面线形合理组织起来,成为连续、圆滑、舒适、美观的空间曲线,从而达到行车安全、快速、舒适、经济的要求。作为平纵面线形设计的最后阶段,平、纵面线形的有机组合,有助于发挥各自的优点,从而达到不增加工程造价而提高公路使用效能的目的,同时还能有利于汽车保持匀速行驶以及行车安全和公路的美观。平、纵面线形组合设计,还必须在充分与公路所经地区的景观相配合的基础上进行。仅仅使平、纵面线形组合满足有关规定,不一定是良好的线形设计;设计速度高的公路,平、纵组合设计与周围景观的配合尤为重要。

总而言之,公路改扩建项目路线布设最大的控制因素就是既有公路,其路线布设的自由度相对较小,但三维立体的路线线形空间是从平面线形布设开始,至通过纵坡和横断面布设检查优化平面终止。因此,路线设计人员在布设平面时,心中应该谋划和框定纵面变坡点和填挖高度控制阈值,只有做到这一点,才可能实现平、纵面线形的有机组合。

6)既有公路利用原则

改扩建公路应充分考虑既有公路的利用和改扩建公路之间的关系,一般条件下设计应遵循如下原则:

(1)选线时既要考虑满足公路工程技术标准和路线设计规范,又要结合实际情况灵活运用线形指标,满足安全、实用、经济、合理的基本原则。

(2)公路的改建或者利用,应综合考虑工程量的增加量、技术指标的提高,实际地形、地物、地质、水文条件等因素,并充分考虑土地的占用、建筑物的拆迁、行车安全等因素。

(3)路线的"平、纵、横"设计要以沿线构造物来控制。考虑构造物的位置及高程,改扩建路线要尽可能与实际一致,并对构造物结构承载力进行验算,确定平、纵面以及横断面设计(超高、超宽设置)的合理性。

(4)在进行公路改扩建方案选择时,对既有公路的路线所采用的技术指标依据《公路工程技术标准》(JTG 5210—2018)、《公路路线设计规范》(JTG D20—2017)及《公路项目安全性评价规范》(JTG B05—2015)计算运行速度,评价公路的设计符合性及运行速度的协调性。同时结合该路段交通事故统计分析,寻找公路路线几何设计及沿线设施设置的缺陷,据此提出切实可行的路线改造方案和交通安全保障技术、管理措施,对设计进行自我检验和完善,进一步提高改扩建项目的勘察设计质量,进而提高和完善公路改扩建工程项目完成后的交通运营安全性和服务水平。

(5)要考虑与既有路网的协调和与城镇建设规划协调,能够尽量实现与既有城镇道路达到较好的结合,从而达到与城镇规划建设的协调衔接和进一步完善公路网的重要作用,以符合沿线社会经济的发展需求。

(6)因地制宜,采用成熟、合理的工程技术,控制工程风险。

(7)与沿线环境及景观的协调。在初测和初设过程中,做好公路建设的环境保护工作,减轻因公路建设导致的环境污染,保护生态平衡。既有公路在建设期间的环境污染应该得到根治,沿线景观与绿化要逐渐得到改善,生态环境基本得到恢复。为了尽可能减少对环境、景观的破坏,设计中以尽量不破坏既有地形、地貌为原则,避免大规模拆迁,对工程可能造成的环境影响问题,如绿化、噪声、水土保持等,设计中均要采取相应措施予以妥善解决。

(8)在既有公路改扩建工程施工过程中应不中断交通或把施工对既有道路交通的影响降到最小。

2.6.2 平面设计

1)平面设计的原则

路线平面设计应根据方案所确定的改造方式和技术标准,本着充分利用既有道路设施的原则进行平面设计,对于既有公路达不到技术标准要求的路段也应充分考虑利用既有公路的可能性,也可以考虑降低部分设计指标,尽量不要完全放弃既有公路。

对于线形标准较高的路段,完全拟合利用既有公路的线形,一般采用单侧或双侧拼宽方式;对于平曲线半径过小、曲线间直线长度太短或者线形组合不良的路段,进行线形调整,针对既有公路的不同现状,采取具体不同的平面方案。

一般情况下,平面设计应遵循如下原则:

(1)应充分利用既有工程,公路改扩建工程的平面设计一般不宜追求高指标,符合标准的路段路中心线尽量不变。在不大量增加工程量的情况下,平面线形设计尽量采用较高的指标,尽量把平曲线半径提高到大于或等于拟改扩建路标准等级,并重视平面线形的均衡性。对原既有公路的极限指标应区别对待,应考虑改扩建后随着路况的改善,将引起行车速度的提高,导致既有低技术指标更不适应,产生更多更严重的安全隐患。因此,应尽可能对既有公路的较低指标进行改善,若因改善可能导致地质病害或增加的工程量较大时,则应进行安全性评价,设置完善的安全设施,保障公路运营安全。有些既有公路改扩建项目并不要求拓宽既有公路,而只是要求恢复路面功能,像这种情况一般不要作平面调整,只需要根据不同路段的路面状况作加铺层设计即可。在受地形地物条件严格限制的个别地段,可采用低限指标。平面线形技术指标必须与选用的设计速度标准相适应。

(2)对事故多发地点的路段线形进行着重优化。

(3)受房屋、铁路、河流等限制的路段,主线向不受限制或受限制的一段加宽。

(4)互通路段主线向匝道改扩建工程量较小的一段偏移。

(5)受上跨主线分离式立交桥净宽限制路段,路中心线不变。

(6)采用整体式路基应根据既有公路两侧地形地物及控制条件选择合理的加宽侧,尽量减少换侧次数及换侧段长度,避免换侧段位于大中桥上而引起桥梁双侧加宽。对于拓宽困

第2章 公路改扩建工程技术标准确定、路线方案选择及线形设计

难路段,经技术经济比选可采用分离式路基,将既有公路作为一幅,新建一幅绕行,尽量减小左右线间距。

2)平面设计方法

新建公路平面设计的常用方法有导线法、曲线法、线元法(积木法)、综合法等。公路改扩建工程的平面设计在条件许可时可采用新建工程的布线方法,但由于公路改扩建工程受到的约束条件比新建工程多,如路线被有些点(如桥涵构造物等)控制得很严格,且路线走向已基本确定。公路改扩建工程平面线形设计方法会与新建公路的平面设计方法有所不同,公路改扩建工程平面线形设计的几种常用方法分述如下。

(1)导线法。"导线法"是一种以直线为主体的设计方法,它是设计人员在早期对公路线形、地形受测量技术、计算手段限制时常采用的一种方法。因为它简便、直观,能反映工程师对路线走向控制的要求,现在仍被广为采用,主要用于高速公路可行性研究的纸上定线和低等级公路的测设。其基本步骤是:技术人员根据公路的等级、路线走向、控制条件和技术要求,首先在图上或地面上采用一系列的导线来控制公路的走向和基本位置,然后在路线的拐弯处为适应地形和行车要求,采用不同的曲线或曲线组合来完成导线折线处的合理过渡,从而形成整个平面线形。

该方法的主要缺点:首先,该方法难以合理充分地利用圆曲线和缓和曲线。它以直线为主体,而圆曲线和缓和曲线只是充当直线的配角,并未将直线、圆曲线、缓和曲线视为一个统一的整体加以运用,从而不可避免地导致公路的均衡性和连续性较差。其次,它难以处理复杂多变的几何线形,如互通匝道、S形和卵形等线形组合。最后,用该方法确定的线位难以满足地形地物的约束条件。

现在,国内外对公路平面线形设计已基本形成一种共识,认为高速公路的平面线形应以曲线为主,所以在公路路线局部优化和公路改扩建工程中多以曲线线形设计方法(简称为"曲线法")为主。

(2)曲线法。曲线线形设计方法是设计人员根据线形布设的标准要求、线形组合的协调性和均衡性要求、地形及环境约束要求采用曲线单元,并选用合理的线形参数来控制路线走向,确定其具体位置,并进行几何计算和绘制,从而构成流畅多变的以曲线为主体的平面线形。

早在20世纪70年代初期,德国就开始采用以曲线为主要平面线形进行路线方案比选的线形设计方法,即结合平面线形的基本走向和沿线的地形、地物等自然条件,先在平面图上敷设圆曲线,通过圆曲线拟合线形控制点的分布形状,在此基础上,再采用缓和曲线或直线去连接圆曲线。依据圆曲线之间以及圆曲线与直线之间的最小距离(包括同向和反向的圆曲线),就可计算出连接直线和圆曲线以及圆曲线和圆曲线之间的缓和曲线参数 A 值,或者二者之间也可直接切向连接。

曲线法的优势就在于它是先确定圆曲线,再通过直线或者缓和曲线连接圆曲线,因此可以认为曲线法适用于各种线形组合,包括基本型、S、N、卵形、C形以及各种复杂的线形组合形式。依据曲线法的设计原理,在路线走廊范围内,结合地形起伏和地物布列情况,首先利用圆曲线进行路线方案的设计,甚至可以做到通过定点(控制点)设计,然后以缓和曲线或者直线连接圆曲线,从而完成整个路线方案的设计工作。

曲线法的优点:曲线法是随着工程技术人员对公路功能认识的不断加深及科技的进步

而产生的新方法,随着计算机在公路工程勘测设计中的广泛应用,曲线法借助计算机的计算精度高以及其他辅助设计功能,弥补了早期"曲线法"平面线形设计控制精度低的缺点。在高等级公路设计中,平面线形多以曲线为主,这一方面适应了沿线的地形、地物等自然条件,另一方面也使得线形顺适流畅,与沿线的自然景观能够较好结合,可避免由于长直线的单调线形对驾驶员视觉及心理产生疲劳。同时"曲线法"通过与国家大地坐标网进行联测,依据其完善的几何学理论基础,可以完成各种平面线形设计,并且简捷易行,具备良好的适应性和操作性。因此"曲线法"逐渐成为平面线形的主要设计方法。

曲线法的缺点:应用曲线法进行公路平面线形设计,需要在公路沿线预先敷设控制点坐标网,坐标控制网的精度对曲线法测设精度影响较大,这就对测量设备要求较高,从而导致工程前期勘测设计工作投入较大,同时由于采用曲线法设计平面线形时,线面形多以曲线为主,这也将增加线形设计中的平、纵面线形配合难度。

(3)线元法。"线元法"是一种比较适合在计算机上布线的方法。其基本原理是把直线、圆弧、缓和曲线等复杂多变的组合中抽象出"圆弧(或直线)+缓和曲线段"作为基本单元(即线元),并确认任何复杂公路曲线能以 N 段这样的线元顺序组合而成。若已知路线平面曲线的起点信息,如坐标、切线或法线方向和曲率半径,则从起点处开始设置"线元",沿任何方向延伸,可计算出此"线元"的终点信息,将其作为下一"线元"的起点信息加以利用,如此逐个往下计算,同搭积木一样,各"线元"首尾相接,构成一条完整的公路平面线形。它完全抛弃了导线和交点,以构成公路平面线形的"线元"为核心,将复杂多变的平面线形组合分解为逐个单元进行计算,线形组合自由、灵活、多变,常能直接表达设计人员的意图,所以广为工程技术人员采用。其不足之处在于路线的走向和平面线形的大致要素要求先知道,这样比较适合施工图的设计。平面线形中某一"线元"位置或参数的变化将导致整条路线位置都要发生变化,曲线需重新计算和敷设。

(4)综合法。公路改扩建工程的平面设计在条件许可时可采用新建工程的布线方法,但由于其约束条件比新建工程多,有时路线被部分点,如桥涵构造物等控制得很严格,有一个有利条件是路线的走向基本确定。在进行平面拟合设计时应充分考虑到这些特点,而采用不同于新建工程平面设计的方法时,"综合法"就是一种适用于公路改扩建工程平面拟合设计的方法。

"综合法"的基本原理。首先,输入路线测设过程中所取的控制点,用样条曲线对其进行拟合,生成一条满足约束条件的光滑曲线,然后沿曲线前进方向求算间隔点(间距为 1m 或更小)的曲率,并以此产生拟合曲线的曲线长度—曲率关系图。根据曲率图的形状,利用公路平面线形的三个基本要素(直线、圆、缓和曲线)相对应的曲率图式(与 X 轴重合、平行、斜交的直线段)对拟合曲线进行处理,生成与公路平面线形组合相一致的桩号-曲率图。最后反算出曲线单元要素,利用"线元法"进行曲线计算,得出公路平面线位图。其核心是利用曲率图将"拟合法"和"线元法"结合起来,实现拟合曲线的曲率图向公路平面线形的曲率图转化,进而实现拟合曲线向公路平面线形的转化。该方法能把拟合曲线在线位计算和施工放样中不被人们所接受的地方转换为直线长度、缓和曲线、圆曲线的半径和长度等平面线形指标通过"线元法"直观形象地表达出来。"综合法"布线的流程如图 2.6-1 所示。

"综合法"对个别控制较为严格的点比较实用,但大面积使用则有困难,主要是因为样条函数计算复杂,而且要进行二次拟合。二次拟合式完全靠设计人员的手工拟合,比较烦琐。

3) 平面设计定线方法

公路改扩建工程平面设计定线的主要方法有：现场定测、纸上定线、现场定测与纸上定线相结合、利用数字化技术拟合线位、利用实测既有公路中心坐标拟合线等方法。这些方法在重要书籍中皆有介绍，在此不赘述。对于公路改扩建项目来说，无论既有公路等级高低，几种方法的糅合使用是关键，平面布设的关键是确保与既有公路线形的空间关系。对既有公路改扩建工程，现场定测与纸上定线相结合和利用实测既有公路中心坐标拟合线的方法，在加快勘察设计进度、精度和提高既有公路利用率方面优势明显。

4) 公路改扩建工程平面设计重点关注问题

问题一：辩证思维抉择。公路改扩建工程平面拟合设计时所面临的一个重要问题是现行规范技术标准指标与对既有公路利用之间的矛盾。必须根据实际情况合理地拟合平面线形，使路线既符合规范，又最大限度地利用既有公路的设施，同时也不能因为过分强调适应既有公路而降低设计指标。

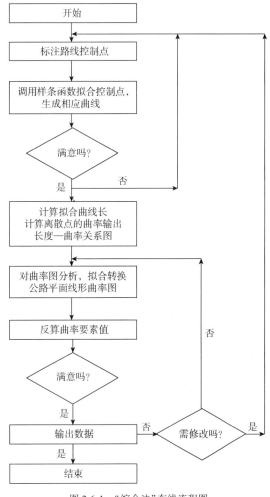

图 2.6-1 "综合法"布线流程图

改扩建公路往往存在既有公路由于规范的修订、理念的变化、设计人员指标把握的尺度、经济的限制等原因，甚至施工放样引起的误差导致线位不太理想等。虽然公路改扩建工程可根据既有公路情况适当降低平、纵面线形指标，但不能超出规范要求和忽视行车安全，勘察设计方案研究中时常面临"舍弃可惜，用之不甘"的"鸡肋"的情节，需要设计人员反复分析，权衡利弊，运用辩证思维"利择其重，弊择其轻"。

问题二：地形地物控制选线。既有公路是从头到尾控制改扩建项目线形设计的地物，设计宜以曲线为主，应充分拟合既有公路，依山就势，将公路融入既有公路沿线的边坡、构筑物，以及相邻山岭、坡地、路域河流、村庄，构成具有节奏与韵律的自然景观和再造美景的统一、和谐，体现线形"有势""有动"的设计理念。灵活而宽容地运用技术指标，改善理顺线形，使其流畅连续圆滑，与既有公路"共生"、协调、"同荣"。

问题三：既有公路地灾点、事故频发和指标"瓶颈"。既有公路建设因各种原因，往往或多或少存在地灾点、事故频发和指标"瓶颈"的局部问题，特别是山区公路，而这些点段直接影响和制约着项目的通行能力和服务水平，以及抗灾防灾能力，必须得到根治，以实现改扩建的宗旨和目标。

问题四:曲线间短直线的处理。首先从美学的角度看,有些曲线间直线的长度虽然均满足同向 6v(v 为设计速度,单位为 km/h,以下类同)、反向 2v 的要求,但从线形顺滑、行车的舒适性来考虑,是不够理想的,最好调整到以曲线直接相接。其次在公路改扩建项目中往往由于既有公路与改扩建设计速度的提高,虽然曲线半径满足要求,但由于缓和曲线长度的变化导致不满足同向 6v、反向 2v 的要求而成为纠结的焦点。解决问题的思路有:一是应用运营速度的理念分析论证对运营安全的影响;二是在废止工程不多、经济性适宜的前提下,本着充分利用既有工程,尽可能满足规范要求;三是根据设置缓和曲线的目的,结合圆曲线长短规模,超高渐变延伸圆曲线适当距离;四是采用卵形、复合型消除直线;五是采取系统的综合交通安全保障措施。

问题五:曲线超高的处理。公路设置曲线超高的目的:首先是根据汽车动力学克服离心力,确保车辆平稳过渡;其次是提高行车舒适性,当前设计的指导思想和原则是将设计速度与曲线半径与超高之间形成一一对应的"固定"关系,无论项目建设规模长短,皆是一一对应的模式,而项目建设首先确定的主要关键技术指标就是设计速度,而运营速度在不同的路段、不同的车辆、不同的时段皆是"瞬息万变"的,这种一一对应关系对公路新建项目几乎不成为设计人员考虑的问题,但公路改扩建项目则成为公路改扩建曲线超高与既有公路曲线超高差处理最为纠结的问题,涉及既有工程的利用率、结构安全、施工保通、新旧工程间的衔接,等等。处理思路首先应用运营速度理念,强化道路安全性评价,根据道路协调性评判速差允许值,以设置曲线超高的目的为指导,根据《公路路线设计规范》(JTG D20—2017)(表2.6-1)逐一分析选择各曲线超高。

圆曲线最小半径　　　　　　　表 2.6-1

设计速度(km/h)		120	100	80	60	40	30	20
最大超高	10%	570	360	220	115	—	—	—
	8%	650	400	250	125	60	30	15
	6%	710	440	270	135	60	35	15
	4%	810	500	300	150	65	40	20
不设超高最小半径(m)	路拱≤2.0%	5500	4000	2500	1500	600	350	150
	路拱>2.0%	7500	5250	3350	1900	800	450	200

注:"—"为不考虑采用最大超高的情况。

缓和曲线的起点桩号可参考下述方法选定。缓和曲线采用螺旋曲线,缓和曲线末端接点落在既有公路的中轴线上,该点处的曲率半径等于圆曲线半径 R。缓和曲线的移动值可表示为:

$$S = R(1 - \cos\varphi) = R\left(1 - \cos\frac{\alpha}{2}\right) \quad (2.6\text{-}1)$$

式中:S——缓和曲线移动值;

φ——A 点的切线与横坐标的夹角;

α——路线的转角;

R——圆曲线半径。

根据离心力缓慢增加的条件,缓和曲线的长度不应小于:

$$L = \frac{v^3}{47Ra} \quad (2.6\text{-}2)$$

式中:v——沿曲线的行车速度(km/h);

a——沿缓和曲线行车时,通常允许的离心加速度的增长速度(0.5m/s²);

L——缓和曲线长度。

已知移动值 S 和缓和曲线长度 L 时,就可以计算出曲线的参数及其坐标。对于小半径的弯道,需要加宽行车道,行车道的加宽值,可按下式计算:

$$\Delta B = \frac{l^2}{R} + 0.0075v \quad (2.6\text{-}3)$$

式中:ΔB——行车道的加宽值(m);

v——95%概率的单辆汽车沿该曲线的行驶速度(km/h);

R——曲线半径(m);

l——大型货车或公共汽车(在交通流中不少于5%)的前后桥间距。

应将计算得出的加宽值与实测的汽车轮压在内侧路肩上的越轨横距相对比。路面必须加宽的数值不能低于越轨横距的1.5倍。

问题六:路线线形拟合误差。平面拟合设计由直线、圆曲线、缓和曲线3要素组成。对于长度较大的圆曲线,设计中可以采用两圆或多圆复曲线拟合法,减小拟合误差。平面线形拟合应以桥隧等构造物为主要控制要素,桥隧等构造物控制要素偏差尽可能小,控制在10cm以内,一般路基路段宜控制在10~20cm。

当然高速公路改扩建工程路线线形拟合设计要相对简单得多,既有高速公路路线线形设计、施工控制相对较严格,线形指标相对较高,同时还可以充分利用中央分隔带的宽窄和高低变化消除线形设计之间的差异。

5)平面设计指标的连续性和均衡性

在平面设计中应注意相邻路段指标连续与均衡,一些保证措施如下:

一是对于S形曲线,两圆曲线半径之比应尽量控制在1/2之内,使相邻路段的线形连续均匀变化,保证运行速度差异较小。

二是对于多组S形曲线,一方面应保证其半径变化连续,另一方面保证其曲线长度相对均衡,避免出现连续长度较短且对安全不利的多组S形曲线。

三是对于半径小的平曲线,要避免出现小偏角且曲线长度较短的方案,尽量加长曲线长度,避免出现C形和凸形平曲线,以利于行车安全。

平面设计指标的连续性和均衡性是公路路线设计的目标和宗旨,除了保证相邻路段间指标的连续性和均衡性外,还应该根据路域自然地理环境条件和汽车动力学原理,把握路线走廊线形指标的连续性和均衡性,这是确保路线依山就势,顺应地形的关键和基础前提。

6)公路改扩建工程路线线形拟合

路线线形拟合是针对改扩建公路线形设计而言的,其适用对象为:改扩建公路路线方案明确的项目;既有公路的平、纵面线形设计指标较高,基本能够满足现行规范要求的项目;改扩建公路路基工程较小,既有的结构物能得到利用的项目;既有公路路面强度较低,不能满足交通量增长的需求,需要进行路面补强或者重新设计的项目。

对于高速公路和一级公路来说,它们的技术等级较高,路线平、纵组合指标较好,这种改扩建对既有公路的平面位置和纵坡的调整较小,既有公路的路基及桥隧构造物的利用也较为有效,公路改扩建的任务是通过道路拓宽和路面改建来提高公路的通行能力和服务水平。

通常获得公路平面线形的中线和边线三维坐标采集,以桥、隧等构筑物为"基线",进行平、纵面线形拟合,拟合既有公路平、纵断面线形时,应消除既有公路施工误差,以及后期不均匀沉降、变形,并控制拟合偏差。

公路曲线线形拟合问题的关键是公路线形数据的采集密度、曲线参数的解析和拟合的方法。路线线形拟合先要对路线线形识别,识别中桩点位线形特征。国外一般采用曲率-弧长判别法和斜率判别法;国内一般采用方位角法和样条曲线法等。曲线拟合所采用的具体方法有拉格朗日插值法、分段插值法、样条拟合法和最小二乘法等。

国外一般是从数学理论和实践应用两种角度研究线形拟合的方法。从数学理论出发研究线形组成元素(直线、圆曲线、缓和曲线)的选取以及线形元素之间的组合(直缓、缓圆、圆缓、缓直等)。其中,有对线形分段拟合即直线段拟合和曲线段(圆、缓)分段拟合的理论研究,也有利用插值函数、样条函数、三弯矩法、二次多项式函数等对道路路线线形进行拟合的理论研究。从实践应用的角度,即具体使用的角度来研究路线线形元素的选取与搭配,研究开发公路 CAD 技术。

(1)公路线形判断

要拟合路线先要判断路线测量点是位于直线段还是曲线段,即对需要拟合的道路进行线形识别。判别方法一般有曲率—弧长判别法、斜率判别法、方位角法、最小二乘法和 CAD 样条曲线法。

①曲率-弧长判别法。如图 2.6-2 所示,设 $\rho(s)$ 是路线上距离起点长度为 s 处的点的曲率,有:

$$\rho(s) = as + b \tag{2.6-4}$$

式中:a、b——任意的两个常量。

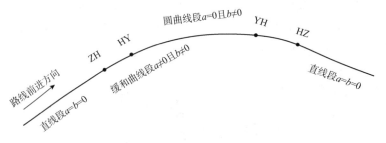

图 2.6-2 曲率-弧长判别法示意图

判别方法:若 $a=b=0$ 时,$\rho(s)=0$,则表示该段线元为直线段;

若 $a=0$,$b\neq 0$ 时,$\rho(s)=b$,则表示该段线元为圆曲线;

若 $a\neq 0$ 且 $b\neq 0$ 时,$\rho(s)=as+b$,则表示该段线元为缓和曲线。

②斜率判别法。该方法是一种较粗略的判断方法,主要是通过计算几个相邻点的斜率变化特点并进行分析,代替曲线的曲率变化进行判定,如图 2.6-3 所示。

第2章 公路改扩建工程技术标准确定、路线方案选择及线形设计

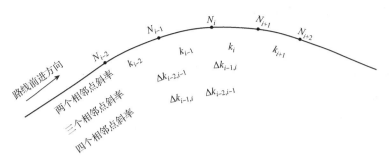

图 2.6-3 斜率判别法示意图

其主要思路为：
在一组路线采样点中计算每两个相邻点所组成线段的斜率：
点 (N_i, N_{i+1})，斜率：

$$k_i = \frac{x_{i+1} - x_i}{y_{i+1} - y_i} \tag{2.6-5}$$

每 3 个相邻的点斜率差为：
点 (N_{i-2}, N_{i-1}, N_i)：$\Delta k_{i-2,i-1} = k_{i-1} - k_{i-2}$
点 (N_{i-1}, N_i, N_{i+1})：$\Delta k_{i-1,i} = k_i - k_{i-1}$
每 4 个相邻点计算的斜率差变化：
点 $(N_{i-2}, N_{i-1}, N_i, N_{i+1})$：$\Delta k_{i-1,i} - \Delta k_{i-2,i-1}$
点 $(N_{i-1}, N_i, N_{i+1}, N_{i+2})$：$\Delta k_{i,i+1} - \Delta k_{i-1,i}$
判别方法：
若 $k_i = k_{i+1}$，即每 2 个相邻点的斜率相等，说明对应的点 (N_i, N_{i+1}, N_{i+2}) 在直线段；
若 $\Delta k_{i-1,i} = \Delta k_{i,i+1}$，且 $k_{i-1} \neq k_i \neq k_{i+1}$，即每 3 个相邻点斜率差相等且不在直线段上，说明对应的点 $(N_{i-1}, N_i, N_{i+1}, N_{i+2})$ 在圆曲线段上；
若 $\Delta k_{i-1,i} - \Delta k_{i-2,i-1} = \Delta k_{i,i+1} - \Delta k_{i-1,i} \neq 0$，且 $k_{i-1} \neq k_i \neq k_{i+1}$，即每 4 个相邻点计算的斜率差相等且不在直线段和圆曲线上，说明对应的点 $(N_{i-2}, N_{i-1}, N_i, N_{i+1}, N_{i+2})$ 位于缓和曲线段上。

③方位角法。这是由同济大学姚连壁教授在曲率法的基础上提出的。如图 2.6-4 所示，曲率 ρ 沿路线作积分得到路线上方位角的变化（曲线切线的方位角 α 随着弧长 s 的变化而变化）：

$$d\alpha = \int_0^s \rho ds \tag{2.6-6}$$

判别方法如下。
直线段方位角无变化：

$$d\alpha = 0$$

圆曲线段的切线方位角呈线性变化：

$$d\alpha = \frac{L}{R}$$

缓和曲线段各点切线方位角按照二次抛物线变化:

$$d\alpha = \frac{L^2}{2A^2}$$

式中:L——距积分起点的距离;
R——圆曲线半径;
A——缓和曲线参数。

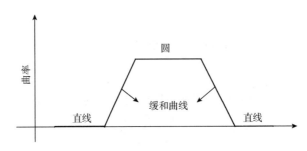

图 2.6-4　曲率示意图

通过车载 GPS 技术或者全站仪测量获得公路中桩散点的坐标数据,并运用方位角法对采集到的数据进行分组,划分数据点段落(直线、圆曲线和缓和曲线)。计算直线和圆曲线分组点的中心,得到其线形参数,利用平差后直线和圆曲线的参数推导计算缓和曲线的参数 A;然后对直线、圆曲线、缓和曲线的连接处,应用加权平均值法与公路设计思路相结合,得到公路线形几何参数。

④最小二乘法。同济大学杨轸博士采用的理论为:当拟合曲线满足 $\int_0^s h^2 ds$ 或者 $\sum_{i=1}^n h^2$ 值达到最小时(s 为要恢复的路线长度,h 为样本点到拟合曲线的垂直距离,i 是测量数据点的序号,如图 2.6-5 所示),所拟合出的曲线是精确度最高的。

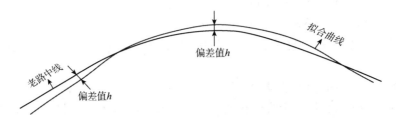

图 2.6-5　最小二乘法示意图

在实际工程设计中,首先对各要素分区间、分段拟合,然后再用合适的缓和曲线把各拟合要素连接起来,以恢复公路的平面线形。经过分析,将误差控制在一定范围。

⑤CAD 样条曲线法。CAD 样条曲线法在实际工程中应用较多,通过计算机输入实际勘测的测点坐标数据,绘制样条曲线,然后排除部分误差较大的点,粗略判断各基本曲线元素起、终点的可能位置,绘制 CAD 直线、圆曲线对比样条曲线,得到拟合曲线参数。这可以节省时间,提高工作效率,如图 2.6-6 所示。

图 2.6-6 样条曲线法拟合曲线示意图

公路线形判别法的优缺点如下:

a.CAD 样条曲线法在绘制时主观因素太多,出现误差也较多。

b.斜率判别法将相邻点看作直线处理,若相邻两点间距过大,则判断的精度会出现较大误差,影响公路的设计和施工。

c.曲率—弧长判别法会因为实际的测量数据很可能存在的各种误差,而导致同一线形单元上点的曲率变化不完全符合该判别方法特点[例如直线上的两点曲率 $\rho(s_1) \neq \rho(s_2) \neq 0$,分布在零点附近]。

d.最小二乘法采用误差控制,是比较精确适用的方法,在精度足够的数据测量的基础上使用最小二乘法拟合公路线形是较为理想的。

(2)线形拟合的要求

应用于工程实践中的拟合曲线应该符合以下要求:一是精确性。拟合出的曲线要完全通过或尽可能逼近给定的点。二是凹凸性。根据采样测量点计算出的曲线要素,应能反映采样点的线性凹凸变化的基本特点。三是光滑性。要求拟合曲线至少具有二阶连续性。

(3)曲线拟合理论方法

曲线拟合常规的理论方法有拉格朗日插值法、分段插值法、最小二乘法、样条拟合法四种方法,以下重点介绍前 3 种方法。拉格朗日插值法所构造的代数多项式所表现的曲线是光滑的,一般适用于逼近光滑性较好的简单函数曲线,对于较复杂的曲线组合如直线+圆曲线+回旋线+圆曲线+直线(原曲线由多段不同性质曲线构成),拟合出的曲线会出现较多的逼近误差较大处,拟合误差相对较大。分段插值法是在拉格朗日插值法的基础上,把插值的范围进行细化划分。分段插值法是一种显示算法,只要节点间距划分足够细,就可以得到较为理想的精度。最小二乘法是一种基于数学理论的优化方法,它通过最小化误差的平方和找到一组数据的最佳函数匹配,用最简单的方法求得一些绝对不可知的真值,而令误差平方之和为最小。最小二乘法通常用于曲线拟合,是以测量数据与拟合值的差值平方和最小为理想结果。最小二乘逼近是工程 CAD 建模的一种最常用的数值拟合方法。

几种曲线拟合理论方法比较。拉格朗日插值法在有些情况下会出现龙格现象(拟合曲线会在两端发生较大幅度的无规律变化,出现较大的拟合误差)。分段插值法:分段三次埃尔米特插值法没有二阶导数(只有连续的一阶导数),光滑性不能满足工程要求。样条拟合法:圆弧样条曲线的曲率变化呈阶梯式,说明光顺性较差,不符合行车要求;三次样条曲线是插值样条曲线中的一种方法,其拟合的精度一般由采样点间距决定,具体的测量精度不好把握;三次 B 样条曲线的形状和多边形相逼近,曲线的总体形状与特征多边形一致,拟合曲线的光顺性取决于数据点的间距,故其精度和光顺性也存在许多人为的不确定性。最小二乘法能够消除其局部被动,适合用于拟合无序的离散点,可以体现出给定数据点的变化趋势,而且其拟合精度也能够符合公路工程的要求。

(4)平面线形组合类型

一般路线平面设计常用的线形组合类型可分为以下 8 种。

①简单型:按直线—圆曲线—直线的顺序组合,见图 2.6-7。

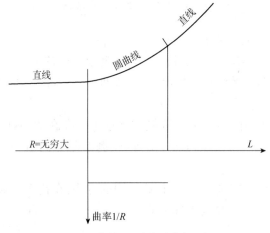

图 2.6-7　简单型平曲线及曲率示意图

②基本型:按直线—回旋线—圆曲线—回旋线—直线的顺序组合,见图 2.6-8。

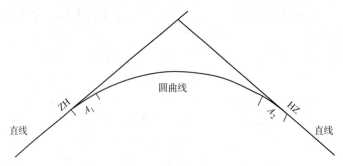

图 2.6-8　基本型平曲线示意图

③S 形:两个反向圆曲线间用两个反向回旋线连接的组合,见图 2.6-9。

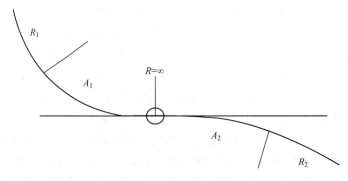

图 2.6-9　S 形平曲线

④凸形曲线:在两个同向回旋线间不插入圆曲线而径向衔接的组合,见图2.6-10。

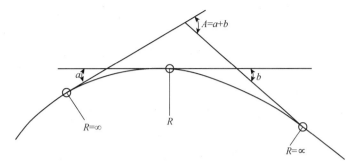

图2.6-10 凸形平曲线示意图

⑤C形:同向曲线的两回旋线在曲率为零处径向相接的形式。
⑥复合型:两个或两个以上同向回旋线在曲率相等处互相连接的组合。
⑦复曲线:两个或两个以上圆曲线相互连接的组合。
⑧回头形曲线:见图2.6-11,即路线布设同一坡面,转角≥180°的曲线。

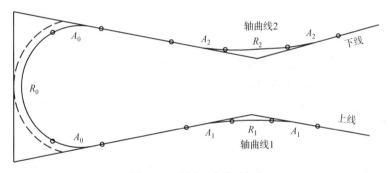

图2.6-11 回头形曲线示意图

(5)改扩建道路线形数据采集

通过控制测量对既有公路线形数据进行采集和恢复,是对既有公路改扩建线形拟合的前提和基础。控制测量工作应依据《公路勘测规范》(JTG C10—2007)、《国家三、四等水准测量规范》(GB/T 12898—2009)进行。

在平面取样测量时,路基和桥涵构造物按地物测量处理。一般采用动态GPS测量中央分隔带边缘两侧,左右交替测量,布点间距不大于20m(在曲线路段可适当加密测量),桥涵构造物两端分别取点并加密。在内业设计阶段进行计算机拟合中线,再根据实际情况对线位做适当的调整。

平面拟合完成后,一般按常规方法放线,使用水准仪测量每个桩的高程。软土路基路段的沉降一般较大,桥梁和涵洞等构造物的高程是控制测量的重要控制点,在测量和放线过程中,软土路基及其与一般地基的结合部和桥头路基放线时应加密,然后对纵断面进行拟合设计。

采用上述测量取样方法减少了对既有资料(包括竣工资料)的利用率,会增加测量和设计方面的工作量,但能提高设计精度和设计水平,更切合实际;尽可能地满足改建工程的要求,为以后的设计提供准确、实际的数据。

在进行平面线形数据测量时,测量点的选择应该在中央分隔带边缘两侧,为确保精度,应每间隔 10~15m 取点,左右交替测量并记录测点的三维坐标。对直线和曲线段的结合处测量时应适当加密测点,要求测量选点人员对平面线形有较为全面的认识,能合理判断测点区域是大致位于直线段还是曲线段上,并做好记录,以供拟合设计人员参考。

(6)平面拟合应注意的问题

为宏观掌握全线拟合状况,应对拟合好的平、纵面线形进行分析和评价。平面分析以里程为 X 轴,以既有路中线或边线与拟合中线或边线的相对差值为 Y 轴,绘制线位拟合误差分布图,并统计出最大正误差、最大负误差、偏差平均值及标准偏差,对于偏差较大的段落应分析原因及拟定改建措施,有竣工图资料的可将拟合线形平曲线要素与竣工图逐一对比分析。

公路平面线形设计应综合考虑路线起、终点顺接、既有公路线形、沿线洪水位、城镇等主要因素,在尽量利用既有公路和满足行车要求的前提下,灵活运用直线、圆曲线和回旋线,既不能简单地抛开地形、地物限制而一味追求高指标,也不轻易采用最小值,以使线形均衡、顺畅、协调,不强求改建后某单个平面设计指标,强调的是与既有公路的拟合以及线形的连续。

2.6.3 纵面设计

如何调整和改善既有公路的纵断面,是公路改建工程平面线形确定后的一项重要工作。在有些地段,纵断面和平面线型是相辅相成、互为影响的。在公路建设中需要调整和改善纵断面的情况大致有以下几种:①路基较低,防洪频率低,排水不畅;②地形起伏,视距得不到保证;③需降低陡坡,改善行车条件;④消除不利于高速行车的短距离锯齿形起伏(纵面小范围频繁变坡),以保证行车平顺、舒适。

影响纵断面路面高程设计的主要因素有:路面改建方式、桥面高程、既有路纵断面线形及曲线超高等。既有公路纵断面线形满足标准的段落,纵断面设计应尽可能与既有公路保持一致,以减小对既有公路的改建;既有公路纵断面不满足标准的段落,应根据情况合理优化改造。

2.6.3.1 纵面设计原则

改扩建工程纵面设计的原则:

原则一:满足规范和尽量利用既有公路相结合。改扩建公路纵断面设计必须满足现行规范对纵断面所规定的所有指标,包括最大纵坡、最短坡长、平、纵组合要求,等等,必须满足行车安全舒适要求,技术指标不满足现行规范的,应予以提高;在满足规范及行车需要和充分考虑利用既有路基、路面和桥隧等构造物的前提下对纵坡进行拟合和优化。高速公路改扩建项目纵坡和平均纵坡问题应根据汽车动力学和上下坡交通事故统计规律,以及既有公道路平、纵组合指标,充分利用对向交通分离的有利条件,本着充分利用既有工程和因地制宜的原则,辩证分析全面统筹。

原则二:综合设计。纵面设计要综合考虑路线平面、横断面、构造物的设置以及路基范围内的排水,工程量的平衡等。

原则三:重视环境保护。重视环境保护,防止水土流失和环境污染,保护耕地,尽量少占良田,少拆迁和影响地方经济规划。从生态、环保、美学等方面入手,以既有道路设计线为主体,尽量做到改扩建方案与地形、地物、沿线景观和谐统一,保证改扩建后公路本身的环境、路容、路貌美观与协调。

原则四:考虑路基设计高程。沿河路段路基设计满足公路的抗洪能力;合理确定经过水文及水文地质条件不良地段的最小路基高度,其值不应小于路床处于干燥、中湿状态的临界高度。

原则五:纵断面设计须先确定路面结构形式。纵断面设计时,必须先确定路面结构形式,计算既有公路补强厚度,其目的是为了降低工程造价,方便施工组织。

原则六:桥梁改扩建方案应首先考虑纵面问题。桥梁纵面方案不仅需要考虑原桥改造方案、新老桥拼接方案和地方规划要求等,还应考虑与桥后路面改造方案相匹配。另外由于原桥的施工误差以及不确定因素,在施工建设期间还应依据现场实际情况,局部进行桥梁和桥后路面的纵面调整,而纵面调整会带来桥梁、路基、路面的诸多变更设计。

原则七:路面应"宁填勿挖"。在既有公路面尽可能利用的前提下,路面一般遵循"宁填勿挖"的原则。

原则八:桥面应"少填勿挖"。桥面一般应遵循"少填勿挖"的原则,但原桥"填"的高度需通过验算确定。

原则九:以大型结构和构造作为控制。以既有桥梁、隧道和通道为主要控制点,同时满足现状桥下净空,满足现行通航及铁路的净空要求;遇到河流和立体交叉时,纵断面设计高程以沿线桥梁、涵洞及管线等作为控制点;过城镇路段,考虑居民出行方便,一般以既有公路两侧居民房屋地基高程为设计依据。

原则十:左右幅纵断面分别计算。由于在高等级公路上运行的车辆和载重不对称,公路养护左右幅罩面并非一一对应,为了使拟合纵断面与既有路面高程一致,降低工程造价,公路左右幅分别进行纵断面拟合设计;在低等级公路上可按一幅公路进行拟合。

2.6.3.2 纵面设计方法

纵断面拟合设计主要是指纵坡组合和竖曲线设计。纵断面线形设计主要应满足行车和视觉诱导、安全、舒适等要求,同时还应考虑工程造价上的经济合理。

在公路改扩建工程中,既有公路的走向和纵坡大致已定,只需要对纵坡和竖曲线进行拟合设计,对既有既有公路纵断面不能满足现行的技术标准及规范等缺陷,综合考虑既有公路路面破坏和地基沉降,在原设计高程的基础上进行调整;新建路段根据相关规范、规程,纵坡设计均匀连续,尽量避免高填深切,降低工程对环境的影响。

公路改扩建工程纵面拟合设计应考虑与桥梁、路线交叉、路面设计、软基处理、沿线设施改造方案等协调性,保证工程方案经济、合理;软基路段要尽可能维持既有路基高程;特殊困难路段应进行多方案分析论证。

1)纵面设计中应关注的因素

改扩建项目纵面设计中应关注如下因素:

(1)既有公路利用与满足规范的双重要求

改建工程纵断面拟合设计不是简单地进行纵坡的拟合和优化,既要满足现行公路工程规范相关要求,还要充分考虑最大限度利用既有公路路基和结构物(桥梁、涵洞、隧道等)。

(2)既有公路纵断面拟合精度与设计吻合度

既有公路纵坡拟合精度直接影响既有工程的利用率,其拟合可借鉴平面拟合设计的方法。竖曲线的线形一般用抛物线要比用圆曲线方便得多(一般采用二次抛物线),而且,竖曲线的线形和线形组合比平曲线组合相对简单(不需要设置缓和曲线)。使用计算机辅助纵面拟合时,通常是在 CAD 图形中做出测量样点,先拟合出竖曲线的直线段,然后敷设圆曲线,组成完整的竖曲线。针对既有公路纵坡不顺直流畅的路段,应分析其原因,是施工误差,还是软土路基、高填方路和与桥涵构造物的不均匀沉降,然后以构筑物为控制基线,按实际情况确定。

(3)纵面线形美观与平、纵组合

公路线形是一条立体的空间三维曲线,纵面线形的美观顺适与否会影响到线形的整体美观效果和行车的安全舒适,平、纵面设计各个要素需紧密相连。

在公路工程设计中,公路纵面线形通常由直线和抛物线组成,圆弧和抛物线差别微乎其微(由于公路的竖曲线半径取值较大),故可以用圆曲线代替抛物线。驾驶员行车时的视觉对坡度的大小不太敏感,但较大坡度差却可以使驾驶员的视觉产生很大反差感。若竖曲线过短,不能给驾驶员顺滑、通畅的印象,旅客也会感到很不舒适,所以竖曲线半径宜大不宜小。圆曲线比例大,能够更好地引导驾驶员的行车视线,公路线形和环境更为协调。

(4)纵面设计与既有路基路面关系

改扩建工程选择合适的路面加铺方案,控制最小罩面厚度是制约纵断面设计的重要因素,特别是高速公路改扩建、"一改高"。罩面最小加铺厚度应根据路面结构计算结果确定,高等级一般是面层或者面层+中面层,低等级公路一般是路面结构厚度,且随路段而变化。另外以集约理念指导设计,统筹考虑既有路面废料回收循环利用问题。

(5)纵面设计与既有构造物

在跨线桥、隧道等构造物路段,在考虑纵面合规的同时,应该考虑和关注净空和行车视距问题,力求指标均衡、视觉顺适。

在桥梁等构筑物路段,改扩建公路纵面设计应以构筑物为基线,统筹两端接线,以充分利用既有工程,确保构筑物工程结构充分利用和安全。

(6)既有公路沉降、维修与恢复设计

既有公路经过长期的运营,往往存在较明显的不均匀沉降、车辙等病害,形成了"凹凸"不平纵面;另外,路面经过多次路面维修和补强,其实际高程和当初的设计高程一般有比较大的差别,特别是低等级公路。应从改扩建公路纵面线形拟合开始,按彻底处置的原则设计纵面。

(7)纵面设计与施工要求并举

纵面拟合设计时,要尽量做到保证路面结构在厚度上、构造上满足设计和施工规范要求,以便施工质量控制。应根据不同路面材料的最小碾压厚度和最大碾压厚度的要求,对最小补强厚度要求进行计算修正。

2)纵面设计方法

公路的线形是一条立体的三维曲线,它的完美也包括纵面线形的完美,平、纵、横密不可分。纵面线形只有直线和二次抛物线(或圆曲线)。在实际应用中,圆弧代替抛物线。纵面

第2章　公路改扩建工程技术标准确定、路线方案选择及线形设计

设计主要方法：

①纸上拉坡。主要采取将地面高程点于厘米纸上，设计者根据主观判断、经验、路面补强厚度和一些构造物的控制要素拉坡，并设置相应的竖曲线，形成纵断面设计线形。

②利用计算机软件设计纵断面。将地面高程输入计算机，通过计算机程序确定纵断面设计线形。对需要控制的地方进行填挖高度检查，利用程序反复进行调整，形成纵断面设计线形。

③拟和设计。利用设计软件，根据桥涵、隧道等构造物的不可变高程和路面补强厚度等作为控制因素，给出相应等级公路的控制指标，自动拟合纵断面。然后采用回归分析法无限逼近各控制点，最终形成纵断面设计线形。由于回归分析采用程序自动处理，设置次数越多，精度越高。

各种纵面设计方法优缺点：

方法①的优点是全局观和纵断面设计的整体性容易把握，平、纵配合一般比较理想；缺点是人为判读，对既有公路改建工程来讲，不一定最合理、经济。

方法②的优点是部分解决了人为拉坡的缺点，对需要严格控制的地方一般精度较高，但对整个改建工程无法做到细致全面控制，很难做到最经济。

方法③的优点是能精确控制整个路基工程的填挖方数量，可有效控制工程量，节约工程造价；缺点是与平面线形的配合不能一次完成，需二次调整。

综上所述，方法②和方法③是现在纵断面设计较多采用的方式，尤其是方法③在控制路基填挖方和节约工程投资方面有较明显的优势，一般比方法①和方法②土石方数量节约5%以上。

纵面拟合可借鉴平面拟合设计的思考和设计方法，但竖曲线没有缓和曲线，其线形比平面简单。一般地段的纵面拟合，可在 AutoCAD 中标出样点，用直线来拟合纵坡，然后敷设竖曲线，相当于平面设计中的"导线法"。但对特别困难的地段，如软基地段和桥涵构造物不均匀沉降所引起的原纵坡不顺直流畅的地方，可先控制竖曲线的半径、长度及平、纵配合，然后确定坡度、坡长，如用平面设计的"综合法"来拟合纵面线形，只需将最后一步改为敷设竖曲线即可。公路改扩建工程项目纵面设计与公路新建项目相比较有三个方面不同，一是纵面高程控制点有所变化，二是设计就是拟合与复原，三是纵面设计高程与既有路面高程的精准度和吻合性。

3) 对纵面设计的评价

对纵断面设计线形指标的评价主要涉及以下几方面内容：

(1) 坡度及坡长

①符合性检查

根据设计速度对纵断面坡度及坡长指标进行检查。

②运行速度检查

当路段设计速度与运行速度之差小于或等于 20km/h 时，路段的坡度、坡长及竖曲线半径不变；路段设计速度与运行速度之差大于 20km/h 时，应按运行速度计算值调整相应路段的坡度、坡长及竖曲线半径。对运行速度检查可以只应用于纵坡坡度相对较大的路段。

(2)长大纵坡路段平均纵坡

长大纵坡对汽车的行驶是非常不利的,《公路项目安全性评价》(JTG B05—2015)中对长大纵坡路段的规定为坡度大于3%的路段(不区分小客车与大货车)。若采用此划分标准,通过计算发现,所求得的大货车运行车速与实际运行速度有较大的差异,主要原因是大货车在纵坡大于2%的情况下为提升爬坡能力,其行驶速度就开始缓慢下降,若按《公路项目安全性评价规范》(JTG B05—2015)规定,纵坡范围为2%~3%的平直路段大货车为加速或均速行驶状态,这显然与实际情况不符。为使计算结果更切合实际,在划分路段时将小客车与大货车区别对待。因此对公路改扩建项目进行安全性评价时,认为连续4km平均纵坡不小于2%的路段,即为长大纵坡路段。

(3)竖曲线半径及长度

符合性检查:《公路路线设计规范》(JTG D20—2017)规定值及视觉所需要的最小竖曲线半径值。

运行速度检查:即检查路线采用坡长是否大于最短竖曲线长度的极限值和一般值,对于小于《公路路线设计规范》(JTG D20—2017)要求的最短竖曲线长度一般值的路段,应在拟合设计时予以注意。

竖曲线最小半径及最小长度。根据《公路工程技术标准》(JTG B01—2014),竖曲线最小半径及最小长度不应小于表2.6-2的规定。

竖曲线最小半径及最小长度　　　　　　　　　　　表2.6-2

设计速度(km/h)	120	100	80	60	40	30	20
凸形竖曲线最小半径(m)	11000	6500	3000	1400	450	250	100
凹形竖曲线最小半径(m)	4000	3000	2000	1000	450	250	100
竖曲线最小长度(m)	100	85	70	50	35	25	20

(4)纵面线形检查

符合性检查:纵面线形应与地形相适应,线形设计应平顺、圆滑、视觉连续,保证行驶安全。设置在同向和反向竖曲线间的短直坡路段,需根据动态视觉原理,从线形连续、美观角度来考虑。

为避免反向曲线在视觉上有突变,考虑到驾驶员的反应时间,将反向竖曲线间最小直坡长度采用3s行程进行检查;同向竖曲线间直坡长度过短容易使驾驶员产生错觉,同时视觉上也不顺畅。参考交通事故统计资料,当直坡段长度大于300m时,检查事故率与同向曲线间最小直线长的关系是否明显,并以此作为纵面线形检查依据。

4)纵面设计步骤

既有公路改扩建的纵面设计是一个很复杂的过程,同时也是改扩建质量的关键控制因素。当既有公路改扩建有道路拓宽、提高车速的要求,或者路基不均匀沉降过大、纵面明显变形时,应进行路线的纵面设计,纵面设计可按以下步骤进行:

(1)根据交通量分析结果,计算出路面的设计弯沉值L_d;

(2)根据既有公路路面弯沉测量成果评定各路段的路面强度状况,一次划分路段,并计算每个路段的计算弯沉值和相应的当量回弹模量E_t;

(3)根据路基横断面测量资料,确定设计路拱的最薄补强位置,并依次确定路线纵面的

最小控制高程 H_c;

(4)确认被交路上跨分离式立交桥的桥下净空是否满足要求;

(5)根据技术标准进行纵断面线形设计,并保证每个断面的设计高程 $H_d \geq H_c$。

公路纵面线形设计步骤如下。

步骤一:根据既有公路纵断面中线测量结果,反推纵面设计,第一次拉坡和确定标准填高;

步骤二:分析填高,判断具备加铺路面条件的路段;

步骤三:形成第三次纵面设计成果,在此基础上完成其他专业对纵面的要求;

步骤四:分析分幅拉坡后的纵面高差,进行微调,形成最终的设计成果。

5)纵面设计的一些做法

(1)竖曲线的设置。纵断面线形主要考虑因素是竖曲线的设置,同时包括平、纵配合。竖曲线的设置主要是为了缓冲因运动量变化而产生的冲力和保证视距。人们的视觉对坡度不是那么敏感,但对坡度差的感觉却相当敏锐。若竖曲线过短,看起来就很不自然,像产生了折曲一样,不能给驾驶员顺滑、通畅的印象,所以竖曲线半径应大些。总体来说,纵面线形中曲线所占的比例大一些,对公路的线形和环境的协调和诱导驾驶员视线的好处多一些。在工程量增加不大的情况下,应注重纵断面与平面线形的有机配合,尽量使路线纵断面更加平缓、顺畅,在提高汽车行驶的平顺性和行驶速度的同时,确保行车安全。

(2)"小偏角"的处理。由于拟合的纵坡很零散,有时会出现相邻坡度代数差过小的问题,只不过没有像平面设计中小偏角问题引起人们的重视。通常,纵面设计中的"小偏角"对行车影响很小,对于这种情况,可用大半径竖曲线通过拟合来满足线形和行车要求(汽车离心力、经过时间、视觉要求)。

(3)坡度与坡长的控制。公路改扩建工程中由于既有公路等级较低,难以达到较高技术等级公路相应的坡度、坡长的技术要求,因此,在设计中需要改善纵断面线形,调整纵断面的坡度与坡长,尽量在不过多增加工程数量的前提下减小路线纵坡的坡度,同时调整坡长,使全部坡长均满足最小坡长的要求。对于纵坡较陡的路段,应根据标准及设计规范要求,坡长在大于最小坡长的前提下,不超过最大坡长限制。针对既有公路具体情况,公路改扩建工程纵坡设计可采用最大纵坡、坡长、竖曲线半径等极限值。可采取以下设计措施改善长陡坡:

①尽可能增加布线长度、缓和纵坡度。增加布线长度即另辟新线,可按所需平均纵坡对长陡坡段地形进行放线。按新建路段进行重新设计,新线设计建议采用"曲线为主的定线方法"和连续平、纵曲线的方法,使纵坡调整均衡。

②设置紧急避险车道(对下坡车道)。

③设置爬坡车道(对上坡车道)。

④增设预告标志。

⑤通过加大竖曲线半径,有效地改善纵面线形。通过折减纵坡,缩短"夹直线"段,改善长陡坡段纵面线形。尽可能设计成连续竖曲线,使交通事故多发的"直线坡段"减少为零。缺点是在长陡坡两端凸与凹竖曲线的顶部与底部要多挖与多填。

(4)相邻竖曲线的处理。相邻的同向竖曲线,如中间的直线段不长,最好直接相接;相邻的反向竖曲线,则不必特别规定直线坡段的长度,但最少为汽车提供运行3s的行程。

(5)纵面设计可采用不对称曲线。有时为了调整纵坡中的直线长度,如用传统的设计方法,需调整几个纵坡,这时可采用不对称竖曲线设计方法,使纵坡拟合得更好。在高等级公路改扩建工程的纵坡设计中,为设计出平滑、圆顺、经济的纵断面线形,使纵断线形更好与既有公路相适应,同时考虑到平、纵面线形配合及相邻反向(或同向)竖曲线直接相连的需要,可采用不对称竖曲线进行拟合,即不对称竖曲线在变坡点两侧切线水平投影长不相等。它由2条独立的、在结合点上具有相同坡度的抛物线构成,见图2.6-12。

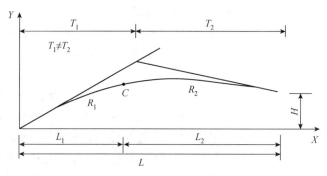

图 2.6-12 不对称竖曲线示意图

(6)宁填勿挖。既有公路纵面满足技术标准时,重新设计的纵面线形应该尽量与既有线形保持一致。在进行既有公路纵面改造设计时,还应该注意掌握"宁填勿挖"的原则。由于挖除既有公路路面比较困难,既有公路路面改造的大部分资金是用在路面补强上的,路面改造的费用占整个费用的 50%~70%。可以充分利用既有公路的强度,降低路面改造的费用。挖除既有公路,不仅增加施工的难度,同时也造成材料的浪费,而且挖除的废料容易造成环境污染。因此,在没有立交桥净空限制和大中型构造物限制的路段,应该注意掌握这一原则。大多数情况中纵面要比既有路面高,即加铺一层路面,选择合适的加铺方案就成为制约纵面设计的主要因素。公路改建纵断面设计高程与既有公路高程差值应尽可能控制在既有公路最小补强厚度与新建公路路面结构厚度之间,并应尽量避免开挖既有公路或过分抬高路基。这样,不仅减少了路基土方工程数量,也有利于公路改建过程中的车辆通行。

(7)构造物控制。由于公路改扩建工程大多需加铺路面,就必须验算既有桥涵构造物的承载能力,同时也应满足主线下穿分离桥的净空要求。纵面设计可根据平面拟合的情况,采用左右幅设计高程不同的分离式路基,但两者不能相差过大,否则与涵洞通道出口不好衔接。

公路改扩建工程设计工作中,路线高程的控制是纵断面设计中的关键环节,必须满足交叉工程净空、河流通航、路基设计洪水位等基本要求。在进行具体的纵断面设计之前,应明确全线的高程控制点,特别要注明路线的起终点、与相交公路和铁路的平面交叉口、桥梁桥面高程、平原微丘区不良地质地段的最小填土高度、防洪要求的设计洪水位和经济点等,确保设计满足各控制点的要求。

(8)超高路段的排水。一般纵面设计时应考虑超高路段的排水情况。公路改扩建工程有时为充分利用既有公路,左右幅采用不同的设计速度,此时左右幅超高缓和段和超高值均不同,在纵面设计时不仅要考虑本幅的超高排水,而且应充分考虑中间带的排水和另一幅路

第2章 公路改扩建工程技术标准确定、路线方案选择及线形设计

面的超高和坡度情况。对超高缓和零坡度段,其合成坡度不仅要满足排水要求,而且应考虑是否会对另一幅的排水造成影响。采用整体式方案时,在这方面的考虑和新建工程基本一致。

(9)爬坡车道的设置。一般情况下,当平均纵坡坡度≥4%且连续上坡时,可考虑设置爬坡车道。若既有公路改扩建项目中重车比例较大,为避免降低爬坡车道路段的公路通行能力,同时为消除因重车长时间使用行车道、超车道而导致小车强行超车引起的安全隐患,公路改扩建设计中应适当放宽爬坡车道设置标准。当平均纵坡坡度大于3.5%、纵坡连续长度≥3km时,设置爬坡车道。

(10)避险车道的设置。一般情况下,当平均纵坡坡度≥4%且纵坡连续长度≥3km,车辆组成中大、重车型占50%以上,在连续长、陡下坡路段坡底设置避险车道,保证失控车辆的安全;结合地形条件,当路段上重车比例较大时,平均纵坡坡度接近4%时应设置避险车道。

(11)分离路段的设置。局部分离包含了两侧分离和单侧分离两种形式。由于受既有公路制约较小,单侧分离方式的平纵面线形设计方法与公路新建项目基本相同,不再赘述。两侧分离方式虽受扩建规模、工程经济和用地等因素的制约,但相对灵活,可按线形分离方式进行分幅设计,加强分合流端部的设计,做好交通组织设计。分离路段其单侧车道数应不小于2条,并遵循车道数平衡的原则。位于长直线或受重要构造物控制困难的特殊路段,经分析论证后,可采用设置渐变段方式进行分离线形设计。

(12)竖曲线参数的控制。在合理的坡度与坡长的基础上,在变坡点处设置合适的竖曲线,一方面竖曲线的半径应大于规定的最小半径的要求,另一方面竖曲线的长度应大于规定的竖曲线最小长度。在满足这两个方面的要求外,尽量采用较大半径与较大的竖曲线长度,设计时应注意选择竖曲线处的合理填挖高度,同时应注意相邻两竖曲线的正确衔接。对于既有公路线形控制困难路段,在不存在安全隐患的前提下,纵坡坡度可放大1%加以控制。一般改建路段及新建路段按拟建公路等级规定值控制。

(13)应消除交通事故多发点和交通瓶颈。由于早期建设的公路受资金、认识、理念、地形条件等因素制约,造成一些公路技术指标偏低,尤其是山区公路,形成较多陡纵加急弯、不良平、纵组合、长大下坡等路段,是造成下坡方向交通事故高发的客观因素,上坡方向需要车辆长时间爬坡,制约通行能力。在公路改扩建中做好交通事故高发区纵面设计、提高通行能力是其主要任务之一。

(14)上下行线分离。采用单向分离新建(下坡方向)、将既有公路作为上坡方向的改扩建方案,增加上坡爬坡车道,可以达到公路改扩建的目的。同时,由于既有公路经多年运营,道路两侧的经济布局发生较大改变,采用既有公路直接加宽可能会产生大量拆迁或工程量增加较大时,可采用分离新建或分离加宽等方案。若采用分离新建或分离加宽等方案,则需加强分合流路段的安全设施设计,避免交通事故的发生。

(15)超高高程设置办法。在设有超高的曲线段,高速公路设计高程为中央分隔带边缘高程,而二级公路设计高程位于曲线内侧路基边缘高程,若二级公路超高抬高端位于中央分隔带侧,将使纵断面设计线形难以与既有公路纵断面原始线形保持一致,可增加变坡点,抬高设计高程。

(16)当相邻纵坡坡差较小时,不宜过分迁就"平包纵"。通过透视图检验,当相邻坡度

差小于 3% 时,即使平、纵错位设置,也无不良感觉。但当坡度差大于 3% 时,应重视平、纵组合设计。

(17)路面补强厚度的确定。最小补强厚度是由弯沉要求计算出的,纵面设计时还应该根据不同路面材料的最小碾压厚度和最大碾压厚度的要求进行修正。不同路段有不同程度的沉降差,如在重载交通作用下路基沉降大、桥头沉降严重,此范围内路面高程需抬高较多才能与既有桥梁高程接顺。而有些路段建成通车,建成后分别对路面车辙、路面破损和改善平整度进行挖补,对桥头跳车进行衬补,对路面结构强度不足、路面破损及车辙分别进行了基层补强、双层挖补及热再生处理,这些路段的路面整体强度较高,拓宽改建此范围既有公路面以补强为主,局部路段全部挖除重建,路面高程基本维持不变。

(18)凹形竖曲线底部排水。对于凹形竖曲线底部排水不畅路段,应对其纵断面和横坡设计进行综合调整,减少排水不畅的路段长度。

(19)必要路段设置警示(告)标志。长直线的下坡路段,宜增设警告和限速标志。

(20)桥面高程的控制方法。由于特大桥、大中桥桥面改建加铺厚度不能太大,一般在 3~5cm 之间,在改扩建设计时需要对桥面高程进行核算,减小桥梁改建工程桥面厚度的变化值;对于出现明显沉降,无法满足拟合线形的孔跨,应采取调整支座等工程措施予以修正。

2.6.4 平、纵组合设计

公路在实现高效、安全、舒适运行的同时,也应成为一件建筑艺术品、一条风景线,公路平、纵配合非常重要。对平、纵组合线形的技术要求,一方面是力学上的,主要反映在行车的安全性和舒适性上;另一方面是视觉和心理上的,主要反映在驾驶员的舒适感和愉快感。两者不可分隔,互有影响,由于公路改扩建工程的平、纵技术指标受很多条件约束,不可能达到公路新建工程的水平,否则就会造成既有公路的浪费。公路平、纵面线形的组合,应综合考虑汽车行驶的安全、舒适,工程造价,营运费用的经济性,驾驶员的视觉、心理状态以及和公路与周围环境的协调。

1)平、纵面线形组合的原则

《公路路线设计规范》(JTG D20—2017)和《公路工程技术标准》(JTG B01—2014)中明确规定了线形组合的三个原则:

(1)在视觉上能自然诱导驾驶员的视线,并保持视觉的连续性。这是平、纵组合最根本的要求。

(2)平、纵面线形的技术指标应大小均衡,使线形在视觉上、心理上保持协调。

(3)合成纵坡应组合得当,以利于路面排水和行车安全。

平、纵配合的关键在于:平、纵面线形满足驾驶员高速行驶的视距要求,一般为汽车提供 10s 左右行程。

2)平、纵组合的要点

(1)平曲线与竖曲线应重合,且平曲线应稍长于竖曲线,即所谓的"平包纵"。

(2)平、纵曲线的半径大小应保持均衡。平、纵曲线的均衡是指平曲线半径大时,竖曲线半径也应相应的增大。这样,不仅线形顺滑优美,而且视觉良好,行车安全、舒适。一般认为当平曲线半径小于 1000m 时,竖曲线半径为平曲线的半径 10~20 倍即可达到均衡。德国在综合考虑视觉和工程费用均达到良好的条件下,用计算机统计整理的平、纵曲线半径均衡指标,可在设计时作参考。

(3)合成坡度应控制在 0.5%~8.0%之间,应注意避免急坡和陡坡组合的线形。合成坡度过大则可能造成驾驶失误,且在冬天结冰期造成危险;过小则不利路面排水,妨碍行车。

(4)凸形竖曲线顶部和凹形底部,不得插入小半径平曲线。

(5)凸形竖曲线顶部和凹形竖曲线底部,不得与平曲线拐点重合。

(6)一个平曲线的纵面线形不应反复凹凸,避免出现使驾驶员视觉中断的线形,如驼峰、暗凹、跳跃等。

(7)小半径竖曲线不宜与缓和曲线相互重叠,以免驾驶员既要换挡又要转动转向盘,造成操作紧张而引起事故。

(8)避免长直线上插入凹形竖曲线。

(9)只要计算出凸形竖曲线处的视距满足要求,即可在长直线上设置凸形竖曲线。

(10)对工程特殊艰巨或平面控制较为严格的地段,难以达到视觉和视距要求时,可在路侧和中央分隔带植树或利用防撞护栏诱导视线。

(11)评价一条好的立体线形,除了它本身的平、纵面上的顺适流畅外,还应包括它对周围环境、地形的适应程度。这一方面体现在平、纵曲率、坡度与地形天然曲率、坡度相均衡,另一方面则体现在横断面上对地形的切割、堆砌。因此,平、纵组合应与横断面设计综合起来考虑,只有充分重视了两者的关系并充分配合,才是真正意义上的较为完整的线形设计。

(12)由于既有公路形成的时间比较长,在逐步形成和改造的过程中,未严格按规范进行设计和施工,存在着较多平、纵组合不当的路段。在一般路段,这种缺陷可以用移动变坡点的方法来改变。但在某些特殊路段,如桥头弯道处,采用移动变坡点的方法就可行。因为在通常情况下,由于受桥下通航净空的限制,纵断面变坡点一般均设置在桥梁中心处。这就要求在平面线形布设时考虑移动平曲线的位置,将平曲线设置在桥梁上,或将平曲线设置在桥面竖曲线以外,以达到良好的平、纵组合效果。

(13)对于平、纵配合不好的路段,尽量加大竖曲线半径,满足视距,来保证行车安全。

(14)对于隧道进出口等可能的事故多发地段,尽量加大竖曲线半径,使其满足视觉所需要的最小竖曲线半径。

(15)设计中应根据平、纵拟合情况,满足规范和有关规定的要求,同时必须通过透视图或三维动画系统来加以检验。

3)平、纵组合设计应注意的事项

平、纵组合设计应注意以下几点:

(1)平、纵组合并不等于要求平、纵曲线一一对应。因为驾驶员的视觉注意力集中在前方 300~600m,所以在一个大的平曲线上有两三个竖曲线配合,仍可认为是较好的平、纵配合。

(2)在平、纵组合困难时,可适当降低平曲线标准。在山岭重丘区,追求高标准的平曲线必然会导致纵坡困难,平、纵组合更无从谈起。这时可适当降低平曲线标准,尽量做到平、纵曲线的良好配合。

（3）平、纵组合设计是一个不断改进和完善的过程。路线平、纵组合设计应贯穿于全线路线方案的布设中，通过平、纵面线形反复不断的组合设计，使全线的路线方案更趋于安全、舒适、合理。

2.6.5 横断面设计

为减少交通事故，应结合"运行速度"对既有公路横断面进行专项设计。一些横断面设计要点如下：

1）超高设计要点

（1）超高设计首先应根据测量资料计算既有公路超高值及超高渐变率。由于多年的运营，既有公路超高值多小于设计值，超高设计时应考虑弯道段桥梁构造，加大超高值往往会增加桥面铺装厚度，增加桥梁荷载，因此在超高设计时应综合考虑既有公路现状，也可将加宽一幅与利用既有公路一幅设计成不同的超高值。

（2）超高设置方案应以既有明式构造物的横坡为控制对象，保证既有公路构造物的工程安全，尽量减少工程量以及排水不畅路段，提高公路改扩建后的交通安全性。

（3）当拼接路段对既有公路的路面进行利用时，需进行路面横坡核查，当既有路面横坡与新建横坡存在差值时，宜保持既有公路的路面横坡不变，否则应调整超高设计。

（4）对于长陡下坡坡底段，车辆在坡底运行速度较快，超高值应提高一级（1%），以确保行车安全，而另一侧不设超高。

（5）对于硬路肩拱坡，考虑到载重汽车在横坡较大的硬路肩上停靠易产生失稳，因此当曲线超高>5%时，曲线内外侧硬路肩超高横坡坡度均设置为5%；当曲线超高≤5%时，超高路段的硬路肩横坡与行车道保持一致，以便于施工。

（6）对于爬坡车道拱坡，按规范要求设置，最大坡度不超过5%。

（7）对于既有公路个别平、纵面线形指标较高路段，需检查车辆实际运行速度是否超过设计速度80km/h。从车辆运营安全角度考虑，此时应将超高提高一级（1%）设置，但不超过设计速度为100km/h的超高值标准。

2）分离路段的设计要点

对于分离路段，需处理好分离路段的断面形式，以及分离路段与既有公路断面的衔接和过渡，应平滑，不应突变。

3）视距保证设计要点

既有公路改扩建过程中，平面布设应重新综合考虑视距的要求。例如，既有公路平曲线半径为250m，右侧边坡高15m，若左侧加宽完全利用既有公路，则右侧需进行视距检查并考虑视距切除，但这样要破坏右侧边坡。因此，应根据实际情况并考虑其前后线形顺直，提高平面指标。为此，在公路改扩建时将该平曲线半径值优化至400m，使该路段内侧满足视距要求，同时使其前后平面指标更加均衡。

对于曲线内侧挖方路段（暗弯），当平曲线半径较小且车辆在紧靠硬路肩行驶时，挖方边坡妨碍视线，需加宽碎落台，以保证停车视距的要求。如果货车在交通量中所占比例较大，为安全起见，采用货车的停车视距进行视距验算。具体验算过程，根据图2.6-13~图2.6-16不同情况，利用表2.6-3中相应的计算公式进行。

第2章 公路改扩建工程技术标准确定、路线方案选择及线形设计

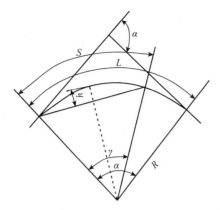

图 2.6-13 不设回旋线时横净距计算（$L>S$）

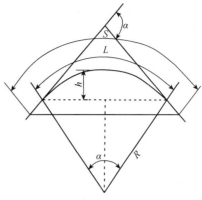

图 2.6-14 不设回旋线时横净距计算（$L<S$）

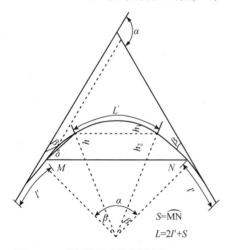

图 2.6-15 设回旋线时横净距计算（$L>S>L'$）

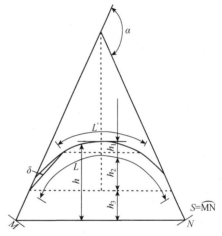

图 2.6-16 设回旋线时横净距计算（$L<S$）

横 净 距 计 算 表   表 2.6-3

不设回旋线			设回旋线	
$L > S$	$L < S$	$L' > S$	$L > S > L'$	$L < S$
$h = R_s(1-\cos\dfrac{\gamma}{2})$ $\gamma = \dfrac{180S}{\pi R_s}$	$h = R_s(1-\cos\dfrac{\gamma}{2}) + \dfrac{1}{2}(S-L_0)\sin\dfrac{\alpha}{2}$ $L_0 = \dfrac{\pi\alpha R_s}{180}$	$h = R_s(1-\cos\dfrac{\gamma}{2})$ $\gamma = \dfrac{180S}{\pi R_s}$	$h = R_s(1-\cos\dfrac{\alpha-2\beta}{2}) +$ $(l-l')\sin(\dfrac{\alpha}{2}-\delta)$ $\delta = \arctan\left\{\dfrac{l}{6R_s}\left[1+\dfrac{l'}{l}+\left(\dfrac{l'}{l}\right)^2\right]\right\}$ $l' = \dfrac{1}{2}(l_s-s)$	$h = R_s(1-\cos\dfrac{\alpha-2\beta}{2}) +$ $l\sin(\dfrac{\alpha}{2}-\delta) + \dfrac{S-L_S}{2}\sin(\dfrac{\alpha}{2})$ $\delta = \arctan(\dfrac{l}{6R_s})$ $l' = \dfrac{1}{2}(l_s-s)$

注：h 为最大横净距（m）；S 为视距（m）；L 为平曲线长度，是指曲线内侧行驶轨迹的长度（m）；L' 为圆曲线长度（m）；l 为回旋线长度（m）；R_s 为曲线内侧行驶轨迹的半径（m），其值为未加宽前路面内缘的半径加上1.5m，即 $R_s = R - \dfrac{B}{2} + 1.5$；$B$ 为路面宽度（m）；α 为曲线转角（°）；γ 为视距线所对应的圆心角（°）；β 为道路中线缓和曲线全长所对应的回旋转角（°）。

对曲线内侧碎落台加宽验算见表 2.6-4,由该表可知,因一般挖方碎落台宽度至少 1m,一般来说,半径小于 325m 的平曲线才需要加宽碎落台。结合地形,平曲线半径为 250m,左侧横断面需要通过设置 3m 宽碎落台来保证停车视距。

曲线内侧碎落台加宽验算表(m) 表 2.6-4

平曲线半径 R	视线距中心线距离	车辆行驶轨迹 R_s	车辆视距 S	最大横净距 h	视线至边沟外缘距离	碎落台宽度
250	7.50	242.50	125	8.01	5.10	2.91
300	7.50	292.50	125	6.65	5.10	1.55
325	7.50	317.50	125	6.13	5.10	1.03
400	7.50	392.50	125	4.97	5.10	-0.13

4) 回头弯加宽

山岭重丘区既有公路,公路交通量主要是过境车辆,其中大货车所占比例较大,车重且较长。在越岭路段,为克服高差,在展线困难的狭窄且地形陡峻的地段设置回头弯,其半径较小,在回头弯前后经常因大货车回头弯转弯困难而造成这些路段塞车。因此,在既有公路改扩建时,需调查货车所占比例和货车的长度,从而确定回头弯路段的加宽值(尽可能加宽 3m),以保证公路运营通畅。另外,山区低等级公路回头弯加宽考虑超长车辆的通行,特别是较窄的公路,一是加宽方式采用曲线内外侧同时加宽,加宽价值较小时在外侧加宽;二是回头弯两端尽可能设置错车道;三是尽可能采用"葫芦"形,避免采用"试管"形;四是增大回头弯视距或增设凸面镜;五是注意路面的粗糙度问题。

5) 高速公路路侧设计

在高速公路的设计中,公路右边的设计宽度一般是 2.5m,但是在实际的高速公路的运用中,2.5m 的路肩宽已经明显太小了,因为这个路肩宽度最多只能让异常情况下的小型车辆停靠,而现在的高速公路上行驶着很多的大型车辆,让这些大型车辆停靠在 2.5m 宽度值的路肩上明显是不可能的。在高速公路上路肩值至少应该为 3m,所以在公路改扩建过程中,路肩宽度值尽可能采用 3m 及以上,这样对交通的舒缓以及意外事故发生之后的救助都有较大的帮助。在条件受限区段增设紧急停靠带。

路侧边坡坡度的设计越小越好,以美国高速公路上的边坡坡度设计为例,目前美国的边坡坡度已经实现 1:6 的设计,但中国受自然、地理环境条件限制,其差距很大,公路改扩建设计尽可能增设路侧净区,在西北荒漠地区宜推广使用缓边坡式的路侧净区和容错设计。

2.6.6 改扩建设计细节处理方法

(1) 线形变换处理。从双侧加宽改扩建方案转换为单侧加宽方案,或分离式路基改扩建方案需设置渐变段,渐变段的设置原则主要考虑线形渐变长度和避免设置于大型构造物上,在满足线形渐变长度要求的同时,渐变段不宜设置于既有公路长直线段上,同时渐变段范围内应避免有大型构造物。总之,避开大型构造物,降低设计、施工和管养难点,线形变换位置应明显,过渡渐变应顺适自然。

(2) 既有公路线形"瓶颈"处理。既有公路局部路段线形指标较差路段,应结合地形的实际情况进行优化改善,原则上消除"瓶颈"咽喉。

(3)新建公路与既有公路高差处理。新建部分与既有公路基高差较大时,以保证行车视觉的舒适性为原则,以利用中央分隔带空间处理为宜。

(4)半路半桥形式。山岭重丘区高填方较为普遍。为保证既有公路路基的安全,减少用地,新建半幅可采用桥梁方案,从而形成半路半桥的横断面形式。

(5)构造通行物净空的保证措施。公路改扩建工程受新加宽路基路拱的影响,可能影响既有分离式立交、通道的净空,设计时应以最不利点位加以控制,确保分离式立交、明通道等净空,同时应充分考虑新增和改建分离式立交工程建设期间模板支架的空间以及跨越的施工方案,特别对于高速公路改扩建项目。

(6)拼宽路基既有公路路拱的处理。

当采用单侧拼宽时,既有公路仍采用双向路拱,既有公路半幅路面由于受新、既有公路之间的中央分隔带阻挡,需增设排水设施(图 2.6-17)。排水设施由位于新中央分隔带靠近既有公路面一侧的纵向集水槽和埋置于新路基中的横向排水管组成。

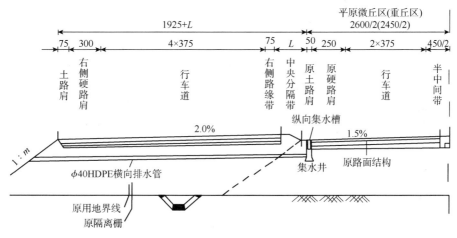

图 2.6-17 在既有公路一侧增加排水设施(尺寸单位:cm)

2.6.7 路线设计的安全评价

公路改扩建设计的安全性评价包括对既有公路的安全性评价和改扩建设计的安全性评价。

既有公路的安全性评价主要内容包括:既有公路线形设计指标的符合性评价、事故多发路段分析评价、运行速度检验评价等。符合性评价重点检验其平面半径、超高设置、纵坡、竖曲线、视距设置、平纵面线形组合等技术指标是否满足改扩建后的技术标准;事故多发路段的分析评价主要是通过数理统计方法,评价既有公路的运营安全,分析事故多发原因,提出对策措施;运行速度检验评价则主要检验设计速度与采用的技术指标的协调性和适应性。

公路改扩建设计的平、纵面线形组合设计评价标准:

(1)公路平、纵面线形的组合,应综合考虑汽车行驶的安全、舒适、工程造价、营运费用、驾驶员的视觉、心理状态以及和公路与周围的环境、沿线景观的协调性。

(2)运行速度协调性可作为对平、纵组合设计的定量评价。

运行速度有别于设计速度人为规定的特点,单元路段状况客观上决定车辆实际行驶速度。运行速度是指在特定路段上,在干净、潮湿条件下,按照统计学中测定的从高到低的第85个百分点车辆行驶速度,简称 v_{85}。

运行速度协调性评价是检验线形一致性的主要指标之一。采用相邻路段单元之间运行速度的变化值进行评价。评价标准为:

①$|\Delta v_{85}| \leqslant 10 \mathrm{km/h}$,运行速度协调性好。

②$10 \mathrm{km/h} < |\Delta v_{85}| \leqslant 20 \mathrm{km/h}$,运行速度协调性较好,条件允许时,宜适当调整相邻路段技术指标,使 $|\Delta v_{85}| \leqslant 10 \mathrm{km/h}$,提高行驶的安全性。

③$|\Delta v_{85}| > 20 \mathrm{km/h}$,运行速度协调性不良,需要调整相邻路段的平、纵面线形参数设计指标,使其达到运行速度协调性($|\Delta v_{85}| \leqslant 20 \mathrm{km/h}$)的要求。

(3)设计速度与运行速度协调性评价。

设计速度与运行速度协调性评价是对同一路段的设计速度与运行速度的差值($\Delta = |v_s - v_{85}|$)进行的评价(v_s 为设计速度)。同一路段是指设计速度、平、纵面线形技术指标及横断面相同的路段。其评价标准与运行速度协调性评价标准相似,即:

①$|\Delta| \leqslant 10 \mathrm{km/h}$,运行速度与设计速度协调性好。

②$10 \mathrm{km/h} < |\Delta| \leqslant 20 \mathrm{km/h}$,运行速度与设计速度协调性较好。

③$|\Delta| > 20 \mathrm{km/h}$,运行速度与设计速度协调性不良。此时需要按照《公路项目安全性评价规范》(JTG B05—2015)规定,对评价路段的相关技术指标(最小平曲线半径、平曲线超高、停车视距)进行安全性验算,并调整相应的技术或工程措施,确保道路行车安全。

对既有公路的平、纵组合评价超标的路段(如危险的曲线半径、曲线线形衔接情况等),应对既有公路的线形指标进行相应调整。对于既有公路线形组合不良或事故多发路段等重点或危险路段,应提出补救措施。

2.6.8 改扩建公路线形设计的工程实例

实例一:贵阳至遵义高速公路扎佐至南白段改扩建工程

(1)最小平曲线半径的选择(改善瓶颈)

既有公路存在较多平曲线半径小于设计速度为 80km/h 时的一般最小半径(400m),其中的 250m 成为该高速公路的"咽喉"。公路改扩建中,为充分利用既有工程,针对半径 400m 以下平曲线逐一分析论证,在工程量增加不大的情况下,尽量把平曲线半径提高到大于或等于 400m,以提高整体的通行能力和服务水平。

(2)最小直线长度的控制

规范对设计速度 40km/h 的公路的直线长度没有特别要求,因此既有公路无论是同向曲线还是反向曲线,曲线间的直线长度从几十米到几百米不等,与设计速度 80km/h 的规范要求差异较大。为此在既有公路改扩建利用段,对于直线长度较短的同向曲线,用卵形曲线来尽量拟合既有公路;对于前后较顺直且直线长度达到 240m(3v)的同向曲线,则直接拟合利用;对反向曲线间直线长度小于 160m(2v)的情况,通过加大两端缓和曲线的 A 值,用缓和曲线代替直线来拟合利用。

(3)平面设计要点

要点一:统计交通运营事故多发地段,分析事故主因,评价线形空间几何条件,完善线形条件和空间环境。要点二:核查平、纵组合的匹配性,增强平、纵面线形指标和线形的匹配

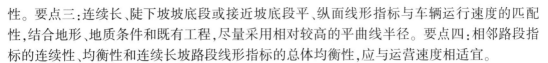

性。要点三:连续长、陡下坡坡底段或接近坡底段平、纵面线形指标与车辆运行速度的匹配性,结合地形、地质条件和既有工程,尽量采用相对较高的平曲线半径。要点四:相邻路段指标的连续性、均衡性和连续长坡路段线形指标的总体均衡性,应与运营速度相适宜。

(4)视距保证

公路改扩建过程中,平面线形的布设综合考虑了视距的要求。由于既有公路地形条件限制等原因,部分路段的平面指标较低,停车视距得不到保证。对于处于曲线内侧且为挖方的路段,当平曲线半径较小且车辆在紧靠硬路肩的行车道内行驶时,挖方边坡妨碍视线,需要加宽碎落台来保证停车视距。因货车在交通量中所占比例较大,为安全起见,用货车的停车视距进行视距验算。

全线小半径平曲线的圆曲线都较长,平曲线内最大横净距采用式(2.6-7)计算:

$$h = \overline{R}_s(1 - \cos\frac{\beta}{2}),\ 其中\ \beta = \frac{180S}{\pi R_s} \qquad (2.6\text{-}7)$$

因全线挖方碎落台宽度至少为 1m,半径小于 325m 的平曲线才需要加宽碎落台,结合地形,全线只有 ZK51 前后的平曲线半径为 250m,左侧横断面需要通过设置 3m 宽碎落台来保证停车视距。

高速公路改扩建工程应全面检查中央分隔带视距,设置绿化带;考虑防眩板防眩问题,其高度一般约 1.6m。当平面半径较小且车辆在紧靠中央分隔带的曲线外侧行车道内行驶时,若绿化带、防眩板遮挡视线,停车视距得不到保证,需要通过加宽中间带来保证视距。用货车的停车视距进行视距验算,验算公式采用公式(2.6-7)。

(5)超高渐变率

老贵遵公路超高缓和段长度和超高值按设计速度 40km/h 的要求设置,大于或等于 600m 的平曲线半径未设置超高。对于既有公路改建利用段,超高缓和段长度若按 80km/h 设计速度的超高渐变率要求(1/200)设置,缓和曲线参数与原设计相差较大。为尽量利用既有公路,同时在不产生安全隐患以及不影响行车舒适性的前提下,适当增大超高渐变率至 1/150 来拟合既有公路。对于新建路段,超高缓和段长度以及超高渐变率完全按设计速度 80km/h 的规范要求设置,超高渐变形式采用三次抛物线形式。

(6)超高设计

对于长大下坡坡底段,在尽量改善平面线形的同时,考虑到坡底的运行速度较高,超高值提高一级(1%)采用,以确保行车安全,而另一侧为上坡,仍保持既有超高。

对于硬路肩横坡,考虑载重车在横坡坡度较大的硬路肩上停靠易失稳,因此,当曲线超高大于 5% 时,曲线内、外侧硬路肩超高横坡坡度均设置为 5%;当曲线超高小于或等于 5% 时,超高路段的硬路肩横坡坡度与行车道保持一致,以便于施工。

对于爬坡车道横坡,按规范要求设置,最大坡度不超过 5%。

(7)爬坡车道

一般情况下,当平均纵坡坡度大于或等于 4% 的连续上坡才考虑设爬坡车道。本项目为国道主干线的一部分,主要交通量为过境车辆,其中重车比例较大,约占 67.6%。因此,为避免降低爬坡路段的道路通行能力,同时也消除因重车长时间使用行车道、超车道而导致小型车辆强行超车引起的安全隐患,设计中适当放宽设置标准,当平均纵坡坡度大于 3.5%、纵坡连续长度大于或等于 3km 时,设置爬坡车道。

(8) 避险车道

一般情况下,当平均纵坡坡度大于或等于 4%、纵坡连续长度大于或等于 3km,车辆组成中大、中型重车占 50%以上,在连续长、陡下坡路段坡底设置避险车道,保证失控车辆的安全。考虑到本路段上重车比例较大,当平均纵坡坡度接近 4%时也设置避险车道。

(9) 紧急停车带

老贵遵公路上两侧每隔 500m 左右设置有港湾式停车带,改扩建时对于完全用作半幅的路段,保留其右侧紧急停车带;对于新建路段,因硬路肩宽度为 2.50m,根据有关规范不设置紧急停车带。

实例二:昭会二级路改扩建为高速公路

(1) 既有公路适应性分析

随着经济社会的发展,交通流量快速增长,预测昭通至会泽段 2010 年平均日交通量 3950 辆(小客车),实际昭通至会泽段 2010 年平均日交通量达 7800 辆(小客车),服务水平呈急剧下降趋势,处于三级水平。另外,随着国家高速公路 G85 水富—昆明段逐段贯通,昭通至会泽段二级公路(半幅高速公路)已成为云南省北大门交通主干道水富—昆明高速公路的"瓶颈",该段道路通行能力、服务水平与日益增长的经济发展极不协调,远不能满足社会经济发展对交通需求,成为全线的瓶颈段。

既有二级公路到 2016 年交通流量趋于饱和,服务水平将快速降至五级水平,交通流为拥堵状态,车辆行驶相互干扰异常严重,通行流量将呈现降低趋势,公路改扩建势在必行。

(2) 项目功能定位

昭通至会泽公路是国家高速公路网规划"九条纵线"之一,即 G85 重庆—昆明高速公路的重要组成部分,是云南省高速公路网规划中"七出省、四出境"高速公路中北连成都、重庆成渝经济区,南通河口、磨憨、打洛国家一类口岸的南北大通道。云南省通达长江经济带,联系华北、华东地区及内地经济交流的运输大动脉。该建设项目建成后直接服务于滇中及滇东北广大地域,改善其交通条件,创造良好的投资环境,对于滇东北的社会经济发展及资源开发利用具有重要的战略意义。

(3) 公路改扩建项目关键要素分析

该"二改高"项目,根据既有公路按半幅高速公路修建、7 座互通式立交在既有公路建设时已建成的情况,初步拟定了改扩建工程沿已建会泽—昭通半幅高速公路进行建设,在该线路走廊内以"能拼则拼,不能拼则分"的原则进行设计,利用已建公路作为半幅与新建半幅组合的改扩建方案。

该项目为高山峡谷区高速公路改扩建工程项目,路线呈"两高两低""两起一伏"的态势(图 2.6-18)。既有公路平面曲线半径、缓和曲线和超高皆满足现行规范要求,但受自然条件和当时的理念等制约,纵坡大、路段长,区段气候差异明显(两冻一热谷,即两制高点局部冬季积雪冰冻,最低点为干热河谷),营运安全压力大。既有公路全线长大纵坡路段主要有 7 段,其中鲁甸大口子垭口至江底段最长,长 18.8km,平均纵坡坡度达-3.7%;会泽邱家垭口至会泽坝子段次之,长 8.2km,平均纵坡坡度-4.1%;其余路段长均在 3km 左右,平均纵坡坡度 4%左右。7 段长或陡纵坡是该山区公路改扩建项目方案研究的关键,涉及与现行规范符合性、既有工程利用率、工程投资、施工保通,以及运营安全、通行能力和服务水平等。

第2章 公路改扩建工程技术标准确定、路线方案选择及线形设计

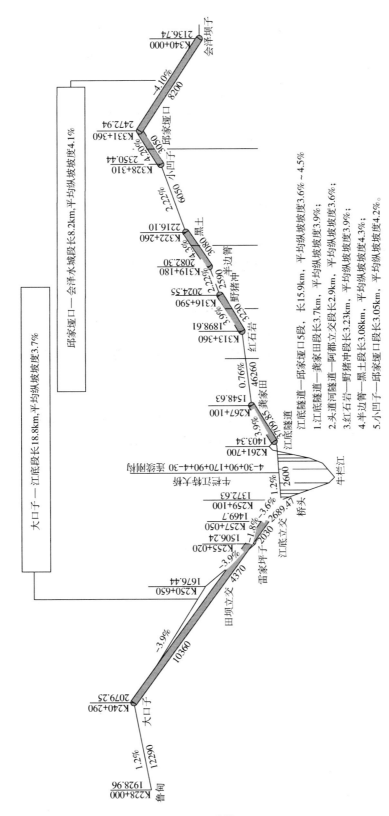

图2.6-18 渝昆高速公路昭通至会泽段现状纵坡示意图

(4)公路等级与设计速度的拟定

该项目交通量在机动车 OD 调查的基础上,采用"四阶段"法预测,利用重力模型计算项目诱增交通分布,并采用定性和定量相结合的方法计算与其他运输方式的转移交通量。同时将 7 座互通式立交出入交通量与预测交通流量进行对比佐证。

该项目是国家高速公路 G85 重庆—昆明的重要路段。既有公路长 112km,于 2004 年按汽车专用二级公路(设计速度 80km/h、半幅高速公路)标准开工建设,2007 年 12 月建成通车,7 座互通式立交按四车道高速公路标准建设。为有效利用既有公路,使建设后的高速公路相互匹配,对应现行设计规范,公路改扩建工程采用设计速度 80km/h 高速公路标准较为合适。

该项目推荐方案采用设计速度 80km/h 的高速公路。根据《公路路线设计规范》(JTG D20—2006)及《公路通行能力手册》中的相关定义,高速公路路段的实际行驶速度按照该规范中公式(3.2.1)计算,为计算二级服务水平下的高速公路路段实际行驶速度、车道宽度、路侧宽度和车道数调整系数,可查该规范中表 3.2.1-2、表 3.2.1-2。

在该项目实际道路条件下的基本通行能力 $C=1775\text{pcu}/(\text{h}\cdot\text{ln})$,二级服务水平下的实际行驶速度对应的设计通行能力 $C_d=1065\text{pcu}/(\text{h}\cdot\text{ln})$,远景年度昭通至会泽高速公路单向需要车道数最少为 1.65,最大需要 1.78,因此,建议全线按双向四车道(单向双车道)高速公路标准建设,以满足其未来交通需求,推荐方案在运营末期基本能保证二级服务水平。

(5)主要技术指标

根据交通量预测结果,至 2035 年国家高速公路网 G85 渝昆高速公路昭通至会泽段新建公路交通量将达到 36288pcu/d,该公路改扩建项目技术标准的选择首先根据国家高速公路网布局规划,以及其路网结构和地位,结合预测交通流量、既有公路平、纵面线形几何条件、沿线地形地质条件,考虑起点衔接的麻柳湾至昭通高速公路和止点连接的会泽至待补高速公路的标准(双向四车道),决定按双向四车道高速公路标准扩建。根据《公路工程技术标准》(JTG B01—2003)的相关规定,昭通至会泽段公路工程主要技术指标见表 2.6-5。

昭通至会泽段公路工程主要技术指标表　　　　表 2.6-5

指标名称		单位	技术指标值	
			整体式路基	分离式路基
公路等级			高速公路	高速公路
设计速度		km/h	80	80
路基宽度		m	24.5	12.25
行车道宽		m	4×3.75	2×3.75
圆曲线最小半径	一般值	m	400	400
	极限值	m	250	250
最大纵坡坡度		%	5	5
最小坡长		m	200	200
停车视距		m	110	110

第2章 公路改扩建工程技术标准确定、路线方案选择及线形设计

续上表

指标名称		单位	技术指标值	
			整体式路基	分离式路基
设计洪水频率	路基		1/100	1/100
	特大桥		1/300	1/300
	其他桥涵		1/100	1/100
汽车荷载等级			公路—Ⅰ级	公路—Ⅰ级
地震动峰值加速度系数		g	0.1~0.2	0.1~0.2
隧道建筑界限净宽		m	2×10.25	10.25
交通工程及沿线设施		等级	A	A

(6) 路线方案控制因素分析及对策

如前所述,该项目既有"半幅"高速公路地处高山峡谷区,区段气候为"两冻一热谷",纵面呈"两高两低"的状态,平面半径满足规范要求(平曲线半径小于400m有16处,最小半径为251m),7段段纵坡大、路段长,与现行规范差异较大。既有公路共设置鲁甸、田坝、江底、迤车、阿都、黑土6处互通式立交,除江底立交外,其余立交区主线已按四车道高速公路标准一次性建成。

为了充分利用既有半幅公路,尽可能避免长大下坡,根据汽车动力学原理、交通事故统计分析规律(下坡向事故多于上坡向)、既有工程平、纵面线形几何条件、沿线构筑物分布情况,以及既有6座互通式立交区主线和沿线跨线桥已经按双向四车道一次建设,结合沿线地形地质条件和既有道路车辆上坡的最低速度,拟定了"能拼则拼,不能拼则分",既有"低、长、陡"上坡,新建"高、缓"下坡的原则和思路,逐段分析论证,按"安全、畅通、保通"和"利择其重、弊择其轻"的原则选择,即7段长陡纵坡路段采用分离交叉换岸,将长陡纵坡的既有半幅公路作为改扩建高速公路的上坡幅,新建坡度较小的半幅公路作为下坡幅。选择6座互通式立交前后路段和山间盆地单侧或者双侧拼宽的扩建方案。经逐段比选论证,权衡经济、安全和保通等因素,最终采用"平面分离、纵面分台,交叉换岸,编织辫子,下坡靠山、左右连接"的布局。

(7) 路线总体方案研究

一是7段长陡纵坡处理。首先根据7段长陡纵坡的几何线形条件、区段地形地质条件和几年来交通事故统计分析,将7段长陡纵坡进行分类,一类为坡长3km左右(均满足规范任意3km纵坡要求),前后纵坡平缓,不构成连续长坡,诱发交通事故的主因非道路几何线形条件的共5段,断断续续分布于:江底—邱家垭口段,累计长15.9km(即江底隧道—龚家田段长3.7km,平均纵坡坡度3.9%;头道河隧道—阿都立交段长2km,平均纵坡坡度3.6%;红石岩—野猪冲段长3.23km,平均纵坡坡度3.9%;半边箐—黑土段长3.08km,平均纵坡坡度4.3%;小凹子—邱家垭口段长3.05km,平均纵坡坡度4.2%),原则上维持既有公路纵坡。二类为纵坡坡度大于3%,纵坡长,沿同一山坡自然展线,地形地质相对复杂,桥梁隧道工程集中的2段(图2.6-19),分布于江底河东岸(大口子—江底段长18.8km,平均纵坡3.7%)和邱家垭口西侧(邱家垭口—会泽段长8.2km,平均纵坡坡度4.1%)。根据汽车动力学和车辆

爬坡速度计算,采取交叉换岸的分离式形式,将既有公路作为上坡幅,两制高点分别设置3200m大口子隧道和3135m邱家垭口隧道,降低制高点高程,既有利于连续降坡,又避免制高点冬季积雪冰冻问题。适当位置设置"U"形、"X"形连接道连接左右、上下分幅分离路段,新建纵坡相对较缓的下坡幅。

a)既有公路

a)分离式交叉改扩建工程

图 2.6-19　江底河东岸段
注:右图上为新建下坡幅,下为既有上坡幅。

二是结合项目特点和难点,按"能拼则拼,不能拼则分",既有"低、长、陡"上坡,新建"高、缓"下坡的原则和思路,研究论证后公路改扩建工程路线总体布局为"3控3宽4辫4连5沿6拓",既有公路利用率100%,为山区公路改扩建工程建设开拓了思路。路线起于G85渝昆高速公路麻昭段止于鲁甸立交($H=1944.5m$),路线于转角楼右转离开既有二级公路新建一幅,设3200m特长隧道穿大口子及既有公路,布设于既有公路下方山坡展线降坡,于K14+165处设900m隧道下穿既有二级公路和山梁,于K16+000至田坝($H=1676.32m$),沿用田坝互通(已按标准四车道高速公路互通式立交建成)后,路线沿既有二级公路的上方山坡布线继续平缓降坡,于K22+583.69($H=1508.20m$)处设置江底半互通式立交(与既有江底立交形成组合式立交)后,于K26+470($H=1385.47m$)处设宽门架墩上跨既有二级公路和牛栏江至路线最低点。而后路线沿既有公路山脊另外一侧平缓升坡,设945m隧道穿马鞍山,于K30+680处设宽门架再次上跨既有二级公路,于K31+546.39处接上既有二级公路作为昭会公路另一幅。顺既有公路左侧相邻新修半幅公路(沿河线),经老厂、小街、巴家沟、孙家海子、龙潭、余家台,于K51+840处达迤车($H=173.02m$),沿用迤车互通(已按标准四车道高速公路互通式立交建成),而后采用3~5m宽窄变化的中分带单侧拼宽至K56+200箐口(山间盆地)。

路线于K56+605处设845m头道河隧道,出隧道后继续沿既有公路一侧扩建,至阿都,沿用阿都互通(已按标准四车道高速公路互通立交建成)连接阿都和罗布古镇。继续沿既有公路左侧拼宽一幅扩建,路线沿干河逆流而上,经岩脚、贺家台子至高粱地设1155m隧道。沿既有二级公路升坡布线,分别于K75+810、K79+070两次设桥跨越既有公路至大山后,经猫猫箐、台子上达黑土立交,沿用黑土立交(已按标准四车道高速公路互通立交建成)。从黑土立交开始两侧拼宽至K93+998.77,然后分线接上既有二级公路作为会泽往昭通方向一幅。于K93+300新建昭通往会泽一幅,于K94+790下穿既有公路桥梁后设3220m特长隧道穿邱家垭口,出隧道后,路线布设于既有公路下方山坡,展线降坡后于 K102+160 再次下穿既有道路桥梁后,设 465m 隧道,单侧拼宽止于 K104+154.54 处,接会泽至待补高速公路,路线贯通里程 104.17km。

三是"三控三宽四辫四连五沿六拓"("334456")布局。

三控(三个控制性工程)。为改善既有公路两段长、陡纵坡和两路线制高点冬季局部积雪冰冻的运营安全问题,新建纵坡较缓的下坡幅与既有道路的上坡幅组合成为改扩建高速公路,分布在大口子、邱家垭口两制高点的长隧道穿越山岭,降低制高点路线高程近 70 多米,同时在路线最低点牛栏江设置特大桥跨越牛栏江,"两隧一桥"是公路改扩建项目的三个控制性工程,控制和影响公路改扩建项目工期、质量和投资。

三宽(三段"宽"中央分隔带)。通过系统分析既有公路沿线地形地质条件和既有工程构筑物分布情况,针对两段沿河线和一段山间盆地路段既有公路线形指标高、地形平缓、构筑物规模小、施工保通简单等特点,为尽可能减少征地拆迁和工程投入,全面利用既有公路工程,拟合既有公路线形,尽可能避免平、纵面线形的相互制约和差异沉降影响,采用 3~5m 变化的"宽"中央分隔带进行一侧拼宽改建布局,三段累计总长 15.9km,占比 15.30%(①K35+500~K38+600,长 2.3km;②K56+100~K64+500,长 8.4km;③K70+600~K75+000,长 4.4km)。

四辫(四段相互交叉换位,"编织辫子"形式克服既有公路的长大纵坡)。受沿线地形地质条件的影响和既有工程构筑物的控制,以及既有公路连续长陡纵坡的制约,根据汽车动力学原理和交通事故统计分析规律,为充分利用既有工程,在"三控"措施的基础上,分离式新建缓坡一幅与既有公路相互交叉换位,像编织辫子一样(图 2.6-20),4 个路段 4 次交叉,即"四辫"措施,将原既有公路 4 段长大纵坡"辫"为上坡幅,新建纵坡较缓为下坡幅。同时实现既有公路的 16 个小于一般最小半径(400m)曲线全部位于上坡方向,以利于行车安全。最大限度挖掘了既有工程的潜能和潜力,既有工程没有废弃 1m 工程。同时针对较短的 3 段陡坡路段,加强下坡幅交通安全综合保障措施(①江底隧道出口—龚家田段长 3.7km,平均纵坡坡度 3.9%;②头道河隧道—阿都立交段长 2.9km,平均纵坡坡度 3.6%;③小凹子—邱家垭口段长 3.05km,平均纵坡坡度 4.2%),确保运营安全。

图 2.6-20 交叉换位的辫子布局图

"编织辫子"四段交叉换位编织辫子累计总长 54.36km,占比 52.18%。

大口子至田坝段"三眼辫"。既有公路大口子垭口至田坝段长 13.7km,平均纵坡坡度

−3.9%,按"编织辫子"的思路,首(转角楼)尾(田坝立交)一分一合,两次下穿(大口子隧道、K14+165 隧道)形成 3 叶片首尾相连"三眼辫"辫子,纵坡较陡的既有公路辫织为上坡幅,新建较缓下坡幅,平均纵坡坡度为 2.9%,下坡幅纵坡坡度降低 1.0%。

田坝至小石桥段"两眼辫"。既有公路田坝至小石桥段长 9.1km,平均纵坡坡度 3.4%,属于制高点大口子垭口至最低点牛栏江连续长下坡的末段,采用前面"三眼辫"相同的思路,新建缓坡下坡幅总体上布设于既有道路上方展线降坡至坡底,两次设置门架墩跨越既有公路(图 2.6-20 右图),形成两叶片首尾相连的"两眼辫"辫子,新建下坡幅平均纵坡坡度 3.0%,坡度降低 0.9%。

红石岩至黑土段"三眼辫"。既有公路红石岩至邱家垭口段为沿河线,长 14.56km,其中,红石岩至黑土段长 3.23km,平均纵坡坡度 3.9%;当中野猪冲至黑土段长 3.08km,平均纵坡坡度 4.3%,采用"编辫子"形式,既有公路辫为上坡方向,新建长 16.88km,平均纵坡坡度为 3.05%的下坡幅,形成三叶片首尾相连的"三眼辫"辫子。

邱家垭口至会泽坝区段"两眼辫"。既有公路邱家垭口为上下会泽坝区段(长 8.2km,平均纵坡坡度 4.1%)和上下黑土的制高点,路线于 K94+790 下穿既有桥梁,设 3220m 特长隧道穿邱家垭口,降低制高点高程,出隧道后布设于既有公路下方,经青龙寺,于 K102+160 再次既有桥梁于 K104+190 接会泽至待补高速公路,形成两叶片首尾相连的"两眼辫"辫子,既有"公路辫"为上坡幅,新建长 14.58km,平均纵坡坡度为 2.8%的下坡幅(图 2.6-21)。

图 2.6-21 昭会高速公路改扩建"辫子"方案

四连(四段横向连接)。针对山区高速公路分离式改扩建布局,考虑施工、营运管理和救援的需求,在进行道路安全评价的基础上,在分离式路段较长的路段,按二级公路的标准设置必要的横向连接线,连接左右(上下坡)幅。该项目对应"编织辫子"的 4 个路段设置了大口子、江底、野猪冲、邱家垭口 4 段横向连接线。

五沿(五个立交沿用)。既有公路共设置鲁甸、田坝、江底、迤车、阿都、黑土 6 处互通式立交,除江底立交外,其余立交主线已按四车道高速公路标准一次建成,完全沿用。

六拓(六段拓宽改造)。该项目针对 6 段地形条件较好,桥梁、隧道构筑物工程数量相对较少,单体规模较小,既有公路平、纵面线形几何指标较高,满足规范要求的地段位于山间盆地、沿河线的累计长 37.05km 的 6 个局部路段,采用单侧拼宽方式进行改扩建,为整体式路基:①起点段 K0+000～K2+300,长 2.3km;②龙潭段 K30+200～K35+500,长 5.3km;③迤车段

K38+600～K56+100,长 17.5km;④高梁地段 K64+500～K70+600,长 6.1km;⑤黑土段 K86+600～K91+700,长 5.1km;⑥邓家湾段 K103+400～K104+154,长 0.754km。

总之,云南昭会高速公路改扩建工程项目针对项目的特点和难点采取了"三控三宽四辫四连五沿六拓"的针对性措施,以汽车动力学"上坡统筹通行能力,下坡考虑制动衰减安全压力"的原理,遵循"左舵右行制"通行制规则,充分挖掘了既有工程潜能和潜力,最大限度节省工程投资,保障了运营安全。同时实现了如同民众所言"去时看得见回来的路"的人工构筑物,融合了高速公路内部景观,成为如图 2.6-22 所示的景观台。

图 2.6-22　互为景观的云南昭会高速公路改扩建工程

2.6.9　低等级公路改扩建设计思路与对策

低等级公路改扩建设计中的技术指标运用要点技术参考见表 2.6-6。

低等级公路改扩建设计中的技术指标运用要点技术参考表　　表 2.6-6

序号	指标名称	主次指标	考虑因素		规范用词	灵活运用要点
			安全	美学		
1	最大直线长度	次		○	宜	放松或忽略
2	同向曲线间最小直线长	次		○	宜	放松
3	反向曲线间最小直线长	次	○	○	宜	放松
4	缓和曲线参数	次	○	○	应	半径大、取小值
5	最小缓和曲线长度	主	○		应	不应突破
6	圆曲线一般最小值	主	○	○	应	一般不突破
7	圆曲线极限最小值	主	○		应	不应突破
8	不设超高圆曲线半径	主		○	应	宜设超高
9	圆曲线超高	主	○		应	按规定设置
10	超高过渡渐变率	次	○	○	必须	不应突破
11	圆曲线加宽	次	○	○	应	按规定加宽
12	平曲线长度	次	○	○	应	应满足
13	小偏角	次	○	○	应	一般应避免

续上表

序 号	指标名称	主次指标	考虑因素		规范用词	灵活运用要点
			安全	美学		
14	最大纵坡	主	○	○	应	不应突破
15	最小纵坡	次			宜	可突破,处理好排水
16	缓和坡度	次	○		应	不应突破
17	坡长限制	主	○		应	一般不突破
18	平均纵坡	主			应	不突破
19	最小凸形竖曲线半径	主	○	○	应	一般不突破
20	最小凹形竖曲线半径	主	○		应	一般不突破
21	极限最小凸形竖曲线半径	主	○		应	不应突破
22	极限最小凹形竖曲线半径	主	○		应	不应突破
23	平、纵组合	主	○	○	应	平、纵组合指高程,可放松
24	视距要求	主	○	○	应	不应突破
25	隧道洞口线形一致	主	○		应	困难路段可突破
26	互通区主线纵坡	主	○		应	合理突破
27	互通主线凸形竖曲线半径	主	○		应	可采用极限值

低等级公路改扩建工程是公路改扩建的主战场,近90%的公路改扩建工程皆属于低等级公路改扩建工程,如等外级改等级公路、四改三、三改二,等等。公路改扩建工程勘察设计的特点和难点如下:首先既有公路存在"三低一多两弱一差一边缘"问题。"三低",既有道路等级低、平、纵组合指标低、通行能力和服务水平低;"一多",自然灾害多;"两弱",抗灾防灾能力弱、安全设施防护弱,甚至缺失;"一差",既有公路路况差;"一边缘",低等级公路基本上属于公路网络末梢、边缘。其次既有公路沿线地形地质复杂,穿越地貌单元多样,沿线气候环境相对恶劣多变,自然环境优美脆弱,生态环境保护任务重,路域经济欠发达,路段差异较大,特别是山区低等级公路。但随着社会经济均衡发展的需要、社会基础设施普惠的原则、生态环境保护以及休闲度假旅游的开发需求等,低等级公路改扩建在遵循高等级公路改扩建基本原则的基础上,应遵循以下理念、原则和对策:

低等级公路改扩建工程遵循"三因""三不"和"三化"理念。遵循"因地制宜、因形就势、因需而改""不大填大挖、不整齐划一、不破坏生态景观"和"生态化、本土化、特色化"的理念,执行分项目、分路段、分区域的"适地适时适宜"原则。

遵循功能定位准确、技术标准适宜、技术指标灵活均衡思路。首先,应根据路网结构和区域经济发展格局、产业布局,统筹确定项目功能定位;其次,根据公路路域各区段自然地理环境条件和经济社会环境条件,确定区段功能的二次细化路段定位,以确定各路段采用"改"的原则,还是"扩(拓)"的原则,尽可能细化路段标准和主要技术指标,避免项目从头到尾标准的采用和技术指标的掌握"整齐划一",一把尺子量天下。总之,路段标准应细化,区位指标应灵活。

改扩建的原则与对策。一是,根据低等级公路多为路网边缘、末梢的结构特征、路域经济发展的格局,以及国家建设"快进慢游"系统和"公路+旅游"公路经济带的指导思想,切记避免"大填大挖",破坏自然生态环境景观,诱发次生灾害,标准和指标不一定要"高",遵循"路可以弯一点、坡可以陡一点,但尽可能宽一点点"和"行程可以慢一点,但停靠的位置尽可能多一点点",以及"路线可以长一点,甚至绕一点,但连接的村寨、景点尽可能多一点点"。山区低等级公路改扩建实例如图 2.6-23 所示。二是,尽可能"宁挡勿挖""宁悬挑勿高支挡",多采用支挡或悬挑防护设施扩宽路基,尽可能以"扣"的方式开挖既有边坡,切勿大面积开挖多年来已经平衡和稳定的坡体,尽可能在既有路基上填筑,切勿开挖既有路基,为施工保通创造条件,并充分利用既有路基稳定的上层"薄壳层"。三是,系统调查沿线滑坡、泥石流等自然灾害点、防洪状况等,本着根治的原则,消除沿线自然灾害的影响,提高公路的防灾抗灾能力,确保运营畅通安全。四是,系统调查沿线自然景观、特色村寨小镇等旅游资源,采用串联或者连接线等方式衔接为一体,同时设置形式多样、规模不一的休闲、观景设施,为构建公路旅游经济带奠定基础。五是,系统调查和排查运营安全影响因素,如平、纵面线形指标、行车视距、临崖傍水等,采取一系列针对性的安全保障措施,确保运营安全。

图 2.6-23 山区低等级公路改扩建实例

总而言之,低等级公路改扩建工程与高等级公路改扩建工程权重要素考量和总体目标既"一脉相通",又有较大的差异。以"安才快,快则畅,畅则美"为前提,全面遵循"三因""三不"和"三化"理念,采取"适合才是最好"的针对性措施,灵活掌握技术指标是低等级公路改扩建的核心要领。

第3章 公路改扩建工程中地基问题与处置对策

3.1 公路改扩建工程中地基可能引发的问题

软土地基上公路改扩建工程的主要病害表现为路基路面的损坏以及路面整体性能的下降,其主要形式是新路基与既有公路基结合部位差异沉降产生的纵向裂缝。

(1)公路改扩建工程地基可能引发的病害特点

①路基的损坏主要表现为新旧路基间的差异沉降、沿新旧路基结合面的滑移和新填路基的整体失稳。高路堤路基一侧拓宽时,由于路基不均匀沉降差值大,易在结合部产生滑动剪切面,若施工过快,极易使路基滑动。

②路基的差异变形会通过路面结构反映到路表上,导致路面结构的损坏。沥青路面会在结合部产生纵向裂缝、面层破碎、结合料松散、道路横坡改变等。水泥混凝土路面会在结合面附近出现扩展的纵缝或横缝、错台,进一步发展会引起板底唧泥、脱空,裂缝处板块断裂以及裂缝进一步扩展等现象。

③随着路面病害的产生和公路纵横坡的变化,公路结构性能和服务性能也随之下降,当路面状况指数(PCI)、结构承载力、平整度等下降到一定程度时,还将影响行车安全。

(2)拓宽路基地基可能引发的路基病害特点

拓宽路基地基可能引发的路基病害具有如下特点:

①裂缝均集中在高路堤拓宽路段;

②出现裂缝的拓宽部位地质情况较差,一般均在软土层、水塘、低洼地;

③裂缝所在位置均发生在既有公路上;

④根据施工记录及工后记录,路基工程一般工期均在3个月左右;裂缝产生时间一般在工后3个月,裂缝稳定时间不一。

3.2 公路改扩建工程地基可能引发问题的对策

为避免因新路基沉降大,或产生破坏,或新旧路基之间不均匀沉降而导致道路通车后路面出现纵、横向裂缝、碎裂、错台等病害,根据既有道路状况和沿线地质条件,需要对地基进行处置。公路地基处置方法很多,但对于公路改扩建工程而言,由于工期紧,施工场地狭窄,既要维持既有公路交通正常运营,又要保证拓宽以后新、既有公路路面的差异沉降不能过大,对于高路堤一侧拓宽时,一定要加强路基稳定性验算,必要时采取有效的处置措施;要考虑不同路段的地质情况、路堤填筑高度、拓宽宽度等因素,兼顾工期、施工难度、加固效果、工程造价等,进行多方论证、比较,根据工程地质勘查资料,选择经济、快速、有效的处置方法。

3.2.1 地基处理的基本原则和要求

公路改扩建工程的地基处理不同于一般的新建公路,应紧紧围绕公路改扩建工程的特点和沉降变形控制标准,满足下列基本原则和要求:

(1)总沉降及工后沉降较小。要选择沉降变形收敛较快的地基处理方法,满足公路改扩建工程的沉降控制标准,减小新旧路基的差异沉降对路面结构的破坏。

(2)施工速度较快,工期较短。由于公路改扩建工程对既有公路的交通影响较大,因此公路改扩建工程工期相对较紧,因此不宜采用施工速度较慢的方法。

(3)对既有公路路基及周边环境的影响较小。由于新路施工过程中既有公路要维持正常的交通,为保证既有公路的运营安全,地基处理方法不能对既有公路产生较大的扰动;同时,改扩建公路两侧通常经济较为发达,居民较多,因此地基处理方法应避免对周边环境的污染,减少噪声。

(4)施工便利,对场地要求较小。由于公路改扩建工程的施工场地相对狭小,有时还受到净空的限制,施工机具移动不便,因此要求地基处理方法成熟、简便、安全、可靠,便于狭窄场地的施工。

(5)在满足技术标准的基础上投资相对较少。

3.2.2 地基处理的常用方法及其分析

加宽路基地基处理要根据不同路段的地质情况、路基填筑高度、结构物类型、施工速度等因素,确定合理的处理形式。目前,在公路扩建工程中最常用的软基处理方法有强夯压实、置换、超载预压、隔离墙、塑料排水板、湿喷桩(粉喷桩)复合地基、CFG桩复合地基、桩网复合地基、轻质路堤等。

1)拓宽公路的一些地基处理方法简介

(1)重锤夯实+砂砾回填。一般采用100~200kN重锤,10~20m落距,锤底直径为2.3~3.0m,锤底静压力值为25~40kPa,湿陷性土层被消除的厚度可达3~6m。夯点一般按正方形或梅花形网格排列,间距根据试夯时单点的侧向影响范围确定。施工工艺为先按满堂式强夯,最后将地表拍平。对加固地基采用重夯处理后,回填50cm厚砂砾。新老路基处理示意图见图3.2-1。

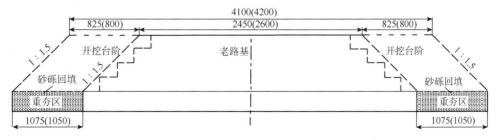

图 3.2-1　重锤夯实+砂砾回填处理路基示意图(尺寸单位:cm)

（2）粉喷桩。粉喷桩施工通过深层搅拌法处理地基，利用水泥、石灰等粉体材料作固化剂，通过特殊的搅拌钻机将其喷出拌和，就地将软土和固化剂强制搅拌产生一系列物理化学反应，使软土结成具有整体性、水稳性和一定强度的水泥柱体而形成复合地基。粉喷桩处理后，其主要优点如下：

①根据其作用机理，使得传递到复合地基下的附加应力减小，从而达到减小由于新增荷载引发既有路基沉降之目的；同时新路基地基经过加固处理后，沉降也相应大大减小。

②粉喷桩结合土体形成的复合地基具有较高的抗剪强度，能有效防止拼接加宽过程中既有公路地基的侧向滑移，保证路堤的稳定。

③施工周期短，可以降低施工期间维持交通正常运营所需的费用。

粉喷桩处理结合部地基形式通常可采取图 3.2-2 所示的两种布置方式中的一种。

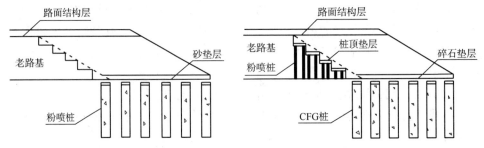

图 3.2-2　粉喷桩（或结合 CFG 桩）处理软土地基路基拓宽结合部示意图

粉喷桩适用于软土地基中路基拓宽工程中加固各种饱和软黏土地基，包括寒冷地区常见的淤泥质土、黏性土、天然含水率大于 30% 的黏性土。由于粉喷桩将干的固化剂喷入地基，所以当软土地基中的含水率低于 20% 时，为保证土体充分固化，还需加适量的水分，因此，当选用此法时，土层含水率宜大于 30% 较为合适。

（3）隔离墙。隔离墙施工以高压喷射注浆法为施工机理，利用钻机把带有喷嘴的注浆管钻进土层预定位置后，用高压设备将浆液或水以 20MPa 左右的高压流喷射出，冲击破坏土体，同时钻杆以一定速度向上提起，浆液和土粒强制搅拌混合后凝固形成固结体。

采用高压喷射注浆法形成隔离墙分为两个阶段。第一阶段为成孔阶段，即用普通或专门的钻机，驱动密封良好的喷射管和带有一个或两个横向喷嘴的特制喷射头进行成孔，成孔时采用水冲或振动的方法，使喷射头到达预定的深度。第二阶段为喷射加固阶段，即用高压水泥浆（或其他硬化剂），高压通过喷射管，由直径约为 2mm 的横向喷嘴向土中喷射，与此同时，钻杆向上提升。由于高压喷射流有强大的切削能力，因此喷射的水泥浆一边切削土体，一边与之搅拌混合，形成一道水泥与土混合的加固体即隔离墙。

（4）侧向约束法。实际上隔离墙施工以高压喷射注浆法为施工机理，采用路堤加固技术中的侧向约束法。侧向约束法还可以在路堤两侧堤角附近打入水泥墙、钢筋混凝土桩或者设置片石齿墙等，以此来限制基底软土的挤动，从而保持基底稳定，减小边载对既有公路路堤引发的附加沉降量，一般适用于软土底部有坚硬土层的情况，这样墙体不会发生过大的竖向沉降，与粉喷桩相比有很大的经济优势。

（5）轻质路堤。轻质路堤包括粉煤灰路堤和聚苯乙烯泡沫材料（EPS）路堤。EPS 轻质路堤是利用EPS材料的超轻性、耐压缩性及高强度等特性代替常规的土、石材料填筑的公路路堤,对于软土地基上控制路堤沉降、防止路堤滑塌具有很好的效果。填筑路堤的EPS材料,重度为$0.2\sim0.4kN/m^3$,在弹性压缩范围内的压缩强度可达$100kN/m^2$,最大吸水量不超过9%,且具有耐腐蚀、耐微生物的侵蚀、自立性好等特点。EPS轻质路堤适用于软土地基上的桥头路堤填筑、滑塌地段的路堤修复及稳定性较差地段的路堤填筑,具有施工速度快、施工简单、不受气候条件限制等优点,特别适用于应急抢险工程的路堤填筑。该技术已成功应用于杭甬高速公路、杭州市绕城公路等工程,但EPS路堤的成本较高。

与EPS路堤相比,粉煤灰路堤是常用的轻质路堤,更具有环保性和经济性,同时以下优点使得其适合软土地基上结合部的路堤填筑:

①密度小,最大密度为$1.4\sim1.6g/cm^3$。无疑,用粉煤灰填筑路堤,可以大大降低路堤对地基的荷载,有利于减少地基沉降以及新路堤对既有公路堤的附加压力。在软基路段和高填方路段,这一优点更加突出。

②采用粉煤灰(掺少量石灰)填筑的路堤可以形成一定的强度,从而达到降低路堤本身沉陷的目的。

③粉煤灰具有振动易密性,施工方便,对于压路机难以正常作业的匝道端部特别有利,在靠近匝道端部的死角,可采用小型平板振动器振压即可达到足够的密实度。

(6)抛石挤淤(换填砂砾石)法。抛石挤淤是向路基底部抛投一定数量的片石,将淤泥挤出基底范围,以提高地基的强度。对于软土层较薄的路段常采用这种简便易行的施工方法。抛石挤淤法的优点是废料利用,施工速度快,可以保证路基外部的排水沟等的稳定;缺点是由于介质的不同,尽量不要用于低路基的下部,否则易引起局部裂缝。

抛石挤淤法适用于淤泥厚度小于3m,含水率较高,淤泥呈软塑状态的现场。石块选用不易风化的片石或河中漂卵石,其直径或厚度不小于30cm且不大于80cm。抛石后,采用吨位不小于22t的振动压路机碾压。

若淤泥厚度小于3m,淤泥层含水率较低,呈可塑状态时,可选用换填砂砾的处理措施。砂砾应洁净,含泥量不大于5%,砂砾最大粒径小于100mm,见图3.2-3。

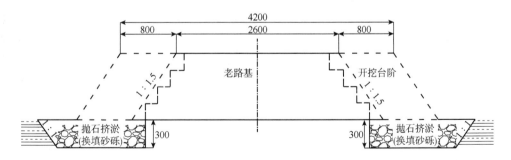

图3.2-3 抛石挤淤或换填砂砾处理路基示意图(尺寸单位:cm)

换填砾石处理路基深度0.3m或0.6m,抛石挤淤处理路基深度$1.5\sim3.5m$。两种方案均可改善既有软路基的承载能力,减少路基工后沉降量,对于沉降等级为"轻"的路段,可以起到控制路基差异沉降的效果。对于沉降分级属于"中""重"的路段,需要采用更为有效的措施,方能明显增强既有软路基的稳定性。

(7)碎石桩法。碎石桩法采用振动成桩法先用桩管震动成孔,填入足够数量的碎石,震动密实成桩体。碎石桩法优点是施工方便,速度快,效率高;缺点是质量控制较难,检测较慢,同时对于地下水水位较高的路段加宽来说,每一个碎石桩都是一个透水通道,容易破坏既有公路路基的内部结构静水压力平衡。碎石挤密桩桩体的碎石粒径为 20～50mm,含泥量不大于 5%,桩顶垫层采用天然级配砂砾,最大粒径不应大于 10cm,碎石桩直径一般为 50cm,桩长根据现场淤泥质土层深度确定,采用等边三角形布置,见图 3.2-4。

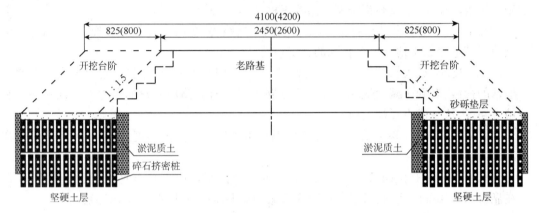

图 3.2-4 碎石挤密桩+砂砾垫层路基处理方案示意图(尺寸单位:cm)

(8)CFG 桩法。CFG 桩法采用机械或人工式洛阳铲成孔,填入素混凝土密实的桩体。CFG 桩法优点是设备占地小,可使用很多设备,成孔快,效率高。其缺点是受成孔因素的制约,凡是地下水水位较高的路段,洛阳铲不易成孔,具有局限性,不宜用于地下水水位在 2.0m 以内的路段;受孔径和素混凝土灌入的影响,成孔也不宜深于 6～7m。

(9)管桩法。管桩分为后张法预应力管桩和先张法预应力管桩。先张法预应力管桩采用先张法预应力工艺和离心成形法制成的一种空心筒体细长的混凝土预制构件,其主要由圆筒形桩身、端头板和钢套箍等组成。在管桩预制成形、达到预定强度后,采用振动压桩或静力压桩的施工方式,压入要处理的地基中,加固地基。

(10)排水固结法。采用塑料排水板或排水砂桩作为竖向排水系统设备,以水平砂铺设的垫层为横向排水系统设施,通过真空、预压、电渗等加速软土固结,还可利用土工格栅增强路基的整体稳定性等方法,进行软土地基处理,有效提高地基承载力。塑料排水板或排水砂桩加固软基施工速度较快,但由于其固结速度慢、沉降大,由此引起的路基填筑时间较长,且要经历较长的预压或电渗期,从而总工期大为延长。此外,排水砂桩由于自身的强度和对砂桩周围地基土体一定的挤密作用,也可以增强地基的承载能力和减小沉降变形量。在费用上,虽然粉喷桩的加固费用较高,但考虑塑料排水板或排水砂桩砂砾垫层、路基加载及路面维护等费用,两者加固达到公路正常使用所需的总费用相差不多。

(11)灰土挤密桩+灰土垫层。灰土挤密桩+灰土垫层施工方法是用于处理地下水水位以上的湿陷性黄土、填土等地基的一种地基处理方法。利用打入钢套管、振动沉管或钻孔爆扩等方法成孔,并在孔内填入一定厚度的灰土分层夯实形成灰土垫层。在成孔过程中将桩孔位置的土体全部挤入周围的天然土体中,使桩周围一定范围内的土体在成孔和孔内填土夯密过程中得到挤密,从而消除桩与桩间土体之间的湿陷性并提高其承载力。灰土挤密桩桩径一般为 0.40m,按桩间距为 1m 的等边三角形布置,桩长根据现场地质情况确定。灰土比 12% 左右,采用粒料直径不大于 15mm 的纯净黄土或塑性指数大于 4 的粉土,有机质含量小于 5%,不得含有杂填土、砖瓦块、石块等,不得使用耕植土,要选用新鲜的消石灰并过筛,其颗粒直径不应大于 5mm,不得夹有未熟化的生石灰块粒及其他杂质,石灰质量不应低于Ⅲ级标准,活性 Ca+MgO 的含量不少于 50%。采用沉管成孔,由偏心轮夹杆式夯实机及锤重 150kg 的梨形锤分层夯实。桩顶设置 30cm、厚 8% 的灰土垫层,见图 3.2-5。

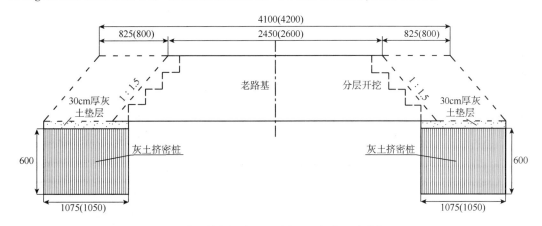

图 3.2-5　灰土挤密桩+灰土垫层处理示意图(尺寸单位:cm)

2)公路扩建工程地基处理方法的比较与适用条件

各类地基处理方法的主要优缺点以及适用条件见表 3.2-1。

公路扩建工程地基处理方法优缺点比较　　表 3.2-1

处理方法分类		可能选择的处理方法	主要优缺点	适用扩建条件
排水固结法	等载预压	等载填土+排水体	施工方便,造价低,但不能减小总沉降量,施工中较大的沉降对既有公路沉降变形有影响,施工慢,工期较长	计算沉降量小于容许总沉降量的一般路段,但既有公路已稳定时慎用
	超载预压	超载填土+排水体		
	真空预压	真空预压+排水体		
复合地基法	柔性桩	碎石桩、砂桩等散体土类桩	施工快,造价低,但处理深度浅,强度较低,沉降较大,施工有扰动	基本不适宜加宽工程
	半刚性桩	粉喷桩、湿喷桩、旋喷桩等水泥土类桩	施工快,工期短,对既有公路扰动小,但处理深度一般在 20m 以下,粉喷桩则更小(12m 以下)	处理深度一般在 20m 以下的一般路段软基
	刚性桩	CFG 桩、预应力管桩、现浇薄壁管桩、低强度等级素混凝土桩等混凝土类桩	工后沉降小,施工速度快,工期短,但造价较高,部分方法的施工对既有公路有一定扰动	处理深度在 20m 以上的深厚软基及桥涵段软基

续上表

处理方法分类		可能选择的处理方法	主要优缺点	适用扩建条件
轻质路堤法	粉煤灰	地基处理+粉煤灰	造价较低,施工较快,但粉煤灰易扬尘,易造成污染,综合优势不明显	当地粉煤灰资源丰富时可以考虑,但应注意环保
	EPS	地基不处理+EPS	工后沉降小,施工方便快捷,但目前国内设计和施工技术相对滞后,造价略高	处理深度在20m以上的桥涵段、深厚软基
隔离沉降法	隔离墙	隔离墙+排水预压	能减小新路施工对既有公路的影响,但工期相对较长,造价较高	分离式拼接工程以及新路施工需降低水位的路段

根据不同的地基类型特点,适合公路扩建工程的主要地基处理方法见表3.2-2。

公路扩建工程的主要地基处理方法　　　　表3.2-2

软土地基路段特点	加宽部分可能的处理方法
水塘、河沟等小范围浅表淤泥	清淤换土(砂),地表夯击、压实等
地基表部硬壳层较厚的软土路段	预压法、轻质路堤、复合地基
软土较薄、路堤填土后沉降会超标的路段	强夯置换、换填砂、复合地基
硬壳层较薄、软土层较厚的软土路段	塑料排水板+预压、复合地基
软土深厚,填土较高,或桥头路基或小构造物基础处	复合地基法(如CFG桩、粉喷桩、湿喷桩、大直径管桩等)、轻质路堤(EPS等)
软土路基拼接段	超载预压、粉喷桩、分隔墙等
上空高压线交错的软基路段	低强度等级素混凝土桩、(等载或超载)预压法

各种处理方法均能满足工后沉降的要求,但总沉降量差异较大,表现为施工过程中的沉降量差异较为明显,这就直接导致对既有公路路基横坡改变的影响各不相同。EPS轻质路堤法对既有公路的影响最小,对既有公路路基横坡的改变几乎没有影响;排水固结法以及隔离墙+预压法的沉降量较大,因而新路基以及新旧路基的横坡改变较大;水泥搅拌桩法应用于新旧路基横坡比的改变相对适中。需要指出的是,尽管排水固结法和隔离墙法施工引起的新路基及新旧路基的差异沉降较大,但可以通过施工中高程的调整进行补救,不会影响路基的正常使用。综合而言,从技术角度上讲,轻质路堤法和复合地基法在处理效果上要优于排水预压法和隔离墙法;从经济角度上讲,排水固结法和隔离墙法要优于轻质路堤法和复合地基法,但由于轻质路堤法和复合地基法的工期较短,其综合社会效益较好。轻质路堤法与复合地基法相比,设计方法和施工方法还有待于进一步完善,工程造价略高,目前还难以大规模应用于公路扩建工程中。

从目前已经和正在扩建的公路工程来看,加宽路基的软基处理方法通常采用快速加固方法,以加快施工周期,降低施工期间维持交通正常运营的费用。在既有公路改扩建路基拓宽工程中,针对不同的地质条件,往往采用几个方法组成复合地基,其不但可以提高地基承载力,减少地基的工后沉降量,还可提高土体的抗剪强度,增大土坡的抗滑稳定性。同时通过合理布置桩长与桩距来协调不同路段的沉降差异。

复合地基处理方法具有的施工速度快、沉降可控制特点是其适合高速公路扩建工程软基处理的主要优势。如果软土段路堤拼接不采用复合地基进行处理,拼接部分对既有公路路基产生的附加沉降较大,既有公路路肩与路中的差异沉降也较大,容易导致路基的拉裂。如果采用复合地基进行处理,由于其自身的沉降量很小,且可通过调整桩间距、桩长以及桩身刚度等方法控制沉降量的大小,因此可以将新路基的沉降控制在较小的范围内,进而减小新旧路基的差异沉降。如果适当扩大复合地基的处理范围(如既有公路边坡下),可以部分消除既有公路的附加沉降,并将新旧路基的差异沉降控制在允许的范围内。所以,采用复合地基处理加宽部分的地基,可以充分控制加宽路基自身沉降、与既有公路路基间的差异沉降和路基的稳定性,同时将新路基对既有公路路基的影响控制在可知的范围内。因此,拼接路堤下的软路基处理采用复合地基处理方案更符合公路扩建工程的特点和要求。根据公路扩建工程的特点以及变形控制标准,从目前已经和正在扩建的公路工程来看,加宽路基的软路基处理通常以复合地基法为首选,同时通过采取合理布置桩长与桩距、加大桩体刚度、在半刚性或刚性桩上铺设加筋垫层形成桩承加筋路堤(桩网复合地基)等措施,来协调新旧路基的不均匀沉降。

当采用复合地基处理方案时,应结合当地软土的物理力学性质、软土厚度、施工条件、材料价格、工期等多种因素进行选择,各种复合地基法的适用情况如下:

(1)对地表软土厚度小于3m的地基,可采用换填法处理;

(2)软土厚度在3~10m时采用粉喷桩进行加固,对于天然含水率小于35%的土采用粉喷桩处理施工难度较大,可采用湿喷桩处理;

(3)软土厚度在10~20m时可采用湿喷桩处理;

(4)软土厚度超过20m时,采用现浇或预制混凝土薄壁管桩、CFG桩等刚性桩方案;

(5)软土深度>25m时,通过经济技术比较,选择管桩(增大桩径)或EPS轻质路堤。

各种地基加固措施技术及其组合费用相差很大,一般采用预压法费用最低,而复合地基方法费用最高,塑料排水板法则介于两者之间。因此在工程实践中应选择既能满足工期要求、技术上可行,又能经济、省时的加固处理方案。

3)考虑特殊条件的地基处理方法选择

(1)一般路段地基处理

为了防止新旧路基不均匀沉降,对于地基较好的一般路段,清表后铺50cm左右厚碎石,采用冲击碾压;也可采用清表后冲击压实(一般为20遍)处理,后铺设碎石垫层(一般厚度50cm左右)。所有路基碎石层上均铺设一层5cm厚高强度土工格室。

(2)高填方路段、桥头地基处理

为减小路基的不均匀沉降和防止出现桥头跳车现象,对于全线桥梁、通道(明)、涵洞(明)及分离式立交加宽部分的台后基底地基均按特殊路基处理,对地基进行加固;大中桥及分离式立交每端台背路基加固段长度约为20m;小桥、通道(明)、涵洞(明)台背路基加固段长度约为10m。地基处理后,在桩顶铺设50cm左右厚碎石垫层,并在碎石层之间加铺一层高强度土工格室。

(3)低洼地、软弱土地基处理

地下水水位较高,土质较差,天然含水率高,呈软塑~流塑状态,土质较软弱,承载力低。为确保路基稳定和减小路基的不均匀沉降,地基清表30cm,对地基进行加固处理,并回填50cm左右厚的碎石垫层和加铺一层高强度土工格室。处理宽度为既有路基边坡开挖的最下一级台阶内缘至距离加宽部分路基坡脚3.0m的宽度。

(4)鱼塘路基

由于可能会在既有公路路基两侧取土,形成了大小不等的取土坑,当地老百姓可能会将部分取土坑改建为鱼塘。由于鱼塘长年积水,表层可能会形成一定厚度的软弱土,可采用砂砾换填或片石挤淤的方法进行处理。

(5)膨胀土地基处理

可采用隔离、排水、防水、改性、掺砂等方法进行膨胀土地基处理。

(6)液化砂土地基处理

如果项目所在地区地震烈度高,存在可液化砂土层,为了确保路基的稳定性,避免产生滑移失稳破坏,在既有公路路基边坡坡脚至护坡道外侧5m范围内进行液化砂土地基处理。

(7)黄土地基处理

为了减少黄土地基的湿陷量,降低路基的不均匀沉降,可采用的地基处置方法有:重锤夯实+砂砾回填处理新路基、灰土挤密桩+灰土垫层处理新路基、水泥搅拌桩+灰土垫层处理新路基、碎石挤密桩+砂砾垫层处理新路基及抛石挤淤处理新路基等地基处理方法。

4)公路拓宽时地基处理方法的一些改进方案

根据需处理地基的厚度,可采用如下改进方案。

改进方案1(软基厚度小于2m):

①当软地基厚度小于2m时,将地表以下2m范围内湿软地基全部挖除;

②在挖除湿软层后的地基上填筑60cm碎砾石,碎砾石表面补充冲击压实一次(通常20遍);

③用脱硫灰-石灰土填筑至地面线高度。

改进方案2(2m<湿软地基层厚度<4m):

①当地基含水率较高、基底60cm换填砾石施工困难时,将基底1m范围内软土挖除;

②底层60cm范围内换填粒径较大、吸水性较好的填料,也可采用当地建筑垃圾,对基底进行换填,建筑垃圾主要以砖、石、混凝土块为主,并对直径大于30cm的大块体进行破碎;

③顶层40cm深度范围内填筑4%~6%的生石灰土;

④路基填料采用脱硫粉煤灰,降低路堤荷载对湿软地基的附加应力,包心法施工。

改进方案3(湿软地基层厚度>4m):

①可采用袋装砂井,结合塑料排水板,加速湿软地基固结速率,提高土地基承载力;

②路基填料采用脱硫粉煤灰降低路堤荷载对湿软地基的附加应力,包心法施工。

改进方案4(粉喷桩处理):

①采用粉喷桩处理桥头软地基,粉喷桩直径采用50cm,桩间距及桩体长度根据详细地质勘查报告确定;

②粉喷桩顶部铺设土工格栅,以增强桩体受力的整体性;

③脱硫粉煤灰作为路堤填料,以包心法施工。

5）低路堤处置技术

对于低路堤，当地基土并不十分软弱时，新拓宽段地基部分可按一般路基要求执行（必要时也可进行换填、加固）。因为路基填土高度较小，作用于地基上的应力不大，其处置措施如下：

（1）当地表有硬壳层时，路基下土层实际附加应力更小，因此设计及施工中应尽量利用原状土结构强度，不扰动下卧层。

（2）对于路基填土（既有公路和新填路）高度小于 1.5m 的路段，旱田段填前碾压，先填 40cm 石渣；水田段填前先填 70cm 石渣，并进行碾压。

（3）水塘、鱼塘段应先进行抛石挤淤等处理，用石渣或砂砾填至水平面上 50cm 后，进行碾压，抛石范围应超过坡脚外 2m。

（4）路基填筑时，如有必要，可铺设土工布或土工格栅，以加强路基的整体强度及板块作用，防止路基因不均匀沉降而产生反射裂缝。

6）高路堤处置技术

高路堤拓宽地基必须进行特殊处理，这是由于高路堤引起的沉降较大，如不进行处置，必然会引起较大的不均匀沉降，从而导致纵向裂缝产生。如果高路堤拓宽部分为软土地基，就更应采取措施加强处置。因此，在设计及施工中，为了确保路基稳定、减少路基工后沉降，对高路堤拓宽地基可采取粉喷桩、抛石挤淤、砂桩、碎石桩、塑料排水板等处理措施，并配合填筑轻型路基材料填筑。

在我国的软土地基既有公路改扩建路基拓宽工程中，大多对拓宽路基采取一次性的水平填筑方案。国外针对软土路基上加宽路基填筑施工方法提出了间隙法，这是一种两步填筑法，先在距离既有公路路基一定距离外填筑部分新路基，新旧路基之间留有一定间隙，待地基固结一段时间后再填筑新旧路基之间的间隙部分路基。由于在第一阶段新路基填土自重作用下的固结会使新旧路基间隙下的软土强度和水平应力提高，因而可以有效减小第二阶段填土对既有公路路基产生的附加变形，而且这种分步填筑法要比一次性整体填筑对既有公路路基产生的变形要小。

3.3 我国改扩建公路地基处理方法概况及实例

3.3.1 我国改扩建公路地基处理方法概况

我国改扩建公路地基处理方法很多，一些公路扩建工程的处理措施汇总于表 3.3-1 中。

公路改扩建工程中地基处理方案工程　　　　表 3.3-1

项目名称	软土条件	原软地基处理方法	加宽软地基处理方法
广佛高速公路改扩建工程	全线软土路基累计 4.8km，层厚 1.1~6.8m，软土可以分为山间河谷型淤泥、河流阶地冲积的砂土、三角洲相沉积的砂土三类	袋装砂井加砂垫层或砂垫层	主要是粉喷桩+土工格栅；少量硬壳层较厚的路段采用旋喷桩

续上表

项目名称	软土条件	原软地基处理方法	加宽软地基处理方法
沈大高速公路改扩建工程	沿线主要有三段软土段,均属滨海沉积平原,地势低洼,地表多为水田和鱼塘,沟渠较多,地基土层中均含有淤泥质黏土或淤泥质亚黏土层	塑料排水板预压固结	软土不厚且分布于表层的路段采用石渣换填处理;沟塘路堤段采用排水(砂砾)垫层+塑料排水板+预压的综合处理;软土较厚、填土较高的特殊路段(桥头及通道涵洞)采用粉喷桩复合地基处理
沪杭甬高速公路改扩建工程	软土路段长约23km。其中层厚20m以上的路段达16.6km,软土主要是灰色流塑状淤泥质亚黏土,局部夹粉砂层	塑料排水板+堆载预压、粉煤灰路堤	软土深度大于8m的桥头:预应力管桩+土工格栅;软土深度小于8m的桥头段:粉喷桩+土工格栅;深厚软基一般路段:塑排板+等载预压+土工格栅;软土层薄、既有公路基沉降量小的路段:天然地基+等载预压;上空有高压线或跨线桥路段:低强度等级素混凝土桩+土工格栅
沪宁高速公路扩建工程	第四纪全新统冲湖积层,双层软土,间夹0~0.5m硬塑状黏土、亚黏土,局部缺失,上层淤泥质粉质黏土夹粉砂或互层,厚2~15.8m,下层淤泥质粉质黏土局部存在,厚17~21m	清淤换土、塑料排水板堆载预压、粉喷桩、粉煤灰路堤	软土深度≤8m,水泥搅拌桩;8m<软土深度≤25m,PTC型疏桩(预应力管桩);软土深度>25m,PTC型疏桩或EPS轻质路堤
海南环岛东线高速公路改扩建工程	全线软土分淤泥、淤泥质黏土两种	未处理或抛填片石简单处理	原为塑料排水板后改粉喷桩
南京绕城高速公路改扩建工程	全线软土路基累计15.5km。油坊桥段:硬壳层约2m,双层软土夹砂层,上层淤泥质亚黏土厚2~6m,天然含水率37%~44%,下层淤泥质亚黏土厚10m,最厚处达30m;秦淮河段:硬壳层约4m,其下淤泥质亚黏土,厚5~15m,天然含水率30%~43%	塑料排水板、袋装砂井、预压固结、粉喷桩	粉喷桩、湿喷桩、CFG桩、现浇薄壁管桩(PCC)
沪宁高速公路锡澄改扩建工程	淤泥质亚黏土,厚约4~5m,高压缩性、低承载力层,该地区土属典型的软土	—	隔离墙+塑料排水板+预压
安新高速公路改扩建工程	部分路段1~2m见地下水,地下水水位较高,土质为亚黏土,天然含水率>30%,呈软塑~流塑状态,其承载力较低,厚度约3~8m	未处理	软基路段粉喷桩;一般路段加宽部分路基基底清表30cm后,换填30~50cm碎石垫层并进行冲击碾压

3.3.2 改扩建公路地基处理实例

实例1：沪宁高速公路改扩建地基处理

沪宁高速公路既有公路建设时广泛采用了超载预压、塑料排水板等处理方法，改扩建工程无法采用这些经济但耗时的处理方法，而采用了硬化地基控制沉降的处置方法，包括水泥搅拌桩、预应力管桩等处置方法。对于软土深度不大于8m时，选用水泥搅拌桩处理方法，并考虑地基土的含水率而确定水泥用量；对于8m<软土深度≤25m，主要采用PTC型（预应力混凝土管桩）疏桩基础处理的方法；软土深度>25m时，选择EPS轻质路堤方案和PTC型疏桩方案，通过经济性和施工处理效果比选后确定。

实例2：西潼高速公路改扩建地基处理

西潼高速公路为了减少黄土地基的湿陷量，降低路基的不均匀沉降，采用了重锤夯实+砂砾回填、灰土挤密桩+灰土垫层、水泥搅拌桩+灰土垫层、碎石挤密桩+砂砾垫层及抛石挤淤五种典型地基处理方案。

(1) 重锤夯实+砂砾回填

西潼高速公路K97+250~K97+400段，对湿陷性黄土地基采用重夯处理后，回填50cm厚砂砾。新旧路基地基处理示意图见图3.3-1。重锤夯实采用底面直径2.5m、质量为100kN的夯锤由6m落距产生的夯击能，分别通过4、6、8次夯击，以确定最佳夯击次数。夯实区与既有公路路基坡脚之间3m范围内不进行强夯。夯点布设方式为梅花形，锤边缘间距0.5m。施工工艺为先按满堂式强夯，最后将地表拍平；质量控制标准为原地表平均强夯下沉量大于50cm，每一夯点最后两击的平均贯入度小于5.0cm。

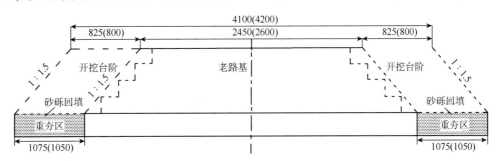

图3.3-1　重锤夯实+砂砾回填地基处理示意图（尺寸单位：cm）

(2) 灰土挤密桩+灰土垫层

西潼高速公路K38+760~K39+000段采用灰土挤密桩+灰土垫层方案进行地基处理。新旧路基地基处理示意图见图3.3-2。水泥土搅拌桩直径0.5m，桩长根据现场地质条件由试验确定，梅花形布置，桩间距1.3m。采用强度等级为C42.5的普通硅酸盐水泥，水泥掺量不小于被加固湿土质量的12%，水灰比0.5，干拌碎石桩直径0.15m，桩长至新建路路基底面高程以下1m。

(3) 水泥搅拌桩+灰土垫层

西潼高速公路K48+615~K48+695段采用水泥搅拌桩+灰土垫层等方案进行地基处理，新路路基地基处理示意图见图3.3-3、图3.3-4。

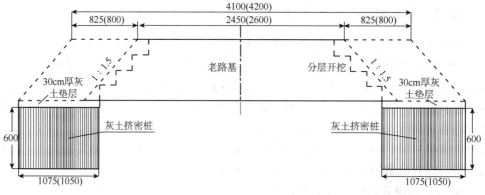

图 3.3-2　灰土挤密桩+灰土垫层地基处理示意图(尺寸单位:cm)

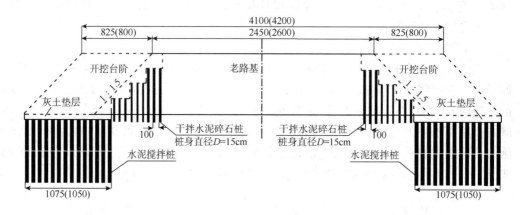

图 3.3-3　水泥搅拌桩+灰土垫层地基处理示意图(尺寸单位:cm)

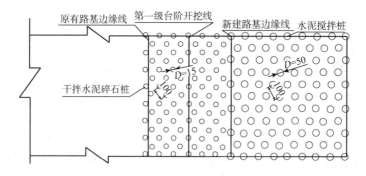

图 3.3-4　水泥搅拌桩+干拌水泥碎石桩桩位布置图(尺寸单位:cm)

(4)碎石挤密桩+砂砾垫层

西潼高速公路 K62+000～K62+200 段采用碎石挤密桩+砂砾垫层进行地基处理(图 3.3-5)。碎石挤密桩桩体的碎石粒径为 20～50mm,含泥量不大于 5%,桩顶垫层采用天然级配砂砾,最大粒径不应大于 10cm。碎石桩直径 50cm,桩长根据现场淤泥质土层深度确定,采用等边三角形布置,桩间距为 100cm。桩位布置图如图 3.3-6 所示。

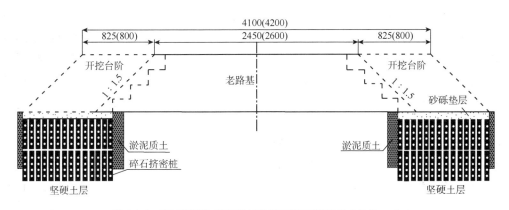

图 3.3-5　碎石挤密桩+砂砾垫层地基处理示意图(尺寸单位:cm)

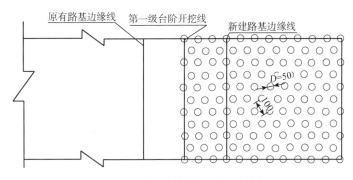

图 3.3-6　碎石挤密桩桩位布置图(尺寸单位:cm)

(5)抛石挤淤

西潼高速公路 K65+370~K65+680 段采用抛石挤淤方法对路基进行处理,处理方案示意图见图 3.3-7。若淤泥厚度小于 3m,含水率较高,淤泥呈软塑状态,可采用抛石挤淤的处理措施。石块选用不易风化的片石或河中漂卵石,其厚度不小于 30cm 且不大于 80cm。抛石后,采用吨位不小于 22t 的振动压路机碾压。若淤泥层含水率较低,呈可塑状态时,可选用换填砂砾的处理措施。砂砾应洁净,含泥量不大于 5%,砂砾最大粒径小于 100mm。

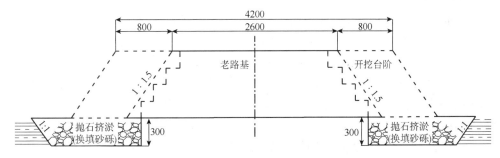

图 3.3-7　抛石挤淤或换填砂砾处理示意图(尺寸单位:cm)

实例 3:连霍高速公路改扩建地基处理

经过对连霍高速公路改建工程试验路段多次施工对比,以及全线的施工效果及技术研讨会的研讨,不同路段的地基处理方法总结如下。

(1)路基方案 A:强夯+PTC 管桩+桩帽+30cm 碎石垫层+碎石垫层中间铺设单层钢塑隔栅+反滤土工布包边+填土。路基方案 B:强夯+天然地基(强夯至原地表)+11.67cm 土工隔栅+40cm 碎石垫层+11.63cm 反滤土工布+填土。方案 C:CFG 桩+30cm 碎石垫层+填土。

(2)涵洞通道方案 A:PTC 管桩+桩帽+50cm 碎石垫层+基础。涵洞通道方案 B:天然地基+50cm 碎石垫层+基础。涵洞通道方案 C:CFG 桩+50cm 碎石垫层+基础。

(3)PTC 管桩法。在具备静压管桩机进场的路段地基和有工作面的前提下,尽量使用 PTC 管桩,按照设计计算的设计长度进行压桩。其优点是应用面广,施工易控制,地基处理效果好;缺点是造价较高,由于 PTC 管桩设备占地面积较大,对施工场地要求高。

(4)碎石桩法。新建工程或是地下水水位深 5m 以下的地基,可以考虑应用碎石桩施工。

(5)CFG 桩法。不宜应用于地下水水位在 2.0m 以内的路段;受孔径和 C20 号素混凝土灌入的影响,成孔也不宜深于 6~7m。

(6)片石挤淤法:在加宽路基范围以外的鱼塘等路段,利用拆除下来的旧边沟、边坡片石抛入其中,逐层碾压,嵌入碎石,直至出水面为止的处理方法。

(7)灰土处理法。一般是掺入 2%~3%质量的水泥或 4%~6%质量的生石灰。

实例 4:安阳至新乡高速公路改扩建地基处理

(1)一般路段路基

安阳至新乡高速公路某路段路基填料主要为亚黏土,素土强度较低,难以碾压成型。对于一般路段地基处理,采用清表后冲击压实 20 遍处理,并铺设 50cm 碎石垫层。桥头路段非软土路基采用 CFG 桩+40cm 碎石层处理。所有路基碎石层上均铺设一层 5cm 厚高强度土工格室。

进行冲击碾压的试验结果为:

①在冲击碾压 10 遍之前各断面压实度增长较快,在冲击碾压 10~20 遍之间压实度增长缓慢,在冲压 15 遍或 20 遍时获得最大压实度,达到 93%~95%,比原始地表增加约 7~8 个百分点。

②在冲击碾压 20 遍之前,各断面沉降量稳步增加,在冲击碾压 20 遍时达到最大沉降量,总沉降量约 3~4cm。由于地基在冲击碾压 10 遍以后压实度增长缓慢,10~20 遍之间沉降量的增加主要是铺设的砂砾层压缩致密引起的。

③对于相同的碾压遍数,冲击碾压的效果主要受地基含水率和冲击碾压速度影响。冲击碾压的遍数越多,达到最大压实度所要求的含水率越低。在冲击机轮不蹦离地面的前提下,冲击压力与冲击压路机线性速度的平方呈正比。

④为达到最有效的压实效果,冲击碾压的遍数受实际施工所能控制的含水率影响。试验表明,当实际含水率高于实验室重型标准击实试验最佳含水率 3 个百分点后,冲击碾压 10~15 遍以后效果不明显,甚至出现弹簧现象。

⑤直接对地基冲击碾压可以收到良好的效果,同时考虑到冲击碾压对既有公路的冲击作用,当含水率能在施工中得到有效控制时建议采用以下方法施工:

a.先不进行刷坡、台阶开挖及桥头地基处理,施工首先从既有公路外侧地基处理开始。对外侧地基清表后,在控制含水率的前提下对地基进行冲击碾压 15 遍,冲压地基时应压至路基外侧坡脚外 1m。

b.进行台阶开挖,台阶开挖后内侧没有经过冲击碾压的区域,采用振动碾压的方法处理,控制地表下 20cm 压实度不小于 93%。

c.由于该冲击碾压施工方法是在桥头地基没处理的前提下进行,有利于形成较长的工作段,利用大功率牵引机械,冲击压路机的速度应控制在不小于 5km/h。

⑥若直接对地基进行冲击压实,对于低液限黏土,塑性指数小(试验路土样为 11.6),对含水率控制严格,建议在不同含水率控制条件下冲击碾压遍数见表 3.3-2。但对于高液限土的塑性指数(一般在 25~45 之间)较大,从半固态到流态之间的可塑范围大,可以在表 3.3-2 的标准基础上适当放宽 3~5 个百分点,甚至更多。

不同含水率控制标准时冲击碾压遍数及方式　　　　表 3.3-2

控制含水率	$w_{op}-3\% \leqslant w \leqslant w_{op}+1\%$	$w_{op}-3\% \leqslant w \leqslant w_{op}+2\%$	$w_{op}-3\% \leqslant w \leqslant w_{op}+3\%$	$w_{op}-3\% \leqslant w \leqslant w_{op}+5\%$
冲击碾压方式及遍数	直接冲压 15 遍	铺碎石或砂砾层后冲压 20 遍	铺碎石或砂砾层后冲压 15 遍	铺碎石或砂砾层后冲压 10 遍
效果	最优	优	较好	一般

注:以上遍数均对于 25kJ 三边轮冲击压路机而言;w_{op} 为实验室重型标准击实最佳含水率。

⑦砂砾层比碎石层更有利于冲击波的传播,可以提供良好的持力层,并且具有价格方面的优势,可以考虑利用砂砾层代替碎石层的方案。砂砾的含泥量(≤0.074mm)不宜大于 5%,最大粒径不宜大于 40cm。铺设厚度宜在 50~60cm,第一层铺设厚度(冲击碾压前铺设厚度)不宜大于 20cm。砂砾垫层应宽出路基边脚 2.0m。

实例 5:沪宁高速公路镇江段扩建工程地基处理

沪宁高速公路镇江段扩建工程通过对典型粉喷桩处理段拓宽软基处置方案进行数值计算分析和监测验证,表明:采用粉喷桩进行拓宽软基处理时,桩长和桩距是影响变形的控制性因素,桩长过大对减小沉降无意义,桩距过大则不能满足沉降控制要求。对图 3.3-8 的计算断面而言,要求桩进入持力层约 2.5m,桩距约 1.1m;桩侧摩阻力的降低对拓宽路基累计沉降的影响最大,对工后差异沉降和工后沉降的影响次之,但桩侧摩阻力降低幅度小于设计值的 50% 时,对沉降的影响较小;有桩和桩帽时在路基底层铺设土工格栅对减小差异沉降作用不明显;填土速率仅对拓宽路基变形速率产生影响,对累计变形基本上无影响,采用较快的填土速率是有利的。

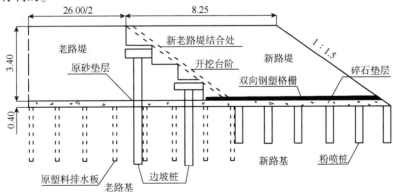

图 3.3-8　计算坡面示意图(尺寸单位:m)

实例6：南京绕城高速公路改扩建地基处理

对南京绕城高速新旧路基在拓宽前后地基土体工程性质差异的研究分析，得到以下结论：

(1) 对比既有公路路基中心下地基土体工程性质发现，经过12年后，既有公路地基表层变化明显，有效变化深度在5.0~10.0m左右，不同处理方法有所差异。3个典型断面既有公路路基下的地基的天然含水率、液性指数、孔隙比等均有所降低，地基物理力学指标有明显提高，其中软土层的压缩性指标和强度指标均有较为明显的改善，表现为压缩系数降低（降低约10%）、压缩模量提高（提高约5%~15%）、内摩擦角的提高幅度较大（大于15%），而黏聚力的变化较小。经12年排水固结后，既有公路路基下地基有效深度内的淤泥质土变为亚黏土，由高压缩性土变为中压缩性土。

(2) 既有公路路基的坡脚位于拓宽后的新路基的形心位置，既有公路路基坡脚土层指标也有不同程度的改善，特别是软土层的指标改善相对较大，但由于其位置处路堤荷载相对较小，其改善的程度和深度均比既有公路基中心处小。通过分析地基土的前期固结压力，发现既有公路坡脚处表层土体呈现轻微超固结特性。

(3) 对比拓宽前新旧路基下地基土体的物理力学指标，发现新旧路基下地基的土体工程性质存在明显的差异。既有公路路基通车已十余年，地基固结度已接近100%，既有公路路基的固结沉降已基本完成。既有公路路基下软土地基经荷载作用排水固结后，各项物理力学指标均有不同程度改善，尤其是压缩性和强度指标均比新路基下地基明显要高，这种差异的存在，必然会导致新旧路基的不均匀沉降，进而引起拓宽后路面结构的破坏。

(4) 经过12年的沉降固结后，软弱地基土各项物理指标均发生了不同程度的改善，但塑料排水板法的加固处理效果要明显好于袋装砂井。从加固处理的影响深度来看，塑料排水板法的加固影响深度一般在处理深度以下2~3m左右，而袋装砂井的影响深度基本在处理深度左右，处理深度下层土的物理力学性质并无明显的变化。同时，软土地基的排水边界条件及填土高度对处理效果也有一定的影响。

南京绕城高速公路扩建工程地基处理方案是根据不同处理深度，分别采用粉喷桩、湿喷桩、现浇混凝土薄壁管桩(PCC桩)、水泥粉煤灰碎石桩(CFG桩)进行施工，具体如下：

①处理深度小于10m时采用粉喷桩加固；

②处理深度在10~22m时采用湿喷桩加固；

③处理深度超过22m时采用水泥粉煤灰碎石桩(CFG桩)加固，秦淮新河、油坊桥大桥桥头路段采用现浇混凝土薄壁管桩(PCC桩)加固；

④个别路段由于施工原因，改用素混凝土桩和等载预压的方案。

南京绕城高速公路扩建工程软基处理方案示意见图3.3-9。

各类复合地基的桩身设计如下：

①粉喷桩：桩径50cm，采用32.5级普通硅酸盐水泥，水泥用量为55kg/延米，桩身无侧限抗压强度(28d龄期)控制标准为1.2MPa。

②湿喷桩：桩径50cm，采用32.5级普通硅酸盐水泥，水泥用量为55kg/延米，桩身无侧限抗压强度(28d龄期)控制标准为1.2MPa。

③现浇混凝土薄壁管桩(PCC桩)：采用专用机械，自动排土振动灌注混凝土而成筒状

桩体;为刚性桩复合地基,桩外径100cm,壁厚12cm,桩身强度等级C15。

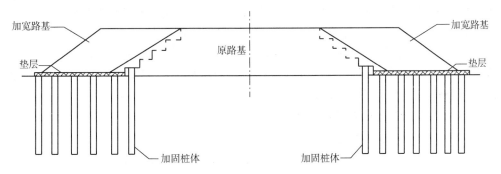

图3.3-9 南京绕城高速公路扩建工程软基处理方案示意图

④水泥粉煤灰碎石桩(CFG桩):由水泥、粉煤灰、碎石、石屑或砂加水拌和,用成桩机械在地基中制成高黏结强度桩;为刚性桩复合地基,桩径50cm,桩身强度等级C15。

桩采用矩形布置,横向间距相对固定。根据桥头路段、路堤填土高度、结构物形式等情况调整纵向间距。

①粉喷桩和湿喷桩横向间距一般为1.2m;纵向间距如下。桥头路基30m路段:小型构造物地基为1.2m,高填土(≥3m)路段为1.3m,一般路段(<3m)为1.5m。

②水泥粉煤灰碎石桩(CFG桩)横向间距3.0m;纵向间距如下。桥头路基30m路段:小型构造物地基为1.5m,一般路段为2.0m。

③现浇混凝土薄壁管桩(PCC桩)横向间距3.0m;纵向间距如下:秦淮新河桥头段为3.0m,油坊桥桥头路段为2.8m。

横向加固范围为既有公路路基边坡及加宽地基部分,粉(湿)喷桩顶灰土层中铺一层土工格栅,PCC和CFG桩顶设50cm厚碎石垫层,铺两层土工格栅,通过褥垫层协调桩土之间受力状态,达到桩土共同承担路堤荷载的目的。

①土工格栅:纵向延伸率10%时的抗拉强度≥80kN/m,将强度高的方向置于垂直路中心线方向,即路基横向。

②碎石垫层:CFG桩和PCC桩桩顶设褥垫层,材料为碎石,最大粒径不大于30mm,含泥量不大于10%。碎石层厚度为50cm,分两层施工,第一层25cm顶面设置一层土工格栅,第二层土工格栅直接设置在50cm碎石垫层表面。褥垫层设置范围:纵向分别向打桩范围两侧各增加5m长度;土工格栅铺设范围与之相同。土工格栅在路基横向端部向上翻折2m,包裹上层填料,采用搭接法连接,搭接长度30cm,并按要求锚固。

③对于粉(湿)喷桩,在桩顶部填筑30cm厚与桩相同掺灰量的水泥土回填并夯实,其上再铺设30cm厚、5%石灰土,灰土层下铺一层土工格栅。

南京绕城高速公路扩建工程的高路堤段采用PCC桩、素混凝土桩及等载预压法,总沉降量较大,但沉降收敛较快,工后沉降较小;CFG桩的沉降规律则与其相反;湿喷桩与粉喷桩的总沉降以及工后沉降均相对较大。通过采用沉降量与路堤高度的比值S/H和地基工后沉降速率两项指标评价加宽工程的地基处置效果表明:处理深度大于20m的深厚软土地基,PCC管桩的沉降特性要优于CFG桩;处理深度在10~20m的地基处理方法中,湿喷桩表现出相对较好的沉降变形特性,特别是处理深度在 16m 以下时效果良好;处理深度在 10m 以下的软土地基,粉喷桩法是一种较为满意的处理方法,但与湿喷桩类似,其工后沉降略大。对于软土厚度较大的软基,由于预压法的施工期内沉降较大,工期较长,不适合工期较紧的扩建工程。同时,减小桩间距可以减小扩建路基下地基施工期的沉降量,并进一步减小总沉降量,是减小高填方路段、桥头及构筑物路段新旧路基差异沉降的有效方法。桩体刚度与间距对新旧路基的差异沉降有较大影响。

实例7:安新高速公路改扩建地基处理

(1)一般路段地基处理

为了防止新旧路基不均匀沉降,对于地基较好的一般路段,清表后铺碎石 40cm,采用冲击碾压。

(2)高填方路段、桥头地基处理

为减小路基的不均匀沉降和防止出现桥头跳车现象,对于全线桥梁、通道(明)、涵洞(明)及分离式立交加宽部分桥涵台后基底地基按特殊路基处理,采用 CFG 桩对地基进行加固,桩呈梅花形布置,桩径 0.5m,桩长 6m。大中桥及分离式立交每端台背路基加固段长度为 20m,桩距 1.5m,过渡段长度为 10m,桩距 2.0m;小桥、通道(明)、涵洞(明)台背路基加固段长度为 10m,桩距 1.5m,过渡段长度为 5m,桩距 2.0m。地基处理后,在桩顶铺设 40cm 厚碎石垫层,并在碎石层之间加铺一层高强度土工格室。

(3)低洼地、软弱土地基处理

地下水水位较高,土质为亚黏土,天然含水率>30%,呈软塑~流塑状态,土质较软弱,承载力低。为确保路基稳定和减小路基的不均匀沉降,地基清表 30cm,采用水泥搅拌桩(湿喷法)对地基进行加固处理,并回填 40cm 厚碎石垫层和加铺一层高强度土工格室。水泥搅拌桩采用梅花形布置,桩径 0.5m,桩长采用 6m,桩间距采用 1.5m,处理宽度为既有路基边坡开挖的最下一级台阶内缘至距加宽部分路基坡脚 3.0m 的宽度,采用湿喷法进行施工。

(4)鱼塘路基

原来修建公路时,由于在路基两侧取土,形成了大小不等的取土坑,当地老百姓将部分取土坑改建为鱼塘。经现场调查,由于鱼塘长年积水,表层形成了一定厚度的软弱土,软弱土最厚可达 0.6m。采用砂砾换填并设置浆砌片石护坡和设置路堤式挡土墙进行防护。

(5)液化砂土地基处理

项目所在地区为地震烈度 8 度区,存在可液化砂土层。为了确保路基的稳定性,避免产生滑移失稳破坏,在既有公路路基边坡坡脚至护坡道外侧 5m 范围内进行地基处置。

第4章 路基拼宽问题及处置对策

4.1 新旧路基加宽问题及分析

总体而言,路基加宽可采用双侧加宽或单侧加宽。采用双侧加宽时新旧路基的中心线基本重合,双侧加宽方法的优点是公路加宽后路面能较多地利用既有公路的基层,但缺点是很难保证新旧路基土之间的整体性和紧密结合,从而形成了两个新旧路基的衔接面,特别是对于高路堤,若加宽值不大时,施工难度较大,施工质量很难保证,容易引起路堤的变形和滑塌。采用单侧加宽时新旧路基的中心线不重合,单侧加宽方法加宽路基的施工比较容易,质量容易保证,但这种方法由于加宽部分是新填路基,它的强度难以保证与既有公路路基相同。无论采用哪种路基加宽方法,都要保证新旧路基能很好地结合,使新旧路基沉降均匀。

1) 路基加宽可能存在问题的分析

与新旧路基结合不良和变形不协调有关的病害主要有四类,即:路基变形及损坏、支挡结构损坏、路面损坏、路面整体性能下降。其中,路面损坏是新旧路基最常见、最表象的病害,路基变形及损坏和支挡结构损坏是稳定性不足在拓宽工程中的表现,而路面整体性能下降是伴随着以上各种病害的发展而产生的。

(1) 路基变形及损坏

路基失稳表现为拓宽路基沿新旧路基结合面发生滑移,严重时甚至发生整体坍塌。这种病害在陡坡地形、软弱地基、高填方路堤等拓宽路段较易发生。当拓宽路基沿结合面滑移量较小时,新旧路基结合面会产生错台,导致新旧路基结合部位的路面开裂,雨水由裂缝进入,结合面强度急剧降低,给路基稳定性留下更大的隐患;当滑移量较大或整体坍塌时,造成拓宽路面整体破坏,甚至使既有路基相继出现失稳,并导致既有路面也发生结构损坏和使用功能的下降。

就新旧路基结合方式而言,在产生相同变形的前提下,双侧加宽产生的病害数量多,比单侧加宽更不利。新旧路基结合面产生滑移,从而导致整体失稳。并且地基土的抗剪强度会因雨水浸入湿化、干湿循环、冻融循环而使地基土发生松动等外界因素的影响而降低。

纵向裂缝是公路改扩建工程中最常见的病害形式。路基的变形不协调会通过路面结构层反映出来,公路改扩建工程中大多数路面病害都是路基病害的反映。

新旧路基下地基沉降的差异是路基拓宽工程容易产生纵向裂缝的最主要原因。新旧路基地基压缩固结时间不同,既有公路地基经多年荷载的作用,沉降变形已经基本稳定;而新路地基在施工过程中以及竣工通车后都将有较大的沉降变形发生,造成新旧路基下的地基间将产生不均匀变形。同时,道路拓宽工程工期较短,控制地基的工后差异沉降的难度较大，以及新填筑的路基还要产生工后沉降，而既有公路路基的沉降已经基本完成，新旧路基和地基的差异沉降势必引起路面较大的差异沉降。

新既有公路修筑年代不同，取土地点也不相同，因此加宽路基填筑土料与既有公路路基填筑土料不可能完全相同。填筑材料经自身重量、路面和车辆等荷载的作用，既有公路路基已经完全被压实，而新路路基的填料虽经严格压实，仍有塑性累积变形的存在；同时，新旧路基采用的施工方法和工艺不同，公路等级和标准也有很大的差异。

由于结合部位两侧的新旧路基沉降速率不一致，沉降量不同导致结合部位存在应力突变、集中现象。当弯拉应力大于结合界面强度时，会在该处产生开裂、错台。另外，新加宽路基边坡坡角在填土自重作用下逐渐发生侧向位移，进一步带动其上的填土产生沉降和侧向位移，使整个加宽部分的填土沿结合部位产生横向和竖向移动。由于这两方面因素的作用会在交界处形成纵向裂缝。

新旧路基结合部位施工工艺较复杂，施工难度较大，若产生人为的质量因素，如密实度达不到设计标准等也是产生纵向裂缝的原因之一。当在软土地区进行路基加宽改建，既有公路路基底部地基土的沉降固结状态，加宽路基的水文、物理、力学性能，加宽路基新增的作用力对沉降变形的影响等也会导致路面开裂。

(2) 支挡结构损坏

支挡结构损坏表现为挡墙墙面开裂、墙体整体滑移、倾覆等。若墙底受水浸泡、冲刷，或墙体本身处于潜在滑坡体上，当挡墙所受土压力过大时，将产生挡墙墙体开裂、整体滑移或绕墙趾倾覆等现象。支挡结构发生损坏后，拓宽路基也随之发生稳定性问题，给拓宽路面的正常使用带来隐患。

(3) 路面损坏

沥青路面损坏表现为面层出现破碎、结合料松散、道路横坡改变等现象，严重时会产生沿结合面走向的裂缝。水泥混凝土路面损坏表现为出现唧泥和脱空现象，进一步发展会引起结合面附近出现纵缝、错台、裂缝处板块断裂以及裂缝的进一步扩展。

(4) 路面整体性能下降

随着路面病害的产生和道路横坡的变化，道路结构性能和服务性能也随之下降，当路面状况指数(PCI)、结构承载力、平整度等急剧下降时，会影响行车安全。

拓宽路基引起的变形及破坏极易导致路面的破坏，无法满足汽车行驶的需要，而且还会增加汽车的燃油消耗和轮胎磨耗，加大运输成本，增加运输时间，降低社会经济效益，甚至会危及行车安全，大大降低道路的服务水平，同时也加大了道路养护成本。在既有公路加宽项目中，加宽后路基的质量很大程度上决定了扩建后公路的使用寿命，影响改建后公路的正常使用。新旧路基间的不均匀沉降和变形是公路拓宽工程所关注的核心问题。

拓宽公路出现的各种病害，其产生的原因是多方面的，如地质勘测不细致、设计未充分重视、施工质量未达到要求等。按照病害的类型，可以从新路基稳定性不足和新旧路基不协调变形两个主要方面分析其产生机理。

2) 路基不均匀沉降产生的原因分析

路基拓宽后的不均匀沉降，主要是由于拓宽工程的工程特点决定的。路基不均匀沉降的主要原因有：

(1) 地基问题

由于土基地质条件差,地基存在软弱下卧层,当地基存在软弱下卧层,如压缩系数大、流变性显著的软土时,导致新旧路基底部土基因荷载的增加发生沉降。既有公路路基下的地基因在公路改扩建时已基本固结沉降到位,并且既有公路路基所增加的荷载远小于新拓宽部分,导致新旧路基之间存在沉降差。此外,拓宽路基基底软基处理不彻底、腐殖土及杂物清理不彻底、透水性不畅等也会导致新旧路基之间存在沉降差。

(2) 新填路基沉降问题

拓宽的新路基由于固结时间、填筑材料、施工质量、施工条件和方法、填筑部位处理和排水设施不完善等都会导致新旧路基之间出现沉降差。在沉降差存在的前提下,也会进一步导致沉降差的进一步发展。

由于新旧路基修建历史、填料和压实度的差异在新旧路基顶面产生不协调变形,路堤在自身荷载作用下会发生压缩变形,既有公路路基已经通车运行一段时间,在既有公路路基及其车辆荷载作用下的压缩变形已经完成,而新填路堤在施工结束后仍会发生部分压缩变形,新路基的固结下沉未到位,工后沉降大。此外,拓宽路基荷载通过既有公路边坡传递到既有公路路基上,使既有公路路基顶面发生不协调变形。

新旧路基改扩建处理后路基材质和路面结构层厚度、强度不一。特别是一边为新路基,一边为既有公路路基,质量也存在差异。新路基施工难度较大,往往产生一些人为的质量问题,如填料过厚、强度不足、填筑过快、压实不到位、密实度达不到设计标准等。新拓宽路基填料较差,抗风化性能、抗淘蚀性能不足。施工过程中路基填料多半就近从挖方断面上直接获取,对材料粒径、级配及材料本身的物理力学性能等方面控制不严,填料中含有有机植物根茎及腐蚀性耕植土的现象较为普遍。

有时,进行既有公路改建时既有公路两侧不能提供运输车辆使用的便道,即路基施工不能横向整幅施工,整个横断面不能同时向前推进,施工时先利用既有公路作为运输便道,进行拓宽路基的施工。由于运输填料的车辆交通量大,轴载重,使既有公路路基的压实度比拓宽路基压实度高,导致新旧路基压实度不一致,这样在路面铺上以后,有不均匀沉降,产生纵向裂缝。

由于结合部位置处新填筑路堤高度的差异很大,使外加恒载的差异也很大。

排水设施不完善、设施布置不合理,导致地表水下渗,形成滞水、积水和渗水,路基土受水浸泡而湿软,强度急剧下降。

(3) 结合部位的质量问题

对新建公路与既有公路结合部位的处理不当,建成后将会出现纵向裂缝,地表水极易透过裂缝侵入到路基的内部,对路基和路床产生浸泡和破坏作用,从而造成公路病害增多,缩短公路的使用年限。新、既有公路路堤结合部施工过程中的以下情况会形成路基病害隐患:

①结合部的表面根植土、松散土层、腐殖土、杂物等清理不彻底,土路肩、硬路肩部位不适宜作填料的材料换填不彻底,填料粒径偏大,含泥量多,透水性不佳等,使新、既有公路路堤结合部形成薄弱的带状结合面。

②边坡开挖面过大,在已开挖的边坡处没有及时堆放反压材料,使老的边坡开挖面长时间暴露在外,受到雨水直接冲刷,造成新老路堤亏方,新老公路叠合面减少。同时,地基处

理、抽水清淤(地下水水位降低)及交通荷载等会对削坡开挖后的既有公路路基的变形和稳定性产生影响。

③路基填料压实不到位,引起不均匀沉降,使新旧路路面结合部开裂。既有公路加宽改建工程在新旧路基结合处台阶根部,压实有一定难度。由于压路机无法错轮,使每层填土在结合处台阶根部压实遍数不够,雨后结合处台阶根部因积水下浸而软弱。公路拓宽改建通常受地形限制,大型压实机具很难发挥作用,压实难度较大,特别是新旧路基结合部。在国道207线锡林郭勒盟路段加宽改建中,在既有公路路基路面边缘外开挖台阶后经检测压实度在88%~93%之间,大部分满足不了当时的设计规范规定:路床部分93%,上下路堤90%的压实度要求。较低的压实度不仅会使路基塑性累计变形大大增加,而且抗变形能力也大幅下降。

④填筑速率过快。由于拓宽工程工期较紧,过快的填筑速率使新路基的沉降速率远远高于既有公路路基的沉降速率,造成既有公路路基失稳或将既有公路路面拉出裂缝。

⑤施工中路基排水措施不到位,雨水渗入新旧路基结合部位,使得结合部土体的强度降低,影响结合面的嵌固效果。

⑥在新旧路基结合部没有设置土工格栅,或土工格栅和填土没有充分咬合、土工格栅埋入既有公路部分长度不够,致使土工格栅未能充分发挥其加筋性能。

所有这些都将使新旧路基结合部生产较大的差异沉降,进而使路面不可避免地产生大量的纵向裂缝。

(4)防排水问题

新旧路基结合部由于变形差异、质量差异、结合不良等原因容易存在裂缝和强渗透带,地表水极易透过裂缝和强渗透带侵入路基的内部,对路基和路床产生浸泡和破坏作用,使之容易产生形变。

排水设施不完善,设施布置不合理,导致地表水下渗,形成滞水、积水和渗水。路基土受水浸泡而湿软,强度急剧下降。另外,若公路边沟养护不及时而淤塞,可导致路基上侧雨水漫过路面,从路面渗入路基。若路面已经开裂,雨水自裂缝进入路基,加剧裂缝扩张并导致路基强度下降。

公路改扩建后,易出现路基边沟冲刷,导致冲毁路肩,直接危及路面。由于路基拓宽时,破坏了原来的边沟植被,而新修边沟的植被还未形成,边沟土颗粒较细时,当流水的流速超过边沟泥砂的临界速度,就会导致边沟被冲刷,导致防渗能力不足,雨水渗入路基路面,软化路基路面。

综上所述,路基拓宽处理过程中应解决的问题是:处理好新旧路基结合部位的地基,加强新旧路基的结合强度,控制路基填料质量,严格把好施工质量控制关。

3)路堤沉降分析

既有公路路堤改扩建工程对地基的沉降分析比新建路堤复杂,现对其简要分析如下。

(1)拓宽路堤的地基沉降分析

在拓宽(即加宽)路堤荷载作用的范围内,单侧扩建工程地基表面的新增荷载分布如图4.1-1所示。

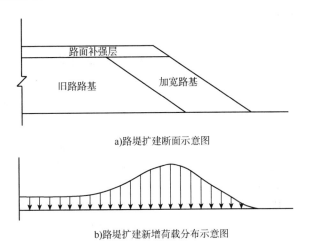

图 4.1-1 单侧扩建公路工程地基表面的新增荷载分布示意图

加宽部分路堤的荷载作用于土基和既有公路上的力可分解为向下的力和一部分横向的侧滑力。加宽的路基所导致的沉降如图 4.1-2 中沉降曲线 2 所示。对于双侧加宽路堤作用在地基上所导致的变形如图 4.1-2 所示,既有路基自重及行车荷载对地基的作用力中间大,两侧小,路中心处应力最大,土基固结较完全;两侧应力较小,土基固结比路中心差些。

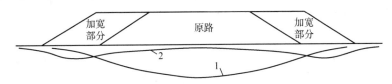

图 4.1-2 路基附加沉降分布示意图
1-原路基形成的沉降分布;2-加宽形成的沉降分布

如图 4.1-2 所示,在公路改扩建时,曲线 1 的沉降已基本完成,在加宽路堤荷载的作用下,曲线 2 的沉降(即新加宽路基的工后沉降)是逐渐形成的,新旧路基衔接处逐渐产生沉降差异,沉降速率不同,产生了一定的沉降差值,使路基内部产生拉应力,差异沉降变大后,就会在结合部产生一个沉降差值突变点,在此处出现应力集中现象,该处的弯拉应力相当大,当拉应力超过路基、路面的极限拉应力时就会出现纵向裂缝,甚至错台,造成路基、路面的破坏。

(2)拓宽方式对路基沉降的影响分析

拓宽方式对新旧路基差异沉降的影响分析如下:

①单侧加宽

路基拓宽后的差异沉降与路基的高度、拓宽宽度等边界条件有关,尤其是在单侧拓宽时,路基高度和宽度对不均匀沉降的影响更为明显。当路基高度一定、拓宽宽度较小时,最大沉降发生在新路基路肩边缘处。随着拓宽宽度的增加,路基最大沉降点越靠近道路内侧,并在新路基出现反向横坡,新路基出现凹陷,在雨季容易出现雨水积聚,使路面使用功能下降且容易造成路面水损害。路面拓宽宽度越大,则在拓宽路基中"~"形沉降盆就越明显。这不仅仅容易造成积水,在行车荷载作用下,路面底部受不均匀沉降附加拉应力和荷载作用拉应力双重作用,极易造成路面的纵向开裂。

②双侧加宽

双侧加宽的不均匀沉降基本与单侧加宽相同,但新旧路基的最大不均匀沉降略有减少。这是由于双侧加宽使得既有公路路基两侧的受力得到平衡,新路基自重荷载使既有公路中部的附加应力得到增加,从而使得既有公路中心也发生较大的沉降,相应减少了拓宽路基的不均匀沉降。

由此可见,若对于相同的拓宽宽度,双侧加宽能使得加宽路堤重量分配到既有公路两侧,将极大改善新旧路基不均匀沉降的形态,对路面结构的受力也是有利的,但是,双侧加宽也加大了工程的施工难度。

在相同的加宽宽度的情况下,无论是在新路基绝对沉降,还是在新旧路基差异沉降,双侧加宽比单侧加宽具有明显优势。从力学上来讲,两侧均匀承重比单侧承重对既有公路路基的负面作用更小,既有公路的受力和变形比较均匀。从力学和变形情况来看,在有利的条件下,采取两侧拓宽更有利于路基的稳定和变形。但是,两侧拓宽也存在一些问题,首先在公路施工期间不利于交通通畅,难免要临时中断交通,使建设施工的难度加大,工程质量难以得到保证,工期相对要长;再有就是施工时,由于工作面小,不利于大型机械开展工作。从施工角度来看,单侧加宽比双侧加宽更方便快捷。

(3)拓宽路基变形总体规律

①拓宽路基的差异沉降曲线(取半幅)呈"~"形,在既有公路路基中心沉降最小,新路基路肩附近沉降最大。

②在相同的加宽宽度下,双侧加宽无论在新路基绝对沉降以及新旧路基差异沉降上均比单侧加宽具有优势,而且路基顶面最大沉降点发生在新路基路肩位置,不易诱发路面开裂。从力学和变形角度来讲,如果条件许可,采用双侧加宽比单侧加宽更为有利。但从施工便利、占用土地和工程造价等方面出发,单侧加宽比双侧加宽有利,双车道公路扩建成高速公路的项目尤为明显。

③在双侧加宽方式下路堤宽度不同时,既有公路路堤顶面的最大沉降变形、最小沉降变形、最大沉降差均随路堤拓宽宽度的增加而显著增大。最大沉降点也逐渐向路基外侧移动,单侧加宽比双侧加宽更为显著;同时,随着加宽车道的增加,路基表面的水平位移也逐渐增加,加宽路基宽度对既有公路路基的水平位移影响较大。

④随着填土高度的增加,新旧路基表面的沉降和水平位移逐渐增加,新旧路基的差异沉降也随着路基填筑高度的增加而增加。同时,加宽路基地表的最大沉降点逐渐向路基内侧移动,新路基对地表水平位移,特别是对既有公路路基水平位移的影响也越来越显著。

⑤差异沉降随新填路堤土体的弹性模量增大的变化不是特别显著。当新路基填土模量值相对较低时,提高新路基土的弹性模量能较好地改善路基不均匀沉降,包括路基顶面最大沉降值和差异沉降值。但当新路基土弹性模量提高到一定值以后,对改善路基不均匀沉降的效果有限;路基沉降、最大沉降值随新路堤填土密度不断增加而以一定的趋势不断增加。路堤填土材料应尽量选择强度高而密度较小的建筑材料,以减少新路堤的自重荷载,减少新既有公路路堤的变形;新填筑路堤材料黏聚力 c 值较低时,提高 c 值,对新填路堤的沉降影响较大,在 c 值达到较大数值后,增加 c 值对沉降的影响则明显减弱;新填筑路堤材料内摩擦角

φ 在 10°以下时,φ 值的变化对新路堤的沉降影响较大,φ 在 10°以上时,增加 φ 值对新路堤的最大变形影响很小。应选择具有一定黏聚力和内摩擦角的填土材料,但过分强调增加土的 c、φ 值以提高其抵抗变形的能力,意义不大。

⑥在削坡及开挖过程中,既有公路路堤边坡削坡及台阶开挖量越小对既有公路路堤竖向变形和横向变形的影响越小,对既有公路路基的稳定越有利。在新路堤填筑过程中,加载量越大,竖向位移与侧向位移越大。在削坡及开挖方式上,变坡度削坡比等宽度削坡对既有公路路基表面横坡坡度的影响要小。自下向上的开挖方式对既有公路路基路表变形的影响比自上向下的方式要略小一些,但没有明显的优势。

⑦不同的填筑方式对新旧路基的影响并不显著。对于水平填筑的方法,先挖后填与边挖边填的方式对新旧路基变形的影响基本没有差异,先挖后填法对新旧路基表面横坡坡度的变化略优于边挖边填法。水平填筑法引起的加宽路基的最大沉降要略小于间隙填筑法,但间隙填筑法引起的既有公路路基横坡的改变要小于水平填筑法。

⑧不同的填筑速率对新旧路基表面沉降的影响不显著,但对新旧路基横坡的变化影响则较为明显。填筑速率越快,既有公路路基横坡坡度改变就越大,同时,整个新旧路基的横坡坡度也随填筑速率的提高而显著增大。

⑨施工扰动对既有公路路基的影响非常显著。局部降低了既有的地下水水位,会使地基有效重度增加,引起附加沉降量,对原既有公路路基构成危害,快速降水还会引起路基的开裂甚至失稳。地基处理及填筑过程中的施工扰动会对既有公路路基的稳定及变形特性产生不良影响。

⑩加宽工程施工和运营过程中,交通荷载的变化会对新旧路基的变形特性产生影响,特别对于低路堤,交通荷载引发的不良影响更为显著。

4)路基加宽的形式及可能引发的问题

根据路基的不同形式,可以将路基拓宽、新旧路基结合方式分为 17 大类、36 小类,每一种新旧路基结合方式可能引发的问题如下:

(1)挖方既有公路路基+挖方新路基,为非陡坡道路段内侧挖方拓宽方式。新旧路基均完全由挖方形成,但新旧路基可以因路基高程不同而不同。此类拓宽方式由于新旧路基的总体相近,由新旧路基差异变形而引起的病害较为少见,其可能引发的主要问题是内侧道路挖方所造成的排水不良。

(2)挖方既有公路路基+填方新路基,为非陡坡道路段外侧填方拓宽形式。既有公路路基为全路堑形式,新路基由自然放坡而成。拓宽路基填料多选用就近路段的挖方土石,新旧路基在填料类型、压实度等方面均存在一定的差异;非陡坡的拓宽还可能处于洪积层、坡积层等软弱地基区域,此时与平原软土地基的路基拓宽存在类似的问题,即新路基固结度小,潜在变形较大,差异沉降也大。

(3)半填半挖既有公路路基+挖方新路基,为非陡坡道路段内侧挖方拓宽形式。既有公路路基采用半填半挖形式,新路基由挖方形成,新路基变形较小,差异沉降也小。

(4)半填半挖既有公路路基+填方新路基,为非陡坡道路段外侧填方拓宽形式。既有公路路基采用半填半挖,新路基由填方形成,这类拓宽方式可能引发的问题在于同一断面上的路基土存在较大差异;既有公路路基经过多年固结和行车荷载作用,固结已基本完成,而新路基固结度小,潜在变形较大,差异沉降也大。

(5)填方既有公路路堤+挖方新路基,为非陡坡道路段内侧挖方拓宽形式。这类拓宽方式可能引发的主要问题有:一是新旧路基性能差异大,二是新旧路基结合面为原自然边坡,相对薄弱,新路基变形较小,差异沉降一般也较小。

(6)填方既有公路路堤+填方新路堤,为非陡坡道路段外侧填方拓宽形式。其可能引发的主要问题是新旧路基填筑年代不同,一方面两者在填料和压实度方面可能存在差异;另一方面两者的固结程度也不同,易发生工后差异变形,导致相关病害。

(7)挖方既有公路路基+两侧拓宽新路基,为非陡坡道路段双侧拓宽形式。既有公路路基为挖方路基,新路基一侧为挖方路基,另一侧为填方路基。这类方式兼有填方拓宽和挖方拓宽的特点。

(8)半填半挖既有公路路基+两侧拓宽新路基,为非陡坡道路双侧拓宽形式。既有公路路基为半填半挖,既有公路内侧为挖方拓宽,外侧为自然放坡填方拓宽。这类拓宽方式在道路横断面上形成4种不同的路基类型,即挖方新路基、挖方既有公路路基、填方既有公路路基和填方新路基,它们在路基材料、压实度和固结程度等方面都存在差异,从而导致路基路面的差异变形。

(9)填方既有公路路堤+两侧拓宽新路基,为非陡坡道路双侧拓宽形式。既有公路路基为填方路基,既有公路内侧采用挖方路堑拓宽形式,外侧进行自然放坡填方拓宽。此种形式兼有挖方拓宽和填方拓宽的特点。

(10)路堑既有公路路基+单侧挖方新路基,为山区全路堑既有公路基单侧拓宽形式。由于新路基、既有公路路基均为挖方路堑拓宽,除挖方区域属不良地基条件,新旧路基的地基条件一般差异不大,但仍需要重视路基路面排水。

(11)路堑既有公路路基+双侧挖方新路基,为山区全路堑既有公路路基双侧拓宽形式。这种形式与方式(10)相似,只是从单侧拓宽变为双侧拓宽。由于挖方拓宽通常需重新设置边坡防护,因此对双侧拓宽来说,边坡防护工程量要大于前者。

(12)路堑既有公路路基+外侧拓宽,为山区陡坡靠坡外侧的一侧拓宽形式。既有公路路基采用挖方形式,拓宽处分别设置了支挡结构(如挡土墙)、栈桥结构、填土放坡。该三类结合方式所处地形通常较为陡峻。设置挡土墙的结合方式应首先确保挡土墙本身的稳定性,另外还须注意墙背填料填筑时的施工质量、填料的级配等要求,以控制墙背填料的工后差异沉降;栈桥形式拓宽,拓宽部分须建造成桥梁结构形式,建筑成本有所上升,但相应病害通常会减少较多;外侧拓宽处放坡需要大量土石方,投资上不经济,且施工困难,对拓宽路段原地面产生的附加荷载大,极易产生拓宽处放坡路堤与既有公路路基间的过量差异沉降,从而造成路面相关病害。

(13)半填半挖既有公路路基+外侧拓宽设挡土墙,为山区陡坡段外侧拓宽形式。既有公路路基采用半填半挖形式,填方部分采用放坡形式或者设置支挡结构,而新路基均为在外侧拓宽处设置支挡结构。当既有公路填方采用外侧放坡形式时,给新路外侧拓宽处挡土墙的设置创造了一定的有利条件。除非既有公路填方边坡本身存在稳定问题和施工质量问题,此时挡土墙设置应考虑尽可能埋设至既有公路路基的地基层面中,一般情况下可适当减小挡土墙高度,以节省工程造价。而当既有公路填方部分设置支挡结构时,由于地处陡坡区域,新设置的挡土墙通常需建造得较高,且新老挡土墙之间的墙背填筑施工难度较大,通常不易压实,拓宽路基易形成工后沉降变形。

(14)半填半挖既有公路路基+外侧拓宽放坡,为山区陡坡段外侧拓宽形式。既有公路路基为半填半挖形式,填方部分在路基外侧设置挡土墙或者采用放坡形式,新路基均在外侧拓宽处采用放坡形式。由于地处陡坡区域,该拓宽方式填筑土、石方量均较大。当既有公路路基填方部分外侧设置挡土墙时,新路拓宽时填筑的土、石方量相当巨大,对当地地形地貌改变较大。由新路堤填土引起的道路地基受到的附加荷载也较大。若该处地基本身属于不良地基,则更易造成地基的二次固结变形和填筑体本身的压密变形,新旧路基之间不可避免地产生较大的差异沉降,路面面层通常会在通车后一段时间内产生相关病害;当既有公路路基填方部分采用放坡形式时,由于新路基拓宽宽度不大,而路堤填筑高度较大,填筑体形状呈狭长形,施工难度大,常用的道路压实机具无法展开施工,因此压实度难以保证,易留下质量隐患,也易出现新旧路基结合不良和差异变形的相关病害。

(15)填方既有公路路堤放坡+填方新路基放坡,为平原地区拓宽形式。既有公路路基为全填方路堤形式,新路基采用单侧或双侧填方拓宽形式。平原地区拓宽宽度通常不受地形限制,新路断面布置时可以考虑在新老结合部路表位置设置一些容许差异沉降的分隔带,如中央分隔带、机非分隔带等沉降隔离设施,但易使既有公路路基发生二次沉降,既有公路路基内产生附加应力,从而造成路面的损坏。

(16)填方既有公路路堤挡墙+双侧填方新路基,为平原地区拓宽形式。既有公路路基为填方路基,两侧设置支挡结构,新路向既有公路两侧填方拓宽。其可能引发的主要问题是由于利用了既有公路挡土墙,而挡土墙墙面的直立特性使新旧路基沉降的过渡范围几乎没有,因此在老挡土墙与新路基交界处易发生沉降突变,相关病害(如纵向裂缝)也往往发生在挡土墙附近。

(17)新旧公路路堤结合部设置中央分隔带,为平原地区拓宽形式。此类结合方式在新路断面中均设置了中央分隔带。利用中央分隔带可以形成新旧路基之间的差异变形缓冲带,但是拓宽路基造成的既有公路基二次沉降同样不可忽视。

按加宽路基的施工方案,既有公路加宽改建的形式主要有两种:①既有公路路基加宽一侧边坡整体切除,再填筑新路基;②既有公路路基加宽一侧边坡挖台阶,再在台阶上填筑新路基。对黑龙江省西部的林甸—泰康公路改建加宽工程进行观测,路基拓宽整体切除式的路段纵缝明显少于路基台阶式填筑的路段纵缝。从理论上分析,台阶式开挖填筑路基的差异沉降可能要小,而实际上却相反,可能的原因就是施工工艺所造成的碾压不实。由于台阶式路基工艺复杂,填筑不方便。当用不同土质填筑路堤时,填筑方法不当或填料的含水率、松铺厚度都使新路基的压实度不均匀,或没有压实。尤其在台阶的接缝处新旧路基不能很好地结合为整体,造成了薄弱面。对于这种问题,只要在施工过程中严格控制施工质量,即可把台阶开挖填筑施工存在的裂缝问题加以解决。

5)路基边坡坍塌分析

路基边坡坍塌病害主要发生在公路改扩建后的沿溪线和高路堑地段。其产生的原因有:公路改扩建时对沿线地质、水文情况调查、勘探不充分。地质条件不同,其产生的机理也不同:①在岩石地段没有充分分析岩层的走向和岩体节理的发育情况,有些路段岩层的走向是平行于路线方向,或岩体的节理很发育,甚至是破碎的,即使按规范要求的边坡进行了设计,但岩体仍不稳定,当路线开挖后,破坏了既有的岩体结构,经雨水或地表水侵入岩层缝隙中,通过冻胀融化的反复作用,而导致边坡坍塌或滑塌。②在土壤为粉性土、砂性土时,其土颗粒比较小、土质黏着力不强、松散状砂砾土地段,有时设计的边坡比较陡,有些地段边坡设计虽然合乎规范要求,但由于排水系统不完善,在边坡上方没有设置截水沟,地表径流水渗入土体,土体抗剪力减小,边坡失稳而导致坍塌。

6) 桥台(挡土墙)台(墙)的病害分析

一些公路的桥台(挡土墙)(墙)[特别是高台(墙)]台背由于填筑不密实,或者虽然经过多年的沉降,台背已基本稳定,但在地下水或地表水的作用下,有些高填方台背内部形成了较大的空洞,不处理好这些空洞将留下极大的隐患。如沈大高速公路在改扩建施工中采用注浆法用于某座10m高的桥梁台背,在注浆过程中,一个注浆孔就用掉水泥约10t,说明台背内部存在着较大的空洞。

在山区公路加宽工程中,地基坡面过陡,地形条件复杂,经常需要在陡坡地基上进行加宽路基的填筑。为保证加宽路基的稳定性,加宽常采用挡土墙等支挡结构。当既有公路路基边坡存在潜在破裂面或滑移面时,加宽路基将以此破裂面或滑移面产生滑移,从而导致整体失稳。

7) 公路改扩建后路基翻浆冒泥的原因分析

公路改扩建后路基翻浆的产生有自然原因,也有公路改扩建时设计及施工的原因,现分述如下。

自然条件方面:①土质:粉性土最易翻浆,且土中水分增多时强度降低快,易失稳;黏性土只有在水源充足且冻结速度慢时才可能出现翻浆;砂土一般不翻浆。②温度:一定温度与冷量是形成翻浆的重要条件。当冰结线长期停留在路面下较浅处,路基上部易翻浆。③水:路基附近的地面积水及较高水位的地下水所提供的充足水源也是翻浆的重要条件。

设计及施工方面:翻浆多发地段没有考虑防冻影响,未设防冻层,抗冻防水性能差;路基高程设计低,填土高度小,地下水水位高,路基常处于潮湿状态;改扩建时树根、草皮等未清除彻底;分层压实不够,压实未达到要求;施工中排水不畅,路基被水浸泡,土壤潮湿,冻结时聚冰严重,造成翻浆;施工土层使用大量粉质土、腐殖土、盐渍土、大块冻土等。

8) 冻胀破坏分析

我国季节性冰冻地区分布广泛,遍及长江以北10余省市,占全国总面积的53.5%。在这些地区进行既有公路改扩建路基拓宽工程受气候影响十分明显。在季节性冰冻地区,路基在一个冰冻期要经历若干次的反复冻融循环,在解冻融化期间,即使没有产生冻胀的路基,也会使强度降低,失去部分承载能力,严重的会引起路面的破坏,这种现象尤其在春季融化迅速时更为明显。黑龙江省公路近年产生的冻胀、翻浆的里程占总里程的10%以上,造成了很大的危害和损失。在寒冷地区的公路改扩建路基拓宽工程中,由于新旧路基在土质、温度、水及荷载作用下所引起的应力场的变化和重新分布,都会导致新旧路基的不均匀冻胀、路面开裂、翻浆、融沉等病害。

冻胀是寒冷地区公路建设中普遍发生的现象。路基土中的水在冬季冻结,水分在负温差的作用下会产生重新积聚,积聚的水不断冻结,体积增大,使土体冻胀隆起,冻胀是翻浆的一个阶段。春季化冻时,由于路面结构层的吸热和导热性较强,路面下的路基土先于路基土的其他部分融化。于是路基下,残余未化的冻土形成凹槽,化冻后的水分难以排出,路基上部处于过湿状态,当融化至聚冰层时,路基湿度更大,有时甚至超过液限。这样路基在化冻过程中强度显著降低,以至丧失承载能力,在行车荷载作用下发生开裂、鼓包、车辙,严重时泥浆外冒,路面大面积破坏就形成了翻浆。北方寒冷地区,如东北的松辽平原、三江平原、大小兴安岭、长白山、完达山山地和丘陵都是冻胀翻浆病害发生的区域。

对于寒冷地区的既有公路改扩建路基拓宽工程来说,由于路基的拓宽,改变了既有公路路基及路面已经达到的冻融平衡状态。由于新旧路基填土的非均质性、不同的状态,水温情况的改变以及环境的改变,使新旧路基产生不均匀冻胀,新筑路基所选土体若含水率过大或排水困难,待到春季则极易形成弹软或翻浆。路基内有显著聚冰的层位,一般也是产生不均匀冻胀的层位,通常主要出现在路基上部的某一深度范围内。超过该深度时,由于上覆土层冻结形成的阻力,将使水分迁移大大减弱,不均匀冻胀实际上停止发展,该深度被称为临界冻结深度 z_c。各种土的临界冻结深度见表4.1-1。

各种土的临界冻结深度 表4.1-1

土的类别	细砂	砂性土	粉性土	黏土	亚黏土
临界冻结深度 z_c(cm)	80~90	80~90	90~120	100~140	120~160

若当地实际冻结深度 z'_c 大于临界冻结深度 z_c 时,则显著聚冰的层位一般只出现在临界冻结深度范围内;若当地实际冻结深度 z'_c 小于临界冻结深度 z_c 时,则聚冰层位只限于实际冻结深度范围内。

在横断面方向上,路面全宽内的平均冻胀值(h)称为总冻胀。在寒冷地区内地下水水位高的地段,对于强冻胀性土的路基,总冻胀可达15~20cm。

土体自身的含水率、密度、冻结速度是路基土产生冻胀的三个重要因素,从关联度的计算结果来看,含水率的影响最大,密度次之,冻结速度相对最弱。

当水分、温度等冻结条件大致相似时,不同土质的冻胀性按从大到小顺序:粉质土、亚黏土、黏土、砾石土(粉黏粒含量大于15%)、粗砾土、粗砂、砂砾石。

在路基拓宽工程中,水分对路基土冻胀的影响因素主要有:路基土的含水率、地下水水位、地表积水等。

随着路基边缘与地表长期积水的水平距离的增加,则路槽底距离冻前地表积水水位的临界高度降低,其效果相当于提高了路基的高度,能够改善路基潮湿状态,减少路基的冻胀,防治公路冻害。

路基土在负温条件下冻结,而且在不同的负温下显示出不同的冻胀特性,在开敞的体系中,其冻胀可分三个阶段:第一阶段,土体冻胀强度随负温的降低而剧烈增长,其增长值约占最大冻胀值的70%~80%,负温变化范围为起始冻结温度至-3℃左右;第二阶段,土体冻胀强度增长缓慢,其增长值一般占最大冻胀值的15%~20%,负温变化在-3~-7℃;第三阶段,土体冻胀率处于稳定或略有增长,一般在5%左右,负温变化在-7~-10℃。

在稳定冻土地区,提高路堤高度可以减少路基路面的不均匀变形,但有增加纵向裂缝的可能性;而对于不稳定冻土地区,提高路堤高度不仅不能减少波浪、沉陷等变形类病害,反而会加剧纵向裂缝及边坡冲蚀等,路基纵向裂缝随路基增高而严重程度增加。

大量的公路工程实践表明,在寒冷地区采用粉质土填筑路基会产生较大的冻胀,当冻胀不均匀时会对路面结构造成破坏。在寒冷地区路基拓宽工程中,若采用坚硬且透水性好的粗颗粒材料填筑路基,可有效防止新旧路基的不均匀冻胀,必要时采用隔水和隔温的办法,降低或延缓路基土的冻结速率。

9)路堤加宽的材料形式与经济、技术分析

按道路路堤加宽侧材料和结构的不同,公路路堤加宽一般有 4 种方式:一般填土路堤加宽、加筋土路堤加宽、轻质土路堤加宽以及挡土墙加宽。一般填土路堤加宽方式如图 4.1-3 所示,征地面积仅考虑为放坡范围内的面积。

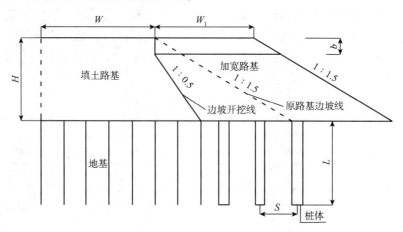

图 4.1-3　一般填土路堤加宽示意图

W、W_1-既有路面宽度和扩宽后路面宽度;b-路面厚度;H-路堤高度

加筋土路堤加宽的方式如图 4.1-4 所示。

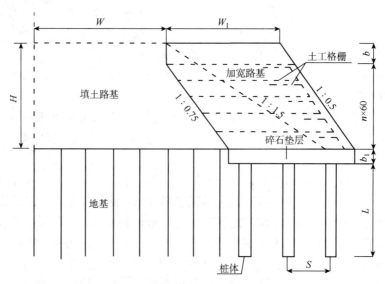

图 4.1-4　加筋土路堤加宽示意图(尺寸单位:cm)

W、W_1-既有路面宽度和扩宽后路面宽度;b-路面厚度;b_1-碎石垫层厚度;H-路堤高度

轻质土路堤加宽的方式如图 4.1-5 所示。

挡土墙(悬臂式挡土墙)的加宽方式如图 4.1-6 所示。

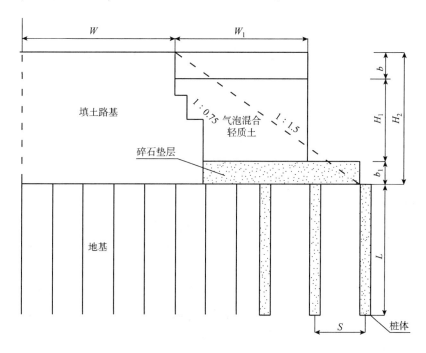

图 4.1-5　轻质土路堤加宽示意图

W、W_1-既有路面宽度和扩宽后路面宽度;b-路面厚;b_1-碎石垫层厚度;H_2-路堤高度;H_1-轻质土填筑高度

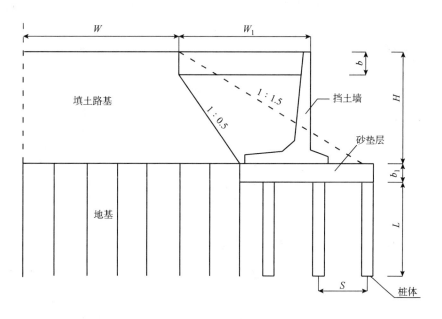

图 4.1-6　悬臂式挡土墙路基加宽示意图

W、W_1-既有路面宽度和扩宽后路面宽度;b-路面厚度;b_1-砂垫层厚度;H-路堤高度

虽然各地人工、材料、土地等单价不同,但可以通过广佛高速公路改扩建工程的直接成本计算得到一些经济比较参考性意见,广佛高速公路改扩建工程建设得到结论如下:

(1)每延米悬臂式挡土墙路基加宽综合单价最高。

(2)当路堤平均填土高度 $H_t<3m$ 时,4种加宽方式都需要征地,但轻质土路堤加宽和悬臂式挡土墙加宽的征地最少。从经济性角度分析,4种加宽方式的综合单价相差不大,一般填土路堤加宽的综合单价相对较低,其次为轻质土路堤加宽。因此,建议采用一般填土路堤加宽方式。但在征地困难的情况下,建议采用轻质土路堤加宽和悬臂式挡土墙加宽的方式;在征地和基坑开挖均存在困难的情况下,建议采用轻质土路堤加宽方式。

(3)当路堤平均填土高度为 $3m \leqslant H_t<5m$ 时,采用轻质土路堤和悬臂式挡土墙加宽都基本不需要征地,但悬臂式挡土墙加宽综合单价最高,加筋土路堤征地较少,费用较低。因此,此时建议采用一般填土路堤加宽方式;在征地困难的情况下,采用加筋土路堤加宽和轻质土路堤加宽的方式。

(4)当路堤平均填土高度 $5m \geqslant H_t$ 时,采用轻质土路堤加宽、悬臂式挡土墙加宽和加筋土路堤加宽都基本不需要征地,3种加宽方式中悬臂式挡土墙加宽的综合单价最高,而轻质土路堤加宽的综合单价最低,且按规范规定悬臂式挡土墙墙高不宜超过5m。

道路路堤加宽部分荷载不仅使加宽路堤产生沉降,而且将引起既有公路路堤产生新的沉降。当道路横向路基差异沉降较大时,可能使既有路堤产生纵向裂缝,或产生较大的横向坡度,轻者影响行车速度,重者影响行车安全。所以,软土地基路堤加宽的关键问题是要控制好新旧路基的沉降差。目前,解决沉降问题可分3个方面考虑:首先是软基的处理;然后是路堤填料的选择;最后是既有公路路基路面与新路路基路面衔接处的处理。

主线一般路堤的4种路堤加宽方式在施工技术及施工特点方面的优缺点对比见表4.1-2。

主线一般路堤加宽段不同加宽方式的施工技术及施工特点对比　　表4.1-2

项　目	一般路基加宽	挡墙加宽	加筋土挡墙加宽	轻质土路堤加宽
优点	施工工艺成熟	占地少,施工工艺较成熟	占地少	占地少,路基填料轻,不需压实、振捣,路基强度高,工期短
缺点	占地多,路基填料重,工期长	路基填料重,墙背不易压实,要求基础埋深,工期长	路基填料重,不易压实,工期长	施工技术还没有普及,材料单价高

4.2 路基加宽的主要处置措施

4.2.1 路基加宽的设计原则和依据

路基加宽存在诸多问题,这些存在问题的防治应遵循"预防为主,及时处置"的原则。在设计和施工过程中通过采取合理设计、提高施工工艺和施工质量等措施进行有效预防,尽量减少路基的差异沉降,最大限度地减少和延缓裂缝产生的概率和程度。对已发生的裂缝及时采取有效措施进行处置,控制裂缝的发展,恢复路面功能和服务水平,延长路面的使用寿命。

在公路加宽工程的方案设计时需要进行多方案比选,综合分析各方案的优缺点,还要分析各方案的地基沉降、路基稳定性、路基静载压缩变形,以及路基行车荷载作用塑性累积变形等原因造成的路基差异沉降,以及路基表面的不均匀变形,分析原因,并采取可靠而有效的综合处置措施。

路基加宽设计应力求充分利用既有公路资源,合理用地,避免大填大挖。在优选平面线形的基础上选择合理的路基加宽策略,应结合公路沿线的公路建筑材料分布和地质状况,选择适宜的路基填料,尽量降低公路造价,详细调查沿线的河溪及农田灌溉水系。综合考虑路基排水设计,合理设置桥涵、通道位置,实现公路改建后沿线河流畅通、农田灌溉水系完整,降低和减少对沿线居民生产生活的不利影响。

在既有公路详细调查的基础上,对既有公路路基存在的病害进行认真细致的分析,提出合理的处理措施,保证路基的整体强度。

路基加宽应依据《公路工程技术标准》(JTG B01—2014)、《公路路基设计规范》(JTG D30—2015)、《公路路基施工技术规范》(JTG F10—2006)、《公路排水设计规范》(JTG/T D33—2012)、《公路路线设计规范》(JTG D20—2017)及其他有关标准、规范进行设计及施工。坚持因地制宜、就地取材的原则,采取技术可行、经济合理的措施,确保新旧路基具有足够的强度和稳定性,并力求减少新旧路基的差异沉降。

在路基加宽方案选择时,应因地制宜,力求技术和工期合理、经济上可行。

4.2.2 路基加宽存在问题的对策思路

1)路基加宽存在问题的处置思路

公路扩建加宽工程最容易出现的病害就是新既有公路结合部纵向开裂,在公路扩建工程设计中最主要的问题就是如何处理填方与新旧路基之间的衔接,即采取有效措施,减少新既有公路路堤的差异沉降,保证加宽路基与既有公路路基的良好衔接,使其成为一个整体,避免或减少横向错台和纵向裂缝。主要从路基设计、地基处理、基底及坡面清理、填料选择、填筑施工、新旧路基结合部的处置、新路基开挖时既有公路路基的侧向变形限制、施工期间及完工后路基的防排水、施工过程的监控等多方面因素、多手段入手,采取综合的处置方法。

路基加宽存在问题的处置思路有以下几个方面:

(1)对新路地基处置。提高加宽路基对应地基的强度和刚度。处置措施视地基承载力而定,必要时采取特殊的处理方法,以减少新路地基的工后沉降。

(2)对新旧路基结合部处置:①严格施工工艺,保证新路路基的压实质量,以提高新路路基的强度和刚度,减少路堤本身的压缩,同时保证新旧路基的紧密结合;②加强新旧路基的连接和整体性,应用土工合成材料、台阶开挖等措施,以加强新旧路基的横向连接。

(3)对新路路基采用轻质材料填筑新路堤,通过减轻新路堤自重,减小新路基沉降和既有公路产生的附加沉降。

(4)采用适应差异沉降的新的路面结构组合方式。

2)地基问题的处置思路

新建路基沉降量中地基的沉降所占比重较大,特别是公路通过软土地基路段的沉降问题更加突出。地基处理设计时应多方案比选,选择经济、快速、可靠的地基处理方法。可根据地基地质条件和环境条件,分别采取换土垫层法、碎石桩、砂桩、超载预压、塑料排水板、土工织物、片石挤淤、轻质路堤、深层搅拌桩、真空预压法、CFG 桩、旋喷桩、冲击式压路机碾压等措施,具体方法可见第 3 章相关内容。

3) 路基问题的处置思路

在公路加宽时,对路基存在的问题通常可采用既有公路路堤台阶开挖、土工合成材料加筋垫层和加筋土路堤、土工织物防渗和排水、改良土高强路堤和轻质路堤、铺设土工合成材料防裂层或增大加铺层厚度等工程技术措施,常见工程技术措施如下:

(1) 预防路基水害

①提高路基高度,使路槽底 80cm 范围距水位尽量远一些,免受地表水和地下水的影响,避免因路基内部含水率过高,在自然因素和行车作用下,发生软化变形,沉降下陷现象;必要时还应因地制宜采取疏通或增加排水设施,以降低地下水水位,防止地表水渗入,从而保证路基的强度和稳定性。

②对于水害严重的沿河路基路段,应调查水毁情况和原因,可采取提高线位,或中线内移使路基成全挖断面,或改善排水系统,或加固,增修防护设施,导流等,消除水毁威胁。

③加强路基范围内的防排水,减轻雨水和地下水对路基的软化和破坏。

(2) 预防路基边坡破坏

既有路基的边坡由于受自然因素及人为因素的影响,常产生变形、塌方,公路改建时应根据路段的实际情况,采用刷坡、护面、放缓边坡、增设截水沟等措施,预防路基边坡破坏。

(3) 提高新填路基的强度和刚度

对加宽段基底进行处理后充分压实,彻底清理路基地基表面,选择好的路基填料,加强填筑料的压实和加设土工合成材料等,特别要对衔接部分进行加固、压实和搭接处理(如台阶搭接和加设土工格栅、土工布、土工格室等);在构造物方面,要在连接前尽可能释放因变形产生的不均匀内力,采用加强的刚性连接措施。

(4) 选用轻质路基填料

选用轻质路基填料填筑路基,以减轻路基基底的压力,降低路基的沉降变形和沉降差异。

(5) 合理控制施工节奏

土的固结是随时间的延长而逐步完成的。因此,路基填筑速度对控制地基沉降并最终有效控制路面纵向开裂是十分重要的。一般而言,可对新加宽路基采用超载预压 3~6 个月时间加速新修路基的工前沉降。有时也可根据需要,在路基填筑完工后增铺简易临时路面开放交通,通过行车碾压加速工后沉降的完成。

为降低加宽路基的沉降量,尽可能做到路基跨年度施工,使路基经历雨季;在路基施工完成后尽量开放交通,在路上采取一些措施,使车辆尽可能在加宽路段行驶,加大行车的动静荷载作用,把沉降量降到最低程度。

4) 路基拓宽的设计步骤

(1) 交通量调查分析。通过交通量调查,分析设计使用年限内年交通量平均增长量和标准轴载作用次数。

(2) 地质水文调查分析。对既有公路所经地段重新进行水文、地质调查,尤其是既有公路上经常出现损坏的地段(如软基、水毁、滑坡、塌方等地段)。

(3)既有公路状况调查。调查既有公路路基的弯沉值、强度以及破损状况,对其强度和稳定性进行评估验算,进行必要的补强和加固。如果既有公路路基状况良好,可以继续使用。

(4)在前几项工作的基础上,划分设计路段,并选定相应的路基拓宽方式和尺寸。

(5)选定横断面形式和加宽方式,并确定拓宽路基的三要素,即宽度、高度(设计高程)、边坡坡度。

(6)对软弱地基进行地基处理设计。

(7)进行结合部的处置设计。

(8)进行路基顶面的不协调变形分析,确保新旧路基顶面的变坡率控制在容许范围内。如果不协调变形满足变坡率要求,则在此基础上进行路面结构设计,并分析路面结构对不协调变形的力学响应。

(9)结合既有路基、路面排水系统进行排水设计。

4.2.3 路基加宽的具体措施

为了减小路基加宽后的沉降变形和差异沉降,提高拓宽路基的稳定性,改善拓宽后路面的结构性能,其具体措施主要从路基设计、地基处理、基底及坡面清理、填料选择、填筑施工、新旧路基结合部的处置、新路基开挖时既有公路路基的侧向变形限制、施工期间及完工后路基的防排水、施工过程的监控、施工管制等多方面因素入手,采取综合的处置方法。常见工程技术措施如下:

1)路堤形式选择设计

对公路路堤加宽设计提出以下建议:

(1)当路堤平均填土高度 $H_t<3m$ 时,考虑征地影响情况下建议采用悬臂式挡土墙、加筋土挡土墙和轻质土路堤加宽方式;不考虑征地影响情况下建议采用一般填土路堤加宽方式。

(2)当路堤平均填土高度 $3m \leqslant H_t<5m$ 时,可采用轻质土路堤和加筋土挡土墙加宽方式。

(3)当路堤平均填土高度 $5m \geqslant H_t$ 时,可采用轻质土路堤加宽方式。

(4)路基扩建严重受限(受拆迁、匝道桥等影响)、施工面较窄的路段建议采用轻质土路堤加宽方式。

2)基底及既有公路路基坡面处理

(1)基底处理

基底处理包括原地面清理和处理、既有沟塘清淤处理和软土地基处理(见第3章中地基处理相关内容),位于路基加宽范围的既有边沟都应挖除,开挖宽度应大于最小压实宽度。

①原地面清理和处理

原地面清理及处理除包括消除既有公路路基边坡上的灌木及杂草外,还需要清除原边坡表土,清除原地基的草皮树根、地表松散的腐殖土。水塘路段清淤要彻底,清除不符合强度要求的原土。在清除路基范围内的原地表草皮及表土,挖除植物余根之后,疏干淤泥污水,然后按规定进行压实,并进行密实度检验,使之符合施工验收规范及检评标准。

②基底处理

为了确保压路机能够1/3错轮进行充分碾压密实,基底开槽宽度要求不小于3.5m,对于路槽 80cm 以下有积水或存有淤泥的路段,必须将淤泥全部清除干净、晾晒,然后回填素土或低剂量的白灰土,可适当增加厚度,一次碾压成形。

路堤基底土质湿软或既有路肩质量较差时,应翻晒掺灰(一般掺灰比例为 5%左右)处理或换填灰土(一般掺灰比例为 5%左右)处理,深度不小于 30cm,重新碾压,使各层位第一层填土达到规定的压实度。

非软土地基路段或地基不处理路段,在加宽部分路基基底清表 30cm,及沟塘清淤后,选用天然碎(砾)石土(碎石含量大于 70%)或石灰土(一般掺灰比例为 5%左右)或水泥(一般掺灰比例为 1%左右)综合稳定土回填,推荐采用碎石土,回填一定厚度(一般厚 30~50cm)的碎石垫层并进行冲击碾压,其压实度不小于 93%,或填两层,厚 80cm 左右;或在加宽部分路基基底清表 30cm 后换填碎石垫层并进行冲击碾压,其压实度不小于 93%。碎石换填工作完成后再在其上撒一层碎石嵌缝料,嵌缝料规格为 5~10mm 碎石,然后用振动压路机碾压至嵌缝料均匀嵌入换填碎石缝隙中,表面无大缝隙为止。在路基基底设置砂砾等排水垫层,可改善地基排水状态,保护冻土,减小冻土融化深度。

③软弱路基及桥涵两侧路基的处理

为减小软弱路基的不均匀沉降和防止出现桥头跳车现象,有必要对软弱路基及桥涵加宽部分台后采用特殊路基处理方法。可采用水泥搅拌桩或 PTC 管桩等地基处理方法,在处理完毕后,可在桩顶铺设 50cm 左右的碎石,碎石中间及碎石顶各加铺一层钢塑土工格栅,然后按垂直间距 100cm 分层铺设钢塑土工格栅至路床底(其中,顶部两层间距 15cm,最上面一层土工格栅距路床顶部间距 10cm)。

④自然和路基坡面处理

在原地面自然横坡或既有公路路基边坡坡度大于 1:5 的斜坡上(包括纵断面方向)要开挖台阶,在原地面上台阶宽度不小于 2m;对于既有公路加宽工程,还需要在既有路基上开挖台阶。《公路路基设计规范》(JTG D30—2015)6.3.4 规定:拓宽既有路堤时,应在既有路基坡面开挖台阶,台阶宽度不应小于 1.0m。台阶要有 2%~4%的向内倾斜的坡度。台阶开挖过程中,必须保证台阶密实、无松散,以确保路基的稳定。

既有公路边坡的清理及范围:

a.既有公路边坡的清表应结合台阶开挖方式进行,清理厚度要保证将边坡的腐殖土、树根、草根扰动的松土厚度清理干净,一般不小于 30cm。可根据边坡土体和边坡下地基的情况,采用不改变既有公路边坡坡度,沿既有公路边坡等宽度削坡的等坡度削坡法,或在容易引发既有公路路基坍塌的较陡坡度处,采用变坡度削坡法,进行多次渐进削坡,削坡坡度需大于既有公路边坡坡度。

b.公路边坡防护大多采用护砌的预制块或拱形骨架等,清表拆除的护砌预制块或片石可粉碎后用于修筑临时便道。

c.清理后的腐殖土应及时运出施工场地,并加以妥善处理,以备将来用作边坡的种植土。

d.边坡清表后将出现裸露边坡,在雨季势必出现雨水冲刷边坡的情况。为此,在边坡清表后,应立即用彩条布或其他一些材料对边坡进行覆盖。同时,在公路两侧砌筑拦水带,拦水带高度不应小于 20cm,每隔一定距离(可根据当地降水量调整,一般约 50m)设置一急流槽,一直延伸到坡脚以外,以将既有公路路面和既有地面的雨水及时排出。

e.路基开挖台阶。从土路肩开始下挖台阶改为从硬路肩开始下挖台阶,可以消除既有公路路基边坡压实度不足的弊病,加强新旧路基的结合程度,减少新旧路基结合处的不均匀沉降。

⑤冲击碾压的利用

基底处理需在路基基底冲击一次,冲击遍数根据路基填料和基底土的土质情况通过试验确定,一般不小于15~20遍。

(2)既有公路路基边沟处理

对于填方路段的既有沟渠,首先要将旧砌体及杂物清除,然后用与其相同的土填平,再用打夯机夯实或碾压机压实,其压实度不能低于既有公路路基的压实度。若土体含水率较大,须翻松晾晒或掺灰处理后碾压,保证压实时满足最佳含水率的要求。清除表土后的边沟,其开槽宽度至少要保证压路机的作业宽度,待底部碾压合格后,再分层回填碾压,直至与周围地表相平。施工时注意保持边沟畅通。

(3)既有公路基坡面处置

①边坡削坡

新路基填土往往位于既有公路路基边坡上,因而必须对既有公路路基边坡按一定坡度削坡,削坡的方式有自下而上和自上而下两种,但削坡必须满足施工期间的路基稳定要求。由于削坡坡度较陡,为了确保既有公路路基安全,既有公路路基边坡可以分两次开挖,第一次比第二次坡度稍大,并边开挖边做好防护工作。每次开挖完毕后,平整压实,进行复合地基处理施工。

②不合格既有公路肩的处理

既有公路路肩的质量往往达不到行车道的设计要求,应将路肩挖除,既有公路路肩挖除需连同土路肩挖至新路床底高程,与加宽路基用相同的填料一并填筑。然后按照要求开始下挖台阶,这种处理方式不但可以消除既有公路路基边坡压实度不足的问题,而且可以有效加强新旧路基的结合程度,防止加宽路肩沿既有公路路基形成滑动面。基底及坡面处理见图 4.2-1。

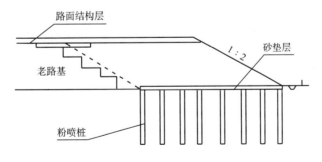

图 4.2-1 基底及坡面处理

如果既有路堤质量较差,达不到设计要求,则应将路肩翻晒或掺灰重新碾压,以达到质量要求。可以采用修建试验路来改进路基开挖台阶的方案,即由从土路肩开始下挖台阶,改为从硬路肩开始下挖台阶。这种改进方案可以消除既有公路路基边坡压实度不足的弊病,加强新旧路基的结合程度,减少新旧路基结合处的不均匀沉降。

3)路基填料的选择与控制

《公路路基设计规范》(JTG D30—2015)6.3.4 规定:拓宽改建路堤的填料宜选用与既有路堤相同且符合要求的填料,或比既有路堤渗水性强的填料。可把此规定改为:拓宽路堤的填料宜选用与既有路堤强度和刚度相同,或拓宽路堤的强度和刚度比既有路堤高且符合要求的填料。强度和刚度较高的填料,有碎石土、砂砾土等填料。填料使用前必须进行室内试验,合格后才允许使用。

一般情况下,路堤填土应优先选用级配较好的砂类土等粗粒土,或用无机结合料改良土作为填料,粗粒土填料最大粒径应小于 150mm。新填路基可使用碎石土、砂砾土、山皮土等强度高、渗水性好的填料,填料在试验检验合格后才能用于路堤填筑。要求碎、砾石土及山皮土的弹性模量为 30~40MPa,密度不小于 $1.85g/cm^3$,填料的 CBR 值应满足规范要求。

如采用碎、砾石土,碎、砾石土中的碎、砾石含量应在 30%~50%,碎、砾石的粒径应为 0.5~10cm,最大尺寸不大于 15cm,含水率为 10%~15%。路堤填筑前,填料应每 $5000cm^3$ 取样或土质变化时取样,并按《公路土工试验规程》(JTG E40—2007)规定的方法进行颗粒分析,进行含水率与密实度、液限和塑限、有机质含量、承载比(CBR)试验和击实试验。

细粒土作填料时,土的含水率应接近最佳含水率。当含水率过高时,应采取晾晒或掺入石灰、水泥、粉煤灰等材料进行处置。当采用细粒土填筑时,路堤填料最小强度符合表 4.2-1 的规定,路床土最小强度符合表 4.2-2 的规定。对于液限大于 50%、塑性指数大于 26 的细粒土,不得直接作为路堤填料。为保证高速公路的路床有足够的强度,要求加宽部分下路床填料 CBR 值和上路床一样,应达到 8%,否则应采取必要的处理措施,满足要求后再使用。

路堤填料最小强度要求　　　　　　　　　　　　　　　表 4.2-1

填挖类型	路面底面以下深度(m)	填料最小强度(CBR)(%)		
		高速公路、一级公路	二级公路	三、四级公路
上路堤	0.8~1.50	4	3	3
下路堤	1.50 以下	3	2	2

路床土最小强度要求　　　　　　　　　　　　　　　　表 4.2-2

项目分类	路面底面以下深度(m)	填料最小强度(CBR)(%)		
		高速公路、一级公路	二级公路	三、四级公路
填方路基	0~0.3	8	6	5
	0.3~0.8	5	4	3
零填及挖方路基	0~0.3	8	6	5
	0.3~0.8	5	4	3

为了提高路床的强度,填方路基的路床可采用 7% 左右的石灰土填筑,挖方路基路床原则上 60cm 换填 7% 左右的石灰土,与加宽路基一同填筑,开挖既有公路路段,路床换填 7% 左右的灰土。

在公路改扩建工程中,为了降低路基本身的压缩变形以及增强水稳性,最好采用透水性砂砾石填料,砂砾石可压缩性较小。采用砂砾石填料可大大减小路堤的压缩变形,提高承载力。如石料来源紧张,可用砖渣等代替,同时还可采用分层填筑的方法,每填筑 4~5 层土后,再用碎砖灰土填筑一层,起补强作用,增强填料的整体性。例如,在沪杭甬高速公路扩建工程中,根据该区域的料源情况,采用岩渣和砂砾作为填筑材料,其中砂砾主要用于桥头与结构物连接部位,每层最大压实厚度为 25cm。

对路堤较高、原地基容许承载力低的路段可考虑采用轻质路基填料(如粉煤灰、气泡混合土),以减轻路堤自重,减少路基本身荷载。轻质填料主要有粉煤灰、EPS 块体、轻量混合土等。EPS 作为路堤填料,可以减轻路堤重量,减小路堤沉降量,同时保证路堤稳定性。轻质填料填筑路堤不仅可以降低新路堤自重,减小路堤的压缩变形,而且还可以提高新路堤的强度和刚度,减小路基在行车荷载作用下的塑性累积变形。轻质填料路堤可起到减小新旧路基之间刚度差异和不均匀沉降的作用。

4) 路基压实

正常碾压工序参照《公路路基施工技术规范》(JTG F10—2006)和《公路工程技术标准》(JTG B01—2014)施工。对于路基加宽地段,要自下而上分层开挖台阶,分层碾压、填筑,并保证拼宽路基的压实度比规范规定的新填路基压实度高 1%~2%。

(1) 施工放样

施工放样主要是放边桩,根据设计线纵断面高程和各纵断面的填挖高度,计算出路基拓宽宽度。在实际施工放样中,考虑到施工存在着误差及边部压路机碾压不实等原因,放样时每侧要比路堤计算值多放出 25cm。在摊铺时要采取挂线施工时须注意,一是内侧切槽要挂内边线;二是外侧坡角要挂坡脚线;三是为了保证纵向平整,采取挂交叉线控制高程。

(2) 分层铺料填筑

① 分段把既有边坡挖成台阶,以间隔 10m 距离采用标准插杆挂线,并根据车载量大小和填铺厚度,计算出卸料间距,并做好标记,以便控制铺填厚度。施工时路基边坡两侧要加铺 0.5m 宽,以确保路堤边缘压实质量。

摊铺时土的含水率应严格控制,不能过大也不能过小,过大易引起翻浆,过小则碾压不实。一般摊铺土的含水率应比最佳含水率高 1%~2% 为宜。土壤含水率过大时,要先经过晾晒干燥或掺灰降低含水率处理。

② 路堤施工建议采用分层填筑、分层碾压,以达到较好的压实效果。分几个作业段施工,两段交接处,不在同一时间填筑,则先填低填方段,按 1:1 坡度分层留台阶,如两个地段同时填,则应分层相互交叠衔接,其搭接不小于 2m,不同层次的搭接缝应错开。

③ 填筑层面的处理。铺填路基用土,一定要按照施工设计要求,严格控制其含水率,严禁不符合施工要求的土运入工作面,已铺好压实的路基表面,要进行洒水维护,以防裂变。

④ 施工时先用推土机摊平,再用平地机平整,并严格控制铺填厚度,这样既有利于压实路基,又避免产生夹层,以减少因质量问题而产生的返工费用。另外,在铺摊每一层时,为了利于排水,还要修成向路基外侧倾斜 3% 的单向横坡。

⑤ 分层填筑时,路床的每层松铺厚度应控制在 30cm 以内,其他部分路基松铺厚度应控制在 50cm 以内;或严格按照试验段路基填土标准厚度的 90% 来控制填压土层厚度,上、下路床衔接处的填土厚度更要严格控制,最薄处填土不应小于 10cm。松铺完成后,应人工分拣那些超过允许最大粒径的石块,表面用碎石或石屑找平,然后再进行压实。

⑥为确保路堤工程施工质量,可通过大吨位振动压路机、冲击式压路机来碾压路基土体以及增加碾压遍数增加路基压实度,减小路基本身压密沉降。冲击碾压可以提高新旧路基的压实度,对加强新旧路基的结合和减少其不均匀沉降非常有利,此做法已在沈阳—大连高速公路改造路基施工中推广使用。结合部必须碾压到位,如大型压实机械无法压到边,需要用小型振压设备压实或打夯机分薄层填筑压实,确保加宽路基任何部位压实度均符合要求。

为确保路基的夯实力度,要选用20t以上的振动压路机,先慢后快,先静压后振压,由弱振到强振,用横向重复度为1/2轮宽重复碾压。

为提高加宽路基及基底的压实度,减少差异沉降,路基基底及上、下路堤顶面在保证正常压实规定前提下还需使用冲击压路机碾压20遍,填筑路基时,路堤每填高1m,再使用冲击压路机碾压20遍。采用冲击碾压的路段,应严格按照《公路冲击碾压应用技术指南》(交公便字〔2005〕329号)的规定进行施工。图4.2-2为采用YCT25S三边形冲击压路机,冲击势能25kJ,路基填料为粗粒土,冲击碾压时含水率控制在最佳含水率的-2%~2%之间,冲击压路机行走速度为12km/h,转弯半径为12m的冲击遍数与沉降量的关系。《公路冲击碾压应用技术指南》(交公便字〔2005〕329号)指出:对于粗粒土压实度的检测,其检测结果离散性较大,不具有对比性,可以不测,而以沉降观测为主。由图4.2-2可见,冲击压路机冲击遍数与沉降量呈反比,沉降量的增量也随着冲击遍数的增加而逐渐减小,当冲击遍数达到20遍后,沉降量的增加就很少了,因此,建议在填筑路基时,路堤每填高1m,再使用25kJ冲击压路机碾压20遍。

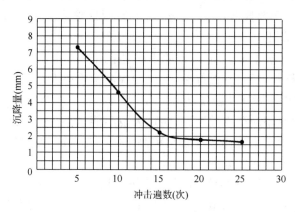

图4.2-2 冲击遍数与沉降量的关系

在既有公路加宽工程中,由于新旧路基及基底的沉降量不同以及新旧路基结合处施工作业面狭窄,压实困难,因此很容易出现压缩不均匀,或者压实机械压不到的地方,而强夯法压实路基具有设备简单、施工方便、速度快、投资省、加固效果好等优点。根据强夯的夯沉量和夯后承载力的检测结果,证明对加宽填方路基的加固采用强夯法施工,效果极其显著。《建筑地基处理技术规范》(JGJ 79—2012)中已将其作为主要的地基处理方法之一。因此,路基加宽压实过程中,采用分层碾压,并冲击碾压,但有些压路机压不到的边角处,以及在新旧路基衔接处,可使用强夯法配合施工,以提高路基整体的均匀性和路基的稳定性。

⑦路基碾压顺序应从路基两侧逐渐向路中心移动,这样便于形成路拱,但在超高路段,则应自高程低的一侧边缘向高程高的一侧移动,确保路基每个点都被反复、均匀碾压,前后

2次轮迹需重叠15~20cm。此外,在施工过程中,应对填筑高度进行预留,以防止超填返工和便于封闭交通后对既有公路路面的切割。

国外针对软土路基上加宽路基填筑施工提出了间隙法(Gap-method),这是一种二步填筑法,先在距离既有公路路基一定距离外填筑部分新路基,新旧路基之间留有一定间隙(Gap),然后再填筑新旧路基之间的间隙。由于在第一阶段新路基填土自重作用下的固结会使新旧路基间隙下的软土强度和水平应力提高,因而可以有效减小第二阶段填土对既有公路路基产生的附加变形,而且这种分步填筑法要比一次性整体填筑法对既有公路路基产生的变形小。

⑧超宽铺筑碾压路基碾压宽度应比路堤设计宽度多0.5m,一同压实,最后再进行削坡处理,达到设计宽度。

⑨在分层填土压实后,要及时逐层检测每层的高程、宽度、横坡、边坡压实厚度和压实度,时时处处严把质量关。

⑩填土的压实标准采用重型击实方法确定。

⑪冲击碾的轮边与构造物应有1m的安全距离,对于结构物上填土厚度小于2.5m的路段不进行冲击碾压,以免对老结构物产生伤害。

⑫路床填筑时,可先将距既有公路护栏50cm之外的既有公路边坡进行第一次路床台阶开挖,形成一个台阶,然后进行下路床的填筑,很多高速公路改扩建工程均在下路床采用石灰土或砂砾进行填筑。有工程采用二灰方案,即在路基顶面下100cm范围内采用90%(质量比)粉煤灰和10%熟石灰拌和填筑,构筑成轻质路堤。

下路床填筑完毕后,进行上路床填筑之前,最重要的是,要对既有公路硬路肩进行检测,确定硬路肩处理方案,以便进行下一步的硬路肩铣刨及路床台阶处置。

5)新旧路基结合部位的处置

为改善新旧路基的结合效果,提高新旧路基的整体性,采取一些措施进行结合部的处理是必要的。可采用挖台阶、分层碾压、冲击碾压、夯实等方式提高新路基及新旧路基结合部的密实度,并采取铺设土工格栅、土工布、土工格室等措施,增加新旧路基的整体性。

(1)台阶开挖

对于路基拼接的台阶开挖,我国《公路路基设计规范》(JTG D30—2015)和《公路路基施工技术规范》(JTG F10—2006)都规定分期修建或改建公路加宽时新旧路基填方边坡的衔接处应开挖台阶,使新旧路基紧密结合,以利于路堤稳定,避免在路基结合部产生错台或裂缝反映到路面上,影响公路的使用。公路拼宽中,控制、延缓新旧路基结合部位的开裂,是保证拓宽改造公路质量的关键之一,新旧路基结合部一般采用削坡和开挖台阶的方式拼接。台阶开挖可以增加新既有公路结合部接触面积,增强结合部抗剪能力。开挖台阶的方式对既有公路扰动少,可充分利用既有路堤,土方工程量小。路基拼接时,在既有公路路基坡面上进行台阶开挖的注意事项和施工方法如下。

①清表、削坡。接缝处既有公路路基坡面上的草皮、树根、腐殖土、杂土等必须处理干净,否则路基容易因为整体强度不足产生不均匀沉降,最终路面产生纵向裂缝等病害。既有公路路基坡面上的台阶开挖之前,由于既有公路边坡表土压实度不足,应先按一定坡度进行清除,称为"削坡",坡度一般取1∶0.5,或者直接清除表土20~30cm厚左右。

②设置台阶。路基开挖宽度的增大,新旧路基的结合面积增大,既有公路基也承担了拓宽路基的负荷量,促使新旧路基形成一个有机整体,可有效降低路基的沉降变形程度。在施工经费充足的条件下,加大台阶的开挖宽度有利于新旧路基的充分结合。台阶高度不变而宽度增加时,路基水平位移和沉降量逐渐降低;台阶宽度不变而高度增加时,路基水平位移和沉降量都逐渐增加。

随填筑的进程进行台阶开挖施工。先用推土机推出大部分土后,再由人工整形,台阶高度最好是每层填筑压实层厚度的整数倍。

③施工期间可能塌方的原因。不恰当的台阶开挖方式或施工方法会导致施工塌方,对既有公路路基的影响比较严重。尤其在开放交通的情况下,既有公路开挖坍塌问题应引起重视。分析开挖坍塌的原因主要有以下几个方面:

a.未进行削坡处理,直接沿原边坡自下向上开挖,导致最下一级台阶高度过大;

b.既有公路路基排水不畅,含水率过高;

c.既有公路路基边缘压实度不足,松散土过多;

d.开挖后直接对原地表进行冲击压实,地基振动过于强烈;

e.拟扩建公路交通量过大,且重车较多。

为此,应针对以上路基塌方原因进行相应的处置。

④台阶设置的形状和尺寸。既有公路边坡开挖的台阶可以分为标准式台阶、内倾式台阶、竖倾式台阶和内挖式台阶四种形式。标准式台阶就是根据既有公路或削坡后的边坡坡度确定台阶的宽度和高度;内倾式台阶就是在标准式台阶的基础上,在台阶的水平面上设置内倾角;竖向倾斜式台阶是将竖向台阶面向路基中心方向倾斜的开挖方式;内挖式台阶是以比既有公路路基边坡更缓的坡度开挖的台阶。目前国内加宽工程常用的方式为内倾式台阶。各种台阶开挖形式的优缺点见表4.2-3。

各种台阶开挖形式的优缺点 表4.2-3

台阶形式	优　点	缺　点
标准式台阶	开挖施工方便,台阶压实效果较好	开挖效果受路基边坡坡度影响较大
内倾式台阶	增加新旧路基的嵌锁作用,增强新旧路基的衔接	影响台阶面的压实效果,内侧板角部位容易积水,施工难度有所增加
竖倾式台阶	便于台阶内侧板角部位的压实,特别适于不加筋台阶	相同条件下减少了锚固长度,施工难度也有所增加
内挖式台阶	可以同时满足拼接部位填土的压实要求和格栅锚固长度的要求	开挖工程量有所增大

当台阶顶面内倾时,应注意台阶面的防水和排水,以免雨水滞留降低台阶面的土体强度,影响拼接质量。为了防止台阶内积水,每隔10~15m设置一道横向临时排水沟。

在设计和施工时,出于结合部地基处理的需要,往往第一个开挖的台阶高度和宽度可略大一点,但同时要采取措施,保证路基的稳定。如果拼接部铺设土工格栅,台阶宽度还要同时满足必要的锚固长度要求。

《公路路基设计规范》(JTG D30—2015)6.3.4规定:拓宽既有路堤时,应在既有路基坡面开挖台阶,台阶宽度不应小于1.0m。台阶要有2%~4%的向内倾斜的坡度。台阶开挖过程中,必须保证台阶密实、无松散,以确保路基的稳定。

我国几条高速公路改扩建工程中的削坡及台阶开挖方式见表4.2-4。

我国高速公路改扩建工程中的削坡及台阶开挖方式　　　表4.2-4

工程项目	削坡方式
广佛高速公路	粉喷桩处理:第一阶段按1:0.8的坡率开挖既有公路边坡;第二阶段施工,按1:0.5的坡度继续开挖边坡。旋喷桩处理:按1:0.5的坡度开挖既有公路边坡
沪杭甬高速公路	挖成台阶状,台阶高度控制在80cm左右,宽度为100~200cm,从下向上开挖
沈大高速公路	从土路肩向下挖成1:0.5坡度,并挖成高度不大于80cm的台阶,台阶底面向路中心横坡为3%,台阶挖至与原地面平齐
海南环岛东线高速公路	从坡脚向上挖宽100~150cm,内倾2%~4%的反向台阶,坡脚附近的台阶宽一些,通常为200~300cm
沪宁高速公路	清除表层30cm压实度不够的土,挖成台阶状,台阶高度控制在50~60cm,宽度为90~100cm;坡脚开挖的一级台阶宽1.5m、高1.0m
南京绕城高速公路	台阶高度控制在80cm左右,宽度为100~200cm,从上向下开挖
沪宁-锡澄高速公路拼接段	挖成台阶状,每个台阶高度80cm,底宽120cm。台阶底面向路中心横坡度2%,台阶挖至与原地面齐平
武汉绕城与京珠公路拼接段	在小于既有边坡坡度1:1.75的基础上削坡,开挖台阶,台阶宽度为200cm,台阶顶面做成5%的倒坡,台阶竖面向内倾斜
安新高速公路	从土路肩向下削成1:1坡度,从坡脚向上挖成1m高、1m宽、内倾4%的反向台阶
七桦公路	填方高度≤2m的路段,既有公路边坡全部挖除;填方高度>2m的路段,从路肩顶面至路肩顶面以下2m,既有公路边坡全部挖除,2m以下既有公路边坡横向挖2m的大台阶
大齐公路	单侧加宽部分,第一级台阶宽350cm,高100cm,其上第三级台阶的宽×高均为150cm×100cm,双侧加宽部分均开挖成宽120cm,高分别为120cm、80cm、80cm的三级台阶
郑漯高速公路	坡脚开挖的一级台阶宽2.4m、高1.6m,其他采用宽1.2m、高0.8m台阶

⑤台阶开挖的方案。

a.先不挖除土路肩,保护硬路肩和行车安全。

b.路基开挖方式是从土路肩外侧先清表,然后进行削坡处理,清除既有公路路基压实不到或受腐殖质影响的松散土,保证最下一级台阶开挖的稳定。

c.先填一定厚度(一般取20cm)的碎石层再进行地基冲击压实。这可以利用碎石层的松散结构消减冲击振动能量;地基含水率过大不宜直接进行冲击压实。

d.对含水率过高的既有公路路基,在削坡后不宜立即进行台阶开挖和地基处理,应先进行晾晒,并对地基及开挖后台阶面进行20cm深度的灰土处理,或继续向内开挖。

e.如果既有公路路基压实度不足,或者稳定性不高,可采取在既有公路路基坡面上设置碎石桩、灰土桩、注浆等方法加固既有公路路基后,再进行台阶开挖。

⑥不同路基填料的台阶开挖施工方式。

一般路基(填料主要为黏土)的台阶开挖施工方式具体如下。

a.先进行清表处理。因为需从土路肩外缘刷坡,若固定清表厚度将使刷坡点内移,因此清表厚度视坡面植物根茎影响深度和腐殖质厚度而定。清表后从既有公路土路肩边缘按1∶1坡度进行刷坡。

b.自下往上按台阶尺寸进行台阶开挖。从顶层算起第二级台阶尺寸(如图 4.2-3 虚线所示)以高度按 $h \geqslant 20cm$ 的原则计算得出,若 $h \leqslant 20cm$ 则应和顶级台阶并做一级台阶,即顶级台阶高度为 $(80+h)cm$、宽度为 $(100+b)cm$。当开挖第一级台阶(从基底算起)后进行基底处理。

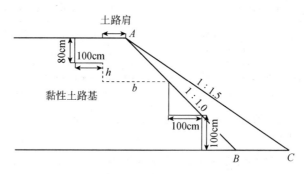

图 4.2-3　黏性土路基台阶开挖方式

c.基底平整后,对基底天然含水率和最佳含水率进行测定。若天然含水率低于最佳含水率,可以直接对基底进行冲击压实。若天然含水率高于最佳含水率,应在新路基基底清表 30cm 后,换填 50cm 碎石垫层并进行冲击碾压。为保证压实效果,地基清表后可以先铺设 20cm 碎石进行冲击压实,随后再铺设剩余厚度碎石并冲击压实。

路基填料要优先选用砾类土、砂类土作为路床填料,土质较差的细粒土填于路堤的底部;路基施工时应分层填筑,每一层应采用同一种材料,松铺厚度不得超过 30cm。

d.对于基底冲击压实,台阶内侧的冲击压实遍数可以少于台阶外侧,如 15 遍。为避免冲击压实对临空面的直接振动破坏,基底压实区内缘可以偏离第一级台阶内缘一定距离,该部分地基采取人工夯实的方法进行最后处理。

e.碎石层铺设完毕,在其上铺设一层土工合成材料,若当地中粗砂价格合理,可以考虑内填中粗砂,主要原因:碎石上面铺土层,土粒容易流失,而铺中粗砂则可以和碎石层一起形成排水层。

f.分层填筑各级台阶并逐层压实,压实方式采用振动压实,压实层厚度为 20m。在路基顶面补充冲击压实(20 遍)。

g.若含水率较大,在各级台阶面进行 20cm 深度的石灰土处理。

砂土等易松散土路基的台阶开挖施工方式具体如下。

当路基填筑材料为较松散、透水性较强的砂性土时,路基开挖更容易发生坍塌危险,因此需采取更有效措施进行防护。其中地基处理采用两阶段施工法,具体方案如下。

a.先进行既有公路路基坡面清表处理,因为需从土路肩外缘刷坡,若固定清表厚度将使刷坡点内移,因此清表厚度视坡面植物根茎影响深度和腐殖质厚度而定。清表后,从既有公路土路肩外边缘按 1∶1.2 坡度进行刷坡,即挖除 $\triangle ABC$ 部分土体,如图 4.2-4 所示。

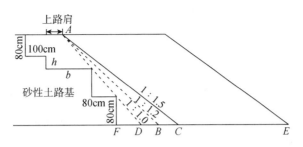

图 4.2-4　砂性土路基台阶开挖方式

b.先对 BE 部分地基采用冲击压实进行处理。基底平整后处理方案同黏土路基。

c.BE 部分地基处理完毕后,进行二次刷坡,从既有公路土路肩外边缘按 1∶1 坡度进行刷坡,并开挖出第一级台阶。

d.自下往上按 80cm 高、80cm 宽的尺寸进行台阶开挖,具体处理方案同黏土路基。

e.每开挖一级台阶采用木板或钢板进行逐级支挡。开挖一级及时填筑一级,循环进行。

f.当开挖第一级台阶后,由于 BF 部分地基尚未处理,需要及时对该部分地基进行处理。由于该部分地基在既有公路施工时已处理,且对差异沉降的影响没有外侧大,并考虑到对既有公路基的冲击影响,建议对 BF 部分路基进行 15 次冲击压实处理,处理方法与黏土路基相同。

g.地基处理结束后,铺设一层土工合成材料。

h.分层填筑各级台阶并进行压实。对压实不到的边角,辅以人力或小型机具夯实。在路基顶面补充冲击压实。

i.对新旧路基结合部强夯。为加强新旧路基结合,各级台阶(路床底面和顶面因需进行冲击补压除外)压实后在新旧路基结合部进行夯实一次。

路基填料中夹杂其他土质的台阶开挖施工方式:

a.当既有公路路基中夹杂有少量粉土、腐殖土等不良土质时,可以直接挖除。

b.当既有公路路基中夹杂的粉土、腐殖土等不良土质较多时,尤其是呈层状分布时,台阶开挖尺寸应该进行适当调整并与之相适应,使得不良土层在同一级台阶上。当不良土层含水率较大时,应用 4%~5%石灰土处理台阶面,处理厚度为 20~30cm。

c.若既有公路路基中间夹有砾石层,可以在清除坡面土层后,直接在新路基铺设相同的砾石材料层。

⑦基底坡面台阶开挖。

施工时,应根据施工路段的实际情况,将加宽路段基底分段开挖,沿既有公路路基坡角线向内开挖台阶,大多采取自下而上开挖台阶的顺序进行。

(2)铺设土工合成材料

在新旧路基结合部设置高强度土工格室或土工格栅,可以加强新旧路基之间的搭接,提高路床的土基弹性模量和提高路基的整体稳定性,改善路基受力性能,减少路基差异沉降。

在公路加宽工程新旧路基结合部采用土工格栅可以有效预防差异沉降的产生,这是因为:一是,由于土工格栅与土接触面的摩擦作用,降低了加宽处土的垂直应力,使土体承载能力得以提高,减少了不均匀沉降;二是,土工格栅对土体具有锁定作用,使土体抗剪强度得到充分的发挥,约束了土体的侧向变形;三是,由于水平铺设的土工格栅具有弹性,在反复荷载的作用下,不会产生变形的积累;四是,土工格栅具有一定的张力和延展性,能使路基与土工格栅形成一个连续柔性整体结构。土工格栅铺设于路基内可以有效预防差异沉降的产生,增加路基的整体稳定性。

在使用土工格栅时,应首先考虑使用钢塑双向土工格栅,其伸长率应小于4%,抗拉力应大于45kN/m。若条件许可,选用长60cm、直径12mm的钢筋进行锚固、注浆,当钢筋穿越新旧路基土层时,即对抗滑起到积极作用。

土工格室由强化的HDPE片材料(由土工格栅、土工织物或土工膜、条带构成的蜂窝状或网格状三维结构材料)组成,路基工程中常用的土工格室是由土工合成材料片材焊接或组装的具有蜂窝状结构的三维结构。它伸缩自如,运输时可缩叠起来,使用时张开,并在格室中充填砂、碎石或泥土等材料,构成具有强大侧向限制和大刚度的结构。因工程需要,有的在膜片上进行打孔。土工格室的铺设可以从一定程度上减少新路基的侧向位移;使得应力得到扩散和均布,在路基中间铺设土工格室,使路基的抗剪切能力得到提高;土工格室的铺设起到加筋作用,使得下沉较大的新路基受到一定拉力作用,从而使新旧路基变形更协调,并提高地基承载能力;且铺于基底和基顶效果最好,可以减少新旧路基的差异沉降。虽然土工格室层数的增加对加筋效果改善并不比基底铺设一层土工格室明显多少,但是可以增加路基整体刚度和承载能力。

根据沈大高速公路改扩建工程课题组的研究分析,不同土工合成材料对拓宽路基顶面及路面各结构层顶面弹性模量增长的贡献从大到小排序为:钢丝纤维网、土工格栅、双层不透水土工布。在路基拓宽工程中使用土工合成材料,建议以铺设2~3层土工合成材料为宜。

土工格栅在既有公路加宽工程中的作用效果还与铺设层数、铺设位置以及土工格栅的模量、地基的软弱程度等诸多因素有关,作用效果与各因素之间的关系如下:

①铺设多层土工格栅效果要比铺设单侧土工格栅好,但是多层铺设效果增加并不是很明显,沉降值和横向位移的减小趋势随土工格栅铺设层数的增加而明显减弱。因此,单纯依靠铺设多层土工格栅来达到降低沉降效果并不理想。

②土工格栅设置位置对效果的影响也是非常明显的,土工格栅铺设在路基底部时,能够显著减小路基顶面的沉降和路基的横向位移,比铺设在路基中部取得的效果更明显,而当土工格栅铺设在路基顶部时,对减小路基的沉降和横向位移基本不会起什么作用,但土工格栅铺设在路基顶部时可以加强路基顶部新旧路基衔接处的联结强度,对减小路面反射裂缝有显著的效果。

③选择拉伸模量大的土工格栅,可以更有效减少新旧路基间的差异沉降,也能减少土体的横向位移,但拉伸模量的增大对差异沉降的削减作用增加并不明显,对减少横向位移的效果更明显。

④对于软土地基段,铺设土工格栅会取得更加显著的效果,土工格栅对软土地基有良好的适应性,且地基承载力越小,加铺土工格栅对于沉降和横向位移的减小就越明显,因此,对于软土地基路段,铺设土工格栅会取得显著成效。

考虑到车辆动载的影响,施工时需要在路面基层加一层筋,以减小车辙、提高路基承载力,减小裂纹的发生。所以建议至少在地表以及在路面基层各加一层筋,并且在路基稳定的前提下可以采用局部铺设。综合而言,建议对于低路基,可以考虑在基底只铺设一层土工格栅或土工格室;对于较高路基,建议在路基基顶和基底分别铺设一层土工格栅或土工格室;对于高路基,除在路基基底和路基顶部各设置一层土工格栅或土工格室,在路基的中部台阶可适当增加铺设土工格栅或土工格室。

铺设时,一般应跨越新旧路基接缝,对称布设,每侧的宽度不少于2m,即总宽度不小于4m,跨在既有公路路基一侧的格栅宽度应为其总宽度的1/3~1/2;如果地基软弱或(和)路基填料质量差,可从台阶内缘铺设至加宽路基边坡处。

铺设土工格栅或土工格室的关键是保证其连续性,不出现断裂、弯扭折皱、松弛,但又要避免过量拉伸。土工格栅的铺设采用横向铺设,使土工格栅强度高的方向垂直于线路方向,拉直平顺,不使其出现扭曲、折皱和重叠。土工格栅或土工格室应紧贴下承整平层,应一次铺设足够的长度,不宜缝接和搭接;土工格栅或土工格室的纵向连接处用直径6mm钢筋加工成U形后进行加固,U形锚钉的间距不大于1m,其长度大于25cm,搭接宽度大于200mm;采用缝接法时,缝接宽度一般0.1m,用尼龙线或涤纶线缝接,用尼龙绳呈之字形穿绑,连接强度不低于土工格栅的设计容许抗拉强度。

根据土工合成材料铺设位置的不同,不同工程采用的处置措施有三种:

①结合路基填土高度先按一定坡度削坡(既有公路基边坡开挖),削坡必须满足施工期间路基稳定的要求。下部铺设一层土工布和一层土工格栅,其中下层为土工格栅,上层为土工布,两层间距50cm,中间填砂和风化土。土工布能使应力均匀,土工格栅具有钢筋网的作用。然后对边坡进行台阶式开挖,最后进行新路基的填土压实,广佛高速公路加宽采用这种方法。

②加宽后的路堤边坡坡度采用1∶1.75,比既有边坡1∶1.5提高一档,当填方高度≥10m时,在8m设一道2m宽平台。将既有公路的边坡挖成台阶,每个台阶高度80cm,台阶底宽120cm,台阶底面向路中心横坡坡度2%,台阶挖至与原地面齐平。为防止新既有公路路堤的纵向开裂,并有利于新、既有公路路堤的结合,在基底开始铺设一层土工格栅,以后每个台阶顶面均铺设一层土工格栅,沈大高速公路加宽和锡澄高速公路与沪宁高速公路的直接拼接段采用了这种方法。

③将既有公路路堤边坡开挖成台阶状,台阶高度控制在80cm左右,并在路基顶面铺设一层土工格栅,沪杭甬高速公路扩建采用这种方法。

软基处理与未处理的交接处采用两层15m长土工格栅纵向铺设作为过渡衔接,过渡长度伸入未处理路基10m,软基处理段搭入5m。在路槽纵向铺设2m宽跨越施工缝的土工格栅,加强新旧路基的横向联系,减少裂缝反射。

土工格栅必须埋置于加宽路基填料中。为防止土工格栅的土层表面坚硬凸出物穿破土工格栅,在距土工格栅层8cm以内的路基填料最大粒径不得大于6cm,现场施工中发现土工格栅有损时必须立即修补好。

当土工格栅摊铺在碎石层上时,应先在碎石层上撒铺2cm厚的粗砂,以免土工格网直接与碎石接触而被破坏。

应当避免运料车在已铺设并张紧定位好的土工格栅上直接碾压,以免对土工格栅产生推移或破坏,从而影响施工质量。

土工格栅或土工格室材料应堆放在阴凉处,严禁暴晒和雨淋,以免其性能老化。为防止土工格栅受阳光紫外线的照射而老化,材料铺设好后应立即用土料填盖,时间间隔不得超过2d。土工格栅的存放以及铺设过程应尽量避免长时间暴晒或暴露。

将新路基填料覆盖在土工格栅上,松铺厚度不宜大于30cm,土工格栅上的第一层填土摊铺宜采用轻型推土机或前置式装载机,一切车辆、施工机械只允许沿路堤的轴线方向行驶。

软基段填方路基,在解决软基处理后,可按一般路基段的拼接方法实施,同时为了减少新旧路基间的差异沉降,可采用轻质填料,加大格栅用量,采用刚度较大的土工格室,必要时还可采取向既有公路路基中植入筋带的方法,以加强新旧路基间的连接。

应用于公路扩建工程路基加筋的土工合成材料主要是土工格栅,部分工程采用了土工格室、土工布。我国高速公路改扩建工程中土工格栅或土工格室、土工布的应用概况见表4.2-5。

加宽或拼接工程中土工合成材料铺设层数和位置　　　　表4.2-5

加宽或拼接工程	土工合成材料铺设层数和位置
广佛高速公路扩建工程	路基底部铺设一层土工布和一层土工格栅,其中下层为土工格栅,上层为土工布。两层间距50cm,中间填砂和风化土
沈大高速公路扩建工程	在路基顶面下20cm的台阶顶面铺设单向拉伸钢塑复合土工格栅,铺设宽度为6m,两侧各布设3m
沪宁高速公路扩建工程	路基上路堤以下20cm、路基底部原地面铺设一层单向土工格栅,展开长度为4~6m。既有公路路基一侧布设2m
沪杭甬高速公路扩建工程	路基顶面铺设一层土工格栅,铺设宽度为5m,新旧路基两侧各布设2~3m
马芜—芜宣高速公路拼接段	路床顶铺设25cm厚土工格室装碎石,宽度为300cm,新旧路基交接处左右各150cm宽
庐铜—合铜高速公路拼接段	每隔50cm设置一层高纤维土工格栅;新旧路基结合部顶面铺设一层宽600cm,厚15cm的土工格室进行加筋,土工格室内部用级配碎石填充密实,新旧路基拼接处两侧各布设300cm
武汉绕城与京珠公路拼接段	自路基底面起接台阶铺设三层土工格栅,沿加宽路基全幅铺设,格栅强度不小于60kN/m
锡澄—沪宁高速公路直接拼接段 宁连—雍六高速公路公路拼接段	基底开始铺设一层土工格栅,以后每个台阶顶面均铺设一层土工格室,全幅铺设
安新高速公路加宽工程	当3m≤$H_{路基高度}$≤4m时,在路床下第一个台阶处和路基底面各通铺一层高强度土工格室,共二层;当4m≤$H_{路基高度}$≤6m时,在基底、第三级台阶(自下而上)以及最上面台阶的底部各铺设一层高强度土工格室,共三层

高速公路扩建、拼接工程土工合成材料加筋的设计方案分别见图4.2-5、图4.2-6。

(3)压实处理

在新旧路基结合处施工作业面狭窄,压实困难,很容易出现压缩不均匀或者压实机械压不到的地方,可使用强夯法配合施工,以提高路基整体的均匀性和路基的稳定性。需适当提高拼接部分的路基填方压实度,台阶处的死角部分采用吨位较大的钢轮碾压配合小型冲击夯处理;也可在新旧路基交接处,同时采用强夯或大吨位振动压路机碾压新旧两半路基,这不仅使填筑的路堤达到密实,而且既有公路路基的土质结构受到强烈振动后密实度能与加宽填方地段在一定深度内保持接近,不致产生差异沉降效果。

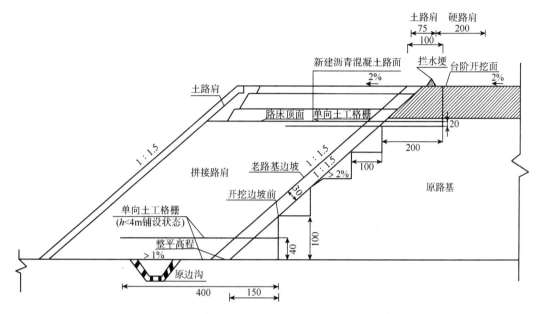

图 4.2-5　沪宁高速公路扩建工程新旧路基的拼接示意图(尺寸单位:cm)

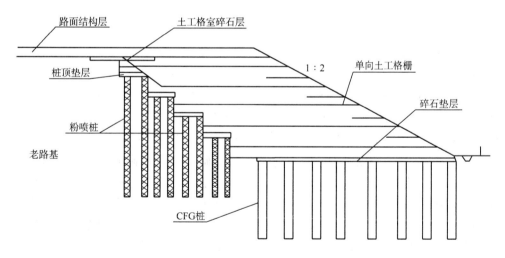

图 4.2-6　庐铜高速公路与合铜路结合部路基横断面示意图

根据碾压方式不同,一般作业面长度达 200~250 延米为宜。

(4)其他处理措施

在新旧路基拼接处,如既有公路开挖台阶部位的土质较差,含水率高,需对台阶部位进行换填处理,换填方式可采用砂砾换填或灰土处理。

在新路基施工期间硬路肩禁止行车,以确保既有公路路基安全,避免对新路基施工产生安全影响。

6) 路基防侧滑措施

路基土体在沉降过程中特别是高路堤段,如地质状况不佳,受既有公路充分利用(防止塌方)的限制而不能彻底处理原地基时,可能会使加宽路基底部的荷载大于地基容许承载力,造成地基土发生较大的沉降。路基土体在沉降过程中产生向外侧的位移使路堤发生破坏,将路面拉裂,从而产生纵向裂缝。这种情况下可采取增设侧向约束工程措施,如增设桩墙结构或增设一定宽度的反压护坡道,以控制路堤的侧滑。

每层台阶开挖后应及时铺筑新路基,碾压完毕可将上一层的填料堆放在已开挖的边坡处形成反压荷载,以稳定既有公路路基,避免边坡开挖面长时间暴露,受到雨水冲刷。雨季施工时,要备有足够的防雨布,对暴露地段进行大面积覆盖。

为减少拓宽侧路基施工对既有公路的影响,在路堤较高、基础软弱的情况下,可改变地基排水处理而引起地基沉陷较大的加固方式,采用粉喷桩、灰土桩、碎石桩等不会引起地基沉陷的加固处理,并在既有公路路基边坡上用桩基加固,如图4.2-7所示。

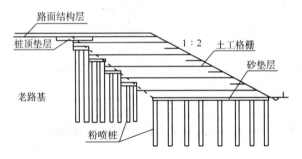

图4.2-7 粉喷桩布置方式(路堤较高、地基承载力很弱时采用)

7) 防排水

(1) 施工期防排水

为了防止雨水对加宽部位的台阶产生冲刷而影响施工质量,应选择合适的施工作业面,应小段上土,机群作业,快速成形;并及时采用措施,防止雨水冲刷引起台阶竖向坍塌凹陷,避免引起既有公路路面产生较大的变形甚至破坏,从而影响路基路面的整体强度与稳定性。

由于公路扩建工程施工中不能正常双向排水,施工季节防雨特别重要,如果旧路面是双向排水的,在雨季来临之前要在既有公路路面的搭接部位设置拦水埂,预留流水槽,把雨水引流至路基之外,保证挖过台阶的既有公路边坡不受雨水冲刷,新路基不被水泡。公路扩建工程绝大多数是单向排水,当有个别路段反向超高时,这时需要在路基施工开始时就考虑横向排水,预埋排水管,保证足够的预留长度,满足路基填筑,使雨水从排水管中流出路基之外。挖方路段在坡顶外挖出简易的截水沟,随着工程的进展挖到平台位置后,先行设置简易边沟。在换填路段的地界外挖临时排水沟,使雨水不流进施工现场,若雨水流入施工地界,要及时将雨水排出。

拓宽路基施工时,开挖既有公路路基边坡以后要截断路面水,特别是超高路段,防止雨水直接冲刷新开挖的边坡,在开挖边坡上铺一层防水胶纸或塑料布,以防止雨水渗入。迅速排除施工场地积水,断绝外来水。

雨季施工时,边坡清表不能超过台阶面高度以上50cm,以免雨水冲刷,影响既有公路路

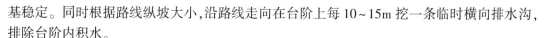

基稳定。同时根据路线纵坡大小,沿路线走向在台阶上每 10~15m 挖一条临时横向排水沟,排除台阶内积水。

对因雨易翻浆地段优先安排施工,对地下水水位较高路段及地形低洼处、路槽处等不良地段,优先施工的同时,还应集中人力、机具,采取分段突击的方法,完成一段再施工一段,切忌在全线大挖大填。雨季施工时,在路基边坡做好水泥砂浆临时急流槽,在路基底部做好临时排水沟,保证路基不受雨水侵蚀。

施工中坚持"两及时",即遇雨要及时检查,发现路基积水尽快排除;雨后及时检查,发现翻浆要彻底处理,挖出全部软泥,大片翻浆地段尽量利用推土机等机械铲除,小片翻浆距离较近时,应一次挖通处理,填筑透水性好的砂石材料并压实。

对结构物施工进度计划进行适当调整,使之适应汛期,千方百计采取措施,使下部结构工程尤其是基础工程在汛期来临之前完工或是抢建出水面。

汛期工地派专人日夜值班,发现险情立即通报。每天工地做到工清、料清,设备转移到安全地带。

(2)竣工后的防排水

为了避免因路基路面纵裂缝并引起路堤坍塌,可以采取以下措施:

①路基地面水的排除

地表水如果不处理好,让它横溢漫流会造成路基冲刷,也可能渗透到路基内,造成坍塌、滑坡等情况,寒冷地区更会引起冻胀崩塌。

a.路基上边坡设置天沟以排除下泄的地面水。为防止天沟渗透,应加以衬砌、勾缝;应保证天沟畅通无阻,雨季前要加强检查养护,清除杂草、淤泥,以防堵塞,保证不漏水。

b.坡面防护。当上边坡坡面光秃、无植被,土壤渗透性好,要把整个坡面用块石铺砌,或用水泥砂浆涂抹,或采用树枝状坡沟防护,目的是拦截汇集于滑坡面内的地面水,并将其引向排水沟,防止渗透。

c.路基上边坡有裂缝时,应在雨季到来前用好的黏性土壤分层夯实,顶部填成鱼背形,以防渗漏。保证路基边坡稳定,防止坍塌。

②路基地下水的排除

地下水是造成路基病害的主要因素,要采取以疏导为主的方法对其进行排除,通常采取挖盲沟、设渗井等方法排除地下水。

a.盲沟分为纵向盲沟和横向盲沟。与滑动方向平行的盲沟叫作纵向盲沟,当滑坡体内的上层滞水较多,而滑坡体的厚度不大,宜采用纵向盲沟为宜,用以疏干坡体内的积水,并对边坡起到支撑作用。横向盲沟与滑动方向垂直,用以截住横沟上方的地下水,将其引向滑坡体两侧排出。

b.渗井的作用。主要集中地下水和降低地下水。渗井的设置可采用梅花形或一字形。渗井主要用于路堑地带,井与井之间要采用盲沟相连。井管可用带孔的钢管、铸铁管、钢筋混凝土管或混凝土管、PVC 管等,外包缠丝层和棕皮层,也可采用无砂混凝土管。管井的外填粗砂砾,以利渗水,最下层渗井设一排水沟,把地下水排出至滑坡体以外的排水系统。

c.在路基渗水处设置纵、横向渗沟或暗沟,排出地下渗水和泉水。

d.凹曲线底部及积水路段设置顶管,排除中央分隔带积水。

e.在新旧路基台阶内侧处设置渗沟,在既有公路路基的垂直台阶面喷浆防护,如图 4.2-8 和图 4.2-9 所示。

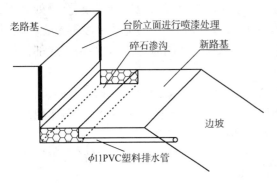
图 4.2-8　渗沟设计

图 4.2-9　渗沟施工

(3)完善新旧路基之间排水系统的联系

改扩建公路在结合既有排水系统的基础上,合理布置,完善对进出水口的处理,使各项排水设施衔接配合,确保排水通畅,并使养护工作量降至最小。路基排水设计与农田水利建设规划相配合,防止冲毁农田或危害农田水利设施。

路基两侧设置排水沟与桥涵贯通,将水引至河沟,或通过桥涵排走。路基两侧边沟依地势及沟、河分布情况,进行纵坡设计,使路基、路面水通过排水边沟合理排泄,确保路基稳定、安全。边沟遇通道或分离式立交时,均设置涵洞,使排水沟里的水顺利通过通道等构造物,避免通道内积水。为避免边沟排水漫至农田,毁坏沿线农作物,在边沟外侧设置挡水埝。

依据新设计边沟纵坡的需要,对原地面低于边沟顶高程的路段,需用填土将原地面抬高,再施工开挖边沟。边沟与可排入边沟水的河流之间设置急流槽。

对于较长段落均无法通过天然沟渠排水时,设置蒸发池。蒸发池距边沟 20m 以上,通过自然蒸发和下渗排水。

路基排水沟与沿线通道、灌渠交叉产生干扰时,采取改移沟渠、设置线外涵洞等工程措施,尽量做到不干扰、不破坏既有排灌体系,同时避免路面污水直接排入农田。

(4)保留的中央分隔带的防排水

保留的中央分隔带雨水下渗是路基含水率大的主要来源,也是造成路面损坏的主要原因。如果有一些段未设置中央分隔带排水系统,一些段虽然设置了中央分隔带排水系统,但已失去排水功能等原因,造成既有路段中央分隔带水无法排除,可采取隔与疏相结合的措施。昌樟高速公路改扩建工程采用的措施有:①路缘带外侧开槽设置薄防渗墙(膨胀土+防渗 PE 膜);②中央分隔带顶面采用黏性土封闭,保护中央分隔带绿化植物;③既有公路路床设置顶管,见图 4.2-10。以上措施的优点:一是,可以减少地表雨水下渗;二是,薄防渗墙阻止中央分隔带水渗入路面结构层;三是,中央分隔带改造工程量小。

防渗墙施工顺序和方法:开槽→放置防渗膜(防渗 PE 膜)→灌缝(膨胀土:水泥+高岭石粉)→形成防渗墙。施工过程如图 4.2-11~图 4.2-14 所示。

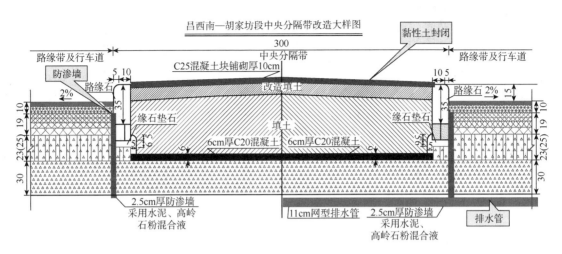

图 4.2-10　中央分隔带排水(隔与疏相结合)(尺寸单位:cm)

图 4.2-11　开槽

图 4.2-12　放置防渗膜　　　图 4.2-13　灌封　　　图 4.2-14　形成防渗墙

为进行中央分隔带地下水的横向排出或者恢复中央分隔带的地下水横向排水通道时，可采用顶管的方法，避免对既有公路路面路基的开挖，如图 4.2-15、图 4.2-16 所示，顶管位置应设置在纵向竖曲线的低洼点(段)。

图 4.2-15 顶管施工

图 4.2-16 路基渗水

8) 合理控制施工节奏

因为既有公路扩建工程远比新建公路路基施工条件复杂、施工难度大,施工过程中难免有压实不到位或压实不均匀的地方。跨年度施工能使拓宽路基经历不同季节的雨雪袭击,可降低加宽路基的沉降概率。当路基修好后,应尽早开放交通,让所有车辆在加宽处通过,在大小车辆的荷载作用下,把沉降量降至最低程度。同时通过开放交通,能够及时发现缺陷,并对其进行修复。其次,对于新路基自身的固结沉降量在观测期能够完成一部分,这样能够有效减少一部分新旧路基间的差异沉降,避免差异沉降过大造成路面的破坏。因此,对路基开放交通并设置沉降观测期,是既有公路加宽工程中至关重要的环节,直接关系到既有公路扩建工程的工程质量,能够有效减少甚至避免施工过程的缺陷及自然沉降造成的路面结构层的破坏。从过去既有公路加宽工程经验发现,很多的工程质量问题的发生,是因为在路基完工后就直接进行路面施工,没有经过开放交通和自然沉降的过程,导致质量事故,甚至安全隐患。只有在路基缺陷进行修补和路基沉降稳定后,才能进行路面的施工。切记不要因为抢进度而忽视这个环节。

为使新建路基充分固结沉降,待新建路基基本稳定后,再铺筑路面。施工中可采用超载预压的方法,对新建路基采用超载预压 3~6 个月时间,以加速新建路基的固结沉降,或者待路基完成后,进行交通管制,使路基充分碾压后,再铺筑路面层。有时也可根据需要,在路基填筑完工后增铺简易临时路面开放交通,通过行车碾压加速工后沉降的完成。

沉降控制标准一般可分为施工期的沉降控制标准和工后沉降控制标准。在实际工程中,施工期的沉降控制标准一般采用沉降速率法,而工后沉降控制标准多采用工后沉降法。

9) 施工观测

在高路堤的加宽改造中进行必要的现场观测测试,以便掌握地基、路基的沉降与变形及路基土体内应力状况,主要通过埋设沉降板和土压力盒来进行观测测试。沉降板的埋设位置是根据观测总沉降量、分层沉降量和横向不均匀沉降的要求来确定的。埋设在原天然地面的沉降板主要用来测量地基的沉降量;埋设在加宽路基不同高度上的沉降板,主要用来测量新路基自身的分层沉降量;埋设在新路基横断面表层不同位置的沉降板,主要用来测量新路基表层的横向不均匀沉降。

在路基的填筑和冲击过程中,要全过程对新旧路基进行严密的沉降和稳定观测。为使新建路基部分在动静荷载作用下快速完成早期沉降,期间应进行沉降观测,沉降观测应贯穿施工全过程和工后不少于1个月,待工后日沉降量达到限值以下后,路基稳定,再进行基层铺筑。

在路床表面应进行回弹弯沉试验,对出现弯沉值较大的测点范围进行挖坑检查,分析弯沉值低的原因,如填料含泥过多、填筑石料太大、基底含水率过高以及桥头台背范围内压实不足等。

4.2.4 泡沫轻质土的应用

泡沫轻质土是一种轻质泡沫材料,由发泡剂水溶液和一定的其他组分,如胶凝材料、外加剂等制备而成。依据强度及重量的不同,将泡沫轻质土分为不同的级别。其施工工艺主要流程为:制作泡沫→制作水泥浆→混合水泥浆和泡沫制备混合料→浇筑→养生处理,具体施工工艺流程如图4.2-17所示。

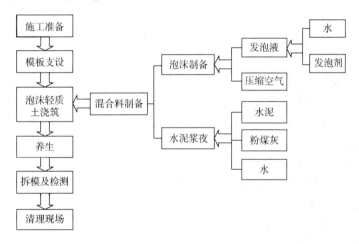

图4.2-17 泡沫轻质土施工工艺流程

具体施工方法如下:

(1)基坑处理

在进行基坑处理时,先挖除路基范围内所填筑的腐殖土、绿化土等不符合要求的材料,接着挖槽压实,其压实度要保证在90%以上。采用混渣换填局部软弱、高含水率土料,压实后检测宽度、高度及压实度三项指标。为方便浇筑,需先将浇筑位置的杂物、残留土及积水等加以清除。在地下水水位之下进行施工时,一定要实施降水处理,浇筑过程中要保证基底没有积水存在,临时的降水处理需将养护龄期控制在3d以内。

在进行模板处理时,按施工顺序、施工工程量、施工方案等进行配置。

(2)材料制备

首先进行材料配合比设计。如果在28d时试样强度为设计强度的1.05倍以上,该试样的配合比可以选用。试验用料样品可以在试验室中制备,也可在施工现场的混合料中提取。采用粉煤灰作为配合比集料,以保证路基的整体强度的前提下减轻材料的质量。

在生成泡沫时,发泡液制备需混合专业发泡剂和水,通过拌和设备与气泵产生的压缩空气混合,继而生成气泡。控制材料计量精度,不超过±5%。在制备水泥浆液时,首先购买水泥浆液或在自建的拌和站进行制备。应充分拌和水泥浆液,直到没有沉渣泌水情况出现。在浇筑时,水泥浆液供应需充足。控制材料计量精度,不超过±2%。在制备混合料时,利用拌和机器充分拌和泡沫与水泥浆液,拌和至混合料呈黏稠状为止,然后进行质量检验,之后再实施下道工序。

制备的混合料若强度达不到要求,则不准使用。

(3)浇筑施工

浇筑施工采用泵送方式,直接浇筑时泵送距离不要太长,需控制在100m以内。为缩短泵送距离,可适当移动拌和设备来达到浇筑目的。在浇筑刚进行时,要控制出料口和浇筑点的高度,距离在1m之内。在浇筑到一定程度后,把出料口埋进泡沫轻质土之内。在单个浇筑区之内,需控制好浇筑层的浇筑时间,该时间应控制在混合料中水泥浆初凝的时间之内。在混合料终凝之后再浇筑上层结构。单层厚度要控制在25cm以上、1m以下,厚度一般为50cm左右。为了省料、节约开支,可采用间隔区域浇筑措施,每段浇筑区段长约20m。

为了防止在浇筑过程中侧面压力太大导致跑模、胀模现象的发生,使用铁丝及木方固定好模板,并确保模板拼缝的严密。

检查浇筑完的路段表面时,若发现路段表面出现松散或空洞情况,也要进行适当的补填和修补处理。为确保泡沫轻质土路基达到设计的要求,对浇筑层的流值和湿密度进行控制。

每项施工完成后,需认真将施工记录填写好。当浇筑到设计高程之后,使用塑料薄膜覆盖在浇筑层的表面,以进行保湿养护。

(4)施工重点处理

在施工之前,需先利用消泡试验,检验发泡剂产生的泡沫与胶凝材料的适应性。在施工过程中需控制好浇筑的高程。为保证浇筑体和基槽能够紧密接触,需先将基坑槽底及侧壁残留土清理掉。按浇筑区顺序进行浇筑。

若同时浇筑超过两条(包括两条)浇筑管,也可以向前并排进行浇筑,也可进行对角浇筑。若需要移动浇筑管,移动方向尽量保证前后,而非左右。若必须左右移动,需要将浇筑管提起,不能在浇筑体内部移动。

避免在泡沫轻质土上未固化时负载重物。如果施工遇到不良天气状况,如大暴雨或者长期不间断的小雨,在浇筑表面未硬化的情况下需要进行遮雨处理,在雨后须清除浇筑层表层1~3cm的厚度。设计强度达到要求后,进行下一道工序施工。

4.2.5 路基冻胀防治的具体措施

在寒冷地区的路基会产生较大的冻胀,当冻胀不均匀时会对路面结构造成破坏。以下为路基不均匀冻胀的处置方法:

1)换填法

采用非冻胀性材料换填冻胀土,尽量增大路基工作区与地表水或地下水的距离,使其处于干燥状态。若换填路段位于挖方地段,除考虑地表水的排除以外,还应对地下水的分布及埋深进行调查。由于粗颗粒材料的高密度性及其良好的透水性,可降低路基填土的含水率及保证路基填土的密实程度,进而延缓寒冷季节的冻结速度,有效抑制新旧路基不均匀冻胀的发生。根据黑龙江省近年修建的高等级公路的经验,要求挖方段在路面以下 0.8m 范围内换填粗颗粒材料,如天然级配砂砾,并碾压密实。在寒冷地区路面以下 0.8m 范围内尽可能用强度高、水稳性好的粗颗粒材料填筑。在换填深度的选择上,根据日本的实践经验,置换深度为最大冻深的 70%～80% 范围内的冻胀性土,可有效防止路基冻胀现象的发生。

公路改扩建工程沿线经过水田地段时,对软土地基进行挖淤换填,采取清除基底淤泥及黏土,换填透水性粗颗粒材料的措施,如换填冻胀性小的碎石土,并保证路基的填土高度,以减少或防止冬季地下水的聚冰冻胀,防止路面出现冻胀开裂、渗水等病害。

如果公路改扩建工程沿线有季节性积水形成的河滩、湿地路段,由于积水较深,可采用筑岛围堰方法排水,填筑的砂砾高出常水位 30cm,将水排出路基,这样既减少沉降,又解决冻胀开裂问题。

如果公路改扩建工程路段受地下水影响,拓宽部位路基土的含水率高,土质不能进行压实且在冻深范围内易产生冻胀,可采用碎石土换填,以增强土基强度,减少含水率。

砂砾石换填适用于砂砾料较丰富,单价较低,运输距离较近的情况,换填时若与以下辅助措施相结合,可获得更好的效果。

(1)在换填的砂砾石顶面铺设 10～15cm 的聚苯乙烯泡沫保温材料(EPS),防止外部冷量侵入。

(2)用土工织物把换填砂砾与基底土隔离,防止砂砾石污染。

(3)采用回填透水性、水稳定性好的材料进行基底处理时,基底的处理深度根据地质条件确定,一般旱田、草地、树林等地段回填透水性材料厚度要控制在 50cm,水田、湿地等地段回填透水性材料厚度应大于 100cm。在基底顶面应进行冲击压实(25kJ)的补压,补压遍数控制在 20 遍。然后,整平整形后铺设土工格栅。应对基底进行承载板测试,满足承载力要求后,方可进行路堤的填筑。

(4)基底加固处理适用于不能采取回填透水性、水稳定性材料的方式处理的地质不良地段。基底加固可采取灰土桩、搅拌桩、粒料桩等形式,在基底处理结束时,在基底表面进行冲击补压(25kJ),冲击遍数为 20 遍,并设置土工格栅。

2)路基加宽法

在寒冷地区的公路路基加宽时,对较高路堤宜将压实度提高 1%～2%,这既有利于减少不均匀沉降,又利于减少不均匀冻胀的发生。

3)隔离法

隔离法主要用于隔水和隔温。隔水可保证路基土具有适宜的含水率,而隔温则可降低路基土内部的冻结速度,抑制或延缓冻胀的发生。对于隔水层,当地下水水位较高或地表水水位较高,又不宜提高路基时,可以设置毛细水隔断层,以阻断毛细水上升通道,避免地下水升至路堤内部,保持上部土基干燥。同时,应修建必要的外部隔水或排水设施,减少由于地表水的横向渗透对土基含水率的影响。隔离层按使用材料可分为透水性隔离层和不透水性隔离层。

透水性隔离层采用碎石、砾石、粗砂或炉渣等做成,其厚度一般为 10～20cm。为了防止淤塞,应在隔离层上面和下面铺设 1～2cm 泥炭和草皮防淤层。隔离层底部应高出地表水位

20cm 以上,并向路基两侧做成 3%~4% 的横坡坡度,与边坡接头的地方要用大块碎砾石铺设 50cm。

不透水隔离层分为不封闭式隔离层和封闭式,前者适用于一般路段,用以隔断毛细水,后者适用于地面排水有困难或地下水水位高的路段,用以隔断毛细水和横向渗水。不透水隔离层所用的材料包括:沥青含量为 8%~10% 的沥青土或 6%~8% 的沥青砂,厚度一般为 2.5~3.0cm;直接喷洒厚度为 2~5mm 的沥青;2~3 层油毡式塑料薄膜(由于盐类土对塑料薄膜有一定的腐蚀作用,因此在盐渍土地区最好不要使用);复合土工膜,一布一膜即可。

当采用隔温法时,在饱冰冻土及地下冰地段填筑路堤,可设置保温护道和护脚。当靠近基底仍有饱冰冻土层,并且有可能融化时,在填方坡脚一侧或两侧设置保温护道或护脚,以利于路基的热稳定。保温材料的导热系数越小,其效果越好。

可采用聚苯乙烯泡沫塑料保温板(EPS)设置保温层及护道。该保温板具有自重轻、强度高、吸水率低、隔热性能好、运输方便等特点,是一种良好的道路工程保温隔热材料。该保温板能有效阻止因大气升温对路基土层温度场的影响,使寒冷地区拓宽路基的温度在一个较小的范围内变化。寒冷地区公路改扩建路基拓宽工程中,路基顶面采用铺设 EPS 隔温层方法,增大热阻,人为隔断由外部环境传向路基的冷热变化,在道路使用年限内使路基温度场处于相对热稳定状态,以消除冻害。

4) 稳定土处理法

为减少新旧路基不均匀冻胀,也可借助盐渍作用,即采用含钠或钙的盐类,使土产生盐渍作用,增加土的抗水性,可获得较好效果。如果换填路基,填料受到限制,且填筑料数量不大时,可在原填料中掺入一定数量的固化剂(石灰、石膏、水泥等),与路基土中的水相结合,这样既排除了水分,又增强了路基的强度。

哈尔滨—伊春公路呼兰境内 K1+000~K2+000 路段,路基顶面以下为高液限黏性土,不受地下水影响,但该土的天然含水率在 25%~30% 以内变化。因其含水率大,处于可塑状态,不能压实,达不到路基强度和稳定性要求。根据路基的高度、冻胀影响、土基的工作区、不受地下水的影响等,设计时将路基顶面以下 50cm 采用石灰土进行换填。石灰土分两层填筑,上层 20cm,石灰剂量为 8%;下层 30cm,石灰剂量为 6%。换填后经跟踪检测其无侧限抗压强度和压实度,检测结果合格,说明采取石灰土换填 50cm 措施,保证了该路基的强度和稳定性。

近年来,还出现了一种新型路基土填料气泡混合轻质土,即在路基填土原料中按一定比例添加固化剂、水和预先制作的气泡,经充分混合搅拌形成轻型填土材料。气泡混合轻质土在抵抗冻融的过程中,其中的气泡发挥关键作用,比不导入气泡的水泥加固土要好很多。在冻融循环变化严重的地区,可使用气泡混合轻质土填筑路堤。由于气泡混合轻质土材料密度小,减重性能好,进行路基拓宽填土时,可大幅降低填土自重荷载,减少新旧路基的差异沉降及路基附近建筑物的沉降破坏;又由于这种材料导热系数小,抗冻融循环能力强,隔热效果好,可作为寒冷地区冻土与道路路基之间的隔热填料,切断加宽填筑的路基、路面与冻土之间随着季节变化而发生的热能交换,解决寒冷地区道路改扩建路基拓宽的不均匀冻胀病害。

5) 多年冻土的处置

多年冻土地区公路施工一般可采取以下常用的施工方法进行多年冻土的处置。

(1)保护冻土

"保护冻土",即在路基施工后使冻土仍处于热学稳定状态。在进行公路施工时,保护多年冻土路基最常用的方法有:抬高路堤高度、保温法、抛石护坡和抛石路堤等,保证公路施工影响的冻土上限不低于天然冻土上限。

①提高路基高度。在中低温多年冻土地区,抬高路基可延缓冻土下降速率,有效保护多年冻土。

②保温法:在路基内加铺一层保温材料,利用保温材料的低热导性(热阻)阻止上部热量进入下部土层,从而起到保护多年冻土的一种方法。目前,这种方法采用较少。

③抛石护坡和抛石路堤:利用其孔隙性大,空气可在其中自由流动或受迫流动。当暖季表面受热后,热空气上升,块石中仍能维持较低温度,块石中的对流换热向上。因此,传入地基中的热量较少。寒季时,冷空气沿孔隙下渗,对流换热向下,较多的冷量可以传入地基中。抛石体内以其较大的空隙和较强的自由对流,使得冬夏冷热空气由于空气密度等差异而不断发生冷量交换和热量屏蔽,进而有利于保护多年冻土。

(2)加速融化

这种方法较适合于地温较高、少冰冻土,或富冰冻土且其厚度较薄的地段。在地温较高、少冰冻土地段,冻土融化的下沉量较小,当基底融深为3~5m时,即使下沉量大一些,一般也不会危及路基稳定性。富冰冻土且其厚度较薄的地段可采取挖除预先融化的富冰土层或用人工爆破、机械铲除富含冰层并换填干燥土层。

(3)选择适宜路基填料,做好排水设施

尽量选取一些保温、隔水性能均较好的细粒土,或冻胀系数较小、透水性较好、含土量小于10%的砂砾料作为路基的主选填料,在施工中严格遵循既有的规范规程,认真做好冻土工程排水设施的防治工作,避免因坡脚滞水、路侧积水而引起冻土发生热平衡的改变。同时,完善排水设施,加强环境保护意识,维护多年冻土地区的生态平衡。

6)路堤铺设土工格栅和增加密实度

(1)单侧路肩边缘对称加宽路堤

①路基填土高度小于3m时,在加宽一侧的路肩边缘垂直挖除至原既有公路路基底。在基底顶面冲击压实(20遍、三边轮冲击压路机25kJ),基底整平后铺设双向50kN的土工格栅,然后进行加宽路堤的填筑,在加宽路堤封顶之前,再进行一次冲击压实(20遍),整平铺设双向50kN的土工格栅,每隔1m的厚度冲击压实20遍。

②路基填方高度3~6m,沿着原既有公路的路面边缘下挖至基底,加设3层土工格栅。分别在基底、3m台阶、路堤封顶处加设,每隔1m高度冲击压实1次。

③填土高度大于6m,新旧路基衔接应采取台阶开挖,每隔3m设置一层土工格栅。基底顶面、路基封顶各设一层土工格栅。每隔1m冲击压实一次(20遍),基底顶面与路基封顶各冲击压实一次,每次20遍。

(2)单侧不对称加宽路堤

①加宽路堤宽度大于既有公路路基的宽度。每隔1m高度,冲击补压一次20遍,每隔3m加设一层土工格栅,基底顶面及路基封顶层各冲击补压一次,每次20遍,并设土工格栅各一层。

②加宽路堤宽度小于既有公路路基的宽度。这种加宽方式加宽路堤宽度大于既有公路路基宽度的设计方案相同,但是当加宽路堤的宽度小于3m时,应按3m加宽,以保证压实宽度。

(3)双侧对称加宽路堤

①加宽路堤宽度大于3m时,应按单侧不对称加宽的方案进行。

②加宽路堤宽度不足3m时,除了按加宽路堤宽度大于3m的方案进行外,还应保证加宽路堤加宽的宽度等于3m。

(4)双侧不对称加宽路堤

这种方案与对称加宽路堤的方案相同,但是一侧不足3m宽应按3m加宽。

4.2.6 路基翻浆冒泥的处置

防止路基翻浆冒泥的措施如下:

(1)加强路面路基排水,提高路堤高度的方法适用于取土方便的地段。路基上部增加临空面积,有利于水分蒸发,同时免受水浸、雪埋,土壤保持干燥,在冻结过程中不致因过于聚冰而失稳。在一些中、重冰冻地区及粉性土地段,不能单靠提高路基保证其稳定性,还要与其他措施,如砂垫层、石灰土基层等配合使用。

(2)当地下水水位或地表积水水位较高,路基处于潮湿或过湿状态,且又不宜提高路基时,可铺设隔离层。隔离层铺设在路基顶面以下0.5~0.8m处,目的在于隔断毛细水,避免其上升进入路基上部,防止在负温差时的水分积聚,以保持路基上部处于干燥状态。

(3)换土。在路基上层换填40~60cm厚的砂性土,路基可基本稳定。

(4)设置路基盲沟或渗沟,降低地下水水位和路基路面的含水率。

4.2.7 路基病害的压浆处置

在一些存在严重路面病害的路段,下部路基不均匀沉降造成路面结构层破坏严重。为保证改扩建路面质量,可从路基处开始,对路面进行深层水泥压浆处理,路基压浆处置施工工序和方法如下:

(1)施工准备。

水泥选用42.5水泥;膨胀剂符合国家有关规定、标准;水使用洁净、无污染、无杂质的饮用水。配合比为水泥∶水∶膨胀剂=1∶0.52∶0.1。

(2)施工方法。

①孔位布置。沿路段裂缝方向进行布孔,孔位按梅花状布置,孔间距为1m。

②钻孔。用风钻配合洛阳铲在路面标定位置钻孔,钻孔直径为50mm,钻孔深度按照4m、3m、2m的顺序作为一个单元,一个单元接一个单元地顺序布置。

③水泥浆配置。根据所需灌注的体积、浆体配合比及施工速度,称取各种材料。各种原材料放入搅拌机内干拌1min再逐渐加水拌和,拌和到无灰团且均匀一致,方可使用,时间为2min。配制好的浆体应在最短时间内使用,使用过程中搅拌机要不停搅拌,防止灰浆沉淀。

④压浆。压浆机压强控制在1.0~2.0MPa,压浆时将1英寸的普通自来水钢管直接插入清理好的压浆孔。压浆过程中每隔1~2min将钢管适当转动,预防钢管被浆体卡死。当压浆

进行一段时间后、无法进浆时,持压 2~5min,然后停压,将钢管往外拔出 1m 左右再进行压浆。如此重复,直到水泥浆从压浆孔部位边缘溢出,确定浆满后,再进行下一孔压浆操作。

⑤压浆孔封堵。压浆结束后立即插上木塞,以便有足够的时间使水泥浆凝固。待堵塞 6h,即超出水泥初凝时间后方可将木塞拔出,并用细石混凝土将压浆孔填到路面顶,然后将路面清理干净。

⑥养护。注浆后的 6h 之内严禁车辆通过注浆区,养生至少 3d 后方可放行。

现场的压浆效果主要通过观察压力表控制。压力严格控制在 1.5~2.0MPa,在施压过程中,保持压力的持续稳定,在至少稳压 2min 后才能解压。

4.2.8 路基边坡稳定性防治的具体措施

等级较低的公路坍方、滑坡等地质灾害在一定的范围内发生而且未造成很广的波及面,社会对其也比较宽容;而高等级公路坍方、滑坡等地质灾害会给营运带来重大影响,公路封道也会对社会生产、生活产生重大影响。在公路改扩建的边坡设计中,以少动、早封闭、加强排水,利用抗滑桩、锚索被动防护、防护网、系统监测等综合性工程措施,予以分门别类解决。

①早封闭。对边坡采用 TBS 技术封闭绿化,系统锚杆、锚杆混凝土框格尽早加固,避免水侵入对边坡的影响。

②加强排水。对部分地下水比较发育的边坡,增打水平排水孔和设置渗沟引水;完善坡面径流的汇、疏、排设施,减少地表水对边坡稳定的影响。

③抗滑桩等加固。对有滑坡迹象或通过稳定性计算有可能滑动的边坡,采用减重和防排水措施,并配合挡土墙、抗滑桩、锚索、锚杆等措施进行加固和防护。

④对比较破碎的岩质边坡,采用 SNS 布鲁克主动、被动防护网进行处理,防止边坡落石危及营运安全。

⑤建立边坡监测体系。根据边坡条件和监测手段,对大型边坡开展边坡稳定性监测。

4.3 路基处置标准

1)路基设计的基本要求

为保证公路的使用品质,对路基的基本要求有如下两个方面:

(1)足够的整体稳定性

新修建的路基,或是对既有公路的改扩建,必然要改变原来的相对平衡状态,原处于稳定状态的地基,也有可能由于路基的填筑或开挖引起受力状态的改变,导致路基失稳。例如,在软土地基上加高填筑路堤,或是在岩质或土质山坡上开挖路堑,有可能由于填土的附加应力超过软土地基的承载能力,或是路堑开挖的结果,使上侧土体失去既有支撑,出现路堤的塌陷或坡体的滑塌等破坏,从而导致交通阻断或交通等事故的发生。因此,为保证公路的畅通与安全,必须合理选用路基的断面形式与尺寸,采取有效的排水、防护和加固等工程措施,确保路基在不利环境条件下具有足够的稳定性。

(2)足够的强度和刚度

路基及其地基在自重和车辆荷载作用下会产生变形。地基软弱、填土厚度增大或不密实或过分潮湿时,所产生的沉陷、固结变形和不均匀变形会使路面结构出现过量变形和应力增大,导致路面过早损坏而影响道路的使用性能。因此,对路基的改扩建要选择合适的填料,并进行充分压实,还要采取必要的措施改善水文状况、加固软弱地基等,以保证路基在外力作用下,不致产生超过容许范围的变形,始终能给予路面以坚实的支承,确保道路的使用性能和服务寿命。

2) 路基的改扩建设计要求

一般路基是指在良好(正常)的工程地质条件下填挖高度不超过设计规范或技术手册所允许的范围,其设计可直接参照现行规范规定或标准图,结合当地实际条件进行,而不必个别论证和详细验算。而对超过规定范围的高填路堤或深挖路堑,以及地质和水文等条件特殊(例如,泥石流、岩溶、冻土、雪害、滑坡、软土及地震等地区)的路基,为保证路基具有足够的强度,稳定性以及合理、经济的横断面形式,需进行个别特殊论证和设计。为保证路基的强度和稳定,对一般路基的改扩建设计要做到:

(1)设计之前,应做好全面调查研究,充分收集沿线地质、水文、地形、地貌、气象、地震等设计资料,收集既有道路的历年路况资料及当地路基的翻浆、沉陷、崩坍、水毁等病害的防治经验及对策,并在改扩建工程中合理应用。

(2)山岭、重丘区的路基,应根据当地的自然条件,特别是工程地质条件,选择适当的路基横断面形式和边坡坡度。在地形陡峻和不良地质地段,不宜破坏天然植被和山体平衡;在狭窄的河谷地段不宜侵占河床,可视具体情况设置其他结构物和防护工程。

(3)陡坡上的半填半挖路基,可根据地形、地质条件,采用护肩墙、砌石或挡土墙。

(4)沿河及受水浸淹路段的路基边缘高程,应在路基设计洪水频率的设计水位与壅水高、波浪侵袭高之和的基础上,再加安全高度0.5m。对路基废方应妥善处理,以免造成河床堵塞、河流改道或冲毁沿线构造物、农田、房屋等不良后果。

(5)新既有公路采用分离式路基断面时,应处理好与整体式路基的相互衔接和边坡的防护,设置完善的排水设施,并与自然景观相协调。

(6)季节性冰冻地区工程地质、水文地质不良地段,应采用水稳性好的填料筑路堤或进行换填,并结合防治冻害和翻浆的具体措施,进行路基、路面、防排水等综合设计。

3) 路基沉降标准和要求

路基拓宽处理的目的与要求:①减少新拓宽路基的沉降量和新旧路基的沉降差;②处理好新旧路基结合部位,必要时采取特殊的处理方法(挖台阶、铺设土工合成材料等),以解决新旧路基的沉降差所产生的反射裂缝;③采取特殊措施,加强新旧路基的结合强度,以此减轻新旧路基因材质、质量及路面结构层的差异等所产生的危害。

由于现在缺乏统一的公路扩建工程的沉降控制标准,国内公路扩建(拼接)工程的沉降控制标准也各不相同,具体的工后沉降控制标准和施工期沉降稳定控制标准见表4.3-1和表4.3-2。

国内部分公路扩建(拼接)工程的工后沉降控制标准　　　表4.3-1

扩建工程	沉降控制标准
广佛高速公路	加宽路基的工后沉降量小于10cm
沈大高速公路	加宽路基工后沉降量小于12cm(最初为8cm)

续上表

扩 建 工 程	沉降控制标准
沪杭甬高速公路	加宽路基工后沉降量桥头段小于5cm,一般路段小于15cm,横坡坡度的改变小于0.5%
沪宁高速公路	加宽路基总沉降量小于15cm,工后沉降量小于5cm,路拱横坡不出现反坡
锡澄—沪宁拼接	路基横坡度改变值小于0.5%,既有公路原设计工后沉降量与拼接路基施工后附加沉降量(控制在2cm左右)的累计值不大于规范标准
常澄—沪宁拼接	路堤工后沉降小于10cm
南京绕城高速公路	工后沉降速率应不大于1mm/月
昌樟高速公路	既有公路中心附加沉降增量应小于30mm,拼宽路基计算总沉降小于15cm、工后沉降小于5cm,新旧路基差异沉降小于5cm

国内部分公路扩建工程施工期沉降稳定控制标准　　　表4.3-2

扩 建 工 程	施工期变形控制标准	
	沉降控制标准	侧向位移控制标准
沈大高速公路	填土高度小于临界高度(3.5m)时,日沉降量不大于10mm;填土高度高于临界高度(3.5m)时,日沉降量不大于5mm	填土高度小于临界高度时,日侧向位移不大于5m;填土高度高于临界高度时,日侧向位移不大于3mm
杭甬高速公路	路基施工期日沉降量不大于8mm	路基施工期日侧向位移不大于5mm
沪宁高速公路	既有公路路中沉降速率:路基施工期小于2mm/月,路面施工期小于1mm/月;复合地基处理或非软基路段,新既有公路路肩沉降速率:路基施工期小于5mm/d,路面施工期小于2mm/月	路基施工期日侧向位移不大于3mm
常澄—沪宁拼接	路基施工期日沉降量不大于10mm	路基施工期日侧向位移不大于5mm
南京绕城高速公路	最后一层面层施工时的沉降速率应控制在2~3mm/月	

工后容许沉降包括横向工后容许沉降和纵向工后容许沉降。不少研究者认为新建公路的允许沉降坡度约在0.35%~0.40%,并将此指标用于新建公路纵、横向沉降标准的建立。纵向容许工后沉降标准的建立是为了避免在路面结构中产生横向裂缝。

确定加宽路基施工期沉降变形的控制标准应因地制宜,根据当地新路填筑的工程经验,或结合工程实际,选择代表性地段提前进行填筑试验,确定加宽路基的控制标准,既要满足新旧路基稳定和差异沉降的要求,又要满足工期要求。

软土地基上新旧路基扩建工程的沉降控制标准应采用"三指标"控制的标准。"三指标"即新旧路基的容许工后横坡变化率、新路基总沉降量及工后沉降量。文献[58]建议软土地基上新旧路基扩建工程的沉降变形控制标准为:

①新旧路基工后横坡坡度的增加率不应大于0.5%,单侧加宽宽度大于2车道时,新路基不应出现反坡;

②加宽路基的总沉降量应满足新既有公路路面施工及运营过程中的结构性能要求,对于双侧加宽2车道的扩建工程,加宽新路基的总沉降量不应大于16cm;

③加宽新路基的工后沉降量应不大于 10cm。

4)路基填筑速率标准和要求

填筑速率对新旧路基的沉降量和沉降差有较大的影响。加宽路基和加宽后的半幅路基的横坡坡度均随填筑速率的增加而显著增加,但既有公路横坡坡度却是先减小后提高。因此,对加宽路基的填筑速率要严格控制,国内公路改扩建(拼接)工程的填筑速率控制标准各不相同,具体见表 4.3-3。

国内部分公路扩建工程施工期填筑速率控制标准　　　　　表 4.3-3

扩建工程	施工期填筑速率控制标准
沈大高速公路	填土高度小于临界高度(3.5m)时,按 0.25m/2d 的填筑速率; 填土高度高于临界高度(3.5m)时,按 0.25m/4d 的填筑速率
杭甬高速公路	软基路段填土高度 3.0m 以内,按 0.2m/4 天的填筑速率;填筑高度大于 3m 时,按 0.2m/7d 的填筑速率。同时结合沉降速率的控制
沪宁高速公路	小于 1.0m/月
常澄—沪宁拼接	按 1.0m/月控制

由于控制路基填筑速率主要是防止路基路面发生破坏,而路基的破坏主要取决于变形量和变形速率,因此路基填筑速率建议以施工期的沉降量和沉降速率作为控制标准,即在路基施工期间进行沉降观测或先以典型路段进行填筑试验,确定沉降量和沉降速率,根据沉降观测确定施工填筑速率。一些工程的沉降控制标准见表 4.3-1 和表 4.3-2。

确定加宽路基施工期沉降变形及填土速率的控制标准应因地制宜。根据当地新路填筑的工程经验,或结合工程实际,选择代表性地段提前填筑试验路堤,确定加宽路基的控制标准,既要满足新旧路基稳定和差异沉降的要求,又要满足工期的要求。综合国内主要公路扩建(拼接)工程的经验,建议施工期地基沉降速率不大于 5mm/d,水平位移速率不大于 3mm/d,临界高度以下或地基条件较好的路段可适当提高,但不得大于新建公路的稳定控制标准。

5)路面铺筑时机选择标准和要求

路面铺筑时机选择的标准和要求可按以下方法确定:

(1)沉降速率法:是指在路堤修筑以后观测沉降的变化过程,当沉降速率小于某一数值(如 4~6mm/月)后,再铺设路面,而且根据观测到的沉降变化过程还可推算出今后可能发生的沉降量。此法较为合理,但是需建立现场沉降观测资料,且施工期限也较难预估。

(2)工后沉降法:对公路在整个运营期可能发生的沉降量大小进行控制,一般认为公路投入运营 15~20 年后需要进行大修。工后沉降的时间范围:有的从铺设路面时开始,也有的从铺完路面后算起。由于铺设路面所增加的荷载,对软土地基有时会产生较大的沉降量,因此,一般认为还是以铺设路面起算为好,因为铺上路面以后所发生的沉降必然影响路面的质量。

(3)规范法。《公路路基设计规范》(JTG D30—2015)的 6.4.3 规定,高速公路、一级公路路基拼接时,应控制新旧路基之间的差异沉降,既有路基与拓宽路基的路拱横坡坡度的工后增大值不应大于 0.5%。

对于新建高速公路,施工期的沉降控制标准一般设定为路基中心线每昼夜地面沉降速率和坡脚水平位移速率的容许值,通过控制填筑速率的手段来实现,只要满足工后沉降的要求,对于填筑期的沉降量就没有明确要求。公路改扩建工程路面铺筑时机的选择可参考表 4.3-1。

6) 路基填筑压实标准和要求

为保证路基的强度和稳定性,加强新路基的压实,提高新旧路基结合部的压实质量非常关键。《公路工程技术标准》(JTG B01—2014) 规定的路基压实标准见表 4.3-4。部分高速公路扩建工程及规范规定的路基压实度控制标准见表 4.3-5。

路 基 压 实 标 准　　　　　　　　　表 4.3-4

路 基 部 分		路床顶面以下深度(m)	压实度(%)		
			高速公路、一级公路	二级公路	三、四级公路
上路床		0～0.3	≥96	≥95	≥94
下路床	轻、中及重交通荷载等级	0.3～0.8	≥96	≥95	≥94
	特重、极重交通荷载等级	0.3～1.2	≥96	≥95	—
上路堤	轻、中及重交通荷载等级	0.8～1.5	≥94	≥94	≥93
	特重、极重交通荷载等级	1.2～1.9	≥94	≥94	—
下路堤	轻、中及重交通荷载等级	>1.5	≥93	≥92	≥90
	特重、极重交通荷载等级	>1.9			

注:1. 表列压实度数值以重型击实法为准。
　　2. 特殊干旱或特殊潮湿地区的路基压实度,表列数值可适当降低。
　　3. 三、四级公路修筑沥青混凝土或水泥混凝土路面时,其路基实度应采用二级公路标准。

部分高速公路扩建工程及规范规定的路基压实度控制标准　　　　　　　　　表 4.3-5

扩建工程标准名称	路 床	上 路 堤	下 路 堤	备 注
沪杭甬高速公路	≥95% 桥涵台背处≥97%	≥93%	≥90%	将新旧路基结合部位列为压实度重点检测区域,加大压实度检测频率
沈大高速公路	≥98%	≥96%	≥94%	用冲击式压路机压实,新旧路基衔接处向内外各 1m 处用强夯处理
沪宁高速公路	≥96%	≥94%	≥93%	采用冲击式凸轮压路机压实
《公路工程技术标准》 (JTJ 001—97)	≥95%	≥93%	≥90%	
《公路工程技术标准》 (JTG B01—2014)	≥96%	≥94%	≥93%	

对于既有公路加宽工程,为减少新路基工后沉降,确保整体稳定,部分高速公路在改扩建之际已经发现《公路路基施工技术规范》(JTG F10—2006) 中的压实标准偏低,应适当提高。为此,压实度控制均应比《公路路基施工技术规范》(JTG F10—2006) 中规定的压实度

标准有所提高,具体的压实度建议应满足表4.3-6的要求。公路扩建工程拼接路基采用重型击实新规范标准,分层压实。

建议高速公路改扩建工程压实度控制标准　　　　表4.3-6

路 堤	新建高速公路压实度	建议扩建高速公路压实度
上路床	≥96%	≥97%
下路床	≥96%	≥97%
上路堤	≥94%	≥95%
下路堤	≥93%	≥93%
原地面	≥90%	≥90%

压实机械选择重型振动压路机(击振力不小于250kN),以路表面不再有下沉轮迹时判定为密实状态。国内部分高速公路扩建工程还分别对新、既有公路结合带采用冲击压实及强夯的方法,如沈大高速公路扩建工程,在新旧路基的衔接部位,每填筑两层,就使用冲击碾进行充分压实一次,对冲击碾压实达不到的位置,使用强夯进行处理。每当新填路基达到4层后,即压实厚度1m后,用冲击碾对整个路基断面进行压实。

路基填方的CBR值和最大粒径应符合规范及设计要求。路基填筑前,应做好路基填料的取样调查和试验工作,确保用于工程的土质符合设计和规范要求,并认真作好土样的击实试验,为压实度的检测提供依据。

从整体上看,国内高速公路扩建工程大多数成功实现了拼接,运营后道路使用质量良好,但并不能保证在整个使用期内不产生纵向开裂。相反,几乎所有的高速公路扩建工程都难以避免在使用期内发生纵向开裂的问题,部分工程甚至在工后1年内就在部分路段发生纵向开裂。从以往工程实践来看,差异沉降难以从根本上消除,所采取的技术措施只是起到延缓纵向开裂的效果,后期的纵向开裂可以通过养护进行弥补。

4.4 特殊路段路基处置

路基病害处置应根据不同土质路段路基的具体特点,因地制宜地采用不同的处置方式。

1)湿陷性黄土路段处置

根据湿陷性黄土厚度和填方高度不同,采用不同措施,可分为表层、浅层、深层处置措施。

(1)表层处置:湿陷性黄土厚度在1.0m以内,换填40cm砂砾,冲击压实并铺筑土工格栅。

(2)浅层处治:湿陷性黄土,厚度为1.0~3.0m,采用两种处置方案。

方案一:简易石灰桩,石灰桩深度为50cm,桩径30cm,按梅花形布设,成孔后填筑生石灰、砂砾,同时填筑砂砾层及铺筑土工格栅。

方案二:基底采用路拌机掺水泥、石灰。掺配量控制在4%~8%,上部为砂砾垫层。

(3)深层处置:采用砂砾桩,桩径40cm,桩长8m,桩距120cm,振动法施工。

2)盐渍土(膨胀土)地区公路病害处置

根据盐渍土层的厚度和填方高度的不同,采用不同措施,如隔断法、换土垫层法、提高法、缓冲层法等。

(1)隔断法。隔断法就是在路基某一层位设置一定厚度的隔断层,其根本目的是隔断毛细水的上升,防止水分和盐分进入路基上部,从而避免路基或路面遭受破坏。隔断层类型按采用材料的不同,可分为土工布(膜)隔断层、风积砂或河砂隔断层、砾(碎)石隔断层和沥青砂、油毛毡等隔断层。砾石和风积砂属于透水性隔断层,只可隔断毛细水的上升。土工膜、沥青砂、油毛毡属于不透水性隔断层,可隔断下层毛细水和水蒸气的上升。

(2)换土垫层法。盐渍土地区地表的盐壳及其下的松土都不能承受路基的荷载。盐壳被路基掩埋后,如仍然在毛细水上升的作用范围内,盐壳的含盐成分被逐渐溶解而变成很疏松的土,往往造成路基沉陷、路面破坏,而且在毛细水作用下,容易使路基再次盐渍化。因此,地表盐层及其上超过允许含盐量的土层均应清除,一般情况下是把有效盐胀深度范围内的盐渍土挖掉,用一定厚度的非盐渍土、灰土或砂砾料回填,可从根本上消除由于盐渍土造成的盐胀、塌陷等病害。

(3)提高法。即提高路基填筑高度,以使上部路床受盐渍的影响弱化。在绿洲区域内排水不良的过湿地带,一般采用该法。其优点是施工简单方便;缺点是填土过高,行车不安全且如果填料控制不严,易使土基次生盐渍化。

(4)缓冲层法。缓冲层法是设一层一定厚度的不含砂的大粒径卵石,使盐胀变形得到缓冲,从而减小对路面的破坏。缓冲层的设计应满足两个基本要求,一是其强度要满足上部荷载的要求,二是缓冲层能基本消除盐胀变形。

膨胀土路段也可采用与盐渍土相似的方法进行处置。

3)路基弹簧土

路基施工发生弹簧土现象主要是由于路基填土含水率较高所致。其治理技术有:

(1)通过换土来改善填料的质量,将弹簧土挖除,换干土或透水性材料(如砂砾、碎石等)填筑、压实;

(2)将弹簧土翻开晾晒、风干至最佳含水率附近(+2%)再进行压实;

(3)用石灰粉或其他固化材料均匀拌入弹簧土中,经一定时间闷料,吸收土中水分,降低含水率,然后再进行压实。

4)雪害防治

雪害防治可采取防雪措施和除雪措施:

(1)防雪措施

①防止雪害事故发生。公路养护部门应针对冰雪天气做好应急准备,要掌握雪害事故发生的规律,提高预防雪害事故的能力。建立信息公告牌,告知前方路段的状况,提醒车辆驾驶人员。

②在通过迎风或背风山坡坡脚处和距离坡度转折点5~10m处最易积雪,采取路线走向与主导风向平行的选线方式,在有条件的地方可局部改线,尽量使路线位置避开"风雪流"减速区,否则应根据实际情况增设相应的防雪设施。

③提高路基高度,消除雪阻。开阔地区低于该地平均积雪深度、草丛深度0.6m的路基、

深度小于 6m 的路堑也易积雪,在有条件的地方可采取提高路基高程的办法解决;在低洼路段修筑路基,路堤高度应在 1.0m 以上,否则应根据实际情况增设相应的防雪设施。

(2)设置阻雪设施

①下导风板:设在公路上风侧路基边缘,先埋设立柱,在立柱上部钉以木板或涂以沥青的铁丝网,使风雪流被阻挡并集中加速在下部缺口处通过,并吹走路上疏松的积雪。

②檐式导风板:适宜设置在山区背风山坡路段。雪季应对檐式导风板进行维修,以保持结构完好。板面坡度与山坡自然坡度一致,并具有足够的长度。

③防雪墙:设在公路上风侧的阻雪设施,可用木、石、土、树枝或雪块等筑成。设置防雪墙时应符合下列要求:保持其高度不小于 1.6m,与路基边缘的距离为其高度的 10 倍左右;迎风面尽量保持直立形状,走向与风向相垂直。雪量较大时,可平行设置多道防雪墙。如不符合上述要求,应在雪季前对防雪墙进行调整、补修。

④防雪堤:设在雪阻路段迎风口一侧,距离路基 15~20m,高度不低于 1.6m,边坡坡度为 1∶1,长度与雪阻路段同长。

⑤设置防雪林带是防治风雪的重要措施。防雪林应栽植在雪季主导风向的上风侧,与同侧路基边缘的距离应为防雪林高度的 10 倍左右。防雪林带宜选用由不同树种组成的具有一定宽度、高低错落的林带,以起到良好的防护作用。

(3)除雪

可用人力或机械除雪。为了保障国省干道的道路畅通,相关部门必须配备一定数量的除雪设备,其包括专用除雪设备、多功能除雪设备等。

5)风沙害治理措施

风沙害对公路产生危害的影响因素有沙漠的气候、类别、地貌特征、风速、风向及与路线走向的关系,路基的形式、高度、边坡、地表覆盖度等。风沙流导致公路沙埋,起沙风速与沙粒粒径、地表性质、沙的含水率等因素有关。在进行公路设计时,需详细调查公路所在地区的大致风向,路线走向与合成风方向夹角应尽可能小,这样会减轻公路沙害。

较高的路堤一般不遭受沙埋,较缓的路堤边坡可使风沙流平顺越过而不积沙,设计时,路堤一般以 1m 左右的高度和小于 1∶4 的边坡坡度为宜。

沙漠地区的路基一般用沙土筑成,路肩边坡被风吹蚀损坏的现象称为路基风蚀。路基风蚀包括路堤风蚀和路堑风蚀。路堤风蚀多发生在迎风侧的路肩和边坡上部,风蚀量最大可达几十厘米,有时可使整个路肩风蚀殆尽。路基风蚀防护可采取柴束、草皮防护,黏土、砂砾防护,卵石、砾石防护和水泥沙防护等防护措施。

4.5 山区拓宽公路的一些形式及其存在问题和适用条件

一般来说,山区地质条件复杂,地形地貌多变,修筑高等级公路存在众多难题。既有公路建设中一般要顺应地势,路线沿山谷、河道延伸。隧道开凿、高路堤、半填半挖等土石方工程量较大,且工程施工艰难;还由于运输弃渣较为不便,施工单位经常将弃土弃渣弃入沿线荒地或河道中,导致河床面抬高,阻塞河道。对于二级及以上公路而言,路基边坡面积所占的比例较大,受到爆破及自然风化、搬运、剥离等影响,极易引起滑坡崩塌等灾害,还会进一步引起生态破坏。

从技术角度分析,既有山区公路扩宽改造施工方法主要采用在依山一侧切坡增宽、在靠沟一侧修建挡土墙或填土增宽的方式。对于这两种方式而言,对于坡度平缓地区是较为适用的;对于山区陡峭地形路段,采用靠山切坡的方法容易破坏自然环境,工程量较大,投资也较大,并且破坏了山体的稳定,容易引发山体滑坡或崩塌,还会引起生态破坏问题;采用靠沟侧修建挡土墙增宽的方式,当沟壑较深时,挡土墙高度较高,导致工程量大,投资高。如在河道中修建挡土墙易改变河道的自然状况,使得填方路堤边坡受洪水冲蚀,容易引起路堤坍塌,也会引起行洪断面缩小,影响河道的行洪能力,改变河流生态。

既有山区路基的主要形式有:斜坡路基和挡墙路基。路基拓宽改建的形式:斜坡整体路基、分离(台)式路基、挡土墙路基、半边桥路基、整体式悬挑结构复合路基等。

1)斜坡整体路基

斜坡整体路基如图 4.5-1 所示。对于地质条件良好、地形坡度较缓、开挖深度较浅、施工快捷、费用较低的情况,采用开挖弃方形成斜坡路基是最适合采用的扩宽方式之一。

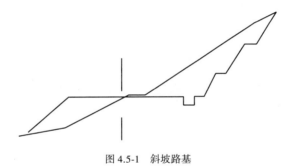

图 4.5-1　斜坡路基

斜坡路基的开挖弃方对不良地质地段及开挖较深地段,从环境与经济效益的角度分析,存在以下问题:

(1)破坏植被

开挖边坡及弃渣堆积会对地表植被产生直接破坏;爆破产生的烟尘、粉尘会对植被生长产生间接影响;施工过程中,开挖土石方、筛选砂石料及拌和混凝土会产生大量可漂浮粉尘,对沿线植被的生长产生较大的影响。因此,这种施工方案仅用于开挖坡度较缓、深度较浅的地区。

(2)改变沿线地貌

填挖土石方将破坏既有地貌,坡面应力发生较大的改变,填挖过程中所产生的废渣堆弃在河床中,将影响河床在汛期的行洪能力,河流水文水力状态的改变也会对沿河沿溪公路产生较大的威胁,且改变河流生态。

(3)影响地质环境

开挖过程中破坏了开挖面及开挖面周边岩体的力学性质和应力状态,这些改变导致边坡稳定性较差,容易引起滑坡与崩塌。开挖过程中还会使岩体裂隙不断发育,削弱岩体本身的抗风化能力,风吹日晒极易引发地质灾害。

2)分台式与分离式路基

对于沿线横向高差较大的地貌情况,可以采用分离式和分台式路基。把路基化整为零,分为上下两幅,将上下两幅路基独立设计并敷设为相对独立的断面的路基称为分离式路基(图 4.5-2)。把上下两幅路基采用不同的高程,建造成上下两幅并为一体的独立组合断面的路基称为分台式路基(图 4.5-3)。分离式距离与分台式路基可以减少一定程度的开挖与拆迁,并且可以较为灵活地与沿线地形地貌相适应。但存在土石方数量较大,路基占地面积较大,且不适用地形陡峭路段等缺点。

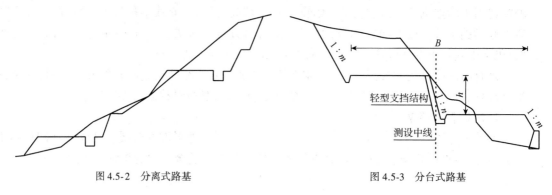

图 4.5-2　分离式路基　　　　　　　图 4.5-3　分台式路基

3)挡土墙路基

按挡土墙形式的不同,挡土墙路基有以下 5 种形式:

(1)一般挡土墙路基。一般挡土墙路基又可分为重力式挡土墙路基(图 4.5-4)、衡重式挡土墙路基(图 4.5-5)。

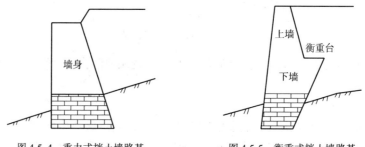

图 4.5-4　重力式挡土墙路基　　　　图 4.5-5　衡重式挡土墙路基

(2)锚索挡土墙路基。一般锚索或预应力锚索一端联结土工构造物,锚索固定在地基中,使挡土墙稳定在地基中,从而承受土压力对挡土墙的推力,用锚固力来维持挡土墙、路基(有时也包括边坡)的稳定。

(3)桩基托梁挡土墙路基。为了避免在岩坡较陡处挡土墙基础可能沿基岩面滑动,在挡土墙下设桩基托梁,从而将竖向压力、水平推力通过桩基传递至下部的完整基岩上,见图 4.5-6。

(4)桩板挡土墙路基。为了减少挖方边坡高度及填方支挡工程量,采用对既有自然地貌破坏性小、结构轻巧、工程经济性好、安全可靠性高等的桩板墙路基,见图 4.5-7。桩板挡土墙路基常用于山区公路的地形陡坡路段,最适合用于超薄层挖(填)方路段,即挖(填)边坡与自然横坡平行的区域。桩板式挡土墙的桩一般采用矩形截面,墙面可采用空心板、微弯拱板、槽形板等组成,土压力由桩板承受,稳定性由桩底一定入土深度的被动土压力保证。根据受力性质的不同,桩板式挡土墙可以分为以下三种类型:内支撑式、锚定式、悬臂式。

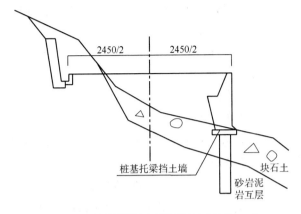

图 4.5-6　桩基托梁挡土墙路基(尺寸单位:mm)

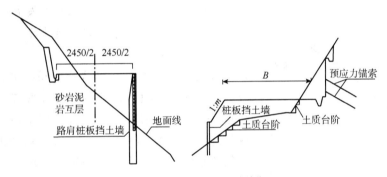

图 4.5-7　桩板挡土墙路基(尺寸单位:mm)

(5)轻型锚杆挡土墙。为减少路基工程数量,减少半填半挖工程的基础开挖面面积和浇筑(砌筑)工程量,利用锚杆扩大结构基底的受力面,从而形成减少扰动的轻型锚杆挡土墙路基形式,见图 4.5-8。轻型锚杆挡土墙路基常被应用于山区斜坡段路基,且地基地质条件较好的位置。轻型锚杆挡土墙路基具有施工简单、基坑开挖面小、墙背回填土质量易控制、工程经济性好、工程安全性高等特点,特别适用于斜陡地形的半填半挖路段及基岩整体性好的稳定路段。

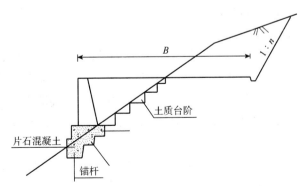

图 4.5-8　轻型锚杆挡土墙

(6)圬工挡土墙路基与锚索挡土墙路基的对比。圬工挡土墙路基适用于石料丰富、地质情况较好的地段,具有形式简单、操作性强、原材料易得的特点,但采用圬工挡土墙方式拓宽改造山区公路存在以下几方面问题:

①圬工挡土墙墙身过高,若采用分级挡土墙,挖方大,经济性差;

②大量挖方影响道路畅通;

③弃方的处置需考虑环境污染问题;

④易对坡面植被造成破坏,影响生态环境;

⑤不适用于高填方路段,高填方的挡土墙工程量大,施工难度大。

采用锚索挡土墙方式拓宽山区公路有以下优缺点:

①不影响边坡稳定;

②保证施工期间道路畅通;

③施工难度较大;

④破坏自然环境,不利于可持续发展;

⑤锚索挡土墙总高度大时,成本高。

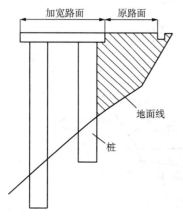

图 4.5-9 半边桥路基

4)半边桥路基

修建高速公路时,可从高速公路中央分隔带处将路基分为上下两幅,并且采用平、纵面线形统一协调的上下两幅路基,上下两幅路基中,一幅采用半填半挖、或整填、或挖整的路基形式,另一幅采用架设桥梁的形式。这种组合式的路基即为半边桥路基,见图 4.5-9。半边桥路基具有上下行相对独立统一且横向联系紧密的优势,具有占地面积小、工程经济性好等优点。

但半边桥路基在地势陡峭处施工时,存在埋深较大、桩身过长等缺点,导致施工难度较大,工程造价较高。特别是在沿河路段施工时,由于桥墩占用河道,导致压缩河道空间,水流冲刷造成基础底部掏空。此外,在柔性路面与刚性路面结合处,由于材料性质的不同,沉降量不一致,导致两者交界处产生纵向裂缝,会影响结构的适用性及交通安全。

当然,半边桥路基新增加的半幅,也可以与既有公路路基不在一个高程,或者不相互连成整体,以错台路基或分离式路基的形式出现。

5)整体式悬挑结构复合路基

在对条件较差的山区公路进行道路拓宽时,如果采取填挖方或者锚索挡土墙、圬工挡土墙可能会对既有边坡产生不利影响,破坏周边自然生态,甚至影响地基稳定,引发滑坡、泥石流等自然灾害。与节能环保、施工安全、经济效益和我国倡导的可持续发展相违背。为了满足山区经济健康、可持续发展,可采用施工简单、填挖方小、造价低的整体式悬挑结构复合路基。

在对原地质地貌影响最小的基础上,在已有稳定路基上浇筑混凝土形成墙柱式挡土墙,见图 4.5-10,以此作为路堤来拓宽山区公路,以增加结构从而实现路面加宽,同时避免了大面积的填方挖方,减少了山体滑坡、路基塌方的灾害,保证了施工的安全性。

第4章 路基拼宽问题及处置对策

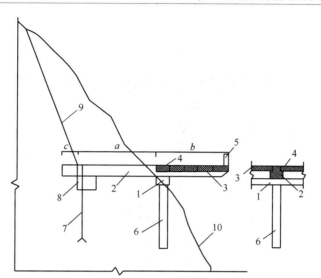

图 4.5-10 整体悬挑结构拓宽陡峭路段示意图

1-混凝土垫梁;2-预制预应力混凝土挑梁;3-预制钢筋混凝土板;4-路面铺装;5-栏杆;6-桩基础;7-预应力锚索;8-挑梁的平衡重;9-既有公路的挖方边坡面;10-自然边坡面;a-既有公路宽度;b-需加宽的公路部分;c-挑梁2嵌入岩体部分的长度

(1) 工作原理

①作用在挑梁上的力是由公路扩宽及改造部分所产生的活载和恒载引起的;

②垂直外荷载是通过立柱与挑梁之间的后浇节点混凝土传递到挑梁上,然后作用到立柱上,并通过立柱传递到地基;

③锚杆和内侧挑梁实现梁外荷载对立柱产生的倾覆力矩的受力平衡;

④人工开挖基础可以最大限度地避免路基对周边土体的扰动,并且已建成的稳定路基可以最大限度地减少由于施工所带来的后期沉降。

(2) 悬挑结构的几种形式

悬挑结构有3种形式:加预应力锚索的单悬臂结构(图 4.5-11)、加预应力锚索的双悬臂结构(图 4.5-12)、带锚杆的整体式双悬臂结构(图 4.5-13)。

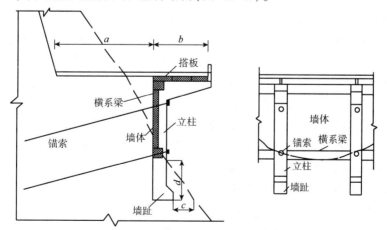

图 4.5-11 加预应力锚索的单悬臂结构

a-既有路基宽度;b-悬挑加宽宽度;c-保护宽度;d-嵌固深度

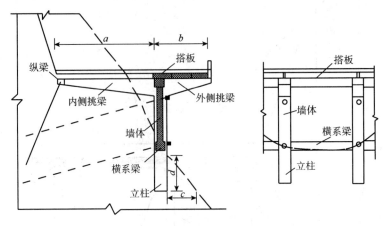

图 4.5-12 加预应力锚索的双悬臂结构
a-既有路基宽度;b-悬挑加宽宽度;c-保护宽度;d-嵌固深度

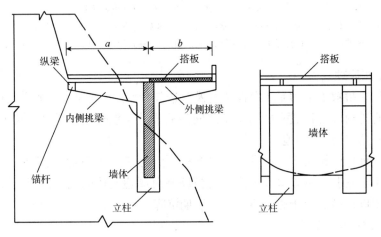

图 4.5-13 带锚杆的整体式双悬臂结构
a-原有路基宽度;b-悬挑加宽宽度

①加预应力锚索的单悬臂结构的特点及应用条件。

结构特点:当横断面坡度较大时,为了保证立柱的埋置深度,一般采用增加立柱高度的方法,但由此抗倾覆力矩增大,使得结构安全主要依赖预应力锚索,锚索的数量也会大大增加,而在施工过程中,锚索施工将对既有路基产生一定的扰动,因此在路基土质较为松散的路段,易发生坍塌现象。为了保证施工期间既有公路的畅通,且考虑抗倾覆的施工安全两方面因素,锚索的数量需要由实际情况确定。立柱细长单薄,悬挑长度单向且较小是挑梁的一大弊端;立柱和墙体后有填土以及墙趾的存在增加了施工的难度。

由于预应力锚索的单悬臂结构要求较高的基地承载力,因此在一些地质条件较好、地势平缓、坡度不大、加宽宽度较小的路段,该方法较为适合。

②加预应力锚索的双悬臂结构特点及应用条件。

结构特点:为了增加结构的抗倾覆力矩和增大结构安全系数,通过纵梁将结构和竖向锚索联结成一个整体,同时也减小了对立柱上锚索的依赖;去除了墙趾,从而降低了施工难度;

提高内侧路面的高度,增加了内侧挑梁;通过纵梁使得各挑梁形成一个整体的空间框架结构,共同承受外部作用力。

但是,该结构在实际施工中,依旧存在一些问题。立柱基础处于填方路段,大量回填使得其在荷载的长期作用下,易发生沉降变形,对其他结构可能存在一些不良影响。在该结构运营期间,相邻立柱可能产生不均匀沉降导致结构整体性下降。

因此,内侧山体稳定,基底承载力高,路面加宽较多的路段适合采用加预应力锚索的双悬臂结构。

③带锚杆的整体式双悬臂结构的特点及应用条件。

结构特点:由于立柱基础埋置在稳定路基内,工后沉降较前两种方案略小;此外,立柱埋置在稳定路基中,埋置深度减小,大大降低了对基底承载力的要求,一般地段均能满足(只需0.5MPa);该结构挖方少,路基土回填量基本为0,减小了夯实等带来的不利影响;结构由立柱、墙体、挑梁、搭板、纵梁及锚杆多个部分相互联结形成整体框架结构形式,当有外力作用时,受力均匀,变形协调;通过纵梁等横向联系构件,在局部组件如立柱或墙体发生较大变形时分散作用力,达到减小变形的效果,并降低了事故发生概率。

该结构设计方案对之前的设计方案进行改进,变更锚杆钢筋的数量和型号来代替立柱的预应力锚索,从而减小抗倾覆力矩。该结构设计方案只采用简单的锚杆技术,免去了预应力锚索施工钻孔、张拉、注浆等程序和所需的专业设备,可操作性强;锚杆比锚索价格大大降低。

由于立柱基础在稳定的路基中,为适应不同路段的加宽要求,带锚杆的整体式双悬臂结构可以通过增加或减小其挑梁长度来适应。另外,此结构设计方案对地基承载力要求只达到0.5MPa即可,一般地段均能满足;施工技术简单,操作性强,经济成本低,适用于大部分路段。

4.6 路基拓宽处理的一些工程实例

以下论述我国一些公路改扩建工程路基拓宽处理的工程实例,以便对公路改扩建工程中的设计和施工有所参考。

实例1:京哈高速公路四平至长春段改扩建工程

既有长平高速公路进行八车道改扩建,采用双侧加宽方式,每侧增加两个行车道。

1)路基横断面布置及加宽方式

采用设计速度120km/h的双向八车道高速公路设计标准,路基横断面为整体式断面,利用既有公路进行改扩建。采用双侧对称的加宽方式,既有路基宽度为26m,加宽后路基宽度为42m,每侧加宽8m。

高速公路断面组成为:中央分隔带宽度为3.0m,左侧路缘带宽度为2×0.75m,行车道宽度为2×(4×3.75)m,硬路肩宽度(含右侧路缘带宽度2×0.5m)为2×3.0m,土路肩宽度为2×0.75m,行车道、路缘带、硬路肩路拱横坡坡度为2.0%,土路肩横坡坡度为3.0%。路基横断面布置见图4.6-1。

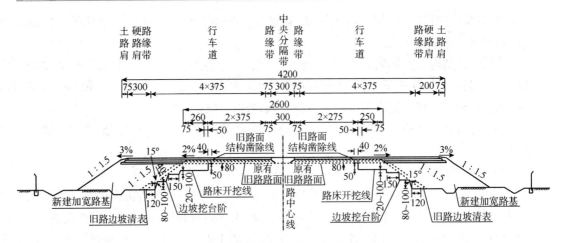

图 4.6-1 路基横断面布置图(尺寸单位:cm)

2) 路基填筑前处理

路基在施工前先清理原地表层土 20cm，清除边坡法向 40cm 厚表层土，并清除地表草皮、树根等杂物，既有公路边沟也需清沟，拆除既有公路路基边坡及其外侧所有的防护、排水、交通工程等圬工工程。清除的表土集中堆放，用作主体工程施工完成后的绿化及防护用土。

填方路基在加宽路堤范围内，清表后需继续超挖 30cm 土层，一般路段原地掺拌 3% 石灰后回填，对于个别低洼、潮湿、易积水的填方路段换填人工砂砾，然后再进行填前压实，待基底达到压实要求(重型压实度≥90%)后，再用 25kJ 冲击压路机碾压 20 遍，最后再填筑路基。对于桥头路基等尽量使用压路机压实，压路机压不到的边角处，使用小型夯实机配合施工，强夯单击力不得低于 1000kN，起夯高度不低于 2m，按 3~4m 进行控制，夯点的夯击次数不低于 3 次，以夯坑周围地面不发生过大隆起、夯锤下落时不发生橡皮土现象为准。夯锤应重叠 1/3，强夯时要不漏夯，最后两击的平均夯沉量不大于 25mm，强夯后要及时补料和整形。

为了保证路基的压实度，一般路段路基填筑时需单侧加宽 30cm 填筑土方，水田及特殊路基处理路段需单侧加宽 50cm 填筑土方。路基施工完成后再刷坡，刷坡土方用于平整路肩、平整护坡道及边坡坡脚整形。

3) 路床处理措施

路床处理时应先挖除既有公路硬路肩部分路面结构及土路肩，然后超挖其下 80cm 范围内的路床填料，再回填掺 5% 的石灰土，潮湿路段换填人工砂砾，路床部分填料应分层填筑并碾压密实，保证压实度≥96%，既有公路开挖部分路床与新建加宽部分路床一同铺筑。为了保证挖方基底的压实度要求，土质挖方段除路床范围内换填人工砂砾外，路床底面以下继续超挖 30cm，并回填掺 3% 石灰土。路基基底压实度≥90%。在上路床底面(路面底面以下 30cm)处铺设一层钢塑土工格栅，土工格栅采用双向型钢塑土工格栅，要求极限抗拉强度≥60kN/m，断裂伸长率≤3%。但对于硬路肩开挖后路床强度满足设计要求的路段，既有路床不得开挖，仅在路床顶面铺设一层钢塑土工格栅，见图 4.6-2。人工砂砾的最大粒径不应超过表 4.6-1 的规定，并具有一定的级配。

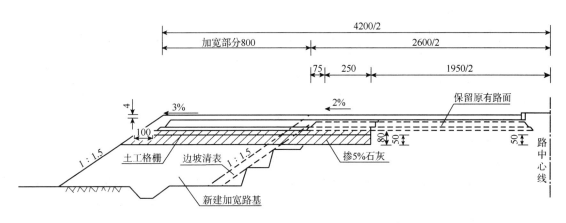

图 4.6-2　路床处理(尺寸单位:cm)

路基压实标准、填料最小强度及最大粒径要求　　　　　　　　　表 4.6-1

填挖类别	压实标准	路床顶面以下深度(m)	压实度(%)	填料最小强度CBR(%)	填料最大粒径(cm)
零填及挖方	重型击实试验法	0~0.30	≥96	8	10
		0.30~0.80	≥96	5	10
填方		0~0.30	≥96	8	10
		0.30~0.80	≥96	5	10
		0.80~1.50	≥94	4	15
		>1.50	≥93	3	15

4)路基压实度标准与压实度及填料强度要求

(1)路基压实采用重型击实试验标准,压实度满足表4.6-1要求。

(2)路基压实标准、填料最小强度及最大粒径要求。

路堤基底应在填筑前进行压实,基底压实度(重型)不应小于90%。

对于填方路基,为了减少新旧路基间的差异沉降,结合路基填土高度进行压实处理。新建加宽路基时应分层填筑、碾压密实。路基基底及上、下路堤顶面在保证正常压实规定前提下还需使用25kJ冲击压路机碾压20遍。

(3)路基压实度要求。

主线路基的压实要求:路床不小于96%,上路堤不小于94%,下路堤不小于93%;均采用重型压实标准,并要求路基填料强度CBR值(%):上路床不小于8,下路床不小于5,上路堤不小于4,下路堤不小于3。

主线分离、天桥及通道引道要求改道路基的CBR值(%):上路床不小于6,压实度标准及其余各层CBR值应满足《公路路基设计规范》(JTG D30—2015)中的相关规定。

应严格控制质量路床填料,对于低填浅挖及部分挖方段落中土质不满足规范要求的,应采取相应的处理措施;对于填方段路床填料应优先使用土场或纵向调运强度较高的风化砂、碎石土。

(4)对土基弹性模量的要求。

路床填料为黏性土、砂性土和人工砂砾,路面结构路床顶面弹性模量要求:干燥路段不低于 50MPa,中湿路段不低于 45MPa,潮湿路段不低于 40MPa。

对干燥、中湿路段既有公路挖除部分路床 80cm 厚度,并进行挖翻掺灰处理;双侧加宽新建部分路床 80cm 厚度进行掺灰处理。潮湿路段既有公路挖除部分及双侧加宽新建部分路床 80cm 厚度进行换填人工砂砾处理。

5)陡坡路堤及填挖交界设计

为了保证填方路基的稳定性,在原地面纵向或横向的自然坡度陡于 1∶5 的斜坡上修筑路堤时,路堤基底应挖台阶,台阶宽度不得小于 2m,台阶侧面以 15°俯角形式开挖。新线段横向填挖交界处在上、下路床底面各铺设一层土工格栅,宽度 8m。土工格栅采用双向型钢塑土工格栅,要求极限抗拉强度≥60kN/m,断裂伸长率≤3%。纵向填挖交界处在填方路堤范围内设 15m 过渡段,过渡段采用人工砂砾填筑。陡坡路堤及填挖交界见图 4.6-3。

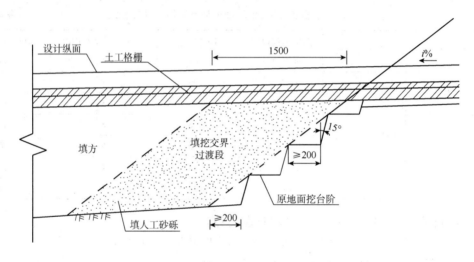

图 4.6-3　陡坡路堤及填挖交界(尺寸单位:cm)

6)桥头路基处理

路基与桥梁、涵洞等构造物连接处设置过渡段,过渡段长度为 2.0m+2 倍路基填土高度,以保证路基的稳定性和行车的舒适性。台背及过渡段采用砂砾(人工砂砾)或掺 8%石灰土填筑,见图 4.6-4。当采用砂砾或人工砂砾填筑时,边坡外侧采用宽度为 1.5m 的黏土包边,坡脚设置碎石盲沟。盲沟左右侧交错布置,单侧纵向间距约 10m,盲沟尺寸 40cm(高)×50cm(宽),用土工布作过滤层。台背回填及路基过渡段应分层填筑、分层压实,确保主线构造物填料压实度(重型)不小于 96%,上跨构造物填料压实度(重型)不小于 95%。应尽量使用压路机压实,压路机压不到的边角处,使用小型夯实机配合施工。

7)新旧路基拼接设计

为了缓解新旧路基拼接部位的应力集中,调整新旧路基拼接部位的受力状态,保证加宽路基与既有公路路基的良好衔接,使其成为一个较好的整体,避免或减少横向错台和纵向裂缝的发生,利用既有公路改扩建段的路基,采取错层式开挖既有公路路面结构,并超挖既有公路路床0~80cm深度的路床填料(此部分路床与新建加宽部分路床一同铺筑),再由下至上开挖台阶,开挖一级及时填筑一级,分层填筑,碾压密实,保证上、下路床压实度不小于96%,上路堤压实度不小于94%,下路堤压实度不小于93%,新旧路基衔接横断面见图4.6-5。在保证正常压实规定前提下,路堤每填高1m,使用25kJ冲击压路机碾压20遍。路基填筑前基底压实度应不小于90%,并采用25kJ冲击压路机碾压20遍。在上路床底面铺设一层土工格栅。但对于既有公路路面开挖后路床强度满足设计要求的路段,既有路床不得开挖,仅在路床顶面铺设一层钢塑土工格栅。另外,对于填高不小于4m的路堤,在最上层土质台阶顶面加铺一层土工格栅。土工格栅在铺设时,应将强度高的方向垂直于路堤轴线;铺设土工格栅的土层表面应平整,表面严禁有碎、块石等坚硬凸出物;土工格栅之间的联结应牢固;铺设土工格栅时不允许有褶皱,应用人工拉紧,土工格栅摊铺以后应及时填筑填料,以避免其受到长时间的暴晒。土工格栅采用双向型钢塑土工格栅,要求极限抗拉强度不小于60kN/m,断裂延伸率不大于3%,黏、焊点极限剥离力不小于100N,分层开挖台阶填筑路基步序见图4.6-6。

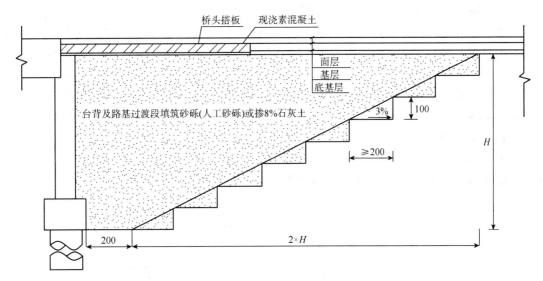

图4.6-4 桥头路基处理立面示意(尺寸单位:cm)

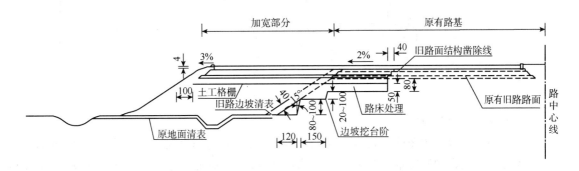

图4.6-5 新旧路基衔接横断面(尺寸单位:cm)

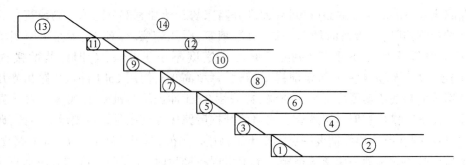

图 4.6-6　分层开挖台阶填筑路基步序图

8）特殊路基设计

该项目有一段不良地质地段，K95+230～K95+930 段为水塘、老河道路段，表层为 0～100cm 淤泥，其下为厚度在 80～100cm 的低液限黏土，该黏土下为厚度 200cm 的淤泥质土。采用水泥搅拌桩+人工砂砾垫层+土工格栅的复合地基处理形式，见图 4.6-7，水泥搅拌桩采用深层搅拌法，并在施工前根据设计进行工艺性试桩，试桩数量根据实际需要确定，不得少于 2 根。对单桩竖向承载力进行现场测定，单桩竖向承载力不应小于 170kN，复合地基承载力不得小于 110kPa。水泥搅拌桩采用等边三角形布置，桩径 60cm，桩距 150cm，桩底必须进入粗砂层不小于 50cm。搅拌桩固化剂采用 42.5 级普通硅酸盐水泥，水泥掺量不得小于被加固土体质量的 12%，桩身水泥土 90d 立方体抗压强度不得小于 2MPa，并在施工时对淤泥质黏土土层增加搅拌次数及增加水泥掺量。施工时应首先铺筑人工砂砾垫层，然后施工水泥搅拌桩，最后铺筑土工格栅及褥垫层。褥垫层采用厚度为 30cm 的人工砂砾层，最大粒径不得大于 20mm。褥垫层顶、底面各铺设一层土工格栅。土工格栅采用双向型土工格栅，要求极限抗拉强度≥45kN/m，断裂延伸率≤2%。

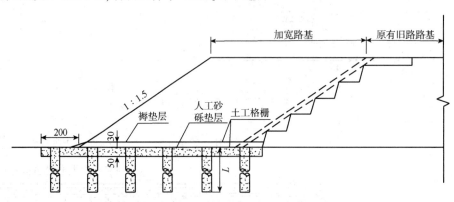

图 4.6-7　复合地基处理形式（尺寸单位：cm）

9）路基排水设计

路基排水设计主要采用防、排、疏相结合的方式，并与路基防护等工程设计相协调。充分考虑工程建设的实际情况和环境的特殊要求，对路基路面综合排水进行系统设计，充分利用自然地形条件，将流向路基及路基范围内的水流，通过设置拦水带、路堤边沟、路堑边沟、纵向盲沟、挖方边坡平台截水沟、急流槽、截水沟、横向排水沟等排水设施，避免污水直接排

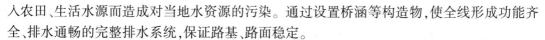

入农田、生活水源而造成对当地水资源的污染。通过设置桥涵等构造物,使全线形成功能齐全、排水通畅的完整排水系统,保证路基、路面稳定。

应充分利用既有排水系统,并进行补充完善。对水源保护区,需设置两套相对独立的排水系统。

路基排水设施有路堤边沟、路堑边沟、挖方边坡平台截水沟、纵向边沟急流槽、路堑边坡急流槽、截水沟、横向排水沟等。各种设施相互配合衔接,形成完善的排水体系。

实例2:安新高速公路扩建工程

为了保证加宽路基与既有公路路基的良好衔接,避免或减少纵向裂缝的发生,安新高速公路扩建工程采取以下技术措施。

(1)基底和路基压实度处理

该项目所在区域地层主要为第三系和第四系松散物沉积层,其物质组成主要为粉质亚黏土和亚砂土,河流两岸地下水水位较高,地基工程地质条件差。因此,必须彻底对基底进行清理、压实及换填,提高路基基底强度,以避免或减小新旧路基间的纵向裂缝。

(2)台阶开挖与构筑

先对既有公路路基边坡进行30cm厚的清坡处理,并在既有公路路基边坡上开挖台阶,台阶底向内倾斜3%,同时自下而上,开挖一阶及时填筑一阶,台阶的宽度为1.5m,并根据不同路基填高在新旧路基结合部位铺设高强度土工格室,土工格室采用钢筋钉固定,钢钉间距台阶部位0.5m,其他部位1.0m。

(3)土工合成材料的应用

路基填高小于4m时,在基底和最上层台阶底部各铺设一层高强度土工格室;路基填高大于4m、小于6m时,在基底、第三层台阶(从基底算起)底部和最上层台阶底部各铺设一层;路基填高大于6m时,在基底、第三、第四和最上层台阶底部各铺设一层高强度土工格室。土工格室从台阶内缘铺设至加宽路基的边坡处,并采用U形钢筋钉固定。

(4)路表水的防治

在设计过程中,在路面与基层顶面之间设置SBR胶砂应力吸收层,可防止反射裂缝的发生,兼作防水层。从设计、施工角度,考虑的路表水处置对策有:

①经过对既有资料和检测资料分析,路况良好、没有病害的路段,设计中可直接加以利用。因调坡需要而增加的填方严格按照新建公路处理。

②针对既有公路路堤填土密实度不够,采用粉喷桩、预制管桩、局部碎石隔栅处理方案,并通过典型路段施工试验分析进行优化。

③针对既有中央分隔带无排水设施,而导致渗水影响路面基层强度的病害,采取补全全路中央分隔带的块石封水系统的处置对策。

④针对路面无排水(散排)系统,采取集中排水和分散排水相结合的排水方式。

⑤通过检测路面基层结构强度,其不能满足设计要求,清除重建。

⑥针对桥头搭板脱空跳车病害现象,根据病害的不同程度,拟采用石灰搅拌桩、粉喷桩、碎石桩等综合处置对策。

实例3:郑漯高速公路改扩建工程

郑漯高速公路改扩建工程采用双侧整体式路基加宽方式,其具体方案如图4.6-8所示。

对既有公路路基边坡按平均 50cm 厚进行清表,清表之后开挖台阶,路基底部第一层台宽为 2m,其余台阶为 1.5m,台阶高度 1m,台阶边缘向路中心侧倾斜 4%,路基内每层台阶底部铺设一层土工格栅,新铺路基压实度应在《公路工程技术标准》(JTG B01—2014)要求的基础上提高 1%~2%。

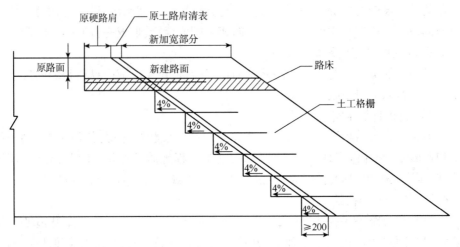

图 4.6-8　郑洛高速公路改扩建工程路基加宽示意图(尺寸单位:cm)

实例 4:扬州西北绕城高速公路工程和京沪高速公路工程

扬州西北绕城高速公路和京沪高速公路结合部采取的措施如下。

(1)在既有公路路基挖成台阶状的基础上,填筑新路路堤。

①对原地面进行清表 20cm,按 87% 压实度要求碾压后,用 6% 石灰土回填,压实度要求达到 93%,路基填土按原设计要求(图 4.6-9)。

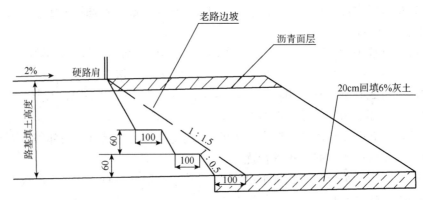

图 4.6-9　台阶示意图(尺寸单位:cm)

注:1.若路堤高度不足 4.0m,底层台阶宽度减为 100cm。2.台阶开挖应保证下面三级台阶宽度,最上层斜坡的坡度不定,只需保证既有公路边坡上部开挖到硬路肩外侧。3.台阶竖直方向挖成一定的斜坡(大致可取 1:0.5),便于分层填土的压实。

②每一级台阶的宽度≥1.0m,台阶应向内倾斜 3%。

③应边开挖边做好防护工作,在开挖的边坡上铺一层防水土工膜,防止雨水渗入,确保路基的稳定。

④填土应分层填筑并提高压实度控制标准，要求路床(0~80cm)和上路堤(80~150cm)压实度达到95%，下路堤压实度达到93%。

(2)在既有公路路基挖成台阶状的基础上，用粉煤灰(掺少量石灰)填筑新路路堤(图4.6-10)。粉煤灰填筑路堤的优点有：

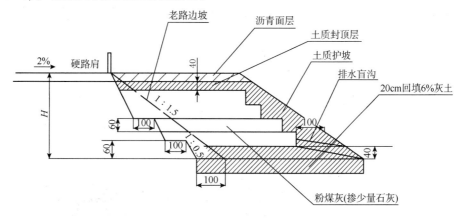

图4.6-10　粉煤灰路堤结构示意图(尺寸单位：cm)

注：1.若路堤高度不足4.0m，底层台阶宽度减为100cm。2.既有公路边坡上部开挖到硬路肩外侧。3.台阶竖直方向挖成坡度1:0.5的斜坡，便于分层压实。

①粉煤灰密度小，最大密度为1.4~1.6g/cm³。用粉煤灰填筑路堤，可以大大降低路堤对地基的荷载，有利于减少地基沉降以及新路堤对既有公路堤的附加压力。在软基路段和高填方路段，这一优点更为突出。

②采用粉煤灰(掺少量石灰)填筑路堤，可以形成一定的强度，从而达到降低路堤本身沉陷的目的。

③粉煤灰(掺少量石灰)具有振动易密性，施工方便，对于压路机难以正常作业的匝道端部特别有利，在靠近匝道端部的死角，可采用小型平板振动器振压，即可达到足够的密实度。

(3)既有公路路基挖成台阶状后，在新路路堤每层台阶底部埋设土工格栅(图4.6-11)。

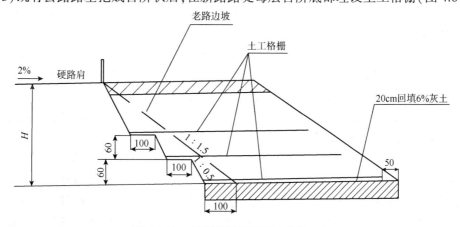

图4.6-11　格栅埋置示意图(尺寸单位：cm)

注：1.若路堤高度不足4m，底层台阶宽度减为100cm。2.既有公路边坡上部开挖到硬路肩外侧。3.台阶竖直方向挖成坡度1:0.5的斜坡，便于分层土的压实。4.格栅一端紧靠既有公路路堤，另一端埋至距新路边坡50cm处。

通过土工格栅和填土之间的摩擦作用,可以改善新既有公路路堤的横向连接,减少不均匀沉降,增加路堤的稳定性。

(4)既有公路路基挖成台阶状后,在新路路基底部埋设土工格栅,格栅上铺设20cm级配碎石垫层(图4.6-12)。由于新旧路基结合部的差异沉降客观存在,20cm碎石垫层作为柔性层和土工格栅共同承受不均匀沉降引起的附加应力,减少对路面的破坏。

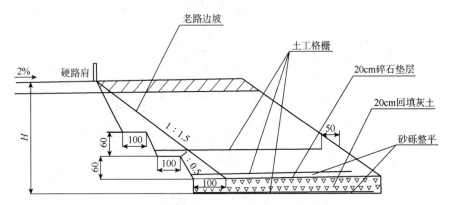

图4.6-12 格栅和碎石垫层示意图(尺寸单位:cm)

实例5:石安高速公路工程

根据石安高速公路具体情况,路基处置采取以下方案:

①拼接路基填筑前清除老边坡表面土层30cm,在清表后的边坡上开挖台阶(台阶尺寸100cm×66.7cm、向内倾斜2%),同时自下而上,开挖一级台阶及时填筑一级台阶。

②新旧路基之间设置土工格栅,路基边坡填土高度小于4.0m,设置两层土工格栅,即拼接路基的底部满铺一层,路床顶部拼接部位铺设一层;路基边坡填土高度大于4.0m,设置3层土工格栅,即拼接路基的底部满铺一层,路床顶部拼接部位铺设一层,路基中部拼接部位铺设一层;路基填料尽可能选用易于压实的填料。

③特殊路基路段,在填筑路基前完成特殊路基处理,路基填筑要求与一般路段相同。

④优先选用符合要求的优质填料,对需要改良的填料通过掺灰等方式进行处理,确保填料强度、压实度满足要求。

⑤新路基边缘加宽填筑0.5m,以利于路基边缘的压实。同时为了提高既有公路路基边缘土方的压实度、确保新路基的压实度,要求采用重型压路机,提高压实功率。

⑥挖方路段设置碎石渗沟排除地下水,提高路基强度。

⑦要先对存在病害的既有公路路基进行处理,提高其压实度、稳定性,再拼接路基。

实例6:哈平路改扩建工程

哈平路改扩建工程采取三项措施:①将既有公路边坡清理并挖成不小于2.0m向内倾斜的宽型台阶,为压路机的压实创造条件,加强对新老交接部位的压实;对压路机不易压到之处,要用小型夯实机械分薄层填筑充分夯实,使新旧路基结合部形成有效的结合;②新路基顶部0~30cm,其压实度增加两个百分点;③新旧路基交接部位,2.0m宽内增加一个百分点。

(1)用粉煤灰(掺少量石灰)填筑新路路堤,如图4.6-13所示。通过采用粉煤灰填筑路堤,可以大大降低路堤对地基的荷载,有利于减少地基沉降及新路堤对既有公路堤的附加压力。在软基路段和高填方路段,这一优点更为突出。

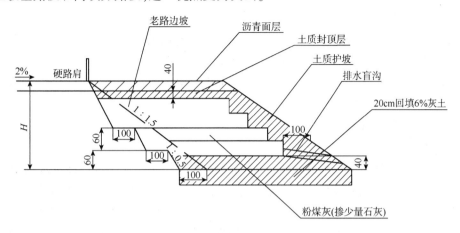

图 4.6-13　粉煤灰路堤结构示意图(尺寸单位:cm)

(2)将既有路基边坡挖成一定宽度的内倾台阶后,沿道路纵向铺筑一定幅宽的土工格栅,使土工格栅一半位于既有路基上,另一半位于新填路基上。既有公路路基挖成台阶状后,在新路路堤每层台阶底部埋设土工格栅,如图 4.6-14 所示。通过土工格栅和填土之间的摩擦作用,可以改善新既有公路路堤的横向连接,减少不均匀沉降,提高路堤的稳定性。既有公路路基挖成台阶状后,在新路路堤底部埋设土工格栅,格栅上铺设 20cm 级配碎石垫层。

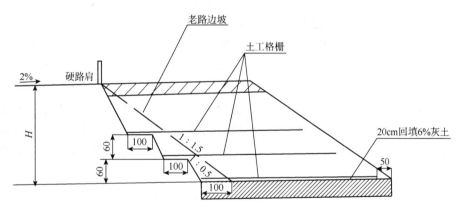

图 4.6-14　土工格栅埋置示意图(尺寸单位:cm)

实例7:黑龙江几个改扩建工程冻胀的防治方法

改扩建工程中新旧路基结合部的台阶高宽比设置原则见表 4.6-2。

台阶高宽比设置原则　　　　　　　　　　表 4.6-2

原(既有公路基)边坡	1:1	1:1.25	1:1.5
开挖台阶坡度	1:1.25~1:1	1:1.5~1:1.25	1:1.75~1:1.5

在七桦公路改扩建工程中,在路基填土较高的路段,基底两侧各 2.0m 设置防冻型 TGSG20-20 型双向 60kN/m 钢塑土工格栅,既有效处置了新旧路基结合部的不均匀沉降,又保证了土工格栅不受到冰冻的影响而减弱处理效果。

绥芬河—满洲里公路改扩建工程在台阶底面全宽范围内采用单向拉伸塑料土工格栅 TGDG 系列,最低抗拉强度 30kN/m,最大拉伸率 5%,效果较好。

大齐公路改扩建工程中,单侧加宽路段采用双层土工网,双侧加宽路段采用双层不透水土工布,取得较好的效果。

不均匀冻胀的处置方法:

(1)换填法

采用非冻胀性材料换填冻胀土,尽量增大路基工作区与地表水或地下水的距离,使其处于干燥状态。若换填路段位于挖方地段,除考虑地表水的排除以外,还应对地下水的分布及埋深进行调查。由于粗颗粒材料的高密度性及其良好的透水性,可保证路基土的含水率及密实程度处于较好的状态,进而延缓寒冷季节的冻结速度,可有效抑制新旧路基不均匀冻胀的发生。根据黑龙江省近年修建高等级公路的经验,要求挖方段在路面以下 0.8m 范围内换填粗颗粒材料,如天然级配砂砾并碾压密实,在寒冷地区路面以下 0.8m 范围内尽可能把强度高、水稳性好的粗颗粒材料填筑在路基上层。

另外,对寒冷地区高等级公路路基加宽,对较高路堤宜将压实度提高 1%~2%,既有利于减少不均匀沉降,又有利于减少不均匀冻胀的发生。

七桦公路改扩建工程中,沿线所经水田地段,采取清除基底淤泥及黏土,换填透水性粗颗粒材料,选择了冻胀性小的碎石土路基填料,对软土地基进行挖淤换填,并保证路基的填土高度,以减少或防止冬季地下水的聚冰冻胀,防止路面出现冻胀开裂、渗水等病害。

大齐公路改扩建工程中,沿线有季节性积水形成的河滩、湿地路段,由于积水较深,采用筑岛围堰方法排水,填筑的砂砾高出常水位 30cm,将水排挤出路基范围,既减少沉降,又解决冻胀开裂问题。

双鸭山至福利屯既有公路改扩建工程 K0+500~K1+500 路段,路基为低填浅挖类型。因该路段受地下水影响,拓宽部位路基土的含水率达 30%,为高液限粉质黏土,不能进行压实且在冻深范围内易产生冻胀,双鸭山盛产碎石土,因此采用碎石土,增强土基强度,减少含水率。

采用砂砾石换填,适用于砂砾料较丰富、单价较低、运输距离较近的地方,换填时,若与以下辅助措施相结合,可获得更好的效果:

①在换填的砂砾石顶面铺设 10~15cm 的聚苯乙烯泡沫保温材料(EPS),防止外部冷量侵入。

②用土工织物把换填砂砾与基底土隔离,防止砂砾石污染。

(2)隔离法

隔离层按使用材料可分为透水性隔离层和不透水性隔离层两类。

透水性隔离层采用碎石、砾石、粗砂或炉渣等做成,其厚度一般为 10~20cm。为了防止淤塞,应在隔离层上面和下面铺设 1~2cm 的泥炭和草皮防淤层。隔离层底部应高出地面水

20cm 以上,并向路基两侧做成 3%~4% 的横坡,与边坡接头的地方要用大块碎砾石铺进 50cm。

不透水性隔离层分为不封闭式和封闭式两种。前者适用于一般路段,用以隔断毛细水;后者适用于地面排水有困难或地下水水位高的路段,用以隔断毛细水和横向渗水。不透水性隔离层所用的材料:沥青含量为 8%~10% 的沥青土或 6%~8% 的沥青砂,厚度一般为 2.5~3.0cm;直接喷洒厚度为 2~5mm 的沥青;2~3 层油毡式塑料薄膜(由于盐类土对塑料薄膜有一定的腐蚀作用,因此在盐渍土地区最好不要使用);复合土工膜,一布一膜即可。

当采用隔温法时,在饱冰冻土及地下冰地段填筑路堤,可设置保温护道和护脚。当靠近基底仍有饱冰冻土层,并且有可能融化时,在填方坡脚一侧或两侧设置保温护道或护脚,以利于路基的热稳定性。保温材料的导热系数越小,其效果越好。

设置保温层及护道,可采用聚苯乙烯泡沫塑料保温板(EPS),它具有自重轻、强度高、吸水率低、隔热性能好、运输方便等特点,是一种良好的道路工程保温隔热材料。保温板能有效阻止因大气升温对路基土层温度场的影响,保证寒冷地区拓宽路基的温度在一个较小的范围内变化。寒冷地区改扩建路基拓宽工程中,路基顶面采用铺设 EPS 隔温层方法,增大热阻,人为隔断由外部环境传向路基的冷热变化,在道路使用年限内使路基温度场处于相对热稳定状态。

(3)稳定土处理法

哈尔滨—伊春公路呼兰境内 K1+000~K2+000 路段,路基顶面以下为高液限黏性土,不受地下水影响,但该土的天然含水率在 25%~30% 内变化。因其含水率大,处于可塑状态,不能压实,达不到路基强度和稳定性要求。根据路基的高度、冻胀影响、土基的工作区、地下水的影响等,设计时将路基顶面以下 50cm 采用石灰土进行换填。石灰土分两层填筑,上层 20cm,石灰剂量为 8%;下层 30cm,石灰剂量为 6%。换填后经跟踪检测其无侧限抗压强度和压实度,检测结果合格。说明应用石灰土换填 50cm,保证了该路基的强度和稳定性。

实例 8:绥满公路大庆至齐齐哈尔段公路二期改建工程

本工程主要针对寒冷地区加宽路堤的设计方案。

(1)单侧路肩边缘对称加宽路堤的设计

①路基填土高度小于 3m 的设计:在加宽一侧的路肩边缘垂直挖除至原既有公路路基底。在基底顶面采取冲击压实 30 遍(三边轮冲击压路机 25kJ)、基底整平后铺设双向 50kN 的土工格栅,然后进行加宽路堤的填筑。在加宽路堤封顶之前,再进行一次冲击压实 30 遍,整平铺设双向 50kN 的土工格栅,每隔 1m 的厚度冲击压实 20 遍。

②填方高度 3~6m 路基的设计:沿着原既有公路的路面边缘垂直下挖 3m,然后再挖 2m 的台阶,下挖至基底,加设 3 层土工格栅。分别在基底、3m 台阶处、路堤封顶处加设,每隔 1m 高度冲击压实 1 次。

③填土高度大于 6m 路基的设计:新旧路基衔接应采取挖大台阶的设计原则:每个台阶高度 2m、宽度按边坡坡率计算一般应为 3m。每隔 3m 设置一层土工格栅。基底顶面、路基封顶各设一层土工格栅。每隔 1m 冲击压实一次 20 遍。基底顶面与路基封顶各冲击压实一次,每次 30 遍。

(2)单侧不对称加宽路堤的设计

①加宽路堤宽度大于既有公路路基宽度的设计:这种加宽方式不论路基的高度多大,均采取挖大台阶的方案。每个台阶高度2m、宽度按边坡坡率一般在3m左右。每填1m高度,采用冲击式压路机补压一次(碾压20遍),每隔3m加设一层土工格栅,基底顶面及路基封顶层各冲击补压一次,每次30遍(25kJ)并设土工格栅各一层。

②加宽路堤宽度小于既有公路路基的宽度设计:这种加宽方式同加宽路堤宽度大于既有公路基宽度的设计方案相同,但是当加宽路堤的宽度小于3m时,应按3m加宽,以保证压实宽度。

(3)双侧对称加宽路堤的设计方案

①加宽路堤宽度大于3m的设计:这种形式应按单侧不对称加宽的设计方案进行设计。

②加宽路堤宽度不足3m的设计:除了按加宽路堤宽度大于3m的设计以外,加宽路堤应保证加宽的宽度等于3m。

(4)双侧不对称加宽路堤的设计方案

这种方案与对称加宽路堤的设计方案相同,但是一侧不足3m宽应按3m加宽。

(5)加宽路堤的基底处置方案

①基底处理回填透水性、水稳定性好的材料的设计方案:应对基底进行承载板测试,满足承载力要求后分层回填,回填宽度满足《公路路基设计规范》(JTG D30—2004)第7.6.0条的规定。同时,基底的处理深度根据地质条件确定,一般旱田、草地、树林等地段要控制在50cm,水田、湿地等地段应大于100cm。基底顶面应进行冲击压实(25kJ)的补压,补压遍数控制在30遍。然后,整平整形后铺设土工格栅。检验评定合格后方可进行路堤的填筑。

②基底处理采取加固措施的设计方案:这种形式的加固处理适用于不能采取回填透水性、水稳定性材料的方式处理的地质不良地段,需要采取排水固结法、粒料桩等形式。在基底处理结束时,在基底表面进行冲击补压(25kJ),冲击遍数为30遍,并设置土工格栅。

实例9:昌樟高速公路改扩建工程

昌樟高速公路改扩建工程通过勘探、室内外试验、现场监测、理论分析等方法手段,进行拼接路基加固技术研究,掌握拼接路基变形沉降规律、适宜的计算方法、差异沉降控制标准。并针对不同地基和不同材料填筑的路基,提出了相应的路基拼接方法。

昌樟高速公路改扩建工程差异沉降标准为:既有公路中心附加沉降增量应小于30mm,拼宽路基计算总沉降小于15cm、工后沉降小于5cm,新旧路基差异沉降小于5cm。

路基拼接差异性沉降控制措施(基底处理和路基增强补压):清表→填前夯实→回填合格素土→冲击碾压→分层填筑路基→拼接缝液压夯增强补压。

昌樟高速公路既有公路硬路肩下路床含水率约20%,远高于最佳含水率12.5%。由于原昌樟高速公路既有公路路床填筑材料以粉质黏土和黏土为主,在透水性差、饱水性高的情况下碾压很难达到路床压实度要求,需对既有公路硬路肩路床进行有效处置。针对项目具体特点,选取对既有公路路床进行翻挖碾压、强夯、掺碎石、掺水泥改良等方法进行试验比较,试验结果及方案对比见表4.6-3。

第4章 路基拼宽问题及处置对策

昌樟高速公路路基处置方案对比　　　　　表 4.6-3

处置方案	换填15cm既有公路铣刨料	液压强夯处理	掺40%碎石处理	掺3%水泥处理	掺石灰处理
技术比较	换填15cm既有公路铣刨料,并未改变15cm以下路堤填土的含水率,在高饱和水状态下,土体强度依然较低,荷载作用下沉降变形较大,又因为铣刨料为散粒体材料,受下承层变形影响较大	既有公路运营多年,路基沉降趋于稳定,由于既有公路路堤多为黏性土,其含水率大,渗透性差,在液压强夯作用下,孔隙水渗出时间长,导致土体中超孔隙水压力不断增大,其抗剪强度反而降低,在荷载作用下出现"橡皮土现象"	掺碎石后,提高土体粗粒组的比例,使得粗颗粒在土中起骨架作用,优化了土体级配,其压实度和强度上升显著,同时有效减少土质收缩应变,防止开裂。	掺水泥后,发生水化等一系列复杂的反应,有效减少了土体的含水率,随着黏土胶粒絮凝,土体强度、刚度不断增加,使土体的承载力、固结特性和压实度得到显著改善,水稳定性和耐干湿循环的耐久性也有所改善,同时,下层土在毛细作用下,土体内自由水上升,与水泥反应,可降低下层土含水率,提高强度	掺石灰后,前期吸水放热反应,有效减少了土体的含水率,提高压实度;后期碳酸化及结晶反应,其强度、刚度进一步增加,改善了土体水稳定性和耐干湿循环性,同时,下层为改良土在毛细作用下,土体内自由水上升,与石灰反应,可降低下层土含水率,提高强度
处理效果	对提高路床压实度和弯沉值影响小	对提高路床压实度和弯沉值影响小	较好改善路床压实度和弯沉值,但受下层土影响大	较好改善路床压实度和弯沉值,并有效降低下层土体含水率	较好改善路床压实度和弯沉值,并有效降低下层土体含水率,但强度提高时间较长
造价	—	—	54.03 元/m³	49.36 元/m³	52.33 元/m³
推荐				推荐方案	

实例10:定魏公路改建工程

单侧加宽路段"低"度路基差异沉降控制方案如下:

(1)对于路基高度小于0.5m的单侧加宽路段取消边坡上的台阶开挖,将既有公路边坡全部挖除至土路肩边缘,如图4.6-15所示。

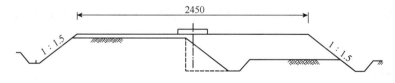

图4.6-15　低路堤新旧路基结合部处置示意图(尺寸单位:cm)

(2)对拓宽路基基底0.3~0.5m深度内进行翻挖回填碾压,提高新建路基基底承载力。
(3)取消新旧路基结合部土工格栅铺设。

方案1:压实处理路段,长度大于1km,采用冲击压实处理拓宽段地基

①对于路基高度小于1.0m的单侧加宽路段,在边坡上开挖台阶时,为增加台阶宽度,将部分既有公路土路肩挖除,确保台阶宽度大于1m。
②对拓宽路基基底0.3~0.5m深度内进行翻挖回填,对新建路基基底冲击压实15次。

③在路基顶面新旧路基结合部铺设防水土工布,铺设宽度为4m,新旧路基各搭接2m。

方案2(路段长度小于1km):采用石灰土处理拓宽段地基

①对于路基高度小于1.0m的单侧加宽路段,在边坡上开挖台阶时,为增加台阶宽度,将部分土路肩挖除,确保台阶宽度大于1m。

②对拓宽路基基底0.3~0.5m深度内进行翻挖,然后掺入4%~6%生石灰回填碾压,碾压方式采用振动压实。

③在路基顶面新旧路基结合部铺设防水土工布,土工布铺设宽度为4m,新旧路基各搭接2m。

方案3:软土地基、差异沉降级别为"中"

①刷坡

既有公路土路肩边坡按1∶1坡率进行刷坡,即挖出△ABC部分土体。

②开挖台阶

自下往上按100cm高、100cm宽的尺寸进行台阶开挖,其中顶级台阶尺寸为80cm高,从顶层算起第二级台阶尺寸(如图4.6-16虚线所示)以高度按$h \geq 20$cm的原则计算得出,若$h \leq 20$cm,则应和顶级台阶并作一级台阶,即顶级台阶高度为(80+h)cm。当开挖第一级台阶(从基底算起)后进行基底处理。

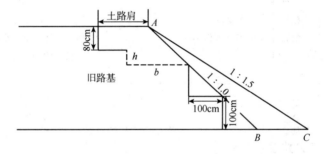

图4.6-16 黏性土路基台阶开挖方式

③基底换填

若天然含水率低于最佳含水率,可以直接对基底30cm翻挖回填后,进行振动压实。若天然含水率高于最佳含水率,应在新路基路基底清表30cm后,换填50cm碎石垫层后进行振动压实。

④铺设土工格栅与防水土工布

路基顶面以下两级台阶上铺设土工格栅,土工格栅宽度为4m,新旧路基搭接宽度分别为3m和1m,路基顶面铺设防水土工布,宽度为4m,新旧路基搭接宽度均为2m。

方案4:软土地基、差异沉降级别为"高"

①刷坡

既有公路土路肩边缘按1∶1坡率进行刷坡,即挖除△ABC部分土体。

②开挖台阶

自下往上按100cm高、100cm宽的尺寸进行台阶开挖,其中顶级台阶尺寸为80cm高,从顶层算起第二级台阶尺寸(如图4.6-16虚线所示)以高度按$h \geq 20$cm的原则计算得出,若

$h \leqslant 20$cm,则应和顶级台阶并作一级台阶,即顶级台阶高度为$(80+h)$cm。当开挖第一级台阶(从基底算起)后进行基底处理。

③基底换填冲击压实

在新路基基底清表 30cm,换填 50cm 碎石垫层后冲击压实 20 遍,台阶内侧的冲击压实的遍数可以少于台阶外侧的遍数,可采用 15 遍。

④台阶界面处理

在各级台阶面进行 20cm 的石灰土处理。即当填筑某一级新路基土达 80cm 时,将其上一级台阶面开挖 20cm,然后掺入 4%~5%生石灰后重新铺到既有公路路基台阶面上,随后在新路路基摊铺 20cm 新路基填土。

⑤铺设防水土工布

路基顶面以下两级台阶上铺设土工格栅,土工格栅宽度为 4m,新旧路基搭接宽度分别为 3m 和 1m,路基顶面铺设防水土工布,宽度为 4m,新旧路基搭接宽度均为 2m。

第 5 章 路面改扩建问题及处置对策

5.1 路面拓宽存在的问题

在公路改扩建工程中,造成改扩建公路路面病害及其主要原因主要有以下几点:

(1)软弱地基处置不当,工后沉降过大会造成路面产生较大的不平整度和纵、横向裂缝,甚至出现错台、断板等病害。

(2)路基压实度不够、强度不足,引起路面产生较多的纵向裂缝(沥青路面)或脱空、断板(刚性路面)。

(3)构造物两端填土压实度不够、强度不足,引起桥头跳车。

(4)雨水进入沥青混凝土面层引起面层网裂、变形和局部松散而形成坑洞;雨水透过水泥混凝土面层渗入并滞留在基层顶面和基层引起冲刷、唧浆,进而导致面板脱空、裂缝、断角、断板等。

(5)新路路面结构层厚度不足、材料选用不当和施工工艺水平低,导致路面平整度差、强度不够,影响服务水平和使用寿命。

(6)既有公路路面不符合新的交通条件,或者存在问题没有调查清楚和处置不彻底,导致既有公路很快破坏。

(7)新既有公路路面接缝处置不当,造成接缝附近产生不均匀沉降、裂缝和错台等。

(8)车辆大型化和严重超载造成公路损坏。

综合而言,路面拓宽出现的路面问题是既有公路路面、拓宽或改建路面本身或对应的地基、路基存在的问题的综合反映。关于地基和路基存在的问题及其相应对策已经在前面两章进行了论述,本章主要讨论路面本身存在的问题及其相应对策。

5.2 路面拓宽设计

如果在公路改扩建中,采用分离式路基或者是新建路基,等同于新建公路的路面设计,其理论和方法相对较为成熟,按照路面设计的相关规范和手册进行设计即可,在此不再进行研究和讨论。本章内容主要研究和讨论公路改扩建设计中的新既有公路路面结构拼接处理方法及其施工技术、既有公路路面的处理与利用、路面排水和防水设计等。

5.2.1 路面设计概述

5.2.1.1 车道划分

对于公路的一般情况而言,如果是单向单车道,不会涉及车道分配问题;对于单向二个车道,一个车道作为行车道(靠右侧车道),一个车道作为超车道(靠左侧车道);对于单向3个车道,一个车道作为重车道(或称货车道,靠右侧车道),一个车道作为小车道(中间车道),一个车道(靠左侧车道)作为超车道。因此,这里需要讨论的车道分配主要是针对单向4个车道以上而言,且单向4个以上车道主要是高速公路,而5个以上车道很少,这里暂不讨论,或者可以参照单向4车道进行划分。

针对高速公路单向4车道,如何进行分车道设计应根据交通组成、车辆行驶特性、既有公路的特点等进行科学合理的规划,几种分车道方案的对比分析如下。

方案一:左起第一车道为超车道,其他三个车道均为行车道,如图5.2-1a)所示。该方案的车道利用率高,驾驶员有较大的行驶自由度,符合多车道高速公路的特点。缺点是大型车混入率较高时彼此超车,容易造成局部交通流紊乱和局部短时堵塞。

方案二:从左至右依次为小型车超车道、小型车行车道、大型车超车道、大型车行车道。该方案的优点是能有效减少交通流中大型车的混入影响,交通量较大时容易形成稳定的车流。该方案的缺点是:由于左侧第二车道是小型车道,而右侧是大型车超车道,有时右侧的车速会超过左侧,形成"右侧超左侧"的表象,驾驶员可能会不适应,如图5.2-1b)所示。

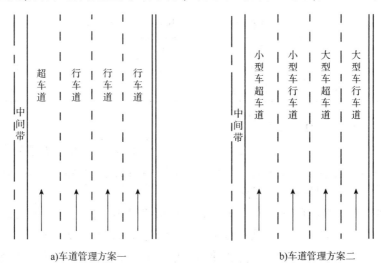

a)车道管理方案一　　　　　　　　b)车道管理方案二

图5.2-1　分车道设计交通组织图

方案三:为解决方案二的不足,根据交通量分析,布置为内侧为客运车道,外侧可为货运车道的分离形式,即不分超车道。这种方式可以基本实现内外各两条车道交通量平衡,但客车道与货车道交通密度仍然有明显的差别。

方案四:从左起第一、二车道作为前方较远方向的直达车道,第三、四车道作为下一出口方向车道。每个方向设超车道和行车道。该方案的最大优点是车辆驶出高速公路无需多次变换车道,驾驶员不易错过出口。缺点是由于交通量分布不均会导致左侧两个车道过饱和,而右侧两个车道车辆较少,车道利用不合理。

以上各方案综合来看,以第一种方案较合适我国的国情和多车道公路的运行特性,为避免大型车辆混入对小客车交通的干扰,建议将方案一中大型车限制在右侧两条车道上,即最外侧车道作大型车行车道,旁边的车道作大型车超车道。同时,小客车在4条车道上可以灵活行驶。这样做既可以使两边的车道交通量平衡,也可以减少车辆驶出出口的误行等问题。目前,扩建后的沪宁高速公路即采用这种交通分流方式,交通组织符合车型分布,运营正常。

也可以不进行车道限制,而对于大货车、拖挂车等大型车辆限制在右侧两个车道。采用这种分车道设计方案会造成在新既有公路路面之间车辆荷载分布差异明显,左侧的第一、第二车道由于限制了大型车的行驶,因此在结构设计时对路面结构的强度要求可相对偏低,从而尽量避免对既有公路的深层次补强,而对于拼宽新建路面部分,由于未来将承受主要车辆荷载作用,需要根据交通量分布进行结构计算,并结合既有公路的破损情况合理选择方案。

在进行路面结构设计时,应根据不同路段新既有公路的交通车型组成、车流量和不同的交通组织(车道分配),计算不同车道的累积轴次和设计弯沉值,计算和设计路面的结构组成和厚度。

本着充分利用既有公路面强度、兼顾病害处理和路面加铺并重的原则。路面改扩建设计中,可以根据预测交通量、上下行方向的不同车型标准,经轴载分析后采用不同的路面结构设计标准,如连霍高速公路郑洛段的路面设计标准如表5.2-1所示。

连霍高速公路郑洛段南北幅设计标准 表 5.2-1

车　　道	设计弯沉值(0.01mm)	备　　注
南幅车道	23.6	行驶中小型车
北幅车道	18.1	行驶大型车

5.2.1.2 我国路面的结构形式

改扩建公路大都是改建为二级以上公路,从我国的公路路面等级划分来说,高速公路和一级公路路面等级都为高级路面,二级公路路面为高级或次高级。高级路面和次高级路面面层均为沥青混凝土路面或水泥混凝土路面。

我国部分高速公路的沥青混凝土路面结构形式见表5.2-2,由表中可以看出,除京津塘高速公路沥青面层较厚外,早期修建的高速公路沥青层厚度一般在12~15cm之间。当半刚性基层由于干缩、温缩出现裂缝后,这种相对偏薄的沥青面层很难抵挡裂缝的进一步扩展,因此,横向裂缝成为我国早期修建高速公路的主要病害。在进行公路改扩建时应针对各自的主要病害形式开展研究。

国内部分高速公路沥青混凝土路面结构形式 表 5.2-2

名　称	面层及厚度(cm)				基层厚度及基层(cm)	底基层厚度及底基层(cm)
	上	中	下	总厚度		
北京—天津—塘沽高速公路	5LH-20I	6LH-30	12LS-35	23	20 水泥碎石	30 石灰土
	4LH-20I	5LH-30	11LS-35	20	20 水泥碎石	28 石灰土
	—	6LH-30	12LS-35	18	二灰碎石	软基处理
		8LH-30	12LS-35	20	二灰碎石	软基处理
上海—嘉定高速公路	AK-13A(B)	—		12/17	46 二灰碎石	20 砂砾

续上表

名称	面层及厚度(cm)				基层厚度及基层(cm)	底基层厚度及底基层(cm)
	上	中	下	总厚度		
沈阳—大连高速公路	4LH-20	5	6LS	15	20 水泥砂砾	砂砾或矿渣
郑州—洛阳高速公路	5LH-20Ⅰ	5LH-30Ⅰ	6LS-35	15	15 二灰碎石	40 石灰土
广州—佛山高速公路	4LH-20Ⅰ	5LH-30	6LS-30	15	20 水泥碎石	25~28 水泥石屑
石家庄—太原高速公路（河北段）	5	—	7	12	18 二灰碎石	20~25 石灰土
	4	5	6	15	22~25 二灰碎石	
太原—旧关高速公路	4AC-16Ⅰ	5AC-25Ⅱ	6AC-30Ⅱ	15	20 水泥碎石或水泥砂砾	26 石灰土或 15 石灰土
济南—德州高速公路	4LH-20Ⅱ	5LH-25Ⅰ	6LH-35	15	26 二灰碎石加水泥	29 二灰土
余杭—杭州高速公路	3LH-20Ⅱ	6LH-30	8LS-35+Ⅰ沥青砂	18	25~30 二灰/水泥碎石	20 级配碎石
上海—南京高速公路	4SAC-16	6AC-25Ⅰ	6AM-25	16	20/25/28/30/40 二灰碎石	40/33/20/18/二灰土(石灰土)
石家庄—安阳高速公路	4SAC-16	5AC-25	6AM-30	15	20 水泥碎石	20 石灰土或二灰土 40 二灰土或二灰砂
南京—南通高速公路	4SLH-20	6LH-30	6BM	16	20 二灰碎石	33 石灰土
沈阳—本溪高速公路	3AK-13B	4AC-20	5AC-25	12	20 水泥砂砾	天然砂砾

5.2.1.3 既有路面性能评价

对既有公路的调查分析，目前常用的方法是按照《公路养护技术规范》（JTG H10—2009）对路面的相关要求进行既有公路使用质量的评价。该评价主要包括平整度、路面破损状况、强度、抗滑性四个方面，并最终按路面综合评价指标 PQI 分为优、良、中、次、差五个等级，见表 5.2-3 和表 5.2-4。

沥青路面评价指标体系　　表 5.2-3

指标	平整度	破损	强度	抗滑性
调查内容	IRI	DR	L_0	SFC 或 BPN
评价指标	RQI	PCI	(P)SSI	SFC 或 BPN
综合指标	PQI			

路面综合评价标准 表 5.2-4

等级	优	良	中	次	差
PQI	≥85	85>PQI≥70	70>PQI≥55	55>PQI≥40	<40

然而对于既有公路改扩建项目,只按照养护标准进行相关指标的检测还显得不够。很多公路在通车以后养护作业频繁,如果只是根据现行规范对道路的现状进行常规检查,仅从IRI、DR、L_0、SFC、PQI 等指标上很难反映既有公路面的特性,还应对既有公路进行现场踏勘,调查旧公路的路面病害及其分布,并需结合历次养护前检测报告或每年的检测报告进行分析,进行既有公路路面钻芯取样,分析其各层材料特性和力学强度并开展现场试验,进行分层检测,客观、准确评价既有公路各结构层的力学特性以及厚度,进行客观全面的评价,以确定合适的既有公路利用方案。

5.2.1.4 改扩建路面设计原则

1) 改扩建公路路面的设计原则

改扩建公路路面的设计原则为:

(1) 各行其道,各司其职

在进行任何路面设计首先应充分考虑服务对象,反映到结构设计上也就是考虑交通荷载特性。公路改扩建后由于其行车断面增宽和行车道增多,使得路面上的交通流会发生较大的变化。从国内外工程经验上来看,原则上应保证小型车辆的高速行驶,大中型车辆在外侧车道内行驶。这就需要对各车道的性能要求区别对待。在进行既有公路路面设计时,应根据对既有公路的检测评定,充分利用既有路面强度,结合对未来交通流的判断进行加铺或补强;同样,对于公路拼宽新建部分也应针对其以后的交通流特性、交通组成、轴载特性进行合理设计。因此,可以采取按交通量、破损情况和累积车流量等进行分幅分车道独立设计。

(2) 上下搭接,左右协调

从路面设计角度上,应分析拼宽公路路面部分搭接与否,在行车荷载作用下其应力、应变会发生什么样的变化,以及各种搭接方式、层间处理方式对路面结构力学响应的影响,从而为改扩建工程路面设计提供理论基础和设计依据。同时,在材料和结构选择上应该充分考虑改扩建工程的特殊性,做到新既有公路路面的合理搭配,以及路面结构、路基的协同变形,从而最大限度地避免或减少裂缝的发生。

(3) 物尽其用,低碳环保

充分利用既有公路路面结构,减少铣刨量。随着再生技术的不断发展和应用,路面再生技术及改作他用的技术已日趋成熟,再生料的性能和利用率已有长足进步。改扩建工程会产生大量的废旧料,如果翻修中的铣刨材料被废弃,不仅需要占用宝贵的土地资源进行堆放,也会对周围环境造成很大的污染。减少对有限资源的开采,合理利用路面结构和刨铣的路面废料,既能解决废料对环境的污染问题,又能降低工程成本和土地占用,满足交通可持续发展的要求。在进行公路路面的改扩建设计时,必须解决好既有公路路面结构和刨铣路面废旧料的再利用问题。

(4) 既有公路面病害彻底处置

加强对单点病害处理,防止处置不佳出现加铺层早开裂。

2)不同类型路面改扩建的设计原则

不同类型路面改扩建的设计原则如下。

(1)沥青路面的加宽设计原则

①沥青路面加宽方案应根据既有路面的交通量、道路等级及线形等确定。如既有道路线形不需改善,且路基较宽,加宽后路肩宽度大于50cm时,可在既有道路的基础上直接加宽;如既有道路因线形较差,需改善,设计时应尽可能利用既有的沥青路面,在此基础上先加宽路基,再加宽路面。

②如果路面的横断面为整体断面形式,沥青路面加宽采用的材料、结构宜与既有沥青路面相近。加宽的基层强度不低于既有沥青路面的基层强度,宜采用压实性、透水性均较好的材料。若路面断面的形式为分离式,加宽部分所采用的结构和材料可以不同于既有公路路面。加宽部分的路基强度、稳定性及路面厚度应按相应的设计规范的规定进行计算确定。

③加宽时必须处理好新旧路基的纵横向衔接,对于软土地基高路堤加宽还应对新路基进行加固处理,待固结沉降稳定后方可进行路面加宽施工,避免加宽路面出现非均匀沉降。

④路面基层需加宽时,除对既有路面作全面调查,对加宽部分按新建路面进行调查、设计,其结构强度宜与既有路面基层相当或者更高。路面基层的加宽,应按就地取材的原则,结合既有路面基层材料的利用,合理应用旧结构,选择好材料,进行组合设计。

⑤当路基加宽宽度小于1m时,加宽的路面或基层压实质量不好控制,不宜采用双侧加宽而应采用单侧加宽的方式;单侧加宽也包括因线形的约束只能在一侧进行加宽的情况。单侧加宽时必须调整既有路面的路拱横坡。

⑥当加宽路面处于路线平曲线位置时,应按技术标准的规定,根据需要设置相应的超高和加宽,如原来未设置的,应结合加宽设计补设。

⑦加宽以后的路基应保证既有路面排水系统的完善,在必要时对既有路面的排水系统进行重新设计和施工。

⑧对处于不良地质条件及特殊地区的道路加宽,应采取措施对原地基进行处理,使其有足够的强度和稳定性。

⑨加宽路面的基层和面层,必须进行材料试验和配比设计,试验方法和设计方法应符合规范的有关规定。

(2)水泥混凝土路面的加宽设计原则

①新加宽基层材料应与既有公路面基层材料相一致或更好。为防止由于新路基的压缩沉陷而造成路面板下沉,新路基高程应略低于同一断面既有公路路基高程。新旧路基横坡应相同,以保证路面基层的排水。

②路面基层应稳定,尽量两侧相等加宽。对两侧不相等加宽的路面如差值超过1m,须进行调拱。在弯道上加宽应设置超高。加宽混凝土面板的强度、板厚、路拱、横缝必须与原混凝土面板相一致。板块长宽比应为1.2~1.3。由于加宽部分的混凝土面板较窄,不宜采用大型机械,可采用小型机具施工。

③水泥混凝土路面加宽方案应根据既有路面的交通量、道路等级及线形等确定。如既有道路线形不需改善,且路基较宽,加宽后路肩宽度大于50cm时,可在既有道路的基础上直接加宽;如既有道路因线形较差,需改善,设计时应尽可能利用既有的水泥混凝土路面,在此

基础上先加宽路基,再加宽路面。

④加宽的基层强度不低于既有水泥混凝土路面的基层强度,宜采用压实性、透水性均较好的材料。若路面断面的形式为分离式,加宽部分所用的结构和材料可以不同于既有公路面。加宽部分的路基强度、稳定性及路面厚度应按相应的设计规范的规定进行计算确定。

⑤加宽时必须处理好新旧路基的纵横向衔接,对于软土地基高路堤加宽时还应对新路基进行加固处理,待固结沉降稳定后方可进行路面加宽施工,避免加宽路面出现非均匀沉降。

⑥当加宽路面处于路线平曲线位置时,应按技术标准的规定,根据需要设置相应的超高和加宽,如原来未设置的,也应结合加宽设计补设。

⑦加宽以后的路基应保证既有路面排水系统的完善,在必要时要对既有路面的排水系统进行重新设计和施工。

⑧对处于不良地质条件及特殊地区的道路加宽,应采取措施对原地基进行处理,使其有足够的强度和稳定性。

5.2.1.5 沥青路面形式的比较与选择

目前,高等级公路常用的沥青路面结构主要有我国常用的半刚性基层沥青路面、国外常用的全柔性基层沥青路面、最近几年国内应用较为广泛的复合式基层沥青路面以及起源于 20 世纪 80 年代的新型材料薄型沥青混凝土路面。以下针对拼宽新建段路面方案对这 4 种路面结构进行对比分析。

(1) 半刚性基层沥青路面

半刚性基层沥青路面是我国长期以来使用较为广泛的路面结构形式,这种路面结构基层强度高、承载力大,在层间完全连续的条件下主要由半刚性基层承受应力,同时随着龄期的增长强度也会不断增长。半刚性基层在我国有着成熟的设计、施工方法和施工工艺,同时由于便于就地取材,能减薄沥青层厚,造价较低,初期投资较少。但是,由于半刚性基层会发生干缩、温缩裂缝,这些裂缝在行车荷载作用下会逐渐反射到沥青路面形成反射裂缝。此时如果不进行及时养护维修,路表水通过裂缝渗入半刚性基层会在行车荷载作用下形成较大的动水压力而不断冲刷半刚性基层和沥青面层,使其发生水损害,加剧半刚性基层和沥青面层的破坏。

目前,针对半刚性基层存在的这一问题,国内常采用的措施是通过加强半刚性基层的材料组成设计,缓解开裂和增强半刚性材料的抗冲刷性,或者是加厚沥青层延缓反射裂缝的向上发展。这些方法均取得了一定的效果,如我国早期修建的京津塘高速公路,沥青层厚度普遍达到 20cm,沪宁高速公路在改扩建时,大部分路段也将沥青层厚度增加到 20cm 以上,从实际使用情况来看,在一定程度上缓解了半刚性基层反射裂缝的发展。

(2) 全柔性基层沥青路面

全柔性基层沥青路面的基层采用沥青稳定碎石、级配碎石等柔性材料,而不采用水凝性稳定材料。因为基层刚度较弱,所以称之为全柔性基层沥青路面。国外高速公路基本上采用这种路面结构。柔性基层沥青路面与半刚性基层沥青路面相比,最大的优势在于避免了半刚性基层开裂造成的反射裂缝的缺陷,路面出现病害也只需在表层进行补强罩面,不需要对基层进行"开膛破肚"式的维修。同时,由于基层材料与面层材料物理力学特性相似,使得在受力时应力和变形更为协调,整个结构的变形协调性及对变形的适应性更强。另外,施工时由于都是沥青类材料不需要进行养生,施工也更加方便、快捷;便于养护维修,具有良好的服务性能和较长的使用寿命。

但由于此方案为全厚式沥青路面,沥青层比较厚,因此国内在应用中普遍担心夏季高温天气下是否容易出现车辙变形。事实上,如果能够保证柔性基层的压实,在行车荷载作用下导致的沥青混合料失稳而产生的车辙变形完全可以控制。这一点在沪宁高速公路进行的环道试验和国外应用中可以得到印证。因此这种结构也是国外长寿命路面设计中的典型结构。

这种路面结构的设计指标和控制指标不同于国内常用的弯沉、层底拉应力,而主要是沥青层层底拉应变和路基顶面压应变。这也是由这类结构材料的力学特性所决定的。因此在设计施工中往往对路基顶面回弹模量有较高要求,一般在80MPa以上。

目前,我国柔性基层沥青路面的使用经验还较少,尚缺少大规模应用,同时对其设计指标、施工过程控制指标都还缺少研究和实践经验。

(3)复合式基层沥青路面

复合式基层沥青路面结构,是我国最近几年为解决半刚性基层沥青路面反射裂缝而出现的介于半刚性基层沥青路面与全柔性基层沥青路面之间的一种路面结构。这种结构采用柔性基层(沥青稳定类材料)作为上基层,半刚性基层(水泥稳定类材料)作为下基层,让二者优势互补,充分利用半刚性材料具有较高强度和承载能力的优点,节约初期投资,同时柔性基层的存在使半刚性材料层位下降,改善了其受力条件,并且对半刚性材料层反射裂缝起到缓裂和止裂的作用。

采用复合式基层可以有效抑制半刚性结构层裂缝向上的发展,从而减少沥青路面横向反射裂缝的数量和开裂程度。

(4)薄型沥青混凝土路面

薄型沥青混凝土是一种断级配、密实型混合料,属于骨架-密实型结构。起源于20世纪80年代的新型路面材料,凭借其良好的抗滑、减噪、防水功能,在国外已经广泛使用,国内也得到初步的应用,薄型沥青混凝土主要运用于路面预防养护和既有公路改建。薄型沥青混凝土具有抗滑性能好、厚度小等优点,广泛运用于高等级公路、市政道路的新建和养护。

薄型沥青混凝土路面对于重载交通,4.75mm以上的集料含量在75%以上,同时小于0.075mm的填料通常也要达到10%,而级配范围在0.6~4.75之间的含量仅有10%左右。采用SMA-13+RA抗车辙剂作为BRT车道面层级配,最佳沥青含量0AC=6.23%。

5.2.1.6 路面改扩建设计方法

1)改扩建中既有公路路面的处理方案

改扩建公路的既有公路路面结构改造设计,根据既有公路路面检测评定结果可以分以下四种方案:①既有公路直接加铺面层方案;②既有公路面层洗刨方案;③既有公路基层铣刨方案;④既有公路挖除重建方案。

路面改扩建设计分为新建路面设计和既有公路补强设计中,在路面改扩建设计中还要考虑路基路面排水设计,以下分别进行阐述。

(1)新建路面设计

在公路改扩建工程中,如果既有公路改建或路基高度提高较多,既有公路路面结构无法继续利用,或既有公路被废弃另择新线时,应按新建公路路面的设计方法和规范进行路面结构设计。在上述路段中,如既有公路路面的材料质量较好,最好将其挖出加以利用。

(2)既有公路补强设计

如果新路与既有公路路线相同或相近,且既有公路的路基高度基本不变,只在既有公路路面上铺筑改建路面结构,且既有公路路面的结构基本完整时,则应考虑利用路面结构层及其厚度,可按既有公路补强进行设计。当既有公路的路面宽度不足时,其加宽部分应按新建公路路面进行设计,并保证与既有公路补强设计后的路面具有相同或更高的强度及稳定性。

(3)路基路面排水设计

公路排水系统是公路设计的重要组成部分,需在对既有公路路基路面排水系统详细调查分析的基础上进行路基路面的综合排水设计,对既有公路的排水系统进行合理恢复和改造,并结合改扩建工程的实际,进行路基路面排水系统的补充设计,确保公路不受雨水的侵害。

利用既有公路路线作为改扩建后的路线时,如果路基加高的数值大于路面面层厚度而小于路面结构设计厚度,且既有公路弯沉值满足要求时,可以直接加铺碎石调平层和路面面层;加高的数值大于路面结构设计厚度且在1m之内时,若分层压实度能满足规范要求,则将既有公路路面凿毛直接填筑后铺筑新的路面结构层;若分层压实度不能满足规范要求,则应将既有公路路面结构挖除后铺筑新的路基填土和路面结构层;若加高的数值大于1m时,将既有公路路面表层的油污等除去后,分层填筑、压实路基填土再铺筑路面结构层。

2)路面纵坡的调整

(1)路面调坡按左、右侧纵坡分别进行设计,根据路面现场所测高程(罩面顶高程)进行纵坡拟合。

(2)为了尽量利用既有公路路面,原则上尽量减少路面调纵坡后相对罩面顶高程的拟合高差,填挖高差在-1~+2cm范围时原则上不铣刨,既有路面予以利用。

(3)路面纵面设计时兼顾既有公路路面横坡改建需要。路面调纵坡前必须核对既有公路路面原横向坡度,要求改建路面(原既有公路路面)和新建路面均按同一横坡控制,超高路段按设计横坡确定;当原既有公路路面横坡小于设计值时,可适当抬高路面纵坡,当原既有公路路面横坡大于设计值时,可适当降低路面纵坡,尽量控制既有公路行车道在原既有公路路面罩面高程上抬高-1~+2cm范围内。

(4)桥头原伸缩缝处高程不变,作为纵坡调整的控制点,桥面铺装按既有纵面进行施工,不考虑纵面调整,保证铺装厚度的稳定。

3)改扩建中沥青路面的设计方法

沥青路面基层加宽设计前应对既有路面进行详细的调查和测定,设计时应注意以下几点:

(1)对既有路面应进行全面的技术调查,逐段分析技术状况,并根据有关加宽或补强的要求,综合考虑路线纵坡、与桥涵通道等构造物的衔接、路基的防护与加固、路面排水系统、环境保护、绿化等因素后再进行设计。设计应符合相关规范的技术规定。

(2)基层加宽部分的处理。加宽部分应按新路基路面结构设计,将既有路面分段实测的计算弯沉值 L_0 作为加宽部分的设计弯沉值;根据调查、测试土质和路基干湿类型,确定土基的回弹模量 E_0;依据不同材料的模量按新建路面的设计方法设计加宽部分的基层厚度,使之与既有路面强度一致或更高。

根据各路段既有公路路面实测的计算弯沉值按格拉布斯准则进行可疑值剔除,剔除后各路段既有公路路面的计算弯沉值按《公路沥青路面设计规范》(JTG D50—2017)中改建路面的既有路面当量模量计算公式得出既有路面当量模量,再根据既有路面当量模量计算路面补强厚度。

(3)既有路基宽度符合要求,路面宽度不够时,宜在双侧加宽;路基窄,加宽路面宽度不够时,应先加宽路基或采用护肩石的办法,再加铺基层;砂石路面作为路面基层时,如其强度和水稳定性不足,应进行补强设计。中湿、潮湿路段,应铲除砂土磨耗层。对既有公路的病害或破损应采取措施进行处置。

(4)在既有道路上加宽或补强时,因既有公路压实度太差、强度低,要首先采用重型压实或夯碾设备对既有公路进行全面的压实处理,使其符合规定的压实度要求后再进行加宽或补强;补强部分的设计和施工应符合有关规定和要求。

4)沥青路面加宽设计要点

(1)沥青路面双侧加宽设计要点

如既有公路路面的路基较宽,路面加宽后路肩宽度大于50cm时,可直接加宽;如路基较窄,不具备加宽路面条件的路段,应先加宽路基;如路面边缘坚实,可随即加宽路面,否则应待路基稳定后,再加宽路面。路面双侧加宽应采用两侧相等的加宽方式,如图5.2-2所示。对不能采取两侧相等加宽的路面,如加宽差数在1m以下时,不必调整横坡,可按图5.2-3所示进行加宽设计。若两边加宽差超过1m时,必须调整路拱横坡,可按图5.2-4所示进行加宽设计。

(2)沥青路面单侧加宽的设计要点

由于受线形和地形条件限制必须采用单侧加宽时,可采用如图5.2-5所示进行加宽设计,加宽一侧须设置调拱三角垫层。调拱三角垫层应按所用材料的要求满足一定的厚度规定,以避免在加宽面层和旧面层之间形成薄夹层,同时注意三角垫层与上下路面结构层的联结。

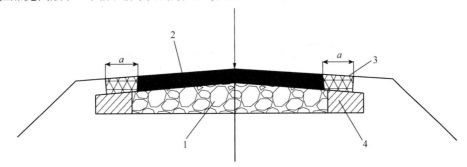

图 5.2-2 两侧相等的加宽路面

1-原基层;2-既有公路面;3-加宽路面;4-加宽基层

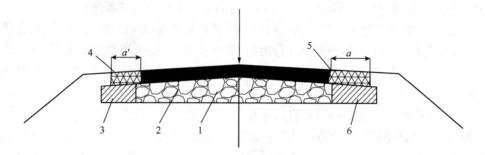

图 5.2-3　两侧不相等的加宽路面(不调整横坡)

$a-a'<1m$ 时不调拱

1-原基层;2-既有公路面;3-加宽基层较窄;4-加宽面层较窄;5-加宽路面较宽;6-加宽基层较宽

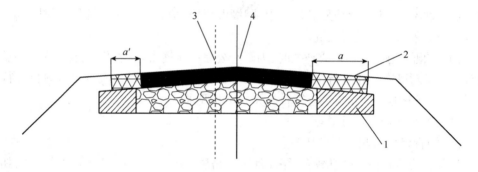

图 5.2-4　两侧不相等的加宽路面(必须调整横坡)

$a-a'>1m$ 时必须调拱

1-加宽基层;2-加宽面层;3-既有公路路拱;4-新铺路拱

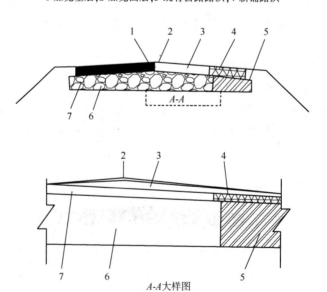

图 5.2-5　单侧加宽路面

1-旧路拱中心；2-调拱后拱中心；3-调拱三角垫层；4-加宽面层;5-加宽基层;6-旧基层;7-旧面层

5)沥青路面拼接设计时需注意的问题

(1)新既有公路路面的结合

路面底基层与路基的交界面铺设高强度土工格栅材料,既有公路路面边部各结构层均挖成台阶状,基层顶面洒铺封层油,新既有公路路面接缝处设置玻璃纤维网,各层面间均设黏层油。在新既有公路路面相接处,其面层下设置开级配水泥稳定碎石排水层,通过此排水层,将渗入既有公路路面结构内的水排至新建部分的级配碎石底基层并排出。

(2)路面高程与横坡的接顺

待扩建路基趋向稳定后,再对新老路面进行一次全面的沥青罩面,在扩建路面上加铺上面层。由于既有公路基的不均匀沉降和路面的多次修补,既有公路路面实际纵断面高程与其设计值存在很大偏差。依据既有公路设计高程设计的扩建路面高程已不能作为控制施工的依据,必须根据实际情况做适当调整。

①对既有公路高程全面详细测量,根据测量结果核实原设计高程并作调整。调整原则是新路面与既有公路路面接缝两侧同高,保证路面排水畅顺。对高差在3cm以内的路段暂不调整纵断面设计,但新路面内缘高程与既有公路路面接顺;高差大于3cm的路段应修正设计,重新拉坡。

②若既有公路路面严重不规则变形,新路面高程和横坡无法迁就调顺时,就按设计高程局部修整既有公路路面,新路高程不变。

③全线路面高程和横坡的最终调整留待既有公路翻修罩面时一次调坡成形。

(3)新老公路路面纵向裂缝的控制和处理

①对于路面基层已经铺设完的路段,进行沉降观测,沉降速率稳定在3mm/月以内方可铺设面层。

②对基层已经出现的裂缝,缝宽大于5mm的采用压浆处理,压浆强度2.0MPa;缝宽小于5mm的采用水泥浆或沥青灌封,防止观测期间雨水渗入路基。

③将既有公路路面边缘60cm宽范围内呈疏松状态的沥青混凝土面层和水泥稳定基层挖除,在新路面施工时一同回填压实,结合前述在路槽跨施工缝设置土工格栅的措施,增强路面整体性。

(4)既有公路路肩的处理

通常在原既有公路路肩位置不设底基层,路面拓宽后将成为主车道,故应挖除重建。但在挖除的实施过程中会对既有公路的正常运营带来安全隐患,故挖除并非良策。在拓宽设施中,对既有公路路面进行弯沉检测,并收集路面加铺资料。若累计路面厚度和弯沉值达到设计要求,则不再挖除;若弯沉值达不到要求,则采用竖向、水平向钻孔注浆的方法进行处置。

(5)既有公路路面利用的处置

如果在既有公路路面上铺设新路面,设计前应对公路改建项目既有公路路面状况进行详细调查。由于既有公路路面以下结构层的综合弹性模量和压缩比与新建公路部分不一样,如果对既有公路不进行处理,直接在上面铺筑结构层,极易引起错台、纵向开裂和其他病害。因此,应对既有公路路面进行破除或处置,然后仔细检查下面结构层弯沉和强度是否满足对应新建结构层标准,达不到要求应继续往下处理,直至满足强度和各项指标为止。为适应公路改扩建后交通量要求,对公路路面进行补强设计时,为预防新老基层结合处裂缝向沥青路面反射,可以采取在新路基层与既有公路路面底基层、基层结合处切台阶,并在基层顶面铺设土工格栅,然后撒封层料、铺筑沥青面层的方案。为了最大限度地利用既有公路资源,设计时可对新建加宽(包括既有公路挖补路段)和既有公路分别采用不同的路面面层、基层厚度设计。

6)在公路改扩建设计中,各种既有公路状况的处置对策

(1)原既有公路路面处理原则

原既有公路路面出现下列情况之一者要铣刨既有公路罩面、上面层及中面层,或者翻修既有公路原罩面层和全部沥青面层,并按调坡后的路面高程重新加铺沥青混凝土面层:

①既有公路路面表面出现坑槽、凹陷、网裂、疲劳裂缝等病害的路段;

②路面破损严重,100m范围内修补面积超过15%的路段;

③路面横向裂缝连续、间距小于15m的路段;

④路面出现松散麻面,细集料剥离严重的路段。

(2)基层补强原则

路面如出现(1)中的4种情况的任何一种或几种,一般情况下路面基层都会有病害,要求在面层铣刨后对基层状况进行现场评定,出现下列情况之一需挖除重建:①基层松散;②基层成块状(边长小于2m);③横向裂缝连续且间距小于10m的路段。

(3)底基层翻修原则

底基层原则上不翻修,个别点视需要确定。

(4)路基地基处置原则

对于部分路段土基处于潮湿状态或基层松散导致弯沉值超限,必须先进行处置后再进行路面处置或铺设。对路基、地基弯沉值超限的处置可采取注水泥浆或局部挖出换填等方法进行处置。各种既有公路状况的处置对策如下。

①经过既有资料和检测资料的分析,路况良好没有病害的路段,设计中可直接加以利用。因调坡需要而增加的填、挖方应严格按照新建道路处理。

②针对既有公路堤填土密实度不够,可考虑采用粉喷桩、预制管桩、局部碎石隔栅等方法进行处理,并通过典型路段施工试验分析进行优化设计。

③针对既有中央分隔带无排水设施,而导致渗水影响路面基层强度的病害处理,考虑补全中央分隔带的防排水系统。

④针对路面无排水(散排)系统,考虑采取集中排水和分散排水相结合的排水方式。

⑤通过检测路面基层结构强度不能满足设计要求的,应清除重建。

7)公路改扩建工程中的路面排水设计

(1)路面内部防排水

①在新建路面拓宽部分设置排水基层,不仅可以将滞留在路面结构内的水分迅速地排除道路结构以外,而且路面内部排水基层可以起到防止基层裂缝向上反射的作用,改善路面的使用性能。在底基层下面宜增设由级配碎石上垫层和中粗砂下垫层组成的排水垫层,并在超高路段设置纵、横排水盲沟,以消除既有公路基长期积水对新路的影响,延长路面的使用寿命。

②对路肩排水予以加强。目前,国内的大部分公路在进行路肩边缘排水设计时,均采取在纵向盲沟上加设纵横向排水管的形式排除路面结构内部水分,通过在纵向盲沟中填筑碎石的形式,把集水沟里面的水从路基范围中排出。

③对封层和透层进行设置。

通过喷洒透层沥青在基层顶面,能使面层和基层之间的黏结性得以增强,从而使基层不容易受水渗入。

在完成基层顶面透层沥青的喷洒之后就可以进行防水下封层的设置工作,通常情况下,下封层都是使用乳化沥青封层或稀浆封层。

④对密集配细料式上面层加以选择。

使用SUP-13或者SMA-13密集配细料式沥青混凝土上面层,能使沥青面层的渗透性得以弱化,从而使雨水渗入量能减少。

(2)路表面排水设计

①将路面横坡予以恢复

在车辆荷载作用下,既有公路路面行车道部位的路面横坡要比设计的横坡小,甚至在某些路段出现路基边缘高于行车道中心部位的情况,在进行改扩建之时需将路面横坡加以恢复,使路面横坡在2%以上,从而便于路面水的迅速排出。

②排水明沟

这种形式施工方便,可以通过采用摊铺机预制拼装一次成形的形式,使排水明沟与路面形成一个整体。

③土路肩硬化

土路肩硬化能将路面降水迅速排出,从而避免由于路面积水而对行车产生影响。这种形式施工和后期养护都非常方便,并且行车视线也非常好,但是这种形式会对边坡形成冲刷作用,因此在进行防护时的要求就相应比较高。

④排水盲沟和植草结合

这种形式能将路面水迅速排出,从而避免由于路面积水的形成而对路面造成影响,它不仅施工非常方便,并且对土路肩进行植草防护能起到非常好的绿化美化效果。但这种形式需对路肩草进行及时养护,不然排水效果就会降低,再加上由于路面排水会对边坡产生冲刷作用,所以在进行防护时也有很高的要求。

(3)中央分隔带的排水设计

按照规范要求,在进行高速公路和一级公路的设计时都需进行中央分隔带的设置。中央分隔带表面排水通常有两种形式:一是把中央分隔带的顶面做成抛物线形式,在拱起土上种草,从而使雨水下渗能尽可能地减少;二是对中央分隔带进行填土夯实,并使用现浇水泥混凝土的形式进行封面。假如在中央分隔带并未进行填土夯实,可以采用现浇混凝土对其进行封面处理。假如在中央分隔带的表面并未对防水层封面加以使用,而是通过进行回填土绿化的形式来进行排水,这就会使得雨水容易沿着回填土下渗,如不能将这些水分加以排除,就必然会造成水分渗入路基路面结构层中,使得路基路面的强度在某种程度上降低,为此须进行中央分隔带的内渗水排除系统设置。

在改扩建工程中,假如中央分隔带处于新建部位,要按照新建中央分隔带来加以考虑。

假如中央分隔带处在既有公路部位,在进行分隔带设置时就包括不开挖既有公路路面与开挖既有公路路面两种常见形式。横向管和集水槽的埋置都需开挖既有公路,它们之间的差别就在于在不开挖既有公路路面的方案中要设置高缘石,并且高出新建路面,在中央分隔带处的种植土深度要稍微浅一些,它限制了防眩树的种植。在进行设计时通常是以开挖既有公路作为主要方案,部分项目会采取不开挖既有公路的方案。

利用中央分隔带进行横向管和排水盲沟的设置,在如下一些部位的适宜范围之内可以采取横向排水管和纵向碎石盲沟相结合设置的形式:

①沿中分带两侧各挖一定深度的槽或在中分带底部中央设置一个槽,用碎石回填并压实,槽周围用反滤织物进行包裹,渗入中分带的水进入空隙较大的碎石层,并沿竖向汇流到层底的集水管,通过横向排水管排出路基界限以外,从而保证路基的强度和稳定性不受影响。

②在凹形竖曲线的底部,包含平坡两端最低处。先将横向管设置在最低点,然后再在它前后 3~5m 的部位设置一道横向管。

③在中分带的开口处或者桥涵处,在上游最低处设置横向管,同时在合适的位置增加一道横向管。

④在纵坡过长的情况下,应在一定距离内设置横向管出水口,并进行醒目标示,以便于养护。在横向出水口遇到困难之时,可以考虑沿着合成坡方向进行设置。在条件允许的情况下,如果中分带要渗水,水便能沿着中分带排入桥涵中。

(4)超高段的排水设计

在进行中央分隔带的设计中,为将超高路段的路面水排出,需进行超高排水设施的设置,通常状况下有如下两种形式:

①纵向排水沟

此方案是通过将纵向排水沟设置在超高内侧边缘带内的方式,让超高外侧的路面水能流进纵向排水沟,然后通过集水井将其从路基中排出。这种方式排水通畅,并且能确保行车的安全性;但此方案的工程造价非常高,特别是在利用既有公路的情况下,需要对既有公路路面进行大量开挖,通常情况下此方案会在扩建之后路面车道汇水量比较大或者车道数大于 4 时使用。

②漫流

在对路面进行改造之后,假如路面的汇水量不多,应尽可能避免对既有公路进行开挖,以减少工程造价,此时可采取漫流的形式来进行超高路面的表面排水。在路面行车道比较宽,并且水量汇集面积比较大的情况下,容易在超高段路面的内侧产生行车水雾,从而对安全行车产生影响。此时,可通过如下方案避免:将上侧半幅抬高 1cm,并将下侧半幅降低 1cm,使中分带能够形成排水横坡,方便路面排水;对超高段的过渡中心线加以旋转;在超高段内侧处进行易滑标志的设置。

8)长寿命路面的应用

在我国公路改扩建工程中,宜以长寿命半刚性路面作为实现路面可持续发展的方向之一。长寿命半刚性路面既能满足重载交通的需要,又可节约很多资金。

朗特认为这种长寿命路面与按 AASHTO 设计指南设计的常规路面相比,两者有显著差别(图 5.2-6)。

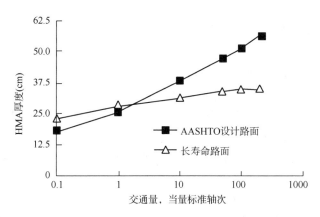

图 5.2-6　长寿命路面与 AASHTO 设计路面的比较

长寿命路面使用的路面结构为：3.8~7.6cm 面层，磨耗层用 SMA、OGFC（开级配磨耗层）或 SUP（高性能沥青面层）；联结层用高模量沥青混凝土，其厚度随需要而变；抗疲劳层厚 7.6~10cm。

9）既有公路中分带处理

既有公路中分带处理有两个方案：①全线拆除既有公路中分带，在其上铺筑面层并作为行车道使用。②选择在互通式立交前后地带将既有公路中分带封闭处理，其他路段保留既有中分带。

5.2.2　既有沥青混凝土路面的处置与利用

1）既有沥青混凝土路面的原则性处理方式

对于既有沥青混凝土路面的原则性处理方式主要有 3 种：全线路面结构新建、保留基层或底基层、根据实测资料分段进行处理。

（1）路面新建

此方案是指全部挖除既有既有公路路面，然后在既有路基上重建新路面。该方案存在如下优缺点：

①优点

全线路面结构将形成统一整体，彻底解决后期因既有公路路面的破坏引起的后顾之忧，同时也避免新老公路路面的搭接不当而引起的纵向裂缝，方便整体施工、减少后期的养护维修费用、路容美观，为后期的运营创造良好的路况环境。

②缺点

对全线的路面进行挖除重建，势必将满足要求的部分路段也进行挖除，会造成不同程度浪费，大大增加了道路改扩建的工程造价；在改扩建施工期间将全线阻断交通，给行车和"保通"带来不便。

（2）保留基层或底基层

此方案保留既有既有公路路面的基层或底基层部分，面层部分新建。该方案具有如下优缺点：

①优点

可以部分利用既有路面的结构层。

②缺点

某些路段的面层尚处于良好的使用状态,把原本经过简单补强措施处理就能继续利用的面层全部挖除,会造成一定程度的浪费。

该方案必须建立在对既有公路路面进行全面、合理检测评价的基础上,除了路表检测外还需逐层进行取样分析试验,确定各路段、各结构层的强度和疲劳状况。该方式工作量大、技术难度高、影响因素多(包括交通量、气候、水文地质、工程地质、检测方式、检测标准、钻芯取样的代表性等)、施工工艺复杂、交通组织困难。

(3)根据实测资料分段进行处理

在根据实际检测资料进行分析论证的基础上,对于既有公路路面分段采取不同的处理措施是比较切合实际的。该方案实际上就相当于将既有路面视为一条刚竣工的路面,首先按照改扩建工程拟定设计年限内预测交通量所确定的设计弯沉作为竣工验收弯沉值对既有路面的实测弯沉值进行评价,然后根据评价结果进行处理,具体处理如下:

①弯沉检测合格

如果弯沉检测合格(即评定路段实测弯沉的代表弯沉值≤竣工验收弯沉值),那么再看其他参数如抗滑、平整度等是否满足要求。这时即使有个别参数不能满足《公路工程质量检验评定标准　第一册　土建工程》(JTG F80/1—2017)的有关要求,只要采用罩面、再生等措施就能恢复其使用功能。

②弯沉检测不合格

如果弯沉检测不合格(即评定路段实测弯沉的代表弯沉值>竣工验收弯沉值),这说明既有路面的整体强度不够,而此时很难准确判断究竟是哪一个结构层存在缺陷,考虑到改扩建工程的重要性,为了稳妥起见,可对既有路面全部挖除新建;如果可以通过一定的检测措施判断是面层存在问题,可以只清除面层,即置换面层;如果是基层的问题,应该把面层和基层一并进行清除处置;如果是底基层的问题,应该把整个路面进行清除、新建路面。

如果地基有不均匀沉降而导致路面破损或弯沉值达不到要求,应先对地基进行处理。如果地下水或地面水水位较高,采取疏干排水或抬高路基进行处理;如地基软弱,则应对原地基进行处理加固。

如路基压实不足,则应进行夯实、压实或注浆处理。很多路基和地基存在问题的情况下,路基会产生不均匀沉降,而使得水稳基层与下部底基层之间出现脱空,在荷载作用下极易导致路面断裂或破碎,因此在路基和地基存在问题的情况下,需将既有公路路面结构层及原水稳基层全部铣刨,全部新铺。

2)沥青面层可能的处置方案

对于一般路段的既有公路沥青面层,可能的处置方案有以下几种。

方案一:直接加铺,进行补强设计;

方案二:铣刨全部沥青混凝土层,进行补强设计;

方案三:铣刨罩面层和上面层,进行补强设计;

方案四:铣刨罩面层、上面层和一定厚度的中面层,进行补强设计。

第5章 路面改扩建问题及处置对策

方案一考虑分车道设计,后期既有公路部分主要行驶小型车,对路面强度要求相对较低,因此直接进行加铺设计主要是为了恢复路表性能,保持新既有公路路一致。该方案不需要对既有公路进行大规模铣刨,仅需对部分路表病害进行处理即可开展加铺作业,具有工程造价低、施工时间短、对交通干扰小、容易进行施工组织的特点。但是,这种处理方式也具有明显的不足,一方面,由于直接加铺对于路面病害产生的原因并没有进行针对性的有效处理。在这种条件下,路面下部层间接触条件没有得到改善,在荷载作用下,根据下层层间的不同接触状态路面结构受力复杂,部分路段很可能在短期内出现沥青层开裂的病害。同时由于加铺层不会太厚,导致沥青层上部一定厚度范围内混合料偏细(罩面层和原上面层),而这一区域正是路面结构抵抗车辙变形的重要区域,在持续高温条件下,车辙病害可能会重新发生。另一方面,由于加铺层较厚,对路面纵坡影响较大,且会增加部分桥梁恒载,增加旧桥加固成本。

方案二是针对既有公路病害情况进行的相对深层次处理方式。在沥青路面的病害与层间接触条件变差有直接关系的情况下,该方案将既有公路沥青层完全铣刨,重新摊铺沥青面层,可以通过加强施工控制,做好透层,以加强沥青层与半刚性基层之间的连接。同时在各沥青层施工时通过控制黏层施工质量,采取防止层间污染等措施使各沥青层之间完全连续。从而在根本上改善路面的受力环境,同时也消除了既有公路沥青混合料级配、沥青选择等方面的先天不足。但是该方案对既有公路的施工扰动较大,可能会使原半刚性基层受到冲击而发生进一步破坏。如果在施工中发生此类情况,还需对半刚性基层进行进一步挖除。同时由于铣刨深度较大,会导致对交通干扰大、施工周期长、造价相对较高等不利情况。

方案三只铣刨既有公路罩面层和上面层,重新进行加铺层设计。该方案可以在一定程度上消除既有公路面出现病害的原因,并通过选择合适的沥青混合料满足改扩建通行要求。在部分裂缝位置只是罩面层和上面层发生开裂,既有公路路面中下面层相对完好、层间黏结状态良好的情况下,只铣刨既有公路罩面层和上面层,对既有公路进行补强设计,通过选择高性能沥青混凝土,并严格控制层间黏结条件,改善沥青层受力条件。该方案对于既有公路沥青层与半刚性基层分离路段而言不能使问题得到彻底解决。当既有公路交通量相对较小,且没有重载交通作用,沥青层仍能满足强度要求的情况下,可采用分车道设计。同时,该方案对既有公路基层扰动较小、铣刨层相对较薄、施工周期较短。

方案四铣刨至原路面中面层。该方案考虑是在方案三基础上往下继续铣刨至中面层,在一定程度上消除了既有公路路面病害产生的原因,同时避免了路面高程的抬高。但是此方案由于对既有公路路面中面层进行铣刨,会对中、下面层及沥青层与半刚性基层产生一定的扰动,从而使层间接触条件更加恶化。同时由于进行等厚度重铺,对既有公路的补强作用不明显,仅起到改善混合料组成、恢复路表功能的作用。

利用铣刨既有公路罩面层和上面层的方案,应对既有公路路面中面层剩余病害按照历年成熟的病害处置方法进行进一步处理,并在进行加铺层施工时认真清理铣刨层表面,撒布黏层油,控制好加铺层与铣刨底面的层间黏结。对于病害的处理,应在施工期间根据铣刨后的病害分布情况,进行动态设计。

可充分吸收多年积累的养护经验进行病害处置,铣刨后对于中面层出现的裂缝病害可采取如下处置措施:对于两侧尚未出现啃边、破碎现象的裂缝,采取开槽注密封胶的方式进行处理;对于裂缝两侧出现一定宽度网裂破碎带的裂缝,应铣刨中下面层至基层顶面,同时对基层顶面裂缝进行开槽灌注密封胶的方式进行处理,再在裂缝两侧铺设宽度为 50cm 的抗裂贴,若基层出现松散破碎,则一并予以挖除并进行填补,具体的处置段和措施应根据铣刨后情况进行动态设计。

对于以前出现的强度检测不足路段,在改扩建时根据点弯沉确定处置段,推荐采取铣刨既有公路基层重新铺筑路面结构的方式进行处理。

3) 根据实测资料分段处理的一些考量

在既有公路弯沉值满足要求,且路面较为完好的情况下进行公路改扩建设计时,对既有公路既有路面可不进行开挖,直接在上面铺筑路面进行补强设计即可,这主要基于以下考虑:

①桥下净空为加铺设计提供可能性;
②施工工期较短,交通影响最小;
③路基趋于稳定,减少对路基的扰动;
④旧料难以利用,环境影响大;
⑤直接加铺造价相对较低。

若对既有公路路面按照大修的方法处置,应以既有公路路面的实测弯沉值为基础,反算路面当量回弹模量,按照规范中的路面补强厚度计算方法进行加铺厚度计算。如在进行沈大高速公路改扩建设计时,采取对既有公路既有路面不进行开挖、直接补强的方案,方案具体如下:

①当原路面路段代表弯沉值 L_0<50 时,路面采用 17cm 沥青混凝土进行补强,个别代表弯沉值小于 30 的路段,补强厚度为 9cm。其主要作用除了提供强度之外,还用于找平既有公路路面的纵横坡度。

②当原路面路段代表弯沉值 L_0 在 [50,120] 时,在原沥青面层上加铺 28cm 水泥稳定砂砾半刚性基层,新沥青面层与加宽部分一起铺筑。其中,水泥稳定砂砾半刚性基层找平层的厚度最小为 10cm,然后再与新建路面一起铺筑 18cm。

③当原路面弯沉值 $L_0 \geqslant 120$ 时,在原沥青面层上加铺 35cm 水泥稳定砂砾半刚性基层,新沥青面层与加宽部分一起铺筑,施工时采用的工艺同上。

④由于原路硬路肩沥青面层强度与行车道的不同,并且硬路肩没有经过行车碾压作用,因此在设计中考虑将既有路面硬路肩的路面全部挖除,铺筑新路面。

4) 路面纵向裂缝的养护维修

通车后若路面出现纵向开裂应及时进行处置,以防止因路表水渗入路面而造成结构层更严重的损坏,使路面功能得到及时恢复,并延长面层的使用寿命。①加强观察。裂缝出现后,及时用热沥青等灌缝材料封闭裂缝,防止雨、雪水下渗。②对缝宽大于 4mm 且已稳定的纵向裂缝,沥青路面则铣去原沥青面层(宽度一般在 50~100cm),将基层顶面的裂缝进行灌缝处理,洒黏层油后恢复面层,混凝土路面则可采用条带修补或更换混凝土板的方法,与沥青路面相同,需对基层的纵向裂缝处理后恢复混凝土面层。③针对裂缝宽度大于 4mm,并且裂缝还在继续发展的情况,则在裂缝处开挖至基层(开挖宽度大于 50cm),将基层裂缝用热沥青灌缝处理后在基层表面均匀涂刷黏合剂及改性沥青,加铺 2~3 层土工布 [土工布之间需涂刷(如改性沥青等)黏结材料],土工布宽度在缝体两侧不小于15cm,再重新铺筑面层。对基层有明显损坏的,或路基严重不稳定的,则可采用钢筋混凝土结构取代沿裂缝纵向开挖出的既有公路路面的基层、底基层,从而增加路面基层的抗裂性能,修复后可延长路面的使用期限。

5.2.3 新旧沥青路面的拼接

1)搭接形式的力学对比分析

张婷对路面搭接台阶宽度分别为30cm、120cm、300cm和无搭接形式进行计算分析后,得到以下结论:

(1)对路面面层进行搭接与不进行搭接相比可知,拉应力最大值显著减小,台阶宽度为30cm、120cm、300cm时上层沥青层最大拉应力与不拼接的相比分别减少了45%、39.5%和34.4%。

(2)随搭接宽度增大,上层沥青层最大拉应力出现增长,但增长比例不大,台阶宽度120cm与30cm相比增长10%,300cm与120cm相比增长7.6%。

(3)设搭接路面所承受的应力明显比不设搭接路面承受应力小,因此,设搭接是必要的。

(4)设搭接时,最大拉应力随搭接宽度增大而略微增大,其应力分布随搭接宽度增大变得越来越均匀;最大剪应力随搭接宽度的增大而逐渐减小,至120cm以后变化不大。

综合考虑将拼接宽度设为120~300cm,同时应避免将两道拼接缝置于重车道轮迹带上。另外,应当结合既有公路路况等因素,尽量缩短拼接宽度,减少既有公路挖除量。

2)路面拼接位置确定

(1)主线路面拼接位置确定

如果既有公路路肩和紧急停车带路面抗疲劳性能较差、强度不足或者是厚度不能满足改扩建后的要求,且公路扩建后,既有公路路肩和紧急停车带将位于改扩建后的行车道,将承担车辆通行的任务。改扩建时应将既有公路路肩和紧急停车带沥青路面全部铣刨,铣刨位置以行车道养护台阶进行控制。考虑公路扩建后行车道行车轮迹位置,基层、底基层拼接缝宜设置在靠近拼宽后的行车道中间位置,避免拼接缝受到车载不利影响。

(2)互通匝道路面拼宽设计

若考虑既有公路铣刨加铺,对新老路面的上面层应进行整幅加铺,下面层拼接部位从原硬路肩外侧边缘以内一定距离(如60cm)处开始,高8cm;然后依次为基层拼接台阶和底基层拼接台阶。

匝道利用宽度不足2m时,应对既有公路进行全部挖除按整幅新建;匝道拼接宽度不足3m时,对拼接部分基层、底基层采用C20素混凝土进行回填。

3)既有公路路面的检测

(1)钻芯检测

既有公路路面铣刨前,应对既有公路路面进行钻芯取样,采用深度为80cm的直径15cm的钻芯筒,取样频率为每100m一点(即每2km段落取20点)。对既有公路面层与基层进行钻芯取样,调查各结构层的厚度情况,对于基层的强度而言,主要观察芯样是否完整、有无松散现象,必要时进行芯样的无侧限抗压强度试验。

底基层的强度主要通过现场观察进行判断,在铣刨过程中,通过人工挖掘表面的形式了解灰土底基层的松散情况,必要时进行芯样的无侧限抗压强度试验。

(2)现场观察

铣刨、开挖过程中对各结构层外观情况进行观察,观测的内容为各结构层的厚度、分层外观情况。每20m一断面,采用水平尺配合钢尺测量各结构层厚度,同时记录铣刨后各结构层的表面状况(是否松散,分层是否明晰)并分析其原因。

4)沥青路面的铣刨

(1)根据交通情况,采取分车道铣刨的方式进行沥青路面的铣刨,直接将原沥青路面结构层铣刨完。下部水稳层采用破碎机配合人工挖除。

(2)根据铣刨的工程量确定铣刨机及装运铣刨废渣车辆的数量。在工程量较大时,用两台铣刨机同时施工。装运废渣的车辆应根据运距及铣刨量的大小而定。

(3)当铣刨作业是在车辆不断行的情况下进行时,为保证施工安全、加快施工进度,可采用分车道铣刨的方式开展施工。

(4)在铣刨完毕后,组织人员对铣刨机没能彻底铣刨的底部进行清扫,清除所有的碎裂、裂纹、开裂、松动等损害部位。

(5)铣刨时,应边铣刨边清扫路渣,以利于铣刨机行走、找平。铣刨后,横向边口往往不整齐,用切割机沿边线切割后,人工凿齐,扫除尘土和积水,然后晾干。

(6)铣刨废料一部分运回拌和场,可用作厂拌热再生沥青混凝土材料;多余部分运往指定地点以备他用。

在新既有公路结合处涂刷界面剂,在新旧基层台阶结合部位摊铺前,在拼接侧缝时将人工填补细集料混合料做成三角形再灌注水泥浆;并在基层碾压过程中,在新旧基层拼缝处灌注足够水泥浆,以解决摊铺机螺旋布料器两端大料集中不易压实的问题,保证接缝处拼接密实。

铺筑面层之前在结合处涂刷热沥青,新旧面层拼接采用沥青冷接缝用喷灯加热及涂抹界面剂的方法,保证新旧面层之间的黏结,小型压路机械边角压实。

下承层采用强力吹风机和水洗相结合的方式清扫,确保路面层之间结合的质量。

为防止表层水渗透及减轻反射裂缝,分别在层间铺设聚酯玻璃纤维布和玄武岩玻璃纤维布。

5)路床台阶加固处置

对于底基层铣刨后外露的既有公路路床,必须开展含水率、压实检查。检测的目的在于调查既有公路路床的软弱情况,以确定是否加固及加固工艺,并为后期既有公路改造提供参考。

(1)路基承载力

可通过动力锥贯入仪(DCP)测试路床锤击后的贯入值,根据设计对路基土的CBR要求,按式(5.2-1)推算DCP的要求,判定拼接处路床的承载力情况,对不足段路床采取加固处理。

$$CBR = \frac{405.3}{PR^{1.259}} \qquad (5.2\text{-}1)$$

式中:PR——DCP测试的贯入率(mm/锤击次);

CBR——加固承载比(%)。

(2)压实检查

用 12~15t 三轮压路机将碾压速度控制在 1.5~1.7km/h 进行表层复压,出现松散、起皮要洒水润湿后压实,当出现连续弹簧段,则需掺灰处理,碾压密实达到96%的压实度。

(3)路床加固工艺流程

可采用下列流程进行路床加固:铣刨路床石灰土→取样测定含水率→挖除既有公路湿软部分→底层整平静压→将挖除料回填 10cm→土工格栅布铺设→4%石灰土填筑(石灰掺灰量根据含水率调节)→路拌机拌和→碾压→铺筑。

质量要求:底基层铣刨后外露的路床经过加固处理后,进行压实度、弯沉检测。加固完成后的检测标准与拓宽路床相同。

6)拼接面的处理

为了增强沥青面层抵抗开裂的能力,在路面拼接带附近应采取以下措施:①采用台阶拼接;②在拼接缝位置铺设土工合成材料;③接缝的黏结处理;④拼接施工工艺的控制。

采用台阶开挖拼接主要作用是增大接触面,从而增强接触效果;铺设土工合成材料可以增强抗拉强度,减小裂缝发生概率;对接缝的黏结而言,应根据不同的面层材料采用不同的黏结材料和工艺。在拓宽的路面结构底基层下(路床顶)设置一层土工合成材料(如土工格栅);在新既有公路路面拼接处的中、下沥青混凝土面层之间设置如玻璃纤维格栅等进行连接处理。工艺措施包括:清理接缝表面并粘贴高强度抗裂贴、喷洒黏层油、接缝表面热处理、接缝修整及接缝压实等。考虑到新旧路基沉降的不稳定性和延续性,考虑同时实施中面层和上面层与既有公路路面补强。

7)反射裂缝的防治

我国沥青混凝土路面常用的基层类型是半刚性基层,由于在新旧路基结合部不可避免存在差异沉降,而半刚性基层沥青混凝土路面容易产生反射裂缝,在车辆荷载和降水的作用下逐渐产生更大的路面病害。为防治反射裂缝,目前常用的方法有:

(1)在沥青混凝土路面中设置土工合成材料防裂夹层,即在面层下部或底面采用适合的土工合成材料,既可提高面层的抗裂、防渗性能,还可以对基层或路基承载能力的提高发挥作用;不仅能够相对节省造价和不增加施工难度,而且将有效延长维修周期,破损程度也将减轻。

玻璃纤维格栅具有高抗拉强度和模量,无长期蠕变且热稳定性好,表面经处置后与沥青的相容性、材质的化学稳定性和网格嵌锁集料的作用均较好的特点。因此,当它铺在沥青混凝土面层下部或底面时,通过自身的高抗拉模量能消散裂缝尖端的应力集中,能使面层抗变形能力增强。同时由于它摊铺的面积一般较大,有时是在整路段全铺,面层上轮轴荷载带来的压力、次生弯拉应力、剪力及温度拉应力就会在界面变形相容条件下转由它来承担,并通过它在其覆盖范围内得到扩散,从而使面层抗疲劳强度提高、抗车辙及鼓包能力增强,同时还可减少弯沉值。

(2)提高混合料自身的抗裂强度,如改进沥青混合料设计、在混合料中添加聚酯纤维等。

(3)设置防裂结构层,如沥青碎石等。

8)新旧路面高程的选择

搭接时路面高程可以采用既有公路的设计高程,也可以选用新路面的设计高程,但是纵向和横向高程的搭接必须在中面层以下各结构层逐步调整到位。

9) 路面施工顺序

如果路面在拼接前需进行刨除,应首先进行铣刨,过程如下:铣刨掉既有公路罩面层及原上面层→从既有公路硬路肩边缘内侧一定距离垂直向下开挖至基层下方一定厚度(一般为4cm)→再从既有公路硬路肩边缘内侧一定距离处开挖至下基层下方一定厚度处→从原硬路肩边缘处垂直向下开挖至下基层一定厚度处。

在路基拼接完成后可进行路面逐层的拼接,分别按顺序铺筑:基底→下基层→上基层→下面层→上面层。

10) 路面拼接施工的注意事项

(1) 水泥稳定碎石基层、底基层拼接

①摊铺施工前应在拼接处的老基层顶面、竖向界面喷涂水泥净浆,以提高新老基层的黏结效果。

②新建水泥稳定碎石基层摊铺过程中,应采用细料对拼接缝处补料,防止拼接缝位置空隙率过大、碾压不密实现象的出现。

③新建水泥稳定碎石基层碾压过程中,应安排专门压路机对拼接处碾压,碾压时用钢轮压路机静压,防止压路机振动对既有公路基层产生扰动破坏。

④加强拼接接缝处的保湿养生,以提高接缝处的整体强度。

(2) 既有公路路面基层的处理

如果部分路段既有公路路面破坏较为严重、弯沉值较大,在加宽改建过程中可考虑先对既有公路路面基层采取压浆、挖补等处理措施;然后再进行既有公路路面的补强加铺。

在施工中应根据施工和病害情况进行动态调整,对于局部路段,如果开挖过程中基层、底基层质量较差,可适当对既有公路基层挖除范围进行调整,并报设计部门审核进行特殊设计。

①拼接处既有公路路基层台阶处理

新基层铺筑采用设计高程,而既有公路基层的高程由于局部沉降、薄弱夹层等原因可能与新路基层高程不同,因此,需要将新旧路基层顺接。顺接方法可采用:新基层外侧为设计高程,内侧为既有公路基层高程,由新基层高程逐步过渡到老基层高程上的方法。

②新旧基层层间拼接

新旧基层(为水泥稳定基层)层间应喷洒水泥浆,以增加层间黏结效果。喷洒的水泥净浆水灰比宜为1.2,喷洒的水泥净浆量宜不少于2.0~3.0kg/m²。水泥净浆稠度以洒布均匀为度,洒布长度以不大于摊铺机前30~40m为宜,新水稳层的摊铺施工可以紧跟在水泥净浆洒布之后开展。

另外,在铺沥青面层之前,应在基层上铺筑5mm的乳化沥青稀浆封层,以保证沥青面层与路面基层之间良好结合,保证基层和面层之间不会由于汽车外力的作用产生层间位移。

③新旧基层侧向拼缝拼接方法

在侧向拼缝时使用水泥混凝土界面剂,界面剂涂刷要均匀,并在拼缝侧人工填补细集料混合料。

④碾压

碾压时在距离接缝约50cm处将新铺料碾压密实。然后每次10cm向里碾压,将新铺料不断向接缝处推挤,从而使接缝处嵌挤密实。

⑤用聚酯玻璃纤维布处置上基层接缝

聚酯玻璃纤维布具有很好的防反射裂缝性能,可用于基层拼接缝处理。聚酯玻璃纤维布不但能够吸收一部分应力,而且能有效防止雨水沿裂缝下渗。因此,在水稳基层顶面铺设聚酯玻璃纤维布,并向新既有公路面部分各延伸100cm左右。

(3)沥青面层拼接

面层拼缝的拼接质量直接影响扩建完成后路面的使用性能,新老沥青面层拼接施工过程中应注意以下几点:

①拼接处高程的处理

新拼接路面的纵向、横向高程必须在中面层及以下各层次逐步调整到位,采取既有公路就新路的原则,即新路铺筑均采用设计高程,在接缝处与既有公路顺接。

②新旧面层层间拼接

先清理接缝面,不允许有松动抛撒的集料,做到无灰尘、无污染,台阶面上不应有上层留下来的夹层和杂物。之后喷洒黏层油,要求喷洒均匀,接缝面不露白,不流淌。

在沪宁高速公路改扩建工程中,东南大学开展了相关研究,并通过铺筑试验路,研究了接缝处涂刷乳化沥青后火烤、涂刷乳化沥青、涂刷热沥青后火烤、涂刷热沥青及不进行任何处理5种接缝处理方法的效果,指出乳化沥青和热沥青作为黏结材料效果较好。因此,推荐乳化沥青作为新旧面层接缝的黏结料,并采用冷拼接方式处理新旧面层接缝。

③拼接缝处压实

拼接缝处采用跨缝碾压方法比挤压密实方法更易获得较好的压实度,因此,推荐采用跨缝碾压方法进行接缝处压实,并安排专人在拼缝处人工添补细料以弥补材料离析造成的影响。

④用聚酯玻璃纤维布处置面层接缝

参考国内其他公路改扩建工程成功经验和研究成果,建议在新建路面拼接缝处(即第一个拼接缝位置)铺设聚酯玻璃纤维布,并向新既有公路路面部分各延伸100cm左右。

5.2.4 既有水泥混凝土路面的改造

目前旧水泥混凝土路面改造设计主要有三种类型,即加铺沥青路面改造方案(白+黑模式)、加铺水泥混凝土路面改造方案(白+白模式)和复合式加铺层路面改造方案。

(1)加铺沥青路面改造方案(白+黑模式)

水泥混凝土路面上加铺沥青混凝土设计需要解决的主要问题是防止反射裂缝。一般认为,在水泥混凝土路面上的沥青混凝土加铺层产生反射裂缝的主要机理是因为温度和湿度的变化而产生的水平位移,以及因交通荷载作用而产生的竖向位移差。这两者都发生在的接缝和裂缝处,而且认为水平位移是最不利的。常采用以下方法来减少水泥混凝土路面上沥青混凝土加铺层的反射裂缝:

①设计较厚的沥青混凝土加铺层,使反射裂缝不能穿透主受力层。

②在沥青加铺层的下层采用由开级配沥青碎石组成的裂缝缓解层,使反射裂缝在这一层中延伸足够的高度,耗尽开裂能量,以至于无力再向上延伸。

③在沥青混凝土加铺层上对应旧混凝土面层的横缝位置锯缝和灌缝,引导反射裂缝在指定位置发展,并事先予以封闭。

④加铺层中设置橡胶沥青应力吸收夹层、玻璃纤维格栅或者土工织物夹层。这种具有大应变能力的材料下部只会拉伸,而不会随下层板开裂而开裂,隔断反射裂缝;同时这种材料的高应变梯度又能承受上层约束,向上其拉应变迅速减小,不会使过量的拉应变传递到上层中。

加铺的沥青面层形式多样,但就以往改造经验而言,SMA 沥青混凝土以其具有的抗车辙变形能力强、疲劳耐久性好、透水性小、水稳性好、抗裂性能强(较一般沥青混凝土高 20%~30%)的特点,是既有公路加铺改造的首选,并在国内外诸多实例工程中得以验证,其使用效果良好。

SMA 沥青混凝土是一种由沥青、纤维稳定剂、矿粉及少量的细集料构成的沥青玛碲脂填充间断级配粗集料间隙组成的沥青混合料。其级配为间断式级配,SMA 结构通过其间断级配的碎石骨架在表面形成较大的构造深度,具有很好的抗滑阻力,由于沥青玛碲脂的填充,使其混合料内部的空隙率很小,结构嵌挤密实。

中面层 AC-20 沥青混凝土具有一定的密实度,透水性较小,耐久性好,具有较好的高温抗车辙、低温抗裂能力。众多经验表明,沥青路面的车辙通常发生在中面层,因此,若采用 SBS 改性黏层,性能将会有较大提高。

参照国内外对旧水泥混凝土路面加铺改造的案例,结合公路的路况现状、交通状况、气候特征,按照《公路水泥混凝土路面设计规范》(JTG D40—2011)、《公路沥青路面设计规范》(JTG D50—2017)中有关旧水泥混凝土加铺的设计计算方法,并参考国外较为成熟的设计和计算方法:ARE(Anstin Resarch Engineers)设计方法、美国沥青协会(AI)法、美国工程兵团(COE)和联邦航空局(FAA)法、AASHTO 罩面设计方法,对其加铺结构进行详细的结构分析计算。

方案一:保留既有公路面+沥青面层

此方案中的既有公路路面作为加铺层的基层结构层,路面厚度预计增加 210~240mm。

方案优点:本方案目前是应用最广泛的一种"白+黑"加铺设计,技术成熟,可参考借鉴的经验很多;施工组织较为简单,工期较短;养护期短,开放交通早,便于维护交通;行车舒适性好,平整度高,行车噪声小;路面结构层薄,净空损失较小。

方案缺点:与加铺连续配筋水泥混凝土和沥青面层复合式路面相比,其使用寿命较短,使用后期路面出现车辙,平整度和抗滑性能下降,病害出现的可能性较大;容易产生反射裂缝,目前只有延缓裂缝产生的措施;如基底处理不彻底,会留下质量隐患。

方案适用范围:适用于脱空率和断板率较低,弯沉值较小,接缝传荷能力较好,既有公路路面整体稳定性良好的路段。

方案二:既有公路面断裂稳固+半刚性基层+沥青面层

此方案中的既有公路路面是作为加铺层的下基层结构层,路面厚度预计增加 350mm。

方案优点:此方案也是目前国内应用广泛的一种加铺设计,可参考借鉴的经验较多;加铺层按新建半刚性沥青路面设计,技术成熟;基底处理彻底,基本消除了既有公路路面脱空的情况;加铺半刚性基层增加了路面结构稳定性;养护期短,开放交通早,便于维护交通;行车舒适性好,平整度高,行车噪声小。

方案缺点:路面结构层较厚,净空损失较大;与混凝土面层比较,使用寿命较短,使用后期路面出现车辙,平整度和抗滑性能下降,病害出现的可能性较大;容易产生反射裂缝,目前只有延缓裂缝产生的措施。

方案适用范围:此方案适用于路面整体强度低、断板严重、结构物较少、路基土质不良地段。

方案三:既有公路路面断裂稳固+贫混凝土排水基层+沥青面层

此方案中的既有公路路面作为加铺层的下基层结构层,厚度预计增加340~370mm。

方案优点:结构层中的排水基层,可以大大缩短结构层内的排水路径和排水时间,保持路面和路基处于较为干燥的状态;基底处理彻底,基本消除了既有公路路面脱空的情况;加铺贫混凝土基层不仅提高了路面结构层的强度,还增强了路面结构稳定性;养护期短,开放交通早,便于维护交通;行车舒适性好,平整度高,行车噪声小。

方案缺点:此方案目前国内很少应用,可参考借鉴的经验很少;基层施工养护时间长,工艺质量控制较难,工期较长;面层施工车辆的通行可能破坏透水基层,如灰尘堵塞透水通道等;路面结构层较厚(厚度可能增加340~370mm),净空损失较大;与混凝土面层相比,使用寿命较短,使用后期路面出现车辙,平整度和抗滑性能下降,病害出现的可能性较大;容易产生反射裂缝,目前只有延缓裂缝产生的措施。

方案适用范围:适用于路面整体强度不好,断板严重,水破坏因素多,接缝传荷能力较差,但路基整体强度良好的路段。

方案四:保留既有公路路面+沥青碎石基层+沥青面层

此方案中的既有公路路面作为加铺层的基层结构层,厚度预计增加200~250mm。

方案优点:结构层中的排水基层,可以大大缩短结构层内的排水路径和排水时间,保持路面和路基处于较为干燥状态;路面结构层薄(厚度增加200~250mm),净空损失小;施工工艺成熟,工艺质量控制容易,工期较短;养护期短,开放交通早,便于维护交通;行车舒适性好,平整度高,行车噪声小。

方案缺点:此方案目前国内应用较少,可参考借鉴的经验较少;面层施工车辆的通行可能破坏透水基层,如灰尘堵塞透水通道等;多空隙的沥青碎石基层与空气接触面大,与密级型的相比易老化,降低了耐久性;与混凝土面层相比,其使用寿命较短,使用后期路面出现车辙,平整度和抗滑性能下降,病害出现的可能性较大;容易产生反射裂缝,目前只有延缓裂缝产生的措施;基底处理不彻底,留下质量隐患。

方案适用范围:适用于路面整体强度较好,断板脱空病害较少,接缝传荷能力较好,对结构层排水要求较高,净空受限的路段。

(2)加铺水泥混凝土路面改造方案(白+白模式)

对于加铺水泥混凝土面层结构,主要问题是层间结合的程度,施工时有两种加铺方式:分离式、结合式。新老水泥混凝土路面结合的完善程度决定了路面工作性质。要做到完全结合状态是比较困难的,即使在加铺时能保证完全结合,由于新老混凝土龄期差距太大,收缩、徐变相差悬殊,二者终究要分开,故建议采用分离式加铺方案。

当采用分离式加铺方案时,在新既有公路路面之间可以铺设一层过渡层,可采用2～5cm的沥青混凝土或沥青砂,也可以采用较厚的水泥稳定层。

方案五:保留既有公路路面+连续配筋混凝土面层

连续配筋混凝土路面克服了普通水泥混凝土路面由于横向胀缝、缩缝所引起的各种病害(如唧泥、错台等)及改善路用性能。连续配筋混凝土路面面板纵向不会收缩产生开裂,可以完全不设置胀缝、缩缝等,形成一条完整而平坦的行车表面,改善了汽车行驶的平稳性,同时也增加了路面板的整体强度。在完善处理旧水泥混凝土路面(压浆、换板、断裂稳固处理)的基础上利用沥青混凝土进行调平,然后直接在调平层上以连续配筋混凝土作为面层,路面厚度预计增加220～290mm。通车几年后,可根据情况再加铺沥青混凝土磨耗层。

优点:改善了汽车行驶的平稳性,增加了路面板的整体强度;与沥青路面相比,养护工作量很小,维护费用低,使用寿命长,适用于各种路况;效果可靠,接缝很少,除端头少量胀缝外,基本不设缩缝,行车舒适性好;与沥青混凝土面层相比,亮度高,视认性好,耐磨能力强;增加厚度薄,对净空影响小;原材料供应充足,价格稳定,容易控制造价;可以根据道路运营情况,直接在面层上加铺沥青混凝土等磨耗层。

缺点:单层造价很高;施工工艺复杂;后期面层裂缝多于钢筋混凝土面层;养护期较长,开放时间较晚;无法进行机械摊铺,施工时需侧向布料,施工进度慢,工期长;基底处理不彻底,可能留下脱空等质量隐患;行车噪声大。

方案六:保留既有公路路面+钢筋混凝土面层

钢筋混凝土路面的性能和造价均介于素混凝土路面和连续配筋混凝土路面之间,路面中的钢筋是按照受力条件设计的,因此具有较高的强度和耐久性。在完善处理旧水泥混凝土路面(压浆、换板、断裂稳固处理)的基础上利用沥青混凝土进行调平,然后直接在调平层上以钢筋混凝土面层作为面层,路面厚度预计增加220～310mm。

优点:改善了汽车行驶的平稳性,增加了路面板的整体强度;与沥青路面相比,养护工作量较小,维护费用较低,使用寿命长,适用于各种路况;效果可靠,接缝较少,行车舒适性好;后期面层裂缝少于连续配筋混凝土面层;与沥青混凝土面层相比,亮度高,视认性好,抗滑能力强,耐磨能力强;增加厚度薄,对净空影响小;有类似工程的经验可以借鉴和参考;原材料供应非常充足,价格稳定,容易控制造价;可以根据道路运营情况,直接在面层上加铺沥青混凝土等磨耗层。

缺点:单层造价较高;施工工艺复杂;养护期较长,开放时间较晚;无法进行机械摊铺,施工时需侧向布料,施工进度慢,工期长;基底处理不彻底,可能留下脱空等质量隐患;行车噪声大。

方案七:断裂稳固+透水基层+钢筋水泥混凝土面层

该设计方案是通过采用结构层内排水设计,及时将渗入路面内的水排出,从而大大减少了水破坏。关键是做好既有公路路面顶面的防水,使它成为一层完善的透水基层流水面,防止基层内的水进入既有公路面层。在旧水泥混凝土路面断裂稳固处理的基础上进行防水处理,必要时可利用细粒式沥青混凝土进行调平,然后直接在调平层上铺设透水性基层,空隙率大于20%,最后铺设水泥混凝土面层,预计厚度增加390～430mm。

优点:结构层中的排水基层,可以大大缩短结构层内的排水路径和排水时间,保持路面和路基处于较为干燥状态;基底处理彻底,基本消除了既有公路路面脱空的情况;加铺贫混凝土基层不仅增加了路面结构层的强度,还增加了路面结构稳定性;与沥青路面相比,养护工作量较小,维护费用较低,使用寿命长,适用于各种路况;效果可靠,接缝较少,行车舒适性好;后期面层裂缝少于连续配筋混凝土面层;与沥青混凝土面层相比,亮度高,视认性好,抗滑能力强,耐磨能力强;原材料供应非常充足,价格稳定,容易控制造价。

缺点:此方案目前国内很少应用,可参考借鉴的经验很少;面层施工车辆的通行可能破坏透水基层,如灰尘堵塞透水通道等;增加厚度厚,对净空影响大;单层造价较高;施工工艺复杂;养护期较长,开放时间较晚;面层无法进行机械摊铺,施工时需侧向布料,施工进度慢,工期长;行车噪声大。

(3)复合式加铺层路面改造方案

复合式加铺层路面改造方案结合了刚性路面和沥青路面的优点,利用高强度的刚性结构层作为路面的补强层,提高了路面板的整体强度和路面的整体稳定性,提高了结构承载能力,同时利用沥青面层良好的特性改善了路面表面的行驶性能。

方案八:连续配筋混凝土+沥青面层

既有公路路面作为加铺层的下基层结构层,路面厚度预计增加 300~330mm。此方案关键是解决各路面结构层次的界面连续问题。在断裂、脱空严重路段应考虑采用断裂稳固技术来处理既有公路路面,相反,对于结构较为稳定的路段可以采用传统的压浆、换板等措施保留既有公路路面。

优点:连续配筋混凝土基层大大提高了路面板的整体强度,而沥青面层改善了汽车的行驶性能;与半刚性沥青路面相比,养护工作量较小,维护费较低,使用寿命长,适用于各种路况;基层效果可靠,接缝很少,除端头少量胀缝外,基本不设缩缝,减少沥青面层的反射裂纹,后期面层裂缝少于一般的沥青路面面层裂缝。

缺点:此方案造价高,对道路的净空影响较大,特别是非简支结构的上跨天桥;涉及路面施工的大部分工艺,施工工艺复杂,工序交叉繁多;基层施工养护期较长,开放时间较晚,且无法进行机械摊铺,施工时需侧向布料,施工进度慢,工期长;若采用保留旧混凝土板方案,则基底处理不彻底,可能留下脱空等质量隐患;沥青原材料紧张,市场价格涨幅很大,工程造价难以控制;结构层主要以防水方式解决可能出现的水破坏,一旦水进入结构层,则破坏将迅速发生;如果基层出现断裂等破坏,则维修非常困难,而且费用非常高。

方案九:透水基层方案+钢筋水泥混凝土+沥青面层

本方案考虑了路面结构层的排水问题,而且采用高强度的路面结构层,使用年限长,前期费用很高,但后期运营的养护成本低。

优点:本方案是考虑了路面结构层的排水问题,而且采用了高强度的路面结构层,钢筋混凝土基层大大提高了路面板的整体强度,而沥青面层改善了汽车的行驶性能;与半刚性基层沥青路面相比,养护工作量较小,维护费较低,使用寿命长,适用于各种路况;结构层中的排水基层,可以大大缩短结构层内的排水路径和排水时间,保持路面和路基处于较为干燥状态;基底处理彻底,基本消除了既有公路路面脱空的情况;基层效果可靠,加铺的基层不仅增加了路面结构层的强度,还增加了路面结构稳定性。

缺点:造价很高;涉及路面施工的大部分工艺,施工工艺复杂,工序交叉繁多;基层施工养护期较长,开放时间较晚,施工进度慢,工期长;容易产生反射裂缝,目前只有延缓裂缝产生的措施;增加厚度很厚,对净空影响很大;沥青原材料紧张,市场价格涨幅很大,工程造价难于控制;如果基层出现断裂等破坏,则维修非常困难,而且费用非常高。

(4)推荐方案

①如果从经济实用的角度考虑,建议采用"白+白"方案五(保留既有公路路面+连续配筋混凝土面层),结构层简单,综合造价相对较低,耐久性好,使用年限长,而且还可以根据后期运营情况来进行沥青磨耗层的加铺。

②根据国外沥青路面设计理念与实践,并从路面行车的舒适性角度考虑,则建议采用"白+黑"方案一(保留既有公路面+沥青面层),综合造价较低,路面行车性能舒适,施工技术成熟。

③如果从全寿命周期成本的角度考虑,则采用复合式加铺层方案,如方案八(连续钢筋混凝土+沥青面层)。另外,也可以根据情况分步进行,先采用"白+白"方案五(保留既有公路面+连续配筋混凝土面层),然后根据运营需要再加铺沥青混凝土等磨耗层。

(5)既有公路路面的处理

既有公路路面处理方案的选择依据是脱空率、断板率、弯沉值指标,少量严重情况可考虑采用断裂稳固法,一般情况采用压浆、换板来处理并保留既有公路路面。

以前,对损坏的水泥混凝土路面处理基本有两种办法。一是维持既有公路路面结构形式,仅对损坏的混凝土板块用环氧混凝土或快凝混凝土进行修复;二是改变既有公路面形式,采用在混凝土板块上直接加罩沥青混凝土的办法。这两种办法最不好的一点就是使用期太短,路面修好没几年,就出现裂缝、起皮、碎裂等病害,需要经常维修(也称为打补丁)。

现在,随着社会发展以及用于道路维修的各种新材料、新技术不断出现,对既有的水泥混凝土路面,大多省市都是采用加罩沥青混凝土的办法,广义上称之为"白改黑"。在"白改黑"工程中,最难以解决的就是如何防止出现反射裂缝问题。为此,设计方和施工方想了许多办法,从目前国内控制反射裂缝的情况来看,应用较广泛的办法主要有贴缝法、表处法、破碎法。

贴缝法的主要原理是通过在原混凝土板缝上粘贴各种不同材料,使通过板缝释放出来的地基应力能够均匀分布于路表,延缓由于应力集中而在新加罩的沥青混凝土表面产生反射裂缝。目前在工程中常用的贴缝材料主要有:油毛毡、聚酯玻璃纤维防裂布、自黏性道桥专用防裂胶带、纤维复合橡胶板等。从贴缝法的应用效果来看,除油毛毡效果较差,一般铺设 1~2 年后就会出现反射裂缝,而其他几种材料,基本在 3~5 年后才出现裂缝。由此看出,采用贴缝法不能从根本上消除路面反射裂缝的出现。

表处法是一种简单、快速的处理路面裂缝的办法。一般常用的方法有四种:一是在原混凝土板块上铺设 5~10mm 乳化沥青稀浆封层;二是采用沥青表面处置;三是用 3~4cm 细粒式沥青混凝土罩面;四是用 5cm 改性沥青(SMA)罩面。这几种方法对快速处理路面裂缝非常有效,刚铺设好的路面,如果仅从外观效果来看,与新建的道路基本没有什么差别。但不足的是,它不能准确估计道路使用寿命,只保证短期之内路面的外观质量达到行车舒适性的要求。通常情况下,路面使用一年左右就会出现反射裂缝。采用改性沥青或在原混凝土板顶加设玻璃纤维格栅的路面虽然稍微好一些,但最长的使用寿命也不会超过两年。

破碎法是指将原混凝土板块用镐头机或专业破碎机破碎成最大块径不超过40cm的碎块,然后在其上加罩沥青混凝土。这种方法虽然也可以达到消除反射裂缝的目的,但由于块径尺寸大小不一,非均质,因此,时间一长,在新加罩的沥青混凝土表面很容易产生不规则裂缝。如果雨水通过裂缝渗入路基,整个道路强度就会由此而受到影响。

上述种种因素表明,要想彻底消除反射裂缝,就必须从根本上解决问题,即消除板缝,破坏板底应力集中的条件。为了达到这一目的,可将原混凝土板全部震碎,碾压密实后作为路基的一部分。大量的工程实践证明,采用这种方法的确可以彻底消除反射裂缝,使道路的正常使用寿命得以保证。

5.3 沥青路面补强处置措施

随着我国交通基础建设的快速发展,不少先期建成的路面损坏越来越明显,许多地区的路面达不到设计使用年限,在使用初期即出现车辙、坑槽、开裂、沉陷等破坏,路面使用性能迅速衰减,使用寿命大大缩短,给社会造成了巨大的经济损失。出现这些状况的主要原因是车辆普遍的超载化和重载化,使得路面承受的实际荷载超过设计荷载。此外,还有先期建成路段的设计标准较低及养护维修不及时等原因。这些路段已无法适应目前大交通量的需求,面临着改建、扩建或提升路面等级等问题。

不论是新建还是扩建公路,都要涉及对既有公路路面的处理问题。对路面破损严重的路段一般要把既有路面挖除,然后按新建路面的设计方法重新设计施工。对有中度、重度破损的路段,应视具体情况采取铣刨路面或者进行灌缝、修补坑槽等防裂措施,这部分公路的改扩建工程不会对既有路面进行大的翻修,而仅对既有路面进行再生处理之后铺设加铺层。

5.3.1 路面补强的原则

路面补强处置方案的确定应遵循以下设计原则:
①尽可能利用原则;
②与新路面结构相协调的原则;
③尽可能解决既有公路路面的既有技术问题。

5.3.2 路面处置措施

根据《公路沥青路面养护技术规范》(JTJ 073.2—2001),沥青路面常见病害的维修方法如下。

1)裂缝的维修

在高温季节全部或大部分可愈合的轻微裂缝,可不加处理。在高温季节不能愈合的轻微裂缝,可采用以下两种方法进行处治:

(1)将有裂缝的路段清扫干净并均匀喷洒少量沥青(在低温、潮湿季节宜喷洒乳化沥青),再均匀撒一层2~5mm的干燥洁净石屑或粗砂,最后用轻型压路机将矿料碾压。

(2)沿裂缝涂刷少许稠度较低的沥青。

对于路面的纵向或横向的裂缝,应按裂缝的宽度按以下步骤分别予以处置:

(1)缝宽在5mmn以内:

①清除缝中杂物及尘土。

②将稠度较低的热沥青(缝内潮湿时应采用乳化沥青)灌入缝内,灌入深度约为缝深的2/3。

③填入干净石屑或粗砂,并捣实。

④将溢出缝外的沥青、石屑及砂清除。

(2)缝宽在5mm以上:

①除去已松动的裂缝边缘。

②用热拌沥青混合料填入缝中,捣实。缝内潮湿时应采用乳化沥青混合料。

因沥青性能不好,或路面设计使用年限较长、油层老化等原因出现的大面积裂缝(包括网裂),此时如基层强度尚好,通过技术经济比较,可选用下列维修方法:

(1)乳化沥青稀浆封层,封层厚度宜为3~6mm。

(2)加铺沥青混合料上封层,或先铺设土工合成材料后,再在其上加铺沥青混合料上封层。

(3)改性沥青薄层罩面。

(4)单层沥青表处。

由于土基、基层强度不足或路基翻浆等引起的严重龟裂,应先处置好基层后再重新施作面层。

2)拥包的维修

对于施工时操作不慎将沥青漏洒在路面上形成的拥包,将拥包除去即可。

已趋于稳定的轻微拥包,应将拥包用机械刨削或人工挖除。如果除去拥包后路表不够平整,应予以处置。

因面层沥青用量过多或细料集中而产生较严重拥包,或路面连续多次出现拥包且面积较大,但路面基层仍稳定,则应用机械或人工将拥包全部除去,并低于路表面约10mm。扫尽碎屑、杂物及粉尘后用热沥青混合料重新施作面层。

对因基层局部含水率过大,使面层与基层间结合不良而被推移变形造成的拥包,应把拥包连同面层挖除,将水分晾晒干,或用水稳定性较好的材料更换已变形的基层,再施作面层。

由于基层局部强度不足或水稳性不好,使基层松软而导致的拥包,应将面层和基层完全挖除。如土基中含有淤泥,还应将淤泥彻底挖除,换填新料并夯实。在地下水水位较高的潮湿路段,应采取措施引出地下水,并在基层下面加铺一层水稳性好的材料,最后施作面层。

3)沉陷的维修

因路基不均匀沉降而引起的局部路面沉陷,若土基和基层已经密实稳定,不再继续下沉,可只修补面层,并根据路面的破损状况分别采取下列处置措施:

(1)路面略有下沉,无破损或仅有少量轻微裂缝,可在沉降处喷洒或涂刷黏层沥青,再用沥青混合料将沉陷部分填补,并压实平整。

(2)因路基沉陷导致路面破损严重,矿料已松动、脱落形成坑槽的,应按照坑槽的维修方法予以处置。

因土基或基层结构遭到破坏而引起路面沉陷,应参照"2)拥包的维修"中"由于基层局部强度不足或水稳性不好,使基层松软而导致的拥包"基层处置办法,将基层处理好后再施作面层。

桥涵台背因填土不实出现不均匀沉降的,可视情况选择以下处理方法:
(1)挖除沥青面层,在沉陷的部分加铺基层后重新施作面层。
(2)对上台背填土密实度不够的,应重新作压实处理,台背死角处的压实宜采用夯实机械夯实。
(3)对含水率和孔隙比均较大的软基或含有有机物质的黏性土层,宜进行换土处理。换土深度应视软层厚度而定。换填材料首先应选择强度高、透水性好的材料,如碎石土、卵砾土、中粗砂及强度较高的工业废渣,且要求级配合理。
(4)采用注浆加固处理。

4)车辙的维修

车道表面因车辆行驶推移而产生的车辙,应将出现车辙的面层切削或铣刨清除,然后重新铺沥青面层。在高速公路及一级公路上可采用沥青玛蹄脂碎石混合料(SMA),或SBS改性沥青混合料,或聚乙烯改性沥青混合料来修补车辙。

路面因横向推挤形成的横向波形车辙,如果已经稳定,可将凸出的部分削除,在波谷部分喷洒或涂刷黏结沥青并填补沥青混合料,找平、压实。

因面层与基层有不稳定的夹层而形成的车辙,应将面层挖除,清除夹层后,重新施作面层。

由于基层强度不足、水稳性能不好,使基层局部下沉而造成的车辙,应先处置基层。其方法可参照"2)拥包的维修"中"由于基层局部强度不足或水稳性不好,使基层松软而导致的拥包"的基层处置办法进行。

5)波浪与搓板的维修

属于面层原因形成的波浪或搓板可按下述方法进行维修:
(1)路面仅有轻微波浪或搓板,可在波谷部分喷洒沥青,并均匀撒适当粒径的矿料,找平后压实。
(2)波浪(搓板)的波峰与波谷高差起伏较大时,应顺行车方向将凸出部分铣刨削平,并低于路表面约10mm。削除部分喷洒热沥青,再均匀撒一层粒径不大于10mm的矿料,扫匀、找平,并压实。
(3)严重的、大面积波浪或搓板,应将面层全部挖除,然后重铺面层。

若面层与基层之间存在不稳定的夹层,则面层在行车荷载的作用下推移变形而形成波浪(搓板),应先挖除面层,清除不稳定的夹层后,喷洒黏结沥青,重铺面层。

因基层局部强度不足,或稳定性差等原因造成的波浪(搓板),应先对基层进行处置,再重新施作面层。其处置方法可参照"2)拥包的维修"中"由于基层局部强度不足或水稳性不好,使基层松软而导致的拥包"的基层处置办法进行。

6)冻胀和翻浆的维修

因路基冻胀使路面局部或大面积隆起影响行车时,应将胀起的沥青路面刨平,待春融后按翻浆处理的方法予以处置。

因冬季基层中的水结冰引起冻胀、春融季节化冻而引起的翻浆,应根据情况采用以下方法之一予以处置:

(1) 换填砂粒。

(2) 局部发生翻浆的路段,可采用打石灰梅花桩或水泥砂砾桩的办法加以改善。

(3) 加深边沟,并在翻浆路段两侧路肩上交错开挖宽为 30~40mm 的横沟,其间距为 3~5m,沟底纵坡不小于 3%,沟深应根据解冻情况,逐渐加深,直至路面基层以下。横沟的外口应高于边沟的沟底。如路面翻浆严重,除挖横沟外,还应顺路面边缘设置纵向小盲沟。交通量较小的路段也可挖成明沟,但翻浆停止后,应将明沟填平恢复原状。

因基层水稳定性不良或含水率过大造成的翻浆,应挖去面层及基层全部松软的部分;将基层材料晾晒干,并适当增加新的硬粒料(有条件时应换填透水性良好的砂砾或工业废料等),分层(每层不超过 15cm)填补并压实;最后恢复面层。

低温季节施工的石灰稳定类基层,在板体强度未形成时雨水渗入,其上层发生翻浆的,应将翻浆部分挖除,重作石灰稳定基层或换用其他材料予以填补,然后重作面层。

7) 坑槽的维修

路面基层完好,仅面层有坑槽时的维修:

(1) 按照"圆洞方补、斜洞正补"的原则,划出所需修补坑槽的轮廓线。

(2) 沿所划轮廓线开挖至坑底稳定部分,其深度不得小于原坑槽的最大深度。

(3) 清除槽底、槽壁的松动部分及粉尘、杂物,并涂刷黏层沥青。

(4) 填入沥青混合料(在潮湿或低温季节,宜采用乳化沥青拌制的混合料)并整平。

(5) 用小型压实机具或铁制手夯将填补好的部分压(夯)实。新填补的部分应略高于既有公路路面。如果坑槽较深(7cm 以上),应将沥青混合料分 2 次或 3 次摊铺和压实。

(6) 热补法修补。不用热修补养护车,将加热板加热坑槽处路面,翻松被加热软化铺装层,喷洒乳化沥青,加入新的沥青混合料,然后搅拌摊铺,压路机压实成型。

对交通量较小的路段,在低温寒冷或阴雨连绵的季节,无法采用常规方法,也无条件采用合适的材料修补坑槽时,为防止坑槽面积的扩大,可采取临时性的措施对坑槽予以处置,待天气好转后再按规范要求重新修补。

若因基层局部强度不足等使基层破坏而形成坑槽,可参照"2) 拥包的维修"中"由于基层局部强度不足或水稳性不好,使基层松软而导致的拥包"的基层处置办法进行。

8) 麻面与松散的维修

因嵌缝料散失出现轻微麻面,在沥青面层不贫油时,可在高温季节撒适当的嵌缝料,并用扫帚扫均匀,使嵌缝料填充到石料空隙中。

大面积麻面应喷洒稠度较高的沥青,并撒适当粒径的嵌缝料,应使麻面中部的嵌缝料稍厚,周围与既有公路路面接口要稍薄,定型要整齐,并碾压成型。

因沥青用量偏少或因低气温施工造成的沥青面层松散,应采用以下方法加以处置:

(1) 先将路面上已松动的矿料收集起来。

(2) 待气温升至 15℃ 以上时,按 0.8~1.0kg/m³ 的用量喷洒沥青,再均匀撒上 3~6mm 的石屑或粗砂($5~8m^3/1000m^2$)。

(3) 轻型压路机压实。

作稀浆封层处置,对松散路面进行处理后,再施作稀浆封层。

对于因油温过高、沥青老化失去黏结性而造成的松散,应将松散部分全部挖除后,重新施作面层。

因沥青与酸性石料之间的黏附性不良而造成路面松散,应将松散部分全部挖除后,重新施作面层。重新施作面层的矿料可不应再使用酸性石料。在缺乏碱性石料的地区,应在沥青中掺入抗剥离剂、增黏剂或使用干燥的生石灰、消石灰、水泥等表面活性物质作为填料的一部分,或采用石灰浆处理粗集料等抗剥离措施,以提高沥青与矿料的黏附力,并增加混合料的水稳性。

由于基层或土基软化变形而造成的路面松散,应参照"2)拥包的维修"中的"由于基层局部强度不足或水稳性不好,使基层松软而导致的拥包"的基层处治办法进行基层处置,重新施作面层。

9)泛油的维修

只有轻微泛油的路段,可撒上 3~5mm 粒径的石屑或粗砂,并用压路机或控制行车碾压。

泛油较重的路段,可先撒 5~10mm 粒径的碎石,用压路机碾压。待稳定后,再撒 3~5mm 粒径的石屑或粗砂,用压路机或控制行车碾压。

面层含油量较高,且已形成软层的严重泛油路段,可视情况采用下述方法进行处置:

(1)先撒一层 10~15mm 粒径(或更大的)碎石,用压路机将其强行压入路面,待基本稳定后,再分次撒 5~10mm 粒径的碎石,并碾压成型。

(2)将含油量过高的软层铣刨清除后,重新施作面层。

处置泛油时应注意以下事项:

(1)处置时间应选择在泛油路段已出现全面泛油的高温季节。

(2)撒料应顺行车方向撒,先粗后细;做到少撒、薄撒、匀撒、无堆积、无空白。

(3)禁止使用含有粉粒的细料。

(4)采用压路机或引导行车碾压,使所撒石料均匀压入路面。

(5)如采用行车碾压,应及时清扫飞散的粒料,待泛油稳定后,将多余浮动的石料清扫并回收。

10)脱皮的维修

由于沥青面层与上封层之间黏结不好,或初期养护不良引起的脱皮,应清除已脱落和已松动的部分,再重新施作上封层,所做封层的沥青用量及矿料粒径规格应视封层的厚度而定。

如沥青面层层间产生脱皮,应将脱落及松动部分清除,在下层沥青面上涂刷黏结沥青,并重作沥青层。

面层与基层之间因黏结不良而产生的脱皮,应先清除掉脱落、松动的面层,分析黏结不良的原因。若面层与基层间所含水分较多,应晾晒或烘干,若面层与基层之间夹有泥层,则应将泥砂清除干净,喷洒透层沥青后重新施作面层。

11)啃边的维修

对因路面边缘沥青破损而形成啃边,应将破损的沥青面层挖除,在接茬处涂刷适量的黏结沥青,用沥青混合料进行填补,再整平压实。修补啃边后的路面边缘应与既有公路路面边缘齐顺。

因基层松软、沉陷而形成的啃边,应先对路面边缘基层局部加强后再恢复面层。

应加强路肩的养护工作,保持路肩稳定;随时注意填补路肩的车辙、坑洼或沟槽;经常保持路肩与路面的衔接平顺,并保持路肩应有的横坡,以利排水。

为防止路面出现啃边,宜采取以下措施:

(1)用砂石、碎砖(瓦)、工业废渣等改善、加固路肩或设硬路肩,使路肩平整、压实。

(2)可在路面边缘增设路缘石,或将路面基层加宽到其面层宽度外 20~25mm 处。

(3)在平交道口或曲线半径较小的路面内侧,可适当加宽路面。

12)磨光的维修

高速公路、一级公路抗滑能力降低,已磨光的沥青面层,可用路面铣刨机直接恢复其表面的粗糙度。

路面石料棱角被磨掉,路面光滑,抗滑性能低于要求值时,应加铺抗滑层。

对表面过于光滑,抗滑性能特别差的路段,应作罩面处理:

(1)可以采用拌和法或层铺法施工的单层表面处置,也可以采用乳化沥青稀浆封层。

(2)罩面前,应先处置好既有公路面上的各种病害,若既有公路表有沥青含量过多的薄层,应将其刮除掉后洒黏层油。罩面及封层的技术要求应符合现行《公路沥青路面施工技术规范》(JTG F40—2004)的规定。

5.3.3 旧沥青路面加铺

(1)加铺前旧沥青路面处置弯沉控制指标

对旧沥青路面进行常规病害处理结束后,采用单点实测弯沉指标(根据既有路面检测数据进行数理统计后而得)对全线旧沥青路面进行控制,达到要求后方可施作加铺层,具体指标和处理方法如下:

①单点实测弯沉值小的路段,不进行处理;

②单点实测弯沉值适中的路段,刨铣沥青路面,处理基层,回填基层+沥青下封至既有公路路面(仅在处理土质路基面积较小的路段回填 20 号水泥混凝土);

③单点实测弯沉值较大的路段,刨铣沥青路面和基层,采用与基层相同的材料回填底基层和基层+沥青下封至既有公路路面(在处理土质路基面积较小的路段回填 20 号水泥混凝土);

④采用上述方法处理结束后,施作新路面之前,需对旧沥青路面再次进行弯沉检测,以单点实测弯沉满足要求为标准,对经既有公路挖除处理后单点实测弯沉值不满足要求的路段,采用铺贴玻璃纤维格栅的方法处理。

(2)沥青路面加铺的目的

对于不同状况的既有公路路面加铺是由于以下一个或几个目的:

①加强结构强度以延长使用寿命;

②修复面层外形,以提高行驶质量和路面排水性能;

③恢复因交通而磨光的既有公路路面的抗滑性能;

④恢复磨损、老化面层的美观。

对沥青混凝土加铺层的性能评价包括:结构承载力、行驶质量、平整度和耐久性。

(3) 路面加铺的几种情况

目前国内对加铺前的既有公路路面处理主要分两种情况：

① 保留既有公路路面，是指既有公路路面经过裂缝、松散和变形处理后仍然保持既有的结构整体稳定，具有较高的抗压强度和刚度，并作为加铺设计中的主要承重结构层。

② 在既有公路路面断板、脱空等各种病害损坏严重时，采取断裂或破碎旧混凝土路面，然后再加铺水泥混凝土或沥青混凝土路面的方法。按破碎程度的不同，该方法可分为断裂稳固法和碎石化法。

(4) 加铺方案的设计原则

① 按照科学、可靠、可行、经济的指导思想，尽可能应用成熟技术，确保工程的成功。

② 路面结构内部应按照防排结合的原则进行防排水设计，将路面结构与防排水进行综合设计，尽量防止雨水渗入路面结构与路基内部，排除可能渗入路面结构内部的雨水。

③ 适当提高路面的结构承载能力，以适应交通量的需要，以及超载、重载车辆的影响；综合考虑不同方向各互通区间交通量的大小与轴重的差别。

④ 路面结构方案应方便施工与施工组织，确保交通畅通与交通安全，尽可能采用机械化作业，提高劳动效率与施工速度，减少人工作业环节，保障施工质量、施工进度与人员安全。

⑤ 在满足技术要求（交通量和使用性能）的条件下，按因地制宜、合理选材、节约投资的原则，进行路面结构方案的技术经济比较，选择技术先进、安全可靠、经济合理、方便施工与施工组织的结构方案。

⑥ 尽可能采用较薄的路面结构，减少对沿线交通设施的影响；减少桥梁恒载的增加；减少对天桥净空的影响；减少对软弱地基及高填方不均匀沉降的影响；减少路线纵坡的频繁变化可能造成的路面纵向不平整和行车舒适性降低。

⑦ 路面结构方案应注重环境保护的有关规定，合理安排沥青混合料的拌和站位置，妥善处理旧水泥混凝土破碎块体废料及废弃沥青混合料，保护环境，减少对环境的影响。

(5) 加铺设计方法

《公路沥青路面设计规范》(JTG D50—2017)规定，既有路面破损严重或结构性能不足时，无论采用直接加铺方案还是刨铣至某一结构层再加铺，均应对加铺层进行结构验算，加铺层的设计参数应按新建路面结构确定。既有路面破损不严重或结构性能较好时，采用直接加铺方案或刨铣至某一结构层再加铺时，应同时对既有路面结构层和加铺层进行结构验算，加铺层的设计参数应按新建路面结构确定。对于整体强度符合要求的旧沥青路面，对旧沥青路面局部病害进行维修补强后，换算为一定的有效厚度后，作为加铺新面层的一个结构层。

磨耗层必须具有良好的抗车辙、抗表面开裂、抗滑等性能。采用品质差的沥青混合料作磨耗层时，增加其厚度并不能减小沥青层的车辙，反而可能增大车辙。根据交通条件、环境、当地经验、经济性等，磨耗层可考虑选用 SMA、Superpave 密级配混合料。

如果交通量不大或者货车交通量较低时，采用密级配的 Superpave 混合料较适合，混合料的设计主要考虑车辙、不透水性、抗水损性能以及抗磨耗等要求。为提高路面抗车辙、耐久性及不透水性，采用 SMA 作磨耗层可获得较好的效果，特别是在重载交通道路上。

长寿命加铺层的中间层起扩散荷载的作用，必须保证稳定、耐久。稳定性能的获得可以通过粗集料形成石-石嵌挤骨架结构和采用合适的高温等级沥青胶结料实现。为保证稳定骨架结构能形成较高的内摩擦力,要求采用轧制的碎石或破碎砾石,选择较大公称粒径的集料。如果能形成石-石嵌挤骨架,也可以采用粒径小一些的集料,效果也较好。在进行混合料设计时,宜进行抗车辙等试验。

沥青基层需抵抗在路面荷载反复作用下造成的弯拉应力引起的疲劳开裂,应具有高柔性、抗疲劳、密水性好等特点。从提高混合料抗疲劳性能出发,可以采用较高的沥青用量或者采用改性沥青增加基层的柔性来提高其抗疲劳开裂性能及抗变形能力。采用改性沥青的路面称为耐应变路面,其层底最大拉应变极限值可以提高一些,这样结构相对薄一些。另一方面,采用增加沥青层厚度,以降低沥青层层底拉应变,可以显著提高沥青层的疲劳寿命。当考虑水的影响时,采用高含量沥青混合料能保证其水密性,有利于路面结构的受力。

纵观国外已有或将建的长寿命路面材料和结构形式,面层多采用 SMA,中间层采用较高模量的沥青混凝土。

集料级配组成设计必须采用密级配的骨架结构设计,尽量减小混合料的空隙率;且必须要求集料表面粗糙、棱角性好,针片状含量少,以增强其抵抗疲劳破坏的能力。

作为长寿命加铺层的磨耗层,除了必须具有抗滑、抗车辙等基本性能外,还必须具有抗疲劳开裂、抗磨耗等路用性能。

对于公路扩建工程项目而言,所关心的是沥青路面的使用状况或以下三个指标:①路面结构的承载能力(PSSI);②路面的表面使用性能(PCI);③路表的车辙指数(RQI 或 IRI)。

针对 PSSI 偏低的路段,建议以检测单点弯沉值的测定结果和反算的动态模量为依据,在调查历年养护资料的基础上,对该部分路段进行开窗,即挖除旧沥青面层和基层,然后回填基层和恢复面层。当然,在恢复的过程中,应根据现场状况、施工季节、已有的工程经验、当地的材料等因素合理选择基层、面层结构,一定要保证结构层的承载能力。

对于评价结果中由于 PCI 值偏低而导致评价结果中 RQI 偏低的路段,主要是由于既有路面的表面性能不足而产生的,建议结合检测单位既有公路状况调查的结果,可以采用灌缝、局部挖补、罩面等措施进行恢复。其中灌缝,仅适合于单——条裂缝的位置。如局部已经出现网裂、推移,则必须采用挖补方案,要求挖补到出现破坏的层位。如沥青路面结构本身的状况良好,仅仅是由于沥青的老化、构造深度不够、局部车辙等影响行车安全的因素导致路面使用性能下降,则可以考虑采用沥青混合料罩面的方式恢复其表面功能。

5.3.4 沥青路面大修的方案

沥青路面可采用的大修措施有三种:加铺沥青混凝土面层、加铺水泥混凝土面层和翻修。其中最常见的措施是加铺沥青混凝土面层,这种措施具有方法简单、工期短、造价低、对交通影响小、修复后的路面服务性能好等优点,近年来得到广泛的应用;加铺新水泥混凝土面层的厚度一般不低于 20cm,其造价要高于加铺沥青层,而且该措施的养生期长达 28d,即使掺加了外加剂,也对交通影响很大,难以应用于交通繁忙的路段。同时由于水泥混凝土路面自身的原因,如平整度较难控制,还有断板、错台、接缝破碎、板底脱空等损害,而修复这些损害成本及技术措施都较复杂;至于翻修,一般仅适用于路面破损相当严重,无法加铺沥青层和水泥混凝土层的情况,或路面高程严禁升高的地段,该方法中旧沥青混凝土的清理、运输、废弃均需大量成本,对交通和环境的影响很大。因此,对于重交通沥青混凝土路面而言,其最可行的修复措施是加铺沥青混凝土层。

5.3.5 微表处和稀浆封层技术

对于部分路段产生较为严重的车辙现象,这可以采用稀浆封层和微表处技术进行处理,特别是微表处技术,当然也可以采用薄层罩面的方式进行解决。微表处和稀浆封层作为一种单层摊铺厚度仅 3.2~11mm 的薄层结构,主要具有封水功能、抗滑和耐磨耗功能、填充功能、恢复路表外观的功能。但在使用过程中,应注意:

①路面结构强度不足和出现结构性破坏时,应首先进行补强处理;
②既有公路路面的结构性车辙,或者车辙深度过大时,对车辙应进行预先处理;
③既有公路路面表面太光滑、完全丧失构造深度时,宜采用双层摊铺;
④既有公路路面存在宽裂缝时,应首先进行灌缝处理。

5.3.6 封层和罩面技术

根据工程的实际情况,可采用封层或罩面处理。现对目前工程上所采用的封层或罩面技术阐述如下。

1) 改性沥青混合料罩面技术

在发达国家,改性沥青的应用十分广泛。沥青改性的主要目的有:

(1) 提高沥青的热稳定性,以减轻路面在高温状态下产生的塑性变形,避免出现泛油、拥包、车辙等病害。

(2) 提高沥青的抗裂性能,以减轻路面在低温状态下产生的刚性收缩,避免出现早期冻裂。

(3) 提高沥青的耐久性能,以减轻路面由于高温拌和、摊铺及使用过程中出现的老化现象,造成老化损害。

(4) 提高沥青与矿料的黏附性能,以保持沥青混合料之间的内聚力,防止水分在界面上的浸入,造成遇水剥落损害。

在沥青路面中罩面工程及大修、改善工程中使用改性沥青混合料,应注意以下几点:

(1) 基质沥青的选择。要根据本地的气候条件、沥青面层结构类型、施工方法、施工季节、施工路段的交通条件、价格及来源等因素,选择具体用于改性的基质沥青标号。若从提高沥青路面使用性能的角度出发,在希望提高高温稳定性的施工路段,基质沥青的标号宜为本地同类公路使用的沥青标号;在希望提高低温抗裂性能的路段,基质沥青的标号宜为针入度大一个等级的沥青标号。

(2) 沥青改性剂品种、牌号与掺量的确定。基质沥青选定后,根据沥青改性剂的选择原则,确定沥青改性剂的具体品种与牌号。然后,要对改性沥青进行详细的室内试验,以确定沥青改性剂的品种、牌号和掺量。

(3) 改性沥青混合料技术性能的检验。对于改性沥青混合料,要进行马歇尔试验,以确定合适的改性沥青用量及矿料级配。除了马歇尔试验之外,还要对改性沥青混合料进行车辙试验、弯曲试验、水稳定性等试验,以评价其技术性能。

2) SMA 混合料罩面技术

与普通沥青混合料相比,SMA 混合料的特点:级配设计理论采用间断级配、沥青用量多、粗集料含量高、矿粉用量多、空隙率小、添加纤维稳定剂、配合比设计要求严格等。

SMA 混合料的技术性能非常好,主要有以下几点:

(1)SMA 混合料中粗集料含量高,增加了集料与集料之间的接触面,沥青玛蹄脂部分仅是填充了粗集料之间的空隙,交通荷载主要由粗集料骨架承受,所以即使在高温条件下,沥青玛蹄脂的黏度下降,对这种抵抗能力的影响也会减小,因而 SMA 混合料有着较强的高温抗车辙能力。

(2)由于 SMA 混合料中的粗集料之间填充了足够量的沥青玛蹄脂,它包裹在粗集料表面,即使在低温条件下,随着温度的下降,由于混合料收缩变形使集料被拉开时,沥青玛蹄脂仍具有较好的黏结作用,它的韧性和柔性使沥青混合料有着较好的抵抗低温收缩变形能力。

(3)SMA 混合料的空隙率很小,几乎不透水,混合料受水的影响很小,能够大幅度减少路表水对混合料的浸入,再加上沥青玛蹄脂与集料之间的黏结力强,SMA 混合料的水稳定性很好。

(4)由于 SMA 混合料沥青含量高、沥青膜厚、变形率小,沥青与矿料之间的黏结力很强,混合料的空隙率很小,沥青与空气的接触少,所以该混合料不易发生松散、变形、脱粒等病害,抵抗稳定变化的能力和交通荷载型裂缝的性能均比较好。使用 SMA 混合料,能够提高沥青路面的抗老化性能、耐疲劳性能,其使用寿命大大高于密级配沥青混凝土的使用寿命。

(5)由于 SMA 混合料的高温稳定性比较好,可使路面长期保持稳定而不变形,因而具有较好的平整度和行车舒适性。此外,由于 SMA 混合料压实后表面构造深度大,在雨天行车不会产生大的水雾和溅水,夜间行车会减少行车灯光反射,路面噪声可降低 3~5dB。

SMA 混合料也有其缺点,主要是配合比设计要求较严,不易达到设计指标;对沥青与矿料的质量要求较高;施工难度较大,大量的矿粉不易加到混合料中,添加纤维稳定剂比较麻烦;摊铺、压实工艺比较讲究;初期投资比较大,成本比较高。

可在等级高、交通量大、重载车辆多、使用条件恶劣的公路用 SMA 混合料进行中修罩面,或在大修、改善工程中铺筑上面层。

3) 开级配磨耗层(OGFC)

开级配磨耗层(OGFC)具有高百分比的孔隙率,使水容易经混合料内部的孔隙排出,可显著减轻路面的水漂和轮胎溅水现象,同时可降低路面噪声。这种路面通常主要使用单一尺寸的开级配混合料,以保证有足够的孔隙率。

OGFC 沥青混合料设计有别于传统的沥青混合料,在沥青混合料设计过程中应遵循以下原则:足够数量的"石料"、间断级配、有限数量的黏结剂。

OGFC 改性沥青混合料在生产与铺筑过程中,由于材料特性的影响应注意如下问题:

(1)拌和温度不宜超过170℃。由于缺少细集料与填料,与传统的密级配沥青混合料相比,沥青胶结料的黏度偏小且更容易受温度的影响,为了防止 OGFC 沥青混合料在生产、运输与摊铺过程中发生离析,因此拌和温度不宜太高。

(2)碾压时应尽可能采用光轮压路机进行静压,以免压碎石料。

(3)当刚开放交通时,沥青容易粘到轮胎上,从而导致施加切向荷载严重的地方集料剥落。为了防止这种剥落,建议开放交通前在表面撒大约 50g/m² 的填料(细粒径<0.08mm)。

总的说来,OGFC 最突出的优点在于提高了路面的防滑性能,尤其是雨天行车时的路面防滑性能。但 OGFC 在抗松散能力及抗老化能力方面与密级配沥青混凝土相比仍有一定的差距。

4)碎石封层

(1)传统的碎石封层。传统的碎石封层就是在沥青喷洒后随即加铺一层集料。这种路面处理方法可用于单层或者多层路面施工。在多层碎石封层中,上层集料的尺寸比下层小。在铺设碎石封层时,首先将快裂沥青乳液(或胶体沥青)以较大的用量喷洒一遍,随即铺上一层集料。沥青的用量要求达到覆盖 50%~70% 的集料。单一粒径的集料较好,因为它能产生较高的抗滑力水平。集料面层铺好之后要立即用钢轮压路机或轮胎压路机碾压路面,以确保集料最大限度地嵌入路面,碾压完成后即可开放交通,但要控制车速。其不足之处就是当碎石未充分埋入沥青中又未清扫时,容易发生飞石现象,还可能产生交通控制时间较长及路面泛油等问题。

(2)夹心式碎石封层。夹心式碎石封层是指使用两层碎石封层但只用一遍结合料。这种方法首先铺一层大的集料,然后喷洒沥青乳液,最后再铺一层小的集料。夹心式碎石封层是把单一粒径 4.75~9.5mm 经过冲洗的碎石撒铺在清洁干燥的路面上,可用轻型钢轮压路机碾压以封闭该层碎石,然后喷洒传统单层处理用油量的 1.2~1.5 倍的沥青结合料,接着撒铺第二层单一粒径 2.36~4.75mm 冲洗过的碎石,最后用轮胎压路机碾压。

(3)好望角封层。好望角封层是在碎石封层上再铺一层稀浆封层。用传统的方法先铺设一层碎石封层,养护之后再铺上一层稀浆封层以填充覆盖层石子之间的孔隙。两者之间应有 4~10d 的养护时间。好望角封层的特点是表面无松散石子,这种封层最适合交通量大的公路,它表面严密,抗滑能力强,服务寿命相对较长,但施工时间过长。

(4)橡胶沥青碎石封层。橡胶沥青碎石封层与传统的碎石封层相似,只是它的沥青结合料是由磨细的轮胎橡胶与沥青混合而成,橡胶外掺剂可增强结合料的温度敏感性、弹性和黏结性。用它来处理不太严重的疲劳裂缝和间距很近的随机块段裂缝时效果很好,但它也要求公路表面结构完好,不能有变形。

(5)热预拌碎石封层。热预拌碎石封层与传统的碎石封层有相同的使用目的,只是预先将碎石用少量沥青热拌,表面呈黑色但不互相黏结。它更适用于大交通量的公路,因为它可以最大限度地减少松散碎石,并且能够降低噪声,增加表面摩擦力。

(6)掺加织物碎石封层。掺加织物碎石封层用来处理开裂路面。首先在路面上喷洒第一层沥青,用连续的滚桶铺设玻璃纤维,玻璃纤维按一定的长度剪短,随机撒铺在第一层沥青上;然后喷洒第二层沥青,从而形成"沥青-纤维-沥青"的复合沥青层;最后在该沥青层上铺碎石碾压。这种处理方法适用于交通量较小的低造价路面。

5)薄层罩面技术

薄层沥青混凝土泛指层厚较薄的沥青混凝土路面,其中又包括两个方面的含义:一是指整个沥青路面结构层较薄;二是指厚度较薄的沥青表面层(15~30mm)。

目前在国内公路上所用到的薄层罩面类型主要有 SMA 薄层罩面、开级配磨耗层(OGFC)、多碎石沥青混凝土(SAC)等。

薄层罩面的主要优点：服务寿命长；可以在受控制的条件下科学设计和施工；能设计成承受重载交通和高剪切应力的混合料；具有平整、抗滑性能好的表面；可被铺成需要的厚度、纵坡度和横坡度，并压实成平整、耐久的表面层；石料不会脱落，因此不会损坏挡风玻璃；施工过程中产生的尘土量最小；不需要养生期；中断交通时间最短，可以立即开放交通；噪声小；没有沥青泛油现象；可以用作分期建设的一部分；容易养护。

5.3.7 沥青路面防裂技术

半刚性基层材料和沥青材料对温度和湿度变化比较敏感，在其强度形成过程中及营运期间会产生干缩裂缝和低温收缩裂缝。在路面交通荷载重复作用下，半刚性基层的这种干缩裂缝和低温收缩裂缝会扩展到沥青路面面层形成反射裂缝。路面裂缝不仅影响路面美观、降低平整度，而且会削弱路面的整体强度。特别是路面开裂后水分通过裂缝渗到路面基层、底基层甚至土基，削弱基层、土基的强度，从而加剧路面的破坏，缩短路面的使用寿命。

半刚性基层沥青路面的反射裂缝形成原因复杂，影响因素诸多，与材料性能、结构层组合设计、温湿循环、车辆荷载疲劳作用及施工工艺有关。其防治是一项复杂的工作，必须根据相关因素作出全面考虑，采取切实可行的措施才能取得预期的效果。

沥青路面防裂措施主要从以下几个方面进行考虑：

（1）合理选择面层材料。应选用劲度模量大、温度敏感性低的沥青或改性沥青用作面层沥青，采用具有良好级配的集料，减少沥青面层自身温湿效应，并增强对基层可能形成反射裂缝的预防。

（2）合理选择基层材料和水泥剂量。对半刚性基层无机结合料，应通过试验确定其最佳组成，以便使其抗裂性能尽量符合当地环境条件的要求，提高其早期强度，增大其弯拉强度，减弱温湿效应，提高耐用性，增强抗裂性能，减少基层自身裂缝或使其不产生裂缝。水泥剂量应通过试验和以往经验确定，一味求高往往会适得其反。

（3）防止基层开裂。在基层施工中，应注意保湿养生并及时施作封层处理，以防止基层初期破坏和干缩裂缝产生；应确保基层的压实度并充分注意其压实的均匀性，以防止基层不均匀沉陷而导致开裂。另外，在基层上采用预切缝（缝深不小于1/3板厚）也是一种行之有效的方法。可根据实际情况，每隔10~50m切一道横缝并用沥青胶砂灌缝，并在切缝处铺设土工织物，以防止不规则裂缝产生并向上延伸。

（4）对于旧水泥混凝土路面改造成沥青路面，要采取有效办法确保旧混凝土路面板块的稳定，避免板块间异常变形引起反射裂缝。

（5）选择适宜的施工季节进行施工。半刚性基层和沥青面层施工季节宜在春秋两季，这样不但可减少早期裂缝，同时还可降低温缩裂缝产生的概率。这对于有效防裂非常有利。

5.4 水泥混凝土路面上加铺沥青路面

旧水泥混凝土上加铺沥青混凝土面层，是改造旧水泥混凝土路面行之有效的方法之一，在公路的改建和扩建中大部分地区已普遍采用。它具有工期短、对交通影响小、修复后路面服务性能好等优点。

旧水泥混凝土路面加铺沥青混凝土面曾是一种特殊的路面结构,其应力、应变特性与一般的弹性层状体系有较大的差别。在加铺沥青混凝土的路面多会出现反射裂缝,进而导致加铺沥青混凝土面层的开裂和剥落,表面水下渗,造成路面损坏。旧水泥混凝土路面加铺沥青混凝土面的质量控制涉及旧水泥混凝土板的处理、反射裂缝的防治、加铺层厚度控制、面层材料的选择、提高路面的抗渗透性能等关键环节。

1) 旧水泥混凝土板加铺沥青混凝土的方法

旧水泥混凝土路面的加铺沥青混凝土改造有2种方法:①在击碎或不击碎的旧水泥板上加铺级配碎石层或半刚性基层,然后铺筑沥青面层;②在经过综合评价和充分处理的旧水泥板上直接铺设沥青面层。前一种方法在既有公路损毁严重的情况下显著增强结构层强度,但其路面与桥隧的高程矛盾大,桥隧处理困难,造价高。后一种方法施工简便,不存在路面与桥隧的高程矛盾,造价低,是一种充分利用既有公路路面强度,在较长时间内恢复、提高路面使用性能的有效措施。

2) 旧水泥混凝土板进行处理的重要性

(1) 旧水泥混凝土板受温度变化影响大。而且既有公路面板存在接缝和裂缝,并常常伴有错台、断板、啃边、沉陷、脱空等损坏现象,使得复合结构中奇异部位尤为突出。以旧水泥混凝土路面作基层,应具有足够的强度与适宜的刚度。

(2) 沥青混凝土路面属柔性路面,面层的强度直接取决于基层的强度,基层强度不足将直接导致面层的破坏。纵观国内水泥混凝土路面上沥青混凝土加铺层设计,最关键的问题是要对旧水泥路面板进行处理。

3) 设计方案制定的原则

(1) 路面结构内部应按照防排结合的原则进行防排水设计,将路面结构与防排水进行综合设计,尽量防止雨水渗入路面结构与路基内部,排除可能渗入路面结构内部的雨水。

(2) 在满足技术要求(交通量和使用性能)的条件下,应按照"因地制宜、合理选材、节约投资"的原则进行路面结构方案的技术经济比较,选择"技术先进、安全可靠、经济合理、方便施工"的结构方案。

(3) 按照"科学、可靠、可行、经济"的指导思想,尽可能应用成熟技术,确保改造工程的成功。对新技术、新材料、新工艺应慎重采用,先修筑试验路,取得经验后再推广应用。

(4) 路面结构方案应注重环境保护的有关规定,合理安排沥青混合料的拌和站位置,妥善处理旧水泥混凝土破碎块废料及废弃沥青混合料,保护环境,减少对环境的影响。

(5) 在既有公路加铺改造设计时,应尽可能采用较薄的路面结构,减少对沿线交通设施的影响;减少桥梁恒载的增加;减少对天桥净空的影响;减少对软弱地基及高填方不均匀沉降的影响;减少路线纵坡的频繁变化可能造成的路面纵向不平整和行车舒适性降低。

(6) 尽可能不增加桥梁恒载,在桥梁检测与桥梁结构验算的基础上慎重考虑桥面加铺层结构与材料,以及选择合适的桥梁加固方案。

4) 对旧混凝土路面状况进行全面彻底的调查

国内水泥混凝土路面上沥青混凝土加铺层设计最关键的问题是要对旧水泥路面板的处理。必须对其使用状况进行全面调查,对出现的路面病害、部分结构承载力不足等进行深层次的分析。一般通过人工调查,对旧水泥路的病害按段落桩号进行统计,采用探地雷达、弯沉仪对混凝土板的脱空和其结构层的均匀情况、路面承载能力进行检测评价。尤其在传荷能力较差的接缝处,板下脱空影响重大,必须对水泥混凝土路面的处置给予高度重视。

5)老水泥混凝土路面的处理措施

在水泥板块加铺前应先清扫路面干净,局部进行铣刨找平,再对纵、横缝进行清缝处理。并对其病害进行修复处理,其病害处理措施有以下几个方面。

(1)对于小的裂缝,用切缝机将旧的填缝材料切除,重新填入填缝材料;对于宽度大于10mm 的裂缝也应使用填缝料填补。

(2)一块板出现贯穿裂缝的处理。

翻挖原混凝土面层,对基层挖除 30cm,再换填 30cm 原结构层填料重新浇筑混凝土结构。板块翻挖处理见图 5.4-1。

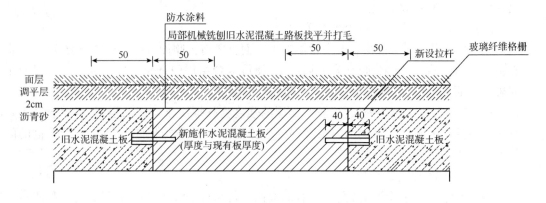

图 5.4-1 板块翻挖处理图(尺寸单位:cm)

①用打入膨胀螺栓或植筋的方法设置传力杆。

②基层处理后,修复、安设传力杆和拉杆。

③原混凝土板没有设置传力杆或拉杆折断,应用原规格钢筋焊接或重新安设。安装时应在板厚 1/2 处钻出比传力杆直径大约 2~4mm 的孔,孔间距 30cm,误差小于 3mm。

④横向施工缝传力杆直径为 20mm,长度 45cm,嵌入相邻保留板内深 22.5cm。

⑤拉杆孔直径比拉杆直径大 2~4mm,并沿相邻板块间的纵向接缝板厚 1/2 处钻孔,中心间距 80cm。拉杆采用 16mm 螺纹钢筋,长度 80cm,其中 40cm 嵌入相邻板内。

⑥传力杆和拉杆采用环氧砂浆固定,摊铺混凝土前,光圆传力杆的伸出端涂少许润滑油。

⑦传力杆若安装倾斜或松动失效,应予以调换。

⑧新建混凝土板块 3d 的抗折强度要达到 5.0MPa。

(3)底板的脱空处理

对水泥混凝土板板底脱空进行压浆填充是直接有效的技术措施。水泥混凝土路面板下压浆封堵是将特制的水泥砂浆(水泥浆)通过一定的压力注入板底、基层和底基层内的细小空隙,使空隙被填充,减小路面板弯沉,恢复板底的均匀支撑,减少未来发生唧泥、沉降、错台、断裂的可能性,提高路面使用质量,延长路面使用寿命。

①水泥混凝土脱空板的判别

有下列情形之一视为板底脱空：

a.板块发生纵横断裂和板角断裂；

b.接缝错台在 5mm 以上，位置较低一般存在脱空；

c.接缝有冒水、唧泥现象；

d.接缝弯沉大于 0.2mm；

e.板角相邻两条裂缝的填缝材料产生严重剥落的破坏。

②压浆补强技术

a.压浆材料。水泥：采用普通硅酸盐 32.5 水泥。水：符合拌制水泥混凝土用水的要求。砂：质地坚硬的天然砂，粒径不宜大于 2.0mm，细度模数不宜大于 2.5。添加剂：采用路面压浆专用复合剂，其具有早强、减水和微膨胀的特点。

b.配合比设计：浆液指标为水泥砂浆，水灰比不大于 0.45，泌水率不小于 1%，膨胀率不小于 0.5%，3d 抗压强度不小于 9MPa。浆液掺入外加剂的种类及其掺量应通过室内浆材试验和现场压浆试验确定。水∶水泥∶砂∶HA-P∶SPS-IC 高效减水剂 = 0.43∶1.0∶0.5∶0.1∶0.02。

c.制浆：严格按试验确定的配合比施工，称量误差不得大于 5%，水量应按砂的含水率进行修正。砂浆搅拌时间为 180s 左右，浆体调制到压入时间一般不宜超过 40~45min，浆体在使用过程中应不断搅动。

d.布孔原则：每板布 4 孔，在每块板角布孔，边孔距横缝 50cm，距纵缝 50cm，双排布孔，孔深 0.8m，见图 5.4-2。对下沉严重或有裂缝的板增加压浆孔。

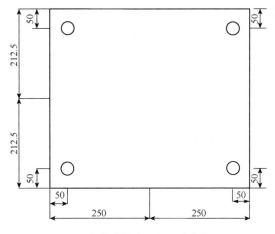

图 5.4-2 板块灌浆处理图（尺寸单位：cm）

e.用凿岩机在路面上打孔，孔的大小应和灌浆嘴大小一致，直径一般为 50mm 左右。

f.压浆：压浆压力 0.8~1.2MPa，直至邻孔或接缝溢浆，但压浆板或相邻板不能被异常抬高；当没有出现上述情况时，加大压力仍无法入浆液，一般可认为脱空区已满。

g.清洗、封孔：及时将路面冲洗干净，压浆孔应在完成压浆后及时封闭，表面不能泌水。

h.养生：压浆完成后，车辆严禁通行，待浆液强度达到设计强度或养生 3~7d 后才能通车。

③验收标准和方法

结合压浆实践,压浆的验收标准如下。

a.填充性指标:采用钻芯取样进行验收,对钻芯孔进行灌水,要达到不渗透。

b.弯沉检查:压浆处置后 7d 逐板测量板缝弯沉和弯沉差,板缝弯沉不大于 0.2mm,弯沉差不大于 0.05mm。

c.强度和膨胀性指标:在压浆过程中,1km 取 5 处浆液样品做膨胀、泌水和抗压 3 个指标试验,结果必须符合设计、规定要求。

(4)板块在板角处出现裂缝的处理

板角修补的基本要求:

①板角断裂应按断裂面的大小确定切割范围。对边角破碎较深和较宽的路面,先用切割机切除损坏部分,然后浇筑同强度等级混凝土;对破损较浅、较窄的,可凿出 5cm 以上,然后用细石拌制的混凝土混合料填平。

②对发生错台或板块网状开裂。应首先考虑是路基质量出现问题,必须将整个板全部凿除,重新夯实路基及基层,浇筑同强度等级混凝土;对于板块脱空、桥头沉陷、板的不均匀沉陷及弯沉较大的部位,钻穿板块,然后用水泥浆高压灌注处理;对水泥混凝土面板接缝错台用铣刨机将接缝铣刨平顺。

③切缝后,凿除破损部分时,应凿成规则的垂直面。对于既有钢筋不应切断,如果钢筋难以全部保留,至少也要保留 20~30cm 长的钢筋头,且应长短交错。

④既有滑动传力杆,如果有缺陷应予以更换并在新老混凝土之间加拉杆,拉杆直径为 16mm,拉杆间距控制在 30cm。

⑤与既有路面板的接缝面,应涂刷沥青。如为胀缝,应设置接缝板。

⑥现浇混凝土与老混凝土面板之间的接缝应切出宽 3mm、深 4mm 的接缝槽,并灌入填缝材料。

⑦待混凝土达到设计强度后,方可施工上层沥青混凝土面层。

(5)弯沉值较大面板的处理

当既有公路面板断裂处平均弯沉较大(如大于 0.7mm)时,要将既有公路面板破碎成 30~100cm 的小块,在破除旧面板时要防止损伤基层,对板体进行更换时要把破裂的面板去除,然后对基层清扫检查。当发现基层上有少数裂缝,要加铺钢筋网,修复松散基层,注意要用 15 号混凝土填充、捣实,浇筑面层,基层表面要平整,并具有一定的横坡坡度,然后重新浇筑 30 号混凝土板。在凿碎清除破碎的面板时,不宜用冲击力对周围板块基层有振动影响的机械,如冲击锤。在浇筑新的混凝土面板时,混凝土板块的强度必须大于原来板块的设计强度,材料要求、配合比、施工工艺质量标准等都应符合有关设计与施工规范的规定要求。

6)反射裂缝的防治

(1)反射裂缝分类。反射裂缝是指下层混凝土板的接缝或裂缝,由于温度和湿度的不断变化及车辆荷载的反复作用,在加铺层的相应位置上产生裂缝。就沥青混凝土路面开裂的原因而言,其可分为两大类,即荷载型裂缝和非荷载型裂缝。

(2)反射裂缝成因分析。通常是旧水泥混凝土路面接缝、裂缝处的竖向和水平位移所致。竖向位移是接缝、裂缝两侧板面由于车辆荷载作用产生的垂直方向的相对位移;水平位移是由于温度或湿度变化引起的水泥混凝土板的胀缩产生的水平方向的位移。水泥混凝土板产生的水平位移,使沥青加铺层在接缝、裂缝处产生较大的拉应力,当拉应力超过沥青混凝土的抗拉强度时,即出现开裂。在温度、湿度应力和车辆荷载的综合作用下,裂缝不断向上发展,反射到加铺层表面。因此,需要对沥青混凝土面层反射裂缝进行综合防治。

(3)防治处理办法。预防或延缓旧混凝土面层上沥青加铺层反射裂缝的措施,可以分为以下几种:①在沥青加铺层上锯切横缝;②采用厚加铺层;③设置裂缝缓解层;④破碎和固定旧混凝土面层;⑤设置夹层;⑥沥青混凝土面层材料的选择;⑦加强施工控制。

①锯切横缝。在沥青加铺层上对准旧混凝土面层的横缝位置锯切出新的横缝,并在开放交通前向缝内填入封缝料,防止水或杂物进入。此种方式类似于混凝土路面设置横缝,当沥青加铺层由于温度和外部荷载而产生拉应力时,锯缝可以提供不连续伸缩位移空间,从而控制裂缝的出现。该法适用于既有公路路面结构状况良好,或者已对损坏板进行处理,接缝处板边弯沉量较小的混凝土路面,同时必须做好接缝的密封养护工作。

②采用厚加铺层。增加沥青加铺层的厚度,一方面使旧面层受到温度的影响减小,进而减小温度引起的面层板的伸缩位移,从而降低了加铺层底面的拉应力。另一方面可以增加路面结构的弯曲刚度,降低接缝处弯沉差,进而减少加铺层的剪切应力。同时,较厚的加铺层可以延缓反射裂缝从层底扩展到层面的时间,延长了道路的使用寿命。

随着加铺层厚度的增加,裂缝尖端应变能密度呈减小趋势。在交通荷载作用下,增加沥青混凝土层加铺层厚度有利于降低面层底部裂缝尖端的应力集中程度。但面层厚度增大到一定程度后,减小的程度趋于缓慢。一般来说,面层厚度应保证超过10cm,既可有效防止受拉疲劳产生的裂缝,又降低车辆荷载引起的剪应力。

③设置裂缝缓解层。在沥青加铺层和旧混凝土面层之间设置一层由开级配沥青碎石混合料组成的裂缝缓解层。由于开级配混合料含有大量孔隙,可以为旧面板的不均匀变形差提供缓解空间,难以影响沥青加铺层上,从而减少反射裂缝产生的可能性。

④破碎和固定旧混凝土面层。当旧混凝土面板损坏较为严重,采用修复后加铺沥青层,或者完全破除旧板后重建新混凝土板再加铺沥青层的措施已经很不经济时,可以对旧面板进行破坏和固定。用混凝土破碎机,将损坏的旧面板破除成60~100cm左右的碎板块,接着用重型轮胎压路机在碎块上反复碾压,使碎板块与基层结合密实。由于碎板块尺寸比原板块要小,因而受到温度影响产生的伸缩位移和板块之间的沉降差也相应降低,从而有效减小了由此产生的各种应力作用。旧面板破碎固定后,必须将裂缝内的松散杂物清除干净,然后摊铺沥青混合料调平层,填补好裂缝,再铺设沥青加铺层。

⑤设置夹层。在旧混凝土面板和沥青加铺层之间设置夹层,可以有效减少沥青加铺层底面的应力和应变,也可以通过夹层将旧面板产生的应力分散。目前工程上采用的夹层大致有:橡胶沥青应力吸收夹层、土工织物夹层和土工格栅。橡胶沥青应力吸收夹层和土工织物夹层劲度较低,属于软夹层;而土工格栅刚度大、劲度高,属硬夹层。各种夹层由于刚度的不同,在减少反射裂缝方面起到的作用也不一样。软夹层在减少温度引起的反射裂缝中可以起到重要的作用,但在降低荷载应力引起的反射裂缝时作用不大。硬夹层刚度由于与沥青加铺层材料的刚度接近,适合于降低由于荷载引起的反射裂缝,但在减少温度引起的反射裂缝时,效果不如软夹层好。

设计应力吸收层时可用 APP 改性沥青油毡、铺设玻璃纤维格栅加强混凝土抵抗差动位移的能力。格栅模量对加铺层开裂性能的影响较显著，是国内外公认的可用于减少沥青路面反射裂缝的技术措施。随着格栅模量的增加，裂缝尖端应变能密度值不断减小；当格栅模量超过 2000MPa 后，继续增加格栅模量，裂缝尖端应变能密度的减小速度逐渐变慢。APP 改性沥青油毡贴在旧水泥混凝土板上，既有效防止地表水通过旧水泥混凝土板缝下渗到土基，又能减少地下水通过混凝土板之间接缝进入加铺层而浸湿加铺结构层材料，防止无机结合料处置的粒料层强度降低，延缓沥青混凝土面层出现剥落和松散。APP 改性沥青油毡铺设在旧水泥混凝土板与加铺层之间，能起到应力吸收夹层的作用，并将反射裂缝应力由垂直方向转为水平方向，起到了消散水平应变和传递竖向荷载的作用，增强沥青混凝土的整体抗拉强度，延缓反射裂缝的产生。玻璃纤维格栅是国内外公认的可用于减少沥青路面反射裂缝的技术措施，它具有高抗拉强度和弹性模量高的特点，其功能就是增强沥青混凝土的整体抗拉强度，改善铺装层的整体受力状态，减少永久变形，延迟疲劳破坏，防止和减少路面裂缝的产生。

⑥沥青混凝土面层材料的选择。在面层材料选择时，材料中适当增加沥青用量，减少混合料空隙率，可延缓裂缝的扩展。沥青稳定碎石模量对加铺层的抗裂性能有重要影响。当沥青稳定碎石模量在 800~1000MPa 时，裂缝尖端的水平应力和应变能密度较小。在进行沥青稳定碎石混合料设计时，应选用密级配，以提高混合料的抗变形能力，对加铺层反射裂缝的防治具有重要作用。

⑦加强施工控制，保证在制备沥青混合料过程中不使沥青老化和加强碾压，使沥青混合料达到高的密实度，都有助于减少反射裂缝。

7) 沥青混凝土加铺层厚度控制

(1) 控制关键。沥青混凝土加铺层厚度受行车荷载和防止反射裂缝两个因素控制。旧水泥混凝土路面作为基层，强度较高，其上铺筑沥青混凝土结构层，强度一般能满足行车荷载需要，关键是防止反射裂缝的产生。

(2) 控制原则。先确定最小加铺层厚度，根据该值来进行纵断面设计，在保证最小补强厚度的基础上，尽量与现状道路路面高程吻合，尽可能利用既有公路，减少加铺层厚度，以降低工程造价。

过厚的沥青混凝土面层由于温度影响会产生裂缝，因此其设计厚度标准应与一般的沥青混凝土路面设计厚度标准一样，在满足承载能力的前提下，路面结构层厚度应有良好的水稳定性和高温强度，沥青混凝土面层应满足使用功能的要求，加铺层厚度首先要满足既有公路路面纵向线形，同时为避免过多的破碎和替换混凝土板，考虑既有公路局部地方下沉、部分板翘曲、既有公路路面横坡度变化等情况，注意将调坡与路面既有承载力调查法相结合。

(3) 控制技术。既有公路改造一般采用两层密实型沥青混凝土结构，沥青混凝土面层的最小厚度为 8~10cm 的比较理想，高速公路和一级公路的最小加铺厚度为 100mm，其他等级公路的最小厚度为 70mm。可采用两层，一层为最小厚度 5cm 的沥青混凝土整平层，一层为 4cm 左右的抗滑表层。实现与其他沥青路面一样，具有良好的平整度、构造深度和密实度等。

沥青加铺层厚度设计目前没有统一的方法。采用厚加铺层方案时，通常使用经验法确定厚度,比如美国沥青协会(AI)的弯沉法,或者美国陆军工程师部队(COE)的补足厚度缺额法。采用破碎和固定旧混凝土面层方案时,是将破碎的旧混凝土面层视为基层,通过弯沉测定反算破碎层的模量值后,按沥青路面设计方法确定沥青加铺层(视为新沥青面层)厚度。采用设置夹层的方案时,则按不同夹层材料的刚(劲)度,分析温度和荷载作用下接(裂)缝上方沥青加铺层内的拉应变和剪切应变,并按沥青混合料的疲劳强度确定所需的厚度。

8)沥青混凝土面层材料的选择

(1)材料分类。生产沥青混凝土所需材料为沥青、石料、填料。

(2)选材关键。

①沥青材料要选重交通道路石油沥青、改性沥青,其性能、指标必须符合相应等级路面施工要求。

②集料在沥青混合料中起到一个整体骨架作用来抵抗路面的变形,集料本身的强度特性、集料与沥青的黏附性、集料的棱角性和集料的级配对沥青混凝土路面的强度、高温稳定性和水稳性起决定性作用。

为了提高混合料的高温稳定性,要求细集料具有良好的棱角性和嵌挤性能。建议采用机制砂,或者机制砂和天然砂混合使用,其中天然砂的含量不大于10%。

③石料应结合地材情况,根据路面的使用性能和要求确定。要采用优质石料用碎石应采用捶击式或锥式碎石机破碎,不得使用颚板式轧石机破碎生产。控制石料中的扁平状含量,扁片颗粒含量多会增加石料的表面积和沥青用量,也会降低混合料的抗形变能力。一般选破碎面积多、扁平颗粒较少的石料,并且必须达到洁净、无杂质、无风化。具有良好的颗粒形状,抗压强度应不低于三级,压碎值小于25%,与沥青材料黏结力不低于三级。

④矿粉要洁净、干燥、无杂质,有30%能通过0.074cm筛,亲水系数小于1.0,外观无团粒、结块。砂的细度数为23~3.0,含泥率小于1%。

为保证沥青混合料有足够的温度稳定性、耐久性和良好的级配,混合料中应掺配适量的高质量的石粉和石屑填料,石粉用量一般为混合料总质量的2%~4%,具体用量应根据马歇尔稳定度试验确定,但不得少于2%,石屑剂量根据材料筛分结果计算确定。

⑤沥青碎石混合料的配合比设计应遵循《公路沥青路面施工技术规范》(JTG F40—2004)中关于热拌沥青混合料配合比设计的要求,根据实践经验和马歇尔试验的结果,经试拌试铺论证确定。

⑥对土工布的要求:强度高、变形小,能承受170℃以上的高温,且延展性好,有良好的抗酸和抗腐蚀性。作为加强层的土工布要有一定的厚度,厚度为2mm左右效果比较理想,并且其弹性模量应比在上面加铺的沥青混凝土层的弹性模量大。

⑦黏层油的用量直接影响土工布防反射裂缝的能力。用量过大,会降低土工布表面的摩擦系数;用量过少,则土工布与旧水泥混凝土路面和沥青加铺层不能形成一个良好的整体,从而影响其缓解应力集中的效果。黏层油的用量,应根据土工布的性能、旧水泥混凝土路面状况等因素通过试验确定。

9)提高沥青混凝土路面的抗渗性能

要保证路面结构的水稳定性和耐久性,预防水破坏是至关重要的。因此,应将路面抗渗性能作为一个重要指标来控制,尤其是黏附性有利于提高抗渗性。采用改性沥青、掺加抗剥落剂、在矿粉中掺加一定量的水泥,对抵抗剥离以提高沥青混合料水稳都有明显效果。但要注意不同的抗剥落剂与各种石料之间的匹配问题。当选用掺加水泥时,要注意确保施工实际掺加剂量的准确性。此外,要选择适当的级配范围,提高沥青用量及提高 4.75~9.5mm 规格集料的用量,相应地都可以提高混合料的抗渗性能。

10)沥青面层的施工

(1)沥青混合料必须在沥青拌和厂采用机械拌制,经拌和的沥青混合料应均匀一致,无花白料,无结团成块或严重的粗细料分离现象,不符合要求时不得使用,并应及时调整。气温低于 5℃时,不宜摊铺沥青混合料。机械摊铺的混合料除特殊情况外,一律不得用人工反复修整,以保证路面平整度达到规范要求。

(2)施工前首先检查既有水泥混凝土路面的接缝是否完好。若缝内无填缝料或填缝料不满,先清除缝内杂物,再用水泥混凝土路面填缝料填满。如果缝边缘混凝土已碎裂,将碎粒清除后灌缝。填缝料采用聚氨酯密封胶,填缝料满足水泥混凝土路面施工技术规范中的技术规定。

若既有公路路面既有接缝填缝料缺失的,要清理接缝并重新灌满改性沥青,以有效防止路面水从路面渗入基层。水泥路面上的大多数接缝是加铺层路面产生反射裂缝的最主要原因,处理好这个问题至关重要。在处理缝隙时,要把缝隙清理干净,使用改性沥青时,要由混凝土路面嵌缝机加热至 300℃,然后再使用混凝土路面嵌缝机注胶嘴把改性沥青注入接缝内,缝隙要灌满,不能留有空隙。在接缝处铺设防水抗裂材料,可以更好地对接缝进行封闭,一定程度上抑制反射裂缝的出现。

(3)清除原水泥混凝土板角断裂碎块,如基层上有水,应将水排除,待干燥后,用沥青碎石衬垫压实。翻挖松动板块,并采用沥青混凝土(或水泥混凝土)修复。如既有滑动传力杆有缺陷,应予以更换并在新老混凝土加设传力杆。如果板块底基层受到破坏,用 C15 混凝土浇筑填补。对小于 10mm 的错台用磨平法,边磨边用 3m 直尺找平,对高差大于 10mm 的严重错台,将下沉板凿除 2~3cm,用沥青砂修补,修补长度为错台高度除以纵向坡度。

(4)对原水泥混凝土路面进行必要的清扫与处理,清除灰尘、杂物和油污。最好采用森林灭火鼓风机沿纵向排成斜线将灰土吹净,最后用高压水枪彻底将路表面所有的杂物、泥土、灰尘等冲洗干净,以使沥青能很好地附着于水泥混凝土路面,使黏层能更好地发挥其在刚、柔两种结构之间的黏结作用。

(5)加铺沥青混凝土面层前,首先对既有公路路面用沥青碎石进行调平压实,并注意防止松散。

(6)为保证沥青混凝土与水泥路面结合良好,新老水泥路面进行凿毛(采用锯缝形式)处理。

(7)横缝与既有公路路面横缝对齐;选择约 50m 长的新既有公路路面的纵向接缝,利用冲击钻钻孔、注入环氧树脂并设拉杆,其余路段均按常规处理,严格控制路面高程。

(8)黏层的沥青材料采用快裂的洒布沥青,黏层油洒布量应通过试洒确定,并符合规范要求,并注意喷洒均匀。黏层沥青洒布后应经过 24h 后才能进行下一步施工。

(9)在工程范围内所有水泥混凝土板横缝上铺设玻璃纤维网格,在新老水泥混凝土路面交界的纵缝上也铺设玻璃纤维网格,缝铺宽度统一为 1.5m。铺设时,抗拉强度大的方向垂直于接缝。沥青砂压实后立即进行玻璃网格的铺设。铺设时采用有效措施固定(如钉子)。满铺路段注意防止摊铺时格栅起拱。摊铺沥青混凝土时,料车不能在格栅上调头或转弯。

(10)接缝要求。沥青混合料在施工缝及构筑物两端的连接处必须仔细操作保证紧密平顺。纵向接缝在摊铺时应采用热接缝,不能采用热接缝时,必须洒黏层油,使之黏结良好。相邻两幅及上下层的横向接缝均应错位1m以上。中下层的横向接缝可采用斜接缝,上面层应采用垂直的平接缝。铺筑接缝时,可在已压实部分上面铺设一些热混合料使之预热软化,以加强新旧混合料的黏结。

11)沥青摊铺施工质量控制

运输的沥青混凝土的自卸汽车在车厢侧面和底板涂一层洗洁精和水的混合液作隔离剂,所有车辆用油布覆盖保温;在加铺层施工中必须在试验指导下对整个生产进程实施科学的监测,参照施工技术规范规定的频率进行抽提、筛分和做马歇尔试验,指导拌和站对生产参数作相应的调整。

混合料的级配控制:在拌和厂拌和时,混合料的级配采用二次调整来控制;由于同一料场不同时候来的石料或不同料场来的石料粗细均不一,因此,在拌和前,首先根据配合比设计所定的标准级配范围与各矿料使用的比例,按各冷料筛分后的矿料颗粒组成来计算调整各冷料仓的供料比例及进料速度;到达工地后,压料时间不能过长,确保施工时摊铺温度不低于130℃;碾压均要严格遵照拟订的工艺进行,不可擅自加快摊铺速度、碾压速度、甚至减少碾压遍数。

首先,国内外大量的工程实践证明,沥青混凝土路面的裂缝是无法避免的,无论采用任何措施,沥青混凝土路面的裂缝是早晚要产生的;其次,沥青混凝土路面产生裂缝后,如果正常养护使其不再进一步发展,产生其他病害,并不会对路面的使用性能产生多大影响;再者,多年的研究表明对于较厚的沥青混凝土面层,裂缝产生的原因主要是温度裂缝,而不是反射裂缝或对应裂缝。因此,把防止反射裂缝作为水泥混凝土路面上加铺沥青混凝土面层设计的重点有失偏颇。没有必要将减少反射裂缝作为罩面工程的主要设计指标,更不必为了减少反射裂缝而过度增加沥青混凝土面层的厚度。当然,这并不等于说不需要采取措施,在混凝土板面上铺设玻璃纤维网、撒铺改性沥青防水层有利于改善铺装层的整体受力状态,减少裂缝的产生。加铺沥青混凝土面层的设计标准应与一般的沥青混凝土路面设计一样,在满足承载能力的前提下,沥青混凝土面层应满足使用功能的要求,路面结构应有良好的水稳定性和高温强度。同时考虑到水泥混凝土路面改造的特殊性,应有分期修建的思想。过厚的沥青混凝土面层,对改善路面使用效果没有意义。现在看来,既有公路改造,采用两层结构比较理想、经济。

12)水泥混凝土面板的破碎

当水泥混凝土面板破损板块较多,逐块处理不现实;另外,不能长时间封闭交通,难以实施压浆工艺,质量不易保证。可先对旧混凝土路面进行机械破碎、夯实,再铺筑水泥稳定基层和沥青面层。目的是通过加铺基层、沥青面层,不仅改善路面的路用性能,同时还可提高路面的结构性能,以便满足将来的交通量增长要求。

对既有公路面板进行机械破碎时,破板尺寸不宜大于40cm×40cm,并充分贯穿。破板后用重型压路机碾压十遍,达到路面基本平整,以便通车碾压。

破碎后形成约 $0.2m^2$ 独立小板块,在压路机和过往车辆的反复冲击振动下,不断产生位移、挤压、嵌缝,可有效消除板底脱空,形成一种密实结构。对较大孔隙可用级配碎石封孔填平,确保空隙充分填充。若发既有较大面积沉陷或反弹,可用 10 号低强度等级混凝土换填处理。

水泥混凝土路面的破碎可通过冲击压路机对旧水泥混凝土路面板产生间歇而有周期的冲击作用,使其出现贯串整个板块的网络裂缝,形成 50cm 左右大小的网状碎块。但这样的碎块不是一般意义的明显碎块,其裂纹是从上至下贯穿整个面板,并且块与块之间形成嵌锁结构,从而为新的面层提供一个稳定、高强度的基础。冲击压路机在冲压旧水泥混凝土路面的同时,还将冲击影响路基以下,能检查出既有公路路面的薄弱部位,有效消除旧水泥混凝土路面板的脱空,起到加固路基的作用。冲压前须进行施工区域内的桥涵等构造物调查,并按下列规定采取相应的保护措施:

(1)圆管涵:对于填土高度小于 2m 的圆管涵不予冲压,两侧冲压边界距其中心线不可小于 2m。

(2)盖板涵、通道:对于填土高度小于 3m 的盖板涵、通道不予冲压,两侧冲压边界距其两侧边缘不可小于 3m。

(3)主线桥梁:所有桥梁均不予冲压,两侧冲压边界至桥梁搭板两侧边缘不可小于 10m。

(4)支线桥梁:支线人行天桥、上跨桥下前后各 10m 路面不予冲压。

冲压质量控制包括两个方面:一是破碎板块的尺寸控制;二是冲压时路面沉降量的变化。破碎板块的最大面积不得超过 $0.36m^2$,边长不得大于 0.6m。施工过程中每冲压 5 遍,停机检测一次沉降量,绘制冲压遍数-沉降量关系曲线图。当沉降量趋于稳定,最后 5 遍沉降差值控制在 5mm 以内为止。沉降观测点布设于行车道和超车道面板中心,检测频率按每 $2000m^2$ 检测 20 个点,取其算术平均值计算。

冲压前,先对出现严重破碎、下沉、唧泥等结构性破坏的面板予以更换,以保证旧水泥混凝土路面能够提供均匀支撑。必要时更换基层用 C15 混凝土进行补强,再浇筑 C35 混凝土面板,形成强度后再用冲击压路机进行冲压破碎。

前 5 遍冲压主要是完成对旧水泥混凝土板块的断裂破碎。一般选择行驶速度为 7~9km/h,以产生最佳的破碎效果。冲压 5 遍后考虑到要实现压实和破碎双重作用,行驶速度可以适当提高至 9~12km/h。

冲压施工从外侧板块向内侧依次进行冲击碾压,每冲压一遍后按照以上顺序进行下一遍冲压,转弯时每次调整转弯路线,使冲击轮落点不重复前次落点,以减少波浪现象。

旧水泥混凝土板块冲压 25 遍后仍达不到质量控制要求,则停止冲压,采取其他既有公路面处理方式。

破碎后通车半个月后作路面承载能力评定,达到要求后方能进入基层施工。

5.5 旧沥青混凝土路面材料的再生技术

路面在使用一段时间后,其整体性能将不能满足路用要求,以前沥青混凝土路面在达到使用寿命或发生结构性破坏后,一般将旧沥青混合料铣刨废弃掉后再重新铺筑新路面。这种做法虽然能保证道路的使用性能,但是废弃的旧料没能用作其他用途。旧料只是在功能上有所降低,除了其中的沥青在环境和荷载作用下部分老化外,砂石等粗细材料作为路用材料仍有很高的再利用价值。通过再生技术,可以使这些材料重新铺筑道路上,既能满足甚至提高路用性能要求,又可以节省大量材料资源和资金,也可以避免环境污染,实现循环经济发展模式和可持续发展。

沥青路面再生利用技术是将需要翻修或废弃的旧沥青混合料路面经铣刨、破碎、再和新沥青材料或新集料适当配合,重新拌和,形成具有一定路用性能的再生沥青混合料,用于铺筑路面面层或基层的整套工艺技术。

5.5.1 路面材料再生的意义

在我国已建成的高级和次高级路面中,沥青路面的数量占有很大的比重。按照这些沥青路面需要翻新,这其中大量是采用铣刨旧面层,然后加铺新面层的措施。预计旧沥青路面材料废弃量将达到每年200多万吨。对于这些被铣刨下来的材料(RAP),如果仅仅采用抛弃这种简单的处理方式,不仅会占用大量的土地,而且还会造成周边环境的污染,就材料本身而言,也是一种极大的资源浪费。采用再生技术,使得既有公路路面的材料得到重新利用,是一项符合可持续发展思想的有效措施。

沥青混合料的再生利用,能够节约大量的沥青和砂石材料,节省工程投资。由于沥青混合料的再生利用,大大减少了筑路材料的用量。特别在缺乏砂石材料的地区,由于砂石材料都是从外地远运而来,成本较高,采用沥青路面再生技术,能够节约大量的材料费用。根据美国联邦公路管理局的调查,沥青混合料再生利用,可节约材料费用53.4%,路面造价降低25%左右。1980年美国使用了约5000万t旧沥青混合料,节约投资就达3.95亿美元。

目前我国的公路建设每年以数千亿元的投资规模飞速增长。但长期以来,我国沥青路面的设计和施工标准较低,这使路面养护工程和翻修工作量增加,工程材料的需求量大大增高,而且价格增高很快,尤其是沥青的价格成倍翻升。

采用路面再生技术可以有效解决大量沥青路面废料的堆放、资源的有效利用、环保等问题。沥青路面再生技术通过重复利用沥青混合料(主要为砂石料和沥青材料)达到节约资源、保护生态环境、维护自然景观和生态环境的目的。充分利用既有公路路面材料,解决了既有公路路面翻修所产生的大量废料的污染;减轻开山采石对环境的破坏;缓解了沥青材料供求的紧张状态。沥青路面废料的再生利用不单单是技术问题,而且是一个社会问题。

采用沥青路面再生技术能够不仅节约了大量的沥青和砂石材料,节省工程投资,降低工程造价,而且由于沥青混合料的再生利用,大大减少了筑路材料的用量。我国高速公路开始修建于1987年,在20世纪90年代以后陆续建成的高速公路已进入大、中修期。按照沥青的设计寿命(15~20年),从现在起,每年有12%的沥青路面需要返修,旧沥青废弃量将达到以每年15%的速度递增。10年以后,沥青路面的大、中修产生的旧沥青混合料将达到1000万t,届时再生利用每年可节约材料费数十亿元。

在缺乏砂石材料的地区,由于砂石材料都是从外地远运而来,成本较高,采用沥青路面再生技术,所节约的工程投资是十分可观的。我国在20世纪80年代的经验表明,由于铺筑再生沥青路面,其材料费平均节省45%~50%,降低工程造价20%~25%,大体上与国外许多国家的经验相当。

采用沥青路面再生技术,不存在旧沥青混合料的运输和废料随意弃放的问题,施工过程没有粉尘和废气的污染。因此沥青混合料的再生利用,具有显著的经济效益和社会、环境效益,在公路建设中,被人们称之为"绿色"施工技术。

再生路面与同类型的全新沥青路面相比较,无论从外观上,还是从实际使用效果上都没有明显差别,用旧沥青路面材料铺筑的再生路面,要比新沥青路面热稳性好得多:夏季无泛油、推挤、波浪等现象,路面平整坚实。再生路面在防水、防滑性能上也能满足要求。从再生路面实际使用效果来预估其使用寿命,再生路面具有维持正常使用的持久能力。

5.5.2 路面材料再生的应用情况

国外沥青路面再生技术的研究最早于1915年始于美国,但当时并没有进行大规模的研究。至1973年石油危机爆发,原油价格上升,美国开始对再生技术进行广泛研究。到20世纪80年代末期美国每年全部路用沥青混合料有近一半为再生沥青混合料,并且在再生剂的开发,再生混合料的设计、施工设备等方面进行了全面的研究。沥青路面的再生利用在美国已经是常规实践,并且出台了一系列的沥青路面再生技术手册与指南,目前其重复利用率高达80%,相比全部使用新沥青混合料的路面,可节约成本10%~30%。

20世纪90年代后期,美国的伊利诺伊州、印第安纳州、密歇根州、明尼苏达州、密苏里州和威斯康星州联合开展了再生沥青混合料研究。他们对美国中北部地区的各种材料进行反复试验,认为新拌沥青混合料可以掺加40%~50%的再生沥青混合料,仍然可以满足美国《沥青及沥青混合料路用性能规范》。

日本自1974年开始对沥青路面再生技术进行研究,并于1984年制定了《路面废料再生利用技术指南》,对路面再生料的设计、再生所用材料、配合比设计、拌和设施、施工与质量检测等方面作出了一些指导性的建议和规定。2000年后日本的再生沥青混合料已达50万t,占全年沥青混合料产量的58%。

欧洲一些国家对沥青路面再生技术的研究大多始于20世纪70年代中期,德国在1978年已将全部废弃沥青路面材料加以回收利用,并且以法律形式加以执行,1983年出版了《沥青路面冷拌再生技术手册》。芬兰几乎所有城镇都组织回收和储存旧沥青路面材料。法国近年来也开始在高速公路和一些重交通道路的路面修复工程中推广再生技术。最近,欧洲沥青路面协会EAPA在互联网上宣布,其成员国的旧沥青路面材料应100%通过再生方式加以利用。

我国的沥青路面再生研究最早始于1982年,交通部将沥青混凝土路面再生利用作为重点科技项目研究,对沥青混凝土路面再生技术开展了较系统的试验研究。1983年建设部下达了"废旧沥青混凝土再生利用"的研究项目,当时的主要研究方向把旧渣油路面加入适当的软油使之软化,来代替常规的沥青混合料,根据所铺筑试验路的观测结果,表明再生路面的综合路用性能不低于常规沥青混凝土。我国于1991年颁布了《热拌再生沥青混合料路面施工及验收规程》(CJJ 43—1991),用于指导热再生施工。2008年我国颁布了《公路沥青路面再生技术规范》(JTG F41—2008),主要内容包括:再生混合料材料技术要求,旧沥青路面材料的回收处理及试验要求,再生混合料设计及技术要求,各种再生方法的施工工艺及质量控制、验收标准及相关试验方法等。

截至1997年国际经合组织对14个国家的调查表明旧料利用率已达75%~100%。近几年随着国内一些高速公路养护改进工程的实施,再生技术也有了多项工程应用实例,如沪宁高速公路改扩建项目采用厂拌乳化沥青冷再生技术将再生料应用于无锡段柔性下基层(主线下基层采用二灰碎石再生层),江西昌九高速公路采用了12cm乳化沥青再生层作为上基层,广佛高速公路采用厂拌热再生沥青混合料AC-25用于下面层,将再生料LSM-25用于基层补强层,西宝高速公路改扩建工程采用14cm泡沫沥青再生混合料作为上基层,等等。目前沥青混合料的再生技术在国内已比较成熟,具备大规模应用的条件。

5.5.3 路面材料再生的类型及特点

沥青混凝土路面再生技术的分类很多,按路面的结构性质分为沥青路面再生和水泥路面再生;按再生形成路面结构的不同层位分为再生面层、再生基层和再生底基层;按再生工艺分为热再生和冷再生;按拌和地点分为现场再生和厂拌再生,见图5.5-1。在这四种再生技术中,由于厂拌热再生技术与厂拌冷再生技术的生产、施工较易控制,因此使用效果较好。

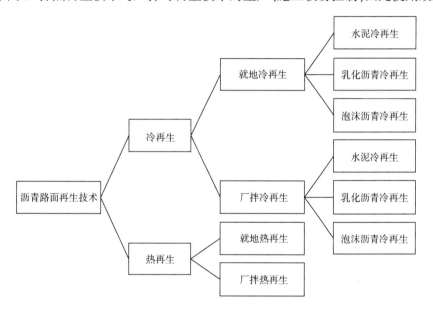

图5.5-1 沥青混合料再生技术

热再生技术主要用作恢复老化沥青的黏结性能,重新发挥沥青的胶结料作用后将沥青和集料再生利用,热再生技术主要采用道路石油沥青作为再生结合料,必要时掺加再生剂,热再生技术主要应用于沥青路面铣刨料再生为沥青面层。厂拌热再生技术就是将回收沥青路面材料(RAP)运至沥青拌合厂,经破碎、筛分,以一定的比例与新集料、再生剂(必要时)等拌制成热拌再生混合料。

冷再生技术主要是将既有的路面铣刨料作为集料重复利用,主要采用乳化沥青、泡沫沥青、无机结合料(如石灰、水泥、粉煤灰等)作为再生结合料,用于冷再生的路面材料可以是沥青路面铣刨料,也可以是无机结合料稳定层的铣刨料。厂拌冷再生技术是将回收沥青路面材料(RAP)运至沥青拌合厂,经破碎、筛分,以一定的比例与新集料、沥青类再生结合料、活性填料(水泥、石灰等)、水进行常温拌和。常温铺筑的路面再生技术,根据常用的沥青类再生结合料不同分为水泥冷再生、乳化沥青冷再生和泡沫沥青冷再生。

就地冷再生技术是在旧沥青路面上加入一定规格、数量的新集料、结合剂,然后用就地冷再生设备进行铣刨处理后,就地进行拌和、整形、碾压,使其达到新基层(或底基层)技术要求的施工工艺。

对于沥青混合料冷再生,采用水泥冷再生是将 RAP 完全当作集料来利用,尽管里面含有沥青,但再生层强度主要来源于水硬性结合料,因此力学性能上更类似于半刚性材料,但由于有沥青类材料的存在,其强度又没有半刚性材料高;乳化沥青再生料采用路用乳化沥青作为主要黏结料,通过乳化沥青破乳后与旧料相互黏合而形成强度,由于起胶结作用的仍主要是沥青类材料,因此其整体性能更偏向于柔性结构。泡沫沥青再生的原理是将水以一定的比例添加到热沥青中,当其与高温沥青相遇时形成大量沥青泡沫,并在一定时间内维持亚稳定状态,黏度显著降低,从而可以与冷、湿集料拌和,待泡沫消失后,沥青裹覆在集料上形成强度,一般这类再生技术常需要添加水泥与沥青胶浆共同发挥胶结作用,其材料特性介于刚性和柔性之间。冷再生技术有一个共同的特点,即均需要一周以上养生时间以形成强度,因此在施工工期长有所延长。

沥青混合料的热再生技术不同于冷再生,仅将既有公路材料作为集料使用,而且侧重于恢复沥青的性能。旧沥青混合料在多年的使用过程中,沥青组分发生了较大的变化,其中芳香酚、饱和酚减少,沥青质和胶质增多,致使其化学组分失去应有的配伍性从而发生性质改变。热再生主要是通过添加再生剂增加沥青中的芳烃组分,使之建立新的沥青组分,并使其匹配得更合理,即将沥青质借助于胶质更好地分散在芳香酚、饱和酚中,形成稳定的胶体结构,从而改变沥青的流变性能,使沥青性能达到质量指标的要求。

全厚式冷再生技术是将既有公路路面沥青材料层和非沥青材料层(基层、底基层和路基)统一铣刨,将软弱底层材料加固处理后再将再生层逐层铺筑,需要时还可在再生层上加铺新面层,所以这种再生方法对路面结构层中下层处出现病害的情况特别适用。

沥青混合料再生方式比较见表 5.5-1。

沥青混合料再生方式比较汇总表 表 5.5-1

再生方式	热再生		冷再生	
	就地热再生	厂拌热再生	就地冷再生	厂拌冷再生
优点	可全部利用,就地再生节省了材料转运费用	可以恢复甚至改善沥青混合的性能;再生工艺易于控制;使用范围广	实现了就地再生利用,节省了材料转运费用;施工过程能耗低、污染小	国内应用广泛;能耗低,污染小;RAP利用率高
缺点	再生深度受限(通常为2.5~5cm);无法剔除不合适再生的旧料,级配调整有限;会造成一定环境污染	铣刨后旧沥青材料需要运输;RAP用量较少,一般为15%~30%	施工质量控制难度较大;再生料强度形成需要养生时间	再生混合料强度的形成需要较长的时间

续上表

再生方式	热再生		冷再生	
	就地热再生	厂拌热再生	就地冷再生	厂拌冷再生
规范建议	适用于仅存在浅层轻微病害的高速、一、二级公路沥青路面表面层的就地再生利用,再生层可作为上面层或中面层	适用于各等级公路RAP进行热拌再生利用,再生后沥青混合料根据其性能和工程情况可用于各等级公路的沥青面层及柔性基层	一般用于病害严重的一、二级公路沥青路面的翻修、重建,在冷再生路面需要加铺一定厚度的沥青罩面	适用于各等级公路的RAP冷拌再生利用,再生后的沥青混合料根据性能和工程情况,可用于高速公路和一、二级公路沥青路面的下面层及基层、底基层,三、四级公路的面层

从两种再生方式得到的混合料性能来分析,冷再生根据其再生结合料的不同性能差异较大,可以取得类似半刚性材料或沥青稳定类材料的特性;热再生沥青混合料可以取得与新的热拌沥青混合料相似的性能。从国内外应用经验来说,厂拌热再生技术成熟,技术难度小,适用范围广,质量控制简单,是目前全球范围内应用最为广泛的再生技术。就再生技术在我国国内的应用而言,冷再生技术近几年在高速公路改扩建工程中应用较为广泛,积累了大量的经验和技术。

公路就地冷再生技术具有如下优点:

(1)简化施工工序。由于既有公路路面的材料全部被就地利用,省略了挖掘、外运、厂内加工及回填等一系列工作,使得施工工序大大简化。不存在旧料的运输问题;不需要其他机械对旧料的耙松和破碎;不需要大块材料的去除和专门破碎;不需要对既有公路路面进行额外挖掘和回填。

(2)节约成本。所有旧铺层材料全部就地利用,与传统施工方法相比,由于旧的道路材料得以全部利用,随着再生层厚度的不同,大致可以降低成本20%~46%。厚度越深,降低成本越多。

(3)提高公路等级。由于该施工法强化了基础的承载能力,从根本上保证了公路等级的提高。这一优点对于低等级公路的改造尤为重要。

(4)生产效率高。就地冷再生是在自然条件下进行的,除了个别严重的坑槽需要简单的预处理外,其余路面均不需要任何处理。再加之一次性通过的施工特点,充分地利用了作业时间,因此大大提高了生产效率。

(5)保护环境和资源。因为旧料得以全部就地利用,减少了新材料的开采,也不存在旧料运输和废料随意弃放的问题。施工过程没有粉尘和废气的污染。节约了资源,保护了环境。

(6)可以不中断交通施工。由于就地冷再生工序简单,投入现场的施工设备很少,对交通干扰反应不敏感,故在交通量不太大的情况下,可以半幅通车、半幅施工。

(7)精确控制铺层厚度。工作深度一旦确定,冷再生机转子的切削深度由传感器及控制系统保证,从而获得精确的再生铺层厚度。

冷再生技术在施工中还具有以下优点：

（1）冷再生施工可以不受阴湿或低温季节的影响，可以适应严冬以外的各种施工季节，可以大大加快施工进度而缩短工期。

（2）采用就地冷再生技术施工基层或底基层，通过破碎拌和、整形、碾压后可以解决既有公路的偏拱，还可以对纵坡进行微调，极大提高了改造工程的质量。

（3）采用就地冷再生施工基层或底基层技术，可以减少部分施工工序，即减少了集中备料、拌和机拌和、混合料成品料的运输等工序。

（4）减少了基层或底基层的材料费用，这对于天然砂砾级配不达设计标准的地区尤为重要，这对采备砂砾困难地区是极为有效的施工方法。

（5）冷再生施工人为因素少，施工质量有保证，特别是对路基既有强度能保持不变。冷再生施工与开挖施工相比减少了干扰，保持了既有公路路基的稳定。

（6）采用就地冷再生技术进行基层或底基层施工，通过拌和、整形、碾压后，可以解决既有公路地质病害，还可对纵坡进行微调。其与开挖相比，减少了扰动，路基既有强度保持良好。

（7）高等级公路及大城市街道翻修若采用冷再生施工，可掺入泡沫沥青或乳化沥青以增加基层的强度和稳定，减少路面面层的铺装厚度，达到与既有公路面层相同的效果。

（8）冷再生施工过程时间短，而且能在很短的时间开放交通，在无法完全中断交通的施工路段是首选的施工方法。

（9）既有公路面层就地冷再生施工技术不单纯只是公路面层的翻新，而且提高了公路的整体结构强度。

（10）高速公路改建工程中采用冷再生技术，可缩短工期，施工时间能达到最短，对高速公路的交通影响减到最小，对保证高速公路的畅通具有重要的政治和经济意义。

冷再生技术在施工中存在的不足：

（1）在路基不稳地段，不适合采用冷再生技术进行施工，这需要改造路基后，再铺筑路面。

（2）冷再生施工高程较难控制，由于平地机刮平时，很难按高程线进行，从而使高程误差较大，影响纵坡和横坡。

（3）在高程受限段，很难作为底基层使用。

（4）在桥梁构造物两侧及引道部分冷再生技术实现比较困难。

（5）冷再生路面适用于铺设比较均质的粒料，破碎的最大粒径不超过 4cm，否则刀具易损。

（6）冷再生层集料不能低于 30%~40%，达到 60%~70% 最佳。

（7）应选用终凝时间较长的水泥，一般 5~6h 的较好，以延长作业时间。

（8）水泥剂量的选择不能过大，大于 6% 易出现干缩裂缝。

（9）冷再生技术国内刚刚应用，缺乏设计理论依据及施工定额，设备理论生产能力与实际生产能力有差距，例如：最大铣刨深度 50cm，实际上只能达到 18~20cm。每台班最大生产能力为 10000m^2，实际上只能达到 4000~5000m^2。

（10）就地冷再生对再生深度有一定限制，目前的再生深度一般为 75~200mm。

与就地冷再生技术相比，厂办冷再生技术具有如下优点：

(1)可以在不改变路面高程的情况下向旧料中添加部分新料,以提高路面的承载力。
(2)可预先对旧料筛分,以降低再生过程中旧料级配的变异性。
(3)采用集中厂拌法,旧料与再生稳定剂的拌和均匀性好,可整体提高再生技术质量。
(4)厂拌冷再生不受铣刨厚度的影响,可以按照要求,灵活调节再生厚度。

全厚式冷再生技术再生厚度深,可以大量利用回收材料,并能有效提高路面结构(尤其是基层)的承载力,是路面再生技术发展的一个重要方向。

5.5.4 就地冷再生的材料种类

公路就地冷再生施工中使用的添加剂主要有水泥、乳化沥青、泡沫沥青、石灰、粉煤灰和高炉炉渣,石灰、水泥、石灰或水泥与粉煤灰的混合物及高炉炉渣等。

公路就地冷再生施工中使用的集料主要有铣刨下的旧沥青铺层材料(RAP)、碎石、砾石、砂及砂砾混合料等。

就地冷再生的结合料,一般为水泥或白灰,也有使用有机结合料的情况,如乳化沥青。再生料可以作为底面层用,实际中用得最多的还是水泥。它成本低,易取得,使它在冷再生结合料中占主导地位。

目前使用的沥青路面冷再生稳定剂主要有物理类稳定剂、化学稳定剂和沥青类稳定剂。

(1)物理类稳定剂

物理类稳定剂主要是指在旧料中添加一定量的新集料,以改善旧料级配,从而提高再生料整体强度和稳定性。该方法成本较低,但是所形成的再生混合料强度增长不易持久,再生效果不太理想。

(2)化学类稳定剂

化学稳定剂主要是指无机结合料,如水泥、石灰、粉煤灰等,水泥是目前最常用的化学稳定剂,价格便宜且可以增强再生混合料早期强度和抗水损害能力,但是水泥稳定类材料收缩系数大,易产生收缩裂缝,一般为控制收缩开裂,水泥的添加剂量不应超过6%。石灰对于塑性指数大于10的材料稳定效果好,但是早期强度较低,且不适用于酸性环境,酸性环境下要求很高的石灰剂量才能达到碱性环境下较低石灰剂量的稳定效果,因为石灰水化需要在一个碱性环境内进行。粉煤灰作为一种工业废料,作为稳定剂可以废物利用,但是和石灰一样,粉煤灰的早期强度也很低,而后期强度增长幅度高,有时为了兼顾早期和后期性能,常采用两种稳定剂综合稳定的方法。

(3)沥青类稳定剂

冷再生中采用的沥青稳定剂主要有乳化沥青和泡沫沥青两种。沥青类稳定剂可有效增强粒料之间的黏结力,提高再生料整体强度,并且使再生料更具柔性,提高其疲劳性能。

①泡沫沥青

泡沫沥青是将热沥青和水在专用的发泡装置内混合、膨胀,形成含有均匀分散气泡的沥青材料。泡沫沥青并不是一种新的沥青结合料类型,而仅是采用一种特殊方法制备的普通沥青结合料,目前在欧美等国,已经将泡沫沥青广泛应用在公路改建和养护中,我国也已经修筑多条采用泡沫沥青作为稳定剂的再生混合料实验路。但是泡沫沥青需要专门的沥青发泡机械,我国国内尚没有成熟的发泡机械,目前主要采用德国维特根公司的沥青发泡机,在一定程度上限制了泡沫沥青的应用。

②乳化沥青

乳化沥青是将沥青加热融化后,经过机械的作用,以细小的微滴状态分散于含有乳化剂的水溶液中,形成水包油状的沥青乳液。使用乳化沥青应用于公路上时,无须加热,常温下即可进行喷洒或搅拌,也可以用作透层油、黏层油及用于各种稳定基层的保护。

乳化沥青罐车与再生机相连,在铣刨后直接将乳化沥青喷洒在旧料上一起拌和,或者在专门的拌合站内拌和均匀后即可运输、碾压,施工工艺相对简单。乳化沥青主要有沥青、乳化剂、稳定剂和水等组成。

a.沥青。

沥青是组成乳化沥青的主要材料,沥青的质量直接关系乳化沥青的性能,为降低乳化过程的难易程度,应选择易乳化的沥青。一般来说,对于同样的油源和加工工艺的沥青,针入度越大的沥青越容易乳化。

b.乳化剂。

乳化剂是一种表面活性剂,它主要有易溶于油的亲油基和易溶于水的亲水基组成。乳化剂能吸附在沥青颗粒与水的界面处,从而显著降低沥青与水界面的自由能,使沥青和水构成均匀稳定的溶液。

沥青乳化剂的分类:按照离子的类型可分为阳离子型、阴离子型、两性离子型和非离子型;按照乳化剂的类型可分为有机型乳化剂和无机型乳化剂。目前应用较多的是阳离子和阴离子乳化剂,但是阴离子型乳化剂的抗硬水能力较差,阳离子型乳化剂乳化的沥青微粒带正电荷,与湿润集料表面所带的负电荷异性相吸,可以使沥青较快黏附到集料表面,所以其应用更为普遍。但是不管是按什么类型进行分类,对于乳化剂判断其乳化性能好坏的标准都是看其是否能使沥青分散成的微小颗粒稳定分散在水中,形成稳定的乳状液。

c.助剂。

为了提高沥青材料的乳化性能,增加乳化沥青的存储稳定性和改善其使用和施工性能,有些乳化剂可能需在乳化过程中加入一定的助剂,常用的为酸碱助剂。

d.水。

水的硬度和离子特性对乳化沥青生产有很大的影响,其中有有利的一面,也有不利的一面。总体来说,水中 Mg^{2+}、Ca^{2+} 的存在对生产阳离子乳化沥青是有利的,所以在制备阳离子乳化沥青时常向乳液中加入 $CaCl_2$ 作为稳定剂。但是在制备阴离子乳化沥青时 Mg^{2+}、Ca^{2+} 的存在又会成为不利的因素,阴离子乳化剂大多是以可溶性钠、钾盐形式在水中存在,当水中同时也存在大量的 Mg^{2+}、Ca^{2+} 时,由于置换作用会形成不溶物,影响乳化剂的乳化能力。另外当水中粒状物质较多时,由于粒状物质多带负电荷,会吸附阳离子乳化剂微粒,对于稳定阳离子乳化沥青不利,因此应该根据乳化沥青的离子类型选择符合要求的水。

由于旧料的性能对再生路面的性能有直接的影响,因此应对旧料的性能进行测试,从而选择合适的稳定剂剂量以满足要求。对于旧料的级配目前也有不同的观点,目前最普遍的观点是将旧料中的沥青混凝土回收料(Recycled Asphalt Pavement, RAP)与半刚性材料旧料一样作为一种碎石来对待,只不过将 RAP 称为"黑色碎石"。同时,旧料的压碎值反映了其力学性能,也在侧面反映混合料的力学性能。

5.5.5 冷再生结构设计方法及程序

1）冷再生结构设计方法

（1）既有公路调查

在既有公路改扩建工程中，首先要确定其是否有再利用的可能。无论是根据经验还是试验数据都认为：只要混合料中 5mm 以上粒料含量占 30% 以上，该既有公路就有作为再生基层的可能。因为有足够的大集料就能够形成再生基层的骨架结构，使其具备一定的承载能力。

（2）材料组成设计

①通过筛分试验得到辅路、主路规定深度铣刨材料的筛分结果。

②冷再生作为一项新技术暂时还没有颗粒组成范围的规定，但可以参照拟用层位规范规定的颗粒组成范围执行。将主路、辅路铣刨料的级配曲线与拟用层位规范规定的颗粒组成范围绘制于同一级配曲线表内。对有欠缺的粒径进行添加，以使再生料基本满足规范规定的级配要求。

③对利用的既有公路混合料进行土质分析，测定 0.5mm 以下细粒土的塑性指数，以确定添加剂种类，可参照表 5.5-2 进行选择。

以拟用层位、塑性指数和粒料确定添加剂　　　表 5.5-2

土　质	层　位	塑性指数	粒径（mm）	添加剂种类
砂性土	基层	$I_p<12$	<37.5	水泥
	底基层		<53	
黏性土	基层	$12<I_p<20$	<37.5	石灰或石灰+粉煤灰
	底基层		<53	
砂砾土（含黏性土 15% 以上）	基层	—	<37.5	水泥+石灰
	底基层		<53	石灰
粉质黏土	基层	$I_p>17$	<37.5	水泥+石灰
	底基层		<53	

④按不同的添加剂（水泥、石灰、粉煤灰、泡沫沥青和乳化沥青等）和适量的水，用重型击实试验确定冷再生混合料的最大干重度（ρ_0）和最佳含水率（ω_0）。

⑤试件在规定的温度下养生 6d，浸水 1d，做无侧限抗压强度试验，应满足拟用层位的抗压强度标准，见表 5.5-3 和表 5.5-4。

不同层位的强度要求（MPa）　　　表 5.5-3

结构层、公路等级	高速公路、一级公路	二级及二级以下公路
基层	3~5	2.5~3
底基层	1.5~2.5	1.5~2

冷再生基层(底基层)强度、厚度建议值　　　表 5.5-4

内容、指标		二级及二级以下公路的基层	底基层	
			高速公路及一级公路	其他公路
强度(7d)(MPa)	水泥类	≥1.8	≥1.8	≥1.5
	灰土类	≥0.7	≥0.7	≥0.5
	二灰类	≥0.6	≥0.6	≥0.5
厚度(cm)		18~20	15~20	15~20

试件室内试验结果的平均抗压强度应满足：

$$平均抗压强度 > \frac{R_d}{1-Z_a C_v}$$

式中：R_d——设计抗压强度；

C_v——试验结果的偏差系数；

Z_a——高速公路 1.645，其他公路 1.282。

根据再生结构层强度要求，选择最佳剂量作为现场铺筑试验段的依据。

(3) 结构设计

①对路段内交通量进行分析，拟定新结构，提出结构层强度、厚度指标要求。对形成基层(底基层)的再生层厚度宜在 15cm 以上，考虑到施工拌和均匀性及压实等因素又不宜太厚，常用厚度为 15~20cm。

②冷再生混合料 90d 或 180d 的最小抗压回弹模量值与冷再生混合料 7d 龄期的无侧限抗压强度值关系式(5.5-1)，可作为冷再生结构层的抗压回弹模量。

$$E_{90(180)} \approx (330 \sim 412) R_7 \tag{5.5-1}$$

式中：$E_{90(180)}$——对于水泥类冷再生混合料为 90d 龄期的抗压回弹模量(MPa)，对于灰土类冷再生混合料为 180d 龄期的抗压回弹模量(MPa)；

R_7——冷再生混合料 7d 龄期的无侧限抗压强度值(MPa)。

③由既有公路结构层可知，除去冷再生结构层厚度(15~20cm)外，利用剩余结构可计算出冷再生底面层的弯沉值，并可近似得出冷再生结构层以下既有公路结构的当量回弹模量。

④将冷再生结构层当作一个独立的结构层，根据设计弯沉值，应用路面结构补强设计程序可以设计路面结构中任何一个结构层的厚度。

⑤根据已确定的各结构层厚度及抗压回弹模量，应用路面结构计算程序可得出任何一层的顶面弯沉值及层底拉应力。

⑥将各层的顶面弯沉值作为施工质量控制的重要依据。

⑦根据冷再生结构层的层位确定其压实度标准。

(4) 冷再生混合料的推荐级配范围

集料的级配对冷再生混合料性能的影响很大。对于相同的铣刨深度，良好的级配可形成骨架密实结构，可增强冷再生混合料的强度。通过对不同铣刨深度破碎混合料的强度分析，可反算出混合料的级配，结合相关技术规范的条文，推荐一组适宜冷再生强度形成的基层级配范围供参考，具体见表 5.5-5。

第5章 路面改扩建问题及处置对策

推荐基层级配范围 表 5.5-5

孔径(mm)	37.5	31.5	26.5	19	16	9.5	4.75	2.36	0.6	0.075
通过率(%)	100	90~100	82~100	70~95	65~85	50~75	30~60	18~43	10~22	0~7

对于冷再生底基层级配要求可适当放宽,只需控制其中主要粒径,如最大粒径(D_{max})不超过 40mm,4.75mm 的通过率不小于 40%,0.6mm 的通过率不小于 10%,0.075mm 的通过率控制在 3%~20% 之间即可。

(5)冷再生结构设计方法

①AI 设计方法

AI 设计方法把路面看作一个多层弹性体系,每一层的材料用弹性模量和泊松比表征。其设计指标为控制沥青层底疲劳开裂的沥青层底面水平拉应力和控制永久变形的路基顶面竖向压应变。当交通量和土基回弹模量已知时,路面的厚度可以通过诺模图查得。冷再生基层上推荐的最小沥青面层厚度如表 5.5-6 所示。

冷再生基层上最小沥青面层厚度 表 5.5-6

交通量(ESAL)	$<1.0\times10^4$	1.0×10^4	1.0×10^5	1.0×10^6	1.0×10^7	$>1.0\times10^7$
最小面层厚度(mm)	X^b	50^c	50^c	75^c	100^c	130^c

注:当量轴载为 80kN;b 为采用一层或两层罩面处理;c 为沥青混凝土或 I 型乳化沥青混合料加罩面处理。

沥青混凝土或 I 型乳化沥青混合料(采用厂拌密级配的乳化沥青混合料,其性能与沥青混凝土类似)面层可被部分厚度的乳化沥青混合料所取代。当使用 I 型乳化沥青混合料,应铺筑 1~2 层的面层作为磨耗层。对于交通量较小状况(小于 1.0×10^4),可以直接铺筑路面材料,但是不应被任何厚度的乳化沥青混合料所取代。

②AASHTO 设计方法

AASHTO 设计方法提出了路面现时服务能力指数 PSI 的概念,来表征路面的服务质量。通过对相同路段的主客观评价,建立 PSI 与路面状况的关系。主观评价由评分小组对路面进行评分(0~5 分),所得到的评分值表示 PSI 的试验值;客观评价指标包括测量路面的坡度变化、车辙深度和裂缝面积等。

$$PSI = 5.03 - 1.911\lg(1+\overline{SV}) - 1.38\overline{RD}^2 - 0.01(\sqrt{C+P}) \qquad (5.5\text{-}2)$$

式中:PSI——路面现时服务能力指数,反映道路使用者对路面服务质量的平均评价,其数值在 0~5 之间;

$\overline{SV}$——坡度变化量的平均值;

$\overline{RD}$——车辙深度平均值;

C——已发展成网状的裂缝面积;

P——修补的面积。

AASHO 方法中还特别定义了路面结构数 SN,反映路面各层(除路基外)的等效厚度。

$$SN = a_1D_1 + a_2D_2 + a_3D_3 \qquad (5.5\text{-}3)$$

式中:a_i——第 i 层的材料系数;

D_i——第 i 层的厚度。

a_i 与材料的类型和强度有关,可根据该材料的弹性模量、马歇尔稳定度、CBR 值、三轴试验结果或无侧限压缩试验结果换算而得。

AASHTO 的设计方程表明,不同的路面结构不管其结构组合如何,只要其结构数相同,则其使用寿命和使用性能是相同的。路面结构各层次的层位系数用于表征该层材料单位厚度所能提供的相对性能。层位系数可以通过试验路确定。与新建路面相同,AASHTO 指南的加铺层厚度设计仍然是基于结构数 SN,对于再生路面可采用同样的方法,只是材料的层系数需要调整,将再生层当作加铺层处理,再生路面结构层的结构数等于新路(包括再生层在内)要求达到的结构数减去既有公路的有效结构数,如式(5.5-4)所示。

$$SN_{OL} = SN_Y - F_{RL} \times SN_{xeff} \tag{5.5-4}$$

式中:SN_{OL}——加铺层的结构系数;

SN_Y——既有条件下满足预估交通量新路面的结构数;

F_{RL}——残留寿命系数;

SN_{xeff}——加铺时既有公路面的有效结构数。

表 5.5-7 列出了通过现场试验得到的典型冷再生沥青混合料结构层系数。

冷再生沥青混合料结构层系数 表 5.5-7

再生材料类型	使用层位	层位系数范围	层位系数均值	测试路段数	AASHTO 试验路相应结构层与材料的层位系数
厂拌再生沥青混合料	面层	0.37~0.59	0.48	14	0.44
厂拌再生沥青混合料	基层	0.37~0.49	0.42	3	0.35
使用沥青或再生剂就地再生沥青混合料	基层	0.23~0.42	0.31	4	0.15~0.23
使用水泥就地再生沥青混合料和基层材料	基层	0.40	0.40	1	0.15~0.30
使用沥青就地稳定再生	基层	0.42	0.42	1	—

Van Wijk 等基于路面结构应变、永久变形和材料的疲劳特性推导的方法计算各种再生材料的层系数。应用弹性层状体系理论与有限元方法可以计算路面结构的应力、应变和永久变形。将再生路面的再生层替换为 AASHTO 标准热拌沥青混合料的结构层,并比较再生路面与热拌沥青混合料路面的应变、永久变形、疲劳寿命,就能得到再生层的层系数。在相同的气候、土基、排水及 PSI 条件下,路面在同样交通量(ESAL)作用下应有相同的服务年限和 SN。保持其他层的层系数和厚度不变,将再生路面再生层替换为热拌沥青混凝土结构层,可得到式(5.5-5):

$$SN' = SN$$
$$a' = a \times h/h' \tag{5.5-5}$$

上述式中:SN'——再生路面的结构系数;

SN——标准结构层的路面结构数;

a'——再生层层系数;

a——热拌沥青混合料层层系数,取 0.44;

h'——再生层厚度;

h——相同应变、永久变形或疲劳寿命下的沥青层厚度。

计算表明:泡沫沥青冷再生混合料路面结构的层系数范围为 0.20~0.42,中值 0.31;乳化沥青冷再生混合料路面结构的层系数范围为 0.17~0.41,中值 0.29。可以认为冷再生沥青混合料的层系数合理范围为 0.30~0.35。

(6)冷再生结构设计和施工注意事项

冷再生沥青混合水泥乳化沥青冷再生混合料的性能介于水泥稳定类基层材料和沥青稳定类基层材料之间,其受到材料和施工工艺的限制;与热再生不同,水泥乳化沥青冷再生混合料的强度,是在自然和交通荷载作用下,通过结合料中水泥水化和沥青破乳逐步发展的,在路面铺筑的 1~2d 内,其抗磨耗能力较低,可能产生不可逆的松散破坏。因此,水泥乳化沥青冷再生混合料不应直接用于高等级路面的面层,建议用于高速公路和一级公路的基层或者低等级道路的下面层,不管是乳化沥青冷再生混合料还是泡沫沥青冷再生混合料,其性能一般都不如热拌沥青混合料。按照 AASHTO 设计理念中不同的路面结构不管其结构组合如何,只要其结构数相同,则其使用寿命和使用性能也是相同的。按照此理念,只要计算出多少厚度的冷再生层相当于多少厚度的热拌沥青混合料层,就可以用热拌沥青混凝土层设计代替冷再生层。按照 Van Wijk 的研究计算结果,乳化沥青冷再生混合料同热拌沥青混合料相比,其等效厚度系数为 0.39~0.93,中值为 0.66,也就是说平均而言 10cm 厚的冷再生混合料大致相当于 7cm 厚的热拌沥青混凝土层。但是,冷再生混合料的层系数受多种因素的影响,如养护、水分蒸发速度等,必须结合具体公路工程进行合理评价。

为了保证冷再生的质量,且使再生料的级配和沥青混合料旧料和旧半刚性材料的比例满足要求,施工时应注意以下几点:

①对于既有公路结构层模量较低,增加再生厚度时模量降低较快,可能造成再生厚度大于既有路面面层加基层厚度的情况时,可在既有路面上添加部分新集料补强,以降低既有公路路面再生厚度。

②当既有路面已产生结构破坏的厚度大于预估再生厚度时,再生层厚度须调整到不小于已发生结构破坏的厚度。

③铣刨时应将沥青面层和半刚性基层应分两次铣刨,防止一次铣刨完成造成基面层料混合不均。

④铣刨后的旧料运至专门场地集中堆放,并根据设计级配和设计基层、面层旧料比例将基层、面层旧料分别粉碎,使其在设计基面层料比例下满足设计级配要求。

⑤基层、面层料应采用稳定土拌和设备拌和,以提高拌和质量。

2)结构组合设计流程

结构组合设计流程具体步骤如下:

(1)确定交通量及交通量增长率,计算在设计年限内单车道的累计当量轴次,结合路面等级及路面类型,计算设计弯沉值。

(2)根据既有公路路面损坏情况,预估冷再生层厚度,试算后确定再生层的厚度。

(3)拟定面层结构组合形式和类型,根据预估的再生深度确定初步的公路结构组合方式。

(4)根据路况调查中现场承载板试验获得的既有公路各层下部复合模量,采用内插法确定预估的道路铣刨深度处下层复合模量,以此模量作为再生层底部模量。

(5)根据公路等级按设计弯沉值和间接拉伸强度验算结构层厚度。

(6)若验算结果满足要求则进行下述步骤;如验算结果不符合要求,则修正预估再生厚度,重新拟定结构层组成进行计算,直至验算结果满足要求为止。

(7)验算防冻厚度,路面结构厚度应满足最小抗冻厚度要求。

3)沥青路面再生设计内容

(1)对既有公路状况进行调查,包括以下内容:

①对既有公路结构和历年修补改造情况进行调查,了解既有公路的表面状况,包括变形、裂纹、边缘破坏及路面构造等。

②对路段内的交通量进行调查分析,包括年平均日交通量、重型交通所占比例、每个重型车辆所相当的"当量轴载的数量"及交通量增长率等。

③对既有公路进行弯沉检测,了解既有承载力情况,计算既有公路 E_0 值,并分析既有公路的破坏状况和承载能力;提出再生路面的厚度及强度要求。

④对既有公路结构层进行钻芯取样,一般尺寸为 $\phi 10 \times 20$ cm,以确定既有公路沥青混凝土面层的厚度、基层厚度及各层材料的工程特性。将取来的既有公路材料进行充分破碎,最大粒径为 40mm,形成含有不同粒径的集料。

无论是根据经验还是实测数据,只要旧路路面破碎的混合料中尺寸在 5mm 以上的粒料占 30%~40% 以上,该旧路路面材料就有再生利用的可能。因为有足够的大集料就能够形成骨架结构,使再生层具备一定的承载能力。

(2)根据交通量的调查资料,计算得出设计弯沉值。拟定新结构,确定再生层所处的层位,并对冷再生层提出强度、厚度等要求。

对于形成基层(或底基层)的再生层厚度宜在 15cm 以上,但考虑施工拌和均匀及压实均匀等多方面的因素,冷再生层又不宜太厚,一般常用厚度为 15~20cm。

(3)根据调查的既有公路结构层情况及弯沉值,可以近似得出冷再生结构层以下的既有公路结构的当量回弹模量。

(4)根据计算的冷再生结构层厚度、既有公路沥青面层厚度及基层材料的性质,对材料进行土质分析,以确定外掺剂的种类。

(5)根据设计弯沉值,应用路面结构补强理论,可以设计出路面结构中任何一个结构层的厚度。根据已经确定的各结构层厚度及抗压回弹模量,又可以得出任何一层的顶面弯沉值及层底拉应力值。

(6)用各层的顶面弯沉值作为施工时质量控制的重要依据,并根据冷再生结构层的层位,确定其压实度标准。

(7)将既有公路充分破碎的混合料进行筛分,以确定其级配是否符合规范中级配要求或推荐级配要求。

(8)通过室内试验确定冷再生材料的级配及外掺剂的剂量。

(9)在大面积冷再生施工前,必须进行试验段的铺筑,用于验证冷再生结构层的强度、压实度等是否达到设计的要求,否则需调整添加剂剂量或混合料的级配,为大面积施工做准备。

5.5.6 冷再生施工技术

任何路面就地冷再生底基层施工前,应对既有公路结构进行现场调查,全面了解既有公路路面缺陷。对于局部翻浆、路肩下沉、路面偏拱路段及既有公路坑槽路段宜采用换填砂砾并夯实碾压进行彻底处理。对既有公路结构层厚度不足路段,应加铺砂砾以保证再生层厚度。

1)冷再生施工方法

冷再生技术的施工工艺按加水在撒布外掺剂的先后顺序分为先加水施工和后加水施工两种。先加水施工的冷再生结构层更容易压实成型,且表面均匀、平整光滑,压实度容易满足要求。建议在水源充足、时间允许条件下采用先加水施工工艺。

水泥加入方法有两种:一种是利用人工或专用机械将水泥预先撒布在需要再生的路面上;另一种是采用水泥稀浆搅拌输送车,将需要添加的水泥和水搅拌成水泥稀浆,再通过再生机上的控制系统将其输送到再生机的拌和仓中。乳化沥青和泡沫沥青的添加只能通过机载撒布系统进行。上述两种加入方法各有利弊:预撒水泥法工艺简单,水泥和水的用量容易控制,缺点是施工过程中容易产生灰尘;采用水泥稀浆搅拌输送车,避免了灰尘的产生,但是由于在施工中,再生机要分几个作业行程才能完成一个作业段内整幅路面的铣刨,而再生层的最终碾压要等到整个作业段全部施工工序完成之后才能进行,这就造成先铣刨的路面和后铣刨的路面到最终碾压时所等待的时间间隔相差很多,在较热或干燥的气候条件下,随着时间的推移,先铣刨的路面水分蒸发的较多,而后铣刨的路面水分蒸发的较少。如果预先加入的水量相同,则在最终碾压时道路各部位的含水率就不同,因此这种方法不容易控制含水率。

就地冷再生技术施工主要有两种方式。一种是利用专用再生机械在就地铣刨、破碎、加入新料(包括乳化沥青或其他再生剂、稳定剂,必要时还要加入集料)、拌和、摊铺和预压,再由压路机进一步压实。这种再生路面主要用于低等级公路路面和高等级公路路面基层(但会提高路面高程),不适用于高级路面的面层,一般用于二级以下的公路。另一种是在既有公路路面上洒布再生剂封层,再生剂能渗入路面5~6mm,恢复表层被氧化沥青的活性,并形成抵抗燃油泄漏的封层,可延长路面的使用寿命2~3年。这种再生方式其实属于预防性养护范畴,适用范围窄,并且应充分考虑其对路面抗滑性能的影响。

就地冷再生技术的主要施工机具为集破碎与拌和为一体的冷再生机,冷再生机的核心是装有大量专用刀头的铣刨和拌和转子。转子向上旋转铣刨既有公路路面材料,冷再生机向前行进时,转子转动,同时水通过软管从再生机连接的水车中输送过来,并在再生机的拌和仓中喷洒。水的输送量通过微处理器控制的泵送系统进行精确控制。铣刨转子将水与铣刨料充分拌和,并达到需要的最佳含水率。可通过专门设计的喷洒嘴将液体稳定剂泡沫沥青喷洒到拌和腔,在拌和罩内与被切削下来的材料进行充分均匀地混合;粉状稳定剂(如水泥)需按设计添加量采用以下3种方法添加:①先将粉状水泥撒布在再生机前的被再生路面上,再生机将水泥与被铣刨下来的旧混合料进行拌和;②用专用水泥稀浆搅拌输送车将水泥与水拌和成稀浆状,水泥稀浆直接喷洒到再生机的拌和罩壳内;③采用专用水泥撒布车撒布水泥。再生机将粉状稳定剂与再生料和水一次性拌和。如遇再生层原级配不良的情况,可在再生前将所缺少的部分集料撒布在路面上,通过与旧料拌和来改善既有公路路面材料的级配。

就地冷再生添加的稳定剂水泥、水泥稀浆、泡沫沥青、乳化沥青等的施工方法如下:

(1)再生二灰稳定碎石基层或水泥稳定碎石基层时,可掺加水泥作为稳定剂,再生得到的混合料作为路面的基层使用。应选择具有缓凝性的矿渣硅酸盐水泥,以便再生混合料在初凝前碾压密实,可以采用以下三种添加方式添加水泥:

①将粉状水泥撒布在再生机前的被再生路面上,再生机经过时可将水泥与被铣刨下来的旧混合料进行拌和。

②用专用水泥稀浆搅拌输送车将水泥与水拌和成稀浆状,水泥稀浆可以直接喷洒到再生机的拌和罩壳内。这样不仅可以保证水泥用量的精确性,同时也防止了因刮风等原因损失水泥材料。

③采用专用水泥撒布车撒布水泥,撒布车作为再生机组的一部分。

(2)再生沥青面层混合料可掺加乳化沥青或泡沫沥青,再生得到的混合料可作为沥青碎石基层或沥青下面层使用。

乳化沥青可以提高混合料的黏结力和承载力,有助于使既有公路路面中老化的沥青复原、软化。使用乳化沥青的好处是其黏度低,易于用再生设备中的液体喷洒装置添加,再生材料与乳化沥青拌和后,乳化沥青破乳后沥青有较高的黏度,因此可以提高旧材料的黏结性。

泡沫沥青是通过在热沥青中加入少量的水(约为沥青用量的2%~3%)产生的。使用的沥青为普通针入度级的沥青,如AH-70号普通沥青。当水注入热沥青时,水会迅速蒸发,从而引起沥青在饱和蒸汽内产生爆炸泡沫,体积膨胀至原来的15~20倍。泡沫沥青大大增加了沥青的体积和表面活性,在发泡过程中,沥青的黏度显著降低,从而使沥青能充分扩散进集料中。

泡沫沥青由再生机上的泡沫沥青输送及喷洒系统产生并直接喷洒进再生机的拌和罩壳内。在粒料中,泡沫沥青的用量一般为3%~5%(质量百分比)。当被再生的混合料中含有较多沥青时,其用量可降低为2%~3%。在采用泡沫沥青作为稳定剂时,加入少量水泥(一般为1%~2%)可以使再生混合料结构层获得所需强度的同时,提高表面质量,防止裂纹的发生。泡沫沥青的优点在于其适合几乎所有的集料和既有公路上再生的筑路材料,与普通沥青相比,提高了沥青的裹覆能力,能理想地裹覆冷的和潮湿的集料。

采用沥青就地再生技术,可以充分利用旧料,通过选择适当的配比及新旧料掺和比例,可以再生得到质量相当不错的再生混合料。这种再生混合料可以适用于高等级公路的沥青面层。

2)冷再生施工工艺

就地冷再生施工工艺:封闭交通→清扫或处理既有公路→再生机组的就位→冷再生机拌和→初压成型→平地机整型→碾压成型→按检测标准检测→洒水养生→开放交通。

沥青路面现场冷再生施工工艺方法如下:

(1)清洁路面:保持需要铣刨范围内路面的整洁。将既有公路路面清扫干净,保证再生混合料的干净。对于路面上较大的拥包等凸出部位事先进行铣刨;对于那些较深的沉陷,可以事先用拟掺加的石料进行填补或冷再生后用多余料弥补。

石料在采购时要注意,粒径级配要尽量一致,每来一批石料,试验人员要及时取样做筛分试验,如果级配变化较大时,要及时调整再生混合料的配合比。

(2)铣刨:对铣刨后粒径大于40mm的既有公路材料需拣除或人工破碎。

(3)加水:边铣刨边加水,调整旧料含水率以达到最佳含水率(ω_0)左右,初平并将既有公路混合料闷12h以上。

(4)添加剂摊铺:按最大干重度(ρ_0)、压实厚度和外掺剂的剂量要求,计算每平方米冷再生混合料需要的外掺剂数量。

石料和水泥的摊铺。如果采用半幅施工,应计算出半幅每延米所需石料的量(吨)就能推算出每车石料能卸多少米,用灰线在路面上打格。然后将每车料在其覆盖范围内均匀翻倒,再用装载机均匀的摊铺。摊铺时也可依据计算的1~3石料的摊铺厚度进行辅助控制。计算用料时要把石料的含水率考虑进去,尤其是雨天过后。考虑到路面的不平整问题,精确摊铺较难实现,这就要求在摊铺石料时不要操之过急,待摊石料堆积越长,误差积累的也会越大,石料超厚或不足的现象也更易见到。在未全封闭交通的情况下,摊铺层较易受到违规车辆的碾压而失去均匀性。所以,石料的提前摊铺只要满足第二天冷再生的需要即可。水泥的摊铺也根据计算结果用方格法人工将水泥均匀地摊铺在路面上。

(5)拌和:用再生机边拌和边洒水,为拌和均匀,可适当增加拌和及洒水遍数。

(6)初平:拌和完成后用再生机迅速按路拱横坡初平。

(7)排压:用30t以上的振动碾挂重振先排压一遍,一去一回为一遍,重叠1/2轮宽。

(8)找平:利用再生机的平地机功能按设计高程及横坡进行初平、中平、细平,直至高程、横坡满足设计要求。

(9)碾压成型:对于水泥类稳定粒料,从加水到压实完毕不能超过水泥的终凝时间。

第一台振动压路机先稳压一遍然后振动压实一遍,第二台振动压路机振动压实2遍;两台压路机各静压2遍。试验人员根据试验规程对再生层的厚度、平整度、压实度、含水率取样做再生混合料的7d无侧限抗压强度试验。

(10)养生:养生质量与冷再生结构层强度的形成有密切关系,养生不好会导致路面强度的降低。

碾压检测合格后应及时洒水养生,养生期内中断所有交通,杜绝洒水车以外的任何车辆进入,养生期不少于7d,要使冷再生基层表面始终保持湿润,做到每天及时洒水,专人看管,确保再生层不因洒水养生不当而产生损坏。

施工中应注意以下事项:

(1)需要进行冷再生的试验段。做冷再生的延迟时间对强度的影响试验,确定延迟时间,结合自身的施工水平,确定每个施工段的长度和面积。冷再生的破碎深度结合经验数确定为设计层厚的3/4,测量采用的松铺系数一般为1.3。拌和时注意含水率要比最佳含水率多一个百分点。冷再生机完成破碎和拌和后,测量人员根据设计纵断高程和初定松铺系数(一般为1.3)每10m为一断面,分左中右及1/4处五点测出高程,用白灰点好点,随后用平地机整平,达到调坡调拱的目的。

(2)冷再生机在作业时,线形要顺直,运行要平稳。再生机工作时最好不间断地进行,停机会影响再生层的平整度。前方人员要及时做好交通的疏导工作,避免影响后方施工。设专人尾随再生机后,随时检查破碎深度,查看有无夹层,发现问题要及时通知再生机驾驶员返回重新破碎拌和。试验人员要及时对再生料的含水率,拌和深度进行抽检。再生机在完成每幅作业时要注意,如果抬起转子及护壳就倒车,则会在原地面留下一个大坑。为了消除这个坑,其操作方法为:抬起转子,护壳不动,倒车 2~3m 可将坑刮平。每幅之间要纵向搭接20cm,每天的作业起点要和前一天的再生段搭接 2~3m,在此范围内重新加拌水泥,以消除施工横缝对平整度造成的不良影响。当再生机完成的拌和段宽为 4.5m 时,即可用履带式推土机对再生料进行稳压,注意稳压时,不得调头,不得急打方向。

(3)就地再生机在施工过程中应保持恒定的铣刨鼓转速、行走速度,以确保铣刨、拌和的均匀性。

3)集中再生施工工艺

该施工工艺适用于对旧沥青路面进行铣刨、清运、堆放,并利用旧沥青路面材料进行就地(或厂拌)再生水泥稳定土底基层、基层的施工。其施工工艺方法如下:

(1)铣刨

①按设计文件要求,对旧沥青路面的面层或基层进行铣刨,并及时清运至指定地点(拌和厂),严禁乱堆、乱放,造成环境污染。

②应根据设计文件要求,对旧沥青路面进行分类铣刨、堆放。

对同一深度的铣刨作业,应当保持铣刨鼓的转速、铣刨机的行走速度为恒定值,确保铣刨料的均匀性。

铣刨后的路槽应清洁、无浮土。

(2)铣刨料的厂拌再生利用

①利用设计铣刨的铣刨料,进行水泥稳定铣刨料厂拌再生基层施工,并进行相关的筛分、含水率、配合比等试验。对不满足基层级配要求的,应掺配碎石、石屑(或其他铣刨料),以达到设计要求的级配范围。

②水泥稳定铣刨料厂拌再生基层所需的水泥结合料、水应符合《公路路面基层施工技术细则》(JTG/T F20—2015)的材料要求。

③水泥稳定铣刨料厂拌再生基层摊铺前,应在底基层顶面均匀洒布薄层水泥灰或水泥净浆,以加强上下基层联结。

④水泥稳定铣刨料厂拌再生基层的拌和、摊铺、碾压、整形、养生等,应按《公路路面基层施工技术细则》(JTG/T F20—2015)的"水泥稳定土中心站集中厂拌法施工"和"水泥稳定土养生及交通管制"相关要求执行。

5.5.7 二灰碎石基层冷再生中旧料的利用

原二灰碎石混合料中,石灰和粉煤灰结合料约占总质量的 20%~25%,在现行技术标准中,路面基层、底基层集料的级配范围并不包括结合料,在破碎的二灰碎石废旧混合料中主要包含完全脱离结合料的石子、裹覆少量结合料的石子、结合料与细集料混合颗粒及破碎中产生的少量结合料粉粒。在整个混合料中,涉及结合料的不同粒径的颗粒在破碎废旧混合料中如何划定,将直接影响破碎废旧混合料的筛分结果和废旧混合料的利用率。

根据《公路路面基层施工技术细则》(JTG/T F20—2015)、《公路沥青路面再生技术规范》(JTG F41—2008)、《公路沥青路面设计规范》(JTG D50—2017)中关于基层和底基层级配范围的不同要求,列表5.5-8。

水泥稳定类集料级配范围(通过百分率)   表5.5-8

筛孔尺寸 (mm)	高速公路和一级公路的底基层或二级公路的基层	高速公路和一级公路的底基层	二级公路的基层	二级及二级以下公路的底基层
	C-A-1	C-A-2	C-A-3	C-A-4
53	—	—	100	100
37.5	100	100	90~100	—
31.5	90~100	—	—	—
26.5	—	—	66~100	—
19	67~90	—	54~100	—
9.5	45~68	—	39~100	—
4.75	29~50	50~100	28~84	50~100
2.36	18~38	—	20~70	—
1.18	—	—	14~57	—
0.6	8~22	17~100	8~47	17~100
0.075	0~7	0~30	0~30	0~50

《公路路面基层施工技术细则》(JTG/T F20—2015)、《公路沥青路面再生技术规范》(JTG F41—2008)都规定底基层材料选取1号级配,属于悬浮密实结构。从某工程的试验结果看出,击实前4.75mm筛孔通过率为17.35%、0.6mm筛孔通过率为4.7%;击实后4.75mm筛孔通过率为35.8%、0.6mm筛孔通过率为9.4%,都远小于1号级配要求的4.75mm、0.6mm筛孔的最小通过率50%、17%的要求,需要掺入大量的细集料进行级配调整,不利于废旧材料的利用。同时,因为掺入大量的细集料,新混合料的级配更加接近细粒土,使同等水泥剂量的再生材料整体强度降低,因此,采用含有粗粒、中粒碎石较多的废旧二灰碎石进行底基层冷再生时选用1号级配是不合适的。

在《公路路面基层施工技术细则》(JTG/T F20—2015)、《公路沥青路面再生技术规范》(JTG F41—2008)中2号级配用于二级公路的基层;4号级配用于二级或二级以下公路的普通材料和冷再生基层,级配范围比较宽泛。《公路沥青路面设计规范》(JTG D50—2006)规定6号级配用于底基层。从级配范围来看2号级配基本包含在4号级配范围内,级配要求比较严格;6号级配与2号级配接近,在19mm筛孔以上的级配范围较2号级配更加严格。上述2号、4号、6号级配用于冷再生时,对于二级公路基层宜采用2号级配或接近4号级配范围的下限,底基层或二级以下公路基层宜采用4号级配,底基层级配要求比较严格时采用6号级配。

在《公路路面基层施工技术细则》(JTG/T F20—2015)、《公路沥青路面再生技术规范》(JTG F41—2008)中3号级配用于高速公路、一级公路的普通材料和冷再生基层,偏于密实悬浮结构。室内试验掺入4.5%~5.0%水泥时试件强度能过达到3.0~3.5MPa,能够满足基层材料无侧限抗压强度的最低要求,但考虑到室内试验与现场施工在试样均匀性和养护条件差异较大,以及废旧二灰碎石中二灰结合料颗粒的抗压强度较差,在施工压实中易将 4.75～16mm 之间的二灰结合料颗粒压裂或压碎,使冷再生材料整体强度有所降低,难以达到室内试验强度。因此,在一般条件下,原二灰碎石基层进行冷再生不宜用于高速公路、一级公路的基层。

根据上述分析,二灰碎石冷再生除不适合用于高速公路、一级公路的基层外,用于各级公路底基层或二级以下公路的基层时宜应首先选用 4 号级配,用于二级公路基层时宜选用 2 号级配。废旧混合料筛分应使用水筛法,并考虑在实际施工压实中,部分裹覆少量结合料的石子和结合料与细集料混合颗粒,建议在 9.5～0.6mm 筛孔范围级配通过百分率宜接近级配范围的下限,能够最大限度地利用二灰碎石废旧混合料,减少新细集料的掺入比例,使新料掺入比例控制在 20% 以内,也能增强再生混合料的整体强度。

以上内容只针对特定条件下的分析,因各工程既有二灰碎石基层的施工破碎方法、原二灰碎石集料级配、结合料形成的强度的不同等因素而差异较大,各具体工程还必须根据具体情况进行具体分析。

5.5.8 冷再生层质量控制

1) 质量检测内容及频数

冷再生层的试验项目、方法见表 5.5-9。

冷再生层试验　　　　表 5.5-9

试验项目		目　的	频　数	仪器和试验方法
既有公路材料	含水率	确定原始含水率	每天使用前测 2 个样品	烘干法
	颗粒分析	确定级配是否符合要求,确定材料配合比	使用前测 2 个样品,使用过程中每个施工段测两个样品	筛分法
水泥强度等级和终凝时间		确定水泥的质量是否适宜应用	做材料组成设计时测 1 个样品,料源或强度等级变化时重测	水泥胶砂强度检验方法、水泥凝结时间检验方法
重型击实试验		求最佳含水率和最大干密度	每一料源做一次,同一料源每 3km 做一次	标准击实试验
压实度		确定压实效果	5 点/km	灌砂法
水泥剂量试验		确定再生混合料的水泥剂量	每一工作班做一次	EDTA 试验
7d 无侧限抗压强度		进行材料组成设计;规定施工中所用的结合料剂量;为工地提供评定质量的标准	每 2000m² 或每一工作班做一组无侧限抗压强度试验	抗压强度试验
弯沉值		整体强度	每双车道 100 点/km	贝克曼梁

2)冷再生层质量检测方法

(1)铣刨深度:再生机行进过程中,通过计算机按照设计深度进行铣刨,根据不同路况人工随时量取铣刨深度,判定是否满足要求。

(2)横坡、纵断高程:初压后,利用水准仪按松铺2cm、每10~20m测1个断面(3~5个点)控制平地机工作,横坡偏差为±0.3%,中线高程偏差+5、-10mm。

(3)压实度:终压完毕后,用灌砂法按《公路工程质量检验评定标准 第一册 土建工程》(JTG F80/1—2017)附录B检查,一般每50~100m1处,用灌砂法取得。

(4)平整度:终压完毕后,采用3m直尺每100m随机量测一处、10尺,允许偏差≤8mm。

(5)配合比控制:水泥及水的计量通过水泥稀浆车计算机进行控制。每工作班制备1组试件,对试件进行6天洒水养生、1天浸水养生,测定其抗压强度。

(6)7d无侧限抗压强度:每工作班制备1组试件,对试件进行6d洒水养生、1天浸水养生,测定其抗压强度。

(7)弯沉值:半刚性基层施工完毕、不间断洒水养生7d后,采用贝克曼梁法对行车道和超车道按每20m一点进行测量。

质量控制与检测:由于冷再生层属于新的结构形式,在《公路工程质量检验评定标准 第一册 土建工程》(JTG F80/1—2017)中没有相应的检测项目和检测指标,但可以参照拟应用层位的相关规定执行。

3)检测项目标准及频次

冷再生基层检测项目标准及频次见表5.5-10。

冷再生基层检测项目标准及频次 表5.5-10

项次	检查项目		规定值或允许偏差		检查方法和频率	权值
			高速公路、一级公路	其他公路		
1△	压实度(%)	代表值	98	97	按《公路工程质量检验评定标准 第一册 土建工程》(JTG F80/1—2017)附录B检查每200m每车道2处	3
		极值	94	93		
2	平整度(mm)		8	12	3m直尺:每200m测2处×10尺	2
3	纵断高程(mm)		+5,-10	+5,-15	水准仪:每200m测4断面	1
4	宽度(mm)		-60		尺量:每200m测4处	1
5△	厚度(mm)	代表值	-8	-10	按《公路工程质量检验评定标准 第一册 土建工程》(JTG F80/1—2017)附录H检查,每200m每车道1点	3
		合格值	-15	-20		
6	横坡(%)		±0.3	±0.5	水准仪:每200m测4断面	1
7△	强度(MPa)		≥3		按《公路工程质量检验评定标准 第一册 土建工程》(JTG F80/1—2017)附录G检查	3

注:1.由于受再生机自身特点及路缘石的影响,冷再生机无法达到路缘约30cm。
2.表中带△的项目为必测项目,下同。

外观鉴定内容如下:
(1)表面平整密实、无坑洼。
(2)施工接茬平整、稳定。

5.6 旧水泥混凝土路面材料的再生技术

(1)旧水泥混凝土路面再生利用的意义

作为刚性水泥混凝土路面,很难像柔性的沥青路面那样通过简单的罩面手段即可恢复其路用功能,而只能通过基层和混凝土路面的综合处置,在一定范围内换板,甚至采用全部重新铺设路面的方法来恢复其通行能力。因此,混凝土道路的改建必定伴随大量废弃的混凝土块,如仅以一条路幅宽度 9m,板厚 24cm 的二级路计算,每公里道路改建时所废弃的混凝土为 2160m³。如改建的混凝土道路有十几公里、几十公里,则废弃的混凝土块可达上万立方米甚至几十万立方米。如此之多的混凝土如不能妥善处理,不仅对水泥混凝土道路的整治带来消极影响,同时对公路沿线的周边环境会造成负面作用。因此对废弃混凝土的有效再利用是水泥混凝土道路整治过程中一项亟待解决的问题。

目前,国内有相当多的大修工程将废旧混凝土板丢弃在附近的公共活动区域,这已成为一大公害。这会侵占大量耕地,导致严重的环境污染。所以,当前我国急需解决废旧混凝土板这一环境问题。另一方面,我国基础设施建设的进程加快,急需大量的建筑材料,公众为开采山石、淘挖河砂、掘坑取土等行为已经付出了沉重的代价,然而却仍在继续,且有愈演愈烈之势。

利用水泥混凝土路面板破碎生产再生集料,再利用水泥对再生集料进行稳定用于高等级公路,从而实现旧水泥混凝土板的再生利用,具有重要的社会意义。

在水泥路面改造过程中,如果采用破碎设备将旧混凝土加以破碎、筛分,筛分后的优质集料,用水泥稳定作为基层。这样不仅解决了废弃混凝土的堆放问题,同时还节省了废料运输费用,尤其在地材紧缺地区,解决了石料来源问题,在环保方面具有显著的社会效益。

(2)水泥混凝土旧板再生利用的流程

水泥混凝土旧板再生利用生产流程主要包括两部分:废弃板的二次加工和加工后再生石料的利用,整个流程如图 5.6-1 所示。

(3)破碎工艺

再生石料的加工,简单地说是选择经过破碎、筛分,最终形成所需要质量的产品。石料加工产品的质量主要取决于两方面:一是材料自身性质所形成的质量;二是加工工艺影响材料规格、形状、含泥量等指标的变化。加工过程影响质量主要有三个方面:一为加工工艺流程;二为振动筛配筛;三为加工过程加工机械调试。

再生碎石集料加工工艺流程:喂料机→颚式破碎机→圆锥机→振动筛→产品。

在此工艺流程中,喂料机装入的料为凿除的旧混凝土板,在凿除、装卸、运输过程中含部分的泥土。因此,在颚式破碎机和圆锥机之间设置筛孔为 10mm 的振动筛,将绝大多数的杂质筛除,以保证进入圆锥机旧混凝土板块的洁净。另外,在颚式破碎机和圆锥机之间增装有储料仓,目的有两个:一是当流程后段发生机械故障时,前段仍可继续生产,提高产量;二是保证供应给碎石机的混凝土料均衡稳定,从而保证成品料颗粒形状,颗粒级配稳定。

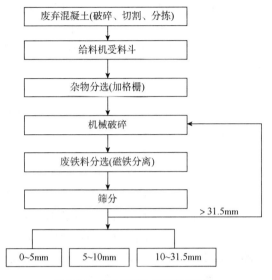

图 5.6-1 再生石料生产工艺流程图

(4)旧水泥混凝土板块再生利用的施工控制

施工前对既有公路中破碎板重度裂缝采用换板,中度裂缝板采用植筋封水处理,轻度裂缝采用沥青灌缝处理,病害处理完成后冲洗、清扫干净路面。

基层施工前,按10m一个断面放出中间边桩和边部边桩,施工时采用水平尺和钢卷尺配合的方法挂感应线,对松铺高程进行严格控制,两台摊铺机之间采用导梁和感应器配合的方法进行横坡度的控制,导梁采用液压千斤顶和10cm铝型材,在两条感应线之间拉线,调整千斤顶,控制铝型材的高度来调整感应器的行走轨道,见图5.6-2。

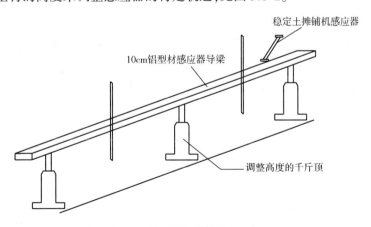

图 5.6-2 导梁图

基层混合料可采用连续式稳定土厂拌设备拌和。拌和料采用自卸汽车运输,现场将根据拌和机的产量来配备运输车,保证施工能连续、有序、稳定地进行。由于再生集料的吸水率较大,为减少水分损失、防止混合料碎落路面上,运输时车上的混合料需加帆布覆盖。运输车辆到达铺筑现场后,按指定地点和方式卸料。

可采用两台稳定土摊铺机进行基层混合料摊铺,两台摊铺机相距 10~15m,两侧按测量提供的高程固定钢丝线作基准线,中间采用横向拉线,将按横坡控制的浮动铝合金导梁作为基准线来控制摊铺厚度。在摊铺过程中,设专人跟踪在摊铺机后面,以消除粗细集料离析现象,特别注意铲除局部粗集料"窝",并用新混合料填补。摊铺前将下承面清扫干净、洒水湿润,按实验路确定的松铺系数来控制摊铺厚度。

(5)实例

深汕高速公路东段水泥混凝土路面大修工程,采用旧混凝土板再生水泥稳定碎石作为基层用料,各项技术质量指标均满足路用性能。

水泥稳定碎石基层采用 1 台 16t 压路机和 1 台自重 18t 的振动压路机碾压。碾压时,先用 16t 压路机在平整后的基层上及时进行碾压,再用自重 18t 振动重型压路机碾压。基层混合料碾压程序为:压路机静压 1 遍→振动压路机小振碾压 1 遍→振动压路机大振碾压 2 遍→振动压路机小振碾压 1 遍→压路机静压 1 遍,总共碾压 6 遍。混合料的碾压工序应在水泥初凝前完成,并达到规定的压实度,同时没有明显的轮迹,平整度须满足要求。碾压过程中,基层的表面应始终保持湿润,如水分蒸发过快,则及时补撒少量的水。路肩稳定层碾压作业时,注意外边缘混合料的推移和压实度的保证。

基层施工完成后采用洒水并覆盖塑料薄膜的方式进行养生,养生期不少于 7d,养生期结束后,洒布透层油,以减少收缩裂缝。

5.7 双向行驶车道变为单向行驶车道的路拱处置

当既有公路为双向行驶的路面改为单向行驶车道的路面时,路拱会存在一些问题,对问题的分析和技术对策如下。

1)问题分析

既有道路普通路段路拱坡度采用双向坡,由路中央向两侧倾斜,如行车道和路肩横坡坡度均为 2%;超高路段为单向坡。以云南昭会高速公路改扩建为例,新建昭会高速公路由新建半幅路基和既有路基两部分组成。对于新建半幅路基部分,采用单向路拱横坡,而对于既有公路路基部分,由于既有公路路基中线距新建路基中线间距为 7m,受既有公路路拱横坡设置的影响,路拱线位于右侧行车道内,形成双路拱形式[图 5.7-1b)]。在单幅路内采用双向路拱形式对行车的影响如下。

图 5.7-1 单路拱和双向路拱形式示意图

(1)直线路段

当单幅路面采用双向路拱形式时,对于持续在某一车道内行驶的车辆,由于行驶轨迹不会发生变化,因此,路拱形式对其行车不会产生影响。而当车辆超越同向行驶的车辆时,需要变换 2 次车道,其行驶轨迹如图 5.7-2 所示。由超车道回至行车道时,离心力方向与重力因路段横坡而产生的水平方向的分力方向一致,即形成了所谓的"反超高",由此可能导致车辆在超车时横向力系数增大而不利于行车安全。

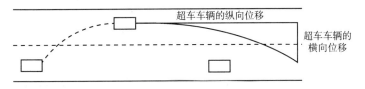

图 5.7-2　同向超车时车辆行驶轨迹图

车辆在正常单路拱情况下超车,其横向运动是首先沿路拱横坡上坡方向运动驶入超车道,接着沿路拱横坡下坡方向运动,驶回行车道;而车辆在双路拱情况下超车其横向运动是首先沿路拱下坡方向运动驶入超车道,接着沿路拱横坡上坡方向运动驶回车道。这两种超车情形车辆的上坡和下坡过程存在着横向分速度变化快慢的区别,前种情形车辆变道时为上坡方向,横向分速度减小较快,需要侧移横向距离较小;后种情形车辆变道时为下坡方向,横向分速度减小较慢,需要侧移横向距离较大,特别是雨天由于横向附着系数较小,需要的距离还要大些。但总的来看,这两种情形只是变道时上下坡顺序不同,而在安全性上可以定性判断,单路拱超车和双路拱超车是相当的。

为进一步分析双向路拱形式对同向车辆超车的影响,项目组对超车稳定性进行了定量验算。车辆超车时的稳定性主要包括横向倾覆和横向滑移两种。当车辆按运行速度 v 行驶时,不产生横向滑移的最小平曲线半径 R_1 和不产生横向倾覆的最小平曲线半径 R_2 分别如下式所示。

$$R_1 \geqslant v^2/127(\varphi_h + i_h) \tag{5.7-1}$$

$$R_2 \geqslant v^2/127\left(\frac{b}{2h_g} + i_h\right) \tag{5.7-2}$$

式中:i_h——路拱横坡;

φ_h——横向附着系数,一般 $\varphi_h = (0.6 \sim 0.7)\varphi$;

φ——横向力系数;

b——汽车轮距(m);

h_g——汽车重心高度(m)。现代汽车在设计制造时重心较低,一般 $b = 2h_g$。

汽车超车时的轨迹是一条曲率变化的曲线,可近似地将其看作一段圆弧。其曲率半径可采用式(5.7-3)估算:

$$R_3 \geqslant \frac{v}{3.6 \times \arcsin(1.8d/v)} \tag{5.7-3}$$

式中:v——车辆运行速度;

d——车辆在超车变换车道时与车道垂直方向的偏移量。

根据上述分析,当超车轨迹的曲率半径大于不产生横向倾覆和横向滑移要求的最小半径时即能保证车辆行驶的稳定性。综合考虑昭会高速公路的设计速度、预测运行速度和车道宽度,不同车速下超车稳定性分析如表 5.7-1 所示。总体来说,超车轨迹半径均大于横向倾覆和滑移的临界半径值。因此,采用双向路拱形式对超车车辆的稳定性影响不大。

不同车速超车稳定性验算表　　　　　　　　　　　表 5.7-1

运行速度(km/h)	路拱坡度(%)	倾覆临界半径(m)	滑移临界半径(m)	超车半径(m)	稳 定 性
60	-0.02	28.9	128.8	147.8	稳定
80	-0.02	51.4	229.0	263.0	稳定
100	-0.02	80.3	357.9	411.0	稳定
120	-0.02	115.7	515.4	592.0	稳定

综上,车辆在 60~120km/h 运行速度范围内行驶时,在横向摩阻系数取最不利值的情况下,超车轨迹半径均大于横向倾覆和滑移临界半径值,车辆在双向路拱行驶时能够保证超车的稳定性。

(2)曲线路段

既有公路设计速度为 80km/h,为双向行驶的二级路,不设超高的最小曲线半径为 2500m。既有公路曲线半径与不设超高最小平曲线半径值比较接近的路段如表 5.7.1 所示,这些路段未设置超高,仅设置了 2% 的路拱横坡。尽管昭会高速公路推荐线设计速度仍为 80km/h,但考虑到既有公路作为新线半幅路基后,由双向单车道行驶改为单向双车道行驶,小客车运行速度远高于设计速度,此时对于在曲线外侧车道行驶的车辆而言,形成了 2% 的反超高,在雨雪等不利气候条件时对行车安全会产生较大的影响,特别是位于下坡方向的路段,存在较大的安全隐患。

2)技术对策

对于部分八车道高速公路超高缓和段合成纵坡较小的路段,通常采用增设路拱处理,即半幅路面在行车道中间增设 1~2 条路拱线(图 5.7-3)。从国内已建成的八车道高速公路调查结果来看,这些路段车辆运行良好。

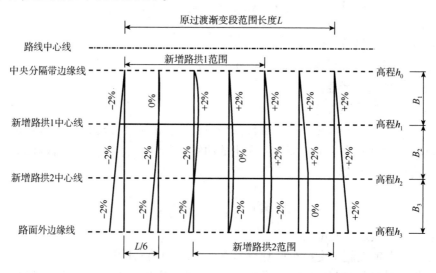

图 5.7-3　双路拱线的应用示意图

在单幅路面中采用双向路拱形式在高速公路中得到了一定应用,如福建省漳州至龙岩高速公路一期工程和江西南昌至庐山高速公路,均为半幅路面采用双向横坡,以解决排水问题,实际运营效果较好,并且对于节约工程造价和保证施工期间的车辆通行非常有利。

根据定性定量分析结果及现行标准规范相关规定,综合考虑双向路拱在福建省漳州至龙岩高速公路一期工程和江西南昌至庐山高速公路的应用情况,昭会高速公路既有公路路基利用路段的直线路段和半径大于3000m的曲线路段可维持既有的双向路拱形式。

考虑到既有公路作为新线半幅路基后,由双向单车道行驶改为单向双车道行驶,小客车运行速度会远高于设计速度,建议对既有道路曲线半径介于2500~3000m的路段适当增设超高,特别是位于较大下坡的曲线路段。新建半幅采用单向路拱,采用规范规定的超高值。

不具备增设超高条件,可采取车道管理措施方案如下:

①采取严格的小型车和大型车限速措施;
②在两条车道间施划白实线作为车道分隔措施;
③配合车道分隔措施,在路段起始处设置相应的大、小车分车型限速的标志设施。

5.8 路面改扩建工程实例

实例1:京哈高速公路四平至长春段改扩建工程

长平高速公路进行八车道改扩建,采用双侧加宽方式,每侧增加两个行车道,既有公路基宽26m,每侧加宽8m,扩建后总宽度42m,设计行车速度120km/h。

(1)路床处理措施

路基处理如图5.8-1所示。先挖除既有公路硬路肩部分路面结构及土路肩,然后超挖其下80cm范围内的路床填料,然后回填掺5%的石灰土,潮湿路段换填人工砂砾,路床部分填料分层填筑并碾压密实,保证压实度≥96%,既有公路开挖部分路床与新建加宽部分路床一同铺筑,为了保证挖方基底的压实度要求,土质挖方段除路床范围内换填人工砂砾外,路床底面以下继续超挖30cm,并回填掺3%石灰土。路基基底压实度≥90%。在上路床底面(路面底面以下30cm)处铺设一层钢塑土工格栅,土工格栅采用双向型钢塑土工格栅,要求极限抗拉强度≥60kN/m,断裂伸长率≤3%。但对于硬路肩开挖后路床强度满足设计要求的路段,应利用既有路床不得开挖,仅在路床顶面铺设一层钢塑土工格栅。人工砂砾的最大粒径不应超过10cm,并具有一定的级配。

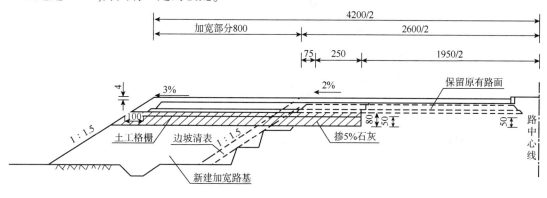

图5.8-1 路床处理(尺寸单位:cm)

(2)路面排水

①路面表面排水

当填方路堤边坡高度在2~6m时采用集中排水,其余路段均采用分散排水。集中排水路段设置拦水带,土路肩采用植物防护,一般每隔20m左右设置一处路堤边坡急流槽,并在纵断面最低点附近适当加密,将路面汇水排入路堤边沟。分散排水路段土路肩采用预制块铺砌,预制块中空部分采用植物防护。

②路面内部排水

为了排除路面内部水并保护路面结构层,在基层顶面铺设下封层,在土路肩内设置纵、横向排水盲沟,盲沟用碎石填筑,外侧包裹防水土工布,与基层顶面的下封层、路面垫层、路侧纵向边沟间形成完整的路面内部排水体系。

③中央分隔带排水

由于既有中央分隔带表面采用混凝土预制块铺砌,未设置其他隔水、排水设施。改扩建时全部挖除既有中央分隔带填土后按设计要求重新填筑,并在中央分隔带内路面结构层侧面及中央分隔带底面铺设复合防渗土工布(二布一膜)。

(3)路面结构拼接方式

铺筑路面底基层前,按规定检查路基顶面的高程、宽度、路拱横坡、平整度、压实度及路床顶面回弹模量等各项指标是否符合要求,符合要求后方能铺筑路面底基层和垫层,垫层施工要求采用机械摊铺。

铺筑扩建部分新路面结构前,应对既有公路进行机械打毛处理,清除软弱、松散和破碎物体,对严重裂缝进行沥青灌缝处理。既有公路硬路肩部分挖除,既有公路各结构层横向开台阶处理,台阶设置宽度为20cm,见图5.8-2。

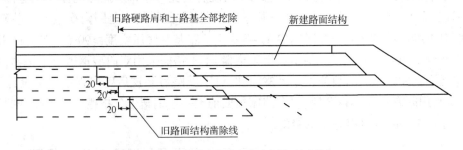

图5.8-2 路面结构横向衔接方式示意图(尺寸单位:cm)

实例2:合宁高速公路改扩建工程

合宁高速公路新建路面结构采用强基厚面的沥青路面结构,扩建后半幅路面的车道划分:从中央带向外分别为第一、第二、第三、第四车道、硬路肩。第一车道为小型车道,交通量组成主要为小客车、大客车和小货车;第二车道为中、小型车道,交通量组成主要为小客车、大客车、小货车和中货车。第一、第二车道按双向四车道,车道系数 η 取0.4。

以弯沉为主要控制指标,综合评价既有公路状况,要求在尽量提高既有公路利用率、消除既有公路病害的前提下,选择合理的组合结构形式对既有公路改建车道进行安全、经济的补强处理,严格控制补强结构中沥青面层各层最小厚度,保证改建后的第一、第二车道路面质量。

第5章 路面改扩建问题及处置对策

考虑到既有公路经"白加黑"改造后路面使用状况较好,既有公路改建方案评审期间针对扩建后理想的交通分布研究认为:可以引入分车道设计的思想,区别对待新建路面与既有公路路面改建。

2008年年初特大暴雪灾害后,发现既有公路沥青面层病害发展加剧,既有公路路面表层抗水抗冻性能较差。设计单位根据现场反馈情况及时优化调整了既有公路路面改建方案,初步设想在对既有公路病害进行适当处理的前提下对全幅加铺SMA沥青上面层3~5cm的方案。

为了提高纵断面设计与既有公路路面的复合精度,路面设计前按左、右两条线分别进行纵面设计,理论设计线位置不变(与道路设计相同)。以既有公路超车道与行车道分界线往里10cm(距路基设计中心线5.9m)为基准控制,根据现场补测路面高程(罩面顶高程)进行纵坡拟合。设计点位以便于进行路面质量控制及误差分散为宜。

尽量控制拟合高程差在3~7cm范围内,对于既有公路沉降量较大的路段,宜尽量减少拟合高程差,控制在3cm以内,避免既有公路路基出现附加工后沉降。

桥梁伸缩缝处高程不变,作为纵坡调整的控制点。路面标中的设计纵坡是根据路面施工需要进行设计的,与土建标文件中提供的设计纵坡有较大的差异,在互通等处需采取渐变方式进行过渡。

纵断面拟合设计中按照《公路工程技术标准》(JGJ B01—2003)进行设计,最短坡长按照300m进行控制,最短竖曲线长度按照100m控制。

为了减少工程量,尽可能利用既有公路面。既有公路路面利用须满足基本设计要求,并对既有病害进行充分、适当的处理。

根据分车道进行路面改建设计的原则,既有公路超车道、行车道有条件加大利用率,充分体现既有公路改建的特色。

对于基层的铣刨要求一次性铣刨到底,尽量不留夹层,基层、底基层拼接台阶宽度不大于30cm,铣刨时可适当增加预留宽度,拼接前进行切边处理。

既有公路路面改建按既有公路补强结构进行计算,按既有行车道弯沉检测资料控制。综合考虑纵面拟合高程差及代表弯沉值计算相应铣刨、加铺厚度。

既有公路路面铣刨的沥青混凝土旧料和基层旧料分开堆放,把沥青混凝土旧料、基层旧料、石屑和水泥按一定的配合比(试验确定)掺和进行再生利用,作为新建匝道路面底基层。按试验确定的配合比进行集中厂拌加工,掺水泥3%,要求7d抗压强度代表值不小于1.5MPa。

具体病害路段的确定现场进行,综合既有公路路面维修补强资料对既有公路病害明显的路段加以处理,弯沉满足要求的路段也可能存在病害,对这些病害加以处理,提高路面的耐久性。病害路段基本处理原则如下:

(1)原老路超车道、行车道出现下列情况之一者,铣刨掉既有公路上面层或上、中面层,并按调坡后的路面高程重新加铺沥青混凝土面层:①既有公路路面表面出现坑槽、凹陷、网裂、疲劳裂缝等病害的路段;②路面破损严重,100m范围内修补面积超过15%时的路段;③路面横向裂缝连续、间距小于15m的路段;④路面出现松散麻面,细集料剥离严重的路段。

(2)原老路超车道、行车道未出现上述病害现象的,直接加铺3~5cm的SMA上面层。

实例 3：沈大高速公路改扩建工程

沈大高速公路为半刚性基层沥青路面，在进行改扩建设计时，对既有公路采用了既有路面不进行开挖，直接在上面铺筑路面进行补强的设计方案。主要是基于以下考虑：

(1) 桥下净空为加铺设计提供了可能性；
(2) 施工工期较短，交通影响最小；
(3) 路基趋于稳定，减少对路基的扰动；
(4) 旧料难以利用，环境影响大；
(5) 直接加铺造价相对较低。

对既有公路路面按照大修的处置方法，以既有公路路面的实测弯沉值为基础，反算路面当量回弹模量，按照规范中的路面补强厚度计算方法进行加铺厚度计算。通过计算确定了以下路面方案：

① 当既有公路路面路段代表弯沉 L_0<50 时，路面采用 17cm 沥青混凝土进行补强，个别代表弯沉值小于 30 的路段，补强厚度为 9cm。其主要作用除了提供强度之外，还用于找平既有公路面的纵横坡度。

② 当既有公路路面路段代表弯沉 L_0 在 (50,120) 时，在原沥青面层上加铺 28cm 水泥稳定砂砾半刚性基层，新沥青面层与加宽部分一起铺筑。其中水泥稳定砂砾半刚性基层找平层的厚度最小为 10cm，然后再和新建路面一起铺筑 18cm。

③ 当既有公路路面弯沉 $L_0 \geqslant 120$ 时，在原沥青面层上加铺 35cm 水泥稳定砂砾半刚性基层，新沥青面层与加宽部分一起铺筑，施工时采用的工艺同上。

④ 由于既有公路硬路肩沥青面层强度与行车道不同，并且硬路肩没有经过行车碾压作用，因此在设计中考虑将既有路面硬路肩的路面全部挖除，铺筑新路面。

对于加宽部分的新建路面结构，仍采用半刚性基层沥青路面，并适当增大沥青层厚度，采用了 4-6-8 的结构，具体结构如下：

表面层：4cm 沥青玛蹄脂碎石抗滑层（SMA-16L 型）；
中面层：6cm 粗粒式沥青混凝土（LAC-25I 型）；
下面层：8cm 粗粒式沥青混凝土（LAC-30I 型）；
上基层：18cm 厂拌水泥稳定碎石；
下基层：18~20cm 厂拌水泥或二灰稳定混合料；
底基层：16~17cm 厂拌水泥或二灰稳定混合料。

总厚度为 70~73cm。

考虑到上基层对级配和强度的要求较高，同时对抗冻性的要求也比较严，因此不采用抗冻融循环能力较差的二灰稳定结构，均采用水泥稳定碎石结构；下基层和底基层根据沿线石灰、粉煤灰、碎石和砂砾料场的实际情况，因地制宜，灵活选用二灰或水泥稳定砂砾或碎石结构。

实例 4：石安高速公路改扩建工程

根据石安高速沥青路的检测养护结果的分析，路面存在的 3 个主要问题：

(1) 横向裂缝广泛分布。主要是由于半刚性基层与沥青层层间分离，沥青层层间接触较差导致，一部分横向裂缝属于半刚性基层反射裂缝。

(2)罩面工程没有从根本上解决路面车辙问题,原上面层沥青混合料性能较差,由于层间接触条件变差,在行车荷载作用下沥青层很容易发生破坏,从而危及半刚性基层。

(3)局部路段存在结构强度不足问题,检测中体现 PSSI 均相对偏低,需特殊处置。

对于既有公路一般路段沥青面层,可能的处置方案有以下几种:

(1)直接加铺,进行补强设计(直接加铺 4cmSBS 改性 SMA-13)。

(2)铣刨全部沥青混凝土层(19cm),进行补强设计(4cmSBS 改性 SMA-13+6cmSBS 改性 AC-20C+9cmAC-25)。

(3)铣刨罩面层和上面层(8cm),进行补强设计(4cmSBS 改性 SMA-13+6cmSBS 改性 AC-20C)。

(4)铣刨罩面层、上面层和 2cm 中面层(共 10cm),进行补强设计(4cmSBS 改性 SMA-13+6cmSBS 改性 AC-20C)。

方案一考虑进行了分车道设计,后期既有公路部分主要行驶小型车,对路面强度要求相对较低,因此直接进行加铺设计主要是为了恢复路表性能,保持新既有公路路面一致。该方案不需要对既有公路进行大规模铣刨,仅需对部分路表病害进行处理即可开展加铺作业,具有工程造价低,施工时间短,对交通干扰小,容易进行施工组织的特点。但是,这种处理方式也具有明显的不足,主要是由于直接加铺对于路面病害产生原因并没有得到有效处理。在这种条件下,路面下部层间接触条件没有得到改善,在荷载作用下,根据下层层间的不同接触状态路面结构受力复杂,部分路段很可能在短期内出现沥青层开裂的病害。同时由于加铺层不会太厚,导致沥青层上部 8~12cm 范围内混合料偏细(罩面层和原上面层),而这一区域正是路面结构抵抗车辙变形的重要区域,在持续高温条件下,车辙病害可能会重新发生。另一方面,由于加铺层较厚,对路面纵坡影响较大,且会增加部分桥梁恒载,增加旧桥加固成本,因此不予推荐。

方案二是针对既有公路病害情况进行的相对深层次处理方式。根据 2010 年钻芯报告和上述的分析,沥青路面的病害与层间接触条件变差有直接关系。方案二将既有公路沥青层完全铣刨,重新摊铺沥青面层,可以通过加强施工控制,做好透层,以加强沥青层与半刚性基层之间的连接。同时在各沥青层施工时通过控制黏层施工质量,防止层间污染等措施使各沥青层之间完全连续。从而从根本上改善路面的受力环境,同时也消除了既有公路沥青混合料级配、沥青选择等方面的先天不足。但是本方案对既有公路的施工扰动较大,可能会使原半刚性基层受到冲击而发生进一步破坏,如果在施工中发生此类情况还需对半刚性基层进行进一步挖除。同时由于铣刨深度较大,会造成对交通干扰大,施工周期长,造价相对较高等不利情况,虽然本方案能够解决既有石安高速公路的各种问题,但同时带来诸多不利条件,根据本项目的实际条件可进行进一步论证。

方案三只铣刨既有公路罩面层和上面层重新进行加铺层设计,可以在一定程度上消除既有公路路面出现病害的根由,并通过选择合适的沥青混合料满足改扩建通行要求。从路面芯样可以看出,部分裂缝位置只是罩面层和上面层发生开裂,既有公路路面中下面层芯样相对完好且层间黏结状态良好,因此在进行既有公路方案选择时铣刨掉既有公路罩面层和上面层对既有公路进行补强设计,通过选择高性能沥青混凝土并严格控制层间黏结条件改善沥青层受力条件。这种处置方法,对于既有公路沥青层与半刚性基层分离路段不能使问题得到彻底解决,由于采用了分车道设计,既有公路交通量相对较小,且没有重载交通作用,沥青层仍能满足强度要求。同时,这种处理方法对既有公路基层扰动较小、铣刨层相对较薄,施工周期基本可以接受。

方案四铣刨至原路面中面层,铣刨深度10cm。这种处置方案考虑是在方案三基础上往下继续铣刨至中面层,在一定程度上消除了既有公路路面病害产生的根由,同时又避免了路面高程的抬高。但是此方案由于对既有公路路面中面层进行铣刨,会对中、下面层,以及沥青层与半刚性基层产生一定的扰动,从而使得层间接触条件更加恶化。同时由于进行等厚度重铺,对既有公路的补强作用不明显,仅起到改善混合料组成、恢复路表功能的作用。

综合上述分析,对既有公路一般路段推荐采用方案三进行处置。

在铣刨既有公路罩面层和上面层后应对既有公路面中面层剩余病害按照历年成熟的病害处置方法进行进一步处理。并在进行加铺层施工时认真清理铣刨层表面,撒布黏层油,控制好加铺层与铣刨底面的层间黏结。对于病害的处理,应在施工期根据铣刨后病害分布情况进行动态设计。病害处置方式可充分吸收石安高速公路多年积累的养护经验进行处理,铣刨后对于中面层出现的裂缝病害,建议的处置措施如下:

对于裂缝两侧尚未出现啃边、破碎现象的裂缝,采取开槽注密封胶的方式进行处理,开槽宽度和深度均为2.5cm。对于裂缝两侧出现一定宽度网裂破碎带的裂缝,应铣刨中下面层至基层顶面,同时对基层顶面裂缝进行开槽灌注密封胶的方式进行处理,再在裂缝两侧铺设宽度为50cm的抗裂贴(本地应用经验),若基层出现松散破碎,则一并予以挖除并进行填补,具体的处置路段和措施应根据铣刨后情况进行动态设计。

对于上述2008年抽检、2010年强度检测强度不足路段,在本次改扩建中根据点弯沉确定处置段,推荐采取铣刨既有公路基层重新铺筑路面结构的方式进行处理。

在石安高速公路项目拼宽新建部分,推荐采用4cm细粒式沥青混凝土+6cm中粒式沥青混凝土+粗粒式沥青混合料+半刚性基层的复合式基层沥青路面,通过加厚最下层沥青层,在功能定位上将其既作为沥青面层的下面层起到抵抗疲劳应力的作用,又作为路面结构的上基层起到延缓半刚性基层反射裂缝向上发展的作用。同时结合本设计"物尽其用、低碳环保"的设计理念,首先考虑采用既有公路铣刨再生料作为新建拼宽部分路面的下部结构层。

对于石安高速公路项目石家庄新建段和邯郸新建段,推荐采用同样的复合基层沥青路面结构,路面结构为4cm细粒式沥青混凝土+中粒式沥青混凝土+粗粒式沥青混合料+半刚性基层复合式路面结构;对于沥青混合料下部结构,应考虑改扩建工程特点充分利用旧料。

实例5:沪宁高速公路改扩建工程

1)既有公路路面病害处理方案

①既有公路原罩面实测代表弯沉值不大于0.25mm且无路面病害路段。

原既有公路路面超车道(包括路缘带)和行车道进行铣刨和加铺补强的原则,见表5.8-1。

第5章 路面改扩建问题及处置对策

原既有公路路面超车道和行车道进行铣刨及加铺补强原则　　　　表 5.8-1

填挖高 h(cm)	既有公路路面超车道	既有公路路面行车道
<-1	铣刨既有罩面、既有公路沥青面层及小部分基层,保证加铺面层总厚在 18~20cm,改铺 4cm SMA-13+(6~18)cm SUP-20+8cm SUP-25 补强	铣刨既有罩面、既有公路沥青面层及小部分基层,保证加铺面层总厚在 18~20cm,改铺 4cm SMA-13+(6~18)cm SUP-20+8cm SUP-25 补强
$-1 \leqslant h \leqslant 2$	超车道既有罩面原则上不铣刨,尽量利用既有公路罩面	铣刨既有罩面+4cm 上面层+6cm 中面层,改铺(3~6)cm SMA-13+10cm SUP-20 补强
$2 < h \leqslant 6$	铣刨既有公路 4cm 罩面+4cm 上面层,改铺 4cm SMA-13+(6~10)cm SUP-20 补强	铣刨既有公路 4cm 罩面+4cm 上面层,改铺 4cm SMA-13+(6~10)cm SUP-20 补强
$6 < h \leqslant 10$	铣刨罩面,改铺 4cm SMA-13+(6~10)cm SUP-20 补强	铣刨既有公路 4cm SMA 罩面,改铺 4cm SMA-13+(6~10)cm SUP-20 补强

②既有公路原罩面实测代表弯沉值大于 0.25mm 路段和路面病害路段。

对代表弯沉值大于 0.25mm 路段,根据既有公路实测弯沉值和结构层施工需求,按既有公路路面补强原则计算确定既有公路路面的铣刨层和路面加铺沥青混凝土厚度;路面病害路段按既有公路路面病害处理原则确定既有公路路面的铣刨层和路面加铺沥青混凝土厚度。

③原桥面沥青混凝土铺装层(含部分小桥原罩面层)全部铣刨,统一改铺 4cm SMA-13+5cm SUP-20。

2)路床处理

为了提高既有公路路基强度,保证新建路面下路基强度的均匀性,将原既有公路土路肩和硬路肩全部挖除,硬路肩与第三、第四车道全部新建路面,并对既有公路路肩下路床进行处理,在既有公路土路肩下路床中开挖深度 20cm、宽度 5.25m 的沟槽,用铣刨机将新既有公路床的石灰土铣刨堆放在新路基一侧,并掺 2%水泥拌和、补水,并对刨槽静压 2~3 遍,在沟槽底部铺设一层 4m 宽单向土工格栅(主应力方向抗拉强度≥80kN/m,延伸率≤10%),再将一侧拌和好的水泥土推到槽中,初平振压成型。

3)新老路面接缝处理

通过试验路的铺筑研究了接缝处涂刷乳化沥青后火烤、涂刷乳化沥青、涂刷热沥青后火烤、涂刷热沥青及不进行任何处理 5 种接缝处理方法的效果,表明乳化沥青和热沥青作为黏结材料效果较好,且可采用接缝附近新铺路面的压实度评价接缝拼接质量。

无锡 LM4 标段施工时,横向拼接台阶宽度大于 2m,下面层拼接时高出既有公路 2cm,上下基层和既有公路结构厚度拼接(图 5.8-3);当既有公路基层小于 25cm 时,采用水稳碎石时只留一个台阶。

沪宁高速公路(苏州段)新老路面横向拼接设计图见图 5.8-4。

4)常州段扩建工程路面结构设计

扩建后沪宁高速公路为双向八车道,根据八车道高速公路车辆运行特点,经研究确定,扩建工程路面分车道进行设计。自中央分隔带向外第一、第二车道为既有公路面改建利用车道,按行驶小型车、中型车进行设计;第三、第四车道和硬路肩全部新建路面,按行驶大、中型车进行设计。

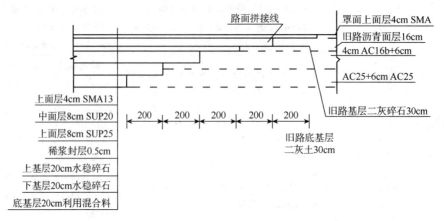

图 5.8-3　沪宁高速公路(无锡 LM4 标段)铣刨横向台阶示意图(尺寸单位:cm)

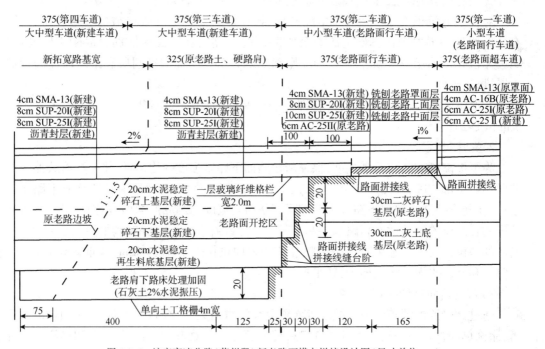

图 5.8-4　沪宁高速公路(苏州段)新老路面横向拼接设计图(尺寸单位:cm)

(1)设计原则

根据分车道行驶原则,新建路面主要行驶中、大型货车和集装箱车,为此新建路面要有足够的承载能力;另外还要符合新技术发展方向,尽可能多地将解决既有路面结构的不足与既有公路路面改建综合考虑,尽量减少可能出现的纵向拼接裂缝问题。

根据沪宁高速公路工程可行性研究交通量预测,最终计算得到,在不考虑超载的情况下,沪宁高速公路常州段设计年限内一个车道上累计当量轴次为 $3.18×10^7$ 次(弯沉计算),此时半刚性路面设计弯沉值为 19(0.01mm)、柔性路面设计弯沉值为 30.3(0.01mm);在考虑超载作用条件下,设计年限内一个车道上累计当量轴次为 $7.31×10^7$ 次(弯沉计算),半刚性路面设计弯沉值为 16(0.01mm),柔性路面设计弯沉值为 25.6(0.01mm)。

我国规范路基土设计模量 E_0 通常取 30~40MPa,根据江苏沿江高速公路试验路检测的现场路基顶面弯沉反算的路基土回弹模量达 180~190MPa,这说明我国目前路基土的设计模量取值偏于保守。但设计中土基回弹模量仍选用了 40MPa,如果考虑超载,按相同参数计算,结构厚度明显不足,但是如果按土基回弹模量 60MPa 计算,设计的结构厚度完全可以满足计算要求。

(2)设计方案

根据我国沥青路面结构设计方法,选用了柔性基层沥青路面、半刚性基层沥青路面、刚性基层沥青路面三大类结构进行设计。

①半刚性基层沥青路面

为了提高路面结构的性能,在进行半刚性基层沥青路面结构设计时,采用了较厚的沥青面层,各层类型和厚度见表 5.8-2。其思路是将半刚性材料作为底基层,与柔性基层结合,充分利用柔性基层抗疲劳、抗反射裂缝的优点及半刚性底基层良好的板体性和承载能力,使路面的综合性能达到最优。由于沥青层总厚度增加,从而可提高路面结构的抗疲劳性能,减少产生贯穿沥青层全厚的反射裂缝的概率。但半刚性基层养护时间较长,不利于缩短工期,设计中没有考虑路面结构内部排水。

半刚性基层沥青路面 表 5.8-2

厚　度(cm)	类　型	厚　度(cm)	类　型
4	SMA13	34	再生二灰碎石/水稳碎石
8	Sup20	15	二灰土
16	Sup25		

②柔性基层沥青路面

柔性基层沥青路面结构是发达国家在重交通高速公路普遍采用的一种结构形式,能克服半刚性基层的诸多缺点,如层间结合不好、半刚性基层路面的反射裂缝及路面基层唧浆等,各层类型和厚度见表 5.8-3。国外的经验和研究表明,较厚的沥青面层有利于降低沥青层底的拉应变,从而降低其疲劳开裂的可能性,其疲劳寿命要大大高于传统的半刚性基层沥青路面。同时,车辙的大部分主要发生在沥青层表面,而且一般不会发生结构性变形,便于养护维修,具有良好的服务性能和较长的使用寿命。但柔性基层沥青路面在我国的应用刚刚起步,应用实例较缺乏,并受到现行规范的制约,造价也比较高。

柔性基层沥青路面 表 5.8-3

厚　度(cm)	类　型	厚　度(cm)	类　型
4	SMA13	20	LSM
8	Sup20	20	再生二灰土
8	Sup25		

③刚性基层沥青路面

CRCP 基层可以提高路面的整体承载能力,减少沥青厚度,提高路面的动稳定性;其良好的整体强度改善了支承在不均匀基层上的水泥混凝土板的受力性能,减少刚性基层裂缝对沥青面层的影响,防止横向开裂;而加铺的沥青混凝土面层进一步提高了车辆行驶的舒适性,各层类型和厚度见表 5.8-4。但存在设备上的困难,施工难度大;养护时间较长,不利于缩短工期;造价较高。

刚性基层沥青路面　　　　　　　　　　　表 5.8-4

厚　度(cm)	类　　型	厚　度(cm)	类　　型
4	SMA13	20	再生二灰碎石/水稳碎石
6	Sup20	15	二灰土
26	连续配筋混凝土		

(3)方案的选用

为了对各种路面结构方案进行验证,对柔性基层及半刚性基层沥青混凝土路面进行了室内环道车辙、抗疲劳试验研究。从环道试验的结果来看,几种结构方案的抗车辙能力均较强,说明采用柔性基层方案并不会增加沥青路面的车辙量。

为了检验各方案的实际路用性能,并掌握各结构层的施工工艺,结合沪宁高速公路扩建工程,针对上述几种不同路面结构修筑了试验路,以验证其实际使用效果。试验路的观测表明,通过半年多的运营,试验路的情况均良好,无任何病害;从弯沉测试的情况来看,路表代表弯沉均较小,试验路结构强度很好;从取芯情况来看,各种结构方案均处于良好的状态。但由于观测时间较短,长期路用性能尚需继续观测。

综上所述,结合课题"沪宁高速公路扩建工程路面结构研究"、环道试验结论、试验路中间观测结果,以及扩建指挥部多次召开的专家会议意见,最终本着稳妥、慎重、可靠的原则,决定常州段全线仍然采用目前国内普遍应用的半刚性基层路面结构形式,并通过加大面层厚度对结构进行了改进,以抑制半刚性基层裂缝对面层的影响,在国内也有成功的范例,各层类型和厚度见表 5.8-5。

半刚性基层沥青路面　　　　　　　　　　　表 5.8-5

厚　度(cm)	类　　型	厚　度(cm)	类　　型
4	SMA13	36	再生二灰碎石/水稳碎石
8	Sup20	15	二灰土
16	Sup25		

鉴于柔性基层对"重载、耐久"交通条件良好的适应性和欧美各国成功的应用经验,以及结合课题的试验研究成果,决定在无锡段 HNLM4 标段(23km)采用柔性基层路面结构方案。

(4)既有公路路面改建

既有公路路面改建方案的确定应本着尽可能利用原则,与新路面结构相协调的原则,尽可能解决既有公路路面的既有技术问题,符合车道分配的原则。根据上述原则,结合"沪宁高速公路(常州段)既有公路状况检测与评价"研究课题的结论,提出了充分利用、补强的方案,即在对既有公路病害进行处理后,对常州段全线既有公路路面在既有上面层顶面加铺一层平均厚4cm SMA-13面层,加大既有公路路面沥青面层厚度。设计中主要按以下三个方面来控制。

①满足弯沉要求

按既有公路补强结构进行计算,弯沉控制标准为30(0.01mm),按既有行车道弯沉检测资料控制,满足设计弯沉的充分利用,不满足弯沉要求的挖除重建。

②结构厚度满足要求

根据先导路段施工情况,既有公路路面结构厚度变化较大,不少路段厚度不满足原设计要求。弯沉满足要求但结构厚度不满足原设计要求的,尤其是基层厚度不满足原设计要求的(厚度小于原设计的80%)路段视同弯沉不满足要求,应挖除重建。

③消除既有公路病害

考虑到病害处理的具体特点,设计时以既有公路路面代表弯沉值作为评价既有公路病害的主要因素,具体病害根据路段现场确定,综合既有公路路面维修补强资料对既有公路病害明显的路段加以处理。弯沉满足要求的路段也会存在病害,对这些病害加以处理,以提高路面的耐久性。

根据以上原则设计后,统计数据表明,沪宁高速公路常州段既有公路沥青面层利用率为53%,基层利用率为78%。

(5)路面拼接

①横向拼接

根据分车道设计原则,第三车道按行驶大、中型车进行设计,拼接缝、拼接台阶不宜放在第三车道内,因此根据既有公路路面状况确定以下两种横向拼接方案:对于既有公路行车道路况综合指标较好的路段,拼接缝放在第二、三车道分界线处;对于既有公路行车道路况综合指标较差的路段,拼接缝放在第一、二车道分界线处。

②纵向拼接

因既有公路不同路段内的弯沉存在差异,在经济合理、确保改建质量以及满足利于施工的原则,保证施工段长度不小于100m的前提下,改建设计时一般采取了不同的补强结构,不同类型结构层须进行纵向拼接,纵向拼接分台阶进行,铣刨台阶作垂直切缝处理,每级台阶宽度不小于2.0m。

5)江苏段改扩建工程

(1)施工控制原则

①分车道进行路面设计:根据八车道高速公路车辆运行特点,经研究并经指挥部部确认,扩建工程路面分车道进行设计。

自中央分隔带向外第一、第二车道为既有公路路面改建利用车道,按行驶小轿车、中型车进行设计;第三、第四车道和硬路肩全部新建路面,按行驶大、中型车进行设计。

②既有公路补强思路确定:考虑2003年5~6月沪宁高速公路有限公司对全线既有公路路面一些明显的病害已加以维修处理,特别是对无锡枢纽以东进行了全面维修及罩面,既有公路状况得到一定的改善,从2004年5月东段的弯沉检测结果(罩面后)来看,与2003年4月检测结果比较有了较大提高。在综合考虑以上因素及分车道设计原则的基础上提出了充分利用、补强的概念,即在对既有公路病害进行处理后,全线既有公路路面在既有上面层

顶面加铺一层平均厚 4cm SMA-13 面层,加大既有公路路面沥青面层厚度。

③独立的纵断面设计:为了提高纵断面设计与既有公路面的符合精度,路面设计前按左、右两条线分别进行纵断面设计,理论设计线位置不变(与道路设计相同)。以既有公路超车道与行车道分界线往里 10cm(距路基设计中心线 5.9m)为基准控制,根据现场补测路面高程(罩面顶高程)进行纵坡拟合。设计点位以便于进行路面质量控制及误差分散为宜。

桥梁伸缩缝处高程不变,作为纵坡调整的控制点,路面标中的设计纵坡是根据路面施工需要进行设计的,与土建标文件中提供的设计纵坡有较大差异,在互通等处需采取渐交方式进行过渡。

纵断面拟合设计中,按照《公路工程技术标准》(JGJ B01—2003)进行设计,最短坡长按照 300m 进行控制,最短竖曲线长度按照 100m 控制。

④既有公路路面尽可能利用:为了减少工程量,需要尽可能利用既有公路路面。既有公路路面利用本设计要求,并对既有病害进行充分、适当的处理。

⑤既有公路路面铣刨料充分利用。既有公路路面铣刨料充分利用意义重大:一是经济意义,通过对铣刨料的冷再生或乳化沥青再生利用,冷再生料可用作拼宽新建路面的底基层或联结层,大大减少了原材料的使用量;二是环保意义,如废弃既有公路路面铣刨旧料,对周边环境将会造成较大污染,降低废旧料对环境产生的污染是改建工程必须考虑的重点问题。

⑥施工组织:考虑到沪宁线交通运营特点——全阶段施工期间保证至少对向二车道不间断通车,确保 24h 运营状态,要求路面施工期间做好交通组织、管制;同时考虑到路面材料摊铺的温度要求,因此须分期分阶段选取适当的施工段,合理安排施工工序,既要保证路面施工期间的交通安全,又要保证路面施工的进度。

综合上述因素后,对于路基左半幅首先采取分段实施、半幅同步施工的方案开展路面改建工作,分段长度 4~6km,待左半幅施工完成转换交通后,路基右半幅路面大部分可进行全段同步施工。

(2)路面拼接

①横向拼接

根据分车道设计原则,第三车道按行驶大、中型车进行设计,拼接缝、拼接台阶不宜放在第三车道内,因此根据既有公路路面状况确定以下两种横向拼接方案。

a.拼接缝放在第一、二车道分界线处,适用于既有公路行车道路况综合指标较差的路段,见图 5.8-5。

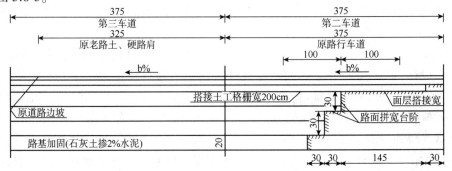

图 5.8-5 拼接设计图(方案一)(尺寸单位:cm)

b.拼接缝放在第二、三车道分界处,适用于既有公路行车道路路况综合指标较好的路段,全段路面改建以此方案为主,见图5.8-6。

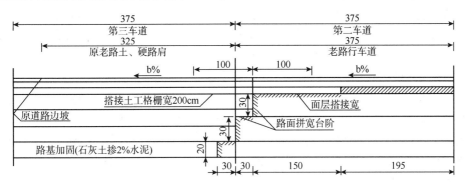

图5.8-6 拼接设计图(方案二)(尺寸单位:cm)

②纵向拼接

因既有公路不同路段内的弯沉存在差异,在经济合理、确保改建质量以及满足利于施工的原则——保证施工段程度不小于100m的前提下,改建设计时一般采取不同的补强结构,不同类型结构层须进行纵向拼接,纵向拼接分台阶进行,刨铣台阶不小于2.0m。

a.刨铣台阶

控制最大刨铣台阶宽度30cm,最大铣刨台阶高度为30cm,铣刨台阶要求顺直光滑,保证一定的平整度,为了减少啃边现象的发生,铣刨时刻超宽5~10cm,待拼接施工实施时进行切边处理。

b.改建利用实施

(a)既有公路行车道:

以既有公路路面弯沉值作为评价既有公路病害的主要评判指标,结合计算确定既有公路行车道铣刨结构层次,同时还应保证补强沥青面层的最小摊铺厚度,现场具体铣刨层次还需结合铣刨过程中现场病害调查结果联合进行确定。

按既有公路补强结构进行计算,无锡枢纽以东路段弯沉控制标准为25(0.01mm)(罩面后的弯沉值),无锡枢纽以西路段弯沉控制标准为30(0.01mm)(罩面后的弯沉值)。

确定行车道的铣刨结构层厚度应综合考虑新路面的摊铺结构厚度,满足拼接处新铺结构层的最小厚度,铣刨过程中应尽量做到不留夹层,铣刨过后出现的夹层应及时处理,同时在拼接处的新老基层顶面上铺设一层单向的土工格栅,宽2.0m,减少拼接处反射裂缝的产生,保证新既有公路路面的拼接质量。

(b)既有公路超车道:

既有公路超车道的路况总体上优于行车道,病害相对较少,结构层可利用率高,超车道补强按既有公路补强结构进行计算。

对于无锡枢纽以东已作罩面的路段,在综合考虑弯沉控制标准、纵面拟合高差,平整度要求,路面横坡、病害等因素的前提下,尽可能直接利用既有公路路面大修时的罩面层。

对于无锡枢纽以西未做罩面的路段,在综合考虑弯沉控制标准、纵面拟合高差,消除病害等因素的前提下,尽可能直接在老面上加铺一层SMA-13罩面,保证最小摊铺厚度3cm。

(c)过渡段的设置：

沿线构造物密集，受桥型构造物两端的高程控制影响，纵坡的调整及补强路面结构在桥头路段均受到了一定限制，经过多次方案论证比较，选取了设置过渡段的方案，较好地解决了桥头高程顺接及既有公路路面补强结构组合的问题，过渡段长度原则上要求不小于100m。

实例6：连霍高速公路（郑洛段）改扩建工程

郑州至洛阳高速公路是国家规划的"五纵七横"之一"连霍国家高速公路"的重要组成部分，是河南省高速公路网的主骨架。既有公路路面结构厚度薄，虽多次养护，但仍然不能满足连霍高速公路大交通、重轴载的现实，致使路面出现以横向裂缝为主、局部路段内出现车辙、龟裂、沉陷、坑槽等病害，应结合该段改扩建工程一并对既有既有公路路面进行针对性的改建处理。

设计路面结构。LHK600+200～LHK694+500段行车道：4cm中粒式沥青混凝土+5cm粗粒式沥青混凝土+6cm热拌沥青碎石+15cm水泥稳定碎石+40cm水泥石灰稳定土，硬路肩路面结构底基层较行车道少一层，为20cm。LHK694+500～LHK705+997段行车道及硬路肩：4cm中粒式沥青混凝土+5cm粗粒式沥青混凝土+7cm粗粒式沥青混凝土+34cm水泥稳定碎石+20cm水泥粉煤灰稳定土。

1）设计原则

（1）分幅设计原则：该项目采用南侧单侧加宽为主的改扩建方式，新加宽路幅主要行驶由西向东车辆。改扩建后的既有公路南幅将行驶由东向西的中小型车辆，既有公路北幅将以行驶大型车辆为主，应根据设计车型特点分别确定既有公路南北幅设计标准，为方便既有公路内侧中小型车辆及时上下，在互通立交、服务区、停车区楔形段前后2km进行分隔带路面封闭处理，封闭长度2.5～3km。

（2）充分利用既有路面结构原则：鉴于既有公路弯沉强度仍较高，路面局部疲劳龟裂、坑槽及横向裂缝为主的实际路况，应充分利用既有公路路面结构，减少铣刨量。

（3）既有公路铣刨料充分利用原则：铣刨下来的既有公路面层、基层应尽可能利用在既有公路路面上、既有公路分隔带封闭路段，剩余材料用于路面层、基层。

（4）既有公路南北半幅病害不一且有分隔带相隔，采用南北幅独立纵坡设计原则。

（5）既有公路路面病害彻底处置原则：加强单点病害处理，防止处置不佳出现加铺层及早开裂。

2）既有公路路面处置

路面病害标准的划分：以沪宁高速公路改扩建、安新高速公路改扩建、郑州至漯河高速公路改扩建路面改建依据，结合该项目重度横向裂缝较多，仅部分路段出现龟裂、坑槽、车辙、沉陷等病害的实际情况，以保证施工质量、加强单点病害处理、节省工程投资为原则，提出重度横向裂缝每100m不少于10条作为病害轻重的划分标准。

局部弯沉超限：局部弯沉超限，结合土基状况、基层病害调查等手段分析后表明，超限的主要是部分路段土基处于潮湿状态或基层松散所致，对其进行注水泥浆或局部挖出换填后仍可以达到较高的强度。不再按照该超限弯沉反算得到的既有公路顶面回弹模量进行加铺层设计。

第5章 路面改扩建问题及处置对策

加铺层最小厚度的确定:按照季节考虑为干季,结合落锤式弯沉仪检测结果反算得到的土基回弹模量大多为50MPa的实际情况,经进一步比较分析,最不利情况下土基回弹模量应在40MPa左右,符合《公路沥青路面设计规范》(JTG D50—2006)中"重交通、特重交通公路土基回弹模量值应大于40MPa"的要求。按照分幅车道设计标准得到具体的沥青层加铺厚度。计算结果表明:在改扩建完成后,南幅硬路肩作为小型车道使用,需加铺1层约4cm沥青混凝土;南幅车道不需加铺;北幅车道行驶重型车辆,加铺两层8~10cm沥青混凝土较为适宜。

3)局部单点病害的处理

(1)土基模量不足处理

对换算出土基模量低于50MPa路段(雨季状态低于40MPa),进行注水泥浆处理。

(2)基层缺陷处理

基层缺陷主要表现为基层松散、破碎、疏松、沉陷、脱空等,除破碎及松散路段需挖除换填密级配沥青稳定碎石ATB-25,沉陷、脱空路段进行高聚物注浆以外,其他缺陷采用注水泥浆加固基层。

对弯沉不小于27.0(0.01mm)的车道基层破碎路段及南幅硬路肩弯沉大于25.8(0.01mm)路段进行挖除,换填不小于16cm水泥稳定碎石,其上加铺沥青混凝土。

(3)裂缝处理

①轻度裂缝。即用"沥青路面开槽机"凿出宽度2cm,深宽比不小于1:1的矩形槽,槽长以裂缝长度为标准,后采用空压机将槽缝吹洗干净后,再用热沥青灌缝。

②重度裂缝。沿着裂缝开窗处置,开窗长以损坏长度为准,矩形槽开窗宽度:表面层为80cm,其下为50cm;要求开窗深度先铣刨一层,若裂缝已不存在,不再往下切;若裂缝仍存在时,则继续向下以层为单位铣刨沥青层,直至裂缝消失;若裂缝是由半刚性基层开裂反射产生,则铣刨至基层顶面。对于存在于面层的裂缝,达到铣刨深度后,先用空压机将槽吹洗干净,在槽底洒热改性沥青层,侧壁涂3mm厚的改性乳化沥青层后,用中粒式沥青混凝土AC-20C回填压实至顶即可。若是基层开裂反射裂缝,铣刨至基层顶后,用空压机将槽缝吹洗干净,将裂缝清理干净并用热沥青灌满,并在裂缝上贴40cm宽的抗裂贴。之后也在槽底喷洒热改性沥青层,并用3mm改性乳化沥青涂抹侧壁后,回铺AC-13C或AC-20C沥青混凝土至顶面。

(4)坑槽、龟裂处理

采用局部开窗挖补方案处置。按照"圆洞方补,斜洞正补"原则进行开窗,开窗范围以坑槽、龟裂病害轮廓线外30cm为准,挖槽的纵横边线与车道平行或垂直;开窗深度:要求一次性铣刨一层,若病害已不存在,不再往下切;若病害仍存在时,则继续向下以层为单位铣刨沥青层,直至病害消失;开窗完成后,先用空压机将槽吹洗干净,在槽底喷洒热改性沥青层,侧壁均匀涂抹3mm厚的改性乳化沥青,回铺AC-13C或AC-20C沥青混凝土至顶面。

(5)沉陷处理

确认沉陷范围,标画病害轮廓线,对松散、唧泥裂缝处进行压浆处置,后对重度裂缝分层铣刨进行针对性处理。

①既有公路北幅车道行驶大中型车辆,需对弯沉超限路段及基层松散、破碎路段进行挖除,换填为不小于 16cm 水泥稳定碎石,其上加铺沥青混凝土。

②既有公路 C30 混凝土基层密实、稳定,其上沥青层总厚多在 18cm 以上,行车荷载对基层影响小,路面状况好,不再进行挖除。

③为保证既有公路分隔带封闭路段内车辆变道安全顺适,分隔带封闭路段南北幅高程差控制为 4.5cm(3m 分隔带)和 3cm(2m 分隔带)以内。

④为充分利用既有公路路面,降低工程投资、方便施工控制,保障工程质量,表面层铺筑厚度调整为 5cm。

4)加铺方案

南幅加铺 1 层、北幅加铺 2 层。

(1)南幅各车道处置方案:

①原南幅硬路肩在处置表面病害后,精铣刨后加铺 1 层 4cm AC-13C;②南幅行车道病害严重路段拟铣刨 2 层后,视其病害情况,如无病害,则加铺 4cm AC-13C+8cm A-20C(SBS 改性);如下部仍有病害,继续以层为单位向下铣刨,直至无病害层面,加铺 4cm AC-13C+6cm AC-20C+不少于 8cm 厚的厂拌冷再生混合料;③行车道病害轻微路段,处置局部病害后,精铣刨后加铺 1 层 4cm AC-13C;④原超车道路况较好,精铣刨后加铺 1 层 4cm AC-13C。

(2)北幅各车道处置方案:

①北幅行驶大中型车辆,对超车道精铣刨后,加铺 4cm AC-13C+6cm AC-20C;②行车道病害严重路段,铣刨 2 层沥青混凝土,如下部无病害,则采用 4cm AC-13C+6cm AC-20C+8cm 厂拌冷再生混合料;如下部仍有病害,则继续向下以层为单位铣刨,直至无病害层面,采用 4cm AC-13C+6cm AC-20C+12cm 厚的厂拌冷再生混合料;③行车道病害轻微路段,精铣刨后,加铺 4cm AC-13C+6cm AC-20C;④既有公路路缘带及硬路肩根据高程情况加铺 1 层或 2 层。

实例 7:南钦高速公路改扩建工程

方案一:通过全面的路面病害调查、检测及处置,彻底消除既有公路病害,充分利用原水泥路面结构层,以加铺为主、局部路面挖补并加铺沥青混凝土面层;拼接部分按既有公路路面结构类型铺筑至既有公路高程后,一起连续施工各加铺层。

方案一路面总厚度为 82cm,充分利用了既有公路路面结构强度,合理利用既有公路路面结构材料,易于实施,施工周期短些,对交通影响较小,造价略低。对路桥高程的衔接、天桥净空等问题有一定的影响。利用沥青混凝土和满铺玻璃纤维格栅组合,能够延缓反射裂缝,该方案需对既有路面病害进行彻底处理,否则易留下隐患。适用于既有公路路面破损状况为优和良、平均弯沉值<0.45mm 的路段。

方案二:既有公路部分挖除原水泥混凝土面板,处置基层病害,加宽部分采用新建沥青路面结构层衔接。破碎的旧混凝土板加工成碎石后用于路床、第一、第二车道的路面底基层。

方案二路面总厚度为 95cm,彻底解决旧水泥路面病害问题,较理想地再生利用既有公路路面结构材料。属于沥青路面结构,使用寿命较长。对路桥高程的衔接、天桥净空等问题有一定的影响。该方案在挖除旧水泥混凝土板时,受雨水天气和施工机械特别是履带式机械等施工因素的影响,须考虑更换部分既有公路路面的基层结构。施工周期略长,对交通有一定的影响,造价略高。适用于既有公路路面破损状况为中及以下、平均弯沉值>0.45mm 的路段。

方案三:对将原水泥混凝土面板进行碎石化处理;拓宽部分采用新建沥青路面结构层衔接。

方案三路面总厚度为 113cm,在一定程度上解决了旧水泥路面病害问题,并有效利用了既有公路路面结构,使用寿命较长。对路桥高程的衔接、天桥净空等问题有较大的影响。该方案对破碎稳固旧水泥混凝土板施工控制要求高,否则易出现因混凝土板不稳固而造成路面反射裂缝的出现,影响路面的使用寿命。施工周期长,对交通影响大,造价略高。

适用于既有公路路面破损状况为中及以下、平均弯沉值>0.45mm 的路段。

综合本路段路面的检测数据,本路段路面的断板率高,脱空率大,传荷能力差,相邻板边平均弯沉值大,按相应标准对旧混凝土板进行处置的比例极高。根据目前既有公路路面状况,参考柳州至南宁高速公路改扩建的施工情况,综合经济、技术、潜在的质量风险、对交通的影响和资源节约、环境友好等因素,本项目推荐采用方案二的沥青混凝土路面结构。

实例 8:龙(游)丽(水)龙(泉)一级公路改高速公路工程

在龙(游)丽(水)龙(泉)一级公路改高速公路工程中,由于货物运输方向的不对称性,主要集中在右幅上。为充分发挥投资效益,采用了来去向不等厚的结构,即在通行重车、车辙严重的一幅采用铣刨 2cm,再加铺 6+4 改性沥青混凝土结构,使路面总结构厚度达到 20cm,并在坡度大于 2%的上坡路段外掺 0.5%PRPLAST 抗车辙剂。另一幅重车流量较少的仅对既有公路路表简单拉毛后,加铺 4cm 厚改性沥青混凝土,总厚度为 16cm。对某改建段弯沉不足的地段,通过改善排水状况,加厚沥青面层 10cm,并适当降低弯沉控制指标[计算弯沉按 35(0.01mm)控制,较其他路段低 13(0.01mm)],灵活处理路面厚度设计。为改善新既有公路路面之间的结合,在路面铣刨后,采用强力清扫车、鼓风机吹除浮粒,喷洒改性乳化沥青黏层油。施工后通过取芯表明,新既有公路完全结合成整体。对大量的反射裂缝,彻底铣刨裂缝路面至基层顶,乳化沥青灌缝后,铺土工布,隔离裂缝,填补坑槽至既有公路路面顶部高程。

实例 9:南京机场高速公路扩建工程

1)路面拼接设计

(1)主线路面拼宽设计

由于原紧急停靠带从建成通车至今未进行过更换,沥青路面抗疲劳性能较差,且道路扩建后,既有紧急停靠带位于第三车道,将承担部分重载车辆通行,因此,将紧急停靠带沥青路面全部铣刨,铣刨位置以行车道养护台阶进行控制。考虑扩建后第三车道行车轮迹位置,基层、底基层拼接缝宜设置在靠近拼宽后第三车道中间位置,避免拼接缝受到车载不利影响。

考虑到老路铣刨加铺,对新、老路路面的上面层应整幅加铺,中、下面层拼接部位从原硬路肩外侧边缘以内 295cm 处开始,台阶宽度为 15cm,高 8cm;然后从原硬路肩外侧边缘以内 75cm 处开始,依次为基层拼接台阶和底基层拼接台阶。其中基层的拼接台阶分 2 层,台阶宽 30cm、高 18cm,底基层台阶高 20cm,见图 5.8-7。

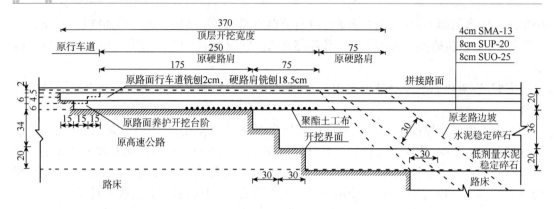

图 5.8-7 南京机场高速公路扩建工程主线路面拼宽结构示意图(尺寸单位:cm)

(2)互通匝道路面拼宽设计

考虑到老路铣刨加铺,对新、老路面的上面层应整幅加铺,下面层拼接部位从原硬路肩外侧边缘以内60cm处开始,高8cm;然后依次为基层拼接台阶和底基层拼接台阶。其中基层的拼接台阶分2层,台阶宽30cm、高18cm,底基层台阶高20cm,见图5.8-8。

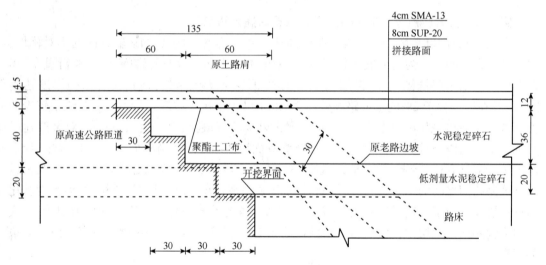

图 5.8-8 南京机场高速公路扩建工程互通匝道路面拼宽结构示意图(尺寸单位:cm)

匝道利用宽度不足2m时,将老路全部挖除按整幅新建;匝道拼接宽度不足3m时,拼接部分基层、底基层采用C20素混凝土进行回填,见图5.8-9。

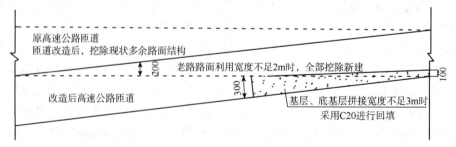

图 5.8-9 南京机场高速公路扩建工程互通匝道路面拼宽平面示意图(尺寸单位:cm)

2)路面施工注意事项

(1)水泥稳定碎石基层、底基层拼接

①摊铺施工前应在拼接处的老基层顶面、竖向界面喷涂水泥净浆,以提高新老基层的黏结效果。

②新建水泥稳定碎石基层摊铺过程中,应采用细料对拼接缝处补料,防止拼接缝位置空隙率过大、碾压不密实现象的出现。

③新建水泥稳定碎石基层碾压过程中,拼接处应安排专门压路机碾压,碾压时钢轮压路机静压,防止振动压路机对既有公路基层产生扰动破坏。

④加强拼接接缝处的保湿养生,以提高接缝处的整体强度。

(2)沥青面层拼接

新老沥青面层拼接施工过程中应注意以下几点:

①新老路面面层拼接施工前,在竖向界面上喷涂乳化沥青。

②加强沥青面层摊铺过程中的施工质量控制,安排专人在拼缝处人工添补细料,以弥补材料离析造成的影响。

3)路面加铺前对既有公路路面病害的处理

(1)裂缝修补

①在高温季节全部或大部分可愈合的轻微裂缝,可不进行处理。

②对于路面的纵向或横向裂缝,应按裂缝的宽度进行处理。

a.根据调查,本项目横向裂缝宽度均小于3mm,先清除缝中杂物及尘土,将专用灌缝剂灌入缝内,灌入深度约为缝深的2/3。填入干净石屑,并捣实。沿裂缝切割1.2×1.2cm的槽口,清除溢出的沥青及石屑、砂,在槽口位置涂抹密封胶。

b.根据调查,本项目纵向裂缝宽度均小于3mm,沿裂缝两侧各60cm范围内切除路面面层。切除后,查看基层破损情况,如基层仅为裂缝,将剩余裂缝进行灌缝处理(不加密封胶),其上铺1cm厚SBS改性沥青封层+聚酯纤维布,上部再按既有公路路面厚度铺筑沥青混凝土。如基层已破损,则应继续切割至基层无破损深度,基层与下面层错层10cm。切除后,将原底基层进行人工夯实,再浇筑C20微膨胀水泥混凝土。在微膨胀混凝土表层铺设一层聚酯纤维布,聚酯纤维布上下面均喷洒黏层油,上部再按既有公路路面厚度铺筑沥青混凝土。

(2)坑槽病害处理

该类病害一般为土基或基层不密实造成,轻微病害仅表层破损,如病害严重将破坏既有路基或基层,处理步骤如下:

①该类病害应按照"圆形方补、斜形正补"的原则,划出所需修补的破坏范围。

②沿所划轮廓线开凿至坑底稳定部分,其深度不得小于原坑槽的最大深度。

③清除槽底、槽壁的松动部分及粉尘、杂物。

④填入微膨胀混凝土至基层顶面高程。在微膨胀混凝土表层铺设一层玻璃纤维格栅,土工布上下面均喷洒黏层油,上部再按既有公路路面厚度铺筑沥青混凝土。

(3)脱空、松散(疏松、破碎)、富水

雷达检测时发现内部结构脱空、富水及松散严重的路段,要铣刨到好的结构层,然后逐层摊铺。

(4)路面弯沉大路段

由于目前既有公路边扩建施工边通车,对代表弯沉较大的路段暂无法进行坑探检测,路面施工前进行补充坑探检测,确定是否进行处理。

4)路面加铺设计

(1)一般路段既有公路加铺方案

由于现状既有公路在运营过程中不断养护,路面使用状况较好,因此对既有公路进行最大程度利用。一般路段铣刨 2cm 既有磨耗层,加铺 4cm 的沥青面层;桥面铣刨 8.5cm 既有公路路面,加铺双层 4cm SMA-13 沥青路面。

(2)主线抬高段既有公路加铺方案

主线抬高段路面加铺设计主要针对主线小山姚受洪水水位控制路段及沉降较大路段。根据路面不同抬高高度分段进行处理,抬高加铺方案应保证各结构层施工厚度满足规范要求,见图 5.8-10。

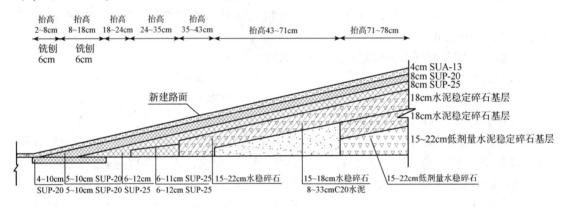

图 5.8-10　主线纵断面抬高段路面纵断面结构示意图

实例 10:西铜公路扩建工程

以西铜公路为实例进行验证。结果表明,从定性分析来看,在超车过程中,双路拱和单路拱没有本质的区别,一般单路拱路段能顺利完成的超车动作,在双路拱路段也能安全完成;从定量计算来看,车速取值 60~120km/h,横向摩阻系数取最不利情况即雨天 $\varphi_h=0.4$,车辆在双路拱行驶超车一般情况下也是安全的。

实例 11:安新高速公路扩建工程

对既有公路路面进行补强和挖除新建两种路面方案分析。既有公路路面补强采用铣刨既有公路路面上层 8cm 中粒式沥青混凝土后,铺设 SBS 改性沥青防水层,然后加铺 6cm 中粒式沥青混凝土和 4cm 沥青玛蹄脂碎石混合料表层。新建路面结构采用 4cm 沥青玛蹄脂碎石混合料+6cm 中粒式沥青混凝土+12cm 粗粒式沥青混凝土+35cm 水泥稳定碎石+20cm 石灰稳定土结构,在中粒式和粗粒式沥青混凝土之间铺设 SBS 改性沥青防水层,在粗粒式沥青混凝土和水泥稳定碎石之间设应力吸收层。考虑到既有公路硬路肩部分加宽后为重车道,所以将其全部挖除,与加宽部分一起新建。

为了增强沥青面层抵抗开裂的能力,在拓宽的路面结构底基层下(路床顶)设置一层土工格栅;在新既有公路路面拼接处的中、下沥青混凝土面层间设置玻璃纤维格栅进行连接处理。考虑到新旧路基沉降的不稳定性和延续性,中面层 6cm 中粒式沥青混凝土和上面层 4cm 沥青马蹄脂混合料与既有公路路面补强考虑同时实施。

部分路段既有公路路面破坏较为严重、弯沉值较大路段,在加宽改建过程中可考虑先对既有公路路面基层进行压浆、挖补等处理措施,然后再进行补强加铺。

无论是采取何种方案,所挖除的路面的数量巨大,所以建议先通过试验检验沥青路面再生及基层、底基层再生技术达到预期的效果后,再大面积应用。

实例 12:昌樟高速公路扩建工程

昌樟高速公路改扩建工程新老路面横向拼接:分层开挖台阶、既有公路路床、铺设土工格栅,如图 5.8-11 所示。

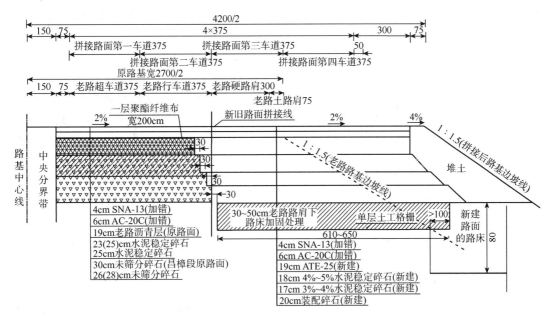

图 5.8-11　昌樟高速公路改扩建工程新老路面横向拼接(尺寸单位:cm)

实例 13:淮江公路扬州段裂缝处置工程

根据对旧沥青路面进行常规病害处理结束以后,采用单点实测弯沉指标(根据既有路面检测数据进行数理统计后而得)对全线旧沥青路面进行控制,达到要求后方可做加铺层,具体指标和处理方法如下:

(1)单点实测弯沉值 $L_r \leq 100$ 路段,不进行处理;

(2)单点实测弯沉值 L_r 在(100,200]的路段,刨铣沥青路面,处理二灰碎石基层,回填二灰碎石+沥青下封至既有公路路面(仅在处理土基层面积较小的路段回填 20 号水泥混凝土);

(3)单点实测弯沉值 $L_r > 200$ 的路段,刨铣沥青路面和二灰碎石基层,采用二灰碎石处理土路基和二灰碎石基层,回填二灰碎石+沥青下封至既有公路路面(在处理土基层面积较小的路段回填 20 号水泥混凝土);

(4)采用上述方法处理结束后,做二灰碎石加铺层之前,需对旧沥青路面再次进行弯沉检测,以单点实测弯沉 $L_r \leq 100$ 为标准,对经既有公路挖除处理后单点实测弯沉值 $L_r > 100$ 的路段,采用铺贴玻璃纤维格栅的方法处理。

实例14：连霍国道主干线(GZ45)永昌至山丹段高速公路改建工程

连霍国道主干线(GZ45)永昌至山丹段高速公路改建工程位于甘肃省河西走廊中段,由于气候环境、车辆超载、施工质量、设计等原因,产生了很多路面病害。根据现场调查,主要有路面裂缝、车辙、波浪起伏、壅包、路基沉陷、翻浆等。路面横向裂缝发生在全路段范围内,缝宽一般小于2mm,间距3~15m;纵向裂缝主要位于距路肩边缘3.0m左右的位置,缝宽较大,局部路段缝宽超过2cm;路基沉陷变形段落主要位于桥头两侧、填方较大的路段及排水不畅路段,对公路的运营已产生了较大的影响。路面处置措施如下:

(1)无明显病害的路段

对于路面无沉陷、无裂缝(或裂缝宽度小于2mm)、路况良好的路段,路基不做特殊处理,只在既有公路路面上加铺补强层。考虑到既有公路路面平整度较差,补强层工程数量一般按5%增加。

(2)有明显病害的路段

①路面裂缝路段

对于全线宽度大于2mm的纵、横裂缝,先用沥青灌填,将路面拉毛后撒布黏层沥青,然后沿裂缝铺设自黏式玻璃纤维土工格栅,最后铺筑补强层。自黏式玻璃纤维土工格栅幅宽2m,裂缝两侧各1m,有防止或减少路面裂缝继续发展的作用。灌填沥青之前,应先将缝内杂草和浮土清理干净。

由于本项目块裂和龟裂的面积一般不大,所以设计主要采用铲除并修补面层后加铺补强层的方法进行处置。

②路面沉降严重但无侧向位移的路段

采用AM-40型粗粒式热拌沥青碎石找平处理,设稀浆封层封顶,以防雨水下渗,然后加铺5cm中粒式沥青混凝土AC-16(I)补强层。

③路面损坏严重、路面沉降且有侧向位移的路段

先铲除路面面层、基层及基层下既有公路路基部分,整平压实,路床部分采用80cm厚天然砂砾换填,然后再按新建路面重新铺设路面。施工时各结构层(包括天然砂砾换填层及其下土基)的压实度必须满足规范要求。

④翻浆严重、路基含水率大的路段

此种路基开挖后含水率偏大,地基软弱,需做彻底处置。处置措施为:将整段路基、路面开挖后,重新填筑路基、并按新建路面结构铺筑路面,同时完善防排水工程,必要时对地基进行特殊处理。施工时,需对中央分隔带土体采用板桩临时支撑,以防止中央分隔带坍塌。

⑤车辙路段

根据调查,全线出现车辙的路段较多,但基本上发生在局部范围内,其中较长路段有一段,局部车辙深度达到8cm。根据该段几处探坑的检测情况:面层材料中含椭圆状集料,个别集料无沥青包裹;路面基层、底基层一般较为密实;底基层下为原二级路路面。综合考虑,根据该段实际损坏情况,对局部车辙严重路段采取切缝挖除行车道路面进行重新铺筑的处置措施。

(3)施工注意事项

①铺筑补强层(包括找平层和全断面一次性铺筑上面层)前,必须将既有公路路面上的

杂物清理干净(必要时可采用清水冲洗),拉毛处理后铺洒黏层沥青。

②必须按设计要求灌填路面纵、横向裂缝,灌缝是处置路面裂缝的好办法,一次灌缝后开裂的仍需继续灌缝,直至路面施工完毕。新既有公路路面结合处必须采取切缝处理(包括纵缝及横缝),各结构层之间错台连接。

③路基、路面的压实度必须满足规范要求。开挖换填等特殊路段路基采用静压法施工,尽量减小对中央分隔带的扰动。

④一次路面摊铺宽度不要超过6m,建议两台摊铺机一前一后协调作业。为了保证路面的平整度,路面施工必须采用细钢丝分段固定,并且采用有激光设备的摊铺机进行分幅施工,严格控制施工工艺。

⑤采用AM-40型粗粒式热拌沥青碎石找平后,设稀浆上封层封顶,以防雨水下渗。稀浆上封层混合料的类型(推荐ES-3)及矿料级配严格按《公路沥青路面施工技术规范》(JTG F40—2004)附录D表D.10执行,同时按施工技术规范要求铺筑。

实例15:青海省一些公路改扩建中的技术经验

基层水泥采用425号(32.5级),水泥含量不应小于4.5%。养生期应该在10d以上再铺筑沥青混凝土放行。以往在养生7d即铺筑面层放行交通,而现在大吨位、大轴载车辆过多,放行后,致使基层强度停滞在7d时强度,甚至强度被破坏,对路面造成早期损坏。强度的另一个要求是在养生7d时应能取出完整的芯样。养生方法建议采用草帘、麻袋覆盖洒水养生。因为,青海夏季多风,采用塑料薄膜养生,仅靠基层拌和时的含水率无法满足强度增长时的养生用水,采用草帘、麻袋养生对环保也是有利的。

在青南高寒地区,应选用软化点较低且抗低温脆裂的沥青,而在海西等温度较高的地区则应选用软化点较高的沥青。在青南高寒地区,由于主要要克服雨雪水下渗,产生路面冻胀破坏,而不需要考虑夏季高温产生的泛油、车辙等。因此,空隙率越小越好,在海西等高温地区,由于降雨量很小,夏季气温高,要求有一定的空隙率,以满足高温季节所泛的油有一定的移动空间,不致产生车辙、拥包、黏连等病害。

设置护肩带(镶边带)除了满足线形几何尺寸的要求外,为避免产生冻胀等路面水损坏,要注意防止护肩带(镶边带)阻滞路面上表水和结构层水,并及时加以排除。因此,应在护肩带(镶边带)安装时每5~10m设置排水通缝,缝宽1~1.5cm,在坐浆时每1~2m在砂浆中设置直径2~2.5cm泄水孔。

实例16:G107水泥混凝土路面改造

分两种情况对既有公路水泥混凝土路面进行改造:

(1)在路面病害较轻的一般路段,对既有公路进行病害处理后,施工时和加宽部分一起整体加铺4cm厚AC-13C细粒式改性沥青混凝土。

(2)对路面病害较严重路段(K0+000~K14+570段)设计方案如下:

对于原G107路面,采用挖除既有公路路面全部沥青混凝土,然后将原水泥混凝土面板进行破碎,要求破碎成30cm左右的碎块,并进行冲击碾压,然后用细集料灌缝,可掺入一定量水泥,以提高其整体强度,作为路面下基层使用。整平后,与加宽部分同时铺筑17cm厚水泥稳定碎石上基层,然后设置乳化沥青下封层,并依次铺筑与加宽部分相同的沥青混凝土面层。

考虑到 107 国道破损板块较多,逐块处理不现实;另外不能长时间封闭交通,难以实施压浆工艺,质量不易保证。最后确定的方案是先对旧混凝土路面进行机械破碎、夯实,再铺筑水泥稳定基层和沥青面层。目的是通过加铺基层、沥青面层,不仅仅改善路面的路用性能,同时还提高路面的结构性能,以满足将来的交通量增长要求。

按前述方法对既有公路路面板进行机械破碎时,破板尺寸不宜大于 40cm×40cm,并充分贯穿。破板后用重型压路机碾压 10 遍,达到路面基本平整,以便通车碾压。

破碎后形成约 $0.2m^2$ 独立小板块,在压路机和过往车辆的反复冲击振动下,不断产生位移、挤压、嵌缝,可有效消除板底脱空,形成一种密实结构。对较大孔隙可用级配碎石封孔填平,确保孔隙充分填充。若发现既有较大面积沉陷或反弹,可用 10 号低强度等级混凝土换填处理。

通车半个月后作路面承载能力评定,达到要求后方能进入基层施工。

第6章 桥梁改扩建问题及处置对策

6.1 桥梁改扩建工程中存在的问题

如何保证改扩建后桥梁结构的良好运营性能是公路桥梁改扩建工程中的难点和重点。以下分别阐述和分析公路改扩建工程中桥梁存在的问题。

(1) 公路改扩建工程对桥梁设计和施工的影响

①不中断交通施工

公路在改扩建过程中一般要求确保公路能够通行,受这一要求的限制,需要进行严谨的公路交通组织设计。对于公路主线拼宽桥梁,需要做到外侧施工保证内侧通行;拆除重建的桥梁,则要先拆一幅,建成后,再拆除重建另一幅。跨线桥施工方案首先考虑确保桥下具有足够的通行能力,施工方案中至少保证一幅桥梁畅通。

②拼宽桥梁对既有结构形式的影响

公路改扩建工程中拼宽桥梁的结构形式、跨径要求与老桥一一对应,伸缩缝处对齐,尽量消除或最大限度地减小新拼宽结构对老桥受力、变形的影响;为保证拼宽桥梁的质量及其与原桥的整体性、协调性,要求首先对既有桥梁基础的不均匀沉降进行处理;对原桥梁竣工资料不足或者不准确的桥梁进行改扩建,需对原桥的安全性能进行重新检测和评估,以保证拼宽桥梁的质量;对存在问题和不满足改扩建要求的老桥梁进行处置。

③既有的和规划中的水网、路网的影响

公路改扩建的同时,也受到来自既有的和规划中的水网、路网、水库、电站等的影响。首先要考虑通航净空的要求对桥跨结构的影响;其次是为满足通航要求而对桥梁既有施工方案的影响;最后是影响原桥的处理方案,拆除或接高都要以满足其水网、路网、水库、电站等的要求为前提。

(2) 桥梁结构形式的复杂多样

①桥型结构形式的多样性。公路工程常见的桥型结构中上部有板桥、梁桥、钢箱梁、钢桁架、索桥、斜拉桥、拱桥等;下部有轻型、重力式墩台、浅基础、桩基础等形式。

②上、下部结构形式的复杂性。上部结构有现浇整、预制两种常见的结构形式,在改建过程中经常会遇到预制结构跨径零碎、调整孔径较多、角度不一等实际问题;下部结构为适应老桥和地质情况,桥墩和基础类型也较多。在具体的设计中需针对存在的情况进行逐一掌握、分析、设计,但会增加设计前期的工作量。

③施工方案的多样性。一方面,较多的影响因素和复杂的结构形式,造成多种的施工方案,上部结构架设包括多种施工方案,如预制吊装、整体现浇、逐孔浇筑、现场拼装、拖拉顶推等;另一方面,对旧桥进行拆除也需根据不同的情况,确定合适的施工方案。

(3) 新老桥梁相互影响

若既有桥梁能够满足改扩建后的荷载标准,通常都会保留既有桥梁,而在其两侧或一侧拼接新桥梁来达到拓宽的要求。加宽后的新桥分担了部分荷载,使原桥的结构性能和受力性能得到一定程度的改善,结构整体承载力得到提高,能够满足公路加宽后通行和安全的要求。

(4) 改扩建方案选择难

桥梁的拼接模式一般采用单侧加宽或双侧加宽,拼宽方式有上部构造连接、下部构造不连接、上下都不连接。如何选择合理的加宽方案及新旧桥连接接缝构造,需通过仔细的计算分析和相应的工程措施,以保证新旧桥拼宽连接成功,并保证其长期正常使用。

(5) 建设费用高

在对旧桥的改造过程中,重建桥梁费用高,改造桥梁费用也不少,且会引起交通中断造成运行中断或运行效率降低,因而导致桥梁改扩建费用大,并影响拟改建公路的经济收益和社会效益。

6.2 桥梁拓宽的原则

桥梁改扩建设计遵循"安全、适用、经济、美观和有利于环保"的基本原则,并考虑因地制宜、就地取材、便于施工和养护等因素。结合地形、地质、施工条件、相邻桥梁结构形式及墩高等进行综合考虑设计。

(1) 桥梁改扩建的总体设计原则

①扩建桥梁拼接前,对原桥梁的现状进行全面评价,对既有桥梁拼接的可行性进行技术论证,首先收集旧桥的设计、竣工资料、地质资料和检查、维护资料,对全线既有桥梁构造物进行归类分析和现场调查,进行必要的研究、论证,以选择合理可行的建设方案。

②在对既有桥梁采取充分利用的原则下,既有桥梁满足或经维修、改造、加固后满足使用功能、承载能力等相关的技术要求,方可进行拼接。桥涵构造物的改扩建,本着"安全、适用、经济、美观和有利环保"的原则,因地制宜,尽量利用既有构造物,灵活运用新、旧桥梁设计规范。桥梁的拼接加宽宜采用与原桥同跨径、同结构形式,力求标准化、装配化、外观一致性。

③对既有老桥逐一进行检测、验算、分析归类,合理确定加固利用方案,提高其承载能力;对于原桥拆除还是利用,一般采用能用则用的原则。

④在确定桥涵构造物加宽加固方案的过程中,应充分注重结构的耐久性和可靠性要求,同时考虑施工的可实施性和方便性,降低后期养护成本。

⑤在研究桥梁改、扩建方案时,应将拟实施的技术方案与施工期的交通组织统筹考虑,做到技术方案与交通组织方案的协调统一,努力实现"施工过程不中断交通"的目标,将施工期对既有交通的影响程度降到最低。

⑥桥梁、涵洞、通道的改、扩建应充分考虑沿线群众对通行的净空要求,了解沿线城镇发展和交通规划情况,做好沟通协调工作,促进社会、经济的和谐发展。通过顶升、下挖、拆除重建等方式,适当提高净空标准,方便群众生活和促进地方经济发展,努力提高人民群众的满意度,降低改扩建的实施难度。

⑦部分路段沿线城镇化水平较高,从减少拆迁占地、降低工程造价和可持续发展理念出发,充分做好桥梁改扩建方案的比选论证,注重提升土地和城市空间利用率。

⑧强调桥梁的美学和环保要求。老桥的加宽应考虑与原桥的外观一致性;跨线桥和分离式立交在拆除重建的过程中,应注意桥梁结构形式与周围景观的协调性;距居民区较近的路段,应注意施工期和运营期的噪声影响,采取相应的降噪、隔音措施。

改扩建桥梁设计要能最大限度地利用既有结构;为保证新、旧桥之间受力和温度变形相协调,尽量使加宽后桥的上下部结构形式与原桥保持一致;桥梁的基础或地基必须做特殊处理之后才能采用扩大基础的桥梁。为此,一般情况下桥梁加宽遵循的原则为"同桥型、同跨径、同结构",这样能最大限度地与原桥的设计思想相一致,并尽可能减少或消除由于加宽带来的裂缝问题。

(2)拓宽改建应遵循以下原则

①桥位原则服从路线走向。桥路连接顺畅,拼接桥梁满足路线总体要求;并满足既有道路和航道的净空要求。

②尽可能利用既有结构,控制工程规模;控制新老桥的中心桩号相等,新建墩台结构尺寸在原桥墩台结构尺寸的横向延长线上,且使0号台伸缩缝对齐。新老结构在平、纵、横上顺适拼接。

③桥梁双侧加宽采用同结构、同类型、同跨径的方法予以拼接,即上部结构老桥外翼缘板与新桥内侧翼缘板进行刚接或铰接,下部结构形式与老桥相似。

④旧桥状况较差的大桥不做横向拼接,采用分离式新建桥。

⑤原桥采用扩大基础的桥梁,其基础或地基必须做特殊处理或改为桩基础。若桥梁的基础形式采用桩基础,新建的桥梁墩台尽可能与原桥桥墩台在一个横断面上。

⑥维持既有构造物功能,尽量减少对既有交通的影响。

⑦体现技术先进、方案可靠、实施方便的原则。拼接桥梁的原桥与新建部分的基础差异沉降、新建部分的混凝土收缩徐变均会对结构内力产生不利的影响,拼接构造细节的可靠度、施工工艺、材料、施工措施的保证均是不可忽略的重要因素,这些是拼接桥梁设计重点与难点。

⑧桥涵总体布置力求贴近自然,充分与环境协调,与周围山川、沟谷等自然景观成比例。桥涵构造物进出水口的设置应与自然美景融合,并与路基边坡及其排水自成一体。进出口导流设施在满足排水需要前提下,要与地面平顺自然衔接。

(3)新建桥梁的原则

分离式路基路段桥梁桥位尽可能选在沟岸较低、冲沟较窄、抗冲性强、比较稳定的地段。桥孔布设考虑合理性与协调性。跨径选择注意高跨比的协调,使上下部结构总造价最低。选用成熟的桥型,确保结构的可靠性与耐久性,充分考虑施工场地、施工工艺及工期,避免设计与施工脱节。新建桥梁设计应做到:①应该遵照新规范进行设计;②要满足当前规划路及规划航道的净空要求;③施工方案满足主线通行和航道部门的要求;④合理选用新型结构形式。

(4)上跨桥梁的设计原则

首先根据工期、造价、路线行车安全综合考虑拆除还是利用;其次原位拆除重建,中分带桥墩利用需考虑改造和补强方案;最后施工方案应保证尽量降低对主线道路行车的影响,做好交通组织设计,保证改建、重建方案可行。

(5) 旧桥加宽的施工原则

在对旧桥进行加宽的过程中,会出现一系列的问题,因此施工要遵循一定的原则:

①合理组织交通,尽量降低施工对原交通的影响,并确保既有旧桥能够满足现行规范承载能力和正常使用要求。

②勘查桥梁周围环境因素和地质条件,结合现行研究成果和工程实践,确定合理的、可靠的加宽方案。

③确定合理的结构形式,为了避免运营期间新旧桥变形不一致而引起新旧桥间纵向裂缝,新旧桥上部结构形式应尽量一致。下部结构及基础形式的选择应考虑施工过程对旧桥的影响,避免对旧桥造成不良影响。

④严格按规定进行施工及加宽后的日常养护工作。

(6) 桥梁拼宽的一些方法

对于原桥改扩建中新标准、老标准的运用,一般的做法是充分利用、合理运用技术标准。新建结构符合新规范,拼接成整体后,承载能力极限状态符合新规范,正常使用极限状态按老规范验算。

为尽量减少拼接对老桥的影响:①可采用上连下不连或上下均不连接的方式;②合理选择拼接位置和形式;③新老结构拼接之前,老桥完成维修加固;④下部结构尽量采用桩基础,降低基础沉降;⑤控制架设梁、板后的现浇桥面层的顶面高程与原桥现浇桥面层的顶面高程一致,或控制新老桥沥青桥面铺装层底面平齐;⑥拼接桥梁的搭板、伸缩缝设置原则可与原构造物一致,应依据原设计的弊病进行改进设计,新老搭板、伸缩缝须进行横向连接。

6.3 改扩建工程中桥梁的设计

6.3.1 桥梁改建形式的选择

公路改扩建工程中的桥梁改扩建关键是对新、旧桥梁拼宽形式的选择,对原桥梁加宽包括单侧加宽、双侧加宽、分离加宽、直接拼接加宽等方式。目前我国公路桥梁拓宽基本采用3种方案:①新旧桥梁的上、下部结构均不连接;②新旧桥梁的上、下部结构均连接;③新旧桥梁的上部结构连接,下部结构分离。

公路改扩建工程中的桥梁设计应与路线有机结合起来考虑,路基采用双侧加宽时,无需调整桥位,桥梁设计比较简单,桥梁横断面的布置也比较容易达到设计要求。路基采用单侧加宽时,桥梁加宽设计比较复杂,应综合考虑桥梁所在位置的地形、地质、水文等方面条件,同时要考虑桥梁与路基的顺适衔接。一般情况下,为控制大中桥桥位路线走向,决定桥头两端的接线方式,小桥涵服从路线的基本走向。在设计中应根据实际情况具体问题、具体分析。

在达到使用要求的情况下,同一座桥上的多次扩宽改建过程中,新、旧结构物因为采用不同的设计荷载,在使用时按不同等级车辆分道是可行的。

第6章 桥梁改扩建问题及处置对策

在桥梁改扩建设计前应对既有公路的桥梁进行详细调查和鉴定,对鉴定完好的桥梁一般暂时不考虑改建,对破坏严重的桥梁要根据实际情况进行改善、加固、改建或重新修建,并应按桥梁设计规范进行设计。

(1)单侧加宽与双侧加宽的选择

在桥梁改造方案的选择上大体有两种:一是旧桥建造时间较长,桥梁受力部分构件损坏严重,已不能满足改造后的使用要求,这样的桥需重建;二是大多数情况是旧桥受力构件没有明显损坏,加宽改造并加固后能满足使用要求,这时采用加宽处理,加宽可以采用单侧加宽和双侧加宽两种形式,如没有特殊情况,优先考虑单侧加宽,一方面减少了桥梁的接缝,整体效果好,避免了不均匀沉降及新旧桥连接带来的隐患;另一方面在将来再次改造时,可将旧桥拆除,利于二次改造。双侧加宽和单侧加宽特点比较结果见表6.3-1。

双侧加宽和单侧加宽特点比较　　　　表6.3-1

比较内容	加宽方式	
	单侧加宽	双侧加宽
整体性	一条纵向缝,整体性好	两条纵向缝,整体性差
自重	设置横坡时通过调整桥面铺装层实现,增加恒载	与单侧加宽相比未增加恒载
施工	施工复杂	施工简单
路线线形	桥梁中心线改变,影响既有路线线形	桥梁中心线不变,不影响既有路线线形
美观	桥跨布置不对称,加宽侧桥孔明显缩短,视觉不协调	视觉较协调
原桥承载力影响	调整横向分布系数较难,对原桥承载力不会有太大影响	有利于调整横向分布系数,提高原桥承载力
造价	造价较高	降低工程造价

对于单侧拓宽和两侧拓宽两种方式,除非受地形或其他条件的限制只能采用单侧拓宽的桥梁外,从减小旧梁所承受活载的角度考虑应尽量采用两侧拓宽的方式。

公路改建一般先路线后桥梁,因此,对于桥梁加宽,原则上以双侧对称加宽为主。一般中小型桥梁拼宽,由于桥梁工程量不大,远较路基和路面工程为小,可视路线的技术标准和路基、路面如何加宽而定。对大型桥梁和技术复杂的中型桥梁,主要考虑桥梁本身的技术和经济是否合理,特别是在结构上拼宽难度较大的大中型桥梁,应尽可能采用单侧加宽,以便于施工和维持车辆的通行,且桥梁结构的整体性也好些。

(2)新旧桥加宽形式的选择

通常情况下,桥梁拼接采取相同的跨径、相同的类型、相同的结构。加宽连接形式有:上下结构均不连接、上下结构均连接、上部结构连接下部结构不连接。

①上下结构均不连接

在对老桥梁进行加宽时,加宽的部分不连接原桥的上下部构造,在新结构与老结构之间预留一定的工作缝。

优点:加宽的新桥与旧桥互不影响,加宽结构与原结构受力明确、独自受力;在一定程度上对施工程序进行了简化,使得连接施工难度降低;施工不会对正常的交通运输造成影响。

缺点:由于行驶车辆的活载作用,与原桥的后期变形相比,加宽部分沉降变形较大,并且新老桥梁的主梁极易出现不均衡挠度,加宽结构变形大于原结构的变形,将会造成连接部位沥青铺装层的破坏,容易形成纵向裂缝和横桥向错台,不利于新旧桥面的统一利用,对桥面的美观与车辆行驶的安全性、舒适度带来极大的影响,还会增加后期桥面的维护费用与工作量。

广佛高速公路早期扩建时多数桥梁采用了上下均不连接的方法,运营结果表明桥面铺装层极易损坏,纵向裂缝随着沥青铺装层啃边现象的发展而日益扩大,严重影响行车安全和路容美观。

②上下结构均连接

利用浇筑湿接缝、植筋等手段,使桥梁加宽部分和原桥相对应部分的横桥向予以有效的连接。另外,通过植筋手段将原桥下部构造的系梁、桥墩及桥台盖梁中的钢筋与桥梁加宽部分的钢筋相连接,之后再对其进行混凝土浇筑,从而确保新老桥梁形成统一的整体。

优点:原桥和桥梁的加宽部分是一个统一的整体,能够在一定程度上减少各种荷载(包括基础不均匀沉降、汽车活载、温度荷载等)作用下新老桥连接处的不均衡变形和过大变形。

缺点:原桥和新拼接的梁桥在上部混凝土变形(如混凝土收缩、徐变等)方面不相同,新桥的基础沉降比旧桥的基础沉降大,新桥的沉降速度快于老桥的沉降速度,进而极易形成较大的附加内力,容易在下部结构的盖梁、系梁、墩台连接处产生裂缝,影响老桥的使用寿命;另外,桥梁的上部构造连接部分同样会发生开裂,进而对桥梁路面的整体美观、车辆行驶的舒适度等带来影响,同时加大桥梁工程维护的工作量;并且桥梁下部构造所使用的植筋工艺,施工成本较高,而针对一些悬臂比较短的上部构造,在进行植筋施工时必须将旧桥的边梁予以拆除,这将给正常的交通运输带来一定的影响,也会加大施工的复杂性。

如果是在软土地区,采用此方式,出现问题的概率将更高。如苏联、日本等国在桥梁加宽改造中部分采用此方法,其下部结构一般均按加宽后宽度一次性建成,但是存在一个问题:即在不封闭交通情况下,如何保证混凝土的浇筑质量。日本规定在施工时车辆通行相对挠度差在 0.2mm 以下时,容许通车状态下浇筑混凝土。

若拓宽桥基础持力层位于坚硬基岩上,基础沉降值较小,新旧桥之间不会产生过大沉降差,则宜采用该方案,可较好地发挥其优势。若基础持力层位于软土地基上,拓宽桥基础沉降明显大于旧桥,沉降持续时间较长,使用期间沉降不易稳定,则不宜采用该方案。沈大高速公路扩建工程中桥梁横向拓宽即采用了上、下结构均连接的拼接形式。

③上部结构连接下部结构不连接

将原桥上部构造和桥梁加宽部分进行横向相连,但是桥梁的下部构造不进行相应的连接。下部结构不连接使得新建部分和既有部分下部互相分离,互不干扰;上部结构连接对下部结构产生的内力影响较小。

优点:这种方式将会使原桥的上部与加宽桥梁的上部相连接,进而构成一个统一的整体,一定程度上避免了沉降不同对新老桥的影响,对车辆行驶的安全性、舒适度、速度有利,并且有助于上部结构的受力;而桥梁的下部构造不进行连接,而是各自受力,互不干扰,能够在一定程度上降低因为原桥和加宽桥梁上部材料变形不统一、基础沉降不均衡等所引发的附加内力。目前这种拼接形式已经成为改扩建过程中桥梁拼接的主要方式。

缺点:新旧桥基础不均匀沉降导致上部结构连接处易出现裂缝,影响交通;因为原桥和加宽桥梁上部材料变形不统一、基础沉降不均衡等所引发的附加内力是无法完全消除的,同样将会影响桥梁的结构;同时在施工过程中,对施工的组织与工艺都有比较高的要求,且将影响正常的交通运输。

工程中常采用如下措施解决上述问题:为减小拓宽桥基础沉降量,拓宽桥梁尽可能采用桩基,并通过加强地基处理、增加桩长或桩径等措施来尽可能减小基础沉降;原桥采用扩大基础时要注意新老基础间的协调性,必要时对既有基础进行加固;针对上部结构自身产生的较大附加内力,可通过连接部位增大配筋并改善连接结构形式来解决。

上部结构相互连接、下部结构不连接方式已在杭甬高速公路、沪杭路、沪宁高速公路、海南东线高速公路和南京浦珠路等多个扩建工程中采用,海南东线高速公路、浦珠路已通车2年多时,使用情况较好,未出现桥面纵向裂缝。目前"上部构造相互连接、下部构造不连接"的扩建方式已得到普遍应用,具有较高的经济、技术合理性,应用效果较好。上部结构连接与不连接加宽的路面情况如图6.3-1所示。

a)不连接加宽效果　　　　　　　　b)连接加宽效果

图6.3-1　上部结构连接与不连接加宽的路面情况对比

(3)纵向顺接方案的选择

为了满足纵向的顺适连接,在改扩建中可以考虑以下3种方案:①原桥上构顶升;②原桥上构拆除重建;③桥后纵面渐变,原桥仅做桥面改造。

①原桥上构顶升。原桥梁板顶升的同时,需对原桥进行以下部分的改造:原桥的维修与加固,墩台支座垫石的改造,背墙的改造,伸缩缝的拆除重建,桥台搭板的改造和加固等。

②原桥上构拆除重建。由于原桥使用的年限较久,对于中小桥梁,为满足扩建拼接及纵面的要求,可将原桥上构拆除重建,与新建部分的结构层厚度一致。下构利用,对墩台支座垫石、背墙等局部结构进行适当改造,拆除重建伸缩缝,改造和加固桥台搭板。

③桥后纵面渐变,原桥仅做桥面改造。将原桥面铺装拆除重建桥面铺装。原桥与拼宽新建的桥面高程比整个纵面设计高程降低或升高。

为适应桥后纵面,以桥梁高程控制,桥头路面设置渐变段,渐变率一般采用1‰,桥头每侧各设置一定的纵面渐变段,渐变段内需挖除既有公路路面,主要是增加了既有公路路面的水泥面板(或沥青混凝土面层)、基层、底基层的挖除以及路床加固、新建底基层、基层等工程。

纵面顺接桥梁改扩建方案的比较见表6.3-2。

纵面顺接桥梁改扩建方案的比较　　　　　表6.3-2

方案比较	顶升	拆除重建	桥头渐变
优点	线形指标好,施工工期相对较短,便于施工期间交通组织,工程造价相对较低	线形指标好,结构耐久性好	对桥梁影响较小,施工工期短,便于施工期间交通组织
缺点	技术要求较高,顶升需要专业队伍及施工机具	施工工期相对较长,不便于施工期间的交通组织,工程造价较高	整体线形指标低,工程造价高
推荐意见	推荐		适用于长大桥、特殊桥梁

6.3.2　拼接拓宽桥梁的应力应变分布规律

(1)基础沉降变形对老桥的影响

由于旧桥已建成多年,基础沉降已基本完成,而新桥的基础沉降尚未完全发生。随着时间的推移,新桥的基础沉降增加会造成新旧桥基础不均匀沉降差。该沉降差会在拼接处产生附加内力,导致接缝处混凝土开裂、桥梁部分支座脱空,从而影响桥梁的正常使用。

在进行不均匀沉降对新旧梁拼接处应力、应变的影响计算时,主要考虑横向受力。因为纵向预应力筋对横向的应力影响不大,所以可不考虑纵向预应力的影响。旧桥加宽后,新加宽部分发生的沉降将直接影响新旧桥连接部分的结构受力。应力、应变计算结论主要有以下几个特点:①新拓宽部分不断发生沉降使各跨中新旧接缝处横向应力显著增大。②在靠近支座处,由于新拓宽部分沉降的作用,使新旧接缝处横向应力发生变化,原来板顶面受压的部分转为受拉,而原来板底面受拉的部分转为受压。③相对来说,支座处受沉降的影响较大。④沉降的影响还与各截面的竖向挠度有关,竖向挠度大的地方沉降对新旧接缝处横向应力影响较小;反之,影响较大。⑤在桥台位置处、各横隔板设置处有应力集中的现象,分析沉降对新旧接缝处横向应力的影响时,在这些位置需要特殊考虑。

对小箱梁桥的计算,针对上部结构铰接连接(简称铰接)和刚性连接(简称刚接)两种连接方式,在新桥基础一端和两端横向均匀沉降时,由新桥和旧桥沉降差异所引起的变形主要在竖直方向,旧桥各梁和新旧梁连接面上所产生的内力主要是由于其约束新建桥梁的沉降变形而引起的。新建桥梁基础沉降产生的附加内力主要由与新梁连接的旧边梁来承担,其余梁体虽然也会产生附加内力,但其值较小。基础沉降作用下,新旧桥的连接缝中主要产生竖向剪力。从受力角度和结构变形角度分析,新旧桥梁刚接优于铰接。在设计拓宽拼接方案中的沉降附加力影响时,对旧桥进行承载力验算应主要验算靠近拼接缝处的边梁,且在考虑一端沉降和两端沉降影响时,应以两端沉降产生的力为最不利荷载加以考虑。新旧桥梁的连接应优先考虑刚接。

对预制箱梁受到加宽桥梁沉降的影响计算,其特点表现为:①加宽部分的桥梁持续发生沉降,将会在一定程度上增加各个跨跨中新老连接处的横向应力。②在与支座相靠近的位置,因为加宽桥梁沉降的影响,会导致新老连接部位的横向应力出现改变,最初板顶面的受压部分与受拉部分发生了互换,而受拉部位变成受压部分。③支座部位的沉降受到了极大的影响,同时其所受到的影响与各截面的竖向挠度有一定的关联。通常情况下,竖向挠度越大,那么新老桥梁连接部位的横向应力就越小;否则,竖向挠度越小,其横向应力所受到的影响就越大。

(2)混凝土收缩徐变作用下全桥各主梁内力的横向分布规律

对小箱梁桥上部结构刚接连接方式的计算:徐变作用下旧梁的轴力,在靠近拼接缝处两片梁体产生轴压力,外缘两片梁体产生轴拉力,从数值上比较来看,拼接缝处的旧梁体轴力最大;徐变作用下旧桥剪力沿纵桥向跨中值最小,梁端值最大,且拼接处旧梁受剪力最为不利;徐变作用下旧桥弯矩从拼接处梁体向外侧逐渐减小,即拼接处旧梁受力最为不利且均为正弯矩。徐变作用下新桥内力值均小于旧桥内力值,且内力方向与旧桥各梁内力方向相反,这主要是因为:新桥整体都在发生徐变变形,其附加内力值会随变形而有所减小;而旧桥本身徐变早已结束,其受到新桥徐变作用后的附加内力不会随变形而减小。徐变作用下新桥中产生的负弯矩能够减小自重作用下的正弯矩,这有利于梁体受力。在对加宽后的桥梁进行验算时,可仅对靠近拼接处的旧梁进行支点抗剪验算和跨中承载力验算。

新梁收缩作用对新梁自身的影响更为显著。拓宽桥梁将产生横向变形,离支点截面越远收缩作用越显著。靠近接缝梁的跨中截面梁体内收缩作用最显著。收缩差异使接缝处旧梁侧出现较大压应力,接缝处新梁侧出现很大拉应力,接缝处新旧梁产生较大的应力差。离支点截面越远附加应力越大,跨中截面附加应力最大。接缝处新旧梁产生较大的应力差。铰接、刚接连接拓宽桥梁中各单元的应力及变形分布规律相近。

旧桥拓宽后,新桥混凝土收缩徐变受到旧桥的约束,使得旧桥拼接缝处的边梁受力最为不利。在进行混凝土收缩徐变作用下的结构受力验算时,对拼接缝处的旧桥边梁进行验算即可。

收缩徐变差异对新梁内力的影响显著,该差异使拓宽桥梁发生横向变形,且离支点截面越远收缩徐变越显著。

对新旧桥均为预应力高度相同的混凝土连续箱梁桥,纵向上两端各一道端横隔梁和一道中横隔梁进行有限元计算分析表明:收缩、徐变作用对新旧箱梁产生的影响主要体现为对新箱梁产生的影响作用大于对旧箱梁的影响;收缩徐变产生的作用在支座截面位置较为明显,跨中截面位置箱梁内的收缩徐变应力数值较小。

(3)混凝土收缩徐变作用下新旧桥主梁内力随时间的变化

对小箱梁桥上部结构刚接连接方式进行内力计算表明:随着时间的推移,收缩徐变所产生的内力值呈上升趋势。其中,剪力值在梁的两端变化幅度较大,中间梁段剪力变化幅度较小;弯矩值在梁的跨中截面变化幅度较大,两端截面变化幅度较小。内力值在30~180d期间(特别是30~90d)发展速度最快,随着时间的推移,内力值趋于平稳。因此,桥梁拓宽后,为减小收缩徐变效应对梁体的影响,宜在新桥建成后搁置90d后再将其与旧桥连接形成整体。

新旧桥均为预应力、高度相同的混凝土连续箱梁桥,对其纵向上两端各一道端横隔梁和一道中横隔梁进行有限元分析表明：延长新旧箱梁拼接时间3个月能显著改善新箱梁混凝土收缩、徐变对旧箱梁的影响，从施工角度上讲，如果预应力混凝土预制梁存放时间过长，在预应力的作用下梁会产生徐变变形，造成过大的反拱，不利于施工，因此，规定预应力混凝土预制梁有一个存梁的时间期限。但从设计角度上讲，尽量延长新旧桥的拼接时间对桥梁的受力是有利的，推迟拼接时间可有效改善拓宽桥梁新梁内收缩作用的效果。

(4)新旧桥拼接缝受力分析

对小箱梁桥上部结构刚接连接方式进行受力计算表明：在混凝土的收缩徐变作用下，拼接缝中产生了剪力和弯矩，剪力值沿纵桥向由中间向两端递增，弯矩值沿纵桥向由中间向两端递减，两内力值随时间的发展有递增趋势，并且在30～90d期间增长速度较快。新旧桥梁拼接缝处，由混凝土徐变引起的弯矩值($+M_y$)均小于由收缩引起的弯矩值($-M_y$)的绝对值，且两种数值合并后，总弯矩值较小，而竖向剪力F_z是主要影响因素。由此可得出，拼接缝中的影响内力主要是竖向剪力，沿纵桥向跨中处的剪力较小，两端剪力较大，而纵向弯矩可以忽略不计。在对拓宽桥梁拼接缝设计时主要考虑竖向剪力对其影响即可。

收缩作用下，旧桥收缩弯矩值远小于徐变弯矩值，且靠近拼接缝处梁体产生负弯矩，这能抵消徐变作用下产生的正弯矩，对拼接处旧梁受力有利。旧桥拼接处边梁始终处于轴向受压状态，旧桥外边梁处于轴向受拉状态，除外边缘梁体外收缩作用产生的新桥弯矩有利于梁体受力。

(5)新旧桥梁连接方式的影响

新旧桥均为预应力、高度相同的混凝土连续箱梁桥，对其纵向上两端各一道端横隔梁和一道中横隔梁进行有限元分析表明：采用铰接和刚接拼接方式不能改善新箱梁混凝土收缩、徐变对整体箱梁的影响。在连接处，新旧桥连接处应力不显对称，是新旧桥连接处湿接缝自身混凝土有收缩徐变所致。

(6)收缩徐变作用下的全桥变形

对小箱梁桥上部结构刚接连接方式的计算表明：在混凝土徐变效应作用下全桥出现下挠变形，其中新桥外缘梁体竖向下挠变形最大，下挠值由新桥外缘梁体跨中向两侧和旧桥侧梁体逐渐较小。在混凝土收缩效应作用下，由于新建桥梁的收缩变形受到旧桥的约束，整座桥的变形呈现中间凸起、边缘下挠状，且靠近拼接缝处的新桥梁体跨中上挠变形值最大，其上挠值向边梁侧递减直至下挠。从结构变形合理性来分析，收缩徐变上挠变形有利于抵消由自重等作用产生的下挠变形，而下挠则产生不利影响。因此，在收缩徐变综合效应作用下，新桥外侧梁体的下挠变形最大，其梁体跨中截面下缘最易出现裂缝，在进行拓宽后桥梁裂缝检查时，可主要检查新桥最外侧梁体的跨中截面。

(7)横接板的受力情况分析

以某座需要拓宽改建的3×30m简支变连续预制小箱梁为例，横断面如图6.3-2所示，横接板厚度为14cm，上下缘均配置$\phi 16mm$钢筋，钢筋顺桥向间距10cm，如图6.3-3所示。对横接板的计算结论如下：

通车运营后，随着时间的推移，新、旧桥基础之间的沉降差累计增大，将在横接板上产生横桥向的附加内力，进而导致横接板受力状况的恶化，发展到一定程度，将会使混凝土产生纵向开裂，结构整体受力性能下降，从而降低拓宽后桥梁使用的适用性、安全性和耐久性。

因此，新、旧桥梁基础之间的沉降差对多梁式小箱梁的加宽拼接起着一定的制约作用。新、旧桥梁横向拼接后，考虑新、旧桥梁基础的差异沉降，由于其截面尺寸小、刚度弱，差异沉降产生的附加内力对其影响很大：①差异沉降对横接板产生很大的剪力值；②差异沉降对横接板根部产生的弯矩较大，对跨中产生的弯矩很小；③差异沉降对横接板产生的附加内力主要集中在支点左右各3m、共计6m的范围内，超过这个范围，差异沉降引起的附加内力值急剧减小。

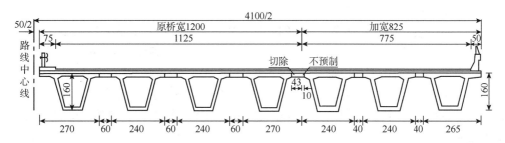

图6.3-2 加宽后上部构造横断面图（尺寸单位：cm）

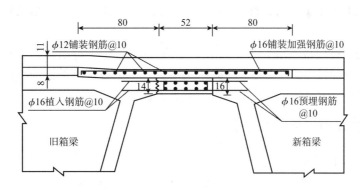

图6.3-3 横接板构造配筋图（尺寸单位：cm）

桥梁加宽改扩建时，拼接前新梁的徐变变形只发生一部分，拼接成整体后，徐变变形要进一步发生，这部分徐变变形便是新旧梁之间的徐变变形差。受徐变变形差的影响，新、旧梁梁体内力重分布将会对横接板的受力带来一定的影响：①徐变变形差对边跨跨中附近横接板产生较大的剪力，其余位置的横接板产生的剪力很小；②徐变变形差对横接板内产生的弯矩值较小，均小于10kN·m；③徐变变形差对横接板产生的附加内力在支点处较小，而在跨中位置则较大，这与基础沉降差异对横接板内力影响的规律相反。由于结构自身的跨径较小等特点，在混凝土徐变作用下，新、旧梁体的徐变变形差很小，且支点位置的徐变变形差值比跨中附近小。受主梁梁体变形影响，横接板两端产生的变形值较小，则横接板内产生的附加内力也较小；跨中位置横接板的变形比支点附近的大，由于边界条件相同，故其内力呈现出跨中大、支点小的规律。

桥梁加宽拼接通车运营后，横接板作为其中最薄弱的部位，在汽车荷载作用下，结构内将产生一定的内力，内力的大小对横接板的安全运营起着制约作用：①汽车荷载对跨中附近横接板产生较大的剪力，从跨中到其他位置呈现出逐渐减小的趋势，到支点附近接近于零；②汽车荷载对横接板产生弯矩值较小，最大值小于10kN·m，且呈现出从跨中到支点逐渐减小的趋势;③汽车荷载对横接板的内力影响规律和徐变变形差的影响规律基本一致。主要原因如下:结构支点附近的刚度和约束较强,从支点到跨中,结构的刚度和约束逐渐减弱;在汽车荷载作用下,支点附近梁体的变形很小,从支点到跨中,梁体的变形逐渐变大。受主梁梁体制约,横接板的变形、内力也呈现出从支点到跨中逐渐增大的趋势。

(8)活载的影响

拓宽后旧桥边梁在活载作用下的挠度及内力均大大降低。

(9)不同连接方式对交通的影响

采用不同衔接方式拓宽改建后,各桥边梁与次边梁的横向分布系数均明显低于旧桥横向分布系数,表明拓宽后新桥分担了部分荷载,旧桥主梁承担荷载减少,拓宽使得结构工作性能有所改善,整个结构承载力提高。

采用刚接方式拓宽旧主梁横向分布系数略小于铰接方式拓宽桥梁横向分布系数。可见,横向联系对改善结构受力起到一定作用,横向联系刚度越大,结构整体工作性能越好,通行能力越大。

各桥的挠度及内力无论采用何种拓宽方式均比加宽前大大降低,无论采用何种桥梁连接方式均提高了旧桥主梁的通行能力,刚接连接方式拓宽桥梁比铰接拓宽桥梁对旧桥主梁通行能力贡献略大。

建议对预制空心板桥采用上部铰接下部分离的连接方式,对预制箱梁桥采用上部弱刚性连接下部分离的连接方式,对现浇钢筋混凝土连续箱梁、现浇钢筋混凝土刚架桥和预制预应力混凝土I型组合梁桥建议采用上下部均分离的连接方式。

6.3.3 改扩建中桥梁的拼宽设计

6.3.3.1 桥梁拼接设计的技术要求

从桥梁美学的角度来讲,为使新旧桥梁结构一致,互相协调、外表对称美观形成一个和谐的整体。加宽桥梁结构时通常采用与原桥梁相一致的结构形式加宽,如原为预应力混凝土箱梁桥,采用相同的梁式结构加宽;同样原桥为拱式桥,则采用拱式结构加宽。但对于地理位置特殊的桥梁,受到基础和下部结构及通行要求的限制,施工难度较大,不便采用同结构类型加宽改建时,应通过仔细分析和反复比较来选择合适的加宽结构,在合理的前提下兼顾美观。

(1)桥梁加宽改建的基本要求

桥梁的加宽改建应遵循以下基本要求:

①新旧桥上部结构应尽量吻合,使新桥的刚度与旧桥基本相同,从而保证不会因为新旧桥梁的刚度不同,在新旧桥连接处产生的挠度差过大,产生纵向裂缝。

②桥面加宽是解决旧桥桥面宽度不足的有效途径,但应切实处理好新旧桥桥面连接的问题。

③由于旧桥已使用多年,旧桥的混凝土已充分收缩,自重作用下的徐变也已基本完成,所以在设计与计算时应充分考虑加宽桥混凝土的自重、收缩、徐变等,以免新旧混凝土的连接处产生开裂或变形不一致的情况。

④新桥下部结构在满足受力要求的情况下,尽量增大新、旧桥梁之间的桩距,减小对旧

桥基础结构产生影响。

桥梁加宽设计是一项技术比较复杂的工作，受多种因素影响，设计中应因地制宜，综合考虑，既要考虑经济效益，又要保证技术可行和美观，确定合理设计方式。

(2) 桥梁加宽改建施工的具体要求

对于桥梁拼宽施工的一些具体要求：

①需对旧桥结构进行切割、凿除时，应严格按结构不被破坏（不出现裂缝等）、不降低承载能力的原则进行。尽量采用切割的拆除方式，对混凝土切割面须按施工缝处理，须凿毛，以保证新老混凝土的可靠连接。

②拼接部分在拼接之前尽量减小沉降量及调整跨中上拱度（预应力混凝土结构），采用预压方式进行调整，拼接时间控制在新桥建成后 2~3 个月。对于连续箱梁结构，为减小收缩徐变的影响，建议主体结构完成之后，延迟 3~5 个月再进行拼接连接。

③为减小新旧桥基础差异沉降，在不影响旧桥基础承载力的条件下，合理选用新桥基础的桩长、桩径、桩数。

④为控制架设梁、板后的顶面高程与旧桥梁、板的顶面高程相一致，设计应依据外业实测数据校核新旧桥结构在拼接处的高程。

⑤若新旧桥上部结构连接时总是通过现浇一定宽度的混凝土接缝来实现，则现浇混凝土接缝在施工、养护及在随后的使用过程中，不宜出现过大的变形和开裂。

(3) 匝道和跨线桥的改建的要求

互通式立交及跨线桥是高速公路的重要组成部分，在跨线桥及匝道的改造过程中其施工有相当的难度。对互通的净空要进行准确测量，要想达到美观、实用、适度超前的目的要注意：适应新的路网规划和交通量；准确调整功能定位；对于既有匝道尽量减少改建，局部调整既有匝道的线形指标。

(4) 桥梁新老结构平面拼接控制

在准确测量既有构造物的结构特征点坐标（如桥面坐标、桩位坐标等）的基础上，结合现场调查资料和竣工图文件，定出既有桥梁的平面几何参数。新老结构平面拼接主要控制桥中心桩号、桥孔布置及交角、纵向外侧拼接线。

①桥中心桩号。拼宽设计桥中心桩号由原桥上构特征点与路线拟合中心线的相对关系而定，主要以伸缩缝处的测点拟合得出。施工时，应精确测量拼接部分线形，及时调整预制结构线形。

②桥孔布置及交角。在尊重外业实测数据的原则下，对数据进行误差分析，控制新老桥的联长相等，伸缩缝对齐，新建墩台结构尺寸在原桥墩台结构尺寸的横向延长线上。

(5) 桥梁新老结构纵面拼接控制

在考虑原桥承载力折减的基础上，一般来说，原桥的桥面铺装增加的厚度有限，考虑拼接后桥梁的整体使用寿命，拼接设计后整体的桥面沥青铺装厚度应维持在一定的厚度范围内。遵循上述原则，设计控制架设梁、板后的现浇桥面层的顶面高程与原桥现浇桥面层的顶面高程相一致，或控制新老桥沥青桥面铺装层底面平齐。

6.3.3.2 桥梁加宽设计的前期准备工作

旧桥加宽的前期准备除了常规的地质、水文勘探等项目外，还应查看旧桥设计文件，了解其设计参数、结构尺寸、配筋模式及管线埋置情况等数据;通过检测评价其受力性能;测量桥面各控制点坐标及高程,为新旧桥梁的连接提供准确的信息。

在拓宽时要对旧桥进行评定,必要时旧桥加固和拓宽同时进行,以确保拓宽后桥梁能够正常运营。

6.3.3.3 桥梁加宽方式

公路改造工程一些常用的拓宽方法如下。

(1)桥梁拓宽方法

①增设钢筋混凝土悬臂挑梁

采用旧桥的基础,将既有墩台盖梁挑出一定的长度,放置新主梁。这种方法一般用于桥梁拓宽宽度不大的情况下,而且应对盖梁进行强度验算,若其承载力不足,应对盖梁进行加固,加固可采用黏钢法。

这是最简便的拓宽方法,当原桥桥墩、台及基础完好、能够满足拓宽甚至提高承载要求时,可在对主要承重结构的上部构造进行合理的加固后,拆除两侧栏杆和人行道板,凿除原桥桥面铺装层,通过重新浇筑钢筋混凝土桥面铺装层,或在墩(台)上相应增设人行道悬臂梁和车行道悬臂板,重新安装人行道板和栏杆,从而达到加宽桥面的目的。

这种桥面拓宽方法适合于梁式桥和拱式桥,一般适用于双侧加宽的旧桥桥面拓宽。它的突出优点是不必加宽桥墩(台),加固工程量小。

②单侧(或两侧)新建桥梁的拓宽改建法

当既有公路路线是以单侧(或两侧)拓宽进行改建,或原桥已成为交通要道的"瓶颈",亟待加宽,且不能中断交通,或原桥弃之可惜,只能降低荷载标准使用等情况时,一般可在老桥的一侧(或两侧)新建桥梁来加宽既有桥梁,以达到提高通行能力和满足提高承载能力的目的。

一侧(或两侧)新建桥梁是直接在既有墩台或稍稍离开一些在其上下游添造新的墩台。在此情况下,必须加固与维护既有桥台基础周围的土基,并设法防止既有墩台基础的变形。

一般情况下,上部双侧加宽,墩台宜采用双侧加宽,这样基础重心不变,不均匀沉降相对要小些。

上部单侧加宽时,相应墩台也是单侧加宽,此时应着重考虑新旧基础沉降不一致的情况。一般来说可以将新旧桥梁的基础相连,以此来减小基础的不均匀沉降。

对于桩柱基础在进行拓宽时,常常会出现新建部分的桥墩为独柱的情况,若新建墩柱距既有墩柱较远,则新建部分的稳定性会受到影响。在这种情况下,一般来说新建部分的墩帽应与既有桥墩帽相连接,保证下部结构的稳定。

对于单侧拓宽和两侧拓宽两种方式,除非受地形或其他条件的限制只能采用单侧拓宽的桥梁外,从减小旧梁所承受活载的角度考虑应尽量采用两侧拓宽的方式。

③增设边梁或边拱肋的拓宽方法

拆除一侧(或两侧)栏杆及人行道板后,在一侧(或两侧)增设边梁(或边拱肋),实现拓宽桥面的目的。

④增加主(纵)梁或拱肋的拓宽方法

这种方法一般用于需要拓宽桥面,同时旧箱梁承载力需要提高的情况。通过增加主梁或拱肋拓宽桥面,且由于新主梁参加荷载分配,从而使既有主梁或拱肋得到卸载,达到提高承载力的目的。此拓宽方法,需要同时拓宽桥墩、台及基础,或靠近既有桥梁另外单独建造新桥的墩台。

(2)上部结构横向连接方式适用性

上部结构横向连接主要有新旧桥梁连接与新旧桥梁不连接两种方式,其各自适用性如下:

①新建部分桥梁为单独一幅或一个车道,且新旧桥梁间用分隔带分开的桥梁时,拓宽部分与旧桥部分上下部均分离。另外,对于大跨径的连续梁桥,由于其收缩徐变差、不均匀沉降差及预应力反拱的影响较大,很难对连接面进行加固处理,通常也采用上下部分离的方式拓宽。

②主梁不连,桥面铺装相连。在二级以下公路加宽改造中运用较广泛,由于断面刚度较低,故建议用于小桥的加宽中。

(3)上部结构横向连接构造方法适用性

上部结构横向连接构造方法主要有新旧主梁铰接、刚接和半刚性连接,各横向连接构造方法如下:

对于空心板桥,无特殊原因按横向铰接进行拼接;对于具有横隔板的小跨径的钢筋混凝土T梁桥,拓宽横向连接一般采用刚接,但应切除原桥外边梁的外悬臂板;对于中等跨径的预应力混凝土T梁桥,拼接部位的T梁采用刚性连接;若原边T梁与新拓宽T梁之间中心距减小,但为了提供拼接部位现浇桥面板混凝土的空间,应适当切除T梁翼板混凝土;对于箱型截面,根据不同的跨径、施工方法和截面尺寸等,将选择不同的拼接方式,但是对于三向预应力混凝土连续梁结构,必须用铰接或者不连接的方式。

以上给出的部分桥梁拼宽时的横向连接方式,但对于具体桥梁的条件,其拼宽方式也不是唯一的,应针对实际桥梁的结构技术状态,合理选择拼宽连接方式。

6.3.3.4 桥梁加宽设计的连接方式

1)上下部都考虑的连接方式

(1)上下部桥梁结构均刚性连接的形式。拓宽部分主梁的上部结构与原桥主梁对应部位横向通过植筋、浇筑湿接缝等方式连接起来,原桥下部结构的桥墩、桥台帽梁及系梁也通过植筋技术将钢筋和拓宽部分新桥相应部位钢筋连接,然后浇筑混凝土,将新老桥梁连为一体。沈大高速公路扩建工程中桥梁横向拓宽即采用了上述上、下结构均连接的拼接形式。

箱梁的连接方式为先拆除老桥外侧护栏,凿除老桥外侧边梁的部分外翼板混凝土,保留翼板内钢筋,安装拼接桥的箱梁,浇筑拼宽桥内边梁与老桥外边梁之间的湿接缝混凝土,然后完成老桥与新拼宽桥的桥面铺装,使上部结构成为一个整体。下部0号桥台盖梁通过拆除部分原桥台盖梁及耳墙混凝土重新焊接接长盖梁钢筋的方式与已有盖梁刚性连接。但由于新老桥梁存在不均匀沉降,产生的结构次内力容易在上下部结构拼接缝中产生裂缝。对于沉降不均问题,可适当加长新建桥台桩长,或(和)加大桩径,并严格控制桩底沉淀层厚度。

(2)上部桥梁结构直接连接,下部桥梁结构不连接的形式。将拓宽桥梁的上部结构与原桥对应部位横向通过植筋、浇筑湿接缝等方式连接起来,桥梁下部结构的桥墩、桥台帽梁及系梁不进行连接。这样,既可以解决桥面拼接缝处平整、共同受力的问题,又避免了刚性联结对结构的不利因素。

(3)上、下部桥梁结构均不连接的形式。新旧桥面之间设置纵向伸缩缝联结,接缝处设置纵向型钢伸缩缝。新旧桥梁的沉降和变形都是独立完成的,相互之间没有影响;缺点是伸缩缝处型钢表面比较光滑,与高速行驶的汽车车轮摩擦有可能使汽车产生侧滑,存在安全隐患,同时桥面美观性欠佳。应在伸缩缝处采用软硬隔离措施使汽车分道行驶,即大桥划分车道时在接缝处设置分道标线或隔离墩,同时在纵向伸缩缝槽口混凝土表面刻纹,消除安全隐患。

2)拓宽梁桥新旧主梁连接构造

一般来说,目前在国内外采用的拓宽桥梁新旧主梁拼接构造主要有以下几种。

(1)新旧主梁不连接

这种拼接构造通常有以下两种方式:

①新旧结构间留一条纵缝,即新老梁和桥面铺装均不连。新旧桥梁完全独立,各自受力,可以避免由于新旧桥梁收缩徐变和地基沉降差异在拓宽后桥梁上部结构中产生的影响。但是由于新旧桥梁不连接,在桥梁荷载标准提高时,既有主梁的受力增大,其自身的承载力有可能不满足要求。

结合国内外关于纵向接缝连接的工程实践,纵向接缝连接构造有以下三种处理方式:一是,在两桥中间留1cm宽的纵向锯缝,并用木板条和沥青填充,两桥台之间留2cm宽的变形沉降缝;二是,采用钢板包边,此连接方式需要采用刚性路面;三是,设置纵向伸缩缝,在欧洲和中国香港应用均较成功。

该方法多用于新建部分桥梁可为单独一幅或一个车道,且新旧桥梁间用分隔带分开的桥梁。另外,对于大跨径的连续梁桥,由于其收缩徐变差,不均匀沉降差及预应力反拱的影响较大,很难对连接面进行加固处理,通常也采用这种方法。

②主梁不连接而桥面铺装相连接。即在纵缝左右一定范围内重铺桥面铺装,在纵缝上布置横向钢筋来实现新旧结构的连接,俄罗斯许多桥梁的加宽就是采用这种方式。这种方法可以使桥面保持平整,在一定程度上避免新旧主梁的挠度差对桥面平整度的影响。但是,在主梁不连的情况下,仅靠桥面板相连,连接面较为薄弱,若新老梁的挠度差较大,就会引起连接面的破坏,产生沿连接面的纵向裂缝。因此这种连接方式要求结构跨径较小,相对挠度差较小,否则桥面易开裂。另外这种连接方式也可用于新旧桥梁结构形式不一致的拓宽拼接桥梁,如旧桥为拱桥而新桥为梁桥的情况。

(2)新旧主梁刚性连接

所谓刚性连接就是通过横向植筋、浇筑湿接缝等措施将新旧桥的主梁或桥面连接成整体的方式。其不仅需要对桥面板连接,也应将铺装层连成整体。接缝处可以传递弯矩和剪力(图6.3-4),有时通过植筋和加预应力筋的方法在新旧桥两边梁之间新施作一横隔板,加强该处的联结(图6.3-5)。

以潼关—宝鸡高速公路上一座需要拓宽改建的3×30m简支变连续预制小箱梁为例,横断面如图6.3-6所示,横接板厚度为14cm,上下缘均配置ϕ16mm钢筋,钢筋顺桥向间距10cm,如图6.3-7所示。

第6章 桥梁改扩建问题及处置对策

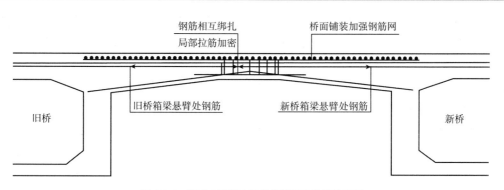

图 6.3-4 预应力混凝土连续箱梁刚性连接示意图

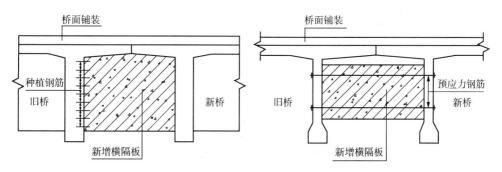

图 6.3-5 预应力混凝土简支T梁连接示意图

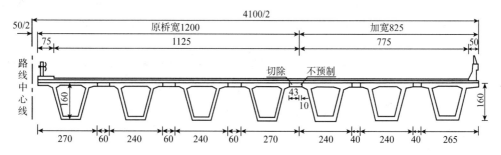

图 6.3-6 加宽后上部构造横断面图(尺寸单位:cm)

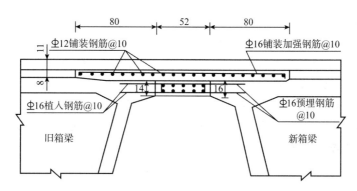

图 6.3-7 横接板构造配筋图(尺寸单位:cm)

新旧主梁刚性连接能确保拓宽部分桥梁与旧桥连接顺畅、行车舒适、桥面的平整度良好，并能使新、旧桥保持良好的整体性，保证新旧桥梁共同受力。刚性连接方式避免了设置纵向伸缩缝的昂贵造价和设置柔性铰或半刚性连接的复杂构造。但新旧主梁刚性连接也存在不足：施工时旧桥仍需要维持交通，行车使桥梁反复上下振动，与旧桥连成整体的钢筋容易对连接部位混凝土质量造成影响，施工难度较大；拓宽后新加宽部分桥梁的基础会随着时间的推移不断发生沉降，直接影响连接部分桥面结构受力；新旧主梁刚性连接后，使其横向是一个高次超静定结构，由于温度、收缩、徐变产生较大的结构次内力，特别是由于新、旧桥混凝土龄期的不同，在长期运营过程中，会由于车辆在新旧桥上行驶的频率不一致而造成振动差异，以及徐变次内力不断变化，使结构不断进行内力重分布，从而使结构受力复杂。因此，新、旧桥刚性连接后，在复合荷载的作用下很容易造成连接部位混凝土出现纵向不规则裂缝，降低结构的耐久性，影响桥梁的寿命。

采用这种方法进行拓宽拼接的桥梁多为T梁桥和箱梁桥，其连接的方法有主梁仅通过翼板相连和主梁通过翼板、横隔梁相连两种。

采用这种拓宽方法的桥梁，其桥面一般不设分隔带，旧边梁在人行道与栏杆拆除后，其所受的活载将增大，有可能使边梁的承载力不满足要求。为了对既有边梁进行减载，对新旧桥梁的主梁进行刚性连接，这样可以使桥梁的新旧部分受力均匀，减小旧桥主梁受到的活载。若新建部分主梁的刚度大于既有主梁刚度，则这种方法所产生的效果更为明显。

对于连接处有横梁的拼宽T桥梁，若拓宽后桥梁的荷载等级提高，旧主梁的承载力不能满足要求时，可通过增大新梁的刚度来减小拓宽后旧梁所承受的活载，从而不必对旧梁进行加固或稍加加固就能满足桥梁的荷载要求。这样可减少旧桥改造的工程量、降低技术难度，具有较好的社会效益和经济效益。

对于单侧拓宽和两侧拓宽这两种方式，除非受地形或其他条件的限制只能采用单侧拓宽的桥梁外，从减小旧梁所承受活载的角度上，应尽量考虑采用两侧拓宽的方式。

若拼接处的横隔梁不连接或连接不好，拓宽后既有主梁的荷载横向分布系数基本不变，甚至会增加，这时就要采取措施对旧桥实施加固，以保证桥梁的安全使用。因此对于拓宽拼接的T梁桥，旧桥有横隔梁时，最好将新旧桥梁的横隔梁连接起来，使其成为一个整体，这样对旧桥的受力比较有利。

新旧主梁连接处连接件的刚度对主梁的竖向变形有约束而对纵向变形基本无约束，竖向附加力的值随着连接件刚度的增大而增大。

设计的拓宽拼接方案对旧桥进行承载力验算，考虑沉降产生的附加力时，应以两端沉降产生的力为设计荷载加以考虑。连接处主梁1/4跨及3/4跨截面竖向弯矩最大；在新旧主梁连接面上，由沉降产生附加力主要为竖向剪力，主梁两端其值最大。沉降产生的附加力的最大值连接处主梁远大于其余主梁，这说明对于拓宽拼接的桥梁新建部分沉降产生的力主要由新旧桥梁连接处的主梁来承受，其余梁虽然也会有附加力产生，但其值都较小，一般来说可以忽略不计。新旧主梁连接处连接件的刚度对于连接处主梁的受力有较大的影响，可以通过调节连接件的刚度来调节主梁中由新旧桥梁基础沉降差异产生的附加力。

拓宽桥梁新旧桥梁横向连接方式比较见表6.3-3。

第6章　桥梁改扩建问题及处置对策

新旧桥梁横向连接方式比较　　　　　　　　　　　表 6.3-3

加宽方式		优　点	缺　点
新旧桥梁不连接	桥面铺装层不连接	新旧桥梁各自受力明确、互不影响,简化了施工程序,减小连接的施工难度;避免由于新旧桥梁收缩徐变和基础沉降差异在连接部位产生的影响,基本不影响既有公路交通	当桥梁荷载标准提高时,既有主梁的受力增大,自身的承载力有可能不满足要求
	桥面铺装层连接	施工较方便;成桥后桥面保持平相整,在一定程度上避免新旧主梁的挠度差对桥面平整度的影响	仅靠桥面板相连,连接面较为薄弱,当新老梁的挠度差较大,就会引起连接面的破坏,产生沿连接面的纵向裂缝
新旧桥梁连接	上部下部构造均连接	加宽桥与原桥形成完整的一体,相比较而言,减少了各种荷载(包括基础不均匀沉降、汽车活载、温度荷载等)作用下新老桥连接处的不均衡变形,减小上、下部结构的附加内力,使得拼接后桥梁整体性较好	新桥与原桥的上部混凝土梁变形(如收缩、徐变等)不一致,加宽桥基础沉降大于原桥基础沉降,由此产生的附加内力较大,易造成下部构造的盖梁、墩台连接处产生裂缝;上部构造连接处也可能出现裂缝,影响行车、桥面美观性,增加维护工作量。而且,下部结构采用植筋技术工程成本高,施工烦琐
	上部构造连接,下部构造不连接	加宽桥与原桥上部形成整体,而下部各自受力,上部结构连接对下部结构产生的内力影响很小	新桥与原桥的上部材料的变形(如混凝土收缩、徐变等)不一致,加宽桥基础沉降大于原桥基础沉降,由此产生的附加内力不可能完全被克服,还会对结构有一定的影响,施工时对施工工艺、施工组织的要求较高,对通车也有一定的影响

(3) 新旧主梁半刚性连接

新旧主梁半刚性连接时在新旧接缝部位设置装置,使该装置能传递一定的竖向剪力,并具有一定的转动刚度;再在桥面铺装层上进行刚性连接。半刚性连接既能较好地解决收缩徐变、温度变形和基础不均匀沉降引起的开裂,同时也具有相当的刚度,在接缝位置出现挠度差较小,能够保证桥面平顺,行车安全。但是这种方式构造复杂,施工困难,在实际中应用较少。

(4) 新旧主梁铰接

铰接就是在新旧桥桥面接缝处通过植筋、填塞柔性材料、预埋木条或橡胶条、企口式衔接、扣环式搭接等措施连接成整体的方式,接缝处只传递剪力,不传递弯矩(图 6.3-8)。

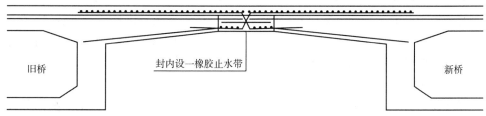

图 6.3-8　预应力混凝土连续箱梁铰接示意图

通过设铰，允许新、旧桥在纵、横、竖三个方向都能有微小变形，且让其绕纵缝有微小的转角。出现不协调变形时，可消减部分附加应力，减少因连接混凝土的不规则而引起的开裂及啃边现象，提高结构的耐久性。铰接连接又可协调新、旧桥由于行车引起的不同步振动，消减瞬间错台，使新、旧桥平顺过渡，有利于行车安全。

铰接连接方式削弱了新旧桥的连接刚度，后期运营中的收缩、徐变、沉降差以及行车引起的挠度差会造成连接处填塞的木条、橡胶条脱落，接缝处桥面破损，行车条件劣化，难以保证后期运营中结构的耐久性，增加后期养护维修的费用。一般仅适合柔性路面，不适于刚性面层。

从新旧桥铰接时内力对比来看，新旧桥刚性连接时各旧梁的内力分布同铰接时规律相同，总体上来看新旧桥刚性连接时的梁体内力稍小于铰接时梁体的内力。当新旧桥之间刚性连接处理时，与铰接处理时相比，刚性连接时靠近接缝处的内边梁内力值较小而远离接缝处的外边梁内力值较大。这说明刚性连接时全桥整体性受力较好，中间梁体的部分内力传递到外缘梁体中，从而使整座桥受力较为均匀。

新旧桥拼接缝处的内力主要为竖向剪力，在桥梁拓宽方式设计中，应优先选择新旧桥刚性连接的拼接方式，这样能够减小拼接缝的竖向剪力，有利于桥梁的安全。

3）桥梁上下部均连接的盖梁加宽设计方案

（1）新旧盖梁的加宽方式

盖梁的主要作用是支撑、分布和传递上部结构的荷载，将荷载传递给基础。盖梁的连接方式不同，将改变新老盖梁的受力体系，对于盖梁的连接方式，有连接和不连接两种。

①不连接时新旧盖梁单独进行施工，旧桥盖梁不改变受力形式，受力简单明确，不必改变旧桥盖梁内钢筋布置，若新桥发生沉降，可以相应调整上部梁板，以满足新旧桥桥面顺接要求。

②连接时可分为角钢连接和植筋连接两种。角钢连接施工较为简单，施工时新旧盖梁打入两根角钢，角钢与盖梁接触面间用环氧砂浆黏结，然后通过固定在盖梁上的螺栓连接，施工完毕后要进行必要的防护措施；植筋连接则可以使新桥和旧桥形成一个完整的整体，减少各种荷载作用下新旧桥连接处产生过大的变形。

（2）不同柱式盖梁的连接设计

①原桥盖梁为单柱。凿除原单柱盖梁外侧部分悬臂，凿除宽度根据计算确定。新桥部分采用单柱，对新柱与原柱之间的正弯矩钢筋重新设计布置，浇筑混凝土形成整体盖梁。部分单柱盖梁的桥梁在施工时凿除原盖梁，利用原墩按新建双柱盖梁重新设计。

②原桥盖梁为多柱。原盖梁外侧悬臂端根据需要凿除，新桥部分采用双柱，新桥内侧柱与原桥外侧边柱间距以满足原桥外侧边柱顶盖梁负弯矩为准确定，正弯矩区重新布设钢筋，浇筑混凝土形成整体盖梁。

在对桥梁盖梁进行验算的基础上，对于上部结构设计线抬高的情况，在原盖梁顶部浇筑一层混凝土，与新建盖梁同时浇筑形成整体，同时在原盖梁加高部分与新盖梁顶面设置通长主筋；对于上部结构设计线不抬高的情况，仅浇筑新建部分混凝土。

（3）构造措施

为保证新旧盖梁连接紧密，提高加宽后盖梁的整体强度及刚度，在盖梁加高部分及新旧盖梁连接处采用聚丙烯纤维混凝土。

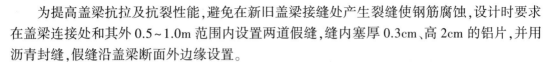

为提高盖梁抗拉及抗裂性能,避免在新旧盖梁接缝处产生裂缝使钢筋腐蚀,设计时要求在盖梁连接处和其外 0.5~1.0m 范围内设置两道假缝,缝内塞厚 0.3cm、高 2cm 的铝片,并用沥青封缝,假缝沿盖梁断面外边缘设置。

(4)盖梁的加宽计算

按施工步骤将盖梁分为三部分:第一部分为原盖梁;第二部分为第一施工阶段的盖梁部分;第三部分为第二阶段施工的盖梁部分。利用平面杆系程序对盖梁的强度和裂缝进行验算。具体计算方法如下:

①按顺桥向各类活载的移动情况计算各支座活载反力的最大值(分别按单孔布载和双孔布载考虑),确定各类活载的轴重,自定义车列荷载。

②根据桥梁上部布置情况,确定车辆在盖梁上的移动范围,在该范围内布置车辆活载,假定车辆在该范围内行驶,计算盖梁的抗力和内力。

③计算第一施工阶段修建的盖梁(即第二部分)。只考虑本身的恒载,上部板(梁)的重量和汽车活载的作用。

④将全路幅的盖梁作为一个整体计算。考虑本身的恒载,上部板(梁)的质量,二期恒载和各种活载的作用。其中第一部分盖梁由于已经建成了多年,其收缩徐变已基本完成,因此计算时不考虑该部分收缩徐变的影响。

⑤根据计算结果绘制出相应的图形,判断盖梁配筋是否满足要求,并决定是否需要增加钢筋。

4)桥梁连接设计、施工中应需注意的问题

通过对桥梁沉降的计算分析发现,在通常情况下基础发生均匀沉降时,沉降部位所产生的横向拉应力大小基本相同。当基础发生沉降时,对结构自身所带来的最大影响都是发生在加宽部分与旧桥连接的部位,在这种情况下旧桥及加宽部分铰缝也会发生开裂,所以针对以上可能会出现的情况,提出以下几点需注意的事项:

(1)桥梁在加宽施工过程中,基础施工质量的好坏对日后加宽部分基础沉降量的大小有着最直接的影响,除在基础设计过程中,必须认真考证桥位所在处的地质的实际情况,选择合适的桩径、桩长。基础施工过程中严格控制基础施工质量。

(2)加宽后的桥梁,加宽部分基础沉降所带来的影响不可避免,所以对于加宽部分和旧桥连接部分必须采取相应的措施,如在支座沉降处的新、旧桥连接板应植入大量的钢筋来抵抗支座沉降时产生的横向应力,在连接板的其他部位也应植入一定量的钢筋增加新、旧桥的整体性,将基础沉降所造成的影响降到最低。

(3)在桥梁加宽施工过程中,必须对既有梁板的铰缝进行重新浇筑,加宽部分梁板在施工过程中也应该保证铰缝的施工质量,从而使得荷载在桥梁横断面方向均匀传递,提高整个桥梁的整体性。

(4)选择合适的结构形式。一般桥梁拓宽时,为了便于协调,拓宽部分的结构形式、跨径布置和桥梁截面特征一般应与既有桥梁相同。如经分析,对既有桥梁不利时,可根据实际情况调整。比如,对于长联的连续 T 梁,联长太长,可以改为多联布置方案。

(5)接缝质量问题。在接缝施工时,应该采取必要的措施,选择合适的材料及施工工艺,保证接缝的质量。

(6)施工工艺选择。施工工艺选择要尽量避免对既有桥梁产生扰动,施工简便,以不影响交通为好,同时也应当注意既有桥梁振动对拓宽接缝施工质量的影响。

6.3.3.5 空心板桥梁加宽的拼接方式

一般来说,加宽空心板桥应按原结构形式拼接。空心板板高、预制板宽及悬臂等几何尺寸如果满足新的规范和荷载要求,应采用原旧桥几何尺寸。如果原桥与加宽部分之间由现浇混凝土湿接缝将其连接形成整体,可在空心板两端各设一道 50cm 的横梁,用以加强其整体性。加宽的桥体架设应在沉降和收缩徐变稳定后,再进行湿接缝连接,从而减少收缩徐变及基础沉降的影响。

1)空心板桥的拼接方式

(1)边板铰接(新加宽空心板与原桥边板的铰接)

切除原桥边板悬臂,凿除原桥边板的混凝土,露出钢筋,增加的空心板与原桥空心板间预留 5cm 缝,使其形成铰接缝,将原桥与加宽部分连接成一个整体,见图 6.3-9 及图 6.3-10。

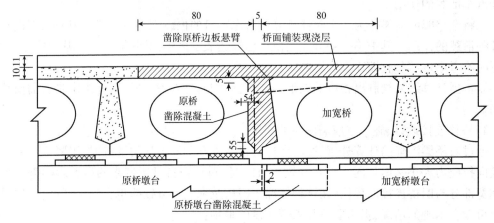

图 6.3-9 现浇混凝土铰接连接构造图(尺寸单位:cm)

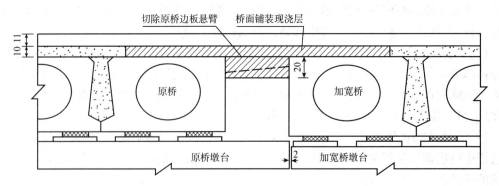

图 6.3-10 空心板铰接连接(尺寸单位:cm)

(2)横梁刚接

空心板桥刚性连接构造工艺为在接缝顺桥向每 2m 设置一道宽 40~50cm 的横梁,在横梁范围内,旧桥边板植筋,新桥边板预埋钢筋,新桥架设后焊接钢筋,浇筑混凝土形成横梁。其拼接构造见图 6.3-11 及图 6.3-12。

第6章 桥梁改扩建问题及处置对策

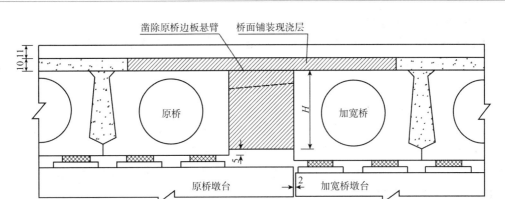

图 6.3-11 空心板刚性连接(尺寸单位:cm)

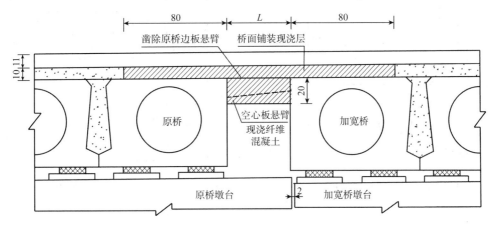

图 6.3-12 空心板梁刚性连接构造图(尺寸单位:cm)

(3)横隔板拼接

横隔板拼接:用现浇混凝土横隔板将原桥与加宽桥连接起来,现浇桥面铺装使两者连接形成整体,见图 6.3-13。

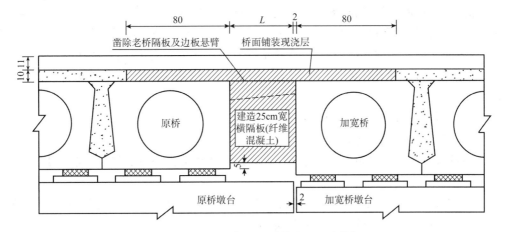

图 6.3-13 现浇混凝土横隔板连接构造图(尺寸单位:cm)

(4)植筋及加钢板连接

对于空心板梁,将旧桥面外侧墙式护栏和墩台挡块拆除并凿除部分混凝土,在新老空心板的边缘分别植入钢筋,植筋过程满足锚固安装要求,植筋即相当于预埋钢筋,下部通过钢板连接,如图 6.3-14 所示。

(5)采用收缩补偿混凝土接缝

例如在新旧桥上部构造连接处的湿接缝可采用 UEA 收缩补偿混凝土浇筑。这种混凝土在钢筋和邻位限制下可以在结构中建立 0.2~0.7MPa 的预压应力,可防止或大大减轻混凝土硬化过程中产生的收缩裂缝,达到抗裂防渗结构的自防水目的。新旧板梁之间的空心板横向拼接构造如图 6.3-15 所示。

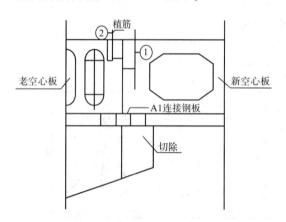

图 6.3-14　预应力空心板新旧板拼接方式

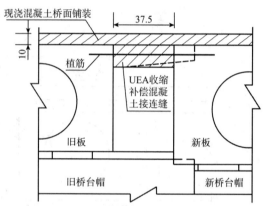

图 6.3-15　新旧板梁之间的空心板横向拼接构造
（尺寸单位:cm）

2)空心板拼接要求

对不能满足新规范要求的空心板应在改扩建施工中进行必要的加固。根据加宽设置原则要求,加宽部分新板高度应与旧板一致。

3)空心板的拼接施工工艺

拆除老桥外侧墙式护栏,在老桥外侧边板上施工连接件,连接件可由钢板、种植螺栓、连接钢筋组成,连接件与新板预埋件进行搭接,然后连接老桥与新桥的桥面铺装钢筋,并临时用型钢沿纵向接缝加固两侧空心板后,浇筑接缝及桥面铺装混凝土,待混凝土达到设计强度后,拆除加固用的临时型钢,从而实现新老桥之间的上部直接连接。某空心板桥加宽断面见图 6.3-16。

4)空心板加宽拼接构造(边板改造为中板利用)施工技术

空心板加宽拼接构造(边板改造为中板利用)施工技术如下：

(1)拆除原桥外侧护栏和桥面铺装,再切除原桥外侧边板部分翼缘,在翼缘根部处植入钢筋。

(2)在旧板旁安装新板,但新板翼缘留一部分不浇筑,等把新板翼缘钢筋和旧板植筋焊接在一起后,再在新旧板上重新设置铺装层钢筋。

(3)将连接部和桥面现浇铺装层一起浇筑,完成连接。

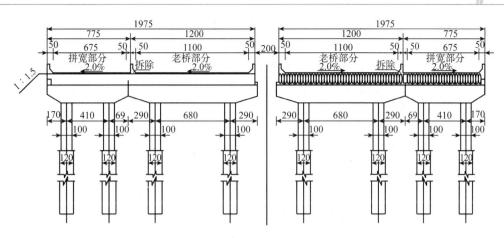

图 6.3-16　某空心板桥加宽断面图(尺寸单位:cm)

当原桥面铺装拆除后发现铰缝有问题时,应重做铰缝;新旧板连接处的翼缘厚度根据计算确定。

该加宽方式是将边板改造为中板利用。另外,也可将边板移位至新加宽桥边直接利用,然后在原边板处安装新中板的方案。但是直接利用与改造利用相比有以下缺点:新旧板高度有差异,原桥支座垫石高度可能不够,新桥支座垫石高度要加高;移板时还对既有公路交通有影响。因此,推荐将边板利用改造为中板利用的方案。

5)昌樟高速公路改扩建工程桥梁加宽结构形式

(1)空心板桥梁连接方案有:方案一(桥面弱连接)、方案二(铰接)、方案三(刚接)、方案四(铰接),见图 6.3-17。

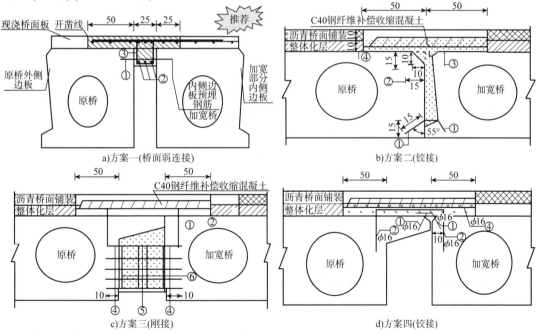

图 6.3-17　昌樟高速公路改扩建空心板桥梁连接(尺寸单位:cm)

(2)桥梁加宽桥面弱连接:加宽空心板桥按原结构形式拼接,原桥与加宽部分之间由现浇混凝土湿接缝将其连接形成整体,在空心板两端各设一道50cm的横梁,用以加强其整体性。在桥架设一个月后,再进行加宽部分梁体湿接缝连接,从而减少收缩徐变及基础沉降的影响。

(3)植筋施工工艺:钢筋探测仪进行表面钢筋探测→弹线定位→钻孔→洗孔→注胶→植筋→固化养护→检测试验。

(4)材料及技术要求如下。

①植筋胶宜使用专门配置的改性环氧树脂胶黏剂,同时须进行安全性检验,性能复核达到A级胶的性能。

②植筋胶材料要满足轴向拉拔测试,还应具备相关认证:抗震性能报告、抗疲劳性能试验报告(200万次)、室温下的长期性能、高温下的长期性能、冻融测试报告、孔中湿度的影响等。植筋采用的钢筋均应采用Ⅱ级钢筋,并要求机械切断,端面不允许采用氧割。

③植筋之前要对老桥既有钢筋进行探测,尽量避免伤及钢筋。

6)国道G107黄河大堤至马村立交段改建工程空心板桥拼接方法

采用凿除或切割旧桥板边缘方法,凿除一部分进行钢筋混凝土灌注,对新桥内部边板边缘处的预设钢板和旧桥边缘中植筋进行焊接,并通过灌注混凝土形成一个整体。

方案一[不切除盖梁,图6.3-18a)],首先拆除老桥的外侧护栏,将老桥现浇桥面板从边缘向内60cm范围凿除,再从预制板外侧从顶面往下25cm凿毛,植入N2钢筋,用锚栓将A钢板固定在老桥边板上,将预埋了N1、N3钢筋的新桥边板安装到位,在新老边板中间的50cm宽空间内搭底模,绑扎、对应焊接钢筋,在其中浇筑50号混凝土使新老桥形成整体。

方案二[切除盖梁,图6.3-18b)],首先拆除老桥外侧护栏,将原桥的盖梁向内切除30cm,在向内凿除5cm混凝土,连接盖梁出露的钢筋,对应焊接成新的骨架。将老桥现浇桥面板从边缘向内60cm范围凿除,凿毛老桥边板外侧面,植入钢筋,用锚栓将钢板A固定在老桥边板上,预埋了钢筋及钢板的新桥边板吊装到位后,将预埋钢筋与植入钢筋对应焊接,将钢板B与钢板A及新桥预埋钢板焊接,浇筑50号混凝土使新老桥形成整体。

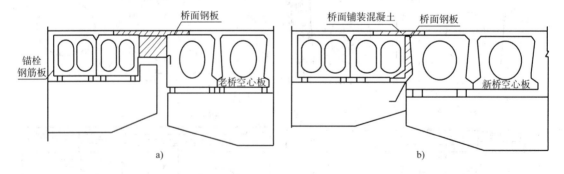

图6.3-18 预应力空心板拼接方案

6.3.3.6 T形桥梁加宽的连接方式

(1)T梁刚连接设计方案

方案一,首先拆除老桥护栏,向内凿除原边梁翼板一定厚度(如30cm)的混凝土并露出钢筋,在每跨的8等分处的老桥边梁上,每处锚固两组预应力高强度精轧粗钢筋,在新建桥内边梁外侧每 8 等分处的相应位置预制时预埋波纹管及横梁钢筋,此内边梁吊装到位后将老桥边梁上的预应力高强度精轧粗钢筋穿入预埋管道,拧紧螺母,再立模、绑扎钢筋,浇筑横隔板及其余连接部位混凝土,使新老桥连接成整体,见图 6.3-19a)。

方案二,首先拆除老桥护栏,向内凿除原边梁翼板一定厚度(如 30cm)的混凝土露出钢筋,在每跨的 8 等分处的老桥边梁上,每处植入与新桥中横隔板数量相同的钢筋,在新建桥内边梁外侧每 8 等分处的相应位置预制时预埋横隔板钢筋,此内边梁吊装到位后立模,将拼接处的新边梁预埋的钢筋与老边梁上植入的钢筋对应焊接,绑扎横隔板其他钢筋,浇筑横隔板及其余连接部位混凝土使新老桥连接成整体,见图 6.3-19b)。

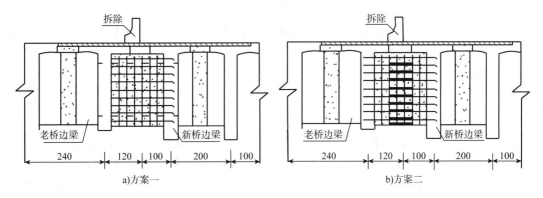

图 6.3-19　T 梁刚连接设计方案局部断面图(尺寸单位:cm)

两个方案均考虑新旧桥的不均匀沉降,对桩基础的桥梁,采用适当增加新建桥梁的桩长,以减小新旧桥的不均匀沉降的差值,两个方案的比较见表 6.3-4。

预应力 T 梁桥梁拼接方案比较表　　　　表 6.3-4

优 缺 点	方 案 一	方 案 二
优点	结构整体性好,新老桥连接缝刚度大,横向受力明确,抗剪能力强,不易出现裂缝,施工方法简单,施工时对老桥交通影响小	结构整体性好,新老桥连接缝刚度大,横向受力明确,抗剪能力强,抗变形能力强,不易出现裂缝,施工时对老桥交通影响小
缺点	预制新桥内边梁需准确预埋波纹管道,施工时对施工工艺、施工组织有较高的要求	在老桥上植筋工程量较大,新桥吊装后焊接工作不易进行,工期长

预应力混凝土 T 梁或组合式 T 梁桥加宽,新旧 T 梁之间拼接宜采用刚性连接,新旧桥梁之间通过现浇横隔板和桥面板实现结构性的连接,形成整体受力。

当新梁选用刚度较大的梁时,加强拼接缝的横向联系刚度,从而增大旧桥的活载横向分布系数。加宽后,新梁板承担了部分荷载,旧桥中梁、次边梁及边梁的横向分布系数明显减小,整体承载能力得到提高。

(2)T 形桥连接施工

①翼板连接施工:拆除原桥外侧墙式护栏→切除原桥外边梁上的混凝土桥面板臂板→安装新拓宽的 T 梁→再凿除原桥外边梁上的现浇混凝土桥面板,露出原受力钢筋→原桥外侧边梁翼板植入钢筋→新桥边梁翼板拼接部位钢筋与原边梁拼接部位钢筋连接→浇筑湿接缝处混凝土(图 6.3-20)。

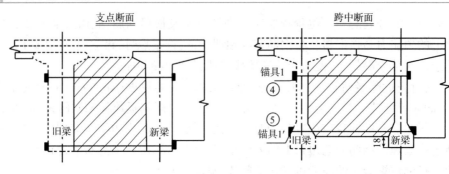

图 6.3-20 T 梁拼接构造示意图(尺寸单位:cm)

②横隔梁连接施工:在新桥与旧桥搭接处的 T 梁肋板上和旧桥边缘处的 T 梁肋板上的设计位置钻孔→直径为 32mm 的高强度精轧螺纹钢筋穿过肋板→绑扎横隔板钢筋→拧紧精轧螺纹钢筋的螺母→浇筑横隔板混凝土。

6.3.3.7 工字组合梁加宽的连接方式

(1)铰接

工字组合梁铰接拼接构造工艺:凿除旧桥防撞栏及梁体翼板混凝土,露出钢筋,新、旧桥翼板连接处预埋铰接钢筋,浇筑连接部混凝土。新、旧桥间仍留 1cm 纵缝,缝内填塞弹性材料。通过设铰,允许新、旧桥在纵、横、竖三个方向都能有微小变形,且让其绕纵缝有微小的转角。出现不协调变形时,可消减部分附加应力,减少连接混凝土的不规则开裂及啃边现象,提高结构的耐久性。铰接钢筋又可协调新、旧桥由于行车引起的不同步振动,消减瞬间错台,使新、旧桥平顺过渡,有利于行车安全。其拼接构造见图 6.3-21。

(2)刚接

工字组合梁刚接拼接构造工艺:通过横隔板将新旧桥的主肋连接起来,横隔板共设若干道,厚可为 16cm,以消除整体挠度差,使新旧结构翼缘板分离,桥面来承受翼缘板的局部挠度差,其拼接构造见图 6.3-22。

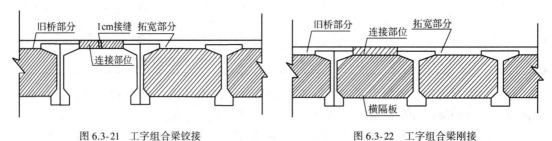

图 6.3-21 工字组合梁铰接   图 6.3-22 工字组合梁刚接

6.3.3.8 预制箱梁桥梁加宽的连接方式

(1)预制箱梁加宽的拼接方式

预制箱梁桥拼接方式分别有混凝土铰接、钢板搭接、弱性刚接。

①混凝土铰接拼接:将原桥箱梁外侧悬臂切割掉一部分(如 45cm),凿毛混凝土表面,植筋并涂刷界面胶,新增的箱梁预埋钢筋并与老桥植筋进行焊接,浇筑钢纤维补偿收缩混凝土形成湿接缝,湿接缝内施作混凝土铰,见图 6.3-23。

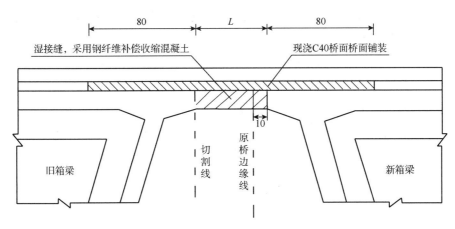

图 6.3-23　混凝土铰连接构造图(尺寸单位:cm)

②钢板搭接拼接:在新旧桥间预留 2cm 的缝隙。浇筑桥面铺装时,留 150cm 不铺筑,拆除原桥的铺装并清洗干净,涂刷环氧树脂黏结剂,粘贴搭接钢板,搭接钢板与新桥预埋锚固件焊接,见图 6.3-24。

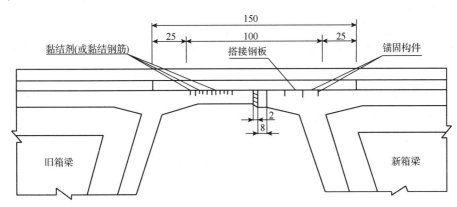

图 6.3-24　钢板搭接构造图(尺寸单位:cm)

③弱性刚接拼接:处理措施与①基本相同,只是湿接缝内不设铰,见图 6.3-25。

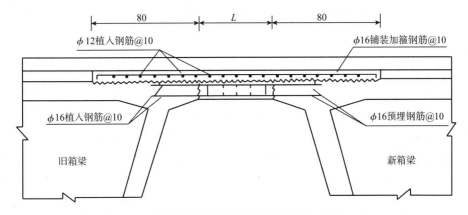

图 6.3-25　混凝土弱性刚接拼接钢筋构造图(尺寸单位:cm)

西潼、西宝高速公路的预制箱梁与新箱梁拼接方式为弱性刚接连接。其典型的横向拼接构造如图 6.3-26 所示。

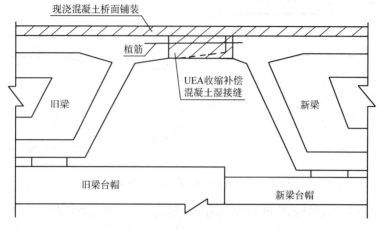

图 6.3-26　小箱梁拼接方案

（2）预制箱梁加宽拼接施工技术及工艺

预制箱梁加宽拼接构造施工技术及工艺如下：

①先拆除原桥外侧护栏和桥面铺装,再切除原桥外侧边梁部分翼缘,在翼缘处植入钢筋。

②然后在旧梁旁安装新梁,但新梁翼缘不浇筑,等把新梁翼缘钢筋和旧梁植筋焊接在一起后,再在新旧梁上重新设置铺装层钢筋。

③最后将连接部和桥面现浇铺装层一起浇筑,完成连接。新旧梁连接处的翼缘厚度根据计算确定,旧梁外侧还应植筋,增加横隔板和新梁横隔板连接。

（3）现浇箱梁拼接构造及工艺

①铰接拼接构造工艺

先凿除老桥翼缘板一定宽度（如 0.25m）的混凝土并保留钢筋,在浇筑混凝土翼缘板端部及梁顶前凿毛混凝土表面,再在指定位置上按要求植筋,加宽部分预埋钢筋与旧桥植筋进行焊接,在指定地方植筋和涂刷界面胶和涂刷界面胶浇筑特快硬型微膨胀钢纤维混凝土,其拼接构造见图 6.3-27。

②刚接拼接构造工艺

先凿除老桥翼缘板一定宽度（如 0.25m）的混凝土并保留钢筋,在浇筑混凝土翼缘板端部及梁顶前凿毛混凝土表面,再在指定位置上按要求植筋和涂刷界面胶浇筑特快硬型微膨胀钢纤维混凝土,且在旧桥边梁位置外侧植筋现浇新的横隔梁,再将它们与箱梁的端横隔梁和跨中横隔梁连接在一起,形成新的牢固的横向联系,拼接构造见图 6.3-28。

箱梁的连接没有统一的连接方式,不同的公路桥梁加宽的过程中采用的连接方式也有差异。有的公路加宽工程中箱梁翼缘连接采用的是"铰接"的拼宽式连接；也有公路采用的是"半刚性连接",该方法是凿除旧桥部分翼缘,新旧桥翼缘通过搭接钢筋连接,浇筑连接带混凝土后,在其底缘人工割缝,填塞橡胶止水带；或采用"刚性连接",连接部位不留缝。

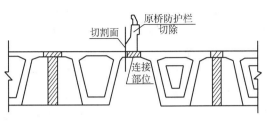

图 6.3-27　现浇箱梁铰接连接

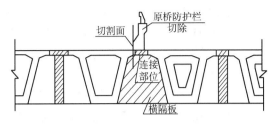

图 6.3-28　现浇箱梁刚接连接

6.3.3.9　桥梁下部结构加宽的连接方式

1）下部结构横向连接的设计原则

下部结构形式一般采用与原下部结构形式相同的类型，在单侧或双侧加宽。但是如果原下部安全性较好，可考虑不改变下部结构，直接加宽上部结构的方式，或者不加宽墩台，仅加宽(长)盖梁，减少下部工程量；如果下部结构受强度、稳定性及构造要求等需要加宽时，可遵循以下原则。

（1）当拓宽宽度不太大，下构可满足要求时，考虑拓宽翼缘或横向拓宽墩顶，而不需新建基础与桥墩。可采用植筋技术在旧桥墩两侧各加一个牛腿，在牛腿上架设新梁，既缩短工期，又节约投资，避免新旧桥沉降差的不利影响。

（2）当拓宽桥面较宽时，拓宽桥梁需新建桥墩，新旧桥墩可采用以下两种方式进行处理。

① 下部结构不连接。

下部结构不连接时，拓宽墩台结构应尽量与旧墩台保持外形协调一致，如选用柱式墩与桩柱式墩配合，或采用完全相同的结构；一字翼墙桥台仍用一字翼墙桥台拓宽等。基础形式选用应考虑其施工对旧墩台的影响，有条件时尽量采用钻孔灌注桩基础；浅埋式新基础埋置深度最好在旧墩台基底高程之上。钻孔灌注桩基础、独柱结构拓宽墩台通常用于拓宽宽度不大、双桩桩距不足的情况，较为经济、方便，其双悬臂盖梁梁端在荷载作用下产生挠度是这种结构的特点。

② 下部结构连接。

当拓宽桥面较宽时，新旧桥墩合并，并将新旧桥墩通过盖梁承台连接起来。

常用的下构连接方法有植筋连接、设置角钢连接等。采用植筋技术实现下构连接，施工工艺较复杂，技术要求较高，连接后新旧桥外观比较谐调。设置角钢连接施工工艺较简单，适应性强，当盖梁高程不等时，仍可实现新旧桥下构的连接，但影响结构的美观。

2）下部加宽结构的形式

下部加宽结构的设计有下部构造刚性连接、下部构造不连接两种形式。

（1）下部构造刚性连接

为了使加宽部分桥与原桥能整体承受荷载，减少各种荷载作用下新老桥连接处产生过大的变形，减少上下部结构某些部位的内力，在石砌轻台和石砌U台的墩台等整体式圬工墩台设计中，应采用将新旧部分刚性连接的方案，将原墩台身外缘拆成一定宽度(如30cm左右)的锯齿形企口，企口范围为墩台身全高，新加宽部分的墩台身亦砌成一定宽度(如30cm左右)锯齿形企口，高度砌至旧台帽顶。为保证路基标准厚度，对于重力式台后路面顶面以下一定宽度（如 1.20m 左右）的侧墙拆除后，新旧台身之间现浇 25 号素混凝土（40cm 宽）联结，最后新旧桥全宽范围内整体浇筑加高部分混凝土（包括墩台身及墩台帽、台背墙）。

整体式钢筋混凝土桥台的加宽：为增加横向联系，横向通过在原桥台侧面植入钢筋形成联结，植入台身的钢筋应在新建台身边缘下弯一定长度（如 40cm 左右），加高部分考虑新旧桥部分整体浇筑。为防止不均匀沉降产生的不规则裂缝，在新旧桥台连接处应按设计要求在台身内外侧各设置一道 2cm 深的假缝，内置铝片后用沥青封缝。对扶壁式桥台，施工时其外侧原侧墙顶部需凿除，凿除后其顶面距新的设计线位置不得小于 1.2m。

在基础的加宽设计中，如果原桥墩台基础为浅基础的，基础端面凿毛后砌筑加宽段桥梁基础；原桥墩台基础为桩基础的，新旧承台之间采用植筋刚性连接。基础一次施工完成。

该方案的优点是将加宽桥、原桥之间联系成为整体，在受力上明确，便于结构计算分析各部件。主要缺点是原桥基础经过运营多年，沉降已经基本完成，而加宽桥的沉降较大，致使新旧下部之间产生附加内力，产生结构裂缝，外观不佳。

(2) 下部构造不连接

下部构造不连接，即将新旧墩台之间设置沉降缝。结构形式上原则可采用与原桥相同的形式，但应经计算重新考虑加宽桥的下部尺寸，加宽桥与原桥的下部内力相互不产生影响，在外荷载的作用下，对新老桥各自的下部构造产生的内力影响较小。

为减少加宽桥基础沉降量，加宽桥梁尽量考虑桩基基础，并应加强地基处理的方式以尽量减少基础沉降，从而避免下部的不均匀沉降对上部结构的影响。同时应在上部设计时加大连接部位的结构钢筋或增大结构尺寸来解决下部不均匀沉降带来的附加内力。

该设计方案的优点是施工方便，但应重点对上部连接部加强设计，同时增加了对基础的处理。

3) 施工注意事项

(1) 加宽基础如采用桩基础，则应保证桩基与原桥台间的距离满足钻机摆放的最小要求。

(2) 若采用下部构造连接加宽，如施工中在未封企口之前进行台后填土时，为避免台后填土后土溜至企口内，影响施工质量，则在企口后应设置钢筋混凝土挡土板。

(3) 施工时应注意，对石砌轻台、薄壁 U 形桥台和扶壁式桥台，在拆除上部板前原桥台前墙应设置临时支撑。

(4) 如采用下部构造连接加宽，企口连接部位浇筑的混凝土必须清洗、凿毛。

(5) 如采用下部构造连接加宽，对于植筋连接的墩台及基础，钻孔后应将孔内灰尘冲洗干净。

(6) 如果采用不封闭交通情况下施工基础和拆除部分附属设施时车辆速度进行限制，保证行车安全，避免车辆行驶时引起的震动导致基础连接段混凝土产生裂缝。

4) 柱式墩台盖梁的连接设计

目前工程实践中，主要有三种连接形式。

(1) 上下均不连接的下部结构

加宽部分与原桥的下部构造不连接，新老结构之间留工作缝。

(2) 上下均连接的下部结构

老桥下部构造的桥墩、桥台盖梁及系梁通过植筋技术将钢筋和加宽部分新桥相应部位钢筋连接,然后浇筑混凝土,相互连为一体。

(3)上部构造连接,下部构造不连接的下部结构

在新旧桥上部结构连接时,下部结构不连接是通过现浇一定宽度的混凝土接缝来实现的。第三种连接方式的下部结构相互独立,而上部结构的主梁通过各种方式进行比较强的连接,使其既能适应比较大的新旧桥不均匀沉降,又具有比较好的耐久能力。但是,在加宽桥梁时尽可能采用桩基,并通过加强地基处理、增加桩长等措施尽可能减小基础沉降,而针对上部结构自身产生的附加内力,可通过连接部位增大配筋,改善构造来解决。

盖梁的连接方式应考虑下述情况进行设计:

①原桥盖梁为单柱。凿除原单柱盖梁外侧部分悬臂,凿除宽度根据计算确定。新桥部分采用单柱,新柱与原柱之间的正弯矩钢筋重新设计布置,浇筑混凝土形成整体盖梁。部分单柱盖梁的桥梁在施工时凿除原盖梁,利用原墩按新建双柱盖梁重新设计。

②原桥盖梁为多柱。原盖梁外侧悬臂端根据需要凿除,新桥部分采用双柱或多柱,新桥内侧柱与原桥外侧边柱间距以满足原桥外侧边柱顶盖梁负弯矩为准加以确定,正弯矩区重新布设钢筋,浇筑混凝土形成整体盖梁。

为保证新旧盖梁连接紧密,提高加宽后盖梁的整体强度及刚度,在盖梁加高部分及新旧盖梁连接处采用聚丙烯纤维混凝土。为提高盖梁抗拉及抗裂性能,避免在新旧盖梁接缝处产生裂缝使钢筋腐蚀,设计时要求在盖梁连接处和其外 0.5~1.0m 范围内设置两道假缝。缝内塞厚 0.3cm、高 2cm 的铝片,并用沥青封缝,假缝沿盖梁断面外边缘设置。

5)下部结构连接方式的优缺点

桥墩(台)加宽下部结构连接方式的优缺点见表 6.3-5。

下部结构加宽方法优缺点比较 表 6.3-5

拓宽方式	优　点	缺　点
盖梁与承台均连接	较经济;可以避免接处产生过大的变形,减小上、下结构某些部位的内力,整体性好。减少盖梁内应力,达到提高并改善盖梁承载力的目的	施工工艺复杂,对旧桥盖梁有一定损坏,而且对于盖梁是预应力的结构,这种方法不适合,可能引起旧桥预应力损失
盖梁与承台均不连接	几乎不影响车辆通行,实施起来简单易行,拆除改造的工程量小,不必改变旧桥盖梁内钢筋布置。结构整体性较好,横向受力明确;新建桥幅的基础变形与沉降对现浇段不会产生结构性破坏,并且对于沉降变形问题可以通过对新建桥幅架梁后加载预压及增大基桩长度等措施予以解决。使用后,若新桥发生沉降,可以相应调整上部梁板,以满足新旧桥桥面顺接要求	施工相对简单,不损坏盖梁,适应性好。对于盖梁是预应力结构形式,首选种方法

6)下部结构拓宽方法的适用性

若拓宽桥基础持力层位于坚硬基岩上,基础沉降值较小,新旧桥之间不会产生过大沉降差,不利影响不显著,可较好发挥其优势,这时可采用上下部均连接的方案。若基础持力层位于软土地基上,拓宽桥基础沉降明显大于旧桥,沉降持续时间较长,使用期间沉降不易稳

定,则不宜采用上下部均连接方案。

若拓宽桥基础持力层为细砂和粉细砂或为湿陷性黄土等时,桥梁基础沉降较大,综合考虑既有桥梁承载力,基础沉降和上部梁板变形协调等因素,改造原则上采用上部结构连接、下部结构分离的拓宽方案。

总之,由于旧桥沿线地形、地貌条件各异,构造物的结构、规模与地质条件等在不同路段存在着差异,因此单纯采用单一的加宽方式是不合适的,应根据不同路段的特点,选择适宜的加宽方式,灵活选择改造方案。要在充分调查研究的基础上,结合具体情况,因地制宜,对各种加宽方式进行综合比较分析,最终确定合理的加宽方案。制定严格的施工程序,确保工程顺利实施,使得旧桥加宽改造对既有交通的影响程度最小,以达到提高通行能力、缩短交通封闭时间、节约资金的目的。

7) 单、双柱墩拼宽方案比较

如果改扩建工程主线标准段桥梁两侧拼宽8.0m,下部桥墩采用单、双柱均可。现选取有被交线下穿的主线桥桥墩进行方案比选,从结构受力、材料用量、施工难易程度、外观等方面综合比较。具体选取30m箱梁桥墩的三种方案进行对比分析。

对于结构受力,盖梁计算分析中考虑拼宽部分独立运营和全桥拼接完成后运营两种情况;桥墩从基本组合和偶然组合(地震荷载)两方面进行比较分析,具体比较内容见表6.3-6。

30m箱梁桥墩方案比较表　　　　表6.3-6

桥墩方案	推荐方案(双柱墩-钢筋混凝土盖梁)	比较方案一(独柱墩钢筋混凝土盖梁)	比较方案二(独柱墩-预应力混凝土盖梁)
方案简图			
基本尺寸	盖梁:高1.5m,库岸1.6m; 桥墩:φ1.4m圆柱,间距4.5m; 系梁:高1.2m,库岸1.0m; 桩基本尺寸相同	盖梁:高1.8m,库岸1.7m; 桥墩:(1.7×1.7)m方柱; 承台:(1.8×2.5×6.5)m; 桩基本尺寸相同	盖梁:高1.6m,库岸1.7m; 桥墩:(1.7×1.7)m方柱; 承台:(1.8×2.5×6.5)m; 桩基本尺寸相同
结构受力	盖梁:正负弯矩均衡,结构内力小,受力较好; 桥墩:单墩顶上部恒载较小,地震力小,抗震性能好	盖梁:只有负弯矩,结构内力较大,受力较差; 桥墩:单墩顶上部恒载较大,地震力大,抗震性能较差	盖梁:只有负弯矩,结构内力较大,受力较差; 桥墩:单墩顶上部恒载较大,地震力大,抗震性能较差
地震荷载	弯矩效应:4955kN·m; 设计弯矩:5072kN·m	弯矩效应:14954kN·m; 设计弯矩:15000kN·m	弯矩效应:14954kN·m; 设计弯矩:15000kN·m
造价	292994元	337072元	320454元

续上表

施工难易程度	现场施工、施工简单、工艺成熟	现场施工、施工简单、工艺成熟	现场施工、张拉钢束、工艺成熟、工艺较复杂
外观	结构尺寸小,轻巧美观,与老桥外观一致,全桥整体外形效果好。但墩间距离较小,外观略差	独柱造型简洁,外形美观。但墩柱与盖梁与老桥外观差异较大,全桥整体外形欠佳,同时由于受力需要墩柱及盖梁尺寸较大,略显笨重	独柱造型简洁,外形美观。但墩柱及盖梁与老桥外观差异较大,全桥整体外形欠佳,同时由于受力需要墩柱及盖梁尺寸较大,略显笨重
综合评价	好 作为推荐方案	一般 作为比选方案	一般 作为比选方案

8) 工程实例

西安绕城高速公路某桥面宽 24.5m 和 26m,分别拓宽为 41m 和 42m。由于拓宽宽度较大,不适合采用拓宽翼缘或横向拓宽墩顶,因此桥梁下部结构拓宽采用新建墩台法,即直接在既有墩台或稍稍离开一些在其上下游添造一个新的墩台。该拓宽桥梁地基持力层较弱,基础沉降较大,因此桥梁下部结构采用分离式加宽。在此情况下,必须加固与维护既有桥台基础周围的土基,并设法防止既有墩台基础的变形。该工程桥梁拓宽上部采用双侧加宽,墩台也采用双侧加宽,这样基础重心不变,不均匀沉降相对要小。

新建侧的桥梁采用了独柱桥墩,带来的问题会是涉及新增桥梁的稳定性。为保证桥梁的稳定性,除桥面板整体化考虑外,在盖梁上采取与旧桥铰接,在新旧桥间采用槽钢与钢板作为系梁连接,如图 6.3-29 所示。

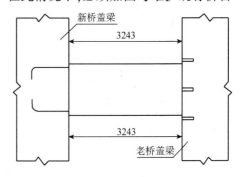

图 6.3-29 新旧桥系梁连接示意图(尺寸单位:mm)

6.3.3.10 刚构桥加宽拼接施工

拆除老桥外侧墙式护栏,施工新桥,然后连接老桥与新桥的桥面铺装钢筋,浇筑桥面内混凝土,从而实现新老桥间的连接,连接部位间隔缝为 1cm。某刚构桥拓宽断面见图 6.3-30。

新拼接桥的混凝土收缩、新桥的沉降对连接部位的影响可以通过以下施工工序来缓解:新建桥梁主梁吊装完成后,在新建桥面上采用砂袋堆载预压 3 个月后,绑扎钢筋、浇筑连接部分混凝土,然后卸载,最后浇筑桥面铺装及护栏。连续刚构的连接方案如下:

方案一:空心板部分使用空心板拼接方案。在墩顶现浇部分将老桥从边缘向内 50cm 范围凿除,将原桥的钢筋拉直,新桥边缘 50cm 露出绑扎好的钢筋不现浇,在新桥预压一段时间后将新老桥出露的钢筋对应焊接,绑扎其他钢筋最后将剩余部分一起现浇,见图 6.3-31a)。

方案二:空心板部分使用空心板拼接方案。在墩顶现浇部分首先将老桥从边缘向内 50cm 范围凿除,新桥现浇段底部预埋钢板,边缘 50cm 露出绑扎好的钢筋不现浇,在新桥预压一段时间后将新老桥出露的钢筋对应焊接,绑扎其他钢筋,在老桥现浇段下焊接一块钢板,与新桥钢板焊接在一起,最后将剩余部分一起现浇,见图 6.3-31b)。

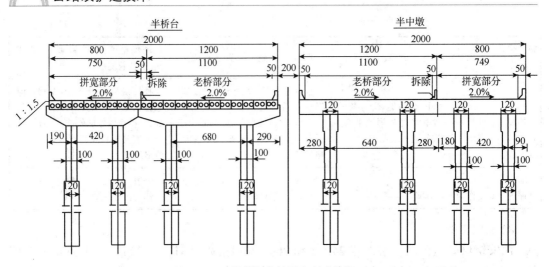

图 6.3-30 刚构桥拓宽断面图(尺寸单位:cm)

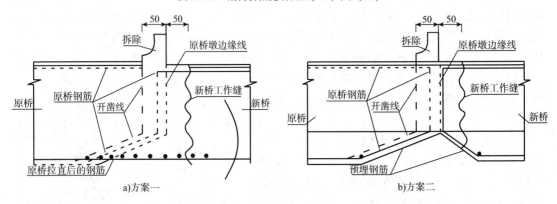

图 6.3-31 连续钢构拼接方案(局部断面)(尺寸单位:cm)

6.3.4 拓宽桥梁的基础处理

桥梁拓宽后,由于旧桥基础沉降基本完成而新桥会发生沉降,这个沉降差会在上部结构中引起内力,这是桥梁拓宽不同于新建桥梁的一种特殊荷载,使连接部分处于不利状态,故进行拓宽设计施工时,要考虑消除此影响。

1) 拓宽桥梁针对基础不均匀沉降的对策形式

由于拼宽新建部分的桥梁将发生的沉降量尚不能给出定量分析,在设计施工时一般参考旧桥桩长,对于新建拼宽部分桥梁的下部基桩进行适当增长及桩径适当的加粗,提高桩底的清孔标准等方法,在条件允许的情况下,还可将桩打入岩层,从而避免基础沉降的产生。同时要求施工时进行必要的堆载预压程序,即在加宽桥梁的上部梁板安装到位后,新、旧板之间暂不连接,对新建桥梁进行堆载预压 2~3 个月,待完成大部分沉降后再进行上部结构的刚性连接。

对于端承桩,由于一般沉降较小,可通过延长拼接接缝时间、新桥预压、尽早铺装桥面等措施控制沉降差在允许范围内;对于摩擦桩,一般沉降相对较大,则可通过重载预压、尽早铺装桥面、加大桩长等措施,有效控制沉降。

第6章 桥梁改扩建问题及处置对策

为了避免出现老桥与拼宽段桥梁的不均匀沉降,应尽早安排拼宽段桥梁的基础和下部施工。根据老桥下部结构形式,在桥梁两侧新建桩柱式墩台或桩式基础的U形台;对桩柱式墩台,为避免墩台帽因新老桥的不均匀沉降出现拉裂,桩柱式墩台不设横向联系,拼宽段墩台帽与老桥的墩台帽中间设置沉降缝,间距1cm。对桩式基础的U形台新老桥之间通过植筋技术连为整体,植筋直径为25mm钢筋,间距30cm,深度40cm。

2) 拓宽桥梁的基础处理方法

当拓宽桥面较宽时,除需新建桥墩外,基础也应拓宽,对于不同结构形式的基础,拓宽时采用的方法也不同。

(1) 基础处理方式选择

目前,在桥梁改扩建工程中,国内外对扩大基础的加宽方法主要有以下几种:

方法一:加宽部分的基础采用浅基础

原桥为扩大基础,且地质条件良好,如基底土层较薄、岩层埋深较浅时,地基强度能够满足承载力要求,考虑将加宽部分基础仍然采用刚性扩大基础或直接将基础置于岩层上的方案。采用这种方法加宽时,建议对下部结构联成一体,并尽量对基底进行技术处理,尽可能减少不均匀的沉陷;原桥为扩大基础,基底土层较厚,地质条件不是很好时,即使基底承载力满足要求,仍考虑采取一定措施来减少沉降,如加大基础成整体筏式、箱形基础,采用粉喷桩、碎石桩处理地基、桩基础等。

方法二:加宽部分的基础采用桩基础

原桥为扩大基础,当地基浅层土质不良,采用浅基础无法满足桥梁对地基强度、变形和稳定性方面的要求,造成沉降比较大时,可以采用桩基础来降低沉降,以满足要求。

扩大基础加宽所采用方法的优缺点比较见表6.3-7。

扩大基础加宽所采用方法优缺点比较 表6.3-7

方法	加宽部分的基础采用浅基础	加宽部分的基础采用桩基础
优点	埋入地层深度较浅,施工一般采用敞开挖基坑修筑基础的方法,结构形式简单,施工方法简单,造价较低	承载力高、稳定性好、沉降量小而均匀。具有耗用材料少,便于机械化施工和工厂生产,而且能以不同类型的桩基础适应不同的水文地质条件、荷载性质和上部结构特征。桩基础有较好的适应性。考虑加宽桥梁沉降量尽量小,以保证桥梁加宽后,不因加宽部分桥梁产生过大沉降变形引起加宽桥面接合处开裂
缺点	对地基要求比较高,适应性较差,沉降量大。开挖时可能挖掉部分旧桥固结多年的侧限土,可能出现涌水、涌砂等现象,从而导致旧桥基础变形失稳等问题	桩基施工工艺较复杂,需一定作业面和专用机械设备

(2) 桩基础加宽方法

目前,桥梁在改扩建工程中,原桥为桩基础的桥梁,新加宽部分仍采用桩基础。同时,为减少新旧桥间的沉降差,新桥桩基长度在满足承载力的同时,应适当加长、加粗,并应尽量控制钻孔桩桩底回淤值为最小,在新老盖梁联结浇筑前,桩基础应留有一定时期(至少3个月)的沉降值。

桩长、桩径及承台尺寸是影响基础沉降量的重要因素,因此建议对基础做如下处理:

①增加设计桩长,减小附加应力对沉降的影响,控制沉降量。

②增加设计桩径,增加桩端阻力,从而减小沉降量。

③加大承台或桩间横向联系的平面尺寸,减小地表附近承载力较小的土层的压缩量。

(3)延迟施工上部结构

施工时,在加宽桥梁的上部梁板安装后,新、旧板之间暂不进行连接,给予新建桥梁一段时间(至少3个月)的沉降期,并实施堆载预压,待完成大部分沉降后再进行上部结构的连接。

控制拓宽部分梁板的安装龄期,先施工新建加宽部分的基础、墩台身及台帽(盖梁),并安装部分新建上部梁板,在封闭交通后连接下部结构,减少连接处的附加应力。

3)基础拓宽适用性

为扩大原桥基础,当地质条件良好、地基强度能够满足承载力要求时,拓宽部分基础仍然采用刚性扩大基础;当基底土层较厚,地质条件不是很好时,可以考虑拓宽部分基础为浅基础中的柔性基础,可以采用筏板和箱行基础;当地基浅层土质不良,可以采用桩基础来降低沉降,满足要求;原桥为桩基础时,新拓宽部分仍采用桩基础。

6.3.5 在既有公路上进行高架桥改扩建

现以广州至清远高速公路狮岭高架桥为例,说明"在既有公路上进行高架桥改扩建"。原狮岭高架桥为整体式路基,长24.5m,在既有公路路基上建设高速公路高架桥,高架桥上部构造为预应力混凝土空心板,跨径组合为28×16m,桥宽24m,桥长456.8m,下部构造为柱式墩、U台、扩大基础。既有公路为双向四车道,桥梁宽度为24.5m,桥梁为双幅。设计将既有公路扩建为主线双向八车道,桥梁宽度为41m,桥梁为双幅。

改扩建广清高速公路在狮岭镇规划区范围内全程架空,架空桥梁起终点均接互通,桥梁中间设置螺塘互通。本桥根据岩溶地质、施工工期、工程造价等综合因素,拟采用箱形连续梁(现浇连续箱梁及小箱梁先简支后结构连续)。提供3个下部结构方案进行比选。

方案一:左右分幅双柱式门架墩,见图6.3-32。

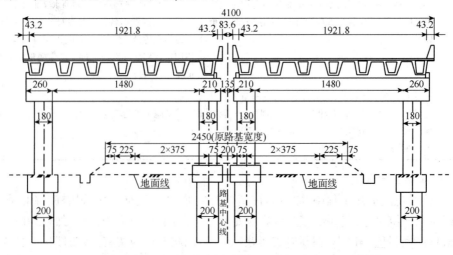

图6.3-32 既有公路路基断面与新建高架桥位置示意图(方案一)(尺寸单位:cm)

施工工序如下。

步骤一:维持既有公路通车,先施工左右幅外侧桩基;预估施工工期为150d。

步骤二:转换左幅交通量至右幅,在原右幅路基中央设置临时分隔墩,车辆分双向两车道对向行驶;施工左幅桥梁上下构;预估施工工期为180d。

步骤三:转换右幅交通量至左幅,左幅桥梁中央设置临时分隔墩,车辆分双向四车道对向行驶;施工右幅桥梁;预估预施工工期为180d。

步骤四:转换左幅交通量至右幅,拆除左幅桥梁中央设置临时分隔墩,车辆分双向八车道对向行驶。

本方案优点:①施工工序较为简单;②前期和后期对双向四车道交通组织影响较小;③原广清高速公路路基还原成地方道路使用率较高;④桥梁分左右幅建设,对后期养护维修等有利;⑤改建后地方道路有6.0m宽的中央绿化带,对城市市容市貌及环境有利。

本方案缺点:①中期施工只能保证双向二车道行驶,②既有公路路基上落2个桥墩,会占用一部分既有公路路基,改建地方公路需要增加路基宽度。

方案二:左右分幅独柱墩方案,见图6.3-33。

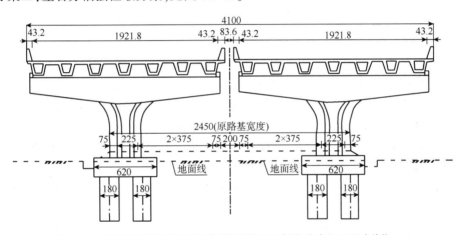

图6.3-33 既有公路路基断面与新建高架桥位置示意图(方案二)(尺寸单位:cm)

施工工序如下。

步骤一:拆除原中央分隔带交通工程,改建中央分隔带为行车地面,施工以达到行车标准,整个行车道右移,施工左幅下构;预估工期120d。

步骤二:转换左幅交通量至右幅,在原右幅路基中央设置临时分隔墩,车辆分双向二车道对向行驶;施工左幅桥墩盖梁及上构;预估施工工期120d。

步骤三:转换右幅交通量至左幅,左幅桥梁中央设置临时分隔墩,车辆分双向四车道对向行驶;施工右幅桥梁上下构;预估施工工期210d。

步骤四:转换左幅交通量至右幅,拆除左幅桥梁中央设置临时分隔墩,车辆分双向八车道对向行驶。

本方案优点:①施工工序较为简单;②前期和后期对双向四车道交通组织影响较小;③左右幅均为独柱式花瓶薄壁墩,桥梁整体美观。

本方案缺点:①中期施工只能保证双向二车道行驶;②左右幅桥墩桩基均落在原广清高

速公路路基上,且承台开挖较大,后期改建地方路又需要再次施工,造成较大的浪费;③地方公路分隔为 3 幅,对地方公路车辆的转换不利。

方案三:整体新建三柱式桥墩方案,见图 6.3-34。

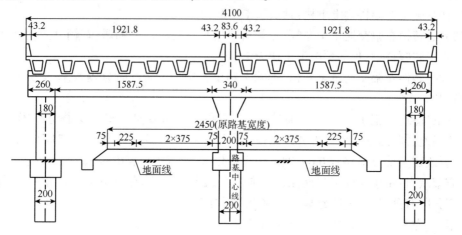

图 6.3-34 既有公路路基断面与新建高架桥位置示意图(方案三)(尺寸单位:cm)

施工工序:

步骤一:维持既有公路通车,先施工左右幅外侧桩基;预估施工工期为 150d。

步骤二:封闭半幅交通量,施工中央桥墩桩基;预估施工工期为 120d。

步骤三:转换左幅交通量至右幅,在原右幅路基中央设置临时分隔墩,车辆分双向二车道对向行驶;施工左幅桥梁盖梁及上构;预估施工工期为 120d。

步骤四:转换右幅交通量至左幅,左幅桥梁中央设置临时分隔墩,车辆分双向四车道对向行驶;施工右幅桥梁上构;预施工工期为 120d。

步骤五:转换左幅交通至右幅,拆除左幅桥梁中央设置临时分隔墩,车辆分双向八车道对向行驶。

本方案优点:①前期和后期对双向四车道,交通组织影响较小;②原广清高速公路路基可以完全还原成地方道路。

本方案缺点:①中期施工只能保证双向二车道行驶;②施工中间桥墩时,可能造成暂时封闭半幅路基的情况;③桥墩盖梁为整体式,中间墩顶处受到正负弯矩的影响,对上构营运安全带来隐患。

通过以上的分析和综合比较,本桥扩建下构采用左右分幅双柱式门架墩方案(方案一),对施工阶段交通流的转换、施工工艺、既有公路路基利用率、后期养护等都有利。

6.4 改扩建工程中桥梁的施工

6.4.1 拓宽桥梁的墩台施工

1)墩台施工注意事项

(1)原墩台的混凝土经过多年,混凝土的收缩和徐变已经基本完成,设计中应予以充分考虑,以避免新旧混凝土的接合面开裂或变形不一致。

(2)新老墩台之间不连接,在新老混凝土之间设置沉降缝(或工作缝),施工时采用木板、泡沫板等给予隔离。

(3)新老墩台之间连接。这可以采用两种施工方法:①一次浇筑。即在新浇筑墩台的立模完成后,在钢筋架设时,纵向钢筋与老墩台的钢筋(或植筋)连接,并处理老墩台的表面,连接部分的混凝土与新墩台的混凝土一次浇筑。②桥台耳背墙分两次施工。第一部分新墩台的施工,并预留一定长度的混凝土及纵向钢筋;第二部分施工,浇筑剩余部分的墩台或耳背墙,其纵向钢筋应预留出足够的搭接长度,纵向钢筋应采用焊接连接。

(4)第一施工阶段施工的墩台盖梁(墩台帽)外露钢筋应采取一定的措施,防止钢筋锈蚀;如钢筋锈蚀采取一定的除锈措施。

(5)安装上部梁板时应保证支座外边缘与先期浇筑的墩台盖梁(墩台帽)边缘不小于一定距离(如25.0cm),施工时应采取一定的措施防止梁板发生横向移位。

(6)钢筋的焊接位置应相互错开,避免同一截面的焊缝过多。

(7)原盖梁凿除施工时,墩台盖梁的纵向钢筋应调直,不得切割原纵向钢筋,应与新建的对应钢筋采用焊接连接。

(8)凡是新旧混凝土接合部均应凿毛、洗净。

(9)植入的钢筋应进行拉拔试验,对于未达到黏结强度的,应拔出钢筋,重新施钻,以保证植筋强度。

2)墩台帽拓宽连接的植筋施工工艺

首先检查植筋混凝土表面是否完好,探测植筋混凝土内钢筋位置,核对、标记植筋位置,以便钻孔时避让钢筋;台帽、基础中植筋与相应的新建桥台的配筋采用单面焊接,焊接长度不小于10D。施工完成后,应保证有3个月以上的沉降期,施工桥面铺装时,沉降量应满足小于2mm/月。

6.4.2 拓宽桥梁的盖梁施工

(1)新老盖梁之间不连接。在新老盖梁混凝土之间设置沉降缝(或工作缝),施工时采用木板、泡沫板等给予隔离。

(2)新老盖梁之间连接。可以采用两种施工方法:①一次浇筑。即在新浇筑墩台的立模完成后,在新盖梁钢筋架设时,新盖梁纵向钢筋与老盖梁的钢筋(或植筋)连接,并处理老盖梁的混凝土表面,连接部分的混凝土与新盖梁的混凝土一次浇筑。②盖梁分两次施工。进行第一部分新盖梁施工,并预留一定长度的混凝土及纵向钢筋;进行第二部分施工,浇筑剩余部分的盖梁,其纵向钢筋应预留出足够的搭接长度,纵向钢筋应采用焊接连接。

第二部分施工时,应凿除原边柱外侧部分的盖梁,漏出钢筋,并将已浇筑部分的混凝土清洗、凿毛,新旧盖梁对应的纵向钢筋应相互焊接,需加高的盖梁顶面植筋与新建部分连接,浇筑盖梁混凝土。

6.4.3 桥梁加宽连接施工

1)拼接部位旧桥边梁混凝土的切割、凿除

(1)老桥拼接部位混凝土的切割、凿除施工步骤

切割或凿除护栏(座)和翼缘,凿除桥面板混凝土。板梁结构先切除护栏(座),再切除

翼缘；T梁、箱梁（无横向预应力）结构可考虑将护栏、翼缘一起切掉。切除时在横桥向一定间隔先切若干切口，以保证顺桥向切割完成后，形成切块方便吊离。为使护栏的拆除不会导致板被破坏、出现裂缝，禁止采用爆破方式。

手工凿除一定厚度（如25cm厚）混凝土桥面板，暴露既有横桥向钢筋，但不可损伤既有钢筋。对要植筋的断面按施工缝进行处理，对作业面浮渣进行清理，并用清水冲洗。

(2)混凝土的切割、凿除施工技术要求

①护栏及护栏座切割、凿除施工。

清除部分桥面沥青混凝土铺装时，采用隔离墩实行局部交通管制。采用切割或凿除的方法拆除空心板梁护栏处的混凝土。箱梁的护栏及护栏座采用一次切割的方法。采用切割工艺时，若是板式结构，则应先对护栏进行竖向切割、开口，根据吊装能力，确定切口的间距，然后进行水平向切割，从桥外侧往内侧进行，以便于控制。采用凿除工艺时，若是板结构，则应采取分段多点平行作业方式组织施工，用钢筋探测仪找到钢筋的空隙，划定切口位置，用风镐凿开切口，形成临空面，逐步扩展。靠近梁板的护栏根部留3~5cm，最后人工凿除找平。钢筋妨碍凿除作业时可以分段切除，实施凿除作业时，要注意保护原结构不受损伤。

②翼缘切割施工。

翼缘切割划线定位在理论切割线外侧1~2cm，以便为按施工缝处理留有余地；一片板、梁翼缘（或护栏）的切割需一次连续完成。

采用凿除方法施工翼缘时，要保护原结构不受损伤，密切监视原结构状况，出现裂缝等意外情况时，要立即停止施工。

具体工艺流程如下：划线确定凿除混凝土的位置，沿线外缘1~2cm锯缝切开保护层，沿锯缝的外侧用钢筋探测仪每30~50cm设冲击孔位；每个冲击孔位处用冲击钻钻孔，穿透翼缘板，孔径5~10cm，沿孔位先纵向、后横向凿除翼缘板混凝土露出钢筋；人工对凿除翼缘板的内边缘修边，并凿毛腹板的连接部分。

③混凝土现浇桥面板凿除。

混凝土现浇桥面板的凿除划线定位按设计图尺寸要求进行，一般为距翼缘理论切割线往内侧25cm左右。凿除方法采用小锤手工凿除，不允许使用切割机、风镐，以避免伤及横桥向钢筋和梁板，应注意控制凿槽深度。

2)植筋施工

植筋是在既有混凝土构件上，用专用工具钻孔、清孔后，用高强度黏结剂将钢筋植入孔内，待黏结剂固化后，通过黏结锚固使所植钢筋能作为受力或构造筋使用的一种施工技术。通过种植钢筋的方法将新老结构物进行刚性连接，为桥梁结构物拓宽提供了一个较好的途径。

(1)植筋前的准备工作

植筋前，需要植筋的断面按施工缝要求凿毛处理，施工次序安排在现浇层凿槽之后；对作业面进行浮渣清理，并用清水冲洗；检查作业面是否有缺陷，检查切割面及板、梁顶面有无裂缝，如有裂缝，须采取措施修补、加固。

(2)植筋材料

由于植筋工艺与材料密切相关，所以植筋胶的选择尤其重要，必须参考如下技术要求：

①对施工采用的植筋胶,在全面施工之前需进行植筋锚固强度试验,以抗拔力为主要试验控制参数,按设计要求确定植筋深度,使钢筋达到屈服强度而不被拔出,力求固化时间短且能快速承载,试验结果使植筋深度与抗拔力相匹配后方可全面施工。

②植筋胶应保证植入钢筋具有高温可焊性。

③植筋胶应保证具有相应的耐久性,对产品的使用年限和模拟老化试验寿命均有一定要求。

④植筋胶应保证具有相应的抗展性、抗疲劳性,能够提供符合交通行业的动荷载疲劳测试加载形式的疲劳测试报告。

⑤植筋胶满足在潮湿环境下施工且不降低技术性能的要求。

⑥抗冻性能强,保证在-5~40℃室外温度范围内可施工,结构表面在-15~60℃室外温度范围内可施工,强度不降低。

⑦采购植筋胶时,必须要求生产厂家出具植筋胶的抗拔、耐高温、抗疲劳等方面的国家或行业检测报告,以确定其产品质量符合要求;由树脂和固化剂组成的两种植筋胶性能指标参考植筋胶的具体性质要求,即耐温性能在-30~60℃以内,强度不降低,耐湿性在相对湿度90%以内。

(3)植筋工具

冲击钻(配足设计植筋孔径相对应的钻头)、钢筋探测仪、吹气泵、气枪、植筋胶注射器、毛刷(或钢丝刷)。

(4)植筋工艺

植筋工艺的流程:准备→钻孔→清孔(孔除尘、孔干燥)→钢筋处理→配胶→注胶→植筋→养生。

①准备。

检查被植筋的混凝土面是否完好,用钢筋探测仪测出植筋处混凝土内的钢筋位置,核对、标记植筋位置,以便钻孔时避让钢筋。

②钻孔。

按设计要求在施工面划定钻孔植筋的位置,放好样,利用电锤钻孔(严禁使用气锤钻孔,防止出现混凝土局部疏散、开裂)。

孔径的选定要求:$\phi 12$ 植筋,孔径为 16mm;$\phi 16$ 植筋,孔径为 22mm;$\phi 22$ 植筋,孔径为 28mm。

根据设计具体要求确定孔的深度,植筋胶厂商提供的配套资料作为参考,孔的深度必须不小于钢筋直径的 10 倍。

③清孔。

钻孔成批量后,逐个清除孔内灰尘,利用压缩空气或用水清孔,用毛刷刷 3 遍、吹 3 遍,确保孔壁无尘(如梁、柱、板孔内潮湿,需用防潮湿植筋胶)。

④钢筋处理。

检查钢筋是否顺直,用钢丝刷除去锈迹,用乙醇或丙酮清洗干净,晾干使用,无锈蚀钢筋则可不进行除锈工序。

⑤配胶、注胶和植筋。

根据使用说明、种类要求配置植筋胶。注胶要一次完成,注胶完成后,插入处理好的钢筋,此时需用手将其旋转着缓缓插入孔底,使胶与钢筋全面黏结,并防止孔内胶外溢。按照植筋固化时间表的规定时间进行操作,使植筋胶均匀附着在钢筋的表面及缝隙中。插入并固定后的钢筋不可再扰动,待植筋胶养生期结束后再进行钢筋焊接、绑扎及其他工作。插筋、养护期间,应采取措施避免由于桥上震动对植筋造成的影响。

⑥养生。

在室外温度下自然养护。温度低于5℃时,应改用耐低温改性结构胶,养生时间一般在18h以上。

(5)植筋质量检验

①现场抗拔破坏性试验(施工前试验)。

现场选取不参与受力、非重要位置或将来需凿除的混凝土进行植筋,达到强度要求后,进行抗拔试验。检验标准以钢筋达到屈服时不被拔出且混凝土完好为合格,然后才可以批量操作。

②现场抗拔破坏性试验(施工中试验)。

对植入的钢筋从与混凝土交界面的根部,用与之相同直径的钢筋进行绑扎焊接;然后进行抗拔破坏试验,要达到相同的要求。

③现场抗拔非破坏性试验(施工后验收试验)。

施工后验收抗拔试验为非破坏性抗拔试验,同规格的钢筋每100根随机抽样1组,每组3根,进行试拉,如达到安全拉力钢筋不被拉出,说明植筋施工质量合格。

3)连接处新梁的处理

为保证新旧主梁的连接,需将新旧主梁翼板横向钢筋相连接,钢筋连接的方式可采用焊接,这就需要连接处的新梁在预制时,连接侧翼板需预留一定的长度(如50cm)不浇筑混凝土,顶部和底部的横向钢筋也应预留出来,如图6.4-1所示。

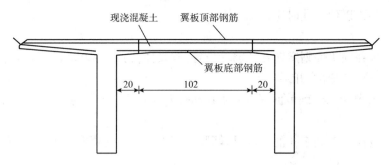

图6.4-1 新旧主梁连接示意图(尺寸单位:cm)

4)连接处旧梁的处理

因为旧主梁要和新主梁连接,且新旧主梁间可能需浇筑新的横隔梁,以将既有桥梁横隔梁与新建部分的横隔梁相连,所以需对既有边梁进行特殊的处理,以保证连接的质量,使拓宽后的桥梁不出现病害。

在进行新旧主梁连接时,须将新旧主梁翼板的顶部和底部钢筋连接,一方面需要将既有边梁的翼板顶部钢筋露出一部分,以与新梁翼板顶部钢筋进行焊接;另一方面因为如既有边梁连接侧无底部钢筋,需在其翼板底部进行植筋,然后再将植入的钢筋与新梁的底部钢筋连接。

在施工时,先将原悬臂处由板的边缘向板的根部方向除去一定宽度(如50cm宽)的原混凝土,并将既有钢筋保留,将新旧主梁两悬臂板的顶部钢筋连接起来,连接方式可采用焊接的方法,焊接的方式及焊接处的构造、尺寸应参照规范确定。

在钢筋连接完成后,将悬臂梁连接处托模现浇混凝土,如图6.4-2所示。

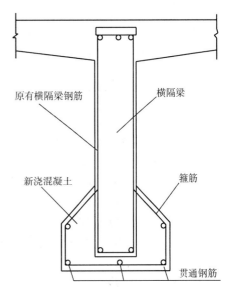

图6.4-2 横隔梁贯通钢筋示意图

5) 连接处横隔梁的设置

如旧边梁在连接侧没有横隔梁,若要保证新旧桥梁的横隔梁相连,需在旧边梁上增设横隔梁。

一般采用的方法是在主梁的梁肋上钻孔,将新建横隔梁的主筋穿入孔中并与既有横隔梁的主筋焊接起来,保证既有边梁的横隔梁主筋相连。然后再将既有边梁新建横隔梁与新梁的横隔梁通过钢筋焊接或预埋钢板连接。

有时为了使新旧结构更好的连成一个整体共同受力,还在横隔梁下部增设贯通全桥宽的连接钢筋,并加大横隔梁下缘混凝土截面,将此钢筋包裹在混凝土内,其构造如图6.4-2所示。

但是采用此方法存在一定的弊端,即在主梁梁肋上钻孔可能存在困难甚至根本不可行,因为在主梁的梁肋上钢筋间距较小,在梁肋的下部主筋位置更是如此,贸然钻孔很可能对主筋造成损坏,影响桥梁的安全使用。因此若钻孔无把握,同时又需连接横隔梁最好的方法是将既有边梁更换为新中梁。

通过对主梁和横隔梁进行以上处理可以保证新旧结构的可靠连接,提高拓宽后桥梁的整体性,确保主梁及新旧主梁连接处桥面板的承载力满足要求,使拓宽后的桥梁不会出现因连接不当引起的破坏,确保桥梁使用的安全可靠。

6) 某工程的铰结实例

旧105国道沙朗桥由于旧桥为正交桥,加宽扩建的两幅为斜交桥,因此三幅桥间纵向接缝与行车方向有一定的夹角,如果新、旧桥相连接不合理,纵向三幅间铰接处易产生裂缝,负面影响较多,容易产生受力不明确,结构不安全的问题。

为了减少可能产生的微小纵向幅缝,满足结构受力及使用要求,幅缝处作了如下处理:新、旧桥的盖梁完全分离;新桥的T梁或空心板与旧桥的T梁翼板(注:旧桥全为T梁,新桥中跨为T梁,2个边跨为空心板)之间设2cm的分缝;在水泥混凝土铺装层内设置假缝,用间距30cm的ϕ22钢筋加强联结,并在110cm长度的失效段采用涂沥青玻璃丝布裹紧的措施,做到钢筋与混凝土不黏结,同时在分缝连续范围内涂抹隔离层后再浇桥面连续混凝土,上铺装层增设适应变形较好的SBS改性沥青混凝土。对桥面而言,SBS改性沥青混凝土具有防水、防滑、耐高温、有一定的延伸性等作用,可明显改善桥梁受力及行车舒适性,减少桥面裂缝,桥面破损后易于修补,对宽桥易于控制平整度。本桥纵向有几道新、旧桥面混凝土铰接缝,并且接缝的纵向与行车方向有一定的夹角,若全部采用水泥混凝土桥面,混凝土缝有可能反射到桥面,影响桥面铺装层的使用及耐久性。而上铺装层采用改性沥青混凝土,可减少、阻断及弥合桥面细小裂缝,同时使桥梁行车道路面颜色与引道一致,更为美观实用。

在该工程中,铰接处虽然有些薄弱,但新旧桩基均支撑基岩,幅缝处因桩沉降不均的变形裂缝很小,即使出现小的裂缝也不影响结构安全及使用要求。

6.4.4 拓宽桥梁设计和施工应注意的事项

(1)新旧桥梁之间的连接时机选择

新旧桥拓宽连接后,由于新桥上部结构混凝土收缩徐变作用,会使旧桥纵向受压而新桥纵向受拉,甚至会导致裂缝的产生。因此,在拓宽工程中为了尽可能减小收缩徐变差对新旧桥受力的不利影响,避免产生病害,新旧桥梁连接一般选择在新建部分完成后的一定时间内进行,根据收缩徐变的特性,一般要在拓宽部分建成后 3~6 个月以后进行连接为好。在老桥与拼接段梁板之间的接缝施工前,应注意保证拼装段桥面铺装已完成 3 个月以上,且拼装段桥梁的沉降已结束,而 312 常州段桥梁施工中采用控制指标为沉降量<2mm/月,接缝施工完成后进行桥面铺装的施工。

考虑新桥建成后会产生沉降,若无法对地基进行有效的处理,也可考虑通车时新建部分与既有部分暂时不连,在新建部分沉降一段时间后再将新旧部分连接,以减小其在桥梁上部结构中引起的附加力。若必须在建成后马上连接,则应对既有主梁进行适当的加固,以保证其承载力满足拓宽后的受力要求。

(2)拓宽桥梁设计和施工应注意的事项

①为减小新旧桥之间的相对沉降量、混凝土的收缩徐变影响及预应力梁的上拱影响,加宽新建桥应采用预压的方法及暂不浇筑新旧桥连接处混凝土,等一段时间(一般需要 3 个月)后再浇筑的方法。

②增加桩长、增大桩径、严控桩底沉淀层厚度。改扩大基础为桩基础或在扩大基础下采用小型群桩(粉喷桩、灰土桩、碎石挤密桩等)的方法也应在设计和施工中得以充分考虑,以减少新旧桥之间的相对沉降量。

③桥梁在加宽施工过程中,基础施工质量的好坏对日后加宽部分基础沉降量的大小有着最直接的影响,除在基础设计过程中必须认真考证桥位所在处的地质情况,选择合适的桩径、桩长外,基础施工过程中严格控制基础施工质量。

④施工过程中对差异沉降进行控制,除对桩基基底沉淀土厚度、上构延迟拼接严格控制外,施工过程中的沉降观测极其重要。新桥施工结束,新旧桥拼接前测定新桥沉降状况,当沉降差大于 5mm 时要分析其原因。

⑤在原桥上展开凿除与切割施工的过程中,应当坚持一个原则,即不能破坏原结构,桥梁结构不出现裂缝,不能降低原结构的承载能力。应当依据施工缝来进行施工,且进行凿毛处理,从而确保新旧混凝土连接的安全、可靠。在切割混凝土时,禁止采用风镐、凿岩机等大型设备,而应尽量采用切割方法及人工小锤凿除方式。

⑥为了能够在新旧桥梁拼接之前就降低拼接部位的沉降量,且对跨中上拱进行调节,应当采取预压的方式,或进行一定的延迟连接,确保桥面沉降平稳之后,再展开拼接。

⑦在对桥梁进行加宽拼接时,应当在施工放样之前对桥梁的高程和坐标进行核查,防止出现误差,这一点在新老桥梁加宽拼接施工项目中极为重要。

沈大路桥梁加宽采用上下部均互相连接方案,但考虑到不均匀沉降易造成新老接合部裂缝,所以在下部连接处设假缝。

6.5 桥梁移位及抬升施工

抬梁法施工就是将老桥的梁板拆除并抬离,并将老桥墩台帽调整到新的桥梁墩台帽设计高程,部分或全部利用老桥的梁板,与拼宽部分共同形成新的桥梁结构体系。

1) 老桥部分施工

(1) 老桥梁板的拆除及检查

施工第一步首先是凿除老桥桥面铺装层、护栏等桥面系工程,凿除桥面铺装层时,应注意避免对梁板顶板的破坏。如老梁板设计为重复利用,在凿除桥面铺装后应对全桥的老梁板进行全面检查,检查老梁板的质量情况,对确定重复利用的老梁板进行编号;第二步工作为凿除铰缝混凝土,凿除时应特别注意避免破坏重复利用梁板的马蹄角,在凿除时风镐应贴近废弃梁板的侧面进行凿除。由于铰缝凿除势必会破坏一侧梁板的马蹄角,因此一般梁板的重复利用率最多只能达到50%。

(2) 移梁

铰缝凿除后将老梁板移走,对重复利用的老梁板现场编号,按指定的位置进行临时存放,并注意临时存放的支点和放置的层数满足规范要求,防止因存放不当造成梁体破坏。

(3) 老桥墩、台帽按设计图纸改造

在将老桥梁板抬移后,凿去原墩台帽挡块及多余帽梁部分,割去露出钢筋并用环氧砂浆封闭。下一步工作就是调整老桥墩台帽的顶面高程,先将老桥墩台帽的钢筋保护层凿除,再根据新的设计尺寸和高程重新浇筑调平层;在浇筑调平层前根据调平层的厚度布设构造钢筋。为防止破坏老桥墩台帽的主筋对老桥受力情况造成影响,上述施工方法一般应用于抬高老桥高程的情况。

实例:以312国道沪宁段扩建工程常州段鹤溪河桥老桥原桥面横坡坡度是1.2%,通过桥面铺装层调整,帽梁无横坡。改造方案要求桥面设2%的双向横坡坡度,加宽部分由墩台帽设横坡调整,老桥部分通过加高墩台帽的厚度来形成横坡,此横坡为纵、横向高差引起的复合坡,墩台帽及垫石应按设计提供的数值严格控制。抬梁法具体施工工艺要求按照以上所述,调平层内构造钢筋布设要求见图6.5-1。施工时,在原梁板调离后应实测原墩台帽顶高程,从而确定准确的加铺层厚度,对相关的钢筋长度略作调整。

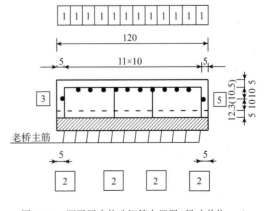

图6.5-1 调平层内构造钢筋布置图(尺寸单位:cm)

2)梁板顶升施工方法及施工工艺

(1)顶升施工:查找桥梁、通道原始记录,保证施工用的顶升千斤顶吨位大于2倍的板体质量;搭设脚手架;顶升前拆除桥面铺桩,剪断板体与台帽的锚固螺栓;用扁形分离式油压薄层千斤顶,单跨两侧整体顶升板块;当板体顶升至所需高度时,清理台帽垃圾,如果台帽有其他病害,应查明原因,并进行相应的规范处置。

(2)浇筑新块件:将墩台表面混凝土凿毛洗净,根据计算所需的高度,布置构造钢筋,支模浇筑混凝土新块件,并预留锚固螺栓孔。新块件包括台帽、背墙等相关位置处块件。

(3)落板:根据预留锚固螺栓孔深度,落板前焊接板底两端锚固钢筋至相应长度。当新浇筑块件强度达到设计值的80%,拆除模板,浇筑锚固螺栓孔,设置1cm厚油毛毡支座,然后缓慢落板,确保锚固螺栓准确到位。

板体顶升后,将台帽、背墙塔顶面混凝土凿毛,并按设计要求在指定位置植钢筋。在环氧树脂完成固化过程之前,不得对结构有较大扰动。植筋后12h内不得扰动钢筋,若有较大扰动,则应重新植筋。

3)老桥架梁及桥面铺装的施工

在调平层及支座强度满足规范要求的情况下进行老桥的架梁,铰缝及桥面铺装的施工。新老桥的桥面铺装钢筋网片搭接长度不小于40cm,以保证桥面铺装的整体性。

4)叠合梁施工工艺分析

(1)设计原则

叠合梁计算时考虑二阶段受力。首先,施工阶段,将叠合梁作为二期恒载考虑,验算老桥梁板的承载能力,然后在使用阶段将叠合部分与老桥梁板作为整体断面共同承受活载,进行承载力、裂缝、挠度验算。

(2)拼宽段施工

叠合梁拼宽段的施工工艺同抬梁法拼宽段施工桥梁工艺。

(3)老桥部分施工

①跨径较小(单跨跨径≤13m)的桥梁施工

首先凿除老桥桥面、护栏、安全带,凿除桥面联系,将两侧边板吊离,露出中板的铰缝钢筋。通过与加宽的中板铰接钢筋连接成整体,凿去原墩台帽挡块、耳、背墙和帽梁突出部分,割除外露钢筋并用环氧砂浆封闭,在老桥墩台帽两侧新建加宽部分墩台,新老桥墩台帽之间设沉降缝,间距1cm。老桥部分采用叠合梁法调整横坡。在施工中,首先凿除原桥面铺装混凝土,露出顶板,并注意凿除过程中不要破坏老桥板,并清除残碎混凝土,以保证新浇叠合混凝土与老桥梁板紧密结合共同受力。在梁板横桥向铰缝附近和板梁中心植入剪力筋,采用直径12mm的钢筋,植入深度12cm。为保证植入筋的施工质量,应首先用电钻打眼,灌满环氧砂浆后插入植入钢筋,纵桥向间距50cm,在调平层较厚的地方每隔20cm,加直径为10cm的PVC塑料管,以减轻加铺层自重,但需保证塑料管上混凝土最小厚度7cm,管下混凝土最小厚度6cm。应进行力学计算,保证老桥经叠合后承载力可达到设计要求。

以312国道沪宁段扩建工程常州段邹区小桥老桥为例介绍叠合梁法施工。邹区小桥老桥原桥面横坡坡度是1.2%,通过桥面铺装层调整,帽梁无横坡。改造方案要求桥面设坡度2%的双向横坡,加宽部分由墩台帽设横坡调整,老桥部分通过加高墩台帽的厚度来形成横坡,最高的加铺厚度约为37cm,加铺层内设置2层钢筋网。在对老桥梁板凿毛并清理后,在老桥每片梁板沿横向中心和两边缘处植入3根直径12mm的钢筋,植入深度12cm,纵桥向间距50cm;老桥中心梁板两侧每隔20cm,加直径为10cm的PVC塑料管各5根,如图6.5-2所示,植入的钢筋在混凝土调平层应与顶层钢筋网进行点焊;钢筋网的保护层厚度为净厚度为2cm。

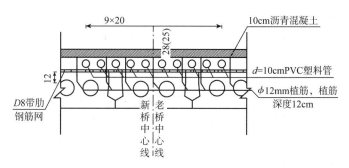

图6.5-2 邹区小桥改造示意图(尺寸单位:cm)

②跨径较大(单跨跨径>13m)的桥梁施工

首先拆除护栏、安全带,凿除桥面铺装,凿除桥面联系,并冲洗干净,然后在桥孔中搭设支架,支架的强度要足以支撑全部梁板的自重及叠合的钢筋混凝土的自重,利用"对板楔块"相互挤紧使支架真正抬起全部自重;然后在桥面上布设横、纵向受力钢筋,并且控制好保护层厚度,整体浇筑混凝土。叠合梁面层的纵坡、横坡、高程均按设计图纸要求,经养生后,待混凝土强度达到100%设计强度时再拆除支架。此时结构既有的恒载(叠合梁部分的自重),以及使用中的活载由叠合后的连续梁承担,达到了提高承载能力的目的。

如若叠合前不设支架或支架支撑得不密实,则原结构自重及叠合部分的自重全部由原简支梁承担,仅使用时的活载由叠合后的连续梁承担,大大影响了叠合的效果,所以搭设好支架是非常关键的。确保叠合梁法施工质量的另一个关键因素是,原桥桥面铺装要凿除彻底并将预制梁板顶面全部凿毛冲洗干净,使新老桥混凝土紧密结合成整体。

(4)对于单跨的桥梁特殊措施

所谓的"叠合梁法",实际上只是增加梁构件截面的高度(准确地说是增加截面的有效高度)来提高梁构件的抗弯能力。其所采取的特殊措施如下:

①桥台的背墙凿低,将叠合部分延伸到搭板位置,形成两端外伸的外伸梁(延伸的长度要适当,要通过计算确定),这一措施相当于将既有的搭板在紧靠桥台背墙上的一段适当缩短,要设计枕梁替代原来背墙上的牛腿来搁置搭板,而延伸的部分来替代这一段搭板的作用。这样利用外伸梁的支座负弯矩来减小梁跨中的正弯矩,达到提高承载力的目的。

②将桥台的背墙凿低,将叠合部分向下延伸形成两端铰支且带有向下悬臂的刚架,利用悬臂刚架角点上的负弯矩来减小跨中的正弯矩,达到提高承载力的目的。

(5)叠合梁混凝土的浇筑

为保证叠合效果,在浇筑前,原板梁顶面严格凿毛并清除残碎混凝土,同时为防止混凝土运输车辆对钢筋骨架的破坏,上层混凝土的浇筑应采用混凝土输送泵送料,同时严格控制混凝土的水灰比。为防止表面干缩裂纹的出现,应采用二次收浆工艺,并在表面拉毛后及时进行养护。

(6) 老桥桥面铺装层的施工

在拼宽段桥梁架梁施工完成3个月且月沉降量小于2mm的情况下,进行老桥桥面铺装的施工,施工前应注意新老桥桥面铺装层钢筋网片的搭接长度大于40cm,以防止出现纵向裂缝。

(7) 老桥桥面抬升施工方法的选择

在梁式体系桥梁的拼接施工中既可以采用抬梁法施工,也可采用叠合梁施工。两种方法的应用有如下特点:

①在桥梁改造中,其纵断高程调整小于40cm的情况下,既可采用叠合梁施工工艺也可采用抬梁法施工工艺;在纵断高程调整大于40cm的情况下应采用抬梁法施工工艺。

②在同样的情况下,采用叠合梁施工方法其造价、工期都优于抬梁法施工方法。

③从312国道常州先导段通行2年的桥梁观测情况来看,无论叠合梁施工还是抬梁法施工,都取得了较好的成效;桥梁使用过程中未发现由于差异沉降引起的纵向裂缝,5座经抬梁法或叠和梁法改造的桥梁运营情况良好。

5) 拼宽段架梁及桥面铺装的施工

拼宽段在支座垫石施工完成并在强度满足设计要求的前提下进行架梁,对于接缝及桥面铺装的施工,桥面铺装施工时预留50cm宽的钢筋网片不浇筑铺装层混凝土,以保证新老桥桥面铺装钢筋网片的搭接长度,新桥面铺装施工完成达到设计要求的强度后可开放交通,然后进行老桥的抬梁施工。

6) 施工期间的交通组织

施工期间主线桥梁分幅限时分隔封闭交通,上跨主线桥梁施工时采用限高限速、封闭主线部分交通等实施方案。

6.6 新增下穿桥梁施工

1) 1/2施工工法方案

下穿高速的通道桥是在既有高速公路路基上建设的,所谓的1/2施工工法,有以下几个施工步骤组成:①对下穿通道桥桥位所在的高速公路一幅(例如左幅)先进行路基拼宽,在上面铺筑临时路面;②进行临时交通布控和防护,改道在左幅双向行车;③封闭高速公路右幅进行桥梁施工;④右幅桥梁完成上部铺装以后改道右幅双向通行车辆;⑤封闭左幅进行左幅桥梁施工。1/2施工工法桥梁位置处路基改道正断面见图6.6-1。

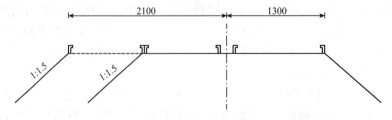

图6.6-1 1/2施工工法桥梁位置处路基改道正断面(左幅拼宽双向行驶)(尺寸单位:cm)

2) 1/2 施工工法技术

在下穿高速公路的通道桥 1/2 法施工过程中,结合设计和现场实际施工经验,主要有以下几个需要重点关注的事项:

(1) 总体施工组织

①需临时拼接下穿通道桥桥位的一幅路基与路面。

②单幅通道桥施工顺序。在桩基施工过程中不能直接挖除既有路基,只能在破除既有路面的基础上进行钻孔施工,在桩基施工完毕后施工盖梁以下的下部结构时要临时开挖下部土方,施工完毕及时回填至盖梁底部,方便盖梁及以上结构施工和后续梁板的架设、桥面等施工。

(2) 总体交通组织

①交通防护与布控。下穿通道桥在 1/2 施工工法施工过程中,主线拼宽的路基桥梁已基本成型并移交给路面单位施工,以前的施工便道也已基本挖除。对此,只能充分利用拼宽后的高速公路作为施工便道,应购置大量的水马、锥桶、混凝土锥体、警示灯等安全设施进行安全防护与布控,特别是对出入施工半幅桥梁的改道口进行重点防护和布控,防止发生意外情况。

②架梁与应急布控。下穿通道桥的梁板架设也只能利用通车的高速公路作为最佳的运梁路线。在运梁过程中,用一辆安装了警示灯的高速公路扩建施工专用车作为运梁车的开道车辆,中间是经过严格检修的运梁车辆,车身布彩旗涂刷警示标志,最后是一辆指挥车压阵,运梁过程由专职安全员全程监控,保证消除一切安全隐患。同时,大多数梁板在吊装架设时需要占用一个高速行车道,因此必须由专职安全员前后用红、绿旗指挥。

(3) 桩基定位及灌注施工

下穿高速通道桥的桥台普遍采用桩基接帽梁或者桩基接承台再接帽梁的形式,桩顶距高速公路路面一般在 2~4m 之间,定位难度不是很大。但是在桥墩处由于桥梁净高(如 5m)的限制,桩顶距高速公路路面大都在 7~10m 之间,过高的空孔高度对桩基定位和灌注施工是一个巨大的考验,如果施工不当,在挖除路基施工桥墩时就会出现桩基偏位过大,导致墩柱无法正常接上桩基等异常现象,因此桩基定位和灌注施工时应加以注意。

1/2 采用施工工法进行桥梁桩基定位和灌注施工时需要做到以下几点:①桩机就位之前进行精确放样;②由于在高速公路路面上施工桩基,无法埋设钢护桶,因此桩基开孔之前应对桩位进行精确定位,比较方便的是用 4 个大号水泥钉连接成十字形钉在路面上,水泥钉周围喷洒红漆,其上缠绕有弹性的细绳作为护桩之用;③定位完后破开路面,桩基正式开孔之前还应用全站仪复核一遍护桩,确认无误后方可开孔;④在桩基钻进过程中每天用全站仪监控锤绳及护桩,同时在钢筋笼下放过程也需要用全站仪配合检查,发现偏离现象及时纠正;⑤桩基灌注过程中需注意的是,需做好灌注最后一车混凝土时的监控,应由现场技术员和监理共同把关,用测绳配合长竹竿插入混凝土面,仔细测量混凝土面深度,并确保粗集料达到桩顶以上 0.7~1m 的位置时方可拆卸导管。

(4) 下部结构施工及梁板架设

下穿通道桥下部结构施工涉及的重点工作就是大量的土方开挖、回填及临时支撑。由于是临时开挖且开挖较深,基本在 7~10m 之间,防护就显得特别重要。在雨天和土质较差的地段,可采取锚杆支护、喷混凝土支护、槽钢支挡等临时防护;在天气晴朗和土质较好的地段,则呈梯形或台阶形开挖,防止在开挖和施工过程塌方。

同时由于开挖较深,墩柱在浇筑完成之前还要埋设大号钢护筒,方便砍桩头同时预防塌方。下部墩柱施工完毕后要回填土方至盖梁底部,施工盖梁及其他下部结构。

架梁时还应注意的是梁板架设的顺序。一般是把一台吊车停在桥台位置,另一台吊车停在中跨,先架设边跨,边跨架设完成后进行桥面湿接缝钢筋及横隔梁钢筋加固焊接;焊接完之后,一台吊车停在架设好的梁板上,另一台吊车停在另一个桥台或者停在桥墩与桥台之间,直至架设完最后一跨。

6.7 跨线桥拆除施工

国内公路加宽扩建过程中,在原有的公路上存在大量的上跨天桥,其中,一部分跨线天桥的跨径与既有公路路基宽度相适应,但对加宽后的公路是不适应的,对于这一部分的跨线天桥将予以拆除;还有一部分跨线桥年久失修,承载力下降,出现局部构件失稳或安全度降低等现象,即使加固也很难满足使用要求,也需要拆除。

公路上跨天桥桥型主要形式为连续刚构、斜腿刚构、拱桥、空心板、现浇连续梁、预应力混凝土组合梁桥等,不同类型的桥梁受力不一,拆除方法也各异,即使是桥型相同,其拆除方案也可能不同。这主要由于旧桥梁本身结构和功能还在发挥作用,其赋予的关联和影响因素诸多,还需要具体情况具体分析。如何克服旧桥拆除过程中的复杂影响因素,确保拆除过程的安全,是选择桥梁拆除方案所必须要考虑的。

桥梁拆除不规范施工,会造成一些安全事故。如 2008 年 12 月 9 日晚,云南省昆明东二环的小庄立交桥下昆曲匝道桥在拆除时发生坍塌事故,事故造成 2 人死亡、4 人受伤,坍塌桥面超过 100m。小庄立交桥拆除中发生坍塌的主要原因属施工单位违反操作规程,导致被拆除桥梁突然坍塌。2009 年 2 月 1 日约 8:00,浙江省温州市鹿城区上戍乡方隆村发生拆桥坍塌严重事故,有 4 名拆桥民工被压受伤。2009 年 5 月 17 日,正在拆除作业中的湖南省株洲市红旗路高架桥发生大坍塌,事故造成 9 人死亡、16 人受伤和 24 辆车被损毁的悲剧。2010 年 4 月 13 日,广州市白云区太和镇石湖村公园内,一辆正在施工的钻机在实施拆除旧桥作业时,由于操作不当,导致拱桥突然塌陷,事故造成 3 人受伤。

以下就桥梁拆除的有关规定进行阐述。

1)桥梁拆除应遵守的基本原则

桥梁拆除应遵守以下三个基本原则:

(1)科学原则。制订合理的拆除方案,选择合理的拆除工艺。一般说来,旧桥只有在结构和功能同时不满足使用要求时才考虑拆除。桥梁拆除第一遵守的应是结构受力上的安全。先拆非受力构件,再拆主要受力构件,化整为零。一般科学、安全的拆除原则是遵循原施工逆序施工,对称平衡卸载,并根据桥梁拆除分解方式、吊装方式、运输方式及周边环境进行合理调整。

(2)谨慎原则。桥梁拆除应注重施工过程控制,宜选择安全的拆除方式,优先选择静力切割拆除等方式。

第6章 桥梁改扩建问题及处置对策

(3)安全原则。拆除的桥梁多为有缺陷的结构物甚至是危桥,很难做到完全消除施工风险,在做好全面安全控制的同时,还应从最坏处打算,制定完备的安全应急预案和应急机制。

2)桥梁拆除的准备

(1)桥梁拆除重点关注安全性,拆除过程中做好拆除方案设计,方案在实施中要安全、快捷。

(2)全面考虑切割、设备及运输条件的限制。

(3)充分考虑桥下通行、通航等重要条件的限制。

3)桥梁拆除的传统方法

传统的桥梁拆除方法主要有:

(1)采用简单的风动工具(如风镐、风钻等)的人工拆除方法;

(2)各种爆破方法,包括控制爆破法、静态爆破法、切割爆破及水压爆破等方法;

(3)机械拆除法,利用凿岩机对钢筋混凝土进行破碎;

(4)火焰切割拆除的方法,如采用高温喷枪、喷火器、金属粉末喷枪等能够产生高温的设备,在钢筋混凝土上形成熔槽。

传统的凿岩机拆除桥梁方法经济性较好,拆除机械相对简单,易于施工,但也存在一些问题:

(1)使用凿岩机直接将中跨凿开后,连续刚构桥的结构体系发生改变,原先满足设计要求的受力部位在结构体系变化的情况下是否还能满足设计要求尚不明确,且凿岩机产生的巨大动力荷载会对剩余结构的安全造成影响。此时,大量的车辆将从另半幅路面分流通过,剩余桥梁结构安全性及凿岩机凿除时飞溅的混凝土碎块对另半幅上通行的车辆造成了极大的安全隐患。

(2)由于施工范围的受限(另半幅要保证通车),只能安排1~2台凿岩机在现场进行作业,造成施工时间较长,凿岩机连续作业,凿除一跨的时间约为2~3d,那么全桥的拆除至少要半幅分流5~6d,使原本就拥挤的公路造成堵车等现象,影响人们的生活和生产,造成不利的社会影响。

(3)凿岩机凿除旧桥过程中对公路路面造成的损伤需要修复,尽管可在沥青路面上垫上草垫和竹笆,但是巨大的混凝土碎块掉落下来还是会对原沥青路面造成损伤,桥梁拆除后需要进行路面修复,工作量大且需要封闭交通,将对高速公路的通行造成不利影响。

(4)凿岩机凿除过程中产生大量的粉尘和噪声,影响环境。随着人们生活水平的不断提高和国家对环保的重视,社会对安全、节能、环保等有了更高的要求。

因此,传统方法可以解决问题,可以采用传统方法解决;如果传统方法不能解决问题,就需要更多的新工艺、机具和创新的方法来进行桥梁拆除。随着科技的发展,传统的方法将逐渐会被日新月异的新工艺、新方法所替代。

4)桥梁拆除的新方法

(1)金刚石切割机械。利用金刚石切割机械刀头上的金刚石和混凝土进行摩擦切屑,达到切割拆除钢筋混凝土的目的。由于其高效、无损等特点,是其他传统拆除工艺所无法实现的,金刚石切割机械已被认为是最有效的拆除钢筋混凝土的机械,已被广泛应用到建筑业中的钢筋混凝土拆除作业中。该机械主要包括金刚石碟锯、圆盘锯、绳锯和高效、经济的金刚石孕镶取芯钻头。

(2)液压劈裂机。液压劈裂机由分裂器及液压泵组成,其中分裂器可以是楔形的,质量在 2kg 左右。在使用时只需要将分裂器插入预先钻好的孔内,其油泵供给的压力可高达 60MPa,分裂器的扩张力也可达到数十万牛,从而使得混凝土分裂。对于钢筋混凝土结构而言,还要用其他的方法割断其中的钢筋。

近年来国内外桥梁拆除的一些新方法:
(1)转体施工法拆除钢管混凝土系杆拱桥。
(2)顶推法拆除等截面连续梁桥。
(3)缆索吊装斜拉扣挂法。
(4)整体下放法。对于整体现浇的桥梁,当不宜采取直接凿除、爆破,又不能分节段拆除时,可以考虑整孔切割的方式拆除。整孔切割法是直接将一孔的结构从桥上切下,可以由吊机吊住后切割,然后移走。当质量较大时,可采取搭设支架支撑住桥梁,整孔切割完成后,块件落在支架上,然后移走。该法适用于一部分整体现浇的桥梁、整体板、连续梁、刚构等结构;施工难度较大,机具、设备要求较高,但安全可控。

整体下放法通过将整跨箱梁下放的方法拆除桥梁,其步骤具体为:①在被拆除桥跨下施作土牛支撑,即直接在桥下堆土,高度至箱梁底部;②安装下放系统,下放系统由主挑梁、连续千斤顶、扁担梁、锚固牛腿、锚固索组合而成;③张拉锚固索;④箱梁整跨切割,采用金刚石绳锯进行切割;⑤整跨箱梁下放,完成主梁的拆除。

5)现浇箱梁倒装顺序拆除

采用与建桥相反的顺序拆除桥梁,"后建先拆,先建后拆",分节段进行拆除,梁段的吊装根据现场的施工条件而定,可选择浮吊或桥面吊机进行操作;逐阶段切割、调离、解体。悬臂拼装法施工的桥梁也可以采用此方法进行拆除。具体施工顺序为:首先,搭设支架,先拆除桥面系、切割翼缘板,解除梁的体外预应力;然后,将待切割的节段吊住,金刚石绳锯切割主梁,梁体被切割后,重力转移到吊机上;最后,用将梁体吊移到岸边,将切下的梁体节段放在指定的位置,进行解体、破碎、清理现场。

6)桥梁拆除施工的监控方法

目前国内在桥梁拆除施工中采用的监控方法是:首先对桥梁拆除的各施工阶段进行理论分析,计算出允许的最大应力和变形,制定各个拆除阶段的各项指标的极限值;在拆除过程中,对重要部位的各项指标进行监测,把监测的数据与极限值对比,及时发出预警,及时调整桥梁拆除施工方案,保证桥梁的安全拆除。

与建桥时的施工监制不同,桥梁拆除施工监控不仅需对结构本身的应力、变形、裂缝等进行监控,还需对拆除机械、临时支撑进行必要的监控。监控内容如下:

(1)变形控制

旧桥在拆除过程中,由于结构体系发生了改变,在自重和施工荷载的作用下会产生变形,对各施工阶段的变形进行控制是为了控制桥梁拆除过程的安全。根据桥梁的本构关系可以计算出桥梁的变形和应力之间的关系,通过对变形的控制间接控制桥梁结构的应力,使之不超过材料的容许应力。

(2)应力控制

由于拆除过程破坏了桥梁的既有结构,形成了新的结构体系,受力状态发生改变,主梁的实际应力状态与设计的应力状态不符,如果实际应力超过材料的容许应力,将会对结构的安全造成危害。所以,当对桥梁拆除施工进行监控时,应特别注意对结构应力的监测。

(3)稳定性控制

桥梁结构的稳定性和桥梁的强度同等重要,必须采取相应的措施保证桥梁拆除施工的安全。

(4)安全性控制

在旧桥拆除过程中,结构的安全性控制是桥梁拆除施工控制最核心的内容,只有保证结构拆除施工过程中的安全,才能确保旧桥拆除的顺利完成。安全性控制实质上是变形、应力和稳定性的综合控制。

6.8 公路桥梁病害及对策

对于拓宽拼接的桥梁,新旧桥梁之间的连接形式多样,一般在拓宽后桥梁的荷载等级会有所提高。若拓宽后新旧主梁不连接,或拼接处的横隔梁不连接或连接不好,既有主梁的荷载横向分布系数基本不变,甚至会增加,这时就要采取措施对旧桥实施加固。

拓宽后要保证桥梁的安全使用,其重点在于旧桥是否能够满足拓宽后的荷载标准,其中与新桥相邻的旧桥边梁是需要注意的重点。因为在拓宽后,如果新旧主梁不连接,则在计算拓宽后桥梁的横向分布系数时,需把新旧桥分开计算,一般来说,由于旧桥的栏杆、人行道被拆,边梁承受活载的面积增大,导致旧桥边梁承受的活载内力比原来设计标准中的活载内力大,很有可能造成边梁承载力的不足。

1)桥梁上部结构可能存在的病害

(1)拱桥:板拱、拱顶与拱脚出现竖向裂缝,跨中出现纵向裂缝,可能会延伸到桥台前墙,拱顶铺装网状龟裂;双曲拱、拱肋纵向顺主筋裂缝,横向沿箍筋裂缝,边肋混凝土剥落,拱肋拼装接缝开裂,拱波顶纵向裂缝,拱波波顶混凝土压碎等。

(2)梁桥:T梁、工字钢梁与混凝土叠合梁,病害基本较少。部分桥有横向裂缝,工字钢梁个别有连接螺栓松动,钢支座锈蚀;连续梁1/4点挂梁牛腿处竖向裂缝。

(3)板桥:混凝土板顺筋裂缝、混凝土剥落、个别板角混凝土剥落严重;桥面较宽情况下,底板出现沿桥纵向开裂,带悬臂的混凝土板在拼装接缝处混凝土剥落,钢筋外露,接缝渗水;工字梁微弯板桥,工字梁顺主筋纵向裂缝,梁与梁头混凝土剥落空鼓,微弯板填平混凝土与铺装混凝土脱离,填平层混凝土被压碎,铺装层混凝土出现塌陷与空洞,钢支座锈蚀失效,活动支座不能移动,造成梁端混凝土被拉裂。

2)桥梁下部结构的病害

(1)防护工程:河床铺砌冲毁,轻型桥台支撑梁凸起,桥台出现竖向的裂缝,桥台翼墙倾斜,U形桥台侧墙出现斜向裂缝。

(2)桩基础:河床冲刷,桩头混凝土外露,钢筋锈蚀,桩径减小,桩基础下沉,造成桩顶盖梁裂缝。

(3)柱式墩:基本很少破坏,但也有个别沿主筋垂直方向的裂缝,或环向裂缝,混凝土出现空鼓,钢筋锈蚀,混凝土与钢筋无结合,柱的承载能力下降。

(4) 重力式墩台：台前墙竖向裂缝，墩台侧墙竖、斜向裂缝，大部分沿砌石缝斜向开裂，墩台帽在支座下局部开裂，墩台浅基础冲空，基底外露，桥墩出现墩底水平开裂。

3) 桥面系的病害

桥面系的病害：贯通全桥桥面铺装层的顺桥向纵向裂缝，桥面连接处横桥向通缝，桥面铺装层网状龟裂、塌陷、空洞，伸缩缝损坏，其附近混凝土压碎，伸缩缝内填满杂物，桥台路基下沉，伸缩缝不平整，桥头跳车，排水不畅，多数排水管堵死，人行道栏杆破损。

4) 桥梁病害成因分析

桥梁病害的成因较为复杂，如受修建的年代、桥梁的结构形式、施工质量等因素的影响，造成桥梁的病害，使桥梁的技术状况不能满足行车安全的需要。

(1) 设计因素的影响

在桥梁设计时，桥梁结构形式的选择是关键的步骤，不同的桥梁结构形式，抗病害的能力有不同的结果。

① 板桥。实心板桥梁比空心板桥梁病害少，空心板不带悬臂比带悬臂的桥梁病害少。原因是空心板施工时要求的质量相对于实心板要高一些，带悬臂板的拼接构件刚度不足等。在超荷载作用下，个别板在荷载横向分配过程中刚度不足，板的横向构造筋间距偏大，钢筋直径偏大。带悬臂的空心板在横向传递荷载时，接缝处内力较大而且较复杂，由于配筋量及施工时混凝土浇筑质量等因素影响，在接缝部位的抗力较弱，从而使混凝土板产生顺筋向裂缝，在拼装接缝处混凝土剥落，钢筋外露，接缝渗水，导致桥面的铺装沿纵向开裂破损，引起桥面渗水，加速接缝混凝土的破坏。

② 工字梁微弯板桥梁。因工字梁与微弯板及横隔梁连接不当，产生微弯板与工字梁分离；当横系梁与工字梁主筋焊接在一起时，横系梁主筋受力变形，拉开工字梁主筋，形成工字梁混凝土破损；当微弯板纵向分块不当、横向净跨径较大时，在微弯板混凝土受压区出现较大压应力，促使混凝土压碎。其结果造成工字梁顺主筋纵向裂缝，梁头混凝土剥落；工字梁与微弯板连接部位纵向开裂，微弯板板顶顺桥向、横桥向开裂，贯通或部分贯通跨径；微弯板填平层混凝土与铺装混凝土脱离，填平层混凝土压碎；铺装层混凝土出现塌陷与空洞，在伸缩缝两侧混凝土出现开裂，混凝土局部被压碎，具有脆性破坏的特点；工字梁与横系梁连接部位主筋被拉弯，混凝土剥离等。

③ 混凝土板拱桥梁。设计时地质条件考虑不足，拱圈合拢温度设计的不尽合理，使墩台产生不均匀沉降，拱圈强度降低，承载能力下降。造成拱圈的拱顶与拱脚出现沿桥横向的竖向裂缝，跨中出现纵向裂缝，有的延伸到桥台前墙，产生拱顶铺装网状龟裂。

④ 双曲拱桥。设计拱轴线选择不当，恒载压力线未与拱轴线吻合，造成实际拱轴线偏离设计拱轴线，拱轴线变形使墩台基础下沉；边肋混凝土保护层薄，施工钢筋定位不准，边肋经常承受桥面渗水和雨水作用，使混凝土剥落、钢筋锈蚀，引起拱肋顺钢筋向裂缝；使桥面铺装网裂，桥面系排水不畅，混凝土拼接点漏水，混凝土严重炭化，拱轴线变形，拱顶下沉。

⑤ 简支T形梁桥。梁体横向连接较弱，甚至无横向连接，有横向连接的横隔板通过钢板焊接，由于装配横隔板轴线左右偏离，上下也不易对齐，大大削弱了横隔板横向力的传递作用，造成桥面开裂，改变桥梁整体受力状态；桥面铺装较薄，施工时铺装层很难与T梁混凝土或与沥青混凝土连接成整体；T梁与伸缩缝混凝土构造不尽合理，混凝土强度等级低，混凝

土抗拉能力减弱,不能保证伸缩装置锚固与应力传递,造成伸缩装置失效。

⑥工字梁与混凝土桥面叠合梁。此类桥修建于20世纪60年代,基本无病害,日常养护跟上,且荷载不发生变化,还可以继续使用。

⑦下部结构设计。支撑梁位置不当,受地面冻胀及基础下沉,支撑梁凸起,起不到支撑的作用,造成桥台破坏;因柱式墩盖梁混凝土保护层厚度不够或主筋搭接锚固长度不够、钢筋滑移等产生水平顺筋裂缝。

(2)施工因素的影响

施工时不按设计图纸和施工规范的要求进行施工,都会给桥梁带来病害隐患。

①上部结构施工。混凝土板拱拱圈施工时合拢温度过高,造成拱圈竖向裂缝;双曲拱桥,在施工过程中拱波与拱肋部位连接不牢,拱板混凝土破坏引起拱波与拱肋分离,削弱了双曲拱的组合断面受力的作用;混凝土空心板桥,在施工中空心板气囊位置不准,会造成混凝土保护层减薄,出现板顺筋向裂缝;T形梁在施工期间,混凝土外加剂选择不当、混凝土强度不足、水泥品质不够好、蒸汽养生不当等,造成混凝土耐久性下降,预制梁时,只重视强度不考虑混凝土今后的收缩徐变,在长期荷载作用下,挠度明显偏大。

②下部结构施工。灌注桩基础施工质量有很大的隐蔽性,不同的年代、不同的施工队伍差异很大。在柱式墩,施工时桩柱偏心、混凝土强度不足、钢筋除锈不彻底引起竖向钢筋锈蚀、混凝土膨胀、柱径缩小,主筋与混凝土连接削弱,柱的承载能力下降;在重力式墩台,施工过程中,基础没有夯实,产生不均匀下沉,当桥台较高时,土压力较大,侧墙不均匀沉降,支座下局部开裂,一般是导致钢板支座失效,垫石破坏,局部承压加大,裂缝从上向下发展。

(3)荷载因素的影响

交通量增加、超限车严重,对桥梁病害产生极严重的影响。现在服役的桥梁,绝大部分的设计荷载是汽车—15级,挂车—80,更有甚者是汽车—10级,履带—50。因此,大部分桥梁是在超载服役,这样,给桥梁最大的威胁就是,在不同的构件中产生严重裂缝,并且超出《公路桥涵设计通用规范》(JTG D60—2015)的允许值较多,疲劳强度降低,使病害加重。如:板拱桥原桥设计荷载等级较低,交通量加大、超载车的通行,造成拱圈失稳,承载能力急剧下降;工字梁微弯板桥随着交通量增大的荷载作用,造成微弯板顺向桥梁裂缝逐步加大,伸缩缝下方在冲击荷载作用下,桥面沿伸缩缝漏水,使混凝土强度降低。

(4)桥梁改造因素的影响

由于交通量的增加,桥梁多次加宽,桥梁横向未成整体;加宽方式各异,有单侧加宽,有双侧加宽,旧桥未进行加固,造成承载能力各异;加宽的桥型各异,有的旧桥为梁桥,加宽时采用混凝土板梁,有的旧桥为拱桥,加宽时采用梁桥或板桥,有的是钢筋混凝土T梁,加宽时采用预应力混凝土T梁。加宽前后桥型各异,且互不相连,或连接不当,形成桥面纵向开裂;加宽前后桥梁设计荷载标准不统一;桥梁改扩建时缺少对旧桥利用的技术经济评估等。

(5)桥梁养护工作不到位的因素

由于日常养护工作跟不上,在养护工作中重路轻桥现象较严重,桥梁养护人员的素质和技术能力有限,只看表面病害,觉察不出潜伏的病害因素,使单一的关键病害波及桥梁的整体,对潜在的病害不能及时发现、养护、治理,使桥梁整体功能失效。

5)常见病害维修加固方法

按照处理对象的不同,病害维修加固方法分为间接加固和直接加固,而直接加固按照作用分类又分为承载力加固、耐久性加固和使用安全及舒适性加固。几种加固方法并非独立存在,有时是多种加固方法同时存在。

(1)间接加固

为避免桥梁病害发生,而提前对外界作用进行阻隔,避免外界作用对桥体进行破坏,如防撞门架及防撞角钢的增设,是为了防止超高汽车撞击主梁。间接加固法主要以防为主。

如果边跨(辅路)主梁由于净空较低,超高货车穿越桥洞时撞上主梁,造成混凝土剥落、预应力锚区外露、钢束生锈。其处理方法可以是:在被撞主梁局部砂浆修补,并安设防撞角钢,将剐蹭梁底面清理后涂刷外保护剂并进行外观修复,如图6.8-1所示;对损坏的防撞门架进行修复。

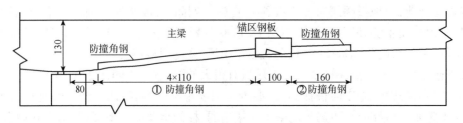

图 6.8-1 防撞钢板安装示意图(尺寸单位:cm)

(2)直接加固

①承载力加固

桥梁承载力不足的原因多种多样,其主要原因多为服务等级提高后荷载等级不足、桥面改造后恒载增加,主梁混凝土强度或截面刚度降低等。加固方法一般采用碳纤维布加固、粘贴钢板加固、加大截面、预应力加固、加强横向联结或主梁更换,现分别阐述如下:

a.碳纤维布加固

如果桥面铺装翻修后厚度增加使桥梁恒载加大,主梁承载力不足,为提高桥梁承载力,可对边梁及相邻中梁采用碳纤维加固方法。加固范围、层数应根据主梁内力计算结果及《碳纤维片材加固修复混凝土结构技术规程》(CECS 146—2003)中相关规定确定。某桥主梁碳纤维加固设计图见图6.8-2。

碳纤维布有时用于墩柱加固,用纤维包裹的混凝土柱受压后体积膨胀受到纤维布的约束,使混凝土处于三向受压状态,其抗压强度比单向受压抗压强度有所提高。

虽然碳纤维加固可以提高结构承载能力,但后加补强材料的强度发挥程度受到原梁变形的限制,一般情况下达不到其抗拉强度设计值。特别是采用直接粘贴高强度复合纤维加固时,在极限状态下,复合纤维的高强度抗拉性能根本无法充分发挥作用,"大马拉小车"是一种极大的浪费。若不考虑分阶段受力特点,过高估计后加补强材料的作用,设计会是不安全的。

b.粘贴钢板加固

如果边梁被撞破损,地袱挂板被撞缺损,加固方法为更换、补齐栏杆地袱,被撞边梁用U形钢板加固。

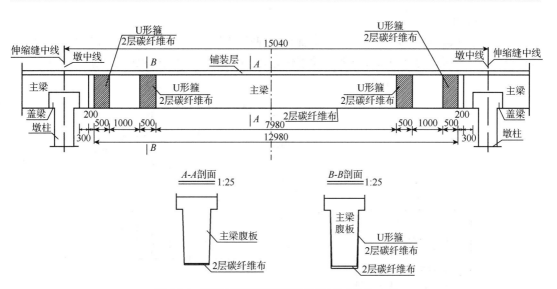

图 6.8-2 某桥主梁碳纤维加固设计图(尺寸单位:mm)

加固钢板可采用 Q235A 钢材,钢板焊缝采用单面坡口焊缝,钢板与主梁之间用 C45 自流平无收缩混凝土填充。对加固钢板需做防腐处理,外包钢板前,在主梁侧面植筋,植筋位置必须避开主梁预应力钢束,见图 6.8-3。

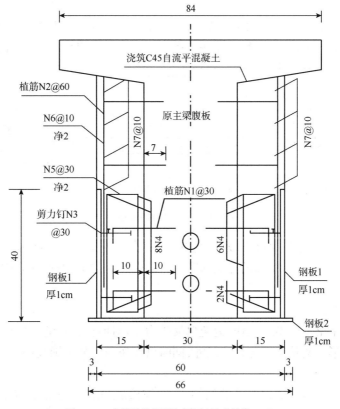

图 6.8-3 主梁粘贴钢板加固图(尺寸单位:cm)

c.加大截面

加大截面尺寸和配筋也是对构件补强的一种常用方法,一般用于主梁和墩柱。某桥边墩柱开裂,为提高结构抗力及耐久性,同时不受空间限制,对边墩进行加宽,见图6.8-4。

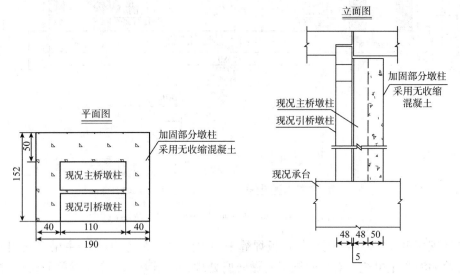

图6.8-4　某桥边墩加固(尺寸单位:cm)

②预应力加固

目前常用的预应力加固为 SRAP 工艺加固,采用锚固于被加固梁体上的高强度钢丝或小直径高强度钢筋施加预应力,然后喷注具有一定抗拉强度的复合砂浆,见图6.8-5。

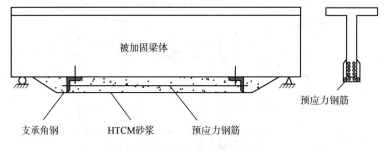

图6.8-5　预应力加固示意图

在某些情况下,由于原梁高度较小,配筋率高,在单纯采用受拉区加固补强仍不能满足设计荷载要求时,采用加厚桥面的方法同时对桥的受压区加固,增加的有效高度也能达到提高原梁的承载力的目的。

③加强横向联系

为使全截面主梁都能参与工作,避免单梁受力,常对旧桥铰接缝处桥面板凿除后绑扎钢筋后浇筑混凝土形成刚接或增加横梁尺寸,同时增厚桥面混凝土铺装层。

④主梁更换

主梁更换常用于构件破损严重的结构,主梁被撞后预应力筋断开,大面积主筋外露,主梁丧失所需的承载能力,对构件加固已无法达到荷载要求,故更换主梁。

由于桥面系破损严重,桥下渗水严重,尤其在桥梁端部,常年的潮湿环境使得梁底钢筋锈蚀,有效截面降低,钢筋锈胀导致梁底混凝土剥落,主梁截面损失严重,但大面积更换造价高,故可采取如下方案:更换破损严重的主梁;对构件较好的边梁,由于其配置预应力钢束及承载力高于中梁,替换中梁使用。

⑤耐久性加固

耐久性加固是指对结构损伤部位进行修复和补强,以阻止结构损伤部分的性能继续恶化,消除损伤隐患,提高结构的可靠性、结构的使用功能,延长结构使用寿命。

如结构裂缝的修补,常采用灌浆方法,灌浆后的裂缝不再受到外界环境影响、侵蚀,提高了结构的耐久性。

其他还有桥面防水的修补、排水设施的修补、对破损混凝土的环氧砂浆修复、钢构件涂刷防锈漆、混凝土外表面涂刷憎水功能的面漆等。

⑥使用安全及舒适性加固

此类加固包括桥面铺装的铣刨加铺、路缘石的更换、人行步道栏杆的更换等,是为了解决行车安全和行人的安全。

6)桥梁加固的技术途径

(1)加强薄弱构件

对于桥梁上有严重缺陷的部位,或者因需要通行重型车辆而不能满足承载要求的薄弱构件,例如,梁式桥的跨中梁段、支座部位、承受负弯矩的部位,拱桥的拱顶、拱脚、拱跨部位,以及其他变截面处等,应采取措施进行补强。桥梁结构中的薄弱处,一般处于承受拉力范围内,处于受压区则比较少。对于薄弱处的处理方法,往往采用喷射混凝土,粘贴钢板或钢筋,加大主梁或主拱圈的截面,采用高强度等级混凝土或环氧混凝土砂浆封填裂缝,增设预应力钢筋或粘贴附加构件的办法进行处理,以增加主梁或主拱圈的强度。

(2)减轻恒载

减轻桥梁上部构件的恒载,可以改善原桥梁的受力状态,提高桥梁的承载能力,特别是在桥梁基础承载力受到限制,不能满足加固上部结构和提高活载承载能力时,以减轻桥梁恒载的办法来提高承载活载的能力是一种经济有效的措施。例如更换拱上填料的办法,提高拱桥承载力的效果十分显著。

(3)增加辅助构件

由于桥梁承载力不足,或因为某种原因致使桥梁遭受破损时,可以在既有结构上增加新的受力构件。

(4)改变结构体系

改变结构体系主要体现在根据桥梁的实际状况,采用梁式结构改为拱式结构,拱式结构改为梁式结构,简梁改为连续梁,单跨结构改为多跨结构,增加支点,铰接支撑改为刚性连接等,通过这些手段达到改善结构薄弱处的受力状态,提高桥梁整体承载能力的目的。

(5)加固桥墩、台及基础加固

有一批桥梁的缺陷是由桥梁的墩台和基础问题所引起的,需要加固处理。通常采用的办法是对桥梁的墩、台采用钢筋混凝土套箍技术,用钢筋混凝土杆和钢筋拉杆措施加外部预应力来调整;还可结合桥梁结构的调整采用顶推法措施进行处理。

7) 加固方案的选择

加固方案与诸多因素有关,需要考虑的主要因素:桥梁结构形式、桥位地形、水文、自然状况、桥梁现状分析研究结论、施工技术水平、能否封闭交通、预期加固效果、资金投入量等。合理的加固方案是将上述加固方法优化组合,体现出加固效果及经济效益。但应注意以下两点:不同的加固方法有对应的设计计算方法;加固后的桥梁结构承载能力提高幅度受原结构的制约,如原结构配筋率、截面尺寸等,不可能无限制地提高承载能力。

8) 加固效果评价

应在不断总结经验和技术进步的基础上形成桥梁加固专门规范,同时要重视对加固后的桥梁进行检测和观察,以确定加固效果。通常进行桥梁加固后的上部结构静载或动载试验,将试验结果与加固设计的计算结果进行对比,从而判断桥梁加固成功与否。但对下部结构而言,不方便进行荷载试验,通过其频率变化来定量评估桥墩的加固效果。旧桥评估加固流程如图 6.8-6 所示。

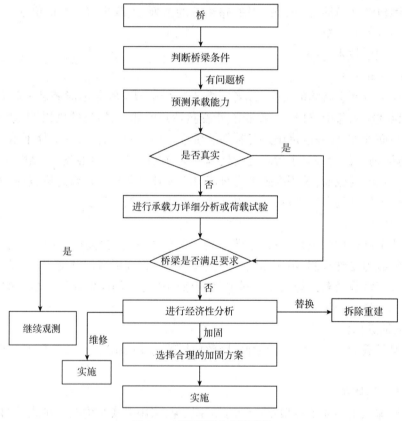

图 6.8-6 旧桥评估加固流程图

9) 不同构件的病害防治

(1) 桥栏杆损坏、桥面排水设施病害及桥跨结构的病害防治

在公路建成投入使用后,必定会产生各种病害,如栏杆的缺损、裂缝,构件出现露筋、剥落等现象时,应将钢筋的锈迹清除,并把松动的保护层凿去,如损坏面积不大可用环氧砂浆修补;如损坏面积较大,可喷注高强度等级水泥砂浆。钢筋混凝土表面应保持清洁完整,为

防止风化可采用喷刷一层1~3cm的M10以上的水泥砂浆,可加一层防护网。

(2)桥梁墩台基础病害防治

桥梁墩台基础的常见病害有桥梁基础的沉降及不均匀沉降,基础的滑移及倾斜,基础结构物的开裂及应力异常,桥梁墩台出现裂缝、墩台混凝土剥落与脱离、钢筋锈蚀等病害。混凝土表面发生侵蚀剥落、蜂窝麻面等病害时要及时将周围凿毛清洗,用水泥砂浆抹平。不要任意修建对桥梁有危害的建筑物,必须修建时应采取桥梁防护措施。梁或桥墩顶面没有流水坡或坡面凹凸不平,有裂缝时,应及时填补水泥砂浆或混凝土,做成横向坡度以利于排水。

(3)桥梁结构表面及结构钢筋的病害

桥梁结构物由于在使用过程中暴露在自然环境下,表面会出现风化、龟裂等病害,可采用人工凿除法、气动工具凿除法、高速射水清除法等,在清除干净损坏混凝土后用混凝土、水泥砂浆、混凝土黏结剂、环氧树脂材料等进行修补。

在大自然恶劣环境下,当混凝土密实度不足,保护层太薄以至于遭到破坏,受到雨雪水的侵蚀,可造成钢筋锈蚀,钢筋的锈蚀层产生膨胀,使混凝土剥离开裂,钢筋截面面积减少,承载力下降。对于钢筋锈蚀的病害可进行如下处置:凿除松脱、剥离等已损坏的混凝土材料,对锈蚀的钢筋进行除锈并防锈,并涂抹黏结剂,采用含防腐材料的砂浆或混凝土进行修复,然后进行表面处理。

10)黏钢法在桥梁加固上的应用

粘贴加固是用化学黏结剂从结构外部粘贴补强材料的加固方法。常用的黏结剂是环氧树脂类材料,用它来粘贴的补强材料有钢板、钢筋和碳纤维(CFRP)三种,这些补强材料都具有良好的抗拉性能。粘贴在梁的受拉区时,可显著提高梁的抗弯能力,对梁的抗剪能力也有不同程度的提高;粘贴在梁的侧面时,宜与主拉应力迹线一致,这样可以减小结构的开裂,提高梁的抗剪能力。

采用环氧树脂系列黏结剂将钢板粘贴在钢筋混凝土结构物的受拉缘或薄弱部位,使之与原结构物形成整体共同受力以提高其刚度,改善原结构的钢筋混凝土的应力状态,限制裂缝的进一步发展,从而达到加固补强、提高桥梁承载能力的目的。

(1)粘贴钢板加固设计

首先,应对桥梁存在的病害与产生缺陷的原因进行分析,应根据病害与缺陷所在部位,确定钢板的规格和粘贴部位及形式。一般将钢板粘贴在桥梁结构受力部位的外边缘,以便充分发挥粘贴的钢板强度与作用,同时封闭粘贴部位的裂缝和缺陷,从而有效提高被加固构件的刚度和抗裂性。设计时,可根据需要在不同的部位粘贴钢板,有效发挥黏钢构件的抗弯、抗剪、抗压性能。设计时应注意以下几点:

①为了提高桥梁结构的抗弯能力,一般在构件的受拉缘的表面粘贴钢板,此时以钢板与混凝土黏结处的混凝土局部抗剪切强度控制设计。合理与安全的设计应控制在钢板发生屈服变形前,黏结处混凝土不出现剪切破坏。

②当桥梁结构的主拉应力区斜筋不足时,为了增强结构的抗剪切强度,可将钢板粘贴在结构的侧面,并垂直于剪切裂缝的方向斜向粘贴,以承受主拉应力。

③补强设计时,钢板可作为钢筋的断面来考虑,将钢板换算成钢筋,既有构件承受恒载与活载,增加的钢板承受既有构件承受不了的那部分活载。

④在构造设计时,加固用的钢板可按实际需要采用不同的形状,但钢板的厚度必须比计算得到的厚度大一些。用于抗弯能力补强的钢板尺寸应尽可能薄而宽,厚度一般为4~6mm,较薄的钢板可有足够的弹性来适应构件表面形状。用于抗剪能力提高的钢板厚度宜厚些,可依设计而定,一般采用10~15mm。

⑤设计钢板长度时应将钢板的两端延伸到低应力区,以减少钢板锚固端的黏结应力集中。

⑥黏钢法加固桥梁,如何确保钢板和被加固构件形成整体受力是加固成功与否的关键,所以,在补强设计时,除钢板具有足够的锚固长度、黏结剂具有足够的黏结强度和耐久性外,为避免钢板在自由端脱胶拉开,端部可用夹紧螺栓固定,或设置U形箍板、水平锚固板等,并在钢板上按一定的距离用螺栓固定,确保钢板与混凝土之间的黏结力满足抗拉或抗剪强度的需要。

(2)粘贴钢板加固施工

①钢板制作

制作用于粘贴加固的钢板,并对其表面进行处理。钢板按所需尺寸切割而成。钢板表面在粘贴面可采用刨床加工成菱形,格状刻痕,以增加黏结性。钢板除锈采用钢丝刷除锈或喷砂除锈;用冲击电钻在钢板与混凝土底面上钻孔,钢板钻孔按一定间距和锚栓规格钻孔后运到工地,钻孔位置可采用梅花形。

②表面处理

为了得到良好的粘贴效果,必须事先对钢板和混凝土的粘贴面进行认真处理。首先应将混凝土表面的破碎部分清除,然后凿平凿毛,使其集料裸露出来并清除浮尘,粘贴钢板前还需用丙酮擦一遍,钢板表面也应先用汽油洗去油污并打磨除锈,使表面露出光泽,然后用丙酮擦洗干净,最后在钢板表面涂一层环氧树脂薄浆将其保护。

③粘贴钢板

先在混凝土表面刷一层环氧树脂胶浆,然后在钢板上涂一层环氧树脂胶浆,片刻后再在钢板上均匀地铺一层2mm左右的环氧树脂砂浆。随即将钢板贴到混凝土表面上,旋紧螺丝进行加压,使多余的胶浆沿板边挤压出来,达到密贴的程度。固化后卸除螺帽,截去外露的螺丝杆,并留出2~3mm进行冷铆。

④加压方式

将钢板粘贴到混凝土结构上后,为了使钢板与混凝土表面密贴,必须对钢板加压,加压的方式通常有三种:

a.用螺栓进行加压。即在混凝土粘贴面上每隔一定距离埋设一根φ12mm的螺栓,钢板上设有相应的孔,把钢板粘贴到钢板表面后立即旋紧螺帽进行加压。

b.用木楔来加压。即在构件下方设支承梁,距构件底面15~20cm,然后待钢板粘贴后楔紧木楔,施加压力。

c.利用重物进行加压。当在混凝土构件的上缘粘贴钢板时,可以在钢板上面放置重物进行加压。

⑤检查粘贴质量

一般采用肉眼观察粘贴质量,如发现钢板与混凝土表面之间有空隙的地方,应及时填入胶结剂补贴。

⑥防护处理

目前国内外对钢板补强采取的防护措施，一般都是采取清除钢板表面污染，用钢刷除去螺栓的锈斑，先涂一层环氧树脂薄浆罩面，然后再涂两层防锈漆在上面进行保护。以后每隔1~2年检查一次防护层的情况，如发既有脱漆的地方及时采取措施进行修补。该方法虽然简易可行，施工简单，但需要经常维修保护，故应尽可能采用防护效果好、时效长的防护漆。近年来有的省市利用喷射混凝土，在钢板上喷射一层混凝土保护层，既减少了刷漆工序，又减少了常年养护工作量。同时喷射混凝土还与原结构组成喷层-梁体组合工作体系，在一定程度上提高了承载能力，克服了钢板易生锈的弊端，这是一种较好的防护钢板污染和锈蚀的方法。但是，采用喷射混凝土防护，须采取在钢板外挂网方式，以保证喷射混凝土与钢板和原结构的有效黏结，否则会因车辆行驶而振动脱落，失去防护效果。

（3）粘贴钢板计算法

①受弯构件的计算

受弯构件截面强度不足时在受拉区加固，可采用在受拉区表面粘贴钢板方法，此时，按截面受弯承载力计算，可按照现行国家标准《混凝土结构设计规范》(GB 50010—2010)规定进行其受压区高度和截面受弯承载力计算，具体计算公式如下：

$$\begin{gathered} f_{y0}A_{s0}+0.9f_{ay}A_a-f'_{y0}A'_{s0}=f_{cm0}b_0X \\ M=f_{cm0}b_0X(h_0-X/2)+f'_{y0}A'_{s0}(h_0-a'_{s0}) \end{gathered} \tag{6.8-1}$$

式中：f_{y0}——纵向钢筋抗拉强度设计值；

A_{s0}——纵向受拉钢筋截面面积；

f_{ay}——钢板抗拉强度设计值；

A_a——钢板截面面积；

f'_{y0}——纵向受压钢筋抗压强度设计值；

A'_{s0}——纵向受压钢筋截面面积；

f_{cm0}——混凝土弯曲抗压强度设计值；

X——混凝土受压区高度；

$b_0、h_0$——原构件的宽度、有效高度；

a'_{s0}——原构件的受压区保护层厚度；

0.9——考虑加固钢板的应力滞后及撕脱力等影响的强度折减系数。

②钢板锚固长度计算

a.受拉钢筋在其加固点外的锚固黏结长度 L_1，按下式确定：

$$L_1 \geqslant 2f_{ay}t_a/f_{cv} \tag{6.8-2}$$

式中：t_a——受拉加固钢板厚度；

f_{cv}——被黏混凝土抗剪强度设计值。

b.若钢板黏结长度无法满足以上要求，可在钢板的端部锚固区黏结U形箍板，此时，锚固区的长度应满足下列规定：

$$f_v b_1 \leqslant 2f_{cv}L_U \text{ 时} \qquad f_{ay}A_a \leqslant 0.5f_{cv}b_1L_1+0.7nf_v b_b b_1 \tag{6.8-3}$$

$f_v b_1 \geq 2f_{cv}L_U$ 时　　　　　$f_{ay}A_a \leq (0.5b_1 L_1 + nb_b L_U)f_{cv}$　　　　　　(6.8-4)

式中：n——每端箍板数量；

　　　b_1——箍板宽度；

　　　L_U——箍板单支的梁侧混凝土的黏结长度；

　　　b_b——黏结钢板与 U 形箍板的搭接长度；

　　　f_v——钢与钢黏结抗剪强度设计值。

③斜截面用黏结钢板加固计算

当构件斜截面受剪承载力不足时，可按下式计算斜截面受剪承载力：

$$V \leq V_0 + 2f_{ay}A_{a1}L_U/S \quad (6.8\text{-}5)$$

同时，必须满足以下条件：

$$L_U/S \geq 1.5 \quad (6.8\text{-}6)$$

式中：V——斜截面剪力设计值；

　　　V_0——原构件斜截面受剪承载力设计值；

　　　A_{a1}——单肢箍板截面面积；

　　　S——箍板轴线间距。

6.9　发泡聚苯乙烯(EPS)在公路改扩建工程桥头台背中的应用

发泡聚苯乙烯(Expanded Polystyrene，简称 EPS)俗称聚苯泡沫塑料，由聚苯乙烯树脂颗粒发泡而成。聚苯乙烯颗粒中主要含有聚苯乙烯、可溶性戊烷(膨胀成分)和防火剂。近年来 EPS 应用在我国一些重要工程上，较圆满地解决了软基桥头台背沉降、路堤加宽拼接、路堤沉降、多年冻土路基的冻融病害等问题，取得了很好的效果。

例如，为减小公路改扩建工程中新老桥头台背的差异沉降，可采用发泡聚苯乙烯作为路基填筑方案。EPS 具有良好的路用性能及施工便捷、简单等优点，能显著减少路堤引起的地基沉降，防止桥头跳车及台后填土对桥台的侧向作用，提高路基整体稳定性。

EPS 在成型过程中形成了许多均匀的封闭空腔，决定了其具有优良的路用性能。EPS 材料重度可在 $0.2 \sim 0.3 \text{kN/m}^3$ 范围选用，是土和水泥混凝土重度的 $1/100 \sim 1/60$。EPS 在无侧限压缩条件下，在应变为 2% 以下时，应力-应变关系基本呈直线关系，属弹性状态，超过 2% 时进入塑性状态。EPS 块与砂的摩擦系数：对于干燥砂的摩擦系数为 0.58(密)~0.46(松)，对于湿砂的摩擦系数为 0.52(密)~0.25(松)；EPS 块与块之间的摩擦系数在 0.6~0.7。EPS 为含有 2% 左右树脂成分的树脂发泡体，其余 98% 为空气。由于 EPS 内部气泡具有独立性，水很难侵入，因此，EPS 具有少量吸水特性但限于表面，在 10kPa 水压下浸泡 2d 的吸水率在 6% 以下。

京珠国道主干线安阳—新乡段高速公路(简称安新高速)改扩建工程第一合同段 K1+275.989 小桥处。桥头 EPS 路堤为 6 层 EPS 板，EPS 路堤施工面为台阶状。其纵横断面分别见图 6.9-1 和图 6.9-2。

EPS 施工时不需要特殊的建筑机械，采用人力就能施工，且施工速度快。对于大型机械难以使用的场所更适合，EPS 块体可现场加工、切割，以适应现场地形布置块体的需要。

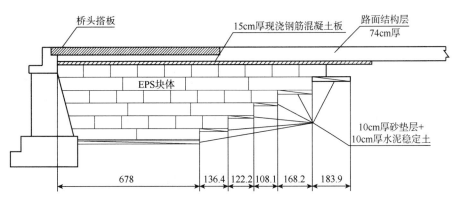

图 6.9-1　台背填筑 EPS 纵断面布置(尺寸单位:cm)

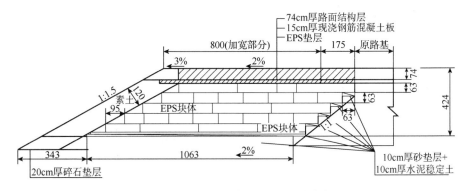

图 6.9-2　台背填筑 EPS 横断面布置(尺寸单位:cm)

EPS 材料质量轻,可采用人工铺筑。由于 EPS 很脆、块体较大,搬运过程中要注意防折。施工前,截断流向路堤作业区的所有水源,并充分设置临时排水设施,确保施工期间的排水。

(1)EPS 块体铺设在施工基面上。基底和台阶底均设置 10cm 水泥稳定土+10cm 砂垫层。水泥稳定土水泥掺量为 10%。砂垫层采用中粗砂,有机质含量≤1%,含泥量≤3%。施工时砂垫层从路基两侧向中间摊铺,厚度均匀一致,控制平整度容许误差为±10mm。EPS 块体铺设时,不准拖拉机和其他重型机械直接在块体上行驶。

(2)EPS 块体自下而上逐层错缝铺设,整体铺筑质量很大程度取决于施工基面和最下层的铺设精度,因此应严格按照测量结果挂线施工。EPS 块体之间的缝隙和高低错台尽可能小。块体间产生缝隙或高低错台时,最下层由垫层来调整,中间各层则采用无收缩水泥砂浆调平。部分缝隙有可能超过标准容许误差(最大缝隙要求小于 50mm),则采用 10 号水泥砂浆充分填塞。

(3)EPS 块体与块体之间用金属联结件(厂家附带)固定,块体各层之间采用双面爪形联结件,在顶面和侧面采用单向爪形联结件,在最下层 EPS 块体与施工基面和土基之间采用 L 形金属销钉联结。销钉插入底基层深度为 30cm,边铺设边联结。

(4)在 EPS 板块层顶面浇筑 15cm 厚的钢筋混凝土板,采用 C30 水泥混凝土,布置双层钢筋网。钢筋网的钢筋直径为 $\phi 8mm$,网格尺寸为 $15cm\times 15cm$。钢筋网搭接长度≥25cm。钢筋混凝土板端应加设 $\phi 6mm$ 箍筋,箍住板端上、下各 3 根横向钢筋。

公路改扩建技术

EPS 路段的路面底基层和基层施工碾压时,切忌用重型压路机振动碾压。合理的压实方式是采用钢轮式、轮胎式压路机多遍组合静压,这可以避免钢筋混凝土面板被压碎。

(5)EPS 轻质路堤的两侧应覆包边土护坡,防止有害物质和明火侵入,遮断日光紫外线的直接照射,防止啮齿动物对 EPS 块体的损害,对 EPS 块体起压重效果,并可作为坡面植物生长的基础。包边土厚度为 1.20m,坡率为 1∶1.5,填料为素土。每层 EPS 块体铺筑之前,包边土必须先分层填筑、压实,以免后面的施工使 EPS 块体受到挤压和损坏,压实度难以得到有效控制。

6.10 国内外部分桥梁拓宽改造情况

6.10.1 国内外部分桥梁拓宽改造情况

国内外部分桥梁拓宽改造情况见表 6.10-1 和表 6.10-2。

国外部分桥梁拓宽改造情况   表 6.10-1

桥　名	旧桥情况	拓宽目标	改造方法
Yukley 沼泽地桥	单幅混凝土肋板桥,桥面宽度与承载力均不足	桥梁更新,施工中不中断交通	施工步骤:①建造新结构的半幅;②将交通移至新桥的半幅;③拆除既有的旧桥;④拓宽桥梁至全宽;⑤引导所有的交通至新桥
州 12 桥	左右幅分开的混凝土肋板桥	适应交通量增长的需要	公路外侧无拓宽空间,于两幅桥中间现浇带两梁道肋的桥面板,相应增设一桥墩与盖梁
SR-288 桥	预应力混凝土桥梁	拓宽以适应日益增长的交通量	单侧拓宽,增设边梁,并相应拓宽下构
US-280 桥	五跨连续钢板梁桥	拓宽以适应日益增长的交通量	单侧拓宽,增设边梁,加强横向联系,并相应拓宽下构
I-55 桥	简支空心板与 T 梁桥,横跨铁路,变宽	临时拓宽,不阻断交通	增设边梁,并相应拓宽下构
贝里克郡高架桥	圬工拱桥,基础与拱肋砖缝长有很多植物	加固桥梁,单侧拓宽月台	清除砖缝里的植物根系,加固基础与拱肋,加角钢支撑拓宽月台

国内部分桥梁拓宽改造情况   表 6.10-2

桥　名	旧桥情况	拓宽目标	改造方法
湖州大桥	主桥为 40m+2×50m+40m 等截面预应力混凝土梁,旧箱宽13.12m,采用顶推法施工	新桥宽 20.25m,采用悬臂浇筑法施工	将新旧箱梁悬臂板铰接起来,连续箱桥面连续,以消除两悬臂板之间的挠度差,解决连接处的纵向裂缝及啃边现象
花桥分离式立交桥	主桥为(25+32+22.6)m 预应力混凝土连续箱梁桥,主跨采用独柱墩	原桥两侧各拼宽 8.25m 的新桥,拓宽部分采用与原桥相近的结构形式	将新旧箱梁悬臂板铰接起来,桥面连续,主桥为两孔预应力混凝土连续箱梁+1 孔钢筋混凝土简支箱梁,跨径(36+36.5+10.1)m

— 452 —

第6章 桥梁改扩建问题及处置对策

续上表

桥　　名	旧桥情况	拓宽目标	改造方法
银川黄河大桥	主桥为60m+5×90m+60m预应力T形刚构,变截面箱梁,挂孔跨径为30m,为预应力混凝土T形截面。桥梁总宽23m	桥宽35m,拓宽部分上、下游两侧各6.0m	采用分离式拓宽方案,新旧桥之间通过设置变形缝,横向保持悬臂静力图式
灵溪大桥	设计荷载:汽—13,拖—60,桥面:净-7+2×0.43人行道	拓宽至净—9+2×1.5人行道	墩上两孔梁端之间浇筑横向悬臂梁,台后设支墩,新梁架设于悬臂梁与支墩上
塘河大桥	三向预应力混凝土等截面五跨连续箱梁桥,桥面宽2×12.5m,主桥跨径(32+38+46+30+20)m	扩建为8车道,拼接宽度2×8.25m	先粘碳纤维加固。两侧各加一道箱梁,跨径(19+28+44+40+35)m
官桥中桥	6×8.5m钢筋混凝土板桥,重力式墩台,明挖扩大基础。桥面宽6.5m,与新线交角9°,现况不良	公路等级由三级山岭重丘标准改造提高到二级	拆除旧桥,新建一座4×13m钢筋混凝土空心板桥,重力式墩台,明挖扩大基础

6.10.2 部分工程实例

实例1:云南小磨公路改扩建工程中的龙茵大桥拼宽

龙茵1号大桥位于勐腊北(磨憨)半互通式立体交叉。本桥为旧龙茵大桥的新建拼宽桥,孔跨布置及结构形式左幅为12孔20m装配式预应力混凝土T形连续梁桥,右幅右侧为3孔20m装配式预应力混凝土T形连续梁桥。

本桥平面位于$R=1260$m右偏圆曲线上,桥面横坡为单向坡3%,纵断面纵坡为0.46%(上坡)。

左幅新建拼宽桥跨径组成为4×20m+5×20m+3×20m,采用3联先简支后连续T梁,在0号台、4号墩、9号墩及12号桥台处各设置1道FD-80型伸缩缝;右幅右侧新建拼宽桥跨径组成为3×20m,采用1联先简支后连续T梁,在0号台处设置1道FD-80型伸缩缝。

旧龙茵大桥原桥与既有公路线交角为90°,既有公路路线中心桩号为K131+190,桥梁全长186.06m,跨径组成为4×20m+5×20m,横向布置为0.5m(护栏)+11m(行车道)+0.5m(护栏),桥面全宽12m,桥面净宽11m。设计荷载为汽车—超20级、挂车—120。上部结构采用20m装配式预应力混凝土连续T梁,下部结构桥墩采用桩柱式桥墩,桥台采用柱式桥台,于2009年11月建成通车。

根据《国家高速公路网68511昆磨高速小勐养至磨憨段改扩建工程SJ-2标段桥梁检测报告》,按照《公路桥涵养护规范》(JTG H11—2004)综合评定,该桥技术状况等级评定为三

类。桥梁主要病害如下:

(1)上部结构

全桥大部分预制 T 梁施工质量较好,未见明显病害,个别梁底存在麻面、混凝土破损、钢筋锈蚀等病害,T 梁间现浇湿接缝个别部位存在破损、露筋、钢筋锈蚀等病害。

(2)下部结构

2~5 号桥墩盖梁墩顶负弯矩区域存在竖向裂缝,裂缝长 20~50cm,最大裂缝宽度为 0.1mm;0 号盖梁混凝土局部破损,钢筋外露、锈蚀,4 号盖梁左侧水蚀,长有青苔;部分桥墩系梁处垃圾堆积,混凝土因冲刷局部破损。

(3)附属构造

桥面铺装、护栏、伸缩缝、排水设施、支座及桥头与路堤连接部外观基本完好,未见明显病害,9 号桥台护坡局部浆砌片石破损、砌缝砂浆脱落。

1)设计采用的规范及技术标准

(1)设计规范

①《公路工程技术标准》(JTG B01—2003);
②《公路桥涵设计通用规范》(JTG D60—2004);
③《公路圬工桥涵设计规范》(JTG D61—2005);
④《公路钢筋混凝土及预应力混凝土桥涵设计规范》(JTG D62—2004);
⑤《公路桥涵地基与基础设计规范》(JTG D63—2007);
⑥《公路工程抗震规范》(JTG/T B02—2013);
⑦《公路桥梁抗震设计细则》(JTG/T B02-01—2008);
⑧《公路桥涵施工技术规范》(JTG/T F50—2011);
⑨《公路桥梁加固设计规范》(JTG/T J22—2008);
⑩《公路桥梁加固施工技术规范》(JTG/T J23—2008);
⑪《补偿收缩混凝土应用技术规程》(JGJ/T 178—2009);
⑫《高速公路改扩建设计细则》(JTG/T L11—2014)。

(2)技术标准

①设计荷载。

旧桥:汽车—超 20 级,挂车—120;

新建拼宽桥:公路—Ⅰ级。

②设计速度:80km/h。

③地震动峰值加速度值为 $0.15g$,抗震基本烈度为Ⅶ度。

④环境类别:Ⅰ类。

⑤安全等级:Ⅰ级。

⑥桥面宽度。

旧桥桥面布置:0.5m(防撞护墙)+净—11.0m+0.5m(防撞护墙)。

改扩建后桥面布置。

左幅:0.5m(防撞护墙)+净—11.0~15.688m+0.5m(防撞护墙);

右幅:0.5m(防撞护墙)+净—13.958~16.924m+0.5m(防撞护墙)。

2)设计要点

(1)桥位及桥跨布置

旧龙茵大桥为9×20m装配式预应力混凝土T形连续梁桥,桥宽12m,平面位于直线上。本次改扩建桥位处路线平面线形为 $R=1260$m 右偏圆曲线,按整体式路基设计,左、右幅路基宽度均为变宽。

为适应改扩建路线平面线形及路基宽度,根据桥位处填挖高度,在旧桥左侧新建12×20m装配式预应力混凝土T形连续梁拼宽桥,右侧新建3×20m装配式预应力混凝土T形连续梁拼宽桥,左幅拼宽桥的桥宽为12~18.914m,右幅拼宽桥的桥宽为等宽5.25m。新建拼宽桥墩台方向与旧桥墩台方向一致,相对于本次改扩建路线设计线按"正桥斜置"布设。

(2)上部结构

本桥上部结构采用标准跨径20m装配式预应力混凝土T形连续梁。左幅桥第1联横向采用8片梁、第2联横向采用7片梁、第3联横向采用5片梁,右幅桥横向采用2片梁。上部结构通过调整主梁间距来适应桥宽变化,且在同一断面各主梁间距相同。

经查阅旧桥竣工图,旧桥两侧高程与改扩建路线设计在该处的设计高程存在一定差异,且旧桥桥面设置2%的双向横坡,而改扩建路线设计在桥位处设置3%单向横坡,无法通过调整混凝土调平层和沥青混凝土铺装层厚度实现新、旧桥横向顺接。故本次设计按旧桥桥面系(包括伸缩缝、护栏、沥青铺装)及桥头搭板全部拆除,与新拼宽部分桥面系及桥头搭板一并新建考虑。

(3)下部结构

桥墩采用钢筋混凝土圆形截面柱式桥墩,根据桥宽不同,左幅第1~2联采用三柱式,第3联采用双柱式,墩柱直径为1.4m,右幅采用独柱式,墩柱直径为1.6m;两岸桥台均采用柱式桥台,左幅0号桥台采用三柱式,12号台采用双柱式,右幅0号台采用双柱式;全桥基础均采用钻孔灌注单桩基础,如因旧桥干扰操作空间不满足钻孔施工要求时,可采用人工挖孔。左幅墩台桩径均为1.5m,右幅桥台桩径为1.3m,桥墩桩径为1.7m。根据地质勘察报告全桥桩基础均按摩擦桩设计。

桥墩盖梁和桥台台帽均按普通钢筋混凝土构件设计,其上设置支座垫石和防震挡块。

(4)新、旧桥拼接

①拼接原则

新建拼宽桥上部结构在旧桥两侧边线处,与旧桥上部结构通过现浇钢筋混凝土行车道板、横隔板和结构连续现浇段进行刚性拼接;下部结构桥台、桥墩与旧桥下部结构不连接;新、旧桥拼接后,桥面按改扩建路线设计设置3%的单向横坡。

施工时应注意现场核查旧桥各部件控制点坐标及高程,不满足横向拼接和纵、横向顺坡要求时,应对新桥跨径、预制梁长、桩位坐标进行调整,并按适应改扩建路线纵断面线形和桥面横坡的控制要求,对旧桥上部结构高程进行相应调整。

a.新桥跨径、预制梁长、桩位坐标调整按以下要求控制:

(a)纵桥向错位误差不大于2cm;

(b)横桥向偏离误差不大于2cm。

b.旧桥上部现浇层高程调整按以下要求控制:混凝土调平层厚度不小于6cm且不大于40cm。

②拼接流程

a.施工新建拼宽桥基础及下部结构,同时预制主梁,与旧桥拼接侧内边梁行车道板、横隔板及结构连续现浇段横向钢筋,注意预留搭接长度;

b.新桥部分与老桥拼接的一片T梁,预制拼接T梁时一侧翼板预留25cm后浇段;

c.新桥下部结构施工完成后,架设主梁,完成体系转换,待混凝土达到设计强度后,采用与新桥面系等效荷载进行预压,可以取$48kN/m^2$来堆载,预压持荷时间不少于180d;

d.拆除旧桥桥面系,同步撤除新桥侧等效预压荷载;

e.拆除旧桥护栏,凿除边梁部分翼缘板(拆除宽度为50cm)混凝土,保留行车道板、横隔板及结构连续现浇段处横向钢筋;

f.在旧桥边梁翼缘板及腹板处焊接或植横向搭接钢筋,绑扎新、旧桥行车道板、横隔板及结构连续现浇段拼接构造钢筋;

g.浇筑新旧桥行车道板、横隔板及结构连续现浇段拼接部位C50补偿收缩混凝土,待混凝土强度达到设计强度的90%后,方可拆除模板;

h.拆除旧桥桥台搭板,待旧桥桥台耳墙、背墙进行必要的局部改造与新桥或新的台后路面高程能够顺接后,再与新桥一并浇筑新的桥头搭板;

i.施工全桥桥面系,完成新、旧桥拼接。

为消除混凝土早期收缩徐变和墩台基础沉降带来的不利影响,优化施工组织方案,在条件允许的情况下,将新旧桥拼接工序尽量延后,根据公路改扩建工程特点,可考虑与后续的旧桥维修加固、绿化或机电工程同步实施。

3)主要材料

(1)混凝土

预制T形梁及横隔板、翼板湿接头采用C50混凝土;伸缩缝预留槽采用C50钢纤维混凝土;桥面现浇层对于正常厚度铺装部分按照原设计采用普通C50混凝土,对于旧桥左幅桥厚度比正常加大部分区域采用轻质混凝土,重度低于$20kN/m^3$,强度不低于C40混凝土强度,可以向专业生产厂商采购;桥面铺装采用沥青混凝土。下部构造采用C30混凝土;新、旧桥拼接部分采用C50补偿收缩混凝土。以上质量均应符合《公路桥涵施工技术规范》(JTG/T F50—2011)的有关规定,补偿收缩混凝土的浇筑、养护、验收、施工缝等处理参照《补偿收缩混凝土应用技术规程》(JGJ/T 178—2009)相关规定执行。

(2)钢材

①预应力钢绞线:采用符合《预应力混凝土用钢绞线》(GB/T 5224—2014)中规定的高强度预应力钢绞线。公称直径$\phi^s 15.2(7\phi 5)$mm,公称面积140mm²,抗拉强度标准值f_{pk}=1860MPa,弹性模量$E_p=1.95\times10^5$MPa。

②锚具及管道成孔:所采用的锚具应满足设计要求,并符合《公路桥涵施工技术规范》(JTG/T F50—2011)第7.3条和7.4条的规定。正、负弯矩钢束成孔均采用塑料波纹管,塑料波纹管材料的物理力学指标应符合《预应力混凝土桥梁用塑料波纹管》(JT/T 529—2004)的规定。

③普通钢筋:采用热轧HPB300、HRB400钢筋,钢筋直径≥12mm时采用HRB400钢筋,钢筋直径<12mm时采用HPB300钢筋,其主要技术性能必须符合《钢筋混凝土用钢 第2部

分:热轧带肋钢筋》(GB 1499.2—2007)规定的带肋钢筋(HRB400钢筋)及《钢筋混凝土用钢　第1部分:热轧光圆钢筋》(GB 1499.1—2008)规定的光圆钢筋(HPB300钢筋)的要求。

④钢筋网:钢筋网应符合《钢筋混凝土用钢筋焊接网》(GB/T 1499.3—2002)的规定。

⑤钢材:在支座、护栏、声测管等预埋的钢板、钢管采用符合国家标准《碳素结构钢》(GB/T 700—2006)规定的Q235钢。

(3)附属构造

①支座:采用GYZA500×110型板式橡胶支座和GYZF4A350×87型四氟滑板支座,其技术性能必须符合《公路桥梁板式橡胶支座》(JT/T 4—2004)的要求。

②桥面防水材料:桥面防水层采用有效防水材料,其材料物理指标经现场试验确定。

③伸缩缝:采用FD-80型伸缩缝,其技术性能必须符合《公路桥梁伸缩装置》(JT/T 327—2004)的要求。

④桥头搭板:两岸桥台均采用6m长搭板。

(4)胶黏剂

植筋及锚固用胶黏剂安全性能指标应符合《公路桥梁加固设计规范》(JTG/T J22—2008)第4.6.6条对A级胶的要求。

4)施工注意事项

(1)旧桥拆除

①新、旧桥拼接前,旧桥桥面系及边梁外侧50cm宽翼缘板混凝土需拆除。

②旧桥墙式护栏可采用盘锯通过水平和竖向切割成块,运离桥面,破碎后运至指定地点堆放或掩埋。护栏拆除时,应严格控制施工精度,不得损伤主梁及主梁钢筋。

③旧桥沥青混凝土铺装层及混凝土调平层宜采用人工凿除,不允许采用切割机、风镐等进行机械凿除,避免伤及主梁及主梁钢筋。拆除混凝土调平层时,应注意以下几点:

a.凿除时,应严格控制凿槽深度,槽深不应大于调平层厚度+1cm,也不宜小于调平层厚度,即一次性通过凿槽分块凿除。

b.主要参考设备:墙锯(圆盘锯片直径750~900mm,切割深度310~380mm)可平锯、立锯,额定功率≥32kW。辅助工具:钢筋探测仪、水箱、随机附件、冲击钻。圆盘锯片必须是钻石锯片。

c.凿除施工不能影响交通安全、桥下行人、行车安全及施工人员的安全等,须取适当的措施做好防护,如设置防护网等。

④旧桥边梁翼缘板凿除宽度为50cm,严禁采用盘踞连同护栏一并竖向切割的拆除方式,建议采用高压水射流凿除法拆除混凝土,以保护既有钢筋。混凝土凿除后,如发现既有钢筋发生锈蚀,应予以除锈并作防锈保护处理。

(2)新、旧桥拼接

①桥梁平面以外业实测数据为基础进行设计,新桥桩位与实测旧桥墩台中心线位于同一条直线上。

②桥梁纵面按改扩建路线纵断面高程和横坡进行设计。因旧桥桥面设置2%双向横坡,而改扩建路线设计在桥位处设置3%单向横坡,无法通过调整混凝土调平层和铺装层厚度实现桥面横坡顺接。故在施工前应参照前述设计要点中的新、旧桥拼接原则,实测旧桥各控制

点坐标及高程,通过调整旧桥上部结构高程,实现新、旧主梁平顺连接并适应改扩建路线横坡。

对于仅通过调整新桥高程或通过同时调整新、旧桥高程来实现新、旧桥拼接,而不采用改扩建路线设计高程情况时,则应以适应路线设计横坡为基础。施工时在桥梁起、终点设过渡段使路线纵断面逐渐与设计高程吻合。

③桥梁拼宽采用"上部连接,下部不连接"的方案。

新、旧桥上部结构之间通过后浇行车道板、横隔板和结构连续段进行连接,拼接部位后浇混凝土采用 C50 补偿收缩混凝土。

新建拼宽桥桥台台帽与旧桥之间预留 2cm 施工缝,以泡沫板填塞。

④新、旧桥拼接施工前,复测新、旧桥的坐标和高程,确定旧桥实际需要调整的高程差。

⑤拼接部位新、旧混凝土结合面需涂刷界面剂,可采用改性环氧类界面胶。界面胶应满足 A 级胶的要求,界面胶剪切黏结强度≥3.5MPa,且为混凝土内聚破坏;界面胶应可在水中固化,经过湿热老化检验合格,90d 湿热老化测试抗剪强度下降小于 10%,通过环保无毒测试。新、旧混凝土之间涂刷的结构界面胶需通过国家相关权威机构检测。界面胶涂刷前应将混凝土表面清理干净。

⑥新旧混凝土结合面处理。

a.用机械凿毛的方法,对新、旧混凝土结合面进行凿毛;使新、旧混凝土结合面粗、细集料外露(粗集料外露 50%),形成凹凸不平的表面(不平度不小于 6mm),确保新、旧混凝土的拼接质量。

b.在浇筑拼接部位补偿收缩混凝土前,旧桥外边梁和新建拼宽桥内边梁新、旧混凝土接合面及梁体至少不间断地浇水 3~6h,然后盖上土工布,直至旧混凝土及黏结面上无明水,保湿 12~24h,才能浇筑拼接部位混凝土。

c.在旧混凝土表面上先涂一层界面胶,提高黏结强度。拼接部位混凝土浇筑前,再采用掺量 10%的 UEA 型膨胀剂的水泥浆作为界面剂,对混凝土表面进行处理。为减小收缩徐变,水泥浆的水灰比尽量小一些。在表面处理达到要求并保持表面混凝土湿润状态下,用毛刷涂抹一层界面剂,厚约 0.5~1mm,然后浇筑新混凝土。

⑦植筋工艺。

a.定位:按设计要求标出植筋钻孔位置、型号,钻孔位置处若存在受力钢筋,可对钻孔位置做适当调整,但调整范围不得超过±10cm。

b.钻孔:钻孔深度与锚筋埋设深度相同,钻孔直径应满足《公路桥梁加固施工技术规范》(JTG/T J23—2008)中的表 A.2.1-1 要求,孔位应避让原结构钢筋,孔道应顺直。

c.清孔:先用硬毛刷往返旋转清刷孔道,再以高压干燥空气吹去孔底灰尘、碎片和水分,孔内应保持干燥。

d.注胶:采用专用灌注器或注射器用胶黏剂将植筋由孔底灌注至孔深 2/3 处,并保证在植入钢筋后有少许胶黏剂溢出。

e.植筋:钢筋植入前应对要植入钢筋上的锈迹、油污进行除锈和清理,注入胶黏剂后应立即单向旋转插入钢筋,直至达到设计深度,并保证植入钢筋与空壁之间的间隙基本均匀,校正钢筋的位置和垂直度,应清除孔口多余的胶黏剂。

f.静置固化:胶黏剂完全固化前,不得触动或振动已植钢筋,以免影响其黏结性能,且孔位附近不应有明水。

g.施工注意事项:

(a)钻孔植筋完毕后,应立即清理干净,并予以植埋,避免成片植筋孔长时间空置。

(b)对施工的废孔,应采用高于构件混凝土一个强度等级的水泥砂浆、聚合物水泥砂浆或锚固用胶黏剂进行填实,必要时应插入钢筋。

(c)施工场所应保持良好的通风,施工操作人员宜戴上防护面罩及防护手套。

(d)植筋焊接施工应采取以下措施:

一是,植筋的焊点距胶面距离不小于10cm;

二是,采取降温措施,如焊接施工时用冰水浸透棉纱布包裹植筋胶面根部钢筋;

三是,严禁对一根植筋连续焊接,应采用循环焊接施工的方法,即对一批焊接钢筋逐点、逐根焊接。

h.植筋经黏结抗拔试验合格后(植入钢筋抗拔力经过检测满足抗拉设计强度后),方可与搭接钢筋进行焊接或绑扎。

i.拼接部位C50补偿收缩混凝土浇筑时,对于一联桥梁必须整联一次性完成连续浇筑,待混凝土强度达到设计强度的90%后,方可拆除模板。

j.补偿收缩混凝土浇筑后的保温、保湿养护是施工的关键。浇筑后立即覆盖无纺土工布蓄水养护,养护时间不少于14d。土工布要求蓄水1次/2h,在中午前后一段时间,由于水分蒸发速度快,要求蓄水1次/h,注意早期养护。同时UEA膨胀剂的掺量不宜过大,否则强度会降低,因此在施工前进行掺量适配,得出最佳配合比在施工中使用。

k.新建拼宽桥上部结构简支向连续体系转换完成后,拼接部分施工暂缓进行,新桥需加载预压至少6个月,拼接前应跟踪观测新桥在加载预压下的沉降情况,当各墩台处沉降差大于5mm且呈持续发展趋势时,要会同设计代表分析原因,重新研究拼接方案。

l.新桥拼接前需采用与桥面系等重的等效荷载进行加载预压,加载方式可考虑堆放砂袋,在拆除旧桥桥面系时根据拆除顺序同步撤除。

m.新、旧桥拼接施工完成后,待拼接部分混凝土达到设计强度后需要再次观测新桥的沉降,并检查拼接部位有无异常情况,如有无明显变形、错位及开裂等。

(3)下部结构

①施工前应核对路线平、纵、横向等相关设计,校核本桥各部件放样的有关空间位置(坐标、高程)及相互连接关系,再进行施工。

②新桥墩台横桥向轴线均按旧桥墩台横桥向轴线方向设置,且各墩台与路线前进方向斜交角度略有不同。施工时,应提前查阅"桥台一般构造""桥墩一般构造"及"桩位坐标表"等设计图中相关参数,准确确定新桥墩台平面位置。同时,在施工前必须通过测量放样,核对新、旧桥桩位坐标、各控制点高程及新、旧桥的相对位置关系,相互校核,无误后方可进行施工。

③新建拼宽桥桩位放样时应采用双控:即按照施工图设计给定的桩位坐标放出桩位,然后将旧桥墩台中心线延长,墩台中心线延长后与按施工图实放桩位中心进行横向拟合,同时按照设计角度用钢尺对所放桩位之间距离在顺桥向进行校核,检查是否满足设计的预制梁

长要求,如误差超过范围,必须调整预制梁长。坐标放样时,纵桥向、横桥向误差不得超过2cm,若超过2cm则须重新调整新桥的桩基坐标以确保新老桥对齐拼接。

④在浇筑新桥墩台盖梁的支座垫块之前,必须对新、旧桥高程进行复查,确保新桥高程和旧桥需调整的高程差经复查无误后,方可浇筑墩台支座垫石。

⑤新建拼宽桥采用桩基础,成孔施工时应确保老桥结构不受到损伤,靠近老桥的桩基不宜采用冲击成孔工艺,应选择干扰小的成孔工艺,例如:回旋钻、挖孔等工艺。若采用冲击钻工艺时要严格控制冲程,并采用有效措施保护老桥桩基础和既有公路路基的安全。

⑥桩基成孔后,必须测量孔体的孔深、垂直度、孔径和底部沉淀层厚度等值,确认满足设计要求后,才能灌注混凝土。灌注混凝土过程中尤其需要注意控制成桩钢筋笼的中心位置,应加强检测,防止坍孔、缩径、混凝土离析和桩偏位。

⑦为了控制桩基础差异沉降,必须严格控制灌注桩桩尖沉淀层厚度小于20cm,不得采用超钻的方法补偿清孔不足所造成过大的沉淀层厚度。浇筑混凝土前应检查孔底的沉淀层厚度,超出范围的必须进行二次清孔。

⑧为保证桩基本身质量,应逐桩进行超声波检测。桩基施工时应在每根桩钢筋笼内布置超声波检测预埋钢管。桩径≤1.5m时设3根钢管,桩径>1.5m时设4根钢管,钢管下端伸至桩底,上端伸出桩顶。预埋钢管为外径57mm、壁厚3mm热轧无缝钢管。超声波检测完毕,应对钢管进行填塞,填塞混凝土强度不得低于C30。

⑨本桥墩、台施工中应注意控制基础高程。若发现实际地形、地质与设计文件不相符时,应及时与设计代表或设计单位联系,以便协商处理。

⑩支座垫石、防震挡块宜与盖梁或帽梁同时浇筑,但支座垫石浇筑时,应考虑上部构造板梁上拱值过大带来的对支座垫石高度理论值的调整。

⑪加宽侧桥台施工:局部拆除旧桥锥坡和台后路面开挖时,要采取必要的防护支挡措施,防止路基垮塌。

⑫支座安装要求:

a.支座进场后,应检查支座上是否有制造商的商标及永久性标记。安装时,应按设计图要求在支座垫石和支座上标出支座支承中心线,以保证支座准确就位。

b.支座安装时,应防止支座出现偏压产生过大的初始剪切变形。安装完成后,必须保证支座与上、下部结构紧密接触,不得出现脱空现象。

c.支座安装后,应全面检查支座是否漏放,支座安装方向、支座形式是否有错,临时固定设施是否拆除,四氟滑板支座是否注入硅脂油等现象,一经发现问题应及时调整和处理。只有上述检查合格后,才能进行主梁纵、横连接等下一步工作。

其他未尽事宜,遵照《公路桥涵施工技术规范》(JTG/T F50—2011)及《公路工程质量检验评定标准 第一册 土建工程》(JTG F80/1—2004)规定执行。

(4)其他注意事项

①禁止使用爆破及大锤锤击等可能破坏既有构造物的方式拆除旧桥桥面系及旧桥边梁翼缘板。

②新建拼宽桥主梁安装之前,要提前检查内边梁的上拱度,若不能满足要求应采取措施,如提前预压,减少上拱值,保证拼接质量,预压布载方式应根据板、梁受力特点布置,切忌

集中于一个点进行大吨位加载。

③新、旧桥拼接前,应对旧桥进行全面检查,如需进行维修加固,则必须在旧桥完成必要的维修加固后,方可进行新、旧桥拼接。

④本桥桥台附近及桥下严禁堆放废料。如因施工需要,施工便道穿行本桥范围,则必须做好便道的防排水工程,以免造成不良地质病害,危及桥梁安全。

⑤施工期间按国家有关法律、法规及规范的规定做好交通组织和疏导工作,及时处理车辆故障、交通事故等突发事件,保证公路畅通。施工单位在施工前应与交管部门协商解决交通疏导和交通安全等有关问题。

⑥在施工及后续运营期间,应加强对新、旧桥及新旧拼接部位的观测。

5)拼宽桥接缝施工技术指南

新、老桥接缝施工主要步骤如下:

(1)拆除老桥混凝土防撞护栏

①根据吊装机具的吊装能力确定护栏切割长度。

②现场进行切割位置划线。

③现场切割吊移。

(2)凿除老桥局部翼缘板混凝土

①混凝土凿除前先进行翼缘板钢筋定位与标示。

②翼缘板混凝土凿除施工。

③接缝端面修整与凿毛。

(3)植筋及相关钢筋安装施工

①植筋钻孔前先进行原结构钢筋和钢束的定位与标示。

②植筋钻孔与植筋,随钻随植,分批交替进行。

③其他钢筋安装与施工涉及钢筋焊接时应对植筋进行降温保护。

(4)新、老桥拼接处横隔板湿接缝连接施工

①拟试验横隔板的应变计安装。

②横隔板模板安装。

③临时钢横梁安装。

④横隔板混凝土浇筑与养护。

(5)新、老桥拼接处桥面板湿接缝施工

①拟试验桥面板的应变计安装。

②桥面板接缝板模板安装。

③桥面板混凝土浇筑与养护。

(6)新、老桥桥面铺装施工

①主要施工工艺

a.拆除混凝土防撞护栏。

防撞护栏拆除可采用切割或凿除的方法施工。为避免拆除施工造成结构损伤,禁止采用爆破或大锤锤击拆除。拆除施工不能影响既有公路的交通安全和桥下行人、行车安全。施工操作人员须采取适当措施,做好安全防护。

b.凿除老桥翼缘板混凝土。

老桥防撞护栏拆除完成后,再凿除护栏下部老桥翼缘板边缘部位的混凝土。可采用空压机配合风镐进行混凝土凿除作业。混凝土凿除施工时不得损伤原结构钢筋,以备下一步与新桥翼缘板钢筋的连接。凿除施工前宜探明原结构钢筋位置。植筋端面按施工缝处理,对作业面进行浮渣清理和清水冲洗。

c.涂刷界面剂。

界面剂涂刷前应将混凝土表面清理干净。浇筑混凝土前,拼接部位新旧混凝土界面之间需涂刷界面剂,界面剂种类和性能按设计要求采用。

d.植筋。

老桥T梁的侧面按设计横隔板位置植筋,植筋应按要求进行打孔、清孔、灌胶、植筋,确保种植的钢筋与梁体混凝土牢牢相连。植筋施工前,应先探明原结构钢筋和钢束位置,植筋钻孔时避开原结构钢筋和钢束,不得造成任何损伤。

植筋结构胶应采用Ⅰ类A级改性环氧树脂类植筋结构胶,胶黏剂填料必须在工厂制胶时添加,严禁在施工现场加入,其性能应符合《工程结构加固材料应用安全性鉴定技术规范》(GB 50728—2011)中的表4.2.2-3~表4.2.2-5的Ⅰ类A级胶基本性能指标的要求。

主要的施工要点：

(a)定位:按设计要求标示钻孔位置、型号,若孔位过程中碰到原结构中已有钢筋,钻孔位置可适当调整。但均应植在箍筋内侧,且钻孔应尽可能靠近预接长的已有钢筋。

(b)钻孔:孔深与锚筋埋设深度相同,孔径比锚筋大2~4mm,孔位应避让构造钢筋,孔道应顺直。按《公路桥梁加固施工技术规范》(JTG/T J23—2008)附录A.2.1要求进行钻孔植筋。

(c)清理钻孔:先用硬鬃毛刷清理孔道,再以高压干燥空气吹去孔底灰尘、碎片和水分,孔内应保持干燥。

(d)灌胶:将植筋胶由孔底灌注至孔深2/3处,待插入锚筋后,植筋胶即充满整个孔洞。

(e)插入锚筋:锚筋插入前应清除插入部分的表面污物,表面应先用钢刷清除污物,再用丙酮擦净,并拭干。单向旋转插入孔底,应清除孔口多余的胶,保证植入的钢筋与孔壁间隙基本均匀,校正钢筋的垂直度。

(f)在胶液固化之前,避免扰动锚固钢筋、在孔位附近有明水。

(g)植筋钻完孔后,应立即清理干净,并予以植埋,避免成片植筋孔长时间空置。

(h)严禁采用胶黏剂直接涂抹在钢筋上植入孔中的植筋方式。

(i)对施工的盲孔应立即清孔,干净后用植筋环氧胶回填。

植筋的交工检验标准：

(a)基本要求。

一是,植筋所用钢筋、结构胶等材料类别、规格及性能指标应符合现行相关标准和设计的要求,并具备出厂合格证。

二是,胶黏剂填料必须在工厂制胶时添加,严禁在施工现场加入。

三是,钢筋应单向旋转插入到孔底,孔口多余的胶应清除,保证植入的钢筋与孔壁间隙基本均匀,校正钢筋的垂直度。严禁采用胶黏剂直接涂抹在钢筋植入孔中的植筋方式。

四是,对施工的盲孔应立即清孔,干净后用植筋环氧胶回填。

第6章　桥梁改扩建问题及处置对策

五是，在胶液固化之前，避免扰动锚固钢筋和在孔位附近有明水，植筋孔胶液完全固化后，方可进行后续工程。

(b)植筋实测项目，见表6.10-3。

植筋实测项目　　　　　　　　　　表6.10-3

项次	检查项目	规定值或允许偏差		检查方法和频率
1	抗拔力* (kN)	满足设计要求		固化7d后，按《混凝土结构后锚固技术规程》(JGJ 145—2013)附录B，抽检3%，且不少于5根
2	孔径 (mm)	孔径<14	≤1	尺量：每规格抽查10%
		孔径14~28	≤2	
3	孔深 (mm)	上下部结构	+10,0	
		承台与基础	+20,0	
		连接节点	+5,0	
4	钻孔垂直度 (°)	上下部结构	2	
		承台与基础	3	
		连接节点	1	
5	位置偏差 (mm)	上下部结构	5	
		承台与基础	10	
		连接节点	5	

注：*对锚固质量有怀疑时，应按《混凝土结构后锚固技术规程》(JGJ 145—2013)要求选取锚固区外的同条件位置进行现场破坏性检验。

(c)外观鉴定。植筋孔口胶液外露均匀，外露钢筋无锈蚀与残胶，不符合要求时应处理锈蚀和残胶。

e.钢筋绑扎连接。

(a)横隔板钢筋连接：将老桥植入的钢筋和新预制梁板的横隔板钢筋焊接，按照设计和规范要求焊接牢固，确保焊缝长度满足规范要求。

(b)新、老桥横向接缝钢筋连接：将拼宽梁翼缘板预留筋与老桥翼缘板钢筋逐一对应连接，建议全部采用焊接方式，焊缝长度满足规范要求，确保新、老桥连接强度。

(c)接缝钢筋的定位误差宜控制在10mm以内。

f.浇筑横隔板混凝土。

新、老桥连接横隔板要先于桥面板混凝土进行浇筑。建议对横隔梁的钢模板进行适当改造，增加型钢支撑和临时连接措施，形成临时刚性横梁，增强模板的面外刚度，减小老桥行车振动对新浇混凝土的影响。临时钢横梁刚性连接示意如图6.10-1所示。临时钢横梁锚栓位置应注意避开原结构钢束和钢筋。

横隔板混凝土建议采用微膨胀混凝土，混凝土强度等级宜比设计值C50提高一个等级到C60，同时混凝土宜掺聚丙烯纤维$0.9 kg/m^3$，以控制早期混凝土收缩裂缝。宜选择车流量小，气温稳定的时间段进行混凝土浇筑，如22:00~6:00。

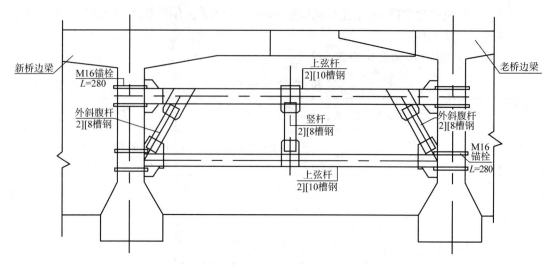

图 6.10-1 临时钢横梁刚性连接示意图(尺寸单位:cm)

横隔板混凝土浇筑完成后,至混凝土终凝前,宜对交通进行控制。封闭接缝侧半幅车道,控制车速小于 30km/h。行车旧桥桥面应清扫干净,表面不平整的缺陷如坑槽等应修补平整,有条件时桥面宜铺垫软性减振材料,如橡胶垫、草垫等,以尽可能减少车辆行车的振动冲击。现场进行接缝变形监控,监控行车状态(特别是 6 轴重型货车),控制接缝处混凝土浇筑后 24h 内的振动幅值水平在 2mm 以下。

监控点布置和仪器架设点示意如图 6.10-2 所示。选择方便监控的一跨,布置位移靶标,新桥和老桥各布置一个,监控仪器架设在与桥头平整稳定处。

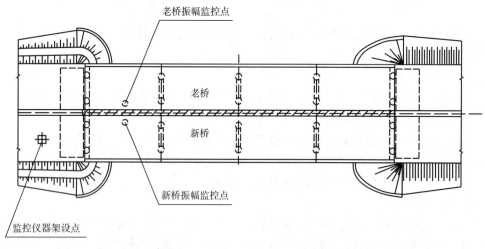

图 6.10-2 监控点布置和仪器架设点示意图

g.桥面板接缝模板制作。

应按照模板的工艺要求制作模板,根据纵缝施工特点进行模板制作。可以采用吊模法,将模板的支点支撑在纵缝两侧混凝土之上,要确保模板的稳定与牢固,模板与 T 形梁要拼接严密,模板边缘粘贴海绵止水条以防漏浆,模板宜采用钢模板。

h.浇筑桥面板接缝混凝土。

待横隔板混凝土达到一定强度后,方可进行接缝混凝土的浇筑施工。对混凝土接触面充分凿毛,应凿成不小于6cm的凹凸面,浇筑混凝土前应将接触面清理干净。混凝土浇筑时要特别注意新、老桥桥面板混凝土的交界面处理,除涂抹界面剂外,尚需进行认真振捣和抹面,保证结合紧密。接缝混凝土浇筑完毕后应覆盖,并进行保水保温养护,避免养护前7d的突然降温与剧烈干燥。可采取的方案包括:浇筑完成后立即收光2~3次并覆盖塑料薄膜,防止水分快速蒸发,混凝土终凝后撤除薄膜,并涂刷养护剂或洒水养护,覆盖草袋等进行遮阳保温。

接缝混凝土同横隔板混凝土,宜采用高一等级(C60)微膨胀混凝土。

拼接部位平整度:用3m尺量每30m测1处,每处3尺,要求控制在5mm以内。

②老桥交通导行

接缝施工期间,应对旧桥交通进行导行,根据施工空间和技术需要,分3种情况:a.旧桥结构拆除及接缝钢筋绑扎时交通导行;b.横隔板接缝混凝土浇筑及养生期间交通导行;c.桥面板接缝混凝土浇筑及养生期间交通导行。

施工导行前需向交通管理部门上报交通导行方案,获得批准后方可进行交通导行及施工。

a.旧桥结构拆除及接缝钢筋绑扎交通导行。

旧桥结构拆除及接缝钢筋绑扎时,采用占用外侧车道1.85m作为施工及交通导行设施码放区域,压缩内侧车道并重新渠化内侧车道。该部位交通导行持续时间长、占路少,对交通影响较小,交通导行示意如图6.10-3所示。

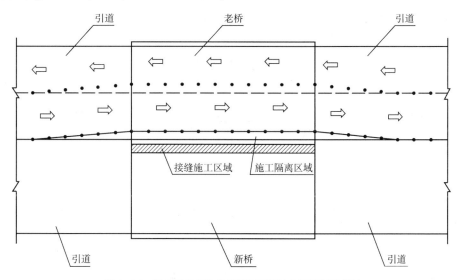

图6.10-3 旧桥结构拆除及接缝钢筋绑扎交通导行示意图

b.横隔板接缝混凝土浇筑及养生期间交通导行。

横隔板接缝施工时,根据位移监控数据,确定是否进行半幅封闭。如需进行位移控制,则封闭旧桥拼宽侧车道,封闭时段为当天22:00至次日6:00,施工封闭区域设置出入口,以便混凝土运输车出入,如图6.10-4所示。

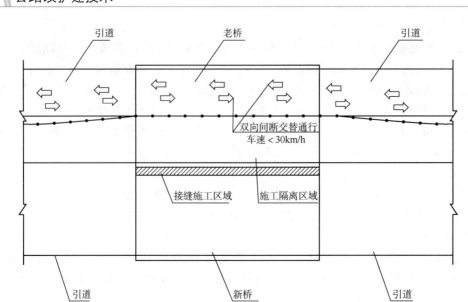

图 6.10-4　横隔板接缝混凝土浇筑及养生期间交通导行示意图

c.面板接缝混凝土浇筑及养生期间交通导行。

桥面板接缝混凝土施工时,采用占用外侧车道 1.85m 作为施工及交通导行设施码放区域,压缩内侧车道并重新渠化内侧车道,交通导行示意如图 6.10-5 所示。

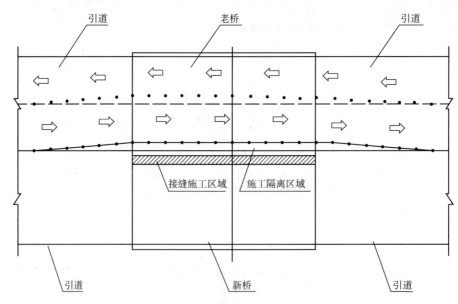

图 6.10-5　桥面板接缝混凝土浇筑及养生期间交通导行示意图

6)工程试验方案

接缝施工期间由于既有公路处于通车状态,行车激发桥梁振动,会对现浇混凝土的黏结成型、后期力学性能等造成不可预知的影响。

针对扰动对于现浇混凝土的影响,在此领域,前人并无过多的研究,尚无成熟的经验可

第6章 桥梁改扩建问题及处置对策

以借鉴和指导,而且实验室模拟的状况也难以与实际工况相符。因此,在正式施工前先施工一段横隔梁和桥面板混凝土,作为试验段,以评估实体混凝土质量和结构性能变化。

为了解老桥振动对接缝混凝土的影响,需对新、老桥振动位移情况和接缝混凝土的实体质量、接缝混凝土内部缺陷和接缝混凝土的应力情况进行监测,拟进行表6.10-4的试验测试。

拟进行试验测试的主要项目和内容 表6.10-4

测试项目	测试内容
位移监控与控制	1.新、老桥连接前老桥振动位移测试; 2.横隔板连接后新、老桥振动位移测试; 3.桥面板接缝混凝土浇筑后,振动位移监测与控制
混凝土质量检测	1.接缝混凝土芯样与同条件试块的强度; 2.实体结构混凝土回弹强度和钢筋握裹力测试; 3.混凝土表观质量检测; 4.混凝土内部缺陷检测
混凝土应力测试	1.拼接段桥面板的应力测试; 2.拼接段横隔板的应力测试

位移监控与控制如下:
(1)监控方案

采用非接触式光电位移测量分析系统实时进行位移测试。根据位移监控数据,以新、老桥位移差不超过2mm为标准,实时进行交通控制。

(2)测点布置

测点布置于边跨跨中部位。

(3)测试周期及频率

测试采取随机采样的方式,测试时间为18:00至次日4:00,每隔半小时进行一次测试,每次测试时间为10min。

混凝土应力测试:
(1)测试方案

将振弦式应变计埋入混凝土,检测混凝土结构的应力变化情况。

(2)测点布置

在半跨上选取5个桥面板截面和3个横隔板截面作为观测位置,测定混凝土的应力变化情况。在桥面板接缝与新、老桥翼板相邻位置上下缘均埋置应变传感器;在现浇横隔板的中部上下缘位置分别埋设应变传感器。应变传感器埋设位置如图6.10-6、图6.10-7所示。

(3)测试周期及频率

①第1周期(1个月)

浇筑结束到混凝土强度达标期间,每3天检测1次,了解混凝土早期收缩等变化对结构性能的影响。

②第2周期(9个月)

混凝土强度达标后,每一个月检测1次,连续检测9个月,了解混凝土后期收缩徐变等对结构性能的影响。

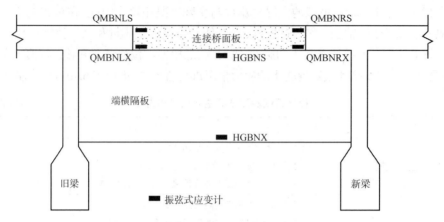

图6.10-6 拼接混凝土段应力测试传感器立面布置图
HGB-横隔板;QMB-桥面板;N-位置编号;L-左截面;R-右截面;S-上缘;X-下缘

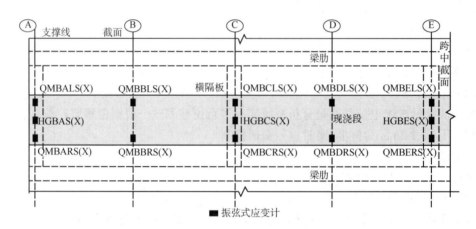

图6.10-7 拼接混凝土段应力测试传感器平面布置图

7)经验教训总结

(1)龙茵大桥拼宽中获得的经验

①龙茵大桥解决新旧桥之间存在的沉降差异的主要办法:a.新桥桩基采用增加(加深)桩长,增强基础抵抗沉降变形位移的能力;b.在新桥桥面板中采用轻质混凝土,减轻桥梁荷载,降低新桥的沉降变形;c.对新桥采用预压的方法,当新桥主梁吊装完成后,新、旧桥拼接之前对新桥进行预压,预压布载根据板、梁受力特点布置,进行至少6个月的预压,并根据沉降观测确定沉降稳定后再进行新旧桥的拼接。三种方法共用解决新桥沉降造成的新、旧桥之间的沉降差问题。

②保证新旧桥接缝质量和共同受力的方法:a.横隔板和桥面接缝混凝土均采用微膨胀混凝土,混凝土强度等级比设计值C50提高一个等级到C60,同时混凝土掺聚丙烯纤维$0.9kg/m^3$,以控制早期混凝土的收缩裂缝;b.横隔板和接缝施工选择车流量小、气温稳定的时间段进行混凝土浇筑,如22:00~6:00;c.横隔板和接缝混凝土浇筑完成后至混凝土终凝前,对交通进行控制,控制接缝处混凝土浇筑后24h内的振动幅值水平在2mm以下;d.增加横隔板模板的刚度。

③解决横隔板顶部、T形预制梁之下横隔板混凝土浇筑存在空隙问题的方法：a.增加混凝土的流动性；b.在模板的顶部开孔，一是让混凝土顶部空气排出，浇筑足量的混凝土，二是利用开孔进行顶部空隙的注浆。

④其他。在桥面板接缝混凝土和横隔板混凝土施工中，严格认真地按规范和规程进行施工，确保桥面板接缝和横隔板混凝土施工的质量。

（2）龙茵大桥拼宽中一些可以吸取的教训

①在弯道处的预制桥梁施工中，采用预制梁桥的方案进行加宽可能会产生部分桥面板的废弃或浪费，如图6.10-8所示。其改进办法：a.加宽桥梁尽量布置在直线段；b.利用废弃的桥面板顶部进行岗亭布置或绿化、美化，充分利用不能作为行车道或防撞墙的桥面板等桥梁结构。

图6.10-8　弯道桥上多余的桥面板

②新、旧桥的横隔板很难对齐，特别是弯道处的新、旧桥的横隔板，如图6.10-9和图6.10-10所示，要求：a.在设计和施工前，应对桥梁的横隔板位置、方位等进行精确测定；b.在制作新桥主梁模板时，应在现场横隔板位置、方位精确测定的基础上进行横隔板位置、方位的精确制作。

图6.10-9　方位不对应，位置对应造成横隔板弯折

图 6.10-10　位置不对应造成横隔板错位

实例 2：沈大高速公路改扩建工程

对桥梁新旧构造物在结合处产生纵向裂缝采取了以下技术方案。

（1）加宽桥涵与原桥上、下部全部刚性联结，上部结构预制安装后，放置 3 个月再与原桥联结。

（2）加强对加宽部分的基础设计，减少新旧桥体的不均匀沉降。原桥为扩大基础的，当基底土层较薄、岩层埋深较浅时，采取换填或直接将基础置于岩层上的方案；当基底土层较厚、岩层埋置较深，基础条件不好时，虽然地基允许承载力满足要求，但也采取一定的措施，如加大基础成整体筏式、采用粉喷桩或碎石桩处理地基、采用桩基础等。

（3）为尽量减小新、旧桥梁上、下部之间的沉降差及尽量缩短施工工期，控制拓宽部分梁板的安装龄期，先施工新建加宽部分的基础、墩台身及台帽（盖梁），并安装部分新建上部梁板，在封闭交通后联结下部结构，减少联结处的附加应力。

（4）当原桥上部为预应力结构时，考虑到预应力引起的渐变影响，加宽桥部分的上部梁板按部分预应力混凝土 B 类构件设计。

（5）设计中采用 HLT 植筋技术、聚丙烯纤维混凝土等新技术、新材料，确保新、旧桥联结处的安全、耐久，抑制裂缝的蔓延。

（6）改扩建中，对原桥的缺陷等问题进行集中处理。桥的梁长 $L \geqslant 10m$ 的全部梁采用预应力结构，对单板受力较多的翼缘式空心板进行全部更换，对原桥的裂缝进行封缝等处理，增设桥头搭板等。

实例 3：昌樟高速公路改扩建工程中对既有桥梁改扩建

1）需要解决的主要问题

（1）未更换桥面铺装层空心板横向联系偏弱，部分桥面出现纵向裂缝，存在单板受力现象。

（2）部分支座脱空、缺失及老化、破损病害。

（3）16m、20m 跨桥墩盖梁承载能力满足要求，结构安全性有保证，计算控制裂缝超标，影响结构耐久性。

（4）由于改扩建工程需要，不同路段路面高度均有不同程度抬升，桥梁改造必须适应公路纵坡调整,以满足行车舒适度的需要。

(5)部分桥台由于基础不均匀沉降,引起墙身结构性裂缝。

(6)部分整体现浇板出现纵向裂缝。

2)昌樟高速公路改扩建工程中既有桥梁加固改造措施

(1)将养护中未更换的桥面铺装更换为12cm混凝土+10cm沥青混凝土,设置双层带肋钢筋网,在铰缝中灌注自流平环氧灌浆料,有效改善空心板横向联系。

(2)顶升梁体,更换所有支座,使桥梁高程满足路线纵坡调整需要。

(3)对部分桥台基础存在不均匀沉降的情况,采取注浆加固处理,桥台存在严重裂缝的,采用外包混凝土框架加固处理。

(4)对16m、20m空心板钢筋混凝土帽梁采用增设预应力方式加固,有效减小计算裂缝宽度,使其满足正常使用极限状态计算裂缝宽度要求。

(5)对整体现浇板存在纵向裂缝的,采用横向粘贴钢板加固。

桥梁加固处置的设计见图6.10-11～图6.10-15。

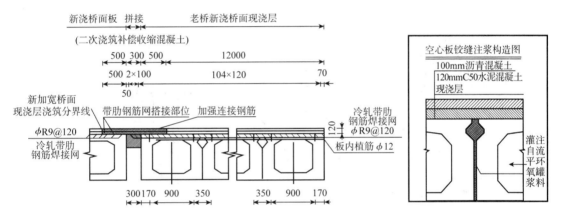

图6.10-11 一般桥梁维修加固改造(尺寸单位:cm)

图6.10-12 桥面铺装更换为12cm混凝土+10cm沥青混凝土

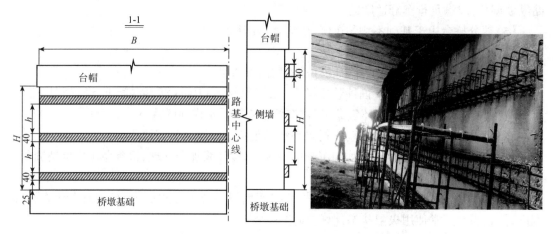

图 6.10-13　桥台墙身外包混凝土框架加固(尺寸单位:cm)

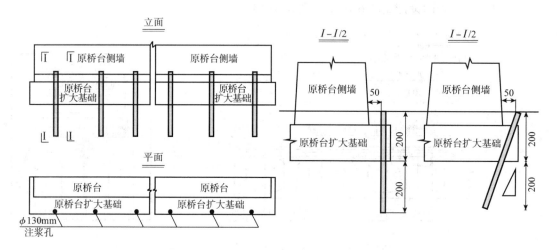

图 6.10-14　桥台基础钢花管注浆加固(尺寸单位:cm)

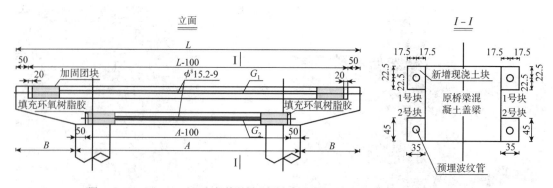

图 6.10-15　16m、20m 空心板钢筋混凝土帽梁采用增设预应力方式加固(尺寸单位:cm)

昌樟高速公路改扩建工程中的其他病害维修加固措施：
(1)裂缝病害处理
①对于宽度大于或等于 0.15mm 的裂缝,采用压力注胶法封闭。

②对于宽度小于 0.15mm 的裂缝,采用表面封闭法封闭。

(2)缺陷修补处理

①对于面积小于 25×25cm², 深度小于 5cm 的混凝土表面缺损,凿除松动混凝土,外露集料,钢筋除锈,用聚合物水泥基修补材料进行修补。

②对于缺损面积大于 25×25cm²、深度大于 5cm 时的混凝土结构表面缺损,凿除松动混凝土,外露集料,钢筋除锈,清除浮尘,喷涂阻锈剂及界面剂,浇筑环氧混凝土修补。

第7章 互通立交改扩建问题及处置对策

互通式立体交叉是两条或多条道路利用跨线桥、地下通道等在不同平面上互相交叉,并用匝道连接起来、专供汽车行驶的人工构造物。互通式立体交叉适用于高速公路与其他各级道路、大城市出入口道路以及通往重要港口、机场或旅游胜地的道路相交处,在路网中起着交通枢纽的作用,对于确保车辆快速、安全、畅通行驶发挥着重要作用;同时也是控制车辆出入、收费管理的重要设施。互通式立交全部或部分消灭了冲突点,各方向行车相互干扰小,但立交结构复杂,占地多,造价较高。

立交改扩建工程从建设目的方面可以分为功能性与需求性两类:

①功能性:此类改扩建工程是为在既有立交的基础上增加新的交通转换功能,多因新项目的建设、路网结构发生变化的需要,对原互通立交进行改造完成新的交通转换功能。

②需求性:此类改扩建是因为主线的规模扩建或立交本身转换交通量的增长,既有的设计标准不能满足现行规范、交通量转换的需求而进行的。

7.1 互通式立交的基本结构

立体交叉通常由跨线构造物、正线、匝道、出入口以及变速车道等部分组成,如图7.1-1所示。

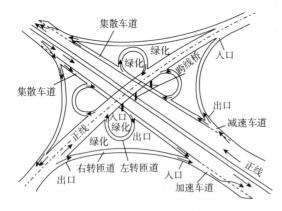

图7.1-1 立体交叉的组成

匝道:专供正线转弯车辆行驶的连接道,是立体交叉的重要组成部分。按其作用可分为左转匝道和右转匝道两类。一条转弯匝道一般由三部分组成:离开原线的驶出道口,匝道经行的路段和汇入另一路线的驶入道口。

跨线构造物:指跨越被交叉道路的跨线桥(上跨式)或穿越被交叉道路路堑(下穿式),跨线构造物是立体交叉实现车流空间分离的主体构造物。

正线:它是组成立体交叉的主体,指相交道路(含被交道路)的直行车行道。主要包括连接跨线构造物两端到地坪高程的引道和立体交叉范围内引道以外的直行路段。根据交汇道路等级,正线可分为主要道路(主线)、一般道路或次要道路。

出入口:由正线驶入匝道的道口叫作出口;由匝道驶入正线的道口叫作入口。

变速车道:为适应车辆变速行驶的需要,在正线右侧的出入口附近增设的附加车道。按其功能分为减速车道和加速车道,出口端为减速车道,入口端为加速车道。加速车道长度应从匝道口渐变段达到匝道路面标准宽度那一点算起;减速车道长度应算到匝道口三角渐变段路面宽度比标准宽度开始减窄的那一点止。在三角渐变段内,汽车还未完全脱离正线原来车道,不能计入加减速车道长度之内。

辅助车道:在高速公路立体交叉的分合流附近,为使匝道与高速公路车道数平衡和保持正线的基本车道数而在正线外侧增设的附加车道。

7.2 互通式立交的种类

互通式立体交叉根据用途和构造的不同,一般分为以下几种:

(1)按相交道路跨越方式划分

立体交叉按相交道路跨越方式可划分为上跨式和下穿式。

①上跨式

用跨线桥从相交道路上方跨过的立交方式。上跨式立体交叉的主线高出地表面,施工比较方便,因下挖较小,对地下管线干扰小,排水容易处理。其主要缺点是施工期较长,造价较高;跨线桥影响视线和周围景观,纵坡较大,引道较长,占地较大。

②下穿式

用路基从相交道路下方穿过的交叉方式。下穿式立体交叉的主线一般低于地表面,纵面易处理,立交构造物对视线和周围景观影响小,纵面指标较高。其主要缺点是施工时对地下管线干扰较大,不利于排水,养护管理费用大。

(2)按相交道路的条数划分

①三路立体交叉

三路全互通式立体交叉主要有喇叭形、子叶形和Y形立体交叉三种。喇叭形立体交叉是三路立交的代表形式,它是用一个环形匝道和一个半定向匝道来实现车辆左转弯;子叶形立体交叉是用两个环形匝道来实现车辆左转弯;Y形立体交叉是用定向匝道或半定向匝道来实现车辆左转弯。

②四路立体交叉

四条道路交汇于一处,由于转弯行驶方向数的增加,使得四路立交比三路立交结构更为复杂,工程规模更大。

四路全互通式立体交叉有苜蓿叶形立体交叉、X形立体交叉、涡轮式立体交叉和组合式立体交叉等形式。苜蓿叶形立体交叉通过四个对称的环圈式左转匝道来实现各方向左转弯车辆的运行,是四路交叉最常用的形式之一;X形立体交叉又称定向式立体交叉,是由定向左转匝道组成的一种高级全互通式立交,其各转弯方向车辆运行都有专用车道,是全互通式立交的最高级形式之一;涡轮式立体交叉是由四条半定向式左转匝道组成的一种高级全互通式立交;组合式立体交叉是采用两种或两种以上不同形式左转匝道组合而成的立体交叉,由于受交通量及地形、地物等方面因素的限制,匝道组合形式是多样的。

③多路立体交叉

五条及五条以上道路交汇于一处构成多路交叉。多路交叉时,转弯方向增多,匝道及出入口大幅增加,交通标志标牌设置复杂,不仅工程规模巨大并且极易导致驾驶员误行或者交通事故，所以规划时应尽量避免多路交叉。

(3)按是否收费划分

由于立交是从一条道路转弯进入另一条道路的枢纽，因此，如果道路要收费，就必须把转弯匝道都引到一个收费站处，便于管理。因此收费立交的形式和不收费立交完全不同。

(4)常用互通立交说明

互通立交的种类很多，类型多样，名称也不统一。分类依据不同，其分类也不一致。除上述分类方法外，根据转弯功能齐全与否可分为完全互通式立交和不完全互通式立交；按交叉冲突点是否全部消除可分为完善的立交(所有交叉冲突点全部消除，各匝道都相互立跨，没有平面交织或交叉)和不完善的立交(存在个别的平面交织或交叉)等。

以下对两种较常用的互通立交(喇叭形、苜蓿叶形)进行较详细的说明。

①喇叭形互通立交

喇叭形互通立交是三肢立交的代表形式，如图 7.2-1 所示。

喇叭形互通立交有如下优点：为较繁重的转弯交通量提供了一个相对高速度的半定向运行；只需一座跨线构造物，投资较少；没有冲突点和交织，通行能力大，行车安全；结构简单，造型美观，行车方向容易辨别。缺点是环圈式匝道上行车速度低，线形较差，若采用较高的计算行车速度则占地较大；左转弯车辆绕行距离较长。

②苜蓿叶形互通立交

苜蓿叶形立体交叉是四肢全互通式立体交叉的一种，如图 7.2-2 所示。由于相交道路的条数和转弯行驶方向数的增加，使得四路立交比三路立交更为复杂，占地和投资也大。苜蓿叶形立交是一种比较完善的高级形式立交，其匝道数与转弯方向数相等，各转弯方向都有专用匝道，所以不会产生冲突点，行车比较安全。

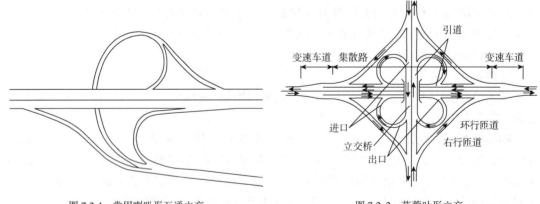

图 7.2-1　常用喇叭形互通立交　　　　　图 7.2-2　苜蓿叶形立交

苜蓿叶形立交的优点如下：所有左转弯冲突都被消除；无需交通信号控制；交通运行连续自然；必要时可分期修建。缺点是：要求大面积的用地，环圈匝道半径不宜过小；在快速公路和次要路线上的交织可能严重限制通行能力；环圈匝道出口在构造物之后；下面构造物有附加交织车道，增加造价；由快速公路到内部环圈式匝道控制速度的减速长度不足，安全状况不良。

7.3 互通式立交改扩建存在的问题

互通式立交作为实现道路之间连接和车辆转换的节点,已经成为公路交通的门户,是高速公路必不可少的组成部分,也是沿线城镇交通进出的唯一通道,同时也是影响主线通行能力和服务水平的重要区段。目前,我国高速公路正处于大规模改扩建时期,即将进行的互通式立交改扩建项目较多,而我国至今还没有一套独立、完整的立交设计规范,对其改扩建工程更是困难重重,许多互通式立交改扩建后仍存在不合理性。

互通式立交改扩建方式比较复杂,既要在总体上有合理的改扩建方案,又具体到细部的匝道、跨线桥等设施的改扩建方案,需考虑的因素较多,难度较大;改扩建工程不仅用到自然科学中的桥梁拼接等技术问题,而且涉及管理科学中的交通分流、施工组织及交通组织等问题,困难重重。

立交改扩建有三种情况:一是由于立交交通量增大,导致立交服务水平下降,通过改扩建提高其通行能力和服务水平;另一种情况是由于高速公路的改扩建引起立交的改扩建;第三种是由于路网规划对既有立交的改扩建。互通式立交改扩建主要存在以下几个问题:

(1)互通式立交改扩建项目研究深度不够,改扩建方案选择不尽合理

立交改扩建工程不同于新建工程,其社会环境、自然环境等限制条件较多,其设计、施工难度都非常大,并且改扩建施工期间对区域交通的干扰和影响程度高。互通式立交改扩建工程在高速公路改扩建中往往不被重视,由于对立交本身及所在区域自然和社会环境缺乏综合深入的研究,在立交规划和方案制订上出现重视程度不够、考虑因素不周全、多方案比选不到位等情况,导致改扩建方案和工程规模等不合理的问题出现。

在公路改扩建工程中,立交方案的改扩建方案研究是整个设计的重要环节,其优劣对工程投资、技术等级、服务水平都会产生直接影响。如果选择不当,不仅会永久影响立交自身功能和作用,而且影响到主线、被交路的运营乃至一定范围的社会效益。

(2)设计理念陈旧

随着社会的发展和道路交通日趋现代化,互通式立交的设计理念发生了根本性的变化。早期互通式立交关注"经济",造价低是当时设计者追求的主要目标。现代互通式立交注重的是"以人为本",不但要满足交通和功能需求,而且要提供安全、舒适的运行环境,追求人与自然的和谐统一。体现在设计中则是对安全、环境、功能、用地和成本等因素综合考虑和更为灵活的设计手法。立交改扩建应以安全为重点、功能为前提、环境为纽带,统筹兼顾各种要素,抓住主要矛盾,体现设计新理念。

(3)对施工期间交通组织和安全对策研究不足

需改扩建的高速公路沿线经济相对比较发达,交通繁忙,对互通式立交的改扩建尤其要注重改扩建作业区交通特性的分析,在此基础上制订考虑周全、易于实施的交通组织方案和安全对策,保持施工作业期间交通的稳定、通畅,保障行车和施工的安全。

目前,我国高速公路改扩建工程日益增多,而对互通式立交的改扩建存在规划和方案选取欠妥、设计理念陈旧、交通组织不到位等问题,导致互通式立交改扩建工程建设规模和功能定位不合理,致使施工和实际运营期间存在安全隐患。

7.4 互通式立交改扩建设计原则

(1)互通式立体交叉改扩建设计原则

互通式立体交叉改扩建设计应遵循以下原则：

①满足规范要求

互通式立交范围内分、合流点较多，交通流比较复杂，互通式立交范围内主线、匝道、出入口的线形指标应适当提高，尽量避免采用公路规范中的下限值。一般情况下，改扩建后的互通式立交的技术标准应高于既有立交，但在条件限制较严，无法保证既有指标时，应通过技术论证及交通预测，在满足现行标准和远景交通量需求、规范要求的前提下，特殊项目特殊对待，灵活运用线形指标，做到设计合理，行车安全，线形连续。

②满足所在地区长远规划

互通式立交是一个地区的关键性建筑，确定改扩建方案时，应考虑到适应所在地区的发展规划。

高速公路的建设不是一个静态的项目，它是一个适应经济发展和交通量增加的动态过程，当然也包括互通式立交的建设。互通式立交改扩建工程是一个十分复杂和十分重要的问题，不仅投资大、占地多，而且施工期间对既有交通干扰比较大。所以在改扩建工程设计阶段对改扩建方案的选择就显得尤为重要，既要充分考虑建设时期的经济与用地，又要为未来发展合理预留，实现可持续发展。要紧密结合规划，合理选择，重点考虑以下几个方面：

a.在满足远景年交通需求的同时预留一定的发展空间；

b.紧密结合区域发展和路网规划；

c.采用合理的方案实现全寿命周期的成本最低化。

③满足远景交通量增长及重分布的要求，确定合理的立交形式和规模

互通式立交改扩建的首要前提是满足交通功能要求，综合把握立交的交通量、远景规划、在项目中的作用以及相连接公路在公路网中的作用，结合周围环境等因素，确定立交形式和规模。

④保证满足立交功能的前提下，最大限度地利用既有工程

互通式立交改扩建应尽量利用既有工程，减少新增用地和拆迁数量，节约资源。我国的互通式立交可扩展空间有限，大范围的移位改建、扩建不仅使工程费用大大增加，工程的施工难度也非常大。

经过多年的发展，高速公路沿线土地均被充分利用，土地资源日益珍贵。由于互通式立交属于交通节点工程，占地规模较大，所以改扩建方案的选取受到用地的限制。因此，互通式立交改扩建工程方案不能盲目提高线形指标，而应在尽量保证满足远景交通量和保持既有互通式立交形式的基础上，依据既有匝道平、纵线形和主线加宽后的路基宽度，结合规范要求，充分利用既有工程，局部调整原匝道线形，结合改扩建项目的自身条件，因地制宜，灵活应用技术指标。一般情况下，规范规定强制性的标准应严格执行，对明显降低工程造价又不影响行车安全的指标应灵活掌握。通过多方案比选，最终确定相对经济可行的方案，以节约工程投资，减少新增用地，缩短建设工期和减少建设规模。

第7章　互通立交改扩建问题及处置对策

收费互通式立交的改扩建还应充分考虑收费站的位置，尽量在收费站范围之外进行线位的调整和拟合，以保证收费站的位置不动。

最大限度地利用既有工程，应做到对设计规范、技术指标的深刻理解与灵活应用。对既有工程及交通设施的充分利用，需要结合立交现状调查与分析，进行深入的研究。

⑤方案设计，考虑施工交通组织，尽量减少施工对地方交通、经济的干扰

互通式立交改扩建方案的确定，应利于优化交通组织，在保证安全的前提下，尽量维持既有交通的顺畅进行，减少中断交通的时间。

交通组织是否合理直接影响建成后立交的运营效果和交通安全。施工期间需要保持运营的高速公路，互通式立交的改扩建方案的交通组织应尽量做到简单、易于辨认，并且把对正常运营路线的干扰降到最低。因此，有必要在施工组织方案的基础上，制订合理且具有可操作性的交通组织方案和相应管理措施，以尽量降低改扩建施工对主线正常交通的影响，保证交通安全，同时减少对周边地方道路的交通影响，避免大规模改造地方路网。

互通式立交交通组织方案应结合主线交通组织方案制订，必要时相关路段主线交通组织应配合立交改扩建方案；一般情况下，施工期间，主线单向至少要保证一条车道通行，匝道至少要保证一条车道通行；一个区域内所有互通不能同时改造，一个方向（驶出或驶入）的匝道不能同时改造，需要始终保证在区域内有驶出和驶入主线的条件。

对于原位改建互通立交，由于改造施工对交通影响较大，在施工中可采取分幅间隔实施的方案，按交通组织方案和地方交通需求分批施工，确保相邻的两个互通之间具有全向进出高速公路的功能，以便相互利用、分流交通。可采用"重要节点保留一个立交，隔一建一的全封闭施工方案"。互通改建顺序与互通的连接道路及周边路网情况、所在位置及主线前后施工影响路段情况、转向交通量大小及车型比例有关。连接道路及周边路网通行能力较小的应先改扩建连接道路和周边路网，再作为相邻互通的分流互通；互通处主线前后路段影响通行能力时，应结合相应路段的改造方案，综合考虑互通及其相邻路段的改造方案，以便对交通流的影响降到最低；转向交通量小的互通先实施改建，先让小部分车辆感受扩建改造带来的交通影响，为互通交通组织分流积累经验，以便更好地组织大交通流量互通的改扩建工作。

对于新建互通，由于新建立交与既有立交保持一定的距离，不影响交通的正常通行。故新建立交时应保持既有立交的正常通行，待新建立交完成后，车辆改走新建立交，拆除既有立交。

⑥因地制宜，采用合理的工程技术，控制工程风险和工程费用，利于可持续发展

随着时代的进步，科技的发展，改扩建工程中要积极运用新技术、新材料、新设备，解决改扩建中的设计、勘测和施工技术难题，提高改扩建设计和施工效率，以缩短建设工期，保证改扩建项目科技含量和可靠度，实现节能、环保、高效。

互通式立交改扩建方案的选择应因地制宜，统筹兼顾。要全面、深刻地把握区域社会、经济发展状况和实际建设条件，结合路网规划，从全社会的角度去衡量方案的优劣。应制订具有实际意义的比选方案，抓住主要矛盾，在满足功能和安全要求的前提下，力争系统最优。

⑦注重环保与绿化

环境保护是我国的一项基本国策，高速公路改扩建工程的环保与绿化是这一基本国策

的重要组成部分。做好改扩建工程的环境保护和绿化工作有利于公路建设与经济、社会及环境的协调发展。

互通式立交尤其是枢纽互通式立交改扩建工程应特别注重环境保护和美学设计。山区互通式立交改扩建方案应与地形和自然景观相协调,并做好立交区排水工作;平原区改扩建方案则应追求优美的结构形式和高质量的环境景观,体现被衔接城市的人文、社会、经济等特点,建成后能够成为该地区的一道风景线。

(2)互通式立体交叉设计应注意的事项

①根据交通量预测结果确定互通扩建方案,包括匝道标准、收费站规模、与地方道路的交叉方式等,并尽可能利用既有工程,以减少工程投资和新增用地,缩短工期。

②在利用既有互通的同时,必须保证互通立交行车安全,既有互通中技术指标不能满足要求的必须拆除重建,指标较低的部分予以改善,对匝道净空、端部视距等进行验算。

③合理确定互通方案,保证互通畅通运行,结合交通量分布情况及路网规划进行方案设计,使互通形式及线位布设符合交通量分布特点;合理选择匝道车道数及断面形式,使互通匝道可以在长远规划中满足服务水平的要求。

④重视环保和美学设计,保护互通区内既有的较好景观点,结合绿化、排水进行坡面修饰设计,防护排水设计中应减少互通区域内外露的圬工,与周边环境融为一体。

⑤根据原互通立交平、纵线形设计及各匝道平面线位坐标拟合平面线形。以拟合后匝道平面线形为基础,结合规范要求,按主线加宽后的路基高度,调整连接变速车道的匝道曲线半径、回旋曲线参数和进、出口渐变率,使匝道、变速车道与主线顺适连接。在基本满足规范要求的条件下,减少匝道线位移动量,尽量做到局部顺适,避免大范围调整线形。

⑥主线路基加宽或主线线位改变后,与主线衔接的互通匝道线位也相应调整。调整原则是在满足工程远景交通量要求的前提下,充分利用既有工程,尽量压缩改造规模。一是不降低原匝道的设计标准,二是尽量减少工程量。

7.5 立交改扩建的影响因素

影响立交改扩建的因素有:

(1)通行能力和服务水平

互通改扩建时首先要考虑的问题是既有互通形式及匝道标准能否满足远景交通量的需求。当互通形式能够满足设计年末交通量需求时,可维持互通形式不变,仅需结合主线的拓宽方式,进行匝道的改造;反之,则应根据具体情况,采取不同的方案,对既有互通式立交进行改扩建,满足通行能力和服务水平要求。

另外,高速公路上互通式立交的主要形式——喇叭形互通式立交收费广场前后和平交口也是影响互通立交通行能力和服务水平的重要设施,主要原因是收费站收费效率不高,平交口设计不到位,交通条件较差,因此在改扩建时喇叭形互通还需关注平交口处的处理方案。

(2)主线改扩建方案

互通式立交改扩建方案的选择和主线改扩建方案的选择是相辅相成的。一些规模较大的枢纽式互通立交的改扩建方案往往能够左右该路段范围的主线改扩建方案选择,有的互通式立交改扩建方案则结合主线改扩建方案制订。我国高速公路上互通式立交的主要形式——单喇叭互通式立交方案的选择一般受主线改扩建方案的控制。从以往互通式立交改扩建方案来看,大部分喇叭形互通在保持既有立交形式的基础上,采用对既有匝道缓和曲线参数和加减速车道进行适当的调整与主线顺接的改扩建方案。

(3)交通组织

施工期间和运营阶段的交通组织对互通式立交改扩建方案都有着非常重要的影响。有的方案施工期间交通组织较简单,但运营阶段交通组织复杂,分流点和方向难以辨认,致使交通混乱,影响运营安全和服务水平;有的方案运营阶段交通组织简单,但施工期间交通对主线正常交通干扰较大。因此,互通式立交改扩建方案的确定要综合考虑施工期间和运营阶段的交通组织,不断优化改扩建方案。

(4)路网规划布局和调整

我国早期建成的互通式立交以喇叭形为主,但随着经济的不断发展,高速公路网不断完善,路网结构发生了巨大变化,喇叭形立交在制订改扩建方案时应结合当地经济发展状况和路网规划,重新定位其功能,配合路网规划或调整。

(5)交通事故分析、美学要求

既有互通立交的使用状况调查与分析对改扩建方案的制订有着重要的价值。通过对运营通车以来历年发生的交通事故等进行调查,对事故发生的原因、分布情况等因素进行客观、科学的分析研究,确定互通区的事故黑点,有针对性地选择互通改扩建方案,改善行车环境,提高行车安全性。

结合主线扩建时美学设计的统一定位和区域自身条件,在满足使用功能的同时,互通改扩建方案选择要考虑布局的美观与环境协调。

互通式立交改扩建方案往往会同时受多个因素的影响,针对这些因素,应坚持"以人为本",树立"安全至上"的理念,认真分析、研究、权衡各个因素,经多方案比选,抓住主要矛盾,确定合理方案。

7.6 改扩建前的互通立交桥的调查与分析

高速公路互通式立交的改扩建方案确定前,应详细调查该地区城镇布局、路网结构、节点转向交通量及地形条件,结合主线拓宽方案、既有互通的现状、功能、通行能力及预测交通量、相交公路性质和路网等因素,提出合理的改扩建方案。

7.6.1 既有互通式立交的现状调查与分析

(1)互通式立交的概况调查

对互通式立交现状的调查主要分为两个方面:

①宏观方面的调查。即以拟改扩建的高速公路为单位,展开调查。调查内容主要包括:拟改扩建高速公路周围的路网布局;高速公路上各方向的交通流量;高速公路车道数、路面材料及结构、走向、起终点、途径地区、途中的互通式立交座数;高速公路每一座互通立交所

在的相交道路的交叉角度、交叉方式(主线上跨或主线下穿)、被交道路的等级、行车道宽及路基宽度、是否规划为高一级公路等。

②互通式立交本身的现状调查。调查内容主要包括：互通式立交的名称、形式、具体位置、所在高速公路的中心桩号、相邻互通立交间距(由相邻互通立交间距计算出整条高速公路上互通式立交平均间距)，对各个互通式立交建立一览表。

(2)互通式立交的相关构造物调查

①匝道：对既有互通立交的匝道资料调查，主要包括：既有匝道的最小曲线半径、最大纵坡、凹(凸)型竖曲线半径、车道数、车道宽度、路基横断面、匝道上汽车运行速度及车型比例等。另外，调查匝道端部的线形指标，是否设置了辅助车道，如果设置，辅助车道的长度、宽度及线形指标资料的调查。

②收费站、服务区等辅助设施的资料调查，主要调查内容为：设置几处收费站、收费车道、出入口车道数及线形指标、收费站广场的路面材料调查；服务区的设置位置、与立交主线的间距；其他辅助设施的资料调查。

(3)既有互通立交的使用情况调查与测试

互通使用现状调查包括路基、路面和桥梁的使用状况。路基应通过施工资料和现场测试对比其沉降量，一般路基经过多年的运营和沉降，沉降趋于稳定，通常可充分利用；路面使用性能包括平整度、路面损坏状况、承载能力和抗滑能力等，应通过弯沉仪、摩擦系数仪等路面性能测试设备检测分析，确定翻修、重建或补强；桥梁应在收集有关资料(如现场勘察和监测)的基础上，拟定利用方案。

(4)既有互通立交的地形地物测量

互通式立交无论是新建还是改扩建，都是在全面掌握原地面资料的基础上设计的。但互通式立交的改扩建又不同于新建工程，立交改扩建要最大限度地利用既有工程，想要达到这一目的，就必须对既有道路的各项数据有一个全面、精确的掌握，才能使新建部分与既有工程很好的衔接和拟合。因此，对既有互通各项数据勘测的精度是十分重要的。

互通式立交范围的地面、道路、桥梁的资料虽可以参考既有设计，但经过多年运营后，地面资料由于绿化与排水可能发生变化，路基和桥梁也会发生沉降，特别在地基承载力较小地区。有必要对立交范围内既有地形、地物进行实测，为立交改扩建提供准确的设计依据。

互通式立交改扩建工程不可能因为勘察设计的需要中断或者干扰既有交通，因此传统勘察方法受到限制。特别是当存在多种改扩建方案比选时，不可能每一方案都上路测量，这就需要研究采取一种一次性的测绘技术，满足多方案比选、初步设计直至施工图设计全过程的技术要求，这将对缩短整个勘察设计周期起到非常重要的作用；新旧路基无缝拼接技术复杂，必须建立精确的既有公路路基数字模型和数字地面模型。

(5)既有互通立交交通事故调查分析

互通交通事故调查是通过对互通立交通车运营以来历年发生的交通事故等进行调查，对事故发生的原因、分布情况及严重程度等因素进行客观、科学的分析研究，确定互通区的事故黑点。改扩建时应根据调查结果，针对性地选择互通改扩建方案和线形设计，改善行车环境，提高行车安全性。

(6)既有互通立交可能存在的问题
①跨线桥净空不能满足被交路拓宽要求;
②高速公路上的互通式立交间距过小,存在问题;
③转弯交通量变化大,部分匝道的车道数、线形指标难满足;
④所在地区的规划、布局或交通量的重分布,立交出、入口发生变化;
⑤立交本身无问题,但受所在道路的改扩建影响,需进行改建。

7.6.2 交通量预测

高速公路互通式立体交叉无论新建还是改扩建都应根据区域经济发展预测,定性分析和定量分析相结合,利用交通调查数据和数学方法,建立相应的数学模型,准确预测规划目标年的交通发生量和吸引量,并对各级公路网做流量分配后,合理安排立交布局,确定合理的立交形式和各匝道的设计交通量。

(1)交通量预测方法

交通预测中的道路交通量预测一般采用四步模式法,它的总体思路为:第一步,预测远景年规划区域内各小区的交通发生量;第二步,以各规划区交通OD现状资料为基础,分析预测远景年份区域交通分布情况;第三步,在区域交通分布预测结果的基础上,进一步分析确定各种运输方式承担的运量;第四步,根据交通量分布预测结果,按照一定方法分配到小区间的各条公路上去,最终获得高速公路所在路网上各路段的交通量。应当注意的是,交通方式分担预测只有当前两步预测结果是综合运输量时才需要进行。一般情况下,在道路规划和可行性研究过程中,交通发生分布预测即直接考虑道路交通量,不需要进行方式分担预测。因此,四步模式法可演变为"四阶段预测法",如图7.6-1所示。

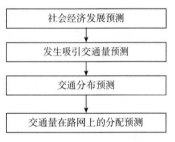

图7.6-1 四阶段预测法工作步骤

(2)匝道设计交通量

匝道的设计交通量是指远景设计年限的交通量,是确定匝道类型、计算行车速度、车道数、几何形状、部分互通式或完全互通式以及是否分期修建等的基本依据。

设计交通量应根据交通工程学原理,进行切实的调查、统计,通过科学的分析、预测,建立相关的数学模型,求得远景年平均日交通量(ADT)作为设计依据。设计过程中采用设计小时交通量对匝道的通行能力及横断面采用的车道数等进行验算,匝道设计小时交通量按式(7.6-1)计算。

$$V = \text{ADT} \cdot K \cdot D \tag{7.6-1}$$

式中:V——设计小时交通量(辆/h);

ADT——远景设计年限平均日交通量(辆/d);

K——第30个高峰小时交通量与ADT的比值;

D——方向不均匀系数。

7.6.3 立交设计通行能力的确定

互通式立体交叉的通行能力按其组成部分的不同,一般包括正线的通行能力和匝道的通行能力。如果立体交叉中存在交织路段或平面交叉时,还应有交织路段通行能力或平面交叉口通行能力。互通式立体交叉的通行能力应为各行驶方向进入立体交叉的通行能力之和。

(1) 正线的通行能力

互通式立体交叉在匝道与正线连接的路段,为适应车辆变速行驶的需要,而不致影响正线交通的正常行驶,通常都设置变速车道。这样,可以认为立交范围内主线的车流为连续流,可按主线路段计算方法确定其通行能力。

(2) 匝道的通行能力

互通式立体交叉匝道的通行能力取决于匝道本身的通行能力和出、入口处的通行能力,以三者之中较小者作为采用值。通常情况下,匝道出口和入口处的通行能力与匝道本身通行能力相比甚小,故匝道的通行能力主要受匝道出口或入口处通行能力的控制,同时受正线的通行能力、车道数、设计交通量等的影响。

我国对匝道的通行能力与车速做了明确规定,实际设计时应根据大型车混入率的情况,采用相应的折减系数,考虑适当降低通行能力。

(3) 平交口处的通行能力

匝道与被交路之间的平面交叉一般都是无信号交叉口类型。通过交叉口上下高速公路的车辆由于受到交叉口几何条件及交通条件的影响而呈现不同的特征,其中最主要的运行特征是速度和延误。

根据日本的相关研究资料,对于被交路侧为平面交叉的,喇叭形互通的出入交通量主要受被交路的直行交通量大小和平交口的通行能力制约。

互通式立交改扩建时往往只重视立交本身的线形指标和通行能力而忽视对匝道与被交路平交口处的通行能力的提高,使得该处成为整个互通的瓶颈,限制改扩建后立交功能的充分发挥。

7.6.4 既有互通式立交的适应性分析

对互通式立交进行改扩建设计,首先要对既有立交的适应性进行分析,主要包括既有互通式立交技术指标与既有规范的符合性及立交通行能力的分析。

(1) 既有互通式立交技术指标与既有规范的符合性

由于既有互通式立交进行设计时,遵循的规范与既有的规范在技术指标上存在一定差异。因此,应对既有立交的各种技术指标检查,看是否满足现行规范。

通过新旧规范的对比,对既有互通式立交的线形指标进行检查,对不满足规范的指标,改扩建时应进行调整,保证满足现行规范要求。

(2) 既有互通式立交通行能力分析

匝道采用标准(车道数)的确定一般取决于匝道的基本通行能力、服务水平、设计交通量和设计速度。根据交通部公路科学研究所编制的《公路通行能力手册》中的通行能力分析方法及《公路立交规划与设计实务》中关于立交通行能力分析与验算的研究分析,单喇叭型互通式立交匝道基本通行能力随着速度的变化其差别并不明显(匝道长度比较短),当匝道设计速度大于 40km/h 时,也可取 40km/h 的通行能力。

①匝道的实际通行能力计算

匝道基本路段的实际通行能力尚需结合大中型车混合率、从行车道宽度及侧向净空折减、驾驶员总体特性折减、大型车折减等几个方面进行修正。实际通行能力 $C_{实际}$ 由基本通行能力 $C_{理论}$ 修正计算，公式为：

$$C_{实际} = C_{理想} \times f_{修正} \quad (7.6\text{-}2)$$

式中：$f_{修正}$——通行能力的折减系数，计算公式为：

$$f_{修正} = f_w \times f_{hv} \times f_p \quad (7.6\text{-}3)$$

式中：f_w——行车道宽度及侧向净空折减系数；
f_{hv}——驾驶员总体特性折减系数，取值范围1.0~0.9；
f_p——大型车折减系数。

单车道匝道在二、三级服务水平下的最大服务交通量修正值见表7.6-1。

单车道匝道最大实际交通量(pcu/h) 表7.6-1

大中型车混合率	服务水平	最大服务交通量(pcu/h)	修正系数	最大实际交通量(pcu/h)
20%	二级	580~600	0.91	528~546
	三级	930~960	0.91	846~874
50%	二级	580~600	0.80	464~480
	三级	930~960	0.80	744~768

②特征年交通量预测值的适应性分析

由预测得到的特征年互通式立交的交通量分布情况，可计算得到设计末年的单向设计小时交通量，计算公式为：

$$DDHV = AADT \times K \times D \quad (7.6\text{-}4)$$

式中：DDHV——单向设计小时交通量(辆/d)；
AADT——年平均日交通量(辆/d)；
K——设计小时交通量系数，取值0.135；
D——方向不均匀系数。

根据式(7.6-4)所得的结果与相对应的相同大中型车混合率和服务水平下的最大实际交通量进行对比。当目前的互通式立交的特征年交通量预测值大于相对应的最大可服务实际交通量时，匝道的标准在进行改扩建时应适当调整；相反，匝道标准可维持既有标准，仅结合主线拓宽进行必要的改建即可。

7.7 立交改扩建原则性技术方案确定

改扩建设计要建立在交通量分析和路网分析的基础上，设计开始前要明确立交改扩建的目的，立交在路网结构中的功能；选择合理的改扩建设计方式，在此基础上展开多方案的技术、经济性综合比选。

对高速公路互通式立交改扩建，应遵循"面→线→点"的思路。首先是"面"，即区域经济发展和路网规划的统筹考虑，然后从"线"上考虑整条高速公路互通出口的一致性、间距和车道数平衡等,最后结合实际情况对具体互通进行方案设计。

7.7.1 立交改扩建方案选择

互通式立交改扩建的总体方案:移位重建、原位扩建和原位改建。而这三种扩建模式又各自派生出不同的扩建方案,每种方案又分作不同的具体方案,如:移位重建模式中,根据扩建的高速公路主线,新建一个立交取代既有的立交,可从所在地区规划的宏观角度进行重新选址,对既有立交进行保留或拆除;原位扩建模式中,可以在既有的立交基础上对立交的部分匝道进行局部改建,立交既有的位置不改变或无大的改变;原位改建模式中,可以保留既有的立交位置不变,但立交的形式、匝道设计等方面有所改变。

(1)原位扩建

在既有互通的基础上,对互通立交匝道进行小规模的局部改造。其特点是保持既有位置和立交的方案性质基本不变,改变以匝道断面规模为主,线形变化一般出现在出入口位置。

原位扩建分两种方案:一种是预留方案,即互通式立交设计时为完整的互通设计,受资金或路网规划等因素的影响,实行分期修建。一般情况下,原位扩建的互通式立交形式为喇叭形或苜蓿叶形,进行分期修建,单喇叭形扩建成双喇叭形、部分苜蓿叶形扩建成苜蓿叶形等。另一种情况为:高速公路扩建时,为配合主线进行必要的连接部改造,对与主线交叉的构造物进行调整,立交的总体形式及匝道标准可基本维持既有标准。互通式立交原位扩建方案具有投资低、工期短、影响范围小的特点,在高速公路扩建工程中广泛应用。

原位扩建方案的优点:①占地少,新增用地数量少;②可充分利用既有立交工程;③改扩建规模小,对其他相关道路调整小。

原位扩建方案的缺点:①受制于主线改扩建情况,约束条件多,匝道、平纵面设计指标难以提高,甚至会低于现状水平;②施工期间交通干扰比较大。

原位扩建方案适用条件:①既有的三路交叉变为四路交叉或变为多路交叉,转弯方向增多,但既有的方向交通量变化不大,可新建匝道满足新增转弯交通量即可。②立交本身满足各转向交通量的要求,仅仅是配合高速公路扩建而进行必要的连接部改造和对主线交叉的构造物进行相应的调整。

当互通形式不变,主线两侧(或单侧)拼宽的方式进行加宽,与主线相连接的四条(或两条)匝道进行局部调整改建时,部分匝道的技术指标可能会有所降低,但仍需满足规范和预测交通量的要求。

原位扩建设计应结合规范要求,依据主线加宽后的路基宽度调整连接变速车道的匝道曲线半径、回旋线参数和进、出口渐变率,使匝道、变速车道与主线顺适连接。在满足规范要求的条件下,减少匝道线位改移,避免大范围线形调整,并保证匝道最小半径,以满足设计速度的要求。原匝道宽度不足时,按规范标准予以加宽。变速车道长度及渐变段长度均按主线行车时速规范规定长度设置。

在环形匝道一侧加宽时需适当减小环形匝道曲线半径或长度,对日益增加的交通量是不利的。因此,在互通形式不变的前提下,可以考虑主线加宽部分分离高架跨越互通,该方案可对既有互通实现零干扰,但桥梁长度大,交通组织复杂,施工期长,造价较高。

主线双侧加宽和主线分离式扩建的立交对比分析如下：

①主线双侧加宽：维持既有立交位置及形式不变，主线两侧拼接加宽，出入口匝道顺接，如图 7.7-1 所示。

该方式适用于桥涵构造物较少的互通式立交。扩建时立交形式不变，主线进行两侧拼接加宽，与主线相接的四条匝道进行局部调整，改建范围小。采用该种方式进行改建时，既有立交部分匝道的技术指标较低，按原匝道线位位置顺接主线，无法满足既有设计标准，因此需对个别喇叭型立交内环部分的匝道及相关匝道进行移位改建。此种改扩建方式对立交及主线的影响最小、工程量少、保畅容易，是较可行的改扩建方式。但如果是匝道上跨主线且匝道桥需要改建的互通式立交，在施工期的交通干扰会较大，需加强交通组织措施。

②主线分离式扩建：维持既有互通式立交位置及形式不变，主线拓宽采用分离新建的方式跨越互通式立交，如图 7.7-2 所示。

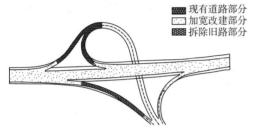 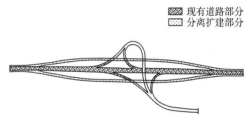

图 7.7-1　单喇叭型互通式立交改扩建方式一　　图 7.7-2　单喇叭型互通式立交改扩建方式二

对通行能力满足要求的互通式立交可采用此种方式，该方式要求主线在互通式立交区采用分离扩建方式，且直接跨越既有互通式立交。该扩建方式的优点在于既有立交形式可维持不变，对受限制因素较多而立交不宜改建的既有互通式立交可采用此种方式。受主线设计标准的限制，扩建方式拓宽新建部分里程较长；由于立交出入口位于拓宽新建部分的左侧，为高速左侧出入；要下高速的车辆一旦误行，进入拓宽新建部分后就无法再通过该立交驶出高速公路；车辆需下高速时，需变换至内侧两车道，而直行车辆也需变换至外侧两车道，存在高速交织段，有安全隐患，不符合互通式立交的一般设置原则和车辆行驶习惯。对交通工程而言，为了预告车辆，需提前设置较为复杂的交通标志，不利于全线的统一和交通组织、管理。此外采用此种扩建方式，主线需要更多的占地和较大工程量。

主线分离式扩建需要路线采用分离加宽方式，新建分离线跨越既有互通式立交，现立交基本可利用，由于新建工程相对独立，有利于施工组织和交通组织。互通在施工过程中可基本维持正常运营，对主线和互通的交通运行干扰可降低到最低程度。但该方式占地、拆迁数量较大，总工程数量大，对于喇叭型互通式立交改建而言是不经济的，因此，不推荐采用此种加宽形式。

（2）原位改建

在既有互通的基础上，对互通立交的设计标准、形式进行改建。原位改建方案包括原位重建和原位改建两种。原位重建即大范围的改建，立交位置不变，立交形式和规模发生变化，匝道、跨线桥等都进行拆除重建，规模比较大。原位改建是指对局部的匝道或跨线桥进行拆除重建，主要包括互通立交主线的加宽、匝道端部的改建设计以及部分匝道的改建设计,以满足具体方向的交通量增长要求。

原位改建方案的优点:①既有征地可进行充分利用,既有路基、桥梁工程可部分利用;②立交的形式、规模变化更适应所在地区的规划,立交主线、匝道、跨线构造物的线形指标有所提高;③对其他相关道路有所调整,但调整要求不大。

原位改建方案的缺点:①原位重建方案对既有工程的利用率很小,造价高;②施工阶段对交通的影响比较大;③立交间距调整比较小。

原位改建的适用范围:原位改建方案主要适用于立交建成后的转向交通量增长远远超过立交建设期间的预测,立交现状难以满足工程末期的转向交通量要求,需要对立交的形式、规模进行调整。此外,有新交通流接入的互通式立交,改变原互通形式进行重建或部分重建。

对需要提高通行能力的互通式立交或有新交通流接入的互通式立交,可以采取改变形式、增加匝道车道数或直接增设互通等多种方案来提高互通等级或满足新交通流接入,需要结合具体路段的实际条件综合考虑确定。

(3)移位重建

寻找新的位置,建设一个能够取代既有立交功能或新建部分匝道与原立交组合的改建方式。采用此种方式基本不受既有立交的影响,但是有浪费既有建设资源的可能。在路网结构发生变化,或在提出原位扩建、原位改建的方案均发现明显不足或不可行的情况考虑此方案。

移位重建方案一般在以下几种情况下采用:①因路网调整(或完善)需要而进行的移位重建;②因交通组织需要而进行的移位重建;③原互通式立交规模不能满足交通需求时,若原立交所承担的交通量较大,为避免中断交通或交通管制对区域交通造成重大影响,可采取移位重建的方式进行改扩建,新跨线桥建设完成后再拆除原跨线桥。

移位重建方案适用于匝道上跨主线且匝道桥净空不满足主线加宽要求的喇叭形互通,为保证施工期间不中断交通,将匝道桥适当移位新建,建成通车后再拆除既有匝道桥。另外,由于高速公路改扩建期间一般不中断交通,对跨线桥不满足主线拓宽要求的立交,根据交通组织需要,采用移位重建方案也是一种可行的选择。

根据移位后的互通式立交与既有立交偏移程度大小的不同,可将移位重建方案分为以下两种情况。一种情况是完全摆脱既有立交工程,重新选址,重建立交。其建设情况与新建一座立交相同,并且根据路网规划,既有立交可以进行保留或拆除,扩建立交基本不受既有工程的限制,根据工程特点、交通需求及地区规划,依据公路设计规范,重新进行立交方案设计。另一种情况为移位改建,可归为小范围的移位重建。即新建的立交位置与既有的立交位置有一部分重合,但互通式立交的中心位置已发生改变,所连接的道路和立交的位置都有所改变。

立交改扩建工程,对"完全不利用既有匝道"的设计方案并不一定比"完全利用,局部利用"的方案投资更大。同时立交是具有长期影响的工程项目,在改扩建时,不应只着眼于眼前的造价和施工组织便利,对于远期交通通行存在隐患的方案应予以放弃。

移位重建方案的优点:①完全的立交移位重建,可遵循公路规范及标准进行设计即可,既有工程影响小,技术难点少;②移位重建的互通式立交,间距可重新调整,立交间距容易满足,不必增设辅助车道;③施工期间可利用既有立交,不中断交通。

移位重建方案的缺点:①既有地利用率低,新增占地多;②造价高,投资规模大。

(4) 立交的合理归并

结合路网规划,对距离在建或规划的枢纽互通较近或功能相似的单喇叭互通进行合理归并。高速公路的建设对沿线经济有着巨大的推动作用,既有互通功能和地位可能发生了变化,借高速公路改扩建的机会,对既有互通式立交进行适当归并,可以更好地完善路网结构。

采用移位重建或合理归并方案时应注意以下几点:

①归并或移位重建时也要注意选择立交位置,应将立交设在相交公路线形指标良好,地形、地质和环境条件有利的位置,并且尽量避免拆迁,以控制工程造价,减少社会影响;

②归并或移位重建有时会对地方道路产生干扰,改移地方道路应尽可能利用互通立交已征土地,避免重新征地布设地方道路,造成土地资源的浪费;

③高速公路的安全和运营性能在很大程度上取决于互通式立体交叉的间距。一般情况下,互通式立交尽可能以独立的形式存在,由于路网加密,或由于公路改扩建需要,必须设置近距离互通式立交时,应以辅助车道或集散道的形式将近距离互通式立交连接起来,形成复合式立交。

(5) 立交改扩建方案的比较

互通式立交改扩建方案的评价和比选是立体交叉设计的一个重要环节和基础性工作,它所包含的内容十分广泛,既包括技术水平、建设条件和建设规模的比选,同时也包括经济效益和社会效益的比选,并且扩建方案的评价及比选比新建要求有更高的技术水平、更复杂的建设条件和扩建规模的选定。互通式立交改扩建方案的合理与否,是互通式立交改扩建设计的关键。

立交改扩建方案比选主要是通过对各相关因素进行评价进而择优选择的,评价内容主要由三方面组成,即:技术评价、经济评价、社会影响评价,如图 7.7-3 所示。

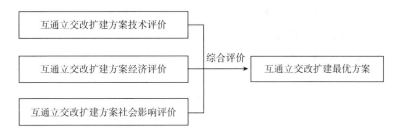

图 7.7-3 互通式立交改扩建方案评价系统框架

从整体而言,立交扩建方案的技术性能是经济效益和社会效益的前提。因此,技术评价是立交改扩建方案比选系统中重要组成部分。

进行技术比较时,主要是将各备选方案的技术参数及指标列表进行参照、比较。立交改扩建方案的技术评价内容比较广泛,比如:交叉方式,立交的形式,被交道路的名称及等级,填、挖土方数量,占地面积,匝道的设计速度、最小半径、最大纵坡、全长,桥座数、长度,涵洞个数,路面工程面积,收费站个数,规划扩建车道数等。除了上述能通过定量方式表示的技术参数外,技术评价内容还包括试运营阶段运行质量改善评价、建设期交通组织评价、扩建方案施工评价等定性评价。通过对立交改扩建方案分析得出:自然建设条件对方案不起控制作用,真正控制方案选择的是交通需求、既有工程条件和施工期交通组织等,这些因素都需要通过技术指标来反映。由于改扩建工程对既有工程的依赖性比较强,因此,有必要给出既有工程的评价内容,方便对改扩建工程的评价。

公路改扩建工程的经济比较,不仅要对各备选方案的成本费用进行比较,立交改扩建后的运营效益也是重要的比较内容。一般情况下,在做出投资决策之前,可根据远景交通量的预测、立交所在地区的经济增长预测等结果,建立模型,从而预测出立交改扩建后的经济效益值,得出费用与效益的比值,从而进行各方案的经济分析、比较,得到最优方案。因此经济评价也是立交改扩建方案比选系统中重要的组成部分之一。

立交改扩建工程是在已建工程的基础上建设的,其经济比选存在自己的特点:

①在不同程度上利用了既有立交工程的资产,以较小的新增投入取得较大的收益;

②既有立交已在运营,若不扩建,既有状况也会发生变化,因此,扩建工程收益与费用的识别和计算较新建工程更复杂;

③建设期内,施工和运营可能同时进行;

④扩建工程费用多样,不仅包括新增投资、新增建设费用,还可能包括因改扩建引起的既有立交停止运营或运营车辆减少带来的损失和部分既有立交工程拆除费用等。

立交改扩建方案的社会影响情况,是指立交改扩建实施过程中和实施后对项目区域内社会方面的作用和影响,包括对区域政治、经济、文化、环境和资源开发利用的影响。立交方案实施后,除了对人们的出行带来了便捷和直接经济效益外,还对所在地区的社会经济发展产生深远影响。与技术条件和经济条件相比较,立交改扩建方案的社会影响具有宏观性、长期性、多目的性及间接效益多、指标量化难等特点。

立交改扩建方案社会影响评价主要包括政治方面、经济方面、文化方面和资源开发利用四个方面。显而易见,立交的建设在城市的形成、资源的开发、就业岗位的增加、区域繁华等过程起着举足轻重的作用,是其他部门不可替代的,而立交方案的社会影响的作用一般较难量化,并且在不同的情况下存在很大差别。因此,进行社会影响评价时,应采用定性和定量结合的分析方法,视具体情况进行分析。

复杂的枢纽和复合式互通一般都控制主线的改扩建方式,研究该类互通的改扩建方案应扩大思路,力求不遗漏任何可行的方案。

7.7.2 立交形式选择

1)新建立交的形式选择

高速公路互通式立交分为枢纽互通式立交和一般互通式立交两种类型。一般互通式立交同时考虑收费站的设置,当两处互通式立体交叉相距很近而不能保证应有的立交间距时,可将它们复合成一个立交,如果其中一个为枢纽立交,则称为复合式枢纽互通式立交。高速公路互通式立体交叉的类型应综合考虑影响互通式立交方案选择的因素来合理确定。枢纽互通式立交虽然形式多样,但总的选型原则为:形式简单、功能齐全、线形平顺、构造物少、施工方便、造价低廉。

(1)高速公路互通式立体交叉的基本形式按交叉的岔路数目分为 T 形、Y 形和十字形三种,较为常见的主要有喇叭形和直连式。

(2)互通式立体交叉基本形式的适用条件是直线式 T 形立交。这一形状设计方案适用于交通量较少的枢纽互通式交叉道路情况。

(3)Y 形立交适用于右转弯速度高且交通量大的枢纽互通式立体交叉。从交通运行角度考虑,左转匝道兼有直连式和半直连式的立交,要比左转匝道全为直连式的立交好。

(4)苜蓿叶形立交的应用基本上是选取在左转交通量相对较低的互通式立体交叉道路中。该设计方案采用在直行车道旁边增加集散道路,用以保证通行车辆对直行车辆的影响降低到一个较低的程度。但是在实际应用过程中这一设计方案对于车流交织现象的处理效果显然不够理想。因此,在实际设计过程中,枢纽互通式立交桥基本上不采用该方案,仅在一些较为特殊的立交桥设计上该方案才有一定的实用性。

(5)直连式立交适合于左转弯交通量均大的枢纽互通式立体交叉,左转弯全部采用半直连式或同时有直连式匝道。采用该方案基本上能够保证主要的交通运输要求,各个方向的道路通行能力良好,但是该设计方案一般来说为了保证效果需要构建多层立交,相对其他几种设计方案来说社会经济效益虽然较好,但是由于施工结构复杂,实施的费用也相对较多,在一些经济发达的大城市较为适用。

(6)混合式互通立交适用于一个或两个左转弯交通量较小的枢纽互通式立体交叉。左转弯匝道为既有环形匝道,实际施工过程中应该注意该地段车流的主要方向,同时在施工改造的过程中施工质量应该保持在一个较高的水平上。

(7)复合式立交的应用在我国相对广泛,通常用于两处互通式立体交叉而彼此之间的直线距离不能保证立交间距的情况。同样,在直行车道旁设置分隔的集散道,保证出口和入口之间存在较为方便的联通效果,从而保证主线的单一行驶方向上仅有一个出入口来控制交通的整体车流量。在交通流量较大的路段应通过匝道间立体分离等方案的应用来提升道路通行能力。

2)改建立交的方案选择

互通改扩建在条件允许时,应尽量保证既有跨越形式,避免主线在互通区纵坡大的调整。互通区主线改扩建方案因跨越方式不同而不同,当主线上跨被交路或匝道时有整体拼宽和分离拼宽两种方式,当主线下穿时根据匝道桥(或跨线桥)的条件有不同的改扩建方案。

(1)主线上跨

①整体拼宽

当主线上跨匝道,限制条件较少时,一般情况下与该路段断面拓宽形式保持一致,即两侧或单侧整体拼宽。该方案只需将跨线桥两侧(或单侧)拼接加宽,两侧(或单侧)匝道线形稍做调整即可。但应注意主线两侧(或单侧)拼宽后,桥下净空是否满足要求,必要时需适当调整主线或者匝道纵面。

②分离拼宽

即保持既有互通现状,主线加宽部分利用桥梁与主线分离跨越互通的形式。该方案可以最大限度地利用既有工程,但增加占地和桥梁长度,经济效益方面应做比较;施工期间对既有交通影响较小,但运营阶段应做好交通组织和必要的交通标志。

（2）主线下穿

对于设计初期预留了跨线桥跨径及净空的互通,改扩建时,主线可按一般路段的加宽方式在预留桥孔实现拓宽,车道可按标准路基宽度设置,并且施工期对主线正常交通干扰较小,建成后交通组织简单,通行能力大。

对于早期设计未预留的互通,在改扩建时需要在有限的条件下,争取最大通行能力和最低造价,需进行多方案比选。

①"2+2"分离拼宽

在跨线桥桥孔跨径及净空允许的情况下,主线拼宽采用局部分离路基由跨线桥边孔穿越,同时调整原与主线衔接的匝道,使之与分离式路基相接,此时主线分离式路基承担辅助车道的功能。跨线桥下主线为单幅双车道标准路基宽度,边孔中主线分离路基为双车道标准路基宽度（图 7.7-4）。

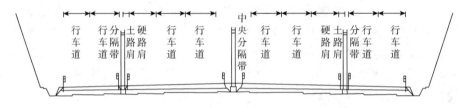

图 7.7-4 "2+2"分离拼宽方案

采用"2+2"分离拼宽的形式,被交路匝道跨线桥下主线硬路肩维持原宽度,主线分离路基同时承担辅助车道的功能,车辆行驶安全,同时能充分利用既有工程,施工期间对主线和被交路的影响较小,交通组织相对简单,保证主线和被交路的正常运营,占地、拆迁工程量小,工程造价低;但是在运营期间,跨线桥下采用"2+2"分离拼宽形式,分流点处车辆驾驶者不易判断,易出现直行车辆拥堵在内侧两车道的现象,道路服务水平降低。

②"3+2"分离拼宽

在跨线桥桥孔跨径及净空允许的情况下,主线可采用局部分离路基由跨线桥边孔穿越拼宽方式,同时调整与主线衔接的匝道,使之与分离路基相接,主线分离式路基此时承担辅助车道的功能。

互通区内被交路或匝道跨线桥下需将主线单幅双车道拼宽为三车道,因受跨线桥跨径限制,需压缩桥下主线硬路肩,边孔中主线分离路基为两车道,即"3+2"形式的主线分离拼宽（图 7.7-5）。

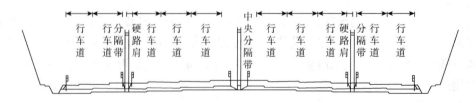

图 7.7-5 "3+2"分离拼宽方案

采用"3+2"分离拼宽形式,被交路或匝道跨线桥下主线单幅双车道拼宽为三车道,能最大限度地避免桥下出现车辆拥堵现象,提高互通区内道路服务水平;由于被交路跨线桥净空限制,主线单幅硬路肩压缩,主线硬路肩较小,侧向净空在互通区变窄,需设置必要的交通标志和防撞护栏,提醒过往车辆谨慎驾驶。

③整体拼宽

即废除跨线桥重建方案,保证主线整体式路基,调整连接主线的匝道,使之与主线顺接(图7.7-6)。

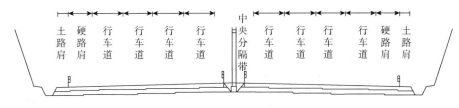

图7.7-6 整体拼宽方案

该方案虽建成通车后主线的通行能力和服务水平较高,运营效果较好,交通组织顺畅,但需拆除跨线桥,对被交路或互通交通转换的正常运营干扰较大,改扩建工程规模较大,施工期较长,工程造价较高。

④分离高架

即保证既有互通不变,主线拼宽部分采用分离式路基,在互通区内设高架桥跨越互通的方案。

分离高架方案能完全利用既有工程,施工期对既有互通基本无干扰,但运营期交通组织复杂,通行能力降低,占地、拆迁以及工程规模较大。

立交改扩建设计,应尽量避免将部分行车道从主线中分离出来,有条件时应对匝道桥实施扩大跨径改造,即采用整体拼宽方案,保证主线整体式路基。

综上所述,以上四种方案各有利弊和适应条件。"2+2"和"3+2"分离加宽方案虽然能最大限度地利用既有工程,工程规模小,施工期交通组织较简单,但是在后期运营阶段车道存在辨认困难的问题,影响服务水平和行车安全;部分废除重建方案,虽后期运营效果好,但工程造价高;分离高架方案虽施工期对既有交通干扰较小,但工程规模较大。

3)单双侧改建的比较

单侧加宽时,如选择在收费站一侧进行加宽,另一侧可保持现状,但加宽一侧因匝道进出口需外移,使得匝道的改建不能在既有基础上进行调整拟合,改动量较大,需拆除既有匝道重建,从而影响到既有的收费站甚至影响到被交道的平面交叉设计。双侧加宽由于每侧加宽,大部分立交均可通过调整匝道半径,达到匝道拟合来完成改建,改动量较小。

单侧加宽虽然可以减少一条既有公路与新加宽部分的接缝,但是拆迁大、工程复杂,投资较高;双侧加宽方案总体说具有一定的综合优势,更为合理。

4)立交改扩建设计的一些建议

(1)合理预留与适度超前

①互通区桥下净空和跨径的不足会产生局部的工程难点,拆除改建的费用往往不低,故在设计初期应对未来需要改扩建的立交,在结构物跨径和净空方面予以预留,以便使其能够为将来所利用,减少改扩建的工程量。

②单喇叭互通式立交虽有其本身优势,但环形匝道半径较小,一定程度上限制互通式立

交的通行能力。出于长远考虑,在区域经济和交通合理预测的基础上,在条件允许的情况下,半定向式互通立交也是一个可取方案,避免留下瓶颈,近期再次改造。

(2)改变边坡坡率

占用宝贵的耕地资源或拆迁难度大时,在保证行车安全的前提下,尽量加大改扩建的路堤边坡坡率,例如既有公路路堤边坡为1:2.0,改建时可设计成1:1.5,并在适当位置设置路堤或路肩挡土墙,最大限度地减少征地和拆迁。

(3)尽量采用低路堤

一般情况下,下挖通道用设置泵站的方式排除积水。但根据京津塘高速公路改扩建时的调查,沿线设置的泵站已基本废弃,致使部分通道出现积水现象。因此,互通区主线尽量采用低路堤方案,使匝道上跨主线,避免匝道下挖、排水不畅,影响车辆进、出高速。

此外,匝道下穿主线时,由于主线路基比较宽,下穿桥洞比较长,采光不足,如果高速车辆穿出后即转小弯,容易发生交通事故。在可能的情况下,将匝道改成斜穿或弯穿过洞,确保行车安全、顺畅。

立交改扩建方案应与主线改扩建方案相结合,从立交功能、行车安全、工程规模和造价方面综合考虑,力争系统最优。在改扩建工程项目中应根据实际条件,选取合理的改扩建方案,不但要控制工程规模,减少施工期对既有交通的影响,还要保证运营阶段顺畅、安全,以达到提高互通式立交通行能力和服务水平的目的。

7.8 立交改扩建设计

立交改扩建设计根据原互通立交平面、纵线形设计及各匝道平面线位坐标拟合平面线形。以拟合后匝道平面线形为基础,结合规范要求,按主线加宽后的路基高度,调整连接变速车道的匝道曲线半径、回旋曲线参数和进、出口渐变率,使匝道、变速车道与主线顺适连接。在基本满足规范要求的条件下,减少匝道线位移动量,尽量做到局部顺适,避免大范围调整线形。原匝道宽度不足时,按规范标准予以加宽,变速车道长度及渐变段长度均应按主线行车时速规范规定长度设置。

7.8.1 立交改扩建的设计依据

(1)立交等级变化

立交的等级是确定匝道计算行车速度的主要依据。立交所在道路进行扩建,道路等级发生变化,从而使得立交的等级发生变化。

(2)计算行车速度的变化

互通式立交匝道的计算行车速度主要是根据立交等级、转弯交通量大小等条件确定。通常情况下,匝道的计算行车速度较正线较低,但不能过低,一般为主线计算行车速度的50%~70%。

(3)设计交通量

交通量的增加是立交及高速公路扩建的主要原因。设计交通量是指远景设计年限的交通量,它关系到匝道类型、车道数、几何形状及计算行车速度的确定。设计交通量是通过交通调查所得资料推算得出。

(4)设计通行能力

一条匝道一般包括中间匝道路段和出、入口三部分。匝道的通行能力是指三部分通行能力的最小值。因此,匝道通行能力主要受匝道出、入口处通行能力控制,同时考虑到正线通行能力、车道数、设计交通量的影响。表7.8-1为不同出、入口下的通行能力计算。

匝道出、入口通行能力计算 表7.8-1

出、入口情况		出、入口通行能力计算	备 注
①	单车道匝道驶入单向双车道正线	$\begin{cases} N_r = 1.13N_D - 154 - 0.39N_f \\ N_r = 2N_D - N_f \end{cases}$	出、入口处有两个计算公式时,取两个计算结果的小值; N_r为匝道出口或入口处的通行能力(pcu/h); N_D为正线每一车道的设计通行能力(pcu/h); N_f为正线单向合计交通量(pcu/h)
②	单车道匝道驶出单向双车道正线	$N_r = 1.92N_D - 317 - 0.66N_f$	
③	单车道匝道驶入单向三车道正线	$\begin{cases} N_r = N_D + 120 - 0.66N_f \\ N_r = 3N_D - N_f \end{cases}$	
④	单车道匝道驶出单向三车道正线	$N_r = 2.11N_D - 203 - 0.488N_f$	
⑤	双车道匝道驶入单向三车道正线	$\begin{cases} N_r = 1.739N_D + 357 - 0.499N_f \\ N_r = 3N_D - N_f \end{cases}$	
⑥	双车道匝道驶出单向三车道正线	$N_r = 1.76N_D + 279 - 0.062N_f$	

单车道匝道在二、三级服务水平下的最大服务交通量修正值见表7.6-1。

另外,当匝道上设有收费站时还要考虑收费站处的通行能力,其计算公式如下:

$$N_{收} = \frac{3600}{T} \times k_1 \times C \quad (7.8\text{-}1)$$

式中:$N_{收}$——匝道上收费站处的通行能力(pcu/h);

T——收费站对每辆车的平均服务时间(s);

k_1——折减系数,可取0.6~0.8;

C——收费口数。

(5)其他依据

立交的改扩建工程有别于新建工程,其线形设计要考虑到既有工程的线形状况,检验既有的立交、匝道的线形指标是否能基本满足要求,应考虑占地、费用、交通等因素综合评价,部分匝道的线形也可充分利用,合理保留。

7.8.2 立交设计速度

环形匝道设计速度对占地影响较大,也直接影响整个立交规模。匝道设计速度的确定,关系到立交的几何形状、视距、超高等因素。合理地确定匝道设计速度是充分发挥匝道功能的关键因素之一。

美国AASHTO建议,以主线的平均行驶速度作为匝道设计车速的标准值,并以主线设计车速的1/2作为匝道设计车速的最小值。

我国《公路路线设计规范》(JTG D20—2017)明确指出:"匝道设计速度是指匝道中线形紧迫路段所能保持的最大安全速度。其余路段上应以与匝道中必然存在的变速行驶相适应的速度作为设计的控制值。接近自由流出入口附近的匝道部分应有较高的设计速度;接近收费站或平面交叉的匝道端部,设计速度可酌情降低"。

高速公路互通式立体交叉改扩建匝道的设计速度主要根据预测转弯交通量的大小以及用地和投资费用等条件确定。如果匝道的设计速度能和正线一样,即使采用正线不同设计速度中较低者,车辆运行也是顺畅的。但是,由于用地和投资费用等的限制,匝道的设计速度总是低于正线。但降低值不能过大,以免车辆在驶离或驶入正线时产生急剧的减速或加速,导致行车危险和不顺畅。

通常情况下,实际的最小运行速度取决于匝道最受限的元素,一般为最小半径的平曲线,而这个最小运行速度可以作为该匝道的设计车速。在设计速度选用时,可先根据主线设计速度和互通立交类型大体上确定一个取值范围,再根据匝道形式及其可能达到的运行速度选择。

(1)匝道的设计车速

对于驾驶员而言,匝道从主线分流出来,如果不需要制动、减速就完成方向的转变,当然是最顺畅的,但由于地形、用地、造价等因素,所有匝道的设计车速都较主线小。另一方面,考虑到车速变化的连续性和提高互通的通行效率和行车的舒适感,匝道的设计车速应尽可能地高,尤其是出口处的设计速度不宜过小,一般不小于主线设计车速的50%~70%。采用较主线小的设计车速并不意味着会降低互通的通行能力,从速度上看,40~50km/h的车速可以使匝道得到最大通行能力,这是因为速度加大,驾驶员考虑到制动距离的因素,往往使车辆的间距增大,使通行能力反而下降。因此,无谓地增大匝道设计速度,必然会导致平面设计标准的提高,造成占地、拆迁和造价的大幅上升,对于通行能力却是不利的。

即使是同一座互通式立交,由于各条匝道的功能要求及各部位的行车特征不一致,允许对不同的匝道和不同的路段采用不同的设计车速和相应的技术指标。对位于收费站附近的线形,考虑到车速不可避免的降低,在采用技术指标时,可以低于匝道中段的标准,但应注意照顾前后线形的顺适过渡和协调。

(2)内环匝道的设计车速

在互通匝道的设计中,内环匝道占有关键地位。一般认为,控制互通通行能力的是互通匝道本身、匝道连接部和匝道与被交道的平面交叉。实际上,匝道连接部的通行能力,一般比匝道本身要小,匝道的通行能力主要取决于匝道端点连接部分的通行能力。对于互通匝道本身,则是其中通行能力最小的匝道作为控制因素。因此,内环匝道作为互通中设计标准最低的部分,对整个互通匝道的通行能力有较大的影响。

互通匝道本身的通行能力主要取决于匝道的车道数及计算行车速度。当远景交通量超过匝道的通行能力时,设计者往往会考虑提高计算行车速度或增加车道数,而国内外资料及观察数据都表明,与其增加车道数,还不如使车辆快速通过匝道更合理。因此,应当首先考虑提高匝道的平面设计标准,尽量通过提高车辆在匝道上的行驶速度来满足通行能力。

控制整个互通整体规模的关键是控制内环匝道的设计速度,而其他匝道的设计速度一般都高于内环匝道,这些匝道的平面线形设计较容易满足其远景年交通量,在这种情况下,设计时都会尽量与内环匝道协调。为此,确定内环匝道的设计车速是十分重要的。一般认为,内环匝道的设计车速不宜超过 50km/h 时,根据日本的资料,当设计车速低于 50km/h

时,单车道匝道的通行能力为 1200 辆/h,特殊情况可以达到 1500 辆/h,有大型车时应当折减。因此,互通改造由于其形式和构造上的特点和限制,其内环匝道的计算行车速度不宜大于 50km/h,也尽量不低于 30km/h。内环匝道的半径一般不要大于 60m,也尽量不要小于 40m。除非交通量的预测结果大大超出环形匝道的通行能力而必须采用定向匝道或半定向匝道时,一般尽量不要调整既有互通的结构形式。

(3) 连接部的设计车速

连接部包括匝道与主线、匝道与匝道的合分流段。对于有路基加宽要求或者新的设计中线与既有道路的设计中线相偏离的两种情况,就必须对主线与匝道的分合流部重新进行设计,以保证车流进入的平顺、稳定。车辆从高速运行的主线转移到低速的匝道上(或相反),必须有一个变速的过程,在互通内部也存在匝道之间的设计速度差,比如主交通流方向的匝道可能是 60~80km/h,而次交通流方向则是 30~40km/h,因此,匝道设计速度既要适应驶出车辆的顺畅减速,又要适应驶入车辆的顺利加速。互通改造时,因受空间限制,往往造成驾驶者必须经常换挡和剧烈地转动方向盘,甚至走走停停,不但影响行车速度,而且容易产生安全问题并加重污染,对于互通的通行能力和安全性都是不利的。

匝道连接部中最重要的是主线的出入口设计,设计不合理的连接部往往成为整个互通立交和高速公路的"瓶颈"和安全的"陷阱"。

互通改造设计时,必须保证车流能稳定地离开主线进入匝道,要有足够的空间距离使得车流能够完成车辆从主线分流进入减速车道。一般认为在通过减速车道进入匝道连接部的行驶过程中,车辆先按主线的平均行车速度由三角段转移车道进入减速车道,然后再减速,在出口楔端附近完成减速,速度降至主线车速的 50%~60%(如果主线设计车速为 100km/h,则在楔端附近的车速应为 50~60km/h),然后进入匝道继续减速至匝道的设计车速。如此,实现车辆在减速车道上进行减速和分流。

环形匝道的设计速度是互通式立交中所有匝道中最低的,但又是决定平纵面线形设计的关键;不管是枢纽互通式立交还是一般互通式立交,根据立交类别、主线设计速度及匝道形式一般采用 30km/h、35km/h 或 40km/h。

7.8.3 技术标准的确定

根据预测交通量和《公路路线设计规范》的相关规定,确定互通式立交改扩建的线形标准。

1) 互通式立交范围内正线线形标准

互通式立体交叉范围内的主线,既是路线的一部分,又是立交的重要组成部分。由于受匝道、跨线桥的影响,车辆进出产生合流、分流、交织等现象,交通状况要比一般正常路段复杂得多。主线线形指标是对立交范围内的视距、视觉、对前方路况应有的预知性、变速车道的平纵线形及其与主线的衔接以及匝道关键段落的平纵线形等一系列形态要素的宏观控制,设计中应保证车流顺畅平滑,变速从容,使整个立交具有良好的运行性能。从行车安全、通行能力和交通状况方面考虑,互通式立交范围内主线平纵面指标宜高于主线正常路段,特别是在主线分、合流点处,从驾驶员的角度考虑,总是希望能够得到较高的线形指标,有着良好的视距和视觉感受,并且能够对前方道路有一定的预见性等。

互通式立交范围内的车辆运行比较复杂,正线上行驶的车辆受分流、合流车辆的干扰比较大,桥跨结构多,为满足正线车辆的正常运行,立交范围内的正线线形标准不低于一般路段的线形标准,条件允许时,应适当高些,其主要线形指标如表 7.8-2 所示。

立交范围主线和正常路段的技术指标　　　　　　　　　　　　　表 7.8-2

技术指标		立交范围		一般路段	
计算行车速度(km/h)		120	100	120	100
最小平曲线半径(m)	一般值	2000	1500	1000	700
	极限值	1500	1000	650	400
最小竖曲线半径(m)	凸形 一般值	45000	25000	17000	10000
	凸形 极限值	23000	15000	11000	6500
	凹形 一般值	16000	12000	6000	4500
	凹形 极限值	12000	8000	4000	3000
最大纵坡(%)	一般值	2	2	3	4
	极限值	2	2	—	—

但在实际的项目设计中,设计者较多地注重匝道的设计和指标的选取,而往往忽视主线的线形指标,主要表现在:

(1)互通式立交范围主线平、竖曲线半径或纵坡等指标按照高速公路主线正常路段值选用,并非按规范规定的互通区主线指标选用。

(2)虽然满足互通范围内主线指标,但忽略行车视距所需的最小竖曲线半径的要求。

表 7.8.3.1 列举了平原微丘区高速公路设计中较多采用的 120km/h 和 100km/h,通过对比可以看出,互通式立交范围内的平纵指标是一般路段指标的 2.0~3.0 倍。

互通区主线指标的高低直接影响整个互通的通行能力和服务水平,即使各个匝道都采用了较高的指标,但由于主线指标与之不匹配,致使互通区主线成为高速公路的交通"瓶颈"。因此,在高速公路改扩建过程中,对互通立交范围内主线的设计应将主线的线形与立交统一考虑,原则上应服从主线的线形要求。但由于地形条件所限,如果单纯迁就主线线形,使立交不易布置或工程规模过大的话,则有必要考虑改善主线线形。因此,应统筹兼顾路线设计和互通立交设置,把路线和互通立交放到公路系统中综合考虑。

2)匝道的线形设计标准

(1)匝道的平面设计

①匝道的圆曲线半径

匝道的圆曲线半径是根据计算行车速度来决定的,同时考虑到经济性、舒适性、安全性,并且考虑最大限度利用既有匝道。根据计算行车速度不同,匝道圆曲线最小半径如表 7.8-3 所示。

匝道圆曲线最小半径　　　　　　　　　　　　　表 7.8-3

匝道设计速度(km/h)		80	70	60	50	40	35	30
匝道圆曲线最小半径(m)	一般值	280	210	150	100	60	40	30
	极限值	230	175	120	80	50	35	25

一般情况下,采用大于一般值的半径;受特殊条件限制时,可考虑采用极限值。

②回旋线参数

匝道及其出、入口,凡曲率比较大的地方都应设置缓和曲线,缓和曲线一般采用回旋线,参数 $A<1.5R$ 为宜,且不小于表7.8-4所示。

匝道回旋线参数　　　　　　　　　　　　　　　　表7.8-4

匝道计算行车速度(km/h)	80	70	60	50	40	35	30
回旋线参数 A(m)	140	100	70	50	35	30	20
回旋线长度(m)	70	60	50	40	35	30	25

通常情况下,反向曲线间的两个回旋参数尽量设置相同;不相同时,两者的比值应小于1.5;另外,回旋线的长度还应满足超高过渡的要求。

③分流点处的曲率半径及回旋参数

当车辆由正线经分流点驶入匝道时,车速较高,需要的曲线曲率半径大一些,适应行驶速度的变化,如表7.8-5所示。

分流点处曲率半径以及回旋线参数　　　　　　　表7.8-5

正线计算行车速度(km/h)	分流点处的行驶速度(km/h)	分流点处的最小曲率半径(m)	回旋线参数 A(m) 一般值	极限值
120	80	400	160	140
	60	250	90	70
100	55	200	70	60
80	50	170	60	50
60	90	100	50	40

(2)匝道的纵断面

①最大纵坡设计标准如表7.8-6所示。

公路立交的最大纵坡　　　　　　　　　　　　　　表7.8-6

匝道计算行车速度(km/h)		80	60	50	≤40
最大纵坡(%)	一般地区	4	5	5.5	6
	特殊地区	5	6	6	—

匝道因受上下线高差和平曲线长度的限制,并考虑匝道上车速较低,所以匝道纵坡一般比正线纵坡大。各种计算行车速度所对应的公路立交匝道最大纵坡如表7.8-7所示。

匝道最大纵坡　　　　　　　　　　　　　　　　表7.8-7

匝道计算行车速度(km/h)			80,70	60,50	40,35,30
最大纵坡(%)	出口匝道	上坡	3	4	5
		下坡	3	3	4
	入口匝道	上坡	3	3	4
		下坡	3	4	5

注:因地形困难或用地紧张时可增大1%。

②竖曲线最小半径及长度设计标准如表7.8-8所示。

匝道竖曲线的最小半径及长度　　　　　　　表7.8-8

匝道计算行车速度(km/h)			80	60	50	40	35	30
竖曲线最小半径(m)	凸形	一般值	4500	2000	1600	900	700	500
		极限值	3000	1400	800	450	350	250
	凹形	一般值	3000	1500	1400	900	700	400
		极限值	2000	1000	700	450	350	300
竖曲线最小长度(m)		一般值	100	70	60	40	35	30
		极限值	70	50	40	35	30	25

③分流点附近竖曲线的最小半径及长度设计标准如表7.8-9所示。

分流点附近竖曲线最小半径及长度　　　　　　　表7.8-9

正线计算行车速度(km/h)			120	100	80	60
竖曲线最小半径(m)	凸形	一般值	2000	1800	1600	900
		极限值	1400	1100	800	450
	凹形	一般值	1500	1500	1400	900
		极限值	1000	850	700	450
竖曲线最小长度(m)		一般值	70	65	60	40
		极限值	50	45	40	35

(3)匝道横断面设计标准

匝道横断面布置形式有单向单车道、单向双车道或双向双车道、双向分离双车道三种。对于匝道各组成部分的设置及宽度规定如下：

①一条行车道宽度为3.5m；

②路缘带宽度为0.5m；

③对于对向分离双车道，设中央分隔带，宽度为1.0m，若设刚性护栏时可为0.5m；

④土路肩宽度为0.75m或0.5m；

⑤单车道匝道右侧应设硬路肩，其宽度（包括路缘带）为2.5m，特殊条件下取1.5m；左侧硬路肩为1.0m；

⑥双车道匝道上，当交通量较小，通行能力有较大富裕时，可不设硬路肩而保留路缘带；

⑦匝道的车道及硬路肩的宽度与主线不一致时，应在匝道范围内设置渐变率为1/30~1/20的过渡段。

(4)匝道的加宽

匝道的圆曲线加宽值设计标准见表7.8-10。

匝道的圆曲线加宽值　　　　　　　表7.8-10

圆曲线半径(m)		加宽值(m)
单向单车道匝道	单向双车道或双向双车道匝道	
≥72	≥47	0
58~<72	43~<47	0.25

续上表

圆曲线半径(m)		加宽值(m)
单向单车道匝道	单向双车道或双向双车道匝道	
48~<58	39~<43	0.50
42~<48	36~<39	0.75
36~<42	33~<36	1.00
32~<36	31~<33	1.25
29~<32	29~<31	1.50
27~<29	27~<29	1.75
25~<27	26~<27	2.00
23~<25	25~<26	2.25
21~<23	24~<25	2.50
15~<21	23~<24	2.75
—	22~<23	3.00
—	21~<22	3.25
—	15~<21	3.75

(5)匝道的超高及其过渡

匝道的超高及其过渡见表7.8-11。

匝道的超高渐变率 表7.8-11

匝道设计速度(km/h)	单向单车道		单向双车道及非分隔式对向双车道	
	左路缘带外边线	行车道中心线	左路缘带外边线	行车道中心线
80	1/200	1/250	1/150	1/200
70	1/175	1/235	1/135	1/185
60	1/150	1/225	1/125	1/175
50	1/125	1/200	1/100	1/150
≤40	1/100	1/150	1/100	1/150

(6)匝道的视距

①停车视距

匝道上的车速较低,距离也比较短,车辆干扰少。即使双车道匝道,单向行驶时,中间会设分隔线分快、慢车道;双向行驶时,中间会设中央分隔带。因此,匝道上一般不存在超车、会车现象,匝道上的视距只考虑停车视距即可,其停车视距如表7.8-12所示。

匝道停车视距(m) 表7.8-12

匝道计算行车速度(km/h)	80	60	50	40	35	30
停车视距(一般地区)	110	75	65	45	35	30
停车视距(积雪冰冻地区)	135	100	70	45	35	30

②识别视距

分流点之前正线上的识别视距应大于 1.25 倍的正线停车视距,条件允许时,按表 7.8-13 所示。

识别视距 表 7.8-13

正线计算行车速度(km/h)	120	80	60	40
识别视距(m)	350~460	230~300	170~240	130~180

3)匝道端部线形设计标准

(1)变速车道上的设计标准见表 7.8-14。

变速车道长度 表 7.8-14

公路类别	设计速度	减速车道长度(m) $a=-2.5m/s^2$ 末速(km/h)			加速车道长度(m) $a=1.0m/s^2$ 始速(km/h)			渐变段长度(m)
		0	20	40	0	20	40	
主要公路	100	100	95	70	250	230	190	60
	80	60	50	32	140	120	80	50
	60	40	30	20	100	80	40	40
	40	20	10	—	40	20	—	30

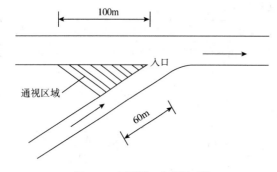

图 7.8-1 匝道端口的通视区域

(2)出、入口设计标准

①通视

出、入口的位置一般设置在主线右侧,易于识别,若有跨线构造物,应设在跨线构造物之前,若建在构造物之后,则应与构造物保持 150m 以上距离;通视区域设计标准如图 7.8-1 所示。

②偏置值及楔形端设计标准

主线与匝道分流处,为了给误行车辆提供返回的余地,行车道边缘应加宽一定偏置值,其规范偏置值大小如表 7.8-15 所示,分流处楔形端的渐变率如表 7.8-16 所示。

分流处偏置值与端部半径 表 7.8-15

主线偏置值 C_1(m)	匝道偏置值 C_2(m)	端部半径 r(m)
≥3.0	0.6~1.0	0.6~1.0

分流处楔形端的渐变率 表 7.8-16

计算行车速度(km/h)	120	100	80	60	≤40
渐变率	1/12	1/11	1/10	1/8	1/7

第7章 互通立交改扩建问题及处置对策

4) 辅助车道设计标准

互通式立体交叉范围内,分、合流处,为保证基本车道数和保持车道数平衡,需在分流点前与合流点后的正线上增设辅助车道。一般情况下,辅助车道的长度在分流端为1000m,最小为600m;在合流端为600m,其具体长度设置如表7.8-17所示。

辅助车道长度及渐变段长度　　　　表7.8-17

主线设计速度(km/h)		120	100	80
辅助车道长度(m)	入口	400	350	300
	出口	300	250	200
渐变段长度(m)	入口	180	160	140
	出口	90	80	70

7.8.4 立交线形设计

由于互通式立交的主线线形设计与一般公路的线形设计大致相同,只是设计时要注意满足立交的高程控制,因此互通式立交的线形设计主要是匝道的线形设计,线形设计要素多,尤其改扩建匝道的线形,既要考虑到充分利用既有匝道,同时注意按线形标准合理布置。

在立交线形设计时,设计者应把握车辆在匝道上行驶速度变化特点,以实际运行速度为尺度,确定线形指标。在速度较高处,采用较高的指标,例如在匝道出入口附近;在行驶速度较低的区域,则应采用较低的指标,如收费站和平交口附近。利用动态分析车速的方法,在满足立交功能和行车安全的前提下,灵活、合理地采用计算指标,可以有效地控制工程规模,减少占地,节约造价。

7.8.4.1 主线线形设计

互通区主线是整个互通的"骨架",其线形的优良直接关系到整个互通的行车安全和通行能力,并且影响整条高速的服务水平。立交附近主线平、纵面设计要点如下:

(1) 主线圆曲线半径的选择

主线圆曲线半径应采用较高指标,最好将立交设置在直线段,避免主线与匝道间出现相反方向超高的现象,影响行车安全及道路美观。在已建成高速公路互通中,不乏这样的现象:在分、合流附近,由于匝道和主线转弯方向相反,使得路拱横坡相反。为使路拱横坡自然过渡,就需在主线外侧行车道和变速车道之间设置一个附加超高旋转轴,这就使得在主线行车道与变速车道之间形成了一道"分水岭"。主线与匝道转弯半径相差越大,即主线与匝道的超高差值越大,这种现象就越明显。此时,对道路美观是不利的。在互通立交改扩建时对存在以上问题的立交可通过以下措施予以改善:

①在条件允许的情况下,提高互通范围主线圆曲线线形指标,尽量采用超高值不大于2%的圆曲线半径。理想的情况是通过调整互通区主线和前后平面线形将互通设置在直线段上;

②调整立交位置,将立交位置选择在主线平曲线半径较大段或直线段上;

③当不可避免地出现上述情况时,应对附加超高旋转轴的长度加以控制,保证路拱的平缓自然过渡。

若互通式立交原位调整较困难,必要时需结合主线进行线形的调整。

(2)主线纵坡设计

通过对大量高速公路交通事故发生地点的分析,互通式立交设置在长大纵坡底部时,互通区范围内特别是互通出入口处交通事故率较高。通过调查分析得出:出口处经长大下坡路段驶离主线时,对车辆及时制动不利,进入匝道时车速过快容易失去控制和稳定,造成交通事故;对于入口,匝道上的车辆还未完全加速就汇入主线车道,容易对主线直行车辆产生干扰,存在安全隐患。尽管设计时对变速车道长度进行了修正加长,但在实际运营阶段由于各种因素不能完全避免上述问题。在条件允许的情况下,减速车道范围处的主线纵坡宜设置为上坡,加速车道设置成下坡,这样驾驶员可利用汽车自身的重力从容控制车辆加速或减速,从而提高行车安全性。同时,在一定程度上缩短变速车道长度,减少投资和占地。

针对上述问题,在互通式立交改扩建时,应有针对性地对互通区主线纵坡进行适当的调整。

7.8.4.2 匝道线形设计

互通立交匝道的平面线形设计主要由其远景年交通量决定,并考虑地形、地物、被交道、地区规划的影响,另外,还应注重总体协调和美观。要设计出整体线形优美、行驶安全顺畅的互通立交。除应满足路线设计规范的要求外,各个匝道的偏移角度、长度、半径、缓和曲线参数的取定和协调也是很重要的。

匝道越短,车辆行驶时间越短,这是匝道设计追求的目标,但过低的线形指标会影响行车安全。而片面提高匝道平、纵指标,会导致用地及立交规模的大幅增加,加之最大限度利用既有工程,对合理采用技术指标提出了更高的要求。

1)匝道平面线形设计

匝道平面线形设计是匝道设计的核心,其他设计都是在此基础上展开的。匝道平面线形设计的合理与否,对通行能力的提高、交通的安全及所接道路交通功能的发挥有很大影响。

汽车在匝道上行驶的过程是一个方向和速度不断变化的过程,匝道的平面线形设计应适应这种过程。此外,还要考虑地形、地物等条件的限制,与周围环境相协调。因此,匝道的平面线形设计与一般公路平面线形设计相比,要复杂得多。

需要指出的是,环形匝道是唯一不需要修桥的左转弯匝道,造价最低,一般出现在喇叭形、苜蓿叶形和复合式互通式立交中。互通式立交的最小技术指标(如最小平曲线半径、最大纵坡、最大超高等)基本上出现在环形匝道上,因此,环形匝道的设计非常重要。

(1)圆曲线半径的确定

匝道圆曲线半径除了满足最小半径规定以外,还应有足够的匝道长度,以保证缓和曲线的布设和上下正线的展线长度要求,可近似按式(7.8-2)计算圆曲线半径 $R_{\min}$:

$$R_{\min} = \frac{57.3H}{\alpha \cdot i} \tag{7.8-2}$$

式中:H——上、下线要求的最小高差(m);

α——匝道的转角(°);

i——匝道的设计纵坡(%)。

由于既有互通式立交匝道的圆曲线半径有些小于规范规定值,所以在交通量日益增加的情况下,改扩建时应充分考虑远景设计年限交通量大小,在用地、拆迁允许的条件下,适当增大圆曲线半径;当圆曲线半径满足规范及交通量需求时,宜保持既有圆曲线半径,适当调整圆曲线长度和缓和曲线,使匝道线形与改扩建后主线线形顺适衔接。

(2)匝道缓和曲线长度

缓和曲线的设置实现了线形、超高和加宽的自然过渡,同时缓和曲线的设置也符合车辆在匝道上的行驶轨迹,提高了行车安全和舒适,改善了行车条件。

改扩建时多数情况下需要对与主线衔接的既有匝道的缓和曲线长度和参数做比较大的调整,以使既有匝道与主线衔接。因此,缓和曲线的设计不但要满足规范规定的参数,还需注意以下问题:

a.匝道回旋线参数 A 值应满足:$R/3 \leq A \leq R$,当 R 值较小时(以 $R=100$m 控制),A 值接近 R 值;当 R 值较大时(以 $R=3000$m 控制),A 值接近 $R/3$ 值。回旋线长度的确定应满足超高和加宽过渡段长度的要求。

b.匝道缓和曲线设计中应考虑相邻回旋线参数 A 值的组合问题,尤其是匝道 S 形曲线,其相邻回旋线参数 $A_1/A_2=1.0\sim1.5$。

2)匝道平面改扩建设计要点

匝道线形的设计仅仅满足规范要求是不够的,还应从行车安全出发,根据可能的运行状况设计出合理的匝道线形。

(1)匝道上的平面线形应与交通量相适应。对于交通量变化不大的匝道,既有匝道车道数及线形指标满足交通要求,保证匝道端部与主线平顺连接进行高程控制,进行局部改造即可。当交通量变化大,立交规模形式需要变化时,匝道需全部拆除,重新进行线形设计。通常情况下,应采用较大的圆曲线半径及回旋线参数,受特殊条件限制时,才可采用极限最小半径值。

(2)立交匝道,可分为右转弯匝道和左转弯匝道,其一般形式如图 7.8-2 所示。匝道的曲线构成为直线+缓和曲线+圆曲线+缓和曲线+直线($L_1+A_1+R_1+A_2+L_2$),其中左转弯匝道拐点处 $L_2=0$。一般情况下,立交进行改扩建时,直线 L_2 不变,根据主线加宽后的车道宽度调整 L_1 的位置,同时在规范允许的范围内调整回旋线 A_1、A_2 及圆曲线 R_1 的半径及位置。设计过程中,以不改动大型桥梁构造物为前提。

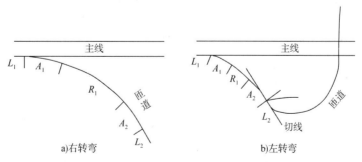

图 7.8-2 立交匝道的一般形式

对于大型桥梁延伸至圆曲线 R_1 内的立交改扩建工程,修改靠近主线的平曲线时,会导致既有桥梁移位,其具体线位处理方法为:将原曲线 R_1 在桥台后截断,用另外一半径较小的圆

曲线 R_2 与之连接,如图 7.8-3 所示,以尽快偏离主线。根据加宽后行车道宽度确定出匝道的初始边界条件,与小半径圆曲线通过缓和曲线相连。回旋线参数及圆曲线半径的大小可按规范的规定进行设置,规范规定"用一个回旋线连接两个同向圆曲线的组合。卵形回旋线的参数应满足:$R_{卵}/2 \leqslant R_2$ 规定的范围。两圆曲线半径之比 R_2/R_1 以 $R_2/R_1 = 0.2 \sim 0.8$ 为宜。"

新旧匝道相接处在满足规范要求的条件下,做到匝道顺适,避免调整旧匝道线形。

(3)必要时设置制动曲线。之前的设计往往只注意减速车道长度是否满足规范要求,但当匝道设计速度与主线设计速度相差较大时,驶出主线的车辆通过减速车道驶入匝道端部的速度往往未降低至匝道的设计速度,减速过程会延续到匝道端部之后。因此,应以实际可能的运行速度控制匝道线形,必要时可设置制动曲线(图 7.8-4)。制动曲线理论强调匝道上制动曲线的线形设计(主要是圆曲线和缓和曲线的平纵线形设计),使出入口的行车标准更高,利于车辆迅速分流,且对主线直行车流干扰较小,车流的行驶顺畅。

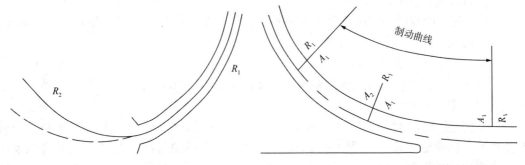

图 7.8-3 匝道曲线处理图　　　图 7.8-4 制动曲线由一条或两条连续的回旋线构成

(4)收费站前后的车辆处于减速停车或起步加速的状态,因此其前后线形不必按照匝道设计速度进行控制,应根据车辆运行速度的变化情况设置平纵线形。

(5)右转匝道是设计中最容易被忽视的部分。右转匝道一般比左转和环形匝道有着更好的线形,因而其运行速度较高。这种情况下,应根据实际可能的运行速度调整超高和视距。

(6)对于喇叭形等立交,设计人员往往因将右转匝道设计得较短[图 7.8-5a)]纵坡不得不取较大值,且使得凸形竖曲线半径不足,当匝道运行速度超出设计速度较多时会存在安全隐患。这种情况宜增加匝道长度以减小纵坡[图 7.8-5b)]。

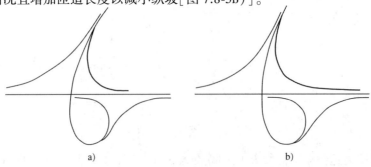

图 7.8-5 应增加右转匝道长度以减小纵坡

匝道平面线形设计时应分析车速的动态变化特征,灵活采用设计指标。在保证功能和行车安全的前提下,控制立交规模,减少用地并节约造价。

3)匝道的平面设计标准

匝道的平面线形设计,既要充分考虑互通的等级、地形、地物、路网规划等条件,使其适应行驶速度、方向的变化,确保车辆连续和安全地通过匝道;又要考虑尽可能利用既有匝道,因而必须在匝道的平面布置上作细致的设计。匝道的线形设计与主线相比,更加复杂,其线形设计标准有其特殊性,从变速车道结束进入匝道,到进入收费广场以及平交,车辆行驶速度不断变化,设计的平面线形必须与此相适应。为了充分利用已有工程,可以在不影响互通功能的前提下,适当降低设计标准,以满足新老线形的拟合要求。

平面线形一般规定了最小平曲线半径和最小缓和曲线的标准值和极限值,从行车舒适的角度上讲,半径当然是越大越好,但过高的平面指标往往会造成互通规模的大幅度增加,因此合理选择平曲线半径指标,成为互通式立交平面线形设计的关键。对于互通改造工程,把握改建标准显得尤为重要。

对于缓和曲线参数的取值问题,由于匝道平曲线半径一般较小,所以缓和曲线参数值以超高所需长度控制为多,极少采用标准所规定的最小值。改造工程中为了拟合既有道路(或匝道)的平面现状,缓和曲线也可采用非对称布置。

关于缓和曲线的省略问题,由于匝道平面线形的曲率改变频繁,缓和曲线从中可以有效地起到平缓过渡的作用。因此,无论从超高过渡的需要出发,还是从改善平面线形和行车条件等方面考虑,对仍设有超高的平面曲线一般不提倡省略缓和曲线,只有当拟合既有公路中线确有困难时,才可以省略。在定线时,应充分考虑超高过渡的变化效果,留出各段圆弧的合理长度,避免超高变化过快。

4)匝道纵面线形设计

匝道竖曲线设计的目的是克服相交道路间高差,但在此过程中会受到跨线构造物和平曲线长度的限制,所以竖曲线的设计是不断调整、优化平曲线和竖曲线组合的过程。

匝道竖曲线的设计应与速度变化趋势相一致。从安全的角度考虑,减速车道和匝道出口段最好采用上坡,以有利于车辆减速和保证出口识别视距;加速车道和匝道入口段有条件时应采用下坡,以有利于将汇入主线的车辆能够在较高的位置观察主线行驶车辆,寻找合适的汇入机会。

(1)匝道最大纵坡

匝道因受上下线高差和平曲线长度的限制,并考虑匝道上车速较低,所以匝道纵坡一般比正线纵坡大。匝道纵坡的确定,主要由设计车速决定,但还应考虑匝道类型、用地情况等条件限制,所以设计车速不是唯一决定性因素。在设计上,应根据互通式立体交叉的重要程度,尽可能地采用较缓的纵坡度,使之能够保证安全舒适地行驶。

(2)竖曲线半径及长度

匝道长度一般较短,两侧高差较大,故竖曲线半径一般较小。匝道竖曲线设计应注意与平曲线的配合,尤其在主线一侧的出、入口处,因匝道通常位于平曲线上,匝道竖曲线半径及长度除满足规范规定外,还应注意平、纵组合。一般情况下,在匝道上拉坡很难做到"平包纵",但要尽量避免纵坡变化处设小半径圆曲线,尽量避免凹凸变坡点设在较短的缓和曲线段内,以防车辆难以辨别前方转向。

设计规范未对匝道最短坡长做严格的规定,一般情况下能设得下竖曲线即可。这种情况下,应参照路线纵坡的做法,结合匝道设计速度,最短坡长应不小于3s行程,若不能够满足,应适当增大竖曲线半径,将两竖曲线顺适连接起来。

(3)匝道纵断面改扩建设计要点

①匝道两端纵坡应与相接主线或匝道的纵坡连续,避免局部突变。考虑到匝道和主线分、合流部位结构的特殊性和车流运行的复杂性,分、合流点处的竖曲线半径和长度应按照规范提高一级控制。

②应重视收费站前、后纵坡和相邻匝道的纵坡值,避免车辆经长大下坡路段进入收费站。

收费站附近竖曲线半径应尽量做大,纵坡应放缓,一般应小于2%,当受地形条件及其他特殊情况限制时,不得大于3%。

③匝道宜一次升坡或降坡,避免多次变坡。匝道纵坡对大型车辆的运行速度有明显的约束作用,当不可避免时,应根据平均纵坡限制,适当调整匝道两端高程。

④注意平纵组合设计和视距问题,避免不利组合。如主线上跨时,匝道出口处平纵线形对视距的影响,在小半径曲线路段路侧障碍物对视距的影响等。

⑤无论主线上跨还是下穿匝道,主线拓宽后,势必需要调整匝道前后纵坡或竖曲线半径来满足桥下净空要求,导致匝道纵坡变大或者竖曲线半径减小,影响车辆行驶安全与舒适。这就需要结合主线改扩建方案,从行车安全、工程规模等方面考虑,整体把握立交线形。

5)匝道的纵面设计标准

匝道上的纵坡应当尽可能平缓,但在某些路段会比较陡,设计中往往存在增大匝道纵坡,以减短匝道改造长度,减少填土高度,减少桥长或软基处理数量,缩小互通规模的趋向。

匝道纵坡的极限值,可以按设计车速直接确定,也可以根据匝道类型、互通设置区域、交通量等因素确定,并不一定完全按照设计速度的大小来确定。行驶速度和车辆运行的安全性,往往受到前后纵断面线形和平面线形共同左右。规范中也把纵坡值作为评定车辆行驶难易程度的值。因此,在设计时不能轻易使用极限值,应按照互通的等级,尽量采用较缓的纵坡,使得车辆安全和顺适地行驶,同时满足匝道路面加铺补强的要求。

在纵坡的设计中应当注意的是,可以按照主次匝道分别考虑匝道的最大纵坡,对于重要的匝道,应当尽量采用较平坦的纵坡,交通量少的、次要的匝道可以设置较陡的纵坡。单向匝道的纵面可以大于双向匝道的纵坡,下坡匝道的纵面可以稍大于上坡匝道。标准所允许的最大纵坡值,在实际使用中采用的很小,一般将最大纵坡控制在4%左右的为多,特别是在具有不同路面补强厚度的路段,纵坡会有所变化,当使用较陡的纵坡时,应当慎之又慎,应分析前后车辆的行驶速度变化情况,特别当坡下有小半径曲线或停车情况(如收费站)时,应避免有比较陡的纵坡。

互通的纵断面通常呈竖向S形,竖曲线的设计要满足行车的缓冲舒适和视距需要,凹形竖曲线还应考虑前灯照射距离,因此,竖曲线的半径是最重要的因素,所设竖曲线的长度过短,对行车安全不利,一般最小应采用设计速度行驶3s的距离作为竖曲线长度。

7.8.5 匝道横断面设计

1)超高

从直线上的无超高到圆曲线上的全超高是在超高缓和段内完成的。匝道超高过渡应平顺和缓,不应产生扭曲突变。一般以匝道中心线作为匝道超高的旋转轴,在超高缓和段逐渐变化,直至达到圆曲线内的全超高。

(1)超高缓和段长度和超高值

超高缓和段长度应根据匝道计算行车速度、匝道断面类型、旋转轴位置及规定的超高渐变率等计算确定。计算公式为:

$$L_c = \frac{B\Delta_i}{p} \tag{7.8-3}$$

式中:L_c——超高缓和段长度(m);

B——旋转轴至行车道(设路缘带时为路缘带)外侧边缘的宽度(m);

Δ_i——超高坡度与路拱坡度代数差(%);

p——超高渐变率。

用式(7.8-3)计算的超高缓和段长度应凑整为 5m 的倍数,并不小于 10m 长度。

匝道的超高值应与匝道上车辆的实际运行速度相适应,过大的超高给驾驶员造成不安全感,也会影响路容美观与协调。因此匝道超高值的选用,应考虑到匝道最大超高值和合成坡度的影响。

(2)超高缓和段的设置方式

超高缓和段设置方法应视匝道平面线形而定。有缓和曲线时,超高过渡在缓和曲线的全长或部分范围内完成;当匝道上无缓和曲线时,可将所需过渡段长度的 1/3～1/2 放在圆曲线,其余设在直线上;当两圆曲线径相连接时,可将超高缓和段的各半分别设置于两圆曲线内。

(3)小半径桥梁处的超高处理

采用桥梁等结构物时,没有路基边坡,在视觉上往往比有路基边坡的匝道横向坡度大,给驾驶员视觉上造成悬空的错觉,心理压力大,所以最大超高在这些地方宜放缓。

超高过渡还应充分考虑桥跨布置,一般过渡范围最好放在桥梁的同一桥垮内,以减少构造物处理上的难度。

(4)超高值的确定

在设计中值得注意的问题是最大超高和横坡。在一定的设计速度下,路面的最大超高随气候条件(冰雪天气的频率、数量)、地区地形(平原或山区)、城市或乡村以及车辆组合而定。我国规定最大超高值为 10%,在积雪冰冻地区不超过 6%,合成坡度不超过 8%。城市立交的匝道超高一般不超过 3%。考虑到我国的车辆组成中货车的比例较高,车速较低,超高值不宜过大。另外,经常会在匝道的弯道上设收费站,弯道半径一般要求不小于 200m,需要设置超高。考虑到车辆接近收费站时,速度已经降低,超高值就不必按照规范取定,应按照车辆在匝道上的速度变化状态确定路面超高,在接近收费站的地方,应尽量采用较小的路面横坡值,以利于收费广场上的车辆停车缴费。

2) 加宽

按照规定,圆曲线上的路面加宽应设置在曲线的内侧。对于互通式立交匝道,因其具有长度短、以曲线为主、圆曲线半径小、加宽值大和构造物多的特殊性,如果匝道加宽位置统一安排在圆曲线的内侧,对于 S 形曲线,将沿着匝道加宽忽左忽右,匝道宽度变化频繁,导致匝道桥梁上部结构布置困难,影响路容。

因此,在对匝道桥梁布置和路容美观影响不大的情况下,应按规定在圆曲线的内侧加宽,在加宽缓和段内进行加宽过渡;影响较大时,可按照一条匝道或局部区段内某一圆曲线所对应的最大加宽值,使该条匝道或该区段匝道采用最大加宽值对应的路面宽度和路基宽度,也就是采用等宽的匝道断面,这样处理便于匝道桥梁布置,也改善了路容。

若存在匝道的车道和硬路肩宽度与主线不同的情况,可在分流点或合流点至缓和曲线终点间进行加宽过渡。

3) 偏置加宽

在主线和匝道的分流部位即分流鼻处,为给误行车辆提供返回的机会,同时又不影响主线车流的正常运行,应对主线和匝道分别进行偏值加宽处理。

至于加宽值,应结合行车状态确定。一般在主线外侧路缘带边缘的外侧,设置 3.0~3.5m 车道宽为宜。若主线硬路肩已满足上述宽度,无需加宽;若硬路肩宽度不足,则应补足差值。匝道的偏置加宽与主线设置方法相似,区别在于所需宽度为 0.6~1.0m。

分流鼻位于桥梁等构造物上时,自分流鼻端之后应预留安装防撞垫等缓冲设施的位置,即分流鼻后方(行驶的前进方向)6~10m 的区域应铺设桥面系统,并安装护栏,如图 7.8-6 所示。

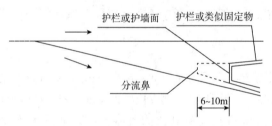

图 7.8-6 分流鼻后的防撞缓冲设施预留区

7.8.6 连接部设计

互通式立交连接部往往是制约整体服务水平的部位,应予以充分重视。主线与匝道的连接部是否满足交通和安全需求主要体现在变速车道的车道数、长度及其结构上。对于一般服务型立交,设计中还要考虑平面交叉与转弯交通量分布适应情况。

1) 变速车道

变速车道(加速车道或减速车道)是匝道与主线的连接路段,是为适应车辆变速行驶的需要,而不致影响主线交通所设置的附加车道,是互通式立交的一个重要组成部分。其作用是为主线流出、流入车辆提供出、入口,并适应主线和匝道线形,使车辆得以实现加速或减速。由于在这个区段车辆要实现车道转移及速度的调整,因此变速车道是整个互通立交系统中最易发生交通事故的地方。变速车道设置的合理与否,对于提高行车的安全舒适性,减小交通事故的发生,保证交通流的畅通意义重大。变速车道有平行式和直接式两种,如图 7.8-7 所示。

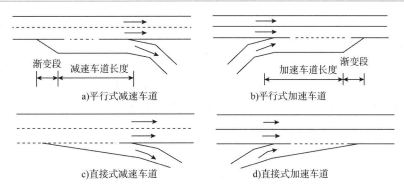

图 7.8-7 变速车道的形式

(1) 平行式

平行式变速车道包括渐变段和变速车道两部分(图 7.8-7),渐变段的长度根据主线设计速度与规范要求取用,变速车道设置在主线外侧,采用与主线平行的一个车道作为变速车道,实现车辆的加减速。

优点:渐变段起、终点位置明显,便于驾驶员辨认匝道出、入口的位置,有利于车辆及时转向和变速。

缺点:车辆在变速车道上需经过反向曲线驶入和驶出主线,操作复杂,存在不安全因素;另辟车道,占地面积大。

(2) 直接式

直接式变速车道是由正线斜向渐变加宽,形成一条与匝道连接的附加车道(图 7.8-7)。规范中规定出口的渐变率为 1/25~1/15,入口为 1/45~1/35。

优点:线形平顺并与行车轨迹吻合,不存在反向曲线,对行车有利;

缺点:渐变段与主线的出、入口起点位置不明显,不易识别,往往导致驾驶员错过出口。

在互通改造工程中,采用何种形式的变速车道,不仅仅取决于变速车道的功能特性,还需考虑控制改建规模的要求,即使是减速车道,如果采用直接式会因为地形、地物限制而使得改造工程的费用过大的增加时,也可以考虑改为平行式。

(3) 变速车道长度

变速车道的长度必须满足车流出入高速公路时出入变化的要求。变速车道长度为加速或减速车道长度与渐变段长度之和,根据主线计算行车速度和不同的匝道设计车速来确定。

①加、减速车道长度 L:是指渐变段车道宽度达一个车道宽度的位置与分流或合流端之间的距离。其计算公式为:

$$L=\frac{V_1^2-V_2^2}{26a}(\text{m}) \tag{7.8-4}$$

式中:V_1——正线平均行驶速度(km/h);

V_2——匝道平均行驶速度(km/h);

a——汽车平均加速度(m/s^2),加速时 a 取 0.8~1.2;减速时 a 取 2~3。

我国在已建成的交通量较大的高速公路上变速车道长度不足的现象已有明显的暴露。由于减速车道的长度不足时,如果与之衔接匝道的平面线形指标较低,驾驶员往往在进入减速车道之前就开始减速,影响后面直行车流的正常运行,存在安全隐患。加速车道由于长度不足,车辆在没有加速到主线设计车速的情况下不得不强行汇入主线,影响主线上车辆的正常行驶。

改扩建设计中应注意在增长变速车道的同时,应提高相邻匝道线形指标。匝道上没有良好的线形和足够长的缓和曲线过渡的情况下,就不应采用过高的匝道设计速度,因为仅通过增大变速车道长度来满足从容变速的要求未必奏效,且往往不经济。

②渐变段:平行式变速车道渐变段的长度不应小于表 7.8-18 规定值。直接式变速车道渐变段按外边缘渐变率控制,出口端和入口端渐变率规定如表 7.8-18 所示。

变速车道长度及渐变率　　　　　　表 7.8-18

正线计算行车速度(km/h)		120	100	80	60	40
减速车道长度(m)	单车道	100	90	80	70	30
	双车道	150	130	110	90	—
加速车道长度(m)	单车道	200	180	160	120	50
	双车道	300	260	220	160	—
平行式渐变段长度(m)	单车道	70	60	50	45	40
直接式渐变率	出口 单车道	1/25	1/25	1/20	1/20	1/15
	出口 双车道	1/25	1/25	1/20	1/20	1/15
	入口 单车道	1/40	1/40	1/30	1/30	1/20
	入口 双车道	1/40	1/40	1/30	1/30	1/20

一般喇叭形互通立交双车道的加减速车道的长度,可以按照规范确定的长度取值。对于互通立交枢纽,则应从通行能力的需要出发,双车道变速车道的总长度主要取决于车道平衡和流出车道的交通流组织,不应当仅仅从加减速的需要来确定。为达到车道平衡,通常采用的方法是设置一定长度的辅助车道。在我国,缺乏辅助车道设置长度的观测数据和计算理论,通常在设计中是在分流端和合流端均取 600m 的长度。

(4)变速车道超高设置

变速车道与主线在分流点之前可以看作一个整体,但在设计上,由于实际行车速度和转向的不同,不应将变速车道与主线设置相同的横坡。

当主线与匝道转向相同时,变速车道横坡应与主线保持一致。当主线与匝道为反向曲线时,若主线超高小于2%,匝道分流点处应采用与主线相反的2%横坡;否则,应采用相反的1%的横坡。

另外,当主线与匝道是反向曲线时,变速车道不宜采用匝道中心线作为超高旋转轴,通常以分流鼻处圆弧的圆心、未做偏置加宽的路缘带边缘的交点及减速车道起点处的主线路缘带边缘点这三点连接成的圆弧,作为变速车道的横坡旋转轴。这样就在主线与变速车道间形成了凸起的分水岭,为保证行车安全和路容景观,这一区域一般不允许车辆驶入,须划斑马线。

(5)变速车道与相连匝道的综合线形设计

《公路路线设计规范》(JTG D20—2017)中,对分流点的曲率半径和回旋线参数做了规定,见表 7.8-19。但对于其适用范围及分流点前后的曲线特性没有规定。

第7章 互通立交改扩建问题及处置对策

分流点的曲率半径和回旋线参数　　表7.8-19

主线计算行车速度 （km/h）	分流点的计算行驶速度 （km/h）	分流点的最小曲线半径 （m）	回旋参数 A(m)	
			一般值	低限值
120	80	400	160	140
	60	250	90	70
100	55	200	70	60
80	50	170	60	50
60	40	100	50	40

2）匝道出入口设计

（1）匝道出入口设计的一般原则

匝道出入口设计应遵循的一般原则是：

①出入顺适、安全，线形与正线协调一致；

②出入口应视认方便，特别是出口；

③正线与匝道间应能相互通视，视野开阔。

交通拥堵和行车路线过于复杂会引起驾驶员焦虑、烦躁和紧张不安。对于互通立交而言，行车路线复杂主要指互通立交形式及其出入口布置的复杂多变。互通立交形式多变是客观因素造成的，而出入口布置一般是由设计者主观控制。对驾驶员而言，影响其驾驶心理的主要是互通立交的出口布置，互通立交形式影响不大。从驾驶员心理因素考虑，一般都希望所有的互通立交出口是一致的，且在一座互通立交中同一方向的出口是唯一的，不希望集中精力行车的同时增加对复杂出口位置的分析判断。

（2）出口

出口是车辆在运行状态下方向和速度都发生较大改变的区域，因此出口是交通事故频发的位置。基于运行安全的考虑，出口设计应注意以下两点：

①尽量避免左侧流出

左侧流出不符合驾驶员的习惯和期望，最容易出现驾驶人犹豫、错过等情况，从而引发交通事故。并且，位于外侧行驶的车辆需减速转移至左侧车道驶出，这一过程会对高速行驶的直行车辆造成较大干扰。

②流出点应在桥墩之前

如果流出点设在被交路跨线桥之后，桥墩、桥台等易遮挡匝道流出方向。当不可避免时，应尽量将流出点移至桥墩之后较远处，以使驾驶员穿过桥梁后仍能清晰判断流出位置。

（3）入口

入口最好设在主线及匝道的下坡路段，并且纵断面线形必须有同主线一致的平行区段以利于车辆加速汇入主线车流，并在匝道汇入主线之前保证主线100m和匝道60m的三角形区域内通视无阻，如图7.8-8所示。

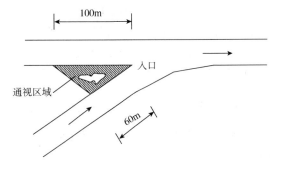

图7.8-8　入口处的通视区域

3）连接部的纵面设计

匝道与主线分流端的竖曲线应保证一定的视距，以达到安全和顺适的要求。设计时应尽量避免使用规范中的极限值。我国的路线设计规范中对此做了明确规定，见表7.8-20。

分流点附近竖曲线最小半径及长度　　　　表7.8-20

主线计算行车速度(km/h)			120	100	80	60
竖曲线最小半径(m)	凸形	一般值	2000	1800	1600	900
		极限值	1400	1100	800	450
	凹形	一般值	1500	1500	1400	900
		极限值	1000	850	700	450
竖曲线最小长度(m)		一般值	70	65	60	40
		极限值	50	45	40	35

当然，从视距和安全、顺适的角度来看，在楔形端附近应尽量采用较高的竖曲线标准，并且一旦车辆走错或其他原因需要倒车，不致造成危险和阻塞。

但实际上，从对既有公路改造的情况来看，对于等级较低、规模较小、平面标准不高的互通，由于匝道平面标准、纵坡、长度和地形、地物的限制，许多互通分流点处的纵面标准要达到我国规范的要求有一定困难，为提高竖曲线标准，必须增加匝道长度，扩大互通的规模，如何把握好取值需要周密研究。

7.8.7 跨线桥的一般要求

（1）立交跨线构造物的布设要顺应主线线形的变化，不能因为照顾跨线构造物而导致跨线构造物两端主线平、纵面衔接不顺，指标不均衡，降低线形标准。因此，立体交叉中出现斜、弯、坡的跨线桥是不可避免的。

（2）立交跨线构造物的布设及形式必须考虑给驾驶员以最小的视觉影响，尽量不使驾驶员因视觉条件变差而降低行车速度或造成判断和操作失误。为此，立体交叉跨线构造物布设时，应在平面和纵断面上具有足够的视距，横断面上具有足够的净空。

特别是当主线采用分离拼宽形式时，应特别注意构造物的墩、柱、台、墙等与行车道边线的距离，尽量避免因视觉原因造成事故。如不能满足，则应采取拆除重建或其他可行方案。

（3）立交跨线构造物的形式要适应当地环境，注意造型美观，结构新颖，轻巧飘逸，同时，应力求简单，施工方便，节约造价。

跨线构造物设计的好坏直接影响整个立交的使用功能、工程造价、施工进度及总体景观。因此，选择桥梁结构既要满足行车净空要求，又要最大限度地降低桥梁结构高度和压缩桥梁面积，控制工程造价，同时还要求其结构外形美观，施工简便，有利于工期进度。

7.8.8 平面交叉设计

高速公路互通式立交平面交叉主要指一般互通式立交的匝道或连接线与被交路的平面交叉。

在互通式立交改扩建时往往会忽视平面交叉设计，主要表现在：未进行转弯交通量预测,缺乏设计的基础资料;对平面交叉仅作简单的处理,未按安全和功能需求进行渠化;未收集交通事故的频度、性质、严重程度及其原因等使用情况,以确定相应改扩建措施。

为了最大限度地保证行车安全和通行能力,平面交叉原则上都应进行渠化设计。在改扩建设计中应注意以下几点:

(1)以交通量为依据

平面交叉渠化应以设计交通量为依据,根据交通需求和交通组织的需要,通过设置必要的分隔岛、导流岛和标线等,指定各方向行车路线,合理组织交通流(图7.8-9)。

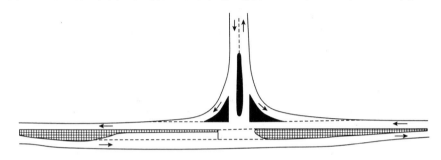

图 7.8-9 分隔岛和导流岛设置比较完善的 T 形平面交叉

(2)尽可能正交

平面交叉正交的目的是使左转弯车辆能以最短的路线和时间通过被交路,当交叉角度小于 70°时,应通过纠正交角或通过布置分隔岛和导流岛使左转弯交通流与直行车流正交(图7.8-10)。

图 7.8-10 平面交叉斜交处理

(3)保证足够的视距

在通过渠化引导车辆时,应注意使车辆在交叉口各个部位均有较为开阔的视野,并保证安全的视距。

(4)满足重型车的运行需求

如果转弯交通量中重型车比例较大,则应考虑重型车的运行特征,避免平面交叉设置在匝道较陡下坡的底部,并应避免转弯车道平面半径过小且有反向超高的情况。

(5)注重细部设计

导流岛、分流岛和左转弯车道的形状、尺寸等,应根据交通运行和安全需求确定,而这些细节部分在设计中往往被忽视。

平面交叉是互通式立交系统的组成部分,处理不好很可能成为系统的交通瓶颈,因此设计时应予以足够的重视。

7.9 立交改扩建工程实例

实例1：杨家圩分离式立交桥是锡玉一级公路上跨沪宁高速公路的一座桥梁。原桥斜桥正做、分左右两幅，桥宽(半幅)12m，上部构造为：左幅为3×20m T梁+(20+2×25+20 普通钢筋混凝土连续箱梁)m+3×20m T梁，右幅为4×20m T梁+(20+2×25+20 普通钢筋混凝土连续箱梁)+2×20m T梁，下部构造T梁部分及与箱梁的过渡墩均采用双柱墩，箱梁部分均采用独柱墩，箱梁部分、中墩位于沪宁高速公路中央分隔带处，边墩紧靠沪宁高速公路既有路面边缘，如图7.9-1所示。随着沪宁高速公路的拓宽，该桥必须改建。

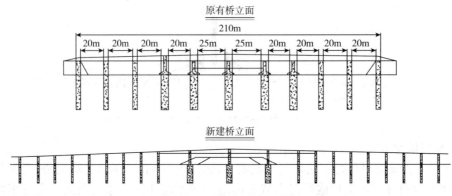

图 7.9-1　新旧跨线桥立面图

受既有锡玉一级公路平面线形的影响，该桥必须原位重建。同时受到锡玉一级公路纵面线形的限制，该桥建筑高度无法过大增加，因而无法采用大跨径结构；若采用钢管拱桥或斜拉桥结构则增加工期和施工难度，同时作业面也不容许；因此最终采用钢箱梁连续架，同时需要考虑中央分隔带处设墩。

改建后新桥全长487.175m，为斜桥正做，墩台均径向布孔，全桥共五联，桥宽(半幅)12.25m。上部构造为：左幅4×20m+4×20m 钢筋混凝土连续箱梁+(36+45+45+35)m 连续钢箱梁+(20.115m+3×20m)+4.20m 钢筋混凝土连续箱梁；右幅为4×20m+(4×20m+20.115m)钢筋混凝土连续箱梁+(36+45+45+36)m 连续钢箱梁+3×20m+4×20m 钢筋混凝土连续箱梁；下部构造：中央分隔带处桥墩采用框架结构墩。

在满足地方路平纵面要求的前提下，要求沪宁高速公路和锡玉路的交通不中断，保证拆除过程中结构不发生突然的脆性破坏而对人员机具造成损坏，且保证将要利用的桩基础不受破坏。

(1)交通和施工组织

①拆除锡玉路上杨家圩立交桥的右幅桥(上海岸侧)，此时锡玉路车流皆通过左幅桥。拆桥的过程中要保证沪宁高速交通不中断。

②在原址处建设新杨家圩立交桥的右幅，竣工后将锡玉路车流转移到该幅桥。

③拆除原左幅桥，并在原址新建该桥，竣工后全面恢复锡玉路的交通。在此过程中由于新桥主跨采用钢箱梁，故施工周期短。对沪宁高速公路的交通影响小，这样只要合理采取措

施将原桥拆除即成为解决减少对沪宁交通影响的关键。

④引桥的拆除。引桥部分为T梁,直接采用吊机吊装拆除即可,首先用无齿锯将各T梁纵向分开,再横向分离各片梁,最后逐跨逐片吊装拆除。拆除过程中要保证T梁不侧翻,不倾覆,这样才能保证预应力T梁不会由于预加力的原因而突然破坏,造成意外。

⑤钢筋混凝土连续箱梁的拆除。普通钢筋混凝土连续箱梁,由于不存在预加力,所以不会因为梁体自身的失稳而破坏。因此,拆除过程中当连续结构被破坏后只要梁体在自重荷载下不发生过大的塑性变形,不发生突然的脆性破坏即是合理且可行的。该桥上跨沪宁高速公路所以拆除过程必须合理安排不得使沪宁交通中断。拆除方案有两种:

方案一,化整为零,分块吊装。

该方案施工时先用贝雷梁作全桥的支护,贝雷梁下可以保证沪宁高速公路的交通,但是通行净空受到很大的限制。支护完成后,首先拆除防落网和护栏,再拆除桥面铺装,接下来切割翼缘板。切割翼缘板时要先沿横桥向,左右翼缘板对称切割,将全桥翼缘板由边缘切割到翼缘板根部,这样做是为了首先释放掉翼缘板的承压状态,然后再沿桥纵向切割翼缘板。

全桥翼缘板拆除后,沿桥纵向切割箱梁顶板,然后横向分割,分块吊卸。顶板拆除后,再横向切割腹板,分块吊卸,最后切割底板,吊卸横梁。

该方案的优点在于,完全的支护为拆桥提供足够的安全可能,分块切割使得结构体系变化不突然,分块吊卸对吊机要求不高。缺点在于:过多的支护影响了沪宁高速的行车净空,切割面积很大,增加了工程造价,工作繁复,工期长。

方案二,凿岩机作业,一次凿除

由于该箱梁已无利用价值,故拆除时无需保证原梁的完整性,采用凿岩机作业是可行的,凿岩机作业时,速度快,造价低。但是考虑到凿岩机的冲击作用,而原桥皆为独柱墩,这样就必须保证原桥的横向稳定,避免在作业时造成梁体的侧翻,同时在凿岩机作业时由于碎落体大小不均,势必会对沪宁高速公路既有路面造成破坏,施工时要先在既有公路路面上加铺15~20cm厚土层,构成对既有路面的防护。采用此方案首先要做好防护工作,然后是沪宁高速公路交通的组织,最后是梁体的作业安全。由于此方案是瞬时改变结构体系,所以当连续结构被破坏前,做好最不利点的支护。

经多方技术比较,确定采用方案二。

对于连续结构,当连续结构被破坏时,各跨失去了彼此的卸载作用,而造成其处于不利状态,因此在拆除的过程中要避免任何一孔出现简支状态。有效的改善措施是合理设置临时支承。

(2)新桥方案

新桥由于纵面的提高而增加了工程量,出现路基和桥梁的方案比较。结合当地地基松软,沉降大,耕地及土石方非常紧张这一特点,拟采用桥梁方案更具有优势。因此采用桥梁方案。

上部构造拟采用三种方案:

①引桥、主桥都采用混凝土现浇箱梁。优点是造价低廉,景观协调;缺点是施工周期长,对沪宁高速公路交通影响大。

②引桥采用混凝土现浇箱梁,主桥采用钢箱梁。优点是主桥可以吊装、拼接,预制程度

高,施工速度快,景观协调;缺点是造价高,施工操作精度要求高。

③引桥采用预制 T 梁,主桥采用钢箱梁。优点是可以吊装、拼接,预制程度高,施工速度快;缺点是造价高,施工操作精度要求高,桥梁外观不流畅,引桥下部构造烦冗。

经综合比较采用第二方案。

该桥桥位处水文地质表明,桥基础不会受到地下水的侵蚀,从原桥的运营情况看桥梁状态完好,表明该基础在既有荷载下是可靠且安全的,由于锡玉公路线形的要求使得原基础不得不被利用。

中央分隔带处基础为主桥墩桩基,由 4 根长 20m、直径 1.2m 钻孔灌注桩、2×2 排列加承台(承台尺寸 5.4×5.4×1.5m)构成,横纵桩距 3.0m。

由于锡玉一级路上跨沪宁高速公路,致使其平面交叉点无法改变,因此要求该桩不得不加以利用。原桥主桥上部构造采用(20+2×25+20)m 钢筋混凝土连续梁。经计算得原墩支座以上最大反力为 5464.9kN。加宽后主桥上部构造采用(36+2×45+36)m 钢箱连续梁,该墩支座以上最大反力为 6491.03kN,原基础不满足承载要求。

如果有效减小承台顶以上土自重,提高承台的承载效应,使其附加荷载控制在 533.3kN 内,基础即可使用,可行的方案有两种。

方法一,加强承台承载能力。凿除原承台,重新制作承台与墩柱,竣工后在其承台底压浆,以提高承台的承载效应,减少承台自重对桩基的荷载。若按承台自重的 0.5 计,则承台对桩的荷载为 507kN。实际情况将小于此值。

方法二,减轻填料重量,增加新桩基础。承台以上填料采用 EPS 填充,其容重为 $0.2kN/m^3$ 远小于土 $18.5kN/m^3$,有效减小自重,这样承台以上土自重=5.2×5.2×4.4×0.2=23.8kN。

由计算可知方法二是切实合理可行的。

增加新桩基础后,协同受力的前提条件是加大承台的刚度,承台采用钢筋混凝土结构增大刚度的方法会加大结构的截面尺寸。但单纯的增大尺寸的同时,自重也相应加大,最终采用方案二框架形式,如图 7.9-2 所示。

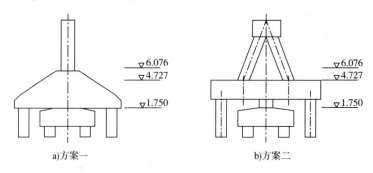

图 7.9-2　承台方案图

实例 2:湖北省荆宜高速公路虎牙枢纽互通改造。现状为一单喇叭互通,路线在既有虎牙互通北跨汉宜高速公路,连接沪蓉国道上的宜昌长江大桥,相当于两条高速公路呈"十字形"交叉,已建成虎牙互通为单喇叭 A 形,互通服务等级为三级,标准较低,D 匝道内半径仅 42m,交角为 51°,汉宜高速公路路基宽 24.5m。该互通的主交通流为武汉至宜昌长江公路大桥双向,次交通流为荆门至宜昌方向。

1)改造方案

(1)方案一:半苜蓿叶形+半定向形

此方案为第二、四象限的半苜蓿叶形和主交通流方向的定向匝道(图7.9-3),D匝道内环半径为50m,互通实施时先施工J匝道,以维持宜昌至宜昌长江大桥公路桥方向的交通,再施工其他匝道。此方案的优点是主交通流能快捷转换,同时也尽可能地利用了既有的互通匝道。其缺点是要废除原互通E匝道及跨汉宜高速公路的机耕天桥;由于主线需跨越原互通A匝道、汉宜高速公路,要设置一座长685m的特大桥,新建的E、J匝道需拆迁2座转播台,工程量较大。

(2)方案二:组合双喇叭形

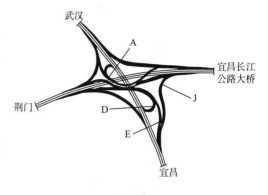

图7.9-3 虎牙枢纽互通方案一

主线以分离式路基直接与宜昌长江公路大桥连接线相接,以满足主方向交通流,其他方向交通流以匝道连接,与既有的A形单喇叭形成半定向互通(图7.9-4)。此方案的优点是既有的单喇叭A形互通全部利用,省工程造价,但其缺点是武汉和宜昌方向往荆门方向的交通都需绕行,其次是互通布置范围地形起伏较大,相应的工程量也较大。主线跨高马河、汉宜高速公路及左线跨宜昌长江公路大桥连接线需设置3座大中桥,桥长共620m,同时需废除宜昌长江公路大桥连接线一座机耕天桥,改建地方路较长,同时由于D匝道与汉宜高速公路连接需设置加速车道,因此需加长原虎牙互通以北一座汽车天桥(图7.9-5)。

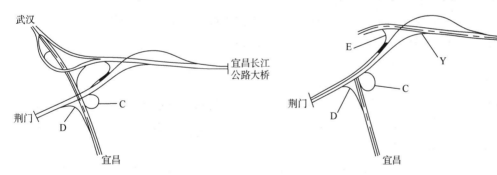

图7.9-4 虎牙枢纽互通方案二　　图7.9-5 虎牙枢纽互通方案二中的新建部分

2)方案选定

经技术、经济比较推荐方案二。施工图设计时也采用了方案二作为虎牙枢纽互通改建的最终方案。

虽然该方案得到采纳,其仍存在一些缺点,如:C匝道为环行减速匝道,D、C两匝道为两条连续的出口匝道(不同去向),其鼻端位置仅相距200m,距离太短的连续出口影响驾驶员的正确判断。不利于车流的分离,影响车辆行驶的安全性;对已建工程的加宽、拼接等,需要具体处理。

实例 3：湖北省武荆高速公路东西湖枢纽互通,是针对新建高速公路与既有高速公路对接的实例。

东西湖枢纽互通位于武汉至荆门高速公路起点处,为京珠高速公路、武汉市外环高速公路及武荆高速公路的 3 路交叉的节点工程。该 3 条高速公路均为双向四车道标准,京珠高速公路已建成通车,武汉市外环高速公路东西湖互通为全桥半定向 T 形方案。该互通规模庞大。京珠国道打靶堤停车区土建工程结束,该段主线是 30m 预应力混凝土 T 梁(先简支后桥面连续),互通与停车区中心距离 2.45km,如图 7.9-6 所示。

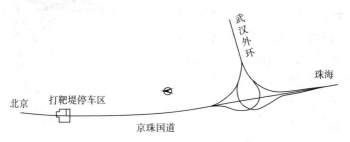

图 7.9-6 东西湖枢纽互通现状图

根据工可交通量预测结果,本互通交通量分布特点为荆门至武汉外环的直行交通量最大,荆门至武汉方向右转(转向京珠国道)交通量较大,其他方向交通量一般。

(1)本互通方案设计的难点

①因为东西湖 T 形半定向互通刚建成,需尽可能利用以减少工程浪费,保证高速公路的连续性服务等级,使工程造价合理,在施工过程中减少对既有交通的干扰,又营造新的道路景观是本互通方案选择的主要技术难点。

②由于与已建京珠国道和武汉市外环高速公路互通对接方案在本路段都涉及如何与既有桥梁拼接,在桥型方案的选择上也是本方案考虑的重点。

(2)初步设计阶段的方案

①方案一:主线分离式路基枢纽互通方案

本项目主线在已建成东西湖互通立交两侧以分离式路基跨越京珠国道与武汉外环高速公路相接,与京珠国道连接,除了最小交通量方向(荆门-北京)采用环道外,其余方向均采用定向或半定向匝道(图 7.9-7)。

优点:a.交通组织好,能很好地适应各方向的交通流;b.主线跨越京珠国道处为较低路基段,跨越桥较低;c.完全利用已建东西湖互通立交。

缺点:a.占地范围较大;b.新建匝道与已建的匝道形成的各出入口需在京珠高速公路增设辅助车道(或集散道)以满足交织车流的运行要求;c.珠海至荆门方向匝道绕行且较长。

②方案二:主线整体式路基枢纽互通方案

主线以整体路基在已建成东西湖互通立交南侧跨越京珠国道,采用定向、半定向匝道与武汉市外环高速公路相接(图 7.9-8)。

优点:a.交通组织好,主线主流方向均采用较高标准的定向、半定向匝道相连接;b.占地范围较方案一小。

缺点:a.武荆高速与武汉外环采用定向、半定向匝道相接,平纵面标准低于方案一;b.新建匝道与已建的匝道形成的各出入口需在京珠高速公路增设辅助车道(或集散道)以满足交织车流的运行要求。

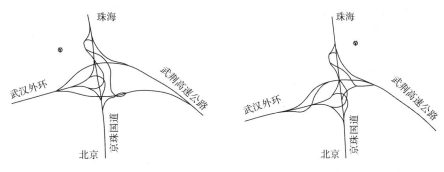

图 7.9-7　东西湖枢纽互通方案一　　　　图 7.9-8　东西湖枢纽互通方案二

③方案三:在京珠国道上新建互通的方案(单喇叭互通)

主线线位在既有东西湖立交与服务区之间跨越京珠高速公路,采用分离式路基接五环外环高速公路,在京珠国道上采用单喇叭互通与主线相接,单喇叭互通与已建东西湖立交一起构成复合式立交(图 7.9-9)。

优点:a.主交通流向技术标准高,利用已建互通也不会占用打靶堤停车区,避开了停车区旁两条 220kV 高压线;b.形成简洁,平纵面线形指标较高。

缺点:a.已建成的东西湖立交(半定向 T 形)、新建单喇叭互通、打靶堤停车区三者之间距离太短,需在京珠国道上两侧设辅助车道(或集散道),工程量大;b.新增单喇叭形互通为全桥方案,造价高;c.在京珠国道上,由于新增了单喇叭互通,两边各形成了距离较近的两对出入口,不利于行车安全。

④方案四:复合半定向 T 形互通

该互通位于打靶堤停车区的位置,采用半定向 T 形互通与已建东西湖互通立交构成一个复合型互通,在原已建方案上增加两条武汉至荆门方向匝道(图 7.9-10)。

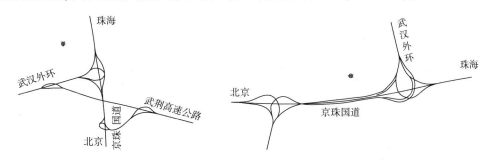

图 7.9-9　东西湖枢纽互通方案三　　　　图 7.9-10　东西湖枢纽互通方案四

该方案的主要缺点:a.废除了已建成的打靶堤停车区;b.在已建成的东西湖互通立交处,同一方向(北京至外环、外环至北京)有两个出入口,存在行车安全隐患;c.本方案武汉至荆门主交通流方向采用辅助车道及匝道连接,平纵标准较低;d.与高压走廊带存在严重干扰;e.主线主流方向需绕行约 2km。

⑤方案五:复合单喇叭+半定向T形互通

该方案主线主方向的匝道(荆门—外环高速)设计速度采用80km/h,主匝道在京珠高速公路两侧,并设置侧分隔带,设计成直通车道,而次交通流方向(荆门—北京)采用环形匝道,在原已建方案上增加两条武汉至荆门方向匝道。该方案与已建成东西湖互通立交相结合构成一个复合互通(图7.9-11)。

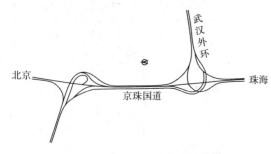

图7.9-11 东西湖枢纽互通方案五

优点:a.主线主方向的匝道为直通车道,减少了京珠高速公路上的出入口,克服了方案四的安全隐患;b.荆门至北京方向由方案四的定向匝道改为环形匝道,较为节省。

缺点:a.同方案四的缺点;b.直通车道的平纵标准为匝道标准,仍然偏低;c.直通车道的设计使与京珠高速公路共线路段的路基宽度增加了20.0m,工程量增大较多。

⑥方案六:对接组合枢纽互通

本方案是在方案一的基础上进行优化的一个方案,与原方案比较主要区别是:a.两条分离式路基互相靠拢,减少了占地规模;b.由荆门—北京方向匝道改由分离式路基左线分流而出,如图7.9-12所示。

通过计算及分析认为:受限于流出匝道鼻端曲率半径、减速车道长度的要求,加上跨越京珠国道的变宽钢箱梁设计相当复杂等因素的影响,该匝道的改移并未完全解决方案一存在的问题。

⑦方案七:对接组合枢纽互通

从方案的平面图(图7.9-13)可以看到,珠海—荆门方向的匝道绕行较长,匝道纵坡上下起伏呈驼峰形;主线以定向匝道方式接武汉外环,标准仍偏低。

图7.9-12 对接组合枢纽互通方案六

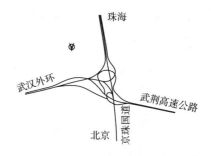

图7.9-13 对接组合枢纽互通方案七

以上7个方案为初步设计阶段的方案,在定测前做了两个优化方案。

(3)优化方案

①优化方案一(图7.9-14)

本方案是在初步设计K线方案一的基础上进行优化的一个方案,优化的主要内容有:a.两条分离式路基互相靠拢,减少占地规模;b.由北京—荆门方向匝道改由京珠国道分流并上跨原东西湖互通已建C匝道；c.珠海—荆门方向匝道与分离式路基右线采用左接的方式。

②优化方案二（图7.9-15）

该方案将原初步设计主线分离式路基尽量往已建成互通的定向匝道靠拢，对次交通量及最小交通量方向的匝道采用较低的标准进行布设，荆门—北京方向采用环形匝道，荆门与珠海方向的匝道布设较为紧凑，与原互通匝道在路基部分相接，改建工程量较小，整个方案布局较为紧凑。

图7.9-14　优化方案一　　　　　图7.9-15　优化方案二

（4）方案确定

由于优化方案二较优化方案一对已建互通的利用较好，改造部分较少，形式更加简洁紧凑，占地及工程量更省，最后将优化后的方案二作为定测施工图设计方案。

实例4：安阳互通式立交为安阳市的主要出入口，为二级立交，平面为单喇叭形，主线计算行车速度为120km/h，匝道计算行车速度为40km/h，匝道最小半径为60m（内环匝道），该立交主线跨被交道桥及匝道桥均为16m+20m+16m预应力空心板桥梁。对本立交的改造采用相同立交形式，进行平面线形拟合的方式进行改建。其中，内环匝道半径缩减，最小半径减小到55m；外侧匝道，仅对其与主线连接部分进行局部改造，加大匝道半径，即可满足要求。安阳互通式立交改扩建平面线形如图7.9-16所示。

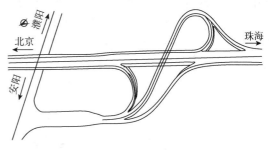

图7.9-16　安阳互通式立交改扩建平面布置图

实例5：安阳南互通式立交为安阳市的南入口，为二级立交，平面为半苜蓿叶型，主线计算行车速度为120km/h，匝道计算行车速度为40km/h，匝道最小半径为60m（两条内环匝道），该立交主线跨被交道桥为10m+16m+10m预应力空心板桥梁。对本立交的改造加宽，有两种方案：

第一方案采用相同立交形式，进行平面线形拟合的方式进行改建。其中，两条内环匝道半径缩减，最小半径减小到52m；外侧匝道，仅对其与主线连接部分进行局部改造，加大匝道半径，即可满足要求，如图7.9-17所示。

第二方案是为了方便立交的管理，考虑将其改建为单喇叭形。该方案改动量较大，特别是需要新增加匝道桥，而既有公路基高度在4m左右，所以该匝道桥高度将达到10m左右，在匝道纵坡符合规范要求的情况下，其实施将非常困难。所以该方案仅作为比较方案，如图7.9-18所示。

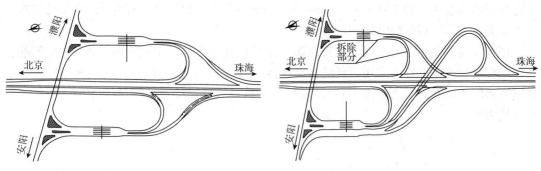

图 7.9-17　安阳南互通式立交改扩建方案一　　图 7.9-18　安阳南互通式立交改扩建方案二

实例 6：汤阴互通式立交为汤阴县的出入口，为二级立交，平面为单喇叭形，主线计算行车速度为 120km/h，匝道计算行车速度为 40km/h，匝道最小半径为 60m(内环匝道)，该立交主线跨被交道桥及匝道桥均为 16m+20m+16m 预应力空心板桥梁。对本立交的改造采用相同立交形式，进行平面线形拟合的方式进行改建。其中，内环匝道半径缩减，最小半径减小到 50m；外侧匝道，仅对其与主线连接部分进行局部改造，加大匝道半径，即可满足要求。汤阴互通式立交改扩建平面线形如图 7.9-19 所示。

实例 7：淇滨互通式立交位于鹤壁市新区东侧，连接鹤壁市区及在建濮鹤高速公路，立交主线跨被交道桥及匝道桥为 19m+30m+19m 连续刚构。该立交原为子叶形，连接鹤壁市淇滨大道，为鹤壁新区出入口，濮鹤高速公路修建时，直接与淇滨大道对接，将该立交改建为苜蓿叶形。目前，该立交东侧内环最小半径 60m，西侧内环半径 80m。改建拟仍采用苜蓿叶形，由于东侧原匝道标准较低，所以利用较少，大部分匝道需要新建；而西侧匝道为濮鹤高速公路新建匝道，标准相对较高，可直接进行平面线形拟合。改建后该立交内环最小半径 80m。鹤壁互通式立交改扩建平面线形如图 7.9-20 所示。

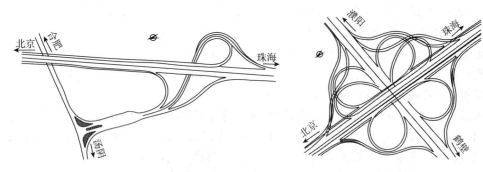

图 7.9-19　汤阴互通式立交改扩建平面布置图　　图 7.9-20　鹤壁互通式立交改扩建平面布置图

实例 8：浚县互通式立交为鹤壁市的南出入口，为二级立交，平面为单喇叭形，主线计算行车速度为 120km/h，匝道计算行车速度为 40km/h，匝道最小半径为 70m(内环匝道)，该立交主线跨被交道桥及匝道桥均为 16m+20m+16m 预应力空心板桥梁。改造采用相同立交形式，进行平面线形拟合的方式进行改建。其中，内环匝道半径缩减，最小半径减小到 68m；外侧匝道，仅对其与主线连接部分进行局部改造，加大匝道半径，即可满足要求。浚县互通式立交改扩建方案如图 7.9-21 所示。

实例 9：淇县互通式立交为二级立交,平面为半苜蓿叶形,主线计算行车速度为 120km/h,匝道计算行车速度为 40km/h,匝道最小半径为 60m(两条内环匝道),该立交主线跨被交道桥为 10m+16m+10m 预应力空心板桥梁。本立交的改造加宽推荐采用相同立交形式,进行平面线形拟合的方式进行改建。其中,两条内环匝道半径缩减,最小半径减小到 56m；仅对外侧匝道与主线连接部分进行局部改造,加大匝道半径,即可满足要求。淇县互通式立交改扩建方案如图 7.9-22 所示。

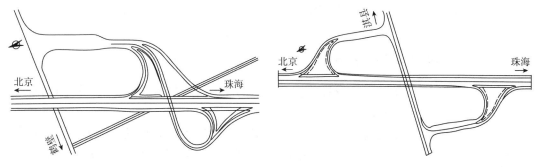

图 7.9-21　浚县互通式立交改扩建平面布置图　　　图 7.9-22　淇县互通式立交改扩建平面布置图

实例 10：卫辉互通式立交为二级立交,平面为半苜蓿叶形,主线计算行车速度为 120km/h,匝道计算行车速度为 40km/h,匝道最小半径为 80m(两条内环匝道),该立交主线跨被交道桥为 19m+30m+19m 连续刚构。本立交改造加宽推荐采用相同立交形式,进行平面线形拟合的方式进行改建。其中,两条内环匝道半径缩减,最小半径减小到 74m；外侧匝道,仅对其与主线连接部分进行局部改造,加大匝道半径,即可满足要求,卫辉互通式立交平面线形如图 7.9-23 所示。

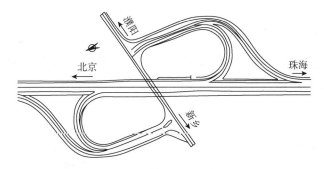

图 7.9-23　卫辉互通式立交改扩建平面布置图

第8章 涵洞、通道改扩建问题及处置对策

8.1 涵洞(通道)改扩建设计

8.1.1 涵洞的作用和位置选择

涵洞是为了宣泄地面水流而设置的横穿路基的小型排水构造物,其作用是迅速排除公路沿线的地表水,保证路基安全。

涵洞位置的设置尽量保持河流、沟渠的既有状态,斜度也尽量与既有河流、沟渠方向一致,在条件允许的情况下尽量使涵洞与路基正交布置,这样有利于泄洪,可以减少涡流现象的产生,且正交涵洞的工程量较少。若路线经过的两条或几条相距较近的溪沟,且流量又小,在地形上便于通过边沟和改沟相连,此时可以考虑将几条溪沟合并成一个涵洞通过路基。

当排除路基内侧边沟水时,涵洞位置一般设在凹形竖曲线最低洼附近,或者在路线纵坡由陡变缓处。

确定涵洞的位置时应结合涵位的地质资料,尽量避开滑坡、断层、崩塌或泥石流发育严重等不良地质地段,若无法避开不良地质时,则基础以及地基必须根据涵洞实际地质情况进行特殊的加固设计。

8.1.2 涵洞的类型选择

根据构造形式,涵洞可分为:圆管涵、拱涵、盖板涵和箱涵。各种形式的涵洞,有各自的适用性和优缺点,应通过比较选定。

(1)圆管涵

钢筋混凝土圆管涵是常用的圆管涵,多应用在农灌区。具有构造简单,受力情况和适应基础性能较好,不需墩台,圬工数量小,造价低,而且便于工厂预制,利于装配运输等特点。但是,也存在过水能力小等问题;而且施工过程中接缝的处理和防水层的设置(倒虹吸管)不易保证质量,会因为漏水问题而影响路基的正常功能和稳定。

(2)石拱涵

石拱涵作为山区公路常采用的涵洞类型之一,净空较大,能通过较大的洪水流量,石料丰富地区便于就地取材,不用或少用钢材,而且结构坚固,适合于广大群众修建。但是,石拱涵对地基承载能力要求较高,施工工序繁多,工期长,遭受破坏后修复困难,费用高。

(3)盖板涵

相对于管涵和石拱涵而言,盖板涵具有就地取材、结构坚固等特点,对洞顶填土高度要

求较低,甚至可以不填土,而且对地基应力要求不高,施工简便,利于修复。因此,盖板涵应用更为广泛。

(4)箱涵

箱涵的应用较前3种少,虽然它整体性强,对地基条件要求低,但钢材需求数量大,施工困难,造价高,较适用于软土地基地段。

不同等级公路的涵洞类型选择要求不同。公路建设对建设周期、质量的要求都很高,一条公路不宜采用过多的涵洞类型,应尽可能定型化,便于集中预制,节省模板,保证质量。

8.1.3 涵洞尺寸的确定

涵洞孔径是指涵洞洞身过水净空的大小,应根据设计洪水流量、河床(沟渠)地质、河床(沟渠)及进出口加固形式所允许的平均流速等条件来确定。

涵洞孔径的大小首先要足以宣泄设计洪水流量,并保证涵前壅水不致过高。涵内流速不致冲刷河床或沟渠或结构物。洞身断面尺寸对工程数量影响较大,一般要求跨径与台高有一定的比例关系,其经济比例通常为 1∶1~1∶1.5。对于高速公路,涵洞一般较长,若孔径偏小,则不利于养护和清淤。

沿线跨越较大河流或沟渠上的涵洞,主要对涵洞位置的河流或沟渠断面进行勘测和水文调查,同时与桥位上下游已建涵洞的行洪情况、跨径进行比对,参考防洪分析报告的水文分析结果,综合确定涵洞尺寸。其他流域面积不大的中小涵洞,先在 1∶50000 或 1∶10000 的地形图上勾出流域面积,采用径流简化公式、暴雨推算公式、全国水文分区公式进行计算、比较,推算百年一遇、五十年一遇的设计流量,以此确定涵洞的孔径。

8.1.4 涵洞、通道的勘测

对于改建扩建公路的涵洞、通道的勘测,要注意到建成后公路两侧的地貌发生了变化,地层岩性也会有变化;而对于既有公路,涵洞、通道的地质资料是在原始地貌情况下取得的。实际上,工程中的情况各不相同,平原区路线两侧多成为取土坑,经多年的淤积,可能会形成软土层;丘陵区及山区公路的左右侧有时地层岩性变化很大,要逐个涵洞、通道进行勘探,绝不能由于勘探困难就简单地利用既有资料。因此,应查明既有涵洞、通道的工程地质条件;并查明有无因地质问题造成变形破坏的现象,并分析研究其原因,提出能否加固利用的评价;对于隐蔽地基基底的岩土物理力学性能进行调查,并调查冻结与冲刷深度等,为公路改扩建设计与施工提供地质资料。

1)外业调查

(1)资料收集

收集竣工图,列出涵洞、通道一览表;根据竣工图收集各涵洞、通道布置图、公用图;收集养护历史资料等。涵洞、通道一览表中应包含中心桩号、结构形式、交叉角度、孔数、跨径、高度、涵洞(通道)长度、设计高程、涵洞(通道)底板高程、纵坡及进出口形式等。通过涵洞、通道布置图及公用图,可确定构造物荷载等级、基础形式、埋置深度、结构物各部位使用材料等。

通过养护历史,可确定公路运营期间涵洞、通道使用情况等。

(2)外业调查

由于实际施工与竣工图编制可能有一定的出入,所以设计前对结构物现场调查非常重要。外业调查分外业测量、外业构造物资料采集。

①外业测量

由专业测量人员沿途对公路中既有的涵洞、通道位置进行测量。测量点位为(以盖板涵为例)涵洞、通道进出口处盖板底四个角点,测量四个角点的位置、盖板底高程、涵底高程及通道的路面高程等。将每个构造物四个角点的坐标输入平面图中,确定既有涵洞、通道在设计图中所处的准确位置及角度,同时根据实测的板底高程及涵底高程,推算出涵洞、通道的净空。测量点位如图8.1-1所示。

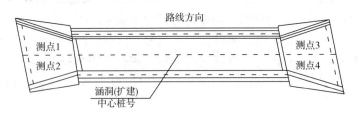

图8.1-1　涵洞位置测点布置平面图

②沿线徒步调查

调查人员沿线徒步对涵洞、通道进行调查。根据路线的养护桩号详细记录涵洞和通道桩号、角度、结构形式、涵洞(通道)长度、净空、涵洞和通道的用途性质、填土高度、既有排水沟渠的尺寸、进出口形式、涵洞排水状况、通道被交道路等级、被交道路面尺寸及结构、构造物损毁、安全情况等。为了提供更好的设计依据,应对每个涵洞、通道主要情况拍照记录,按桩号对照片进行编号,以便事后求证,让设计人员有重临现场的感觉。通过现场调查记录的构造物详细尺寸与测量推算出的尺寸进行校核、验证,二者应一致。有较大出入时,需查找原因,必要时重新调查,做到准确无误。

2)涵洞(通道)病害调查

既有涵洞(通道)主要病害形式为涵洞(通道)结构裂缝、涵洞(通道)顶铰缝勾缝砂浆脱落、涵洞(通道)顶铰缝渗水、碱蚀、洞口杂物堵塞、涵洞(通道)底积水、淤积、净高较低不能满足既有车辆的通行要求等。

8.1.5　涵洞、通道改扩建设计

(1)设计原则

①涵洞(通道)的拼接加宽应在保证安全的前提下,按尽量利用的原则设计。在涵洞(通道)完好或加固后能满足设计荷载要求的情况下,尽可能利用。

②涵洞、通道加宽与路线加宽方案相对应。旧涵洞的接长,以大于原排水断面为原则;旧涵洞台身与原涵洞一致或增大孔径。接长部分的涵洞、通道结构形式等要与既有涵洞、通道保持一致。明构造物要以"上连下不连"为原则进行加宽。"上连下不连"是将新旧明涵洞、明通道台帽、墙身、基础之间设置伸缩缝,互不连接;上部盖板、铺装层则刚性连接;保证涵

面接缝处平整,又可共同受力。增强上部构造横向联系,对于提高整体承载能力效果明显。

③对于新建的涵洞按照实际需要和过水面积进行合理设置。

④涵洞进出水口一般应进行加固处理,当涵前或涵后排水沟纵坡较大时,应建急流槽或跌水等构造物以减缓流速,使水流均匀流畅地通过涵洞。

⑤对于双侧拼宽及单侧拼宽段拼宽的涵洞按照既有的跨径设置。接长的涵洞原则上采用相同结构、相同断面进行接长,但对箱涵基于工期及通行要求等综合考虑采用盖板涵、整体基础予以接长。

⑥为了合理确定通道的位置、数量和等级,通道设计时,在对沿线村庄、厂矿通行条件详细调查的基础上,充分考虑公路两侧居民的通行方便,满足地方发展需要,同时兼顾排水。本着合理分类,适当归并,均衡设置,充分利用桥梁边孔的原则,综合拟定通道的位置、数量和等级。

⑦新建涵洞(通道)设计遵循安全、适用、经济、美观的原则,积极采用新技术、新工艺、新结构、新材料,依照因地制宜、就地取材、便于施工和养护的理念选择涵洞(通道)形式,满足安全宣泄的设计洪水流量和农田灌溉综合利用的要求。

(2) 可利用性判断

依据相关标准、规范、规程进行改扩建设计,沿线老涵洞(通道)的利用与否,根据其行洪情况、荷载标准及现状决定。

(3) 拼接处理

对于需拼宽路基的涵洞、通道,涵洞、通道在结合处与既有涵洞、通道的涵洞(通道)底高程和板底高程保持一致。由于路面横坡的影响,对于明涵洞、通道采用降低洞口高程的方法予以保证涵洞、通道净高的要求,新拼宽涵洞、通道应与既有涵洞、通道顺畅连接;对于暗涵洞、通道,应保证最小填土高度,对最小填土高度不足的暗涵洞、通道,采用降低洞口高程的方法予以控制。

对于公路常采用的盖板涵洞、通道而言,暗涵、暗通道加宽时先拆除原构造物八字墙或其洞口结构及帽石,新老涵洞、通道台帽、墙身、基础之间不连接,设2cm沉降缝。明涵、明通道加宽前先拆除原构造物洞口结构及护栏基座,新老涵洞、通道台帽、墙身、基础之间不连接,设2cm沉降缝。上部盖板进行刚性连接,原边板预埋的护栏基座钢筋可作为新老盖板之间的连接钢筋,不需另行植筋。新旧涵洞、通道顶铺装钢筋焊接,焊缝长度须满足规范要求。在浇筑铺装层混凝土前应对盖板顶面进行凿毛、将尘渣清洗干净,以便铺装层混凝土与盖板混凝土结合紧密,加强整体受力。明涵搭板之间不连接,新老搭板间留2cm施工缝,中间填塞木板。

加宽涵洞、通道与既有涵洞、通道要求顺接,净空要求一致,进出口形式依实际地形布设。考虑通行要求,加宽拼接的通道,原则上应保证既有净空不变,可通过调整结构上部厚度尺寸或调整通道底纵坡的方法进行。但调整通道底纵坡可能会导致通道积水,应有效解决排水问题,接长后的通道进出口两端可做一段过渡性路面。

由于工后沉降不可避免,既有构造物沉降基本完成,但加宽部分沉降仍将继续,加宽时应充分考虑新老地基沉降差异,设计时应采取相应的措施消除沉降差。根据各涵洞、通道地质情况及加宽涵洞、通道跨径大小,可采用碎石垫层、CFG桩、灰土桩等进行基础处理。

(4) 通道加高

由于原既有公路通车时间较长,原设计标准可能较低,随着经济的飞速发展,农村机械化作业的日益普及,部分通道的净高可能不满足使用要求,存在提高净空标准等问题。改扩建设计中可对通道净高进行加高处理。

通道净空加高及排水处理是将既有通道铺底破除,下挖至设计高程,切除原基础外露部分,再采用混凝土铺筑新铺底,通道底铺装兼起支撑梁的作用。为防止扰动旧基础,在施工过程中应边切割边铺筑新铺底。切割长度应根据实际情况确定。新旧通道的铺底应统一重新铺筑,通道内各断面的净高不得低于设计净高。

(5) 通道防排水

对既有通道的积水问题,在设计中应进行考虑。其防排水方法有:①通道口设置一段斜坡,以使通道内路面与被交道路路面顺接,同时被硬化路面两侧设置挡水墙,挡墙顶面高于原地面以阻挡雨水;②在硬化路面最高处设置截水沟,通过截水沟将流向通道内的流水截流,将截流的水沿截水沟流入边沟内;③当通道挖深较浅时,采用蒸发池方案,即在硬化路面最低处设置截水沟,通过截水沟将通道内的积水截流,将截流的水沿截水沟流入集水井,再通过排水管流向通道用蒸发池汇集;④当通道挖深较深时,采用遮雨棚方案,即挖方路面上设置遮雨棚,阻止雨水流入通道内。

(6) 不同涵洞(通道)接长的原则性方案

①盖板涵(通道)接长方案

先将原墩台帽凿毛,侧面墩台全高范围内拆除30cm左右锯齿形企口,冲洗,新加宽的墩身亦砌成30cm左右锯齿形企口,高度至墩台帽顶,然后新老墩身之间相互契合进行连接。当暗涵新路基涵顶填土大于1.5m时,新老涵之间可以不连接。加长部分洞身根据实际加长涵洞(通道)长度需要每隔4~6m设一道沉降缝,涵洞加长部分的地基根据需要进行地基处理。

②箱涵(通道)接长方案

在箱涵顶填土厚度小于1.5m情况下,将新老箱涵连接接长箱涵时,先拆除箱涵两侧的八字墙(洞口),在涵身周边,以一定的间距钻孔,在孔中注胶植入连接筋,在涵身外预留一定的搭接长度。将接长箱涵钢筋网与之搭接后立模、浇筑形成整个涵洞的接长。

当箱涵顶填土厚度大于1.5m时,新老箱涵不连接,中间设断缝,断缝之间填充沥青麻絮。

加长部分洞身根据实际加长涵洞(通道)长度需要每隔4~6m设一道沉降缝,涵洞加长部分的地基根据需要进行地基处理。

③管涵接长方案

原涵斜端管节拆除,正端管节不拆除,新加长涵身、基础与原涵不连接,之间设施工缝。新加长涵管内径与原涵保持一致。管节接头采用热沥青浸炼的麻絮填塞,管内和管外各填一半,不得从管外一次填满,缝外用宽20cm、厚15cm的20号混凝土带围裹。加长部分洞身根据实际加长涵长需要每隔4~6m设一道沉降缝,与旧涵连接处各设一道沉降缝,缝内用沥青麻絮填塞。洞身两侧不小于2倍孔径范围内换填10%白灰土,压实度不小于95%,洞顶填土高度不小于0.5m。涵洞加长部分的地基根据需要进行地基处理。

(7) 施工注意事项

①拆除原构造物洞口八字墙时,应及时砌筑简易的侧墙封住其台背回填的透水性材料,

以免台背填料流失,造成路基塌陷;

②加宽部分应尽量采用复合地基方式处理,尽可能减小新老构造物间工后差异沉降;

③对跨径较大的、地质情况较差的涵洞、通道,应特别注意施工期间既有结构物的正常使用。

8.2 涵洞(通道)工程实例

实例1:该工程为广西某二级公路既有拱涵,调查发现涵洞内部拱顶沿中线开裂、拱顶混凝土钢筋保护层脱落、侧壁与拱顶发生剪切破坏等损坏情况。由于改扩建的需要,涵洞长度不能满足现行设计规范要求,加上实际地形限制,断路施工困难,拆除重建不符合实际,需要进行加宽加固措施,在保证通车的情况下,满足使用功能的要求。

拱顶破坏主要是回填土土层太高;拱脚与侧墙顶没有平滑过渡,导致应力集中;随着拱顶被压坏,拱脚应力集中加剧,水平剪应力加大,拱脚发生剪切破坏。故该涵洞基本是由于其顶部起拱较低,同时承受较大压力导致结构受损破坏。

加固的基本原则是:①提高拱部的抗弯刚度;②提高拱脚两侧的约束力,以抵消拱脚的侧向分力并能减小拱顶弯矩;③修正拱部与边墙连接线形,减少应力集中,改善拱部与边墙的传力途径,使拱部的路基填土压力能更好地以轴力形式传递到边墙。

在加固工程中采用圆套拱方案提高拱顶抗弯刚度及优化拱部与侧壁过渡线形;施工较方便,造价相对经济。植筋深入原混凝土结构中一定深度,确保植筋对加固环向钢筋的约束力,植筋采用环氧树脂与混凝土黏结。

具体方法是在主涵洞顶施工一圆套拱,主要参数:圆弧内径 $\phi2037mm$;新拱顶与原拱顶垂直间距150mm。按设计图 8.2-1 单层布筋,具体参数:纵向 $\phi12mm@150mm$、环向 $\phi22mm@150mm$,同时沿环向在原结构中植入 $\phi12mm@250mm$ 的 U 形钢筋作为环向钢筋的箍筋,钢筋保护层厚度不小于 50mm。

由于涵长不满足长度要求,需加宽设计,与既有涵台顺接,路基两侧各加宽3m,为使新旧涵台结构能更好地结合,对原涵台表层进行清理,对已剥落或破损部分完全清除;未破损部分均进行表层凿毛、清洗处理。植筋采用 $\phi12$ 螺纹钢筋,间距 150mm,梅花形布置,如图 8.2-2 所示。

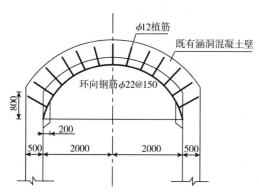

图 8.2-1 涵洞加固图(尺寸单位:cm)

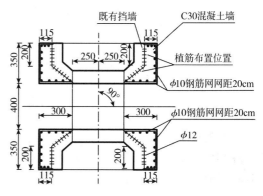

图 8.2-2 新旧涵洞连接钢筋布置图(尺寸单位:cm)

实例2：连霍国道主干线郑州段全线共设涵洞99道,通道78道。在涵洞、通道的拼接施工过程中,暴露出过去设计、施工中存在的一些问题,发现部分既有涵洞、通道雨天积水、淤积严重、净高较低,不能满足既有车辆的通行要求,因此需要进行改造。要求改造后净高不小于3.3m,且在涵洞通道改造施工过程中不能影响连霍高速的正常通行。经调查既有涵洞通道净高为2.7~3.5m,现设计需加大净空的通道14座。

1)关键技术

对于钢筋混凝土箱型通道或涵洞,其底板是钢筋混凝土现浇板,和涵洞壁或基础浇成一体,共同承担上部路基下传的荷载,下挖方案首先要打掉原涵洞结构底板,然后下挖施工,最后形成新底板与原涵洞侧壁构成整体,共同受力。因此,在打掉既有底板下挖施工过程中,需考虑结构物的整体性和稳定性,应解决以下几个方面的关键技术问题:

(1)打掉底板,改变了既有涵洞结构的传力路线和受力模式,竖向荷载直接传至洞壁下局部地基上,可能造成该部分地基承载力不足,并产生局部过大沉降变形,需设置临时支撑体系以解决施工过程中的承载力和变形控制问题。

(2)打掉底板下挖施工过程中,侧壁受力模式发生改变,承载力和侧向变形是否满足要求。改造后涵洞内净高增加,使洞壁土压力增大,侧壁承载力是否满足规范要求。

(3)侧壁下延施工时,新底板与原侧壁的连接问题,以及改造后新底板与原结构体系的协调变形、共同受力问题。

(4)下挖施工过程中,原涵洞基础下地基的隆起变形及其对高速公路通行质量的影响问题。

2)方案1

主要采用桩基托换配合竖向支撑、水平向支撑方案解决上述问题,具体方案如下:

(1)采用混凝土灌注桩进行地基处理。沿涵洞壁长度方向(26~27m)、洞壁内侧隔一定距离施工挖孔混凝土灌注桩,这对保证新老涵洞拼接后的稳定性起到了重要作用。通过计算,混凝土灌注桩处理基底布置图如图8.2-3所示,在涵洞基底宽度内沿涵洞长度方向布设8排,桩距3m,横向设置2排,沿洞壁设置,桩长根据计算确定。施工时先浇筑桩身混凝土至新底板底高程,同时将一设计好的"钢构柱"插入挖好的桩孔内,使钢构柱与混凝土桩成为一体,每桩一柱。

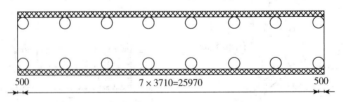

图8.2-3 涵洞改造灌注桩布置图(尺寸单位:mm)

(2)架设支撑系统。在两侧洞壁对应的钢构柱顶面再焊接一横向格构式钢支撑,放置在钢构柱截面中间,两端与洞壁顶紧。在钢构柱截面两侧面再分别焊接一纵向钢支撑,与另一钢构柱侧面连接。最后,再在上面放置一钢构柱与下面支撑端面螺栓连接,上面与洞顶顶紧。

(3)底板处理。待所有灌注桩的混凝土强度达到设计值后,打掉原涵洞底板,进行洞内向下开挖施工工序。将既有底板打掉并向下挖,然后,绑扎底板钢筋,现浇混凝土施工形成新底板。洞壁基础下部与新底板的连接、洞壁与新底板之间构造见剖面图8.2-4。

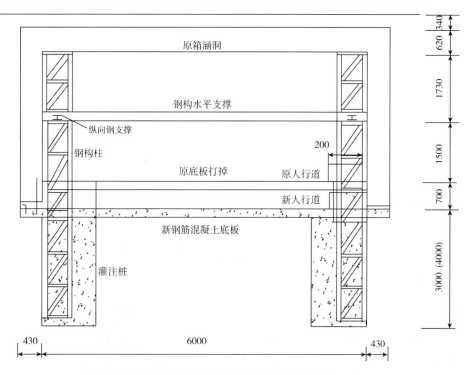

图8.2-4 带人行道箱涵改造剖面图(方案1)(尺寸单位:mm)

(4)加固及切除。底板施工完成后,对改造后原洞壁承载力不能满足要求的构件部分进行加固。最后将洞内新底板高程处以上的钢构柱及基础切除。

根据方案1的设计思路,带人行道的箱涵洞底板施工方法如下:

(1)在未设人行道的一侧,桩及钢构支撑系统施工完成后,进行箱涵洞底板的施工。

①将涵洞底板沿纵向划分为5段,分别从涵洞的出入口处,左右对称施工破除原底板(包括桩下及原洞壁下部分),并挖土至新底板底高程。

②将原洞壁下部内侧混凝土剥离,露出洞壁钢筋;接长原洞壁钢筋(焊接)至新底板底部,与新底板钢筋相连,接着施工新底板,并预留纵向钢筋。

③待上一部分施工的混凝土强度达到设计值后,再破除下一段底板、施工新涵洞洞壁及底板,并与前面已施工好的新涵洞洞壁及底板现浇成一体。重复以上工作,直至最后全部完成。

(2)在有人行道一侧,原人行道破除到新人行道顶高程。其他部分底板仍全部挖至新底板高程,接着依以上方法施工新底板,至全部施工完成。

3)方案2

采用分段施工方法,破除原底板并向下挖土施工至新底板底高程,在洞壁侧面植筋,施工新底板及其与涵洞的连接混凝土,待上一部分施工的混凝土强度达到设计值后,重复以上工作,直至全部完成,既有箱涵改造剖面图如图8.2-5所示,注意每次施工沿纵向不能超过2m。

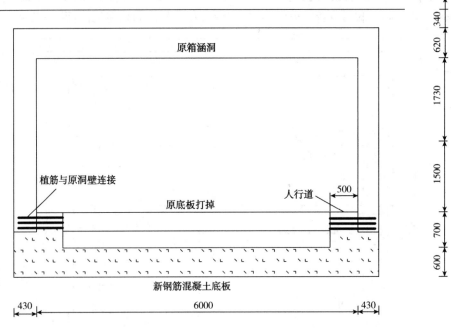

图 8.2-5 带人行道箱涵改造剖面图(方案 2)(尺寸单位:mm)

该方案仅适用于两侧带人行道的箱涵洞改造,底板施工过程如下:

①分别从涵洞的出入口处,左右对称破除宽度不超过 2m 的原底板(包括洞内及原洞壁下的部分),并挖土至新底板底部高程处。

②在原洞壁底部向上 700mm 范围内植筋,伸出洞壁 500mm,同时绑扎新洞壁及新底板钢筋,浇筑混凝土,沿纵向预留钢筋。

③待该混凝土强度达到设计值后,采用跳槽施工,继续后面的底板、新洞壁施工,并与前面已施工好的新洞壁及底板现浇成一体。

4)方案比较

(1)从使用范围考虑,方案 1 适用于所有涵洞的改造,方案 2 主要适用于两侧带人行道的箱涵洞改造。

(2)从整体施工周期来比较,方案 1 底板可以整体施工或每次施工最少达 5m(沿纵向),而方案 2 底板每次仅能施工 2m 宽,施工周期相对长一些。

(3)从安全稳定性角度考虑,方案 1 采用了基础托换及支撑系统,可有效控制施工期间及后期运行期的变形,安全可靠,且对拼接后结构物的稳定性非常重要。

(4)方案 2 每次施工后预留钢筋过多,施工麻烦。方案 1 虽需浇筑混凝土灌注桩、设置钢构柱,但钢构柱大部分能重复利用并回收,费用增加并不多。

通过比较,本项目既有涵洞通道改造采用方案 1 进行施工,既解决了净空不足问题,又保证了拼接后结构物的整体性和稳定性。

第9章 隧道改扩建问题及处置对策

我国是一个多山的国家,是世界上公路隧道最多的国家。在公路改扩建中,隧道改扩建占有一定的比例,以下就隧道改扩建中可能引发的问题及对策进行论述。

9.1 隧洞扩建方案比选

(1)改扩建方案

由双洞双向四车道乃至六车道改建为双向八车道隧道主要有以下3种方案:①在既有隧道旁新建两个二车道隧道,形成4洞双向八车道隧道;②在既有隧道旁新建一个二车道隧道,另一个隧道原位扩建成四车道大断面隧道,形成3洞双向八车道隧道;③把既有二车道隧道原位扩建成两个四车道隧道,形成双洞双向八车道大断面隧道。

单洞原位扩建可以归纳为以下3种形式:一是单侧扩建(图9.1-1),即原隧道的一侧边与扩建隧道重合;二是两侧扩建(图9.1-2),即原隧道在扩建隧道的中间,但底板与原隧道重合;三是周围扩建,即原隧道在扩建隧道的内部,边缘与扩建隧道均不重合(图9.1-3)。

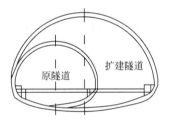
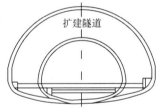
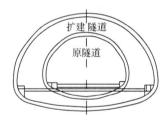

图9.1-1 单侧扩建形式　　　图9.1-2 两侧扩建形式　　　图9.1-3 周围扩建形式

在原隧道旁新增隧道和小净距隧道类似,施工工艺相对简单,目前施工经验也相对成熟;但在既有隧道基础上原位扩建成大断面隧道在国内外都非常少见,可参考的资料极少。公路隧道改扩建工程原则上尽可能采用在既有隧道左右、上下位置新建设为佳,在既有隧道的基础上改扩需要拆除既有的所有工程,扩挖曾经扰动的岩体,影响既有隧道的稳定性,施工安全压力非常大,施工保通非常困难等。

上述三种隧道原位扩建形式虽然都能达到扩大隧道断面的目的,但是不同的形式对围岩的扰动或稳定性影响是不同的,其施工工序也不同,都有其优缺点。

(2)方案分析比较

采用有限元计算和施工工艺分析得到如下结论:

①采用单侧扩建、两侧扩建和周围扩建3种形式扩建对围岩的影响是不同的,其施工方案也不同。

②单侧扩建位移最大,但单侧扩建最大位移分布范围最小。在Ⅴ级围岩下三种方案位移对围岩稳定性影响基本相同。考虑围岩受拉破坏时,单侧扩建好于两侧扩建,周围扩建好于单侧扩建,但周围扩建的受拉影响范围较大,且施工复杂。剪应力显示单侧扩建最差,但单侧扩建的受拉影响范围较小,且施工方便。拉应力和屈服接近度均是单侧扩建要小。因此,从围岩稳定性角度出发,单侧扩建形式较合理。

③从施工方案看,单侧扩建施工步序较少,施工相对简单。

④隧道原位扩建由于要拆除既有的结构,包括2次衬砌和初期支护,结构的拆除将对围岩产生新的多次扰动,因此应严格控制拆除的施工工艺,尽量减少对围岩的干扰,确保围岩的稳定和结构的安全。

⑤若采用单侧扩挖方式,施工工作面主要位于路线一侧,既方便施工也有利于通车,同时爆破集中在一侧,减少了对隧洞周边围岩的二次扰动,还可以利用另一侧的既有衬砌作为围岩的临时支护。若采用左右侧同时扩建,每侧扩挖宽度小,工作面利用率低,保通干扰大,爆破对周边围岩的二次扰动也更大。故从施工角度出发,采用单侧扩建方式较好。

通过以上对比分析,从受力形式、稳定性、可能屈服范围和施工复杂程度方面评价,采用单侧扩建形式较好,为此推荐单侧加宽扩建方案。

9.2 新建隧洞与原隧洞扩建方案的比较

原隧洞扩建对既有交通影响比较大,行车安全难以保证,存在扩建施工期间的保通问题;施工干扰也大;社会影响大,但施工费用小。

新建隧洞工程量大,除了隧洞本身的施工工程外,还包括隧洞进出口的连接线工程,工程造价高。但施工期间对既有交通影响比较小,行车安全有保证,不存在扩建施工期间的保通问题;施工干扰小;社会影响也小。

具体选用新建隧洞方案还是原隧洞扩建,要根据周围的地形地物、地质条件、交通条件和社会影响进行分析,综合比较确定。

9.3 原隧洞扩建的施工方法

(1)开挖方法

隧道施工一般采用普通钻爆法施工,扩大断面采用台阶法开挖,其余段落采用全断面开挖。在每一循环要拆除的既有隧道衬砌终点处,沿环向打一排预裂爆破眼,环向间距40~50cm,预先爆破一条环向裂缝,然后采用毫秒延迟雷管将既有混凝土衬砌及周边围岩一起爆破(控制既有混凝土先于围岩爆破)。要求每一循环进尺不宜过大,初期支护紧靠掌子面,防止塌方发生。

(2)支护要点

隧道原位扩建由于要拆除既有的结构,包括二次衬砌和初期支护,结构的拆除将对围岩产生新的多次扰动,因此应该严格控制拆除的施工工艺,尽量减少对围岩的干扰,确保围岩的稳定和结构的安全。

一般要求"初支加强,二衬紧跟"。扩挖是对隧道围岩的二次扰动,势必造成其松弛圈进一步扩大,况且隧道施工期间还要保证车辆通行的安全,所以必须加强初期支护措施。在围岩比较差的段落还要设置超前支护和钢架,进口段扩大断面还应采用喷钢纤维混凝土和大尺寸工字钢架。在施工过程中还要加强监控量测,条件允许则做二次衬砌,对行车安全形成双保险。

(3) 施工中出现问题的处理

①在原隧道拆除后发现衬砌顶或背面出现空洞,特别是衬砌顶出现空洞时,为防止洞顶岩层继续掉落危害行车,可采用工字钢按照空洞形状架设支护。

②在布设锚杆时,锚杆垂直节理裂隙进行布设,并铺设钢筋网,再喷射混凝土进行支护。

9.4 小近距隧道的设计与施工

平行隧道的左右洞间距大于表9.4-1的规定时,双洞的施工基本上可以不用考虑两者的相互作用。平行隧道的间距小于规定,施工时要考虑双洞之间的相互作用。

分离式隧道间的最小净距取值表　　　　表 9.4-1

围岩级别	Ⅰ	Ⅱ	Ⅲ	Ⅳ	Ⅴ	Ⅵ	
最小净距(m)	1.0×B	1.5×B	2.0×B	2.5×B	3.0×B	3.5×B	B——单洞隧道洞宽(m)

根据规范,平行隧道的最小净距应该不小于(1.0~3.5)B,两车道的平行隧道净距均大于13m,一般达30m以上。根据隧道岩石力学的原理分析可知,双洞的开挖只有在足够远时才不会相互作用。为了减小围岩二次应力场的不利叠加,降低双洞之间的相互作用,应该将双洞隧道选择在围岩压力相互影响及施工影响范围之外。

挪威专家提出"平行隧道之间的间距与隧道高度应该相互接近,对隧道稳定性会更好。"Hoek得出结论是"中夹岩的岩柱厚度应大于隧道高度。"这与挪威专家提出的理论不谋而合。美国专家提出"当隧道埋深厚度为H、洞跨为D,则双洞之间的净距应与H或D相近比较稳定,当围岩的稳定性较差,双洞隧道间距可大于埋深厚度或者洞跨,但要加强隧道的拱顶支护强度。"加拿大专家提出"当水平方向的初始应力σ_H与竖直方向的初始应力σ_V之比小于$2\left(\dfrac{\sigma_H}{\sigma_V}\leqslant 2\right)$时,双洞隧道间距应取1.5倍洞跨。"中国专家、学者提出了间距确定的四条规则:①隧道周边不出现塑性重叠部分;②隧道周围的围岩,其位移值不超过容许值;③隧道围岩周围不会有应力破坏区;④总成本不显著超支。1999年厦门市政建设指挥部得出:城市双洞隧道最小净距建议值(表9.4-2),数据比规范规定数值减小很多。

平行隧道净距取值表　　　　表 9.4-2

围岩级别	Ⅱ	Ⅲ	Ⅳ	Ⅴ	
最小净距(m)	0.5B	(0.5~1.5)B	(1.0~1.5)B	(1.5~2.0)B	B——单洞隧道洞宽(m)

周飞等通过试验得出"对于黄土平行隧道间的合理净距可取为$(1.5~2.0)D$。"Chehade等通过数值模拟采用莫尔库仑屈服准则得出"双洞隧道间的净距大于隧道直径的2倍,双洞

隧道的施工相互作用较小;双洞隧道为上下施工时,优先施工下层的隧道引起的地层变化较小。"Chakeri 等通过模拟方法,研究不同净距下的双洞隧道施工,在空间上穿越已建隧道的影响,得出"平行隧道的净距大于隧道的直径两倍,上方的地表沉降量变小"的结论。

以云南小磨高速公路勐远 1 号隧道为依托工程,新旧隧道断面尺寸为 16m×10m,通过 ABAQUS 有限元软件对小净距隧道围岩应力进行了数值模拟,对小净距在不同围岩等级下施工的影响、小净距隧道 IV 级围岩施工的合理方法及双洞隧道的合理净距值进行了分析,得出以下结论:

1) 对不同围岩等级下开挖新建隧道分析

①采用四种不同等级围岩的工况开挖新隧道时,围岩应力集中范围大致相同,但应力值大小有所不同。其中隧道最大主应力最大值主要出现在拱腰、拱脚处,而最小主应力主要出现在拱腰两侧。就整体而言,随着围岩等级的提高,围岩整体稳定性变差,最大主应力和最小主应力值也随之增大。

②竖直方向两隧道之间的中夹岩应力发生显著变化的范围主要为中间偏上岩体,该区域因应力变化复杂,在施工中应加强支护。其中四种围岩等级的中夹岩应力变化曲线大致相同,但 IV 级围岩的中夹岩应力变化曲线波动相对较大,中夹岩应力值突变明显,对中夹岩稳定有一定影响。水平方向中夹岩两隧道中心连线的中心所受的应力值为最大,新隧道的开挖对已建隧道临近一侧有一定的影响,在已建隧道临近一侧加强支护措施。

③新建隧道开挖完成后,隧道相邻两侧拱腰、拱脚处衬砌出现了应力集中,在四种围岩下,随着围岩等级的提高,应力值同样提高。

④新隧道施工,拱腰的水平位移和拱底的竖直位移以及中间夹岩的位移变化量最大,在 IV 级围岩模拟开挖新隧道时,围岩的位移变化量相对较大,表明施工过程中的扰动对围岩稳定性有较大的影响。

2) 不同开挖方法分析

①隧道采用台阶法和单侧壁导坑法两种开挖方法时,围岩应力集中范围大致相同,主要出现在拱腰、拱脚部位。通过对比两种开挖对已建隧道的影响发现,采用台阶法开挖新隧道对已建隧道产生的应力值略大,并且应力曲线的波动幅度比单侧壁导坑法大,其主要原因是台阶法开挖的下台阶施工时会影响已建好的上台阶,并且支护结构形成的时间较长,这有可能导致围岩的变形增大。而单侧壁导坑法每次开挖的截面较小,支护及时,并且隧道的另一侧有导坑支护,有效地避免了大跨度开挖造成的不利影响。

②中夹岩应力发生显著变化的范围在中心及偏上的部位,该区域因应力变化复杂,在施工过程中应加强对该区域的支护。同时,采用台阶法开挖新隧道时中夹岩的应力值比采用单侧壁导坑法的应力值大,对中夹岩的稳定有一定影响。

③衬砌的应力分析表明,两种开挖方法的应力值相差不大,台阶法的应力值略大于单侧壁导坑法,采用单侧壁导坑法施工产生的应力值相对较小。

④水平位移分析表明,已建隧道整体向新隧道侧发生偏移,新建隧道整体向老隧道侧发生偏移。两种开挖方法的水平位移变化有所区别,但位移变化量相差不大,规律亦较为接近。竖直位移分析表明,随着围岩等级的提高,已建隧道拱顶沉降量都在增大,这是由于新建隧道在开挖过程中会使地应力重新分布,隧道上层围岩产生向下的沉降,并且一次开挖面

积越大,双洞之间的互相影响程度越强,比较而言单侧壁导坑法开挖要相对稳定。

⑤Ⅳ级围岩下,采用台阶法施工中,上台阶开挖完成后开挖下台阶,下台阶施工会对上台阶的稳定性造成一定的影响。单侧壁导坑法每次开挖的截面较小,支护及时,并且隧道的另一侧有导坑支护,有效地避免了大跨度开挖造成的不利影响,可明显提高围岩整体的稳定性。通过对围岩应力、中夹岩、位移及支护的综合比较分析,单侧壁导坑组合法则优胜一筹,是首选方法。

3) 不同净距分析

①当净距为 7~8m 时,塑性区分布大致相同,但其范围大小有所差异,中夹岩部位接近塑性破坏的区域有部分贯通,双洞周边的塑性区域已在锚杆支护之外。因此,在开挖过程中应该加强双洞拱脚处的支护。当净距为 9m 时,双洞之间的中夹岩有塑性区域重叠,隧道周围出现的塑性区域,除两侧拱脚区域以外其他区域基本在锚杆支护范围之内。当净距为 10~15m 时,未出现塑性区域贯通现象,隧道周边塑性区域基本在锚杆支护范围之内,隧道周边塑性区域也大大减小。因此,当净距大于 10m 时,新建隧道施工对已建隧道的影响很小,如果由于区域狭窄,对净距为 9m 的平行隧道,可以对中夹岩出现塑性区域的地方加强支护,双洞之间的净距为 9m 时也是可以的。

②新建隧道在开挖过程中破坏了已建隧道施工围岩的二次地应力平衡,隧道净距越小,其相互影响程度越大,通过数值模拟分析得出:当隧道净距大于 10m 时,双洞的相互影响比较小,可以忽略不计,当隧道净距大于 13m 时,随着净距的增加其位移变化量也不会有太大的差别,可把小净距平行隧道看成分离式隧道。

③通过对隧道围岩塑性应变、围岩竖直位移、围岩水平位移、中夹岩应力综合比较分析,当小净距隧道采用单侧壁导坑组合法施工时,隧道净距取 10m 以上是合理可行的。

第 10 章 沿线设施改扩建问题及处置对策

10.1 收费站改扩建

现在的收费方式一般采用人工半自动收费,即"人工收费、计算机管理、检测器校核",而电子不停车收费是收费技术的发展方向。人工半自动收费的付款方式在以现金为主的基础上,积极推行预付卡(储值卡和记账卡)、一卡通和一卡多用的付款方式,以减少现金收费比例,为用户提供方便。预付卡或电子标签卡(电子不停车收费用)的发行和使用应具备通用性。

1)影响收费站改扩建的因素

(1)收费形式。采取半自动 MTC 收费方式,或不停车 ETC 收费方式,或半自动 MTC 收费方式与不停车 ETC 收费方式相结合。一般来说,对于交通量较大的收费站应设置 ETC 专用车道。

(2)交通量及交通组成。一般按远景交通量进行设计,交通组成主要考虑大客、小客、货车(又分为小货、中货、大货和集装箱)等车型的组成。

(3)是否进行计重收费。

(4)交通组织形式。是否分快车道、慢车道和客车、货车道。

(5)客车、货车服务时间。

(6)省界主线收费站是否互代发卡。

(7)施工条件。是否保证施工期间对交通的影响。

(8)既有管理区房建设施的位置,尽量避免或降低对既有房建的影响。

2)收费站位置和规模的选择

收费车道数与交通量、交通组成、服务时间及服务水平密切相关。收费站规模按照有关规范,根据交通量和交通组成的预测分析及远景交通量预测值及通过交通调查确定的重交通量方向性系数、高峰小时系数为依据,按预测期末交通流量进行测算,采用计算结果结合其他影响因素互相验证调整的方法,分析方案的可行性。

(1)按照折合小客车交通量,参照一般状况国内收费规模计算方法,结合目前国内通用计算方式进行车道规模测算。

(2)根据项目特性、按照绝对交通量分车型进行测算。

(3)绝对交通量的计算。

按照交通量分析结果中客货绝对车型的比例,根据车型折算系数反算客车、货车折合小客车占总折合的小客车比例,则可推算客车、货车绝对值(计算公式如下)分别占客车、货车折合值比例,采用的车型折算系数见表 10.1-1。

客车绝对值＝总折合值×(客折合值/总折合车)×(客绝对车/客折合车)
货车绝对值＝总折合值×(货折合值/总折合车)×(货绝对车/客折合车)

车型折算系数 表10.1-1

汽车代表车型	车型折算系数	说明
小客车	1.0	座位≤19座的客车和载质量≤2t的货车
中型车	1.5	座位>19座的客车 2t<载质量≤7t的货车
大型车	2.5	7t<载质量≤20t的货车
汽车列车	4.0	载质量>20t的货车

(4)分析收费方式、支付方式对车道规模的影响。

一般应考虑收费方式、支付方式的多样化对车道数和收费方式的位置进行调整。

3)有效提高收费站通行能力的措施

传统的解决方法是扩建收费站,增加收费车道数。单纯的扩建工程成本过高,而且在突发情况下同样不能满足通行要求,在既有的收费设施条件下提高收费站通行能力需要根据实际情况分析。收费站改扩建常用措施如下:

(1)扩建车道

收费站在不受地形条件过度约束的情况下,可采取在既有收费车道两侧增设新车道的方法,优化既有的收费广场线形,改善道路平交口。

(2)复式收费站

复式收费是指在高速公路收费站口通过增加收费设备,变原一车道一次一辆一收费,改为多辆车同时收费。目前复式收费分为移动式和固定式两种。改造收费站采用一道多点的复式收费模式是目前一些高速公路采用的收费应急模式,可提高车辆通行速度。

(3)改建自动发卡机

目前有些地区高速公路采用自动发卡机,每辆车的平均停留时间只需2s。人工发卡所需时间是8s左右,一辆车减少6s左右的通行时间,在车辆通行高峰将会大大提高通行速度,同时也减少车辆等待时间,缓解站口车辆堵塞现象。

(4)增加便携式收费机

便携式收费机简称便携机,是将工控主机、专用票据打印机、IC卡读写器等主要车道设备小型化后集成的单机设备。它能通过无线网络或有线网络接入到既有的联网收费系统中,从而实现可移动式收费(或发卡)。便携式收费机多用于突发情况下增加车道通行能力。固定车道和便携机的灵活组合,最大限度地提高通行能力,快速解决车辆集中带来的道路拥堵难题。

(5)增设ETC系统

ETC车道使驾驶员无须在收费站停车就能实现支付通行费的功能,减少停车次数,改善道路通行能力,是道路收费技术的发展方向。

4)收费站改扩建设计

(1)不同收费方式、不同车型的组合与调整分析。如合设型收费站,客货混杂,则服务时间需相应增长;且设置计重收费设备,会增加场地面积、设备和投资规模,使交通混乱,极易发生纠纷与事故;对客车特别是采用电子支付方式的车辆来说,降低了服务水平。

(2)不同设计方案的比较。需考虑平行式布置、串联式布置、分离式布置等方式对占地、投资、交通组织、既有建筑和设施的利用、服务水平、工作效率、社会影响等方面的影响,提出不同的设计方案,并进行不同设计方案的比较分析,最终得到较优的收费站改扩建设计方案。

5)工程实例

以沪宁高速公路花桥收费站设计作为实例对收费站改扩建设计加以说明。

(1)影响花桥主线收费站扩建的因素

①根据方案设计阶段对沪宁高速公路收费方式的结论,采取半自动 MTC 收费方式与不停车收费 ETC 收费方式相结合,同时出口对货车实施计重收费,对于交通量较大的收费站设置 ETC 专用车道。

②八车道高速公路的交通组织与既有的四车道高速公路不同,内侧为快车道、外侧为慢车道,交通流呈现客车在内、货车在外的形态。

③交通量基准的采用有所不同,本项目采用远景预测交通量。

④货车需要计重收费,而客车则不必。

⑤客车、货车服务时间的不同。

⑥应用电子支付手段的因素。一方面采用电子支付手段的客车将远多于货车;另一方面根据运营报表统计数据,一般情况下,人工收费车道(MTC)的平均通行能力为 200 辆/h。而理想状况下每条电子收费车道(ETC)服务能力可达到 1500 辆/h 以上,实际通行能力水平将维持在 600~900 辆/h 左右;可以缓解收费站交通压力,减少土建规模。

⑦由于花桥主线站为省际共建的出口收费站,而上海段由于未考虑 ETC 的实施,则通行车辆必须停车,领取进入上海段的通行卡,因此花桥主线收费站只能采用本段 ETC+上海段 MTC 的混合方式。

⑧省界主线收费站互代发卡的影响。

⑨作为扩建项目,施工条件不同,如应考虑试验段已完工的因素,考虑既有管理区房建设施的位置,尽量避免或降低对试验段及既有房建的影响,同时主线交通不能中断。

(2)花桥主线收费站设置及规模的选择

花桥站规模按照有关规范,根据工可报告的预测分析及远景交通量预测值及通过交通调查确定的重交通量方向性系数、高峰小时系数,按预测期末交通流量进行测算,采用计算结果结合其他影响因素互相验证调整的方法,分析方案的可行性。

①按照折合小客车交通量,参照一般状况国内收费规模计算方法和目前国内通用计算方式进行了车道规模测算。

a.按服务时间:入口 6s、出口 14s 计算,得出的车道数超过 50 条;

b.按服务时间:入口 6s、出口 25s 计算,同时考虑由于花桥为代发卡的省界主线站互代发卡及计重收费的影响,得出的车道数超过 65 条。

可以看出,根据服务时间出口 14s 或出口 25s,得出的出口收费车道数过多,给互通及收费站土建改扩建带来了较大的难题,统一折合为小客车后出口服务时间按 25s 计也不太科学。因此,建议根据绝对交通量,对客货车分别按不同的服务时间进一步计算。

第10章 沿线设施改扩建问题及处置对策

②根据本项目特性,按照绝对交通量分车型进行测算。

a.出口客货车服务时间统一按 30s 计,得出的车道数超过 55 条;

b.服务时间按出口客车 14s、货车 25s 计,得出的车道数为 44 条;

c.服务时间按出口客车 20s、货车 30s 计,得出的车道数为 46 条。

通过计算可以看出,由于交通量的快速增长,单纯地扩大土建规模难以满足收费站快速通过的需求,必须采取收费技术的更新解决,如应用 ETC 技术及推行预付卡等电子支付方式。

③绝对交通量的计算。

按照工可报告交通量分析结果中客货绝对车型的比例,根据车型折算系数反算客货折合小客车占总折合的小客车比例,则可推算客货绝对值分别占客货折合值比例,见表 10.1-2~表 10.1-4。

车型比例(工可报告) 表 10.1-2

小客车	大客车	小货车	中货车	大货车	集装箱
51.5	8.7	8.4	9.7	14.5	7.2

采用的车型折算系数 表 10.1-3

小客车	大客车	小货车	中货车	大货车	集装箱
1	2	1	1.5	2	3

客货分离比例 表 10.1-4

类别	客(或货)车型数量/总车辆数量	折合值	客(或货)车型数量/总折合车辆数量	绝对车/折合车
客车	60.2%	68.9%	48%	87%
货车	39.8%	73.55%	52%	54%

④收费方式、支付方式对车道规模的影响。

由于交通量较大,且花桥站已经建成并运营了多年,在主体工程扩建过程中对原收费站单纯地扩大土建规模是不太可取的。因此,有必要结合既有设施的现状及考虑收费方式、支付方式的多样化对车道进行调整。

a.根据专家建议和意见,初期的预付费用户规模为客车的 10% 左右。设置电子收费车道基本能满足初期预付费用户的通行需求,但不同的使用率对整体规模的影响程度不同。

b.考虑一定比例客车用户使用电子支付手段。该部分车辆出口服务时间按折减为 8s 考虑,当电子支付使用率达到 10% 以上时,收费规模有一定的缩减。

⑤对收费规模的分析与调整。

若采取合设型收费站,根据规范要求最多能够设置 30 条出口车道,但由于合设型收费站,客货混杂,则服务时间需相应增长,30 条车道是难以满足交通需要的,且均需设置计重收费设备,无形中增加了投资规模。此外由于广场又宽又长,难以避免的是进入广场后的车辆选择收费道口造成混乱,极易发生纠纷与事故;对客车特别是采用电子支付方式的车辆来说,降低了服务水平,不利于沪宁高速公路的形象。

由于单一的收费站规模太大,给主体工程改扩建实施及日后的管理带来较大困难,也影响靠近外侧的收费车道的使用,而且既有收费站管理房屋距路基边缘仅10多米,正常扩建需全部拆除换址新建。

另外由于沪宁高速公路的重要性,其客货比例相差不大,货车特别是大型货车的比例较高,而大型货车往往是影响服务水平和通行能力的重要制约因素,因此有必要进行针对性计算以保证设计的合理性。对于远景交通量的采用也根据客货比例折算为绝对值进行考虑,分别进行计算,同时对加长收费岛串列式收费方案也进行了考虑(串列式收费的问题较多,根据联网收费要求不推荐采用),客车、货车收费站各设置专用电子收费车道,并根据预测对规模进行折减。

(3)花桥主线收费站布置对既有设施的影响

花桥主线站的布置考虑了采取一般方式下的单纯的收费站扩建及客货分离式分设收费站两种方案,如图10.1-1和图10.1-2所示。从图中可以看出,分设型收费站较合设型收费站有以下不同。

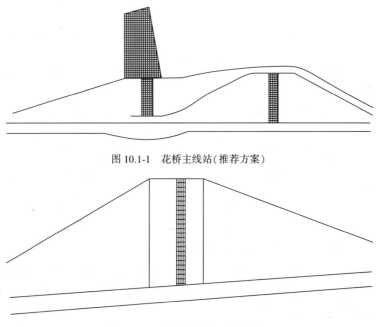

图10.1-1　花桥主线站(推荐方案)

图10.1-2　花桥主线站(比较方案)

①分设型收费站方案(图10.1-1)

对既有房建设施没有影响,房建仅需部分扩建。

货车收费站:采用既有收费广场改造利用的方式。

客车收费站:考虑到既有收费站以东的主体工程已实施完毕,因此在货车站的以西设置客车站。新增客车收费站出口车道(设于靠近中央分隔带),货车从客车广场外经直通车道进入货车收费广场,之间设置分隔带隔离,保障安全。

②合设型收费站方案(图10.1-2)

按30车道进行规划扩建,则由于既有收费站管理房屋距路基边缘仅20多米,既有房建设施均需拆除重建。

广场宽度按比例1:5渐变,收费站前后影响范围约1700m,即 AK1+350~AK3+100,对主体工程影响范围较大。

不仅广场需补充征地,同时收费管理站也需重新征,共需新增征地约97000m²。

既有主体已扩建完毕的路基路面及构造物均需再次扩建,主要指原广场东侧试验路段。该路段已完工,影响范围较大。

由于规模较大,渐变段较长,易导致车辆频繁变换选择车道,并影响靠近外侧的收费车道的有效使用。

通过比较可以看出,分设型收费站较合设型收费站规模小、效率高、对既有设施影响小。

(4) 花桥主线站扩建对占地及主体工程的影响

根据花桥主线站附近主体工程施工进度,由于既有桥梁等构造物均已拼宽施工完毕,若按传统方式进行布置采取合设型收费站,收费广场的宽度将超过160m,过渡段长度接近2km(图 10.1-3),给主体工程改扩建实施及日后的管理带来较大困难,对主体工程构造物影响较大。拼宽施工完毕的构造物需再次拼宽设计及施工,路基路面工程也增加较多,既有征地也难以满足合设站的要求,广场需新增征地约57000m²,管理站需新增征地约40000m²。

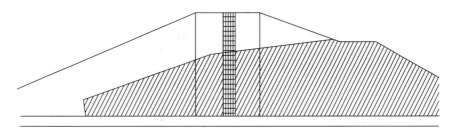

图 10.1-3　花桥主线站占地规模比较

(5) 花桥主线收费站扩建方案

根据以上分析,为减少投资、降低对既有设施的影响,花桥省界收费站采取客货分离式分设型收费站,共设置前后两处广场。

按照目前的主线交通流组织方案,内侧两车道为快车道,基本以客车为主,外侧两车道为慢车道,基本以货车为主。在这个前提下,将客车站设置于货车站西侧是为了避免客货交织带来的交通紊乱,同时通过适当加长收费站渐变段,通过完善的标志标线及监控设施的交通预告及组织,可避免收费站入口段可能发生的混乱与瓶颈。同时考虑客货车辆的特性,客车收费站设置 ETC 车道,不设置计重收费系统;货车收费站车道设置计重收费系统,少设 ETC 车道,减少了投资规模。

考虑远期 8 车道高速公路通行能力的限制,过多的车道数是不太适合的。根据既有收费站车道规模及运行情况,根据交通量绝对值分析计算,服务时间按出口客车 20s、货车 30s 设计,并根据电子收费的情况进行折减,得出:

①货车收费站:既有收费广场改造利用,共 14 条出口车道,其中 2 条为大车道、1 条为专用 ETC 车道。

②客车收费站:考虑到既有收费站以东的主体工程已实施完毕,因此在货车站的以西设置客车站。共 17 条车道,其中有 2 条大车道、2 条电子收费车道。新增客车收费站出口车道

设于靠近中央分隔带,货车需从客车广场外经直通车道进入货车收费广场,之间设置分隔设施隔离。

③根据扩建后5年预测交通量计算车道配备车道设备。

④货车收费站均设置计重收费设备,客车站不设。

⑤根据分析的预付费用户规模,考虑远期10%左右中小型车使用预付费卡的车辆通过ETC车道。沪宁高速公路原ETC车道均设置了1入1出两条电子收费车道,基本均能满足远期预付费用户的通行需求。本次设计考虑维持原方案,同时为适应远期需要,在客车收费站设置2出电子收费车道、货车收费站设置1出电子收费车道。

(6)花桥收费站服务水平分析

花桥主线收费站服务水平即服务标准按平均等待3辆车取值。

a.客车站收费车道的理想通行能力=3600/服务时间=257辆/h;
b.在ETC车道未开通时,客车站通行能力=17×257=4369辆/h;
c.ETC车道开通,客车站通行能力=15×257+2×750=5355辆/h;
d.货车站收费车道的理想通行能力=3600/服务时间=144辆/h;
e.在ETC车道未开通时,货车站通行能力=14×144=2016辆/h;
f.ETC车道开通,货车站通行能力=13×257+1×600=2472辆/h。

①单方向设计小时交通量(表10.1-5)

单方向设计小时交通量(辆/h)　　　　表10.1-5

项目	通车后5年			通车后10年			通车后15年		
	DHV	客车	货车	DHV	客车	货车	DHV	客车	货车
花桥主线	7151	3022	1998	8269	3494	2310	9250	3909	2584

②计算当量来车强度

小客车:$P_1=59.9\%$,$E_1=1.0$;中型车:$P_2=9.7\%$,$E_2=1.1$;大型车:$P_3=22.9\%$,$E_3=2.0$;拖挂车:$P_4=7.2\%$,$E_4=2.5$。

$$\sum(E_i-1)P_i=0.347$$

第5年客车站当量来车强度:

$$SF_e=\frac{SF}{N}[1+\sum(E_i-1)P_i]=\frac{3022-1500}{15}\times 1=101[\text{pcu}/(\text{h}\cdot\text{ln})]$$

第5年货车站当量来车强度:

$$SF_e=\frac{SF}{N}[1+\sum(E_i-1)P_i]=\frac{1998-600}{13}\times(1+0.347)=144[\text{pcu}/(\text{h}\cdot\text{ln})]$$

③服务水平

根据当量来车强度,查图可知通过花桥收费站的平均延误时间,到第5年时花桥收费站的服务水平为二级,并随交通量的增长呈逐年下降的趋势。改造后的花桥收费站能基本满足未来服务期内的交通需要,同时随着经济发展及人们对新鲜事物接收能力的提高,电子支付方式必将应用得越来越广泛,届时可通过简单的改造迅速改善由于交通量增长带来的服务水平下降的问题。

10.2 分合道路安全设施设计

在采用单幅新建时,分离段与既有公路合流、分流时,往往出现车道数变化,单向整体行驶变为单向分离行驶等情况,加强相应路段的交通安全设施,提示交通变化,引导车辆安全通过显得十分必要。

对于公路合流、分流除通过标志、标线、隔离设施外,还应再通过地面标志提示设计,提高标线导引、隔离设施强行分离等才能起得较好的效果。

10.2.1 整体式路基向分离式路基过渡(分流)

1)路段特点及可能造成的影响

既有高速公路的通信、监控等各种管线均位于中央分隔带之下,故一般情况下需保留中分带。一般情况下,该种路段由单向整体式行驶变化为单向分离行驶,进入分离段之后,一个行车方向的车辆将由整体行驶过渡为分离行驶,而在分离路段由于中央分隔带分离,一部分车辆需要跨越中央分隔带至既有高速另一幅行驶。若不加强引导,当车辆行至分流点时,往往需要一个思考过程,做出操作判断,势必有一个减速过程或其他操作,极易引发交通事故。

2)设计措施

(1)主线土建设计

在该种路段主线土建设计时,需根据设计速度设置合理的过渡段长度,采用由对应车道中心按行车轨迹拟合平面线形,保证各行车道行车顺畅。

(2)交通组织设计

交通组织设计,即根据各类车的特点,引导一部分车型或车辆转变至另一幅路基行驶。如何提示分流较为重要,一般情况下有两种方式:第一种即为客车靠左,货车靠右;第二种限速车辆靠左(含限低速)。根据我国高速公路交通管理的一般方式,高速公路左侧车道一般提供给行驶速度较高的车辆行驶。目前在多车道高速公路上,一般左侧车辆限速值较高,向右依次降低。按行车道设置限制速度后,快速车辆往往靠左侧行驶。在交通组织设计时,应规定左侧两个车道的车辆跨越至既有公路另一侧,安全性较高,同时对整体式路基的正常行车秩序影响相对较小,故尽量选择按限速值较高车辆分流对向车道。

(3)安全设施设计

通过加强标志提醒、增加地面文字标记、设置相应隔离设施的措施处理。

①在车道变化基准点前300~600m处设置两组车辆分离行驶标志,配合大型车靠右行驶标志;

②在行车道方向左侧设置线形诱导标志;

③根据主线线形设计,重新设置车道边缘线,同向车道分界线、车道边缘线,增加左转(右转)合流标线、地面文字标记;

④在车道边缘线处设置橡胶弹性警示柱,引导车辆安全行驶。

10.2.2 分流式路基向整体式路基过渡

1）路段特点及可能造成的影响

该路段左侧行驶在对面的两个车道的车辆,需跨越中央分隔带,转至右侧车道。以山西省黎城—长治高速公路改扩建工程为例,该项目为四车道改六车道项目,在改扩建施工期间,单向车道个数将由 4 个变化为 3 个,由于道路变窄,车辆在行驶过程中,尤其是高速行驶中,车道合并时造成较大交通事故的可能性较大。

2）设计措施

（1）主线土建设计

在该种路段主线土建设计时,需根据设计速度设置合理的过渡段长度,采用由对应车道中心按行车轨迹拟合平面线形,保证各车道行车顺畅。同时右侧需要提前对既有公路进行加宽,使右侧形成单向 3 车道,大型车辆可直接过渡至最右侧车道,为减少一个车道提供有利条件。

（2）交通组织设计

该情况下交通组织设计主要是规定低速车辆及时退出左侧车道。

（3）安全设施设计

通过加强标志提醒、增加地面文字标记、设置相应隔离设施的措施处理。

①在车道变化基准点前 300~600m 处设置两组道路变窄提示标志,在车道合并之前设置车道减少标志;

②在行车方向左侧置线型诱导标志;

③根据主线线形设计,重新设置车道边缘线,同向车道分界线、车道边缘线,增加左转（右转）合流标线、地面文字标记;

④在车道边缘线处设置橡胶弹性警示柱,引导车辆安全行驶;

⑤根据纵坡条件(纵坡大于 3%时),增设横向振动减速标线。

10.3 服务区改扩建

服务区的改扩建工程是一项系统工程,涉及房屋建筑工程、道路工程、匝道工程、加油站工程、室外管网、污水处理工程、机电工程、给排水工程、美学设计及总平面布局等方面。所涉及的设计单位有房屋建筑设计单位、道路设计单位、加油站设计单位、机电工程设计单位。所以服务区改扩建工程复杂、难度大。

1）服务区改扩建设计应遵循的原则

高速公路服务区改扩建应遵循以下设计原则：

（1）详细比较,合理选型。高速公路服务区改扩建设计应基于对服务区所处地理、环境、景观、水文、地质、植被分布、主线线形、高程特点、历史情况等因素,应充分调查、详细比较、科学论证、综合考虑后确定合理的布置形式。

（2）合理调配,富有前瞻性。服务区改扩建的布局设计应根据已建成高速公路服务区的实践经验和教训,进行调整,使服务区的设施能更合理、更持久地发挥效益。根据我国大多数线路以长途运输货车为主的情况。在进出车道设计时要按大车特别是超长车的行驶要求来设计。要用醒目的反光标线在停车场区划出大、小停车区域,进出车道合理配置,按大、小车进出车道进行有效设置。

(3)目前有些服务区在设计时没有考虑驾乘人员的住宿场所,同时服务区的客房入住率也不高。但从发展的角度而言,"私家车"蓬勃发展后,旅游业发展也势必会对社会服务区住宿有一定要求。在服务区中适当考虑住宿,以欧美国家汽车旅馆的模式设计,提供钟点房服务来满足驾乘人员的短时间休息和调整体力的需要,是今后高速公路服务区改扩建设计方案的一种趋势。

(4)现在大多数服务区加油站布置于进口处(即进口加油型布置形式),容易发生加油车辆排长龙现象。原因是在原来的设计中未留有加油扩建场地和管线,结果只能考虑选址建造新的加油站来弥补交通发展而造成的不足。出口加油型的加油站,交通流线顺畅,利用停车场可有利提供加油等候的区域。加油区的行车道布置中,转弯半径应放大,以利于保证超长车、超宽车等特种车辆加油前后的安全行驶。

2)服务区各构成要素改扩建设计原则

服务区的改扩建设计是一项系统工程,它包括许多要素。如:加油站设计、场地设计、建筑设计、卫生间以及其他辅助设计等。

(1)加油站设计

加油尽量为出口加油。如沪杭高速公路嘉兴服务区加油站布置于进口处,即进口加油型布置形式,容易发生加油车辆排长龙现象。原因是在设计中未留有加油扩建场地和管线,结果只能考虑选址建造新的加油站区来弥补交通发展而造成的不足。因此,在新的高速公路服务区(停车区)加油站设计中应留有足够的扩建用地,同时扩建的管道应预埋,这样当交通流量大到一定规模时方便扩建。出口加油型交通流线可利用停车场提供加油等候的区域,但若设计考虑不周,可能会造成加油车辆同主线进入服务区(停车区)车辆的交叉行驶,形成进口瓶颈现象。中间加油型服务区(停车)应结合地形、地块而定,它同样会造成加油区附近交通流线交叉现象。在条件许可下,建议优选采用出口加油型的布局方式。

加油区的行车道布置中,转弯半径应放大,更有利于保证超长车、超宽车等特种车辆加油前后的安全行驶。在服务(停车)区设计中,应改变我国过去多采用加油站区同汽车修理间布置于综合楼同一侧的方案,因为修理厂与加油站进口之间距离往往小于30m,这在消防方面存在安全隐患。京福、徐宿等高速公路服务区在布局设计加油站区大都采用实施较好的出口加油型方案,并将汽车修理间调整至综合楼另一侧,同时汽车修理间的修车广场在平面布置上,划定区域适当增大,效果非常好。加油通道尽量不拐弯,特别是超长车加油通道一定不能拐弯,否则易堵。加油站建筑风格同主体建筑应协调,避免简单的设计成一个钢结构大棚。

(2)场地设计

客货一定要分流、分停。可以前后分区或左右分区。小车区场地可以设计成黑色路面或彩色道砖,用高大乔木进行绿化,既美观又遮阳。块状、带状绿化是场地功能的最好隔离。目前许多服务区在设计时,缺失场地美学设计。既有场地一定要综合利用,减少投资,在许多地区场地投资占服务区总投资一半以上,所以既有场地或基层的利用一定要作经济技术论证。

(3)建筑设计

建筑为文化之载体,交通建筑同样需要表达其文化内涵。高速公路的服务区建筑如何在商业吸引力和地方乡土化形式中达到平衡,体现出浓郁的现代风格,并以其简洁舒展的动感吸引旅客和缓解驾乘人员长时间旅行的视觉、生理疲劳,是高速公路服务(停车)区设计的追求目标,另外还需正确认识各单体之间的商业互动关系,是否设置专卖店应根据当地土特产特点决定。如嘉兴粽子就能为嘉兴服务区带来几百万利润,值得深思。可以把餐饮、专卖结合在一起考虑。像台湾地区许多服务区以餐饮居中,专卖周边设计的布局值得推广。

(4)卫生间

建筑过长宜两端设置,建筑适度宜中间设置。人流量较大的卫生间,男厕宜用槽式小便池。卫生间蹲位可容纳同时到达服务区两辆大巴上的人数。洗手区尽量放在方便区之外,做到干湿分开,地面材质既要防滑、又要吸水、美观。

(5)辅助设计

做好美学设计、亮化设计、污水处理和场地监控设计。有条件地区可以做好物流、信息和服务区之间信息互通等方面的设计或管线预留工作。环保、节能设计、太阳能利用和循环水利用等是今后服务区设计的发展方向。

(6)施工方案

服务区改建一定会影响主线运营,特别是一条主线几个服务区同时改造,是全封闭施工还是边营业、边改造,一定要做一个合理的规划。全线可先改造一个服务区积累经验,然后全线铺开,如沪宁线改造时,先集中改建梅村服务区积累经验后再进行全线改造。

国内高速公路服务(停车)区设计,各地区、各项目要求不尽相同,在满足基本功能条件下,一些服务区的布局设计应根据已建成高速公路服务(停车)区的实践经验和教训,进行调整,使服务区的设施能更合理、更持久地发挥效益。要考虑高峰时的餐区服务问题。将餐饮室、休息室与购物区三者既分又合,则更能发挥服务(停车)区的功效。在停车方式上,应采用有效组合的混停方式。在设计混停方式时应考虑车流量、车型的不均匀性、随机性等因素,特别是在进出车道设计时应按大车特别是超长车的行驶要求来设计,要用醒目的反光标线在停车场区划出大、小停车区域,进出车道要合理配置,按大、小车进出车道进行有效设置。

3)服务区的位置及距离规划

《公路工程技术标准》(JTG B01—2014)规定:服务区的位置应根据区域路网、建设条件、景观和环保要求等规划和布设。高速公路应设置服务区,作为一、二级公路宜设置服务区。服务区平均间距为50km;当沿线城镇分布稀疏,水、电等供给困难时,可增大服务区间距。高速公路服务区应设置停车场、加油站、车辆维修站、公共厕所、室内外休息区、餐饮、商品零售点等设施。根据公路环境和需求可设置人员住宿、车辆加水等设施。公路服务设施建设规模应根据公路设计交通量、交通组成等综合确定。作为一、二级公路的服务区宜设置停车场、加油站、公共厕所、室内外休息点等设施,有条件时可设置餐饮、商品零售点、车辆加水等设施。作为集散的一、二级公路和三、四级公路可根据需要设置加油站、公共厕所及客运停靠站等设施。

在高速公路服务(停车)区规划设计中,首先应根据预测的交通量、交通流性质,合理确定服务(停车)区的总体设置间距、规模、布局风格。

第10章　沿线设施改扩建问题及处置对策

各国服务区(停车区)间距规定见表10.3-1。

各国服务区、停车区间距规定　　表10.3-1

国名	设施种类	间距(km)	备注	国名	设施种类	间距(km)	备注
美国	停车区	16~24 32~48	交通量大的区段 交通量小的区段	法国	停车区A 停车区B 加油设施 服务区	8~10 25~30 40~50 100	供短时间停车,备有卫生间、长凳等
英国	服务区	16~27 (平均19)		荷兰	加油设施	20~30	
日本	停车区 服务区	5~10 50		匈牙利	停车区	20~30	
中国	停车区 加油设施 服务区	不大于30 40~50 50最大不超过100	初期可按停车区设置,以后逐步完善	第八届国际道路会议提案	停车区 服务区	5 50	

4) 服务(停车)区布局形式

目前国内高速公路服务(停车)区布局形式有三种布置方式。

(1) 分离式服务区。服务(停车)区分布于高速公路两侧,对外服务设施基本上对称于高速公路两侧。我国高速公路服务区大部分沿用这种形式。

(2) 集中式单侧服务(停车)区。这种服务(停车)区主要购物、休息、餐饮等设施集中布置于高速公路一侧,加油设施分布于高速公路两侧。沪宁高速公路阳澄湖服务区采用这种形式。

(3) 上跨式服务区。这种服务区部分服务设施置于高速公路上方,利用主线上方的空间,可在一定程度上减少用地,适用于设在城郊或陡坡地形等处,特别适用于主线挖方的地段。其余设施分别布置于高速公路两侧。如京沈高速公路的兴城服务区、锡澄高速公路的堰桥服务区、江苏京沪高速公路的龙奔服务区采用了这种形式。

5) 服务区道路与广场交通组织设计

高速公路附属建筑的场地一般与高速公路直接相接,或有引道相连。车辆从快速道到引道上,要求尽快安全减速,所以场地内的道路应具备平坦坚固、宽度适宜、坡度平缓、线形流畅、经济合理、对环境干扰少、安全适用等运营条件,满足道路自身的技术要求,以提高通行能力、降低运输成本、保障行车安全。

(1) 场地道路的平面设计

场地道路平面设计的主要内容是根据路网规划的大致方向,在满足行车条件下,结合自然条件及建筑物的布局,因地制宜地确定路线具体方向及位置,选择合理的曲线半径,解决好直线与曲线的衔接。在道路转折处,为了使路线平面形状与车辆转弯行驶轨迹相适应,需要用曲线连接,在道路设计中一般使用圆曲线。为保证行车安全,应使在车道上以一定速度行驶的车辆驾驶员能够看到车前一定距离内的障碍物或车辆,以便采取制动或避让措施,必须保持一定的行车视距。

(2) 道路交叉口设计

高速公路服务区或直接与高速公路连接或设引道连接。为适应服务区停车场内汽车变化多端的行驶状态,在规划与设计匝道时,要注意几何构造必须能引导汽车自然顺畅地从主线进入停车场和从停车场驶入主线,以保证行驶的安全;还要考虑不要使高速公路旅客的车辆驶入休息设施自用的停车场。同时,从匝道至贯穿车道之间,最好设计成能够识别出停车场和各种设施布置情况的良好通视线形。减速车道和加速车道的长度要大于60m。

道路等级不同,设计车速不同,转弯半径取值也不同。为节省道路用地和建设费用,在保证车辆正常行驶和行车安全的前提下应尽量采用机动车最小转弯半径。除此以外交叉口还要满足视距要求:从附属设施出口出来的车辆要避免与高速公路上快速行驶的车辆相撞,不仅在出口处应设拓宽车道,而且应有足够的视距保证。

(3) 广场和通道

广场和通道在停车场与建筑设施、园地之间设置,它们是人们在这些不同性质设施之间通行联系的场所。为在高峰时进入停车场的车辆不致拥挤,特别在停车区、餐厅、小卖部、卫生间等设施的前面,要确保有十分宽阔的广场通道(服务区20m左右)。停车场和设施前面的广场原则上不应有高差,因地形制约在停车场和各设施之间有高差时,为了残疾人的方便,必须设置专用坡道。广场和通道的构筑须考虑到美观,地面结构采用铺装,详细做法参照有关标准。

(4) 贯穿车道

贯穿车道原则上采用单向车道,特殊情况下采用双向车道。其宽度值标准见表10.3-2。

贯穿车道的宽度 表10.3-2

车道类型	车道宽度(m)	左、右侧带宽度(m)	贯穿车道宽度(m)
单向单车道	3.50	0.50	4.50
双向双车道	6.00	0.50	7.00

资料来源:《停车库建筑设计规范》。

为了避免在贯穿车道上发生不必要的停车,贯穿车道的宽度规定为4.5m。但当区内路线规划上不得已时,也可以采用对向双车道。在设计贯穿车道时,当停车场内有条件设计成为单独的线形时,其平面线形、纵断线形等最好以匝道的设计速度(30km/h)为标准。如能把贯穿车道布置在停车场总体设计之内时,可以作为停车场的一部分,设计成与停车场相吻合的纵、横坡度。

设计贯穿车道时须注意的其他事项:在停车场外围行驶的主要交通最好是单向通行,在服务区中主要贯穿车道不得直接接在停车车位上,也不要直接导向休息室的出入口处。在停车区中,接着贯穿车道设置停车车位是普通的情况,这一部分的行车宽度必须有供停车掉头所需要的宽度。

通过停车场内的贯穿车道允许采用对向车道,在停车场内不要考虑很严的交通规则,应该有某种程度的行驶自由。为此,交通岛的设置应是所需的最低限度,在不同速度相接触的部分应尽量少设;同大型车停车场相连接的贯穿车道,最好是单向通行;在服务区里配备有养护管理用的车辆时,为使其能够顺利地进行工作,在服务区有必要设置上下线的联络道,

第10章 沿线设施改扩建问题及处置对策

附近有跨线桥或涵洞时,应尽量利用这些设施;车辆进入停车车位或者停车区之间的车辆回转时需设计回车车道。

6)服务区停车场交通组织的设计

车辆的停放属静态交通问题,是场地交通组织的必要内容之一,也是高速公路附属工程不可缺少的使用功能要求。除停车区外,服务区、管理中心、加油站等也必须按照城市规划和有关规定的要求,配备相应数量的停车场地。

停车场从其性能来看,可以考虑分为停车车位和车道。停车车位是供停放车辆和乘客上下车的场所,除引导汽车进入停车车位,同时也是供汽车停车时掉头或后退等的场所,车场与贯穿车道必须相连接。

(1)停车场的设计原则

停车场应集中一处,避免分散设置成许多小停车场。因为停车场分散设置,由于位置的关系在使用上会存在集中某一块场地的情况,而导致其他停车场利用率降低。停车场的布置应充分利用当地的地形,尽量减少土石方量。停车场宜设在同一高程上,如高差太大,亦可考虑把停车场设置在不同的高程平面上。当车辆穿过建筑物时,通道的净高和净宽应大于4m。停车场内应考虑布置一定数量的消防设施,以确保安全。在严寒地区,停车场的布置方式应与场内采暖设备管线的布置方式一致。最好是将小型车与大型车的停车场完全分开,一般将小型车布置在距餐饮区等设施较近的位置,而大型车靠后;但对于小型休息设施,采用大、小型车兼用的方法有时还是有利的。在停车场内单向行驶,互不交叉,为便于驾驶员寻找车辆,停车车位应编号。

在确定服务区的规模和功能布局时,有关部门对驾乘人员的需求应进行深入的调查。如阳澄湖服务区背靠阳澄湖,其饮食有得天独厚的地理优势,小型车的停留率较高,所以停车场面积增加也较多。所以,服务区将货车、客车停车区分开,快餐点也分开。

(2)停车场内设计的车辆考量

停车场是以高峰时所占比例大的车种作为设计车辆。为了充分利用地面和促使停放的车辆排列整齐,不要把过长的车辆作为设计车辆;对于设计车辆,将来车辆的尺寸变化不予考虑。由于在将来发生变化时修改路面标线、安全岛等比较容易,因而小型车采用小轿车,而大型车是采用载重车。停车区根据需要设置拖挂车的停车位。

(3)停车车位的布置与车道宽度

一般地面停车场用地面积,每个标准当量停车位宜为 $25\sim30\mathrm{m}^2$;停车楼和地下停车库的建筑面积,每个停车位宜为 $30\sim35\mathrm{m}^2$。确定停车车位时,必须考虑车体同其他车辆或栅栏间的间隔,以及为上下车开关车门所需的尺寸。开关车门时不要碰到相邻的停放车辆,能将携带的物品进行装卸所需要的宽度大约是80cm。因此,对于小轿车的停车车位,应在设计车辆尺寸上纵向方向再加30cm,横向方向加80cm,大型车则分别加100cm和75cm,以此作为标准的停车区划;在一个区划内并列20个以上的小型车停车车位时,应在区划中间设置分离岛;根据我国国情,今后拖挂车使用高速公路的情况将会增多,在服务区、停车区根据需要设置拖挂车车位是有必要的。

原则上,小型车的停车方法是采用直角前进停车、后退出车,或后退停车、前进出车。大型车的停车方法是采用右斜60°前进出车。拖挂车原则上是纵列停车。但由于用地条件等原因不得已时,也可以采用其他方法。表10.3-3为停车方式与尺寸的确定。

停车方式与尺寸的确定 表 10.3-3

车种	停车角(°)	停车方式	车道宽 F (m)	与车道相垂直方向的停车长度 S_d (m)	与车道相垂直方向的停车宽度 S_r (m)	单位停车宽度 W (m)	每辆停放车所需面积 A (m²)	备注
小型车	30	前进停车	4.00	4.70	5.00	13.40	33.5	$A = W/2 \times S_r$
	45	前进停车	4.00	5.30	3.55	14.60	25.7	
	45	前进停车	4.00	4.45	3.55	12.90	22.9	
	60	前进停车	5.00	5.60	2.90	16.20	23.5	
	60	后退停车	4.50	5.60	2.90	15.70	22.8	
	90	前进停车	9.50	5.00	2.50	19.50	24.4	
	90	后退停车	6.00	5.00	2.50	16.00	20.0	
大型车	30	前进停车	4.00	9.30	6.50	14.30	93.0	$A = W \times S_r$
		前进停车	6.00	11.50	4.60	18.25	84.0	
	45	前进停车	7.00	12.90	3.75	22.15	82.1	
		前进停车	6.50	13.00	3.25	28.00	91.0	
	60	前进停车	11.00	3.25	19.00	6.25	118.8	
		前进停车	7.50					
	90	前进停车	19.00					
		后退停车	11.00					
		前进停车	6.00					
特大型车	平行	后退停车 前进停车	6.00	3.50	25.00	6.5	162.5	$A = W \times S_r$

注:资料来源:《汽车库建筑设计规范》,有关细节按《建筑设施细则》办理。

停车车位的布置大体分为纵列停车与横列停车。纵列停车是顺着车道的方向排列停在一侧或两侧,横列停车是与车道的方向成一定的角度横着停车。不论是哪一种停车车位的布置方法,车道的宽度都必须按照停车方法和停车车位的布置而保证其宽度。

按照停车方法和停车车位布置的车道宽度、单位停车宽度列于表 10.3-3。停车方式排列如图 10.3-1 所示。

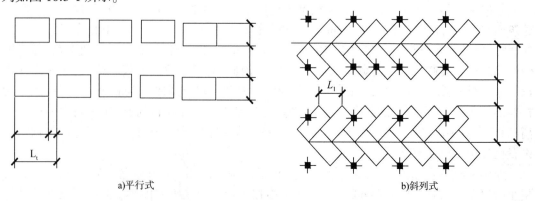

a)平行式   b)斜列式

图 10.3-1

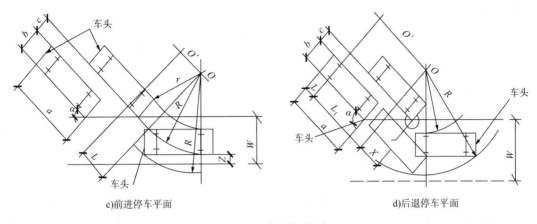

c) 前进停车平面   d) 后退停车平面

图 10.3-1　停车排列方式

拖挂车的停车车位,原则上设置在贯穿车道上。向步行道、广场等去的引道和在车道部分设置的横穿步行道,应以白线作为路面标线。

(4) 停车场的竖向设计

停车场的竖向设计主要解决停车场、道路、旅客活动地带等在竖向空间的衔接问题以及高程、坡度、坡向、排水等问题,设计具体要求如下:停车广场力求平坦,场地的分水线和汇水线应平行主要交通流向设置;为使所停放的车辆不至于滑动,停车场的坡度必须在规定的数值以内。停车场竖向设计应结合地形特点考虑迅速排除地面积水的措施,为了防止广场积水,地面坡度不应小于 0.3%;停车场四周控制点的高程可参照服务区干道路面高程确定,使整个广场挖填土方大致平衡;停车场地面一般采用混凝土整体地面,它是永久性地面,有时也采用沥青混凝土地面。

(5) 停车场的人行道

人行道原则上采用比停车场高的结构形式。停车场内的人行道宽度,是以每人所占宽度为 0.75m 计,与小型车停车车位相连接设置时,按 3 个人并排行走时所需之宽度,采用 2.25m;与大型车停车车位相连接设置时,按 4 个人并排行走时所需之宽度,采用 3.00m。另外,在确定人行道宽度时,考虑行人数与行走路线情况,可采用加宽的宽度。

停车场内步行距离尽可能布置得短一些。人行道与贯穿车道交叉时,应当尽可能地将其集中起来交叉,利用分隔带、安全岛等,尽可能地减少车道部分的人行道。路面部分以外的人行道,采用以高 15cm 的缘石与停车场的界限明确地分开。但是,仅为设置人行道而白白地增加一些安全岛,或是用人行道将安全岛相互连接起来,就会显著地降低停车场使用的自由度,因此设在停车场内的安全岛、人行道等最好减少到需要的最小限度。

(6) 业务用停车场

在服务区的餐厅后面应设置从外部可以直接与餐厅相连接的服务道路和停车场;在停车区内,应给小卖部运送物资设置服务道路。但规模小的小卖部也可以使用主线;服务道路的宽度约为 4.5m,停车场的规模要保证服务区约为 10~20 辆,停车区约为 3~5 辆。

7) 服务区施工

为了加强工地文明施工和安全生产,在施工区与行车道路之间设置临时彩钢板围挡,将施工区与行车道路进行有效隔离。在施工场地内,设置若干个标志牌、警告牌;在靠公路一侧设置警示灯供车辆夜间安全行驶,并在整个施工期间保持警告牌和标志的正常运行。

服务区应先建厕所和加油站,以解决驾乘人员最紧急的需要。在每一个正在施工的服务区的前一个服务区应设置"XX 服务区已关闭,请提前使用 XX 服务区"的标志,提醒广大驾乘人员及时选择服务区休息、加油。

10.4 机电工程改扩建

高速公路机电系统是发挥交通设施功能的主要辅助系统,是对高速公路及桥梁、隧道实施现代化管理的主要工具,也是高速公路运营收费的实行设施。它是以电子、电气、控制、通信、机械和交通工程等技术为基础的综合性大系统,一般主要由监控设施、通信设施、收费设施、供配电设施、照明设施、隧道机电设施等组成。

机电系统改扩建工程的重点则是与既有工程配套、衔接,在既有设备正常使用的情况下,尽量利用既有设备,而新增的设备,如收费车道设备、外场监控设备、通信设备等选型尽量与旧有设备保持一致,型号更新的话,品牌尽量一致,便于后期维护、维修。

公路交通设施供电一般分为两种,即集中供电方式及分散供电方式。两种供电方式都能保证供电的不间断性。沿线要建成一条独立的高压供电线路,势必会给全路通信线路造成干扰,影响道路通信系统的通信质量,且高压输电线路造价较高。因此,不宜采用集中高压供电方式。分散供电方式主要采用低压配电,不涉及高压传输,对沿路通信质量影响很小,配之以柴油机发电系统,可保证对系统的一级供电。因此,在高速公路一般推荐采用分散供电配以柴油机发电系统方式。

10.5 既有公路防撞波形梁护栏的利用

既有公路的防撞护栏可能不符合改扩建设计时的规范和标准的要求,如何利用既有公路的防撞护栏,下面以云南昭会公路的改扩建为例加以说明。

1)问题分析

由于原昭会公路建成较早,原设计于 2005 年完成,波形梁护栏设计指标采用的标准均已更换或作废,根据《公路交通安全设施设计细则》(JTG/T D81—2006)中波形梁护栏部分的规定,原昭会公路路侧波形梁护栏各项指标、参数不满足现行规范的规定、要求。因此,有必要根据新的护栏设计规范,利用既有公路外形完好、力学性能满足要求的波形梁板、立柱等旧护栏构件,新增防阻块、立柱、螺栓等构件,对既有护栏进行升级改造,并针对既有昭会公路和扩建工程的实际情况,提出护栏改造实施方案。

昭会公路交通安全设施设计于 2006 年以前,其中公路护栏的设计依据为《高速公路交通安全设施设计及施工技术规范》(JTJ 074—94)和《高速公路波形梁钢护栏》(JT/T 281—1995)。路基段既有护栏结构形式为波形梁护栏,其整体结构如图 10.5-1 和图 10.5-2 所示,标准段主要由二波波形梁板(310×85×3×4320)、立柱(ϕ140×4.5×1900 或 ϕ114×4.5×1900)、托架(300×70×4.5)、螺栓等构成,其中波形梁板、立柱、托架、连接螺栓所用的基底材料为

Q235 钢,拼接螺栓所用的材料为 45 号钢。该护栏波形梁板中心距离路面(或路缘石)高度为 60cm,立柱间距为 4m。

图 10.5-1　昭会公路既有护栏

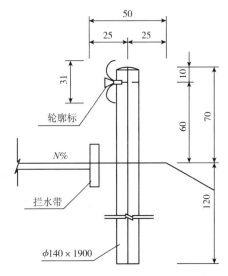

图 10.5-2　昭会公路路侧护栏横断面图(尺寸单位:cm)

昭会公路路基段波形梁护栏设计防护等级为《高速公路交通安全设施设计及施工技术规范》(JTJ 074—94)规定的 A 级,碰撞能量相当于标准《公路交通安全设施设计细则》(JTG/T D81—2006)规范中规定的 B 级,碰撞能量为 70kJ,只适用于二级以下的公路。昭会公路扩建为双向四车道高速公路后,规范中要求高速公路路基护栏应至少达到 A 级,碰撞能量不低于 160kJ。但如在昭会公路扩建工程中将已经设置的大量旧波形梁钢护栏全部淘汰或者低成本回收处理,换为新结构的护栏,会产生较大的资源浪费。此外,《公路交通安全设施设计细则》(JTG/T D81—2006)为推荐性标准,其含义是:规定了具有特定防护标准的防护能力要求,但对具体的护栏结构仅给出推荐性方案,如果有新的护栏结构,能够满足新规范的防护性能要求,也是符合规范的好的护栏形式。因此,改建的任务是:从提高安全和节约成本角度出发,针对目前昭会公路既有波形梁钢护栏施工安装的实际状况,考虑公路扩建和路面加铺后护栏的防撞能力严重不足的问题,通过对既有钢护栏材料的再利用和升级改造,及时有效地消除现用护栏因防撞能力不足而存在的安全隐患。

2)技术对策

昭会高速公路扩建工程采用分离式路基和整体式路基交替进行。其中分离式路基段利用既有的昭会公路为一幅,新建另一幅,整体式路基在既有昭会公路的基础上进行拼宽。根据昭会既有公路的路侧环境和波形梁护栏设置情况以及实际施工情况,本着安全、便捷、经济、美观的原则,提出了不同的护栏改造方案,在昭会既有公路互通立交路段、路侧险要路段、路侧一般危险路段上实施。

(1)互通立交路段波形梁护栏改造实施方案

对于昭会既有公路互通立交路段,中分带既有护栏改造为双层双波形梁钢护栏,路侧既有护栏改造为三波护栏,实施方案示意如图 10.5-3 所示。

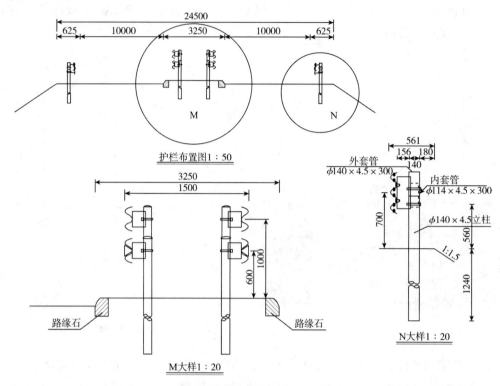

图 10.5-3 立交区主线中分带护栏平面布置图(尺寸单位:mm)

中分带 A 级双层双波形梁钢护栏改造的主要内容为:保留既有中分带护栏板、立柱,新增立柱、防阻块、螺栓以及路侧拆除的既有护栏板,形成双层双波形梁钢护栏,如图 10.5-4 所示。

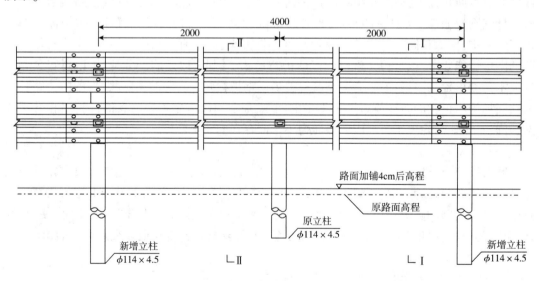

a)立面图

图 10.5-4

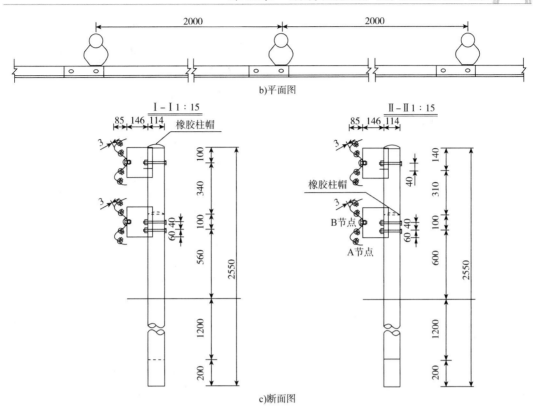

图 10.5-4 双层双波形梁钢护栏改造方案(尺寸单位:mm)

护栏改造的一般方案如下：

①保留护栏外形完好、性能满足要求的所有构件，如双波形梁板、立柱。考虑到既有双波形梁板表面污损较为严重，应对其重新进行喷涂处理。

②新增立柱、防阻块。

每4m护栏既有立柱中间增加1根规格为 $\phi114mm \times 4.5mm \times 2550mm$ 的立柱，在既有立柱上安装1个防阻块，在新增立柱上下分别安装2个防阻块。

③在新增防阻块上安装上下两层既有护栏板。

每4m护栏上下安装两块既有护栏板，其中下层波形梁板需打孔，并需要防腐处理，上层波形梁板不需打孔。下层护栏板的立柱间距为2m，中心距离路面高度一般为60cm，上层护栏板的立柱间距为4m，中心距离路面高度一般为100cm。如涉及路面加铺高度在4cm范围时，需调整防阻块和立柱的相对位置，使下层护栏板的中心高度为60cm，上层护栏板的中心高度为100cm。

双层双波形梁钢护栏已参照《公路护栏安全性能评价标准》(JTG B05-01—2013)A级(三级)试验碰撞条件，在国家交通安全设施质量监督检验中心进行了小型客车和中型客车的实车足尺碰撞试验检查。经检测，该护栏防护系统的阻挡功能、导向功能、缓冲功能性能指标符合《公路护栏安全性能评价标准》(JTG B05-01—2013)的要求。

实施互通立交路段中分带双层双波形梁钢护栏改造时，需进行双层双波形梁钢护栏与A级双波护栏或混凝土护栏(桥梁护栏)的过渡处理，如图10.5-5所示。

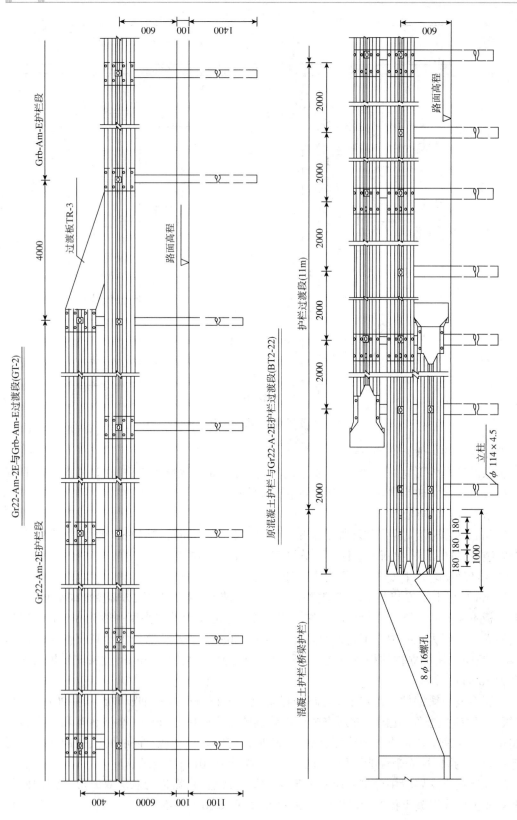

图10.5-5 双层双波形梁钢护栏与A级波形梁护栏或混凝土护栏的过渡处理（尺寸单位:mm）

路侧 A 级三波护栏主要形式参见图 10.5.6,改造的主要内容为:保留路侧既有护栏立柱并通过内套加高的方式加高,并在加高立柱上安装加长型防阻块,在防阻块上安装 3mm 三波护栏,使改造后的护栏立柱间距为 4m,三波形梁板中心距离路面高度为 700mm,如图 10.5-6a)所示。如路侧既有护栏立柱受损严重,需新打入规格 $\phi140\times4.5\times2350$mm 的立柱,如图 10.5-6b)所示。

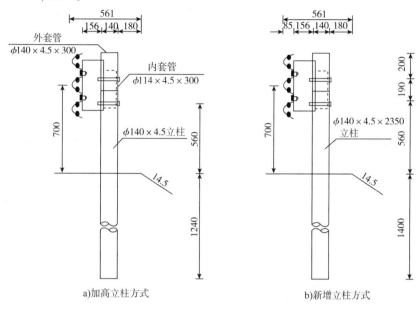

图 10.5-6　A 级三波护栏断面图(尺寸单位:mm)

(2)险要路段路侧波形梁护栏改造实施方案

为了尽可能地降低车辆驶出路外造成严重后果的风险,既有昭会公路悬崖深谷、下坡急弯等险要路段路侧波形梁护栏改造为 SB 级 F 型混凝土护栏,混凝土护栏基础为桩基方式,如图 10.5-7 所示。主要改造内容为:拆除既有昭会公路险要路段路侧波形梁护栏板、托架、螺栓,保留既有护栏立柱并进行切割至外露不小于 25cm,新打入立柱使立柱间距为 1m,经过测量放线、钢筋加工及绑扎、模板加工及安装、现浇混凝土及拆模养生等工序后,设置完成 SB 级 F 型混凝土护栏。

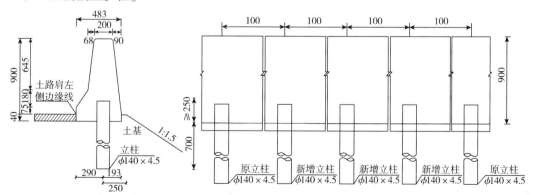

图 10.5-7　险要路段路侧 SB 级混凝土护栏断面图(尺寸单位:mm)

(3) 其他路基段路侧波形梁护栏改造实施方案

根据扩建工程实际情况,既有昭会公路除了互通立交路段、险要路段以外的其他路基段波形梁护栏改造在分离式路基段和整体式路基段上实施,改造形式为 A 级三波护栏。

①分离式路基段路侧一般危险路段波形梁护栏改造实施方案

在昭会高速公路分离式路基段,既有公路路侧波形梁护栏主要改造为 A 级三波护栏,主要实施的内容为:保留路侧既有护栏立柱并通过内套加高的方式加高,并在加高立柱上安装加长型防阻块,在防阻块上安装 3mm 三波护栏,使改造后的护栏立柱间距为 4m,三波形梁板中心距离路面高度为 700mm,如图 10.5-8a)所示。如路侧既有护栏立柱受损严重,需新打入规格 $\phi 140\times4.5\times2350$mm 的立柱,如 10.5-8b)所示。

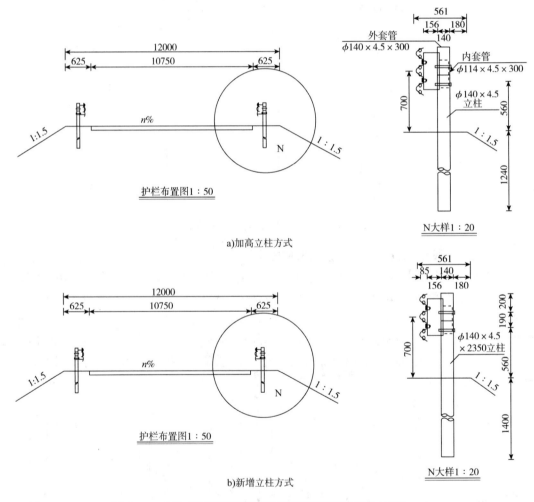

图 10.5-8 分离式路基段既有道路双侧护栏平面布置图(尺寸单位:mm)

②整体式路基段路侧一般危险路段波形梁护栏改造实施方案

昭会高速公路整体式路基段护栏改造实施方案主要内容为:在昭会公路拼宽路段,根据既有公路既有护栏的实际情况,保留既有道路双侧或一侧护栏立柱,并在既有公路幅两侧或一侧实施护栏再利用改造。

③既有公路幅路侧或既有公路中分带一侧波形梁护栏改造实施方案

既有公路幅路侧或既有公路中分带一侧设置A级三波护栏,新建幅中央分隔带一侧(拼宽侧)和路侧则设置符合《公路交通安全设施设计规范》(JTG D81—2006)规范的A级波形梁护栏。

A级三波护栏改造内容为:通过内套管方式加高既有立柱,并在加高立柱上安装加长型防阻块,在防阻块上安装3mm三波护栏,使改造后的护栏立柱间距为4m,护栏板中心距离路面高度为700mm,如图10.5-9a)所示。如路侧既有护栏立柱受损严重,需新打入规格$\phi140\times4.5\times2350$mm的立柱,如中分带一侧既有立柱受损严重,则需新打入规格为$\phi140\times4.5\times2450$mm的立柱,如图10.5-9b)所示。

3)护栏改造施工流程

昭会高速公路交通安全设施工程施工时,应在保障安全的前提下,尽可能地维持既有道路的通行能力和节省工期,应首先在新建幅布设护栏。在新建幅护栏布设完成的情况下,通过交通分流,再进行既有公路护栏改造施工,其流程如图10.5-10所示。

既有公路护栏改造施工时,为了保障施工期间的安全防护,应首先拆除既有公路路侧的波形梁护栏,保留立柱,并设置新的A级三波护栏和SB级混凝土护栏,再将拆除既有双波板和托架进行整形、清洗和上色;然后拆除互通立交路段中分带波形梁护栏,保留立柱,通过新增构件的方式,利用路侧拆除的已经处理完毕的双波形梁板,安装A级双层双波形梁钢护栏,最后将互通立交中分带拆除的护栏构件进行整形、清洗和上色,以备使用。

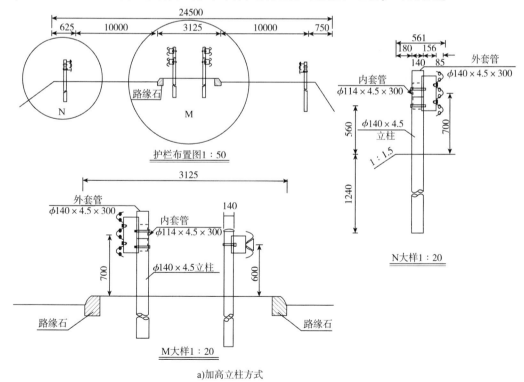

a)加高立柱方式

图 10.5-9

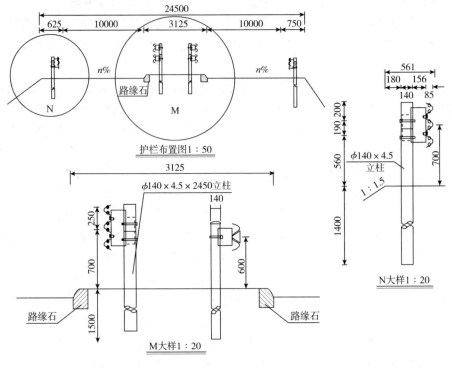

b) 新增立柱方式

图 10.5-9　整体式路基段双侧护栏平面布置图(尺寸单位:mm)

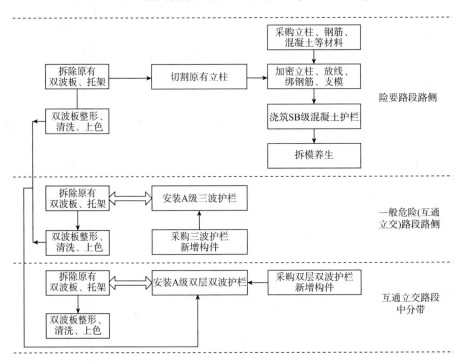

图 10.5-10　护栏改造施工流程图

第11章 公路改扩建中的生态环境保护

11.1 生态环境保护原则

以可持续发展为指导,将生态文明建设融入交通运输发展的各方面和全过程,加快建成资源节约型、环境友好型交通运输行业,实现交通运输绿色发展、循环发展、低碳发展。从规划设计、建设施工、运营管理等方面,集成建设绿色循环低碳公路改扩建。以"三低三高"(低能耗、低排放、低污染、高效能、高效率、高效益)为出发点。提高资源的使用效率和新能源的利用效率,降低能源消耗,降低污染物和二氧化碳的排放,提升工程建设项目的科技含量和技术水平。公路改扩建项目中要尽量避免环境问题,尤其是征地拆迁的问题上,要充分利用既有公路,尽量节约和不分隔用地,少征耕地,合理有效地配置资源,达到环境资源的持续利用和生态的良性发展。

11.2 生态环境保护措施

1)改扩建工程生态环境保护措施的内容

公路改扩建工程的生态环境保护措施主要内容:绿色循环低碳设计、施工过程交通组织优化、路域绿化及植物移植保护、施工便道永临结合利用(永久性利用和临时性利用结合)、土壤改良利用、耐久性路面结构、混凝土拌和楼"油改气"技术、路面再生利用、耐久性路面铺筑、施工期集中供电技术、旧桥维修加固利用、ETC不停车收费改造、车辆超限超载不停车预检、公路供配电节能、能耗统计监测管理、公众服务及低碳运营指示、交通设施的再利用、绿色低碳服务区、节能照明、太阳能并网发电、太阳能热水器、公路沿线设施绿色建筑建设、生态型污水处理及回用、公路信息管理,等等。

秉持"低碳环保"原则,公路改扩建工程的生态环境保护措施从设计阶段路线方案的路网规划、走廊带资源利用、节约用地、生态保护、工程规模等多方面进行扩容(新建)与扩建的比选论证,到项目的施工环保以及运营管理等全过程,多方面着手进行。

2)改扩建工程生态环境保护的设计思路

在设计时主要从以下几个方面进行生态环境保护设计:

(1)设计要结合自然条件或地形

路线平面布设时,应统筹考虑建设项目的合理用地,尽量利用既有公路单侧加宽,减少占用土地,减少占用草地及湿地,尽量避免新辟公路对土壤的扰动,防止水土流失,以保护生态环境。绕避较好的草地和固定性房屋,减少对农牧民的影响。

(2)减少对沿线环境的破坏

路线平、纵、横设计以最小的破坏就是最大的保护为设计理念,"宁填少挖"避免大填大挖,减少湿地占用,减少对沿线既有坡面和山体的开挖和破坏,尽最大可能地减少对既有公路周边植被的破坏,以利于保护公路沿线的自然环境。

(3)保护水、土资源

尽量不降低地下水位或少降低地下水位,不破坏既有地表水的状态和流向,以防止土地因过多降低地下水位而沙化或土壤结构和性质发生改变。在对季节性冻土路段设计时,以提高路堤或铺隔水层来防治冻害。

(4)注意保持既有的灌溉系统和自然水网体系

全线路基设计时,应设置完善的排水系统,由涵洞、集水井、桥梁或排水沟、急流槽将积水引至路基以外。对路基挖方边坡(坚硬稳定的石质边坡除外)均应进行植草防护或挡土墙、矮墙、网格护坡、护面墙等防护形式,汇水面积较大路段应设置截水沟,减少坡面水对坡面的冲刷,防止水土流失。

(5)公路沿线的环保、绿化

对于路堤段(季节性冻土路段除外),一般可采用路基挖方中的土石方利用填筑,或集中设置取土场借土石填料填筑。不能用作填料的路基挖方中的腐殖土、草甸土或清表草甸土、腐殖土,则堆至就近设置的临时堆土场,待路基填筑成型后,再回填至路堤边坡表面,然后进行绿化处理。质量较好的草皮应取出就近假植,待路基成型后,再移植至路基边坡。"适地适树"地种植当地易于成活的植物,路基完工一段即时进行绿化一段。对公路边坡及沿线进行绿化,尽可能恢复自然植被,使公路与沿线自然环境浑然一体;不断变换防护形式,选种不同植物,使绿化美景多样化。

(6)合理设置过人、过牧通道和平交

根据地方要求并结合实际情况,合理地设置过人、过牧和机耕通道。如果公路等级低,可采用减缓路堤边坡(路堤边坡调整为1∶3~1∶5)设置过人、过牧和机耕平交,并在平交处设置标志牌,提醒车辆减速缓行,以利于人群、牧群和农用机械通过,尽量减少对沿线居民的生产、生活产生影响。

3)减少水土流失的措施

避免乱采、乱挖造成地质灾害和环境污染。对筑路材料的开采、运输路径、料场位置均应作合理选择,在路线可视范围外,均应设置专门的取土坑、弃土堆,对所有取土坑、弃土堆的既有地表土均应保留,以利于取土坑、弃土堆的植被恢复。严禁施工过程中随意、随地不按设计要求取土、弃土。

对建设过程中造成的裸露土地、未占用的既有公路、所有临时工程用地,在施工完毕后,全部进行绿化,防止水土流失。

边坡的形状要尽可能与周围的景观协调,并用植物进行绿化处理,坡脚、坡顶、坡面相交处等处的棱角要进行弧形整饰,以产生自然美又可防风蚀,土质边坡种植网格草皮,或撒草籽,石质边坡挂土工格栅,撒草籽绿化。

4)创造条件,营造森林

互通、房建设施、分离式路基、隧道间空地尽力以乔木群植为主,以保证通车初期即可达到较好的绿化效果。

5) 边坡防护与绿化美化

对于山区公路,不可避免地涉及工程与环境保护的矛盾,大量的边坡开挖除带来潜在的地质灾害外,水土流失等现象也不可避免。应尽力进行环境的保护与恢复,采取的办法主要有:

(1) 把绿化专项设计放在突出位置,采用环境友好型的工程措施方法,增加绿色、减少白色污染。

(2) 对全线边坡进行绿化,保证边坡较好的长远绿化效果,更多地接近自然。

(3) 结合地形,利用全线的路边空余用地,进行小环境专门设计,点缀小型公园式绿化,创建和谐环境。

(4) 对隧道洞门口形式及绿化进行专门设计。

6) 施工过程中防止水质污染的措施

在施工过程中应注意保护水源,防止水质污染;施工及生活废水应处理后才能排放进入附近的天然沟渠及江河。

桥涵位置选择、形式选择尽量与周围地形相适应,其孔跨、孔径应根据河流、沟渠形态、设计流量等进行设计并确定相应的施工技术;涵洞结构形式宜尽量统一,孔径宜标准化以便于施工。避免破坏既有天然沟渠及河流流态,注意与天然沟渠的衔接。同时,为避免水流对岸坡的冲刷,应采取必要的护岸和导流措施。

7) 加强施工管理、防止噪声和大气污染

合理进行施工组织计划,尽量减少施工活动对沿线居民的干扰。材料堆放应采取必要挡风措施,减少扬尘。材料运输宜采用封闭性较好的自卸车运输或采用覆盖措施。对施工场地、材料运输及进出料场的道路应勤洒水防尘。施工和生活垃圾不得随意乱倒,应作掩埋处理。

随着公路交通的发展,车流量增大,交通噪声污染也越发严重。以我国目前的经济水平和公路建设投资力量,制定严格的交通噪声限值标准,实施难度较大,技术上也不可行。

对于公路交通噪声污染问题,目前我国采取的技术防治对策主要有:①噪声源对策:车辆噪声改善、减噪路面;②隔断噪声传播途径对策:声屏障、栽植绿化林带;③受声点对策:建筑物防护。在以上对策中,由于受到可行性、用地、投资等因素限制,目前常用声屏障措施解决,但声屏障措施实测降噪效果,理想情况下不超过 10dB。同时声屏障受到敏感建筑物高度、材料耐候性、耐久性以及安装施工等因素的影响,其降噪效果也与日递减,对公路景观、行车安全等方面的影响也存在一定的影响。

交通噪声源不同于工业企业、建筑施工等噪声源,很难通过噪声管制手段(如限期达标、停产停业)解决其污染问题,一旦交通噪声污染已经构成,治理难度很大,有时甚至完全没有条件,根本性措施应通过合理规划进行提前预防。应坚持预防为主的原则,从长远可持续发展的角度,合理规划整个公路网的建设以及公路交通设施与邻近建筑物布局。

公路交通噪声污染防治涉及"源""途径""受体"等各个方面。对于噪声源控制,可采取的措施包括降低车辆噪声(提高设计制造水平,加强运行维护);对于传声途径噪声削减,可采取声屏障、绿化带等措施;对于敏感建筑物的保护,可能采取建筑隔声设计、交通管理措施(限行、限速、禁鸣)等主动保护手段,也可能采取安装隔声门窗,对室内声环境进行必要保护的被动防护手段。

8) 营运期的环保

尽量采用长寿路面,减轻公路沿线泥土扬尘,改善沿线居民及养护工人的工作和生活环境。加强公路管养工作,对路面和边沟进行定期清理。加强边沟、边坡、涵管、急流槽、导流坝和绿化的养护维修工作。对沿线收费站和服务区的垃圾及污水进行环保处理。

9) 设计阶段的防治措施与对策

根据项目建设和营运阶段可能产生的对生态环境的不利影响,在设计阶段可采取如下保护措施:

(1) 认真做好工程设计,在满足拟建道路技术要求的条件下,充分利用地形条件,尽量减少填挖方的数量,少占良田,少拆民居。

① 在路基填土高度不到 4m 的路段取消护坡道,以减少路基的占地宽度。

② 路基外侧采用深度为 0.5m 的浅碟形边沟,而在边沟外的公路用地范围内设置拦水埂,以减少占地。

③ 减小公路路堤两侧排水沟以外用地。

④ 对全线构造物的设置及路线纵坡进行进一步的优化,以降低路堤填土高度,减少路基占地。对一些通道在保证符合有关设计规范的前提下,降低通道高度。

⑤ 合理确定公路沿线取土场的取土深度,避免加重沿线区域土壤盐碱化的程度。

⑥ 临时占地在有条件的路段,尽量不占用农田。

(2) 工程设计中植树种草加强道路绿化。在公路工程施工建设中,注意对沿线人文景观与自然景观的保护、利用、开发、创造,尽量给沿线居民和驾乘人员创造一个舒适愉悦的出行以及生活空间。可采取的技术手段及措施如下:

① 进行必要的美学设计和公路绿化美化设计工作。

② 路基边坡绿化设计应以防护为主,尽量降低工程造价,同时在植物选择时,以植草为主,结合栽植乔灌木;以自然式栽植为主;草种及树种选择遵循"适地适树"的原则。

③ 中央分隔带的绿化设计以防眩为主,同时兼顾美学效果,主要种植常绿灌木,其中点缀花灌木,高低错落搭配,色彩多样。

④ 对某些局部美学设计应注重视觉诱导。对于视觉质量高的美景,在车辆通过其位置时,人为进行视觉诱导,以便将驾乘人员的视线引向该美景。如对于大桥,在于衬托出大桥的美景。

⑤ 隔离栅绿化以丰富路域美景、隔离保护为主要目的,应选择当地适应性强的藤本植物对公路隔离栅进行垂直绿化,使之与当地美景协调。

(3) 按照国家相关法规政策要求,道路的绿化措施,以及防洪、泄洪、排水等其他防护工程与主体工程同时设计,同时施工,同时使用。

(4) 取、弃土场进行科学合理的设计,一般应选择在荒山、荒坡及沟谷。

(5) 对拆迁户的经济补偿应保证其再建住房达到既有住房面积和质量,拆迁时补偿费用不得截留或挪作他用。

10）施工期环境影响防治措施

（1）生态环境及水土保持防治措施

①生态环境保护措施

合理安排施工工序,分段施工,缩短施工线。争取先期施工段完结后,随即做好路基边坡、植被种植、排水沟等防护工程再进行下段施工,尽量缩短水土流失期。对开挖土方、回填土方过大的路段,应避开雨季,在雨季来临前,处理好开挖、回填、弃方的边坡防排水工程设施,同时要及时清理沟道中因施工堆积的土方、石渣和垃圾等,以保障沟道泄洪畅通,减少泥沙灾害。在雨季施工要随挖、随运、随压,以减少雨水冲刷侵蚀。弃土场要严格按技术规范设计建造,应及时种草种树,恢复生态。

②生态恢复措施

对道路修筑过程中临时占用的农田和土地要及时复垦,并做到死土深翻,活土还原。对弃土场待弃土处理处置后,要上覆原耕作土壤,恢复其农业用地功能。

（2）社会环境影响的减缓措施

①征地的减缓措施

a.建设单位应与地方政府充分进行沟通和衔接,以保证合理的征地补偿资金。

b.地方政府及各社区应当把补偿办法、征地拆迁补偿费标准等向被征用土地的单位和居民公开。

c.地方政府和建设单位要严格按照相关规定,认真做好征地调查、确定补偿标准、拟订方案、严格实施、跟踪检查等征地过程中各环节工作。

②施工期文物保护措施

在施工过程中,若有新的文物遗迹发现,根据国家有关文物法规,施工单位应保护好有关现场,及时通知所在省(市)考古所和当地政府的文物主管部门,协商处理,保护好国家文物并使公路建设顺利进行。

③拆迁的减缓措施

a.拆迁安置准备过程中,要充分听取沿线拆迁户的意见,尽可能满足其合理的要求。

b.改扩建项目造成的民房拆迁量较小,政府可以采取就地靠近安置的方法,但安置地点必须环境优于目前环境,远离公路或其他污染源。

c.建设单位要严格按照有关文件的精神,给予拆迁户补助费和经济补偿。

（3）大气污染防治措施

①实行封闭式施工,尤其在敏感路段,严禁在车行道上堆放施工弃土。

②施工道路要硬化,在工地出口处设置清除车轮泥土的设施,确保车辆不带泥土驶出工地。材料场及运输车辆行驶路线应避开环境空气敏感点,装卸渣土严禁凌空抛撒。指定专人清扫路面,定期对路面喷水防止较大扬尘。

③储料场、灰土拌和站选址应位于城区和居民集中区的下风向,200m 半径内不得有集中的居民区、医院、学校等。

④沥青搅拌站应设置在距环境空气敏感点 300m 以外。不能采用开敞式或半封闭式沥青熬化作业工艺,应采用全闭式搅拌设备。

⑤拌和站应采用集中搅拌的方式,尽量设置在公路永久占地范围内,远离周围环境敏感

点下风向 200m 以外,采取全封闭作业,应采取有效除尘措施并考虑下列因素:河岸边 200m 范围内禁止设置拌和站;在居民集中的路段,若需设置拌和场,则应根据当地主导风向确定拌和站的位置。

⑥细沙、石灰等物料运输时注意必须压实,填装高度禁止超过车斗防护栏;散装水泥运输采用水泥槽罐车,避免洒落引起二次扬尘。

⑦对堆场加强管理,合理安排堆垛位置,必要时在堆垛表面掺和外加剂或喷洒润滑剂使材料稳定,减少可能的起尘量,并采取加盖篷布等遮挡措施。

(4)噪声污染防治措施

①各个噪声敏感点在夜间(22:00~次日 6:00)应停止施工。昼间在有学校的路段施工时,大型机械施工时间应和学校商定,尽量与学校上课时间隔开,或利用假期施工。若因时间限制则应设置 1.5~2m 高的简易隔声屏,使学校内的噪声控制在 60dB(A)以下。

②施工机械对机械操作工人及施工人员将造成严重影响,应按劳动卫生标准控制工人工作时间,或对操作者及有关人员采取个人防护措施,如戴耳塞、头盔等。

③高噪声设备应尽量远离各环境敏感点,视需要设置简易隔噪设备,最好采用低噪声施工机械。工程施工所用的施工机械设备应事先对其进行常规工作状态下的噪声测量,对超过国家标准的机械应禁止其入场施工。施工过程中还应经常对设备进行维护保养,避免因为设备性能差而导致噪声增强现象的发生。

④施工营地、施工场地、拌和站场地、预制厂的选取应该远离沿线的声环境敏感点,根据《建筑施工场界噪声限值》确定合理的工程施工场界,建议施工场界距敏感点至少保持 200m 的距离,受地形所限时,距离可适当缩小,但必须保证避免施工场界内存在居民生活区和保证施工场界外的噪声限值符合相应的标准。

⑤对于本应在营运期所采取的通风隔声窗等降噪措施,推荐措施尽量在施工前就予以实施,可同时作为施工期的噪声保护措施。

⑥在利用既有的道路用于运输施工物质时,应合理选择运输路线,并尽量在昼间进行运输。

⑦控制施工噪声污染的三种措施:

a.控制声源

改进高噪声机械,研制并选用低噪声的施工机械。有条件的情况下,可以在高噪声机械上安装消声器和弹性支座,有效控制噪声的产生。

改进或者改变施工方法。在保证工程质量的情况下,选用低噪声施工机械进行施工。

b.从传播途径上控制噪声

吸声降噪法,利用物体的吸声作用,改变吸声材料的性能以及结构,使其最大限度地吸取噪声。

隔声降噪法,是从传播途径上控制噪声使用最多也是最有效的方法。使用隔声屏障和隔声罩是两种主要方法。

c.从接受者的角度来控制噪声

可以发放一些耳塞、耳罩和防声蜡棉等个人防护措施来防治噪声,这种方法主要用于施工人员,基本不适用于公路跨越城镇路基施工所影响的居民人群。

(5)施工振动的控制措施

在公路改扩建过程中,为了提高路基的压实度来保证路基的稳定性,有些道路选择冲击压实、振动压实、强夯等方案对路基进行压实。而这些方案在施工时不仅作用于路基的压实振动,还会产生并传播有害的环境振动,这种有害的环境振动不仅仅影响到施工周边房屋建筑,也从另一方面产生大量的噪声污染,影响周边居民的正常生活,甚至引起民事纠纷。这一问题对于连接并穿越城镇的干线公路的改扩建施工显得尤为重要。

振动对周边建筑物的影响方式主要分有两个方面。第一方面是振动直接对周边建筑物造成影响,振动持续作用于建筑物,会对周边建筑物产生损害,而这种损害在振动与建筑物的结构振动频率产生共振时达到最大化,甚至会对建筑物造成毁灭性的破坏。第二方面则是振动会对建筑物的地基造成影响,当建筑物的基础状况不好或者建立在湿软地基上时候,环境振动有可能会令建筑物地基产生不均匀沉降,对建筑物造成危害。

对此,可从以下四个方面来控制振动对周边的影响:

①控制振源

在不影响施工质量的情况下使用产生振动小的机械进行施工,比如使用静力式压路机和轮胎型压路机。

减小振动源的扰动,减小或者消除振动源本身的激振力,比如使用震荡式压路机。

②控制共振

当振动式压路机产生的环境振动和周边建筑物产生共振时,振动对建筑物造成的危害成几何倍数增长。最常用的解决方法是选择扰动频率和周边建筑自振频率相差很大的振动式压路机。

③增大振源与建筑之间的距离

在有条件的情况下,加大振源与保护对象之间的距离也是控制振动对保护对象损坏的一种方案。

④隔振技术

隔振技术主要包括设置隔振沟(图11.2-1),抗振缝以及设置伸缩缝等方案。

图11.2-1 隔振沟

(6)水环境影响控制措施

①严禁建筑材料(如沥青、油料、工业废渣等)堆放于城区,材料堆放用防雨材料遮盖,以防雨水冲刷进入水体,污染水质。施工结束后工程废料要及时清理运走。

②沥青路面施工遇雨时应及时通知拌和站停止供料,除已铺好的沥青混合料快铺快压,其余不得继续铺筑,尽量减少对水体环境的影响。

③临时生活设施、食堂的厨房、简易的隔油池、临时厕所、化粪池等排出的污染物,应委托当地环卫部门收集处理。

④施工机械、运输车辆、用具等不得在生活用水取水地点冲洗;严禁将废油、施工垃圾等倾入水体污染水源。

⑤跨越水体桥梁施工是施工期水环境影响的主要污染源,应采取如下保护措施:

a.跨河桥梁的施工应选择在枯水期或者平水期进行桥梁水下部分施工;施工时应与河流的管理部门及时沟通,尽量将桥梁施工期选在不引水的时段,并在施工完毕后及时清理河道中的钻渣等废料。

b.每个施工营地应设干厕,并设置容积至少 $20m^3$ 的化粪池将粪便污水集中收集并初步处理,采取一定的措施鼓励当地农民作为农家肥使用,或者联系地方环卫部门定期清运处理。施工营地要尽量远离河流,严禁粪便污水直接进入河流。

c.施工废水(主要是沙石材料的冲洗废水)严禁直接排入水体。沙石材料的冲洗废水尽量循环使用,最终的排水必须经过沉淀池沉淀处理后方可排入沿线无饮用养殖功能的水体。

d.桥梁施工中挖出的渣土、淤泥等不得抛入河流、沟渠,在征得地方水利部门的同意后,可选定不影响泄洪,不影响沿线、沿岸景观的指定地点,设置围堰,在围堰内吹填。工程结束后若无其他用途,则必须对堆放点作绿化、美化处理。

e.桥梁工地人员的生活垃圾、施工物料垃圾等尽量分类收集,废弃物应在施工中尽量回收利用,其余垃圾应分类集中堆放,并联系环卫部门及时清运。

f.施工船只、施工机械须严格检查,防止油料泄漏。

11)营运期环境影响防治措施

(1)生态环境保护措施

拟建工程运营后,应对取土处和材料堆放地及时回填和植被复原。对公路两旁进行绿化,可种植多种树木花草,改善区域内自然环境,净化区域范围内空气,同时降低公路行驶中汽车的噪声,且可增强公路的美学效果,与周围环境融为一体。

(2)大气污染防治措施

①公路运营后,对于大气环境的影响主要是汽车尾气的污染,应采取如下措施:

a.除环保部门建立有关的地方法规,加强环保管理力度外,交通管理部门也应进一步强化对机动车的管理。要求机动车辆采用清洁燃料,进行尾气治理。

b.按照国家和所在地区的有关规定,加大机动车辆的更新和报废力度,凡超过国家报废标准的机动车应一律报废。

c.机动车每年应定期到环保部门认定的"机动车尾气治理复检点"检测尾气,检测合格后由公安交通管理部门发放通行证,超标车辆一律不许行驶或不予年检。

d.从事运输的单位和个人,在办理运输车辆准用证时,相应的管理部门应与其签订防止车辆运输遗撒、泄漏责任书,保证车辆整洁,并按规定的行驶线路、时间、装卸地点运营。

②辅助设施大气污染物主要来自餐饮服务设施排放的油烟废气,应采取以下一些措施

防治油烟废气的污染:
a.油烟废气排放应执行国家《饮食业油烟废气排放标准》,安装与经营规模相匹配的油烟净化措施,油烟最高允许排放浓度不大于 $2mg/m^3$。
b.油烟废气应经专用烟道排放,禁止无规则排放。
c.应定期对油烟净化设施进行维护保养,保证油烟净化设施的正常运行,并保存维护保养记录。
d.油烟排放口应尽量避开易受影响的建筑物,保证离开最近建筑物 10m 以上。
e.餐饮使用能源应鼓励采用清洁能源。

(3)道路交通噪声防护措施

建设单位应会同交通、环保部门加强行车管理和单车噪声治理工作,同时采取以下防治措施:

①在学校、医院等噪声敏感点路段及居民集中地段设置禁鸣标志,减少噪声扰民。

②对于沿线未设声屏障而受到交通噪声影响以及声屏障保护不到位的敏感路段、敏感点建筑(如沿线第一排居民住宅及第一排楼上住户),建议采取窗户加装双层玻璃,封闭阳台等降噪措施,保证室内噪声级在 45~55dB(A)范围内,保证居民夜间正常休息。

③建设单位应会同环境监测部门对重点噪声保护目标进行定期或随机的交通噪声监测,根据实际情况制定完善的治理措施。

④对城区已建成道路和未建道路环境声敏感点超标的路段,可设置限速、禁鸣标志,同时根据城市整体规划和噪声预测结果,对未来城市建设规划提出相应的措施和要求,即住宅小区、医院、学校等规划建设应建在远离上述道路中心线 150m 以外,以确保噪声不超标。考虑到城市规划与道路建设的层次关系,对既有的城市建筑物所在地道路加强管理,对规划的内容进行合理的调整,可适当选择环境噪声不超标的路段或远离道路中心线进行规划建设,以满足城市总体规划和环境保护相互协调一致的原则。

(4)公路绿化措施

公路绿化是大地绿化的组成部分,也是公路组成不可缺少的部分,具有美化环境、降低噪声、调节湿度、改变小气候、吸收二氧化碳和有害气体的作用。在公路改扩建过程中的绿化布置应结合交通安全、环境保护、城市绿化等要求,考虑沿街建筑性质、环境、日照、通风等因素,选择种植位置、种植形式和种植规模。

公路绿化布置应做到乔木与灌木、落叶与常绿、树木与花卉草皮相结合,色彩和谐,层次鲜明,四季美景不同。树种选择时应尽量选择能适应当地自然条件和城市复杂环境的乡土树种,树干要挺直,树型要美观,夏日能遮阳,耐修剪,能抵抗病虫害、风灾及有害气体等的树种。同时公路绿化还应处理好与道路照明、交通设施、地上杆线、地下管线的关系。

施工中应加强施工管理,应不破坏或尽量少破坏永久征地以外区域的植被,为了恢复公路两侧植被,除考虑水土保持、路基防护外,还应考虑公路美学及环保作用(如防治空气污染、降噪等)及满足行车安全(不得遮挡驾驶员视线,以保证车辆正常行驶),在条件许可时尽量扩大绿化带宽度,使水保、环保、绿化、美化有机地融为一体。坡脚至排水沟之间宜植灌木、常绿小乔木,排水沟至路界可乔、灌、草结合。

路基路堑边坡草皮护坡应选择当地易成活、耐干旱、根系发达、生长快、固土作用好的多年生矮草种草皮。

临时占地及取土场改造深翻处理后,对作为农用地以外的部分植树种草恢复植被。

在"适地适树、适地适草"的原则下,在选择树种、草种时应对各地区的土壤、地形和气候条件等做详细调查,优先选用当地物种,尽量避免引进外来物种,以免对当地生态平衡造成影响。

（5）固体废物影响控制措施

无论是施工期还是营运期,对于各种固体废物均应按照国家《固体废物污染防治法》进行妥善处理和处置。

①生活垃圾应集中堆放,及时运往垃圾填埋场安全处置。

②燃煤炉渣综合用于建筑材料或铺路。

综上所述,公路改扩建项目拟采取的防治措施及预期治理效果见表11.2-1。

公路改扩建项目拟采取的防治措施及预期治理效果 表11.2-1

类型内容	排放源	污染物名称	防治措施	预期治理效果
大气污染物	运营期汽车尾气	CO、THC、NO_2	①要求有关部门监督检查汽车尾气,合格后方可上路。②道路两侧建设绿化带,以吸收有毒有害气体	减少影响程度及范围
	施工场地	粉尘（砂、水泥、石灰）CO、NO_2（施工机械）沥青烟	①实行封闭式施工,对土堆、料堆要采取洒水、遮盖或喷洒覆盖剂等措施,防治扬尘。②施工道路要硬化,确保车辆不带泥土驶出工地。避开环境空气敏感点,装卸渣土严禁凌空抛撒,专人清扫路面,定期对路面喷水防止较大扬尘。③储料场、灰土拌和站、沥青搅拌站选址应合理。应采用全闭式搅拌设备	
水污染物	运营期地表径流	COD_{cr}石油类	建设排水管线	达到国家《污水综合排放标准》（GB 8978—2017）三级标准
	施工期生活污水	COD_{cr}氨氮	①建筑材料堆放用防雨材料遮盖。②沥青路面施工遇雨时应及时通知拌和站停止供料。③建设临时生活设施。④施工机械、运输车辆、用具等不得在生活用水取水地点冲洗。⑤严禁将废油、施工垃圾等倾入水体污染水源。⑥大桥施工应在枯水期进行。雨污水、桥梁泥浆水必须经收集沉淀后方可排放	减少影响程度范围
固体废物	施工期建筑垃圾	建筑垃圾路基挖方		用于筑路材料回填
	运营期散落固体废弃物	生活垃圾散落固体废弃物	垃圾处理厂	无害化

第11章 公路改扩建中的生态环境保护

续上表

类型内容	排放源	污染物名称	防治措施	预期治理效果
噪声	道路沿线交通噪声	噪声	绿化降噪	减少影响程度范围
	施工场地	机械噪声	①各个噪声敏感点在夜间应停止施工。昼间在有学校的路段施工时,大型机械施工时间尽量与学校上课时间隔开,或利用假期对该路段施工。②对操作者及有关人员采取个人防护措施,如戴耳塞、头盔等。③高噪声设备应尽量远离各环境敏感点,视需要设置简易隔噪设备,最好采用低噪声施工机械	

11.3 废旧材料在改扩建公路工程的应用

随着城市改建和扩建的规模越来越大,产生了许许多多的建筑废料,与此同时,随着我国工业化进程加快,同时也产生了许多工业废料。这些废料除了一部分被回收利用外,大部分废料被遗弃。废旧材料的遗弃常常堆积如山,占用大量土地,造成了严重的环境问题。与此同时,新的建设项目和生产又需要不停地开采或者利用新的材料,这样使环境进一步遭到破坏和恶化。因此,近年来人们一直倡导"绿色环境友好材料"的开发利用,废旧材料的利用也备受注视。

由于公路改扩建工程量大,路基、路面基层在满足强度和稳定性基本要求的前提下,对筑路材料的具体构成要求相对较为宽松,因此许多废料均可以在公路改扩建中得到运用。另外,也由于我国大批公路正在或将要进行改扩建,线形的公路改扩建过程为周边地区废旧材料的利用提供了有利条件。这样公路改扩建中利用废旧材料具有量大面广的明显优势。在公路改扩建中大力推广废旧材料的应用,一方面可以降低公路改扩建的建设成本,产生明显的直接经济效益;另一方面,必将促进环境的改善,带来间接的经济效益和社会效益。

矿渣也可以和其他材料混合作为路基、路面基层材料在公路建设中使用,例如昆明市安宁曾成功地利用昆明钢铁公司的废钢渣作为路面基层材料。粉煤灰常和石灰作为稳定料稳定级配碎石,做沥青路面的基层;硅粉被广泛地运用于水泥混凝土面层,可以提高水泥混凝土的耐磨性和抗折强度。煤炭资源丰富的地区常将煤矸石作为混凝土和公路路基填料使用。有将工业废料中的磷石膏与其他填料混合用来作为路基填土和路面基层的做法,取得了较好的效果。也有将工业造纸废液作为混凝土外加剂的做法,部分利用了废液,改善了混凝土的性质。总之,一般的工业废料均可以、并且已经在公路建设中得到了运用。

建筑废料(包括旧砖渣、旧混凝土等)也可应用在公路中。道路旧水泥混凝土、旧沥青混凝土可作为再生集料使用,新拌水泥混凝土、沥青混凝土或作为基层材料使用;道路旧沥青混凝土常被回收利用重新制作沥青混凝土使用。

其他废料,如废旧轮胎常被用作高等级公路的防撞栏,或者磨碎作为沥青的改性剂。生活垃圾的废旧塑料制品袋常被回收再加工作为路基加筋材料,也有直接用来作为路基加筋的做法。

11.4 公路改扩建工程对冻土环境的影响

(1)冻土地区公路改扩建可能引发的环境问题

①多年冻土退化

公路改扩建后,由于交通量增加、铺设黑色沥青路面,会改变地表辐射能量平衡和土壤热交换过程,增大路基下多年冻土的吸热量,导致路基下多年冻土中的地下冰融化,造成路基中水分过大,引起地基、路基、路面大面积沉陷。若开挖形成路堑,将在很多路段造成路基沉陷和边坡坍塌。此外,车辆在施工便道上的碾压、施工人员搭建的营地,铲除和破坏地表植被的施工方法,均可能产生强烈的热侵蚀作用,破坏公路两侧脆弱的冻土环境,改变地面的温度状况和土体与大气的热交换条件,使冻土温度场发生变化,导致融化土层在自重和外力的作用下产生沉陷,加剧或引起更多的冻土环境恶化现象。

②改变水分循环状态

因公路改扩建工程施工以及防治季节性冻土、沼泽路面翻浆等地质灾害而采取的工程措施也将破坏既有地表结构,改变天然状态下的水分循环过程,甚至使冻土类型、冻结层深度等发生变化。既有地表结构破坏可能诱发土地沙化,天然状态下水分循环的改变可能使沼泽地及其周围的天然草地失去自然平衡而发生一定程度的变化,结果导致自然生态环境的改变。

③加剧风沙灾害

当公路路面与地面基本平齐,在公路改扩建工程中,大多数地段路基为填方路基,需要在其他地方挖取土石料,从而破坏既有地表结构,若对取料场处置不当,可能成为风沙灾害的沙源,加剧公路沿线的沙害,影响行车安全。

④诱发公路边坡失稳破坏

为绕避地基软弱、冻土翻浆严重路段而改线至地基较稳定基岩坡脚时,因开挖路基,可能使边坡岩体失去部分支撑,坡脚发生应力变化,局部强度较低的边坡岩体可能发生崩塌、滑坡。同时,开挖边坡产生的大量废石若堆弃不当,可能造成堆积物滑动或在暴雨冲蚀下形成泥石流、堵塞沟谷、破坏植被以至诱发水土流失等环境问题。

(2)防治公路建设诱发冻土灾害的措施

多年冻土区公路路基设计的2个原则:一是多年冻土路基在施工和营运时期保持冻结状态,即保护冻土设计原则;二是允许多年冻土路基在营运过程中融化或在建设开始前将多年冻土融至预定深度,即允许融化设计原则。通常,保护冻土设计原则适用于连续多年冻土及不连续多年冻土地区的较稳定地段;而允许融化原则适用于不连续多年冻土地区的不稳定多年冻土。

①优选线路

线路应绕避高度小于1m的低填方地段。根据路基临界填土高度确定公路的合理路基高度,最大限度地减轻公路工程对冻土环境的影响破坏。线路通过山岳、丘陵地带的融冻坡积层时,最好选择在缓坡上部通过。在河谷地段,最好选择高阶地、稳定的多年冻土地段通过,减轻对冻土环境的影响。尽量把线路选择在地表比较干燥的地带和岩石、碎石类土、粗砂类土及含水量小的黏性土等少冰冻土地带。在路基土细粒含量多、地下水位较高、冻土埋藏较浅的多冰-富冰冻土路段。应采取换填、掺灰、改变路基填料、提高路堤和(或)加强边沟排水等措施。

②及时排水

加强侧向排水,避免公路两侧产生热融湖塘和冻胀,保护公路两侧的冻土环境。如在路堑顶部开挖排水明沟、扩大边沟,排出路基内部多余水分,或用碎石材料回填形成永久盲沟。堑内路基采用地下暗式保温排水沟措施,防止地下水流形成冰害。保护好道路两侧的天然地表状态,防止地表水渗入路基。当边坡或路基土为饱冰冻土、富冰冻土时,施工中应对边坡做好保温和排水措施。

③合理设置取弃土场

尽量减少取、弃土场对多年冻土环境的影响。料场的选择应遵循以下原则:应在少冰或多冰但地表植被稀少的地点或河滩等地方设集中取土场。严禁在线路两侧取土和随意开辟运土便道,避免在高含冰量的丘陵和陡坡地区大范围开挖取土,以免厚层地下冰的暴露,或产生热融滑塌或泥流。取土结束后,及时对取土场进行回填、平整,针对具体条件采取生物措施或工程措施尽量恢复为既有地貌形态,避免产生热融湖塘、热融滑塌,破坏冻土环境。

④加强监测

公路工程对冻土环境的影响主要发生在设计和施工阶段。但对公路的破坏多出现在营运期。营运期应加强工程对冻土环境影响的监测,在公路沿线设置气温、地温和活动层监测点,进行长期监测。

11.5 高原草甸地区的生态保护

高原草甸地区由于海拔高、空气稀薄、气候寒冷、干旱、植物种类少、生长期短、生物链简单、生态系统中物质循环和能量转换过程慢,致使生态环境十分脆弱。长期低温和短暂的生长季节,使该地区的植物一旦破坏极难恢复,而且可能加速冻土融化,引起土地沙化和水土流失。为此,在高原草甸地区的公路改扩建需要采取针对性的生态环境保护措施。

(1)路线布设应遵循的原则

①坚持环保选线,最大限度保护生态环境。选线时,坚持"少破坏、多保护,少占草场、注重环保、充分利用既有公路"的原则;对不良地质尽量采用避让的原则;对于村镇路段,线形设计均按照"尽量靠近,但不进入"的设计原则。

②合理掌握标准,灵活运用指标。为了少占草地资源,充分利用既有公路是公路改扩建路线布设的一个主要原则。在既有公路利用的过程中,平曲线布设较多地采用S形以及复合型平曲线消除平曲线间短直线,以提高既有公路的利用率、线形的连续性及与自然地貌的协调性。

③线路在通过漫流区、湿地等环境敏感地带时,尽量采取绕避或加强桥涵及综合排水设计,建立完善的排水系统,满足排水需要,防止水土流失。

(2)纵断面设计应遵循的原则

①应尽量按照地形起伏的趋势进行纵断面设计。为了使公路建成后与高原的自然风光

相协调,公路与高原风光融为一体,在公路纵断面设计时应顺山就势,尽量不出现大填方和大挖方的路基。

②路基高度不宜过高,同时可方便野生动物通过,也不宜出现大挖方的路段。过高的路基或大挖方段对胆小的野生动物的迁徙会造成障碍,并且高填或大挖路基势必会增加公路的用地宽度,对草场的占用面积增大,与生态环境保护的理念相背离。

(3)路基设计应遵循的原则

①少占地的原则。加强对土石方的调配力度,充分移挖作填,减少取土场的设置和弃土量。对个别工程弃土选择地势低洼、无地表径流、植被稀疏的地方堆置,并与改善地形、平整场地、恢复地表形态结合起来。弃土不得侵占河道、湖泊、湿地及高寒植被发育的草地资源。

②边坡稳定的原则。在路基边坡防护上,因地制宜,鉴于当地植被稀少,难以有效地固结地面,应坚持以坡面自身稳定为主的设计指导思想。

③节约的原则。尽量降低工程量,避免高填深挖。

④注重环境保护与周边环境和谐、集中取土的原则。工程取土、采石、采砂均采取分段集中开采的方法,在主线范围以外选取料场,不许乱掘乱挖,不许越界开采。开采完毕后修正边坡、平整场地、做好排水,达到设计要求的形态。在野生动物经常通过的地方所设桥涵,孔径适当加大加高,以方便野生动物穿行。

(4)桥涵设计应遵循的原则

①适当设置调治构造物。原则上不降低既有河道沟渠的泄洪功能,不压缩宽浅河沟、河床,并根据实际情况适当设置调治构造物。

②合理设置走向,并在满足泄洪要求下兼顾野生动物通道。

③桥涵结构以标准简单、安全、耐久并降低造价为出发点。

(5)绿化恢复植被的对策

①由于高原草甸地区腐殖土少,低矮棵野草生长大多在沙地和稳固的土坡上,故恢复植被只能靠整平场地,稳定地表,以利于野草的自然生长。

②为了尽可能地保护植被,设计中尽量减少临时用地。

(6)生态保护的施工方案

①合理规划设计施工便道及便道宽度,并严格划定施工范围和人员、车辆行走路线以及各种机械和车辆固定的行车路线,以保证周围地表和植被不受破坏。

②尽量减小湿地的开挖面,避免切割、阻挡地表、地下径流的排泄。施工废料不允许弃于湿地之内。施工结束后恢复自然植被,保护湿地特殊生态功能。

③加强施工管理,材料的堆放、拌和场的选择、施工便道的规整、竣工后临时用地的清返以及建筑垃圾的掩埋等均纳入严格的统一规划和管理。

④河道采砂和桩基施工时,均应对主河道采取疏导和防护等措施。桩基成孔应推广采用旋挖钻干法成孔,避免施工污水和泥浆的产生。

⑤为防止岩土失稳,施工时禁止大爆破。

11.6 生态环境影响评价

环境影响评价是指对规划和建设项目实施后可能造成的环境影响进行分析、预测和评估，提出预防或者减轻不良环境影响的对策和措施、跟踪监测的方法与制度。对于建设项目，环境影响评价工作要在建设项目的可行性研究阶段完成。通过环境影响评价工作，了解该工程的建设(包括建设期间和建成投产后)对环境可能产生的影响和周围环境质量的变化情况，提出污染防治对策，最大限度地控制工程的排污量，为设计部门提供优化设计的建议，为项目决策部门和环境管理部门提供科学依据。简单地说，环境影响评价就是对一个建设项目预测其未来的环境影响。这里的环境影响包括自然环境的影响和社会环境的影响。

人们把大气、水体、土壤等环境组成部分看成是一种有限资源。这些环境要素的质量就构成了自然资源价值。人们对大气、水和土壤等这些环境要素进行评价时大部分是进行污染评价，即评价人类及人类的生活活动向环境中排放的各种污染物对大气、水和土壤的污染程度以及由此对人类健康所造成的危害结果和程度。

生态价值是区别于劳动价值的一种价值。根据传统理论，价值是凝结在商品中的社会劳动，环境质量和自然资源不是人类劳动的产品，因而不具有价值，对它们的使用无需付费。现在，环境污染和资源短缺成为严重问题，环境污染造成重大经济损失，维护环境需要支付大量环境费用，因而提出"生态价值"的观念。"生态价值"观念要求承认清洁的空气、干净的天然水，肥沃的土地等具有价值，天然森林和其他资源具有价值。生态价值是自然物质生产过程创造的。它是"自然-社会"系统的共同财富。根据生态价值理论，为它们制定价格，建立环境质量和自然资源使用的代价系统，实行自然有偿使用的政策，是保护环境和自然资源的重要措施之一。其评价的基础主要是生态学原理，目的是以保护生态平衡和达到可持续利用自然资源；评价在某一区域范围内，由于人类的行为活动对生态系统破坏的程度。

生活质量和社会经济价值也可称为文化价值，可从不同的角度去评价。如一个企业要在某个地方发展，就要对这个地方的投资环境进行评价，看其投资环境情况。人们为了生活得更加健康，不仅要求环境不受污染，还要居住舒适、购物方便、交通便利、子女容易就近上学等。可见，生活质量价值是多层面的，所以要从多角度进行综合评价，才能反映环境的生活质量价值。

11.6.1 环境影响评价的目的和作用

环境影响评价作为我国环境管理的一项制度，其基本目的就是贯彻保护环境这项基本国策，认真推行"预防为主、防治结合、综合利用"的环境管理方针，鼓励在规划和决策中考虑环境因素，最终达到人类活动更具环境相容性的。

环境影响评价制度是强化环境管理的基石，是用于建设项目环境管理的一种战略防御手段，它在促进环境建设和经济建设持续协调发展中具有极其重要的作用，具体表现在以下几个方面：

(1)保证建设项目路线方案和总体布局的合理性

合理的总体布局是保证国民经济和环境持续发展的前提条件，而不合理的布局则往往是资源浪费和造成环境破坏的重要原因。从某种意义上讲建设项目的环境影响评价过程，就是认识建设项目与生态环境相互依赖和相互制约关系的过程。在这个过程中，不但要考察社会、资源、交通、技术、经济、消费等因素，还要分析环境现状、阐明环境承受能力和防患措施。也只有这样，才能为建设项目的持续健康发展提供保证，为项目沿线工业、农业、水利、林业、人口分布实现合理发展提供可能。

(2)实施可持续发展战略

可持续发展战略已经成为我国国民经济和社会发展的基本指导方针。实现可持续发展的一个重要途径，就是把环境保护纳入综合决策，转变传统的经济增长模式，建立健全环境影响评价制度，也就是为了在规划和建设项目实施前就综合考虑到环境保护问题，从源头上预防或减轻对环境的污染和生态的破坏，从而保障和促进可持续发展战略的实施。

(3)预防因规划或建设项目实施后对环境造成不良影响

根据以往环境保护的实践，环境问题产生以后再去想办法治理，在经济上要付出很大的代价，而且很多环境污染和破坏问题一旦产生，即使花费很大的代价，也难以恢复，有些生态系统具有不可逆转性，一旦遭到破坏，就根本无法恢复。因此，以预防的手段避免环境问题的产生，是对过去环境保护实践深刻教训的总结，是环境保护的一项重要原则。

(4)促进经济、社会和环境的协调发展

强调经济、社会和环境的协调，是维系地球生态系统平衡的客观要求，是可持续发展的基础；这是由于环境问题的特点以及解决环境问题的手段的特殊性决定的。对规划和建设项目进行评价，最终目的也在于避免和减轻环境问题对经济和社会发展的负面影响，使经济和社会发展在健康的、可持续的轨道上进行，从而达到促进经济、社会和环境协调发展的目的。

(5)促进相关环境科学技术的发展

环境影响评价涉及自然科学和社会科学的广泛领域，包括基础理论研究和应用技术开发。环境影响评价工作中遇到的难题，必然是对相关环境科学技术的挑战，也关系到相关环境科学技术的发展。

11.6.2 环境影响评价的基本内容

环境影响评价是一种过程，这种过程重点在决策和开发建设活动开始前，体现出环境影响评价的预防功能。决策后开发建设活动开始，通过实施环境监测计划和持续性研究，环境影响评价还在继续，不断验证其评价结论，并反馈给决策者和开发者，进一步修改和完善其决策和开发建设活动。环境影响评价的过程包括一系列的步骤，这些步骤按顺序进行。各个步骤之间存在着相互作用和反馈机制。在实际工作中，环境影响评价的工作可以有所不同，而且各步骤的顺序也可能变化，环境影响评价是一个循环的和补充的过程。一个理想的环境影响评价应包括以下主要内容：影响的识别、影响的预测、影响的评价或说明、进行广泛的公众参与和严格的行政审查、能够及时为决策提供的有效信息。其中，环境影响评价的核心内容包括前三部分，这三部分是依次进行的，即影响的识别、影响的预测、影响的评价。

(1)影响的识别：①确定该项目由哪些部分组成；②对既有的环境进行系统描述；③考察并分析环境因素，选择项目所受到的环境影响，识别环境影响的因子；④收集资料用以评价被识别的环境影响因子。

(2)影响的预测：①识别可能明显的环境变化；②预测在所识别的环境中发生变化的数量及影响范围大小；③预测发生影响的概率有多少。

(3)影响的评价：①确定使用者及受工程项目影响的单位、居民付出的代价和获得的收益;②详细说明并比较各种选择方案之间的最优方案(包括协调费用和取得的效果)。

11.6.3 环境影响评价工作程序

环境影响评价工作大体分为三个阶段:

第一阶段为准备阶段,主要工作是研究工程立项的有关文件,进行初步的工程分析和环境现状调查,筛选重点评价项目,收集当地环保部门的有关规定,确定各单项环境影响评价的工作等级,编制评价工作大纲。

第二阶段为正式工作阶段,其主要工作为进一步工程分析和环境的现状调查,并进行环境影响预测和对环境影响进行评价。

第三阶段为报告书编制阶段,其主要工作为汇总、分析上阶段工作所得到的各种资料、数据,给出结论,完成环境影响报告书的编制。

在进行建设项目的环境影响评价时,如需进行多个方案的优选,则应对各个方案分别进行预测和评价。如通过评价对原方案给出否定结论时,对新方案的评价应按规定重新进行。

我国环境影响评价工作程序如图 11.6-1 所示。

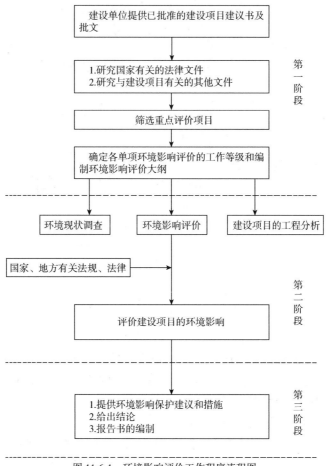

图 11.6-1　环境影响评价工作程序流程图

11.6.4 环境影响及其识别

1) 环境影响的概念及其分类

环境影响是指人类活动(经济活动、社会活动和政治活动)对环境的作用和导致的环境变化以及由此引起的对人类社会和经济的效应。环境影响识别就是要找出所有受影响(特别是不利影响)的环境因素,并对上述作用、变化以及效应进行评估,以使环境影响预测减少盲目性、环境影响综合分析增加可靠性、污染防治对策具有针对性,并制定避免或减轻不利影响的对策措施。

建设项目的环境影响,按其排放污染物种类、污染途径、性质、数量及开发建设活动方式的不同,可以分成许多类型,具体分类见图11.6-2。

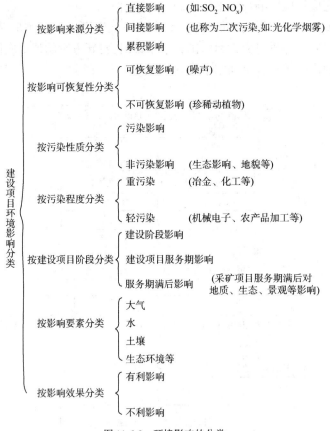

图 11.6-2 环境影响的分类

在实际工作中,一项建设项目的环境影响很少是单一方面的,往往是多方面的,是上述各种影响错综复杂的组合。因此,在分析某项建设项目的环境影响时,必须找出其关键的环境影响,使环境影响评价的针对性强。

2) 环境影响因子识别的层次结构体系

环境影响评价第一项任务或活动是区分出效应,详细调查可能的影响,即环境影响识别;通过系统地检查拟建项目的各项"活动"与各环境要素之间的关系,识别可能的环境影响,包括环境影响因子、影响对象、环境影响程度和环境影响的方式。建设项目环境影响识别中一般应考虑以下方面的问题:①项目的特性,如项目类型和规模等;②项目涉及的环境特性及环境保护要求,如自然环境、社会环境、环境保护功能区划、环境保护规划等;③识别主要的环境敏感区和环境敏感目标;④从自然环境和社会环境两方面识别环境影响;⑤突出对重要的或社会关注的环境要素的识别。应识别出可能导致的主要环境影响(影响对象),主要环境影响因子(项目中造成主要环境影响者),说明环境影响属性(性质)。

建设项目对环境产生的影响主要取决于两个方面:一方面是建设项目所在地的环境特征,另一方面是建设项目的工程特征。因此,识别筛选工作应结合这两方面进行。工程特性是因,环境特征是果,任何一项工程项目,不管它产生多大的破坏能量或者污染,都将通过环境特征而体现出来。

在选择环境因子时应尽可能全面,容易度量和监测,同时也要求精炼,且具有充分代表性和反映主要的影响方面。由选出的环境因子构成一个分层次、有结构的因子空间。具体来说,这个环境的总体层次结构可以是一个树型结构的系统,第一个层次是把这一系统分解为自然环境和社会环境两个系统,第二层次把这两个系统再分解成若干个子系统,第三层次又把每个子系统分解成若干个环境要素,某些环境要素还可以继续进行再分解,如图11.6-3所示。

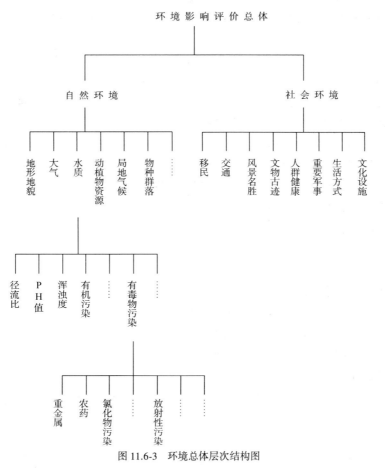

图11.6-3 环境总体层次结构图

这种环境要素的层次结构体系的优点是：①把不容易评价的环境要素分解为容易评价的环境要素，例如把不容易评价工程的水质的影响进行再分解，直到分解成一些可以直接或者间接度量的环境要素；②反映客观事物的层次结构，避免因为层次不同混级评判而出现的数量级误差。

3) 环境评价标准及我国常用环评标准

当从事环境保护工作的时候，必然要使用环境保护的一系列标准。这些标准的制定和实施有效地保护和改善了环境、有力地控制了污染物的产生。环境标准是为保护人群健康、社会财物和促进生态良性循环，对环境中的污染物（或有害因素）水平及其排放源应规定的技术规范或限量阈值。它是有关控制污染、保护环境的各种标准的总称，是由政府制定的强制性法规。环境标准是用具体数字来体现环境质量和污染物排放应控制的尺度、界限。据统计，世界上制定环境标准的 87 个国家，其中有一半以上国家的标准化是法制性标准。

(1) 环境标准分类

环境标准分类种类多种多样，标准的制定程序不同，其适用范围也不同。按分类原则不同，主要有以下几种：

①按标准级别可分为：国际级、国家级和地方级。

②按标准控制的对象和形式可分为：环境质量标准、污染物排放标准、基础标准和方法标准等。

③按标准性质可分为：法律性标准和参考标准（如指南、方针和建议等）。

④按环境要素可分为：大气标准、噪声标准、水质标准、土壤标准等。

我国的环境标准体系可由三类二级标准组成，即污染物排放标准、环境质量标准、方法标准与基础标准三类；国家和地方标准两级。

有了这些标准，国家和地方就可以相对比较容易地根据它们来制定环境管理规划，环评工作者也就可以依次进行环境评价。

环境评价标准的选择应该考虑建设项目特点及技术经济条件，并与我国国情相结合，遵循区域差异性原则，因地制宜。

(2) 我国常用环境评价标准

①环境空气质量标准(GB 3095—2012)；

②地表水环境质量标准(GB 3838—2012)；

③地下水质量标准(GB/T 14848—2017)；

④城市区域环境噪声标准(GB 3096—2008)；

⑤土壤环境质量标准(GB 15618—2008)；

⑥大气污染物综合排放标准(GB 16297—2017)；

⑦污水综合排放标准(GB 8978—2017)；

⑧轻型汽车污染物排放限值及测量方法(Ⅱ)(GB 18352—2016)。

11.6.5 环境影响综合评价方法

环境影响评价方法是环境影响评价的核心，是做好评价工作的关键，环境影响评价可明确开发建设者的环境责任及规定应采取的行动,可为建设项目的工程设计提出环保要求和建议,可为环境管理者提供对建设项目实施有效管理的科学依据。建设项目对各环境要素的评价统称单项环境影响评价,一般情况下,环境影响评价包括多项环境要素,应该进行综合评价。环境影响综合评价是指按照一定的评价目的,把建设项目对各环境要素的影响从总体上综合起来,对环境影响进行定性或定量的评定。

由于各个环境要素之间的复杂性,建设项目的多样性,使建设项目环境影响综合评价成为一个比较复杂的问题。虽然目前已经提出一些建设项目环境影响综合评价方法,但都有一定的局限性,没有通用的方法。目前已经提出的方法有综合指数法、图示法、清单法、矩阵法、网络法、动态系统模拟模型法、环境影响生态模拟模型法等,以下介绍一些较为经典的方法。

(1)图形叠置法

此法由 Mc Harg(1968、1969)提出,因此也叫作 Mc Harg 图示法。该法是将所研究的地区划分成若干个环境单元,然后准备一张画上项目的位置和要考虑影响评价的区域和轮廓基图的透明图片和另一份可能受影响的当地环境因素一览表,对每一种要评价的因素都要准备一张透明图片,每种因素受影响的程度可以用一种专门的黑白色码的阴影的深浅来表示。把各种色码的透明片叠置到基片图上就可看出一项工程的综合影响。不同地区的综合影响差别由阴影的相对深度来表示,再搜集每一个单元的有关环境要素特征(例如植被状况、土地利用状况、生态状况等);该图反映出建设项目对环境的影响范围、影响性质及影响的相对大小。据此可进行综合分析,判断环境影响的范围、性质和程度。

这种方法使用起来比较简便,但它仅仅是一种比较稳健的分析,对环境影响不能做出定量评价,也不能在图上表示出加权的含义,对社会经济因素在图上很难表示清楚,因为它缺少一种要求考虑所有潜在生态环境影响的机制。因此,要辅以表格、文字说明或补充资料等,以符合综合评价的要求。这种方法可以反映出各种环境因素的分布状况,所以它最适用于与线路和位置选择有关的方案比较,比如公路、铁路等的选线。

(2)综合指数法

综合指数法又叫巴特尔环境评价系统,是由美国巴特尔·哥伦布(Battelle Columbus)研究所 1972 年提出来的,主要用来评价水资源开发、水质管理计划、公路以及原子能发电站等建设项目的环境影响。它采用某种函数曲线作图的方法,把环境参数转换成某种指数或评价值来表示建设项目对环境的影响,并据此确定出供选择的方案。该法将各种复杂的环境影响采用通用的单位来计算,即利用价值函数将各种参数值转换成环境质量等级值,然后将环境质量等级与代表参数重要性相乘,得出环境影响值,并据此确定出供选择的方案。一般在单因子指数的基础上进行环境影响的综合评价。

首先,利用下面的公式确定单因子指数:

$$p_{ij} = \frac{c_{ij}}{c_{sij}} \tag{11.6-1}$$

式中:p_{ij}——单因子指数;

c_{ij}——某环境要素 i 第 j 个环境因子环境质量环境影响预测值或现状监测值;

c_{sij}——某环境要素 i 第 j 个环境因子的环境质量标准值。

再次,根据环境因子的重要程度和主次关系确定各因子的权重 w_i。

第三步,计算环境影响综合指数:

$$p = \sum_{i=1}^{m} w_i \left(\sum_{j=1}^{m} w_j p_{ij} \right) \tag{11.6-2}$$

式中:p——环境影响综合指数;

p_{ij}——单因子指数;

w_i——第 i 个要素的权重;

w_j——要素 i 第 j 个环境因子的权重。

最后通过各种方案的评价比较就可以对选择方案做出抉择。

此种评价方法条理清楚,评价的选择性强,能够全面系统地鉴别各种关键性变化,但对有关社会经济方面的评价研究得很不够。

(3)清单法

清单法是根据环境影响识别过程,把可能受开发方案影响的环境因子和可能产生的影响性质,通过核查在一张表上一一列出的识别方法,故亦称"一览表法"或"列表清单法"。

清单法是一种定性分析方法,其基本做法是将实施的开发活动和可能受影响的环境因子分别列于同一张表格的列与行,在表格中用不同的符号来表示和判断每项开发活动与对应的环境因子的相对影响的大小。该方法使用简便,针对性强,但它不能将单个活动与受这些活动影响的环境组成元素关联起来。

一张适用于所有行动、计划和环境条件的,包括一切影响的清单,可以想象是过于烦琐和庞大的。同时,也因包含的资料太广泛反而不能充分说明影响的性质。因此,可进一步制定适用于具体管辖范围的各种特定行动的影响清单,如适用于机场、公路等的影响清单。

尽管不同类型的清单的设计有助于评价时全面考虑建设项目活动可能的影响,但它们几乎都存在一个共同的缺点,就是只涉及某一工程对环境因子产生的影响,会让人们忽略未列于表中的因素,从而局限了其思维境界,甚至坐井观天。

(4)矩阵法

清单法只是论述了环境,而没有注意工程项目本身的特点。工程项目的环境影响和项目是紧密相连的,项目特性又可影响清单的特征。因此,可将环境因素和工程特征结合起来,将清单中所列内容,按其因果关系,系统加以排列。并把开发行为和受影响的环境要素组成一个矩阵,在开发行为和环境影响之间建立起直接的因果关系,以定量或半定量说明拟议的工程行动对环境的影响,用矩阵来表示。矩阵以建设项目的各种活动为行,以各种环境参数(即可能影响的自然环境、经济、社会、文化和土地利用规划等各方面的环境因素)为列。这样,可以通过相应的行和列的交点来确定实际的开发活动和环境变化之间的各种可能情况与影响。它包括:

①简单矩阵:这是表示项目活动与环境参数关系的二维图表。

②定量分级矩阵:这是一种模式化的简单矩阵。通过应用分级系统,可以把影响的"重要程度"和"等级"在矩阵中表示出来。

列昂波特(L.B.Leopold)最早开展了这方面的工作,并建立了 Leopold 矩阵,该矩阵几乎适用所有类型的基建项目,表 11.6-1 是 Leopold 矩阵的示例。

Leopold 矩阵示例 表 11.6-1

环境因素	施工期					运营期			
	清理场地	开挖地面	物料运输	施工机械	...	废气	废水	噪声	...
大气环境	-1S	-1S	-2S			-1L			
水环境				-1S			-2L		
声环境		-1S	-1S	-2S				-2L	
其他									

注：-表示不利影响；S 表示短期影响；L 表示长期影响；1、2、3 表示影响程度的大小(数字大则影响程度大)。

矩阵法和清单法二者的相似处在于，都是在专家经验的基础上进行评价，可以很有效地向非专业人士提供直观信息，但矩阵本身不能为决策提供合适的依据。该方法注重产生影响的活动和受此影响的环境行为要素之间的直接影响，但不能反映间接影响和累积影响，故其影响因子的确认仍然比较笼统。

(5) 其他方法

随着科学技术的发展和计算机应用的普及，预测和评价的方法越来越多，各种新的环境评价方法相继出现，如灰色预测模型 GM、灰色关联模型、模糊综合评价方法、模糊聚类方法、层次分析、地理信息系统(GIS)，这些方法在环境评价中也都显出它们的优势。

(6) 各种评价方法的比较

各种环境评价方法的比较见表 11.6-2。

各种评价方法的比较 表 11.6-2

标 准	指数法	清单法	矩阵法	图形叠置法	灰色理论模型	模糊数学模型	层次分析法
1.全面性	L	S	S	N	L	L	L
2.易理解性	S	L	L	L	S	S	L
3.灵活性	S	L	L	S	L	L	L
4.客观性	L	N	L	S	L	L	S
5.集合性	N	N	S	S	S	L	L
6.多功能性	N	N	N	N	S	S	S
7.不确定性	N	N	N	L	L	S	S
8.空间范围	N	S	N	N	L	S	S
9.时间范围	S	L	L	L	L	L	S
10.经济性	L	L	L	N	L	S	L

注：L 为完全达到目的；S 为部分达到目的；N 为达到目的微不足道。

11.6.6 环境价值损失估算

公路改扩建工程造成的环境价值损失分为两个部分：一部分是生态破坏，另一部分是污染破坏。生态破坏主要表现为公路改扩建工程造成的占地毁林，沿线大面积的农田、经济作物、草地、森林被毁等。污染破坏主要表现为公路改扩建工程造成的沿线空气环境、水环境和声环境质量的下降。公路改扩建对环境破坏的价值损失可以表示为：

$$C_{环境} = C_{生态} + C_{空气+水} + C_{声} \tag{11.6-3}$$

1) 公路改扩建工程对生态环境的价值损失估算

既有公路改扩建工程作为人们的一种经济生产活动,在利用环境资源的同时必然会使环境资源的质量和功能发生变化,使其数量减少、功能降低,随之其既有价值也降低。从公路改扩建工程最明显的环境影响,确定以下几个估算内容:

直接损失 $C_{直}$:土地资源价值损失;

间接损失 $C_{间}$,主要包括以下 4 种情况:涵养水源价值损失 $C_{涵}$;保护土壤价值损失 $C_{土壤}$;固定 CO_2 价值损失 $C_{固}$;净化大气价值损失 $C_{净化}$。

所以有:$C_{生态} = C_{直} + C_{间}$

直接损失 $C_{直}$ 计算时分两种情况:一种为有累积效应的生长物 $C_{直1}$,另一种为每年可复种的土地农作物 $C_{直2}$。

$$C_{直} = C_{直1} + C_{直2} \tag{11.6-4}$$

(1)有累积效应的生长物价值直接损失 $C_{直1}$ 的计算

对有累积效应的生长物,可以计算出它在评估年当年的直接损失,然后考虑该生长物的年净效益增长率,在此基础上采用现值法进行折算,折算中对社会折现率的取值按国家规定为 12%,折算年限为其评估年限,计算公式如下:

$$C_{直1} = T \times L_1 (1+r) \times \frac{1-(1+r)^n (1+R)^{-n}}{R-r} \tag{11.6-5}$$

式中:T——某种土地生长物的既有蓄积量;

r——某种土地生长物的年净效益增长率;

n——环境价值评估年限,一般为 20 年;

L_1——某种土地生长物的影子价格;

R——社会折现率,一般取 12%。

(2)每年可复种的土地农作物价值直接损失 $C_{直2}$ 的计算

对每年可复种的土地农作物,处理方法与有累积效应的生长物相同,计算公式如下:

$$C_{直2} = Y \times L_2 \times A \times B \times (1+r) \times \frac{1-(1+r)^n (1+R)^{-n}}{R-r} \tag{11.6-6}$$

式中:Y——复种农作物的单位产量;

L_2——复种农作物的单位影子价格;

A——复种农作物种植面积;

B——农作物一年的复种次数。

(3)生态环境间接损失 $C_{间}$ 的计算

根据对生态环境价值的分析,公路改扩建对生态环境的间接损失的公式为:

$$C_{间} = C_{涵} + C_{土壤} + C_{固} + C_{净化} \tag{11.6-7}$$

①涵养水源价值损失 $C_{涵}$

在生态环境中,植被对水源的涵养作用是非常重要的。由于植被涵养水源的作用,可以延长当地的丰水期,缩短枯水期,提高农田灌溉及乡村的供水能力。由此,选择以水库的建设成本作为植被涵养水源价值的替代物。计算出它在评估年当年的损失后,按 20 年的时间,采用12%的社会折现率进行现值折现。

涵养水源价值损失 $C_{涵}$ 公式:

$$C_{涵} = R_{总} \times D \times \frac{1-(1+R)^{-n}}{R} \qquad (11.6\text{-}8)$$

$$R_{总} = R \times A$$

$$R = Q \times a$$

式中:$R_{总}$——年径流总量;

D——单位蓄水量的库容成本,取 0.67;

R——单位年径流量;

A——植被破坏面积;

Q——年平均降水量;

a——径流系数。

②保护土壤价值损失 $C_{土壤}$

可用无植被条件下土壤侵蚀和土壤肥力丧失的经济损失量来替代,其中对植被保护土壤减少土壤侵蚀的价值使用机会成本法,对植被持留养分的价值采用影子价格法来进行估算,计算公式如下:

$$C_{土壤} = C_{土蚀} + C_{土养分} \qquad (11.6\text{-}9)$$

土壤侵蚀的价值损失 $C_{土蚀}$:

$$C_{土蚀} = \sum q \times A/h \times L_3 \times (1+r) \times \frac{1-(1+r)^n(1+R)^{-n}}{R-r} \qquad (11.6\text{-}10)$$

式中:q——原自然状态和公路建设扰动后的侵蚀差异比;

A——土地植被面积;

h——土壤表土平均厚度,一般取 0.6m;

L_3——单位面积土地生产平均收益。

土壤中 N、P、K 等养分流失的价值损失 $C_{土养分}$:

$$C_{土养分} = \sum A \times (Q_1 L_1 + Q_2 L_2) \times \frac{1-(1+R)^{-n}}{R} \qquad (11.6\text{-}11)$$

式中:A——征用土地植被破坏面积;

Q_1——单位面积土层中 N、P、K 含量;

Q_2——单位面积土层中有机质的含量;

L_1——无机化肥替代影子价格;

L_2——有机化肥替代价格。

③固定 CO_2 的价值损失 $C_{固}$

植被与大气中的物质交换主要是 CO_2 和 O_2 的交换,即森林固定并减少大气中的 CO_2,同时提供并增加大气中的 O_2,这对于维持地球大气中的 CO_2 和 O_2 的动态平衡,减少温室效应有着不可替代的作用。

计算固定 CO_2 价值的方法主要有碳税率法和制造成本法。根据我国的实际情况,确定固定 1t 纯 C 成本为 250 元。采用影子价格法来对此损失进行估算。

$$C_{固} = 1.63 \times 250 \times 12/44 \times T_2 \times (1+r) \times \frac{1-(1+r)^n(1+R)^{-n}}{R-r} \quad (11.6\text{-}12)$$

式中：T_2——植被计算年的生长量。

④净化大气价值损失 $C_{净化}$

$$C_{净化} = \sum A_i \times Q_2 + L_5 \times \frac{1-(1+R)^{-n}}{R} \quad (11.6\text{-}13)$$

式中：A_i——植被面积；

Q_2——单位面积植被对 CO_2、NO_x 的吸收量；

L_5——削减单位重量 CO_2、NO_x 的成本。

2）公路改扩建工程对空气、水环境的价值损失估算

既有公路改扩建工程对空气的污染主要是由机动车辆排出的空气污染物所引起的，污染物的主要成分有：一氧化碳（CO）、碳氢化合物（HC）、氮氧化物（NO_x）、二氧化硫（SO_2）、沥青烟尘及颗粒物质等。

公路改扩建工程对沿线水环境的影响体现在施工和运营期两个阶段，施工期主要表现在：来自施工人员生活污水的排放；公路建筑材料（石料、砂砾料、水泥等）由于管理不严在运输和施工过程中对附近水体造成的污染。营运期主要表现在：汽车尾气排放物、汽车轮胎磨损的微粒、车辆制动时散落的污染物等随雨水径流进水体造成污染，以及公路收费站的生活污水对水体的污染。

从以下三个方面来计算既有公路改扩建工程对大气、水环境产生污染破坏的损失值：对人体健康的损失 $C_{健康}$、对农作物减少的损失 $C_{农}$、公路的扬尘对沿线居民额外清洗费用的损失 $C_{清洗}$。

$$C_{空气+水} = C_{健康} + C_{农} + C_{清洗} \quad (11.6\text{-}14)$$

（1）对人体健康损失 $C_{健康}$

估算公式为：

$$C_{健康} = (P \times \sum T_i L_i + \sum Y_i L_i + P \times \sum H_i L_i + P \times \sum W_i L_{ot}) \times M \times \frac{1-(1+R)^{-n}}{R}$$

$$(11.6\text{-}15)$$

式中：P——人力资本，取公路施工地区的人均国内生产总值；

M——污染覆盖区域内人口数；

T_i——i 种疾病患者人均丧失劳动时间；

Y_i——i 种疾病患者平均医疗护理费用，用影子价格表示；

H_i——i 种疾病患者陪床人员的平均误工；

W_i——i 种疾病死亡损失；

L_i——污染发病率（污染区和清洁区 i 种病的发病率差值）；

L_{ot}——污染死亡率（污染区和清洁区 i 种病的死亡率差值）。

（2）农作物损失 $C_{农}$

主要是指由于空气水污染使农作物产量减少和质量下降而导致的经济损失。对这类损失的计算一般采用影子价格法，其公式为：

$$C_{农} = \sum B_i \times S_i \times Q_i \times P_i \times \frac{1-(1+R)^{-n}}{R} \tag{11.6-16}$$

式中：B_i——受污染导致的各产业减产系数；

S_i——各产业受污染面积；

Q_i——各产业污染前产品单位面积正常产量；

P_i——各产业产品单位产量影子价格。

(3)引起额外清洗费用$C_{清洗}$

大气污染增加了家庭清洗时间和水、电、洗涤剂等的经济支出，上述两项的总和即为公路建设对沿线居民所产生的额外清洗洗费用，即$C_{清洗}=C_{清洗1}+C_{清洗2}$

①家庭多支出的清洗工时费$C_{清洗1}$

$$C_{清洗1} = P \times I \times T_i \times G \times \frac{1-(1+R)^{-n}}{R} \tag{11.6-17}$$

式中：P——污染人口数；

I——劳动人口率(%)；

T_i——增加清洗时间；

G——平均影子工资。

②清洗增加能耗和物耗费用$C_{清洗2}$

$$C_{清洗2} = P \times C \times T_2 \times \frac{1-(1+R)^{-n}}{R} \tag{11.6-18}$$

式中：C——人群在空气中每滞留1h所产生的清洗物质消耗经济费用；

T_2——人均户外滞留时间。

3)公路改扩建工程对声环境的价值损失估算

(1)公路改扩建工程对声环境产生的影响

公路改扩建工程对声环境影响主要体现在两个阶段，即施工阶段和运营阶段。公路改扩建工程施工期的噪声主要来自车辆、机械及爆破。营运期噪声主要在车辆运行过程中产生，如车体各部分的振动、撞击和摩擦。噪声的影响范围与车流量、风速、沿线植被高度、覆盖率等有关，虽然白天车流量大于夜间，但夜间人对噪声比较敏感，所以噪声影响及控制应以夜间为主。

(2)公路改扩建工程对声环境的损失估算

根据《公路环境影响评价》的规定，对公路改扩建工程造成的声环境损失进行估算声环境评价范围，为改扩建沿线各200m的区域；对于施工场地，以料场外缘100m为界。估算方法采用意愿型调查评估法。

意愿型调查评估法的实施步骤：确定采访的方式、设计调查问卷、数据统计分析、偏差分析和结果修正。

①对于避免公路噪声支付愿望与家庭人均收入的关系，可根据采访获得的资料，得出回归方程，并证明其相关性的合理性。

$$Y = a + bX \tag{11.6-19}$$

式中：Y——住户为避免公路噪声的支付愿望(元/月)；

X——住户家庭人均经济收入(元/月)。

②计算避免公路噪声的累计支付愿望 $C_{声愿望}$:

$$C_{声愿望} = \sum 12 \times Y_n \times N \times \eta \tag{11.6-20}$$

$$Y_n = a + bX_n$$

式中：Y_n——住户为避免公路噪声在第 n 年的支付愿望；

X_n——住户在第 n 年的家庭人均经济收入(元/月)；

η——同意支付费用的住户百分率；

N——住户数。

③结果修正。意愿型调查评估法调查的数值往往要大于实际支付值，所以公路改扩建工程对声环境的损失估算 $C_声$ 要乘一个系数，一般取 0.7，计算公式：

$$C_声 = 0.7 \times C_{声愿望} \tag{11.6-21}$$

11.6.7 改建工程环境影响评价实例

以青州市驼山路、青州路改建工程环境影响评价作为实例。

1）施工期环境影响评价

(1)空气环境影响评价

青州市驼山路、青州路改建工程施工期环境空气污染物主要有粉尘、扬尘和沥青烟。下面用类比分析方法分析青州市驼山路、青州路改建工程施工期间对大气环境的影响。

粉尘主要来源于开放或封闭不严的沥青混凝土拌和过程。扬尘来源于施工车辆运输中的丢撒、临时和未铺装道路路面起尘、筑路机械不断运行等。沥青烟产生于融化沥青的熬制过程、搅拌器拌和及铺装时的热油蒸发。

①灰土拌和粉尘

公路施工中灰土拌和有两种形式:路拌和场拌。路拌是指沿拟建设道路进行公路施工时的现场拌和。场拌是指在灰土拌和场按道路施工规范对灰土进行集中拌和，拌和好的灰土由车辆直接运往施工路段。其特点分别是:路拌尘污染随施工位置变化而移动，但其影响范围窄，在石灰与土按一定比例的拌和中，粉尘中所含的石灰成分可能将路旁的植物灼伤；场拌尘污染集中在拌和场，其粉尘排放量大，场拌下风向污染距离较远。

②扬尘污染

扬尘污染主要发生在施工前期，以施工道路车辆运输引起的扬尘(尤其是运输颗粒状、粉状物料，如砂子、粉煤灰产生的扬尘)和施工区扬尘为主，而又以堆场引起的扬尘和汽车行驶引起的路面扬尘对周围环境的影响最突出。

a.道路扬尘

道路扬尘主要是由于施工车辆在运输施工材料过程中引起的，引起道路扬尘的因素较多，主要和风速、车辆行驶速度、路面集尘湿度和路面集尘量有关，其中风速还直接影响到扬尘的传输距离。若项目区域路网比较发达，道路较多，且道路为沥青路面，路面状况较好，则材料运输可以充分利用这些道路。但应采取遮盖车斗、减慢车速等措施，以有效地减少因为汽车行驶带来道路扬尘。施工路段洒水降尘实验结果显示，通过对路面定时洒水，可有效抑制扬尘，实验结果见表 11.6-3。从表中数据可以看出，离路边越近，洒水的降尘效果越好。

施工路段洒水降尘实验结果　　　　　　　　　　　表11.6-3

距路边距离(m)		0	20	50	100	200
TSP (mg/Nm³)	不洒水	11.02	2.88	1.13	0.85	0.58
	洒水	2.10	1.40	0.67	0.59	0.28
降尘率(%)		82	53	42	32	49

b.物料拌和扬尘

公路施工中,有站拌和路拌两种拌和方式。站拌方式是工厂生产式物料集中拌和,扬尘对环境空气的影响较为集中,便于管理,采取防尘措施(比如在建筑物内拌和)后可以有效地控制尘污染,但是影响时间较长,影响程度较重。路拌是随施工点移动而移动,分布零散,难以管理,扬尘对周围环境空气的影响时间较短,影响程度也较轻,但是影响的路线较长。据有关资料,站拌下风向TSP浓度明显高于路拌。路拌在下风向150m处,TSP浓度能达到《环境空气质量标准》(GB 3095—2012)中二级标准;而站拌方式若为露天设置即使在下风向150m,TSP浓度也大大高于二级标准。可见,若无任何防护措施,拌和场产生的扬尘对周围的大气环境影响十分严重。因此,必须采取有效的除尘措施。

建议拌和站采用集中搅拌的方式,应尽量设置在公路永久占地范围内,且远离周围环境敏感点下风向200m以外,而且应该采取有效除尘措施并具体考虑下列因素:

在人口密集区,如需设置拌和场,则应根据当地主导风向确定拌和场的位置。风向有明显的季节性,春夏季以西南风为主,秋冬季以西北风为主,因此搅拌站的设置应该根据不同季节主导风向的不同,将搅拌站的位置设置在最近敏感点的下风向200m以外;

南阳河岸边200m范围内禁止设置拌和站。

c.堆场扬尘

一般在拌和站、预制场和施工场地内设物料堆场,堆场物料的性质、种类及风速与起尘量有很大关系,比重小的物料容易受扰动而起尘,物料中小颗粒比例大时起尘量也相应较大。堆场的扬尘包括料堆的装卸扬尘、风吹扬尘和过往车辆引起路面积尘二次扬尘等;这些将产生较大的尘污染,会对周围环境带来一定的影响,但是通过洒水可以有效地抑制扬尘量,可以使扬尘量减少70%。此外,对一些粉状材料采取一些防风措施也将有效减少扬尘污染。建议堆场、预制场应尽量远离周围环境敏感点下风向200m以外,并采取全封闭作业。

③沥青烟

由于青州市驼山路、青州路改建工程施工采用沥青铺设路面,因此,沥青的用量较大。因沥青熬制和搅拌过程中所产生的沥青烟对该区域环境空气将产生一定影响。根据类比分析,若采用先进的沥青混凝土拌和设备,其下风向100m处,沥青烟排放浓度可满足《大气污染综合排放标准》(GB 16297—2017)要求。若采用现场熬制和搅拌设备,则沥青烟排放浓度大大超过排放标准。因此,应避免在下风向300m内有敏感单位(如医院、学校或大片居民区)的地方设置搅拌站。

(2)水环境影响评价

①公路施工期对水环境的影响

a.施工机械跑、冒、漏的污油及露天机械被雨水冲刷产生的油污染对地表水环境的影响。施工中石油类对水体的污染主要来自施工设备、机械的操作失误而导致机油的洒漏、溢出,此外还有机械工程中的废油、残油、洗涤油污水倾倒以及机器运行过程中润滑油的滴漏等环节。上述油类进入水体会造成水质恶化,对水体产生不利影响。因此必须对施工机械的漏油污染采取一定的预防措施,避免对河流水质造成油污染。

b.施工营地的生活垃圾、生活污水和桥梁泥浆水、施工废水对水体的影响。施工人员生活区因为人员比较集中,所以会产生较多的生活污水。参照《公路建设项目环境影响评价规范(试行)》推荐的每人每天生活污水量定额,青州市驼山路、青州路改建工程中每位施工人员每天产生的生活污水量约为80L,未经处理的生活污水成分按推荐的中浓度值(中浓度)计算,平均每位施工人员每天约产生 BOD_5 17.6g、$CODcr$ 40g,油脂 8g。公路建设项目施工具有施工营地分散的特点,因此施工人员驻地的生活污水也是相对分散的,每一施工现场人员数量不一,与施工季节及施工机械有关,少则三五十人,多则二三百人。因此每一营地每天的生活污水量约为3~50t。以两座南阳河大桥为例,青州路南阳河大桥现场施工人员按50人计算,驼山路南阳河大桥现场施工人员按300人计算,则其桥梁工地生活区产生的生活污水及其中污染物含量见表11.6-4。

施工期生活污水预测量一览表　　　　　　　表11.6-4

项　　目		污水量	CODcr	BOD_5	油脂
参数		80L/d	40g/d	17.6g/d	8g/d
施工营地污水日发生量	青州路大桥	4t	2.0kg	0.88kg	0.40kg
	驼山路大桥	24t	12.0kg	5.28kg	2.4kg

虽然施工营地废水量不大且仅限于施工期,不会对水环境产生较大影响,但如不经处理直接排入附近水体,仍然会导致水质恶化,尤其若直接排入南阳河,则加重这条河流的污染,因此必须采取措施加以控制。

c.堆放的建筑材料被雨水冲刷对水体的污染。施工期间,部分施工材料,如油料、沥青、化学品及一些粉末状材料等将堆放在施工现场周围。由于项目沿线有河流,若这些施工材料堆放在水体附近,由于保管不善或受暴雨冲刷等原因进入水体,将会对水体水质造成污染。所以这些建材堆场应尽量设置在公路永久征地范围内,尽量远离水体,并且采取一定的防止风吹起尘和径流冲刷的措施。

d.公路施工期间,在施工现场还将产生一定数量的生产废水,主要包括机械设备的淋洗废水和沙石材料的冲洗废水,这些废水中主要污染物是少量的石油类和悬浮物,这些废水一旦直接排入附近的沟渠或河流,将会影响水体水质,并有可能破坏水体功能。因此必须采取一定措施,建议沙石材料的冲洗废水尽量循环使用,最终的排水必须经沉淀池沉淀后方可排入沿线无饮用的水体。

从以上分析可见,施工期主要通过加强管理来缓减公路建设对水环境的影响,尤其是桥梁建设点、施工场地、施工营地和筑路材料运输的管理。

②确保施工对沿线水体环境影响减至最小的措施

a.文明施工,加强施工管理。

b.路面雨污水、打桩时产生的泥浆水必须经收集沉淀后方可排放。

c.沥青路面施工遇雨时应及时通知拌和站停止供料,除已铺好的沥青混合料快铺快压,其余不得继续铺筑,尽量减少对水体环境的影响。

d.施工营地选取时应考虑生活污水排放的影响。施工期间施工人员的生活污水不得随意排放,建设临时生活设施,临时食堂的厨房含油废水设简易的隔油池,设临时厕所、化粪池,经收集后由当地环卫部门处理,或就近利用附近村庄的卫生设施。

e.施工堆场必须采用防冲刷措施,如在堆场四周设截流沟,减少施工物质的流失。

(3)声环境影响评价

①施工期噪声来源分析

青州市驼山路、青州路改建工程建设规模巨大,运输车辆众多,投入的施工机械繁杂,施工活动对项目沿线地区的声环境有较大的干扰,所以必须对施工期噪声进行分析评价,以便更好地制定相应的施工管理计划来保护项目沿线地区良好的教学声环境及居住声环境。

公路建设施工阶段的主要噪声源来自运输车辆的辐射噪声和施工机械的施工噪声,在每个施工阶段因使用不同的设备而声源强度不同,从噪声源的运动来分类,施工噪声源包括固定噪声源和移动式噪声源。从辐射噪声的时间特性可分为稳定噪声和非稳定噪声。施工期间的噪声虽然是暂时的,但由于拟建项目施工工期长,施工机械比较多,这些施工机械一般都具有无规则、高噪声等特点,如不加以控制,往往会对附近的学校和居民等声环境敏感点产生较大的噪声污染。根据公路施工特点,可以把施工过程主要分为三个阶段,即路基施工、路面施工、交通工程施工。以下分别介绍这三个阶段主要用的施工工艺及施工机械。

a.路基施工:这一工序是公路所用施工机械最多、耗时最长、噪声最强的阶段,该阶段主要包括挖填土方、地基处理、路基平整、逐层压实路基等施工工艺,这一工程还伴随着大量运输物料车辆进出施工现场。该阶段需用的施工机械包括推土机、装载机、振动式压路机、平地机、挖掘机以及打桩机等。打桩噪声是非连续的声源,其声级较高,对声环境的影响较大。

b.路面施工:这一工序在路基施工结束后开展,主要是对全线摊铺沥青,用到的施工机械主要是大型沥青摊铺机。根据国内对公路施工期进行的一些噪声监测,该阶段公路施工噪声相对路基施工段很小,距路边50m外的敏感点受到的影响很小。

c.交通工程施工:这一工序主要对公路的交通设施进行安装,对标志标线进行完善;该工序基本不用大型施工机械,因此噪声的影响更小。

上述施工工程中,都伴有建筑材料的运输车辆所带来的辐射噪声,建材运输时,运输道路会不可避免地选择一些敏感点附近既有的道路,这些运输车辆发出的辐射噪声会对沿线的声环境敏感点产生一定影响。

②施工期噪声影响分析

a.噪声源分布情况

根据本项目的施工特点,对噪声源分布的描述如下:

(a)压路机、推土机、平地机等筑路机械主要分布在公路主线用地范围内;

(b)挖掘机和装载机主要集中在取土场;

(c)搅拌机主要集中在搅拌站;

(d)打桩机、装载机主要集中在桥梁区域;

(e)自卸式运输车主要行走于取土场和主线之间的施工便道、桥梁和搅拌站之间的道路、沿主线布设的施工便道以及联系主线的周边既有道路。

b.预测模式

声源传到距离 r 观测点的噪声级为：

$$L_r = L_{r_0} - 20\lg\frac{r}{r_0}$$

其中，L_{r_0}——声源 r_0 处声级；r——噪声源到观测点的距离。式中未考虑声屏障、遮挡物、空气吸收等的影响。

③施工噪声标准

采用《建筑施工场界噪声排放标准》(GB 12523—2011)。

④预测结果

各施工阶段各主要施工机械噪声预测结果见表11.6-5。

施工机械噪声随距离衰减情况　　　　　表11.6-5

施工阶段	噪声源	距离(m)						
		5	10	20	30	50	80	100
		噪声预测值 dB(A)						
土石方	装载机	90	84.0	78.0	74.4	70.0	65.9	64.0
	推土机	86	80.1	74.0	70.4	66.0	61.9	60.0
	挖掘机	84	78.0	72.0	68.4	64.0	59.9	58.0
结构	搅拌机	88	82.0	76.0	72.4	68.0	63.9	62.0
	摊铺机	82	76.0	70.0	56.4	62.0	57.9	56.0
	压路机	86	80.0	74.0	70.4	66.0	61.9	60.0

由计算结果对照施工阶段标准可知，在路基填方阶段，施工机械噪声昼间影响半径为 20~40m；夜间影响半径为 200~260m；在结构阶段昼间影响半径为 20~30m，夜间影响半径为 110~220m。

以上预测结果表明，施工设备的噪声在昼间影响范围较小，而在夜间影响范围较大。为防止出现噪声扰民事件，应在此项目建设期间早6时前、晚22时后禁止使用高噪声设备。

(4)社会经济环境影响评价

青州市驼山路、青州路改建工程因既有公路路面加宽和局部改线，造成居民的房屋拆迁和沿线农田(包括园田)的征用，如果国家有关征地拆迁政策和规定不能得以认真落实，相关公众的基本利益得不到保证，将会使当地一些居民的生活水平受到影响。

2)营运期环境影响评价

(1)生态环境影响评价

①生态效益分析

青州市驼山路、青州路改建工程综合考虑城市生态环境保护、居民区活动需求、综合防灾等多方面的因素，以建设环境优美的园林城市为目标，根据总体规划和本地区的自然条件，规划形成以河流绿带和集中公共绿地为主体，街头绿地、桥头绿地为辅，点、线、面相结合的绿地系统。规划绿地系统由滨河绿带、公园、街头绿地、防护绿地组成，具有较好的生态效益。

②廊道效应分析

a.经济、社会效益分析

本项目是青州市主要交通干道,是城区能流、物流、信息流、人口流、金融流的必经之路。它的畅通保证着城区整体功能的完善。从现状调查情况来看,本项目改建后可以满足区域内既有及今后一定时期内的能流、物流等经济、社会要素的通畅。

b.环境效应分析

青州市驼山路、青州路改建工程改建后在保证了城区经济、社会发展作用的同时,也是城区内主要线性污染源。发达国家的城市化经验教训已经表明,如果在提高廊道经济效益的同时,不注意提高廊道的环境与社会效益,就会严重破坏城市生态系统中人与城市环境的平衡,加速城市中心区域的衰亡,使城市进一步向外蔓延,造成土地资源的极大浪费和其他环境问题。

但从现状调查情况来看,青州市驼山路、青州路改建工程从规划到建设基本克服了上述问题和不足,最主要的就是道路沿线的绿地建设效益明显。工程改建后将建设绿化带229600 m^2,对屏蔽沿线交通噪声、吸收往来车辆排放的有毒、有害气体,阻滞扬尘起到了积极作用,同时由于林木覆盖率高,基本上可以形成区域小气候;环境效益明显,完全可达到经济效益与环境效益的平衡。

(2)空气环境影响评价

青州市驼山路、青州路改建工程运营后对环境空气的影响主要是汽车尾气的影响。

汽车废气污染物主要来自曲轴箱漏气、燃料系统挥发和排气筒的排放,主要有一氧化碳、氮氧化合物、总烃。

这些污染源属于线性流动污染源,对于城市道路而言,公路上行驶汽车的轮胎接触路面,使路面积尘扬起,会产生二次扬尘污染。在运送散装含尘物料时,由于散落、风吹等原因,也会使物料产生扬尘污染。

依据《公路建设项目环境影响评价规范》(JTJ 005—98)提供的计算车辆行驶的方法和污染物单车排放因子,计算公路汽车尾气的 CO,NO_x 和 THC 的排放源强度。

$$Q_j = \sum_{i=1}^{3} 3600^{-1} A_i E_{ij}$$

式中:Q_j——j 类气态污染物排放源强度(mg/s·m);

A_i——i 型车预测小时交通量(辆/h);

E_{ij}——汽车专用公路工况下,i 型车 j 类排放物在预测年的单车排放因子(mg/辆·m)。

车辆单车排放因子 E_{ij} 推荐值见表 11.6-6。

车辆单车排放因子 E_{ij} 推荐值(g/km·辆)　　　　表 11.6-6

平均车速(km/h)		50	60	70	80	90	100
小型车 E_{ij}	CO	31.34	23.68	17.9	14.76	10.24	7.72
	THC	8.14	6.7	6.06	5.3	4.66	4.02
	NO_x	1.77	2.37	2.96	3.71	3.85	3.99

续上表

平均车速(km/h)		50	60	70	80	90	100
中型车 E_{ij}	CO	30.18	26.19	24.76	25.47	28.55	34.78
	THC	15.21	12.42	11.02	10.1	9.42	9.1
	NO_x	5.4	6.3	7.2	8.3	8.8	9.3
大型车 E_{ij}	CO	5.25	4.48	4.1	4.01	4.23	4.77
	THC	2.08	1.79	1.58	1.45	1.38	1.35
	NO_x	10.44	10.48	11.1	14.71	15.64	18.38

计算求得的各路段污染物排放源强度见表11.6-7，表中各污染物源在平均车速50km/h下求得。

拟建道路大气污染物排放源强预测表　　　　　　　　　　表11.6-7

路　段	车流量(辆/日)		日平均值(kg/h)			高峰(kg/h)		
	日平均	高峰	CO	NO_x	THC	CO	NO_x	THC
石坊路	1450	1550	45.44	2.57	11.80	48.58	2.74	12.62

由现状监测结果可知，街路沿线区域主要环境空气污染指标均能够满足《环境空气质量标准》(GB 3095—2012)二级标准。说明机动车尾气对区域环境空气质量没有造成明显影响。同时在道路建设完成时可在道路两旁进行绿化，栽种乔、灌木树种，以增强吸收汽车尾气中有毒、有害气体的效果。青州市驼山路、青州路改建工程运营后机动车尾气可以被环境所接受。

(3) 水环境影响评价

青州市驼山路、青州路改建工程运营后污水全部为路面径流雨水，雨水中主要污染物为COD和石油类，其COD浓度为150mg/L、石油类浓度为20mg/L。雨水入排水管线后经总排水口排入南阳河，经污水处理厂处理后汇入弥河。建设道路总汇水面积约为1716400m²。根据多年气象统计资料，平均降水量为519.6mm，由此可推算该道路项目年总径流量为891841m³。由此推算路面径流对河流的影响情况见表11.6-8。

路面径流对河流的影响　　　　　　　　　　表11.6-8

污染物	COD	石油类
浓度(mg/L)	150	20
排放量(t/a)	133.78	17.84

从以上分析可以看出，污水中污染物总量增加不大，故对地表水环境的影响较小。

(4) 声环境影响评价

青州市驼山路、青州路改建工程运营后对声环境的影响主要是交通噪声的影响，交通噪声主要来源于行驶中的各种机动车辆，每一辆机动车的噪声来源于发动机、风扇、进排气和摩擦、振动等，这些噪声随车况、车型、路面结构和载重量的不同而变化。

因区域内10至15年内交通流量变化不会很大，因此评价对交通噪声不作中、长期影响预测，表11.6-9为现状监测结果。

第11章 公路改扩建中的生态环境保护

道路交通噪声测量结果统计表   表11.6-9

路段	测量值[dB(A)]				
	L_{10}	L_{50}	L_{90}	L_{eq}	σ
驼山路	58.3	49.1	47.3	69	6.2
青州路	59.1	49.7	46.7	68.4	6.7

根据现状监测结果可知,街路沿线区域声环境能够满足《城市区域环境噪声标准》(GB 3096—2008)2类标准的要求,运营后由于增加的车辆较少,再加上绿化降噪作用,对环境影响不是很大,可以被环境所接受。

(5)固体废物影响评价

由于道路本身不产生固体废物,运营后固体废物主要来源是降尘、载重汽车散落的固体废物以及行人丢弃的垃圾废物等。道路建成后,青州市城市卫生管理局应委派专人负责清理。

(6)危险品运输影响预测分析

据调查资料,南阳河、弥河从未发生过危险品运输事故,也未发生泄漏油事件,所以因危险品运输对环境造成严重影响的可能性极小。由于公路运输危险品品种较多,其危险的程度不一,因而交通事故的严重及危险程度也相差很大,故应对可能发生的危险品运输交通事故进行具体分析。一般来说,交通事故中一般事故占多数,重大事故次之,特大事故更少。就危险品运输车辆的交通事故而言,运送易爆、易燃品的交通事故,主要是引起火灾或爆炸而可能导致部分有毒气体污染环境空气,或者可能损坏大桥的构筑物,致使出现一时的交通堵塞。最大的危害可能是当危险品运输车辆在大桥出现翻车,致使事故车掉入河中,从而使运送的固态危险品(如氰化钾)及液态危险品(如农药、汽油等)的泄漏而影响河流水质。但这种事故的可能性应该说是非常小的,因为公路两边的护栏可阻挡车辆掉进河中。危险品运输最不利的影响在于运输危险品车辆发生交通事故后,所运输的剧毒及污染性较大的物质流入河中而引起水质污染,但由于上述危险品均系密封桶装或罐车运输,故出现泄漏而影响水质的可能性甚小;不过预测结果表明,危险品运输事故发生概率不为零。此类突发性事故应引起高度重视,要求大桥管理部门做好应急计划,通过加强管理,使污染影响降至最低限度。

11.7 公路改建工程生态环境保护实例

以昌樟高速公路改扩建工程生态环境保护作为实例,说明如何在公路改扩建中进行生态环境保护。

(1)改扩建中减少绕行

昌樟高速公路作为我国南北交通咽喉要道,承载交通量巨大,而周边路网密度较小,不具备分流条件。改扩建工程如采用绕行方案,绕行较远,油耗和CO_2排放将大幅增加。结合昌樟高速公路改扩建工程"扩建通车两不误、质量工期双确保"的高目标和高要求,提出了"双向四车道保通总体交通组织方案"(图11.7-1)。在施工过程中没有产生大面积分流、没有造成大面积拥堵、没有发生一起由施工引起的重大责任交通事故。减少150km绕行线路,可在三年建设期内减少 CO_2 排放量约 41 万吨,折合标煤 15 万吨,可显著降低车辆油耗及碳排放。

图 11.7-1　改扩建期间扩建与通行两不误

(2)路域植物移植保护

原昌樟高速公路两旁栽种有大量的绿化树木,为最大限度保护两侧绿色生态环境,昌樟高速公路改扩建工程以"最大限度地保护、最小限度地破坏、最大限度地恢复"为理念,与地方政府签订了移栽协议,对沿线植物进行移植保护,要求做到"包移、包栽、包成活";沿线共移植桂花、红叶石楠、海桐、红继木、樟树等几十种植物共计 15 万余株(图 11.7-2)。

图 11.7-2　既有公路绿化树进行移植

(3)施工便道永临结合

充分利用路基坡底边缘至用地红线边界之间的平台及边沟宽度,作为施工临时便道的一部分,大大地减少占地规模,减少对环境的破坏;将施工便道与村村通公路相结合(图 11.7-3),适当提高便道等级,帮助解决乡、村不通公路的问题,造福地方。

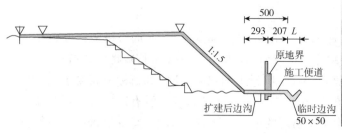

图 11.7-3　临时施工道路与永久道路结合(尺寸单位:cm)

(4)高液限土的处理利用技术

昌樟改扩建工程遇到了高液限红黏土路基的设计与施工问题,其不良路用性能是路基压实施工困难、工后沉降变形稳定时间长且变形较大,土质具有高液限、高塑性指数、高天然含水率、低稠度、难以失水和压实等特征,不能满足作为路床填料的要求,少部分能满足填筑路堤要求。若全部废弃达100多万 m^3,将占用大量土地,项目从开始设计阶段开展高液土红黏土的专题研究,对高液限红黏土填料进行分类研究,选择CBR值、碾压稠度、粗颗粒含量、抗剪强度及压缩系数等参数作为高液限黏土可直接填筑的分类指标。对于红黏土,可直接填筑的分类指标为:液限小于70%、CBR值满足规范要求、压缩系数小于 $0.5MPa^{-1}$、碾压稠度大于1.15、粗粒含量下路堤大于35%、上路堤大于40%、路床大于50%、抗剪强度指标经边坡验算符合稳定性要求(一般情况下有效凝聚力不低于40kPa,有效内摩擦角不小于15°)。昌樟高速公路改扩建工程结合砂料来源方便的特点,用砂作为外掺料对不适合于直接填筑的高液限土进行改良利用,既节约了土地资源(减少占地951亩),又减少了对环境的破坏。

(5)耐久性路面结构

结合昌樟高速公路改扩建工程交通量特点,重型货车比例达60%,遵循分车道路面设计理念,设计对沥青混凝土面层三种路面结构组合进行了比选论证,新建路面部分最终确定采用厚沥青混凝土面层(4+6+8)cm双基层的耐久性路面结构,提高了路面的承载能力和抗疲劳能力,延长了路面使用寿命。

结合工程实际,遵循长寿命沥青路面的设计理念,探讨耐久性面层结构组合设计,在实验路段采用2cm左右的磨耗层(如NovaChip)+8cm左右高性能沥青混合料层(如SUP结构)取代常规的4cm+6cm沥青层,在保证不降低性能的前提下节约成本,尽量将损坏锁定在磨耗层,以大大减少养护、维修费用和时间,表现出更好的长寿命周期效益。

(6)拌和楼"油改气"技术

沥青拌和楼通常采用燃料油作为燃料,这具有以下弊端:一是燃料油燃烧不够充分,产生的油烟除了对环境有污染外,还会造成燃烧装置、除尘布袋等的污染,缩短使用寿命,清洗维护极不方便;二是燃料油中的杂质、热值含量较高,热值含量不稳定,隐形耗费较大。

沥青拌和楼"油改气",即用天然气取代燃料油、柴油等作为燃料,不仅减少了燃料油的采购、运输、贮存、加温等繁杂环节,降低了成本。而且沥青拌和楼在启用"油改气"技术后,能节约燃料成本,降低废气排放,减少燃烧装置损坏,也不会对除尘布袋产生污染,具有很高的经济价值和社会效益。

(7)旧沥青路面材料冷再生技术

旧沥青路面冷再生技术可最大限度地利用废旧沥青混合料,直接节省大量的沥青资源和砂石料以及土地占用,同时由于施工过程中无需加热拌和,相对于传统热拌沥青混合料,可节省燃料油消耗,减少碳排放。因此,旧沥青路面冷再生利用技术具有成本和环境的双重效益。

(8)耐久性路面铺筑技术

昌樟高速公路改扩建工程部分采用高模量沥青混合料、抗车辙材料等新型材料以及震荡压路机施工工艺的沥青路面铺筑方法,摸索提高沥青路面抗变形、抗水损和抗疲劳性能,延长沥青路面的使用寿命,节约周期成本的方法。

(9)稳定型橡胶沥青路面铺筑

采用改性橡胶沥青路面铺筑技术,有以下优点:

①废旧利用,节约资源,保护环境。

②采用近年来国内出现的一种新型的橡胶沥青产品,即稳定型橡胶改性沥青;它属于废胶粉改性沥青中的一种,具有稳定性好,不离析、不分层,储存时间从传统水平 6~8h 可提高至 30d 以上;且适用于密级配、半开级配、开级配等多种混合料,除具有橡胶沥青混合料的多种优点外,还具有良好的施工和易性及经济性,与 SBS 改性沥青相比,性能优越、价格便宜、施工经济。

(10)温拌沥青混合料技术

昌樟高速公路改扩建工程采用温拌沥青混合料技术,可以在不降低路面性能的前提下,显著地降低施工温度,无烟尘的温拌技术既可以提高混合料的压实性能,显著降低沥青混合料有害气体的排放,又具有施工温度低、耗能低、环保以及性能与热拌沥青混合料相当等诸多优点。预计可节约能耗 20%~30%,降低二氧化碳排放 50%,降低沥青烟排放 80% 以上。

(11)旋挖钻孔技术应用

旋挖钻孔技术具有功效高、能耗低、施工过程中泥浆排放少等优点。昌樟高速公路改扩建工程 9100m 药湖大桥的桩基施工中采用全护筒跟进的进口旋挖钻机,结果顺利穿过了砂砾层,有力保证了项目工期,减少了污染。

(12)施工期集中供电技术

昌樟高速公路改扩建工程实行标准化施工,施工期间采用集中供电措施,全线各施工标段接入当地电网。针对电网现状,对全线范围内变电站进行增容,同时新建 10kV 以上的施工变电设施,解决电压不稳定、电力供应不足等问题。项目全线各施工标段三年施工期预计总电量约为 7438.8 万度,由于采用了集中供电,提高了发电效率,可减少柴油消耗 24548 吨,折算标煤 35768.9 吨,能耗节约率为 60%。

(13)旧桥维修加固技术

既有公路部分的旧桥经过 17 年运营出现部分病害,若拆除旧桥将产生大量的弃料,浪费资源,污染环境。昌樟高速公路改扩建工程采用预应力碳纤维板加固技术,对桥梁结构件进行加固,可避免部分桥梁拆除带来的诸多弊端,而且大大提高桥梁荷载等级。同时在桥梁维修中应用了高性能混凝土,该材料具有良好耐久性、适用性,可以更好地满足结构功能要求和施工工艺要求,达到延长结构混凝土的使用年限和降低工程造价的目的。

(14)ETC 不停车收费系统

ETC 不停车收费系统是节能减排、提高收费公路服务水平、促进智能交通产业化的有效手段。在实现收费电子化,减少高速公路劳力成本的同时,还能减少收费排队等候时间,从而减少燃油消耗以及有害物质的排放。

(15)车辆超限超载不停车预检系统

①安装车辆实时监控系统。

②通过车辆实时监控系统采集车辆数据,其中包括:轴载荷、总载荷、轴型、轴间距、总轴距、轴数、车型、车长、车牌号、通过速度、通过加速度、通过时间、通过车道、违例(超重、超

速)、交通流量等 15 项车辆信息参数。

③对采集到的车辆数据进行载荷分析判定,为运营、养护、执法等管理工作提供重要技术支撑。

(16)高速公路供配电节能技术

根据实际负载容量和传输距离选择适当的输电电压,是提高供配电系统节能水平的一种有效措施,昌樟高速公路改扩建工程采用分布式智慧供电系统,对比传统供电系统节省工程造价,因上下端电源可实现智能监控和控制,在不需要某些设备运行或不需要照明亮度过高时,可关闭回路或调解电压,从而实现节约电能——综合节电约 20%。

(17)能耗统计监测管理信息系统

可以实现远程在线统计各种能源消耗数据,真实、有效地反映绿色低碳公路成果,为节能减排绩效考核与奖惩机制提供可靠依据,同时也可作为公路养护的重要参考依据,达到节能减排效果。

(18)公众服务及低碳运营指示系统应用

①公众服务信息系统:为公众提供高速公路路况、气象、出行指南、服务区信息、路径规划、地图等方面的信息,有助于减少危险事故发生概率,保证出行安全,节约公众出行时间,缓解出行压力。

②低碳运营指示系统:为驾乘人员提供高速公路通行车辆的平均时速、低碳车辆合理运行速度、当前高速公路的碳排放总量和断面交通量等低碳信息。增加了跨平台信息融合和交互能力,提高了信息发布的质量。

(19)交通设施的再利用技术

昌樟高速公路改扩建工程将既有路基两侧的隔离栅外移至护栏处,同时,对全路段的交通标志、护栏板进行性能检测,筛选出合格的交通标志、护栏板进行再利用,节约大量材料。

(20)建筑垃圾及废旧材料再利用

昌樟高速公路改扩建工程上跨天桥拆除后,选取其中条件较好的梁板,将其应用在地方等级较低的公路建设中,以减少资源浪费。同时,高速公路沿线城市建设也产生大量的建筑垃圾。昌樟高速公路改扩建工程最大限度地利用这些建筑垃圾用于路基路面的修筑,减少建筑垃圾的废弃,保护沿线自然生态环境。

(21)绿色低碳服务区

在改扩建的服务区和停车区综合应用太阳能光伏发电、节能照明、公众服务及低碳运营信息发布、污水处理等技术。同时加强公众服务和信息发布,如电动车可在服务区随时充电,公众可在服务区实时接收实时路况、道路阻断管制、低碳运营信息等,为出行者制订或修改出行计划,提供及时准确的诱导信息。

(22)节能照明应用技术、太阳能并网发电技术、太阳能热水器

在收费管理所应用太阳能并网发电技术,建立了 3 个太阳能发电站;所、站采用太阳能热水器供应生活热水,在场区、收费棚、加油站、室内走廊灯采用 LED 节能灯,可节约大量电能,并减少 CO_2 排放。3 项每年节省标煤共计 168.8 吨。

(23)公路沿线设施绿色建筑建设

昌樟高速公路改扩建工程从房屋建筑构造节能、通风和采光节能、电气节能、给排水节

能四个方面建设沿线设施绿色建筑。

(24)生态型污水处理及回用技术

昌樟高速公路改扩建工程全线收费站安装9套生态污水处理回用系统,回用率达到50%以上。处理后的污水,可用于湿地景观或绿化浇灌,降低了污水排放量,同时可每年节约新水使用量46.9万吨。

(25)高速公路养护管理信息系统

昌樟高速公路改扩建工程采用高速公路养护信息管理系统,该系统以GIS为平台,以高速公路养护管理业务为信息来源,覆盖高速公路养护管理的各方面业务;系统以高速公路设施数据库为核心,实现高速公路病害信息的采集、存贮、分析与应用,为用户提供病害数据采集、病害处理、维修工程资料管理、基础信息查询浏览、竣工图纸查询浏览、道路技术指标分析预测等,包括图、文、表等各种信息在内的一体化信息服务,实现低碳养护。

第12章 公路改扩建施工期交通组织

12.1 公路改扩建施工期交通组织的重要性

需进行改扩建的公路一般是所在区域的运输干道和交通骨架,其改扩建公路工程与沿线社会经济发展息息相关。但需改扩建的公路往往交通量较大,行车缓慢,服务水平低,堵塞较为频繁,特别是大型车违规超车会导致后面车辆排队,造成大面积堵塞的现象较为严重。公路改扩建时一旦采用全封闭施工方法中断交通,将会给沿线的道路运输带来巨大的交通压力,甚至会导致交通瘫痪,给社会效益和经济效益带来巨大的影响。

在道路改扩建期间,由于施工车辆的加入和社会经济的发展,交通量继续增加,如不及时采取措施(如分流等),改扩建公路将不堪重负。且施工期间,路侧交通标志拆除,驾驶员获得的信息变得困难,部分路段行车道、硬路肩被占,道路通行能力更是受到影响。

公路改扩建期间,由于驾驶人员所熟悉的道路环境、管理条件以及交通标志等的改变,更容易引发交通事故,使既有的交通有机整体不能平衡、协调地发挥其机能,更容易导致交通不畅和交通事故的频繁发生。

虽然很多改扩建工程路基施工期间施工基本在道路净空界限以外进行,但对道路行车有影响,尽管影响不算严重。主要包括:因施工接近路侧使驾驶员本能地向内侧车道避让,从而降低通行能力;路旁施工影响了驾驶员的视野,妨碍驾驶员注意力,容易诱发事故和堵塞;施工直接增加了事故发生的危险程度等。

公路改扩建施工期间会对社会、驾乘人员等会产生一些直接的不利影响,还会所产生一些负面效益,其负面效益可概括为:①因交通量减少而造成既有公路通行费收入减少的负面效益;②周围道路因交通量增加而造成养护费用增加的负面效益;③道路使用者因绕行而导致出行距离增加、出行时间延长的负面效益;④路网因道路通行能力下降而导致的交通拥挤所造成的负面效益;⑤因改扩建施工而带来的交通事故增加的负面效益;⑥改扩建期间对沿线区域经济造成的负面效益。

为使公路改扩建工程施工期间交通保持畅通,保证交通安全和施工作业的安全,减小施工难度,确保工程质量和工期,同时减少改扩建过程对既有道路的干扰,必须制定合理、科学的交通组织设计。保持公路本身的正常安全运营是改扩建工程的前提条件,也是改扩建工程设计中所必须考虑的重要影响因素。

交通组织的目的在于充分发挥既有公路和既有路网的效能,合理协调局部利益和整体利益之间的关系,提供适宜的运行条件,最大限度地避免和消除交通隐患,改善交通秩序,组织最优化的交通流,实现施工作业区车辆运行的安全与通畅。合理的交通组织方案应该能够实现交通流的控制与调节,解决道路系统交通流的分布和流量、流向问题。对于空间有限、车辆运行复杂的立交改扩建作业区而言,交通组织方案尤为重要。

拟改扩建公路施工对交通的影响,从技术上讲,主要是指施工占道对交通的影响、交通转移对影响区内相关道路的影响、施工范围内拆迁交通工程设施对交通的影响、施工方法对交通的影响、施工管理对交通的影响及其他施工组织方面对交通的影响等。道路交通组织设计就是在道路规划、设计中对道路交通流的方向预先进行组织设计,为确定道路的断面形式和道路交叉形式提供依据,成为交通标志、标线、信号灯设置,制定交通管制对策的依据。

12.2 改扩建公路交通组织的原则

改扩建公路交通组织应遵循的原则:

(1)安全原则

改扩建工程施工期间,必须保障运营车辆的行驶安全,同时也必须保障施工车辆、设备和施工人员的安全。

改扩建公路交通重点应注意的安全区域主要在分流和合流点、施工场地与行车道的交界处、高速公路上单幅双向行驶等部位,应同时关注分流道路的交通安全,需拟定相应的安全措施或管制办法。

(2)通而不畅原则

改扩建公路工程施工期间,应尽量保持畅通,确保施工过程中车辆能够以一定的速度顺利通过,保证一定的服务水平,同时减少因施工带来的高速公路运营损失。

在公路改扩建施工期间,其上的交通流应维持"通而不畅"的状态。如果在此期间,要保证车流畅通,一方面要求要有足够的道路空间,这一点显然很难达到;另一方面因畅通而车速快,驾驶人员稍有不慎,则会对在道路上施工区的工作人员和施工设备的安全造成很大威胁。因此,在对其进行交通组织设计时应遵循"通而不畅"的原则。

施工作业期间充分发挥既有公路的功能,尽量不中断主线及转弯交通,保证各个时段主线及上下改扩建道路车辆的通行;又不能因为太迁就交通而影响施工进度,延长施工工期,对交通影响反而增大。应在施工与交通间寻找平衡,做到效益最佳。

(3)确保施工进度原则

改扩建工程是在既有公路的基础上进行的,其施工必将带来既有公路的运营损失,同时对公路通行能力有很大的阻碍。因此,确保施工进度,尽量减短施工周期是非常必要的。

(4)效益最佳原则

改扩建工程作为一项经济活动,合理利润的追求必然要求工程在达到质量、进度、安全等各项要求的基础上,付出最小的经济代价。因此,在改扩建工程中,对各项措施的要求是在保证工程质量、施工期间交通和施工安全的前提下选择最经济的方案。

高速公路和一级公路属于收费还贷项目,如果分流方案制订后,应考虑在保障工程施工能够正常进行的前提下,尽量少分流改扩建项目的交通量,将改扩建施工对项目的收费影响降至最低程度。

(5)负面影响最小化

负面影响最小体现在影响程度最小、影响时间最短,主要包括社会、交通、施工、质量、环境、时间等方面的影响最小。要在施工期给既有公路提供尽可能大的通行能力,减少连续影响的路段长度和影响时间,除了主线交通影响最小外,要努力减少对被交道路交通及沿线居民生活、出行的负面影响。

应详细分析周边路网的交通状况,尽可能多设置分流路径,避免从扩建公路项目上分流出来的交通量集中在个别道路上,从而尽量减少对周边局部区域居民的生活和出行的影响。

此外,还应考虑交通组织与改扩建工程施工相协调、交通合理分布与供求平衡等原则。

由于任何交通组织措施、交通改善措施都不可能完全彻底地解决拟改扩建公路在改扩建施工时对本身交通的影响问题,因此必须接受在相当长的一段时期内因公路改扩建造成的这种影响。公路改扩建工程大多需要在不中断交通的前提下实施施工,这就需要协调好工程施工涉及的各方,既要让社会各方接受因公路改扩建在相当长的一段时期内造成的持续的负面影响,在发生利益冲突时,能本着支持改扩建项目建设的精神诚恳协商,必要时为保证公路改扩建工程的顺利进行做出应有的让步;又要公路改扩建工程管理方将施工与其本身及周边的正常交通协调起来,根据当地交通的现状以及改扩建工程施工的具体需要,充分考虑工程成本与社会成本问题,保证改扩建工程施工与正常交通相协调及局部交通与整体交通相协调,尽量满足基本交通需求,降低施工期间交通影响。

(6)稳定性

公路改扩建施工期间交通组织方案在一定时期内应相对稳定,不应轻易更改,从而培养在特殊时期驾驶人员相对稳定的交通习惯,以保证交通组织方案的有效性。

(7)可操作性和适应性原则

公路改扩建工程属大型工程项目,其施工期间交通组织问题应具有普遍性的规律和特点。但还应充分考虑不同公路改扩建项目本身的特点,即施工内容、施工方法、所处的环境等实际情况,使拟改扩建项目施工期间的交通组织具有更强的针对性。交通组织的制定应该结合项目的具体情况,交通组织方案应能够迅速应用到现实中,并切实指导项目的实施和顺利完成。

适应性原则是指改扩建项目施工期间交通组织实施方案并不是一成不变的,应根据实际情况、实施后的效果及时调整方案,以适应改扩建项目施工建设以及正常交通需求。

交通组织方案设计应尽可能做到将公路改扩建工程施工与其本身及周边的正常交通协调起来,根据当地交通的现状,以及改扩建工程施工的具体需要,充分考虑工程成本与社会成本问题,保证改扩建工程施工与正常交通相协调及局部交通与整体交通相协调,尽量满足基本交通需求,降低施工期间对交通的影响,维持正常交通的稳定和通畅。

交通组织方案的制订要能协调交通,便于施工操作,充分保障施工现场各要素的安全及各种车辆(包括工程用车)的行车安全,同时还应本着节约投资的原则,满足经济性要求。

12.3　公路改扩建施工交通组织设计的基础条件和内容

1) 改扩建公路施工组织设计的基础条件

拟改扩建公路施工期间实施合理的交通组织的基础条件为：

(1) 拟改扩建公路的线路走向及交通分担情况。

(2) 拟改扩建公路沿线服务设施和交通工程设施的设置情况。

(3) 拟改扩建公路沿线出入口、匝道的设置情况。

(4) 拟改扩建公路沿线立交桥的设计形式、施工方法。

(5) 拟改扩建公路的方案。拟改扩建公路的加宽一般分为新建和加宽两种方式。新建方式对既有道路的交通影响较小，可基本不考虑对既有道路的交通组织设计，但需要考虑施工交通道口以及施工道路与既有公路交叉口的影响；加宽方式则对既有道路影响较大，需做较为可行的交通组织设计。

(6) 拟改扩建公路交通影响区内道路交通布局及线路设施等情况。为便于分析拟改扩建公路施工期间对改扩建公路本身及周边道路交通的影响情况以及在制订施工期间交通组织方案时能够充分了解施工场地周边的影响因素、制约因素、可协调因素等，必须根据沿线出入口、立交桥、服务区等所涉及的范围，分析并掌握施工场地周边的交通环境情况。

2) 管理施工及服务对象间的法律体系

在公路改扩建中，施工单位作为工程建设活动的经济主体，在施工及施工管理过程中，与业主、政府职能部门、道路交通行为人构成了特定的权利与义务的法律关系，依法施工和依法管理成为公路改扩建工程中一个显著的特点。

根据《中华人民共和国公路法》《中华人民共和国道路交通安全法》和所在省的《高速公路条例》等相关法律法规规定，施工单位或施工管理单位应履行的义务有：①施工单位应当在施工路段两端设置明显的施工标志、安全标志。需要车辆绕行的，应当在绕行路口设置标志；不能绕行的，必须修建临时道路，保证车辆和行人通行。②公路施工、养护人员应当穿着统一的安全标志服；利用车辆进行养护作业时，应当在公路作业车辆上设置明显的作业标志。③影响交通安全的，应当征得公安机关交通管理部门的同意。④按照批准的路段和时间施工作业。⑤发布公告。⑥采取安全防护措施，保障车辆通行安全等。道路交通活动参与人、车辆应履行的义务有：①通过施工路段时应注意避让施工车辆和人员。②注意交通标志，减速行驶。③机动车按标志提示的速度限速行驶。④禁止调头、倒行。⑤行人禁止上高速公路等。

这些法律法规的规定不仅为施工路段的管理提供了法律依据，也为交通管理部门、公安机关交管部门对施工管理提供了法律依据。要督促施工单位或施工管理单位履行义务，也要加强对交通活动参与人的控制、管理和制约，使施工活动所形成的法律关系的双方或多方共同履行各自的权利和义务，共同确保施工路段的交通安全和施工安全。

3) 改扩建公路施工组织设计的内容

公路改扩建施工期间交通组织方案主要包括路网交通组织方案和路网信息发布方案等

内容。改扩建公路施工组织设计一般应包括以下内容：

(1) 应有专门的交通组织方案设计,包括交通路线、交通组织、交通分流、交通安全、交通指挥、交通信息通告等设施和人员布置的设计以及交通管制办法、施工组织等。

(2) 设置专门的交通安全维护机构。公路改扩建一开工就应成立由项目办、安监局、交警、路政等单位领导组成的交通安全领导小组,下设办公室,办公室正、副主任一般由交警、路政部门各派一名领导担任,并常驻项目办。项目办还应内设交通安全维护处。各监理、施工单位都应成立维护交通安全领导小组,配备专职的交通维护安全员。

(3) 制定完整的交通安全维护制度。除编制并印发《××省(市)公安厅、××省(市)交通运输厅关于××公路改扩期间车辆行驶该区段有关事宜的通告》,还应制订《交通组织方案》《交通组织方案实施监督检查办法》《交通组织安全标准化考评管理办法》《××公路改扩建期间道路交通应急处置预案》等一系列行之有效的交通组织维护措施。

(4) 有专业的交通维护队伍和专项资金。公路改扩建项目应就交通安全维护服务进行公开招标,成立专业的交通安全维护队伍,并进行专业培训,主要承担全线交安维护巡查工作。还应增列交通安全维护费(如昌樟高速改扩建为9000万元)。

(5) 组织编写《××改扩建工程交通组织安全培训教材》,联合交警、路政、设计代表等对施工单位安全管理人员进行定期培训。

(6) 建立日常巡查制度,发现问题立即下发整改通知书,对未及时整改到位的单位下发处罚通知书。

12.4 改扩建公路施工交通组织设计

改扩建公路施工交通组织是针对改扩建公路工程而言的,新建公路工程没有社会交通问题,不需要专门研究交通组织。制定交通组织方案必须遵循保障安全和影响最小两个原则。安全保障主要包括交通安全和施工安全两个方面,重点区域主要在分流和合流点、高速公路上双向行驶段、施工场地与行车道的交界处等;应同时关注分流道路的交通安全,要拟定相应的安全措施或管制办法。影响最小体现在影响程度最小、影响时间最短,主要包括社会、交通、施工、质量、环境、时间等方面。要在施工期给既有公路提供尽可能大的通行能力,减少连续影响的路段长度和影响时间,除了主线交通影响最小外,要努力减少对被交道路交通及沿线居民生活、出行的负面影响。

12.4.1 施工交通组织方案

改扩建公路施工交通组织包括施工组织和交通组织,两者相互关联、相互制约、密不可分。改扩建工程施工组织不同于新建公路施工组织,它是在不中断交通或部分中断交通的条件下,与改扩建期间的交通组织一并考虑;改扩建公路工程交通组织不仅包括公路既有车辆的交通组织,还包括施工车辆的交通组织。

1) 公路改扩建交通分流的特殊性

与交通规划中传统的"四阶段"模型中的交通分配方法相比,公路改扩建交通分流有一

定的特殊性,主要表现在以下几个方面:

(1)公路改扩建交通分流是在已有的道路基础上进行分流,路网技术等级、费用等道路阻抗函数参数可以提前获得,而"四阶段"分配中交通阻抗函数的标定具有不可预测性和不确定性。

(2)"四阶段"分配中不论是系统最优还是用户最优,对用户而言都是随机的,而改扩建交通分流具有明显的强制性和管控性。

(3)改扩建交通分流会根据不同的施工方式、施工进度和特性要求,对分流路段进行时间和空间的有效划分,以利于交通组织和保障工程质量等,交通流分布具有明显的时空性。

(4)改扩建交通分流具有很强的反馈性,交通管制人员会实时地向上级汇报,反应不同路段的分流结果,以达到在区域网络中分流最优。

(5)改扩建交通分流充分考虑了道路等级、荷载对道路的承受能力等相关因素,在保证分流最优的同时,可尽量减少道路的损坏。

2)交通组织分流的方法

根据分流手段措施的不同,公路改扩建期间交通流组织分流方法可分为:强制性分流和非强制性分流。强制性分流方法也称之为刚性分流,它是采用强制性措施禁止某种车型在改扩建道路上行驶或某一时期(段)内禁止车辆在改扩建道路上行驶以达到交通分流的目的。强制性分流方法较易实施,分流效果也较为明显,是交通分流中的主要方法,也是常用分流方法。

非强制性分流方法又称之为柔性分流,该方法的思想源自交通分配理论中的 Wardrop 均衡分配原理,即"如果所有的道路利用者都准确知道各条道路所需的行走时间,并选择走行时间最短的道路,最终两点之间被利用的各条道路的走行时间会相等"。基于此原理,通过一定手段调整并及时告知改扩建道路使用者前方的道路阻抗(通过时间、通行费用等)情况,引导交通流在改扩建的道路网中合理分配,达到交通分流或减少某种车型在改扩建公路交通量中比例的目的。该分流方法实施复杂,收效较为缓慢,适用于交通压力不大、分流需求不强的情况,或者作为强制性分流方法的辅助手段。

3)刚性交通分流需遵循的原则

(1)刚性交通分流需遵循的原则

①保持道路处于一定的服务水平,车辆能以一定的速度顺利通过。建议道路服务水平处于三级以上。

②确定交通分流量时,施工方案和交通流组织方案两者之间要互动考虑;同时交通分流量要尽量少,以减少道路运营收益损失。

③交通分流时,坚持客车优先,货车限制且必要时禁行。

④交通分流实行多级分流原则,从改扩建公路的间接影响区、直接影响区以及所在区域的交通源头来实现逐级分流。

⑤要前瞻性地制订突发事件解决方案,避免出现改扩建道路大面积、长时间拥堵。

(2)改扩建公路周围的分流道路需遵循的原则

①交通分流量分配到分流道路后,不能导致分流道路交通拥堵,可设定分流道路饱和度

不大于1.0。

②从整个公路网布局考虑,尽量将交通分流量分散地进行分流。

③对公路改扩建施工时出现临时性封闭交通,要预先确定合理绕行路线,正常情况下,路线长度不超过50km。

4)公路改扩建交通流疏导方案

目前常采用的公路改扩建交通流疏导方案主要包括两个方面:交通分流和交通行为管制,在交通流疏导的过程中,结合使用效果更好。

(1)交通分流

交通分流的目的一是从源头上疏导车流,减少改扩建高速公路所承担的交通量,保证道路保持一定的服务水平,降低过往车辆对施工的影响;二是由于前方施工匝道通行能力较低,对有转弯需求的车辆提前分流。交通分流又可以按分流道路的情况分为:路网分流、交通便道分流、施工便道分流三种方式。

①路网分流。在公路改扩建的情况下,发挥路网分流功能显得尤为重要。为了减少施工干扰、交通干扰,缓解交通压力,保证交通安全和施工安全,路网分流把整个公路网作为一个有机整体来处理。做法是,使远途车辆提前避开改扩建公路的拥堵,转移至交通量较小的其他道路上。这样可以减少车辆在途时间,牺牲最短运输路径、经济运输路径,保证施工期间的路网服务水平不致大幅度降低。

无论施工组织如何,均应在各级分流点设立临时标志,发布通告,告知施工路段的位置和施工期限等事项。

②分流便道分流。也叫平行道路分流,是路网分流的特例,就是把改扩建公路上既有部分车辆转移到平行道路上。此平行道路应是既有国道或省道,也可以是新建道路,不管是既有道路还是新建道路都要求提前实施改造或修建,这样才能提高分流道路的通行能力,增加安全保证措施。如云南西石一级公路改建为高速公路就是采用此分流方式;先建成通车平行的集散公路或村道,在二级路改建成高速公路期间,作为分流道路。这种分流方式主要的优点在于不易造成交通误行,车辆绕行距离较短,对出行的影响较小,多数情况下需要强制执行。

③施工便道分流。改扩建工程的施工车辆最便利的就是利用既有路幅进出施工场地。改扩建公路中,主要存在两种不同特性的交通流,即施工车辆和既有公路上的其他车辆,这两种交通流的交通行为存在明显的差异,因此在施工过程中,按交通组织原则,除根据施工要求必须修筑施工便道外,可额外增加施工便道,以保证这两种不同特性的交通流能够各行其道,互不干扰,同时保证交通的正常运转。若有条件,施工便道宜与农村公路建设相结合,不致造成浪费,以构建和谐交通环境。

(2)分流方案拟定的四个步骤

一是根据项目实施计划,确定出分流时段和路段。分流时段的划分要同施工组织计划相协调,不同施工阶段对应不同的分流方案;路段划分主要考虑工程特性和可能的分流道路。二是根据车型交通量预测数据,确定出分流车型,一般都将大型货车作为分流对象,也可按车牌号码的单双进行分流。三是根据既有公路的交通流特性和路网条件,为分流车型选择分流路径,一般区分为外部交通和内部交通两大部分。四是确定分流点设置,分流点一般分 3 级设置,分别为诱导点、分流点和管制点。

(3)交通行为管制

有效的交通行为管制主要分为三种:即限速通行、限时通行和分道行驶。

①限速通行。因改扩建工程施工侵占了部分路基路面,路面变窄,使公路车辆行驶时的侧向受到制约,通过设立限速标志和路面标记等临时设施,告知驾驶员以适宜的运行速度通过施工路段;这样既可保证交通顺畅,也能保证交通安全。

②限时通行。限时通行就是在某限定时段内,允许(或限制)部分(或全部)车辆通行,一般与车型分流结合运用。如在路面施工期间,为保证路面连续摊铺,在昼间限制大型货车驶入改扩建公路施工路段、特殊工点。又如服务区、收费站等施工时,要求临时中断交通,或在作业时段内禁止部分或全部车辆通行。

③分道行驶(渠化道路)。为了提高施工路段的通行能力,将既有路面或施工完成半幅路面的车道临时划分后,使不同车型各行其道,互不干扰,集中完成某一侧路基、路面的施工,使不同车型各行其道,一般与禁止超车、禁止停车同时运用。这种情况下需在道路上临时划线,使不同方向行驶车辆各行其道。

5)公路改扩建的施工交通组织方案

公路改扩建工程规模浩大,其施工方式的选择需要兼顾到改扩建方案、工程进度、交通组织等多方面因素。不同改扩建项目,甚至同一项目的不同阶段所采取的施工方式也会有很大不同。几种常用的施工交通组织方案如下:

(1)全线全封闭施工

全线全封闭施工即对改扩建公路全线施行封闭措施,除施工有关车辆出入外,禁止其他车辆通行,既有道路上的交通流通过新建辅道与连接线分流到附近其他公路上。该方案相当于新建工程施工,施工期间主要考虑施工车辆的交通组织,适用于有平行道路作为主要分流道路,且分流道路路况较好的情况。

该方案的主要优点:①施工组织简单,施工现场基本不需要交通疏导人员;②为道路升级改造施工提供了最佳的施工条件,施工干扰降至最低;③大大缩短了道路升级改造的施工工期;④施工安全和交通安全易于保证。

该方案的主要缺点:①为转移既有路段的交通流需设置大量的辅道与连接线,对分流道路产生了很大的交通压力;②工程造价大,尤其当改造线路较长时;③全封闭条件下全线工作面同时展开并不现实,因此全线全封闭造成被改造道路大量路段在工作面未展开时服务功能浪费;④对区域社会经济负面影响较大,给沿线城乡居民的生产、生活带来诸多不便。

在目前的高等级公路中使用较少或仅在有条件的局部可使用路段全封闭施工。如新建通道为改扩建工程内容的组成部分,此方案较适宜;如果仅为保通而新建通道,保通结束后需拆除,则可能导致工程量较大,需综合考虑。

(2)分段全封闭施工

分段全封闭施工不对全线进行完全封闭,当封闭路段进行施工时,未封闭路段仍旧可以提供服务功能,只需要设置合适的辅道即可将因为全封闭路段中断的交通流重新引到未封闭的既有公路上来。

该方案的主要优点：①施工期间受到的交通干扰较小；②较全线全封闭施工对既有交通流服务水平影响减小；③利用了被改造道路部分路段的交通服务功能。

该方案的主要缺点：①辅道与连接线工程量比较大；②给沿线村镇居民的生产、生活带来诸多不便。

(3) 全线半封闭施工

半封闭式施工一般是封闭公路半幅，施工主要在此半幅进行，另外半幅维持交通通行。根据通行半幅的车道设置及交通分流情况，该方式又可分为半幅分流施工和半幅双向行驶施工两种情况。

半幅分流施工是利用被改造道路让一个方向通车，既有该方向交通流不受影响，另一方向的交通流通过走其他等级路或者地方道路保障其通行。

半幅分流施工的优点：①单侧施工，与行车部分完全分开，交通转换少；②一次施工，施工质量有保证；③被改造道路得到了有效利用，单个方向可不设或者少设辅道和连接线，工程造价大大降低；④升级改造对沿线居民造成影响比分段全封闭施工方案要低。

半幅分流施工的缺点：①半幅路面无法充分利用，通行能力较低；②中央分隔带侧行车道无应急转换车道，如出现交通事故，拖引距离及处理时间均较长；③施工区段集中在一侧，施工便道利用率低；④单侧施工时服务区无法充分利用；⑤单侧施工不利于互通施工的交通组织，另一个方向上的所有交通流全部分流到其他等级道路或者地方道路上，容易造成这些道路交通拥挤和堵塞；⑥被封闭半幅道路一侧沿线居民的生产、生活将受到限制。

半幅分流施工适用于公路的交通量方向分布差别较大，或施工路段较长、且可供分流的道路网分布不均衡的工程项目。采用此方式时，可提前将平行道路的行车道重新划分，以适应车辆行驶方向不平衡的交通要求。

半幅双向行驶通行是通过交通管制，在被改造道路上用锥形筒或者其他交通标志在半幅道路上进行对向交通流的划分供小车行驶，将重车引致其他等级路上行驶。半幅双向行驶施工适用于施工路段较短或交通量较小的情况，养护工程多数运用该方式施工。

半幅双向行驶的优点：①被改造道路得到了有效利用，辅道与连接线的设置数量得以减少；②小车与重车分流提高了被改造道路上车辆的通行能力；③施工组织简单，对于路面改造、路基加宽均可采用此方法.

半幅双向行驶的缺点：①需进行相应的交通管制；②施工时间相对较长，施工期间，半幅双向通车的通行能力有所降低；③半幅道路上允许双向行驶车流通行，一旦出现交通事故将导致大面积的交通堵塞；④有一定的社会负面影响。

(4) 部分全封闭、部分半封闭施工

部分全封闭、部分半封闭施工需要在全封闭路段设置辅道和连接线，结合半封闭施工段对既有道路上车辆进行交通组织。这种方案如果设计合理，与全线全封闭和全线半封闭相比，更经济有效，主要缺点是部分全封闭路段沿线居民的生产、生活会受到影响。

(5) 全幅区分车型分流施工

全幅区分车型分流施工是限制部分车型驶入改扩建公路，将部分车辆分流至其他道路之后组织施工。

全幅区分车型分流施工的优点是:能够兼顾改扩建公路和分流道路的通行能力,可实施双侧施工,工作面大,工期稍短。

全幅区分车型分流的缺点是:安全性较差,一般要求车辆限速通行,需要配备必要的交通协管人员进行交通管制。

(6)开放式施工

开放式施工是在不实施交通管制的情况下组织施工。一般适用于交通量较小的路段,多数适用于路基施工。

开放式施工的优点是:不影响既有交通的出行路线和出行习惯。

开放式施工的缺点是:施工干扰和交通干扰较大,尤其是路面施工期间存在安全隐患。

(7)两侧同时通车同时改扩建

两侧同时通车同时改扩建仅将路肩宽度范围封闭,作为施工区域,行车道仍为双向行驶,道路两侧同时开始加宽施工。

两侧同时通车同时改扩建方案施工组织简单,交通干扰较小,仅适用于道路加宽施工以及既有路幅纵坡、路面结构等基本不变的情况。

(8)综合方案

在路线较长的改扩建项目中,可根据各路段的允许条件,综合采用以上多种方案在路线不同路段、施工的不同阶段进行保通。

不同施工组织方式各有特点,并且具有各自的适用性。一般在公路改扩建项目的全过程,不宜采用单一的施工组织方式,可根据改扩建项目的特点以及工程进度情况选用不同的施工方法和交通组织方案,也可以在某单项工程施工时采用组合方案,还可以根据具体施工区的特殊性采用不同的施工方案。例如,在路基施工阶段采用开放式施工,路面施工阶段采用全幅分流施工或者半封闭式施工,互通立交、桥梁等改扩建可采用全封闭式施工。

在改扩建工程中,施工组织设计要结合改扩建项目的实际情况(路况现状、工期、实施难度等),因地制宜地进行方案比较,综合比选确定适合项目的施工组织实施方案。合理的施工组织设计方案,对减少既有道路的运营干扰、保证既有道路的畅通、减少社会负面影响、降低造价等方面都有着重要意义。

6)部分公路改扩建施工及交通组织情况

部分高速公路改扩建项目方案及施工组织情况见表12.4-1。可以看出,高速公路改扩建施工方式的选择,基本上都是采用半封闭式施工,只有互通立交等难于组织的"施工点"实行全封闭式施工。

部分高速公路改扩建项目方案及施工组织情况　　　表12.4-1

项目名称	改扩建方案	施工方式
广州至佛山高速公路	双侧整体拼接	采取"分段、分幅施工"方案,即以各互通和桥梁控制点进行分段,并按左、右幅分别施工,一次性施工完成扩建工程部分。影响到交通运营改扩建工程的施工工序,尽量避开交通高峰时间,选在车流量较少的夜间施工

续上表

项目名称	改扩建方案	施工方式
沈阳至大连高速公路改扩建工程	双侧整体拼接	第一年,路基、桥双侧加宽施工不封闭交通,车辆正常通行;第二年封闭一侧,另一侧保持原行驶方向,单向正常通行,封闭侧交通量分流到辅道;第三年封闭另一侧,车辆不分流,在加宽改造完的一侧双向行驶
沪(上海)杭(杭州)甬(宁波)高速公路	双侧整体拼接	采用"分段边拓宽边通车"方案,桥梁改建阶段采用半幅分流施工;互通区改建时采取半幅施工,另外半幅维持双向通车
安阳至新乡高速公路改扩建工程	双侧整体拼接	第一阶段:东、西半幅外侧路基同时施工。第二阶段:东半幅外侧新建路面和原硬路肩路面施工,在东半幅原硬路肩每2km保留200m长的一段作为紧急停车岛并与中间带开口错开。第三阶段:东半幅内侧既有公路面、西半幅外侧新建路面施工,同样,在西半幅原硬路肩保留紧急停车岛,待该阶段其他路面施工完成后再单独施工。第四阶段:西半幅内侧路面施工
沪(上海)宁(南京)高速公路改扩建工程	两侧拼接为主、局部分离新建式	路基工程施工车辆正常通行;路面工程采用路面分段半幅施工半幅通行;桥梁和路面相同;互通工程根据不同互通特性,采用完全封闭交通施工、逐条匝道封闭施工、保持通行先建后拆三种方式
合(肥)宁(南京)高速公路改扩建工程	两侧拼接为主、局部分离新建式	采用路面分段施工。针对每段,先封闭北侧进行施工,南侧双向两车道限速通行;然后南侧交通转移至北侧,实行双向四车道行驶,对南侧进行封闭施工
西(安)至潼(关)高速公路改扩建工程	两侧拼接为主、局部分离新建式	"左右分幅、纵向分段半封闭施工:①左幅分段封闭外侧车道,内侧车道维持通行,右幅保持双车道通行;②左幅铺至中面层后,实行双向四车道通行,右幅封闭全线施工;③右幅路面施工完毕,实行双向四车道通行,左幅全线封闭铺筑上面层并施划标线

7)交通工程及沿线设施

交通工程及沿线设施部分与新建工程存在明显的工序差异,新建工程往往滞后完成交通工程及沿线设施,改扩建工程多数需要提前完成。分流道路的安全设施应在改扩建主体工程开工之前完成;在开工初期需要拆除既有部分安全设施及相关设施,同时应增设部分临时安全设施,以确保交通安全;通信、监控、收费系统在拆除之前,应重新布设或作为临时工程先期完成,服务设施亦应保证最基本的服务功能不断;服务设施进出场道路的改扩建与交叉工程存在共同之处。

12.4.2 改扩建公路交通组织设计

12.4.2.1 交通组织方案确定的技术路线

交通组织设计技术路线如图12.4-1所示。

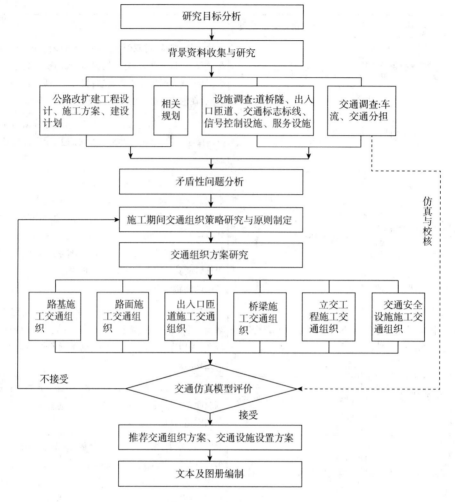

图 12.4-1　交通组织设计技术路线

公路改扩建期间交通组织设计一般按以下步骤及内容进行：

(1)背景资料的收集与研究。背景资料包括：①公路改扩建工程的设计、施工方案、建设计划；②沿线相关规划；③设施调查：道路、桥梁、隧道、出入口匝道、交通标志线、信号控制设施、服务设施；④交通调查：车流、交通分担等。

(2)矛盾性问题分析。

(3)施工期间的交通组织策略研究与原则制定。

(4)交通组织方案研究。包括路基、路面、出入口、匝道、桥梁、立交、交通安全设施的施工交通组织方案研究。

(5)推荐交通组织方案，提出交通设施设置方案。

(6)交通组织设计的文本和图册报告编制。

12.4.2.2　交通组织设计方法

公路改扩建工程交通组织设计可按图 12.4-2 流程进行。

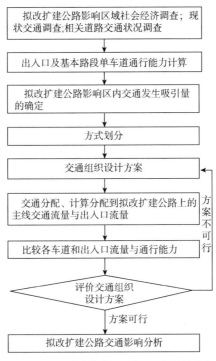

图 12.4-2　公路改扩建工程交通组织设计流程

(1) 基础数据调查

确定交通组织方案,首先要对施工所影响的道路的交通流量、交通密集时段、车辆组成、影响区域的社会经济等情况做周密的调查和分析。了解交通流量可以为交通组织方案中需保证的道路宽度及分流道路流量提供依据;研究车辆组成情况,可以确保交通畅通所需的最小净空高度;分析交通密集时段,可以要求交通管理部门配合对车辆通行时段做合理安排和调整。需要进行调查的数据可以分为以下 3 类。

①社会经济数据

拟改扩建公路影响区域内的社会、经济历史资料和统计数据等。

②拟改扩建公路内外的交通特征数据

包括拟改扩建公路内部及其周边道路主要干道上汽车的日平均流量和高峰小时流量,路网内各等级公路的交通分担率等。

③影响区内交通发生吸引特征参数

该数据可由调查获得。不同的拟改扩建公路影响区内有着不同的发生吸引特征和规律,需要组织进行现场交通调查,调查内容为调查对象平峰和高峰期各类汽车的发生吸引量,以及道路使用情况等,以此调查数据来确定研究对象交通发生吸引特征参数。

(2) 出入口及基本路段单车道通行能力计算

拟改扩建公路出入口通行能力是进行交通影响分析和交通组织设计时需重点考虑的因素。现在许多拟改扩建公路出现交通拥堵,或出入口通行不畅,都是因为其流量超过相应的通行能力的结果。因此,可以通过控制出入口来调节拟改扩建公路的交通流量。拟改扩建公路进口道的通行能力与一般路段的计算方法相同。出口道的通行能力与拟改扩建公路本身交通量大小密切相关,按拟改扩建公路出口及匝道通行能力计算方法计算。拟改扩建公路基本路段单车道通行能力按照最大服务交通量乘以影响通行能力的修正系数来计算。

(3)影响区内交通发生吸引量的确定

拟改扩建公路正常交通影响分析和交通组织设计的重要内容之一是交通发生吸引量的预测。拟改扩建公路影响区内交通发生吸引量从根本上决定了其对本身及周边交通影响的规模。不同公路影响区有着不同的发生吸引特征和能力。预测拟改扩建公路影响区内交通发生吸引量可采用弹性系数法、趋势预测法、平均增长率法、强度指标法及相关分析法等方法。在一般情况下,相对运营期而言,改扩建时段较短,可以以改扩建初期的交通流量和车型比例等作为改扩建期间的交通发生吸引量,以此作为进行改扩建公路的交通组织设计的依据。

(4)车流分离方式划分

因为客车和货车的车速差异较大,在同一公路上行驶时货车往往会对客车造成很大影响,为提高拟改扩建公路单车道的通行能力和运行效率,可在适当时候进行客货分离。将各类汽车的发生吸引量分离成客车数和货车数、大车数和小车数。一般情况下,客车由于车速快可在拟改扩建公路运行;而货车因车速慢,影响大,则宜将其转移到拟改扩建公路影响区内其他道路上。有必要的话,还可将大车和小车进行交通分离。

(5)交通组织方案设计和交通分配

在分析得到拟改扩建公路影响区内汽车(客、货车)发生吸引量后,要首先进行初步的交通组织设计工作,确定拟改扩建公路各出入口的车道数、通行方向以及内部各车道车辆的走行方向等。合理科学的交通组织设计是协调拟改扩建公路正常交通量对本身及周围道路压力十分有效的手段。根据交通组织方案,把这些发生吸引量在拟改扩建公路的各进出口和主线上进行分配,确定这些发生吸引量在各出入口、主线以及相关道路之间的分担比例(称之为交通分配)。交通分配时应遵循就近的原则和根据出入口及主线通行能力进行合理分担等原则。交通分配后,得到的拟改扩建公路各出入口及主线在改扩建期间的交通流量不应超过它们相应的通行能力;转移到相关道路的交通流量也不应使这些道路造成不该有的拥堵。尽量维持改扩建期间拟改扩建公路交通"通而不畅"的状态。

12.4.2.3 分流方案设计方法和步骤

进行分流方案设计的一般方法和步骤如下:

(1)对改扩建道路及周边路网在施工期进行交通量预测

四阶段法是现代交通规划理论中交通量预测的经典方法,施工期间的交通量预测也可采用四阶段法进行。交通发生预测时要考虑到改扩建施工对交通发生吸引的影响;由于大型车对交通的影响比小型车大,有必要对交通量进行分客车和货车或大车和小车等处理。

但在一般情况下,相对运营期而言,改扩建时段较短,可以以改扩建初期的交通流量和车型比例等作为改扩建期间的交通发生吸引量,作为改扩建期间的交通发生吸引量进行改扩建公路的交通组织设计依据。

(2)对改扩建道路施工期间的通行能力进行分析

改扩建期间的公路由于施工造成的影响因素很复杂,使得其通行能力分析变得很困难。公路改扩建期间的通行能力分析可以根据具体施工阶段通过实验、仿真等方法进行分析。

(3) 比较分析各路段交通量预测值和通行能力

比较改扩建期间道路的交通量(V)和通行能力(C)的可能最大值,计算出道路饱和率(V/C)。按照设定的预期服务水平,计算出道路可容纳的交通量上限值,将其与(C)比较,即可以计算出分流量。对周边道路进行相应分析计算,计算出各道路的剩余通行能力和服务水平。

(4) 具体分流方案设计

选择合理的方法将计算出的分流量分配到分流道路网上。分流方案包括分流层次的划分、分流点的设置、分流路网和分流车型的选择等。

分流层次根据交通流性质可分为跨过境交通、出入境交通和短途交通等。根据不同层次的分流需求,分流点可分为交通诱导点、分流点、控制点。考虑到分流操作的方便和不同车型对交通流的影响不同,可选择特定车型(如大型车)进行分流;分流路线的选择要根据可分流路网的容量和通达性而定,如果不具备可行的分流路线,就要考虑调整施工期的交通组织方案。

(5) 分流方案评价

对分流总体方案的评价涉及的指标众多,可以从服务水平、负经济效益和交通环境影响等三个方面利用动态综合评价法进行评价。另外,建立仿真模型进行评价也是个很好的选择。

12.4.2.2.4 施工交通组织计划

为了保证公路改扩建项目的顺利实施,必须制定出科学合理的实施计划,一般改扩建项目施工交通组织实施计划见表12.4-2,表中,序号3以后的施工及交通组织可以根据具体的道路和环境情况,进行分流或不分流,单幅通车或双幅通车,单向通车或双向通车等。

施工交通组织计划表   表12.4-2

实施序号	交通组织	施工组织
1	新建或完善分流道路	征地、拆迁
2	维持现状双向交通	进行路基加宽的填筑及开挖、涵洞加长、桥梁基础及下部施工、各种梁板预制、部分跨线桥基础和下部等的施工。期间应完成路基、桥涵工程总量的80%左右
3	分流部分车辆至分流道路	进行半幅路面底基层、基层的铺装及桥梁上部构造的施工
4	一幅正常通行,另一幅封闭交通	进行某半幅路面面层铺装及防撞护栏安装等工作
5	某半幅双向通行,须重点加强交通管制,随时准备处理各种交通事故,昼夜坚守岗位疏导交通	重点进行另半幅互通区主线路面铺装及部分匝道改建。要集中力量,昼夜连续作业
6	某半幅双向通行	进行另半幅坡面防护、路基排水、桥面系等工程
7	某半幅实行双向行驶,另半幅完工后全幅通车	实施另半幅路面工程及其他全部工程

12.4.2.5 开工前的准备与宣传

(1) 开工前的宣传工作

开工前的宣传工作可以按如下方式或其组合进行：

①大众媒介的预告性发布。在公路改扩建项目开工前期及施工期间，要充分利用交通信息广播、电视媒体、互联网、报刊等媒体的社会宣传功能，宣传公路扩建工程的意义，向群众及道路使用者及时报道改扩建工程施工的进展信息和沿线交通管制方案（包括主线交通组织的方案、匝道开放情况、开始时间及绕行路径等基本要素）。力求使有关民众理解改扩建工程实施的必要性，让道路使用者能够选择道路使用，使使用者自觉遵守交通规则，配合交通管制，理解公路改扩建工程在施工期间短时期交通堵塞现象。各收费站出入口要随时通报前方交通状况和交通管制方案。

②宣传单。在相关分流点或收费站、服务区等地发放宣传单，发布对象主要是该改扩建道路的使用者和途经者，发布内容则需针对交通封闭情况，重点发布路径引导信息。利用宣传单应有预告性或实时性，并有较强的针对性，以利于引导交通。

③信息告知牌。告知牌有两类，一是针对性强的告知牌，这类告知牌受众面相对狭窄，主要用于特定局部区域的路径引导，其作用类似于宣传单；二是受众面更广的告知牌，主要用于路网交通诱导，以减少车辆绕行距离及平衡路网负荷。第二类信息告知牌结合可能的分流路径进行布设。

(2) 开工前的准备工作

①为了给改扩建公路工程提供更为畅通的道路条件，建议在改扩建项目动工之前，对路面老化较严重的路段实施路面加铺，对于安全设施及直接影响正常行车的道路局部破坏应立即修复，保障道路基本的畅通条件。并重设道路标线，以提高道路的通行能力和安全保障，并能够适应交通量可能的增加，为改扩建工程提供潜在的通道贮备。

②根据公路建设进展情况，提前发布消息，设置指路标志，引导车辆分流。尤其在施工后期新公路和既有公路路面、结构物连接施工时，大型车辆可能有必要分流，以确保工程质量和交通顺序。

12.4.2.6 临时设施

临时交通工程设施是基于改扩建工程施工期间临时交通组织的需要，为确保施工交通组织方案的顺利实施，实现扩建施工和正常通车的双重目的而设置的交通工程沿线设施。临时交通工程同时兼具交通工程设施和施工保障措施的双重属性，改扩建工程界面较为复杂。临时交通工程与主体工程施工联系密切、相互影响、穿插较多，项目管理难度较大。临时设施的设计内容主要包括：①施工临时安全设施，如：临时标志、标线、临时护栏、隔离设施、防眩、临时视线诱导、照明设施、道路可变情报板等；②临时监控通信设施，如：如报警求援等；③临时收费设施；④供电照明设施；⑤临时交通管理及服务设施。

1) 交通标志、标线设置的要求

在交通标志、标线的设置中应满足以下要求：

(1) 符合国家规范要求

首先，交通标志在设计时，必须符合国家《道路交通标志和标线》的要求。其中包括颜

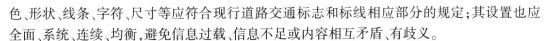

色、形状、线条、字符、尺寸等应符合现行道路交通标志和标线相应部分的规定;其设置也应全面、系统、连续、均衡,避免信息过载、信息不足或内容相互矛盾、有歧义。

(2)满足道路使用者的出行信息需求,考虑人的生理和心理特性

道路交通系统是由人、车、路组成的有机系统,而交通标志标线的作用是为道路使用者提供服务,因此在进行交通标志标线设计时必须充分考虑人的生理和心理特性,以道路使用者的需求为根本出发点。公路改扩建期间,由于不同互通立交的不定时封闭,使得路况的复杂程度加大,驾驶人生理上极易疲劳,同时心理上极易烦躁。因此要充分考虑驾驶人的生理和心理因素,确保交通标志标线提供的信息量简洁、明确,促进交通安全畅通。

(3)合理布设交通标志,确保交通安全

交通标志的设计包括版面设计、结构设计和交通标志的布设三个方面。公路改扩建期间,如何合理的布设交通标志,是确保交通安全的先决条件。成功的交通标志布设可以在保证交通安全的前提下将交通标志系统的功能最大化,满足不同道路使用者的需求。

2)临时交通标志

(1)标志设置

为确保每个阶段在拆除路侧既有标志后,能给驾驶员提供必要的道路交通信息,每个阶段应设置较完善的临时交通标志。路段临时标志主要包括:施工及施工预告标志、警告标志、禁令标志、分流标志、指示标志和指路标志等。互通立交的临时标志如下:

①警告标志

互通立交改扩建作业区应设置的警告标志包括:向左(右)改道标志、前方施工标志、车道封闭标志和车辆慢行标志等。一般情况下,警告标志与道路施工安全标志综合使用,指导道路使用者安全、正确的行车。

②禁令标志

改扩建路段应设置的禁令标志主要是限速标志和禁止超车标志。改扩建期间,改扩建路段由于交通流特性和道路交通特性的变化,需要对改扩建路段的限速值重新界定。而禁止超车标志设置于进行改扩建路段的出入口附近。

③指示标志

改扩建路段应设置的指示标志主要是道路施工预告标志,提前提醒驾驶人车辆绕行路线。为了增加标志的醒目性,改扩建期间的指示标志的颜色均采用警告标志的配色方案,采用黄底、黑边、黑字,采用超强级反光膜,保证标志的视认效果。设置在中央分隔带的采用双柱式支撑方式,如图12.4-3所示;设置在互通出入口路侧的采用单悬臂支撑方式,如图12.4-4所示,根据需要分别设置在相应的位置。

④指路标志

由于改扩建路段改扩建顺序的不同,原先设置在改扩建路段的地点信息可能会随着分流路网的改变而变化,因此指路标志应根据分流路径进行设置,确保地点信息的一致性。

⑤道路施工安全标志

根据《道路交通标志与标线》设置规范,道路施工安全标志包括:锥形路标、前方施工、道路施工、道路封闭(左道封闭、右道封闭、中间封闭)、向左(右)改道、车辆慢行、移动性施工标志等,见图12.4-5。

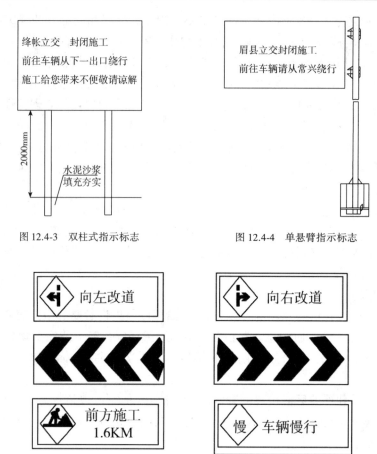

图12.4-3 双柱式指示标志　　　　图12.4-4 单悬臂指示标志

图12.4-5 道路施工安全标志

⑥交通标志的设置设计

交通标志的前置距离 $D \leqslant 500$m。

一般来说,字间距与字高最好是1∶6,不应小于1∶10;字宽与字高比最好为1∶1,不应小于0.55。《道路交通标志和标线设置规范》(GB 5768—2009)中规定的文字高度与计算行车速度的关系如表12.4-3所示,《道路交通标志标线设置技术手册》中推荐的计算行车速度与文字高度的关系如表12.4-4所示。文字的间隔、行距应符合表12.4-5的规定。

计算行车速度与文字高度的关系　　　　表12.4-3

计算行车速度(km/h)	<40	40~70	71~99	100~120
文字高度(cm)	25~30	40~50	50~60	60~70

计算行车速度与文字高度的关系推荐值　　　　表12.4-4

计算行车速度(km/h)	<40	40~70	71~99	100~120
文字高度(cm)	18~25	25~40	40~55	55~65

文字的间隔、行距等规定　　　　表12.4-5

文 字 设 置	与汉字高度(h)的比例关系
字间隔	1/10 以上
笔画粗	1/10
字行距	1/3
距标志边缘最小距离	2/5

限速标志是禁令标志的一种,其标志版面颜色为白底、红圈、红杠、黑图案;标志尺寸根据行车速度确定,具体的尺寸与行车速度的关系如表12.4-6所示。互通立交处的限速标志设置一般采用单立柱的形式设置,设在需要限制车辆速度的路段起点。一般限速路段完毕后,要设置解除限速标志。

限速标志尺寸与行车速度关系　　　　表12.4-6

计算行车速度(km/h)	100～120	71～99	40～70	<40
标志外径(cm)	120	100	80	60
红边宽度(cm)	12	10	8	6
衬边宽度(cm)	1.0	0.8	0.6	0.4

以被交道路(一、二级公路)与高速公路连接线平面交叉或减速车道起点作为基准点,在距基准点前2km、1km、500m以及基准点处对应设置2km、1km、500m入口预告标志及带行车方向指引的入口预告标志;被交道路为其他公路时,应在距基准点500m、200m以及基准点处对应设置500m、200m入口预告标志及带行车方向指引的入口预告标志;被交道路为城市主干路时,应在距基准点1km、500m及基准点处对应设置1km、500m入口预告标志及带行车方向指引的入口预告标志,次干路和支路可距基准点200m预告一次。当入口预告标志所在地已有其他交通标志时,交通标志之间的距离应符合《道路交通标志和标线》的规定。

如果互通立交是采取新建的方式,则按照《道路交通标志和标线》规定的标准,根据被交道路的等级,在新建的互通立交入口处相应位置设置永久性入口预告标志及带行车方向指引的入口预告标志。若互通立交采取改建方式,则入口预告标志的设置方式如下:若互通立交采取半封闭方式改建,改建期间根据分流车辆的不同,互通立交处部分车辆不需要进行分流,在没有封闭的匝道入口设置入口预告标志及带行车方向指引的入口预告标志;若互通立交采取全封闭改建方式,则在分流的互通立交入口相应位置设置入口预告标志及带行车方向指引的入口预告标志,且必须保证入口地点信息的正确性。改扩建期间的入口预告标志如图12.4-6所示。

图12.4-6　改扩建期间临时入口预告标志

由互通立交进入高速公路主线路段后,应根据互通立交的间距合理设置地点距离标志。当互通式立体交叉间距大于或等于5km、小于10km时,应设置一处地点距离标志;当间距大于10km、小于30km时,应设置两处地点距离标志;当互通立交间距大于或等于30km时,地点距离标志视具体情况适当加密设置。同样,与下一出口预告标志类似,地点距离标志应设置在容易被驾驶人识别辨认的适当位置,至少距高速公路互通立交的后基准点 1km 以上。改扩建期间地点距离标志的设计内容按照《道路交通标志和标线》要求设计,但是标志上的地点信息应根据改扩建期间互通立交的封闭与否设置,确保标志上的地点信息与最近处开放的互通立交一致,保证驾驶人少走弯路,如图 12.4-7 和图 12.4-8 所示。

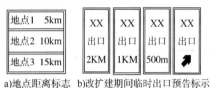

图 12.4-7　改扩建期间临时出口预告标志　　　　　图 12.4-8　下一出口预告标志

⑦临时标志摆放

临时标志采用移动式和固定式两种类型。标志板宽度小于 2m 的标志主要采用固定式,大于 2m 的标志采用移动式。标志板宽度小于 2m 的临时固定式标志设置于中央分隔带内,宽度小于 2m 的临时指路标志和宽度大于 2m 的标志则采用移动式,置于紧急停车带、紧急停车岛、新建路基、路面底基层或基层上。外侧路面施工完毕时,撤除临时标志,交通标志按改扩建标准布设于路侧。

⑧临时标志版面

临时交通标志版面采用三级反光膜。临时标志尺寸根据路段施工限速要求及《道路交通标志标线》进行设计。标志版面采用国标图案,标志使用的所有材料均应符合有关材料规格,标志表面平整度应满足规定。

⑨临时标志结构

固定式临时标志设于中央分隔带,采用 2mm 厚的铝合金板,背面采用龙骨加固。移动式临时标志要求移动方便,高度能手动升降,且注意防风。

(2)交通标志线的设置

临时交通标线遵照《道路交通标志标线》进行材料的选择和施工,临时标线材料采用耐磨性强、凝固快的热熔型涂料。

公路改扩建期间,交通标线设置原则:

①标线的应用应符合设计功能要求,并且注意有效合理的衔接,交通标线与交通标志应配合使用,其含义不得相互矛盾。

②互通立交改扩建作业期间,由于部分匝道封闭,需要修建临时性便道,使用临时性路面标线。临时路面标线应使用与既有公路面标线不同的颜色加以区分。

③无论白天或晚上,标线应具有良好的可视性和反光性,确保驾驶人即使在高速行驶下能清晰地识别和辨认路面标线。

④交通标线使用的材料应具有良好的耐久性、抗滑性、施工方便性和经济性。

⑤改扩建期间,既有路面标线与临时性标线有矛盾时,由于临时标线的可操作性较强,应优先考虑临时标线,消除两者之间的冲突,对既有标线予以除去或覆盖。

⑥考虑标线的衔接性,新建匝道和临时便道处的交通标线应连续施划,出入口匝道的三

角端需重新设置。

高速公路改扩建期间,互通式立体交叉路段主线的分流、合流段和匝道间的分流、合流段应设置分流、合流标线,如图12.4-9所示。

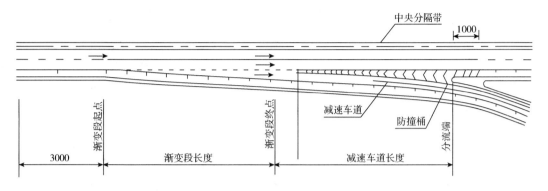

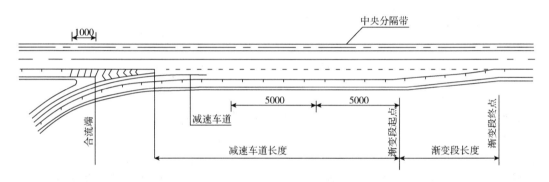

图12.4-9　匝道出、入口安全标线设置图(尺寸单位:cm)

匝道出入口的交通标线应根据加(减)速车道的形式、匝道的横断面来确定。主线右侧车行道边缘线和匝道左侧车行道边缘线之间,应设置斜向行车方向的导流斑马线,如图12.4-10所示。斑马线及其设置范围两侧的车行道边缘线均应为白色,且具有反光性。

(3)临时安全设施的设置

临时隔离设施用于施工场地和既有公路之间的有效隔离,或用于通行道路上不同行车方向之间或不同车辆类型之间的隔离。用于施工场地和既有公路之间的临时隔离栅安装在路侧波形梁护栏外侧、土路肩上。用于施工场地和既有公路之间的临时隔离方案也可以是新建隔离栅,并作为永久隔离设施应用。

公路改扩建期间通常选用锥形桶、波纹板、防撞桶、防撞墙、隔离墩、警示桩等作为临时隔离设施。临时隔离设施与标志标线相互配合,提醒驾驶人绕道行驶,确保行车安全。

①锥形桶

锥形桶重量轻,便于移动,满足改扩建期间临时交通隔离设施的要求,但不具有防撞能力,锥形桶一般设在收费站以前适当地点,或者互通立交与主线交叉处的主线车道上(图12.4-11),或者修建的临时便道处,用来分流车辆,确保行车安全。

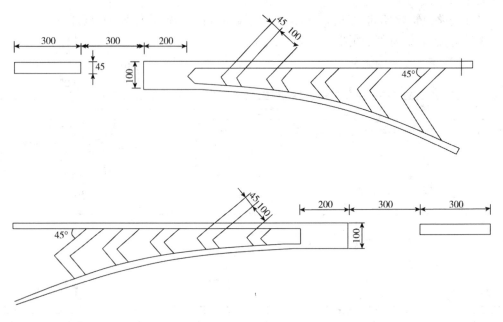

图 12.4-10　匝道出、入口导流斑马线通用图(尺寸单位:cm)

②防撞桶、隔离墩

防撞桶和隔离墩一般设置在正在施工的互通立交出口处,或者由于下一互通立交施工,设置在互通立交与主线相交的合适位置,提醒驾驶人员选择正确的路径行驶。因为防撞桶和隔离墩重量都较大,发生交通意外时,能够靠自重抵挡一定的车辆冲击力,所以防撞性能良好;但其运输回收比较困难,成本较高,实施较难。目前公路改扩建期间根据项目的需要,还不可避免地要用到防撞桶和隔离墩,如图 12.4-12 所示。

图 12.4-11　锥形桶封闭入口

图 12.4-12　用防撞桶和隔离墩分流

③波纹板

波纹板通常为建筑工地和城市道路施工常用隔离设施,必要时在板面上还施以图案美化,其外形美观,且可重复利用。改扩建期间主要用于隔离车辆,防止施工作业对公路的影响,但对于曲线路段可能会影响其视觉效果,见图 12.4-13。

图 12.4-13 波纹板

④注水交通隔离墩

注水交通隔离墩俗称"水马",是普通隔离墩发展沿袭的产物。它具备强度高、耐腐蚀、耐高温等优点。若发生交通意外,产生的是弹性碰撞,隔离墩能够吸收一部分冲击力,这样可以更好保证车辆和司乘人员的安全。在外观上色彩明亮,无论何时都可以保证应有的警示作用。另外,注水隔离墩运输安装回收非常方便,非常适用于改扩建期间隔离施工现场和道路行车,如图 12.4-14 所示。

图 12.4-14 注水交通隔离墩

(4)其他临时安全措施

通过可变情报板、广播、电视、网络、横幅等多种宣传方式 24 小时或分时段进行滚动宣传,利用收费站、治超站点向过往驾驶人员发放道路指导宣传册、分流路线图和公告,及时发布道路通行信息,提醒驾驶人准确选择路线及注意行车安全。

在各类道路的收费站、交汇点,过往村、镇、县设立指示标志牌,充分利用周边公路路段的可变情报板进行宣传,提醒驾驶人准确按照指示标志行车。在不具备设置信息发布设施或重点路段,安排安装有车载可变情报板的巡查车辆定点值守,发布信息。

12.4.2.7 安全保障措施及应急预案

1)安全保障措施

(1)建立安全保通小组

改扩建公路工程施工期间,项目经理部成立以项目领导为首的保通小组,每个开口处至少设置一名安全保通员及两名协管人员,负责 24 小时对开口位置进行交通维护。安全员及安全协管人员必须配备相应的通信工具,并保持通信工具 24 小时畅通,如遇紧急情况及时和交通部门联系，在任何情况下必须保证现场有安保人员值班。

（2）建立安全保通规章制度

根据所在省的《公路管理条例》《公路养护安全作业规程》《道路交通标志和标线》等相关规定及实际工程情况制定适合的安全保通规章制度、保通人员岗位职责，加强进场员工培训，使每个进场人员都能熟悉公路施工作业的安全常识，不惜一切代价确保安全、高效地完成施工任务。

项目经理部实行专人负责和奖罚制度，明确每个人的工作任务和每日的工作重点，并派管理成员到交警队进行交通规则和疏导技巧培训，做好交通疏导工作。

（3）及时报告和沟通制度

加强与当地政府部门、路政和交警部门的沟通，形成制度，听取他们的意见，取得他们的支持。施工单位按照《公路养护安全作业规程》中的规定规范施工占道区域进行安全警示标志设置，对于占道区段配备专职安全交通疏导人员配合交通部门进行交通管理。及时通报工程进展情况，使交通疏导和道路改造工程进展有机结合起来。

（4）建立应急预案制度

项目经理部制定相应的应急预案，实行 24 小时值班制度，掌握车流运行情况，及时发现、上报并协助相关部门处理事故。

（5）加强服务区的工作

沿线服务区应加强服务工作，提高服务水平，各服务区应与交通管理控制中心保持密切联系，在服务区及时向乘客通报道路交通状况，若前方有交通堵塞，应建议驾驶员和乘客继续休息等待或改道行驶，以免加重堵塞程度。

2）应急预案

（1）发生一般事故时，应及时将故障车辆拖离施工路段进行临时维修。发生较大事故时，事故车辆应驶离或拖离事故现场，停靠临时停车场。当发生重（特）大交通事故时，应启动紧急救援系统，并通过紧急分流点进行分流。

（2）当事故造成车道被完全堵塞时，要在短时间内集中清理出一个车道，指挥疏导车辆通行。因事故现场堵塞严重，在短时间内无法及时疏通时，应在距离事故现场最近的收费站进行分流。在紧急情况下打开事故现场前、后第一个活动护栏（路政部门要检查中央隔离带活动护栏，已被固定焊死的，要采取措施，改造成可随时打开的可移动护栏，由交警、路政工作人员控制开关），在保证安全的情况下实行单幅双向通行，最大限度地减少堵车。交警负责事故现场的处理和双向通行路段的指挥疏导。路政部门负责在双向通行路段设置交通标志，配合交警清理事故现场，保证处理事故期间的现场安全。

（3）施工路段如有事故发生，交通协管人员应立即报警和控制现场，根据情况上报通知交警、路政等部门，同时要及时采取安全措施，设置安全区，防止追尾等事故的再次发生。

（4）进行施救清障。

①坚持"先人后车、先易后难"的原则，如发既有人员伤亡，应及时与急救中心联系，及时把伤员送往医院进行抢救。

②事故现场清障时，首先在车流前方 20m、后方 100m 处摆放锥形标并设置减速标志，渠化安全区。检查事故现场时如发现有人员伤亡，应及时与 120 急救中心联系，及时把伤员送

往医院进行抢救。

③清障过程中,如遇车辆装有易燃、易爆、有毒物品等情况,应当迅速通知当地消防、卫生防疫等部门,做好各项安全措施,确保生命和财产安全。

3)施工期间的安全措施

(1)现场组织指挥。为了保证施工期间道路车辆的有序安全通行,必要的现场组织指挥显得非常关键。现场组织主要是指:施工作业区、分流点需要有专人现场指挥调度车辆,交通警察指挥过往车辆按照标识通行,路政人员负责维持改扩建道路的现场交通秩序,保证通行安全,保障道路畅通。

(2)维持好主线和匝道方向的正常通行,进出道口及上跨桥两侧务必设置临时防护设施,并增设相应安全标志,增加安全指挥员,指挥员要穿反光服、戴安全帽、穿防滑鞋,手持红绿小旗指挥交通,夜间提供照明设施。

(3)在交警、路政部门的许可下,对施工现场提前摆放好标志、标牌,现场摆放标志、标牌从护栏开口处前方 2km 开始设置。

(4)协管人员在摆放、撤收临时交通标志牌时,必须穿反光背心,在得到路政交警许可的情况下,面朝车辆驶来的方向,摆放标志。并且不得乱穿马路,注意车辆动态,确保安全,严肃认真做好施工方提出的要求。

(5)在上跨桥梁施工和改扩建过程中,为了保证改扩建公路的行车和行人安全,应在下穿道路上搭设脚手架,上铺竹笆和安全网,确保桥梁施工时石子、管构件、零件等落不到下穿道路上,保证行车和行人安全。

12.4.2.8 效果预测评价

改扩建期间的施工交通组织效果评价是对施工期的通行能力进行分析,对施工交通组织可能达到的效果进行预测。主要内容包括:施工阶段的效果评价、服务水平分析与评价、负经济效益评价、安全评价。

(1)施工阶段的效果评价

施工阶段效果评价主要针对改扩建工程对道路本身及司乘人员的影响进行分析评价,分析改扩建施工不同阶段所产生的负面影响,并提出相应的改善措施。

(2)服务水平分析与评价

通过对改扩建道路及分流道路正常交通量和分流后交通量的预测,对其服务水平进行分析评价。一般应保证改扩建项目在施工期间的服务水平达到3级以上,对分流道路的服务水平没有过高要求,但要以不引起交通堵塞及对周边居民出行影响最小为原则,并通过交通管制来保证分流道路的通行能力。

(3)负经济效益评价

改扩建工程致使项目既有交通量因受到施工影响而向其他道路转移,同时也因为车辆的限速行驶而降低运输效率,由此产生运输经济效益的损失即为负经济效益。改扩建施工期间所产生的负经济效益可采用定性和定量分析相结合的方式进行,主要包括:因绕行其他道路增加运输里程、造成分流道路交通拥挤、车速降低造成在途时间浪费、交通安全事故增加、其他道路养护费用增加、高速公路通行费收入减少等负经济效益的分析。

(4)安全评价

对确定的施工交通组织方案进行安全性评价,并提出针对性的安全保障措施。

12.5 交通流量预测及通行能力分析

一般公路改扩建工程的路段都较长,沿线会有很多施工区同时开工建设,并且工期持续时间较长。这就决定了改扩建施工区的交通特性既不等同于正常通车路段,也有别于一般公路维修养护施工区。改扩建施工区独特的交通特性主要是由于道路长时间处于施工改建,交通处于"边施工边通车"的状态造成的。

1)公路改扩建期道路通行能力分析

公路基本路段通行能力分析是从理想条件下的设计速度开始的,然后根据改扩建期间公路的实际条件,对设计速度进行修正,得到实际条件下的设计速度,运用可插间隙理论得到实际条件下的通行能力值,最后再对实际条件下的设计通行能力进行修正。理想条件下的通行能力,如表12.5-1所示。

理想条件下的通行能力　　　　　　　　　　表12.5-1

设计速度(km/h)	120	100	80	60
通行能力(pcu/h)	2200	2100	2000	1800

按计算实际道路条件对理想设计速度的修正:

$$V_r = V_0 + \Delta V_w + \Delta V_n \quad (12.5\text{-}1)$$

式中:V_r——实际道路条件下的设计速度(km/h);

V_0——理想条件下的设计速度(km/h);

ΔV_w——车道宽度和路侧净空对设计速度的修正值(km/h);

ΔV_n——车道数对设计速度的修正值(km/h)。

公路进行改扩建时,由于车速限制、行车道数、车道宽度和路侧净空、大型车比例及驾驶员对环境的熟悉程度等因素的影响,施工作业区内的通行能力有所下降,对其进行修正,修正后施工区内的通行能力为:

$$c = c_0 \times n \times f_\omega \times f_{HV} \times f_\rho \quad (12.5\text{-}2)$$

式中:c——施工区可能的通行能力(pcu/h);

c_0——限制速度下公路基本路段每车道的通行能力(pcu/h);

n——行车道数,取自然数1,2,3;

f_ω——行车道宽度和侧向净宽对通行能力的修正系数,可查表得;

f_ρ——驾驶员对环境熟悉程度的修正系数或驾驶人总体特征修正系数,通过调查确定,通常在0.95~1.0之间;

f_{HV}——大型车对通行能力的影响修正系数。

$$f_{HV} = \frac{1}{1 + \Sigma P_i(E_i - 1)} \quad (12.5\text{-}3)$$

式中:P_i——中型车、大型车、拖挂车(i)交通量占总交通量的百分比;
E_i——中型车、大型车、拖挂车(i)车辆折算系数,按以下方法选取。

(1)各汽车代表车型和车辆折算系数 E_i

根据《公路工程技术标准》(JTG B01—2014),交通量换算采用小客车为标准车型,各汽车代表车型和车辆折算系数规定如表12.5-2所示。

各汽车代表车型和车辆折算系数　　　　　　　　　　　　　　　　表12.5-2

汽车代表车型	车辆折算系数	说　明
小客车	1.0	≤19座的客车和载质量≤2t的货车
中型车	1.5	≥19座的客车和载质量>2t~7t的货车
大型车	2.0	载质量>7t~≤14t的货车
拖挂车	3.0	载质量>14t的货车

(2)车道宽及侧向净宽修正系数 f_ω

f_ω系数是根据车道宽度、至障碍物的最近距离、车道数以及单侧还是两侧都有障碍物而确定的。若高速公路路段的车道宽度不足3.75m以及路边或中央分隔带上障碍物距路面边缘不足1.75m,则应进行修正。表12.5-3列出了不同道路条件下的车道宽及侧向净宽修正系数f_ω,该系数是根据车道宽度、至障碍物的最近距离、车道数以及单侧还是两侧都有障碍物而确定的。

不同道路条件下的车道宽及侧向净宽修正系数　　　　　　　　表12.5-3

侧向净宽 (m)	行车道一边有障碍物				行车道两边有障碍物			
	车道宽度(m)				车道宽度(m)			
	3.75		3.5		3.75		3.5	
	四车道	六或八车道	四车道	六或八车道	四车道	六或八车道	四车道	六或八车道
≥1.75	1.00	1.00	0.97	0.96	1.00	1.00	0.97	0.96
1.60	0.99	0.99	0.96	0.95	0.99	0.99	0.96	0.95
1.20	0.99	0.99	0.96	0.95	0.98	0.98	0.95	0.94
0.90	0.98	0.98	0.95	0.94	0.96	0.97	0.93	0.93
0.60	0.97	0.97	0.94	0.93	0.94	0.96	0.91	0.92
0.30	0.93	0.95	0.90	0.92	0.87	0.93	0.85	0.89
0	0.90	0.94	0.87	0.91	0.81	0.91	0.79	0.87

注:1.不影响车辆行驶的某些设施,如中央分隔带上的高护栏等不会造成对交通流的不利影响,可不当作障碍物。
　　2.路边障碍物与中央分隔带上障碍物距离不相等时,取侧向净宽的平均值。

采用双侧拼接改扩建方式的高速公路前3个施工阶段基本路段的通行能力值,分别为路基施工:1888~1988pcu/(h·ln);路面施工:1663~1750pcu/(h·ln);既有公路面施工:1708~1803pcu/(h·ln)。美国HCM推荐高速公路基本路段通行能力为2000pcu/(h·ln),国内有研究证明高速公路基本路段通行能力值在2100~2200pcu/(h·ln)左右。相比之下,改扩建期间的通行能力值都有所下降。路基加宽施工阶段对道路交通影响最小,通行能力受影响也小;路面加宽施工阶段由于要压缩原行车道,所以交通影响最大,通行能力值最低;既有公路面施工阶段虽然也压缩了部分车道,但是由于是新建道路,所以该阶段的通行能力值较前一阶段有所提高。

2)可分流路网适应性评价模型的建立

可分流区域路网内的饱和度模型考虑了分流路网的交通量分担能力,以分流后路段交通量和路段的通行能力之比作为权重系数,能比较客观地反映分流后路网的交通拥挤状况。

(1)模型的建立

数学规划模型如下:

$$\bar{Z}(x) = \sum_{a \in A} \omega_a(x_a/v_a) \tag{12.5-4}$$

其中:
$$x_a = \sum_{r \in R} \sum_{s \in S} \sum_{k \in P} f_{rs}^k \delta_n^{ak}$$

$$\text{s.t.} f_{rs}^k = Y_{rs}^k - Q_{rs}^k$$

$$\sum_{r \in R} x_a = \sum_{r \in R} v_a$$

$$f_{rs}^k \geq 0, r \in R, s \in S, a \in A$$

式中:$\bar{Z}(x)$——路网中所有路线的饱和度;

A——路网中可分流的所有路段的集合;

R——所有出发地的集合;

S——所有目的地的集合;

P——所有路径的集合;

a——表示一条路段,$a \in A$;

r——表示一个出发地,$r \in R$;

s——表示一个目的地,$s \in S$;

k——表示一条路径,$k \in P$;

ω_a——表示路段 a 的权重系数;

x_a——路段 a 上分流后的交通量;

v_a——路段 a 改扩建后的基本通行能力,对于改扩建的路段,代表施工期的基本通行能力;

f_{rs}^k——OD 对(r,s)之间的路径 k 上的分流后的流量;

Y_{rs}^k——路径 k 既有交通量;

Q_{rs}^k——路径 k 分流交通量;

δ_n^{ak}——若路段 a 在(r,s)之间的路径 k 上则为1,否则为0。

式(12.5.4)保证路网分流后饱和度最小。路网中任何路段分流后的交通量都不能大于设计通行能力。

(2)权重系数确定

在交通分流中,由于不同的道路等级有着不同的通行能力,所能承受的分流交通量受到限制。路段承受能力是指路段 a 所有车道的基本通行能力之和,该值充分考虑了道路等级、车道数目等参数对不同路段的交通承受能力的影响。

权重系数为路段长度和路段通行能力相乘值,它能比较客观地反映不同路段的分流承受能力,具体表达式如下:

$$\omega_a = \frac{v_a l_a}{\sum\limits_{a \in A} v_a l_a} \quad (12.5\text{-}5)$$

式中:l_a——路段 a 的长度;

v_a——路段 a 的通行能力。

(3)实例

①区域路网概况

假设在图 12.5.1 路网内共有 5 条路段,共分为 4 条分流路径,网络布局如图 12.5-1 所示。

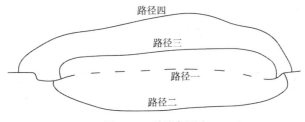

图 12.5-1　路网布局图

在图 12.5.1 路网中,各条路径的相关技术等级如表 12.5-4 所示。

各段公路相关参数　　　　表 12.5-4

路径名称		长度(km)	技术等级	断面车道数	设计(控制)车速(km/h)	基本通行能力[pcu/(h·ln)]	路段基本通行能力(pcu/h)
路径一(改扩建公路)		80	高速公路	双向四车道	80	1700	6800
路径二	路段二	60	一级公路	双向四车道	80	1800	7200
	路段三	20	二级公路	双向两车道	80	1500	3000
路径三		90	二级公路	双向两车道	60	1400	2800
路径四		120	高速公路	双向四车道	120	2200	8800

为表示各个路段的分流承受能力,表 12.5-4 中路段基本通行能力表示该路段双向所有车道的通行能力之和,路径一的路段基本通行能力为改扩建期间的通行能力,由于现阶段我国对施工期间的通行能力研究较少,借鉴长安大学课题组研究成果:在限速为 80km/h 状况下,高速公路路段基本通行能力为 1700pcu/(h·ln);表 12.5.4 中路段二为具有干线功能的一级公路,在设计速度为 80km/h 的前提下,其基本通行能力为 1800pcu/(h·ln)。

②具体分流方案

公路改扩建分流主要有以下两种方案:方案一,减少大车对小车的影响,提高通行能力,将特大车和大车车辆分至周围路网;方案二,减轻特大型车辆和大型车辆对周围低等级公路的破坏,将小汽车分流。各个路段原来交通量与分流后交通量如表 12.5-5 所示。

各路径交通量分流情况 表 12.5-5

项　目	路径一 （pcu/路径）	路径二（pcu/路径）		路径三 （pcu/路径）	路径四 （pcu/路径）
		路段二	路段三		
原来交通量	23000	15000	8000	9000	25000
分流交通量方案一	-12000	2000	1000	1200	7800
分流交通量方案二	-14000	1500	800	900	10800
方案一分流后交通量	11000	17000	9000	10200	32800
方案二分流后交通量	9000	16500	8800	9900	35800

③分流方案适应性比选

第一步：计算权重系数。按照以上建立的数学模型，首先根据各个路段的公路技术等级求出各路径的权重系数，计算值如表 12.5-6 所示。

不同路段权重系数 表 12.5-6

路段名称	路段一	路段二	路段三	路段四	路段五
ω_a	0.23	0.19	0.03	0.10	0.45

第二步：计算不同方案条件下的路段饱和度和系统饱和度，各个路段饱和度与权重系数相乘后得出表 12.5-7 所示的计算结果。

不同路段的饱和度 表 12.5-7

路段名称	路段一	路段二	路段三	路段四	路段五	总计
方案一系统饱和度	0.375427	0.435154	0.076792	0.391638	1.679181	2.958191
方案二系统饱和度	0.496888	0.997227	0.225256	1.384721	6.831213	9.935305

由以上结果可以看出，方案一分流结果中，所有的相关路段总体饱和度远小于方案二，分流后路网交通拥挤压力较小，因此优选方案一。

3）路段走行时间

车辆在公路路段上所需走行的时间是随着该路段上交通量的增加而增加，走行时间函数就是描述这种关系的函数。由美国道路局（Bureau of Public Road）开发的函数（简称 BPR 函数）形式为：

$$t = t_0 \left[1 + \alpha \left(\frac{q}{C} \right)^\beta \right] \quad (12.5\text{-}6)$$

式中：t——路段走行时间；

　　　t_0——车辆平均自由走行时间；

　　　q——路段交通流量；

　　　C——路段的道路通行能力；

　　　α、β——待标定参数，BPR 建议取：$\alpha=0.15$，$\beta=4$，也可以由实测数据用回归分析得到。

12.6 交通仿真

近些年来,交通仿真系统在我国发展很快,许多单位开始使用交通仿真作为交通分析的工具。然而从目前看来,我国交通仿真所用的软件大多是国外开发的,有德国的 VISSIM,美国的 CORSIM、Synchro/SimTramC 和 Trans Modeler,西班牙的 AIMSUN,英国的 Paramics,加拿大的 DYNAMEQ 等。在国外,尤其是美国,交通仿真已经大量地应用到工程实践中,渐渐成为交通规划、管理和建设的重要分析工具。在应用中,交通仿真也不断得到完善,功能越来越强大。由于我国的交通情况与国外相比存在很大的不同,因而国内用户使用国外开发的微观交通仿真软件还会遇到一个模型适用性的问题。对模拟高速公路,国内和国外的交通流特性差别可能不大,如果所用的软件设计合理,采用的是一个开放的系统,大多数问题应该都可以通过修正模型参数来解决;但对一般公路路网,由于混合交通的影响,差别可能很大。

1)交通仿真系统模型的类型

根据交通仿真系统模型对交通系统描述细节程度的不同,交通仿真可分为微观仿真、中观仿真和宏观仿真。

(1)微观交通仿真模型是用描述交通运行微观规律的参数来设计模型进行仿真的,它通过考察单个驾驶员和车辆及其相互作用特征来描述系统的状态,对交通系统的要素及行为的细节描述程度最高。跟车模型、超车模型及换车道模型是微观仿真的基本模型,微观仿真通常用于研究交通流与局部道路设施的相互影响,如车道划分、宽度、弯道、坡度及公交站的设置等;还用来研究交通信号灯控制、让路停车等交通控制。另外,它还适用于描述动态交通现象,如交通波动分析、可接受空挡分析、交织影响分析等,这些分析通常是在非稳定交通状态下进行的,使用宏观仿真不可能或很难获得结果。

(2)宏观交通仿真模型是用描述交通运行宏观规律的参数来设计模型进行仿真的,它通过考察交通流特征,即车队的"平均"行为来描述系统的状态。一般来说,宏观仿真所模拟的交通运行规律其分布函数往往已知,参加交通运输活动个体的主要有关状态是确定的。与微观仿真相比,宏观仿真所需的计算机储存空间和计算时间较少,仿真结果也易于理解。但是,存在如下缺点:在一些情况下,如道路瓶颈处交通状态变化的动态,得不到清晰描述;由于宏观仿真中采用平均值描述交通流参数,交通流中的各车辆的随机性影响得不到考虑,无法计算交通流中各车辆的交通参数。宏观交通仿真模型主要用于研究交通基础设施的新建与扩建及宏观交通管理措施、道路网交通状态的研究和交叉口交通状况的研究。在进行交叉口交通状况的研究时,基于排队理论的宏观交通仿真可应用于信号灯前排队长度的研究。

(3)中观交通仿真模型是在宏观交通网络的基础上,将个体车辆放入到宏观交通流中进行分析的,根据模拟的需要,对特定车辆的速度、位置及其他属性进行标识,或对个体车辆分组,从而对每组车辆的速度、位置及其他属性进行标识,其对交通系统的要素及行为的细节描述程度较高。这一仿真系统可以用来拟定、评价较大范围的交通控制及干预的措施和方法,对交通流进行最优控制。根据目前计算机硬件的发展水平,可以在较大规模的路网范围内进行实时、动态的交通中观仿真。

2)交通仿真系统模型的优点

相对于其他交通分析技术,交通仿真技术具有许多优点:

(1)不需要真实系统的参与,因此具有经济方便的特点,特别适用于对尚不存在的,如规划中的交通系统行为进行研究;

(2)通过交通仿真,能清楚地了解交通流中哪些变量是重要的,以及它们是如何相互作用的;

(3)不仅能提供交通流参数的均值和方差,还能提供时间-空间的序列值;

(4)系统动态交通模型的时间标尺可以与实际交通系统的时间标尺不同,因此既可以进行实时交通仿真,也可以进行超前交通仿真或滞后交通仿真;

(5)对于交通系统中的某些危险情况或灾难性后果,交通仿真是很有效的研究手段;

(6)能够重复提供同样的道路交通条件,从而可以针对不同的交通规划设计方案进行公正的比选分析与研究;

(7)能够不断改变系统运行条件,从而可以预测道路交通系统在各种情况下的行为;

(8)能够随时间和空间改变交通需求,从而对道路交通拥堵作出预测;

(9)能够处理相互影响、相互作用的车辆排队交通现象;

(10)当交通到达和离去方式不符合传统的数学分布时,可以用交通仿真来解决;

(11)当其他交通分析技术不适应时,交通仿真往往能有效地解决问题;

(12)交通仿真研究问题的系统性便于发现交通问题的根本之所在;

(13)交通仿真系统由于能够进行动画演示,故形象,直观。

3)交通仿真系统在连霍高速公路改建工程施工期间保通的应用

(1)保通的交通仿真方案

按照连霍高速公路改建工程施工期间的保通要求,经过交通组织方案的预分析,应对以下保通方案进行交通仿真:

①连霍高速公路不限速、限速60km/h以及限速80km/h情况;

②交通分流路线一:当西南绕城高速公路互通与沟赵互通之间的高速公路路段出现阻塞时,由西向东方向采用以下交通分流路线:西南绕城互通→西南绕城→郑上路→西四环(绕城公路)→沟赵互通;由东向西则反向之;

③交通分流路线二:当沟赵互通与柳林互通之间的高速公路路段出现阻塞时,由西向东方向采用以下交通分流路线:沟赵互通→西四环(绕城公路)→科学大道→北三环→老107国道→柳林互通;由东向西则反向之;

④交通分流路线三:当柳林互通与刘江互通之间的高速公路路段出现阻塞时,由西向东方向采用以下分流路线:柳林互通→老107国道→东三环→郑汴路→京珠高速→刘江互通;由东向西则反向之;

⑤交通分流路线四:当连霍高速公路郑州段改建工程施工期间全线均要求分流时,由西向东方向采用以下交通分流路线:西南绕城互通→西南绕城→京珠高速→刘江互通;由东向西则反向之。

道路网交通仿真总图见图12.6-1。

第12章 公路改扩建施工期交通组织

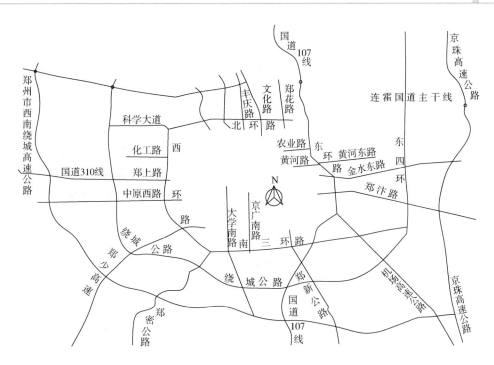

图 12.6-1 道路网交通仿真总图

(2) 保通交通仿真需采集的数据

交通仿真系统模型的建立需要采集大量的道路和交通方面的数据,具体而言,包括以下几个方面的交通数据:

①道路几何线形资料:包括道路的转弯角度、半径等;

②道路条件资料:路段的车道数、车道宽度、路面类型、干湿情况、纵坡等;

③道路交叉口资料:道路交叉口形式、规模、具体尺寸、道路交叉口控制方式,如果是信号控制的,要搜集其信号配时方案;对道路交叉口车辆通行的横向和纵向干扰因素,如行人和非机动车等;

④交通流量:各道路路段的当前交通流量情况、车型比例、各道路交叉口的转向比例、车流量的年增长率等;

⑤车辆速度:各路段的平均行驶速度,有没有限速,限速多少等;

⑥交通标志:如高速公路的匝道警示标志等;

⑦其他:如交通管理和控制措施等。

(3) 交通仿真系统建模步骤

①建立道路网信息系统。顺序为:建立连霍高速公路及其互通立交模型;质量检验→建立西南绕城高速公路及互通立交模型;质量检验→建立四环线段其相交道路、交叉口模型;质量检验→建立三环线及其相交道路、交叉口模型;质量检验→全道路网络检查及完善。

②道路交叉口交通控制方案建模,并进行检验。

③道路路段交通流量的输入,道路交叉口各流向转向比例的输入,并进行检验。

④自由流车速的输入,并进行检验。

(4)交通仿真系统模型的标定与检验

准确的、符合实际情况的交通仿真才会对制定保通方案决策有指导意义,所以交通仿真系统模型在应用之前一定要经过标定,一般就当时交通情况(2005年8月)对交通仿真系统模型进行标定。标定的方法是将交通仿真系统输出的数据与实际调查的数据进行对比,若发现其中不符合实际情况的地方,则不断调整输入的交通参数,将误差缩小到可接受的范围内。交通仿真准确与否,可以通过两个关键指标体现:交通流量和车辆速度,连霍高速公路郑州段改扩建项目模拟从这两个方面对交通仿真系统模型进行了标定。另外,交通仿真系统的动画演示很形象,可以直观地发现交通仿真模型与现实不符的地方,尤其是道路交叉口处车辆排队长度等情况。所以,直观检查也是该项目模拟标定交通仿真系统模型的一个方法。综上所述,该项目交通仿真系统模型大的标定将从三个方面展开,各方面的误差范围及要求详见表12.6-1。

交通仿真系统模型标定要求 表12.6-1

标定内容	误差范围及要求
交通流量	对单个调查点,交通仿真流量与实际调查交通流量偏差小于20%为合格,否则为不合格。对整个模型,要求合格率大于等于80%,否则应继续标定或重新建立模型
车辆速度	对单个调查点,交通仿真系统得到的平均车速与实际调查平均车速偏差小于10%为合格,否则为不合格。对整个模型,要求合格率大于或等于80%,否则应继续标定或重新建立模型
直观检查	交通仿真动画演示与实际情况应大致相符,如果出现不符实际的交通拥堵,或道路交叉口处排队长度过长等情况,应分析出现的原因,继续标定模型或重新建立模型

几个典型道路路段的车速标定结果见表12.6-2。

车速标定统计表 表12.6-2

道路路段名称	合格点数	不合格点数	合格率
连霍高速公路郑州段	6	0	100%
三环线逆时针方向	18	2	90%
三环线顺时针方向	16	3	85%
四环线逆时针方向	14	0	100%
四环线顺时针方向	13	1	92.9%
总计	68	6	91.9%

(5)连霍高速公路郑州段(2008年)不同限速方案的情形

统计连霍高速公路郑州段在各种条件下由西往东方向的数据详见表12.6-3,由东往西方向的数据详见表12.6-4,连霍高速公路郑州段车辆行程时间详见图12.6-2,15min燃油消耗详见图12.6-3,沿线车速详见图12.6-4。

连霍高速公路郑州段由西往东方向交通仿真数据统计　　　　　　　表12.6-3

路段位置	方　案	路段长度(m)	平均车速(km/h)	平均行驶时间(min)	15min 燃油消耗(L)		
					小车	大车	总油耗
西南绕城→沟赵	不限速	7001.9	97.2	4.3	51.94	314.25	366.18
	限速 60km/h	7001.9	53.8	7.8	60.13	271.49	331.62
	限速 80km/h	7001.9	73.0	5.8	55.95	314.50	370.44
沟赵→柳林	不限速	15583.4	78.8	11.9	82.29	338.34	420.63
	限速 60km/h	15583.4	53.6	17.4	108.60	308.59	417.22
	限速 80km/h	15583.4	73.3	12.7	101.07	380.01	481.10
柳林→刘江	不限速	13014.9	84.2	9.3	157.88	370.32	528.2
	限速 60km/h	13014.9	52.6	14.8	188.15	335.14	523.29
	限速 80km/h	13014.9	71.3	11.0	184.21	378.84	563.05
总计	不限速	35600.2	83.9	25.5	292.11	1022.91	1315.01
	限速 60km/h	35600.2	53.3	40.1	356.88	915.22	1272.13
	限速 80km/h	35600.2	72.5	29.5	341.23	1073.35	1414.59

连霍高速公路郑州段由东往西方向仿真数据统计　　　　　　　表12.6-4

路段位置	方　案	路段长度(m)	平均车速(km/h)	平均行驶时间(min)	15min 燃油消耗(L)		
					小车	大车	总油耗
刘江→柳林	不限速	12854.9	86.6	8.9	58.36	345.62	403.98
	限速 60km/h	12854.9	54.0	14.3	72.16	334.73	408.92
	限速 80km/h	12854.9	73.5	10.5	67.75	366.04	433.80
柳林→沟赵	不限速	15770.2	76.0	12.5	101.06	284.29	385.34
	限速 60km/h	15770.2	53.1	17.8	131.94	328.98	460.92
	限速 80km/h	15770.2	72.5	13.1	123.69	345.87	469.56
柳林→西南绕城	不限速	6957.1	70.5	5.9	130.45	228.57	359.02
	限速 60km/h	6957.1	51.2	8.1	179.46	280.27	459.73
	限速 80km/h	6957.1	71.5	5.8	161.34	275.36	436.70
总计	不限速	35582.2	78.4	27.2	289.87	858.48	1148.34
	限速 60km/h	35582.2	53.1	40.2	383.56	943.98	1329.57
	限速 80km/h	35582.2	72.7	29.4	352.78	987.27	1340.06

从上述图表可以得出以下结论：

①行驶时间：与不限速方案相比，采用限速 80km/h 的方案只稍微增加了行程时间，由西向东总行程时间(29.5min)只比不限速的情况下(24.5min)增加了 20%，由东向西方向总行程时间(29.4min)只比不限速的情况下(27.2min)增加了 8%，所以限速 80km/h 的方案对连霍高速公路郑州段车辆速度及行程时间影响不大。采用限速 60km/h 的方案对连霍高速公路郑州段车辆速度及行程时间确有较大影响，由西向东总行程时间(40.1min)比不限速的情

况下(24.5min)增加了64%,由东向西方向总行程时间(40.2min)比不限速的情况下(27.2min)增加了48%。

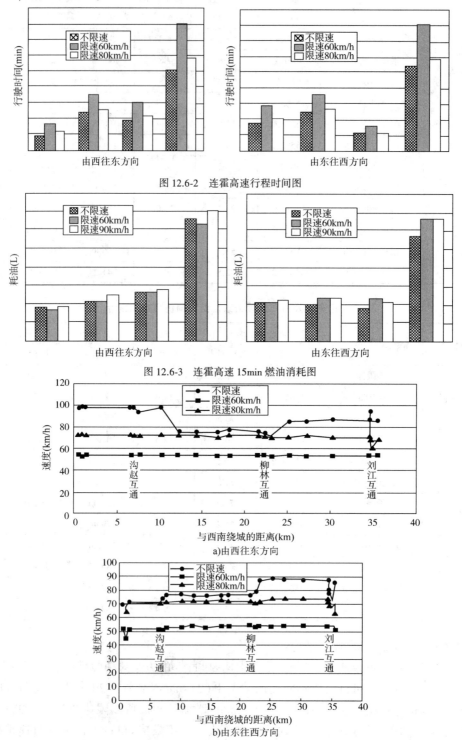

图12.6-2 连霍高速行程时间图

图12.6-3 连霍高速15min燃油消耗图

图12.6-4 连霍高速公路沿线速度图(按2008年预测交通量计算)

②燃油消耗:限速 80km/h 和限速 60km/h 的方案与不限速方案相比,均变化不大。

③沿线车辆速度:在限速 80km/h 和限速 60km/h 的方案以及不限速方案情况下,车辆在连霍高速公路郑州段各路段上行驶速度变化不大,说明运行状况稳定,交叉口对车辆行驶影响较小。

综上,考虑到不限速、限速 80km/h 和限速 60km/h 的情况中的速度均是大车和小车的平均车速,而实际行车中小车和大车的车速相差很大,限速 80km/h 对于小车而言是限速了,但对大车其实并没限速,大车仍能以很高的速度行驶。所以限速 80km/h,并不能起到对所有车辆限速的目的,仍然会有很大的安全隐患。限速 60km/h 虽然使行程时间增加了很多,但是很大程度上提高了行车和施工的安全性,由交通仿真动画演示系统可以看出,2008 年的预测交通量在连霍高速公路郑州段限速 60km/h 的条件下行驶并不存在拥堵的现象,车辆行驶仍比较顺畅,所以推荐在连霍高速公路郑州段加宽改建期间主线行车限速 60km/h。

为了充分保障所提出的限速 60km/h 的建议的安全性和科学性,在 2008 年预测交通量基础上再增加 10% 的交通量,对其在限速 60km/h 条件下的行车情况进行仿真,并将其仿真结果和 2008 年预测交通量在限速 60km/h 的条件下的行车情况进行比较,比较结果如图 12.6-5、图 12.6-6 所示。

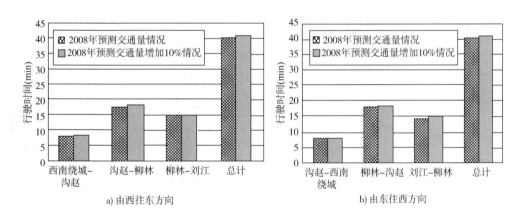

图 12.6-5　连霍高速公路 2008 年预测交通量增加 10% 情况下行程时间比较图

由图 12.6-5 和图 12.6-6,可以看出在 2008 年预测交通量基础上再增加 10% 的交通量对行车情况没有什么影响,即推荐的限速 60km/h,能够充分满足连霍高速公路郑州段改建期间主线行车的要求,且能保障安全。

(6)交通分流路线一的情形

对于交通分流路线一(西南绕城互通→西南绕城→郑上路→西四环→沟赵互通),由西南绕城互通前往沟赵互通方向的交通仿真数据统计详见表 12.6-5,由沟赵互通前往西南绕城互通方向的交通仿真数据统计详见表 12.6-6,部分交叉口在不分流和分流情况下仿真数据统计见表 12.6-7。所经过的道路路段在交通分流和交通不分流以及车辆限速 60km/h 在连霍高速公路郑州段上行驶情况下的车辆行程时间比较详见图 12.6-7,15min 燃油消耗见图 12.6-8,交通分流路线一所经过的路段沿线速度情况见图 12.6.9。

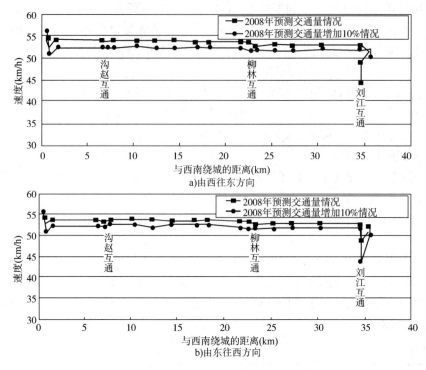

图12.6-6 连霍高速公路沿线速度图(按2008年预测交通量增加10%计算)

交通分流路线一(西南绕城互通前往沟赵互通)交通仿真数据统计表　　表12.6-5

路 段 位 置	方案	路段长度(m)	平均车速(km/h)	平均行驶时间(min)	15min 燃油消耗(L)		
					小车	大车	总油耗
西南绕城(由北往南)	不分流	12004.6	88.7	8.1	23.08	111.07	134.15
	分流	12004.6	83.8	8.6	141.91	868.98	1010.89
郑上路由西往东	不分流	4878.8	45.4	6.4	38.66	34.85	73.51
	分流	4878.8	43.1	6.8	87.70	249.22	336.92
西四环由南往北	不分流	8935.0	52.7	10.2	152.36	168.89	321.24
	分流	8935.0	24.6	21.8	476.10	489.64	965.74
总计	不分流	13014.9	62.6	24.7	214.1	314.8l	528.9
	分流	13014.9	41.7	37.2	705.7l	1607.84	2313.55

交通分流路线一(沟赵互通前往西南绕城互通)交通仿真数据统计表　　表12.6-6

路 段 位 置	方案	路段长度(m)	平均车速(km/h)	平均行驶时间(min)	15min 燃油消耗(L)		
					小车	大车	总油耗
西南绕城(由南往北)	不分流	11602.4	87.6	8.0	88.06	296.22	384.28
	分流	11602.4	86	8.1	147.7	369.47	517.17
郑上路由东往西	不分流	4951.1	44.4	6.7	53.02	59.64	112.65
	分流	4951.1	43.5	6.8	70.05	116.33	186.38

续上表

路段位置	方案	路段长度(m)	平均车速(km/h)	平均行驶时间(min)	15min 燃油消耗(L)		
					小车	大车	总油耗
西四环由北往南	不分流	11304.3	59.1	11.5	63.41	186.15	249.56
	分流	11304.3	59.5	11.4	95.13	215.09	310.22
总计	不分流	27857.8	64.0	26.1	204.49	542.01	746.49
	分流	27857.8	63.5	26.3	312.88	700.89	1013.77

分流路线一(部分交叉口)仿真数据统计表　　　　　　　　表 12.6-7

交叉口名	仿真简图	入口位置	方案	平均延误(s)	排队长度(辆)	
					平均	最大
郑上路与西四环		西	不分流	3.9	0	1
			分流	17.5	1	6
			增加量	13.6	1	5
		东	不分流	8.9	0	4
			分流	163.2	14	19
			增加量	154.3	14	15
沟赵互通		南	不分流	1.7	0	3
			分流	130.1	25	33
			增加量	128.4	25	30

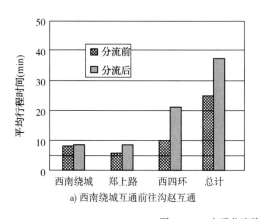

a) 西南绕城互通前往沟赵互通

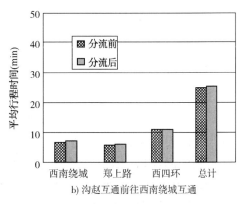

b) 沟赵互通前往西南绕城互通

图 12.6-7　交通分流路线一车辆行程时间图

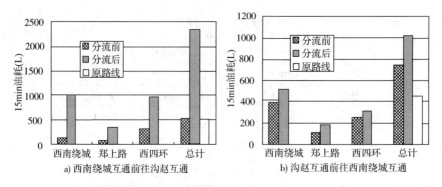

图 12.6-8 交通分流路线一车辆燃油消耗图

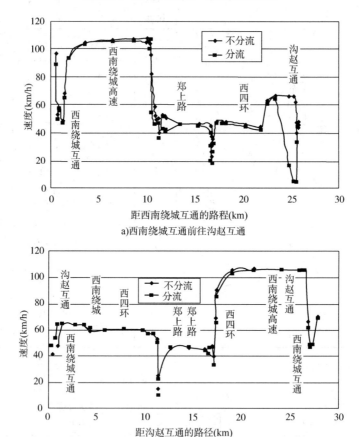

图 12.6-9 交通分流路线一沿线车辆速度图

从上述图表可以得出以下结论：

①行驶时间：相对于原行驶路线(在连霍高速公路郑州段上，限速 60km/h 的情况下行驶)，车辆行程时间均大幅增加，如由西南绕城互通前往沟赵互通，分流后行驶的时间(37.2min)是原行车路线行驶时间(7.8min)的 4.77 倍；而由沟赵互通前往西南绕城互通，分流后行驶的时间(26.3min)是原行车路线行驶时间(8.1min)的 3.25 倍。

②燃油消耗：由西南绕城互通前往沟赵互通分流的车辆造成所经过路段上车辆燃油消耗大大增加；而由沟赵互通前往西南绕城互通方向则相对而言影响较小。分流车辆的油耗为路线分流情况下的总油耗减去不分流情况下的油耗。西南绕城互通前往沟赵互通的分流车辆 15min 内产生的油耗为 178465L，是在连霍高速公路郑州段上行驶油耗（523.29L）的 3.41 倍。

③沿线车速：从图 12.6-9 可以看出城市道路交叉口对分流交通量的影响很大，车辆在交叉口处速度降低很多。例如，郑上路和西四环的高架环形交叉口处，平均路段速度一度降到 20km/h 以下，且存在排队延误情况（表 12.6-7），特别是东进口和南进口，平均延误和排队长度都比不分流时增加了很大，尽管此处在不分流的时候速度就很低，主要是交叉口形式造成的，且此处本身交通量就比较大，分流的车辆让本来通行能力就不大的高架环形交叉口捉襟见肘。西南绕城高速公路由于本身交通量小，车速很快，分流车辆基本可以保持自由行驶。郑上路和西四环上的车速与西南绕城高速公路相比降低了一个档次，但分流车辆对其车速造成的影响并不大，体现在分流前和分流后车速的变化比较小。所以，为了保证分流车辆的顺畅行驶，主要的措施应当是提高相关城市道路交叉口的通行能力，在高速公路分流的时间段内，多安排交警和交通协管人员到分流相关的各个拥挤路段和交叉口指挥、管理交通。

④对分流道路的影响：西南绕城互通前往沟赵互通方向对既有道路影响较大，而沟赵互通前往西南绕城互通对既有道路影响较小。交通分流时由西南绕城互通前往沟赵互通的行车时间（37.2min）比交通不分流时（24.7min）增加了 50.6%。行程时间的增加主要体现在西四环线上，在交通分流路线上行车的时间（21.8min）比不分流时（10.2min）增加了 113.7%。而由沟赵互通前往西南绕城互通，交通分流后的行驶时间（26.3min）只比不分流时（26.1min）增加了 0.8%。究其原因，主要是由沟赵互通前往西南绕城互通的行车路线是一系列的右转行驶，而由西南绕城互通前往沟赵互通的行车路线则是一系列的左转行驶。这种情况在沟赵互通处表现得尤为明显，交通仿真系统动画演示也体现了这一点。从图表中可以看出，沟赵互通的立交形式（西四环线的车辆由南往北上连霍高速公路要通过左转）极大地限制了左转交通通行能力，造成交通分流来的车辆排队延误。建议采用此方案对连霍高速公路郑州段进行分流时，安排交警或交通协管人员到沟赵互通的匝道与西四环平交处指挥交通，采用适当的交通管制措施，以利于左转车辆的行驶，提高通行能力，保证交通分流车辆的顺利通行。

(7) 交通分流路线二的情形

对于交通分流路线二（沟赵互通→西四环→科学大道→北三环→老 107 国道→柳林互通），根据沟赵互通前往柳林互通方向的交通仿真数据统计、柳林互通前往沟赵互通方向的交通仿真数据统计、所经过的道路路段在交通分流和交通不分流以及车辆限速 60km/h 在连霍高速公路郑州段上行驶情况下的车辆行程时间、15min 车辆燃油消耗、沿线车辆速度图的计算结果，可以得出以下结论：

①行驶时间：相对于原行驶路线（在连霍高速公路郑州段上，限速 60km/h 的情况下行驶），车辆行程时间均大幅增加，如由沟赵互通前往柳林互通，交通分流后车辆行驶的时间（49.0min）是原行车路线行驶时间（17.4min）的 2.82 倍；而由柳林互通前往沟赵互通，交通分流后车辆行驶的时间（32.9min）是原行车路线行驶时间（17.8min）的 1.85 倍。

②燃油消耗:交通分流车辆的油耗为行车路线分流情况下的总油耗减去不分流情况下的油耗。由沟赵互通前往柳林互通分流车辆和由柳林互通前往沟赵互通分流车辆均造成所经过道路路段上车辆的燃油消耗增加。但总体而言,交通分流车辆在分流路线上的油耗与在连霍高速公路郑州段上限速 60km/h 行驶的车辆油耗相比,变化不是很大。

③沿线车辆速度:城市道路交叉口对分流交通量的影响很大,车辆在道路交叉口处速度降低很多。例如,科学大道与北环路(西环线)相交的交叉口处,平均路段速度一度降到 10km/h 以下,排队延误很严重。西四环线和科学大道路段上交通分流车辆基本可以保持自由行驶。北环线上由于信号交叉口比较多,造成平均车辆速度变化较大。车速变化的表现为:速度曲线呈锯齿状,但由于北环线上本身交通量就较大,分流车辆对其造成的影响基本不大,体现在交通分流前与分流后车速的变化比较小。所以,为了保证分流车辆的顺畅行驶,主要的措施应当是提高城市道路交叉口的通行能力。

④对交通分流道路的影响:由沟赵互通前往柳林互通方向对既有道路影响较大;而由柳林互通前往沟赵互通方向交通分流车辆对既有道路影响较小。交通分流时,由沟赵互通前往柳林互通的时间(49min)比不分流时(32.4min)增加了 51.2%,行程时间的增加主要发生在科学大道上,在交通分流路线上行车的时间(26min)比不分流时(9.3min)增加了 179.6%。而由柳林互通前往沟赵互通,交通分流后的行驶时间(9.4min)只比不分流时(9min)增加了 4.4%。究其原因,主要是由沟赵互通前往柳林互通的行车路线是一系列的左转行驶,而由柳林互通前往沟赵互通的行车路线则是一系列的右转行驶。这种情况在科学大道与北环线(西环)交叉口处表现得尤其明显,交通仿真系统动画演示也体现了这一点。科学大道与北环路、西环路的平面交叉形式(科学大道上的车辆由西往东上北环线要通过左转)极大地限制了左转交通通行能力,造成交通分流来的车辆排队。建议采用此方案对连霍高速公路郑州段进行分流时,安排交警或交通协管人员到科学大道与北环路、西环路的平面交叉口处指挥交通,采用适当的交通管制措施,或者改造此交叉口的形式,以利于左转车辆的行驶,提高其通行能力,保证交通分流车辆的顺利通行。此外在高速公路分流的那段时间内,为了提高相关城市道路交叉口和路段的通行能力,保证分流车辆的顺畅行驶,对于相关城市道路排队延误时间很长的交叉口或堵塞非常严重的路段,应多安排交警和交通协管人员到现场指挥、管理交通。若分流时间长的话,也可以考虑调整信号灯的周期和红绿灯时间,或者实行交通管制,另辟新路,或者与城市交通管理系统一起,统筹安排。

(8)交通分流路线三的情形

对于交通分流路线三[柳林互通→老 107 国道(包括东三环线)→郑汴路→京珠高速→刘江互通],根据柳林互通前往刘江互通方向的交通仿真数据统计、刘江互通前往柳林互通方向的交通仿真数据统计、所经过的道路路段在交通分流和交通不分流以及车辆限速 60km/h 在连霍高速公路郑州段上行驶情况下的车辆行程时间、15min 的车辆燃油消耗、交通分流路线三所经过的道路路段沿线车辆速度、部分交叉口在不分流和分流情况下仿真数据统计,得出以下结论:

①行驶时间:相对于原行驶路线(在连霍高速公路郑州段上限速 60km/h 的情况下行驶),车辆行程时间均大幅增加,如由柳林互通前往刘江互通,交通分流后车辆的行驶时间(42.1min)是原行车路线行驶时间(14.8min)的 2.84 倍;而由刘江互通前往柳林互通,交通分

流后车辆的行驶时间(47.8min)是原线行驶时间(14.3min)的3.34倍。

②燃油消耗：交通分流车辆的油耗为行车路线分流情况下的总油耗减去不分流情况下的总油耗。由柳林互通前往刘江互通分流车辆和由刘江互通前往柳林互通分流车辆均造成所经过道路路段上车辆燃油消耗增加。但总体而言，交通分流车辆在分流路线上的油耗与在连霍高速上限速60km/h行驶的车辆油耗相比变化不是很大。

③沿线车辆速度：城市道路交叉口对分流交通量的影响很大，车辆在道路交叉口处速度降低很多。例如，东三环线与郑汴路相交的交叉口处，平均道路路段车速一度降到10km/h以下，车辆甚至在此排队等候，延误很严重，郑汴路与新107国道相交处的交叉口情况也是如此。京珠高速公路郑州段上由于本身交通量不大，分流车辆基本可以保持自由行驶。老107国道(包括东三环线)、郑汴路远离交叉口路段上的分流车辆对道路造成的影响基本不大，主要体现在交通分流前和分流后这些路段上车速的变化比较小，速度曲线比较接近。所以，为了保证分流车辆的顺畅行驶，主要的措施是提高道路交叉口的通行能力。

④对交通分流道路的影响：由柳林互通前往刘江互通方向和由刘江互通前往柳林互通方向分流车辆对既有道路均造成了一定的影响。交通分流时，由柳林互通前往刘江互通的车辆行驶时间(42.1min)比不分流时(37.1min)增加了11.3%，行程时间的增加主要发生在老107国道上，在此路段上交通分流路线上的车辆行驶时间(24.2min)比不分流时(19.6min)增加了23.5%。而由刘江互通前往柳林互通，交通分流后的车辆行驶时间(47.8min)比不分流时(34.9min)增加了37.0%。究其原因，主要是东三环线与郑汴路的交叉口通行能力不足，成为车辆通行的瓶颈。交通仿真系统动画演示也体现了这一点。建议采用此方案对连霍高速公路郑州段进行交通分流时，改造此交叉口的形式，安排交警或交通协管人员到现场指挥、管理交通，采用适当的交通管制措施，提高其通行能力，保证分流车辆的顺畅通行。

(9)交通分流路线四的情形

交通分流路线四全长约71.5km，平均车速为83.9km/h，车辆经此分流路线的平均行驶时间为51.1min。由车辆行驶在连霍高速公路郑州段上交通仿真得到每公里全部小车15min内耗油为8.17L，大车为34.60L，类推得到车辆经此分流路线的行驶时间为15min，小车油耗为584.16L，大车2473.9L。这些参数与交通不分流情况下车辆行驶在连霍高速公路郑州段上参数的比较，可以得出以下结论：

①行驶时间：当交通分流路线为西南绕城高速公路—京珠高速公路郑州段时，车辆行程时间(51.1min)比在连霍高速公路郑州段不限速行驶时(26.4min)差不多增加了一倍(93.6%)，但相比限速60km/h的情况(40.2min)，只增加了27.1%。考虑到工程施工期间连霍高速公路郑州段上车辆平均行驶速度可能比限速60km/h的情况下更低，所以仅就车辆行程时间而言，此交通分流路线还是可取的。

②燃油消耗：交通分流路线西南绕城高速公路—京珠高速公路郑州段的车辆燃油消耗有较大增长(3058.1L)，比在连霍高速公路郑州段上行驶的车辆燃油消耗(限速60km/h下，1300.9L)增加了约135.1%。

③交通分流路线西南绕城高速公路—京珠高速公路郑州段的通行能力很大(因为西南绕城高速公路才开通不久，且近两年内远不会达到饱和交通状态)，能保证车辆顺畅行驶，行

车安全度较高,并且消除了对工程施工现场的干扰,施工安全能够得到最大的保障。

四个交通分流方案交通仿真数据汇总见表12.6-8。

四个交通分流方案优劣对比汇总表　　　　　　表12.6-8

交通分流方案	与不分流行程时间差值及百分比(Ⅰ)	行车速度(km/h)(Ⅱ)	与不分流车辆油耗差值及百分比(Ⅲ)	对沿途道路的交通影响(Ⅳ)	结论
分流方案一	上行:29.4min,477% 下行:18.2min,325%	交叉口车速低,最低小于20km/h	1784.65L,337%	15.4min,50.4% 0.2min,0.8%	Ⅰ、Ⅱ、Ⅲ、Ⅳ项都差
分流方案二	上行:31.6min,282% 下行:15.1min,185%	交叉口车速低,最低小于10km/h	油耗变化不大	16.6min,51.2% 0.4min,4.4%	Ⅰ、Ⅱ、Ⅳ项差
分流方案三	上行:37.3min,284% 下行:33.5min,334%	交叉口车速低,最低小于10km/h	油耗变化不大	5min,11.3% 12.9min,37%	Ⅰ、Ⅱ项差
分流方案四	上行:21.6min,73.2% 下行:21.6min,73.2%	平均行车速度快(90km/h)	1680.8L,122%	几乎无影响	Ⅲ项差
对比分析结论	分流方案四最好	分流方案四最好	分流方案二、三好	分流方案四最好	方案四较优

注:有两行数据的栏目表示上下行的数据;与交通不分流的方案作比较指的是连霍高速公路郑州段限速60km/h行车方案。

综上所述并参照表12.6-8,交通分流方案四除了油耗比较大以外,其他方面都优于另外三个交通分流方案。关于车辆油耗方面交通分流方案二和三都是不错的选择,但由于这两个方案对郑州市城市道路的交通影响较大;增加了交通分流所经道路的通行压力,沿途道路交叉口车速低,排队延误时间长,道路通行能力受到较大影响。因此,交通分流方案四应该作为交通分流的首选方案。

西南绕城高速公路刚刚开通运行,双向六车道,沿线交通设施配备完善,通行能力很大,现状交通量比较小。作为郑州市的外环高速公路,汽车通过它进出市区,跨省越市,非常方便,行车环境很好。在连霍高速公路郑州段加宽改建工程施工期间,若车辆需要分流,则具备最好的交通分流条件,就是西南绕城高速公路。连霍高速公路车辆通过西南绕城高速公路分流,只多行驶了30km,行车状况良好,速度很快,交通分流操作容易实现,减轻了交通分流管制的难度,提高了分流行车的安全性。

若车辆通过城市道路分流,则需要耗费大量的人力、物力和财力来加强分流所经城市道路的交通管理和管制,以提高道路和交叉口的通行能力和行车安全性。交通管理人员在经城市道路交通分流操作中稍有懈怠,便会使交通运行难以控制,造成长距离长时间的排队堵塞,交通事故频发。为了使过往车辆能够清楚明了交通分流城市道路路线,需要设置大量的分流交通标志和交通设施,但并不能起到预期效果,因为当分流车辆进入市区后,与市区运行车辆融合,很难管理,熟悉郑州市道路环境的车辆可能会选择其他路径通过市区,而不熟悉环境又不遵从分流路线行驶的车辆,则很可能迷路,增加了计划分流路线以外的其他城市道路的通行压力,产生不可预见的后果和恶劣影响。对此,负责交通分流工作的交通管理人员除了在分流前做好宣传教育工作,设置大量的引导分流行车的交通设施外,只能寄希望于驾驶员自觉配合与文明行车,毫无其他有效可行的办法。

综上所述,建议在连霍高速郑州段加宽改建工程施工期间,若需要分流,则利用刘江互通式立交和两南环枢纽立交,通过西南绕城高速公路和京珠高速公路进行交通分流。

12.7 路基施工方法及交通组织

几种典型路基施工方法及交通组织:

(1)在深路堑挖方降坡施工时,应根据既有公路的走向进行。如在左侧,先开挖加宽左边至既有公路作为维持交通的便道,然后开挖右侧(图12.7-1)至新路基高程,做好路槽、简易排水沟后,利用晴天开放交通数日,无问题就铺好垫层或底基层即正式改道,再把右侧路基部分开挖至新路基高程;如在右侧,先把右边开挖至既有公路高程,处理后作为便道,再开挖左侧,按前述处理方式施工至全部新路基完成,如图12.7-2所示。

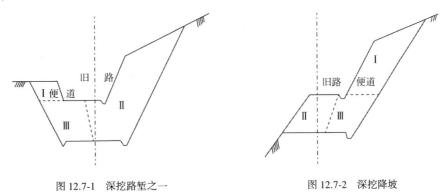

图12.7-1 深挖路堑之一　　　　　图12.7-2 深挖降坡

(2)对于图12.7-3的浅路基情况,根据土质情况,由于边坡较矮,在工作量不大或需借土填方时,加宽至路基外作便道,处理好后,路基全断面开挖;当工程量较大时,应按上述(1)方法施工;对于既有公路刚好在新路中间的情况,切忌先开挖两侧,留中间来维持交通。

(3)对于高填、长路堤,如图12.7-4所示断面,应选取地势相对高的一侧加宽处理后作为维持通道,即先加宽Ⅰ,利用既有公路的一侧来维持交通,通过晴天开放交通补压结板,铺一些路面料来处理即可施工另一侧Ⅱ,最后完成全路基施工。

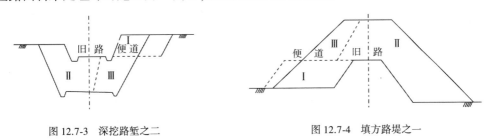

图12.7-3 深挖路堑之二　　　　　图12.7-4 填方路堤之一

(4)如图12.7-5所示,切忌两侧先填高,将中间既有公路用于维持交通,突击填中间的施工方法,否则一旦下雨后果不堪设想,同时路基施工质量难以保证。在图12.7-5的情况下,应选取地势相对高的一侧加宽处理后作为维持通道。如果填筑的路堤太高,应适当加宽路基作为维持交通的便道,做好这些工作后,方可填筑另一侧的路基。为减少便道路面材料用量,一般填好土路基后利用晴天开放交通补压处理,再铺薄层路面料维持交通。

具体建设时,各路段应根据实际的施工组织计划,尽量减少交通流交叉换位,确定适当的交织路段长度,将既有公路改建对沿线运营带来的不便降低到最低。

图 12.7-5　填方路堤之二

12.8　路面边施工边通车的施工组织

大流量的交通现状要求改扩建路段以边通车边施工的方式实施改扩建工程建设,改扩建施工中既要确保公路营运期间的交通安全又要保证改扩建施工。

在路基加宽施工期间,一般情况下对公路交通影响较小,可以不中断交通进行施工,或临时中断交通进行施工。在此主要讨论路面边施工边通车的施工组织。

1)高速公路路面施工组织方案

(1)施工组织方案一

路面纵向分段,半幅封闭施工,半幅通行,大中型车辆分时段禁行。将各施工区段的某侧半幅封闭,将交通流通过中央分隔带开口转移到相应区段的另一侧半幅,施工新建路面,铣刨封闭侧行车道的既有公路面,大型车辆(必要时含中型车辆)禁行,如图 12.8-1 所示。待封闭侧路面划线、防撞栏、交通标志等全面完成后,将另一侧半幅的交通流通过中央分隔带开口转移到先封闭的半幅,先封闭侧的半幅对向(新既有公路路面一起)通行,对另一侧半幅新既有公路进行施工,施工工序与先封闭侧相同,允许大中型车辆通行,如图 12.8-2 所示。优点:施工组织简单,铣刨掉的路面可以再利用。缺点:先封闭半幅施工期间通行能力大大降低且时间较长,社会负面影响很大。

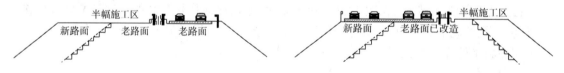

图 12.8-1　先封闭侧施工,交通流转至另一侧　　　图 12.8-2　交通流转至先封闭侧,另一侧施工

(2)施工组织方案二

半幅分时段封闭,分别以双向(既有公路)车道通行,大型货车分时段禁行。施工硬路肩以外部分,主要是基底处理结构物下部施工,清除边坡挖台阶等,但路基重要部位要堆砂袋确保侧向安全,同时要实施第一级交通管制,进行疏导,公告前方施工,通行条件欠佳,实施车速限制,建议大型车辆绕行(分流)并预告下阶段将禁行货车。封闭半幅,每隔 2~4km 为"施工段",相邻的前后段即为"可超车路段",其中,"施工段"基层施工期间可同时施工"可超车路段"的路基填土及结构物下部。基层施工期间大中型货车禁行,如图 12.8-3~图 12.8-5 所示。施工至面层后留上面层沥青暂不铺,设过渡路面,然后对调"可超车路段"与

"施工段",施工该半幅直到本半幅施工完毕,如图 12.8-6 所示。另半幅全面开工,同时全部交通均转移至已施工完的半幅,将(已施工完的半幅新既有公路路面全部)车道划分为对向通行车道,中间由锥形标(建议由混凝土护栏和标志桶交叉构成)隔离,由于车速较高,标志桶内装土以稳定,同时建议靠近中央分隔带一侧行驶的大货车、重型车辆分流,如图 12.8-7 所示。待此半幅施工完毕(含划线)再施工有错台的半幅(含铣刨既有公路路面面层);交通管制同上一步骤。此方案的优点:分流时段较短,社会负面影响小。此方案的缺点:频繁交换分流墩位置,组织工作量较大,且既有公路面铣刨后难以全部再利用。

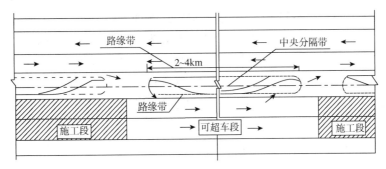

图 12.8-3　交通流分段超车

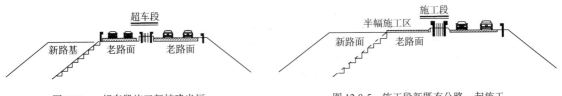

图 12.8-4　超车段施工新扩建半幅　　　　图 12.8-5　施工段新既有公路一起施工

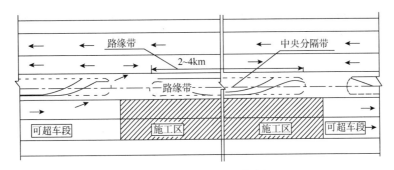

图 12.8-6　对调施工与超车路段

图 12.8-7　交通流完全转移,施工另半幅

(3)施工组织方案三

所有路面结构物维持原状,两侧各自独立施工,新旧结构物上下均不连接而留企口缝,

新路通车后再实施内侧四车道既有公路部分,使新路沉降完成更多些,最后进行新既有公路面及结构物的连接,最大限度地维持较高水平的通行条件。为了挖台阶、基底处理、路基填土、结构物的正常施工,同时实施交通管制第一级,疏导过境交通,公告前方施工通行条件欠佳,建议大型车辆分流并预告下阶段将禁行。路面两侧用砂袋作防护,但每隔2km留200~500m的紧急停车带,然后施工底基层、基层,同时实施交通管制第二级,对于大货车、大客车要限时段通行,如图12.8-8、图12.8-9所示。面层施工时分段封闭行车道,短时间内利用半幅既有公路维持双向车道通行,同时实施交通管制第三级,禁止货车、大型客车通行,桥梁暂不连接,如图12.8-10、图12.8-11所示。当外侧加宽、路面划线、安装护栏等大部分路段施工完毕后,开放大货车通行,但需公告施工期间交通条件欠佳,桥梁暂不连接。接着施工原既有公路(含中央分隔带),开放外侧新路形成大部分路段双向四车道,如图12.8-12、图12.8-13所示。最后施工结构物(主要是桥梁),新既有公路面连接时封闭半幅且禁止货车、大型客车通行,待该半幅连接、铺面、划线均完成后将交通流转移到另半幅直至完成,如图12.8-14所示。此方案的优点:交通影响度相对较小,新旧工程沉降差异相对减小。此方案的缺点:既有公路施工期间排水难度较大,若既有公路基下部有病害待处理时,施工质量要求将更加严格,难度将进一步加大。

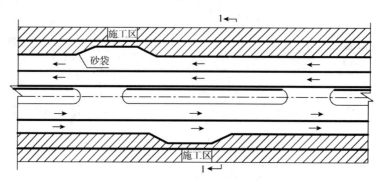

图12.8-8 施工新建半幅 维持原交通流

图12.8-9 施工新建半幅 维持原交通流

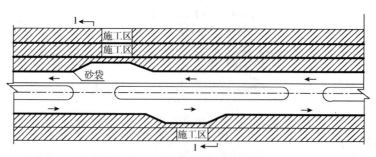

图12.8-10 施工既有公路面外车道

图 12.8-11　施工既有公路面外车道

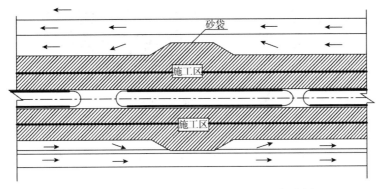

图 12.8-12　封闭施工既有公路面,转移交通流至新建半幅

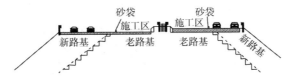

图 12.8-13　封闭施工既有公路面,转移交通流至新建半幅

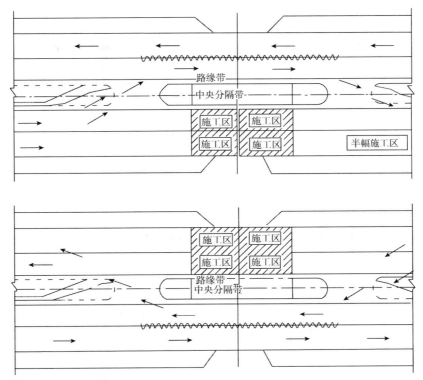

图 12.8-14　桥梁段施工转移交通流

2）高速公路半封闭式路面施工交通组织的两种方案

（1）设置过渡路面，分幅施工

第一阶段，一幅全部封闭施工，另一幅维持双向两车道通行。对一幅进行路基路面施工，路面铺筑至中面层，交通组织方案详见图12.8-15。

图12.8-15　公路基本路段施工第一阶段交通组织图

第二阶段，一幅铺至中面层后，实行双向通行，另一幅封闭全线施工，交通组织方案详见图12.8-16。

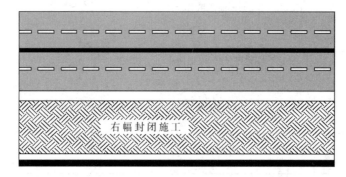

图12.8-16　公路基本路段施工第二阶段交通组织图

第三阶段，一幅路面施工完毕，实行双向通行，另一幅全线封闭铺筑上面层并施划标线，交通组织方案详见图12.8-17。

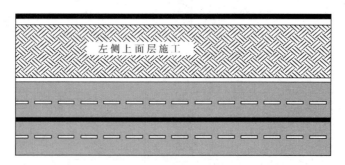

图12.8-17　公路基本路段施工第三阶段交通组织图

第四阶段，全部车道划线，按照新路面的标准完成防撞护栏、标志标牌等的施工，车辆在双向全部车道上行驶，整项工程完工，交通组织方案详见图12.8-18。

（2）车辆正常双向行驶，双侧同时施工

第一阶段，路基加宽施工。全线维持现状交通，车辆在既有路面上正常双向行驶，交通组织方案如图12.8-19所示。

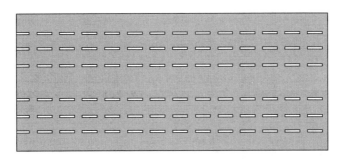

图 12.8-18　公路基本路段施工第四阶段交通组织图

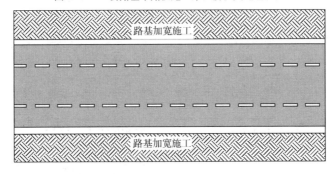

图 12.8-19　高速公路改扩建基本路段施工第一阶段交通组织图

第二阶段,路面加宽施工。压缩部分第 2 车行道用来连续设置隔离防撞设施,将道路施工部分与车辆通行部分隔离开,利用第 1 车行道和剩余的第 2 车行道通车,规定大型车只能在第 1 车行道上行驶。并且规定在第二阶段施工期间大型车辆不允许超车,大小车辆各行其道,在相应的位置设置不准超车和大型车辆行车准行道的交通标志,交通组织方案详见图 12.8-20。

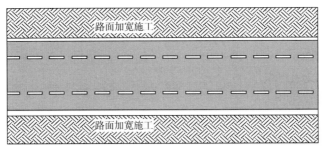

图 12.8-20　公路改扩建基本路段施工第二阶段交通组织图

第三阶段,既有公路面施工。压缩部分第 3 车行道用来连续设置隔离防撞设施,将道路施工部分与车辆通行部分隔离开,利用第 4 车行道和剩余的第 3 车行道通车,规定大型车辆只能在第 4 车行道上行驶,在相应的位置设置不准大型车辆超车和大型车辆行车准行道的交通标志,交通组织方案详见图 12.8-21。

第四阶段,道路改扩建完毕,相应的交通设施均配备齐全后,车辆在双向八车道上行驶,整项工程完工,交通组织方案详见图 12.8-22。

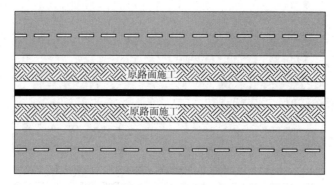

图 12.8-21　公路改扩建基本路段施工第三阶段交通组织图

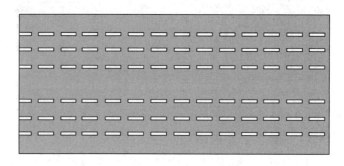

图 12.8-22　公路改扩建基本路段施工第四阶段交通组织图

这两种交通组织方案都是半封闭式施工组织管理,在保证施工顺利进行的同时,能有效地维持既有交通运行。不同的是,第一种方案第一阶段需要封闭两个车道,只能提供两个车道维持通行。第二种方案却可以在整个工程过程中,都保证有4个车道提供使用。可以说,在半封闭式的施工组织管理中,第一种方案可提供的道路通行能力是最小的,第二种方案可提供的道路通行能力是最大的。

不论是采取哪一种交通组织方案,都会不同程度地降低既有公路的通行能力,适当的交通分流都是有必要的。

3)分段施工的交通组织

(1)最小施工路段间隔

由于公路全线分标段施工,各施工段落之间应保持合理间距,以便在施工正常进行的同时,保证车辆安全快速地行驶。参考国内公路改扩建施工交通组织的成功经验,一般认为相邻两个施工路段之间最小间隔宜大于5km。

(2)半幅封闭施工路段长度

半幅封闭施工路段长度决定着施工工作面的长短,各地区可根据实际情况拟定,一般认为半幅封闭施工路段长度4km为宜。

(3)封闭方向的选择

改扩建施工期间为了不中断交通,一般采取先封闭半幅交通,让另半幅双向通行的方式进行施工,先期封闭半幅时原则上应先封闭交通量小、路况较差、货车实载率较低的半幅。对于互通式立交,原则上先进行右转匝道的改建。

(4)施工期行车速度的确定

为了保证施工期行车安全,对在道路上行驶的施工车辆和机动车辆必须进行限速,对施工车辆一般控制在20km/h以内,高速公路上正常行驶的车辆行驶速度应控制在60km/h以内,匝道行车速度控制在30km/h以内。

12.9 立交改扩建的交通组织

立体交叉工程尤其是互通式立体交叉工程,在所在区域中的交通功能十分重要,改扩建施工期间,不可避免地会对所在路段及相关道路路况和所在地区的交通运行状况产生很大的影响。通常情况下,为满足路网要求,最大限度地保证交通顺畅运行,施工与运营需同步进行,从而导致立交改扩建作业区内的安全性较差。为将改扩建项目对路段及区域的交通影响降到最低,同时保证作业区内的安全性,必须系统地对改扩建项目进行交通组织和施工组织设计研究,深入调查道路区域概况,分析道路交通量和改扩建的施工影响,提出相应的交通实施方案,以便在立交改扩建施工中进行有序的交通组织。

1)互通式立交改扩建工程作业区内的安全性分析

(1)立交改扩建作业区内交通特性分析

考虑到区域经济效益和社会效益,立交改扩建工程通常采用边施工边通车的扩建方式。而施工和通车在一定程度上存在干扰,在改扩建的道路上,既存在施工机械、车辆又有运营车辆,再加上施工过程中会有砂石、水泥、土等洒落路面,产生扬尘,使作业区交通状况混乱,容易发生交通拥挤及交通事故。因此,对作业区内的道路特性、驾驶人特性、车辆运行特性及交通流特性的研究很有必要。

①道路特性

a.主线特性:主线进行加宽扩建时,由于施工区段的影响,车辆即将进入分流区或合流区前的渐变段缩短,行车道变窄。

b.匝道特性:匝道进行扩建改造时,为满足行车需要,设置临时匝道。由于立交本身的用地局限性(尤其处于扩建施工进程中),匝道的纵坡、曲线半径、回旋线参数及进、出口渐变率都很难满足要求。对部分实行双向行车的匝道,进行匝道路肩边坡改造时会导致路侧净空不足。

②驾驶人特性

一般道路交通系统中的人包括驾驶人、乘客和行人。在立交施工路段这一特殊交通系统中,与交通安全密切相关的主要是驾驶人特性。一方面,在立交作业区内,由于施工复杂、空间有限、分、合流集中以及路侧施工产生的"边墙效应",对驾驶员心理影响比较大,不利行车。另外,驾驶人在施工区内行驶时,除了注视行车道及前方车辆外,还要不时地注意道路两侧的各种交通标志、标线及安全设施,标志信息过多时,处理信息需要较多时间,会导致驾驶员厌倦而产生疲劳;标志过少,信息不足,会导致驾驶员做出错误的判断,造成事故。

③车辆运行特性

在互通立交改扩建期间,车辆的基本运行模式有合流运行和分流运行两种,两种运行相互影响,存在于整个立交车流运行中。

a.施工区前段行车道车辆汇入超车道:当驾驶人看到施工路段的提示标志时,开始减速,做好充分准备,向超车道转移。此时,一方面,变道车辆要与超车道上行驶车辆争夺行驶空间,一般情况下,超车道车辆享有优先权,等超车道上出现足够大的空隙时,变道车辆进行汇入;另一方面,变道车辆等待汇入时,影响后面车辆,交通量大时出现"车辆排队"现象。

b.汇流车辆:车辆汇流行驶后,车流会比较大,车速降低,此时的合流车头时距比较小,大约为正常路段车头时距的1/2。

c.分流驶出:分流驶入其他车道或临时便道时,会影响后面车辆的正常运行,必须控制车速,保证车距大小,从而保障行车安全。

以上为立交主线上施工段车辆运行特性,与临时匝道或便道相连接的加、减速车道,车辆运行状况大致相同。

④交通流特性

立交施工区段的车流按照合流—分流—合流的方式反复运行。当车辆进行换道行驶时,必须在到达施工之前的有限长度内完成。车辆必须在作业区内的行驶过程中找到变换车道的可能性并实现操作,否则,不得不在末端被迫减速,完成汇流行为,因此行车道汇流有明显的强制性。另外,立交施工路段的车辆运行存在"跟驰"现象,两车间距小,密度大,驾驶员只能根据前车提供的信息来控制车速。这样的交通流动存在制约性(前车车速制约后车车速和两车间距)、延迟性(后车运行状态改变滞后于前车)、传递性(前车运行状态会相继向后传递)等特性。

(2)立交施工作业区安全因素分析

①交通量

根据研究调查,交通量与事故的关系如图12.9-1所示。

a—b 段:交通量较小,行车间距大,干扰小,绝大部分驾驶员保持安全性车速运行,个别驾驶员会冒险高速行驶,若遇到紧急情况,措施不当,会发生交通事故。

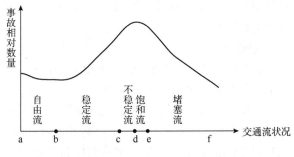

图12.9-1 交通流量与事故的关系

b—c 段:交通量逐渐增大,驾驶员行为谨慎,交通事故不多;当交通量趋于稳定,大部分车辆尾随前车行驶时,超车困难,交通事故有所增加。

c—d 段:交通量进一步增大,形成不稳定流。超车越来越危险,事故数量增加。

d—e 段:当交通流达到饱和时,间距减小,车速降低,交通事故有所减少。

e—f 段:当交通流达到阻塞时,车辆缓慢行驶,交通事故大大减少。

立交改扩建施工作业区交通状况相对混乱,车流基本处于不稳定流和饱和流状态,发生事故比较多,需采取有效措施。

②车速

人、车、路以及环境对交通安全的影响,最后都会反映到车速上。立交改扩建施工作业区内,车辆一般会经历三个阶段:减速→匀速跟驰→加速,加减速频繁,行车条件恶劣,事故率较高。据调查,交通事故中有30%是与车速有关的,不仅仅是车速过快,当车速低于平均车速时,容易发生超车现象,事故同样易发。

③大型车比例

车型比例不同,引发交通事故率不同,特别是大型车比例。大型车占用大面积车道,影响小车的视距,弯道处容易发生事故。另外,大型货车容易出现超载、超速行驶,也容易引发交通事故。表 12.9-1 为大型车比例与交通事故的统计资料。

大型车比例与交通事故统计　　　　　表 12.9-1

大型车数量 (辆/d)	大型车比例 (%)	每亿车公里事故数 (件)
520	14.2	46
1121	20	51
351	22.1	75
522	23.3	100
1105	27.8	136
354	30.2	146
1721	33.8	178
2560	41.1	211

④施工方式

对于立交改扩建工程,施工方式也是重要的安全因素。匝道进行改扩建及上跨桥施工时,部分路肩被占,停车困难;有突发情况也无法紧急停车,易发生交通事故。

由于立交改扩建工程的复杂性,影响立交改扩建工程的安全因素也比较多,除了上述主要因素外,还有天气、环境、突发状况等因素,进行安全保障时应按实际情况制定相应的对策。

2)交通组织设计资料调查及交通量分析

(1)资料调查

确定立交改扩建施工交通组织方案前,应进行收集、调查工作,包括:

①调查既有相交道路的等级、平纵面线形、横断面形式和尺寸、道路交角、控制坐标和高程、路面类型及厚度、道路的净空高度、设计荷载、计算行车速度及平纵横技术指标等道路原始资料。

②调查既有工程路段车流量和立交主线、转弯的交通流量。

③调查既有立交的形式、车道数、宽度、立交规模、线形、占地情况、各匝道交通流量;搜集变速车道、辅助车道以及集散车道的资料;调查立交既有的运行状况。

④调查既有立交附近设施概况,如:广场、服务设施、收费站等。

⑤收集设计任务书,上级主管部门的具体要求、意见以及相关文件;技术标准和规范等资料。

⑥调查周边的路网情况,包括立交改扩建施工时能否转移、分担交通流量以及能分担多少的情况。

(2)道路交通量分析

为掌握改扩建项目所在路段及平行路网的交通情况,一般需对各相关路段进行12h的交通量观测,将观测结果进行汇表统计。

根据项目所在地区的地质地貌以及本地区其他公路的交通流量特性,通过交通调查,粗略得到改扩建项目的交通高峰小时系数、方向系数,从而计算出高峰小时流量,与改扩建道路的通行能力进行比较,判断该施工路段的通行能力是否满足交通流量,并考虑在特殊节假日的通行能力状况。

3)互通式立交改扩建工程施工影响及交通影响分析

施工与交通的正常运行是相互影响、相互矛盾的关系。一方面,工程施工会占用现状车道,影响车辆顺畅运行,甚至会阻断交通;另一方面,交通的运行也会反作用于工程施工,使得没有足够的空间进行工程施工,影响施工进度及安全性。其相互影响主要有以下几个方面:

(1)跨线构造物施工对交通的影响

通常情况下,跨线构造物的规模比较大,作用显著。施工时,占用的车道比较多,对交通影响非常大,尤其是在完成下部和上部的施工后,进行桥接坡和桥面摊铺施工,需要完全封闭道路,而此时高速公路上的交通量已经超过其通行能力,进行封闭施工,交通环境更加恶化,施工压力大。

(2)匝道施工对交通的影响

匝道上部钢箱梁、T梁等吊装施工需要占用主线的车道,影响交通运行,吊装后应迅速恢复交通;匝道施工时需要搭建门洞和排架,占用既有匝道路面,且占用时间比较长,影响交通;匝道的桩基、立柱、盖梁及与既有道路重叠连接处等部位的施工,会对交通产生影响,一般会临时占用几天,占用完应迅速恢复交通;既有留用匝道和永久建筑物及设施会对交通便道的布局产生影响,常常需要避让。

(3)立交周边的建筑物、车站等设施对交通的影响

一般情况下,这些设施附近的交通集散量大,而周边地皮也可能已经被大量开发,可供使用的空地比较紧张,交通组织、分流十分困难,施工占地对过境交通影响较大。

(4)临时交通便道对交通的影响

临时交通便道的车道宽度、线型、视距、道路照明以及标志牌、信号灯等交通控制设施,由于占地、费用等条件限制,有些达不到标准要求,会影响驾驶员视线及反应,对交通运行产生严重影响,行车速度降低,容易造成交通阻塞。

(5)既有立交地上、地下管线对交通的影响

既有立交地上、地下管线错综复杂,且可能没有准确的图纸可供参考,桩基、雨污水管施工常常碰到管线,导致施工难度加大,给交通组织带来困难,造成拖延工期、提高造价。

4)立交改扩建的施工及交通组织方式

主线上跨立交改建时,主线加宽、立交桥、被交线的施工与一般路段施工组织方法一致;连接部往往有小的移位,新的连接部一般在原匝道连接部的外部,可以先期实施,原连接部维持运营;匝道线形拟合后,部分路基需要改建,应先实施新建部分,利用部分衔接时,需要限制匝道交通行为,最后废弃部分路基。

第12章 公路改扩建施工期交通组织

主线下穿立交改建时,其施工组织相对复杂。应分析论证是否需要关闭该互通式立交、是否需要移位重建或拆除。若原位改建时,在不中断互通式立交运营的前提下,需要通过修建临时便道(或便桥)来维持施工阶段的交通转换,应合理确定施工工序,确定施工期的交通组织方式,以维持交通运营或尽可能减少交通中断时间。

互通式立交新建时,基本不影响主线交通,交通组织方案简单,可以根据主线的实施计划,合理安排立交施工。枢纽互通式立交或复杂的互通式立交,应从工程经济性、服务水平、功能、施工方案、交通组织多方面进行比较。

确定互通式立交改扩建交通组织方案时,应明确项目改扩建的背景、现状,确定交通组织方案的指导思想和基本原则。根据交通流量的资料,设置分流路径和分流点,在保证施工安全和施工进度的前提条件下,尽量满足施工期间交通正常通行。

(1)不同改扩建模式的施工方案

互通立交改扩建施工主要有以下三种施工方式:单侧并线、双侧拼接和移位新建。

①单侧并线

一般情况下,高速公路主线由四车道扩建为六车道或八车道或匝道进行分期修建时,先封闭半幅道路进行施工,而另半幅保持车辆双向运行,但注意需进行安全防护措施,完成半幅施工后,将道路转移至施工好的道路,另半幅道路进行改扩建施工,最终完成道路改扩建。此时,由于半幅双向双车道的通行能力比较小,注意车辆分流到其他道路。

该方案的优点:有利于提高道路的通行能力;无需绕行,建设费用相对较低。

该方案的缺点:施工干扰大,施工空间小,施工工效低,工期较长;交通影响大,施工期容易阻塞;行车安全隐患大。

单侧并线是由于在既有公路一侧受建筑物的限制,对既有公路须从另一侧进行拼接。这是互通立交改扩建时,为了保证与改建公路具有良好的线形一致性所进行的加宽方式。其优点主要有:施工对交通影响相对比较小,既有的互通匝道可继续维持交通;不加宽侧的交通标志、交通标线等安全设施可继续使用。缺点主要有:互通立交加宽侧的防护、防撞护栏等安全设施不能利用,须拆除重新设置;上跨桥梁须拆除重建,原主线桥梁由原来的两幅设置合并为一幅技术难度较大,施工困难且对既有公路造成交通干扰,严重影响过往车辆的交通安全;加宽侧互通匝道线形调整较大,施工困难。具体施工方案见图12.9-2。

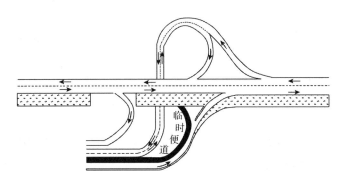

图12.9-2 高速公路互通立交改扩建单侧加宽施工图

②双侧加宽

双侧加宽是在保持既有互通立交几何线形的基础上,在既有互通立交的路基两侧直接拼接,加宽后公路的中心线并不改变。其优点主要有:改扩建期间互通匝道的道路中心线基本不变,所以其内部的排水、通信管道等设施可充分利用;对部分上跨桥梁净空影响较小,主线桥双侧拼接难度不大,施工也相对方便;沿线互通立交大多为喇叭形(极少数是苜蓿叶形),均可通过调整匝道半径实现匝道与主线的完好拟合来完成改建,互通匝道线形改动量较小。缺点主要有:新旧路基之间由于施工时间、所用材料等的差异,路基沉降难以控制,施工技术难度有所增加;双侧加宽对交通影响较大,严重影响交通秩序,因此须做好施工期间的交通组织和安全保障工作;路基两侧的安全设施不能利用,须拆除重新设置。具体施工方案见图 12.9-3。

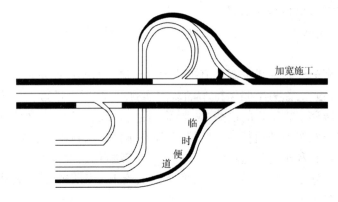

图 12.9-3　高速公路互通立交改扩建双侧加宽施工图

③道路封闭施工,交通转移至临时便道或平行道路

当进行桥面摊铺、或对既有工程的爆破施工时,不得不进行全封闭施工,将交通转移分流到临时修建的便道或其他路网上。因此,施工前应准确进行交通现状调查和交通起讫点调查、周围路网调查等,以便更好地进行交通转移。

该方案的优点:对施工基本无干扰,施工工效高,施工质量容易保证,工期短;施工安全性高。

该方案的缺点:车辆需绕行,交通影响大;建设费用较高;交通量大时(例如:早晚高峰期、节假日等),对平行道路或临时便道的交通压力大。

交通组织设计是一个统筹安排的过程,归纳既有道路、立交工程的现状,根据扩建要求,全面分析周围路网情况及区域规划,考虑交通影响因素,按照高效、安全的施工原则来调整各部分的施工顺序及时间。必须根据实际情况,分施工部位和时段,采用必要的交通控制手段和组织措施,配合封闭性施工,快速、安全地完成对立交的改扩建。

④新建互通立交

新建方案是指在综合考虑互通及其相邻路段改造方案的基础上,使其对交通流的影响降到最小,在既有立交一侧或两侧适当位置(一般是高速公路与比较重要道路相交处)重新建立互通立交(图 12.9-4),然后拆除既有互通立交,以便使改建后的高速公路拥有更强的服务水平。

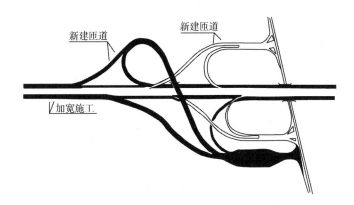

图 12.9-4　高速公路改扩建互通立交施工新建方案图

另外,根据互通立交改建时交通是否畅通,又分为全封闭施工和半封闭施工。其中,全封闭施工是互通立交相邻主线路段进入路面施工时,为了保证互通立交与主线路段改扩建工程的一致性以及减少施工对交通的影响,只允许车辆在主线路段行驶而把互通立交封闭起来的改扩建方式。而半封闭施工是指互通立交在改扩建期间,由于道路上交通流量较小,施工期间,对道路交通的正常运行没有太大影响,为了行车安全而需要把施工路幅和车辆通行路幅临时隔离开来的施工方式。

(2)匝道、跨线构造物改扩建的几种施工方案

匝道和跨线构造物是互通式立交的重要组成部分,两者的具体改扩建方案一方面受总体方案的制约,另一方面,两者有适合本身局部的改扩建方案。如跨线构造物的改扩建工程,对于净空不足的跨线桥进行改扩建时,要注意抬高上跨桥,满足上跨桥的净空要求;对于跨度不足的跨线桥则需要拆除重建,增大跨线桥的跨度以满足加宽路基路面的要求。匝道、跨线构造物的改扩建方案,主要有以下几种:

①原位先拆后建

当匝道、跨线桥上的交通流不大且匝道需要重建时,可采取先修建便道并拆除既有匝道及跨线桥,在既有位置上重建合适的匝道和跨线桥。

②原位半拆半建

对于桥面较宽的跨线桥,当考虑到地方道路扩容、地方车流量较大的情况时,为了满足地方车辆的通行,采用此种方案。跨线桥上进行半幅施工,封闭受影响的半幅主路,地方道路上的车辆借另半幅未施工建设的跨线桥通行,而主线道路上的车辆则由另半幅主路通行。倘若匝道路面宽度较窄,施工期间无法开放交通,半拆半建方案就没有意义。

③原位扩容

此方案主要是针对地方道路扩容、车流量比较大且桥面较窄的跨线桥的改扩建。原跨线桥上的车辆正常运行,在跨线桥的一侧或两侧新建一幅新桥,新桥施工时,受影响的半幅主路进行交通封闭。

④移位先建后拆

受地区规划影响需要移位新建时,采用此方案。既有的匝道跨线桥暂时保留,以维持交通,待新建匝道及跨线桥构造物完成后,再实行拆除,交通影响最小。

(3）施工交通组织方法

互通式立交改扩建施工时，为了保证施工及交通的正常运行和行车安全，必须对行驶车辆加以规范。另外，设计及施工人员制订出合理的施工交通组织方案后，如何使驾驶员能及时、准确、充足地获取道路改扩建信息，需采取必要的交通组织管理措施。

①进行必要的通行限制

施工时，由于道路宽度的压缩，行驶条件变差，车辆行驶的速度必将受到影响，同时考虑到施工区的路面情况差、视距不良等条件，按既有的设计车速行驶可能造成一定的安全隐患。因此，在施工区需采用路面文字或限速标志牌的形式进行限速。实施时，一般情况下，不能将车速限制过低，否则导致限速无效；同时，通过交警现场控制监督车速或道路摄像头监控车速。另外，必要时可以实行就近绕行或禁止部分匝道通行。

②临时标志、标线

互通式立交施工区范围的某些匝道的通行功能可能发生改变，例如：使用临时便道代替改建施工的匝道，或是匝道由单向匝道改成双向匝道等。为了使驾驶员能够适应这种匝道通行功能的改变，在互通式立交前的一定路段范围内需要设置相应的施工提示标志，提前告知驾驶员施工区的交通通行情况。再如，施工时，利用路肩来拓宽车道，需要设置相应的交通标线，进行车道划分，并指示行车方向等，保证施工区的道路通行权明确，避免出现交通拥堵现象。根据工程的施工组织、交通组织以及突发情况对标志、标线进行设置，标志内容应清晰、准确，标线易于识别，使驾驶员一目了然，容易判断，减少车辆误行、错行，保障行车安全，同时保证工程的安全建设。

③其他安全设施

为保证施工和行车的安全运行，施工路段还需设置必要的临时安全设施：交通锥、防撞桶、路栏、黄闪灯及LED箭头灯、警示标志牌等。尤其为保障夜间行车安全，立交改扩建施工期所在路段设置临时照明设施，按标准进行严格布置，兼顾行车要求及工程成本。对于收费式立交改扩建，需增加临时收费设施，避免交通堵塞。

④协调管理

管理内容主要包括：安排专门人员对施工现场进行交通管理（如交警、交通协管员进行交通管理）、道路养护及管理、服务设施的正常运营、道路收费设施的运营等设施管理。

⑤宣传手段

公路改扩建不但影响公路所在地区及所经城市的交通，而且对相邻城区、路网的交通也产生较大的影响，因此，在改扩建施工前后必须做好宣传工作，让受影响的交通出行者了解扩建工程动态及交通分流方案，选择合理的出行路径。宣传手段包括：电台、高速出入口提示、新闻、报纸、收费站发布的信息、交通部门的通告、手机短信等。

5）分离式立交施工及交通组织方案

上跨主线的分离式立交，采用先增后改、先建后拆、间隔施工、分批改造的方案，先实施新增支线上跨桥，再改建老的上跨桥；就近移位重建的要先建后拆；其他的上跨桥采取间隔施工、分批改建的方式进行，每段上跨桥分2批次进行改建。下穿主线的分离式立交，施工方案同主线桥梁。

6)减少立交施工对交通及施工影响的对策

(1)总体分析

互通式立交改扩建工程涉及范围比较广、规模大,与相连接的两条路关系密切,是一个系统性的工程。改扩建施工前,需结合所在区域的经济、技术、交通、区域规划等方面的情况,分析周边的交通集散状况,确定是否存在"交通分流通道",施工期间能否满足早晚高峰期交通需求。从全局着手,总体策划实施,如果无资金限制,应一次建设到位,以保证建成后的效益能充分发挥。

(2)准确的勘察设计

对立交进行改扩建施工前,首先要对立交进行勘察设计,尤其是立交地下的管线勘察。由于历史原因,立交地上地下的管线比较复杂,时有随意设置,管线位置及埋深都不确定的情况。假如设计使用过期资料,由于记录不准确,设计方案会出现偏差。在施工时,就会出现管线或井等而无法施工,从而影响施工及交通的运行。因此,设计单位应注意收集管线及障碍物的原始资料,若无法核实则进行现场取样调查,以减少或避免设计变更,从而减少对施工和交通的影响。

设计单位在确定设计方案时,应着重考虑到工程施工和交通影响,预先考虑到立交形式、承台布置、匝道布置、管线及设施布置等对交通的影响,必要时可以采用新工艺、新材料,适当增加投入;灵活地利用既有工程,减少新增工程量,达到快速施工和减少交通影响的目的。

(3)施工优化

施工组织是减少交通影响最重要的手段,施工时兼顾交通,本着快速施工的原则,先易后难、先主后次;对于交通难以组织的施工工序,可在设计优化的基础上进行施工优化,实现快速施工,减少对交通的影响;对于主线、匝道、跨线构造物等可以合理地进行分期修建,最大限度地保证交通运行。

(4)交通优化

合理的交通组织设计,可以减少施工对交通的影响,同时也使施工能顺利进行,加快施工进度。

7)单喇叭形互通式立交改扩建交通组织方案

我国高速公路扩建项目中,单喇叭形互通式立交多采用原位扩建方式进行改扩建,交通组织方案与临时便道的修建、施工分阶段实施密切相关,其具体的交通组织方案如下:

(1)遵循交通组织原则,交通组织分阶段实施,其交通组织示意如图12.9-5所示。

①第一实施阶段

防撞墩、围挡、临时交通标志、标志牌的制作;征拆、清表、管线迁移,门架拆除。

填方边坡施工,填方高度至路基顶面以上30cm;挖方路段既有公路路基边坡开挖,急流槽等排水设施施工;挖、填方施工除部分涵洞、通道外均在既有公路路肩以外,对既有公路路面及行车基本没有影响;文明施工围挡;搭设挖方边坡的防护支架。

新建临时匝道A′、B′、C′、D′、CD′;加宽部分桥梁结构施工。

②第二实施阶段

主线右幅道路全封闭施工,左幅道路为双向行驶,各方向单车道同向,C、D匝道车流量由主线中央分隔带开口处进入主线左幅,实施分流。

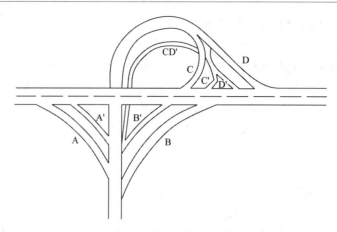

图 12.9-5　单喇叭形互通式立交交通组织示意图

A 匝道与 D 匝道进行封闭施工,交通量转移到临时匝道 A′和 D′、CD′匝道上,注意在临时匝道上增加交通标志,维持车辆通行。

③第三实施阶段

主线左幅道路全封闭施工,右幅道路为改建后双向新老车道行驶,各方向双车道同向,A、B 匝道车流量由主线中央分隔带开口处进入主线右幅,实施分流。

B 匝道与 C 匝道封闭施工,拆除临时匝道 A′和 D′,交通量转移到临时匝道 B′和 C′、CD′匝道上,增加交通标志,维持车辆通行。

④第四实施阶段

逐步开放新老全部车道通行;拆除所有临时匝道以及隔离墩、围挡等临时设施;进行交通标示、标志的改造;机电安装及调试,交工验收。

(2)当以上 A′匝道、B′匝道不好布置时,可采用图 12.9-6 所示的临时匝道修建进行解决,但注意对原 A、B 匝道进行交通管制,实行对向双车道。

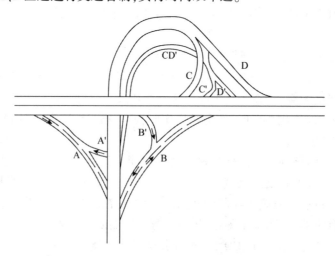

图 12.9-6　单喇叭形互通式立交改扩建临时匝道修建

(3)交通组织时临时匝道的修建,需考虑到用地及所在区域的具体情况进行布设,当立交所在区域内的平行道路、可分流道路比较多,能够暂时性地对交通进行分流时,临时匝道可不布置,改扩建工程可进行全封闭施工,缩短工期并提高施工安全;进行上述的临时匝道布置时,可通过临时匝道进行转移交通量。

8)互通式立交改扩建工程作业区内的安全性保障对策

由于互通式立交本身结构比较复杂,形式多样,匝道布置各异,当对其进行改扩建施工时,对高速运营的车辆影响很大,对主线及匝道的施工人员及驾驶员安全性较差,需采取相应措施解决。根据对施工期间的安全因素分析,从分流、行车、渠化管理和交通安全设施方面提出立交施工段安全保障对策。

(1)分流

路网分流。把整个路网作为一个整体,在主线施工期间,将远途车辆提前转移到交通量较小的道路上。

临时便道分流。修建临时匝道,满足转弯车辆要求;修建施工便道,使车辆有序、顺利地通过施工作业区。

按车型分流。当立交主线上大型车比率较高,改扩建施工时行车状况较差时,在分流控制点减少大车的汇入。

(2)行车管理

行车管理主要分为两个方面:车速限制和车辆运行控制及管理。由于立交改扩建施工期间车头时距较小,需对公路上的车辆进行限速;车辆在立交施工段运行时,加速合流时不能妨碍正线行驶的其他车辆,控制行车间距,以避免潜在的突发事件发生。

(3)渠化管理

立交匝道进行施工时,必须进行变速车道渐变段渠化。根据《道路交通标志和标线》(GB 5768—2009),渐变段的长度 L 为:

$$L = \frac{v^2 W}{155} \tag{12.9-1}$$

式中:v——85%车位速度或施工路段限速,$v \leqslant 60 \text{km/h}$;

W——缩减的路宽。

确定渐变段长度后,标志设置位置及临时匝道位置就可确定。另外,配合标志、标线、路栏等渠化设施来渠化交通,保障行车安全。

(4)交通安全设施

标志、标线、警告牌、路栏等的安全设施布置,不仅有利于交通组织的实施,同时可保障施工路段的安全。安全保障措施和交通组织的顺利实施是密切相关的,交通组织实施的措施和保障交通安全的对策可紧密联系起来进行综合分析研究,达到既有利于交通又保障安全。

12.10 公路改扩建施工期间存在的安全问题及对策

(1)施工路段存在的安全问题

从已有的一些公路改扩建工程的施工总结,在施工路段经常出现的一些安全问题如下:

①施工作业安全隐患突出

部分施工路段没有设置施工提示标志、标牌或者这些提示标志与标牌设置距离过近、数量过少,不符合施工作业规范要求;部分路段的安全标志和标牌不按规定摆放,挤占车行道使得道路变窄,影响车辆通行;少数施工车辆逆向行驶、逆向停放;施工人员没有穿反光背心;施工人员在高速公路内随意行走、横穿公路;部分路段堆积有沙石、土方等施工材料,却不见施工人员;部分路段防护网和防护钢板缺失,防护钢板上安装的夜间反光标识受损严重,施工单位没有及时更换、修补;大部分路段仍然没有安装百米指示牌等标志标牌。这些情形在施工作业中造成很多安全隐患。

②施工区域交通秩序混乱

由于缺乏对公路行车安全知识的了解,很多驾驶员驾驶车辆在公路上逆向行驶、随意停车等违法情形屡见不鲜,行人任意横穿高速公路的情况也时有发生,施工区域内交通秩序混乱,十分容易引发交通事故。

③道路施工没有依法征得交管部门的同意

施工单位因缺乏道路交通组织经验和交通安全法律常识,常常未与公路交通警察部门沟通和联系就先行施工,结果在施工中发生交通拥堵或者交通事故,严重影响交通安全;有些直到交警部门发现交通安全隐患,向施工单位发出整改通知书后,才引起重视。《中华人民共和国道路交通安全法》第32条规定:因工程需要占用、挖掘道路,或者跨越、穿越道路架设、增设管线设施,应当事先征得道路主管部门的同意;影响交通安全的,还应当征得公安机关交通管理部门的同意。道路施工牵涉到"占用、挖掘道路",一定程度影响了交通安全,按照法律规定,施工单位应当在施工前征得公安交通部门的同意。

④施工路段和施工时段没有统筹安排计划

为了赶工期,施工中没有根据交通流量状况、道路使用情况,按照道路疏导和分流的交通管理要求统筹安排施工路段和施工时段计划,而是长时间、长路段的双向车道施工,这往往造成高峰时段出现交通堵塞,甚至堵死,连疏导交通的余地都没有。再者,因为施工规划不科学,不分时间不根据道路条件及天气情况随意长时间占用道路,极易发生交通事故。特别是一些路面坑槽,施工单位在未做好施工计划的情况下,将开挖的坑槽遗留在路面,并随意摆几个标志筒准备第二天继续施工,极易给夜间通行的驾驶员造成危害。这种情形也违反了《中华人民共和国道路交通安全法》第32条:"施工作业单位应当在批准的路段和时间内作业"的规定。

(2)施工存在安全问题的主要原因

①安全意识淡薄

安全意识淡薄在很多施工单位的作业过程中表现突出。大多数施工作业单位以及施工人员普遍认为自己从事的道路施工工作有法律法规的保护,其他交通参与者必须避让。正是基于这方面的错误认识,使施工单位及施工人员普遍存在安全麻痹意识,对道路施工中存在的安全隐患缺乏足够重视,思想松懈,违反安全操作要求作业,从而引发安全问题。同时,大部分施工作业人员是施工单位临时从社会上招来的,未经过相关专业安全培训,安全意识较差,不懂得保护他人和自身安全。

②安全职责不明

实际工作中,施工单位只知道自己有进行道路施工的责任,而对保障安全作业的职责却不甚明确,认为保障安全是交通管理部门的责任,从而不主动去组织、指挥、实施作业现场的安全管理。对公路巡警及路政部门的管理也是听而不闻,甚至在路上有意逃避管理,见到警车或者路政部门车辆便赶紧设置标志筒、穿反光背心,似乎不是为自己和他人的安全,而是为敷衍警察和路政部门的检查才不得已而为之。

③施工单位安全管理力量薄弱,安全防护装备不足

很多从事道路施工的单位只注重施工工程的质量和进度,而忽视安全作业防护,大部分均没有设置专门的施工作业安全管理部门,也没有专职的安全管理员,安全管理力量薄弱,导致施工养护现场存在不少安全隐患。另一方面,出于节约施工成本等方面的考虑,很多施工单位所设置的安全标志、防护设施配置严重缺乏或陈旧老化;警示标志放置的距离严重不足,难以起到有效的警示作用,使施工养护作业车辆、人员、装备置身于危险的交通环境中。管理的硬件设施落后,科学化管理水平低,是影响公路安全的重要因素。

④安全管理法律滞后,缺乏安全综合管理机制

目前对道路施工中违反安全操作规范的情形,仍然缺乏具体的、严格的责任追究法律依据。虽然《中华人民共和国道路交通安全法》第105条规定"道路施工作业或者道路出现损毁,未及时设置警示标志、未采取防护措施,致使通行的人员、车辆及其他财产遭受损失的,负有相关职责的单位应当依法承担赔偿责任。"但该条只规定了民事赔偿责任,没有行政责任追究的规定,这在一定程度上使从事道路交通安全管理的部门放松了交通安全管理的责任心,也纵容了施工单位道路作业时的违法违规行为。另一个重要方面的原因是各项法律法规对道路施工的管理责任规定不明、不细、不具体,也在一定程度上导致了各管理单位各自为政,权责不明,缺乏有效的综合协调管理机制,导致了道路施工及管理环节出现断裂、甚至出现管理漏洞。

(3)既有公路改扩建工程保通方案的基本要求

①前期工作中进行施工组织设计时,设计单位需提出切实可行的边施工边通车的方案,并将由此引起的费用归入施工图预算中。

②招标时对既有公路保通费用进行相关约定,并在相关专用条款中提出详细要求。

③监理、施工单位进场后与监理工程师协商下达既有公路保通保施工的标准化、规范化要求。

④督促或联合监理单位定期不定期对施工单位的既有公路保通费用储备、材料储备、人工机械设备储备进行检查并跟踪整改。

⑤安全费用中间计量时,将既有公路保通作为安全工作中一项关键的验收环节。

⑥加强现场巡查力度,并要求施工项目部主要负责人到场,加大宣传力度,提高重视程度。

⑦在保通方案实施过程中,除设置标志对车流进行提前引导,还应采取一定的安全隔离及防撞设施,确保施工场地与通行车道、双向车道间的隔离,同时交管部门应制定相应的应急预案。

(4)解决道路施工安全问题的对策

①发挥职能部门作用,严格施工监督、检查、验收

对道路施工作业监督、检查、验收,是施工建设管理单位和路政部门的职责,也是公安机关交通管理部门的主要职责之一。发挥各职能部门的作用,严格施工监督、检查、验收,是发现施工路段是否存在交通安全隐患、施工安全措施是否落实的重要措施。

施工建设管理单位、路政部门和公安交通管理部门应做到对施工路段的重点监控和警

务方面的日常管理相结合。对施工过程中容易发生交通事故的土方工程、路面铺装工程等重要环节加强专项安全监管,指定专班路政队员负责施工路段的管理,加强对施工路段的巡逻力度。也要重点巡查施工路段,确保施工路段不发生车辆堵塞。让每位路政队员都明确安全施工的重要性,以及特殊情况下的处置办法,尽量及时消除隐患。定期进行专题分析,研究管段内施工的情况和形势,准确把握施工动态和监控施工单位主要施工内容。

在检查中发现问题应立即提出整改建议,对于施工完毕准备通行的道路,应积极、主动提出检查验收,并严格依法开展验收工作;对严重影响交通安全的问题都能如实提出整改意见,决不允许不合格的道路恢复通行。严格要求施工作业队伍按照既定的方案实施,避免施工"走样"。路政监管部门要按照道路建设的标准进行道路施工各个环节的初步验收,再与公安机关交通管理部门共同审核验收,确保施工路段建设质量和恢复通车的安全。

②建立施工安全应急预案,提高紧急情况时的处置力

进行道路施工特别是工期较长的道路施工,只有交通安全组织方案还不够,施工作业单位还必须建立相应的施工安全应急预案。对此,公路警察部门应积极引导施工作业单位根据施工作业现场实际交通环境情况、医疗急救点分布、清障救援单位位置等建立完善的道路施工安全应急预案,并组织应急演练,这样才能最大限度地确保突发事故处置迅速得当,全面保证施工作业的安全、高效。

③加强施工路段交通秩序管理工作

公安机关交通管理部门、高速公路警察应当按照相关职责,在施工期间加大施工路段的交通安全巡查工作,充分发挥交通管制、出警疏导等专业手段的作用,对发现的问题要提出整改建议;各施工单位必须按照以"疏"为主的原则开展道路施工,合理安排施工点段、施工时间,在确保道路通行的前提下进行道路施工。对于施工中的交通秩序管理,施工作业的一方应当在施工路段安排人员指挥交通,让过往车辆有序通行。在必要的情况下,公安交通管理部门或路政部门可根据法律法规的规定,进行交通管制,以确保各施工路段的人员及车辆的安全。

④重视安全教育,加强执法纠查

重视交通安全、交通法制宣传工作,让群众知晓有关法律知识。同时,通过一些惨痛交通事故的案例作反面教材,让大家从思想上受到触动、教育。对于违法施工作业、安全隐患突出的单位或人员,坚决予以查纠,因违法施工造成人员伤亡、财产损失的,应依法追究相关责任人和责任单位的法律责任。通过安全教育、法制教育和严格执法纠查,促进道路施工路段安全管理工作依法有序展开。

⑤畅通信息渠道,建立联管机制

作为道路施工方的道路施工管理部门应当按照法律的规定,切实履行职责,积极与公安交通管理部门沟通和联系,主动提出道路施工路段的方案,共同探讨最佳方案,在做好道路施工的同时确保道路的安全畅通,做好必要的临时性交通管制、交通疏导、交通分流工作。要做好这些工作,也需要公安机关交通管理部门主动配合,发现道路施工立即联系道路主管部门,提出道路施工过程中交通安全工作的有关建议,一并上报公路经营管理公司。在改扩建期间,公路交通信息对交通的组织和分流等方案起着决策性的作用,调度指挥部门要根据所掌握的信息,结合施工的进展,采取相适应的措施,以保障公路施工路段的车辆能够正常行驶,保证道路的安全畅通。

⑥规范施工路段标志标牌的设置和专人指导

施工路段的标志筒和标志牌的正确摆设是保障施工路段道路畅通的前提要素,施工单位必须依照国家的标准规范设置。在施工路段的前端、中段、末端分别摆设相关标志,重点地段还要专人对车辆进行引导,夜间作业时要有照明工具和闪光警示标志。如发现施工现场的施工车辆和标志牌违反规定停放和摆设的,应及时予以纠正,责令不改的,应下达停工通知书,纠正后方可开工。

12.11 施工交通组织案例

12.11.1 实例1——昭会高速公路改扩建工程建设指挥部安全保通方案

昭会高速公路改扩建工程是云南省的桥头堡建设项目工程,该公路改扩建后,将在云南省形成一条贯穿南北的公路骨架,向北可至四川、贵州,向南可达缅甸、老挝、泰国,其路网地位十分重要。

昭会高速公路改扩建工程始于鲁甸立交,接拟建麻柳湾至昭通高速公路止点,由北向南布设,利用既有昭通至会泽二级公路扩建,利用既有道路作为一幅,扩建另一幅12.5m合并为双向四车道高速公路,设计速度为80km/h,路基宽度24.5m,全长104.17km。

1) 施工安全保通方案遵循原则

(1) 安全原则

工程建设期间,必须保障过往车辆的行驶安全,同时也必须保障施工人员和施工车辆的安全。

(2) 通行原则

工程建设期间,昭通至会泽段二级公路应保持通行,确保施工过程中能够以一定的速度顺利通过。

(3) 确保施工进度原则

该工程建设项目是在既有昭待二级公路的基础上进行的,其施工必将给原昭待二级公路的通行能力带来较大的阻碍。因此,确保施工进度,尽量减短施工周期是非常必要的。

(4) 效益最佳原则

改扩建工程作为一项经济活动,合理利润的追求必然要求工程在达到质量、进度等各项要求的基础上,付出最小的经济代价。因此在改扩建工程中对各项设施的要求是在保证工程质量的前提下选择最经济的方案。

2) 交通组织方案

由于本项目既有道路按照半幅高速公路设计,因而改扩建主要为新建另外半幅路。涉及既有道路的施工内容主要包括路面翻新,交通工程设施更新等。因而本项目施工期间交通组织方案主要以沿用既有二级公路保通,维持现状双向交通通行为主。

(1) 划分交通组织区段

①起点鲁甸立交至老厂段33km、白沙地至黑土和黑土至会泽36km为分离式路基扩建,上下行分离距离相对较远,施工干扰较小,施工组织管理容易。

②老厂至独木桥 7km、阿都至白沙地段 12km,以整体式或分离式路基扩建,需新增设施工便道、便桥工程供施工车辆进行施工作业,施工车辆在临时便道行驶,不得影响主通道通行。

③独木桥至阿都段约 20km,以整体式路基扩建为主,路线基本平行于国道 G213 线,距离较近,充分利用 G213 线,同时新增设施工便道、便桥工程供施工车辆进行施工作业,施工车辆在 G213 线和临时便道行驶,不得影响主通道通行。

④田坝立交至江底段新建一幅位于二级公路上方路段,增设落石安全防护网,个别路段石方实行控爆处理,保障既有二级公路交通的畅通和安全。

(2)划分交通组织阶段

为了对处于同一施工序列的分项工程合并考虑、统一研究交通组织方案,并根据不同施工阶段对通行干扰的特点来制订相应的总体方案,具体为:对交通干扰较小的施工阶段采用"内部交通转换"方案;对交通干扰较大的施工阶段采用分流部分交通量后进行内部交通转换的方案。交通组织阶段划分如下:

①路基施工期

第一阶段是地基处理、主线路基加宽、上跨桥的拆建、主线桥基础及下构施工、涵洞、通道、小桥的改建。这一阶段虽然工程量很大,但对主线交通影响较小,通过临时安全设施的采用,维持既有公路通行。

②路基上部搭接、桥梁上构施工及部分互通立交改建期

立交改造采用"隔一建一"方案,改造立交封闭施工,利用相邻立交分流。这一阶段为了弥补既有公路边坡开挖对路侧护栏安全功能的不利影响,通过在护栏内侧设置预制混凝土隔离墩固定彩钢板进行警示及防护,既有公路维持通行。

③路面施工期

第三阶段是主线路面、桥面铺装及部分交通安全设施的施工。这一阶段对主线交通影响最大,组织最复杂,施工前需外部分流交通。设计中结合分流方案对改扩建公路上保留车辆的组织方案重点研究并进行多方案比选.

④沿线设施施工期

第四阶段是在主体工程基本完成后,完成剩余交通工程、沿线设施、绿化及通信工程。这一阶段外部分流交通结束,主线至少可以提供四车道通行。简称为交通工程及沿线设施、景观绿化施工期。由于仅在中央分隔带改造时影响交通,其余对主线通行基本不影响的项目可在主体工程完成后合理安排,精心施工。

由于改扩建项目实施要求在维持既有公路通行下保证工期与施工质量,较新建项目存在更多的交叉施工情况,这对建设方的协调管理及施工单位的施工组织提出了更高的要求。路基施工中,建议 10~15km 一个标段,且互通立交含在标段内,这样对立交改建可根据本标段施工总体情况进行安排,封闭立交后集中人力突击施工,调动人员、机具更为灵活,施工干扰减少,为缩短立交封闭时间提供了有力保障。

3)交通分流方案

根据本项目所在区域内的路网情况,从会泽到昭通方向的其他道路包括昭待公路,老国道 213 线;省道 S303,县道 X058 等;省道、县道等等级低,此外还有部分地方道路通行,但均

为等外乡村道路。由于等级低、路况差、缺乏养护,仅能满足施工期间项目影响区域内居民的日常生活出行。交通分流主要依靠昭待公路、老国道213线进行,如图12.11-1所示。

同时考虑到本项目是既有公路作为单幅、新修另一幅,既有公路承担着主要的运输任务,交通量大。为了保证施工运输和道路交通安全保通。在大口子—江底段、野猪冲段、邱家丫口段上下行线相距较远的区段,设计了横线连接道。并在全线桥隧工程集中,施工进场困难等位置设置了施工进场道路,可以有效缓解施工运输对正常道路运输的影响。

在既有二级公路适当位置开设临时平面交叉口,供施工期车辆上下进入施工营地,并连接施工便道和便桥工程进行施工作业。增加既有公路交通维护费用,加强交通管理和引导,保障车辆的运行安全,防止施工车辆在主道行驶而影响主通道通行。

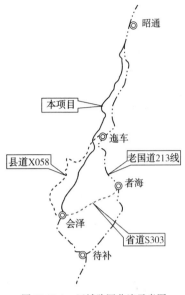

图12.11-1 区域路网分流示意图

4) 主要工程的施工工序

改扩建公路工程采用以机械化施工为主、人工配合的施工方法。

根据项目特点及工期要求,建议先桥台、涵洞后路基填筑施工。最后是路面施工。

桥梁施工:桩基础、明挖基础→承台→墩台→盖梁→主梁→桥面系。

路基填筑:基底处理→填路基土→填台背土。

路基施工:路基填筑在涵洞施工完毕后进行,路基填挖过程中做好防护及排水措施,路基施工在半山上,应特别做好雨季的防排水工作,保证不受水害的影响

路面施工:底基层→基层→面层。

5) 施工安全保通方案

由于该项目所在地区其他公路等级较低,基本没有可以分流的道路,基于此状况,特制订以下保通方案。

(1) 准备阶段

该阶段全线维持现状交通,车辆在既有路上正常双向行驶。

①通过新闻媒体发布施工信息,广泛宣传改扩建工程建设的基本情况和交通安全注意事项。

②在改扩建工程建设两端及各收费站入口前设置标志标牌,提醒过往司乘人员昭会高速公路2013年7月1日至2015年12月31日进行改扩建施工,部分路段实行交通管制,为了安全出行,请按标志标牌行驶。

③建立昭会指挥部、交警、路政、施工单位以及管理处等部门之间的协调与配合机制,召开保通工作例会,协调解决安全保通工作方面的问题。

④建立健全保通组织机构,制定保通工作管理办法,对全体参建人员进行交通安全知识及保通工作知识培训。

（2）施工阶段

①路基拼接施工阶段

a.改扩建施工期间，控制车速是保证车辆安全通行和保障安全施工的有力措施之一。

拆除既有限速标志(大车60km/h、小车80km/h)。

安装限速标志大车40km/h、小车60km/h。

在重点部位设置震荡标线，促使车辆降速缓行，谨慎通行。

b.为阻止非施工车辆、人员及牲畜进入施工现场，在新的征地界安装永久性隔离栅，根据施工需要设置临时施工出入口，设置友情提示牌，施工出入口用栏杆隔离，并安排保通人员看守。

c.为保障雨季路基安全，防止雨水冲刷边坡，在高速公路两侧护栏外土路肩上修建拦水带，将既有公路基边坡排水方式由分散排水改为集中排水。

d.为保障路下施工安全，各施工作业面在相对应的紧急停车带处摆放锥形标，在事故多发路段安装示警灯。

②路面基层拼接施工阶段

a.路面结构层搭接台阶在紧急停车带位置，需铣刨施工。根据施工进度情况，分段落铣刨台阶，铣刨台阶时临时封闭施工段部分行车道。

b.铣刨完毕后，在路肩带标线处做好安全防护措施，进行路面基层拼接施工。

③路面中下面层施工及既有公路改建

a.安装路侧波形护栏和永久性标志，拆除防护措施，在行车道外侧设置临时隔离设施，进行扩建部分路面中下面层施工。

b.扩建部分路面中下面层施工结束后，将车辆移至扩建路面行驶，进行既有公路改造。

④上面层通铺施工阶段

a.将车辆移至一侧通行，进行路面上面层通铺。

b.上面层通铺结束后，划分永久标线，拆除临时标志，完善其他附属设施施工，车辆恢复正常行驶。

6）具体实施保通措施

（1）开口管理

①各施工标段不得随意开口，在开口前，施工单位应将本合同段内所涉及的交叉路口的安全保通方案以及施工相关情况、信息资料等报指挥部安全保通处；若涉及原昭待二级公路则须报所属公安机关交通管理部门和公路主管部门，待批准后方能开口。

②为了施工和过往车辆的安全、方便管理及节约成本，尽量减少开口数量。在指挥部的统一安排、协调下两相邻标段可共用一个或多个进出入口。

③在施工出入口设立值班岗亭，实行值班制度。

④严格管理出入口车辆，杜绝一切无关车辆出入施工现场。

（2）交叉路口施工

①施工前，施工单位应将本合同段内所涉及的交叉路口的安全保通方案以及施工相关情况、信息资料等报指挥部安全保通处。

②按规范设置道路交通安全信号、警示、警告标志、标牌,夜间在施工区域设置照明或信号灯。

③道路交叉施工作业控制区、警告区最小长度不得小于1200m。

④施工作业区域必须在缓冲区设置施工作业警示标志、标牌。

⑤道路交叉路口必须配备交通安全指挥人员指挥车辆出入。

(3)边通车边施工路段

①施工单位不得随意开口,必须在取得指挥部、交警、路政的批准后方可开口,并按规范设置道路交通安全信号、警示、警告标志、标牌。

②靠近河流、沟谷和陡壁的施工道路必须设置防护栏和警示、警告标志。

③夜间施工按相关规定在施工作业区域设置照明灯和警示灯。

(4)封闭改道施工路段

①施工单位应提前做好封闭施工路段的施工组织计划,加强施工人力、机械、设备组合,尽量压缩封闭周期。

②做好切实可行的改道保通方案。

③提前调查改道线路情况和改道路段行车安全措施。

④严格按规范要求制作和设置道路交通信号标志、安全警示警告标志,确保交通安全。

(5)路产拆除

①施工单位拆除原昭待二级公路路产前,应制定路产拆除计划(时间、地点、类型、规格、数量)及保通方案,经监理单位审查,业主审核,报路政、管理处审批后方可实施。

②拆除时按保通办法的要求摆放警告、施工标志,用锥形标渠化施工作业区,安排保通人员手持明显标志(交通或电子指挥棒)疏导交通,并维护交通安全设施。施工人员应身着反光背心,头戴安全帽,严禁进入通行车道,保障原昭待二级公路公路畅通及安全施工。

③拆除原昭待二级公路路产前,监督施工单位做好保通工作,督促施工单位妥善保管路产设施,以便以后向相关单位做好移交工作。

(6)施工作业人员安全保障措施

①施工作业人员应当按标准要求着反光服,以便使社会车辆或施工车辆容易观察到人员的位置和运动物状态。

②组织培训施工人员开展应急演练。

③交通指挥人员要进行专门技术培训和安全教育培训。

④采用交通标志、隔离栅、锥筒等交通安全设施,隔离、区分出施工区与交通流的措施。

(7)车辆安全保通措施

①施工货运车辆后部,应有醒目的反光标识,提醒社会车辆注意。

②设置施工区域的警示警告标志,保持驾驶人员的警觉。

③相关部门敦促车辆不得随意停放。

(8)穿越学校、村寨施工的保通措施

①在民居或公共场所开挖沟槽,应设防护栏及搭设跳板,供行人安全通过;夜间应设照明灯或红灯;有条件的应采取隔离施工。

②距村寨、学校出入口100m处,应设置警示标志,提醒驾驶人员注意;同时在村寨路边及学校门口也应设置警示标牌,提请行人注意安全。

③在距道路较近的农舍、房屋前,应设警示标牌杆,谨防挂撞房屋。

④遇赶集或村寨公共活动,应提醒驾驶人员谨慎驾驶。

(9)应急保通

①做好检查、视察前沿线及本合同段范围内的交通安全隐患排查、整治工作,了解沿线职工、民工和村民的思想动态,提前掌握相关情况和信息,及时向当地人民政府及相关部门通报信息,做好相应的防范工作。

②施工单位要做好检查、视察线路的清整工作,安全保通员要着装执勤,仪态严谨;各施工区域车辆出入口、急弯、危险路段均应安排人员执勤。

③安排专人负责现场指挥检查、视察车辆的停放、调头等工作,保证检查、视察车辆有序行进。

7)交通组织管理

(1)成立安全保通领导小组

为保障昭会高速公路改扩建工程建设项目施工期间的道路交通安全通行及改扩建工程的顺利实施,成立由昭会高速公路建设指挥部、嵩待路政大队、水昭交警大队、功昭交警大队、昭通路政大队、昭通管理处、会泽县公安局、鲁甸县公安局、昭会高速公路改扩建工程参建单位组成的安全保通领导小组,领导小组下设办公室。

(2)保通组织机构(图12.11-2)

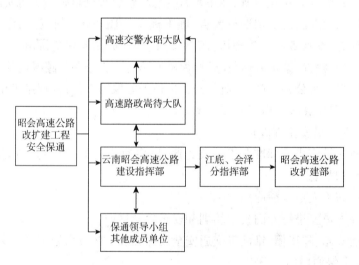

图12.11-2 昭会公路改扩建保通组织机构

(3)各部门保通职责

①昭会指挥部

根据施工计划、实施方案,制订改扩建施工及分项施工保通方案,督促并落实保通措施,下达保通领导小组及办公室对施工的要求与安排,做好施工组织与施工保通的协调工作。

召开保通例会,及时协调解决在保通工作中出现的问题。

②高速交警

依据相关法律法规规定,履行其应有职责。

负责原昭待二级公路交通道路安全管理、及时快速处理交通事故,维护交通秩序,保持公路的安全畅通。

根据交通运行情况,及时准确地实施交通应急管制措施,引导、分流滞留车辆。

指导、检查施工单位的标志标牌的设置和摆放,对存在交通安全隐患的及时向领导小组上报并提出整改意见或措施。

配合昭会指挥部搞好安全保通工作。

③高速路政

依法维护原昭待二级公路的路产路权。

维护交通秩序,监督施工区域的文明、规范施工,提供路面情况信息。

根据交通运行情况,积极配合交警部门引导、分流滞留车辆。

参与抢险救护,同时配合昭会指挥部搞好安全保通工作。

④施工单位

各项目部成立以项目经理或分管领导为组长,安全管理员和安全保通员为成员的道路安全保通工作小组,负责本合同段施工期间的道路交通疏导和指挥等具体业务。

维护各类交通安全设施,制止和纠正人员、车辆等各种违反保通管理规定的行为和现象,及时报告和处置突发事件。

加强与指挥部、监理、路政、安监和交警等部门的联系与沟通。

⑤监理单位

各监理单位成立以总监理工程师为组长,各驻地监理工程师办公室人员为成员的道路安全保通工作监督小组,配合指挥部检查和督促施工期间各施工单位道路安全保通工作的开展情况,并负责业务指导和提供必要的服务。

监督、督促安全保通工作。

⑥管理处

配合指挥部搞好安全保通工作,及时准确在各收费站和电子显示牌发布路况信息。提醒过往驾乘人员小心驾驶或改道行驶。

⑦养护单位

及时修复及处理原昭待二级公路车辆肇事损坏的路产。

冬季及时对结冰路段提供泼洒融雪剂、铲雪等。

配合交警、路政、指挥部等部门做好安全保通工作。

(4)信息上报程序

路况信息及突发事件的及时上报是提高原昭待二级公路通行能力、提高快速处理突发事件能力、保障改扩建施工顺利进行的重要条件。在改扩建工程路段发生交通事故、突发事件,按图12.11-3程序及时上报。

8)应急预案

(1)应急预案

①在施工与既有公路交会处如发生重大交通阻塞,施工单位必须采取紧急措施,启动保通应急预案,对在应急路两端安排的保通人员进行指挥,设立明显的警示标志,同时第一时

间与当地公安交警、路政部门、指挥部安全保通处报告,防止因阻塞而发生交通事故。并做好对驾驶员的解释,防止发生冲突。交警到达以后,一切听从交警的指挥,根据现场情况,配合制订紧急疏散方案,如在30min内无法疏通,逐级向属地政府部门上报,请求支援,对相向方向的车辆进行远距离分道,以免造成更严重的二次阻塞。如发生重大交通阻塞,施工单位不及时上报,同时不采取措施进行疏导,而发生交通事故或者其他突发事件,对社会造成极坏影响,则根据法律、法规追究施工单位相关的法律责任,同时进行严厉的经济惩罚。

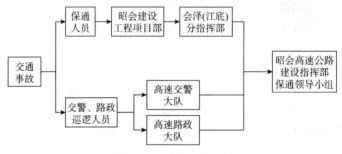

图 12.11-3 信息上报程序

②施工单位应在应急路段安排专人指挥交通,设立指路标牌,对险要地段应进行必要修复。

由于各种原因、情况引发的大量车辆滞留在原昭待二级公路时,为最大限度降低社会负面效应,交警、路政部门应立即启动应急预案,采取车辆分流措施。

③在改扩建工程施工过程中,会泽至黑土立交段如发生大量车辆滞留时,请交警、路政、管理处相互配合,可采取上行线方向在黑土进行交通临时管制,下行线方向在会泽进行交通临时管制。

④在改扩建工程施工过程中,会泽至阿都段发生大量车辆滞留时,请交警、路政、管理处相互配合,可采取上行线方向在进行交通临时管制,下行线方向在待补进行交通临时管制,在会泽进行交通临时管制。

⑤在改扩建工程施工过程中,迤车至阿都段发生大量车辆滞留时,请交警、路政、管理处相互配合,可采取上行线方向在迤车进行交通临时管制,下行线方向在阿都进行交通临时管制。

⑥在改扩建工程施工过程中,鲁甸至迤车段发生大量车辆滞留时,请交警、路政、管理处相互配合,可采取上行线方向在昭通进行交通临时管制,下行线方向在阿都或迤车进行交通临时管制。

⑦在改扩建工程施工过程中,若昭待二级公路全线发生大量车辆滞留时,请交警、路政、管理处相互配合分流车辆,上行线方向可在昭通进行交通临时管制。下行线方向在待补进行交通临时管制,在会泽站进行交通临时管制。

(2)工程施工期间雪、雾等恶劣天气下的保通预案

按照"顾全大局、各司其职、沟通协调、安全畅通"的原则,公安、交通和项目部等部门密切配合,建立高速公路气象预警机制,整合各部门资源,在遇到恶劣天气时做到"信息采集及时、路况掌握及时、各方协调配合及时、领导决策及时、采取措施及时",切实保障恶劣天气条件下原昭待二级公路安全通行及施工人员、机械安全,保障改扩建路段的正常施工,预防恶性交通事故。

第12章 公路改扩建施工期交通组织

①雾天的保通工作

遇雾天,高速交警大队、路政大队加大巡逻密度,及时向有关部门报告路面情况。利用可变信息板发布信息等方式,告知车辆驾驶员限速行驶,开启雾灯,保持车距,提示行车注意事项;各服务区及时封闭出入口。

项目部加强对未中断交通的施工作业路段的管理,施工单位增设各种警示标志和灯具,施工暂停或远离运行公路,保通人员坚守工作岗位,加强巡查,及时报告突发事件,制止和纠正各类违反保通管理规定的现象,保证各类交通安全设施齐全规范。

②冰雪天的保通工作

遇冰雪天,高速交警大队、路政大队派出巡逻车,加大巡逻密度,及时向有关部门报告情况,通过喊话、散发告知书等方式提醒通行车辆驾驶员保持安全车距、车速,及时处置超速、强抢、强超、违规停车等行为。对路面故障车辆要通知清障车及时拖离,不能拖离的提醒司乘人员做好安全防护措施。管理处应通过可变信息板发布信息等方式,在收费站入口向司乘人员提示,要求车辆减速慢行。公路经营管理单位应对桥面、坡道或积雪路段实施撒盐、撒融雪剂、撒除冰剂等措施,保证该路段能够限速通行。

项目部加强对施工作业路段的管理,将道路情况汇集、整理、上报,施工单位增设示警灯、设置临时限速标志、提醒标志,保通人员坚守工作岗位,加强巡查,及时报告突发事件,制止和纠正各类违反保通管理规定的现象,保证各类交通安全设施齐全规范。

9)参建单位保通工作管理

(1)施工单位保通工作要求

①认真组织学习省交通运输厅、省公路投资有限公司有关保通工作文件精神及指挥部下发的保通管理办法,积极稳妥地做好本单位保通工作。

②项目经理是该单位保通工作的第一责任人,要严格执行国家法律、法规,时刻树立"保畅通、重安全"的思想,坚守岗位,履行职责。

③加强保通工作管理,成立保通工作领导小组,安排一名具有管理、协调能力、责任心强的副经理负责保通工作。

④岗前应对保通人员进行保通工作培训,开展有关交通安全方面知识教育,使其认识到保通工作在改扩建工程中的重要性,以提高保通人员的综合素质。

⑤各分部工程开工前,施工组织方案(必须符合保通要求,特殊路段除外),经保通监理、监理代表处逐级审查,报指挥部审核批准后,方可开工。

⑥应按照已批复的施工保通方案在施工现场组织实施,责任到人,各负其责,对施工路段分区管理,特殊路段实行专人管理,减少因施工给社会各界带来的负面影响。

⑦高度重视雨、雪、雾等恶劣天气及各类突发事件的处置工作,制定相应应急预案,做好应急预案的演练工作,确保在雨、雪、雾等恶劣天气及各类突发事件中公路通行和施工人员的安全。

⑧各施工单位应做好相邻标段之间保通配合工作。在交叉施工、相邻标段接头施工时,各施工单位应及时沟通、密切配合,确保公路通行及施工顺利实施。

⑨发生交通安全事故及交通堵塞后,保通人员及时将信息报保通经理和保通监理,保通经理接报后立即报告保通领导小组。

(2)监理单位保通工作要求

①监理单位对于本工程的保通工作负有直接管理责任。监理单位必须严格执行有关交

通安全方面的法律、法规及指挥部制定的保通管理办法、规定,认真履行监理职责,监督施工单位做好保通工作。

②各监理代表处工程部要设专人负责保通工作,各驻地办设专职保通监理,以加强对施工单位保通工作的监督。

③各分部工程开工前,施工单位的施工组织方案,须经保通监理、监理代表处逐级审查(是否符合施工保通方案,特殊路段、部位确因施工不能符合施工保通方案的,应拿出意见),保通监理对保通工作验收,报指挥部批准后,方可签发开工报告。

④保通监理应督促施工单位对保通人员进行岗前培训,结合施工过程中保通工作存在的问题有针对性地进行安全教育,并做好书面记录。

⑤保通监理按照已批复的施工保通方案督促施工单位配足配齐保通人员及交通安全设施,经常在施工现场进行巡视,发现问题督促施工单位及时整改,并做好相关记录,对施工单位未按要求整改的要及时上报监理代表处、指挥部。

⑥保通监理要认真填写监理日志,日志应包括:时间、地点、施工内容、保通人员在位情况、存在问题、处理结果等内容,填写内容要真实,书写要清晰。

⑦相邻标段接头施工时,相邻标段保通监理应互相沟通,做好相邻施工段落的保通协调工作,保障原昭待二级的安全通行和改扩建工程施工顺利进行。

(3)参建人员管理

①参建人员上岗前应接受交通安全教育,提高对公路改扩建施工危险因素的认识,增加安全防范意识,切实遵守交通安全法规及规定。

②参建人员进入施工现场必须身着反光背心(基层施工开始)。参建人员严禁在原昭待二级公路上擅自、违规拦截过往车辆。参建人员禁止靠近通行区休息,以防止意外发生。

(4)保通人员管理

①保通人员年龄在20~45岁之间,身体健康,无残疾,反应灵敏,责任心强,思想正派。

②根据各个标段的情况每公里设不少于2~3名保通队员,设立每组不少于3名保通人员的小组,每小组设立一名组长,并安排24小时三班值班制度。

③保通人员严禁酒后上岗;上岗期间要统一着装、佩戴标志、坚守岗位、加强巡逻、发现问题及时纠正,禁止脱岗、睡觉、扎堆闲谈或喝酒、打牌等与安全保通无关的事情。

(5)交通安全设施的规范和使用

①需拆除原隔离栅时,将其移至新征地界上,改移后的隔离栅应安装牢固、线形顺直、高度符合要求、无缺损。

②临时施工出入口用红白相间木制栏杆隔离,在出入口旁设置友情提示牌。

③施工现场交通安全设施应按交通组织设计方案的要求摆放,各种警告、禁令、施工标志及隔离墩、锥形标必须齐全、清洁、醒目、整齐。使用过程中损坏、丢失、污染的应及时更换、补齐、清洗;锥形标、示警灯、施工标志禁止用砖头、石块等有棱角物体压制。

④锥形标:渠化段摆放间隔距离1m,直线段摆放间隔距离2m(路基拼接施工阶段间隔距离4m),用于移动形式阻挡或分割交通流,引导交通,指引过往车辆安全通过。

⑤隔离墩:间隔距离2m,用塑料管连接,用于固定形式阻挡或分割交通流,引导交通,指引过往车辆安全通过。

⑥示警灯(爆闪灯):摆放在桥梁、施工段起点及事故多发路段,用于夜间、雾天警告驾驶员前方路段正在施工,应减速慢行。

(6)施工机械、车辆管理

①施工车辆要牌照齐全,技术性能符合交通安全要求,禁止使用报废车辆。经保通监理验收合格后,指挥部将按照有关规定发放针对本工程所使用的车辆管理证件,无车辆管理证件的车辆不得参与本工程施工。

②施工机械、车辆安装黄色示警灯,车辆在后箱板加装施工标志;进入公路通行区的施工车辆,开启应急灯,将示警灯置于车辆顶部并开启,提醒运营车辆保持车距。

③施工机械未进行施工时要停放在安全区,车用施工标志要保证清晰无污染,黄色示警灯损坏的要及时更换。进入原昭待二级公路公路通行区的施工车辆,要求车厢密封良好,禁止遗洒物品。

④夜间施工时,施工机械及车辆逆车流方向行驶应使用应急灯,禁开远光灯,防止眩光对运营车辆造成影响。

10)相关设计

标志板面布置图见图12.11-4。

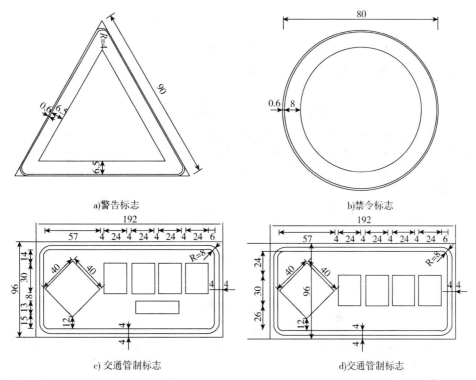

a)警告标志　　　　　b)禁令标志

c)交通管制标志　　　d)交通管制标志

注:
1.本图尺寸均以cm为单位,比例除注明外均为1:10;
2.交通标志的颜色、图案、文字应符合《道路交通标志与标线》(GB 5768—2009)的规定;
3.交通标志的颜色范围,严格按《视觉信号表面色》(GB 8416—2003)的有关规定执行;
4.编号(一)为黄底,黑边,黑图案;编号(二)为白底,红圈,红杠黑图案,图案压杠;编号(三)、(四)为蓝底,白图案;
5.防光膜等级为二级。

图12.11-4　标志板面布置图

路侧施工期临时交通管制导流图见图12.11-5。

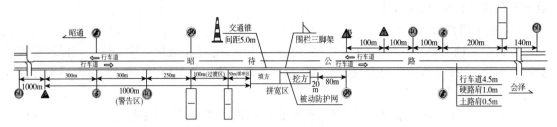

图12.11-5 路侧施工期临时交通交通管制导流图

施工平交口临时交通管制导流图见图12.11-6。

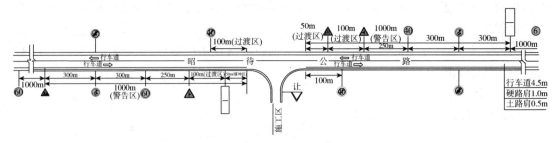

图12.11-6 施工平交口临时交通管制导流图

上跨(含门架墩)施工段临时交通管制导流图见图12.11-7(标志位置及大小为示意,距离以标注长度为准,大小参照国家及地方标志标牌相关规定执行)。

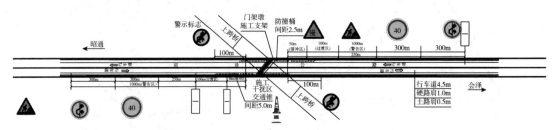

图12.11-7 上跨(含门架墩)施工段临时交通管制导流图

下穿施工段临时交通管制导流图见图12.11-8(标志位置及大小为示意,距离以标注长度为准,大小参照国家及地方标志标牌相关规定执行)。

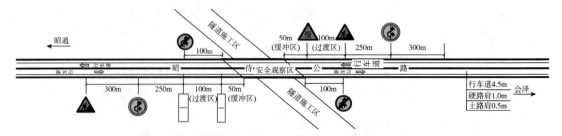

图12.11-8 下穿施工段临时交通管制导流图

上跨(含门架墩)施工支架布置方案见图12.11-9。

交通安全圆锥摆放示意图见图12.11-10。

第12章 公路改扩建施工期交通组织

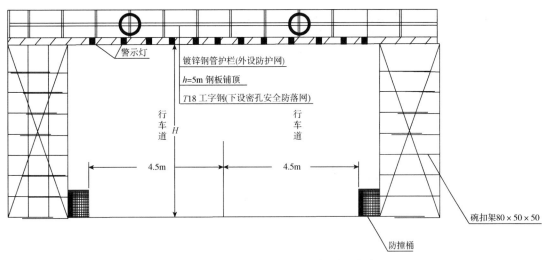

图 12.11-9 上跨(含门架墩)施工支架布置方案图

注 1.本图用于跨越昭待公路门洞支架布置方案图;
2.支架布置采用碗扣架,顶托采用 I18 工字钢铺设,工字钢上部采用 $h=5mm$ 厚的钢板铺装,工字钢下部采用密孔安全防落网防护,避免钢块、工具等掉落影响过往通车,同时在两侧布置镀锌钢管护栏;
3.本支架限高 5.0m。

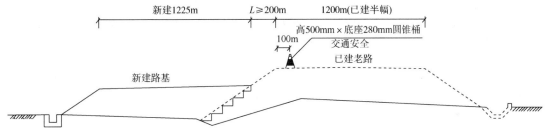

图 12.11-10 交通安全圆锥摆放示意图

围栏设计见图 12.11-11。

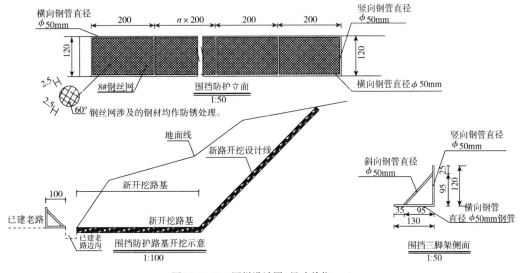

图 12.11-11 围栏设计图(尺寸单位:cm)

施工保通被动防护网设计图(一)见图 12.11-12。

在已建半幅上改建挖方路基防护及施工方法见图 12.11-13。

施工保通被动防护网设计图(二)见图 12.11-14。

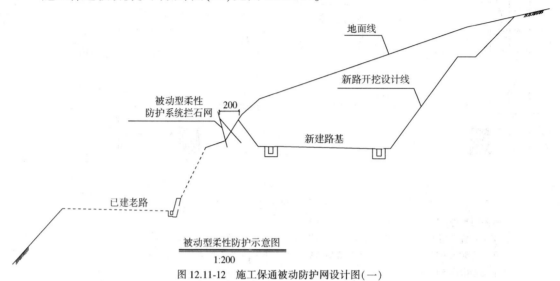

图 12.11-12　施工保通被动防护网设计图(一)

注:1.本图尺寸以 cm 计;

2.新建单幅路段均位于既有公路上方路基开挖时为防开挖落石掉落既有公路,为保证既有公路行车安全,在新路路基开挖左侧边缘 2m 处设置高度 4m 的被动防护网。

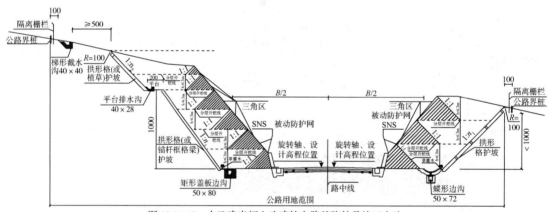

图 12.11-13　在已建半幅上改建挖方路基防护及施工方法

注:1.图中尺寸均以 cm 计;

2.路基在既有公路上拼宽时,填方新既有公路结合处挖台阶并设土工格室;

3.为防止施工时开挖土石落入既有道路造成行车安全,开挖时采用分层开挖并留出三角部分(分层最大开挖深度控制在 3m 以内),石质地段开挖时在既有道路边坡脚设置 SNS 被动防护网以防落石。

11)其他

(1)资金保障:指挥部、监理单位和施工单位按照《云南省公路建设工程安全生产费用管理暂行规定》提取安全生产费用,用于道路安全保通工作安全设备配置。

(2)未尽事宜,严格按照《中华人民共和国安全生产法》《中华人民共和国公路法》《中华人民共和国道路交通安全法》《公路安全保护条例》等法律法规执行。

第12章 公路改扩建施工期交通组织

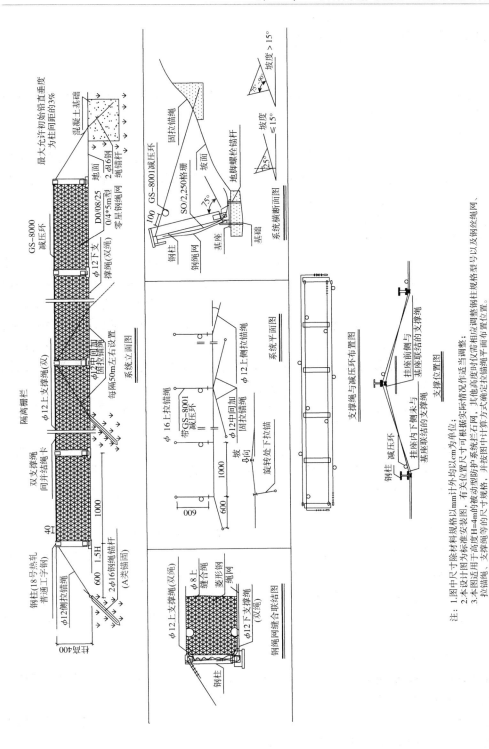

图12.11-14 施工保通被动防护网设计图(二)

12.11.2 实例2:小磨二级公路改建为高速公路安全保通

12.11.2.1 项目概况

昆磨高速公路小勐养至磨憨段改扩建工程位于云南省西双版纳州的景洪市、勐腊县境内,沿线的主要公路和铁路为:景洪连接线、G213、既有二级公路和规划的玉磨铁路;主要河流有澜沧江支流等。

小磨高速公路是二级公路改高速公路项目,小勐养至磨憨二级公路车流量大,平交道口多。主线施工期间不能完全中断交通,将采取分流过往车辆和分段并道(占道)的措施组织施工,施工过程中道路保通压力较大,是安全生产工作中的重点。

1)总体施工组织及施工方案

(1)施工组织、施工期限

国家高速公路网 G8511 昆磨高速小勐养至磨憨段改扩建工程施工期限为3年。沿线地形、地质条件相对复杂,工程量大,且工期紧,因此,合理安排、组织好施工,对在规定工期内完成本项目是十分必要也十分重要的。本项目主要工程是桥梁、隧道工程和路线交叉。根据本段路的特点,首先应实施施工便道与既有公路的搭接,以保证施工队伍顺利进场开工,确保工期。工程沿线村庄较多,人口密集,桥梁预制场地有限,施工过程中可利用桥台两岸附近的主线路基作为预制场,因此应提前施工桥台附近的路基。另外,桥梁隧道相接的段落,施工中应统筹安排,精心组织,减少桥梁与隧道的施工干扰。

本路段地质水文条件复杂,软土、崩塌堆积体、不稳定斜坡等不良地质发育,在施工工程中应先按设计方案对不良地质路段进行必要的处置,再进行工程施工。

本项目控制工期的重要工程主要有藤篾山特长隧道、南贡山特长隧道、坝卡隧道、银河互通式立体交叉。为按时完成施工,在藤蔑山隧道、南贡山隧道、坝卡隧道施工除了在进出口进行开挖掘进外,还采用在临近的老隧道占用一侧车道,多开施工面的方法缩短施工工期。

(2)施工准备工作的难点

根据省内其他在建和已建公路的情况来看,征地、拆迁工作是影响前期工程进度的主要原因。为了按时、按质、按量地完成本段公路,建设单位和施工单位应积极配合当地政府和有关部门,充分利用沿线群众对修建本公路的积极性,尽快完成征地、拆迁工作。

(3)各分项工程的施工顺序、施工方法

根据本项目特点及工期要求,总的原则是:先桥隧、构造物后路基填筑施工。最后是路面施工。

①隧道施工顺序、施工方法

施工工序:施工准备→洞口与明洞工程→特殊地质地段施工与地质预报→洞身开挖→洞身衬砌→监控量测→防水与排水→风水电作业及通风防尘。

隧道采用钻爆法施工,洞口段及洞身Ⅱ类围岩和岩层平缓的Ⅱ类围岩地段建议采用半断面开挖、短台阶法施工;其余地段建议采用全断面开挖。

在遇水易软化掉块的泥岩地段,建议采用无水钻进,同时采用凿岩泡沫除尘设备。

②桥梁施工顺序、施工方法

施工工序:桩基础、明挖基础→承台→墩台→盖梁→主梁→桥面系。

全段桥涵工程根据不同结构形式及部位,分别采用机械、机械与人工相结合或人工施工的方案。

简支板、梁式上部构造及涵洞的盖板或圆管,建议采用向专业化预制厂定购、工厂化集中预制或工地集中预制等,运至工点安装。连续板(梁)上部构造,一般采取搭架现浇施工或砌筑。当采用工场预制或定购构件时,应着重考虑相应的运输工具和运输条件,并考虑对既有施工道路的改建。

钻孔灌注桩基础,最好采用成套钻孔机械,钻孔及浇筑水下混凝土一次成型,既保证工程质量,又能加快工程进度。钢筋混凝土柱式墩、台及盖梁一般采用人工立模,一次或分段浇筑到位。

石砌圬工、挖孔桩及板式扩大基础,一般以人工施工为主。

③路基填筑施工顺序、施工方法

路基施工工序:基底处理→填路基土→填台背土。

路基填筑工程施工建议以机械为主、人工为辅的施工,挖方路段应尽量布置多个作业面以推土机或挖掘机作业,配以装载机和自卸翻斗车运至填方路段填筑路堤或弃于废土场,机械化程度较高的专业队伍也可采用铲运机进行连续挖运作业;填方路段则以装载机械或推土机伴以人工找平(能采用平地机找平更好),碾压密实。高填路堤施工必须严格按施工技术规范要求执行,分层填筑、分层压实,施工过程中须加强施工管理、严格工序控制,以确保施工质量。作业中根据具体情况,注意调整各种机械的配套,避免发生窝工现象。路基雨季施工应采取切实可行的雨季施工措施,确保路基施工质量。

路基防护工程及排水工程,石砌圬工可采用人工安砌,在工程技术人员的指导下,可充分发挥当地民工工匠的作用;圬工及钢筋混凝土防护工程则必须由专业施工队伍承担施工。

④环保绿化工程施工顺序、施工方法

沿线地表覆盖土,是提供植物生长丰富营养的最佳种植填料,路基施工前须对其进行清理废除,而环保绿化工程又需利用其作为绿化培填土,应做好边坡绿化与路基施工的协调工作。建议采用分段流水作业:清场→开挖路基→填筑路堤→修整边坡→防护边坡→培填种植土→移栽植物。应及时移运清场的种植土、移栽生长状况较好的灌木和小林木等植物;剩余的种植土还应选择场地妥善堆码,并加强养护临时栽种剩余的植物,以备后用,缓解取用种植土和采购植物量大的困难。

⑤路面施工顺序、施工方法

路面施工工序:底基层→基层→面层。

为确保路面工程的平整度和质量,路面各结构层全部由专业队伍承担,底基层、基层均采用机械拌和,摊铺机分层摊铺,压路机压实;各面层采用洒布机喷洒透层油,摊铺机配以自卸车连续摊铺沥青拌和料,压路机碾压密实成型,各种拌和材料由所设置的集中拌和站以机械拌和提供。

(4)冬季和雨季的施工安排

①雨季施工期间主要采取的措施

a.本地雨季集中在5—10月份,为使工程顺利进行,不耽误工期,具体出现时间要及时收集气象信息,做好施工安排,搞好雨季的施工及生产防护,专人负责已施工路段及现场设施的防护,同时备足防风、防暴雨用品,发现问题及时解决,减少对施工的影响。

b.雨季到来之前解决好排水设施和备足防暴雨冲刷器具,土方路基必须避开雨季施工,对已施工的路段要加强防护,采取自身排水的方法进行疏导,利用地形条件及自建的排水系统及时有效地进行雨水的排放,防止雨水冲刷路基。

c.汛前备足工程材料,成立防汛组织,查明汛情隐患,做好防汛准备工作、做到有备无患。

②冬季施工期间主要采取的措施

a.高程800m以下的盆地、河谷,无冬季。夏季长达半年多。月平均气温20℃的持续时间达200天,日平均15℃的持续时间长达310天,偶有低于5℃的低温出现。路线范围内勐养、勐仑、勐腊及南班河沿岸属该气候类型。高程800~1200m的盆地及低丘地区。无冬季,夏季5~6个月。日平均气温20℃的持续时间130~210天,最冷月平均气温11℃~13℃,有轻霜。高程在1200~1700m的山区、半山区,冬季短,春秋季长。日平均气温20℃的天数达120天,极端最低气温大部分0℃左右。霜期在两个月之内。因此绝大部分路段施工不受气温影响,部分海拔较高路段低温期施工时应引起注意。

b.低温施工时选用硅酸盐水泥,且水泥强度等级不低于32.5(R),混凝土浇筑尽量选择在白天气温较高时段施工。当气温太低时,混凝土拌和必须使用热水,水温以40℃~50℃为宜。

c.冬季施工时,在混凝土中按规范加减水剂,防冻剂,减少混凝土的运输距离,以保证混凝土的入模温度。混凝土拆模后覆盖帆布保温养护。

(5)临时工程的安排

本项目的主要临时工程有施工场地、生活办公用地、临时排水用地、临时输电线路和施工便道等。

①施工场地和生活办公用地

待施工单位进场时选择较有利的地点,与当地居民达成协议,然后才能使用。工程结束后进行平整和清理,退还当地居民耕种。

②临时排水用地

路基排水系统施工完成前所需的临时排水用地,施工单位应积极和当地居民进行协商,达成协议后方可使用。

③临时输电线路

本项目路线附近有10千伏的输电线路,施工单位只需就近架设部分临时输电线路即可采用电网电,需架设临时输电线路。

④临时便道

施工便道应尽量利用地方道路,在施工过程中应加强养护,确保通畅。

2)银河立交总体概况

(1)匝道、辅助车道、跨线桥及涵洞设置总体概况

银河立交为思小高速公路景洪连接线与改扩建后的小磨高速高接高立交,整座互通立交由4条匝道、2条辅助车道及主线K0+000~K0+456.86组成,立交为高接高互通立交,立交中心里程对应思小高速公路景洪连接线K3+700.358处,匝道设置分别为匝A,B,C,D,辅

助车道为 F1,F2;桥梁 1 座,为 18+22+18+3×17+2×36(钢箱梁)+4×20+10×20.5+4×16 钢箱梁+现浇箱梁桥,其中钢箱梁上跨思小高速公路景洪连接线 K3+700 处;新建银河立交共设置 4 道匝道涵洞,见图 12.11-15。

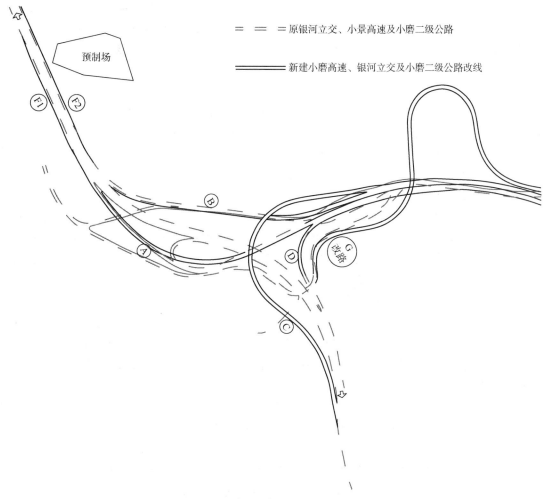

图 12.11-15　银河立交改造建设对既有银河立交的影响范围

(2)各匝道设置及对现银河收费站影响情况

①新建银河立交匝 A

匝 A 全长 871m,起点接辅助车道 F1 的止点(对应思小高速公路景洪连接线下行 K3+200),止点为现银河收费站收费广场,匝道与现银河立交昆明至磨憨方向及磨憨至景洪方向匝道部分重叠及横穿,故施工该新建匝道将影响现银河立交收费广场、昆明至磨憨方向及磨憨至景洪方向匝道的使用。

②新建银河立交匝 B

匝 B 全长 817.5m,起点为现银河收费站收费广场,止点接辅助车道 F2 的止点(对应思小高速公路景洪连接线上行 K3+150),匝道为现银河立交磨憨至昆明方向匝道加宽,故施工该新建匝道将占用现银河立交磨憨至昆明方向匝道,进行占道施工,施工现收费站位置时将影响现银河立交收费站的使用。

③新建银河立交匝 C

匝 C 全长 1034.3m，起点为现小磨二级公路（距离现银河收费站 200m 处），止点接思小高速公路景洪连接线下行 K4+242.4，部分匝道与现银河收费站收费广场重叠，上跨现银河立交磨憨至昆明方向匝道、昆明至磨憨匝道、磨憨至景洪匝道、思小高速景洪连接线 K3+700 及新建银河立交匝 A 匝 B，故施工该新建匝道将影响现银河立交收费广场、匝道及思小高速公路景洪连接线 K4+000~K4+200 段行车道及硬路肩的使用。

④新建银河立交匝 D

匝 D 全长 414.4m，起点接思小高速公路景洪连接线上行 K4+008，止点为现银河收费站收费广场收费岛位置，匝道与现银河立交景洪至磨憨匝道重叠，故施工该新建匝道将影响现银河立交收费广场及现银河立交景洪至磨憨方向匝道的使用。

（3）新建银河立交辅助车道设置及影响情况

①新建银河立交匝 F1（辅助车道）

匝 F1 全长 340.6m（为匝 A 接思小高速公路景洪连接线加减速车道），起点接思小高速公路景洪连接线下行 K2+860，止点为思小高速公路景洪连接线下行 K3+200.6，匝道为思小高速公路景洪连接线下行 K2+860~K3+200.6 段拼宽处理，施工该段将占用现思小高速公路景洪连接线该段行车道及硬路肩。

②新建银河立交匝 F2（辅助车道）

匝 F2 全长 610m（为匝 B 接思小高速公路景洪连接线加减速车道），起点为接思小高速公路景洪连接线上行 K2+540，止点为思小高速公路景洪连接线上行 K3+150，匝道为思小高速公路景洪连接线上行 K2+540~K3+150 段拼宽处理，施工该段将占用现思小高速公路该段行车道及硬路肩。

（4）CK0+643.5 钢箱梁+现浇箱梁桥设置及影响情况

CK0+643.5 钢箱梁+现浇箱梁桥共设置现浇筑箱梁 24 跨，钢箱梁 2 跨，为整座立交施工重点。

由于现浇箱梁第 2 跨上跨现银河立交磨憨至昆明方向匝道（新建匝 B），在施工该段现浇筑箱梁桥梁桩基、墩柱及现浇箱梁都将严重影响现银河收费站磨憨至昆明方向匝道的正常使用。

钢箱梁上跨思小高速公路景洪连接线 K3+700，为减少钢箱梁施工对既有高速路通行影响，钢箱梁采用分上下行线吊装的施工工艺，届时将采用占道及短暂封闭交通进行施工，施工期间上下行线都设置保通人员进行保通，指挥社会车辆减速、有序通行。

（5）新建银河立交涵洞设置及对现银河立交影响情况

新建银河立交共设置 4 道匝道涵洞，分别为：匝 AK0+186.5 新建涵洞（涵洞为 1-4.0m×4.0m 盖板涵）、匝 AK0+264.76 左侧接长涵洞（涵洞为 1-2.0m×1.5m 盖板涵）、匝 AK0+470 新建涵洞（涵洞为 1-2.0m×1.5m 盖板涵）、匝 BK0+254.66 左右接长涵洞（涵洞为 1-4.0m×2.5m 盖板通道）。施工匝 BK0+254.66 左右接长涵洞将影响现银河立交磨憨至昆明方向匝道的通行，施工匝 AK0+186.5 及匝 AK0+264.76 涵洞将影响昆明至磨憨方向匝道使用，施工匝 AK0+470 涵洞将影响昆明至磨憨方向匝道及磨憨至景洪方向匝道使用。

(6)施工占道影响情况

①思小高速公路景洪连接线占道施工

在施工匝F1、匝F2、钢箱梁吊装及钢箱梁混凝土防护墙等钢箱梁附属工程期间,将占用思小高速公路景洪连接线下行线K2+860~K3+750段行车道、硬路肩或超车道(该占道段落包含2处施工点,分别为F1K2+860~K3+200.6段、上跨桥K3+650~K3+750段)及占用思小高速公路景洪连接线上行线K2+540~K3+750段行车道、硬路肩或超车道(该占道段落包含2处施工点,分别为F2K2+540~K3+150段、上跨桥K3+650~K3+750段)。

计划工期为2015年11月16日至2016年9月30日,施工期间的具体占道段落及时间将根据施工安排调整。

②既有银河立交匝道占道施工

在施工新建银河立交匝A、匝B等在原立交匝道基础上拼宽段落、匝C现浇箱梁桥1、2号墩桩基及墩柱盖梁、部分接长涵洞时,将占用现银河立交匝道,占道时将保证不小于4m宽的通行车道。总体占道施工计划时间为2015年11月16日至2016年9月30日,施工期间的具体占道段落及时间可根据施工安排调整。

在匝道占道施工期间,磨憨至昆明方向匝道由于匝C上跨现浇箱梁桥、桩基等施工及该匝道涵洞施工影响,在吊装钢筋笼及基础开挖时需要临时封闭磨憨至昆明匝道,临时封闭时间控制在2小时以内。

3)三个特长隧道(藤蔑山、南贡山、坝卡)总体概况

藤蔑山隧道位于勐腊县境内,利用既有小磨公路作为一幅,另新建一幅,组成左右分离式线路。藤蔑山隧道全长3385m,为全线控制性工程之一,施工进口端1990m,隧道设计车行横通道2个,车行横通道总长635.55m;人行横通道2个,人行横通道总长472.12m。

南贡山隧道全长5.96km,为沿既有小磨线新建一幅的分离式路段。除从进口掘进外,还采用2、3号车行横洞作为施工平导,掘进至新建南贡山隧道增加的施工作业面。

坝卡隧道是沿已建成的小磨二级公路右侧布线,全长249km,需在已建小磨二级公路开施工道口,这就形成施工与行车相互干扰。隧道设计车行横通道2个,车行横通道总长186.79m;人行横通道3个,人行横通道总长243.22m。

12.11.2.2 施工安全保通方案编制目的、总体思路及安排

整个项目计划工期为两年,为保证小磨高速公路两年通车目标,需精心做好工程施工组织工作,构建规范、高效的施工安全保通工作体系,提高交通突发事件的应急处置能力,并结合原小磨公路实际通行状况,全面规划整个施工区域内的交通方案和安全保通工作。安全保通方案编制的总体思路是:路段通行占用硬路肩,施工临时占用一幅车道;隧道占用一幅车道进行施工,车辆单边分时分段通行;银河立交采用占道、临时封道进行施工。

施工期间交通组织总体思路为沿既有二级公路保通,维持现状双向交通通行,减少社会影响。

(1)起点银河立交至菜阳河段

此段采用整幅新建方案,除起点银河立交拓宽改建过程中对交通通行有影响外,其余施工干扰较小,施工组织管理容易。

(2)莱阳河至勐宽段

此段采用整体式或分离式路基扩建,由于分离式路基相距较近,可以从既有二级公路上横向增设施工便道连接莱阳河至勐宽段辅道,供施工车辆进行施工作业;施工车辆在辅道上行驶,不影响主通道通行。同时可以利用 G213 线、景勐公路为本项目施工期间进行交通分流,缓解交通运行压力。

(3)勐宽至曼所醒段

此段新建幅基本顺既有二级公路右侧拼宽扩建,施工时在既有二级公路适当位置开设临时平面交叉口,供施工期车辆上下进入施工营地,并连接施工便道、便桥工程供施工车辆进行施工作业。增加既有公路交通维护费用,加强交通管理和引导,保障车辆运行安全,防止施工车辆在主道行驶,影响主通道通行。

(4)曼所醒至藤篾山段

此段由于存在分离式交叉换岸,且分离式路基相距较远,因此在交叉换岸位置应加强既有公路的保通工作,确保既有公路运行安全、通畅。分离式路基段落需要增设施工进场便道,供施工机械及材料进场。

(5)藤篾山至勐远段

此段由于存在分离式路基、藤篾山隧道出口处存在平面分幅换岸等问题,因此在施工中应统筹考虑,施工时先将平面分幅换岸段落进行施作,为后续的交通组织、转换、分流提供保障。

(6)勐远至南贡山段

此段由于存在分离式交叉换岸,且分离式路基相距较远,因此在交叉换岸位置应加强既有公路的保通工作,确保既有公路运行安全、通畅。分离式路基段落增设施工进场便道、隧道横向连接道等,施工期间均可作为施工进场道路供施工机械及材料进场。

(7)南贡山至龙林段

此段由于存在分离式路基、南贡山隧道出口处存在平面分幅换岸等问题,因此在施工中统筹考虑,施工时先将平面分幅换岸段落进行施作,为后续的交通组织、转换、分流提供保障。

SJ-2 标段范围内,国道 G213 与既有小磨二级公路同走廊带并行,为小磨二级路的辅道。在小磨二级路改扩建过程中,部分路段会被阻断,可修建短距离临时便道,将车辆分流至国道 G213 上。

因为被阻断,需要进行保通设计的路段有 3 处(图 12.11-16):①勐腊 2 号隧道出口,新建左半幅从该位置引出;②龙茵,起点至龙茵整幅新建段在此并入既有公路,且龙茵至曼粉新建左半幅从此引出;③曼粉、龙茵至曼粉新建左半幅在此并入既有既有公路,且新建右半幅自此沿既有公路右侧拼宽。

对于路段①,可在勐腊 2 号隧道出口新建一条长约 495m 的三级路连接国道 G213。本项目竣工后,该点至勐腊县城入口的小磨二级公路可在功能上替代同走廊带内的国道 G213,提高该走廊带内道路的平纵指标。

对于路段②、③,在龙茵设置一条长约 340m 临时便道连接既有小磨二级路和 G213,引导车辆绕行,在曼庄平交口(小磨二级路与 G213 平交)设置醒目的警示、交通引导标志,引导车辆返回既有小磨路。

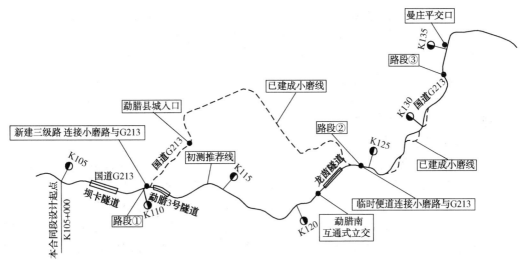

图 12.11-16　既有小磨二级路 SJ-2 标段保通方案示意图

12.11.2.3　施工路段车辆通行方式

小磨二级公路升级改造为高速的工程施工,需在原小磨二级公路部分路肩两侧开口作为改扩建工程施工便道出入口,也涉及临时占用小磨公路行车道施工。原小磨公路车流量大,行车速度快,在工程施工中为保障施工期间过往通行车辆和作业车辆、人员、设备的安全,原小磨二级公路为单道双向通行,小勐养至磨憨方向称为右幅车道,磨憨至小勐养方向称为左幅车道。为最大限度减少对通行车辆干扰及安全行车,拟采用下列方式通行。

(1) 占用左、右幅车道硬路肩,小磨公路通行车辆以双向通行的方式保障通行;

(2) 根据施工情况临时占用左幅或右幅车道,小磨公路通行车辆按双向交替通行的方式保障通行。

(3) 特长隧道(藤蔑山隧道、南贡山隧道、坝卡隧道)施工占用一幅车道,车辆按单边分时段放行的方式保障通行。

(4) 银河立交施工采用分流、占道、临时封道的方式。

12.11.2.4　保通工作的具体部署及安排

1) 银河立交的保通技术方案

(1) 施工安排

思小高速公路景洪连接线占道施工计划工期为 2015 年 11 月 16 日至 2016 年 9 月 30 日。计划工期 10.5 个月(包括钢箱梁吊装及吊装后的附属工程施工占道时间,其间将根据指挥部要求及施工进度情况在节日及阶段工程施工结束期间对占道进行解除)。吊装期间需要临时并道施工 6 天。

为保证整个新建银河立交施工工期,一旦全面开始施工,现银河立交受各匝道施工影响需做关停处理,具体建议关停时间为 2015 年 11 月 20 日。

总体保通方案分为 3 个阶段。

①第一阶段占道施工

在施工匝 F1(匝 A 加减速车道)、F2(匝 B 加减速车道)、匝 C 加减速车道、匝 D 加减速车道期间,将占用思小高速公路景洪连接线下行线 K2+860~K4+242 段行车道、硬路肩(该占道段落包含 3 处施工点,分别为 F1K2+860~K3+201 段、上跨桥 K3+650~K3+750、匝 CK4+000~K4+200 段)以及占用思小高速公路景洪连接线上行线 K2+737~K3+750 段行车道、硬路肩(该占道段落包含 2 处施工点,分别为 F2K2+737~K3+150 段、上跨桥 K3+650~K3+750 段)进行施工。计划工期为 2015 年 11 月 10 日至 2016 年 4 月 30 日,施工期间的具体占道段落及时间将根据施工安排调整。

②第二阶段现银河收费站关闭施工

根据"小磨公路改扩建工程银河立交匝道、辅助车道、跨线桥等设置情况,对现银河立交、思小高速景洪连接线影响情况"的描述,施工新建银河立交 4 条匝道期间将影响现银河立交收费广场及既有匝道的使用,所以施工期间将对现银河收费站进行封闭,封闭后从银河收费站出入的车辆将从小勐养收费站及景洪进行分流(下行考虑小勐养收费站至银河收费站既有公路通行能力差,磨憨、勐腊方向车辆从景洪绕行),计划关闭时间为 2015 年 11 月 20 日。由于银河立交属整个小磨公路改扩建工程的控制性工程,为满足施工进度及施工形象要求,部分匝道地段需在收费站封闭前施工即在保证匝道通行的前提下,采用占用部分匝道位置进行施工,占道施工保通方案根据具体施工点进行报送。

③第三阶段匝 C 上跨思小高速公路景洪连接线钢箱梁吊装并道施工保通方案

匝 C 上跨思小高速公路景洪连接线钢箱梁施工,拟采用分段吊装方案,即:在思小高速公路景洪连接线 K3+700 处(钢箱梁上跨位置),中央分隔带上搭设临时支墩后,将 36m 长钢箱梁分上下行两段进行吊装,吊装期间将采用交叉封闭思小高速公路上下行线进行施工(即吊装上行线钢箱梁时将上下行车辆并道至下行线通行,反之并道至上行线通行),待上下行线吊装完成后解除并道;采用占道进行其他钢箱梁桥防撞护墙等附属工程的施工,计划并道时间为 6 天,占道时间为 30 天。具体开始日期将根据钢箱梁施工进度进行确定,届时单独报送钢箱梁吊装施工保通方案。

(2)银河立交的保通安全设施布置方案

根据《道路交通标志和标线》(GB 5768—2009)、国家交通部颁《公路养护安全作业规程》(JTG H30—2015)进行设置,思小高速公路景洪连接线属于双向四车道,设计时速为 80km。根据设计时速、通过施工区限速及占用车道情况,该占道施工警告区采用 1600m,上游过渡区采用 50m,纵向缓冲区 600m,下游过渡区 30m,终止区 30m,限速 40km/h,具体设置如下:

在距离施工作业点 2200 米处开始设置安全设施,安全设施依次为:

①2200m 处靠硬路肩一侧设置"前方施工 2200m"标志牌 1 块。

②1400m 处设置"限速 60"标志牌 1 块。

③1200m 设置"限速 40"标志牌 1 块。

④1000m 靠路肩设置"车道数减少"标志 1 块、1000m 中间隔离带设置警示频闪灯 1 盏。

⑤680m 处设置"禁止超车"标志牌 1 块。

⑥650m 处设置"导向标"及电子导向标各 1 块。

⑦600m 处设置"前方施工 600m"及"附设警示灯路栏"标志各 1 块。

⑧在距离施工点 600m(纵向缓冲区)根据现场情况设置"限速 40""慢行牌""导向标""右道封闭"等安全标识。

⑨从距离施工点 700m 处开始靠硬路肩一侧设置"警示锥筒"(间隔 30m)至 650m 处,警示车辆"前方施工,注意行驶"。自 650m 处开始以间距 10~15m 摆放"警示锥筒"至施工现场前 30m 处开始用水马进行施工区域隔离,在施工区域设置小黄闪灯。

⑩距施工现场前 250m、100m 处设置"砂袋墙"。

⑪现场施工区域纵向采用"水马"隔离。

⑫在超过施工区域后 60m 处设置"解除 40 限速"标志牌。

⑬现场设置安全保通人员 12 名(三班 24 小时轮值,4 名/班),负责施工段落的安全保通、路口值守及安全标识、标志的维护工作。

安全设施设置位置和形式:占用硬路肩保通设施摆放布置见图 12.11-17,占用一幅车道保通设施摆放布置见图 12.11-18,占用高速公路路肩安全保通设施布置见图 12.11-19,占用高速公路内侧车道安全保通设施布置见图 12.11-20,占用高速公路外侧车道安全保通设施布置见图 12.11-21,占用高速公路超车车道安全保通设施布置见图 12.11-22。

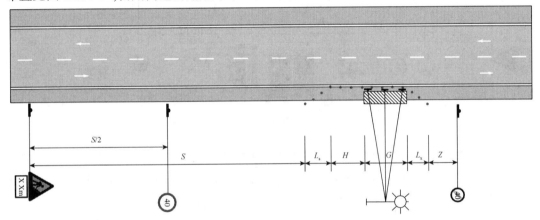

图 12.11-17　占用硬路肩保通设施摆放布置图

(3)施工单位的银河立交的施工安全保障措施

①开工前,完成交通安全设施的布控,并经交警、路政、管理处等管理部门检查确认后方可进行施工。

②在工程施工过程中配合交警、路政等交通执法部门到现场进行保通,随时接受有关部门的检查。在施工路段按交警等主管部门的要求,配置足够现场保通人员及对讲机等通信设施,实行全天 24 小时不间断轮班巡逻,及时排除安全隐患,确保施工段落内安全设施的规范和完好。

③专职安全保通人员在交警部门培训合格后方能上岗。

④夜间施工时,在施工路段设置警示频闪灯、夜间警示灯及工地照明设施。

⑤加强对施工现场的管理,施工前对现场所有施工人员进行专门的安全教育,同时每个月组织作业人员进行安全学习,现场的特种作业人员需持证上岗,并在现场设置专职安全员对现场保通情况进行巡查;同时对现场施工人员进行安全监督、检查,如在现场发现违反施工安全的行为,立即制止并督促改正。

⑥所有在现场施工的人员必须穿有反光标志的服装及正确佩戴安全帽,施工人员及车辆机械在安全控制区内,不得擅离岗位。作业过程中要严格按操作规程有序进行,施工作业

人员严禁酒后上岗;作业人员不得在封闭的施工区域以外活动,不得在施工区域睡觉、打闹。

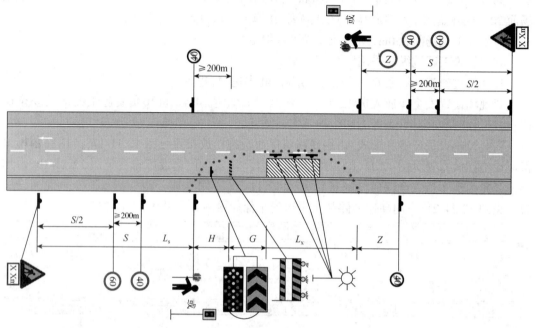

图 12.11-18　占用一幅车道安全保通设施布置图

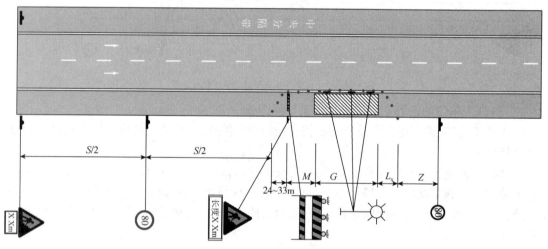

图 12.11-19　占用高速公路路肩安全保通设施布置图

⑦所有上路施工车辆、工程机械配备醒目的行车安全标牌,并开启安全信号灯,不得在施工区域外随意停放,未按安全规定要求配备的工程车辆一律不得进入公路进行施工作业。车辆禁止在公路掉头和逆行,人员、机械不得随意进出施工作业控制区,工程机械进入行驶车道必须有专人指挥。

⑧施工过程中,若施工区旁有障碍,可在保证安全的前提下及时清除,以免危及行车安全;做好施工路段的任何突发事故的应急处理准备工作。

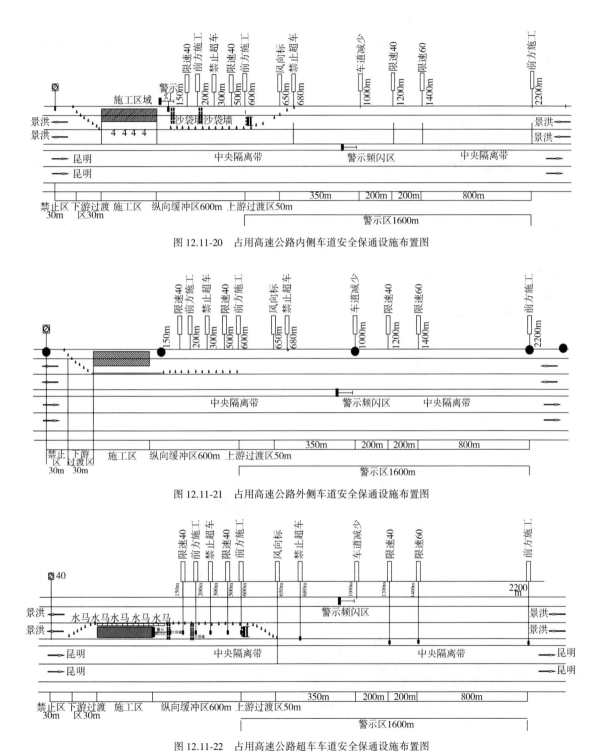

图 12.11-20　占用高速公路内侧车道安全保通设施布置图

图 12.11-21　占用高速公路外侧车道安全保通设施布置图

图 12.11-22　占用高速公路超车车道安全保通设施布置图

⑨现场施工作业人员及施工车辆应服从交通执法人员指挥,并对现场提出的保通安全方面存在的问题及时整改。

⑩受恶劣天气条件影响,公路能见度降低时,将对施工现场进行清理,保留相关标志,施工人员撤离现场,待满足施工条件后再进行现场施工。同时通知交警,根据不利天气影响程度采用合理的交通管制措施。

⑪工程完成后,向交警、路政等管理部门报告,在不影响正常交通和保证安全的情况下,安排人员在车辆尾部收集安全标志标牌,清理现场并有秩序地撤离施工现场。

⑫施工期间接受当地政府相关部门的监督检查。

(4)银河立交匝道入口的施工安全保障措施

根据现场匝道设置情况,现银河立交匝道宽6.5m,为单车道匝道,占道时将保证不小于4m宽的通行车道。具体保通措施如下:

因现银河立交匝道较短,参照图12.11-23布设:在匝道入口处设置前方XXm施工标志牌一块(XXm根据施工距离调整);在前方XXm施工标志牌后方位置开始按照10m间距布设锥桶;L_s上游过渡区采用50m;在开始设置锥桶引导车道变窄位置设置导向标及电子导向标;在上游过渡区内设置"限速20km/h标志"一块;在施工点前方设置警示频闪灯;在上游过渡区完成位置设置"附设警示灯路栏",纵向过渡区根据施工点距离匝道入口距离调整,L_s下游过渡区采用30m。

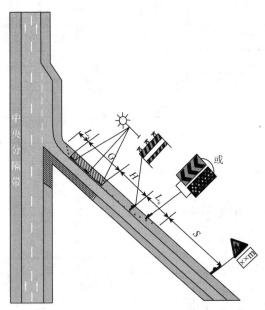

图12.11-23 立交匝道入口的施工安全保障措施

(5)现银河立交关闭后,社会车辆分流保通方案

①下行线保通设置(昆明至景洪方向)

下行线(昆明至景洪方向)分2条线路设置:

第1条线路为:欲往银河收费站出站至磨憨、勐腊方向的车辆经过银河立交沿思小高速公路景洪连接线运行至景洪入城口后,根据指路牌进入景洪至磨憨既有公路绕行至小磨二

级公路后前往磨憨、勐腊方向(绕行里程大约 38km),考虑小勐养收费站至银河收费站既有公路通行能力较差,该条线路为分流主要线路。

第 2 条线路为:欲往银河收费站出站至磨憨、勐腊方向车辆从小勐养站出站后由既有公路行至小磨二级公路后前往磨憨(既有公路长约 5km)。

具体分流线路见图 12.11-24。

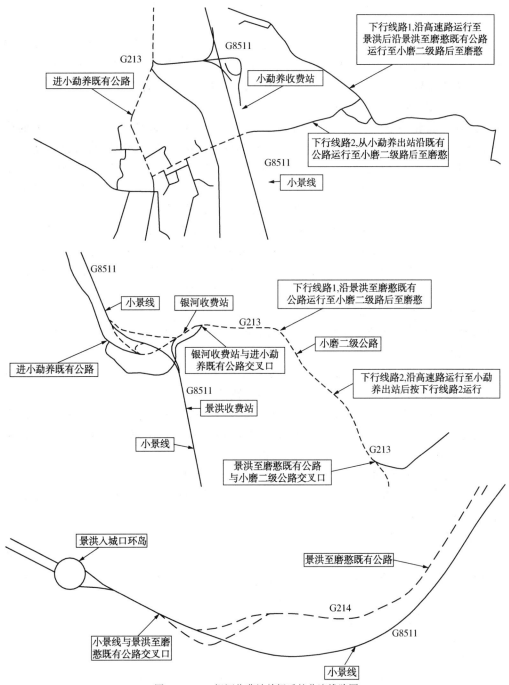

图 12.11-24 银河收费站关闭后的分流线路图

②上行线保通设置（景洪至昆明方向）

上行线分为2条线路设置：

第1条线路为欲往银河收费站出站至磨憨、勐腊方向车辆由景洪出城口引导至景洪至磨憨既有公路后运行至磨憨、勐腊（既有公路里程约19km）。

第2条线路为部分车辆没有注意告示牌，进入思小高速公路景洪连接线欲往磨憨、勐腊方向的车辆引导至小勐养收费站出站后往磨憨、勐腊方向（绕行约7km）。具体设置为：

第1条线路：

在景洪进入思小高速公路景洪连接线处设置"磨憨、勐腊导向牌"及"银河立交关闭施工告示牌"各1块，指示没有从银河收费站出站往磨憨方向车辆行车路线，同时告知上行欲经思小高速公路景洪连接线往磨憨方向车辆选择从景洪至磨憨既有公路行驶。

在景洪出城方向，思小高速公路景洪连接线与景洪至磨憨既有公路交叉口设置"磨憨、勐腊导向牌"及"银河立交关闭施工告示牌"各1块，指示欲往磨憨方向车辆行驶，同时告知上行欲经思小高速公路景洪连接线往磨憨方向车辆选择从景洪至磨憨既有公路行驶。

在景洪至磨憨既有公路与小磨二级公路交叉口（既有公路方向）处设置"磨憨、勐腊导向牌"及"银河立交关闭施工告示牌"各1块，指示欲往磨憨方向车辆行驶，同时告知欲经银河收费站进入思小高速公路的车辆选择其他合理站点进入高速。

在景洪至磨憨既有公路与小磨二级公路交叉口（小磨二级公路路肩上）处设置"景洪导向牌"及"银河立交关闭施工告示牌"各1块，指示欲往景洪方向车辆由磨憨至景洪既有公路前往景洪，同时告知欲经银河收费站进入思小高速公路的车辆选择其他合理站点进入高速。

在银河收费站进出口小磨二级公路与进小勐养地方道路交叉口处各设置"银河立交关闭施工告示牌""磨憨、勐腊导向牌"及"昆明、普洱导向牌"各1块，告知欲经银河收费站进入思小高速公路的车辆选择其他合理站点进入高速，同时引导昆明至磨憨及磨憨至昆明方向车辆运行。

第2条线路：

在思小高速公路景洪连接线上行线景洪收费站入口处设置"银河立交关闭施工告示牌"两块，告知欲经银河收费站出思小高速公路的车辆选择其他合理站点出高速。

在思小高速公路景洪连接线景洪上行线银河收费站出站匝道入口前方设置"银河立交关闭施工，请往小勐养出站告示牌"1块，告知欲经银河收费站出思小高速公路的车辆选择小勐养收费站出高速，同时该处设置保通人员进行值守。

在距离小勐养收费站1km处及小勐养收费站上行线出站口处设置"磨憨、勐腊导向牌"各1块，引导景洪至磨憨车辆不注意告知牌没有走既有公路的车辆由小勐养站出站后根据导向牌至磨憨、勐腊。

③各收费站及服务区告知牌设置

分别在野象谷收费站、小勐养收费站、银河收费站、景洪收费站（上行线方向）等收费站入口及大渡岗、普文服务区等地设置"银河立交关闭施工告示牌"，告知社会车辆银河收费站封闭施工，选择合理站点进出思小高速公路。

2）隧道安全保通技术方案及措施

（1）通用隧道安全保通技术方案及措施

①特长隧道（藤蔑山、南贡山、坝卡）的设施设置

占道施工时，在距离施工区域1000m开始设置明显的提示牌和限速警示标志牌。

在距离施工区域800m适当位置设置1块120×80cm立式提示牌(前方右道或左道施工,车辆减速慢行)。

在特长隧道(藤蔑山、南贡山、坝卡)3个隧道在洞口外500m设定为过渡区,在隧道进口处设置太阳能电子导向灯2盏、安全导向标志1块。

在特长隧道(藤蔑山、南贡山、坝卡)3个隧道施工区至洞口设定为缓冲区,在距离作业区200m处和100m处分别设置1道砂袋墙,并在两道砂袋墙前设置电子警用灯1盏。

隧道内作业区用水马和PVC板隔离,水马的位置设置间隔在车道中间离标线20cm,PVC板设置间隔水马20cm,PVC板上贴反光条及装设闪烁警示灯。

在特长隧道(藤蔑山、南贡山、坝卡)3个隧道配备交警培训过的专职保通人员进行现场保通,并分设部分人员轮流巡查保通现场,对损坏或倾倒的安保设施进行更换及复位,并安排保洁人员进行道路保洁;由地方交警主导,现场保通人员配合指挥交通。

②隧道现场安全保通措施

各施工单位施工时在靠封闭车道路沿一侧开始摆放交通安全指示牌,在距离施工区域1000m处设置("前方1000m施工"的标志牌);前方800m处设置("限速40"的标志牌);前方600m处设置("前方600m施工"的标志牌);前方400m处设置("限速20"的标志牌);前方300m处设置("禁止超车、车辆慢行"的标志牌);前方200m处设置("前方施工200m"的标志牌);前方100m处设置("限速20"的标志牌);前方100m处按照《公路养护安全作业规程》设置:左或右导向的标识牌、左道封闭的标志牌;从隧道出口处开始按间距10m摆放锥桶至警告区域终点,警示车辆前方施工,注意行驶;施工作业区用水马及沙袋隔离;配备交警培训过的专职保通人员,作为预警哨并轮流巡查,对安保设施进行清洁及复位。施工区域内按规范规定用防撞墩及水马分隔,下游缓冲区结束后设置"解除除禁止超车""解除限速20"标志牌结束施工范围,保留其他车道通行。在距离洞口500m处设置引导锥桶,防止车辆乱窜堵塞交通,见图12.11-25。

(2)藤蔑山隧道安全保通技术方案及措施

①藤蔑山隧道施工路段车辆通行方式

a. 在小磨公路K63+330~K70+000藤蔑山隧道内施工。该施工处特点是社会车流量大、行车速度较快。在该工程施工中为保障施工期间通行车辆和作业人员设备的安全,拟采用占道方式组织施工。

b. 为最大限度减少对社会通行车辆干扰及安全行车,施工项目部与地方交警、路政、消防、安监、环保、指挥部、相邻合同段等单位进行保通联动对接,在距藤蔑山两端洞口外500m处对社会车辆实行单边放行方式:当小勐养至磨憨方向的车流通行时,在距藤蔑山出口外500m处对磨憨至小勐养方向的车流实行交通管制;反之,当磨憨至小勐养方向的车流通行时,在距藤蔑山进口500m处对小勐养至磨憨方向的车流实行交通管制。

c. 藤蔑山隧道为两个合同段施工,联合对藤蔑山隧道施工进行安全保通,当一方进行交通管制时,保通人员要通过对讲机告知另一方放行至最后三辆车的车牌号码,当对方看到最后三辆车通过时,才开始对该处进行交通管制的车辆放行,交通管制时间间隔为20~30min,原则上不超过30min,车辆放行时对社会车辆限速20km/h。

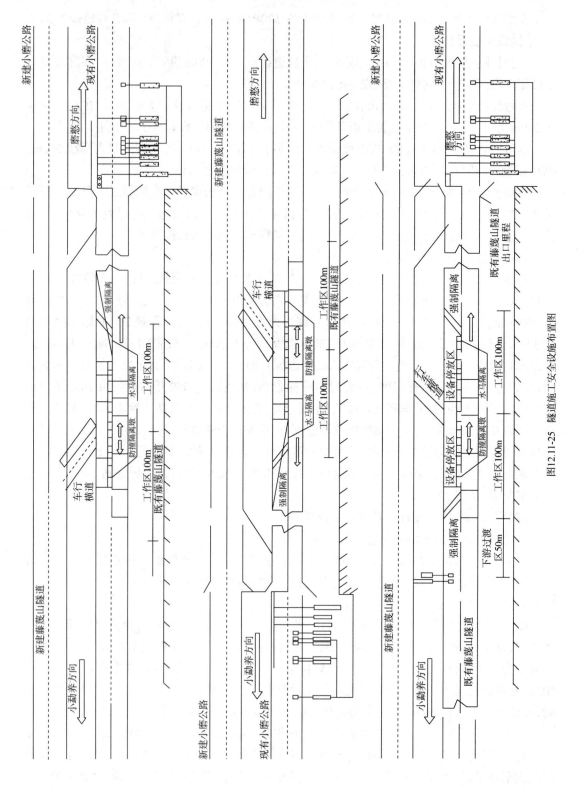

图12.11-25 隧道施工安全设施布置图

d. 在藤蔑山隧道内用水马或锥筒将半幅道路封闭,在施工区域前后 100m 范围内用 PVC 与沙袋将其封闭,保证做到隧道内绝不允许有社会车辆停留。

②施工区域内安全保通措施

严格按照《公路养护安全作业规程》(CJTG H30—2015)、《二、三级公路双向通行的养护作业》要求来设置安全标示、标牌,并按照路政、交警等部门临时要求增加的各类道路安全设施,在施工路段设置安全生产宣传及监督公示牌,加强夜间交通维护设施的设置。外围引导警示牌、告示牌等由施工单位按照《公路养护安全作业规程》的要求设置,并针对交通流量的变化及时进行调整和补充。施工安全标志和设施包括道路施工安全标志、限速标志、反光锥桶、防撞桶、闪光警示灯、照明灯、电子导向牌,施工现场设值班车辆在区域巡查,应急机械在现场附近待命。

在既有小磨公路上行线及下行线 3km 处,设置"前方 3km 处隧道占道施工"警示标示、标牌。

在占道施工区域保留救援生命线及应急通道。

在既有小磨公路藤蔑山隧道内安排白班、夜班各 1 名专职安全保通人员对隧道进行巡查,发现隐患及突发问题,及时进行处理。

③通风、照明设备的完善

严格按照施工组织要求进行通风换气,针对既有藤蔑山通风效果不佳,在隧道横通道施工时,决定在洞外安设一台独头 K132 型通风机,连接通风管至作业面进行通风。同时与普洱管理处进行沟通,商讨利用藤蔑山隧道既有通风设备的运行,来加强洞内通风。

经现场勘查,既有藤茂山既有隧道照明设施可用,在充分维护洞内既有照明设施时,同时增加施工道路及洞内通行车辆照明,确保洞内施工及道路通行有充足的照明。

为确实贯彻落实小磨公路指挥部"水秀山绿小磨美、树清花香傣乡情"的环保实施理念,自购一台隧道除尘设备,全天候对藤蔑山既有隧道内扬尘及不良空气进行净化,确保施工环保达优。

④社会公告

a.提前 5 天,通过 91.8 交通台、版纳州电视台、交通部网站、微信、沿线情报板及《云南日报》《春城晚报》向社会发布小磨二级公路藤蔑山隧道(K63+330~K70+000 段)施工道路信息。

b.印发宣传单 20000 份,主要在思小高速公路银河收费站及进入小磨公路的各平交口进行发放,告知过往驾乘人员本路段占道施工信息。

12.11.3　实例 3——沪宁路江苏段边改建边通车的施工组织

从技术上讲,沪宁高速公路江苏段扩建工程对交通的影响,主要是指施工占道、施工范围内拆迁、施工方法、施工管理及其施工组织方面对交通的影响。这些因素一方面降低施工路段车辆的通行能力,影响道路交通的畅通,另一方面又增加了施工段的作业危险,影响工程的技术质量。施工现场交通组织是依据保障施工顺利原则,施工和交通相互协调原则,根据不同的施工内容、方法、要求,组织相应的交通控制方式,不仅要确保施工有充分的时间、空间和合适的作业面,同时还要有效防止和减少交通阻塞与交通延误现象,解决施工路段交通瓶颈问题,减少交通冲突点。

沪宁高速公路江苏段扩建工程是在不中断交通情况下进行的。因此具有技术方案复杂、现场施工交叉点多、工序衔接紧密、施工项目互相干扰、各分项工程间制约性强、交通转换频繁的特点。这些特点不仅体现了沪宁高速公路江苏段扩建工程交通组织的困难程度，也体现了施工现场交通控制和组织的重要性。如沪宁高速公路无锡辖区有7座上跨桥拆除与新建，五处互通改造，四座大桥重建，桥梁拼接、路面摊铺分段、分幅施工等工程项目先后或同时展开，各项目施工现场交通组织和控制结合了施工项目的不同组织设计，采取了不同的交通控制措施和手段。

(1) 沪宁路边改建边通车施工组织存在的问题

扩建工程存在工期紧，技术复杂，工程量大等特点和难点。但其中难度最大、最为棘手的就是施工中的交通组织问题：①车流量大。②保通与施工同步。③分流、转移与协调。扩建期间的交通组织，势必会形成大量车辆的分流和转移，不仅对沪宁路本身，对周边路网也会带来很大的影响。做好沪宁路扩建期间的交通组织工作，必须要发挥公路网的整体作用，保证施工期间路网效率得到最大的发挥，才能将扩建工程对交通的影响降到最低。④社会焦点与压力。由于沪宁高速公路所处的区位以及在区域经济社会发展中的重要作用，它的安全畅通一直是社会各界关注的焦点。与新建高速公路不同，扩建工程交通组织与施工是在社会各界的密切关注下进行的，承担的社会压力也更大，每年仅承担二级警卫以上的任务在400批次左右。这就给交通组织管理提出了更高的要求，必须要做细致入微的工作。⑤安全与应急。交通组织难在既要通行，还要安全，对突发事件的应急处理能力要求很高。由于扩建工程是在通行的情况下同步进行的，不仅要保证道路通行，对安全要求也很高。交通事故本来就难以避免，扩建时部分路段要借道相向行驶，还有大量的施工机械和人员在路上，四座主线桥半幅拆除，以及拼接工程对既有公路、老桥的影响，加之冰雪雨雾等恶劣天气影响，就更容易发生事故。一旦发生事故，不仅路要堵，还可能造成重大的人员伤亡，也必然会影响施工进度。

(2) 分流方案的确定

通过交通模拟分析，选择合理的分流路径，设立了三级分流，即省内干线交通分流、市域路网分流、沪宁高速公路出入口和施工现场分流。设立一级分流点19个，主要设置在苏北路网的市级节点和外省公路入口处，对外省籍过境货车避开沪宁路沿线相关地方路网，有效减轻沪宁路沿线地方路网的交通压力，保证了沿线城市交通的畅通；设立二级分流点、诱导点8个，沿长江和区内路网及主要交叉点布设，组织地方内部交通，利用地方区域内的国道、省道、乡道和部分城市道路，强制疏导交通，消化分流车辆，保证不同层次公路运输的便捷、畅通，减少分流车辆对地方局部区域内交通的干扰，避免地方路网交通拥堵瘫痪；设立三级分流、控制点18个，为沪宁高速公路沿线出入口，以强制性交通管制为主，全面有效地控制货运车辆进入沪宁高速公路。由于细化了城市出入口交通与公路网的衔接，强化了局部地区微交通与区域性大交通的有机协调，将全线日均通行量降至25000辆次左右，使通行车辆对扩建工程的影响大为降低。

沪宁高速公路江苏段扩建工程交通组织的三级分流、诱导、控制点，构成了交通分流的有效途径，充分利用既有的公路设施，辅以必要的强制管理手段，实现了"最大限度地降低由于施工对公路交通运输的影响"的总目标，充分体现了：①保障施工顺利实施的原则。任何交通组织措施,不能根本彻底地解决施工带来的交通问题,因此需要牺牲一定的交通服务水平来保证施工的顺利进行;②施工的交通相互协调的原则。交通组织方案的制订尽可能做到施工路段和周边路网交通相协调,根据当地的交通状况以及施工的实际需要,协调施工的方便和交通通行顺畅之间的矛盾,降低施工成本并维护交通的畅通;③因地制宜的原则。充分考虑不同类型交通流的实际特征,分别制订科学、合理的分流方案;④发挥干线公路网潜在效率的原则。为保障不同层次公路运输的便捷畅通,在研究设置分流线路时,尽可能在高速公路、同一省干线、公路网内部吸收、分流车辆,减少对局部地区交通的不利影响;⑤稳定性和适应性的原则。交通组织的实施应在一定时期内稳定,从而保证交通组织措施的有效,并且能适应广大交通出行者的需要。

沪宁高速公路江苏段扩建工程的交通组织,坚持以人为本,根据不同施工阶段所能提供的通行条件,确保了客车优先通行,使占交通流量总量29.48%的大客车和46.6%的小客车能够正常使用沪宁高速公路,保持了区域间经济的正常交流,满足了人们出行的需求。

(3) 改扩建交通组织的主要措施

要求扩建工程对既有交通没有影响是不现实的,扩建期间交通组织工作的目的是最大限度地减少影响,具体采取了以下措施。

① 措施一——协调

江苏省交通厅和江苏省公安厅联合制订了《沪宁高速公路江苏段扩建工程施工交通组织管理办法》,成立了省、市二级交通组织协调小组。要求做到加强领导,明确各单位职责,提高效率,防止出现推诿现象。省级交通组织协调小组由省公安厅交管局交巡警总队、省交通厅公路局路政总队、江苏宁沪高速公路股份有限公司,沿线5市交巡警支队、路政支队和沪宁路路政支队组成,负责全线交通组织工作的协调和指导。市级交通组织协调小组由沿线各市沪宁高速公路扩建工程指挥部、施工单位、沪宁高速公路交巡警大队、路政大队、宁沪公司管理处组成,负责沪宁主线和地方道路交通组织分流工作。

在沪宁高速公路江苏段施工期间,公安交警、公路路政部门加强了施工现场的交通安全管理,简化手续,强化规范,指导施工单位制定施工现场交通事故、恶劣天气严重路堵等情况下的工作预案,落实应急措施,施工单位积极配合,主动地协调做好救援、清障、防范工作,服从职能部门的指挥,施工单位不仅成为工程建设的主体,而且还成为道路交通管理的主体。

② 措施二——合理

根据交通特点制订合理的路面施工方案。扩建工程施工方案的制订,不仅考虑了工程建设的技术、工艺、质量、经济等方面的要求,而且在施工方案选择时,考虑减少对通行的影响这个非常重要的因素。

③ 措施三——科学

制订科学的交通组织策略。建设单位专门就大型公路项目施工期间的交通组织策略聘请专门机构进行了研究,了解主要流量流向。深入开展周边路网调研,针对施工方案,进行了交通流模拟分析,以确定合理的分流路径和管理组织措施,将施工造成的交通运行影响降低至合理范围。

④ 措施四——衔接

精心组织,设置硬件设施,增配工作人员。按照交通组织总体方案,各方面进行了精心组织。特别是各市重点细化了城市出入交通与公路网的衔接方案,强化了局部地区微交通与区域性大交通的有机协调。

⑤措施五——应急

强化现场管理,建立了突发事件应急机制。由于无锡枢纽以东路段分流后日均断面通行量仍在3万辆以上,高峰时段平均不到3秒就通行一辆车。如此大的断面流量在路面施工借道通行段,高峰时段极易造成交通阻塞。为此,建立了现场应急机制。

沪宁高速公路江苏段扩建期间,高度重视涉路施工项目的交通组织和现场管理,专门成立施工现场管理机构,加强对施工人员的安全意识教育,认真制订施工现场交通组织方案,及时上报审查,投入较多经费购置交通安全设施。由于施工内容较多,交通转换频繁,交通安全设施的磨耗很大,要求各施工单位即时更换、补充,以保持沪宁路江苏段建设施工现场交通安全设施的醒目、有效。

⑥措施六——公告

加强宣传,争取社会的支持和理解。充分发挥媒体的作用,建立了信息发布机制。对于需要交通管制的路段,由公安厅和交通厅联系发布公告。公告发布后,还登报公示,通过新闻媒体进行宣传。

(4)改扩建中的行车提示

在道路扩建条件下行车最大的特点是如何克服施工引起的道路状况不佳、线路改变、标志标牌频繁转换、速度受限、局部拥堵等不利条件,安全、快速地到达目的地。安全施工和安全运行是相互统一、相互支持的,因此需提醒驾乘人员注意。

①多留意标志

对于大货车,扩建指挥部印发了大量通知和提示卡,放在各个收费站口。在省际交界处设置了100多块指引标志,分层级多次提示,内容是告知沪宁高速正在扩建施工,对货车进行分流,建议走哪条道路等。除此之外,所涉及的各个地市也制作了大量标志放在重要路口。在相关的各个收费站口布置人员,将近期的施工情况告知客车、小车,随时将施工信息传递给行车者。

②尽量避开施工路段和高峰时段

建议有条件的行车者尽量走地方道路,避开施工路段后再上高速公路。在时间选择上,也应尽量避开高峰时段,以免出现堵车影响出行。

③提示具体的绕行线路

2004年8月15日通车的沿江高速公路,是从江阴大桥经锡澄高速公路往张家港、常熟、太仓、嘉定到上海的一条新的快速通道,双向四车道,局部六车道,总里程只比沪宁高速多20km。在沪宁高速、312国道扩建施工的情况下,沪宁高速公路公司建议车辆走沿江高速。

④注意车速

对于车速较慢的货车禁止上路,一般的非施工路段非常通畅,因此目前行车者在这些路段的车速基本超过120km/h,有的达到140km/h、160km/h。由于各项交通组织措施到位,2004年7月份沪宁路发生重特大事故仅有4起,每亿辆公里重特大事故发生率仅为1.5,虽然远远低于全省4.7的水平,但发生的事故多为车辆追尾,说明车速过快。因此,仍要提醒广大驾驶员减速慢行。

(5)施工现场管理

一般路段的交通组织,是指半幅封闭施工,另半幅双向通行的交通组织。由于路面工程施工对沪宁高速公路江苏段交通的影响较大,根据扩建工程总工期的要求,每个施工作业面长度为6km,施工周期约55d,施工周期内完成路段内的铣刨、底基层、基层和下、中、上面层的施工,完成后进入下一个作业面。这样,就有效地控制了施工作业面的长度,为一般路段的交通组织提供了方便。在半幅双向通行路段的现场管理中,要注意三个方面:一是有效合理的渠化。在双向通行的路段中间,使用锥形路标或其他隔离设施,把整个双向通行路段渠化成两个不同方向的车道,以保障车辆通行的安全;二是齐全的安全标志和有效的信息提示。双向通行路段的驶入点和驶出点必然会改变车辆行驶的速度和方向。因此,也是双向通行路段交通事故的多发点,齐全的道路安全标志和有效的道路信息提示,一方面为车辆提供服务,另一方面也是施工单位应承担的法律责任;三是完善的应急预案。双向通行路段一旦发生交通事故或汽车抛锚,会造成交通阻塞或中断。制定完善的应急预案的重要性在于,当发生交通阻塞或中断时,可以根据预案制定的方法和措施,在最短的时间内恢复交通。

特殊路段的交通组织针对的是施工工艺复杂、施工周期较长、施工安全风险较大的大型桥梁、上跨桥、互通匝道的施工作业区间。特殊路段的交通组织要根据具体的施工内容,实施重点管理。例如:无锡辖区内的锡澄运河大桥、锡北运河大桥、北新塘大桥等大桥间隔15km,拆除重建施工期长达12个月,期间还要受雨、雾、冰、雪等恶劣气候的影响。大桥在南幅桥梁拆除后,至新桥下部结构完工前,北幅桥面内侧护栏的安全性能下降,通行车辆一旦发生意外,极有可直接坠入运河之中,造成群死群伤的恶性事故。为了保障四座大桥拆除重建期间通行车辆的安全,在现场交通控制措施中,设置了2块"前方桥梁施工、减速通行"大型指示标志,布置在四座大桥区间的端部,提醒驾驶员桥梁在施工;在大桥北幅路内侧增加了太阳能警示灯,增强夜间、雾天对车辆行驶的引导;在大桥北幅内侧还设置了一定高度防落网,降低驾驶员对桥面高度的恐惧感,要求施工单位组织专人加强对现场交通标志、安全防护设施的检查、巡视、复位,保持特殊路段交通标志醒目、齐全、有效。

在互通及上跨桥建设中,因工程技术的需要,新建上部结构采用预应力连续箱梁,必须设置满堂支架(龙门架)以满足工程建设的技术要求。在现场交通控制方法上,使用路面振荡标线,设置在龙门架两端,降低车辆通过龙门架的速度;在龙门架前后100m范围内的车道两侧用锥形路标渠化行车道,强制车辆减速通过;在龙门架上设置灯光照明装置,避免夜间车辆行驶对龙门架的碰撞,确保龙门架的安全,确保桥梁上部结构的正常施工。

12.11.4 实例4——西宝高速公路改扩建工程的施工交通组织

西宝(西安-宝鸡)高速公路改扩建期间整个路段的平均车速为69.2km/h,西宝高速公路建议没有施工的互通立交或新建且已通行的互通立交限速值仍采用40km/h,单侧加宽施工和双侧加宽施工的互通立交根据道路施工实际条件限速值采用20~30km/h。

高速公路改扩建工程施工期间,为了有效地控制驶入高速公路施工路段的车辆数,对各入口匝道采取关闭式、定时调节式、交通感应调节式、汇合控制式和集中定时控制式5种形式控制,限制进入高速公路的汽车数量,避免道路上拥挤,改善各匝道入口处的汇合安全。

1)路基路面施工交通组织

西宝高速公路改扩建工程的路基路面施工组织方案分为5个阶段:

(1)路基施工初期(2+2通行方案)。本阶段主要完成加宽路段路基施工,桥梁下部结构施工,涵洞、通道及小桥改建施工。该阶段施工中不影响主线的交通,维持既有公路四车道通行,如图12.11-26所示。

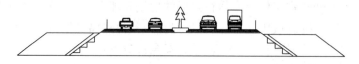

图12.11-26 西宝高速公路改扩建路基施工初期交通组织断面图

(2)路基施工末期(1+2通行方案)。主要是对路基上部搭接、上跨桥的拆建、桥梁上部结构施工及对部分互通立交改建,本阶段跨线桥拆除与新建将对高速公路通行能力产生较大影响,是改扩建工程交通组织工作的难点和重点。双侧加宽第二阶段交通运行状况如图12.11-27所示,路况为1+2模式。

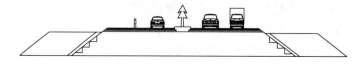

图12.11-27 西宝高速公路改扩建路基施工末期交通组织断面图

(3)路面施工Ⅰ期(1+1通行方案)。西宝高速公路兴平至蔡家坡南半幅既有公路段实施既有公路基加固处理及路基、路面拼接工程,并对南半幅实施路面铺筑。该阶段将双向货车全部分流至福银高速公路、G310、关中环线南线等其他路线,北半幅设置临时中央分隔带,所有客车在北半幅全线单幅双向通行。北半幅利用新泽西墩设置成临时中央分隔带。如图12.11-28所示。

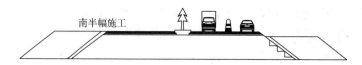

图12.11-28 西宝高速公路改扩建路面施工Ⅰ期交通组织断面图

根据国内高速公路交通事故统计资料,通常大型货车事故发生率较高,因此为了减少突发交通事故对道路施工、运营的影响,分流优先选择特大型货车和大型货车。

(4)路面施工Ⅱ期(2+2通行方案)。西宝高速公路改扩建段采用"左右分幅封闭施工"方案施工。2010年8月28日西宝高速公路改扩建工程兴平至蔡家坡段(K187+600~K276+000)南半幅主线路面已经铺筑至中面层,拟开放客货交通。

①施工过渡期。主要完善南半幅临时工程及安全设施,对收费站匝道进行调整,为下阶段南半幅全面通车做准备。此阶段开放北半幅1、2车道和南半幅1、2车道,如图12.11-29所示。从交通安全角度考虑,过渡期可以帮助驾驶人熟悉通行方式和道路状况,增加驾驶的安全性。

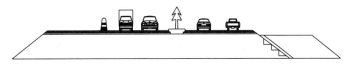

图 12.11-29　西宝高速公路改扩建路面施工过渡期交通组织断面图

②北半幅路面施工期。此阶段南半幅 K187+600~K76+000 开放客货交通,对北半幅关闭实施路面铺筑。具体车道划分方案为:基于双向货车通行,南半幅分为四条车道,临时中央分隔带宽度 90cm,车道宽度为 3.75m。如图 12.11-30 所示。

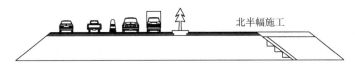

图 12.11-30　西宝高速公路改扩建路面北半幅施工交通组织断面图

③南半幅上面层施工期。此阶段北半幅 K187+600~K76+000 开放客货交通,对南半幅关闭实施上面层路面铺筑,并完善交通工程及沿线设施、景观绿化等设施。北半幅的交通组织和车道设置情况基本与上一施工期的南半幅。如图 12.11-31 所示。

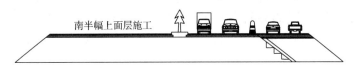

图 12.11-31　西宝高速公路改扩建南半幅上面层施工交通组织断面图

(5)交通工程及沿线设施、景观绿化施工期

主体工程基本完成后,施工影响逐步减小,通行条件开始改善的阶段,主要是完成剩余交通工程、沿线设施、绿化及通信工程。该阶段交通运行状况如图 12.11-32 所示,路况为 2+2 模式。改扩建工程竣工后交通运行如图 12.11-33 所示,路况为 4+4 模式。

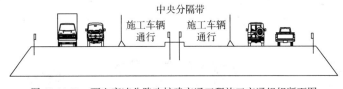

图 12.11-32　西宝高速公路改扩建交通工程施工交通组织断面图

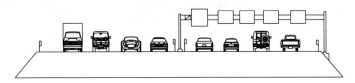

图 12.11-33　西宝高速公路改扩建工程竣工后交通运行图

综合分析五个施工阶段可知,在第二阶段与第三阶段道路施工对交通运行状况影响最大,在第三阶段初期只有两个车道可供使用,道路通行能力最少减少一半,是交通分流工作的主要阶段。

2) 预告标志的设立

应以被交道路(一、二级公路)与高速公路连接线平面交叉或减速车道起点作为基准点,在距基准点前 2km、1km、500m 以及基准点处对应设置 2km、1km、500m 入口预告标志及带行车方向指引的入口预告标志;被交道路为其他公路时,应在距基准点 500m、200m 以及基准点处对应设置 500m、200m 入口预告标志及带行车方向指引的入口预告标志;被交道路为城市主干路时,应在距基准点 1km、500m 及基准点处对应设置 1km、500m 入口预告标志及带行车方向指引的入口预告标志,次干路和支路可距基准点 200m 预告一次。当入口预告标志所在地已有其他交通标志时,交通标志之间的距离应符合《道路交通标志和标线》(GB 5768—2009)的规定。

如果互通立交是采取新建的方式,则按照《道路交通标志和标线》(GB 5768—2009)规定的标准,根据被交道路的等级,在新建的互通立交入口处相应位置设置永久性入口预告标志及带行车方向指引的入口预告标志。若互通立交采取改建方式,则入口预告标志的设置方式如下:若互通立交采取半封闭方式改建,改建期间根据分流车辆的不同,互通立交处部分车辆不需要进行分流,在没有封闭的匝道入口设置入口预告标志及带行车方向指引的入口预告标志;若互通立交采取全封闭改建方式,则在分流的互通立交入口相应位置设置入口预告标志及带行车方向指引的入口预告标志,且必须保证入口地点信息的正确性。改扩建期间的入口预告标志如图 12.11-34 所示。

图 12.11-34 改扩建期间临时入口预告标志

由互通立交进入高速公路主线路段后,应根据互通立交的间距合理设置地点距离标志。当互通式立体交叉间距大于或等于 5km、小于 10km 时,应设置一处地点距离标志;当间距大于 10km、小于 30km 时,应设置两处地点距离标志;当间距大于或等于 30km 时,地点距离标志视具体情况适当加密设置。同样,下一出口预告标志类似设置。地点距离标志应设置在容易被驾驶人识别辨认的适当位置,至少距高速公路互通立交的后基准点 1km 以上。改扩建期间地点距离标志的设计内容按照《道路交通标志和标线》GB 5768—2009 要求设计,但是标志上的地点信息应根据改扩建期间互通立交的封闭与否设置,确保标志上的地点信息与最近处开放的互通立交一致,保证驾驶人少走弯路,如图 12.11-35~图 12.11-37 所示。

 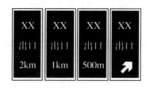 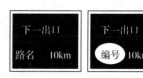

图 12.11-35 地点距离标志　　图 12.11-36 改扩建期间临时出口预告标志　　图 12.11-37 下一出口预告标志

3) 互通立交总体施工序列

西宝高速公路改扩建工程将建设进度划分为 4 个施工阶段:路基施工初期、路基施工末期、路面施工期和交通工程及沿线设施、景观绿化施工期。项目实施中各工作内容需要交叉进行,无法截然区分,如互通立交改建、上跨桥的拆除需要贯穿 1~3 阶段,主体为第 2 阶段。具体各阶段施工内容如表 12.11-1 所示。

各施工阶段施工内容 表12.11-1

阶 段	时 间	施 工 内 容		
		路基、桥涵等	互通立交	上跨桥
路基施工初期（第一阶段）	2009.5~2009.12	①路基、涵洞、通道加宽及桥梁下部 ②挖方高边坡和挡墙	兴平、绛帐、常兴、蔡家坡立交改造	跨线桥（含人行天桥）的拆除改造
路基施工末期（第二阶段）	2010.1~2010.6	①路基上部搭接 ②桥梁上部结构拼接		
路面施工期（第三阶段）	2010.6~2011.6	①双侧加宽主线路面补强、铺筑施工，新建及单侧加宽路面铺筑 ②旧涵、通道改造和桥面铺装	武功、兰家村、眉县立交改造	
交通工程施工期（第四阶段）	2011.2~2011.10	交通工程及沿线设施、景观绿化	—	—

4) 立交改建模式及安全设施设置

立交建设采取"隔一建一"的方式进行。

(1) 兰家村互通立交处的交通安全设施设置

互通立交出入口主线路段双向均以临时交通标志为主,设置于中央分隔带(西安至宝鸡方向)和路侧(宝鸡至西安方向)。临时中央分隔带隔离设施采用附带防眩板(贴两条反光膜)的新泽西墩,间距3m,用两道铁丝进行串联。路侧护栏采用永久性护栏,中央分隔带护栏采用既有护栏。临时交通标志主要包括:出口预告标志及出口标志、限速标志、分合流标志和地点距离标志。除以上4类标志外,增加设置强制限速、禁止超车、警示提醒、报警电话、严禁占道等警示标志示意,如图12.11-38所示。

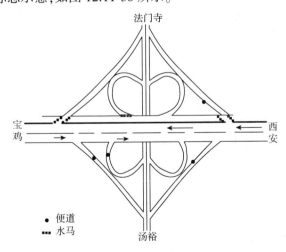

图12.11-38 兰家村立交交通标志设置示意图

(2) 眉县立交处的交通安全设施设置

眉县立交使用水马封闭匝道来实现安全防护,保证主线车辆通行;在此阶段,同时进行路侧交通工程设施以及封闭路段施工。此时,互通立交出入口前后主线路段临时标志设于中央分隔带,采用附着式或置于移动基础上;由于中央分隔带较窄,因此采用中央分隔带设置方案时,所有标志宽度均不大于1.6m,安装高度大于2.2m。临时交通标志主要包括:道路施工安全标志、警告标志、禁令标志、指示标志和指路标志。如在眉县收费站前1000m、500m、200m和眉县立交出口绿化三角带内摆放指示标志牌提醒驾驶员从常兴或蔡家坡上高速公路,在接口交汇部位合理区间设置警示标志等。将下眉县匝道出口前边用反光锥桶,后边用砂桶进行封闭,并安排两名安全员负责现场指挥并向社会车辆解释。眉县立交封闭施工期间交通安全设施的具体设置如图12.11-39所示。

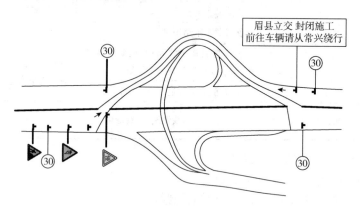

图12.11-39 眉县互通安全设施设置图

眉县互通封闭期间,应在前后相邻的常兴立交、蔡家坡立交出入口处摆放交通疏导标志牌,提醒驾驶人因眉县封闭施工,车辆走西宝中线或西宝南线至眉县。具体设置为:左幅宝鸡方向来车,在距蔡家坡收费站出口1000m、500m、200m、匝道出口处和右幅西安方向来车,在距常兴收费站出口1000m、500m、200m、匝道出口处各摆放指路标志提醒驾驶人去眉县车辆从蔡家坡和常兴收费站下高速走西宝中线至眉县。眉县互通封闭施工期间,蔡家坡和常兴立交安全设施的设置如图12.11-40所示。

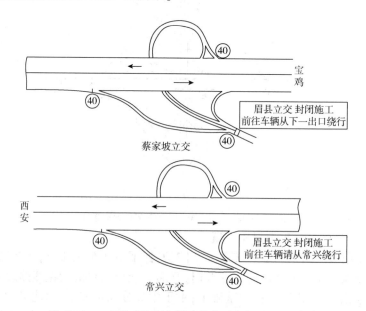

图12.11-40 眉县互通改扩建期间相邻立交交通标志设置图

(3) 其他宣传和标志

通过可变情报板、广播、电视、网络、横幅等多种宣传方式 24 小时或分时段进行滚动宣传，利用收费站、治超站点向过往驾驶人员发放道路指导宣传册、分流路线图和公告，设置标志标牌、悬挂横幅、可变情报板等及时向社会发布道路通行信息，提醒驾驶人准确选择路线及注意行车安全。

在各类道路的收费站、交汇点，过往村、镇、县设立指示标志牌，充分利用周边公路路段的可变情报板进行宣传，提醒驾驶人准确按照指示标志行车。在不具备设置信息发布设施或重点路段，安排安装有车载可变情报板的巡查车辆定点值守，发布信息。

12.11.5　实例 5——安新高速公路改扩建施工交通组织

连接安阳、鹤壁、新乡三市的安新高速公路于 1997 年 11 月 28 日建成并投入运营，受当时条件的限制和建设资金的制约，高速公路建设仅以双向四车道为主。改扩建按标准 8 车道高速公路建设，路基宽度 42m，全线所有路基、路面、桥涵等均按标准 8 车道建设。

1）区域路网交通组织

经计算，在加宽改造期间若要维持三级服务水平，则通行路段的日交通量应控制在 20000 辆以内，交通流中车型分布应尽量单一化，小型车占绝大多数比例，允许有一定的中型客车和大型客车通行，减小大型货车通行。路网内计划分担安新高速公路的道路主要包括 107 国道和其他地方道路。

(1) 做好交通分流的宣传工作。安新高速公路通车多年来已为人们所接受，走安新高速公路已成为大多数人的出行习惯。要在短时间内改变人们的出行习惯是困难的。因此除了路网设置完善的交通标志和诱导设施外，加强管理变得十分关键。

(2) 交通执法和交通服务要适应路网交通规划的总体要求，在沿线容易导致交通流紊乱、驾驶违规改变线路的部位适当配备执法人员，在安新高速公路通车路段配以必要的交通执法服务人员，及时纠正违章和提供各种服务，方便驾驶员的出行，平缓由于施工导致道路行驶能力下降和服务水平降低而导致驾驶员的不良情绪。

(3) 设置区域路网分流交通标志，告诉需要使用安新高速公路的驾驶员，前方安新高速公路扩建施工，要求改路行驶，并给出改路路线。

(4) 指路标志设在平面交叉路口，告诉驾驶员要去往某地时改走其他道路。地名为大多数驾驶员要到达或经过的较大的地名，指路方向为原来指向安新高速公路方向的那一个方向，将其改为去往 107 国道或其他地方道路的方向。

(5) 设置互通临时交通标志和标线。

2）路面施工期临时交通工程

(1) 道路交通条件

路面施工工序比较复杂，按照路面施工工序的推荐方案采用分段施工，按照事先划分好的分段工序，半幅路面封闭进行路面施工，另半幅路面改为临时对向行车。原则上先施工东半幅路面，部分路段可以穿插施工。

第一阶段：半幅分段封闭进行路面施工，另半幅对应路段改为临时对向双车道行车，部分路段为单向双车道通行；第二阶段：车辆全部改在前阶段路面已施工完毕的半幅双向四车道通行，另半幅封闭施工；第三阶段：东、西半幅修建完成。

前两个阶段对交通影响较大,是安新高速公路施工的关键阶段。这三个阶段的共同点是硬路肩被占,侧向净空不足,停车困难,靠近中央分隔带的车辆无法紧急停车,被迫采用双向车道,对向四车道运行的路段过多,行驶于半个路幅时,对向行车无分隔带,无法满足车辆高速行驶的安全需要,通行能力下降。

(2)区域路网交通条件

施工期间路网的交通分流是保证安新高速公路畅通的关键,经计算,在加宽改造期间若要维持三级服务水平,则通行路段的日交通量应控制在20000辆以内,交通流中车型分布应尽量单一化,小型车占绝大多数比例,允许有一定的中型客车和大型客车通行,严格禁止大型货车通行。对车况较差的车辆或故障车辆必须立即拖出高速公路。只有这样才能有效保证安新高速公路服务水平和行车的舒适性,保障车辆通过时间在允许范围内。

(3)临时安全设施

路面施工为分段半幅施工。该阶段基本上按构造物分段进行,每一段东、西半幅分别进行路面摊铺。具体施工工期可以分为三个阶段:第一阶段一侧对向双车道通行,同时另一侧路面施工;第二阶段车辆改在另一侧对向四车道通行,本侧路面施工。一般情况下第一阶段施工东半幅,第二阶段施工西半幅。第三阶段为中央分隔带施工。各段落的不同施工阶段是可以穿插进行的。

①第一阶段

按照首先划分好的施工段落,将选定的施工段落东半幅封闭,通过中央分隔带开口的交通标志、标线和锥形路标等将该侧通行车辆引导至道路西侧通行。西侧改为对向双车道通行。该阶段施工路段的车辆一律在西半幅行驶,中央分隔带有标志牌和护栏,西半幅路侧护栏,隔离栅和部分临时标志保留。东半幅路侧波形梁护栏,临时隔离栅栏均拆除,送回工厂进行翻新处理,日后继续使用。西半幅路面施工,路侧护栏被拆除。两阶段西半幅部分路段为对向双车道通行,为避免堵塞,保障交通安全,提高行车舒适性,设置对向行车的隔离设施。

隔离设施采用的方案为:隔离墩加钢管。该方案最大的优点是简便易行,不足之处是美观性稍差。但若全部采用墙式护栏预制块拼砌,则费用较高。另外,考虑到该阶段时间不长,因此隔离墩加钢管方案较适宜。该方案另一优点是设施较为通用,本项目使用后可以转让给地方道路或城市道路继续使用,残值可以继续发挥作用,总体费用较低。

②第二阶段

该阶段全部车辆改在新修路面的半幅进行,另一侧进行封闭施工。此时东半幅路侧有永久交通标志和路侧护栏,中央分隔带有临时交通标志,需要实施的安全设施包括:东侧对向行车中央隔离设施;中央分隔带紧急停车带封闭;东半幅道路永久性交通工程施工。

③第三阶段

该阶段主要工程为中央分隔带的恢复。包括拆除原中央分隔带的临时紧急停车带进行绿化,中央分隔带人孔施工,中央分隔带护栏及活动护栏施工等。该阶段主要临时安全设施包括:临时车道封闭设施。为了确保道路施工安全,需封闭靠近中央分隔带的车道,使东,西半幅均为三车道通行。为此应全线加设锥形路标等隔离设施。该阶段由于其他临时交通安全设施大多数被拆除,因此应尽量采用其他阶段拆除下来的临时封闭隔离设施,以降低费用。

3)主体工程后期临时交通工程

(1)道路交通条件

路面工程完成后期,道路通行能力提高,交通畅通,施工主要集中在交通工程沿线设施及环保景观工程等项目上,施工和行车之间的相互干扰变小,通行能力恢复。

(2)交通组织和临时交通工程

该阶段区域路网交通组织的主要任务是重新吸引交通流,将转移至其他公路的交通量重新恢复到安新高速公路上。该阶段一方面要加强宣传,及时向社会通报安新高速公路扩建工程进展情况,另一方面应及时变更区域路网交通标志。原先在区域路网上设置的转移安新高速公路交通的标志应予以更换,最初是指向安新高速公路的标志该阶段应恢复,后来增加的不准使用安新高速公路的指示标志可以通过变更版面的方法改为吸引交通流的指路标志或将其拆除。

4)既有交通工程设施在施工过程中的应用

安新高速公路有完善的交通工程沿线设施,包括安全设施、机电工程系统等。特别是安新公路建设有十分完善的监控通信收费系统。在扩建工程中,既有的监控、通信、收费系统应尽可能保留,并使其充分发挥作用。监控外场设备应保留尽可能长的时间,特别是可变情报板和可变限速标志,在道路施工到结束之前不要拆除,并应加以妥善保护和合理利用,如利用可变信息发布设备及时向使用者发布道路交通信息。扩建工程施工期间应充分利用省交通信息广播、互联网以及当地电视媒体等手段,报告安新高速公路扩建工程进展信息和沿线交通管制方案。各收费站入口车道应坚持随时通报前方交通状况和交通管制状况,可以通过手写黑板或广播发布方式。

5)施工组织方案的比较和选择

(1)半幅货车分流方案

此方案在路基施工期间不封闭交通,双侧同时进行路基施工。进入路面施工期之后,实施半幅施工、半幅通车。首先施工的半幅路面,在进行基层、底基层施工期间,实行半幅货车分流、客车保留的半封闭施工;在进行面层施工期间,半幅全部交通分流至平行公路。此期间,另外半幅始终维持单向正常行驶。半幅路面施工完毕之后,开放交通;前期为互通立交区主线路面施工期,新建半幅实施单向通行,分流另外半幅交通至平行公路上;后期实施半幅双向通行,为了减小对新建半幅内侧路面的破坏,可以分流内侧单方向货车至平行公路。进行另外半幅的路面施工时,始终保持无车流施工现场。此方案的主要特点是减小了对平行公路和新建半幅的交通压力,但前半幅路面施工有短期的交通影响,工期稍长。

(2)半幅封闭施工方案

此方案在路基施工期间不封闭交通,双侧同时进行路基施工。在路面施工期,实施半幅完全封闭施工、半幅单向通行的施工组织方案。当进行另外半幅施工时,和第一方案相同。其特点是施工场地和行车道形成隔离,施工组织方便,交通流为单向行驶,安全性很好;缺点是对平行公路产生的交通压力大、时间长,施工周期稍长。

(3)全部货车分流施工方案

此方案在路基施工期间和第一方案相同,不封闭交通。在路面施工期间,始终将上下行全部货车分流至平行公路,保留客车在既有高速公路上限速行驶。全线实施开放式路面施工(仅指路面加宽期间);在新、既有公路路面全幅铺装阶段,实施半幅封闭施工,另外半幅客车通行,其余车辆全部分流。因为此方案双侧同时进行路面施工,所以工期较短。此方案基本为开放式施工方案,其特点是双侧施工,工作面大,工期稍短;但安全性较差,而且必须要求车辆限速行驶,需要配备足够的交通协管人员进行交通管制;要求施工设备、人员等不得占用行车道,以形成井然有序的施工场面。

(4) 全线封闭施工方案

本方案施工组织简便易行,施工现场始终不受纵向交通的任何干扰。全部纵向交通转移至平行道路。工期短,安全性好,在施工现场基本不需要交通管理人员。

一般情况下,无论是行车或者行人,均可采用不断行交通的施工方案,要求施工场地为行车行人留下可以通过的空间,并且要有专人维持交通秩序。对于个别交通量较大的立交,当在相邻公路可以实现绕行时,可采用间隔立交施工,以缓解立交施工的交通干扰。

从四个施工方案的特点分析可以得到:工期最短者为全封闭方案;对平行道路增加的交通压力最小者为半幅货车分流方案,其次为半幅封闭方案;项目公路和平行公路在施工期间均可以维持较好的交通秩序者为半幅货车分流方案和半幅封闭方案;施工质量不受交通干扰的施工方案为半封闭和全封闭方案。因此,半幅货车分流方案虽然工期稍长,但对平行道路产生的交通压力较小,高峰分流时间也较短,非常必要时仍然可以临时变更为半幅封闭方案,以提高施工现场的安全性和工作效率。在加强交通管制的情况下,半幅货车分流方案可以维持交通畅通和正常的施工秩序;尤其是半幅施工结束,在进行另外半幅施工期间,已经开通的半幅是四车道高速公路,可以容纳更大的交通流。因此,采用半幅货车分流的施工方案,高峰分流时间最短,新建半幅开放交通之后,已经在很大程度上缓解了通道的交通压力。因此,本项目建议采用半幅货车分流的施工方案,而将半幅封闭作为预备方案,在平行公路交通压力容许增加的情况下,可以短期采用第二方案。

6) 安新高速加宽扩建工程施工技术方案

(1) 路基工程方案实施

路基工程的实施对安新高速公路交通的影响较小,在实施中可在路基两侧设置两条施工便道,通过桥梁、通道贯通,同时进行路基各项工程的施工。

(2) 路面工程方案实施

路面施工对安新高速公路交通的影响较大,交通组织方案尤其重要。将"路面分段半幅施工""设置临时路面、分幅施工"和"设置过渡路面、分幅施工"三个方案进行比较论证,其具体方案如下:

方案一:路面分段半幅施工方案

①路面按施工区间进行分段:根据全线结构物、互通等分布情况分段。

②先将各施工区段的东侧封闭,交通转移至相应区段的西侧,西侧实行对向二车道限速行驶,然后进行各施工区段的东侧全幅路面施工:

a. 先铣刨东侧行车道既有公路面,按照既有公路面处理方案控制铣刨深度;

b. 施工新建路面底基层,然后全幅同时铺筑基层和面层;

c. 按照新路面的标准完成东侧的车道划线、防撞护栏、标志标牌等的施工。

③将西侧交通转移至东侧,东侧实行对向四车道行驶,西侧全幅路面进行施工:

a. 先铣刨西侧行车道既有公路面,按照既有公路面处理方案控制铣刨深度;

b. 先施工新建路面底基层,然后全幅同时铺筑基层和面层。

④按八车道划线,按照新路面的标准完成西侧的防撞护栏、标志标牌等的施工,各施工区段的道路恢复正常交通。

⑤按以上路面施工顺序及交通组织进行各相应间隔区段的路面施工。

方案二:设置临时路面、分幅施工方案

①东侧正常行驶,西侧限速行驶,先施工西侧临时路面,西侧全幅路面形成对向四车道通行。

②将东侧交通转移至西侧,东侧全幅路面进行施工:

a.先铣刨东侧行车道既有公路面,按照既有公路面处理方案控制铣刨深度;

b.施工新建路面底基层,然后全幅同时铺筑基层和面层;

c.按照新路面的标准完成东侧的车道划线、防撞护栏、标志标牌等的施工。

③将西侧交通转移至东侧,东侧实行对向四车道行驶,西侧全幅路面进行施工:

a.先挖除临时路面,铣刨西侧行车道既有公路面,按照既有公路面处理方案控制铣刨深度;

b.先施工新建路面底基层,然后全幅同时铺筑基层和面层。

④按八车道划线,按照新路面的标准完成西侧的防撞护栏、标志标牌等的施工,各施工区段的道路恢复正常交通。

方案三:设置过渡路面、分幅施工方案

①东侧正常行驶,西侧限速行驶,先施工西侧新拼路面。按照新建路面结构层次铺筑至中面层(上面层暂不施工),中面层上设稀浆封层起临时磨耗层的作用而形成过渡路面,西侧路面形成对向四车道。

②将东侧交通转移至西侧,东侧全幅路面进行施工:

a.先铣刨东侧行车道既有公路面,按照既有公路面处理方案控制铣刨深度;

b.施工新建路面底基层,然后全幅同时铺筑基层和面层;

c.按照新路面的标准完成东侧的车道划线、防撞护栏、标志标牌等的施工。

③将西侧交通转移至东侧,东侧实行对向四车道行驶,西侧全幅路面进行施工:

a.铣刨西侧行车道既有公路面,按照既有公路面处理方案控制铣刨深度;

b.先施工改建路面至中面层,然后全幅同时铺筑上面层。

④按八车道划线,按照新路面的标准完成西侧的防撞护栏、标志标牌等的施工,各施工区段的道路恢复正常交通。

不同路面施工方案的比较见表 12.11-2。

路面施工及交通组织方案比较表 表 12.11-2

方案	方案一(路面分段半幅施工)	方案二(设置临时路面、分幅施工)	方案三(设置过渡路面、分幅施工)
优点	①施工组织较简单,工序少,施工作业面连续; ②施工过程中的临时材料浪费少,工程成本低; ③新既有公路路面一次施工完成,路面施工质量容易控制	①施工路段有对向四车道通行,只需少量分流重型车辆; ②既有公路面一次施工完成,路面施工质量容易控制	①施工路段有对向四车道通行,只需少量分流重型车辆; ②施工过程中的临时材料浪费少,工程成本低

续上表

方案	方案一（路面分段半幅施工）	方案二（设置临时路面、分幅施工）	方案三（设置过渡路面、分幅施工）
缺点	①施工期间全线交通统一管理，交通组织管理复杂；②施工路段仅有对向二车道通行，而目前交量大，应将重型车辆适当分流，避免造成堵车，分流社会影响大	①施工过程中的临时材料浪费多，工程成本高；②施工组织过程多，工序多	①施工组织较复杂，工序多；②西侧既有公路面非一次施工完成，路面施工质量难控制；③既有公路路面改建时，路面排水问题突出
推荐方案	本项目采用路面分段半幅施工方案		

综合以上比较，本项目路面施工方案推荐采用"路面分段半幅施工"方案。

7）总体施工组织

采用半幅货车分流的施工方案，2005年4月开工，2007年9月底竣工，总工期为30个月。其中半幅交通分流时段为5个月，半幅货车分流时段为11个月，半幅双向行驶（内侧一个方向的货车分流到平行公路）时段为7个月。分以下6个阶段组织实施。

（1）2005年4月初，开始全线拆迁和各项准备工作，包括"三通一平"等。2005年6月—2006年2月，工期9个月，全线维持现状交通，进行加宽路基的填筑及开挖、涵洞加长、桥梁基础及下部施工、各种梁板预制、部分跨线桥基础和下部等的施工。期间应完成路基桥涵工程总量的80%左右。

（2）2006年3月—2006年6月，工期4个月，进行西半幅路面底基层、基层的铺装及桥梁上部构造的施工；期间东半幅正常通行，分流西半幅货车至平行公路。

（3）2006年7月—2006年10月，工期4个月；进行西半幅路面面层铺装及防撞护栏安装等工作。期间西半幅单向交通全部分流至平行公路。路面完工后，开放西半幅单向交通。

（4）2006年11月，工期1个月；重点进行东半幅互通区主线路面铺装及部分匝道改建。工期较紧，集中力量昼夜连续作业。此期间，东半幅交通全部分流至平行公路，新建西半幅实行自北向南的单向交通。由于平行公路仅有G107可以分流，所以分流压力相当严重，必须重点加强交通管制，随时准备处理各种交通事故，昼夜坚守岗位疏导交通。

（5）2006年11月—2007年2月，工期4个月，进行东半幅坡面防护、路基排水、桥面系等工程。此期间的后3个月东半幅、西半幅各自正常通行。

（6）2007年3月—2007年9月，工期7个月；实施东半幅路面工程及其他全部工程。此期间，西半幅实行双向行驶，为了减小对新建半幅内侧行车道的破坏，分流自南向北全部货车交通量至平行公路。

2007年9月30日全线竣工通车。

8）互通式立交施工交通组织方案

（1）2006年2月底以前，完成互通立交主线及匝道的路基、桥涵等全部工程的90%，为路面铺装做好充分准备。

（2）2006年3月—2006年6月，工期4个月，完成互通立交西半侧两个南行匝道的路面工程，西半幅客车利用便道上下高速公路。交通组织见图12.11-41。

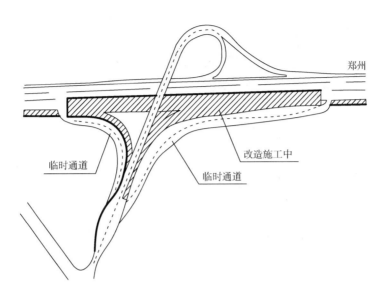

图 12.11-41　互通式立交交通组织方案(2006 年 3 月—2006 年 6 月)

(3)2006 年 7 月—2006 年 10 月,工期 4 个月,对互通立交两个北行匝道进行改造,期间北行车辆利用已改造好的南行匝道及西半幅主线进出互通式立交,此阶段必须对互通立交区附近的交通流进行一定的管制。交通组织见图 12.11-42。

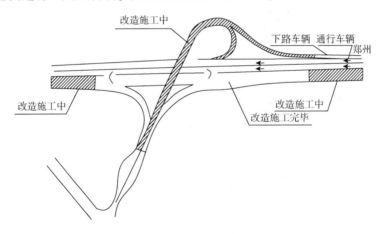

图 12.11-42　互通式立交交通组织方案(2006 年 7 月—2006 年 10 月)

(4)2006 年 11 月,时间 1 个月,西半幅开放单向交通,东半幅交通全部分流至平行公路。期间进行互通立交区主线北半幅路面工程,工期比较紧张,在气温容许的情况下,必须昼夜连续作业,力争按计划完成。交通组织见图 12.11-43。

(5)2006 年 11 月底互通区东半幅主线路面铺设完工后,2006 年 12 月至 2007 年 2 月,新建西半幅及未铺路面的东半幅各自实施单向通行方案。期间为冬季,路面工程施工基本不能进行,互通式立交区主体工程基本完成,在此时间可完善其余工程施工。交通组织见图 12.11-44。

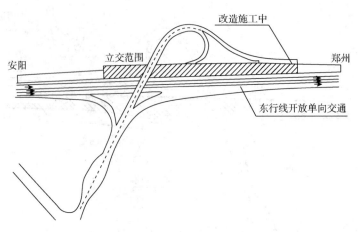

图 12.11-43　互通式立交交通组织方案（2006 年 11 月）

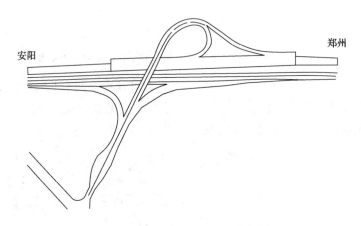

图 12.11-44　互通式立交交通组织方案（2006 年 12 月—2007 年 2 月）

（6）2007 年 3 月—2007 年 9 月，时间 7 个月。全面封闭东半幅进行路面施工，西半幅实施双向通行。期间应加强对互通立交区的交通管制，设置足够的标志和标线，引导车辆选择正确的行驶路径。交通组织见图 12.11-45。

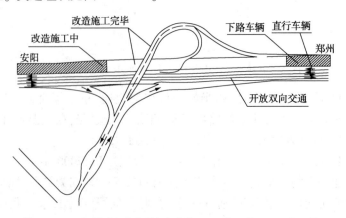

图 12.11-45　互通式立交交通组织方案（2007 年 3 月—2007 年 9 月）

12.11.6 实例6——京港澳高速郑州至漯河段施工交通组织

1)路面施工交通组织方案

(1)方案一:路面分段半幅施工方案(图12.11-46)。

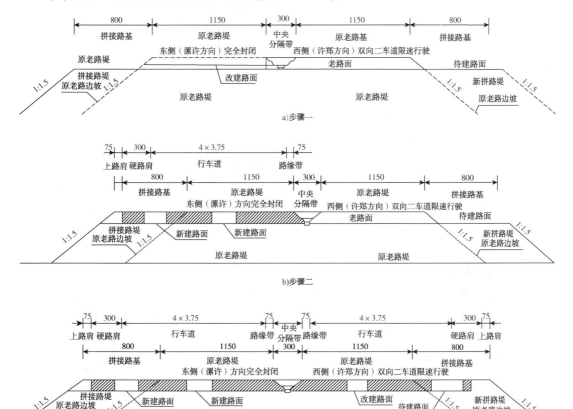

图 12.11-46 方案一施工及交通组织步骤(尺寸单位:cm)

①路面按施工区间进行分段。根据全线结构物、互通等分布情况分段。

②先将各施工区段的东侧封闭,交通转移至相应区段的西侧,西侧实行对向二车道限速行驶,然后进行各施工区段的东侧全幅路面施工:

a.先铣刨东侧行车道既有公路面,按照既有公路面处理方案控制铣刨深度;

b.施工新建路面底基层,然后全幅同时铺筑基层和面层;

c.按照新路面的标准完成东侧的车道划线、防撞护栏、标志标牌等的施工。

③将西侧交通转移至东侧,东侧实行对向四车道行驶,西侧全幅路面进行施工:

a.先铣刨西侧行车道既有公路面,按照既有公路面处理方案控制铣刨深度;

b.先施工新建路面底基层,然后全幅同时铺筑基层和面层。

④按八车道划线,按照新路面的标准完成西侧的防撞护栏、标志标牌等的施工,各施工区段的道路恢复正常交通。

⑤按以上路面施工顺序及交通组织进行各相应间隔区段的路面施工。
(2)方案二:设置临时路面、分幅施工方案(图 12.11-47)。

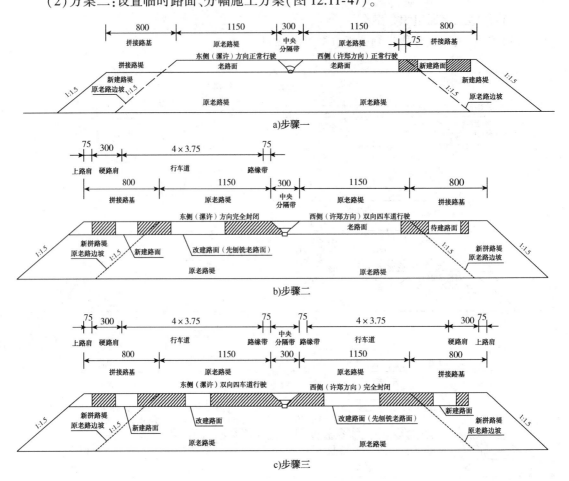

图 12.11-47 方案二施工及交通组织步骤(尺寸单位:cm)

①东侧正常行驶,西侧限速行驶,先施工西侧临时路面,西侧全幅路面形成对向四车道通行。

②将东侧交通转移至西侧,东侧全幅路面进行施工:
a.先铣刨东侧行车道既有公路面,按照既有公路面处理方案控制铣刨深度;
b.施工新建路面底基层,然后全幅同时铺筑基层和面层;
c.按照新路面的标准完成东侧的车道划线、防撞护栏、标志标牌等的施工。

③将西侧交通转移至东侧,东侧实行对向四车道行驶,西侧全幅路面进行施工:
a.先挖除临时路面,铣刨西侧行车道既有公路面,按照既有公路面处理方案控制铣刨深度;
b.先施工新建路面底基层,然后全幅同时铺筑基层和面层。

④按八车道划线,按照新路面的标准完成西侧的防撞护栏、标志标牌等的施工,各施工区段的道路恢复正常交通。

(3)方案三:设置过渡路面、分幅施工方案(图 12.11-48)。

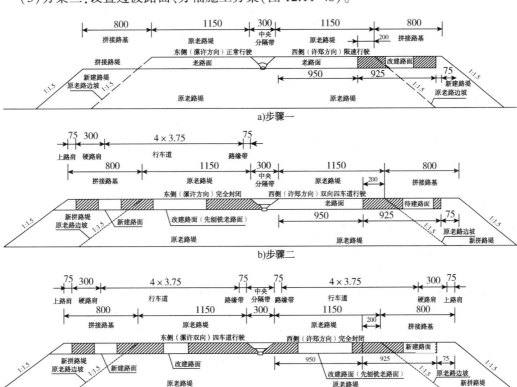

图 12.11-48 方案三施工及交通组织步骤(尺寸单位:cm)

①东侧正常行驶,西侧限速行驶,先施工西侧新拼路面。按照新建路面结构层次铺筑至中面层(上面层暂不施工),中面层上设稀浆封层起临时磨耗层的作用而形成过渡路面,西侧路面形成对向四车道。

②将东侧交通转移至西侧,东侧全幅路面进行施工:
a.先铣刨东侧行车道既有公路面,按照既有公路面处理方案控制铣刨深度;
b.施工新建路面底基层,然后全幅同时铺筑基层和面层;
c.按照新路面的标准完成东侧的车道划线、防撞护栏、标志标牌等的施工。

③将西侧交通转移至东侧,东侧实行对向四车道行驶,西侧全幅路面进行施工:
a.铣刨西侧行车道既有公路面,按照既有公路面处理方案控制铣刨深度;
b.先施工改扩建路面至中面层,然后全幅同时铺筑上面层。

③按八车道划线,按照新路面的标准完成西侧的防撞护栏、标志标牌等的施工,各施工区段的道路恢复正常交通。

经过对"路面分段半幅施工""设置临时路面、分幅施工"和"设置过渡路面、分幅施工"等不同施工和交通组织方案的比较论证,最终采用了"路面分段半幅施工"方案。

2)施工阶段安排

根据郑漯高速公路扩建工程施工特点,可将工期分为以下四个阶段:

(1)第一阶段:扩建工程开工初期。该阶段道路加宽工程主要在既有公路路基范围以外进行,征地结束后,拆除既有隔离设施,将其平移到新的用地界线以内0.2~0.5m处。然后进行路基双侧加宽的开挖和填筑、涵洞加长、桥梁基础及下部施工、各种梁板预制、部分跨线桥基础和下部施工等。在路基施工过程中,保留既有硬路肩、土路肩、防撞护栏。路基开挖从土路肩边缘开始,在此处以挖台阶的方式进行路基加宽。全线维持现状交通,车辆在既有路面上正常双向行驶。该阶段初期对沿线交通工程设施基本无影响。

(2)第二阶段:路基工程后期。该阶段路基工程逐渐完成,挖除既有土路肩。考虑到既有公路面结构底基层在既有公路肩处未贯通,故将原硬路肩的路面结构挖除,重新压实填筑,特殊处理后与新加宽部分一起进行底基层、基层、面层的铺装。桥梁部分进行上部结构的施工,互通匝道改扩建,上跨桥施工。此期间,压缩部分第2车行道,用来连续设置隔离防撞设施,将道路施工部分和交通运行部分分隔开,利用第1车行道和剩余的第2车行道通车。规定大型汽车只能在第1车行道上行驶。在此阶段需拆除原来设在路基边坡上的交通工程设施,返厂维修,妥善保管。

(3)第三阶段:路面施工期。在新加宽部分的路面结构施工完毕,相应的标志、标线、护栏等均施工结束后,将既有双向行驶的交通量分别转移到两侧的新加宽路面上,对既有双向四车道路面结构进行铣刨和重新铺筑。压缩部分第3车行道用来连续设置隔离防撞设施,将道路施工部分和交通运行部分分隔开,利用第4车行道和剩余的第3车行道通车。规定大型汽车只能在第4车行道上行驶,该阶段又分几个不同阶段,包括临时双向通行、半幅路面通行等时期。

(4)第四阶段:路面完成后期。该阶段八车道断面基本完成,相应的交通设施均配备齐全后,车辆在双向八车道上行驶,整项工程宣告结束。此阶段主要是交通工程设施施工时期。

3)施工保通方案

为保障边施工边通车,主线保通拟定了三个方案。

(1)方案一(图12.11-49):先外侧、后内侧、最后连接。

①原则:所有路面、结构物维持原状,两侧各自独立施工。新旧结构物上下均不联,均留企口缝。新路通车后再实施内侧四车道既有公路部分,使新路沉降完成更多些。最后进行新既有公路面及结构物的连接。最大限度地维持较高水平的通行条件。

②实施步骤:

a.挖台阶、基底处理、路基填土、结构物的正常施工。同时实施交通管制第一级:疏导过境交通、公告前方施工通行条件欠佳,建议大型车辆分流并预告下阶段将禁行。

b.路面两侧用砂袋作防护,但每隔2km留200~500m的紧急停车带。然后施工底基层、基层。交通管制第二级:对于大货车、大客车要限时段通行。

c.面层施工时分段封闭行车道,短时间内维持双向二车道通行,同时实施交通管制第三级:禁止货车、大型客车通行,桥梁暂不连接。

d.当外侧加宽、路面划线、安装护栏等大部分路段完毕时,开放大货车通行,但需公告施工期间交通条件欠佳,桥梁暂不连接。

e.施工原既有公路(含中央分隔带),开放外侧新路形成大部分路段双向四车道。

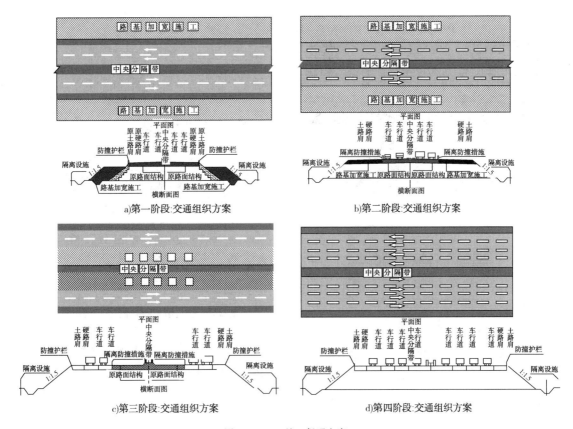

图 12.11-49 施工保通方案一

f.最后施工结构物(主要是桥梁),新旧连接时封闭半幅且禁止货车、大型客车通行。待该半幅连接铺面划线均完成后将交通转移到另半幅,直至完成。

③方案评价:

优点:交通影响度相对较小,在辅路之前新旧工程沉降差异能基本完成。

缺点:既有公路施工期间排水难度较大;若既有公路基下部有病害待处理时,施工质量要求及难度加大。

(2)方案二(图 12.11-50):先分段施工半幅,后不分段施工另一半幅。

①原则:半幅分时段封闭,半幅分时段分别以双向四车道、双向两车道通行,大型货车分时段禁行。

②实施步骤:

a.施工硬路肩以外部分:主要是基底处理、结构物下部施工、清除边坡挖台阶等。但路基重要部位要堆砂袋,确保侧向安全。同时要施行第一级交通管制,进行疏导,公告前方施工、通行条件欠佳,实施车速限制,建议大型车辆绕行(分流)并预告下阶段将货车禁行。

b.封闭半幅每隔 2~4km 为"施工段",相邻的前后段即为"可超车路段"。"施工段"基层施工期间可同时施工"可超车路段"的路基填土及结构物下部。基层施工期间大中型货车禁行。

c.施工至面层后留上面层沥青暂不铺,设过渡路面。然后对调"可超车路段"与"施工段"。施工该半幅直到本半幅施工完毕。

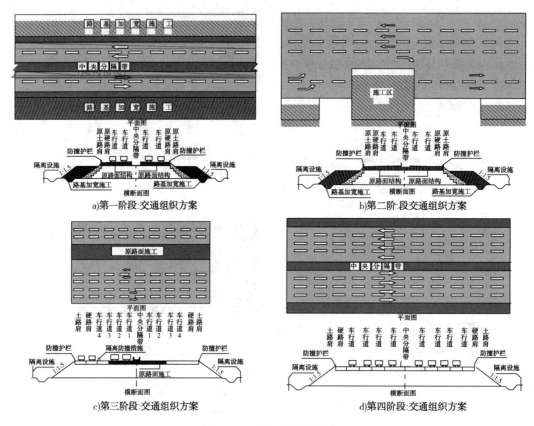

图 12.11-50 施工保通方案二

d.另半幅全面开工。同时全部交通均转移至已施工完的半幅,将四个车道划分为对向四车道。中间由锥形标(建议其由混凝土护栏和标志桶交叉构成)隔离。由于车速较高,标志桶内装土以稳定。同时建议靠近中央分隔带一侧行驶的大货车、重型车辆分流。

e.待半幅施工完毕(含划线),再施工有错台的半幅(含铣刨既有公路面面层);交通管制同步骤 a。

③方案评价:

优点:此方案分流时段较短,社会负面影响小。

缺点:频繁交换分流墩位置,组织工作量较大且既有公路面铣刨难以全部再利用。

(3)方案三(图 12.11-51):路面纵向分段、半幅封闭施工、半幅通行

①原则:路面纵向分段、半幅封闭施工、半幅通行。大中型车辆分时段实行禁行。

②实施步骤:

a.根据互通式立交、服务区和结构物的情况全线分段。

b.将各施工区段的东侧半幅封闭,将交通流通过中央分隔带开口转移到相应区段的西侧半幅。施工新建路基,铣刨东侧行车道的既有公路面,大型车辆(必要时含中型车辆)禁行。

c.待东侧路面划线、防撞栏、交通标志等全面完成,将西侧半幅的交通流通过中央分隔带开口转移到东侧半幅,东侧半幅施行对向四车道行,西侧半幅新既有公路进行施工;施工工序同东侧相同。允许大中型车辆通行。

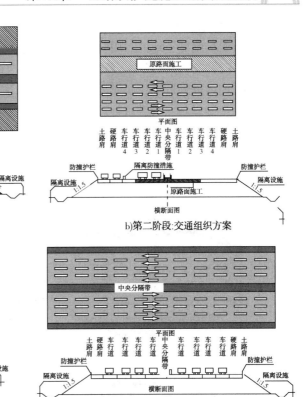

图 12.11-51 施工保通方案三

③方案评价：

此方案优点：在对既有路面铣刨和重新铺筑时，具有较大的施工作业面，便于施工组织计划的实施，铣刨掉的路面可以再利用。

此方案缺点：半幅施工期间通行能力大大降低且时间较长，既有公路面的改建过程中，施工车辆的进出有很大的难度，运料车上高速或下高速只能通过施工便道，从正施工的这半幅路上或下高速，无法利用双向通行的另半幅路，因存在严重的交织和冲突，社会负面影响很大。

总结：综合比较以上各保通组织方案的利弊，推荐采用方案三作为京港澳高速公路郑州至漯河段改建工程主线的保通方案，并不断完善和优化，使其充分具有合理性、科学性和可行性，更好的保证改建工程的顺利实施。考虑到施工安全和行车安全，在主线路段上限速 80km/h。

4) 桥梁扩建施工组织

桥梁扩建采用了"分幅通行，分幅施工"的方案，对于交通量较小的上跨桥，采取先拆后建的方案；交通量大的采取先建后拆或分期拆建的方案，以保证地方路网通行需要。此外，在上跨桥设计桥型的选择上，根据工程实际情况采用钢桥梁和预制简支梁等，以增大跨径、易于吊装，缩短施工周期，尽量减少对道路通行的影响。

扩建中根据地方经济发展规划，分别对旧上跨桥采取废除、先建后拆、拆除旧桥利用中墩基础在原址再建新桥等办法,以满足地方交通的需要。在拆除过程中,既要保护既有路面不受破坏,又要尽量缩短施工占用时间,确保高速公路安全畅通。

调查上跨桥的交通现状,与当地交通局、乡镇政府反复沟通,共同制订切实可行的上跨桥分流方案,在尽量满足支线交通需要并充分做好准备工作的基础上,根据"分段实施、分幅封道、确保安全"的原则,安排各标段的上跨桥拆除工作;按"主线半幅双向借道行车、半幅封道或适时封闭半幅的一个车道"的方法进行交通组织;依照"主跨上部构造→边跨上构→边跨墩台→中墩"的顺序逐步拆除,施工前要设置分流、变道、限速、减速等交通标志,诱导车辆顺畅通行,拆除过程中适时恢复封闭段的主线交通,并注重环境保护。老桥拆新桥建的顺序如图 12.11-52 所示。

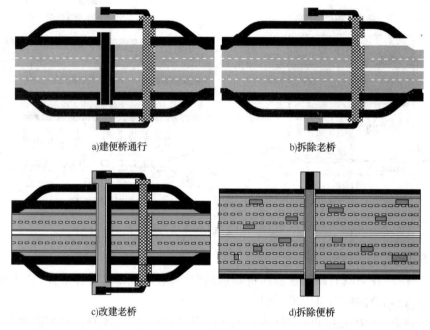

a)建便桥通行　　　　　　　　b)拆除老桥

c)改建老桥　　　　　　　　d)拆除便桥

图 12.11-52　新老桥拆建的顺序

施工步骤如下:

(1)施工车辆原则上走施工便道,只有在交警、业主批准并有可靠安全措施的前提下,才能借助高速公路运输,但车载物务必覆盖,并且要有专职安全员指挥车辆进出高速公路;如有警卫任务等特殊情况发生,一定要服从交警部门和业主的安排,及时撤离施工现场。

(2)左右半幅不得同时拆除,应尽量选择在交通量较小时段,并得到交警支持和协助,雨天和夜间不宜从事桥梁拆除,如因交通管制,必须在夜间施工,则应在施工区沿主线两侧各 50m 范围设置高杆照明灯,以免发生交通事故。

(3)匝道桥拆除时要维持好主线和匝道方向的正常通行,进出道口及上跨桥两侧务必设置临时防护设施,并增设相应安全标志,增加安全指挥员;指挥员要穿反光服、戴安全帽、穿防滑鞋,手持红绿小旗指挥交通,夜间提供照明设施,必要时先改道后拆桥。

按照桥梁施工方案,拆除老桥外侧墙式护栏之后,在老桥外侧边板上种植连接件,连接件由钢板、种植螺丝、连接钢筋组成,连接件与新板预埋件进行搭接。然后连接老桥与新桥的桥面铺装钢筋,并临时用型钢沿纵向接缝加固两侧空心板后,浇筑接缝及桥面铺装混凝土,待混凝土达到设计强度后,拆除加固用的临时型钢,从而实现新老桥间的上部直接连接。在新桥下部结构施工完毕,进行新桥和老桥桥面板连接的同时,若老桥正常运行,则车辆通过桥梁时产生的振动和挠度,会在很大程度上影响新桥与老桥上部结构的连接质量,并且施工机具有可能会占用车行道,所以在改建沿线桥梁桥面铺装施工期间,采用半幅施工、半幅通车的方案。车辆通过桥梁时采用半幅双向通车,并与主线路基部分交通组织保持协调一致,且速度限制在 40km/h。施工阶段交通组织方案如图 12.11-53 所示。

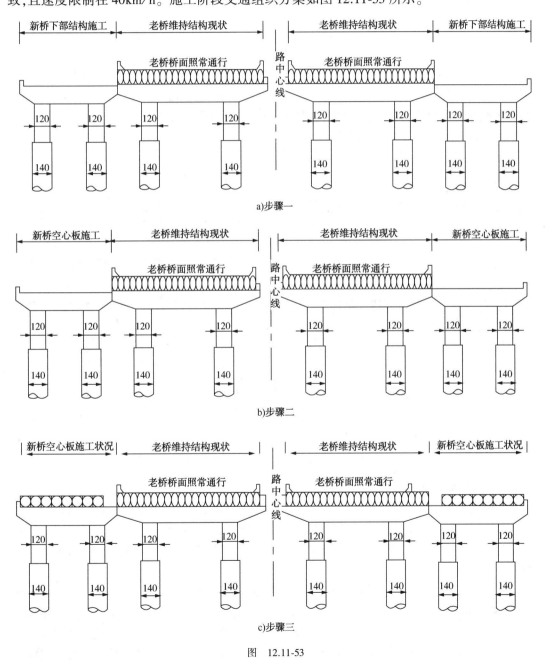

图 12.11-53

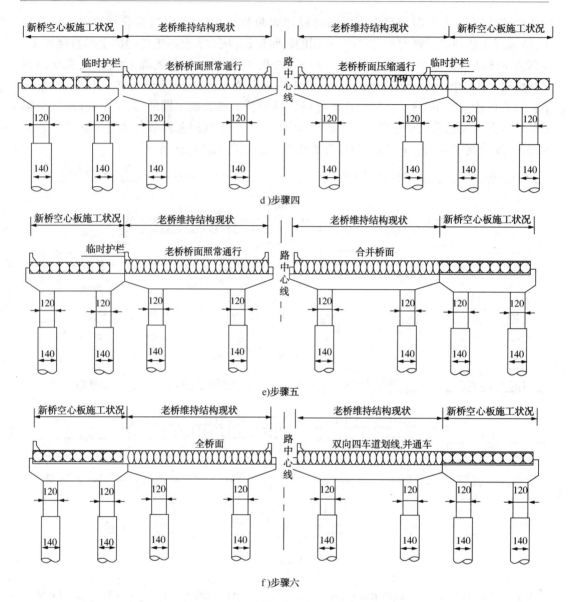

图 12.11-53 施工及交通组织(尺寸单位:cm)

桥梁施工及交通组织如下：

步骤一：在桥梁基础及下部结构施工和各种梁板预制、吊装施工期间,保留原桥梁护栏,公路上的车辆通行维持原来状况,利用桥梁的原双向四车道通行。

步骤二：两侧施工加宽部分安装上部结构空心板(新建内侧边板除外),原四车道正常通车。

步骤三：根据工期及施工条件,可采取两幅同时进行,也可以单幅先后进行。以下按单幅先后施工：在原东侧桥梁设置临时护栏,双车道限速通行,限速为40km/h。东侧桥梁拆除原桥外侧护栏及护栏座,切除原桥外边板翼缘,西侧桥梁车辆正常通行,并可适当分流。

步骤四：对东侧原桥外边板外侧植筋板,钢筋搭接焊好,浇筑加宽部分的混凝土；先浇桥面板吊装加宽部分的内边,对加宽侧进行预压。

步骤五:封闭右侧原桥交通,拆除临时护栏,铲除沥青混凝土铺装层及调平层,浇筑湿接缝混凝土并养护,浇筑湿接缝时卸掉预压自重,车辆全部转移至西侧,西侧形成双向两车道限速通行。

步骤六:浇筑沥青混凝土铺装及调平层,在东侧桥开通双向四车道通行,将西侧逆向交通转移到东侧,进行西侧桥施工(如两侧桥同时进行,则无此步骤)。重复上述步骤,最后恢复双向八车道通车。

5)单喇叭形互通式立交施工交通组织

对于通行能力能满足远景交通量增长需求的互通式立交,采取维持单喇叭形式不变,根据原互通立交平、纵面线形,进行拟合线形原位改建设计,改建时主线加宽,调整匝道与主线连接端部的匝道平曲线半径,或缓和曲线参数,以保证匝道与主线顺适衔接。单喇叭互通立交的交通组织见图12.11-54。

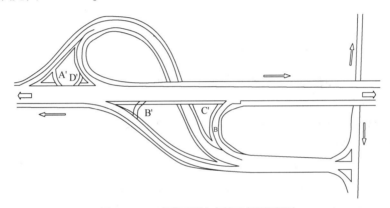

图12.11-54 新郑互通立交施工交通组织图

(1)交通组织步骤一

①主线路基按设计要求正常加宽施工,开放 A 匝道对向双车道段落右侧单向匝道,采用交通严格管制用作双向双车道使用,同时改建 A 匝道左侧匝道和建成临时匝道 D′;

②关闭 D 匝道并改建,待 D 匝道建成后,拆除临时匝道 D′。

(2)交通组织步骤二

①开放已改建的 A 匝道对向双车道段落左侧单向匝道,采用交通严格管制用作双向双车道使用,同时改建 A 匝道右侧匝道和建成临时匝道 A′;

②关闭 A 匝道并改建,待 D 匝道建成后,拆除临时匝道 A′。

(3)交通组织步骤三

①建成临时匝道 B′,同时在临时匝道 B′与主线相接处的中央分隔带开口;

②封闭 B 匝道,对其进行改建,待其建成后,拆除临时匝道 B′。

(4)交通组织步骤四

①建成临时匝道 C′,同时在临时匝道 C′与主线相接处的中央分隔带开口;

②封闭 C 匝道对其改建,待建成后,拆除临时匝道 C′,各匝道恢复通车。

在施工半幅方向的车辆下高速公路和上高速公路均需要从中央分隔带开口处分流或合

流。以新郑互通立交为例,假设此时东半幅正在施工,西半幅双向通行。由南往北方向的车流,若需通过新郑立交下高速,则在进入互通立交区之前的 A 点,中央分隔带须开口,下高速的交通流与直行的交通流在此处分流。若车辆需通过新郑立交上高速,则在进入互通立交区后的 B 点,中央分隔带须开口,上高速的交通流与直行的交通流在此处合流,见图 12.11-55。由于中央分隔带开口长度有限,高速公路上车辆车速较高,故分流与合流均存在很大的安全隐患,很容易发生恶性事故。

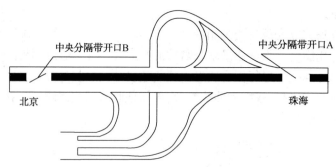

图 12.11-55　中央分隔带开口处分流或合流示意图

6) 单喇叭形改为双喇叭形互通式立交施工交通组织

许昌北互通立交改建工程将由原来的单喇叭形式改为双喇叭形式,跟主线衔接的喇叭部分除收费站改建外其余匝道部分根据原互通立交平、纵面线形,进行拟合线形原位改建设计;改建时因主线加宽,考虑调整匝道与主线连接端部的匝道平曲线半径,或缓和曲线参数,以保证匝道与主线顺适衔接,主线喇叭部分同单喇叭互通。被交道喇叭及收费站部分,在改建前期应充分利用原收费站和匝道通行,不再设立临时收费系统,在改建进行到路面施工时,将原收费站2进2出,改为1进1出,各临时车道之间设立隔离墩,限速通行,待新收费站建成后拆除原收费站。被交道喇叭为新建匝道,可先利用既有匝道,新匝道建成后再拆除既有匝道。

7) 复合式互通式立交施工交通组织方案

复合立交施工及交通组织(图 12.11-56)。

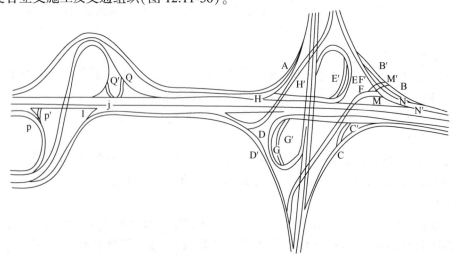

图 12.11-56　漯河复合立交施工及交通组织

(1)单喇叭部分

①步骤一

a.主线左侧路基按设计要求正常加宽施工,开放Ⅰ匝道右侧单向匝道,采用交通严格管制用作对J双车道使用,同时改建Ⅰ匝道左侧匝道和建成临时匝道P′。

b.关闭P匝道并改建,待P匝道建成后,拆除临时匝道P′。

②步骤二

a.开放已改建的Ⅰ匝道左侧单向匝道,采用交通严格管制用作对向双车道使用,同时改建Ⅰ匝道;侧匝道和建成临时匝道Q′。

b.关闭Q匝道并改建,待Q匝道建成后,拆除临时匝道Q′。

③步骤三

a.待主线左侧扩建完并按对向四车道行车,主线右侧封闭时,建成临时匝道N′,同时在主线中央分隔带的1、2处开口作为通车口;

b.封闭N匝道,对其进行改建,待其建成后,拆除临时匝道N′。

④步骤四

a.建成临时匝道M′,同时在主线中央分隔带3,4处开口用作通车口;

b.封闭M匝道,对其进行改建。待其建成后拆除临时匝道M′,各匝道恢复通车。

(2)枢纽部分

①步骤一

a.先修建A匝道AK0+500至终点、H匝道HK0+400至HK0+650、G匝道GK0+400至GK0+650,同时建成A′临时匝道;

b.封闭A匝道并对其改建,待A匝道建成后,拆除A′临时匝道同时建成H′临时匝道;

c.封闭H匝道并对其改建,待H匝道建成后,拆除H′临时匝道,A、H匝道恢复通车;

d.关闭主线MRK115+450~MRK116+340左侧,并对其进行改建,右侧采取严格的交通管制,用于对向四车道行驶,同时建成临时匝道B′、F′匝道;

e.关闭B、F匝道变更部分并对其进行改建,待主线左侧、F道建成后,拆除部分F′临时匝道;

f.待B匝道改建完成后,拆除B′匝道和F′剩下的临时匝道。

②步骤二

a.关闭主线MRK115+450~MRK116+340右侧,并对其进行改建,右侧采取严格的交通管制,用于对向四车道行驶,同时建成C′、D′、E′、G′临时匝道;

b.关闭C、D、E、C匝道变更部分并对其进行改建,待C、E、G匝道建成后,拆除C′、G′临时匝道和部分E′临时匝道;

c.待D匝道改建完成后,拆除D′匝道和E′剩下的临时匝道,主线和各匝道恢复通车。

8)下穿公路通道桥的施工方案

下穿公路的通道桥是在既有公路路基上建设的,采取了1/2拓宽改建施工技术,整个改建施工主要采取以下几个施工步骤:

(1)对下穿通道桥桥位所在的高速公路一幅(例如左幅)先进行路基拼宽,在上面铺筑临时路面;

(2)进行临时交通布控和防护,改道在左幅双向行车;

(3)封闭公路右幅进行桥梁施工;

(4)右幅桥梁完成上部铺装以后改道右幅双向通行车辆;

(5)封闭左幅进行左幅桥梁施工。

9)服务区施工交通组织

服务区场地内主要或大量的人流、车流等交通流线应清晰明确、易于识别,线路组织应通畅便捷,尽量避免迂回、折返。主要交通流线应避免相互干扰与冲突,必要时可设置缓冲空间疏解矛盾;更应避免后勤服务性交通对主要功能区的干扰,如锅炉房的进煤出渣宜设置次要出入口。交通流线的组织还须满足交通运输方式自身的技术要求,如道路宽度、坡度、转弯半径及视距等。

12.11.7　实例7——河南高速连霍郑州段改建工程施工交通组织

1)方案制订

(1)方案一

改建期间,主线不封闭交通,车辆正常双向行驶,双侧同时施工,具体改建步骤如下。

①第一阶段,征地结束后,拆除既有隔离设施,将其平移到新的用地界线以内0.2~0.5m处。然后进行路基双侧加宽的开挖和填筑、涵洞加长、桥梁基础及下部施工、各种梁板预制、部分跨线桥基础和下部施工等。在路基施工过程中,保留既有硬路肩、土路肩、防撞护栏。路基开挖从土路肩边缘开始,在此处以挖台阶的方式进行路基加宽。全线维持现状交通,车辆在既有路面上正常双向行驶。交通组织方案见图12.11-57。

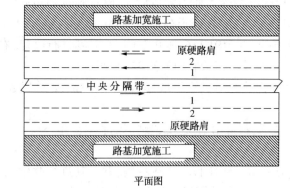

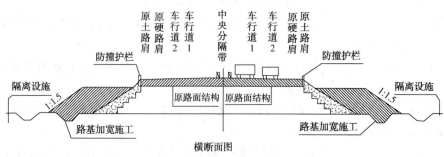

图12.11-57　方案一第一阶段交通组织示意图

②第二阶段,路基加宽结束后,拆除既有路侧防撞护栏,返厂维修,妥善保管。挖除既有土路肩。考虑到既有公路面结构底基层在既有公路路肩处未贯通,故将原硬路肩的路面结构挖除,重新压实填筑,特殊处理后与新加宽部分一起进行底基层、基层、面层的铺装。桥梁部分进行上部结构的施工。此期间,压缩部分第2车行道,用来连续设置隔离防撞设施,将道路施工部分和交通运行部分分隔开,利用第1车行道和剩余的第2车行道通车。规定大型汽车只能在第1车行道上行驶。交通组织方案见图12.11-58。

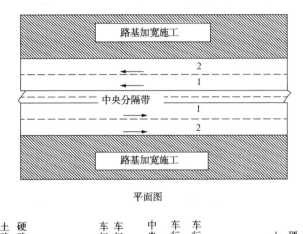

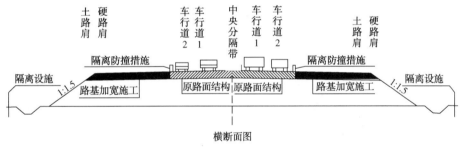

图 12.11-58　方案一第二阶段交通组织示意图

③第三阶段,在新加宽部分的路面结构施工完毕,相应的标志、标线、护栏等均施工结束后,将既有双向行驶的交通量分别转移到两侧的新加宽路面上,对既有双向四车道路面结构进行铣刨和重新铺筑。压缩部分第3车行道用来连续设置隔离防撞设施,将道路施工部分和交通运行部分分隔开,利用第4车行道和剩余的第3车行道通车。规定大型汽车只能在第4车行道上行驶。交通组织方案见图12.11-59。

④第四阶段,道路改建完毕,相应的交通设施均配备齐全后,车辆在双向八车道上行驶,整项工程宣告结束。交通组织见图12.11-60。

考虑道路施工安全和行车安全,在主线路段上限速60~80km/h。

(2)方案二

新加宽路面施工期间,步骤同方案一,既有路面施工期间,半幅轮换行车和施工,具体过程如下。

①第一阶段和第二阶段同方案一的第一阶段和第二阶段。

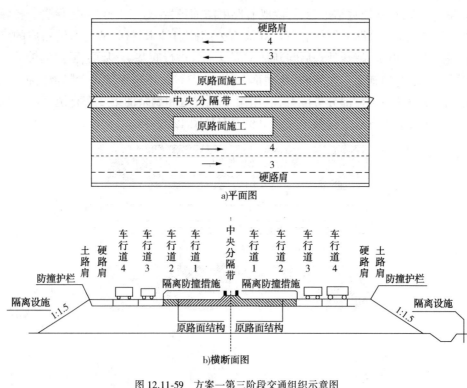

图 12.11-59 方案一第三阶段交通组织示意图

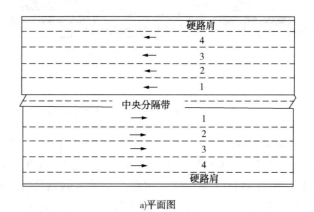

图 12.11-60 方案一第四阶段交通组织示意图

②第三阶段,在新加宽部分的路面结构施工完毕以及相应的标志、标线、护栏等均施工结束后,分南北半幅,依次进行既有路面的改建。先进行北半幅既有路面的施工。将北半幅的既有交通量转移到南半幅上,南半幅的既有路面暂不改建,在南半幅实施双向通行。具体布置为内侧两车行道行驶原北半幅的车辆,硬路肩和第4车行道上行驶原南半幅车辆。其中硬路肩部分只允许通行小型车,大型车行驶在车行道上。用第3车行道将双向行驶的交通流分隔开,其上沿标线连续布设两排隔离防撞设施。交通组织方案见图12.11-61。

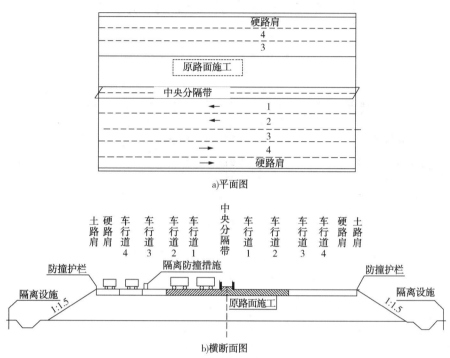

图12.11-61 方案二第三阶段交通组织示意图

③第四阶段,北半幅既有路面重新铺筑完工和开放交通后,将南半幅上的交通量转移到北半幅,在北半幅实施双向通行,具体布置与第三阶段相似,南半幅进行既有路面的铣刨和重新铺筑。交通组织见图12.11-62。

④第五阶段,道路改建完毕以及相应的交通设施均配备齐全后,车辆在双向八车道上行驶,工程结束。交通组织见图12.11-63。

2)方案比选

连霍高速公路郑州段改建工程保通备选方案中的方案一和方案二均属改建期间主线完全保证通车方案,车辆可按照项目改建之前一样正常通行(虽然车速有所限制),交通不分流,对郑州市的城市交通不会产生任何影响,过境车辆不会因为连霍高速公路改建而增加交通费,对通行时间虽有影响但影响不大。因为车辆通行与改建施工同时进行,彼此之间相互干扰,一定程度上降低了行车安全性,须加强交通组织和施工组织的管理,完善施工和交通安全的措施,做好车辆限速,规范行车和施工等工作,相应的交通标志、标线以及监控设施须配置齐全、醒目、有效。临时隔离防撞设施和与其配套的交通工程设施需求比较大。

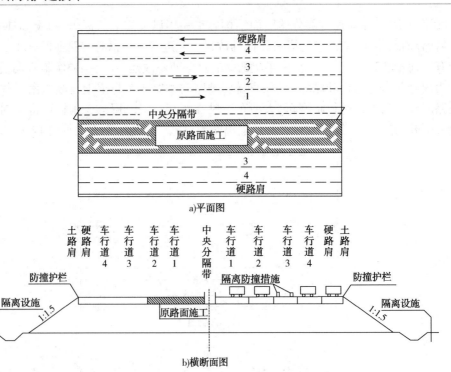

图 12.11-62 方案二第四阶段交通组织示意图

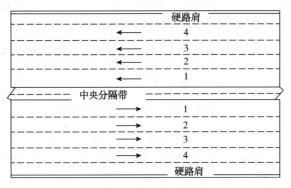

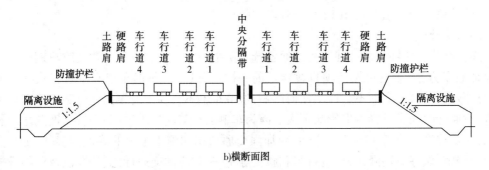

图 12.11-63 方案二第五阶段交通组织示意图

方案二在对公路两侧加宽部分的路基、路面结构的施工过程中,交通组织维持原状,不分流,车辆正常双向行驶,完全与方案一在此过程中的步骤相同。当对既有路面进行铣刨和重新铺筑时,实施车辆交替半幅双向通行,以保证既有路面改造施工的顺利、安全。半幅交替行车和施工,既是方案二的优点,同时也是其缺点。相较于方案一,其优点是在对既有路面铣刨和重新铺筑时,具有较大的施工作业面,便于施工组织计划的实施。但是因其为半幅双向通行,故在互通立交处,在施工半幅方向的车辆下高速公路和上高速公路均需要从中央分隔带开口处分流或合流。以连霍高速公路改建段中的柳林互通立交为例,假设此时北半幅正在施工,南半幅双向通行。由东往西方向的车流,若需通过柳林立交下高速,则在进入互通立交区之前的 A 点,中央分隔带须开口,下高速的交通流与直行的交通流在此处分流。若车辆需通过柳林立交上高速,则在进入互通立交区后的 B 点,中央分隔带须开口,上高速的交通流与直行的交通流在此处合流,见图 12.11-64。由于中央分隔带开口长度有限,高速公路上车辆车速较高,故分流与合流均存在很大的安全隐患,很容易发生恶性事故。其次方案二在既有公路面的改建过程中,施工车辆的进出也有很大的难度,运料车上高速或下高速只能通过施工便道,从正施工的这半幅路上或下高速,无法利用双向通行的另半幅路,因此存在严重的交织和冲突。

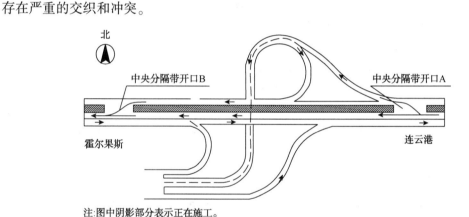

注:图中阴影部分表示正在施工。

图 12.11-64　方案二单幅双向行驶时柳林立交交通组织示意图

综合方案一和方案二的优缺点,最后推荐方案一作为连霍高速公路郑州段改建工程主线的保通方案,并不断完善和优化,使其充分具有合理性、科学性和可行性,更好的保证改建工程的顺利实施。

3) 柳林互通式立交改建基本保通方案

连霍高速公路郑州段改建工程期间,柳林互通式立交区域内的交通组织维持原状,具体保通方案如下所示:

第一阶段:加宽改建互通区域主线两侧路基、路面、桥梁以及北半幅驶出匝道和南半幅驶入匝道,修筑两条临时便道,与该施工阶段相应的交通组织方案详见图 12.11-65。

第二阶段:改建北半幅驶入匝道和南半幅驶出匝道,临时便道代替与其相应的车辆通行功能,与该施工阶段相应的交通组织方案详见图 12.11-66。

第三阶段,拆除临时便道,铣刨和重新铺筑既有公路面,车辆在改建好的匝道上行驶。与该施工阶段相应的交通组织方案详见图 12.11-67。

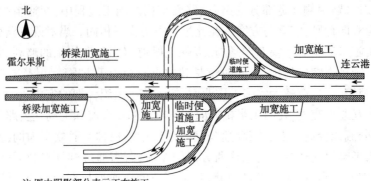

注:图中阴影部分表示正在施工。

图 12.11-65　第一阶段柳林互通两侧路基、桥梁加宽改建期间交通组织示意

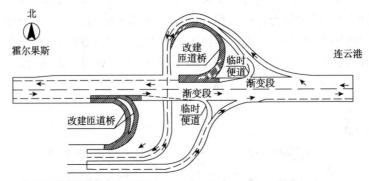

注:图中阴影部分表示正在施工。

图 12.11-66　第二阶段柳林互通改建北半幅驶入匝道和南半幅驶出匝道期间交通组织示意

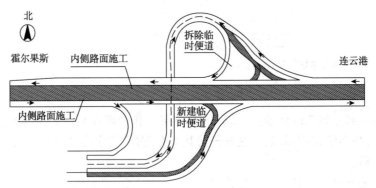

注:图中阴影部分表示正在施工。

图 12.11-67　第三阶段柳林互通拆除便道、铣刨和重新铺筑既有公路面期间交通组织示意

第四阶段,相关交通设施配备齐全,施工完毕,该互通立交可以正常通行车辆。与该施工阶段相应的交通组织方案详见图 12.11-68。

4) 沟赵互通式立交改建基本保通方案

改建期间,沟赵互通式立交区域内的交通组织维持原状,具体保通方案如下:

第一阶段,加宽改建互通区域主线两侧路基、路面,修筑新匝道,影响原匝道通行部分暂不动工,利用原匝道通车。与该施工阶段相应的交通组织方案见图 12.11-69。

第12章 公路改扩建施工期交通组织

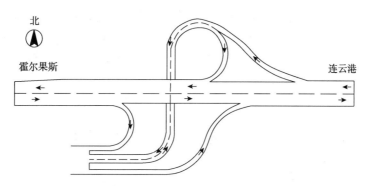

图 12.11-68 柳林互通式立交改造完成后交通组织

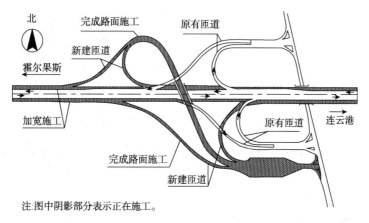

注：图中阴影部分表示正在施工。

图 12.11-69 第一阶段沟赵互通改造施工交通组织示意

第二阶段，南半幅驶出车辆和北半幅驶入车辆利用修好的新匝道通行，拆除南半幅原驶出匝道和北半幅原驶入匝道，同时分别修筑与它们有冲突的南半幅新驶入匝道和北半幅新驶出匝道在第一阶段中暂未施工的部分以及主线与南半幅驶出匝道冲突处的路基路面，南半幅新驶入匝道与南半幅原驶入匝道冲突处，在其外侧修筑临时便道。与该施工阶段相应的交通组织方案详见图 12.11-70。

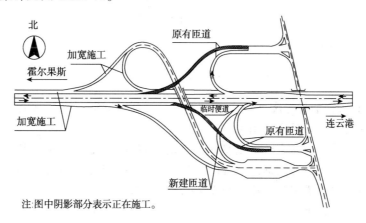

注：图中阴影部分表示正在施工。

图 12.11-70 第二阶段沟赵互通改造施工交通组织示意

第三阶段,南半幅驶入车辆利用南半幅新驶入匝道及临时便道通行,拆除南半幅原驶入匝道,并修筑南半幅新老驶入匝道冲突处;北半幅驶出车辆利用北半幅新驶出匝道通行,拆除北半幅原驶出匝道,并修筑主线与北半幅原驶出匝道冲突处的路基路面。与该施工阶段相应的交通组织方案见图12.11-71。

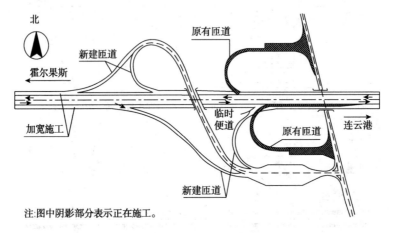

注:图中阴影部分表示正在施工。

图 12.11-71　第三阶段沟赵互通改造施工交通组织示意

第四阶段,车辆上、下高速均利用新匝道通行,拆除南半幅临时便道,铣刨和重新铺筑互通区主线既有路面。与该施工阶段相应的交通组织方案见图12.11-72。

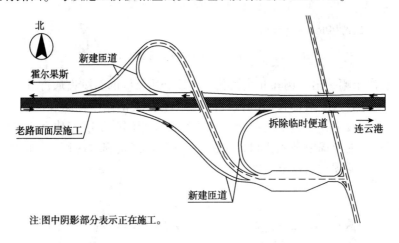

注:图中阴影部分表示正在施工。

图 12.11-72　第四阶段沟赵互通改造施工交通组织示意

第五阶段,相关交通设施配备齐全,施工完毕,该互通立交可以正常通行车辆。与该施工阶段相应的交通组织方案详见图12.11-73。

车辆在高速公路互通立交桥进出高速公路的位置,流向复杂。为了保证匝道施工和行车安全,施工期间,应充分利用标志、标线等交通设施的指引,以及交管人员的管理,引导车辆正常通行。建议将匝道行驶车速限制在30km/h左右。

5) 桥梁改建基本保通方案

在连霍高速公路郑州段改建沿线桥梁桥面铺装施工期间,车辆通过桥梁时采用半幅双向通车,并与主线路基部分交通组织保持协调一致,且速度限制在40km/h。桥梁施工阶段交通组织方案如下。

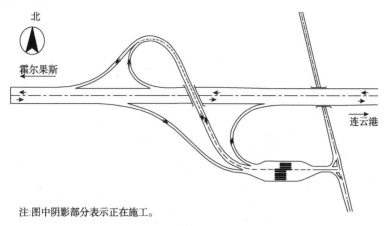

图 12.11-73 第五阶段沟赵互通改造完成后交通组织示意

第一阶段:在桥梁基础及下部结构施工和各种梁板预制、吊装施工期间,保留原桥梁护栏,公路上的车辆通行维持原来状况,利用桥梁的原双向四车道通行,与该施工阶段相应的交通组织方案如图 12.11-74 所示。

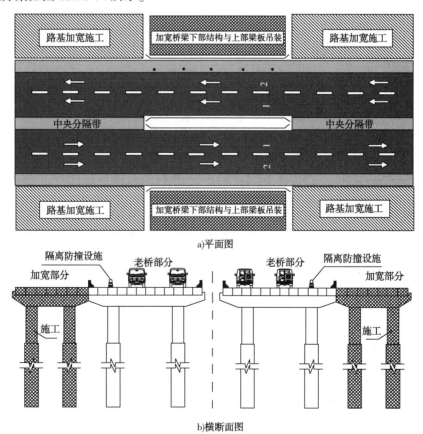

图 12.11-74 桥梁下部结构与上部梁板施工时交通组织

第二阶段:拆除北半幅桥梁护栏,连接北半幅桥面。在此施工期间,公路上的车辆利用南半幅两个车道双向通行,限速为 40km/h,与该施工阶段相应的交通组织方案如图 12.11-75 所示。

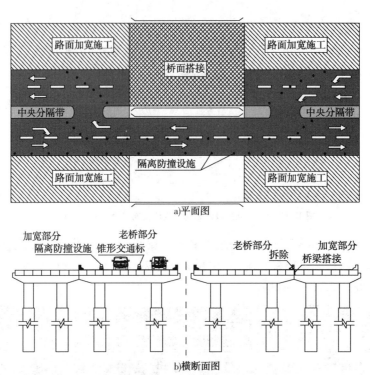

图 12.11-75　桥梁北半幅连接施工时交通组织

第三阶段:在北半幅桥面连接部分混凝土达到规定强度后,拆除南半幅桥梁护栏,连接南半幅桥面,对桥梁南侧拓宽部分进行铺装。在此施工期间公路上的车辆利用北半幅两个车道双向通行,限速为 40km/h,与该施工阶段相应的交通组织方案如图 12.11-76 所示。

第四阶段:桥梁原桥面进行铺装,此时车辆在已完工的外侧四个车道上双向通行,与主线路基部分保通方案阶段三保持一致,此施工阶段的交通组织方案如图 12.11-77 所示。

第五阶段:桥梁拓宽改建结束,此时护栏、标志、标线等交通设施配备齐全,车辆可以正常通行,与该施二阶段相应的交通组织方案如图 12.11-78 所示。

12.11.8　实例8——杭甬高速公路扩建施工交通组织

1)施工交通组织方案

(1)分流方案

杭甬沿线有 329 国道、沿江高速公路(路面施工时已开通)等伴行公路,且既有公路交通量均较大,在扩建工程交通分流时应充分考虑路网内各道路的现状,既要保证杭甬高速公路交通流分得出去,又要保持杭甬高速公路维持一定的交通量和服务水平,避免对其他道路造成太大的交通压力,造成其他道路交通堵塞和过早破坏。

第12章　公路改扩建施工期交通组织

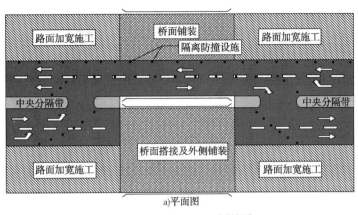

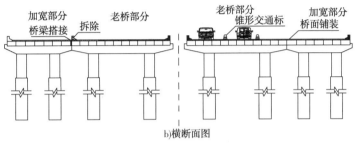

图 12.11-76　桥梁南半幅连接、桥梁两侧拓宽部分进行铺装施工时交通组织

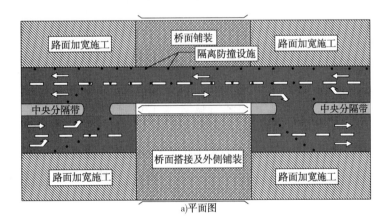

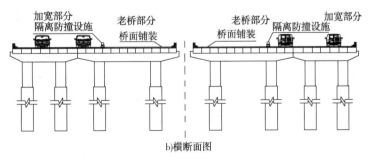

图 12.11-77　桥梁原桥面铺装施工时交通组织

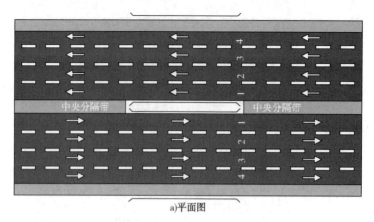

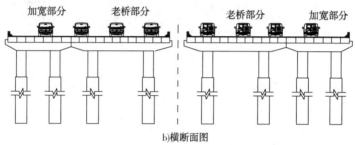

图 12.11-78 桥梁拓宽改建完工后交通组织

杭甬高速公路扩建的初期对主线交通影响很小,可以保证正常通行。在进行路面、桥梁拼接工程施工时需要进行大规模交通组织,届时沿江高速公路、329 国道已建成,具备了路网分流条件,可利用路网进行分流。路网分流后确保主线通行交通量在 20000 辆/日以内。

(2) 绕行方案

个别构造物或互通施工时需要进行临时封闭,此时应制订绕行方案。由于杭甬高速公路路面状况较好,临时封闭多选择单侧封闭,另一侧绕行的方案,此时多利用中央分隔带开口作为绕行路线。互通扩建时个别匝道临时封闭,设计考虑了两种绕行方案:一是利用其他匝道绕行,此种情况下应对个别匝道进行双向交通组织;另一种方式是新辟临时便道绕行,此种情况下有时需要设临时收费站。两种方案在设计中都有采用。

(3) 管制方案

为了保障杭甬高建公路施工期间通车的服务水平,有必要进行适当的交通管制,如限制大型货车通行等。

(4) 临时交通组织方案

通过调查沿线交通工程设施的现状,对于加宽改建时需要拆除的部分优先考虑加以利用。通过与主体工程设计的协调,制订工程施工时的临时交通组织方案。

2) 临时交通工程设计内容

(1) 临时交通管理及服务设施

在新路与既有公路拼接过程中,需要单向封闭一个或一个以上的车道,设置施工警告标志灯,并配以必要的值班人员。互通改建过程中,充分利用了既有的监控设施,对交通进行管理和监控。设计针对不同路段施工过程中出现的情况提出交通管制方案。连续拼宽施工路段里程较长时,考虑宜每隔 1~2km 设置一处临时的紧急停车带或小型停车区,以满足车辆紧急停靠的需要。

(2)临时安全设施

配合加宽改建施工中的交通组织方案,进行临时交通安全设施的设计。包括:临时标志、标线、临时护栏及隔离设施、临时视线诱导设施等。临时交通标志采用三级反光膜,版面采用中英文对照。永久性使用的版面按照 120km/h 计算行车速度进行设计,其他标志按照交通组织的方案进行设计。临时交通标线包括车道边缘线、车道分界线、突起路标、导向箭头等,采用高反射度、易清除的反光标线。标志标线的设计依照《道路交通标志和标线》(GB 5768—2009),并结合国内最新成果进行。

临时防护栏及隔离设施包括行车道附近施工场地的隔离防护栏、部分封闭交通时的围栏、交通管制时的隔离墩以及用于重要设施防护的防撞护栏等。其设置依照《高速公路交通安全设施设计及施工技术规范》(JTJ 074—1994)以及其他相关规范及规定进行,布设应注意临时设施和永久设施相结合。

临时诱导设施用于主线在施工时临时改道情况下的视线诱导以及临时分合流端的诱导等。为确保改建施工时杭甬高速公路的安全畅通,临时行车路段行车方向的左右侧均应有轮廓标;小半径弯道路段应有线形诱导标;分合流端应有分合流诱导标。多雾路段宜根据施工的需要设置连续自发光的雾天视线诱导临时设施。

(3)临时监控通信设施

杭甬高速公路既有的监控外场设备多数因路基施工而拆除,在此情况下全线移动通信及无线紧急电话系统显得较为重要,在施工阶段这些设备全部加以利用。

杭甬高速公路既有完善的通信管道系统,且全线敷设有通信光缆。扩建工程中中央分隔带管线基本不动,但互通分歧管道却受互通施工的影响,需要架设临时通信线路。设计考虑在互通处的分歧人孔增设临时通信光缆。临时通信光缆通过架空的方式跨过施工区域,直接引至通信站,等互通扩建完工后,再重新敷设管道光缆,取代临时架空线路。

(4)临时收费设施

互通改建过程中,设置临时出入口的,应在临时出入口处设置临时收费设施。临时收费设施应符合杭甬高速公路收费系统管理体制的要求,保证临时收费站的收费设备能够顺利接入杭甬高速公路收费计算机网络。临时收费站站址名称原则上采用就近的原收费站站名,以便和既有收费系统计算机网络兼容。

临时收费设施设计内容包括:临时收费广场、收费岛、排水等。收费设施将来需要拆除的,在设计时宜尽量采用临时建筑的形式。

(5)供电照明设施

临时收费广场设广场照明,照明设施应考虑远期移位后再利用的可能性。加宽工程施工时,应设置必要的警告照明灯。临时管理机构等的用电可就近利用既有供配电设施,待新的供配电设施建成后再切换。

由于临时交通工程同时兼具交通工程设施和施工保障措施的双重属性,其工程界面较为复杂。牵涉的施工单位有高速公路的经营管理单位、主体工程施工单位、交通安全设施的施工单位、机电工程承担单位等。临时交通工程与主体工程施工时密切联系、相互影响、穿插较多,项目管理难度较大。在设计阶段应对各子项目的设计和施工界面进行明确划分,并对各专业的施工进度进行科学规划,减少相互干扰,确保总工期。

临时交通工程的设计是动态的。一方面事先应对整个工程进展及各阶段的临时交通工程进行合理的统筹规划,另一方面更应结合实际进展情况作出不同阶段的具体设计,使设计更有针对性。施工过程中现实情况千变万化,临时交通工程也应该随机应变,这是临时交通工程设计的一大特点,也是设计和建设单位必须面对的一个问题。

12.11.9 实例9——湖北省荷沙线东段改扩建工程施工交通组织

荷沙线东段改扩建工程由省道荷沙公路改扩建成一级公路。

1)施工交通组织方案原则及措施

(1)做好施工之前的准备工作。对周围的居民以及过往的司乘人员做好宣传工作,获得群众的理解。同时,加强对施工现场的交通管理,使周边的车流能够有序地行驶,不会由于争抢道路而引起事故。且应当避开节假日等交通流量较大的时间,避免施工对其路段的影响。

(2)一般需要进行少量爆破的路段,应当尽量维持既有公路的双向通行,不至造成路段过大的压力。对开挖量较大的路段,需要进行大量的爆破,或者是利用既有公路段的平面位置进行加高,这时需要维持单向通行,避免在交通高峰期的路段进行封闭,确保周围交通的正常运行。

(3)对占据国道的位置,应当先进行改移;对需拆除的分离式立交和天桥,先建好新桥后才进行拆除,保证国道交通不中断;因工期安排需要,在贵新公路两侧选择有利地形,修建临时施工辅道,车辆沿临时施工辅道绕行,避免对主线施工造成干扰;对需分流既有公路车辆的路段先进行恰当改造,保证通道内交通顺畅。

2)保通方案

(1)开放施工,分车型分流的保通方案

在既有公路进行改扩建的过程中,由于该区域内的路网分布密度较大,而且分流车辆绕行的距离不是很大,因此可以选择在区域内建立发达的交通路线网络,针对大型车辆进行适当的分流,中小型车辆则可以顺利保通。这一方案的优点在于将大型车辆进行分流,减少运营车辆对工程施工造成的影响,能够保证工程施工质量不受影响。中小型车辆不用分流,能够将既有道路的通行能力进行充分的利用,并且在此基础上降低了对人们出行和社会交通的负面影响,但是该方案也具有一定的缺陷,比如施工组织和保通措施较为复杂,特别是针对互通式立交路段,难度增大。

(2)分段施工的保通方案

分段施工的方案通常都在改扩建工程全线拆除老构造物的施工时考虑使用。分段施工、分段分流能够有效地保证工程的顺利施工。在具体的实施过程中,能够在保证工程施工进度和施工质量不受影响的前提下,减少通车对工程施工造成的影响。根据拟定的施工方案,结合具体的施工组织方案,对工期进行科学的安排,当新建的构造物完成之后,再考虑对其他的老建筑物进行拆除。同时,一般情况下施工的时间都适合在夜间进行,能有效地缓解车辆分流对周围路段产生的影响。另外,要保证在规定的时间内完成全线老构造物的拆除,以此来确保施工组织的顺利实施。

3)施工技术

为减小对既有公路改扩建工程交通的影响,相关施工技术如下:

(1)路基工程的施工

针对既有公路改扩建工程的不同路段,应当采取不同的路基处理技术,以此来保证工程的稳固性。第一,对于不规则的新公路路段,应当设置专人对交通进行指挥,采用车辆缓行的方式确保交通双向的畅通。对于新公路的边坡开挖,可以使用纵向开挖的方式,以此来减少对既有公路面行车质量的影响。需要占用既有公路面的路基工程,则应当避免开挖产生的落石对车辆通行产生影响。在进行爆破时,应当使用竹排对边坡进行覆盖,避免飞石的溅落。一般选择在夜间或者是交通通行量较小的时间进行爆破,减少对周围环境产生的影响,同时需要对附近的挖方路段进行有效的协调。在爆破后要对路面进行及时清理,对于工程量较大的地区,需要设置专人对交通秩序进行指挥,如果双向交通出现通行困难,则可以在单侧通行顺畅之后再对另一侧车辆进行放行。在土石方工程基本完成之后,再恢复路面的通行。第二,墨冲、独山立交均采用利用一侧、新建一侧的扩建方案。由于交通量较小,拓建过程中可以利用原匝道保持通行,短时封闭施工时可通过在利用侧的匝道双向通行来保证车辆上下主线,但需要专人指挥交通,以策安全。互通匝道的施工应在主线路基土石方基本施工完毕,车辆能通行的情况下再进行改造。凡在维持通行路段,开挖边坡前均须修建防护设施,避免落石影响车辆通行。

(2)路面施工

①针对既有的路面进行铣刨时,要根据路基进行分阶段施工,为了保证路面施工阶段能够顺利通行,对于不规则的路面要利用路段和拓建路段所涉及的既有公路部分,在施工后期对其进行详细的处理,同时对于其他的路段施工做好相应的协调工作。

②在路面施工过程中,可以采用半封闭施工,统一使用左侧封闭或者右侧封闭,当一侧的路面完成施工并且经过验收之后,再进行另一侧的施工,这样便能够确保工程顺利进行。

③路基施工与路面施工应当进行分段实施,以确保工程边通车边施工。

12.11.10 实例10——长平高速改扩建工程施工交通组织

长平高速是吉林省修建的第一条高速公路,长平高速改扩建工程起点位于辽宁和吉林省界五里坡,终点为半截沟,改扩建长度为98.1km;采用设计速度120km/h,双向八车道的高速公路设计标准,路基宽度为42m。

(1)施工组织方案比较

方案一(前期不封闭,后期局部半幅封闭):优点:施工期干扰小,能保证施工质量。缺点:半幅封闭期较长,既有公路面混合料利用较多,服务水平较低。

方案二(前期不封闭,后期开放外侧交通,内侧封闭施工):优点:因为大部分时间能保证双向四车道通行,故改造期间高速公路服务水平高于方案一。缺点:由于外侧施工完成后高程高于内侧,内侧施工期间的排水存在问题。开放外侧交通3个月后再统一摊铺上面层,需对外侧开放交通后的路面进行处理,路面统一摊铺较难控制。路面存在纵向接缝。

方案三(前期不封闭,后期半幅封闭,半幅双向通行):优点:施工期干扰小,能保证施工质量。缺点:半幅双向通行,服务水平较低。互通、服务区等保通较困难。

综上所述,方案一虽存在半幅封闭期较长的问题,但服务水平高于方案三,保证施工质量方面高于方案二,故推荐采用方案一。

(2)工期安排

根据长平改扩建工程的特点,施工期分为3个阶段进行。

①第一阶段(2012年6月—2013年3月)

首先进行路基两侧的拼宽和开挖,既有公路部分四车道正常通行,仅在施工上跨构造物时封闭部分车道通行。有软基的路段先进行软基处理,接着施工路堤、路堑的土石方工程(含与既有公路路基搭接);填方路基填至下路床底面,挖方路基沿既有公路面外边线开挖既有公路以外部分。路基防护和边沟和排水沟等路基排水系统工程可随后开展。

既有公路硬路肩开挖至路床底面,硬路肩处路面面层及基层混合料弃至路基路面综合施工场地,破碎分解,提取后作为再生料使用。

完成主线构造物外侧加宽桥涵施工,包括桥涵的上、下部,暂与旧桥不连接。完成分离、天桥等上跨主线的交叉工程构造物全部工程和改道工程。

②第二阶段(2013年4月—2013年10月)

利用原中央分隔带开口以4km或6km为单位交替封闭,分段封闭右半幅,完成路面施工,完成上部桥梁连接,最后开放本段交通。

封闭期间另外半幅内侧双向通行,相邻路段四车道对向通行,最后完成右半幅施工,开放右半幅通行。

既有公路面挖除并弃至路基路面综合施工场地,破碎、分解、提取后作为再生料使用,进行加宽部分、既有公路硬路肩及既有公路挖除路段的路床填筑施工,再进行路面垫层、底基层、基层和沥青面层施工。

封闭段落,完成新旧桥梁的连接和安全设施的施工。

③第三阶段(2013年11月—2014年10月)

开放右幅对向四车道通行,封闭左幅施工,10月全线建成通车。

(3)交通组织

在施工期间,基本不影响既有道路通行,采用路侧护栏(不拆除)外或隔离墩上设隔离彩钢板隔离施工,设临时警示标志以及利用既有可变情报版等,确保高速公路四车道正常通行。在施工完最上一级台阶后暂时不开挖(在路面施工时开挖);因既有公路边坡开挖较多,护栏已失去防撞保护功能,护栏内侧设置隔离墩,上设彩钢板隔离。在路基石方爆破时,采取临时短暂(控制在30min内)封闭交通。采用分幅施工需拆除重建或新建现高速公路范围内的主线桥涵的段落,先施工不影响现高速公路正常通行的加宽部分桥梁的基础及下部结构,再拆除半幅旧桥,新建半幅四车道新桥。利用原中央开口部分合流左右两幅车流,必要时货车分流国道。跨线桥拆除应尽量避免封闭交通,如确实需封闭交通,应分批集中在交通流量较少的时段,并尽量减少封闭时间。

长平高速公路改扩建工程不采取强制分流,而采取发布分流信息、诱导交通分流的方案。采用三级分流方案:省际分流方案,省内分流方案,区间分流方案。

第12章 公路改扩建施工期交通组织

(4) 交通管制应急方案

在长平高速公路改扩建施工中,容易造成交通阻塞,有必要增设救援点和救援车辆。最大可能地利用既有的服务设施(如服务区、管理处等设施)为车辆的疏导创造条件。

① 加强交通管制,加强施工车辆管理,施工车辆与社会车辆分离,防止在路上随意调头,不允许强行超车,加大对违规车辆的处理力度,减少交通事故的发生。

② 设置道路情报板,将交通状况、道路状况、气象状况告知道路使用者,设置警示闪光灯具、锥形路标等,保证过往车辆的安全。

③ 互通立交出、入口、小半径平曲线路段上设置临时性诱导标志,提醒驾驶员注意车流的分流和汇入,保证雾天及夜间的行车安全。

④ 在施工期间,由于路基加宽时,从既有路肩边缘开始进行阶梯削坡,对既有公路侧护栏无影响,不拆除路侧护栏;因特殊原因需要拆除路侧护栏的段落,应设置临时护栏,保证车辆通行的安全性。既有隔离栅因在扩宽区域内,需要全部拆除,新建的隔离栅需在旧隔离栅拆除前设置,避免因封闭不严,导致人和牲畜进入高速公路;确因施工需要设置的开口处,应派专人看护。中央分隔带护栏可分期拆除。

⑤ 建立跨部门领导小组,领导小组由省交通运输厅、省高速公路交警大队、项目建设单位、项目施工单位等有关部门组成,实施交通组织方案、现场执行各项规定、协调现场各类问题。

12.11.11 实例11——昌樟高速改扩建工程施工交通组织

1) 分幅分区段施工交通组织方案

(1) 步骤一:路基施工时段

护栏不动,外移隔离栅;两侧扩建部分(单侧宽7.5m)路基填至路床顶面;车辆在原既有公路面双向四车道通行,如图12.11-79所示。

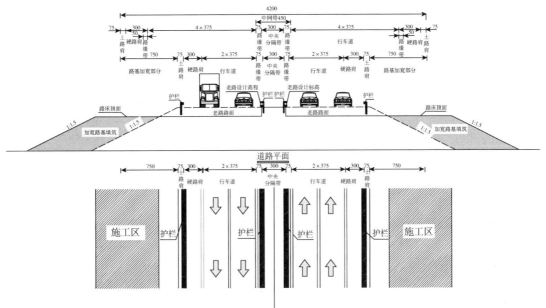

图12.11-79 路基扩建部分施工交通(尺寸单位:cm)

(2)步骤二:路面施工时段

①对应路面施工时段;每隔4~8km划分一个施工作业区段,一个路面标段左右幅共划分八个施工作业区段,如图12.11-80所示。

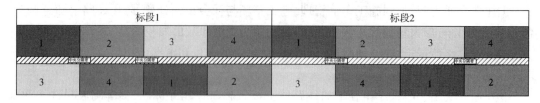

图12.11-80 循环周期性交通维护与施工区段划分示意图

②对左右幅3号、4号施工作业区内的既有公路土路肩、硬路肩单侧3m范围进行挖除,路基拼接修建两侧路面至柔性基层(与既有公路面高程平齐),既有公路双向四车道通行,如图12.11-81所示。

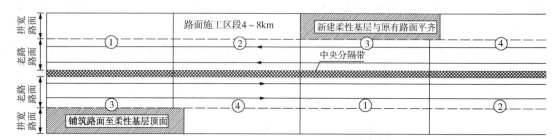

图12.11-81 左右幅3号、4号施工作业

③转移交通,3号区段双向四车道通行,对1号施工作业区进行既有公路改造、路基拼接、路面整体摊铺至上面层及交通安全设施施工,左右幅2、4号区段双向四车道通行,如图12.11-82所示。

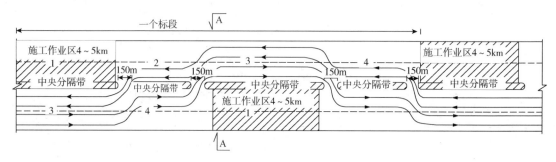

图12.11-82 1号施工作业

④转移交通,左右幅1、3号区段双向四车道通行,左右幅4号区段双向四车道通行,左右幅2号施工作业区进行既有公路改造,路基拼接路面整体摊铺至上面层及交通安全设施施工,如图12.11-83所示。

⑤转移交通,左右幅1号区段双向四车道通行,左右幅3号施工作业区进行既有公路改造,新既有公路面整体摊铺至上面层及交通安全设施施工,左右幅2、4号区段双向四车道通行,如图12.11-84所示。

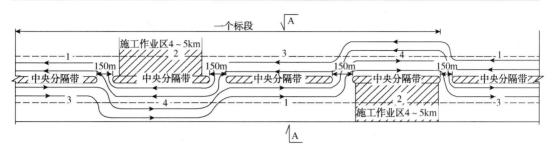

图 12.11-83　2 号施工作业

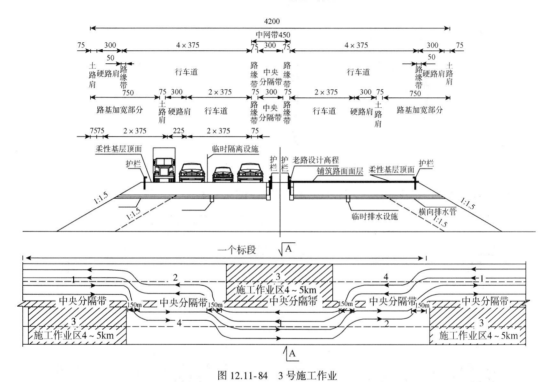

图 12.11-84　3 号施工作业

⑥转移交通,左右幅 1、3 号区段双向四车道通行,左右幅 2 号区段双向四车道通行,左右幅 4 号施工作业区进行既有公路改造,新既有公路面整体摊铺至上面层及交通安全设施施工,如图 12.11-85 所示。

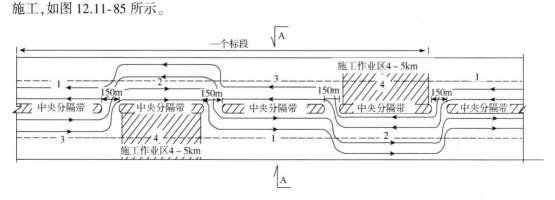

图 12.11-85　4 号施工作业

⑦局部路段交通标志标线等交通安全设施施工及部分中央分隔带施工改造,全断面八车道通行,如图12.11-86所示。

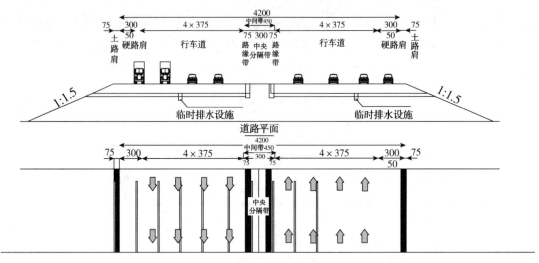

图12.11-86 全断面8车道通行(尺寸单位:cm)

2)半幅整体施工交通组织方案待改进的方面(图12.11-87)

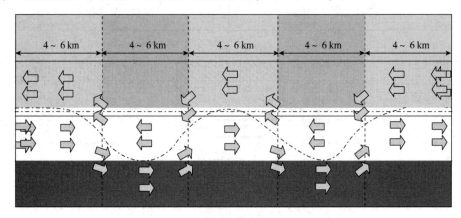

图12.11-87 半幅整体施工交通组织方案

(1)半幅路面无法充分利用,通行能力较低。

(2)中央分隔带侧行车道无应急转换车道,如出现交通事故,拖引距离及处理时间均较长。

3)半幅整体分幅施工交通组织方案待改进方面(图12.11-88)

(1)施工区段集中在一侧,施工便道利用率低。

(2)单侧施工时服务区无法充分利用。

(3)单侧施工不利于互通施工的交通组织。

4)改扩建施工进度计划

第一时段(共12个月):完成路基加宽至路床顶面;上跨桥的新建拆除工程施工完成;主线桥梁两侧新拼宽桥梁上下部结构施工;枢纽互通扩建完成。

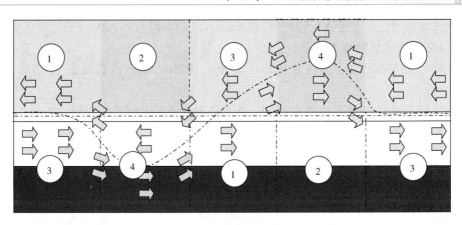

图 12.11-88 半幅整体分幅施工交通组织方案

第二时段(共 14 个月):既有公路改造新、既有公路面拼接;部分区段新建桥梁铺设临时桥面,主线桥梁老桥加固改造,新老桥拼接;路面及桥面面层施工;交通安全设施完成。

第三时段(共 90 天):部分路段交通安全设施全线施工及中央分隔带改造施工,开放交通,双向八车道通行。

12.11.12 实例12——西安至潼关高速公路改扩建施工交通组织

西安至潼关高速公路改扩建工程由四车道"扩容"至八车道。西潼高速公路改扩建工程 T-M05 合同段,起点桩号 K78+000,终点桩号 K94+517,路线全长 16.517km。

在进行弯沉检测、高程测量过程中都需要封闭半幅交通,为了保证高速公路安全畅通,缩短车辆单幅双向通行的距离,待第一段检测完毕后,拆除隔离再进行下个检测段的单幅封闭,单幅双向通行。在铣刨过程中,在第二车道上设置隔离墩,保证单幅单向行车。把 K78+000~K80+400 段以 1200m 左右距离为一个检测段。

(1)中央分隔带开口端准备工作

封闭道路左右幅超车道,进行中央分隔带开口端施工,为保证路上施工人员、机械设备的安全,在施工段前后 100m 位置进行开口,开口宽度为 50m,拆除中间绿化带并清理其中绿化土,浇筑 25cm 厚 C20 混凝土,进行养护备用。

(2)具体交通控制方法

先进行路线左幅弯沉检测、高程测量工作,先封闭路线左幅,打开中央分隔带,长度为 50m。将西安至潼关方向车流引导至北半幅进行单车道行驶,潼关至西安方向车流单车道通行。

南半幅封闭施工交通控制方式:

①在桩号 K80+600 南半幅前方 3000m、2000m、1000m、300m、处各设置"前方施工"警示牌一个。

②在桩号 K80+600 南半幅前方 1500m 处设置限速 60km/h 警示牌。

③在桩号 K80+600 南半幅前方 1000m 处设置"禁止超车"警示牌。

④在桩号 K80+600 南半幅前方 500m 处设置"向左改道"警示牌。

⑤在桩号 K80+600 南半幅前方 200m 处设置上游过渡区。引导车辆从中央分隔带开口

处转换到北半幅进行单车道通行,并在桩号 K80+600 南半幅前方 200m 范围内(上游过渡区及缓冲区)依次设置临时施工标志。

⑥在桩号 K79+300 北半幅前方 3000m、2000m、1000m、300m 处各设置"前方施工"警示牌一个。

⑦在桩号 K79+300 北半幅前方 1500m 处设置限速 60km/h 警示牌。

⑧在桩号 K79+300 北半幅前方 1000m 中央分隔带设置"禁止超车"警示牌。

⑨在桩号 K79+300 北半幅前方 500m 处设置"左道变窄"警示牌。

⑩在桩号 K79+300 北半幅前方 200m 处设置上游过渡区,将双向车道改为单向车道,并在桩号 K79+300 北半幅后方 200m 范围内(上游过渡区及缓冲区)依次设置临时施工标志。

当上述段落弯沉检测、高程测量完成后,即进行下个施工段落施工,左副检测完后进行右半幅检测;封闭交通控制措施同上。

(3)交通安全防护措施

①警告标志:严格按施工设计要求设置。

②渠化装置:采用"水马"(尺寸为 5168mm×500mm×500mm)或隔离墩,"水马"及隔离墩上贴反光膜,装置太阳能频闪灯。渠化装置按过渡区、缓冲区、作业区设置,其间距及设置长度严格按《公路养护安全作业规程》执行。

③开口处设置一名安全保畅员及两名协管人员,负责 24h 对渠化设施进行维护。

④作业区段设置紧急值班电话,如遇紧急情况及时和交通部门联系。

⑤施工期内,现场须经常保持一台清障车值班,全天候待命。一旦发生交通事故或车辆抛锚,应立即将问题车辆脱离现场,保持道路畅通。

12.11.13 实例 13——清连一级公路凤头岭—既有三村立交改建扩建施工交通组织

清连一级公路是珠江三角洲地区与广东中北部地区及湖南省联系的一条重要通道,担负着省道 S114 从湖南永州、江华、宁远、蓝山等 10 多个市县以及四川、贵州东南部地区经连州通往广州方向的转换交通,同时连接着沿线各市县及村镇的交通。该项目封闭改造期间对沿线交通出行影响重大,需结合路网分布情况做好施工期交通组织设计,将影响程度减至最低。该路段沿线有省道 S346 平行于清连一级公路,为山区三级公路,路基宽 7.5m,路面状况良好。

(1)交通组织

该段既有清连一级公路路况较差,大量由湖南方向往星子电厂的大型运煤重车均从大路边镇转入省道 S346,减轻了清连一级公路该段的交通压力,凤头岭—三村立交的施工可以采用半封闭施工;同时,考虑短期全封闭施工的方案,车辆通过三村立交进入省道 S346 经三村、大路边,由凤头岭(省道 S346 终点)接回 G107 国道;在三村立交附近和凤头岭设置醒目的指路、限速、引导提示、警示等标志,并配备必要的交通协管人员。具体实施方案如图 12.11-89 所示。

(2)既有三村立交—连州西立交段施工

既有三村立交—连州西立交段主要考虑半幅施工。该路段考虑先改造半幅,等道路施工完后可满足通车时,再改造另外半幅。

第12章 公路改扩建施工期交通组织

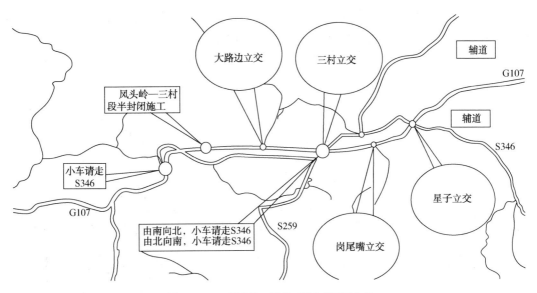

图 12.11-89　凤头岭—既有三村立交路网分布

考虑减少对施工的干扰和减轻道路的交通压力，大车重车走清连一级公路的半幅；小型车分时间进行分流，6:00~21:00 禁止上清连一级公路，而由三村立交转省道 S259 经 G323 国道到连州市（双向通行）。具体实施方案如图 12.11-90 所示。

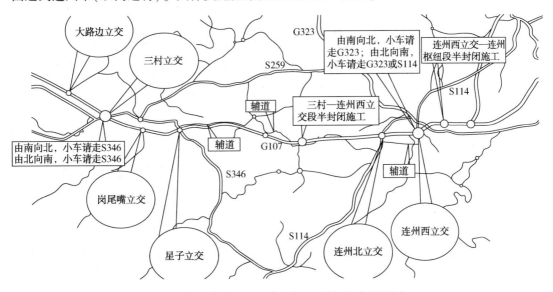

图 12.11-90　三村立交（既有立交）—连州西立交路网分布

(3) 连州西立交—阳山县段施工

连州西立交—阳山县段主要考虑半幅施工。连州市—阳山县段路网较发达，除清连一级公路外，有省道 S114、S260、S261 和 G323 国道，该段路在施工期完全有条件将大小型车辆、重车分流。所以该路段考虑先改造半幅，等道路施工完后可满足通车时，再改造另外半幅。

为减少对施工的干扰和减轻道路的交通压力,大车重车走清连一级公路的半幅,小型车禁止上清连一级公路,可以通过省道 S114 直接通往阳山县,即:连州市—九陂镇—沙冲—小江镇—阳山县,或经 G323 国道由岭背镇转到 S260 省道。具体实施方案如图 12.11-91 所示。

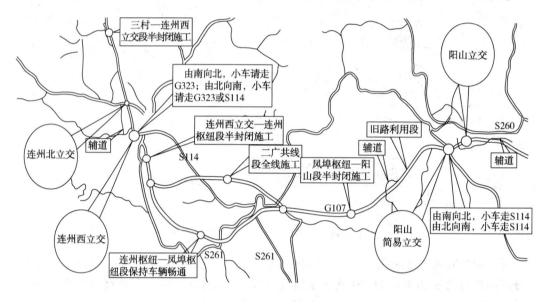

图 12.11-91　连州西立交~阳山县路网分布

12.11.14　实例 14——京珠高速公路新郑互通式立交改建施工交通组织

京珠高速改扩建主线为京珠高速,被交道路为新郑市炎黄大道(即 S323),原设计为双向四车道,路基宽度 26m,改扩建后为双向八车道,设计行车速度 120km/h,路基宽度 42m。

1)保通组织的建立和责任

首先,成立了以决策者及日常管理者组成的保通管理组,主要负责保通组织、安排以及日常监督工作。其次,配备专职交通协管员、安全员和信息员数名,负责施工期间的安全保障工作。交通协管员和安全员经专业培训后统一着装,穿戴统一的反光背心上岗指挥、疏导交通。上岗之前,安全保通小组以技术交底的形式介绍项目保通方案以及道路交通安全法规、知识、常识等,并分发至每位保通员。

2)保通设备的配置

(1)反光标志牌,设置于施工区域前方 1km 范围内。如"前方施工(1km)""前方施工(500m)""前方施工(300m)减速慢行""前方施工(100m)""道路施工"等各数个。

(2)限速标志设置于施工区域前方 300m 处。如"80""40"等数个。

(3)隔离墩若干,每 2m 一道设置于整个施工区域。

(4)锥形标若干,设置于施工区域中需要隔离的部分。

(5)保通员佩戴具有订制"保通"字样的安全帽,统一着装。

(6)购置指挥旗数个,并派专职保通员在施工区域前方进行指挥。

(7)夜间施工警示灯若干,设置于施工区域。

(8)围栏板若干。

3)互通区的施工与保通

(1)施工区域的划分:为便于管理,根据所处位置,将互通区划分为若干区域,如图12.11-92所示。

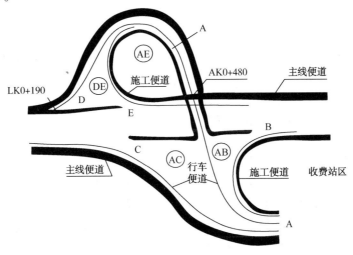

图12.11-92　施工区域的划分

(2)施工测量放样:放出主线与各匝道的新坡角线与中桩坐标。确定主线及各匝道需要加宽的具体部位,包括桩号范围及加宽方向。

4)互通区域内施工

(1)便道修建。

互通区范围内沿主线或各匝道新坡脚线向外侧方向修建施工便道,便道宽度3.5m,厚50cm,结构形式同主线便道。

为便于施工便道能延伸互通区内,需拆除A匝道部分护栏板以使施工便道横穿A匝道进入AE区;拆除E匝道与D匝道交结处护栏板,并且匝A左侧便道在修建时,应按3%纵坡逐渐提升至原匝道顶面平齐,以便顺利横穿E匝道,进入DE施工区域。

(2)边沟回填、台阶开挖、土方施工按主线路基要求规范施工。

(3)收费站区域施工方案。

根据B匝道图纸,将其坡脚线、区域内主线路段西侧边界及排水沟位置进行放样。按照测量放样所得的边界图,拆除边界内附属物。随后进行边沟整平,原高速公路路基台阶开挖。以上工作完工验收合格后,按设计要求进行管桩、土方等其他施工。从收费站内向外有多根电缆,因此,施工时应注意保护,小心施工。

(4)AE匝道区域施工。

①A匝道施工。A匝道AK0+440—A匝道终点两侧加宽,在施工时,在AE区域内沿A匝道左侧修建一条临时便道,A匝道左侧加宽利用AE区域内便道进行施工,外侧加宽利用主线便道进行。路基填筑同主线路基施工,当填筑至路床底时,将匝道外侧按设计要求进行路面破除,之后进行路床施工。施工工艺同主线路床。

②E匝道施工。E匝道改线时应根据测量放样的坡脚线进行加宽施工,当填筑至路床底时,需先破除既有公路面结构层,再进行路床填筑施工。

(5) AB 区域施工。

AB 区域内只有主线加宽施工,施工时从匝道桥第 3 孔位置处设置一条临时便道,以供施工车辆通行。

(6) AC 区域施工。

AC 区域内只有主线加宽,在施工时,施工车辆从 AK0+460 处横穿匝道 A 进入 AE 区域,然后从 AE 区通过匝道桥第一孔进入 AC 区域进行加宽施工。施工方案同主线路基施工。

(7) DE 区域施工。

DE 区域内只有主线加宽,在施工时,施工车辆从 AE 区沿便道穿过 E 匝道进入 DE 区,在 DE 区域内沿 E 匝道行驶至主线加宽部分。

5) 匝道施工保通

(1) 施工便道与匝道平交处的保通。

在便道与匝道平交口,为保证既有道路上车辆正常通行及施工车辆安全驶入施工区域,在施工便道上设置"匝道平交减速慢行"等反光标志牌,同时在匝道上设置"前方匝道平交(200m)""前方匝道平交(100m)减速慢行""匝道平交"和限速等标志牌,并在匝道行车道边缘设置锥形标,必要时还要安排专职保通员在交叉口前方,手持指挥旗,负责疏导交通。

(2) 互通区主线施工保通。

在施工区域前方 1km 范围内分别设置"前方道路施工(1km)""前方道路施工(500m)减速慢行""前方道路施工(300m)""前方道路施工(100m)""道路施工"和限速等标志牌,安放锥形标于既有公路硬路肩外边缘,以提醒过往车辆谨慎行驶。

(3) 匝道施工保通。

匝道施工时,应在合适位置上设置"前方匝道施工,减速慢行"等标志牌和限速标志牌,在匝道两侧设置锥形标,并派专职保通员昼夜值班,负责疏导交通。

特别要注意的是在匝道为下行车道时,因车速相对较高,所以在施工区域前方 1km 范围内应分别设置"前方下站口施工(1km)""前方下站口施工(500m)减速慢行""前方下站口施工(300m)""前方下站口施工(100m)""匝道施工"等标志,以提高驾驶员的警惕性。

6) 临时便道的拆除

当每一区域所有工程施工结束后,应及时拆除该区域内所有临时便道,并重新安装因该区域施工而拆除的护栏板等设施。整个互通区工程结束后,应全面检查,以防遗漏。

12.11.15 实例 15——湖北鄂东长江公路大桥南岸接线保通

互通主线(鄂东长江公路大桥接线)采用与武黄高速公路顺接方式,大广南高速公路、汉鄂高速公路与互通主线采用枢纽互通形式连接,黄石市迎宾大道采用 T 形半直连式形式与主线连接,如图 12.11-93 所示。

图中将花湖互通分为了东、西两个互通,在设计过程中,新增了汉鄂高速公路接入的规划(图中虚线部分);在当时规划方案还未最终确定的情况下,为不影响整个鄂东长江大桥项目的建设工期,将互通分为东、西两部分,并且先实施东互通部分。因为东西两个互通之间的间距较小,按照规范要求,在东西互通间设了集散车道(匝 E、F)进行连接。

第12章 公路改扩建施工期交通组织

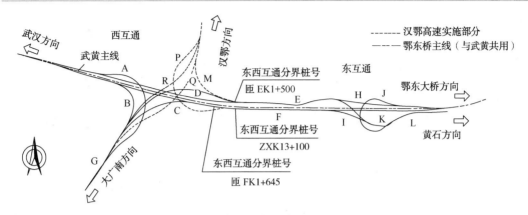

图 12.11-93 南岸花湖互通平面图

南岸接线涉及对运营中的武黄高速公路的改造,改造的主要内容包括部分段落的路基加宽、设计高程的调整、旧构造物的拆除重建、路面铺筑等;在实施过程中,为减少对武黄路正常通行的干扰,需考虑保通方案。

保通目标:保证武黄高速公路武汉—黄石之间畅通;在大桥建成后,保证大桥—武汉、大桥—黄石之间畅通;保证施工车辆的畅通。

首先考虑了传统常用的保通方案,如全幅封闭、半幅封闭等方案。

全幅封闭方案中需新建临时通道,由于北侧为花马湖水域,南侧紧靠路基存在3处高陡山坡,地形起伏较大,村庄分布较密,既有路基在该段为高路堤或桥梁,新建通道方案存在工程量大、占地多、协调困难、施工周期长的问题。

半幅封闭方案中半幅路基宽仅为12m,不能保证双向四车道的通行宽度,通行能力有所降低;且原主线纵坡在改扩建中有较大调整、构造物需拆除重建、主线上存在互通的多处分合流点,控制节点多,临时防护较多,施工转换组织困难。

初步研究后发现采用以往常用保通方案存在困难,最后综合考虑该项目复合式枢纽互通的条件。提出通过合理组织施工顺序,利用互通新建的集散车道作为保通道路,来承担施工期间武黄高速公路的正常交通。

1)保通方案确定

在主线K13+100后将匝F汇入主线;自西向东将集散车道匝F、匝I加宽为双向四车道,武汉—黄石间交通流均由匝F、匝I承担,再经匝L(双向四车道)与黄石迎宾大道相接。考虑匝E的桥梁工程量大,施工周期长,保通初期暂不考虑利用匝E,匝E的施工对保通也无影响(图12.11-94)。

2)保通方案组成

为便于分析,将匝F、I、L组成的路线划分为4个部分:保通渐变段、保通利用段、保通改造段、提前建成段,如图12.11-94所示。

(1)保通渐变段(匝F)

即匝F汇入主线段,范围对应主线为K13+100—K13+313.356。此段保通范围要求匝F平面、纵面均顺接到主线上,以使主线交通流经过该渐变段后完全进入匝F,则主线可以开始进行改建。该段保通期间的纵坡与最终施工图设计有所不同,在东互通主线改造完成后,先在K13+100以前设置开口将交通流引入主线,然后保通过渡段(即主线K134+100—K134+313.356对应匝F段)的纵坡可按施工图要求进行调整。

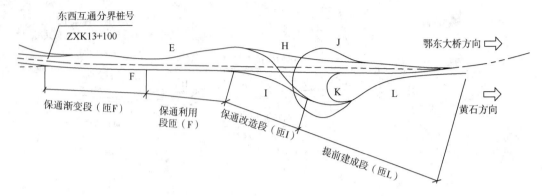

图 12.11-94　东互通保通分段示意图

(2)保通利用段(匝 F)

对应桩号 FK1+858.907—K2+961.567,匝 F 的平、纵完全利用,即保通工程与施工图设计相同。在匝 F 内侧加宽 2.75m,即新增路面宽度占用原主线与集散车道间的排水沟部分宽度,加宽后路基宽度为 16.75+2.75 = 19.5(m),则可以承担双向四车道的交通流。即充分利用主线、集散车道间分隔带的空间,作为保通道路的部分,承担保通期间的交通。匝 F 与主线断面图在设计与保通期间的示意如图 12.11-95 所示。保通功能完成后,路基范围内加宽 2.75m 范围的沥青路面需拆除。

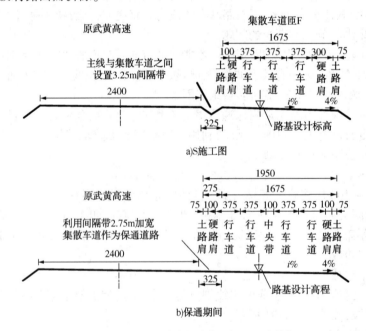

图 12.11-95　匝道 F 与主线断面关系示意图(尺寸单位:cm)

(3)保通改造段(匝 I)

在匝 I 内侧加宽 6.5m,加宽后路基宽度为 13+6.5 = 19.5(m),则匝 I 也可以承担双向四车道的交通流,图 12.11-96 为匝 I 施工期间及保通期间断面图。保通功能完成后,匝 I 路基范围内侧加宽 6.5m 范围的路面需要拆除。

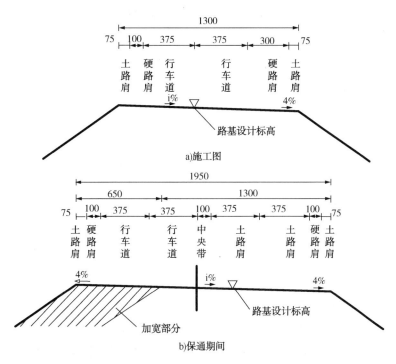

图 12.12-96 匝道 I 断面图(尺寸单位:cm)

(4)提前建成段(匝 L)

匝 L 为完全利用,即保通期间与施工图设计完全相同。

施工武黄高速主线收费站范围的路基及引桥时必须拆除既有武黄的主线收费站,因此主线开始改建施工前,必须完成匝 L 上的收费站场及相关的机电设施。由于要施工后期的机电、收费设施,因此土建工程需要尽早提前完工,故称为提前建成段。

3)保通方案实施顺序

(1)对集散车道(即将占用的地方道路)先给予还建;(2)建设匝 L、I、F(即保通道路),包括二、三期工程;(3)将主线的交通流引入集散车道,即武汉—黄石方向交通流由匝 F、I 承担,再经由匝 L 与黄石迎宾大道相接;再建设主线和其他匝道。

4)实施中的其他问题

(1)保通路段的复合式路面结构

根据保通需要,一期土建、二期路面需交叉作业,期间二期施工方存在较长的等待时间。交叉作业相互干扰较大,从便于项目的总体施工组织管理考虑,对保通路段的半刚性基层沥青路面结构进行了调整,改为水泥路面上预留 10cm 沥青加铺层的复合式路面结构,除沥青层外均由一期施工方实施,路面结构如图 12.11-97 所示。

(2)路基的横向排水

在主线、集散车道间设置边沟,半幅主线路面的水进入边沟后,再通过设置于集散车道匝道下的横向排水管将水排出路基。

(3)既有公路的改造和构造物拆除重建

武黄主线的部分既有构造物由于承载能力储备不足、纵坡调整等原因需拆除后重建。

拆除过程中,尽量减小对两侧已建集散车道的影响;新建构造物比既有构造物的跨径要略大,考虑减少既有桥梁基础对新建桥梁施工的干扰。对既有路面的改造,根据新旧高程的差异大小,部分既有路面的基层可利用。

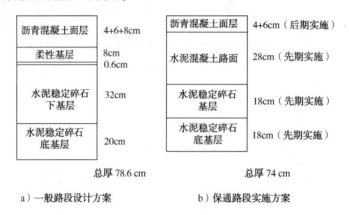

图 12.11-97 路面结构

(4) 武黄主线路基的稳定

在匝 F 与主线断面示意图中武黄主线、集散车道间高差较大时,如在 FK2+005 处既有武黄主线比集散车道匝 F 高约 5m,且此处集散车道为 4 孔 20m 的桥梁,由于横向间距很小,桥梁帽梁侵入了武黄路路基边坡,需采用措施确保武黄高速的路基稳定及运营安全,且需为集散车道梁板的架设预留足够空间。在实施中,采用了土层锚杆临时加固的方案,主线改建时,主线高程将降低至与集散车道基本等高,加固设施与边坡一同拆除。

5) 实施效果

东互通保通按以上方案先期开始实施,西互通方案于 2008 年 3 月确定,随后南岸花湖互通东西两部分同时建设,西互通也采用了与东互通相近的保通方案。

原主线收费站拆除,匝 L 新收费站建成后,东互通范围先进行主线改造;当匝 E 也建成,此时匝 E、F 同时作为保通道路发挥功能,分别承担武汉—黄石之间的单向车流,其他段落的主线也开始进行改建。

6) 湖北鄂东长江公路大桥北岸接线保通

北岸接线为散花互通(枢纽互通)。立交形式采用组合式,由半直连 T 形+A 形单喇叭互通立交两部分组成。连接大广北高速公路的互通采用半直连 T 形,属高速公路相接,不设收费站;连接黄黄高速(黄石—黄梅)的互通采用 A 形单喇叭,设 1 处收费站。北岸接线平面如图 12.11-98 所示。

与大广北高速相接的半直连 T 形互通为新建工程,不存在改扩建的保通问题;与黄黄高速相接的 A 形单喇叭互通,是在黄黄高速正常运营的情况下对黄黄高速进行改建,需进行保通方案设计。A 形单喇叭互通平面图如图 12.11-99 所示。改建的内容包括,在黄黄高速原主线上新建互通收费站,且改建后黄黄高速的新主线与鄂东桥接线的主线为共用段,互通范围内原黄黄路主线的功能已不存在,其部分空间被新建互通匝道占用。

(1) 保通目标

施工期间,保证黄黄高速的黄石—黄梅之间畅通。

第12章 公路改扩建施工期交通组织

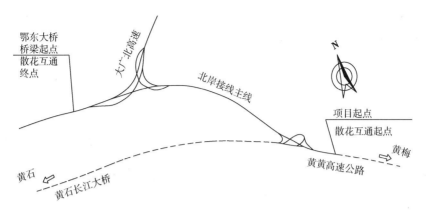

图 12.11-98 北岸散花互通平面图

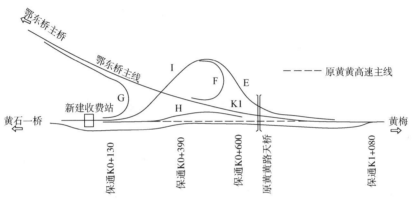

图 12.11-99 A 型单喇叭互通平面图

(2) 保通思路

该段黄黄高速的主线在项目建成后即将废弃,且该路段地形平缓,路基高度较低,构造物和拆迁很少,综合比选后,考虑采用利于施工组织、增加工程量也较少的"新建通道"方案。即在单喇叭互通的起终点范围外建一条长 1.2km、宽 15.5m 的道路,作为保通道路来承接黄黄高速的交通量转移。保通道路起点、终点均与既有黄黄路平顺相接,其中保通道路新建段长约 460m(K0+000~K0+460),可完全利用既有黄黄高速公路约 200m(K0+460~K0+660),部分利用黄黄高速段约 540m(K0+660~K1+200)。

(3) 保通方案组成

① 工点保通

在互通范围内原武黄主线上有一座天桥需拆除,做法是首先封闭北侧半幅路基,并拆除北侧半幅天桥;然后封闭南侧半幅路基,拆除南侧半幅天桥并开始新建该侧天桥,同时开始施工不受黄黄高速影响的匝 E、F、G、I;期间黄黄高速上双向车流均由半幅主线路基来承担。

② 修建保通道路

为使互通范围内主线及匝 H 可以开始建设,需将原黄黄主线占用的空间预留出来,这样在主线及匝 I 的施工范围内不能通行既有黄黄高速的车流。为解决这个问题,在黄黄高速的南侧修建保通道路(包括完全利用段、新建段、部分利用段),建成后保通路基宽度可达15.5m,可承担黄黄高速的双向车流。

③交通流转换

当保通道路完工后,黄黄主线的双向交通完全转移至保通道路上;此时可开始互通匝G、H、I等受影响段落的施工。

④拆除保通道路

互通主线、匝道建成后,在鄂东桥通车前,往黄石方向车流由黄黄高速北侧半幅车道经匝E、I至黄石长江一桥;往黄梅方向车流,由黄石一桥经由匝H至黄黄高速主线南侧半幅车道。

最后,鄂东桥项目通车后,以上第d步内的黄石—黄梅之间的过江交通流将不再经由互通匝道,而直接由鄂东桥主线来承担。

(4)保通方案实施

在保通方案实施过程中,除设置标志对车流进行提前引导外,还采取一定的安全隔离及防撞设施,确保施工场地与通行车道、双向车道间的隔离,同时交管部门也制定了相应应急预案。

鄂东大桥于2010年9月建成通车,建设期间,由于考虑了完备的保通方案,武黄、黄黄高速得以安全畅通运营,未对沿线经济、社会造成负面影响。

12.11.16 实例16——曲小高速公路改扩建交通施工组织

1)保通思路和理念

曲靖—小铺高速公路地处云南曲靖、昆明市境内,是国家高速公路杭瑞高速的一段,是云南东连贵州出省达海的主要通道,云南经济"金三角"(昆明、曲靖、玉溪)的运输主动脉,云南"工业经济走廊"的桥梁和纽带。该高速公路东连胜曲高速公路,西接昆曲高速公路,地处重丘区,地形相对平坦,波状起伏,高差较小,工程地质条件较好,1996年按半幅高速公路($V=80km/h$,$B=13m$,长75.07km)建成通车,平面指标相对较高,局部纵面指标相对较低($i_{max}=6\%$);工程简单,以路基为主,交通流量大(2002年交通量10121辆/昼夜,年平均增长率达6.5%),沿线交叉路网、沟渠较多,2003年拓建为双向四车道高速公路($V=100km/h$,$B=26m$)。

改扩建勘察设计和建设,除遵循常规的工程安全性、经济性、合理性、科学性原则之外,还注重改扩建工程建设的可实施性和可操作性以及施工保通等理念和思路:

①重视运营保通的重要性和必要性,遵循运营保通"一票否决"的原则,杜绝"封闭施工"的"本位主义"情节。

②统一认识,更新理念,正确认识"不是我行车影响你建设,而是你建设影响我行车",树立为社会服务的思路和意识。

③重视和加强沿线路网和区域路网的调查和综合分析,充分发挥路网综合运输功能和交通渠化作用。

④重视勘察设计阶段施工组织计划,强化运营保通综合措施和区段措施的系统性和协调性,形成一套扬长避短的保通体系。

⑤正确认识和理解过往车辆习惯高速行驶,而突然被迫"减速慢行"的怨言和情绪。

⑥体现"以人为本",而又通过潜移默化的诱导,规范运营交通行为和施工形象,弘扬文明建设。

⑦重视工程安全、经济合理的原则,扩充经济合理性比选和安全性分析的内涵,充分认识安全和经济非单纯工程安全和工程经济,而应包含运营经济、施工机器和人员的安全。

⑧规范操作,文明施工,体现和树立现代科技企业的形象。

⑨发扬管理、施工监理、勘察设计、交通运输等齐心协力、相互理解、互不埋怨、团结协作的精神共同创建交通运输"慢而畅",建设施工"忙而有序",勘察设计保通方案"全而省"和"热而不闹"的场面。

⑩重视公路行业社会信誉和形象,视其为"生命线",造就一个"齐"(齐心协力)、"动"(动态设计、管理)、"序"(建设有序)、"畅"(运营畅通)的局面。

2)运营安全保通综合体系

建设管理是公路建设重要而关键的组成部分,是公路建设交响曲的指挥棒,是设计与施工的桥梁,是实现运营保通的组织者和监督者,如果从本位利益出发,为"建设而建设",那么,舞狮者的绣球不是引导"雄狮",而是成为"雄狮""舞闹"的"呐喊"者;由此,公路改扩建工程建设管理采取以下措施:

(1)社会宣传措施

通过各种媒体和渠道向社会各界,特别是运输行业介绍工程建设的重要性、必要性,说明建设工期、保通措施、影响时段、场地安全运营规则、注意事项等,让社会了解、理解并自觉配合工程建设。对于用路者,不仅能避免车辆出行的盲目性,而且能消除被迫减速的"反感"和"浮躁"情绪。采取的具体措施是:

①在昆明、曲靖两地设立免费向社会开放的曲小工程展览室,义务介绍工程建设情况(建设方案、工期安排、保通措施、出行建议),利用"一传十,十传百"的社会大众,扩大影响面和宣传面;

②通过电视、报纸等媒体,集中宣传介绍曲小高速公路建设概况。

③分析交通流,向运输行业和主体用户单位(如曲靖运输客运公司等)发送曲小高速公路建设概况,使主流单位早有准备,协助宣传教育。

④进入曲小高速公路施工场区和影响区域的收费站,利用收费机会,向乘客及驾驶员发送"曲小明片"(正面:"进入施工区,敬请慢行""今天的不便,为了明天的方便",背面:"路线网络、出行建议图"),让驾车者早有警觉,或绕行、或慢行,让乘车者了解知情而理解。

⑤昆、曲两地设置大型临时建议标志,诱导出行路线,分流交通,如曲靖立交设置曲靖—陆良—石林—昆明的建议出行标志。

(2)组织策划措施

建设管理、组织计划、总体安排是工程建设的核心和主轴,是工程建设工期、质量的保障和监督,建设组织策划既是项目建设的开端,又是项目建设的目标。改拓建项目组织策划,除做好常规项目建设组织机构、工期控制、资金控制、质量控制、生产安全控制等之外,还应加强以下运营安全保通的策划措施:

①重视运营保通的重要性和必要性,从思想上树立为社会服务和文明施工的思想,强化安全意识教育;②组建专职的、综合的运营保通组织系统和安全责任制,明确各方职责,落实检查到人和每个工点;③充分发挥和利用社会力量,实行24小时预警"抢修抢险"系统,防患于未然,如清理占道物、清洗路面泥土等;④以"短"(单元建设规模小)、"频"(检查、监督频

率高)、"快"(施工建设和方案决策快)为建设模式,实施动态管理和控制,尽量缩短影响期限;⑤根据场地建设进度,严格控制施工道口,合理布设"礼谦"诱导和预告标志,指示提醒行驶车辆,如施工进出口设置"进入工地,严禁超速""施工道口,请慢速通行";⑥组织并严格检查设置围栏(土体墙、警示桶等),隔离施工现场,不让闲杂车辆随意进入工地,以形成运营施工空间互让,运营施工彼此理解,为今后的快速和畅通共同努力的氛围。

(3)施工现场措施

工程建设施工既是运营保通的"执行者",又是保通的"受益者"。曲小高速公路工程建设施工采取以下措施:

①重视运营安全保通与工程建设施工效率之间的辩证关系和其重要性、必要性,树立"是我施工影响过往车辆和宾客,不是过往车辆和宾客影响我施工"的社会服务意识;②严禁施工车辆和机械"横行冲闯"、随意行停,严格控制施工道口,规范出入车辆和操作行为;③严格施工程序和施工人员行为,如施工人员站立位置和方向,禁止边缘操作人员背对行车方向;④严格建筑材料堆放位置和堆放数量,有计划进材和备料;⑤严格执行施工道口设置施工警示和临时指路标志;⑥严禁公路边缘或下方搭建工棚,必要时应在外围设置围栏,防撞隔离墩等,以防造成二次事故的意外;⑦沿线施工场地设置隔离设施,特别是刷坡地段,如土墙等;⑧严格"纵向施工"的施工工艺。

(4)勘察设计措施

公路勘察设计是公路建设的龙头,是工程建设、施工、监理的依据和准则,由此,改建工程运营保通,必须从公路勘察设计思路和原则制定着手,决策路线方案和工程措施。

①统一总体设计中心思路

结合曲小半幅高速公路沿线路网发达、地形平坦、工程简单、平面指标相对较高、纵面指标相对较低、交通量大(10121辆/日,2002年)、中型以上载重车比例高以及保通压力较大的特点,反复深入工地,系统分析研究,确立"以运营安全保通为中心和目标,各专业方案取舍,特别是路线方案,严禁全部采取'封闭施工',中央分隔带可高可低、可宽可窄,拓建幅'能分则分,不能分则合',明确营运安全保通论成败"的中心思路,制定技术负责人落实检查的制度,以确保中心思路的落实和到位,实现运营安全保通的目标。

②路网网络渠化措施 P

曲小高速公路 OD 调查表明,2002 年交通量为 5060 辆/日(中型载重车)。根据交通流出行分析,主流为曲靖和以东车辆往返昆明,项目影响区主要公路有昆曲、曲胜、曲陆高速公路,省道 101 线及县道 059 线;从域内路网布局看,已形成了以曲靖为中心向四周放射的干支相接的公路运输网络;通过各条道路现状、通行能力、运营里程时间分析,可知区内公路等级整体水平高,网络结构合理,干支分明,服务水平高,为网络渠化创造了条件,为主流快速畅通打下了基础;利用建成通车的曲陆高速公路、2003 年国庆通车的昆石高速公路、嵩明—功山高速公路可诱导分流曲小半幅高速公路交通,减轻运营安全施工保通压力;可采取以下措施实现路网渠化:

a.加强省道 101 线的养护和交通管理,分流部分交通,发挥"辅道"作用。

b.曲靖立交附近于曲靖市西出口,曲胜线、曲陆线设置三块标示"曲小公路施工,建议昆明车辆走陆良→石林→昆明"的标志,诱导曲靖及以东往返昆明车辆分流。

c. 易隆立交入口处(收费站前平交道口)和寻甸城设置标示"曲小公路施工,建议昆明车辆走金所→嵩明→昆明"的标志,诱导寻甸及昭通方向往返昆明的车辆分流。

(5)选线布线措施

路线布线、拓建位置、新旧线位关系直接影响,甚至决定运营安全保通和措施。根据交通流量大,半幅高速公路整体平面指高程,纵面指标低,起伏频繁的特点,在遵循"能分则分,不能分则合"、"中央分隔带可宽可窄、可高可低"的思路采取了以下措施:

①整幅新建回避措施

拓建工程不可能避免行车与施工干扰,针对易隆垭口梁家田段(K52+800~K56+400)3.6km,半幅高速公路平面指标低(R_{min} = 230m)、纵坡大(i_{max} = 4.9%)、填石路堤多(1.37km/7段)、里程长(0.85km)、路基开挖石方比例高(95%以上)、施工开炸干扰严重的特点,为消除本段公路"瓶颈"、施工"枷锁"以及运营"跨栏"和建设"头痛"等问题,采取适当增加投资,从 K52+800 右侧(南)离开老公路,过梁家田,穿易隆垭口,整幅新建 3km 的整体式方案,为运营安全保通打基础,创造条件。

②分幅新建分离措施

曲小高速公路张家箐垭口段,要从 K51+700—K52+600 间开两段明槽,平均挖深达 30m 以上,从坡面揭示地质情况分析可知有近 95% 的含石量,虽然拓宽改建工程不大,但拓建"刷坡"无法采取土质边坡纵向"出土""炸落"和"抛洒"石块影响运营安全严重,工期长,社会影响大。因而采用适当增加投资,新建曲靖—嵩明幅;或设短隧道穿越张家箐垭口达 K52+800 的分离式方案,完全避开施工干扰;或适当加宽中间带宽度,增加开挖作业面,明挖穿越,为施工创造空间,为运营保留通道。

③先改后建措施

曲小高速公路红军哨垭口(K32+000)是本段公路的制高点,曲靖端(K29+300~K32+000)平均纵坡 4.6%,长 3.2km,小铺端(K32+000~K35+800)平均纵坡 4.9%,长 2.9km,坡长超限严重;K31+600~K32+700 段为小偏角 S 形曲线,K32+350~+600 右侧为滑坡体。经经济比选论证,适当放宽纵坡坡长,垭口路面高程仍低半幅高速公路 7~8m,形成一个"枷锁"和"头痛病";多方案研究后采取进一步放宽纵坡指标(控制最大纵坡,放宽坡长),下坡侧适当位置设紧急避险车道,上坡幅设置爬坡车道,取消半幅高速公路(K31+600~K32+700)段小偏离 S 形曲线,提前改移至半幅高速公路北侧(右侧),铺筑过渡式路面作为施工期通道,让出施工空间,体现施工运营互助互让的"风格"。

④中央分隔带可变措施

中央分隔带是高速公路的点缀,是分隔对向交通,排除对向交通干扰,提高道路通行能力的设施。曲小高速公路布线中,根据半幅高速公路平面指高程,纵面指标低,沿线地形条件好的特点,为半幅高速公路运营安全保通,将中央分隔带常规功能进一步扩充,作为改扩建工程与原工程的纽带和过渡带;通过可宽可窄、可高可低的中央分隔带,不仅为建设施工扩充场地,留出施展空间,充分利用原工程,减少废置工程,而且创造立体空间和平台,为运营安全保通创造条件,节省工程投资。

⑤减少交叉换位措施

公路改扩建工程交叉换位拓建路段,由于施工现场分布两侧,工作面小,场地狭窄,人员、机械、材料集中,成为运营安全保通的重点路段。根据分析昆玉、安楚高速公路建设经验,安楚公路由于老路指标低,地形复杂,全线交叉(含高差差异)换位达72处,平均每公里达0.56处,保通难度大,矛盾突出。由此,结合本项目特点,制定了"尽量减少交叉换位"的原则;经反复详细比较全线,发现仅有K11+800(干海子)、K37+500(黄土坡)、K67+500(赵家春)等3处地形平坦,工程简单,施工附加场地开阔的路段可进行交叉换位,可降低运营安全保通难度。

⑥施工道口渠化措施

施工道口是施工场区进出的门户,是运营安全保通的主要控制点。据安楚公路施工现场观察,左转出入的施工车辆产生的影响最大,影响时间最长,管理工作量最大,在严格控制施工道口(位置、数量)的同时,施工道口渠化势在必行,且效果最佳。分析曲小高速公路沿线通道(跨径≥6m,净空≥3.5m)和跨线桥发现,平均近400m分布一通道(跨线桥),在尽量减少换位交叉拓建的基础上应采取以下措施:

尽量减少施工道口,设置纵向施工便道,原则上长期性施工道口每公里不得超1个,临时性施工道口不得超2个,以减少施工道口的干扰;严格管理施工道口的开放时间,加强现场交通指挥;利用通道(跨线桥)和临时便道渠化施工道口,一律右进右出,取消施工车辆左转;选择地形平坦开阔,填挖小的路段设置施工道口,并增设5~10m"减速车道渐变段",减少出入施工车辆"占道"面积。

⑦先绕后拆,先建后拆措施

曲小高速公路路线路网发达,交叉道路多,通道、跨线桥密集,其运营安全保通应包含沿线交叉的次干道的运营保通,只有使整个路网畅通,才可能最大限度地发挥路网效益,才可能树立整体形象。由此,通过详细逐一调查,了解了接长交叉的通道、拆除的跨线桥位置、现状以及原桥两端引道线形、路面等级等。对支道顺畅的,不降低其标准,采取先设置临时便桥绕行,拆除原工程,原位建新通车后,废除便桥的先绕后拆措施(如K20+010马龙跨线桥)。对支道线形差,等级低的,采取先移位,附近建新桥,通车后再拆老桥的先建后拆措施(K4+500跨线桥)。

⑧平缓坡比措施

曲小高速公路沿线地形平坦,开挖量较小,为"刷坡"和纵向"出土"创造施工条件,扩大机械作业面,减少"刷坡"撒落土体影响行车,勘察设计制定了放缓挖(填)边坡坡比(除个别地段外缓于1:1.5m),取消护面墙,坡脚设置2m平台,植物绿化固坡为主体的缓坡比作业面措施。

⑨桩基桥台措施

根据昆玉、安楚建设经验和教训,桥梁拓建中,桥台基础开挖会影响老桥安全,间接影响运营安全保通(车辆靠边设栏压缩车道),因而结合沿线单孔老桥高桥桥台多的情况,采取了适当增设桥孔,新旧桥台平面位置错位,或采用桩基桥台等措施,虽然工程投资有所增加,但基本消除了安全隐患,为施工安全、运营保通打下了基础。

⑩清坡措施

曲小高速公路拓建工程难免存在工程结合部,结合部新旧工程的衔接、差异沉降的处理等是改拓建工程的关键技术,也是间接影响运营保通的关键部位,由此,勘察设计中总结安楚公路长田加筋路堤的经验分别采取了以下措施:高填斜坡路段为避免原高填稳定边坡开挖台阶衔接的影响,增设部分桥梁;低填软弱地基路段,放缓填方边坡,或设反压护道等,增加填方宽度,提供机械操作空间,减少对老路堤的影响;利用新材料,处理新旧路基结合部差异沉降,减少原工程破坏面;针对拓建侧"活埋"构造物(如挡土墙)的问题,采取设短钢筋、碎石土填料填筑等措施,尽量减少"活埋"构造物的拆除,减轻影响原公路的安全。

总而言之,山岭区改拓建公路运营安全保通与施工建设是一个矛盾的统一体,两者之间既对应又统一,目的和目标皆是满足社会经济发展的需要。公路改拓建的建设方式是任何社会任何时代均不可避免的建设方式,公路建设者必须充分重视,认真对待。首先建立"不是我行车影响你建设,而是你建设影响我行车"的社会服务理念,并且充分理解长期快速运营车辆被迫"慢行"和"限制"产生的情绪;其次,应树立"以人为本"的理念,服从和尊重"人类的本能",宣传、帮助、诱导规范交通行为;最后,应从勘察设计方案取舍、工程措施确定、到建设策划、现场作业、监理检查各阶段,以运营安全保通为前提,建立一套完整完善的综合保通措施,以维护公路行业的信誉和社会形象,体现文明施工。

12.11.17 实例17——盘龙山隧道改扩建施工保通

盘龙山隧道位于四川S303线,是S303映秀至日隆改扩建工程的控制性工程。施工保通涉及三方面的内容:洞内防护、交通管制及绕行预案。

洞内防护措施主要集中在掌子面附近。在掌子面前方隧道6m范围内,贴洞壁架设临时I18工字钢架,每榀间距1m,钢架上挂钢筋网遮挡可能出现的掉块,临时支护在爆破时拆除,重复使用;爆破后使用机械反复找顶,初期支护施作至掌子面,施工场地清理完毕并确认无安全隐患后才能放行车辆;施工台架在放行时应停放在掌子面处,其净空尺寸应容许绝大部分车辆通过,并做适当加长,兼作临时安全台架。

本路段交通量较小,且集中在白天,结合隧道施工循环需要,确定采用白天固定时段放行的交通管制措施,每天放行6h。通车放行期间,安排专人在进出口指挥车辆单边放行,同时设专人对洞内情况进行监测,排堵除险。隧道内外的交安标志、照明设施等应充足且有效。

若隧道施工出现意外情况且短时间内无法恢复通行,工程建设方应配合交管部门及时发布公告,按预先调查的绕行线路疏导来往车辆。

第13章 公路改建为城市道路的设计方法

(1)公路与城市道路功能和构造的异同
①功能的区别
公路位于城际之间,为长距离客货运输服务,服务对象主要是机动车,兼有少量的非机动车和行人。城市道路除了服务机动车外,还为非机动车及行人服务。由于城市道路为公共设施,其他配套市政公用设施与之伴行,如给排水、电力、通信、照明、燃气、热力等,虽然分属不同的部门管理,客观上已构成城市道路的一部分,城市道路是这些附属设施的载体。
②构造的异同
公路交通流方向简单,干扰较少,车速较高,为满足车辆行驶的需要,公路横断面主要由土路肩、硬路肩、车行道、中央分隔带等组成;城市道路为满足行人、非机动车、机动车的交通需求,横断面由人行道、非机动车道、设施带、车行道、中央分隔带、绿化带等组成。同时还要埋设给排水、电力、通信、照明、燃气等管线附属设施。人行道设置绿化景观、导盲带、垃圾桶、照明等市政设施。
③分级
公路技术标准中按照使用任务、功能、路网规划和适应交通量分为高速公路、一级公路、二级公路、三级公路、四级公路五个等级;城市道路按照在路网中的地位、交通功能以及对沿线建筑物的服务功能等,划分为快速路、主干路、次干路和支路四类。在进行公路改建城市道路的过程中,要结合相应交通量,道路功能等级及相应的规划对改建城市道路进行等级确定,以便开展后续工作。

(2)公路改建城市道路设计原则
①公路改造成城市道路,必须服从城市的总体规划。
②公路改造成城市道路,必须突出"以人为本"的设计理念。在保证机动车通行的同时,考虑行人的安全性和舒适性。
③按照规划要求,布设各类地下管线和杆线,避免反复开挖道路,减少对施工区域车辆、行人出行的影响。
④尽量将管道敷设在道路路肩、中央分隔带、设施带、新增人行道或辅道下面。
⑤公路改造成城市道路,要与城市建设风貌、人文和自然景观相协调,并满足生态和环保要求。
⑥开挖设计注意对城市环境的保护,考虑挖出的弃土和路面旧料的处理与堆放。
⑦充分结合现状,尽量减少道路改扩建对周围居民、单位的影响。
⑧充分利用既有道路,减少工程造价。

(3)平面设计
城市道路与公路道路等级不对等,因此在城市道路改建设计时,需符合规划要求,满足规范要求,尽量利用既有线位进行道路设计;对于既有道路两侧建筑,减少不必要的拆迁,在控制投资的同时也可以减少对道路沿线民众的影响。同时平面设计要充分调查考虑道路与周边道路、建筑的关系,合理地对交叉口,出入口等进行设计。

(4)纵断面设计

公路交通以机动车辆为主,较少考虑非机动车辆,道路纵坡坡度较大,坡长较长;与周围地坪高度差异较大,而城市道路高程既要照顾到道路两侧街坊的出行,又要满足非机动车最大纵坡和限制坡长的要求,因此城市道路纵坡较小,坡长较短,能很好地顺接周围地坪高程。可考虑采用道路分幅,主辅路不等高程等方式,以满足道路工程的纵断面设计要求。

(5)横断面设计

道路横断面进行改造设计时,首先应在城市规划的红线宽度范围内按照《城市道路工程设计规范》的要求,根据预测设计年限末交通量调整机动车道宽度,增设非机动车道、人行道、绿化带等。其次要解决公路高程与两侧建筑物高差的冲突,可以利用机非分隔带和人行道侧石外露高度调整道路边线高程。还可以将绿化带设置横坡并坡向外侧,从而调整道路边线高程,协调高程冲突。遇到桥涵时需进行加宽改造,可用于铺设非机动车道和人行道。采用道路分幅,主辅路不等高程等方式,以满足道路工程的纵断面设计要求。

(6)交叉口设计

公路一般交叉口比较少,而城市道路交叉口是按照城市规划道路网设置的。进行改造设计时,首先应按照规划要求打开交叉口,根据相交道路等级确定采用平面交叉或立体交叉。在交叉口设计中要做好交通组织设计,组织好车流、人流,以便人、车能够以最安全最迅速的方式通过交叉口,特别是在快速路和主干路的重要交叉口要考虑设置人行天桥或地下通道,以保障行人安全又避免干扰机动车通行。

(7)结构设计

在道路路面、路基结构设计中,若既有道路结构能够满足或者通过简单修整能够满足现行道路规划等级及设计要求的,尽量利用既有道路结构,减少工程浪费,并做好道路结构的搭接处理,尽量避免由于道路结构搭接引起的道路裂缝等问题的发生。在路基搭接时,提高搭接路基的压实标准,以减少既有路基与新建路基的沉降差异,避免沉降裂缝的产生。

(8)附属设施工程

公路排水通常将道路范围内的水排到路基外侧的边沟、排水沟等排水设施,城市道路由于直接与周围地块相接,道路范围内的水通常根据《室外排水设计规范》及道路所在地区的排水规划,设置雨水管和雨水井,将道路范围内的雨水引入排洪水渠或自然沟渠。

公路改造为城市道路,还需要根据需要设置路灯、景观绿化、交通工程设施等,同时道路还主要作为城市管线设施的管廊,城市道路的设计需要与各管线权属单位进行协调,既要对既有管线进行保护和合理迁改,又要保证在地下管线建设完成时,能够满足道路路基路面的规范相关要求。

第14章 公路改扩建工程的项目管理

工程项目管理是按客观经济规律对工程项目建设全过程进行有效的计划、组织、控制、协调的系统管理活动。从内容上看，它是工程项目建设全过程的管理，即从项目建议书、可行性研究、工程设计、工程施工到竣工投产全过程的管理。任何一个项目的建设都需要这个过程，它是分阶段进行的。

目前，我国实际工程项目中所运用的工程项目管理模式主要有①传统的项目管理模式，即设计→招标→建造模式（DBB）；②设计→施工总承包模式（DB）；③设计→采购→施工模式（EPO）；④建筑管理模式（CM），根据实际情况又可分为代理型CM和风险型CM；⑤设计→管理模式（DM），又可以分为两种具体形式：项目管理承包模式（PCM），项目管理模式（PM）；⑥建造→运营→移交模式及其变型模式（BOT）。由于公路改扩建工程是一项超级复杂的系统工程，建设是否如期完成关系到群众的切身利益，一般项目管理多采用较为成熟、风险小的管理模式。

(1) 传统模式

又称设计→招标→建造模式，项目管理公司在项目的施工阶段进行管理，协调业主与施工方的关系。传统模式中，业主聘用咨询工程师为其提供工程管理咨询，因而业主一般不直接介入施工过程。该模式严格采用设计→招标→施工的程序，因此，工程进度慢，工期长。该模式适用于比较复杂的建设工程，目前，多采用工程量清单法进行成本控制，在工程量清单比较准确时，采用该模式具有较早的成本明确程度。传统模式允许业主适当变更工程范围，但变更的范围由业主同业主代表、承包商和咨询工程师等方签订合同，如有多个承包商，业主要分别同每个承包商签订合同，所以此模式业主的协调难度非常大，业主在资金、责任划分、工程索赔、工期和工程质量等方面存在比较大的风险。总结起来，优点是管理方法较成熟，业主可自由选择咨询设计人员和监理单位，可控制设计要求。存在的问题是：设计的可施工性差，监理工程师控制项目目标能力不强，工期太长，当工程质量出现问题时，不利于责任划分。建设各方模式关系如图14-1所示。

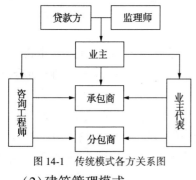

图14-1 传统模式各方关系图

(2) 建筑管理模式

建设管理模式（CM）要求从设计阶段就雇用具有施工经验的CM单位参与到建设工程实施过程中来，以便使设计人员及时了解承包商的观点和建议，且随后负责管理施工过程。这种模式改变了传统项目管理模式的线形作业模式，采取分阶段发包，即：设计部分，招标部分，施工部分，设计与施工充分搭接。在项目实施阶段由业主、CM经理和设计单位组成一个联合小组,共同负责组织和管理工程的规划、设计和施工,CM 经理负责工程的监督、协调及管理工作,在施工阶段定期与承包商会晤,对成本、质量和进度进行监督,并预测和监控成本和进度的变化。

(3)设计-施工总承包模式

业主首先招聘一家专业咨询公司研究拟建项目的基本要求,业主以总价合同为基础,选定一个设计建造总承包商对整个项目的成本负责。此模式的承包商可提供从项目策划开始,直至竣工移交的全套服务。该模式的承包比较适合于建筑项目和成套设备供应项目,在费用、进度方面有一定的优势,比较适合于工业项目和需要从市场大量采购设备的项目。该模式的业主代表通常是由工程咨询公司承担,代表业主做好协调、督促并检查总承包商按合同规定的质量、工期、成本要求来实施工程项目,该模式要求承包商提供全面服务,通常由一家大型施工企业或承包商联合体承担对大型和复杂工程的设计、设备采购、工程施工,直至交付使用的交钥匙承包模式,业主一般不再聘请工程咨询公司为其服务,但是不排除业主聘用少数工程管理专家作为顾问。

(4)项目管理承包模式

在我国公路改扩建工程建设领域,项目管理承包模式还是一个新的管理方式。业主委托一家有相当实力的工程公司对项目进行全面管理的承包。业主一般要与专业咨询设计单位如建筑师、测量师等进行密切合作,对工程进行管理、协调和控制。该模式把项目分成两个阶段来进行,即定义阶段和执行阶段。模式多用于大型的、技术含量高的项目中。管理承包商一方面与业主签订合同,另一方面与施工承包商签订合同;一般情况下,管理承包单位不参与具体工程施工,而是将施工任务分包给施工承包商。该模式采用"成本加奖酬"的形式,对业主成本控制比较有利。业主参与工程的程度低,变更的权力有限,业主的协调难度较大,业主方的风险在于能否选择一个高水平的项目管理公司。目前,我国推荐实行的政府工程代建制属于这一种,建设各方关系如图 14-2 所示。

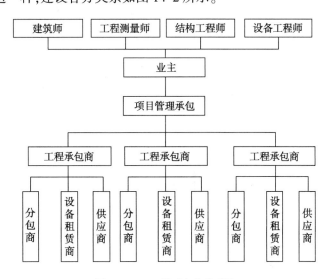

图 14-2 PMC 模式各方关系图

工程项目的管理模式影响着项目的质量、费用、进度三大目标。由于大多数公路改扩建工程项目都具有规模大、工期长、结构、技术复杂的特点,在项目实施过程中不可避免地会受到自然条件和人为因素的影响。自然条件因素包括:水文、地质、气象条件的变化等;人为因素包括规划以及设计的变更、项目参与方的利益冲突、项目所在国家或地区法律的变更及其他不可预料的人为因素的影响等,这些因素都会对工程项目的投资、进度、质量造成影响。鉴于这种复杂性,在建设工程项目实施前,项目参与方对项目的目标都应有充分的沟通,组成系统协作的项目管理团队,结合项目的特点选用最切合业主需求的项目管理模式实施项目。

附录 与公路改扩建有关的法律、条例及规范

附录1 《中华人民共和国安全生产法》与公路改扩建有关的条文

自2014年12月1日起施行的《中华人民共和国安全生产法》与公路改扩建有关的条文如下：

第三条 安全生产工作应当以人为本，坚持安全发展，坚持安全第一、预防为主、综合治理的方针，强化和落实生产经营单位的主体责任，建立生产经营单位负责、职工参与、政府监管、行业自律和社会监督的机制。

第五条 生产经营单位的主要负责人对本单位的安全生产工作全面负责。

第十七条 生产经营单位应当具备本法和有关法律、行政法规和国家标准或者行业标准规定的安全生产条件；不具备安全生产条件的，不得从事生产经营活动。

第十九条 生产经营单位的安全生产责任制应当明确各岗位的责任人员、责任范围和考核标准等内容。

生产经营单位应当建立相应的机制，加强对安全生产责任制落实情况的监督考核，保证安全生产责任制的落实。

第二十条 生产经营单位应当具备的安全生产条件所必需的资金投入，由生产经营单位的决策机构、主要负责人或者个人经营的投资人予以保证，并对由于安全生产所必需的资金投入不足导致的后果承担责任。

有关生产经营单位应当按照规定提取和使用安全生产费用，专门用于改善安全生产条件。安全生产费用在成本中据实列支。

第二十二条 生产经营单位的安全生产管理机构以及安全生产管理人员履行下列职责：

（一）组织或者参与拟订本单位安全生产规章制度、操作规程和生产安全事故应急救援预案；

（二）组织或者参与本单位安全生产教育和培训，如实记录安全生产教育和培训情况；

（三）督促落实本单位重大危险源的安全管理措施；

（四）组织或者参与本单位应急救援演练；

（五）检查本单位的安全生产状况，及时排查生产安全事故隐患，提出改进安全生产管理的建议；

（六）制止和纠正违章指挥、强令冒险作业、违反操作规程的行为；

（七）督促落实本单位安全生产整改措施。

第二十四条 生产经营单位的主要负责人和安全生产管理人员必须具备与本单位所从事的生产经营活动相应的安全生产知识和管理能力。

第二十五条 生产经营单位应当对从业人员进行安全生产教育和培训,保证从业人员具备必要的安全生产知识,熟悉有关的安全生产规章制度和安全操作规程,掌握本岗位的安全操作技能,了解事故应急处理措施,知悉自身在安全生产方面的权利和义务。未经安全生产教育和培训合格的从业人员,不得上岗作业。

第二十八条 生产经营单位新建、改建、扩建工程项目(以下统称建设项目)的安全设施,必须与主体工程同时设计、同时施工、同时投入生产和使用。安全设施投资应当纳入建设项目概算。

第三十二条 生产经营单位应当在有较大危险因素的生产经营场所和有关设施、设备上,设置明显的安全警示标志。

第三十八条 生产经营单位应当建立健全生产安全事故隐患排查治理制度,采取技术、管理措施,及时发现并消除事故隐患。事故隐患排查治理情况应当如实记录,并向从业人员通报。

第四十二条 生产经营单位必须为从业人员提供符合国家标准或者行业标准的劳动防护用品,并监督、教育从业人员按照使用规则佩戴、使用。

第四十三条 生产经营单位的安全生产管理人员应当根据本单位的生产经营特点,对安全生产状况进行经常性检查;对检查中发现的安全问题,应当立即处理;不能处理的,应当及时报告本单位有关负责人,有关负责人应当及时处理。检查及处理情况应当如实记录在案。

第四十四条 生产经营单位应当安排用于配备劳动防护用品、进行安全生产培训的经费。

第四十七条 生产经营单位发生生产安全事故时,单位的主要负责人应当立即组织抢救,并不得在事故调查处理期间擅离职守。

第五十四条 从业人员在作业过程中,应当严格遵守本单位的安全生产规章制度和操作规程,服从管理,正确佩戴和使用劳动防护用品。

第五十五条 从业人员应当接受安全生产教育和培训,掌握本职工作所需的安全生产知识,提高安全生产技能,增强事故预防和应急处理能力。

第五十六条 从业人员发现事故隐患或者其他不安全因素,应当立即向现场安全生产管理人员或者本单位负责人报告;接到报告的人员应当及时予以处理。

第八十条 生产经营单位发生生产安全事故后,事故现场有关人员应当立即报告本单位负责人。

单位负责人接到事故报告后,应当迅速采取有效措施,组织抢救,防止事故扩大,减少人员伤亡和财产损失,并按照国家有关规定立即如实报告当地负有安全生产监督管理职责的部门,不得隐瞒不报、谎报或者迟报,不得故意破坏事故现场、毁灭有关证据。

附录2 《中华人民共和国公路法》与公路改扩建有关的条文

自2017年11月4日修正的《中华人民共和国公路法》与公路改扩建有关的条文如下:

第三十二条 改建公路时,施工单位应当在施工路段两端设置明显的施工标志、安全标

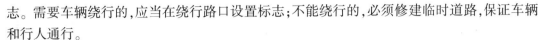

志。需要车辆绕行的,应当在绕行路口设置标志;不能绕行的,必须修建临时道路,保证车辆和行人通行。

第三十九条 为保障公路养护人员的人身安全,公路养护人员进行养护作业时,应当穿着统一的安全标志服;利用车辆进行养护作业时,应当在公路作业车辆上设置明显的作业标志。

公路养护车辆进行作业时,在不影响过往车辆通行的前提下,其行驶路线和方向不受公路标志、标线限制;过往车辆对公路养护车辆和人员应当注意避让。

第四十四条 任何单位和个人不得擅自占用、挖掘公路。

因修建铁路、机场、电站、通信设施、水利工程和进行其他建设工程需要占用、挖掘公路或者使公路改线的,建设单位应当事先征得有关交通主管部门的同意;影响交通安全的,还须征得有关公安机关的同意。占用、挖掘公路或者是公路改线的,建设单位应当按照不低于该段公路原有的技术标准予以修复、改建或者给予相应的经济补偿。

第四十五条 跨越、穿越公路修建桥梁、渡槽或者架设、埋设管线等设施的,以及在公路用地范围内架设、埋设管线、电缆等设施的,应当事先经有关交通主管部门同意,影响交通安全的,还须征得有关公安机关的同意;所修建、架设或者埋设的设施应当符合公路工程技术标准的要求。对公路造成损坏的,应当按照损坏程度给予补偿。

附录3 《中华人民共和国道路交通安全法》与公路改扩建有关的条文

自2011年5月1日起施行的《中华人民共和国道路交通安全法》与公路改扩建有关的条文如下:

第二十五条 全国实行统一的道路交通信号。

交通信号包括交通信号灯、交通标志、交通标线和交通警察的指挥。

交通信号灯、交通标志、交通标线的设置应当符合道路交通安全、畅通的要求和国家标准,并保持清晰、醒目、准确、完好。

第三十条 道路出现坍塌、坑槽、水毁、隆起等损毁或者交通信号灯、交通标志、交通标线等交通设施损毁、灭失的,道路、交通设施的养护部门或者管理部门应当设置警示标志并及时修复。

第三十二条 因工程建设需要占用、挖掘道路,或者跨越、穿越道路架设、增设管线设施,应当事先征得道路主管部门的同意;影响交通安全的,还应当征得公安机关交通管理部门的同意。

施工作业单位应当在经批准的路段和时间内施工作业,并在距离施工作业地点来车方向安全距离处设置明显的安全警示标志,采取防护措施;施工作业完毕,应当迅速清除道路上的障碍物,消除安全隐患,经道路主管部门和公安机关交通管理部门验收合格,符合通行要求后,方可恢复通行。

对未中断交通的施工作业道路,公安机关交通管理部门应当加强交通安全监督检查,维护道路交通秩序。

第四十条 遇有自然灾害、恶劣气象条件或者重大交通事故等严重影响交通安全的情形,采取其他措施难以保证交通安全时,公安机关交通管理部门可以实行交通管制。

第五十四条 道路养护车辆、工程作业车进行作业时,在不影响过往车辆通行的前提下,其行驶路线和方向不受交通标志、标线限制,过往车辆和人员应当注意避让。

附录4 《公路安全保护条例》与公路改扩建有关的条文

自2011年7月1日起施行的《公路安全保护条例》与公路改扩建有关的条文如下:

第十五条 新建、改建公路与既有城市道路、铁路、通信等线路交叉或者新建、改建城市道路、铁路、通信等线路与既有公路交叉的,建设费用由新建、改建单位承担;城市道路、铁路、通信等线路的管理部门、单位或者公路管理机构要求提高既有建设标准而增加的费用,由提出要求的部门或者单位承担。

第二十九条 建设单位应当按照许可的设计和施工方案进行施工作业,并落实保障公路、公路附属设施质量和安全的防护措施。

涉路施工完毕,公路管理机构应当对公路、公路附属设施是否达到规定的技术标准以及施工是否符合保障公路、公路附属设施质量和安全的要求进行验收;影响交通安全的,还应当经公安机关交通管理部门验收。

第五十条 公路管理机构应当统筹安排公路养护作业计划,避免集中进行公路养护作业造成交通堵塞。

在省、自治区、直辖市交界区域进行公路养护作业,可能造成交通堵塞的,有关公路管理机构、公安机关交通管理部门应当事先书面通报相邻的省、自治区、直辖市公路管理机构、公安机关交通管理部门,共同制定疏导预案,确定分流路线。

第五十一条 公路养护作业需要封闭公路的,或者占用半幅公路进行作业,作业路段长度在2公里以上,并且作业期限超过30日的,除紧急情况外,公路养护作业单位应当在作业开始之日前5日向社会公告,明确绕行路线,并在绕行处设置标志;不能绕行的,应当修建临时道路。

第五十二条 公路养护作业人员作业时,应当穿着统一的安全标志服。公路养护车辆、机械设备作业时,应当设置明显的作业标志,开启危险报警闪光灯。

附录5 《公路交通突发事件应急预案》与公路改扩建有关的条文

交公路发〔2009〕226号《公路交通突发事件应急预案》与公路改扩建有关的条文如下:

交通突发事件应急专项预案是交通运输部为应对某一类型或某几种类型公路交通突发事件而制定的专项应急预案,由交通运输部制定并公布实施。主要涉及公路气象灾害、水灾与地质灾害、地震灾害、重点物资运输、危险货物运输、重点交通枢纽的人员疏散、施工安全、特大桥梁安全事故、特长隧道安全事故、公共卫生事件、社会安全事件等方面。

地方公路交通突发事件应急预案是由省级、地市级、县级交通运输主管部门按照交通运输部制定的公路交通突发事件应急预案的要求,在上级交通运输主管部门的指导下,为及时应对辖区内发生的公路交通突发事件而制订的应急预案(包括专项预案)。

公路抢通小组:由公路局局长任组长,公路局分管副局长任副组长,公路局相关处室人员组成。负责组织公路抢修及保通工作,根据需要组织、协调跨省应急队伍调度和应急机械及物资调配;拟定跨省公路绕行方案并组织实施;负责协调社会力量参与公路抢通工作;拟定抢险救灾资金补助方案;承办应急领导小组交办的其他工作。

气象监测、预测、预警信息:各类气象灾害周期预警信息专报(包括主要气象灾害周期的天气类型、预计发生时间、预计持续时间、影响范围、预计强度等)和气象主管部门已发布的台风、暴雨、雪灾、大雾、道路积冰、沙尘暴预警信息。

重大恶性交通事故影响信息:重大恶性交通事故的原因、发生时间、发生地点、已造成道路中断、阻塞情况、已造成道路设施直接损失情况,预计处理恢复时间。

公路损毁、中断、阻塞信息和重要客运枢纽旅客滞留信息:

公路损毁、中断、阻塞的原因、发生时间、起止位置和桩号、预计恢复时间、已造成道路基础设施直接损失、已滞留和积压的车辆数量和排队长度、已采取的应急管理措施、绕行路线等。

重要客运枢纽车辆积压、旅客滞留的原因、发生时间、当前滞留人数和积压车辆数及其变化趋势、站内运力情况、应急运力储备与使用情况、已采取的应急管理措施等。

根据突发事件发生时对公路交通的影响和需要的运输能力分为四级预警,分别为Ⅰ级预警(特别严重预警)、Ⅱ级预警(严重预警)、Ⅲ级预警(较重预警)、Ⅳ级预警(一般预警),分别用红色、橙色、黄色和蓝色来表示(附表5-1)。交通运输部负责Ⅰ级预警的启动和发布,省、市、县交通运输主管部门负责Ⅱ级、Ⅲ级和Ⅳ级预警的启动和发布。

公路交通突发事件预警级别 附表5-1

预警级别	级别描述	颜色标示	事 件 情 形
Ⅰ级	特别严重	红色	• 因突发事件可能导致国家干线公路交通毁坏、中断、阻塞或者大量车辆积压、人员滞留,通行能力影响周边省份,抢修、处置时间预计在24小时以上时 • 因突发事件可能导致重要客运枢纽运行中断,造成大量旅客滞留,恢复运行及人员疏散预计在48小时以上时 • 发生因重要物资缺乏、价格大幅波动可能严重影响全国或者大片区经济整体运行和人民正常生活,超出省级交通运输主管部门运力组织能力时 • 其他可能需要由交通运输部提供应急保障时
Ⅱ级	严重	橙色	• 因突发事件可能导致国家干线公路交通毁坏、中断、阻塞或者大量车辆积压、人员滞留,抢修、处置时间预计在12小时以上时 • 因突发事件可能导致重要客运枢纽运行中断,造成大量旅客滞留,恢复运行及人员疏散预计在24小时以上时 • 发生因重要物资缺乏、价格大幅波动可能严重影响省域内经济整体运行和人民正常生活时 • 其他可能需要由省级交通运输主管部门提供应急保障时
Ⅲ级	较重	黄色	• Ⅲ级预警分级条件由省级交通运输主管部门负责参照Ⅰ级和Ⅱ级预警等级,结合地方特点确定
Ⅳ级	一般	蓝色	• Ⅳ级预警分级条件由省级交通运输主管部门负责参照Ⅰ级、Ⅱ级和Ⅲ级预警等级,结合地方特点确定

预警启动程序：

公路交通突发事件Ⅰ级预警时，交通运输部按如下程序启动预警：

(1) 路网中心提出公路交通突发事件Ⅰ级预警状态启动建议；

(2) 应急领导小组在 2 小时内决定是否启动Ⅰ级公路交通突发事件预警，如同意启动，则正式签发Ⅰ级预警启动文件，并向国务院应急管理部门报告，交通运输部各应急工作组进入待命状态；

(3) Ⅰ级预警启动文件签发后 1 小时内，由路网中心负责向相关省级公路交通应急管理机构下发，并电话确认接收；

(4) 根据情况需要，由应急领导小组决定此次Ⅰ级预警是否需面向社会发布，如需要，在 12 小时内联系此次预警相关应急协作部门联合签发；

(5) 已经联合签发的Ⅰ级预警文件由新闻宣传小组联系新闻媒体，面向社会公布；

(6) 路网中心立即开展应急监测和预警信息专项报送工作，随时掌握并报告事态进展情况，形成突发事件动态日报制度，并根据应急领导小组要求增加预警报告频率；

(7) 交通运输部各应急工作组开展应急筹备工作，公路抢通组和运输保障组开展应急物资的征用准备。

Ⅱ、Ⅲ、Ⅳ级预警启动程序由各级地方交通运输主管部门参考Ⅰ级预警启动程序，结合当地特点，自行编制；在预警过程中，如发现事态扩大，超过本级预警条件或本级交通运输主管部门处置能力，应及时上报上一级交通运输主管部门，建议提高预警等级。

预警终止程序：

Ⅰ级预警降级或撤销情况下，交通运输部采取如下预警终止程序：

(1) 路网中心根据预警监测追踪信息，确认预警涉及的公路交通突发事件已不满足Ⅰ级预警启动标准，需降级转化或撤销时，向应急领导小组提出Ⅰ级预警状态终止建议；

(2) 应急领导小组在同意终止后，正式签发Ⅰ级预警终止文件，明确提出预警后续处理意见，并在 24 小时内向国务院上报预警终止文件，交通运输部各应急工作组自行撤销；

(3) 如预警降级为Ⅱ级，路网中心负责在 1 小时内通知Ⅱ预警涉及的省级交通运输部门，省级交通运输主管部门在 12 小时内启动预警程序，并向路网中心报送已正式签发的Ⅱ预警启动文件；

(4) 如预警降级为Ⅲ或Ⅳ级，路网中心负责通知预警涉及的省级交通运输主管部门，由省级交通运输主管部门组织涉及的市或县启动预警；

(5) 如预警直接撤销，路网中心负责在 24 小时内向预警启动文件中所列部门和单位发送预警终止文件；

(6) Ⅱ、Ⅲ、Ⅳ级预警终止程序由各级地方交通运输主管部门参考Ⅰ级预警终止程序，结合当地特点，自行编制；

Ⅰ级预警在所对应的应急响应启动后，预警终止时间与应急响应终止时间一致，不再单独启动预警终止程序。

信息发布：

(1) 特别重大公路交通突发事件信息发布由路网中心负责。其他公路交通突发事件发布由各级公路交通应急管理机构负责。

(2)发布渠道包括内部业务系统、交通运输部网站和路网中心管理的服务网站以及经交通运输部授权的各媒体。

(3)公路交通突发事件相关信息发布应当加强同新闻宣传小组的协调和沟通,及时提供各类相关信息。

各级交通运输主管部门按照"平急结合、因地制宜,分类建设,分级负责,统一指挥、协调运转"的原则建立公路交通突发事件应急队伍。

应急物资包括公路抢通物资和救援物资两类。公路抢通物资主要包括沥青、碎石、砂石、水泥、钢桥、钢板、木材、编织袋、融雪剂、防滑料、吸油材料等;救援物资包括方便食品、饮水、防护衣物及装备、医药、照明、帐篷、燃料、安全标志、车辆防护器材及常用维修工具、应急救援车辆等。

地方交通运输主管部门应采取社会租赁和购置相结合的方式,储备一定数量的机械,如挖掘机、装载机、平地机、撒布机、汽车起重机、清雪车、平板拖车、运油车、发电机和大功率移动式水泵等。

各级公路交通应急平台根据公路交通领域突发公共事件信息的接报处理、跟踪反馈和应急处置等应急管理需要,实现与上下级公路交通应急平台的互联互通,具有风险隐患监测、综合预测预警、信息接报与发布、综合研判、辅助决策、指挥调度、异地会商、应急保障、应急评估、模拟演练和综合业务管理等功能,并能够及时向上级公路交通应急平台提供数据、图像、资料等。

附录6 《公路养护技术规范》(JTG H10—2009)与公路改扩建有关的条文

在公路改扩建期间,施工作业的安全规定参照公路养护的作业安全规定执行,中华人民共和国行业标准《公路养护技术规范》与公路改扩建有关的条文如下:

8.5.3 应急预案的主要内容应包括:组织领导体系;应急抢救队伍;人财物及资金的保障;信息报告制度;临时交通组织方案;抢救工程措施等。

8.5.5 当公路及其沿线设施发生因自然或人为因素造成严重损坏影响交通或造成人身伤害的重特大突发事件时,应积极采取应急措施,避免灾害扩大,做好灾后工程修复工作。

11.1 公路养护作业安全的一般规定

11.1.1 公路养护维修作业必须保障养护维修作业人员和设备的安全,以及车辆的安全运行。在进行养护维修作业前,应制定安全保障方案。

11.1.2 公路养护维修作业单位应建立安全管理制度,实施对养护维修作业人员的安全培训和教育。养护维修作业人员必须接受安全技术教育,遵守各项安全技术操作规程。

11.1.3 公路养护维修作业单位或经营单位应加强养护维修作业安全的管理。各级公路管理机构应加强对养护维修作业安全的监督和检查。

11.1.4 养护维修作业的安全设施在未完成养护维修作业之前应保持完好,任何人不得随意撤除或改变安全设施的位置,扩大或缩小控制区范围,以保证养护维修作业控制区的安全。

11.2 养护作业安全

11.2.1 凡在公路上进行养护维修作业和管理的人员必须穿着带有反光标志的橘红色工作服装。

11.2.2 公路路面养护维修作业应按作业控制区交通控制标准设置相关的渠化装置和标志,必要时应指派专人负责维持交通。在可能发生山体滑坡、塌方、泥石流及高路堤、陡边坡等路段养护维修作业,必要时应设专人观察险情,严防安全事故发生。

11.2.3 养护维修作业人员应在控制区内作业和活动,养护机械或材料不得堆放于控制区外。

11.2.4 公路桥梁、涵洞、隧道养护现场,应专门设置养护维修作业的交通标志。在桥梁栏杆外侧和桥梁墩台进行养护维修作业时,必须设置有效的安全防护设施,作业人员必须系安全带。

11.2.5 在隧道内进行养护作业时,除遵守第 11.1.4、11.2.3 条规定外,还应遵守以下规定:

(1)养护施工路段内的照明应满足要求,并设置必要的安全设施。
(2)注意观察和控制隧道内的有害气体浓度,做好通风工作。
(3)隧道内禁止存放易燃易爆物品,严禁烟火。
(4)电子设施等对维护安全有特别要求的,应按相关安全规程执行。

11.2.6 特殊条件下的养护维修作业应符合下列要求:

(1)高温季节实施养护作业,应按劳动保护规定,采取防暑降温措施,并适当调整作息时间,尽量避开高温时段。
(2)冬季养护维修作业时应采取保温防冻等安全防护措施,除雪作业时应加强交通管制,并对作业人员、作业机械加强防滑措施。
(3)雨季养护维修作业应做好防洪排涝工作,加强防水、防漏电、防滑、防坍塌等措施。如遇暴风雨应停止作业。
(4)大雾天不宜进行养护维修作业,当必须进行抢修作业时,应采取封闭交通,并在安全设施上设置黄色施工警告灯号等安全设施。
(5)夜间养护维修作业,现场必须设置符合操作要求的照明设备。

11.2.7 山区养护维修作业时,应遵守下列规定:

(1)在视距条件较差或坡度较大的路段进行养护维修作业,必要时应设专人指挥交通,作业控制区应增加有关交通安全设施。
(2)控制区的施工标志应与急弯标志、反向标志或连续弯标志等并列设置。
(3)在同一弯道不得同时设置两个或两个以上养护维修作业控制区。
(4)养护维修作业人员在作业时应戴安全帽。

11.2.8 清扫、绿化养护及道路检测作业,应遵守下列规定:

(1)严禁在能见度差(如夜间无照明设施、大雾天)的条件下进行人工清扫。
(2)高速公路和一级公路路面清扫应以路面清扫车进行机械清扫为主,二级及二级以下公路路面清扫可以机械清扫和人工清扫相结合,当进行人工清扫路面时,应采取安全防护措施。
(3)凡需占用车道进行绿化作业时,必须按作业控制区布置要求设置有关标志。

(4) 高速公路、一级公路中央分隔带、边坡绿化浇水作业时,浇水车辆尾部应安装发光可变标志或按移动养护维修作业控制区布置。

(5) 道路检测车、路面清扫车、护栏清洗车等在高速公路、一级公路进行道路性能检测和作业时。凡行进速度低于50km/h时,应按临时定点或移动养护维修作业控制区布置,或在设备尾部安装发光可变标志。

11.2.9 加强养护维修机具的操作安全防范和维修保养。养护机械的操作、维修和保养按有关规定执行。

11.2.10 养护维修作业控制区由警告区、上游过渡区、缓冲区、工作区、下游过渡区和终止区组成。

各项养护维修作业控制区的布置位置和长度应保证公路养护维修作业人员、设备和过往车辆的安全。

11.2.11 养护维修作业安全设施的设置与撤除应遵守以下程序:当进行养护维修作业时,应顺着交通流方向设置安全设施;当作业完成后,应逆着交通流方向撤除为养护维修作业而设置的有关安全设施,恢复正常交通。

相关条文的说明如下:

11.1.1 本条规定必须规范公路养护维修工程的安全管理和作业行为,保障养护维修作业人员、设备安全和过往车辆运行安全,保证车辆能够安全、顺畅通过养护维修作业控制区域,制订必要的安全保障方案。

11.1.2~11.1.4 在开放交通条件下进行养护维修作业,既有养护维修作业操作时的安全问题,又有交通安全问题,因此应针对这两方面的安全问题做好安全防护工作。公路养护维修作业施工单位、公路经营单位和公路管理机构在安全防护方面有不同的职责要求,必须履行相应的职责,共同做好安全防护工作。

11.2.10 公路养护维修作业控制区为公路养护维修作业所设置的交通管理区域,分为警告区、上游过渡区、缓冲区、工作区、下游过渡区和终止区等6个区域。

(1) 在作业控制区的6个分区中,警告区是最重要的一个分区。

警告区是从作业控制区起点设置的施工标志到上游过渡区之间的路段,从最前面的施工标志开始到工作区的第一个渠化装置为止,用以警告车辆驾驶员已经进入养护维修作业路段,按交通标志调整行车状态。

警告区长度应保证车辆驾驶员在到达工作区之前,有足够的时间改变行车状态。

警告区最小长度是保证驶入警告区的车辆减速至工作区规定的限速所需要的警告区路段的最短长度。

(2) 当工作区包含了一条或多条车道时,就需要封闭工作区所包含的车道。为了防止车流在改变车道时发生突变,需要设置一个改变车道的过渡区,以使车流的变化缓和平稳。

过渡区一般有两种:上游过渡区和下游过渡区。

上游过渡区是保证车辆平稳地从封闭车道上游横向过渡到缓冲区旁边非封闭车道的路段。

下游过渡区是保证车辆平稳地从工作区旁边的车道横向过渡到正常车道的路段。若下游过渡区设置得当,将有利于交通流的平稳,下游过渡区的长度只要保证车辆有足够的路程来调整行车状态即可,一般可按30m取值。

在利用对向车道来转移本方向车流的情况下,本方向车道的下游过渡区实际上就是对向车道的上游过渡区,因此其设置要求与上游过渡区相同。

(3)缓冲区是上游过渡区和工作区之间的一个路段,其设置主要考虑假设行车驾驶员判断失误,有可能直接从过渡区闯入工作区,造成人员伤害和设备的损坏。设置缓冲区可以提供一个缓冲路段,给失误车辆有调整行车状态的余地,避免发生严重的事故。在缓冲区内一般不准堆放东西,也不准养护维修作业人员在其中活动或工作。为了更有效地保护养护维修作业人员,在过渡区与缓冲区之间,可以设置防冲撞装置,以加强防护作用。

(4)工作区是养护维修作业的施工操作区域。这是养护维修作业的工作场所,也是养护维修作业人员工作、堆放建筑材料、停放施工设备的地方。为了保证安全,在工作区与开放交通的车道之间要有明确的隔离装置。工作区的长度一般根据养护维修作业或施工的需要而定。工作区的布置,还应考虑为工程车辆提供安全的进口和出口。

(5)终止区是设置于工作区下游调整车辆行车状态的路段。其设置目的是为通过或绕过养护维修作业地段的车辆提供一个调整行车状态的路段。在终止区的末端应设置有关解除限速或超车的交通标志,这样可使驾驶员明白已经通过了养护维修作业地段,并恢复正常的行车状态。

11.2.11 根据养护维修作业的情况,为养护维修作业而临时设置的交通标志,主要有警告标志、禁令标志、指示标志和施工区标志。交通标志的设置,除应符合现行《道路交通标志和标线》规定外,在养护维修作业时,还应根据具体情况设置于专门的位置,并尽可能利用公路可变信息板,配以图案或文字说明。在弯道、纵坡处进行养护维修作业时,应根据实际情况增设交通标志。

当工作区在道路右侧时,交通标志宜设在车道右侧或工作区上游车道上。当工作区在道路靠中央分隔带一侧时,交通标志宜设在中央分隔带护栏外侧或绿化带上。

公路养护安全设施的设置应按顺交通流方向设置;撤除时应按逆交通流方向撤除。

附录7 《公路养护安全作业规程》(JTG H30—2015)与公路改扩建有关的条文

在公路改扩建期间,施工作业的安全规定参照公路养护的作业安全规定执行,中华人民共和国行业标准《公路养护安全作业规程》(JTG H30—2015)与公路改扩建有关的条文如下:

基本规定:

3.0.9 养护作业人员应按有关规定穿着反光服、佩戴安全帽。交通引导人员尚应符合下列规定:

(1)交通引导人员应面向来车方向,站在可视性良好的非行车区域内。

(2)高速公路及一级公路养护作业时,交通引导人员宜站在警告区非行车区域内。

3.0.10 公路养护作业人员必须在作业控制区内进行养护作业。人员上下作业车辆或装卸物资必须在工作区内进行。

3.0.11 过渡区内不得堆放材料、设备或停放车辆。摆放的作业机械、车辆和堆放的施工材料不得侵占作业控制区外的空间,也不得危及桥梁、隧道等结构物的安全。

3.0.12 公路养护安全设施在使用期间应定期检查维护,保持设施完好并能正常使用。用于夜间养护作业的安全设施必须具有反光性或发光性。

3.0.13 夜间进行养护作业应布设照明设施和警示频闪灯,并应加强养护作业的现场管理。

3.0.14 安全设施布设顺序应从警告区开始,向终止区推进,确保已摆放的安全设施清晰可见;移出顺序应与布设顺序相反,但警告区标志的移除顺序应与布设顺序相同。

3.0.15 公路检测宜根据作业时间按相应的养护作业类型布置控制区,并应加强现场检测作业管理。

公路养护作业控制区:

4.0.1 公路养护作业控制区应按警告区、上游过渡区、纵向缓冲区、工作区、下游过渡区和终止区的顺序依次布置,养护作业控制区示例见附图7-1和附图7-2。

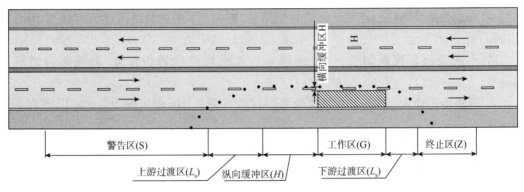

附图7-1 封闭车道养护作业控制区

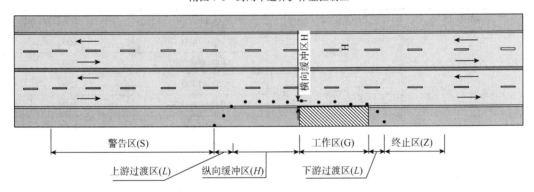

附图7-2 封闭路肩养护作业控制区

4.0.3 养护作业控制区限速应符合下列规定:

(1)限速过程应在警告区内完成。

(2)限速应采用逐级限速或重复提示限速方法。逐级限速宜每100m降低10km/h。相邻限速标志间距不宜小于200m。

(3)最终限速值不应大于附表7-1的规定。当最终限速值对应的预留行车宽度不符合要求时,应降低最终限速值。

公路养护作业限速值 附表7-1

设计速度(km/h)	限速值(km/h)	预留行车宽度(m)
120	80	3.75
100	60	3.50
80	40	3.50

续上表

设计速度(km/h)	限速值(km/h)	预留行车宽度(m)
60	30	3.25
40	30	3.25
30	20	3.00
20	20	3.00

(4)高速公路及一级公路封闭路肩养护作业,附表7-1中的最终限速值可提高10km/h或20km/h。

(5)不满足超车视距的二、三级公路弯道或纵坡路段养护作业,最终限速值宜取20km/h。

(6)隧道养护作业,附表7-1中的最终限速值可降低10km/h或20km/h,但不宜小于20km/h。

4.0.4 警告区最小长度应符合附表7-2和附表7-3的规定。当交通量Q超出表中范围时,宜采取分流措施。

高速公路及一级公路警告区最小长度 附表7-2

公路等级	设计速度(km/h)	交通量Q[pcu/(h·ln)]	警告区最小长度(m)
高速公路	120	Q≤1400	1600
		1400<Q≤1800	2000
	100	Q≤1400	1500
		1400<Q≤1800	1800
	80	Q≤1400	1200
		1400<Q≤1800	1600
一级公路	100、80、60	Q≤1400	1000
		1400<Q≤1800	1500

二、三、四级公路警告区最小长度 附表7-3

设计速度(km/h)	平曲线半径(m)	下坡坡度(%)	交通量Q[pcu/(h·ln)]	警告区最小长度(m)	
				封闭路肩双向通行	封闭车道交替通行
80、60	≤200	0~3	Q≤300	600	800
			300<Q≤700		1000
		>3	Q≤300	800	1000
			300<Q≤700		1200
	>200	0~3	Q≤300	400	600
			300<Q≤700		800
		>3	Q≤300	600	800
			300<Q≤700		1000

续上表

设计速度 (km/h)	平曲线半径 (m)	下坡坡度 (%)	交通量 Q [pcu/(h·ln)]	警告区最小长度(m)	
				封闭路肩双向通行	封闭车道交替通行
40、30	≤100	0~4	Q≤300	400	500
			300<Q≤700		700
		>4	Q≤300	500	600
			300<Q≤700		800
	>100	0~4	Q≤300	300	400
			300<Q≤700		600
		>4	Q≤300	400	500
			300<Q≤700		700
20	—			200	

4.0.5 封闭车道养护作业的上游过渡区最小长度值应符合的规定,封闭路肩养护作业的上游过渡区长度不应小于附表 7-4 中数值的 1/3。

封闭车道上游过渡区最小长度　　　　　　　　　　　　附表 7-4

最终限速值 (km/h)	封闭车道宽度(m)			
	3.0	3.25	3.5	3.75
80	150	160	170	190
70	120	130	140	160
60	80	90	100	120
50	70	80	90	100
40	30	35	40	50
30	20	25	30	
20	20			

4.0.6 缓冲区可分为纵向缓冲区和横向缓冲区,应符合下列规定:

(1)纵向缓冲区的最小长度应符合附表 7-5 的规定。当工作区位于下坡路段时,纵向缓冲区的最小长度应适当延长。

(2)在保障行车道宽度的前提下,工作区和纵向缓冲区与非封闭车道之间宜布置横向缓冲区,其宽度不宜大于 0.5m。

纵向缓冲区最小长度　　　　　　　　　　　　附表 7-5

最终限速值 (km/h)	不同下坡坡度的纵向缓冲区最小长度(m)	
	≤3%	>3%
80	120	150
70	100	120
60	80	100

续上表

最终限速值（km/h）	不同下坡坡度的纵向缓冲区最小长度(m)	
	≤3%	>3%
50	60	80
40	50	
30、20	30	

4.0.7 工作区长度应符合下列规定：

（1）除借用对向车道通行的高速公路及一级公路养护作业外，工作区的最大长度不宜超过4km。

（2）借用对向车道通行的高速公路及一级公路养护作业，工作区的长度应根据中央分隔带开口间距和实际养护作业而定，工作区的最大长度不宜超过6km。当中央分隔带开口间距大于3km时，工作区的最大长度应为一个中央分隔带开口间距。

4.0.8 下游过渡区的长度不宜小于30m。

4.0.9 终止区的长度不宜小于30m。

公路养护安全设施：

5.0.1 公路养护安全设施包括临时标志、临时标线和其他安全设施，各类安全设施应组合使用，典型安全设施示例见附录A。

5.0.2 临时标志应包括施Ｉ标志、限速标志等（附表7-6），其使用应符合下列规定：

（1）施Ｉ标志宜布设在警告区起点。

（2）限速标志宜布设在警告区的不同断面处。

（3）解除限速标志宜布设在终止区末端。

（4）"重车靠右停靠区"标志应用于控制大型载重汽车在特大、大桥和特殊结构桥梁上的通行。

5.0.3 临时标线应包括渠化交通标线和导向交通标线（附表7-7）。渠化交通标线应为橙色虚、实线；导向交通标线应为醒目的橙色实线。

5.0.4 其他安全设施可包括车道渠化设施、夜间照明设施、语音提示设施、闪光设施、临时交通控制信号设施、移动式标志车、移动式护栏和车载式防撞垫等，见附表7-8。

5.0.5 车道渠化设施可包括交通锥、防撞桶、水马、防撞墙、隔离墩、附设警示灯的路栏等（表FL7.8），其使用应符合下列规定：

（1）交通锥形状、颜色和尺寸应符合现行《道路交通标志和标线》（GB 5768）的有关规定，布设在上游过渡区、缓冲区、工作区和下游过渡区。布设间距不宜大于10m，其中上游过渡区和工作区布设间距不宜大于4m。

（2）防撞桶颜色应为黄、黑相间，顶部可附设警示灯，可用于三级及三级以上公路下坡路段养护作业，宜布设在工作区或上游过渡区与缓冲区之间，使用前应灌水，灌水量不应小于其内部容积的90%。在冰冻季节，可采用灌砂的方法，灌砂量不应小于其内部容积的90%。

（3）水马颜色应为橙色或红色，高度不得小于40cm，可用于三级及三级以上公路下坡路段养护作业，宜布设在工作区或上游过渡区与缓冲区之间使用前应灌水，灌水量不应小于其内部容积的 90%。冰冻季节,可采用灌砂的方法,灌砂量不应小于其内部容积的 90%。

（4）防撞墙和施工隔离墩颜色应为黄、黑相间,可用于三级及三级以上公路上坡路段养护作业,宜布设在工作区或上游过渡区与缓冲区之间,并宜组合使用。

（5）附设警示灯的路栏颜色应为黄、黑相间,宜布设在工作区或上游过渡区与缓冲区之间。

5.0.6 照明设施和语音提示设施(附表 7-8)可用于夜间养护作业,其使用应符合下列规定：

（1）照明设施应布设在工作区侧面,照明方向应背对非封闭车道。

（2）语音提示设施宜根据需要布设在远离居民生活区的养护作业控制区。

5.0.7 闪光设施可包括闪光箭头、警示频闪灯和车辆闪光灯(附表 7-8)。闪光箭头宜布设在上游过渡区；警示频闪灯宜布设在需加强警示的区域,宜为黄蓝相间的警示频闪灯；车辆闪光灯应为 360°旋转黄闪灯,可用于养护作业车辆或移动式标志车。

5.0.8 临时交通控制信号设施灯光颜色应为红、绿两种(附表 7-8),可交替发光,可用于双向交替通行的养护作业,宜布设在上游过渡区和下游过渡区。

5.0.9 移动式标志车颜色应为黄色,顶部应安装黄色警示灯,后部应安装标志灯牌(表 FL7.8),可用于临时养护作业或移动养护作业。

5.0.10 移动式护栏(附表 7-8)应符合现行《公路交通安全设施设计规范》(JTG D81)中的有关防护等级规定,可用于三级及三级以上公路下坡路段养护作业。

附录 A 公路养护安全设施图表

临 时 标 志　　　　　　　　　　附表 7-6

标志名称	编码	标志图案	备注
施工标志	A-1-1		按国标的样式及尺寸
施工距离标志	A-1-2	XXmm	尺寸参照 A-1-1,距离宜取警告区长度
施工长度标志	A-1-3	长度XXmm	尺寸参照 A-1-1,长度宜取缓冲区长度与工作区长度之和

续上表

标志名称	编码	标志图案	备注
慢行标志	A-1-4		橙底黑图案,样式及尺寸按国标执行
车道数减少标志	A-1-5		橙底黑图案,样式及尺寸按国标执行
改道标志	A-1-6		尺寸参照 A-1-1
导向标志	A-1-7		橙底黑图案,样式及尺寸按国标执行
出口指示标志	A-1-8		按国标的样式及尺寸
重车靠右行驶标志	A-1-9		长×宽=1200mm×400mm
重车靠右停靠区标志	A-1-10		长×宽=1200mm×400mm
限速标志	A-1-11		按国标的样式及尺寸

续上表

标志名称	编码	标志图案	备注
解除限速标志	A-1-12		按国标的样式及尺寸
禁止超车标志	A-1-13		按国标的样式及尺寸
解除禁止超车标志	A-1-14		按国标的样式及尺寸
减速让行标志	A-1-15		按国标的样式及尺寸

注：国标指现行《道路交通标志和标线》(GB 5768)。

临时标线　　　　　　　　　　　　　　　　　　附表 7-7

标志名称	编码	标志图案	备注
渠化交通标线	A-2-1		按国标的样式及尺寸
导向交通标线	A-2-2		按国标的样式及尺寸

其他安全设施　　　　　　　　　　　　　　　　附表 7-8

标志名称	编码	标志图案	备注
交通锥	A-3-1		按国标的样式及尺寸

续上表

标志名称	编码	标志图案	备 注
带警示灯的交通锥	A-3-2		按国标的样式及尺寸
防撞桶	A-3-3		长×宽×高 = 900mm×540mm×900mm
防撞墙	A-3-4		长×宽×高 = 1500mm×548mm×900mm
隔离墩	A-3-5		长×宽×高 = 500mm×400mm×500mm，连接使用
附设警示灯的路栏	A-3-6		按国标的样式及尺寸

续上表

标志名称	编码	标志图案	备注
水马	A-3-7	或	红色或橙色等鲜明颜色，高度不低于40cm
夜间照明设施	A-3-8		灯光照射半径≥30m
夜间语音提示设施	A-3-9		录音喇叭
闪光箭头	A-3-10		长×宽=1200mm×400mm，蓝黑底，黄色箭头
警示频闪灯	A-3-11		黄色、蓝色相间闪光，可视距离≥150m
车辆闪光灯	A-3-12		360°旋转黄闪灯
临时交通控制信号设施	A-3-13		间隔放行使用

续上表

标志名称	编码	标志图案	备注
移动式标志车	A-3-14	大1950mm 小1600mm 微1250mm / 大800mm 小600mm 微400mm / 公路 / 或	闪光箭头为黄色或肉黄色
移动式护栏	A-3-15		空心钢结构 2m/组
车载式防撞垫	A-3-16		依车型而定

注：国标指现行《道路交通标志和标线》(GB 5768)。

高速公路及一级公路养护作业控制区布置：
一般规定：

6.1.2 养护作业控制区两侧应差异化布设安全设施，并应符合下列规定：

（1）车道养护作业时，在封闭车道一侧的警告区应布设施工标志和限速标志，在非封闭车道一侧的警告区应布设施工标志，并宜布设警示频闪灯。八车道及以上公路，在非封闭车道一侧的警告区尚应增设限速标志。

（2）路肩养护作业时，在封闭路肩一侧的警告区应布设施工标志和限速标志，在另一侧仅在警告区起点布设施工标志。

6.1.3 同一行车方向不同断面同时进行养护作业时，相邻两个工作区净距不宜小于5km。

6.1.4 封闭车道养护作业控制区与被借用车道上的养护作业控制区净距不宜小于10km。

6.1.5 养护作业控制区应设置工程车辆专门的出、入口，并宜设在顺行车方向的下游过渡区内。当工程车辆需经上游过渡区或工作区进入时，应布设警告标志并配备交通引导人员。

养护作业控制区布置：

6.2.1 四车道公路封闭车道或封闭路肩的养护作业，以设计速度100km/h为例，作业控制区布置示例见附图7-3～附图7-5。

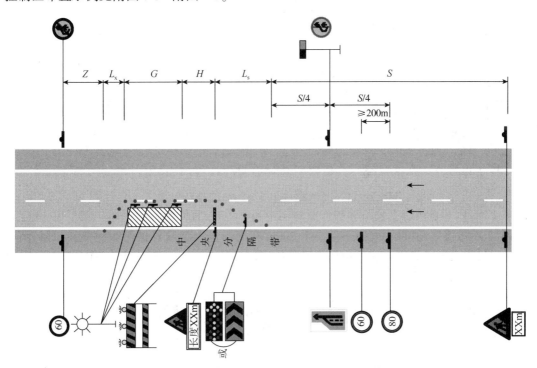

附图7-3 四车道高速公路及一级公路封闭内侧车道养护作业

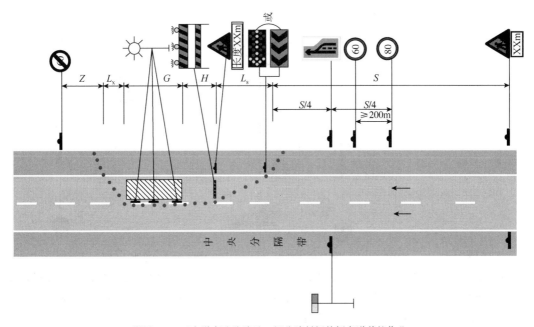

附图7-4 四车道高速公路及一级公路封闭外侧车道养护作业

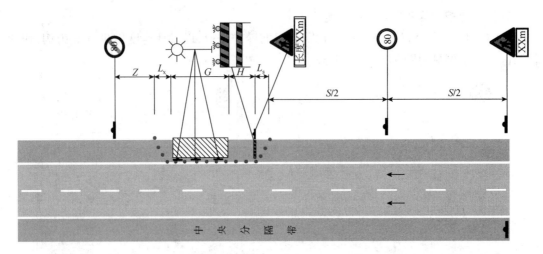

附图 7-5 四车道高速公路及一级公路封闭路肩养护作业

6.2.2 六车道及以上公路养护作业封闭中间车道时,宜同时封闭相邻一侧车道,并应布置两个上游过渡区,其最小间距不应小于 200m。在交通量大路段养护作业,不能同时封闭相邻车道时,宜采取必要措施加强现场交通管控。以设计速度 120km/h 为例,作业控制区布置示例见附图 7-6、附图 7-7。

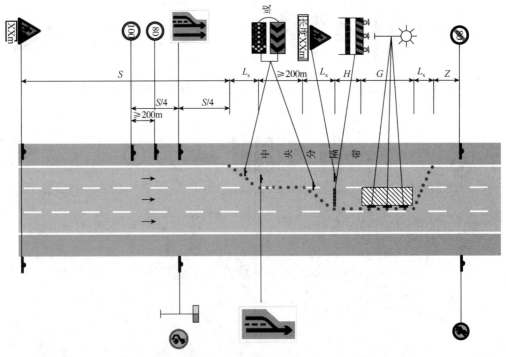

附图 7-6 六车道高速公路及一级公路封闭内侧车道养护作业

6.2.3 借用对向车道通行的养护作业,应结合中央分隔带开口位置,利用靠近养护作业一侧的车道通行,双向车道都应布置作业控制区。借用车道双向通行分隔宜采用带有链接的车道渠化设施,并应在前一出口或平面交叉口布设长大车辆绕行标志。以设计速度 100km/h 为例,作业控制区布置示例见附图 7-8。

附录　与公路改扩建有关的法律、条例及规范

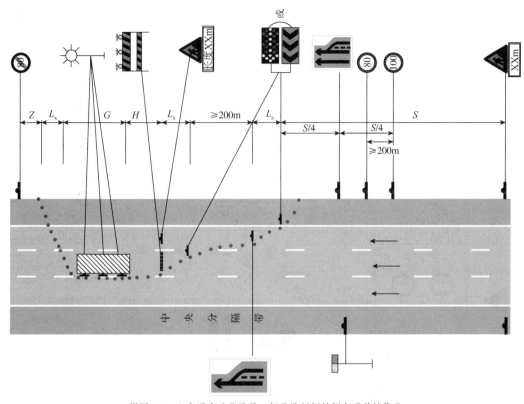

附图 7-7　六车道高速公路及一级公路封闭外侧车道养护作业

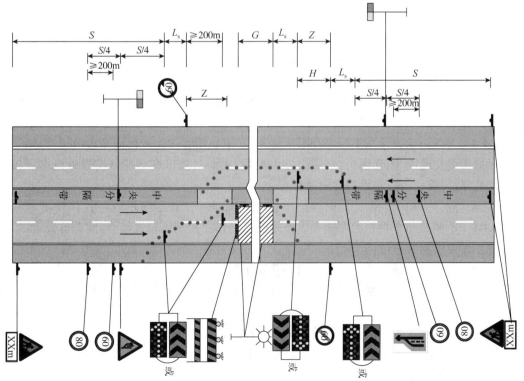

附图 7-8　借用对向车道通行的高速公路及一级公路养护作业

6.2.4 立交出、入口匝道附近及匝道上养护作业控制区布置,应根据工作区在匝道上的具体位置而定。匝道养护作业警告区长度不宜小于300m。当匝道长度小于警告区最小长度时,作业控制区最前端的交通标志应布设在匝道入口处。以设计速度100km/h为例,作业控制区布置示例见附图7-9~附图7-12。

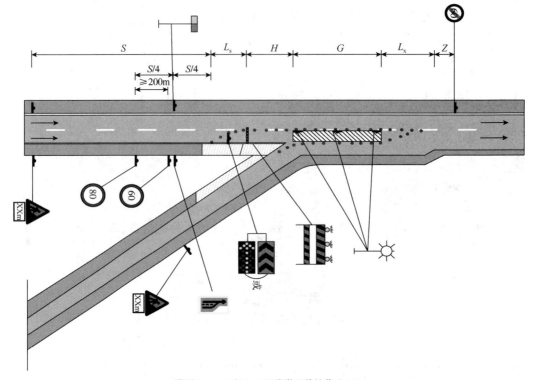

附图7-9 立交入口匝道附近养护作业(1)

二、三级公路养护作业控制区布置:

7.1.2 二、三级公路车道养护作业时,本向应布置警告区、上游过渡区、缓冲区、工作区、下游过渡区和终止区,对向应布置警告区和终止区。

7.1.3 警告区应布设施工标志及限速标志,车道封闭养护作业尚应布设改道标志;上游过渡区应布设交通锥、闪光箭头、交通引导人员等;上游过渡区和缓冲区交界处应布设附设警示灯的路栏;终止区应布设解除限速标志。

7.1.4 同一方向不同断面同时养护作业时,相邻两个工作区净距不应小于3km。

7.1.5 不满足超车视距的弯道或纵坡路段养护作业控制区布置,应提前布置警告区。

养护作业控制区布置:

7.2.1 双向交替通行路段养护作业,除布设必要的安全设施外,尚应配备交通引导人员,也可布设临时交通控制信号设施。以设计速度80km/h为例,作业控制区布置示例见附图7-13。

7.2.2 路肩施工保持双向通行路段的养护作业控制区布置应符合下列规定:

(1)紧靠路肩的预留车道宽度应满足表12.11.2中的规定;当不满足规定时,应按封闭车道养护作业控制区布置。

附录 与公路改扩建有关的法律、条例及规范

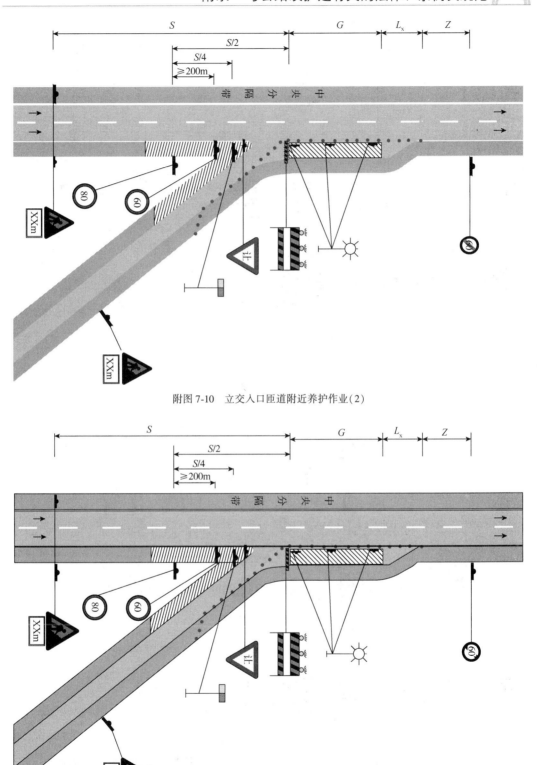

附图 7-10 立交入口匝道附近养护作业（2）

附图 7-11 立交出口匝道附近养护作业（1）

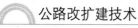

附图7-12 立交出口匝道附近养护作业(2)

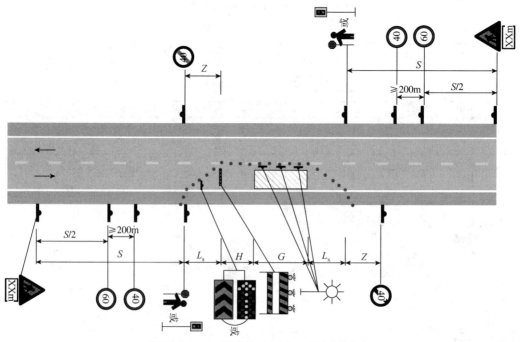

附图7-13 二、三级公路双向交替通行的养护作业

(2)警告区可仅布设一块限速标志,工作区作业车辆上应配备警示频闪灯或反光标志。

(3)布设移动式标志车时,可不布置上游过渡区。

以设计速度80km/h为例,作业控制区布置示例见附图7-14。

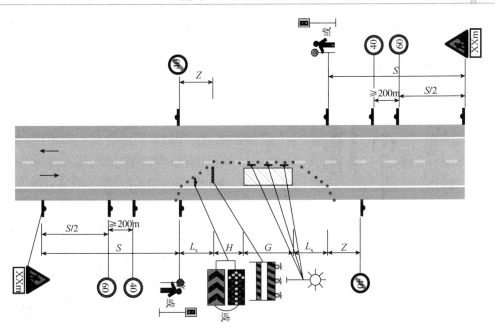

附图 7-14　二、三级公路双向通行的养护作业

7.2.3 全封闭路段养护作业,应采取分流措施或修筑临时交通便道。修筑临时交通便道的作业控制区布置应符合下列规定:

(1)控制区内应布设附设警示灯的路栏。

(2)作业车辆应配备警示灯或反光标志。

(3)临时修建的交通便道,宜施划临时标线,可设置交通安全设施。

以设计速度 60km/h 为例,作业控制区布置示例见附图 7-15。

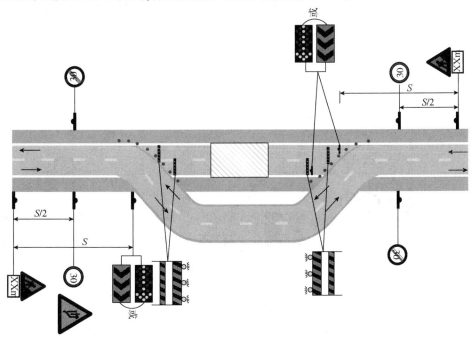

附图 7-15　二、三级公路便道双向通行的养护作业

7.2.4 弯道路段养护作业,应根据工作区与弯道的相对位置关系确定养护作业控制区布置方法。

(1)弯道路段养护作业,工作区在弯道前,下游过渡区宜布置在弯道后的直线段;工作区在弯道后,上游过渡区宜布置在弯道前的直线段。以设计速度60km/h为例,作业控制区布置示例见附图7-16~附图7-19。

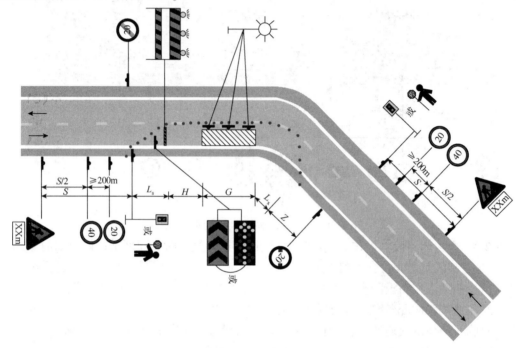

附图7-16　二、三级公路双向交替通行的弯道路段弯道前养护作业

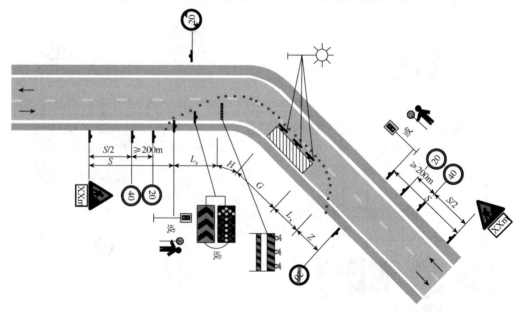

附图7-17　二、三级公路双向交替通行的弯道路段弯道后养护作业

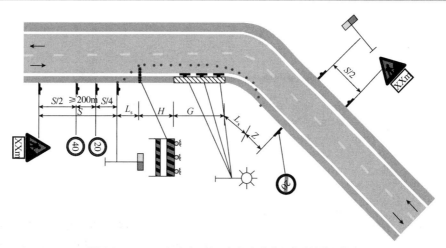

附图 7-18 二、三级公路双向通行的弯道路段弯道前养护作业

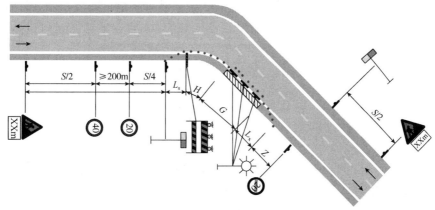

附图 7-19 二、三级公路双向通行的弯道路段弯道后养护作业

（2）连续弯道路段养护作业，警告区起点宜在弯道起点上，且警告区长度不宜超出最小长度的 200m。对向车道的警告区和终止区布置示例可按本条第 1 款的有关规定执行。以设计速度 60km/h 为例，作业控制区布置示例见附图 7-20、附图 7-21。

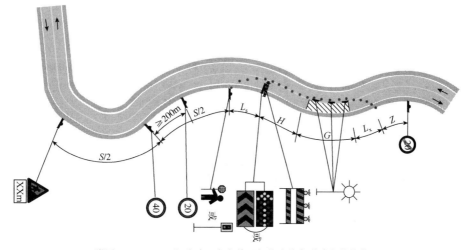

附图 7-20 二、三级公路双向交替通行的连续弯道路段养护作业

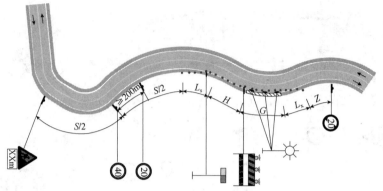

附图7-21　二、三级公路双向通行的连续弯道路段养护作业

（3）反向弯道路段养护作业，上游过渡区应布置在反向弯道中间的平直路段；当警告区起点在弯道上时，应将其提前至该弯道起点。对向车道的警告区和终止区布置示例可按本条第1款的有关规定执行。以设计速度60km/h为例，作业控制区布置示例见附图7-22、附图7-23。

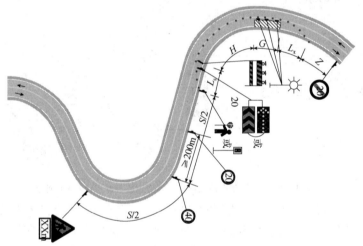

附图7-22　二、三级公路双向交替通行的反向弯道路段养护作业

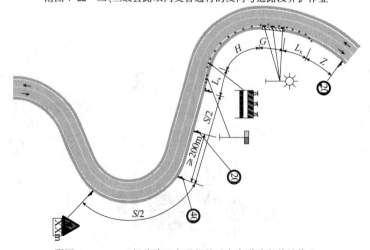

附图7-23　二、三级公路双向通行的反向弯道路段养护作业

(4)回头弯道路段养护作业,回头曲线段的作业车道应作为缓冲区。对向车道的警告区和终止区布置示例可按本条第 1 款的有关规定执行。以设计速度 60km/h 为例,作业控制区布置示例见附图 7-24、附图 7-25。

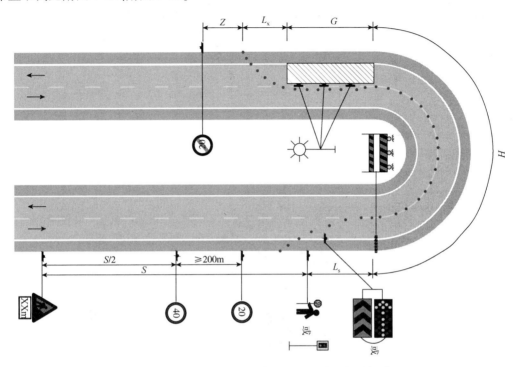

附图 7-24　二、三级公路双向交替通行的回头弯道路段养护作业

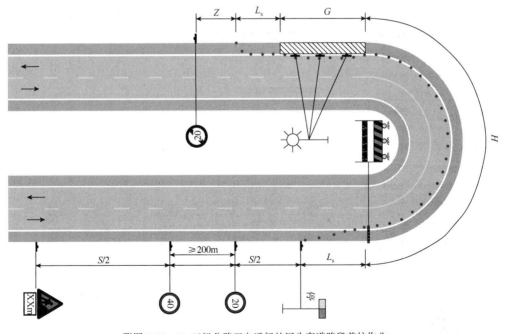

附图 7-25　二、三级公路双向通行的回头弯道路段养护作业

7.2.5 纵坡路段养护作业,应在竖曲线顶点配备交通引导人员;工作区在封闭车道行车方向的下坡路段时,在工作区或上游过渡区与缓冲区之间应布设防撞桶、水马、防撞墙、隔离墩等安全设施。对向车道的警告区和终止区布置示例可按第 7.2.4 条第 1 款的有关规定执行。以设计速度 60km/h 为例,作业控制区布置示例见附图 7-26、附图 7-27。

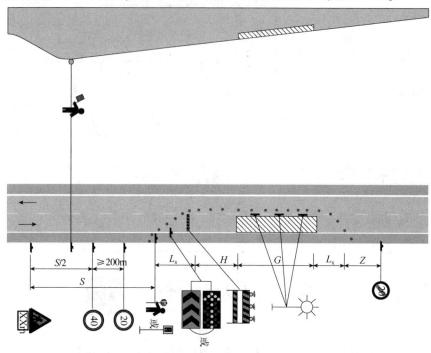

附图 7-26　二、三级公路双向交替通行的纵坡路段养护作业

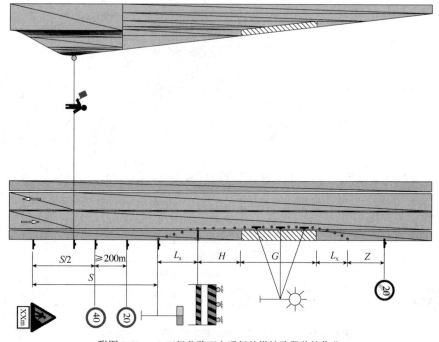

附图 7-27　二、三级公路双向通行的纵坡路段养护作业

桥涵养护作业控制区布置：

9.1 一般规定

9.1.1 养护作业控制区布置除应符合本规程第6.1.1条的有关规定外，尚应兼顾养护作业控制区桥梁养护作业特点、养护作业位置、作业影响范围等因素。

9.1.2 桥梁养护作业时应加强车辆限速、限宽和限载的通行控制。经批准允许通行的危险品运输车辆应引导通过。

9.1.3 当预判桥梁养护作业会出现车辆排队时，应利用桥梁检查站、收费站、正常路段或警告区布置大型载重汽车停靠区，并布设"重车靠右停靠区"标志，间隔放行大型载重汽车，不得集中放行。

9.1.4 立交桥上养护作业控制区布置应符合下列规定：

（1）养护作业影响桥下净空时，应在立交桥下方公路上布设施工标志、限高及限宽标志，并不得向桥下抛投任何物品。

（2）养护作业占用下方公路路面时，立交桥下方公路应布置养护作业控制区。

9.1.5 桥梁养护作业影响桥下通航净空时，应按有关规定布设标志及安全设施。

9.1.6 特大、大桥养护作业除应满足桥梁养护作业控制区布置的一般要求外，尚应符合该特大、大桥养护作业的特定技术要求。

9.2 养护作业控制区布置

9.2.1 桥梁养护作业控制区布置应符合本规程第6章至第8章的有关规定。

9.2.2 中、小桥和涵洞养护作业应封闭整条作业车道作为工作区，纵向缓冲区终点宜止于桥头。

9.2.3 特大、大桥养护作业控制区布置应符合下列规定：

（1）工作区起点距桥头小于300m时，纵向缓冲区起点应提前至桥头。

（2）工作区起点距桥头大于或等于300m时，应按相应的等级公路养护作业控制区布置，并在桥头布设施工标志。

9.2.4 桥梁半幅封闭养护作业控制区布置，应符合下列规定：

（1）特大、大桥中央分隔带可设开口时，应按本规程第4.0.6条的有关规定执行；中间分隔带不能设开口时，上游过渡区终点应止于桥头。

（2）借用对向车道通行的桥梁养护作业，应全时段配备交通引导人员。

参 考 文 献

[1] 李健,吕振荣.公路改建工程项目管理分析[J].交通科技与经济,2011,13(5).
[2] 苏常礼.对公路改建建设方法的研究分析[J].价值工程,2010(18).
[3] 辛勇.安新高速公路改扩建方案研究[D].北京:北京工业大学,2010.
[4] 周广奇.改扩建公路线形拟合设计[D].西安:长安大学,2011.
[5] 杜艳军.高等级公路路堤加宽理论分析[D].哈尔滨:东北林业大学,2005.
[6] 高艳玲.高速公路改扩建的模式选择、项目评价与相关政策研究[D].西安:长安大学,2009.
[7] 傅珍,王选仓,李宏志,等.高速公路扩建方式比较[C]//第六届交通运输领域国际学术会议论文集,2006.
[8] 沈顺柳.沪宁高速公路改扩建可行性研究[D].武汉:华中科技大学,2005.
[9] 勇芳,崔喜友.公路改建设计方法研究[J].黑龙江科技信息,2011(2).
[10] 杨林,单炜,佴磊.公路改扩建设计的技术问题探讨[J].森林工程,2007,23(5).
[11] 于淼.公路改扩建工程路线设计要点[J].中国科技博览,2012(16).
[12] 金永兴.既有公路改扩建设计的研究[D].哈尔滨:哈尔滨工业大学,2010.
[13] 岳绍兴,董长坤,张媛.既有公路改建加宽设计探讨[J].交通标准化,2014,42(2).
[14] 张美坤,徐志红,黄晓明.改扩建公路交通量的预测模型研究[C]//第四届华东公路发展研讨会论文集,2009.
[15] 孙义彬.搞好统计预测减少交通基础设施投资的盲目性[J].交通世界(运输车辆),2008(8).
[16] 夏毓翔,周艳芝.交通量与通行能力的应用[J].山西建筑,2007,33(33).
[17] 苗贵华.国道G4改扩建工程施工交通组织方案优化与仿真研究[D].长沙:长沙理工大学,2008.
[18] 胡杨.高速公路收费站通行能力及改扩建方案浅析[J].黑龙江交通科技,2012(6).
[19] 杨晓燕.高速公路改扩建技术研究与应用[D].西安:长安大学,2012.
[20] 徐艳海.公路城市过境段交通量预测方法[J].黑龙江交通科技,2013,36(3).
[21] 李震,杨三强,艾力·斯木吐拉,等.新疆东部地区矿区资源公路建管问题的探讨[J].公路工程,2013,38(5).
[22] 刘伯莹,姚祖康.公路设计工程师手册[M].北京:人民交通出版社,2004.
[23] 张婷.高速公路改扩建工程路面拼宽技术研究[D].西安:长安大学,2012.
[24] 李恺.高速公路加宽改建工程中路基路面设计技术问题的探讨[J].科技资讯,2013(21).
[25] 罗波.高速公路加宽改建路基路面工程关键技术的研究[D].西安:长安大学,2010.
[26] 邱序庭.新疆公路常见病害及其防治研究[D].长安大学,2011.
[27] 邱永鸿.既有公路路基面改建施工方法[J].黑龙江交通科技,2011(7).
[28] 中华人民共和国行业标准.JTG H20—2007 公路技术状态评定标准[S].北京:人民交通出版社,2014.
[29] 侯洁.国家一级公路改扩建设计优化方案分析[J].中国市场,2013(6).
[30] 韩文涛.单侧加宽扩建方式下的既有公路面改建几个关键问题的考虑[J].中外公路,2012(5).
[31] 徐海虹,曹荣吉.沪宁高速公路(常州段)扩建工程路面结构设计[J].现代交通技术,2005.2(4).
[32] 甘磊,王家强.沪宁高速公路扩建工程路基面设计探讨与研究;2008年(第十届)中国科协年会论文集[C].2008.
[33] 彭前程.高速公路旧水泥混凝土路面结构性能评价方法研究[D].武汉:华中科技大学,2006.
[34] 周志锋.芜南路水泥混凝土路面的拓宽及路面黑色化改造[D].北京:北京工业大学,2008.
[35] 王林伟,周俊峰.旧水泥混凝土路面结构完整性评价指标体系的构建[J].科技信息,2010,2(17).
[36] 周乾,余芳,温剑启.南钦高速公路改扩建路面改造方案设计[J].西部交通科技,2013(6).

[37] 闫丽霞.高速公路桥梁拼接加宽设计探讨[J].城市建设理论研究(电子版),2013(13).
[38] 何文杰.中小跨径梁桥拓宽结构受力分析[D].西安:长安大学,2011.
[39] 贾迪.旧桥病害的研究与分析[D].北京:北京工业大学,2010.
[40] 中华人民共和国行业标准.JTG H11—2004 公路桥涵养护规范[S].北京:人民交通出版社,2014.
[41] 赵海云.高速公路改扩建工程路线设计探讨[J].科技创新与应用,2013(34).
[42] 孙瑜.道路安全设计模型(IHSDM)的应用研究[D].南京:东南大学,2009.
[43] 彭词清.数字化测绘技术在公路改扩建中的应用[J].广东科技,2012,21(11).
[44] 郭恒燕,胡伍生.数字化勘测设计在高速公路改扩建中的应用[J].测绘通报,2009 年增刊.
[45] 廖亚雄,邵俊.航测数模技术在高速公路改扩建中的应用[C]//中国公路学会计算机应用分会 2006 年年会论文集,2006.
[46] 杜宇.高速公路加宽改造工程实施对策[J].科技信息(科学·教研),2008(14).
[47] 刘利民,伍友云.改扩建工程的路线平纵横设计[C]//山区高速公路、桥梁、隧道关键技术研讨会论文集,2006.
[48] 王选仓,傅珍,李宏志,等.高速公路改扩建方式对比研究[C]//2007 年全国高速公路改扩建技术研讨会论文集,2007.
[49] 陈胜营,刘祖祥.高速公路改扩建方案思考[J].公路,2001(7).
[50] 郑求才.龙(游)丽(水)龙(泉)一级改高速公路工程中的关键技术问题[C]//2007 年全国高速公路改扩建技术研讨会论文集,2007.
[51] 秦建平.平原区高速公路改建方案设计模式[J].国外建材科技,2008,29(3).
[52] 季春兵.对公路拓宽工程施工技术的探讨[J].建筑·建材·装饰,2012(12).
[53] 黄荣校.高速公路改扩建优势分析及方案选择[J].中外公路,2009,29(3).
[54] 梁健,陈革非.浅谈高速公路改扩建方案[J].技术与市场,2011,18(8).
[55] 贺国峰.高速公路扩建中路基直接拼接技术探讨[J].山西建筑,2009,35(1).
[56] 王彬.高速公路改扩建期交通分流的效益分析[D].西安:长安大学,2011.
[57] 刘东海,王思伟.地形复杂地段公路改建为城市道路的应用技术研究[J].城市建设理论研究(电子版),2011(30).
[58] 高翔.高速公路新既有公路基相互作用分析与处理技术研究[D].南京:东南大学,2006.
[59] 张文婕.公路改扩建中新既有公路基拼接技术研究[D].南京:东南大学,2004.
[60] 张永生.洛三高速公路扩建工程路线方案研究[J].城市建设理论研究(电子版),2012(18).
[61] 宋康林.改扩建道路路线设计探讨[J].科技风,2009(14).
[62] 王蕊,熊文胜.唐津高速公路(天津段)扩建工程的线形设计[J].天津建设科技,2012(4).
[63] 张鹤.干线公路等级配置优化研究[D].西安:长安大学,2011.
[64] 陈峰,仵纪荣.低等级公路改建工程路线设计探讨[J].交通节能与环保,2007(6).
[65] 罗叶军.二级公路改扩建高速公路路线设计研究[J].科技资讯,2010(5).
[66] 戈向群.既有公路改建工程线形的设计与研究[D].南京:东南大学,2004.
[67] 贾红卫.公路改扩建平面设计的应用[J].科技创新与应用,2012(16).
[68] 许有俊,杨华仕,张志清.既有公路改扩建中平纵横设计方法的探讨[J].中外公路,2009,29(5).
[69] 张世平,甘磊,阳先全.刚性路面高速公路桥梁改扩建总体设计方案探讨[J].中外公路,2009,29(3).
[70] 李启.国道 106 通城界至黄泥界公路勘察设计[J].沿海企业与科技,2010(9).
[71] 任龙江,杨慧军.高速公路单幅分离新建段安全设施设计思考[J].城市建设理论研究(电子版),2012(19).
[72] 高杰.公路改建路线设计内涵[J].城市建设理论研究(电子版),2011(29).

[73] 资建民,陈宏志,孙贵清.改扩建道路工程线型拟合设计[J].中国市政工程,2003(2).
[74] 刘利民,伍友云.基于运营安全的路线平纵横组合设计[C]//国际公路安全研讨会论文集,2004.
[75] 王照辉,李兴旺.高速公路改扩建道路设计的安全问题[J].城市建设理论研究(电子版),2013(22).
[76] 石宝全.某高速公路改扩建工程关键技术研究[J].施工技术,2011,40(8).
[77] 王磊.高速公路改建路基加宽施工技术[J].公路交通技术,2009(2).
[78] 范建闻.道路改建中结合处地基处置方法探讨[J].城市建设理论研究(电子版),2013(17).
[79] 孔令玉.寒冷地区公路路基拓宽改建技术比选[D].哈尔滨:东北林业大学,2007.
[80] 李强.季冻区既有公路改扩建路基加宽技术经济分析[D].哈尔滨:东北林业大学,2007.
[81] 熊巍.干线公路改扩建路基处置关键技术研究[D].西安:长安大学,2012.
[82] 马年祖.高速公路加宽改建软弱地基处理的相关技术分析[C]//2007年全国高速公路改扩建技术研讨会论文集,2007.
[83] 陈星光.高速公路扩建工程差异沉降控制技术研究[D].西安:长安大学,2006.
[84] 刘观仕,孔令伟,李雄威,等.高速公路软土路基拓宽粉喷桩处置方案分析与验证[J].岩石力学与工程学报,2008,27(2).
[85] 范慧燕.安新高速公路扩建工程路基设计方法[J].青海交通科技2006(3).
[86] 丁锟.潼宝高速公路改扩建新既有公路基差异沉降数值模拟分析[D].西安:长安大学,2009.
[87] 王贤良.公路新既有公路基结合处置技术的研究与应用[D].西安:长安大学,2010.
[88] 卢韬,赵廉政.道路路基改建中出现的问题及预防措施的探讨[J].建筑工程技术与设计,2013(12).
[89] 王波,张朋声.高速公路路基病害成因及在改扩建工程中保证加宽质量的措施研究——以沈大高速公路改扩建工程为例[J].交通标准化,2006(2).
[90] 谢学钦.高速公路路堤加宽方式的经济技术分析[J].公路,2012(2).
[91] 徐强.高速公路改扩建的新既有公路基结合部处理分析[J].城市建设理论研究(电子版),2013(19).
[92] 郁光耀.高速公路改扩建工程加宽路基施工技术[J].铁道建筑技术,2011(2).
[93] 项延码.对路基加宽的施工技术的探讨[J].城市建设理论研究(电子版),2012(24).
[94] 胡海军.公路改建工程路基拓宽施工技术[J].交通世界(建养机械),2011(9).
[95] 史伟亚,沈方.浅谈公路改扩建中路基工程的施工方法[J].科技风,2012(14).
[96] 傅珍,王选仓,陈星光,等.安新高速公路改建工程台阶开挖方案分析[J].公路,2006(12).
[97] 贾琦飞,刘俊贤.高速公路泡沫轻质土软基处理方案[J].交通世界(建养机械),2013(7).
[98] 王大庆.寒冷地区加宽路堤的设计方案的研究[J].黑龙江交通科技,2006,29(3).
[99] 李瑞娜,郭小品.连霍郑州段改建工程既有公路改造高填方桥头段施工技术[J].河南科技,2010(10).
[100] 李亚军.改建公路拓宽路基不均匀沉降预防处理措施[J].科技传播,2012(4).
[101] 黎安金.悬挑结构复合道路在凯雷公路中的应用探索[D].重庆:重庆交通大学,2012.
[102] 邓云潮.高速公路扩宽路基综合防排水系统研究[D].西安:长安大学,2012.
[103] 刘君.公路改建工程的路基处理技术研究[J].交通世界(建养机械),2013(9).
[104] 钱华.高速公路改扩建路面拼接设计研究[C]//2008年(第十届)中国科协年会论文集.郑州,2008.
[105] 于大涛,王可君.沪宁高速公路路面扩建设计探讨[J].中外公路,2007,27(6).
[106] 刘大彬,周雄.城市道路拓宽扩建工程关键技术研究[J].城市建设理论研究(电子版),2013(13).
[107] 李雪松.浅谈公路改扩建工程中的路面排水设计[J].城市建设,2013(7).
[108] 沙庆林.已建高速公路沥青路面的改扩建--实现可持续发展[J].中外公路,2011,31(3).
[109] 赵存,满具海.南京机场高速公路扩建工程路面设计[J].城市建设理论研究(电子版),2013(10).
[110] 余丹妮.京港澳国家高速(G4)湘潭至耒阳段提质改造工程——路面改建方案的确定[J].城市建设理论研究(电子版),2013(29).

[111] 中华人民共和国行业标准.JTJ 073.2—2001 公路沥青路面养护技术规范[S].北京:人民交通出版社,2014.
[112] 梁海勇.旧水泥混凝土路面加铺沥青混凝土面层技术探讨[J].交通标准化,2007(9).
[113] 秦仁杰,李宇峥,刘朝晖.连霍高速公路郑(州)洛(阳)段既有公路加铺方案选择;2008 中国乳化沥青技术和路面维修养护技术大会论文集[C].2008.
[114] 王永红,饶红胜.沥青路面反射裂缝成因分析及其防治[J].交通世界(建养机械),2005(11).
[115] 吴文军.改造旧水泥混凝土路面的施工技术及质量控制[J].南北桥,2009(2).
[116] 张占军.旧水泥混凝土路面加铺沥青层设计要点[C]//2008 年(第十届)中国科协年会论文集,2008.
[117] 张丽.简述水泥路面加铺沥青施工[J].商品与质量·学术观察,2012(9).
[118] 商兆娟.旧水泥混凝土路面的病害及治理措施[J].城市道桥与防洪,2013(6).
[119] 陈金悦.水泥混凝土路面及碾压混凝土基层上的沥青加铺层施工技术[J].城市建设理论研究(电子版),2013(1).
[120] 韩笑.旧水泥混凝土路面上加铺沥青混凝土路面结构的分析[J].城市建设理论研究(电子版),2013(8).
[121] 黄金源.既有公路面加铺沥青混凝土层的施工技术探讨[J].城市建设理论研究(电子版),2011(22).
[122] 祁义保.冲击碾压技术在高速公路改建工程中的应用[J].城市道桥与防洪,2010(3).
[123] 贾淑俊.沥青路面冷再生工艺技术的研究[D].天津:河北工业大学,2007.
[124] 王卫彬.水泥乳化沥青冷再生混合料性能研究[D].西安:长安大学硕士学位论文,2010.
[125] 赵庆国.沥青路面现场冷再生技术的应用研究[C]//2007 年中国科学技术协会年会论文集,2007.
[126] 宋力和.就地冷再生技术在既有公路改造中的应用[D].大连:大连理工大学,2006.
[127] 郭大志.就地冷再生技术在 103 国道大修工程中的应用[J].交通世界(建养机械),2011(7).
[128] 何金海,蒋士伦.论沥青路面的冷再生施工技术特点及工艺[J].民营科技,2011(2).
[129] 石金炜,高涛,张勇.浅析如何提高二灰碎石基层冷再生中旧料的利用率[J].建材发展导向(下),2013(3).
[130] 陈杰,罗丹,李萌.破碎旧混凝土板再生的探讨[J].中国公路,2009(12).
[131] 沈静秋,张飞.合宁高速公路改扩建沥青既有公路面利用探讨[J].安徽建筑,2008.15(6).
[132] 韩文涛.连霍高速公路郑洛段既有公路面改建设计[J].中外公路,2012,32(3).
[133] 马培建,梅蕾,崔曙光.改扩建公路反向路拱行车安全性研究[J].水利与建筑工程学报,2008,6(1).
[134] 王建良.从考察沈大高速公路谈我省公路改建中的技术问题[J].青海交通科技,2004(5).
[135] 万建材.高速公路桥梁加宽拼接技术探讨[J].城市建设理论研究(电子版),2012(5).
[136] 高小妮.拓宽后桥梁结构相互作用分析[D].西安:长安大学,2009.
[137] 时黎明.探讨高速公路桥梁拼接加宽技术[J].城市建设理论研究(电子版),2014(5).
[138] 杨燻盛.高速公路桥梁加宽拼接技术优化浅析[J].城市建设理论研究(电子版),2011(16).
[139] 张鑫.桥梁加宽后结构分析和试验研究[D].西安:长安大学,2011.
[140] 李超,李震.改扩建桥梁拼接部位的受力性能研究[J].中外公路,2008.28(5).
[141] 陈宏治.高速公路旧桥加宽设计[J].山西建筑,2010,36(36).
[142] 徐志强.公路 T 梁桥拓宽拼接技术研究[D].南京:东南大学,2005.
[143] 毕聪斌.柱式墩台盖梁的加宽设计[J].辽宁交通科技,2005(4).
[144] 徐燕峰,徐彬彬.某预应力混凝土连续 T 梁拓宽设计[J].科技创业家,2012(4).
[145] 张莉.谈公路桥梁的改造与加宽加固技术[J].城市建设理论研究(电子版),2013(24).
[146] 王海丰,孙德荣,齐洪,等.桥梁拓宽下部结构设计[J].辽宁交通科技,2005(z1).
[147] 赵堃,杨帆,屈志英.高速公路改扩建桥梁拼宽桥墩方案比较[J].黑龙江科技信息,2008(27).

[148] 刘红卫,王艳东,冯海江.杨兴河特大桥加宽设计体会;桥梁检测、评定、加固与防震减灾技术论坛论文集[C].2010.

[149] 唐文峰,汪长青,崔凯,等.狮岭高架桥改建结构选型及设计探讨[J].交通科技,2010(6).

[150] 李晓波.张石高速行唐连接线郜河大桥加宽工程新旧桥梁拼接设计施工技术研究[J].交通标准化,2011(2).

[151] 林嘉勇,王广华.沙朗桥二次扩宽改建技术探讨[J].广东公路交通,2003(3).

[152] 狄海林.梁式体系桥梁拼接施工分析[C]//全国城市公路学会第十六届学术年会论文集,2007.

[153] 柯学.泉厦高速公路拓宽通道桥1/2改建技术[J].城市建设理论研究(电子版),2011(31).

[154] 谢睿杰.高速公路跨线桥静拆除施工与控制方法研究[D].武汉:武汉理工大学,2011.

[155] 孙应,陈小娟,郑建军.粘钢法在桥梁加固上的应用[J].城市建设与商业网点,2009(30).

[156] 傅珍,王选仓,李宏志,等.EPS在安新高速公路改扩建工程桥头台背中的应用[J].公路,2008(6).

[157] 李伟.沈大高速公路改扩建工程关键技术[J].中国公路,2006(15).

[158] 刘健汉.高速公路立交改扩建工程设计方案比选与分析[J].广东公路交通,2011(4).

[159] 孙绪宝.高速公路互通式立交改扩建方案研究[D].西安:长安大学,2011.

[160] 代冬霞.高速公路改扩建期间互通立交交通安全设施设置研究[D].西安:长安大学,2011.

[161] 王峰.单喇叭型互通式立交改扩建关键技术研究[D].西安:长安大学,2011.

[162] 罗冰,蔡磊,张烽,等.古钱岭互通式立体交叉方案设计比选[J].中国水运(下半月),2009,9(7).

[163] 王顺.高速公路互通式立交改造方案研究[J].交通标准化,2013(4).

[164] 李凤林,张世平.分离式立交桥原位拆除重建的方案研究——沪宁高速公路扩建工程杨家圩分离式立交桥[J].中国交通建设股份有限公司2007年现场技术交流会,2007.

[165] 盛萍,闵泉.互通式立交改扩建方案设计的探讨[J].中外公路,2007,27(5).

[166] 常辉,张洪文.高速公路涵洞设计探讨[J].城市建设,2010(12).

[167] 钟大兵,马占祥.高速公路扩建工程中涵洞、通道的加宽设计[J].科技风,2010(3).

[168] 吴萍,吴继峰.郑州—洛阳高速公路改扩建桥涵总体设计[C]//2009年全国公路工程地质科技情报网学术研讨会论文集,2009.

[169] 杨海滨,郭艳坤.改建公路涵洞加宽加固设计[J].河南建材,2012(3).

[170] 陶向华,李智峰,范永丰.改扩建工程涵洞通道净高不足解决方案[J].湖南交通科技,2008,34(2).

[171] 胡居,陈礼彪,黄伦海.2车道隧道扩建成4车道隧道扩建形式研究[J].公路交通技术,2010(5).

[172] 韦远飞.盘龙山隧道改扩建及施工保通技术研究[C]//中国公路学会2009年学术年会暨山区高速公路建设技术研讨会论文集,2009.

[173] 贾晓刚,闵泉.沪宁高速公路(江苏段)扩建工程花桥主线收费站扩建方案及交通组织方案[J].中国交通信息产业,2006(6).

[174] 姜光宗,金虎,蔡惠华.西部高既有公路改建工程设计与环境保护措施[J].中国水运(下半月),2009,9(10).

[175] 王彦琴,魏显威,王健.公路交通噪声控制的发展动向[C]//中国公路学会公路环境与可持续发展分会2010年学术年会论文集,2010.

[176] 赵秀良.青州市驼山路、青州路改建工程环境影响评价研究[D].青岛:中国海洋大学,2009.

[177] 李铁锋,刘长兵,李欣.国道219线新—藏公路改建工程地质灾害评价[J].中国地质灾害与防治学报,2003,14(4).

[178] 马晓力,柳银芳,林宣财,等.改建工程施工期交通组织设计探讨[J].公路,2008(7).

[179] 王淼.安新高速公路改扩建工程交通组织研究[J].公路,2006(10).

[180] 薛兵,夏勇.浅析沪宁高速公路江苏段扩建工程的交通组织和施工现场管理[J].上海公路,2007(4).

[181] 郑晓阳,魏俊峰.高速公路改建中分流路网分担量适应性分析[J].交通标准化,2011(11).

[182] 冯道祥.连霍高速公路郑州段改建工程保通方案研究[D].南京:东南大学,2006.

[183] 张建龙,李硕,贺寒辉.交通仿真技术在高速公路改扩建保通中的应用[J].交通科技,2006(6).

[184] 柴啸龙.对京珠高速加宽改建工程施工组织方案的研究[J].交通标准化,2006(11).

[185] 宁乐然,李玉龙.高速公路施工路段安全管理问题及对策探讨——以湖北省麻竹高速公路大随段为例[J].湖北警官学院学报,2013(3).

[186] 马兴锋.杭甬高速公路扩建的临时交通工程设计[J].廊坊师范学院学报(自然科学版),2011,11(1).

[187] 刘云平,蒋凡,张琴.浅谈既有公路改扩建工程边通车边施工路段保通工作的落实[J].城市建设理论研究(电子版),2012(23).

[188] 张怀强,杨德臣,王刚.长平高速公路改扩建工程施工方案研究[J].中国科技博览,2012(22).

[189] 王会伟.浅谈西潼高速公路改建工程路面铣刨与交通保畅[J].城市建设理论研究(电子版),2013(9).

[190] 郭朋朋,刘艳雄.互通式立交改扩建工程施工与保通方案设计探讨[J].科学之友,2009(6).

[191] 黄志才,潘丹,张焱发.鄂东长江大桥接线工程枢纽互通路段的保通设计方案[J].中外公路,2012,32(5).

[192] 林春梅,潘洋.公路改建为城市道路的设计方法研究[J].城市建设理论研究(电子版),2013(14).